面壁穷经一甲子

施萍婷先生敦煌研究
六十年纪念文集

上册

石文 主编

甘肃文化出版社

图书在版编目（CIP）数据

面壁穷经一甲子：施萍婷先生敦煌研究六十年纪念
文集 / 石文主编. -- 兰州：甘肃文化出版社，2023.7
ISBN 978-7-5490-2747-7

Ⅰ. ①面… Ⅱ. ①石… Ⅲ. ①敦煌学－文集 Ⅳ.
①K870.6-53

中国国家版本馆CIP数据核字(2023)第125855号

面壁穷经一甲子——施萍婷先生敦煌研究六十年纪念文集
石　文｜主编

责任编辑｜史春燕　杜艳梅　甄惠娟　刘燕　党昀
封面设计｜石　璞

出版发行｜甘肃文化出版社
网　　　址｜http://www.gswenhua.cn
投稿邮箱｜gswenhuapress@163.com
地　　　址｜兰州市城关区曹家巷 1 号｜730030（邮编）

营　　销｜贾　莉　王　俊
电　　话｜0931-2131306

设计制版｜兰州大雅文化艺术有限公司（0931-4679978）
印　　刷｜广西昭泰子隆彩印有限责任公司
开　　本｜889 毫米 ×1194 毫米　1/16
字　　数｜1410 千
印　　张｜60
版　　次｜2023 年 7 月第 1 版
印　　次｜2023 年 7 月第 1 次
书　　号｜ISBN 978-7-5490-2747-7
定　　价｜278.00 元（全 2 册）

《面壁穷经一甲子》

——施萍婷先生敦煌研究六十年纪念文集

❧ 编委会 ❧

马　德　邰惠莉

王晶波　冯培红

施跃娟　赵晓星　朱艳桐

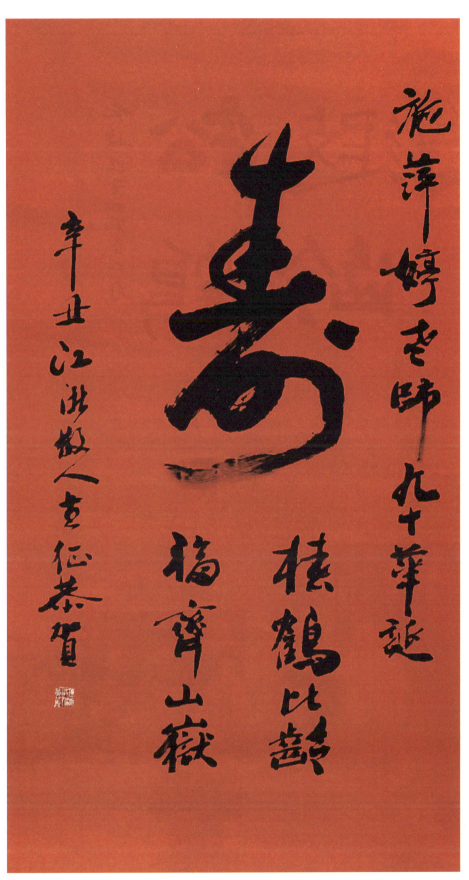

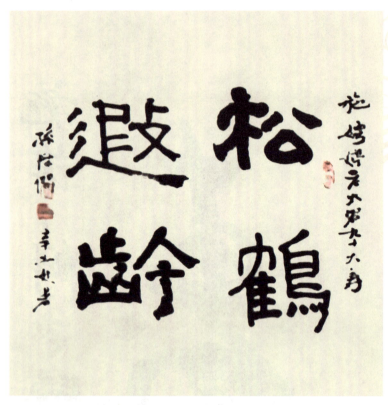

2021 年 8 月 23 日孙儒僴先生为施萍婷先生九十寿辰题书墨宝

2021 年 8 月 20 日浙江敦煌学界庆祝施萍婷先生虚龄九十留真（合影）

浙江敦煌学界庆祝施萍婷先生虚龄九十留真

张涌泉切生日蛋糕

浙江敦煌学界庆祝施萍婷先生虚龄九十留真

刘进宝代表浙江省敦煌学与丝绸之路研究会敬献生日花篮

浙江敦煌学界庆祝施萍婷先生虚龄九十留真

何鸿敬献九色鹿画，何尹钦（又名小柚子，时年9岁）绘

贺世哲、施萍婷先生伉俪剪影

1948 年贺老师参加中国人民解放军

施跃娟提供

1949 年 5 月施老师参加中国人民解放军

施跃娟提供

中国人民解放军第二野战军 3
兵团 12 军 34 师施老师（中）与
战友们合影

施跃娟提供

1951 年 3 月施老师参加中国人民志愿军开赴朝鲜战场

施跃娟提供

施老师（右）从朝鲜战场归来与战友们在杭州西湖

施跃娟提供　摄于 1954 年 6 月 30 日

1956 年施老师进入兰州大学历史系学习

施跃娟提供　摄于 1957 年

兰州大学历史系七女生，后排中间为施老师

施跃娟提供

志愿军战友、兰大历史系同学贺世哲、施萍婷合影

施跃娟提供　摄于 1958 年

1959 年施老师从甘肃师大历史系肄业到兰州艺术学院工作，次年与贺老师结婚

施跃娟提供

兰大历史系同班同学冯徐勋老师与贺老师、施老师伉俪合影

施老师胸佩"兰州艺术学院"教工校徽　　　　　　　　　　　施跃娟提供　摄于 1960 年

1961 年施老师调到敦煌文物研究所工作

施跃娟提供

1962 年施老师考察麦积山石窟

施跃娟提供

1963年贺老师、施老师在莫高窟
老榆树下

施跃娟提供

20世纪60年代贺老师、施老师在
莫高窟老资料室门前

施跃娟提供

20 世纪 70 年代初敦煌文物研究所研究人员在进行学术讨论

左起：刘玉权、蒋毅明、潘玉闪、马世长、施老师　　　采自《坚守大漠　筑梦敦煌》

1978 年施老师（左一）手持手电筒在洞窟中讲解

右二为敦煌文物研究所常书鸿所长　　　　　　　　施跃娟提供

20 世纪 70 年代施老师在洞窟中调查壁画

采自《坚守大漠　筑梦敦煌》

1985 年 8 月 20 日施老师在莫高窟宿舍

施老师在阅读敦煌文献缩微胶卷

1983年敦煌文物研究所专家赴法国参加"法中敦煌学学术报告会"

左一、二、五为史苇湘、施老师、段文杰　　　　　　　　　　采自《坚守大漠　筑梦敦煌》

敦煌文物研究所专家赴法参会合影

左一、二、四为李永宁、施老师、段文杰, 右一为史苇湘　　　　　　施跃娟提供

1989—1991 年施老师（右）任日本东京艺术大学客座研究员，在日调查敦煌文献

施跃娟提供

1989 年 11 月 20 日施老师在龙谷大学学术会议上做报告

左边为刘永增

施跃娟提供

1995 年 5—7 月敦煌研究院专家访问俄罗斯

左起：李正宇、施老师、段文杰、鲁多娃　　　　　　　　　　施跃娟提供

2000 年 1—3 月敦煌研究院"敦煌文物考察团"访问欧洲六国，3 月 2 日在英国伦敦

右二、三、四为樊锦诗、施老师、吴芳思　　　　　　　　　　施跃娟提供

2007年8月23日贺老师、施老师在兰州饭店参加段文杰先生从事敦煌艺术六十周年会议

刘进宝提供

2009年6月2日贺老师、施老师参加兰州大学敦煌学研究所博士论文答辩

前排左起：张德芳、李正宇、赵和平、贺老师、施老师、樊锦诗、郑炳林、杜建录；

后排左起：张元林、魏文斌

施跃娟提供

1999 年 9 月施老师在敦煌研究院敦煌文献研究所

施跃娟提供

2014 年 3 月施老师在莫高窟

施跃娟提供

2014 年 11 月 22 日施老师在杭州八卦田阅读《敦煌研究》

施跃娟提供

2019 年 3 月 8 日施老师与侄媳施跃娟在杭州西湖孤山赏梅

施跃娟提供

1987 年 9 月施老师与同事郑汝中老师在敦煌石窟国际学术会议上

施跃娟提供

1995 年 7 月 21 日施老师在北京季羡林先生家中拜访

施跃娟提供

2013 年 11 月 4 日施老师与同事谭蝉雪老师在杭州钱江新城

2000 年 2 月 10 日施老师与同事、敦煌研究院樊锦诗院长在法国巴黎卢浮宫

施跃娟提供

2011 年 3 月施老师与樊锦诗、何鄂、董玉祥

马德提供

2017 年 8 月 22 日施老师与同事们在莫高山庄

左起：马德、施老师、孙儒僩、孙毅华　　　　　　施跃娟提供

2011 年 3 月施老师与同事关友惠老师在兰州家中

马德提供

2018 年 7 月施老师与同事们在兰州相聚

前排左起：梁尉英伉俪、施老师、关友惠、马德；后排左起：施跃娟、邰惠莉、张艳梅、吴荣鉴

马德提供

施老师与朱雷老师伉俪在浙江大学紫金港校区小聚

前排左起：施老师、朱雷老师伉俪；后排左起：刘进宝、冯培红　　　　　　　　　刘进宝提供

2017 年 8 月 22 日施老师与郑阿财（左）、朱凤玉（中）伉俪在敦煌石窟文物保护
研究陈列中心，后面为荣新江（左）、郭丽英（右）

施跃娟提供

2019 年 1 月 23 日施老师与颜娟英（左）、李玉珉（右）在杭州

施跃娟提供

2013 年 6 月 30 日敦煌研究院兰州分院贺老师、施老师捐赠图书挂牌仪式

中排左三为施老师　　　　　　　　　　　　　　　　　马德提供

贺世哲施萍婷捐赠图书

特　藏

敦煌研究院

二〇一三年五月

2013 年 5 月贺老师、施老师捐赠图书特藏牌

樊丽沙提供

2012 年 4 月施老师带学生和青年同事考察莫高窟

左起：施老师、雷蕾、吕德廷、王百岁、顾淑彦、范泉、邰惠莉　　　　　　　　　　施跃娟提供

2013 年 6 月施老师在敦煌石窟文物保护研究陈列中心第 285 窟临摹洞窟内给同事讲课

王惠民提供

2012 年 5 月施老师带学生和同事考察陇南石窟

左起：朱成录、施老师、邰惠莉、王惠民、陈菊霞、刘永增、王百岁　　　　　　陈菊霞提供

2012 年 8 月 20 日施老师 81 岁生日师生、同事合影

前排左起：陈菊霞、施老师、王晶波；后排左起：屈直敏、冯培红、孙晓峰、高启安、王惠民、沙武田

冯培红提供

2019年9月甘肃省文物局马玉萍局长（左）、敦煌研究院纪委廖士俊书记（右）慰问施老师，颁发"庆祝中华人民共和国成立70周年纪念章"及慰问金

王惠民提供

20世纪80年代前期贺老师、施老师及家人在敦煌文物研究所

前排左起：女婿殷光明、施老师；后排左起：贺老师、女儿贺小萍　　　　　　施跃娟提供

1992年贺老师、施老师全家福合照

前排左起：贺老师、外孙女殷博、施老师；后排左起：女儿贺小萍、女婿殷光明

施跃娟提供

2014 年 9 月 8 日施老师在杭州侄子施劲榕家中

左起：侄子施劲榕、施老师、侄媳施跃娟、侄孙女施晴　　　　　　施跃娟提供

2014 年 11 月 22 日施老师与侄子施劲榕一家在杭州八卦田

施跃娟提供

2016 年 9 月 1 日施老师与侄孙女施晴在厦门白鹭洲公园喂鸽

施跃娟提供

施老师在杭州常书鸿美术馆

施跃娟提供

施老师在杭州书店

施跃娟提供

施老师在梳妆

施跃娟提供

2020 年 8 月 20 日施老师在杭州过 89 岁生日

施跃娟提供

2013 年 12 月 28 日浙江展览馆"煌煌大观 敦煌艺术——张大千临摹敦煌壁画作品展"

左起：杨秀清、柴剑虹、施老师、刘进宝   刘进宝提供

2020 年施老师在杭州良渚与中国敦煌石窟保护研究基金会理事合影

前排左起：柴剑虹、施老师、杜斗城；后排左起：宋真、苏伯民、马世林、张先堂、杨秀清、张伟文

施跃娟提供

恭贺施萍婷老师寿开九秩

柴剑虹

（中华书局）

> 钱塘婺江本同源，汝是吾师敦煌缘。
>
> 雄赳戎装抗美帝，娉婷青春卫家园。
>
> 扎根莫高打不走，习学笔耕多佳篇。
>
> 寿开九秩心态好，期颐可盼霞满天。

  ＊施老师诞生地永康位于浙水婺江流域，我祖籍钱塘，抗战后期生于婺江之滨金华，同根同源。

  ＊作为一名中国人民志愿军战士的施老师在抗美援朝战争中奉献了自己的青春。

  ＊1994 年施老师为敦煌艺术研究所成立五十周年撰写的《打不走的莫高窟人》在学界引起巨大反响。2004 年出版的《敦煌习学集》是她的敦煌学论文结集。

2021 年 8 月 7 日于新疆维吾尔自治区乌鲁木齐市

目录

4

下 册

上册

情系宝窟学高而宗师　献身敦煌身正为典范

——庆祝施萍婷先生九十华诞

马　德/敦煌研究院敦煌文献研究所

　　光阴如梭，转眼间，敦煌研究院研究员、敦煌文献研究所前所长、兰州大学敦煌学研究所博士研究生导师施萍婷先生迎来了九十寿诞。

　　施先生 1932 年出生于浙江永康县，1949 年 5 月加入中国人民解放军，1951 年 3 月加入中国人民志愿军，1956 年进入兰州大学历史系学习；1959 年尚未毕业就提前到兰州艺术学院工作；1961 年兰州艺术学院撤销后到敦煌文物研究所从事研究工作，先后担任敦煌文物研究所资料室主任、考古室主任；1980 年敦煌文物研究所设立敦煌遗书研究室，施先生任主任；1984 年敦煌文物研究所扩建为敦煌研究院，敦煌遗书研究室也扩建为敦煌遗书研究所（后更名为敦煌文献研究所），施先生任所长，至 1995 年离休。但离职后施先生并没有休养，而是继续从事研究工作，出版了多部专著；1999 年被兰州大学聘为博士研究生导师，先后培养了十四名博士研究生。

　　1961 年，施先生与爱人贺世哲先生一起来到敦煌，一同开启了作为抗美援朝战场的战友、大学同班同学和单位同事的这对贤伉俪的敦煌事业。二位学者相濡以沫，举案齐眉，把一生献给了敦煌。施先生一篇《打不走的莫高窟人》脍炙人口，让多少敦煌学人和敦煌爱好者得到激励和认同！施先生年逾古稀时还几次带领学生们参观洞窟并详细讲解，期间焕发的活力让年轻的学子们赞叹不已；2011 年贺世哲先生去世后，施先生定居杭州。近年来多次回敦煌小住，同年轻的同事们一道漫步莫高窟前，仿佛回到了文物保护和研究的岁月，尽显与敦煌的不解之缘。

　　施先生把敦煌研究视为己任。因为她知识面广，基础深厚，无论是敦煌石窟还是敦煌文献，她都非常熟悉，被誉为敦煌石窟和敦煌遗书的活资料、活字典。因此，哪里需要就到哪里，研究工作需要什么就做什么，无论石窟还是文献都得心应手。已经出版的著作和发表的论文，无论是敦煌石窟洞窟内容的考订，还是与敦煌遗书、敦煌历史相关的专项研究，都是原创性和奠基性的。特别是从

20 世纪 60 年代初开始，施先生一直把主要精力投入敦煌遗书的研究之中，先是整理院藏敦煌遗书，调查国内外公私十多家收藏机构的敦煌遗书并编写目录；而后利用缩微胶卷修订《敦煌遗书总目索引》，于 2000 年敦煌藏经洞开启百年之际，出版了倾注她一生心血的《敦煌遗书总目索引新编》，对百年敦煌遗书的整理进行了总结，成为从事敦煌文献研究者案头必备的工具书。施先生在敦煌遗书编目中创造的"叙录"体例，可以了解每一件敦煌遗书的基本信息，既系统全面，又快捷方便，一直为后来的敦煌遗书编目工作所运用。

20 世纪 80 年代施老师工作照

施跃娟提供

施先生在教学方面，无论是对学生还是部属，都倾尽全力，无偿奉献平生所学。她的学生们自不必细说，而对于同事或部属，施先生是没有培养义务的。但施先生从一开始就帮每一个人策划选题、制定研究方向，并给予悉心指导，甚至将自己多年搜集的资料也全部交给部属，而且是不计任何名利的。许多在她手下工作过的年轻同志都受到过这种恩惠，我可能是其中受惠最大的部下了：我是 1978 年到敦煌工作的，先后在敦煌文物研究所考古室、办公室和编辑部工作；1985 年底，我从敦煌研究编辑部调到施先生麾下的敦煌遗书研究所，当时作为所长的施先生就帮我策划今后的研究方向，决定分配我做与石窟有关的敦煌遗书的搜集整理和研究；在施先生的指导下，我搜集、整理了百余件敦煌遗书中与石窟营造有关的文献，先后写出了十多篇文章；我的博士论文和作为敦煌研究院的第一部学术专著《敦煌莫高窟史研究》，倾注了导师和很多前辈专家的心血，施先生最初的策划与指导是至为重要的。我后来发表的一些研究成果，都不断得到施先生的指点和肯定，后来还多次向研究院的同事们和相关的朋友们推荐我的小册子《敦煌工匠史料》、论文《敦煌遗书研究误区检讨》等拙作，这些实际上都是在施老师的启发下写出来的。这一点也是敦煌的老传统，因为在敦煌研究院像施先生这样的前辈专家，如段文杰先生、史苇湘先生、孙儒僩先生、关友惠先生、贺世哲先生等，都是"对自己学而不厌，对他人诲人不倦"，不光是部属、同事，包括对敦煌研究院以外的同仁，都教给他们许多，使得这几十年有很多人因借敦煌出名成家。而这些都是发生在我眼皮底下的事。

我在这里要强调的是，施先生对敦煌遗书研究的执着和认真。在数十年的修订《敦煌遗书总目索引》的过程中，施先生一边手摇缩微胶卷，一边关注着他人的研究成果；但看到别的专家们在各自的研究领域里"各取所需"，即把保存情况好的、字迹清楚的都作了录文整理，而一些同类的残片和字迹不太好辨认的写本一般不予理睬时，施先生很是无奈。因为这部分工作量比较大，没有前人和他人的成果可参照，往往都得自己进行较为深入的研究。她经常跟我们说这方面的事，目的就是告诫大家，做研究一定要端正态度，下大功夫，而不光是抢摊占点，急功近利。

20 世纪 80 年代后期开始，计算机技术逐渐运用到人文社科学术研究领域。而施先生在花甲之年，超越了时空，较早地掌握了研究工作所需的计算机技术，熟练地运用电脑进行论文撰写。《敦煌遗书总目索引新编》在出版纸质本的同时，也有了电子本，有了检索程序，这就为以后的敦煌遗书数字化工程奠定了良好的基础。2012 年，敦煌文献研究所的《敦煌遗书数据库建设》（已于 2021 年 5 月通过会议结项鉴定）入选国家社会科学基金重大项目，就是源于施先生在敦煌文献的整理和数字化的奠基工作。

施老师任日本东京艺术大学客座研究员期间，在文字处理机上工作

摄于 1990 年 1 月 27 日　施跃娟提供

2011年，与施老师一道携手献身敦煌事业五十余年，且品德崇高、成就卓著、堪为后世学子典范的贺世哲先生去世。2013年，根据贺先生在世时二人的商议，施先生将二人凝结一生心血所收藏的图书资料8000余册捐给敦煌研究院，并指定由敦煌文献研究所收藏。这是我赴施老师后尘，在敦煌研究院敦煌文献研究所长任上感觉最荣耀、最辉煌的一件事。

无论是作为老战士还是老知识分子，施先生在为人治学方面都是后辈楷模！此生为能与施先生这样的前辈专家长期共事而感到自豪，并为能不断聆听施先生的教诲而感到幸运！衷心祝愿施先生健康长寿，为敦煌的学术事业做出更大的贡献！

2013年6月30日敦煌研究院兰州分院贺老师、施老师捐赠图书挂牌仪式（一）

左起：张先堂、马德、施老师、李金寿、赵声良　　马德提供

2013年6月30日敦煌研究院兰州分院贺老师、施老师捐赠图书挂牌仪式（二）

敦煌研究院敦煌文献研究所全体同事合影，左起：杨森、沙武田、赵晓星、勘措吉、施老师、郭俊叶、邰惠莉、马德、黄京

马德提供

施萍婷老师二三事

郝春文/首都师范大学历史学院

一、施老师帮我们安排考察莫高窟

1984 年暑假，我和两个研一的同学利用假期考察丝绸之路。我们从北京出发，经西安、天水、兰州、永靖、武威、张掖、酒泉，一路上走走停停，在 7 月下旬到了莫高窟。当时敦煌的行政建制是县，还没有机场和火车站。我们是从柳园站下火车，转乘公交车至敦煌县城。城内基本都是土坯盖的平房，只有县委招待所是三层楼房，鹤立鸡群，是城内最好的建筑，当然也是最好的宾馆了。在去莫高窟之前，我们在敦煌县城的县委招待所住了一夜。

那时敦煌研究院的研究人员多住在莫高窟前的职工宿舍内，我们一行三人拿着宁可师写给贺世哲和施萍婷两位老师的信到宿舍去拜访他们。两位老师热情地接待了我们。令我感到震惊的是他们宿舍的写字台是用土坯搭的，在和他们聊天中知道那时他们冬天三个月都吃不到青菜，而且冬季经常是风沙漫天。我也是在北京的乡下长大的，在二十世纪五六十年代，虽然我们睡的是土坯搭的炕，家中用的桌椅也比较简陋，有时甚至缺胳膊少腿，但至少都是木制的。至于冬天的蔬菜，到 1984 年的时候，大白菜总还是有的。所以，当我看到两位老师简陋的生活条件，听他们讲述恶劣的自然条件时，心灵确实受到了极大的震撼！但两位老师并不以为苦，而是安之若素。他们是以轻松、平淡的语调向我们讲述以上情况的，没有一丝抱怨，使我对他们产生了由衷的敬意。

莫高窟的招待所房间不多，一般不对外开放，而我们希望能住在山上参观，以免天天往返县城耽误时间。施老师就领我们到招待所，帮我们接洽并办好了入住手续。然后带我们到接待部，特意叮嘱他们，我们三个是专业考察，不是普通的参观。施老师不但给我们争取到了专业考察的参观待遇，还给我们争取到了好几个难得一见的特级洞窟，并嘱咐接待部给我们配一个好一点的讲解员。

20 世纪 80 年代贺世哲、施萍婷伉俪在莫高窟职工宿舍

施跃娟提供

当时给我们安排的宁强兄刚从川大历史系毕业到敦煌文物研究所工作，所里安排他在接待部工作半年，以便熟悉洞窟。我们当时对莫高窟所知不多，说是考察，其实和普通参观者区别不大，听到的基本都是新知识。不过因为宁强本科和我一样是79级的，而且都是历史专业，所以一见面就比较亲近。他在讲解中也有意强调"雨中耕作图""胡商遇盗图"等和历史有关的图像，以便让我们了解敦煌石窟对历史研究的重要价值和意义。

在莫高窟参观期间，我们还遇到了中国历史博物馆的孙国璋老师，她是北大考古专业毕业的，曾在莫高窟工作过十年，对洞窟十分熟悉。后来我们就和孙老师一起参观洞窟，宁强主讲，孙老师补充。因为孙老师是敦煌研究院的老人，所以院长又批了不少特级洞窟，我们也都跟着看了。第一次参观莫高窟，就由专业人士讲解，还看了不少特级洞窟，这些都是拜施老师所赐。

二、陪同施老师一行游览伦敦

1999 年 9 月至 2000 年 9 月，我在伦敦英国国家图书馆查阅敦煌遗书，工作地点是该馆的东方与印度阅览室。这个阅览室很大，有几排宽大的阅览台和舒适的座椅，每个读者的位置都有电源插头和阅读灯。此外，阅览室里面靠墙的一侧有一排装有透明玻璃的小研究室，每个研究室的面积大约四五平米，里面有两把椅子和一个比较大的桌子。使用者可以把阅览室内开架的书、借的书和自己的书、资料放在里面，不在的时候可以让工作人员把门锁上，不必像在阅览台看书那样每次都要履行借还书手续。因为英图给了我一个Researcher的头衔，所以也给了我一个研究室，编号是 36。这个小单间给我的工作带来很多方便，我基本是每天早上一开馆就到阅览室，直到晚上闭馆才离开。

大约是 2000 年 3 月的某一天，我正在研究室工作，英国国家图书馆中文组组长吴芳思和职员秦思源带着樊锦诗院长和施萍婷老师来到了阅览室。施老师他们一行五人，有甘肃省副省长陈绮玲、省文物局局长马文治、副省长秘书张中旭和樊、施两位老师。他们是为了考察散失的敦煌文献和敦煌绢画等文物而来伦敦的。英图中文组还给樊院长安排了一次公开讲座，是吴芳思主持的。中文组对樊院长和施老师一行的到来十分重视，专门安排小时候在北京长大、能说一口流利汉语的秦思源陪他们游览伦敦。

我当时已在伦敦待了半年多，也经常陪同北京或国内来的学者游览伦敦，所以对伦敦的主要景点都很熟悉。外国人到伦敦旅游，博物馆当然是必看的，除了著名的大英博物馆和英国国家美术馆，还有很多专业博物馆。博物馆之外，伦敦中心区的地标性景点还有特拉法加广场、白金汉宫、唐宁街 10 号（英国首相官邸）、威斯敏斯特教堂、大笨钟、国会会议厅、泰晤士河、海德公园、牛津街和中国城等。

但当我们问施老师一行都看了哪些景点时，发现除了大英博物馆和国家美术馆外，其他具有地标性的景点他们多数都没去过。因为吴芳思是在"文革"期间留学北京，属于北大的工农兵学员，所以在给施老师一行策划参观景点时，考虑比较多的是与马克思有关的景点，如马克思脚印和马克思墓等。他们还告诉我秦思源虽然汉语流利，但不认识路，总是找错地方。这让我想起了我刚来伦敦的时候，中文组的另一位职员葛翰到希思罗机场接我，也同样走错了路。本来从希思罗机场到我住的地方乘坐始发自机场的地铁就可以直达，可葛翰带我拖着巨大的行李箱，中间不但换乘了地铁，而且后来又换乘了出租车。我至今也不明白葛翰怎么会把一条直线走成了曲折的路线。和葛翰相比，秦思源常走错路也就不算什么了，看来伦敦人在自己居住的城市迷路不算稀奇的事情。

为了不让施老师一行留下遗憾，我提出第二天陪他们参观一天，带他们到尚未去过的主要地标性景点都看看。因为他们就住在英国国家图书馆旁边的旅馆，我就和他们约好第二天早上 8 点我到旅馆大堂和他们见面。

当天晚上还发生了一个小插曲。晚上 8 点多樊院长和施老师给我打电话，可能是想再确认一下第二天的安排。那时我白天要尽量利用图书馆的开馆时间，所以一般早上图书馆一开馆就到了，一直到晚上闭馆才出来。这样锻炼就只能安排在晚上了，我是每天晚上要走路锻炼一个多小时。刚好在我出去锻炼的时候，施老师她们打来了电话。我房间里的电话是录音电话，如果响三声以上没人接听，会有英语提示主人不在，听到嘟声后可以留言。我锻炼回来以后，发现电话录音的红灯在闪动，打开录音，就听到了樊院长和施老师的对话。"他怎么不接电话呢？他不会明天不管我们吧？……"估计两位老师还不了解录音电话的功能，他们两位的聊天，包括说的我"坏话"，都被录音电话记录了下来。我马上回拨他们的电话，没人接听。估计他们已经睡了，或者因为在国外不敢贸然接听电话。那时还没有手机、微信等联络方式，电话座机联系不上，也只有第二天早上见面再说了。我想第二天早上只要他们能准时见到我，误会也就自然解开了。

第二天早上，我吃过早餐后，在八点之前赶到了施老师一行住宿的旅馆大堂。八点钟施老师一行也下楼来到了大堂，我和两位老师解释了昨天晚上因为出去锻炼没接到他们的电话，告诉她们主要景点都在伦敦中心区（一区）。伦敦的分区和北京的环路类似，一区是中心区，二区相当二环到三环间，三区相当三环到四环间，四区就是四环以外了。根据我多次游览的经验，参观一区的景点靠走路一天都能看完，没想到施老师一行要乘坐出租车游览。伦敦出租车的价钱非常贵，乘坐一次中距离的路程至少要 30 英镑，大约相当于我当时半个月的伙食费。所以，我在伦敦一年也只乘坐过一次出租车，还是因为有特别紧急的事情。那时我们在伦敦一区活动基本就是靠走路，到二区、三区、四区等比较远的地方才乘坐公共交通工具。陪同施老师一行游伦敦是我在英国第二次乘坐出租车。

我首先带他们到了特拉法加广场（Trafalgar Square），这里鸽子成群，游人如果在地上撒一些小米之类的食物，鸽群会立即飞到人的头上、肩上，凡是到广场观光的人都要在鸽群中留影纪念，享受鸽群带来的美妙感觉，所以这里又被称作鸽子广场。第二个景点是白金汉宫，这是英国国王在伦敦的主要寝宫及办公地点。白金汉宫一般不对外开放，多数情况下游客只能在宫殿的围栏外拍照留念。其中每天上午身着古典盛装的皇家卫队举行换岗仪式最能体现英国的文化，但除非特意安排，一天要看几个景点的游客很难遇到。我去过多次，也只碰到一次。第三个景点是威斯敏斯特教堂。这个教堂不是伦敦最大的教堂，但因是历代国王加冕和王室成员举行婚礼之地，所以被看作是英国的圣地和地位最高的教堂。第四个景点是唐宁街 10 号，英国首相官邸，这里也不对外开放，只能在大铁门外往里观望，可以和卫兵合影留念，卫兵会友好地配合。因为唐宁街车辆川流不息，人行道也不宽，再加游人如织，所以这里不能久留，基本是照过相就得赶紧离开，把位置让给其他游客。顺着唐宁街 10 号前行，到十字路口就可以看到伦敦的另一个地标大笨钟了。大笨钟是威斯敏斯特宫（Palace of Westminster）钟塔的昵称，是伦敦市的标志和英国的象征。钟塔上的大笨钟巨大而华丽，重 13.5 吨，四个钟面的面积有两平方米左右，是伦敦著名的古钟。到大笨钟下再往前走，就是英国的母亲河——泰晤士河了。站在威斯敏斯特桥上，可以欣赏泰晤士河的滚滚波涛和往来的船只。从威斯敏斯特桥折返，不远就是英国国会会议厅。英国国会会议厅可以进去参观，如果遇到国会辩论，还可以旁听。我此前去过几次，都是空荡荡的会议厅。但这次却遇到了国会正在开会辩论，我们一行就坐在旁听席观看辩论。从国会会议厅出来，我们一行又打车到了海德公园。海德公园是伦敦最著名的公园，面积非常大，转一圈至少得半天时间。伦敦的公园以草地为主，有少量的树木，不像中国的公园，建造很多景观。伦敦多雨，草地也不用浇水，自己就长得很茂盛。其实，多数中国人到海德公园是为了看著名的“演讲者之角”（Speakers' Corner）。那里总有一些人在发表各种演讲，有的会有一些人听，有的没人听。我去过几次，发现有的人是天天在那里“演讲”，据说是精神病患者。在海德公园转了一圈，我们又乘出租车到了中国城。伦敦的中国城不仅有很多华人餐馆和吃食，还是华人购物的场所。当时伦敦华人不多，一般的超市和商店很难找到具有中国特色的食品和食材。比如豆腐，当时在伦敦就只有中国城有。那里不仅有各种特色的餐馆和桌餐，也有花两英镑半可以管饱的快餐，一般是做几样荤素搭配的菜和主食，客人可以随意选择，量腹而食。我们的最后一站是牛津街，牛津街的两旁是各种商店，既有各种纪念品，也有衣服、鞋、帽等各种商品。我记得我们到牛津街已经是晚上了，大家都选了一些纪念品或商品。

回到宾馆，施老师一行都对我这个“导游”赞赏有加，都说这一天比他们此前几天的收获还大。能让施老师一行满意，我也很开心。

2000 年 2 月 7 日施萍婷老师一行在伦敦

施跃娟提供

三、施老师和《敦煌遗书总目索引新编》

施老师学术兴趣广泛，对敦煌学的多个领域都有涉猎。在我看来，施老师有关敦煌学的成果中，以《敦煌遗书总目索引新编》耗时最长、用力最多、贡献也最大，其影响超过任何一种敦煌学的专著，可以看作施老师的代表作。将一部工具书看作代表作，并作如上评价，难免有人会有疑问，故需略作申说。

先说耗时最长。老师从 20 世纪 60 年代初开始订正《敦煌遗书总目索引》，至 1999 年才在助手协助下完成《敦煌遗书总目索引新编》，耗时近四十年。我们常说"十年磨一剑"，而施老师则是数十年如一日，兀兀穷年，足为后辈之楷模。近"四十年"这样的时间概念，不仅在施老师的著作中耗时最长，在敦煌学的所有论著中，应该也可列入最长之列了。再说用力最多。从《敦煌遗书总目索引新编》"前言"可以知道，施老师自 20 世纪 60 年代至 90 年代末，从事《敦煌遗书总目索引》的修订一直是"日常工作"。如果关注施老师的学术履历和学术成果，我们会发现，编目工作始终是施老师耗费心血最多的工作。比如 1989 年访日期间，施老师利用东洋文库独有的资料条件，每天所做的工作就是修订《敦煌遗书总目索引》的"斯坦因劫经录"部分，工作记录写满了六大册记事本，可谓积稿盈尺。

关于《敦煌遗书总目索引新编》的贡献，可以分为以下几个方面。一是订正了很多原《敦煌遗书总目索引》定名的错误。其中包括施老师自己检索《大正藏》考出的佛经名称和学术界陆续考出的文书名称。二是增加了很多新条目。由于敦煌遗书多为写本，很多写卷同一编号包含很多性质完全不同的内容，但在编纂《敦煌遗书总目索引》时，很多文书的性质和名称未能确定，这类文书的名称在《敦煌遗书总目索引》中就被忽略了。而《敦煌遗书总目索引新编》则增加了很多《敦煌遗书总目索引》出版后被学术界考明性质和名称的文书。三是对《敦煌遗书总目索引》中所附的"说明"和部分文书的"释文"做了订正和增补。四是在著录体例方面，增加了"首题""原题""首尾俱全""中有品题"等著录项，为读者了解文书提供了更多的参考信息。由于以上几个方面涉及的都是海量的工作，所以《敦煌遗书总目索引新编》也是施老师对学术界贡献最大的成果。我想，每个使用过该书的学者都会同意施老师是《敦煌遗书总目索引》之功臣，对敦煌遗书编目而言，说"有史必有斯人"，应不为过。

在中外的学术评价体系中，编纂工具书都是不被人看重的工作，不仅很少有人把工具书当作代表作，而且在晋升职称和评奖活动中，工具书也难占有一席之地。但在敦煌遗书和其他出土文献领域，很多工具书其实具有很高的学术含量。在敦煌学领域，至少《敦煌遗书总目索引新编》《敦煌学大辞典》和《敦煌俗字典》三种工具书都具有很高的学术价值。就敦煌遗书的编目而言，因为对文书的定名涉及对文书内容和性质的认识，所以编纂的过程也是艰苦的研究过程。又由于编目需要处理所遇到的每件文书的名称，所以其编纂的难度大于撰写专题论著。因为做专题研究遇到不懂的文书可以绕开，但编目不行，必须逢山开路、遇水架桥。这也是很多人对编目工作望而却步的原因之一。

还应该指出：敦煌学的编目工作由于极其繁难，是一项吃力未必讨好的工作，但其影响却远远大于任何一本学术专著。像《敦煌遗书总目索引新编》，不仅是业内人士的案头必备之书，也是业外人士了解这一学科的必读之书。所以其读者群和覆盖面是远远大于任何一部敦煌学专著的。作为敦煌学的从业者，有此一书，足以成为国际知名的敦煌学家。以上就是我把《敦煌遗书总目索引新编》看作施老师代表作的理由，不知道施老师是否同意？

《敦煌遗书总目索引新编》已经问世20多年了，自出版以后就成为《敦煌遗书总目索引》的升级版而取代了该书，在新的敦煌遗书总目问世之前，它今后仍将是敦煌学业内学者的案头必备之书，业外学者了解敦煌学的必读之书。

我所认识的施老师

李玉珉/台湾大学艺术史研究所

　　20世纪90年代，随着两岸的开放，我有机会赴敦煌莫高窟进行田野调查，在考察的过程中，结识了许多令我敬佩的前辈学者，贺世哲、施萍婷先生就是其中的两位。一开始我与贺先生较为熟识，2011年贺先生往生以后，才开始与施老师有较多的接触。2016年3月，我赴浙江大学人文高等研究院访问研究三个月，曾拜访过已移居杭州的施老师几次，并同游杭帮菜博物馆、太子湾公园、九溪十八涧。2016年夏天，更有幸与施老师同住在莫高山庄一周有余，对施老师有更多的认识，发现她真是一位性情中人。

2016年3月17日，施老师与李玉珉（左）、赵声良（右）在杭州杭帮菜博物馆外

李玉珉提供

　　施萍婷老师是敦煌文献研究的大家，又旁涉敦煌壁画内容考证，著作等身，她不但是一位敦煌学的专家，更是一位乐于提携后辈的长者。她不仅对敦煌研究院的年轻学者谆谆善诱，就是对初次见面的台湾研究生也耐心指导。2012 年春天我带着两位学生赴敦煌莫高窟考察，当时施老师也从兰州回莫高窟，住在宿舍里。有一天傍晚，我带着学生去拜访施老师，当施老师得知我学生赖奂瑜将以《敦煌莫高窟第 428 窟》为她的硕士论文题目时，十分高兴，仔细回答了赖奂瑜所提的各种问题，并提示了许多研究时应注意的课题，真可谓知无不言。她还答应次日陪我们一同上 428 窟考察。考察石窟时，施老师如数家珍般地介绍 428 窟所在位置的重要性、壁画题材的丰富、西壁的五塔应是五分身塔、壁面的供养人有两层、入口侧的供养人题记、飞天服饰的变化等等，神采奕奕，在近两个小时的考察中毫无疲态。

2012 年 4 月李玉珉与学生等在莫高窟敦煌研究院宿舍拜访施老师

李玉珉提供

　　2016 年时施老师曾和我多次提到，她在家中是大女人，家务多由贺先生操持。有一次，贺先生在整理施老师的书桌后，施老师找不到她放在桌上的资料，大发雷霆地说道："我在家都没有一席之地。"自此以后，贺先生整理时，绝不去动施老师的书桌，因此她也争得了她的一席之地。每当说到此，施老师的眼神中流露的尽是甜蜜和思念。此外，她也多次眼泛泪光地对我说，她十分懊恼，一辈子没有为贺先生洗过一块手帕。由此可见，贺先生对施老师真是疼爱有加，二人鹣鲽情深。

2016 年 3 月 17 日在杭州太子湾公园

左起：赵声良、李玉珉、施老师、施跃娟　　　　　　　　　　　　　　施跃娟提供

　　2016 年 4 月，范泉与朋友宁孜勤自南京来杭州，约了施老师和我去新西湖十景之一的九溪十八涧游玩，并从九溪徒步六公里走到龙井村午餐、喝茶。途中涧水潺潺，施老师以 85 岁的高龄，在范泉的搀扶下，踏着大小不一的石块，一路没有休息，也没有落水，安然地走到了龙井村。真可谓老当益壮，不愧是曾经参加过朝鲜战争的女勇士，我们都对施老师赞叹不已。在龙井村村口，她回头看着九溪十八涧，还伸了一下舌头说："我蛮厉害的嘛！"赤子之心表露无遗。

　　2016 年，几乎每次见到施老师，她都会问我对莫高窟第 217 窟南壁壁画的看法，显然她对这铺壁画的定名仍十分挂心。1963 年，贺先生与施老师写就的《敦煌壁画中的法华经变初探》，认为这铺壁画为《法华经变》。2004 年，下野玲子在日本《美术史》期刊上发表了《敦煌莫高窟第二一七窟南壁经变の新解释》，指出这铺壁画应为《佛顶尊胜陀罗尼经变》，这个看法得到了许多学者的支持。然而施老师仔细检视这铺壁画的细节，悉心研读《佛顶尊胜陀罗尼经》，认为下野玲子的看法仍有不少值得商榷之处。2011 年，她与范泉在《敦煌研究》上发表了《关于莫高窟第 217 窟南壁壁画的思考》一文，对下野玲子的考证提出了很多质疑，最后指出这铺壁画称《佛顶尊胜陀罗尼经变》或《法华经变》都不妥，文末还提到该文是"一篇没有'答案'的答卷"。文章发表以后，她仍锲而不舍地在寻找答案。在杭州照顾她的侄媳施跃娟告诉我，施老师每天还是在电脑上查资料，她这种孜孜不倦的精神，实在是我们这些后学晚辈望尘莫及的。

敦煌酒事研究第一人

高启安/兰州财经大学艺术学院

敦煌学社会生活领域内，敦煌饮食文化和敦煌服饰、敦煌交通、敦煌工匠的研究等一样，已成为敦煌学百花园中绽放的一朵鲜艳奇葩。在敦煌学、丝绸之路文化研究持续繁荣的今天，我们应该记住那些在不同领域为这个世界显学筚路蓝缕、开启始功、发掘新资料、拓展新领域的前辈学者。

施老师就是一位最早发现《归义军衙府酒破历》文献价值、并对其进行深入研究、开启敦煌酒文化研究领域、最早研究归义军衙内酒的支出状况、对敦煌饮食文化研究卓有贡献的学者。

我在即将出版的《百年敦煌学史·民俗卷》中将敦煌饮食的研究分成了这样几个阶段：第一阶段，资料公布和零星涉及阶段（1909—1949）；第二个阶段，是敦煌饮食研究的零星阶段（1950—1982）；第三阶段，全面繁荣阶段（1983—2010）。

关于第三阶段，又分成了两个时段：第一时段为初步研究阶段，大致从1983年到2000年，"敦煌饮食"概念开始进入学术视野，有个别文章问世，在社会生活史研究逐渐受重视的背景下，敦煌饮食的关注度增加；第二时段为整体系统研究阶段，从2001年到2010年。

在第五章第二节《敦煌的饮酒习俗研究》中说道：

> 施萍婷先生是较早涉及敦煌酒文化研究的学者，她从敦煌研究所（敦煌研究院前身）所保存的《酒帐》（即《归义军衙府酒破历》，现为三段，即敦研001+敦研369+P.2629，简称《酒帐》，原为一件，20世纪40年代被人为分裂成二段，一段保存在敦煌艺术研究所［今敦煌研究院］，编为敦研001。另一段为董希文收藏［当时董希文任职敦煌艺术研究所］，而后流失日本，成为青山杉雨先生的藏品。1997年，青山庆示先生将其父收藏的8件敦煌文献捐献给敦煌研究

院，其中包括了此一段，敦煌研究院编号为敦研369）入手，对该酒破历中所涉及的敦煌当时酒的量器、容器瓮、角、斗、升、合等计量之间的关系进行了探讨，对文书中出现的与宴饮有关的迎、设、看、供、支等词汇的含义也进行了辨析。通过该酒破历，对酒在敦煌社会、特别敦煌政治经济文化等方面所起的作用进行了研究和论述。这是第一次对敦煌地区酒的量度及其量度器进行的研究，对以后的研究影响较大。

施老师的这篇文章，即《本所藏〈酒帐〉研究》，发表在《敦煌研究》创刊号（总第三期）上（第142—155页），时间是1983年，第三阶段第一时段正是以施老师这篇文章作为起始标志。

1978年12月，十一届三中全会决定中国开始实行对内改革、对外开放的政策。和全国其他领域一样，敦煌学研究也迅速迎来了蓬勃发展的时期。1983年，"中国敦煌吐鲁番学会"在兰州成立，《敦煌研究》经过两期试刊和一期特刊后，正式创刊，研究院的一批老专家将多年积累的研究成果陆续刊载于《敦煌研究》上，施老师的这篇文章就发表在这期《敦煌研究》上。

众所周知，敦煌文献和敦煌壁画中保存了大量饮食的资料，但对这些资料的重要性和价值判断，经过了一个长时间的认识过程。虽然常书鸿先生1955年在《甘肃日报》发表《从敦煌壁画看历代人民生活》一文，1956年在《文物参考资料》上发表《敦煌壁画中的历代人民生活画》谈到了壁画中的饮食内容，如挤奶、耕作、推磨、碾米及各种表现农作生产劳动的画面[1]，但大多是内容的简单介绍，尚未进入深入解读和研究的阶段。在前述的第二阶段（我将其称之为"零星研究阶段"），其主要研究内容为《茶酒论》和《食疗本草》，分别从文学和医学的角度进行研究。

台湾学者罗宗涛于1974年出版《敦煌变文社会风俗事物考》，其中第二章为"饮食"，分"主食""菜肴、佐料、蔬果""茶酒""器皿"四方面，从"饭""麦饭""饘粥"等的称谓到饼的数量词"番（播）"到食物容器，将敦煌变文中的饮食类内容搜罗殆尽。但由于作者所收集的资料仅限于敦煌变文，尚不能算作是敦煌地区饮食的全面反映，许多内容因变文的性质，并非属于敦煌本地饮食状况[2]。

1983年，在中国敦煌吐鲁番学会成立及全国敦煌学术讨论会上，高国藩先生提交《敦煌民俗学简论》一文，没有提及饮食内容，直到1989年，才在其所著《敦煌民俗学》中专列饮食一章，分"民间食品的种类"和"民间饮食风俗特点"，主要介绍了P.2609《俗务要名林》和敦煌变文所载饮食品种和饮食原料，并对部分饮食品种作了考证[3]。尚未就敦煌社会经济类文献中的饮食事相进行梳理。

众所周知，敦煌变文及《茶酒论》《俗务要名林》等文献属于文学作品，多从中原传入，与敦煌本地发生的饮食事相和酒事关系不大。

①常书鸿《从敦煌壁画看历代人民生活》，《甘肃日报》1955年1月12日第4版；常书鸿《敦煌壁画中的历代人民生活画》，《文物参考资料》1956年第2期，第7—10页；王逊《敦煌壁画和宗教艺术反映生活的问题》，《美术》1955年11月号，第16—19页；苗子《从敦煌壁画看唐代人民生活》，《新观察》1957年第1期，第20—21页。
②罗宗涛《敦煌变文社会风俗事物考》，文史哲出版社，1974年。
③高国藩《敦煌民俗学》第二十二章《民间饮食风俗》，上海文艺出版社，1989年，第393—411页。

施老师《本所藏〈酒帐〉研究》一文，体现了敏锐的学术眼光、深厚的学术功底及细致的学风，是改革开放后，敦煌饮食研究的第一篇重要论文，是中国敦煌吐鲁番学会成立后的第一篇专研社会经济类文献中饮食内容的论文，也是《敦煌研究》两期试刊及创刊后的第一篇敦煌饮食论文，谓敦煌饮食研究"东风第一枝"毫不为过。

1996 年，我调入敦煌研究院，急于寻找、确定自己的研究方向，由于大学期间喜欢柯杨先生的《民间文学》《民俗学》等课程，毕业后也发表过数篇与民间文学、民俗学相关的论文①，调入《敦煌研究》编辑部后，最先发表的两篇文章即是关于敦煌民间文学方面的内容②，意图将此领域作为敦煌学的进身之阶。

但在阅读唐耕耦、陆宏基先生辑录的《敦煌社会经济文献真迹释录》和文献所的缩微胶卷中，发现有许多饮食资料。询查敦煌饮食的研究史，却多是关于《茶酒论》和《食疗本草》的研究，而关于敦煌社会经济文献中的饮食资料或曰文献本身所反映的敦煌当地饮食事相，研究者寥寥，最为详尽解读、研究者，就是施老师的这篇长文，可以说这篇论文，才开启了敦煌饮食文献的真正研究和研究范式。

于是，我开始抄录相关文献，计有十多本，转向了敦煌饮食文化领域，趁此东风，可谓入方便门。

2017 年 12 月 10 日高启安（右）与冯培红（左）到杭州滨江区拜访施老师

施跃娟提供

---

① 高启安《应当重视河西宝卷的搜集整理》，《阳关》1986 年第 5 期；《〈四姐宝卷〉与方四娘》，《青海社会科学》1988 年第 1 期；《〈四姐宝卷〉与河西风俗——兼论宝卷的民俗史料价值》，《酒泉教育学院学报》1989 年第 2 期；《〈十重深恩〉与敦煌曲子词〈十恩德〉、〈十种缘〉、〈孝顺乐〉》，《敦煌研究》1991 年第 1 期。
② 高启安《流传在甘肃的"五更词"研究》，《敦煌研究》1997 年第 2 期；《敦煌五更词与甘肃五更词比较研究》，《敦煌研究》1997 年第 3 期。

施老师这篇总共 15 页的论文，对我后来研究影响很大。论文不仅描述了文本遗存状况，公布了文献内容的全部（1997 年，青山庆示捐献了其父青山杉雨收藏的 8 件敦煌文献，其中包括了与院藏敦研 001 为一体的一段，即敦煌研究院编号敦研 369，使《归义军衙府酒破历》完璧），考证了文献所记时间上下限，而且与之相关的 P.2629《归义军酒破历》，揭示了许多笔酒支出的历史背景。就内容而言，此论文已经不单是研究酒的支破历本身，而是依据此酒破历解读背后的历史事件了。如天使、于阗使、甘州使、西州使等各路使节前来敦煌，归义军府衙要支破酒以招待，该文献记载多多，不劳一一。《酒帐》还探讨了归义军政权首脑获得中原王朝任命的蛛丝马迹等的信息。

对我后来研究启发最大者，莫过于关于敦煌当时酒的量制和量器"瓮、角、斗、升、合"、敦煌不同饮食活动"迎、设、看、供、支"等称谓及各种不同用酒场合的揭示，奠定了关于敦煌当时酒的量器、量制的研究基础。在博士论文及小书《唐五代敦煌饮食文化研究》第 5 章中，专设"宴饮活动的称谓"，在施老师"迎、设、看、供、支"的基础上，又增加了"局席""筵""顿""小食""中食""解火""解劳""爨脚""醼腻宴席"等不同饮食活动称谓的研究。在第 8 章中，则完全采用了施老师关于"瓮、角、斗、升、合"的容量和之间的数量关系，增加了关于"杓"的容量的探讨。

2003 年，我与其他师弟师妹顺利通过答辩，施老师也是兰州大学敦煌学研究所 2003 年博士论文答辩的老师之一。至今言犹在耳。

今施老师年届耄耋，精神矍铄，正印了那句古老的"仁者寿"的吉语，我再化用为"学者寿"，一为感佩施老师孜孜不倦的学习精神（施老师的论文集即为《敦煌习学集》），亦为吾辈活到老、学到老、退而不休的自励！

谨以此短文，祝福施老师长命百岁！

习学敦煌望莫高
——记施萍婷先生的学恩

荣新江/北京大学历史系

今年 6 月下旬到杭州开会，无意间听冯培红说到他们几位在筹划给施萍婷先生九十华诞编个纪念册，我自告奋勇地要写篇文章。虽然我既非施先生的同事，也不是她的弟子，但我和她有着很长时间的学术交往，一句话勾起了很多回忆。

时间倒回到 1983 年的暑期，我们北京大学历史系 81、82 级的隋唐史研究生一行六人，跟随张广达先生考察河西走廊汉唐遗迹，最后到达敦煌。在莫高窟，我们受到敦煌文物研究所的领导和专家们的热情招待，段文杰所长、樊锦诗副所长安排我们参观洞窟，没有哪个洞子是不能开放的；贺世哲、施萍婷、孙修身等研究人员带着我们爬上爬下，我们提出看哪个窟，就带我们进哪个窟，一个窟一个窟地讲解，一幅画面一幅画面地解说。我们所能提出的洞窟看完后，他们又主动说某个洞窟有于阗王子，某个洞窟有于阗瑞像，于是又从一层爬到上面，继续观摩。他们把自己的研究成果和思考中的看法，毫无保留地讲给我们，在一个星期当中，我边听边记，手忙眼花，但收获极为丰富，没想到在学校图书馆阅览室中看的黑白缩微胶卷中的文书墨迹之外，竟然有如此富丽堂皇的彩色画面，一个个原本只在书本中看到的历史人物——张议潮、曹议金、曹元忠、李圣天、于阗公主……竟然就在眼前。尽管囫囵吞枣，但这第一次的敦煌之行，无疑给我上了一堂堂生动的敦煌美术史与图像史的课程，开启了我敦煌学之旅的另一扇门窗。这些给我留下深刻印象的讲解，主要就是来自贺世哲和施萍婷先生的话语。

在 1983 年前后，我正在跟从张广达师一起研究西域绿洲王国于阗的历史，敦煌文书和洞窟题记、壁画都是我们的取材对象，敦煌归义军节度使供养人家族的题记，是其中重要的参考资料。因此，贺世哲与孙修身两位先生合撰的《瓜沙曹氏与敦煌莫高窟》（《敦煌研究文集》，1982 年），贺世哲先生的《从供养人题记看莫高窟部分洞窟的营建年代》（《敦煌莫高窟供养人题记》，1986 年），施萍亭（施萍婷）先生的《本所藏〈酒帐〉研究》（《敦煌研究》创刊号，1983 年）等文章，都是我案头时时参考的大作。我的很多研究成果，都是以这些经典文章作为基础才取得的，而且其中不少内容，我都在敦煌现场聆听过，所以记忆十分深刻。

虽然施萍婷先生也写过研究《法华经变》《金光明经变》等美术史方面的文章，但她作为 20 世纪 80 年代初敦煌文物研究所成立的敦煌遗书研究室的首任主任，以及 1984 年研究所扩编为敦煌研究院后的敦煌遗书研究所（后改成敦煌文献研究所）的首任所长，她的研究重点更多地偏向敦煌文书。她主持编纂了敦煌文物研究所收藏的《敦煌遗书目录》（刊《文物参考资料》第 1 辑，1977 年），完成《敦煌遗书总目索引新编》（中华书局 2000 年版），后来主持《甘肃藏敦煌文献》的编纂工作，撰写《甘肃省藏敦煌汉文文献概述》，置于卷首（甘肃人民出版社 1999 年版）。在此过程中，她对敦煌文物研究所所藏一些重要文书都做了考释，除了前面提到的归义军时期的《酒帐》外，还有天宝年间奴隶买卖文书、《龙种上尊王佛印法经》《元至正廿四年借据》《延祐三年奴婢买卖文书》等。她为了确定《酒帐》的年份，曾花精力深入钻研敦煌具注历日，撰写了《敦煌历日研究》（《1983 年全国敦煌学术讨论会论文集·文史遗书编》，甘肃人民出版社 1987 年版），我每读一过，都感慨系之。此后重编王重民等《敦煌遗书总目索引》，也连带写出一系列有心得的文章，有的是札记的形式，有的则用论文表出，如《S.2926〈佛说校量数珠功德经〉写卷研究》（《敦煌研究》1993 年第 4 期）、《法照与敦煌初探——以 P.2130 号为中心》（《1994 年敦煌学国际研讨会论文集·宗教文史卷》上，甘肃民族出版社 2000 年版）等等。施先生发表的文章，我都第一时间拿来拜读，一方面她的治学领域覆盖了我当时兴趣所在，另一方面我也被她聘为敦煌文献研究所的兼职研究员，成为她的一名化外弟子。

1990 年 8 月我开始到日本京都龙谷大学做半年的访问学者，期间在 11 月下旬首次走访东京。我知道施萍婷先生也在东京访问，所以和她电话联系，前往她下榻的后乐宾馆拜访。施先生是敦煌研究院遗书研究所的所长，住在这里有点委屈，但敦煌的人什么苦都吃过，条件艰苦一点算得了啥。记得她特别到后乐园车站来接我，带我到宾馆午餐，她说虽然简单，但这里提供中餐，这对于一直在龙谷大学学生食堂午餐吃面条的我来说，无疑是一顿美餐。她知道我喜欢喝咖啡，所以特别送给我一瓶准备好的高级咖啡，让我感动不已。更重要的是，她把还没有发表的有关三界寺道真和藏经洞的文章给了我一份，因为她知道我也在思考藏经洞文献的构成问题。这就是后来我在《敦煌藏经洞的性质及其封闭原因》中引用的《三界寺·道真·敦煌藏经》一文的底稿，后来发表在《1990 年敦煌学国际研讨会文集·石窟考古编》（辽宁美术出版社 1995 年版）。我和施先生的观点非常一致，也受到她的很多启发，特别是她对于没有署名道真，但从书法上可以判断为道真的写本的考察，是极其有洞见力的看法，对我启发很大。我记得那次只有小半天的会面，还看了施先生做的《敦煌遗书总目索引新编》的稿本，知道她正在大力增补王重民的目录，敬佩有加。

施萍婷先生作为敦煌文书研究的专家、研究院遗书所的所长，来到日本自然是把调查日本所藏敦煌写本作为己任。我在日本的一项工作，也是想调查日本散藏的敦煌吐鲁番文书。因此，访查敦煌写本，成为我们之间通讯交流的一个重点。记得她曾经来信询问怎样办理访问宁乐美术馆的手续，如何申请复制蒲昌府文书等事宜。我则把龙谷大学西域文化研究会收藏的油印本《书道博物馆所藏经卷文书目录附解说》复印寄送给她。国会图书馆我在东京时曾经专门去了一趟，打听石井本《神会语录》的所在，馆方没有找到，但告知有一些敦煌写卷，时间所限，我没有见到。后来施萍婷先生有信来，说她曾前往调查了国会图书馆收藏的全部敦煌写卷，详细告知相关情况。在施先生的努力下，她在日本期间，先后调查了三井文库、藤井有邻馆、唐招提寺、国会图书馆、大东急记念文库、东京大学东洋文化研究所收藏的敦煌文献，并一一撰写了《叙录》（分载于《敦煌研究》1993 年第 2 期，1994 年第 3 期，1995 年第 4 期）。此外，她还把亲自考察国内藏卷的有关收获，在东洋文库讲演，并用日文发表《敦煌研究院·上海图书馆·天津艺术博物馆藏敦煌遗书面面观》（《东洋学报》第 72 卷第 1.2 号，1990 年），与东洋学者分享。

后来，施先生更有机会于 1995 年 5—7 月随段文杰院长访问俄罗斯圣彼得堡，调查当时学界尚不太了解的俄罗斯科学院东方学研究所圣彼得堡分所（现更名东方文献研究所）收藏的敦煌文献，回来后随即撰写了《俄藏敦煌文献经眼录之一》和《之二》（分载《敦煌研究》1996 年第 2 期；《敦煌吐鲁番研究》第 2 卷，1996 年），提供给学界大量丰富的研究素材和初步研究心得。此前我和张广达先生探讨 10 世纪于阗国的年号归属问题时，一直以不能见到 Дx.1400、Дx.2148 号两件带有"天寿"纪年的文书为憾。1991 年 7 月我曾有机会走访当时还叫列宁格勒的东方学研究所，向所方申请阅览而未能如愿。所以当我知道施先生要去圣彼得堡时，就委托她来调查这两件文书。施先生回国后，很快告知除 Дx.1400、Дx.2148 外，Дx.6069 也是同组文书，据背面《道场应用文》，三件原系同一写本。她同时寄来所抄录的三件文书全文，我们据以撰写成《十世纪于阗国的天寿年号及其相关问题》（载《欧亚学刊》第 1 辑，中华书局 1999 年版），使天寿年号的定年问题彻底解决。这完全是得于施先生的恩赐。其实，受惠的还不止于此，她还把同时抄录的 Дx.18917 以下和田出土的若干件于阗汉文文书寄给我们，这又促成了我们合撰的另一篇文章——《圣彼得堡藏和田出土汉文文书考释》（《敦煌吐鲁番研究》第 6 卷，2002 年），其中提到"部分参考了施萍婷教授尚未发表的录文"，就是同样来自施先生的恩赐。我记得在 20 世纪 90 年代很长的时间里，施先生经常给我打电话，每次电话先用西北话问候一句"好着咧吧"，然后就谈学问。所以当时我对她的学术活动非常了解，因此才能够事先拜托她代为调查俄藏有关于阗年号的敦煌写卷，没想到施先生马到成功，不仅让我们解决了天寿纪年问题，还获得了混入敦煌写卷中的俄藏和田出土汉文文书这样前所不知的重要资料。

记得那个时候我向她提出的另一个大胆的请求，是借 1994 年去敦煌参加"敦煌学国际学术讨论会"之际，阅览敦煌研究院敦煌文献研究所收藏的敦煌卷子，她一口答应，并联络了副所长李正宇先生，两人一道把两把钥匙从兰州带到敦煌，因为两人必须同时开锁，才能打开箱子。当时所有文书都收藏在文献所的保险柜里，即将移交给新盖好的敦煌研究院陈列中心，这些文书只有很少一部分的图片在各种书刊上发表，除了一本名叫《敦煌》的大图录之外，往往都不清晰，而且不全。会议之后，在施、李两位先生的陪同下，我得以大饱眼福，浏览了除一般的经卷之外的所有公私文书，包括迄今还没有完全发表的周炳南旧藏两本《敦煌石室遗墨》，其中包括不少背面有回鹘文的残卷，以及任子宜等人的旧藏。这让我大开眼界，对于像《张君义勋告》等文书的原貌有了亲眼的目验，为后来写文章提供了依据。对于施先生给予的学恩，真的是感激不尽。

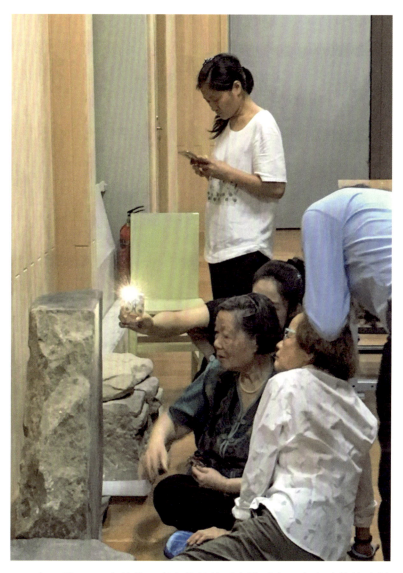

2017 年 8 月 22 日在敦煌石窟文物保护研究陈列中心库房看敦煌碑刻

前排为郭丽英、施老师、施跃娟等，后排为荣新江　　　荣新江提供

　　作为回报，我几乎每出一本书，自然要寄赠给施先生求教。每次施先生接到书，都第一时间打电话或写信来，倍加鼓励。最让我不知如何是好的是，我把拙著《英国图书馆藏敦煌汉文非佛教文献残卷目录》（新文丰出版公司 1994 年版）寄给她以后，她提笔写了一篇《述评》，对我的工作充分肯定之余，又多有溢美之词。她说道："我初读本书过程中，时时为他的精确描述所感动，不由自主地想写点'感想'，甚至连标题都想好了，就叫《后生可畏》，副标题为《八个字上见功夫》（详后）。"

她所说的八个字，是指我把S.11564八个字的小残片填补到S.3329所缺的洞中，并定名为《敕河西节度兵部尚书张公德政之碑》。这篇《述评》发表在《段文杰敦煌研究五十年纪念文集》（世界图书出版公司1996年版）上，我知道施先生这样发表别有心意，但我读了之后，为她如此提携后生而感动不已。

　　施先生1995年离休后，我和她仍然有学术交往，每次去兰州，都去看望她。有时候到敦煌，也常常在那里拜见。2005年3月17日，她寄下她的大著《敦煌习学集》上下册，其中汇集了施先生研治敦煌学的主要收获，这是我放在手边书架上、时常翻阅习学的敦煌宝典。

2018年11月19日《敦煌研究》编辑部等单位在杭州举办2018敦煌研究发展研讨会

前排左起：施老师、荣新江、张先堂，后排右边为赵和平　　　　　　施跃娟提供

　　施萍婷先生自1961年从兰州艺术学院调到敦煌工作，是一位"打不走的莫高窟人"。她守住了寂寞，做出了成绩。她性格爽快，落落大方，提携后生，不遗余力。我作为晚辈，能有许多机会跟她习学敦煌，受她恩惠，十分幸运。值此施先生九十华诞之际，谨撰小文，祝先生健康长寿。

2021年8月8日

可敬的前辈　可师的学者
——记我与施萍婷老师的交往

张先堂/敦煌研究院

　　每个人的一生中交往的人可能很多，但令你从心底敬佩，对你的人生道路产生深刻影响的人往往不多。在我与施萍婷老师的交往中，施老师的为人治学令我由衷敬佩，我一直视之为可敬的老前辈。更令我感铭于心的是，施老师曾对我的学术研究道路产生深刻影响，在我心中一直尊之为学术道路上的引路人之一。

2020 年 12 月 5 日张先堂与施老师在杭州聚会

张先堂提供

可敬的前辈

　　我第一次与施老师见面是在 1988 年 4 月。那是我研究生毕业后被分配到甘肃省社会科学院文学研究所工作后的第二年，颜廷亮所长为筹备一个将在当年 10 月在敦煌举办的全国性文学研究会议，派我到敦煌出差，预先联系安排会议代表的住宿、会场等相关事宜。为了便于我在敦煌的行动，颜所长特意安排我随同正往敦煌研究院为"敦煌学"专刊联系组稿事宜的《文史知识》主编柴剑虹先生一行"搭便车"。这是我第一次抵达向往已久的敦煌，心中的激动和兴奋自不待多言。彼时的敦煌远没有如今的繁华热闹，游客不多，在敦煌举办的学术会议也很少。因此我很快就在敦煌县第一招待所联系商谈好了会议相关事宜安排。然后就兴冲冲地随同柴先生一行抵达莫高窟参观，见到了敦煌研究院多位以往久已闻名的专家，同时也见到了施萍婷老师。但见施老师为人干练，快人快语。特别是她把头发盘在脑后绾成一个纂儿，外罩发网，在大多数中年女士多为齐耳短发的当年，施老师的这种发式显示出别具一格的个性，给我留下深刻难忘的印象。

1994 年我调入敦煌研究院敦煌遗书研究所（后改称敦煌文献研究所），之后开始与施老师直接交往。彼时施老师在国内外是享誉学界的著名学者，在院内曾长期担任敦煌遗书研究所所长，是我所在部门的老领导；我在学界只是初迈敦煌学门槛的年轻学人，在院内是后学晚辈。随着之后 20 余年与施老师交往的频密，对施老师了解的深入，我从施老师身上感受到了老一辈学者勇于奉献的家国情怀，对学术事业执着追求的探索精神，对后学晚辈奖掖扶持的长者风范。

我经常感慨施萍婷老师等敦煌研究院多位老一辈学者的人生经历堪称传奇，而我们后辈学者的人生经历最多只有故事。如史苇湘老师 20 世纪 40 年代中期在四川省立艺术专科学校就学期间，毅然参加国民政府青年远征军奔赴滇缅抗日战场。再如贺世哲、施萍婷老师在 20 世纪 50 年代初参加中国人民志愿军毅然跨过鸭绿江投身抗美援朝战场。对我们生活在和平年代的后辈来说，抗日战争、抗美援朝只是书本上的故事、影视中的镜头，但对于史苇湘、贺世哲、施萍婷等前辈来说则是枪林弹雨、九死一生的亲身经历。从他们身上，我们可以深切地感受到前辈学者以身许国、勇于牺牲的高尚的家国情怀。为此我内心对史苇湘、贺世哲、施萍婷等老前辈总是怀有一种特殊的敬佩之情。

2020 年 12 月，我赴杭州参加敦煌石窟保护研究基金会理事会。如同以往一样每次到杭州都要特意设法与定居杭州的施老师见面一样，此次我特意电话约请照顾施老师的侄媳妇施跃娟陪同施老师到我们开会的良渚文化村酒店相会。施老师在跃娟陪同下如约而至，见到柴剑虹、杜斗城、刘进宝等敦煌学界的老朋友，苏伯民、杨秀清和我等敦煌研究院的老同事，施老师很开心，大家相谈甚欢。之前我关注到当年中共中央、国务院、中央军委联名给志愿军老战士颁发"中国人民志愿军抗美援朝出国作战 70 周年"纪念章，以表彰为国而战的志愿军老战士。见面时我询问施老师是否收到纪念章，施老师说还没有收到。回到敦煌后，我向院党委书记马世林同志汇报了此事，马书记即安排院人力资源处与省委有关部门联系领回了施老师的纪念章。本来院里计划由拟赴杭州出差的赵声良院长亲自给施老师送去纪念章，却因为当时情况特殊而阻滞了赵院长的行程。到次年 2 月上旬，经我协调人力资源处的同事，将纪念章寄往施老师杭州家里，同时还寄去了由我主编新近出版的院史画册《坚守大漠 筑梦敦煌——敦煌研究院发展历程》，其中收录有施老师本人的简介。几天后跃娟微信告知我：施老师已经收到了纪念章和院史画册，老人很开心。我也为内心惦念的一件事得以妥善安排而深感欣慰。

国家颁发给施老师的"中国人民志愿军抗美援朝出国作战70周年"纪念章

张先堂提供

施老师还令我敬佩的是在她身上一直葆有一种不懈学习的热情、不断追求的精神。我刚调入敦煌研究院时，由于兰州分院办公楼尚未建成，我们便与敦煌遗书研究所的同事们一起在广武门家属楼上的临时办公室上班。每天到了电视台播放日语教学节目时，施老师就会回到她家中去看电视学日语，坚持她多年学习日语的习惯。彼时施老师已经年逾六旬，她学习日语是为了便于自己，同时也想帮助中国学者在研究工作中利用日本学者的研究资料。她先后于1994年、2004年发表了对日本西域史专家藤枝晃《有关大谷探险队的答问》、日本佛教史专家塚本善隆所著《从释迦、弥勒到阿弥陀，从无量寿到阿弥陀——北魏至唐的变化》的中文译文，将日本学者的相关研究成果介绍给国内的学者，显示了她学习日语的显著成效。这种不懈学习的精神令我深为感佩，并成为激励自己努力学习工作的精神动力。

施老师在研究工作中也同样体现了不断探索追求的精神。她的研究工作不仅涉及敦煌石窟艺术、考古研究，而且还关注敦煌文献的研究，特别致力于对敦煌藏经洞出土文献的调查和编目工作。为此她坚持多年持续地在日本、俄罗斯等国外有关收藏机构进行敦煌文献调查工作，也希望对国内有关收藏机构的敦煌文献进行全面调查。记得1996年前后，根据所长安排，我曾执笔以敦煌遗书研究所名义写信给国家图书馆，帮施老师联系赴国图调查敦煌写卷事宜。后来由于国图的有关规定，施老师赴国图全面调查敦煌写卷的计划未能实现。但她为全面调查敦煌写卷而积极努力四方奔走的情形令我难以忘怀。

施老师长期以来积极热诚关心指导青年学者，奖掖扶持后进，体现了一位老前辈对敦煌学事业高度的责任感。她平常对年轻人的请教有问必答，年轻人也常常喜欢向她请教。即使离休后赋闲在家，施萍婷和贺世哲老师的家也经常会有年轻人上门叨扰请教。许多年轻学者都会对施老师家中待客必备的美味咖啡留下难忘的印象。

从1998年开始，施老师担任了兰州大学与敦煌研究院合作的敦煌学博士点的博士研究生导师，此后10余年间，她前后指导了10余位博士研究生。对每一位博士研究生，她都是悉心指导，从平常的上课，到论文开题、撰写、修改、定稿、答辩，每一个环节她都认真把关，严格要求。施老师指导的博士研究生都快速进步，如冯培红、屈直敏、公维章、王晶波、黄维忠、陆离、陈菊霞、孙晓峰等都已成长为国内敦煌学界业有专精、成就显著的中青年骨干学者。这也从又一个侧面显示出了施老师对敦煌学术事业发展的贡献。

可师的学者

我在认识施萍婷老师之前就早已知晓其人，拜读过施老师多篇论文，深为其观点之新颖独创、论证之严谨周密而折服。

1994年我调入敦煌研究院后，有更多机会直接接触、了解施老师。当时，甘肃省社科联主办的《社科纵横》杂志开辟了"陇上社科人物"专栏，每期刊发2篇短文简介2位甘肃省内著名社科研究专家的学术成就。杂志编辑部邀请我为段文杰、施萍婷、李正宇 3 位敦煌学专家写简介文章。因此我对 3 位专家的学术研究成果做了比较全面的学习了解，先后撰写、刊发了简介 3 位专家敦煌学研究成果的 3 篇短文。其中《施萍婷研究员与敦煌学研究》一文简要介绍了施老师在 20 世纪 90 年代中期之前多方面的学术研究成果。

在研读施老师研究论著的过程中，不仅使我了解了施老师的学术研究成果，而且令我欣喜的是从中获益良多。这就是我从施老师《法照与敦煌文学》一文中获得了十分宝贵的学术启发。

施老师此文是中国学者中最早发表的考察唐代净土教祖师法照生平及其著作的论文。本文共分 3 节，第 1、2 节考述了法照的生平、著作，第 3 节论述法照与敦煌文学的关系。其中施老师在第 3 节中的观点引起了我的特别注意：一是指出“对于法照的研究，应该承认，日本人走在我们前头，如望月信亨、矢吹庆辉、佐藤哲英、塚本善隆、广川尧敏等都有研究，尤其是塚本善隆的《唐中期的净土教》，一本书几乎全写的是法照”。二是指出“法照撰集的‘五会念佛’观行仪中的赞，加上后来法照门徒写的赞，是一大笔文学遗产。……作为敦煌文学的一部分，对五会念佛中的各种‘赞’的研究，似乎尚未展开”。三是施老师谦称自己“在敦煌文学研究方面是外行”，并慷慨地公布了自己收集到的有关法照念佛赞文的敦煌遗书卷号，以供学界展开研究，提出“很有必要对有关法照事迹的卷子进行一次普查，有关五会念佛的‘赞’也有待进一步调查、收集、整理。我对敦煌文学研究家们敬存厚望”。施老师这些充满启发性的观点对我而言恰如醍醐灌顶一般。

此前几年间我虽在甘肃省社科院参与颜廷亮先生主持的“敦煌文学研究”项目，参与编撰《敦煌文学》《敦煌文学概论》2 部专著，撰写发表了有关敦煌小说、话本、诗歌等方面研究的几篇论文，但调入敦煌研究院敦煌遗书研究所后，我正在为选择一个今后适合长期用力的研究方向而踌躇不已。因此当我读到施老师此文时大受启发，茅塞顿开，感觉找到了自己未来的一个研究方向。虽然我不是“敦煌文学研究家”，但作为古代文学专业毕业的研究生，我不是应该对法照其人及其五会念佛赞文下一番研究功夫吗？

当明确上述的想法后，我就兴奋地去找施老师面谈请教。施老师对我的想法给予充分肯定，并热情地将她在日本访问研究期间收集的日本学者矢吹庆辉、塚本善隆、佐藤哲英、广川尧敏有关法照研究论文的复印件送给我复印，并明确指导我：先了解日本学者的研究成果，然后再对相关敦煌写卷进行全面深入地调查、研究，争取有新的发现，提出新的观点和论述。施老师对我的热情鼓励和指导极大地增强了我的信心。手里拿着施老师用棉线在侧边细致整齐缝缀成册如同线装书一般的日本学者研究论文的复印件，也令我感受到施老师做事的极端细致和认真，堪为楷模。

此后 10 年间，我持续地致力于法照其人及其五会念佛赞文的研究，先后撰写、发表了《敦煌唐代净土五会赞文与佛教文学》《晚唐五代净土五会念佛法门在敦煌地区的流传》《唐代净土教宗师法照与五台山、并州关系新探——以敦煌文献为中心》《净土教宗师法照的文学创作及其对唐代文学的贡献》等多篇论文，对法照其人事迹、五会念佛法门在敦煌的流传、五会念佛赞文与佛教文学的关系、法照文学创作对唐代文学的贡献等论题展开考察与论述。为了记录和感谢我受到施老师启发的因缘，我特意在第一篇发表有关法照研究的论文引言"本课题的缘起"中说明："笔者正是受施先生论文的启发，在初步普查有关敦煌写本的基础上，试图对敦煌本唐代净土五会赞文与佛教文学的关系予以考察。"并在注释中说明："笔者参阅的日本学者有关法照及其净土五会念佛赞文的研究论著，大部分承蒙本院施萍婷先生惠予提供，特此致谢。"

令我难忘的是，《唐代净土教宗师法照与五台山、并州关系新探——以敦煌文献为中心》一文在以往日本学者研究的基础上，利用有关法照的敦煌文献，考订了以往学者一直搞不清楚的法照由太原入长安的准确时间，并对传世佛教史籍所津津乐道的法照在五台山的感通故事提出了新的考证与解释，认为这是法照出于提高声望以便弘传净土五会念佛法门而自我创造的神话，同时也因其迎合了唐代盛行一时的五台山文殊信仰而得以广泛流传。此文于 2001 年撰写完成时，正逢我在日本东京艺术大学访问研究期间，应日本内陆亚细亚出土古文献研究会时任会长池田温先生、秘书长妹尾达彦先生的邀请，在该会的一次学术报告会上予以宣讲。当时与会的除了池田、妹尾先生外，记得还有土肥义和、气贺泽保规等 10 多位日本学者。我的论文报告后，得到日本学者的肯定。作为中国学者，这令我感到十分自豪。此文在《敦煌研究》2003 年第 2 期发表后，又被人大复印报刊资料《宗教》2003 年第 6 期全文转载，表明国内学术界对我有关法照研究的关注与肯定。这令我深感欣慰，激励我持续地进行法照的相关研究。

此后，我由法照研究进而关注敦煌净土教史研究，由敦煌文学研究转入敦煌佛教史研究，践行了大学期间老师教导的先贤"文史不分家"的治学传统。后来又由佛教史文献研究进而结合敦煌石窟图像研究，展开了对敦煌供养人的研究。但追溯源头，我一直十分感念施老师的学术研究对我的深刻启发，进而影响到我的学术研究道路。

今年时值施老师九十华诞，本文缕述我与施老师交往的往事如上，谨此表达我对老前辈、老领导、学术引路人施老师的敬佩、感恩之情。

衷心祝愿施老师身体康健长寿，学术之树长青！

打不走的"敦煌人"

——我所了解的施萍婷先生

刘进宝/浙江大学历史学院

　　我是 1979 年考入甘肃师范大学历史系的，到了二三年级时，敦煌学方兴未艾，我既从老师们口中听到过施萍婷、贺世哲，也在《敦煌研究文集》《敦煌研究》试刊号上看过施老师和贺老师的文章。由于贺世哲先生的研究方向主要是石窟考古，施先生的方向主要是敦煌文书和历史，所以我更关注施萍婷老师的研究。

2006 年 12 月 22 日在兰州宁卧庄宾馆召开《敦煌研究》创刊 100 期纪念会

左起：刘进宝、施老师、邰惠莉、贺老师，后面为张德芳　　　刘进宝提供

一

第一次与施老师见面，是1983年在兰州举行的中国敦煌吐鲁番学会成立大会和1983年全国敦煌学术讨论会上。我当年7月大学毕业后，留校到新成立的敦煌学研究所。敦煌文物研究所和西北师范学院（原甘肃师范大学）都是这次会议的承办单位，我被派在会上做服务接待工作。会议期间，我看到施老师对金宝祥和陈守忠先生都很尊重，一直称为老师，金先生和陈先生也将施老师作为学生对待，这样我与施老师就有了一点天然的亲近。

与施老师更多的接触，应该是1984年。当年9月，华东师范大学的吴泽、袁英光先生应西北师范学院历史系金宝祥先生的邀请前来讲学，讲学结束后要去敦煌参观。我受历史系和敦煌学研究所

1993年7月5日池田温先生在兰州讲学合影

前排左起：颜廷亮、吴又雄、齐陈骏、初师宾、池田温、李永宁、施老师；后排左起：邵文实、胡小鹏、郑炳林、刘进宝、李并成、漆永祥、张先堂、李正宇　　　　　　　　　　　　　　　　*刘进宝提供*

的派遣，提前坐火车到敦煌，联系和安排吴泽先生等在敦煌的行程。我从兰州出发时就带了金宝祥先生给施老师和贺老师的信，到敦煌后就找了施老师。当吴泽、袁英光和吴先生的博士生盛邦和乘飞机到敦煌后，在敦煌的接待、参观就由施老师和贺老师负责了。9月17日，应段文杰所长之请，吴泽先生在研究所作了《王国维与敦煌文化研究》的学术讲座。

20世纪80年代前期，虽然改革开放了，但飞机还比较少，尤其是西北偏远地区的兰州和敦煌，

大概一周只有一两班。当吴先生等行程确定后，敦煌学研究所所长陈守忠先生给民航打电话订机票，但未能订到，历史系主任吴廷桢老师曾是我们的班主任，他知道我们的班长就是民航局的职工子弟，所以就让我去找他的家长想办法购买了机票。在敦煌时，吴泽先生收到电报，他的哥哥去世了，要立即回去。由于临时改变了行程，要购买从敦煌返回的机票是很困难的。贺世哲先生说研究所是没有办法的，我想到了敦煌县委书记黄绥祖，因为黄绥祖原来是甘肃师范大学靖远农场的负责人，我们班在靖远农场曾劳动一个月，和黄绥祖有接触。我就将这个情况给贺老师说了，贺老师说可以找黄书记试试。当天恰好是周末，黄书记住在一处平房里，当我下午找到他家时，大门锁着。我就在门口等。黄昏时黄书记骑着自行车回来了，车后面夹着铁锨。原来黄书记是两半户，即他有工作，妻子是农民，他利用周末的时间去地里干活了。我给黄书记讲了情况后，他就给敦煌县旅游局长写了条子，我请研究所的李聚宝带我找到旅游局长，这样就给吴先生买到了回程机票。

通过与施老师的接触，才知道了施老师的经历，她于 1932 年 8 月 20 日出生在浙江永康县，1949年 5 月永康解放时，17 岁的施萍婷加入了中国人民解放军，1951 年春又加入中国人民志愿军赴朝参战，1954 年 5 月回国，转业到浙江石油公司工作。1956 年，施老师以"调干生"的身份考入兰州大学历史系，与贺世哲老师是同班同学，他们的同学还有徐世华（西北师范大学教授）、陶君廉（曾任甘肃省教育厅副厅长、西北师范大学党委书记）、饶以诚（西北民族大学教授）、王克孝（张掖师范专科学校教授）等。1958 年在全国管理体制改革中，敦煌文物研究所从文化部管理下放到甘肃省管理，西北师范学院也从教育部管理下放到甘肃省管理，并改名为甘肃师范大学。1959 年教育革命时，兰州大学的文科被撤销了，历史系师生合并到了甘肃师范大学，所以施老师也从兰大到了甘肃师大，这样就成了金先生、陈先生的学生。施老师是兰州大学历史系 1956 级学生、甘肃师范大学历史系 1960届毕业生。当 1959 年兰州大学的历史系合并到甘肃师大时，中文系也撤销了，老师们一部分到了甘肃师大，一部分到新成立的兰州艺术学院，甘肃省委决定由常书鸿任新成立的兰州艺术学院院长兼敦煌文物研究所的所长。到甘肃师范大学学习不久，施老师的父亲有病去世，家人需要照顾，因施老师是调干生，就肄业到兰州艺术学院工作。由于敦煌文物研究所所长常书鸿也是兰州艺术学院院长，所以当 1961 年决定撤销兰州艺术学院时，施老师和贺老师都调到了敦煌文物研究所。

和施老师再次近距离的接触，就是 1993 年 8 月赴香港参加第 34 届亚洲北非研究国际学术研讨会。由于当时敦煌学已经成了国际显学，所以本次会议专门设置了敦煌组，敦煌组由国际著名敦煌学家饶宗颐先生主持，大陆学者赴港则由中山大学的姜伯勤先生联络。西北地区收到会议邀请的是敦煌研究院的段文杰、李永宁、施萍婷、孙儒僩、李正宇、张学荣、谭蝉雪，另外就是我了，所以甘肃省外办将我们合组为一个代表团，由研究院学术委员会秘书长李永宁先生负责。由于当时香港还没有回归，赴港签证要到北京的英国驻华使馆办理，恰好当时中英之间在香港问题（新机场）上出现了分歧，从而影响了签证。当我们从兰州出发去广州时，还没有获得签证，而段文杰先生因临时有安排不能赴港参会了。是否出发就成了问题，后来还是李永宁等先生做出决定，他们坐火车去广州，同时将我的行李也带上，让我去北京办理签证。如果能办上签证，就从北京飞广州，如果办不上签证，我就从北京回兰州，他们从广州返回兰州。因为时间紧张，我临时去车站上了去北京的火车，基本上是一路站到了北京。出发时我有些感冒，可能是内心紧张，心中只有签证，根本没有心思想感冒，再加上车上拥挤，站了一天一夜到北京时，不知不觉感冒就好了。到了北京后先到甘肃省驻京办，了解到签证几乎没有可能，就准备返回兰州。由于我与邓文宽老师从 1983 年认识后一直有交往，我们之间的来往也比较多，当天晚上就去文宽兄家串门。文宽兄见到我后很吃惊，他说你去香港开会了，怎么还在北京？我就将签证遇到的问题给他说了。文宽兄就从房间里将夫人孙雅荣女士喊出来，让我说了签证遇到的情况，并给他夫人说："你的朋友王某某在英国驻华使馆工作，能否给进宝帮忙签证？"孙老师立即给她的朋友打了电话，说明了相关情况。同时给了我王女士电话，让我第二天上班后与她的朋友联系。第二天上班后我就给王女士打电话，她已经将我们的材料找了出来，并知道名单上虽然有段文杰先生，但段先生已经决定不去参会了。为了能获得签证，她建议我给香港会议主办方打电话，让他们给英国驻华使馆发传真，说明我们这个团的重要性，希望能够给予签证。经过一天的努力，到下午下班时，使馆通知签证已通过，第二天上班就可以取签证的护照了。我当天晚上就买了次日北京到广州的机票。第二天上午，甘肃省外办的同志陪我到使馆门口，拿到签证的护照后我就直接去了机场，傍晚到达中山大学，第二天与代表团的同志一起从广州坐火车赴香港参加会议。

施老师当过兵，有着军人的干练，给人感觉很威严，再加上施老师学问很好，我们的年龄相差又大，所以早期的交往中，我还是比较胆怯。当然我一个人去施老师家里比较少，大多是与其他学者一起去的，我也陪朱雷老师去过施老师渭源路的家里。当有其他的学者时，我基本上是倾听者，从施老师和学者们的交谈中，获得了知识，得到了信息。

通过与施老师的接触，知道她在敦煌研究院有着崇高的地位，青年学人都对她非常敬重，这种敬重绝对是发自内心的，没有一点点"应付"的感觉。也常听到研究院的青年人说，施老师曾给予他们学术上无私的帮助。

贺世哲先生去世后，施老师晚年就住在杭州，我也于 2013 年调到浙江大学。由于敦煌与杭州联系较多，当研究院的青年学者来杭州时，基本上都要去拜望施老师。外地或研究院的学者来杭州时，施老师也非常乐意见面、聊天，因为她虽然住在杭州，但心系敦煌，心里想的还是莫高窟，敦煌来人或敦煌学者到了杭州，她都尽可能见面。如武汉大学朱雷、中华书局柴剑虹、敦煌研究院赵声良、张先堂等先生来杭州时，我都曾请施老师来吃饭、聊天。这种场面今天想起来还是很温馨。

2013 年 12 月 28 日施老师与刘进宝在浙江美术馆"煌煌大观　敦煌艺术"展

施跃娟提供

2018 年 9 月 25 日张先堂来杭州

前排左起：刘进宝、施老师、张先堂、许建平；

后排左起：施跃娟、冯培红、秦桦林、窦怀永、

宋旭华　　　　　　　刘进宝提供

2014 年 11 月 12 日在杭州刘进宝家

左起：何鸿、赵声良、施老师、刘进宝

刘进宝提供

二

2008 年，我编辑《百年敦煌学》时，也曾约请施老师和贺老师撰稿，他们二位也是答应了的，但最终还是没有交稿，我感觉很遗憾。2015 年，我在浙江大学参与主编《浙江学者丝路敦煌学术书系》时，就向浙江籍的施老师约稿，施老师痛快地答应了，并在王惠民君的协助下，编辑出版了《敦煌石窟与文献研究》一书。

施老师研究的重点是敦煌文献和历史，尤其对敦煌研究院院藏文书着力较多，从 1972 年开始就全面整理和研究所藏文献，不仅在《文物》1972 年第 12 期发表了《从一件奴婢买卖文书看唐代阶级压迫》，这是"文革"期间发表的有限的几篇敦煌学论文之一，而且还编写了研究所藏敦煌文献目录，在"科学的春天"到来之前，就在 1977 年出版的《文物资料丛刊》第一辑上发表了《敦煌文物研究所藏敦煌遗书目录》，同时撰写了《关于〈敦煌文物研究所藏敦煌遗书目录〉的说明》。

由于施老师全面整理和编目过研究所所藏敦煌文献，具有编写敦煌文献目录的经验，当 20 世纪 80 年代以后，有了赴日本调研敦煌文献的机会时，就对日本所藏敦煌文献做了调查和编目，完成了三井文库、藤井有邻馆、唐招提寺、法隆寺、国会图书馆、大东急（"东京急行电车公司"的简称）纪念文库、东洋文化研究所等公私收藏的敦煌文献目录。20 世纪 90 年代中俄关系恢复正常后，又赴圣彼得堡调研俄藏敦煌文献，撰写了《俄藏敦煌文献经眼录》。

通过长期的文献编目积累，施老师在邰惠莉的协助下，完成了《敦煌遗书总目索引新编》，于 2000 年藏经洞发现 100 年时由中华书局出版。本书在 1962 年出版的《敦煌遗书总目索引》的基础上，利用三十多年来国内外敦煌文献整理、编目的新成就，进行了增目、定名和增加首题、尾题等工作，出版后成了敦煌学研究者的案头必备书。

由于施老师对敦煌文献尤其是研究院院藏文书的熟悉，有整理和编目敦煌文献的基础，又长期生活在莫高窟，熟悉石窟，敦煌学方面的知识比较全面。当藏经洞发现 100 周年前夕，甘肃省委宣传部组织编纂《甘肃藏敦煌文献》时，施老师是最合适的人选，她协助段文杰先生主编了六卷本《甘肃藏敦煌文献》，于 1999 年由甘肃人民出版社出版，这是国内所藏敦煌文献最早和最好的图录本之一。

施老师扎根敦煌，长期生活在莫高窟，面壁石窟，释读文献，不仅能够将石窟与文献有机地结合，而且在敦煌学的许多方面都有高质量的文章，如历史方面的《敦煌与莫高窟》《建平公与莫高窟》，科技方面的《敦煌历日研究》《本所藏〈酒帐〉研究》，文献考释方面的《延祐三年奴婢买卖文书跋》《俄藏敦煌文献Дx1376、1438、2170 研究》，考古方面的《三界寺·道真·敦煌藏经》《敦煌研究院藏土地庙遗书源自藏经洞》，石窟研究方面的《金光明经变研究》《敦煌经变画略论》《关于莫高窟第 428 窟的思考》《读〈翟家碑〉札记》，文学方面的《法照与敦煌文学》等，还有一些以札记名义发表的"小"文章，如多篇《敦煌随笔》《敦煌遗书编目杂记一则——从"的无容免"谈起》等，提出或解决了一些大家似乎知道而又不清楚的问题，值得学界重视。

按今天的评价标准来说，施老师的论著并不多，也很少发表在所谓的"权威"刊物上，但不得不承认，经过了历史的沉淀，施老师的论著仍然是无法绕开的，也是能够留给后世的。这可能是施老师他们这一代"敦煌人"，做学问时没有考核的压力，也没有项目、评奖的要求，甚至也不是为了发表，即没有任何功利性，仅仅是作为一项事业来对待。这样写出来的东西，反而有真知灼见，经过大浪淘沙后，还能够留存下来。

<h2 style="text-align:center">三</h2>

施老师曾写过一篇《打不走的莫高窟人》，描写了一代"莫高人"的情怀和坚守，他们虽然由于各种政治运动，曾受到不公正的待遇，但"文革"结束后，"给他们落实政策，还是没有一个人要求离开敦煌，都回到了莫高窟。千真万确是'打不走的莫高窟人'，敦煌就像一块巨大的磁铁，吸引着钢铁般的莫高窟人"。可见他们对敦煌情真意切，当有机会离开西北偏远的敦煌时，并没有人离开，还是选择留在了敦煌。要知道，当年敦煌的生活条件比今天差远了，甚至孩子的上学都成问题，他们那一代"敦煌人"，将一切都献给了敦煌，真的是既献了青春，又献了子女。

"敦煌人作为一个群体，国际国内知名，作为个人，却多半默默无闻""他们多半没有什么豪言壮语，也不善于在名利场上追逐"。但"他们与敦煌同呼吸，共命运，他们对敦煌如痴如醉，忠贞不贰。要问为什么，那就是因为敦煌是一个值得为之献身的地方"。这是施老师对"敦煌人"的理解和描写，也未尝不是施老师自己内心的写照！

2021 年 7 月 20 日

开在十八梯的花

王惠民/敦煌研究院考古研究所

　　施老师退休后，曾跟我们提起过去的事，说她参加了解放重庆战役，还在重庆十八梯住了一年多，想去那里看一下。我向来口无遮拦，说话不过脑子，说我陪她去。又过了多年，施老师问："你答应陪我去十八梯多少年了？我今年77了，啥时去啊？"我一激灵，说："多少年前是有这回事，我也就随口说说，你还真要去啊？"施老师咋骂我的，记不得了，反正骂了我了。赶紧与考古所刘永增所长商量，决定说去就去，于是2009年4月刘所带着施老师、陈菊霞、我去四川考察石窟。

　　老重庆分为上半城、下半城，十八梯是上半城通往下半城的道路，十八梯的上方就是著名的上半城的解放碑。当我们到十八梯34师驻地的时候，老房屋还在，老太太心情激动，健步如飞。现在回忆起来，胆战心惊（今后带老人出门确实要带好降压药、速效救心丸等药品，好在没事，这是后话）。房子还是老房子，附近居民说，马上就要拆迁改造了，我们觉得这次来得太及时了。

2009年4月在内江张大千纪念馆

左起：王惠民、施老师、刘永增　　陈菊霞提供

2009 年 4 月施老师在重庆十八梯

陈菊霞提供

　　1949 年 5 月，金华解放，施老师即参军，是年 17 岁。由于当时施老师读过书，字写得好，人长得漂亮，于是安排在第二野战军（俗称刘邓大军）3 兵团 12 军 34 师师部政治部当文秘，具体工作就是刻蜡纸。当时的师长是尤太忠（后面介绍），金华待的时间不长，34 师旋受命千里挺进大西南，参加了解放重庆的战役。这是施老师第一次出远门，虽然二野是解放重庆的主力部队，但施老师属于师部文职人员，入城的时候，重庆已经解放好几天了。

1949 年 5 月施老师参加中国人民解放军第二野战军 3 兵团 12 军 34 师
与战友合影

施跃娟提供

34 师的师部在十八梯，她就在十八梯待了一年多，她人生第一朵花就绽放在十八梯。

师长尤太忠（1918—1998），河南人，13 岁加入红军。尤太忠有个秘书叫许志国，河北人，个子不算太高，但却是大帅哥。施老师工作中自然认识许志国，后来成为她人生第一个恋人。许志国心细，一次给施老师钱让她去看病，施老师走在半路上见到一家包子铺，就把给的钱买了包子，吃得舒舒服服回来了，编好理由，说看了，没病。回到师部，许志国就问她要发票入账，施老师问："啥是发票？"施老师原以为把钱给了她，怎么花，就是她的事了，哪里拿得出发票？放声大哭。

1951 年 2 月，尤太忠率部队赴朝参战，任志愿军 3 兵团 12 军 34 师师长，尤太忠率领 34 师参加了著名的第五次战役、上甘岭战役等。战争是残酷的，34 师入朝第一次战役（抗美援朝战争的第五次战役）中，许志国在传送文件路上遭遇敌军，不幸牺牲，施老师的初恋戛然止于战场。许志国烈士永远活在施老师心中。谢谢许志国烈士对施老师的照顾和爱，是你让我们更加珍惜和平。

1953 年 2 月，中国人民志愿军政治部授予 34 师文印组组长施老师三等功。尤太忠后来任北京军区副司令员、内蒙古军区司令员、成都军区司令员、广州军区司令员等，深得老首长的厚爱。我在想，如果施老师一直跟着尤太忠，估计后来可以当个大官。但施老师最后复员到地方，在杭州工作，后来考入兰州大学，先从戎、后从笔，也算是华丽转身，前不负军人、后不负学者，文武双全。

2009 年 4 月施老师与王惠民在
四川广元皇泽寺

陈菊霞提供

1951—1954 年施老师参加中国
人民志愿军 12 军 34 师在朝鲜
战场雪地里

施跃娟提供

目录学家的缜密　文物学家的慧眼
——说施萍婷老师的治学

伏俊琏/西华师范大学写本学研究中心

　　我和施萍婷老师认识很久了。1986 年，我陪同福建师大的黄寿棋先生、北京大学袁行霈先生和谢冕先生、中国社科院江枫先生和陈素琰先生、西北师大孙克恒先生到敦煌莫高窟参观，这是我第一次到莫高窟，施老师给我们讲解了几个洞窟。当时我对敦煌毫无所知，仅有的一点敦煌学常识来自于几年前读过的张锡厚先生的《敦煌文学》。之后，我几乎隔一两年就到敦煌去一趟，也见过几次施老师。施老师是敦煌学专家，她严肃，优雅，谦逊，和蔼。她讲话一板一眼，一丝不苟，节奏感很强。她对莫高窟的形制、内容了如指掌，随口说出具体数字，准确无误，令人佩服。到 20 世纪 90 年代，跟施先生一起在香港、台湾参加过几次学术会议，听施老师说话的机会更多。施老师的学术成果主要发表在《敦煌研究》上，而《敦煌研究》自 1980 年创刊，我每一期都保存，所以，施老师的文章我读得较多。2000 年，《敦煌遗书总目索引新编》刚一出版，施老师就送我一本。从此，这本书就成了我书桌上必备的工具书。2005 年初，《敦煌习学集》一出版，施老师也马上送我一本。我本来喜欢文学，以前读的书也以文学评论、文艺心理学一类为多，后来转向敦煌文学，也是以诗赋为主，而对敦煌文献中的非文学作品发生兴趣，主要是读了施老师的论著。比如她的《本所藏〈酒帐〉研究》一文，我印象非常深。一件枯燥无味的《酒账》，在施老师手中变成一件鲜活的趣味横生的东西，充满了生活的动态场景，真是我以前想不到的。

　　施老师治学的一大特点，是从目录文献学入手，用文物学家的敏锐眼光审视研究对象。中国传统的目录学和金石学重视文献内容的考释，但往往忽视对其生成背景和生存情境的细致观察，所以研究问题的平面化是其局限性之一。读施老师的著作，有一种明显的感觉，她不仅仅重视文本，对作为文本载体的文物，对这些文物的来龙去脉，都极力关注。她早年摩挲翻检敦煌文物研究所（今敦煌研究院）珍藏的敦煌遗书，尤其是土地庙出土的那批遗书，已经是这样一种眼光了。后来调查天津艺术博物馆、上海图书馆、甘肃省博物馆珍藏的敦煌遗书，无不是这种眼光。当她的学术眼光投在日本、俄罗斯等珍藏的敦煌遗书时，这种眼光就更为自觉和敏锐。我们读她的《日本公私藏敦煌遗书叙录》《俄藏敦煌文献经眼录》，用字极为节约，所下断语皆确切沉稳。就像《庄子》所写的庖丁解牛，既是"所见无非牛者"，又"未尝见全牛也""依乎天理，批大郤，导大窾，因其固然"。比如有关于敦煌遗书题记隋董孝缵写经的考察、康有为与敦煌写经的考察、三界寺与道真及敦煌藏经的考证、土地庙遗书源于藏经洞的考察等，无不体现出对遗书的来源、存放情状、形制特征等的追根溯源、考镜流变。

施老师研究敦煌写本的基本方法是：把一件写本当作一个整体，从写卷的整体入手全面考察；同时，又以此写本为核心，广泛联系相关写本文献，从缀合、关联性入手发现一组写本，这实际上就是藤枝晃先生说的"写本群"。20 世纪 70 年代初，日本学者藤枝晃就描述过敦煌写本研究方式的变化："本世纪前半叶，对敦煌写本残卷的传统研究方法是'觅宝'式的。现在随着敦煌遗书的陆续公布，必须让位于一种新研究方法，即将写本残卷重建为一个整体，并且找出个别写本或写本群在全部敦煌遗书中的位置。"施老师也许没有自觉想到建立写本群的观念，但由于她对敦煌遗书有全面的掌握，在具体研究过程中践行着写本群的研究方法。

比如，她研究 S.2926《佛说校量数珠功德经》，又联想到 S.4243 的《念珠歌》，联系到莫高窟第148 窟、第 205 窟的念珠壁画，从佛经到佛教文学唱诵，再到壁画上生动的念珠场景，把写本与壁画系联了起来，实际上是佛教世俗化的动态展示。她对三界寺与道真写本群的研究，更是具有启发性。有关三界寺的写经计有 91 件，构成"三界寺写经群"，在这个群里，又可分出"学郎写经群""三界寺藏经群""受戒牒写本群""道真写经群"等子写本群。其中最值得关注的是"道真写经群"，计有 51 件写本，全面展示了敦煌著名僧人道真在三界寺半个多世纪兢兢业业的工作。在这个写本群中，我们看到道真作为受戒师，为众多的信徒授戒并颁发戒牒；而 33 件由他亲笔签发署名的戒牒，生动地展示了九百多年前，道真为各路信众，尤其是为在家的善男信女授牒的情景。S.5448 写本是著名的《敦煌录》，我们从第一页道真"敦煌录一本，道真，道真"的亲笔签名可以感到，他是十分喜欢这本记录敦煌历史文化的《敦煌录》，所以特意抄成小册子的形式，便于随身携带。我们由道真签发的《辛亥年腊八燃灯分配窟龛名数》，仿佛看到辛亥年腊八节莫高窟的盛况。而写本群的题记，生动地展示了道真从长兴五年（934）以来，"寻访古坏经文，收入寺中，修补头尾，流传于世"，兢兢业业、废寝忘食的情景。

P.2971 写本，王重民《伯希和劫经录》著录正面内容为"禅宗世系表"，施老师经过仔细研究，从四个方面论证"禅宗世系表"说法的不可信，然后又从三个方面论证它实际上是"壁画榜题底稿"。该写本背面的人名排列，学者长期不解，其实也是壁画榜题。而另一个写本 P.4966，《伯希和劫经录》著录为"残佛经十三行"。施老师经过考证，认为它也是"壁画榜书底稿，确切说是弥勒经变的榜书底稿"。在多种译本的弥勒经中，义净的译本与此榜题相符合者最多。通过莫高窟壁画中弥勒经变的考察，施老师把这件榜题的时代确定在五代。榜题类写本是敦煌写本中很有意义的一类，施老师对这类写本的研究独具慧眼。S.192,《敦煌遗书总目索引》著录为"佛经"，施老师认为是"贤愚经变"的榜书底稿。写本行文的"杂乱无章",正是根据壁画画面而确定的。由于故事曲折,画家在构图时就得考虑不同情节如何布置在同一空间而疏密有致、繁简得当,甚至得考虑榜书如何参差错落,使书画相得益彰。对照莫高窟第108窟的屏风画贤愚经变,合若符契。第108窟为五代时修建,窟主为张怀庆,可见S.192为五代时的遗物。

由于施老师对莫高窟壁画很熟悉,所以面对敦煌写本中的这类榜题画稿,就能与相关的壁画联系起来。如P.3352写本,《敦煌遗书总目索引》著录为《阿阇世王故事及十六观佛因缘诸佛像记之节目》,实际上说得模糊而不得要领。施老师对这个写本作了全面考察,认为写本所抄应当分为三部分内容:第一部分为"观无量寿佛经变"说法图之榜书底稿,可以对应第217窟、第171窟;第二部分是千手千眼观世音经变构图的文字稿,可以和敦煌出土的今藏于大英博物馆千手千眼观世音经变、巴黎吉美博物馆太平兴国六年(981)千手千眼观世音经变、德里中亚博物馆千手千眼观世音经变相对应;第三部分是24种瑞像图的榜书底稿,与莫高窟五代时期开凿的第100窟、第108窟中24幅瑞像图相吻合。而这24幅壁画中,有6幅与于阗有关,可以确定P.3352是曹氏归义军以后的写本。据此榜文底稿,不仅可以考证内容,还可以考证对应具体的洞窟,并为石窟开凿年代的确定提供佐证。

对于写本的个案研究,施老师的方法也值得我们学习。比如我读得较早而印象最深的《本所藏〈酒帐〉研究》,就是一篇在研究方法和论文写作方面可供年轻学者模仿的范文。《酒账》写本首尾皆残,保存了100笔酒账,时间从某年四月九日到六月二十四日,写本上有"归义军节度使新铸印",《甘肃藏敦煌文献》拟题《归义军衙府酒破历》。

施文第一步是把写本内容列表,分"时间""事由""用酒量"三栏。

第二步是《酒账》年代的推断,开门见山公布文章的结论:立账年代的上限为后周显德二年(955),下限为宋真宗咸平五年(1002),而以乾德二年(964)的可能性最大。然后陈述根据,一是考证"归义军节度使新铸印"的启用情况,确定上限。二是考证"用酒事由"中四条与于阗相关者,而咸平五年(1002)归义军发生重大变故,与于阗关系中断,就不会有于阗使者到敦煌受到归义军节度使款待之事了。这是酒账的下限。三是从相关条款记载的月份大小入手,再以有关历史事件为佐证,确定乾德二年(964)的可能性最大。而对一些历史事件的考证,极见功力。如对从于阗、西州到内地,五代宋初有三次使节往来,这三次出使,都经过敦煌,与《酒账》招待记录相吻合。《酒账》中出现了四次"太子"的记载,施文认为是"于阗太子",对敦煌遗书中于阗太子来敦煌的相关史料进行了考证。

第三步是从《酒账》看当时敦煌的社会文化民俗:如从《酒账》34条关于甘州、伊州、西州、于阗的记载中,可以看出当时的敦煌是联结西北各地的重要通道;《酒账》反映当时东西来往各阶层官员的情况;《酒账》反映当时民间除了佛教活动外,还有大量的其他宗教活动、民俗活动;《酒账》反映当时敦煌酒业经营盛况;《酒账》反映当时的敦煌有专门给归义军衙门提供生活用品的"专户";《酒账》反映归义军衙门设有画院;《酒账》反映当时敦煌还有分工明细的手工业作坊;《酒账》反映当时归义军衙门有通晓翻译各种民族语言文字的专家，且有专门的管理机构。

本来文章至此，可以说《酒账》的主要问题已经说清。但作者咬住青山，一个字一个字地排查，对《酒账》涉及的种种问题穷追不舍，一一进行探讨。如历代很难见到的容量计算单位"瓮""角""斗""升""合"，根据《酒账》推算一瓮等于六斗，一斗等于十升，一升等于十合，一角等于十五升。还有供酒的专用名词：使节来到敦煌，先设酒接风，谓之"迎"；紧接着设宴洗尘，谓之"设"；如果使节住的时间较长，要定期问候，谓之"看"；使节住敦煌期间，要每日供酒，谓之"供"。《酒账》中出现了 14 次"南山"，作者通过大量敦煌遗书的材料，证明"南山"指"南山部族"的使者；"南山部族"是当时活动在党河南山一带的吐蕃人。

这样一来，一篇枯燥无味的《酒账》就鲜活了起来，它的每一个细胞，都被施老师激活了。我们仿佛看到一千年前的沙州城，归义军节度使的"宴设司""柴场司"中的官员们忙碌不停，他们挥舞着笔墨，登记着账簿，指挥着衙役搬着酒瓮。节度使专用招待宾馆里，东来西往的外交使者、朝廷贵宾、大德高僧，络绎入住，宾馆的宴会厅更是觥筹交错，乐舞不断。如果有一位画家，可以根据这部《酒账》和施老师的研究成果，画一幅《沙州宴饮图》或《敦煌宴宾图》长卷。

"知之为知之，不知为不知，是知也。"对自己一时搞不清楚的内容，施老师从来不强求解释，而是客观地予以说明，留待后来材料的发现。"笔者均无所知，只好以待来哲"，这类文字，在她的论著中随处可见。读到这些地方，我深深地为施老师的认真、诚实、执着而感动！

施老师的论著，和年轻一代的学者相比，数量确实不多。据说现在五六十岁的学者中不乏已经发表论文数百篇、论著数十部的。但是我敢肯定，这些论著，其学术含量未必能跟施老师的数十篇论著相比。因为，施老师论著的基础要比他们扎实厚重，施老师撰写每一篇论文所付出的劳动要比他们强度大得多，我估计，一篇万把字的论文，施老师要一年左右的撰写过程，而材料的准备，相关子问题的研究，不知费几何时。比如，她写《三界寺·道真·敦煌藏经》这篇文章，她把当时能看到的敦煌遗书中 51 条三界寺的材料、50 条道真的材料，一一勾稽出来，加以考辨。学术研究的快乐与研究过程成正比，那些急就章，那些几天就写一篇论文的人，是无法体会到真正的学术快乐的。

2022 年 5 月 3 日

千里缘
——忆我跟施萍婷先生学图像学

梁晓鹏/青岛恒星科技学院

收到冯培红博士的微信，说要组织一次活动庆祝施先生90岁生日，我欣然同意，也很乐意参加。由于十多年前的一次交通事故，我已经回想不起很多往事的细节，但施先生在莫高窟的《敦煌佛教图像研究》课，以及之后我与施萍婷、贺世哲两位先生的一些交往在我的脑海里留下过强烈印象，只是在具体时间上有些模糊，所以借此机会联系其他一些没有磨灭的印象，回忆一下我与敦煌学的因缘。

我的本科和硕士研究生阶段读的都是英语语言文学，所以站在敦煌学的圈子里看，我是一个外行。我的专业研究方向是翻译，20世纪90年代曾高密度经历过一些与敦煌石窟相关的翻译活动和事务。最初是应甘肃少儿出版社之约，英译谢生保先生的《敦煌佛经故事》，后来又改译了敦煌研究院主编的《敦煌连环壁画精品》，对敦煌壁画有了一点初步的认识，但都是纸上谈兵。20世纪90年代中期，敦煌研究院计划举办敦煌藏经洞发现100周年国际学术会议，段文杰院长和樊锦诗先生到兰州大学外语系联系翻译事宜，当时我兼职行政，正巧见到了两位前辈专家。当时，我们有几位青年教师常陪同外国人去敦煌访问，可以组织一个翻译班子，所以在思想上我们已经有了准备；但是因为我们没有同传设备，最后这个光荣任务给了首都北京的同行。会后，我有幸接受甘肃电视台在这次学术会议上录制的长达6个小时的视频解说词的英译工作；紧接着又陪同美国一个基金会会长去敦煌参观莫高窟（这位会长名叫梁栋材，他到中国大陆来物色几名学者并资助他们去美国研学，教育部要求兰州大学指派一名教授陪同，碰巧我和他是本家，这个任务就交给了我），使我第一次有机会到莫高窟。这位加州大学的药学家走马观花，他坚持认为藏经洞的壁画里有中药方（我猜想他可能记忆有误，把龙门石窟的药方洞"搬"到了莫高窟，或者是把藏经洞北壁所绘菩提双树下垂枝条误视为中药方了吧），除此之外他都不甚关注。但是，亲眼看见敦煌石窟的宏伟及其艺术的精湛对我来说是前所未有的一次震撼；与此同时，我也深切地感到，要想提高与此相关的翻译水平，必须掌握充分的背景知识。在《兰州大学学报》(哲社版)编委换届会议上，跟郑炳林教授无意间聊起敦煌学，他建议我报考敦煌学的博士研究生。当时，我已被晋升为英语教授，有了"不务正业"的时间和精力保证，加之兰州大学一向鼓励年轻教师做跨学科、交叉学科研究，我也就积极准备并报考了这个专业，成为敦煌学研究所的一名学员。

入学后的第一门课(唯一的一门有老师现场讲授的课，时间是两个周)就是《敦煌佛教图像研究》。虽然我从小对图像就比较敏感，但作为一门学问，图像学对我来说还是比较陌生的。记得是在五一节前，我们到敦煌县城时赶上了百年不遇的洪水，敦煌市区遍地是水；尽管如此，我们的兴致仍然很高。到了石窟区，施老师首先安排我们住进了敦煌研究院青年职工的集体宿舍，并可以在职工食堂就餐，为我们下一步的学习提供了极大的方便，而且节约了食宿上的开销。当时，我第一次见施先生，对她的初步印象是：她不仅仅是老师，更像是一位关怀备至的母亲。

现场学习有个俗称，叫作"看洞子"。莫高窟所在的崖面大多都有三层，所以看洞子常常要登上爬下，需要强健的身体。施先生在前引路，健步如飞，无人能跟得上，每次几个小时下来，她仍然精力旺盛，没有丝毫劳累的样子，而我们几个青年人则动作迟缓，有时候气喘吁吁、满头大汗，个个自愧不如。先生进入石窟之前，心里已经有一个程序，先看什么后看什么；进入洞窟之后，她就像进入Windows一样，轻松自如地从她的数据库里调出系统的数据，给我们讲解洞窟的建筑时代、石窟艺术的内容，以及绘塑特点等。

读博士是个进门容易出门难的事，对我来说尤其如此。入学只要满足规定的条件，通过专业考试也就是了，可是在兰州大学读博士要想毕业就有两大难关须不折不扣地通过：一个是所谓权威论著这个人为的门槛，另一个是毕业论文这个自然的条件。我本是搞翻译的，可是毕业论文无论如何都不能靠翻译他人作品来完成，必须找到专业范围内适合我自己做的课题。因此，我在听先生讲解图像时就很专注，而且始终在思考我的论文的切入点。佛教壁画中有那么多的菩萨，哪个是观音菩萨，哪个是大势至菩萨，哪个又是地藏菩萨，如此等等，此前我的头脑里是一锅浆糊。在先生讲到头戴化佛冠的菩萨是观音、无冠的菩萨是地藏时，我的认识马上明晰起来，而且自然联想到用符号学研究流行服装的法国学者罗兰·巴特，想到也采用符号学的方法来研究敦煌壁画；尤其是在看完北魏第254窟的千佛之后，我进一步确定将自己的切入点放在壁画的符号学研究上，因为符号学既可以研究语言符号，也可以研究非语言符号，可以把文字与图画置于同一研究视域进行更深层次的探索。所以，当时我打心眼儿里感激施先生，是她的图像学课给了我启示，无意间带我路过符号学的大门。虽然最终我没有完全按照当初的思路去做毕业设计，但此后的些微研究始终没有脱离这个方法。

这次图像学课覆盖了莫高窟、榆林窟和西千佛洞三个石窟群。由于敦煌研究院十分重视，我们的教学活动得到了大力支持，先生带领我们所到之处，都是一路绿灯和热情接待，从整个过程的细节中我们可以深切地体察到先生的魅力，能感受到先生的为人处事是多么宽厚真挚。这是很值得人向往的一种人生境界。在此后与施先生及贺先生的交流中，我除了得到有关我毕业论文的重要信息和新的思路之外，还深深感受到他们严谨的治学态度，对于每一个问题在宏观和微观两个方面都一丝不苟，这跟我当时所处的那个环境中那些敷衍塞责、庸俗浮夸的学风形成了鲜明的对照，也因此在写作中受到了决定性的影响。正因为如此，我在设计毕业论文期间，又两次到莫高窟进行实地考察，核对数据，期间敦煌研究院保护所王旭东、苏伯民和汪万福三位所长为我提供了充分的方便，师弟沙武田全程陪伴，让我得以顺利完成考察作业。在对我毕业论文的评阅中，施先生给予最为客观的评价和极其中肯的批评，既是对我所做工作的肯定，也是对我继续努力的鞭策。

除此以外，在平时的研习中，施先生也为我提供了翻译海外文献的机会。在 2002 年郑炳林先生为我提供森安孝夫《河西归义军节度使官印及其编年》（大摘要为法文，正文为日文）的翻译作业（刊登于《敦煌学辑刊》2003 年第 1 期）之后，施先生为我提供法文版《伯希和敦煌汉文文书目录》第五卷，我翻译了其中的序言，她严格把关，最终推荐给《敦煌研究》，发表在 2003 年第 5 期上。

光阴荏苒，毕业后不知不觉过去快 20 年了。在兰州生活的那些年，得便时总要去施先生那里坐一坐。后来我到了青岛，头几年回兰州也能见到先生，后来先生去了南方，就再没能见到。说实话，非常想念先生！九十华诞是人生的第三个春天，我愿先生健康快乐、寿比彭祖！

在施老师身边学习工作的日子

邰惠莉/敦煌研究院敦煌文献研究所

　　1984年我入职敦煌研究院，在资料室工作。当年单位规模也不大，办公、生活都在莫高窟。段文杰、李其琼、史苇湘、欧阳琳、贺世哲、施萍婷、关友惠等老先生正是年富力强的时候，上班下班常常是结伴而行或擦身而过。1989年，遗书所贺丽文同志因病离开工作岗位，可能因为我有资料室工作几年的编目分类经验，施先生将我调到遗书所接替贺丽文做先生的工作助手，这一做就是三十余年。

1998年9月3日
施老师与邰惠莉
考察玉门关

施跃娟提供

　　我到施老师身边工作时，老师正在集中精力做《敦煌遗书总目索引新编》的工作，老师利用缩微阅读器，逐号逐卷详阅经卷编目，跟我们讨论新编的凡例，规范编目流程，确定了后期大家认可的叙录方式。

　　阅读器上检阅卷子，费眼费时，重要的资料全部要靠手工来抄录。我们印制编目小卡片，编目时再按需分类，一遍一遍排卡片。有些重要的资料靠抄录，容易出错，就要请摄录部的工作人员冲印成照片。在阅读器上编目有许多不便。在这一时期，院里引进了一部大型的复印机，可以把缩微胶片扩印到纸质品上。大约有两年时间，袁德领同志扩印，我把扩印件编目上架。随之而来的问题，一是扩印件墨色着色不稳定，脱粉糊色，一段时间内容就不清晰；二是每一个卷子的长短不一，裁剪出来的扩印件大小不一。我们将50个号叠放在一起，使用起来相当不方便。这时，摄录部进了新设备，将旧的一套放印机设备淘汰给我们，我学着洗印照片。这样有些内容复杂的经卷就可以冲洗出来仔细琢磨。

2011 年 4 月 16 日施老师与邰惠莉在兰州

施跃娟提供

　　施老师是一个非常善于学习的人。20世纪90年代，许多老先生还是用笔在稿纸上写字，施老师就已经开始了电脑知识的学习。我和老师最早是用台湾的仓颉码输入法，后来五笔面世，我们又改学五笔。《敦煌遗书总目索引新编》英藏、法藏部分，100万字的书稿都是老师一笔一划敲进电脑的。我们最早用四通打字机，跟电脑不兼容，老师就将稿子全部重新输入，从不假他人之手。

　　施老师是一个高瞻远瞩的人，有非常敏锐的学术视野，早在她做《敦煌遗书总目索引新编》时，就考虑到应用数据库技术。1993年左右，施老师与兰州大学图书馆的赵书城老师合作，请他的研究生沈子君帮助我们研发《敦煌遗书总目索引数据》系统。我们得到了院里的资助，获得了一台386的电脑。在施老师编目的同时，我们的数据库建设及录入工作也在同步进行。施老师为这个数据库编制了全面精确的元数据，内容涵盖了一份敦煌卷子可能出现的全部信息，为此还编制了《敦煌遗书分类法》。编制敦煌分类应该是最困难的，一份卷子，是社会文献，同时又是寺院文书，还包含经济类信息。对这种有多重信息的卷子分类往往使我无从下手，这时就一个电话又一个电话问施老师。老师就耐心跟我讨论，也说明这个卷子放入此类的理由。

2012年5月施老师带学生和同事考察武山县木梯寺

左起：王惠民、施老师、刘永增、邰惠莉

施跃娟提供

　　施老师教给我许多工作的方法，例如，两人对校法，就是我们校对《敦煌遗书总目索引新编》的稿子时，两人一人大声读，一人默校。老师说，只要你能大声读通顺，那这句话就是说得通的。

　　现在文献所资料室还保留着最早施萍婷老师、谭蝉雪老师、李正宇老师等使用过的王重民、刘铭恕的《敦煌遗书总目索引》，上面有各位老师用心标注的记号，这已是文献所珍贵的藏品。

　　1998年，甘肃省文化厅牵头，由甘肃人民出版社承担甘藏敦煌文献的普查、鉴定、拍摄、编目工作，施老师为此课题的首席专家。我有幸作为施老师的助手参加此项工作。在两年时间里，施老师和专家组的全体工作人员，三入河西，二进陇东，对全省11家收藏单位的696件藏品进行鉴定编目。施老师在看到敦煌遗书时，一直处于一种亢奋的状态。工作时，我们坐着记录各类数据，施老师是全程站着讲。讲纸质、讲经文、讲墨色、讲写经制度等。遇到俗体字，她就一个一个指出来，遇到合体字，她会告诉我们这种写法大约出现在何时，有几种写法；遇到印章，她就会再多讲一些用印的知识。专家组的徐祖蕃是个大书法家，徐先生在书法的演变上讲很多，专家组还有一个版本学家邵国秀，各位先生就卷子遇到的问题发表精彩讨论，真使我辈受益良多。当时年少，边听边记，当个听经沙弥混日子，记录的东西编目时统一上交，后来也找不到了，现在只能靠记忆。

　　施老师有一个从日本带回国的高倍放大镜，可以看到纸的纤维，是单抄还是双抄，判别纸质工艺。还有一个毫米的精细尺子，可以量纸的厚度。在考察过程中，这也是我们致胜的法宝。施老师有相当好的记忆力，这个卷子在敦煌博物馆见过，再到敦煌研究院见到书法相近、纸质相同、内容一致的卷子，施老师就会联系在一起考虑。在普查中，施老师就给几件残片定名，并且缀合。同一件文献，敦研有、敦博有、流散日本有、散落民间有，这种情况引发施老师对土地庙遗书来源的思考。普查结束后，专家组剔除了疑伪经卷，正式确定需要拍摄编目的经卷号，施老师带领我们开始编目工作。甘藏敦煌文献有比较好的收藏基础，来源真实可靠，前期有一定的研究基础。施老师带领我们主要修订前期的不足之处，重点是对残佛经进行定名。那时还没有我们后期工作中使用的佛光山出版的电子版《大正藏》，我们还得靠翻检纸质本《大正藏》定名。这时就依赖施老师丰富的学养，她会告诉我这大约是什么经，例如涅槃经，分北本南本，而且还是昙无谶本。另一个卷子光看偈语，施老师就告诉我，这是法华经，鸠摩罗什本，去翻吧。有这些线索，我就泡在资料室里，在《大正藏》中翻来翻去，找与残片相关的经文。那段时间，我去施老师家，她也常常手执《大正藏》翻检佛经。一直沉浸在查找佛经中，好似怎么也找不到，突然有一天，似有神助，翻开书，这段经文就自己往外跳，得来全不费功夫。有时一个卷子，我可能一周都翻不到我需要的那段经文，翻过几遍，就是找不到，突然有一天，这段经文就自己跳出来了。就靠这种超笨的方式，我们对绝大多数甘藏未定名残佛经进行了定名。

　　施老师看见敦煌卷子兴奋着迷，这种痴迷可以让她不眠不休。普查时正是一年最热的月份，敦煌中午的骄阳让人昏昏欲睡，中午大家都要休息一会儿，可施老师是不睡的，她还在翻阅资料解决上午遇到的问题。施老师有很好的工作习惯，她随身总是备着几个笔记本，将工作中遇到的问题随手记下来，马上查资料，尽快解决。施老师在结束对甘藏文献的考察后，从甘藏敦煌文献的来源与真伪、土地庙遗书的来源、文献的定名、甘藏敦煌文献的价值等方面，对甘藏敦煌文献进行了全面科学的综述。施老师还利用这一次的鉴定编目，为基层博物馆培养了一批敦煌文献的管理人才。

2012 年 5 月施老师带学生和同事考察成县大云寺石窟

左起：刘永增、陈菊霞、施老师、邵惠莉、王百岁　　　　　　施跃娟提供

　　受国家文物局委托，施老师从 20 世纪 80 年代开始对散藏的敦煌文献进行调查，前期施老师考察了天津、上海、浙江等地。2001 年 11 月中下旬，施老师带领我考察南京博物院、安徽省博物馆、湖北省博物馆等收藏敦煌文献的现状。

　　南京博物院收藏的敦煌遗书一直没有正式公布过，我们以前所见到的只是 20 世纪 60 年代曾昭燏先生编写的一个简目，编目为 60 余号，只有编号及名称项，一直是作为内部资料使用，未公开刊布，原卷更是难得一见。此次我们是想通过调查鉴定，确认南京博物院藏敦煌写经的数量、类别及价值等。但我们去的时间很不巧，正赶上博物院组织展览，而负责文物的院长不在，经过我们的多方争取，最终我们也只被允许观看了 4 件原件，而且是在没有选择号卷的情况下。就是这样，我们亦是很惊喜地发现，一件首尾俱残的北周写经，同敦煌研究院藏编号为 361 号的残卷为同一内容、同一时代的写经。

与南京遭受冷遇相比，在安徽省博物馆的考察是出乎意料的顺利。安徽博物馆从馆长、办公室主任、保管部主任到具体的管理人员都给这次考察提供了方便，安排管理员协助我们工作。因而在安徽的二十几天是非常愉快的。这种愉快一方面是我们每天都要面对意想不到的惊喜，在远离敦煌的合肥竟然收藏着这么一大批敦煌遗书，这是我们始料不及的。虽没有传说中的200件那么多，但经卷之完整、数量之多，在国内收藏单位中也是不多见的。另一方面，与安徽博物馆的同仁一起工作、互相学习也是一件乐事。

我们最后的目的地是湖北省博物馆。2000年天津召开的"中国中古社会变迁国际学术讨论会"上，湖北省博物馆馆长唐刚卯先生提及他们馆藏的数十件敦煌写经，对我们的藏经很有兴趣，也希望我们能去看一看。关于湖北藏有敦煌写经，以前我们不清楚收藏地，因未公开发布过目录，仅仅是猜测而已。这次得到确认，非常高兴，当时就与唐先生约定，合适的时间我们将考察这部分写经。一年以后，终于成行。我们到达武汉的时侯，他们刚公布了藏卷目录，当时我们并没有看到。他们的目录公布在《敦煌吐鲁番研究》第五卷，题目为《湖北省博物馆藏敦煌经卷概述》。

施老师一直有个心愿，调查国内外散藏敦煌文献，她也想编一本敦煌遗书的综合目录。

施老师一直关注着新刊布的敦煌遗书情况。2005年，中村不折藏品《中村不折旧藏禹域墨书集成》出版，此书是非卖品。研究院通过交换得到图录后，施老师就让我给她借出来，她认真翻检，也给我们布置任务，多关注日本收藏敦煌文献的刊布及研究现状。

2019年9月26日施老师与邰惠莉（左）、王惠民（右）在敦煌石窟文物保护研究陈列中心

施跃娟提供

施老师是当兵出身，身上有浩然正气，雷厉风行，带我们也跟带兵一样。每天一早上班，打扫办公室卫生，全体工作人员神清气爽上班。施老师时刻关心所里年轻人的成长，把人员放在最合适的位置，也考虑他们的再教育及进修情况。施老师爱说一句话："在人的问题上一定要慎重又慎重、人总是第一位的。"

施老师住广武门时，与史苇湘先生是上下楼，施老师说"史苇湘先生是教授中的教授""敦煌活辞典",是她的先生。她有什么问题也要常常问老先生。搬到渭源路后,常来常往的就只有关友惠、刘玉权、梁尉英等先生。我特别喜欢在先生家听几位老先生聊天谈古。

施老师爱书惜书,有条件尽可能买书搜集资料。在日本时,别人是想着省下外汇给家里搞基本建设,施老师却是在日本书肆淘书,搜罗跟敦煌相关的资料。经年累月下来,贺老师、施老师收藏的图书资料非常丰富,在贺先生去世后,施老师将她和贺先生一生所积累的图书杂志 8000 余册,全部捐献给文献研究所。我们在施老师家对这批图书进行编目分类时,施老师让我们尽量复原他们以前的排架,这样做的好处是,可以保持两位老先生的阅读习惯,从中也可看出他们的学术发展历程。贺施旧藏极大地丰富了文献所的藏书数量和种类,方便大家使用。

在施老师的教育培养下,我也慢慢成长起来。

适逢老师九十大寿之际,祝老师身体健康,平安吉祥!

施老师带我走进敦煌学大门

陈　明/鲁东大学艺术学院

考入兰州大学敦煌学所读博士，改变了我的人生轨迹。

刚入学的 2001 年，兰大敦煌学所与台湾南华大学、美国密西根大学在兰州大学联合举办了"敦煌佛教艺术与文化"国际学术研讨会。在这次会议上，有幸见到了国内外敦煌学界的大批专家学者，也是在这次会议上，认识了施老师，从此敦煌学的大门逐步向我打开。

入学后分配导师，我的导师是郑炳林先生和樊锦诗先生。郑老师和樊老师在研究选题及学术发展方向上给我悉心指导。当确定以敦煌艺术为基本研究方向后，因为我的基础薄弱，郑老师建议我，要全面熟悉敦煌学史，在大量阅读文献的基础上，多去敦煌看石窟，多向樊老师、贺世哲老师和施老师等老先生求教。所以，在会议上认识之后，我就虚心去拜见施老师。

施老师待人和善，宛若慈祥的母亲。在广武门敦煌研究院家属院那间不是很宽敞的老师家，贺老师和施老师两位敦煌学大家面对一个两眼一抹黑的"小白"，一开始并没有直入主题谈"学术"。两位老师谈到他们的从军经历，谈到他们曾经在敦煌的生活等，又问到我曾经在兰大的学习经历，在轻松、愉快的闲聊中有意无意地考察我的学术基础。

施老师其实也算老兰大人。原来的"兰州艺术学院"实际上就是从兰大中文系、西北师范学院艺术系等单位抽调人员组成的。施老师此前在兰大历史系上学，后到兰州艺术学院工作。聊天中当施老师知道我的硕士导师是柯杨先生时格外高兴，她回忆说在兰大期间跟柯先生很熟，说柯先生是学校的文艺骨干，人很帅、很活跃等。老师面前不敢藏拙，尽管是怀着膜拜的心态和神圣的向往想学习和从事敦煌学研究，但在复习备考前对该学科的认识可以说基本空白。施老师在了解了我原来是学中文后，鼓励我这是做敦煌学研究的很好基础，她说文史不分家，只要自己肯勤奋努力，一定会做出成绩的。这次跟施老师、贺老师的交谈给了我很大的信心，我自己暗下决心，希望通过自己的努力，在老先生们的指导下进入敦煌学之门。

入校后第二年，敦煌所组织我们去敦煌考察石窟，并请施老师做实地学习石窟艺术的导师。我们一行八九人，施老师每天带我们进窟学习，几乎参观了莫高窟、西千佛洞、榆林窟所有的洞窟。这次的实地学习，为我们真正打开了敦煌艺术的大门。在惊讶于施老师对洞窟内容非常熟悉之外，最让我们感动的是年逾古稀的施老师的那种对学生认真负责的态度和对学问孜孜不倦的崇高精神。

去敦煌之前，我们大多对洞窟内容不是非常了解。施老师带我们进窟，从每个洞窟的年代、窟形、建窟背景到窟内的壁画、彩塑内容，事无巨细，不厌其烦地为我们讲解。比如，如何判定经变的内容、名称，如何将佛经文本与壁画相联系进行分析、研判等。每次进窟前，施老师都能说出该窟的基本内容，甚至窟内某处有某个特别的内容都了然于心，我们都称施老师是"洞窟活词典"。

在敦煌的时候，我们大都住在敦煌研究院的公寓，施老师住莫高山庄。考虑到施老师年纪大了，师兄弟们就让我也住在山庄好照顾施老师。其实，施老师根本就不用人照顾，我能做的只是每天陪老师从山庄到院部用餐，然后再返回山庄，这也给了我单独请教问题的最好机会。每天回到山庄施老师总是会说："我不用照顾的，赶紧去整理你的笔记，有问题就来问我。"确实，我不但没有怎么照顾到施老师，反而得到了"小灶"待遇。比如施老师讲的北朝至隋唐的《法华经变》中的"释迦多宝并坐""火宅喻""化城喻"等，还有初唐第220窟南壁的"阿弥陀经变"，北壁的"药师经变"等。当时在窟内听讲的时候不是非常明白，看到各种经变的构图大体都差不多，根本不会区分。后来都是施老师单独给我又进行了讲解。施老师在窟内讲解各种经变的内容时，还联系佛经文本，讲佛经的结构，如"序分""正宗分""流通分""品"等概念，教我们如何根据佛经内容分析经变内容并识别定名。有时候针对某一经变会带我们去看第二遍甚至第三遍，以使大家能彻底明白。

至今我仍然清晰地记得，每天施老师带我们参观洞窟，头戴一顶草帽，合身的碎花浅蓝衬衫，黑色的裤子，古稀之年的老人总是精神矍铄地走在前边。有时候我们师兄弟们都会感觉到累，但施老师好像从来都没有疲惫过。

也是在这次去敦煌期间，有一天樊老师来山庄看施老师，正好施老师在给我解答问题。樊老师看到后很高兴，就当面对施老师交代，说她由于事务繁忙，很难抽出时间带我，所以正式委托施老师代她多指导我。施老师很谦虚地说担心带不好，樊老师半开玩笑地说："你就别谦虚了，做石窟艺术研究，你能带他是他的福气。"我非常高兴樊老师这样的安排，因为樊老师长期在敦煌或出差在外，我有问题时很难随时求教，而施老师长住兰州，加上有贺老师在家，这样我就有了四个导师，这是我前世修来的福气吧！

从敦煌回来后，我就成了施老师家的常客，每过一段时间我就会带着一大堆问题前去讨教，施老师、贺老师总是耐心地为我解答，还会给我布置作业，列出必读书目，关注学界的热点问题，等等。

2009 年 8 月 16 日陈明（中）在兰州贺老师、施老师家拜访

施跃娟提供

　　施老师学养深厚，治学严谨，对学生要求严格。跟着施老师学习，我印象最深刻的是老师扎实的学术功底和一丝不苟的治学态度。在我选定"归义军出行图研究"作为我的学位论文题目之后，施老师说"出行图"已有暨远志做过一些研究，你的研究一定要有突破，要将图像内容结合唐代有关典章制度和归义军政权的性质、地位去思考。施老师还将自藏的两《唐书》《唐六典》《唐会要》《通典》等书籍借给我阅读。在撰写博士学位论文期间，每完成一部分我都送去请施老师看。记得有一次施老师指着我的文稿中的一个别字，严肃地问我，你学中文的怎么会将墓葬的"葬"字打成"藏"呢？我一看原稿还真是打错了，我意识到这是用拼音输入时的手误选错了字，但错了就是错了，在严格的老师面前只有谦虚地认错。仅此一点，当时给我无比强烈的震撼。我想，这样的大学者，对学生的写作竟如此一丝不苟！使我对施老师更加敬仰。我至今还保存着施老师为我批改文章的底稿。每每看见她那刚劲有力而又清新隽秀的钢笔字，总好像老师不断在鞭策自己。

　　毕业后的 2009 年，我从外地回兰州过春节，去看施老师和贺老师的时候，施老师给我一篇支道林的《阿弥陀佛像赞并序》，说这篇"赞序"很有意思，你好好去读去领会，看能否读出点什么来。回到家我便开始埋头琢磨，在年后跟老师道别的时候，简单汇报了自己研读的心得。施老师甚为高兴，说看来你是读懂了，那就写篇文章出来。回到工作单位后，我就先查作者背景，将《阿弥陀佛像赞并序》原文逐字逐句地注释、理解，并逐步有了比较清晰的思路。在对原文的注解和形成文章的过程中，每有进展我都发给施老师看，老师回复总能指出其中存在的问题。经施老师的多次修改，最后终于完成了《中国最早的无量寿经变——读支道林〈阿弥陀佛像赞并序〉有感》，发表在《敦煌研究》2010 年第 1 期上。

　　施老师老当益壮，爱护每一位学子，与时俱进，精神不输年轻人。与施老师熟悉的人都知道，施老师一直在用电脑工作，能娴熟地检索查阅光盘版《大藏经》，特别是会用五笔输入法。同时，施老师精力饱满，她曾告诉我，她每晚都要工作到夜里 12 点以后，第二天早上照样早起，这让当时还算年轻的我大为惊叹。施老师有着惊人的记忆力，这也是她为什么能将洞窟内容记得那么清楚的原因。也是在施老师带我们去敦煌考察石窟的那次，有天晚上我们请老师去沙洲夜市逛，正好有两个日本学生模样的游客坐在我们邻桌。也许他们懂点汉语，听我们在聊洞窟的事，就用简单的汉语过来搭腔。当时我自恃自己十多年的学日语底子，便主动做起了翻译，施老师在一旁听着突然也说起了日语，当时大家都惊得瞪大了眼睛。那两位学生离开后，施老师低声对我说："你的日语不错，但某个词你的音调错了，应该是词尾下降而不是上升。"回来后我查了那个单词，还真是我发音有误。后来我问施老师怎么学的日语，才得知她并没有科班学习的经历，只是在改革开放后去日本访学过一两年。施老师当时没有当场大声纠正我，这是给我面子，一件小事足以体现施老师的修养。

　　施老师虽已退休多年，但仍笔耕不辍。2012 年 7 月，施老师已定居杭州，我专门去看她。当她的侄媳接我到家的时候，我发现施老师还坐在电脑前工作。我一进门，施老师就说，还在带一位博士。记得好像叫王百岁，老师正在看他的文章。依稀记得施老师说是一位很用功的学生，但似乎基础有些欠缺，跳跃性思维，看他的文章很费劲等等。老师虽然嘴上这么说，但认真负责的态度溢于言表。八十多岁高龄了，还如此勤奋、辛苦地带学生。看着眼前略显苍老的老师，身躯已不像从前挺拔，面容也有些憔悴……，想起施老师十多年来耳提面命，想起她也曾这样在

1990 年施老师（中）与友人在日本赏樱花

施跃娟提供

电脑前为我修改文章，我的眼眶不禁湿润了。我看到施老师真的老了，说话好像比较多了，记忆力也似乎大不如前，有时前几分钟说的话后面又会重复。

　　施老师，既是严师，更是慈祥的长者。我虽类似于"委培生"，但施老师对我从未有亲疏远近之分，某种程度上我从施老师处学到的知识，一点也不少于其他师兄弟。从这一点上说，是施老师手把手带我走进了敦煌学大门，此乃我今生之大幸！

　　适逢施老师九十寿辰，远在他乡的我不能亲身前往为老师祝寿，喟然长叹！回忆起师从施老师的点点滴滴，聊记以表对恩师的思念和祝愿。

　　祝老师健康长寿！

2011 年 8 月 20 日白天考察平凉崆峒山石窟

左起：陈明、施老师、小樊　　　　　　　　　　　　　　　　　公维章提供

2011 年 8 月 20 日晚兰州饭店施老师八十寿宴

左起：王晶波、施老师、陈明　　　　　　　　　　　　　　　　公维章提供

我与施老师除了敦煌以外的缘分

许绢惠/台南市黎明中学

　　缘起于 2005 年，因为硕士论文需要到敦煌踏查，恩师郑阿财教授特地为我引荐贺世哲老师与施萍婷老师。一到兰州马上拜见两位老师，心想着两位敦煌学界大佬可能是严肃的人，于是诚惶诚恐地到了老师家。一进门，两位老师就像自己家中的长辈般亲切，笑容满溢地招待我，也在这次的访问中老师们善巧地回复了我的提问，还提出许多学术上的建议，都是学生未注意的细节，使人感受到老师在学术上的包容心，更见到有德者的风范。会谈之中，施老师除了关心着我的研究外，也话家常地关心我刚出生的女儿，就在谦逊近人的贺老师与爽朗的施老师招待下，我度过了愉快又令人难忘的下午。

2005 年许绢惠（右）在兰州贺老师、施老师家中拜访

许绢惠提供

　　回到台湾，因为想念两位老师，便试着写E-MAIL给施老师，原以为很久以后才会有回讯，没想到刚学习E—MAIL不久的施老师，竟然快速回复了，也就这样开启我和老师的情谊。给老师的信件内容，并不是严肃的学术，而是分享着生活上的一切有趣的事物。而刚当上新手妈妈的我，总不厌其烦地告诉施老师我家宝贝有多可爱又有多可爱，其实都是自我感觉良好，而老师每每收到信都快乐地与我共享初当人母的喜悦。

　　每有机会再到兰州，一定先把握时间跟像家人般的施老师见面，一起吃吃饺子叙叙旧，说说没见面的时间做了哪些事，互相关心彼此的生活。我随着孩子长大生活变得更忙碌了，虽然去不了兰州、杭州，但总会想念起她老人家爽朗的笑声，那笑声令人满心欢喜。

　　在施老师的寿诞之日，祝福您福寿安康、精神爽朗、顺心圆满。

2021 年 8 月学生绢惠敬上

一念敦煌，如家
——施萍婷老师印象

何　鸿/中国美术学院

认识施萍婷老师是在 2010 年左右，参加浙江大学刘进宝老师等的一次聚会，那时印象只觉得她是个开朗的老太太，幽默、机智、爱笑！后来联系便多了。渐渐知道住在我附近不远，有一位在敦煌生活了近半个世纪的敦煌学家，也因为我收藏敦煌和丝绸之路文献的缘故，请教施老师的机会就多了。2012 年冬天，我在杭州恒庐美术馆举办敦煌艺术文献展，邀请施老师去看展览，同去的还有很多研究、关注敦煌的学者，包括时任敦煌研究院副院长的赵声良、中国丝绸博物馆的赵丰馆长、南京师范大学黄征教授、谢成水先生、王宏理先生、浙江大学和中国美术学院的教授等。施老师看得很认真，时已近 80 高龄，记忆力很好，看到展出的 20 世纪 40 年代的敦煌壁画粉本，根据图像便可辨认菩萨出自哪个洞子，"啊，这是第三窟的那个菩萨，可惜啊，现在菩萨的下半部分已经毁了，看不到了，这个粉本上还能看到全貌，你看，40 年代还是完整的"，说着说着，眼泪就流了出来。施老师这一代敦煌人，是真的爱敦煌，对每一个洞窟如数家珍，就像家里的什物用品，了如指掌，但一触及敦煌，便是心酸和泪水。2013 年冬天，秦川、安秋纪录片团队来杭州拍摄《敦煌画派》纪录片，正巧浙江美术馆在举办"煌煌大观——敦煌艺术大展"，施老师也去看了展览，这或许是老敦煌人告慰心灵的最好方式，想触及敦煌，又不愿言敦煌，一言敦煌就是止不住的泪水。我想，这正是如家般的情丝，一念及，便伤怀，爱之深，情之切也。印象很深的是安秋导演采访，施老师无限感慨，潸然泪下，忆起当年的同事："临摹这些洞窟的人，四个已经作古了。常书鸿先生已经去世了，段文杰先生走了，李其琼、还有一个史苇湘，这四个人都已经作古了。那么这些临摹洞窟呢，应该说都已经成为文物了。千里迢迢，从戈壁滩上搬到杭州来，到常先生的故乡来展览，这也是我的故乡。我很激动。"我这才知道，施老师是浙江永康人。问她为什么去了西北，去了敦煌。她笑笑说："那时候年轻，17 岁，去当兵，后来遇上抗美援朝，去了朝鲜，在朝鲜战场上当资料员，刻蜡纸，印战事资料，出小报，有时刻着刻着就趴在钢版上睡着了，蜡纸戳破了。为了解决疲倦问题，部队给我们发烟，抽烟提神。"问施老师有没有见过彭总，施老师笑笑，"哈，我们这些小喽啰，怎么能见得着大司令员。不过，条件的确很艰苦！"不害怕吗？"能不害怕？每天炮弹头顶上飞啊！能活着回来已是万幸。后来才知道，一次敌机的炮弹扔下来，幸好一个牛皮包救了老贺的命！他用牛皮包挡住身子，蜷缩在一起，这才躲过一劫！要是假牛皮包就完蛋了！"那后来怎么去了大西北？哦，那这更加有趣。"朝鲜战争结束后回到国内，考上了兰州大学！为什么去了西北，我这人很奇怪，因为东北待过，四川也去过，当兵就在重庆，参加了解放重庆战役，本身就是南方人，就剩下西北没去过，于是就考了兰州大学。后来在兰大认识了先生贺世哲。"

2015 年，我因出版《穿越敦煌——美丽的粉本》《穿越敦煌——莫高窟旧影》两书，邀请施老师写个前言，老太太很谦虚，"老糊涂了，什么都不记得了"。当翻出 20 世纪 60 年代和先生贺世哲在敦煌文物研究所前的合影时，施老师记忆的匣子似乎突然打开了，两眼湿润，滔滔不绝地和我谈起半个世纪前的往事。她依然记得三年前去看敦煌艺术文献展的情景，"那些老照片上的编号，大的阿拉伯数字是敦煌研究院的编号，P 是伯希和的编号，C 是张大千的编号，这小小的牌子，是反映敦煌历史的见证。这些 70 年前的老照片，即便是我们这些守护莫高窟多少年的人，看了也会热血沸腾。当年那些拍照片的人还有一些印象，李贞伯比较早，祁铎要晚一些。罗寄梅拍的照片比较早，是常书鸿先生那时候的，可惜照片都带走了"。施老师一谈起先生贺世哲，也是惆怅、伤心！"那时他也在抗美援朝战场，但我们不认识，他在总参，12 军 34 师，总叫我们小鬼，也就这点印象。后来在兰州大学上了三年学，因家庭原因我没有毕业。那时对文凭似乎也没有那么严格的要求，加上我们当过兵，有组织纪律。敦煌文物研究所招人，常书鸿先生看我能吃苦，便招了我。我那时还喂猪，什么苦活脏活都干。"问施老师，贺先生怎么也去了敦煌研究院？"哦，他那时学的历史，敦煌研究院也需要历史专业。我那时开始帮着整理藏经洞文献，藏经洞大家都知道，只可惜大量精美文献都流失了。后来我就在敦煌研究院干了一段时间的文献整理工作，稀里糊涂做了一段时间的敦煌文献研究所所长。后来李正宇接手文献所工作，再后来是马德所长。"

2017 年暑假，我将收藏的敦煌文书带给施老师过目，她说，回鹘文、藏文、梵文她不懂，汉文文献可以试试看帮忙编目。不几日，施老师将十几帧唐人写经残片做了详细的注释，用几十年前的格子信纸工工整整识读写出来，如《大般若波罗蜜多经》《妙法莲华经》等。还对文献做了分类，有纯汉文文献，也有汉文与回鹘文互注文献，还有蒙古文、佉卢文等。

2019 年元旦，请施老师来参加我主持的同文唐卡艺术展，并请施老师给我将要出版的《敦煌佛影》提提意见，她看得很认真，感叹"很多佛像都已经看不到了，这些照片很珍贵，快 70 年了，莫高窟变化很大"，欣然题字"丝路敦煌文献"！施老师近 90 高龄，记忆力惊人，从李浴先生、阎文儒先生、宿白先生谈到邵芳、萧默先生，谈到日本的平山郁夫先生，说平山先生捐了很多钱用于保护石窟，很喜欢敦煌，常来敦煌。尤其谈到阎文儒先生，施老师很兴奋："阎文儒先生是我的老师，阎先生对石窟艺术的研究很执着，20 世纪 40 年代就在西北考古考察，对我们要求很严格！治学精神值得学习！"

　　每次去拜望施老师，闲聊中获益良多，她对敦煌的爱与牵挂，都浸透在泪水中，也深深感染着晚学！一念敦煌，如家！祝施老师身体健康，开心快乐！

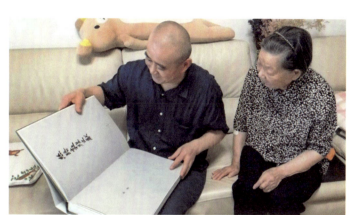

施老师为何鸿的《敦煌佛影》一书题字
"丝路敦煌文献"

何鸿提供

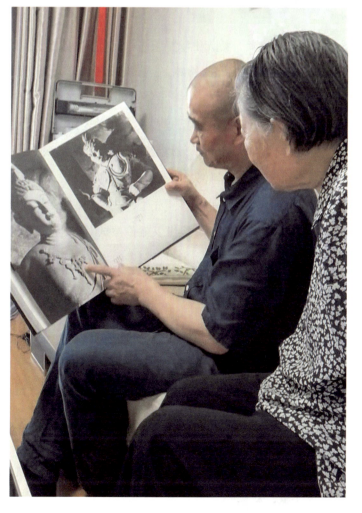

2021 年 7 月 21 日在杭州施老师侄子家中
施老师与何鸿在翻阅《敦煌佛影》

何鸿提供

施萍婷先生敦煌文献研究学记

何　鸿/中国美术学院

目前可见，施萍婷先生较早关注敦煌石窟、敦煌文献研究、发表学术论文是在 20 世纪 70 年代初，那时先生所用名是施娉婷，公开发表在杂志上的文章有《从一件奴婢买卖文书看唐代阶级压迫》，与关友惠、段文杰先生一起合作的《莫高窟第 220 窟新发现的复壁壁画》，还有一篇是和舒学合作的《敦煌莫高窟》长文，这些文章都发表在《文物》杂志上，时单位所属为敦煌文物研究所。按施萍婷先生自己的话说，敦煌就像一块巨大的磁铁，吸引着钢铁般的莫高窟人，那是一群"打不走的莫高窟人"！施萍婷先生又被人亲切地称为"敦煌银杏公主"！

让我不解的是，每每去拜望先生，先生总不愿谈起敦煌莫高窟，说年纪大了，以前的事都忘了，我知道这是托辞，但先生一会儿又偷偷擦拭眼泪，显见，这是"情到深处人孤独"，太爱敦煌了。我能理解先生对敦煌的感情，半个世纪多的"荒寒"洗礼，是刻骨的，也是给人传递温暖的。

20 世纪 60 年代前后，正是国家困难时期，敦煌文物研究所也是处在保护、修复敦煌莫高窟的重要时期，需要人才，施萍婷先生就是在这种情况下到了敦煌文物研究所。1961 年，施萍婷和丈夫贺世哲双双到了敦煌文物研究所工作，将一生都献给了敦煌莫高窟。

施萍婷先生的敦煌文献研究约分成三个阶段：一是 20 世纪六七十年代，初始接触敦煌石窟艺术和敦煌文献。二是 20 世纪八九十年代，深入广泛接触海内外藏敦煌文献，也是敦煌文献研究的最重要时期。三是 21 世纪初，由敦煌藏经洞文献研究转入石窟文献艺术研究。施先生敦煌文献研究的分水岭正是 20 世纪 80 年代敦煌文物研究所设立敦煌遗书研究室，进而提升为敦煌遗书研究所、敦煌文献研究所，先生担任室主任和所长期间，大量接触海内外藏敦煌文献，遍及各大博物馆和私藏敦煌文献，为《敦煌遗书总目索引新编》出版添实了大量资料，成为敦煌文献研究者的必备工具书。这也是为敦煌藏经洞发现 100 周年献礼的重要著作。

20 世纪八九十年代，施先生的敦煌文献研究视角主要集中在海外，如日本、俄国等所藏敦煌遗书。如 1988 年由日本学者冢本善隆博士著《中国净土教史研究》中提到的"写经题记：开元十六年正月写的敦煌所出阿弥陀经后记"，引发了对《法照与敦煌文学》的关注。先生由冢本善隆所提"许国霖先生《敦煌石室写经题记》中的北图藏秋字 97 号"，进而检阅了北图（北京图书馆）藏所有《阿弥陀经》并校勘，也对法照的研究提出了新的观点。法照是大唐代宗时的国师，关于生平、史迹只见于《宋高僧传·释法照传》，且多为讹传。先生根据敦煌遗书新材料的发现，梳理了法照的生卒年、游学、佛历、著述等，经过严谨的考证，纠正了日本学者对法照生平的推定假说（生于 741 年，卒于 818 年，享年 77 岁），也分析了敦煌藏经洞藏有大量法照著作的原因。

在《日本公私收藏敦煌遗书叙录》文中，先生对日本重要敦煌遗书收藏单位的敦煌文献作了系统打捞，这时先生发表著述所用名为施萍亭。文中，先生对日本三井文库、京都藤井有邻馆、唐招提寺、法隆寺、国会图书馆、大东急记念文库、东京大学东洋文化研究所等所藏敦煌文献细悉著录。20 世纪 60 年代，在《敦煌遗书总目索引》出版后，施先生便意识到此著的划时代意义。当然，凭着先生的历史专业敏锐直觉，也意识到这本恢宏巨著的不足，于是引发了先生对世界各地所藏敦煌文献的校勘、纠错、增补，成为有生之年的学术夙愿。先生在做敦煌遗书编目的体例方面有自己的考虑和方法，如收藏地、编号、类别、名称、文本内容、文献起始句、文献附加说明等。如著录"藤井 4—东文 4—饶目似无"条。藤井指日本藤井有邻馆，东文指日本东洋文库，饶目是指饶宗颐先生的《藤井氏所藏敦煌残卷简目》。"名称：五月二十一张季札疏。本文：张二兄、王大郎、阴四郎□□。说明：本文的最后两行系接到邀请者的签名，因而字虽清楚而难认。又，通知了十四个人，但后面签名者仅十人。有印鉴二：德化李氏凡将阁珍藏、何彦昇家藏唐人秘笈。"

译介海外敦煌文献研究也是这一时期先生关注的重点，如日本大谷探险队之于敦煌文献的贡献。大谷探险队是西域学的开拓者，在先生翻译的日本学者杉森九英等著的文章《有关大谷探险队的答问》中，梳理了大谷探险队的意义、西本愿寺在日本现代化的先锋中扮演的角色、大谷光瑞之于佛教考古的贡献、吉川小一郎在大谷探险队中的贡献、对欧洲最新学问摄取的贡献、大谷探险队所获珍品的下落、大谷探险队在西域学中的地位与贡献等。我好奇的是，先生从抗美援朝战场回来后，什么时候涉猎学习了日语，并翻译了如此专业的文章。

俄藏敦煌文献是世界四大敦煌文献收藏地（英藏、法藏、俄藏、中国藏）之一，数量上独占鳌头，近 2 万件（编号），由奥登堡考察队取自敦煌莫高窟等地。施先生在 20 世纪 90 年代就考察了俄藏敦煌艺术品，感叹俄藏古文文献的浩繁，俄罗斯科学院东方研究所圣彼得堡分所就藏有 60 种古文字 10 万件之巨。先生在圣彼得堡两个月时间，要过目所有敦煌文献也是有相当难度，"实际上，我们每天提交的目录和得到的实物总是有距离，也就只好拿到什么看什么了"。这种尴尬际遇我在 2007 年圣彼得堡考察时也曾遇见，馆长说："不是不给你看，是怕你们看了之后心脏受不了。"当然，先生遇到的情况是"文化资源的保护、整理和保守问题"。英藏敦煌文献在发布初期也有"文献版权"方面的限制等问题。对大量文献流失地的中国学者而言，这是一种尊严和责任，同时内心也充满了酸楚与无奈。但中国学者面对这种机会时总是如饥似渴地整理和"索取",中国学者的这种学术态度,辐射到西夏学、契丹学、西域学等各个领域。先生在俄藏敦煌文献方面的成果发表在《俄藏敦煌文献经眼录》系列文章中。著录俄藏敦煌文献的内容包含有符格鲁的编号、孟列夫编号、文献名称(包括首题、纪年)、尾题、说明等,说明中包含有文献尺寸、行数、行字、纸质特点、装裱形式、题签、题签内容、卷帙、文献所属大类(如《大正藏》第几卷第几页等)、著录等信息。并有《俄藏敦煌文献》研究文章,对俄藏编号 1376、1438、2170 进行了分析研究,并结合伦敦、巴黎所藏敦煌文书 S.2140、S.3607、S.4640、P.3851、P.4607 进行比较,得出这八件文书反应的是同一件事情,即《宋代沙州向中原请经文卷》。敦煌文献的缀合、分类和复位研究一度成了敦煌学界的重要手段,这是因为敦煌文献的分散性和人为毁损造成的,因此,也就加剧了研究的难度、整合资料的迫切性和重要性。

这一时期,先生除了对海外所藏敦煌文献的关注、整理、译介外,也开始对敦煌莫高窟本地出土的文献进行研究,如敦煌土地庙(该庙为清末莫高窟中寺住持王喇嘛所修)出土文献。敦煌土地庙出土敦煌写经文献是藏经洞文献发现后很重要的一处藏经,自 1944 年出土后,得到了学者们的关注,大致有几种观点:一种认为土地庙文献和敦煌藏经洞文献没有关系,如李正宇先生。一种认为此文献与藏经洞文献有关系,如苏莹辉先生。一种是施先生认为土地庙藏经原为藏经洞藏经的一部分。先生根据解放后在民间零星收购的藏经洞散篇与土地庙藏经缀合,并结合日本青山庆示捐赠品和敦煌市博物馆、敦煌研究院零星收藏品的部分缀合,断定土地庙藏经源于莫高窟藏经洞。

到了 21 世纪后,先生的敦煌学研究明显拓宽,渐渐走向专题或个案研究,如敦煌壁画中的无量寿经变、安思远藏历代佛教写经、敦煌经变画等。同时也对国内如敦煌研究院、上海图书馆、天津艺术博物馆收藏的敦煌艺术做了梳理,这篇文章在日本和国际敦煌学界引起很大反响,并经日本敦煌学者池田温先生翻译发表在《东洋学报》上。

先生对敦煌莫高窟经变画的研究,除了对代表作、代表石窟结合佛经和文献进行精准分析外,也提供了辨识经变画的依据,她总是谦虚地说,不懂美术,只学了几年历史,但对经变画画面特征的解读如数家珍,丰富自如。更启发我们的是先生从古代绘画理论出发,对敦煌壁画的研究提出前瞻性的观点,如先生从唐代张彦远《历代名画记》中六法论之一"经营位置",触及敦煌壁画研究的宏大课题,并为张彦远未见敦煌壁画而遗憾,若见之,则不会为认识到"经营位置"为"画之总要"之重要性,而可解"难悉详之"的困惑。先生对敦煌壁画的研究喜欢用读或重读来表示,如《新定〈阿弥陀经变〉——莫高窟第 225 窟南壁龛顶壁画重读记》,显然这是先生对同一幅壁画反复研读的结论,严密论证的结果。先生认为在《无量寿经变》《阿弥陀经变》《观无量寿经变》的说法图中,往往无弟子,是因为大乘佛典《无量寿经优波提舍愿生偈》的出现,与画家无关,显然,这是先生熟悉通透佛经所得出的结论。

先生已 90 高龄，还常读书，难忘先生 85 岁高龄时为我所藏的敦煌文献过眼编目，一字一句认真补录书写！谈及敦煌，先生欲言又止，总是说忘了，忘了敦煌的很多事情，我们深知，从常书鸿先生开始的这一代"打不走的莫高窟人"，内心是爱着这片戈壁滩和沙漠深处的"文化绿洲"的，因为爱得太深，所以常常深陷孤独而不语，给先生磕头致谢，深深敬意！

春风化雨泽
——难忘施萍婷老师对我的帮助

张小刚/敦煌研究院考古研究所

    2000 年我从武汉大学考古学专业本科毕业。朱雷教授知我有志于学术研究，于是推荐我到敦煌研究院工作。这年盛夏，我负笈北上，来到敦煌莫高窟。临行前，朱雷老师告诉我，他在敦煌研究院有两位好朋友，也是令他非常钦佩和敬重的学者，一位是李正宇先生，另一位就是施萍婷先生。朱老师告诉我，这两位老师都是敦煌学历史和文献研究领域的大专家，嘱咐我到敦煌以后一定要代他向两位先生问好，并且要时时向先生们请教。

    我来到敦煌之后不久，恰逢敦煌研究院与中国敦煌吐鲁番学会为纪念藏经洞发现一百周年于 2000 年 7 月 29 日至 8 月 3 日在莫高窟举办 "2000 年敦煌学国际学术讨论会"。作为新来的年轻人，我被会务组抽调到会上做布置会场和收发同声译耳机等服务工作。现在我还清楚地记得，在会场外报到点的人群中，我突然听见一个声音说，我和贺先生两个人领一份会议材料就可以了，另一份材料留给有需要的同志吧。我有点疑惑，向前走近几步，这才发现负责报到接待的几位老师都已经主动站起来了，在他们面前的是一位六十多岁的老太太，个子不高，身材微胖，一头花白的短发，圆圆的脸上带着笑容，非常慈祥，让人一见就生出孺慕之感。我有点奇怪，为什么她要专门强调两个人只要一份会议材料呢？等这位老太太离开以后，我悄悄地问一位负责报到工作的老师。他告诉我，这位老人是施萍婷老师，她与贺世哲老师是老两口，都是我们研究院德高望重、学识渊博的老先生，这次他们老两口都是会议的正式代表，本应该领取两份会议材料，但是施老师觉得他们夫妇领一份报到材料就够用了，不必占用太多的会议资源，这样就可以把另一份材料留给有需要的人。我在解除疑惑的同时，终于将施萍婷这个名字和本人对应上了。这是我第一次见到施老师，虽然没有机会上前打招呼，但给我的印象是，这是一位可敬又可爱的老太太。

朱雷老师也到敦煌参加了这次学术盛会，但是在会议上大家都比较忙碌，朱老师也没有时间和机会把我单独介绍给施老师。这次学术会议以后，施老师和贺老师没有在敦煌过多停留，等我知道消息的时候，他们已经返回了兰州家里，很遗憾未能及时联系上。

再次见到施老师，已经是第二年了。记得有一天樊锦诗院长让她的秘书专门来告诉我，说施老师来敦煌上洞窟做调查了，让我赶紧去跟着，看一看老先生是怎么看洞窟的，听一听老先生对洞窟内容的讲解。我于是在施老师上洞窟的时间等候在路口，看见她来了，就迎上前去做自我介绍，告诉她我是考古所新来的年轻人，想跟着她一起上洞窟学习。施老师说一起上洞窟没有问题，但是她这一次是为了研究课题专门来敦煌做洞窟调查的，时间比较紧张，可能没有太多时间来给我讲解洞窟的内容。我说没有关系，我就是来帮您拎工具袋的，您不用抽时间专门来关照我，让我跟着您就很好了，我自己跟着听，跟着看。就这样，施老师带我一起上洞窟。在路上，我告诉她，我是武汉人，武汉大学朱雷老师推荐到敦煌来工作的，并代朱老师向她问好。她听了非常高兴，说是研究院就是需要越来越多的年轻人从全国各地来莫高窟工作，她希望我在这里好好学习和工作，尽快成长起来。这次跟着施老师考察洞窟，虽然她工作很忙，但她还是尽量多给我传授一些洞窟的基础知识。我现在还清楚地记得，她告诉我判别各种敦煌经变画的小诀窍，比如观无量寿经变两侧的条幅中有未生怨和十六观；药师经变两侧的条幅中有九横死和十二大愿，中间说法图主尊的下方有十二神将；法华经变最明显的是起火的宅院和牛车、鹿车、羊车这三车；华严经变最明显的是大莲花与七处九会；弥勒经变中有婆罗门拆毁宝幢和耕作、婚嫁等画面；金光明经变中有萨埵太子舍身饲虎和流水长者子救鱼的画面；报恩经变中有太子入海求宝及牛王舐目等画面；至于没有太多图像特征的金刚经变，在每一则榜题文字中基本都是以佛告须菩提等语句来开头的；等等。我将她讲授的内容与我看书得到的信息结合起来，很快将这些洞窟的基础知识串联起来了。

大约 2002 年的春天，施老师和贺老师又一次来到敦煌，临时住在莫高窟 1 号公寓楼里。傍晚的时候，我登门去拜访两位先生。贺老师问起我是谁，施老师介绍说我是朱雷老师介绍到敦煌来的，现在在院里考古所工作，贺老师也高兴起来，说他自己也曾经长期在考古所工作。之后我向两位先生请教应该如何选择未来的研究课题方向，又汇报了目前正在撰写的习作《浅析敦煌艺术的鹿野苑中瑞像图》的一些粗浅想法。两位先生提到，关于敦煌壁画中的佛教史迹画和瑞像图这类题材，以前是由孙修身先生专门研究的，但是孙老师于 2000 年不幸因病去世了，这个专题的研究还有很多工作值得深入开展，如果我有兴趣，可以持续关注这个方面的材料。这个建议给了我很大的鼓励，使我下决心在敦煌瑞像图及其相关研究方面投入更多的时间和精力。

施老师和贺老师知道我对敦煌瑞像图的研究产生兴趣之后，经常将最新的研究信息通过各种渠道告诉我。2005 年我通过考试回到武汉大学进入硕士研究生阶段学习，2007 年开始攻读博士学位。在选择博士论文选题的时候，我去两位老先生在兰州的家里专门请教。我的初步想法是选取中唐至宋代的敦煌瑞像图为研究对象，后来在两位先生的建议下，决定将敦煌所有年代的佛教史迹画和瑞像图都纳入研究范围。2011 年 5 月，我完成了博士论文，需要邀请一位敦煌研究院的资深专家前往武汉参加我的论文答辩会。樊锦诗院长由于工作时间冲突，不能亲自前去，于是她联系施老师，请施老师出山为我的论文把关，并代表她向武汉大学为敦煌研究院培养人才表示感谢。虚岁已经 80 高龄的施老师在王惠民先生的陪同下，不辞辛劳，亲自前往天气已经开始炎热的武汉参加评审，令人十分感动。作为一个在敦煌文献和图像学研究等方面都造诣精深的专家，在答辩会上，施老师高度肯定了我的博士论文，也提出了不少有益的修改意见和建议。

2011 年 5 月 28 日施老师（右一）在武汉大学参加张小刚博士论文答辩会

张小刚提供

2011 年 5 月 28 日施老师（中）在武汉大学参加张小刚博士论文答辩会合影

张小刚提供

此后，施老师一如既往地关心我的成长。她知道我曾经做过敦煌摩利支天图像的研究，2015 年元月，台北故宫博物院李玉珉研究员新撰写了《唐宋摩利支菩萨信仰与图像考》的学术论文，文中多次引用了我之前的研究成果，也有一些新的看法。李老师将论文的抽印本赠送给施老师，施老师过目后，很快就让邰惠莉将这本抽印本转赠给我。同年 10 月李玉珉老师到敦煌考察时她才将同样的抽印本赠送给我，我告诉她，在施老师的关心下，我已经先睹为快了。

2015 年 1 月 30 日施老师将李玉珉先生赠阅的论文抽印本转赠给张小刚及 2015 年 10 月 11 日李玉珉先生赠阅给张小刚的论文抽印本

张小刚提供

我与施老师和贺老师之间没有任何亲属或者老乡关系，也并非施老师的嫡传弟子，但是一直得到两位老师尤其是施老师的诸多关爱，我个人理解，其中最主要的因素还是两位老先生对于敦煌事业的热爱，对于敦煌研究院后继有人、薪火相传的期望，所以他们才不遗余力地培养和提携研究院里有志于敦煌学研究的年轻人。

上一次见到施老师，是在 2019 年 4 月。施老师在杭州一直念念不忘敦煌，一直惦记着要回莫高窟，于是在侄儿夫妇陪同下回莫高窟给贺先生扫墓。那次见面，施老师身体还很好，腿脚也灵活，只是记忆力开始衰退了。我和她聊天的过程中，她好几次问我，你女儿上几年级了，我耐心地一次又一次地回答她这个问题，心里面既感动又有点伤感。

我的恩师朱雷教授于 2021 年 8 月 10 日因病去世了，前几天关友惠老师也仙逝了。老先生们年纪都大了，我们也人到中年了，慢慢能体会到"子欲养而亲不在"的情感，越加珍惜与老先生们相处的时间。

一晃又有几年没有见到施老师了，去年众弟子和亲友们为施老师贺九十大寿，我遗憾没能到现场。自己常常在想，一定要找机会去杭州，去了杭州一定要去看看施老师。

冯培红兄嘱我为施老师的祝寿文集写点东西，我写不好，只有敬爱施老师的心是真诚的。衷心祝福施老师福如东海广，寿比南山高。

2022 年 7 月 20 日于敦煌莫高窟

为人师表　治学楷模
——庆贺施萍婷老师九十大寿

孔令梅/敦煌研究院编辑部

施萍婷老师是敦煌研究院的老专家，是敦煌学界的学术权威。我的硕士生导师冯培红教授组织编撰庆贺施老师九十大寿的文集，我在冯老师的安排下，为施老师书写自己的心语，非常激动和荣幸。

施老师于 1995 年从敦煌研究院离休，而我来敦煌研究院工作的时间比较晚。我是 2011 年博士研究生毕业以后才入职敦煌研究院的，属于研究院标准的小辈年轻人，而当时施老师已经退离多年了，所以我和她在敦煌研究院内几乎没有见过面。但是，我在研究生时期，就拜读了施老师的很多研究成果，跟她学习了很多敦煌文献和石窟的知识，所以我对施老师是非常熟悉和敬仰的。

因为施老师是浙江人，所以在 2012 年以后，她就回到了浙江杭州。时光飞逝，2022 年她已经是鲐背之年的老人。因为我也在敦煌研究院工作十余年，冯老师让我写一写关于施老师的文章。我于是听从老师安排，试着写一点自己的想法。但是，我心里也在嘀咕、怀疑，我跟施老师交往的确不多，对她的了解不多，我能写点什么呢？

我第一次跟施老师真正见面是在 2018 年。那年 11 月 19 日，《敦煌研究》编辑部与浙江大学出版社在杭州合办了"敦煌研究发展研讨会"。那天上午的会议结束时，施老师特意来到我们开会的地方，看望我们编辑部的同仁和敦煌学界的朋友们。她已经居住杭州多年，平时很少能跟原单位的同事们见面，与全国敦煌学界的老朋友们也难得一见。施老师的到来，让大家都非常高兴。大家都围着她嘘寒问暖，叙旧攀谈。施老师跟我们一起吃了午饭，饭后大家继续与她攀谈，合影留念，场面暖意洋洋。施老师看到久违了的来自自己单位的同仁们和全国敦煌学界的专家学者们，始终笑容满面，侃侃而谈，格外开心和兴奋。

2018 年 11 月 19 日在杭州召开"敦煌研究发展研讨会"合影

前排右一至四依次为黄文昆、赵和平、施老师及孔令梅等　　　　　　　　　孔令梅提供

　　那天，是我第一次真正与施老师见面，是我第一次近距离与她接触。虽然我初次和施老师见面，但是她非常慈爱、可亲，见到她，我一点也没有感觉到大专家的严肃，反倒像见到了自家奶奶一样亲切。我们都围在她的身边，好不热闹。但是，施老师为了不耽误下午的会议，赶在会议开始之前就由杭州的家人送回家了。

　　施老师不仅是一位慈爱可亲的老人，而且她还非常细心，关心我们小辈年轻人。在杭州那一次我见到施老师，当时任编辑部主任、也是敦煌研究院副院长的赵声良老师，知道我没有见过施老师，估计她应该不认识我。在大家一一跟施老师聊天叙旧之后，我走到施老师面前跟她打招呼问候时，赵院长对施老师说："这是编辑部的小孔，施老师认识吗？"施老师看着我，肯定地说："认识。"顿时，我有一种感动涌上心头。我真没想到，施老师居然认识我！施老师虽然已经离休居住浙江家乡多年，但是她的心依旧在地处西北的敦煌莫高窟，她一直关注着敦煌研究院和敦煌事业，关注着我们编辑出版的学术期刊《敦煌研究》。即使单位有新的职工入职，施老师也能不断地认识像我这样的小辈年轻人。施老师对《敦煌研究》期刊的编辑工作也非常关心。有一次，她对我们编辑《敦煌研究》期刊时参考文献的使用方法，如关于佛典的使用问题，还进行了指导。我由衷地敬佩施老师对敦煌事业一直以来的关心和付出。

　　2014—2019 年，我在编辑《敦煌艺术大辞典》的时候，又对施老师有了更深入的认识。《敦煌艺术大辞典》汇集了施老师关于敦煌石窟经变画研究和解读的辞目一百余条。施老师对敦煌石窟图像的研究有很深的造诣，她把关于敦煌石窟经变的内容撰写成辞条，为敦煌学界提供了权威的敦煌石窟内容知识的释读。看着施老师的研究成果，看着她对学术的执着追求，作为后辈的我早已把施老师当成治学的榜样。听敦煌研究院的老师讲，施老师的经历非常丰富，她年轻时就参军当了一名军人，并且参加了抗美援朝。施老师虽然是女性，但是她的爱国之心赤诚火热，她跟男性一样，投戎参军。仅就这一点，施老师就足以令人钦佩之至。后来，施老师又上大学继续深造，毕业后驻守西北大漠的敦煌，用全部的精力研究博大、精深的敦煌石窟和敦煌藏经洞出土的文献，成为我国著名的敦煌学专家。施老师在敦煌石窟、敦煌文献的研究方面成果丰硕，调查整理了国内外所藏敦煌文献，为学界提供了丰富的资料来源，发表了很多重要的科研成果，在学界具有极其重要的地位。施老师兼擅石窟、文献，戏称自己是"两栖动物"。施老师对自己的研究成果始终不断地修改完善，在敦煌研究院建院六十周年的时候，出版了一部学术著作，起名叫《敦煌习学集》。从她对自己的著作所起的书名即可看出，施老师治学的勤奋、严谨和谦虚。

施老师不仅是敦煌学界的著名专家，在敦煌学研究方面具有很深的造诣，而且平易近人，和蔼可亲，总是给予年轻人无微不至的关心、帮助和教导。非常感谢施老师为敦煌学事业全心全力的付出！衷心祝福施老师健康长寿！

读其书，想其人
——施萍婷先生印象记

蔡渊迪/浙大城市学院传媒与人文学院

　　施萍婷先生主撰的《敦煌遗书总目索引新编》是今日治敦煌文献学者案头必备的参考书，因为太常用了，学界有时干脆将其简称作"施目"。我以前于施先生著作，也仅用过此书而已。近日因为关注敦煌经变画，于是找了施先生其他著作来读。前两天，很偶然地在图书馆的架子上抽到一本施先生新出的论文集——《敦煌石窟与文献研究》，遂借来一阅，看了几页便想起施先生本人来。

　　我与施先生曾有一面之缘，大约在 2013 年春夏间，刘进宝先生携夫人并公子来杭旅游，彼时刘先生尚在南师大工作。我导师许建平先生做东，请刘先生阖家在杭大路上某餐馆小酌，那次席上即有施先生。此外尚有关长龙老师，而我则叨陪末座。

　　那会儿，施先生说自己八十多了，看上去精神很好，说话慢条斯理，言语风趣。席间说了些什么话，我大多记不得了。只记得施先生说自己在 1949 年 10 月前参加了革命工作，所以侥幸混了个离休待遇，然后顺带说了点关于离休制度的事。

　　那次见过后，施先生那种慧黠的风神给我留下了深刻的印象。如今读到下面这些文字，更可印证我当日观感之不虚：

　　　　禅宗一向以"不立文字"自诩。但是，自唐初六祖慧能有《法宝坛经》之后，诸方记录（即《语录》）渐成巨帙，成了留传文献最多的一个宗派。这大概是始祖达摩做梦都没有想到的（《敦煌经变画》，引文在文集中第 147 页）。

学术论文有如此趣味，实属难能可贵。

这次论文结集，施先生大约因为年事已高，未再重新作序，只用了过去《敦煌习学集》中的旧序。虽是旧文，读来仍甚有兴味。序中，施先生将自己说成是敦煌学界的青蛙，能在石窟艺术考古和敦煌文献两个领域"两栖"，可是"在水中潜得不深，在陆上蹦得不高"。这当然是施先生谦虚。治敦煌学而能兼治石窟艺术与写本文献者，求诸近百年来的学界，也不过寥寥数人而已。我读那篇序文，觉得施先生很诚恳、坦然、真诚，并且实实在在的虚怀若谷。那种"务广而荒"的痛苦大约只有亲自经历过的人才能有此深切体会吧。

据说，施先生现居杭城，我也居杭城，但很少有见面的机会。即使偶然可能碰上，也该是"纵使相逢应不识"。那次见面，施先生对我这个后生小子应该不会留下什么印象，而我对施先生的印象也已模糊不清，毕竟只见过一面嘛。

其实，至今我也想不太明白，那次几位老师聚餐，导师何以把我带上，可能老师是想叫我趁机多认识些学界前辈，一片苦心；或者，也可能是老师怜我太穷，又知我嘴馋，便请我吃顿好饭。无论哪个，最终的结果肯定是后者，哈哈。

丁酉白露渊迪记于浙大城市学院文二楼

施老师对我的指导

吕德廷/聊城大学运河学研究院

6月15日，我收到冯老师发的微信，写道："今年8月20日是施萍婷老师90岁（虚岁）的生日。我们希望能为施老师在小范围内庆祝一下，主要邀请施老师指导过的学生，以及她的部分亲近同事和朋友。"冯老师希望我们写文章，记述与施老师之间的师生交往情谊和多彩故事。

和王百岁师兄不同，我不是施老师指导的博士生。但2012年，施老师和敦煌研究院的老师在莫高窟和榆林窟为王百岁、石建刚和我现场教学。我们仨在敦煌共待了11天，几乎每天进特窟、听专家讲解，现在想来都觉得幸运。除此之外，我在兰州拜访施老师时，她还对我的博士论文提过建议。就此而言，我受过施老师的指导。

一、洞窟中的教学

研究生期间，我既没有外出考察的意识，也没有考察的能力，大多数时间只是在学校看书。虽然硕士论文涉及莫高窟壁画，但仅仅依据图版进行论述，没有想过去实地考察以深化研究内容。直到2011年下半年，我读博一，经冯老师推荐，我和几位同门随欧盟考察团前往莫高窟。这是我的首次敦煌之行。当书中的壁画就在眼前时，心中涌起莫名的激动。离开敦煌后，我又和杨洁师姐、丛振师兄、石建刚、王蕾去了吐鲁番。

到过敦煌，实现了心中的一个愿望，感觉到此一游，也就心满意足了。没有想到，第二次敦煌之行来得那么快。2012年3月，冯老师通知王百岁师兄（与我同班）、石建刚（硕士二年级）、还有我，施老师将带我们三人考察莫高窟，让我们做好充分的资料准备。冯老师还为我们准备了考察费用。至于冯老师如何与施老师商议考察活动，并与敦煌研究院协调联系，直到现在我也不甚了解。

　　3月29日早上，我们到达莫高窟，在莫高山庄安顿下来。第二天，施老师带领我们参观洞窟。考虑到施老师已是81岁高龄，王惠民老师希望我们早上看洞窟，下午在资料室看书，晚上准备第二天的内容。可是施老师一直坚持上午、下午都看窟，王老师向我们转述施老师的话，大意是"我们应该为三个学生考虑，他们来一次敦煌不容易，肯定希望能尽可能多地看洞窟"。自3月29日至4月7日，我们在莫高窟待了整整10天。施老师带领我们参观了自北凉至宋代的代表性洞窟。一些研究院的老师为了照顾施老师、减轻她的压力，也为我们讲解。讲解的专家队伍可谓豪华，有王惠民老师、范泉老师、邰惠莉老师、陈菊霞老师等。不少研究院的工作人员见此盛况，认为机会难得，也一同听讲。

　　当时在洞窟，施老师、王老师等不仅讲述壁画内容，更多的是介绍最新研究进展。施老师对我们倾囊相授，小到具体知识，大到研究方法。只是因我基础太弱，对施老师的见解，吸收有限，在这里仅记述印象比较深的观点。

2012年3—4月施老师带学生和同事考察莫高窟行进路上

前排左起：陈璟、王惠民、施老师、王百岁；后排左起：吕德廷、陈菊霞、雷蕾　　　吕德廷提供我们进的第一个洞窟是莫高窟现存最早的洞窟，北凉第 275 窟。该窟的考古报告已经出版，关于洞窟的介绍非常全面。之所以仍然进窟参观，施老师认为主要是增加感性认识。感性认识太重要了，如看第 275 窟中弥勒菩萨的正面照，看不出身体微微前倾。通过老师介绍，我才知道，跪拜在菩萨面前的信徒，稍微抬头就可以看到菩萨微笑着注视自己。双眼平视前方的佛像，不会使信徒有这样的感受。工作后，我所在的单位也重视田野考察，经常组织人员考察运河。虽然关注的对象不是壁画、雕塑，但旨趣是一样的，就是施老师所说的感性认识。置身于千百年前的场景，心中的那份感受不是阅读纸质文献可以带来的。

在盛唐时期的第 320 窟，关于主室北壁中出现的"十六观图像"，施老师说，到目前为止，莫高窟尚没有一幅"十六观"图像被完整解读，这可能因为学者多关注佛经而没有阅读经注。施老师强调，阅读佛经很重要，但也要关注佛经注疏。施老师还为我们讲述了颜色"黑白颠倒"的现象。该窟主室西壁龛外两菩萨的身体原为肉色，而颜料中含有铅，经氧化变为了黑色；而菩萨身上的勾勒线，原为黑色，由于线上的胶脱落，变成了白色，所以出现了"黑白颠倒"的现象。

在莫高窟第 220 窟，关于该窟的"无量寿经变"，施老师说"观无量寿经变"与"无量寿经变"最大的区别就是"观"的内容是否出现；另外，《观无量寿经》讲"九品往生"（图像中一般以九个化生童子表示九品），而《无量寿经》只讲"三辈"，却无"九品"。

第 217 窟主室南壁有一铺佛说法图，关于这铺壁画的主题，很长时间被认为是"法华经变"。下野玲子认为是"佛顶尊胜陀罗尼经变"，该观点在敦煌学界引起不小轰动。虽然大家在私下众说纷纭，但无人发表文章。贺世哲老师、施老师认为研究院应该对下野玲子的观点作出回应、明确表态。对此，施老师与范泉老师合写《关于莫高窟第 217 窟南壁壁画的思考》一文，强调想说明该经变画是"尊胜陀罗尼经变"就必须明确找出由帝释引领的善住天子，因为这个人物是该经中的主角，不可或缺。

施老师曾说，方法论很重要，嘱托我们将《敦煌七讲》多看几遍。1962 年秋，宿白先生带领北京大学考古专业学生到莫高窟进行石窟考古实习，常书鸿先生邀请宿先生就敦煌石窟考古和敦煌石窟研究等问题作了 11 次学术报告，后经李永宁、施萍婷、潘玉闪诸先生整理为《敦煌七讲》。《敦煌七讲》包括：敦煌两千年、石窟寺考古学简介、石窟寺研究的业务基础知识、有关敦煌石窟研究的几个问题、敦煌研究简介、石窟记录与排年、佛像的实测和《造像量度经》等七部分。可以说，从理论和方法上为建立中国石窟寺考古学奠定了基础。

2012 年施老师与王百岁（右）、吕德廷（左）在莫高窟

离开莫高窟后，我们仨又跟随施老师去了榆林窟，在榆林窟看了一天。11 天的时间，听研究院老师讲解，我深刻感受到老师们对石窟内容如数家珍，对洞窟的相关研究成果了然于胸。与老师相处，我认识到，研究敦煌艺术需要像施老师那样，扎根敦煌、常进洞窟、勤读文献，只有这样才能做出扎扎实实的学问、一流的学问。

二、生活中的关心

2012 年 3 月 29 日早上，我们三人到达莫高窟。吃完早饭，王惠民老师带我们去敦煌研究院接待部会议室，准备听赵声良老师的讲座。途中遇到施老师，施老师正为安排我们看窟的事情去找樊锦诗院长。当她得知王老师已经为我们安排好住宿、用过早餐之后，催促我们赶紧去听讲座，不要耽误时间。听完讲座，我们回房间。刚到房间，就听到走廊里有施老师的声音。施老师在邰惠莉老师的陪同下来到 102 房间，询问我们的住宿情况。之后两位老师带我们到莫高山庄的餐厅用餐。当天晚餐期间，施老师又去食堂，询问我们的用餐情况。之后的几天，王惠民老师请食堂工作人员为我们准备了饭菜，施老师不时到食堂看望我们。有一天，研究院进行线路检修，一些部门停电，施老师还请大家在莫高山庄吃饭。

到莫高窟之前，施老师已列出了要带我们参观的洞窟，并获得研究院批准，但在检票口，我们也须检票。第一次进莫高窟时，范泉老师用施老师的职工票为我们换了门票，并到门卫处办理手续。第二次过检票口时，施老师带来了 3 张研究院内部人员的赠票券，这些赠票券是施老师从范老师处借来的，石建刚在售票处将其换成赠票后，我们进入石窟。第三次进窟时，我们决定先买门票，以便与老师们汇合后不再换票，以节约时间。这也是因为冯老师平时就嘱咐我们，尽量不要给他人添麻烦。买完票之后，各位老师刚好赶到，没想到施老师、王老师已经给我们办好了进窟手续，无须再买票，王老师就帮我们退掉了门票。

结束莫高窟之行，我们计划坐火车到瓜州，到后先参观博物馆，第二天包车去榆林窟。后来，施老师通知我们一位院里的英语教师要去榆林窟，我们可以跟车前往。我们猜想是专门开车送我们去的，但为了不让我们有心理负担才这么说的。

施老师见我们是学生，千方百计为我们节省开支，时刻惦记我们在莫高窟的食宿问题。我们比较年轻，感觉有机会跟着老师进洞窟参观就很满足了，没有考虑饭菜是否好吃，但施老师总找机会改善我们的伙食，为我们增加营养。

三、聊天中的指导

在我们去敦煌之前，我和百岁师兄、建刚也在兰州拜访过施老师。现在一想到施老师的家，就想到弥漫的咖啡香。

聊天时，我也向施老师请教佛教艺术中的外道问题。研究生期间，我关注摩醯首罗天形象在中国的演变。摩醯首罗天即印度教的湿婆神，佛教既将其视为护法神，也将其作为外道进行批判。冯老师认为，我可以在此基础上，搜集其他外道材料，以外道作为博士论文的研究内容。读研的三年，只是学习了敦煌学的基础内容，对敦煌壁画没有整体的了解，理解也不深。因此，对于敦煌石窟中有多少种外道形象，知之甚少。拜访施老师时，我向施老师说起此事，施老师告诉我"须摩提女请佛因缘"中有外道。第257窟的"须摩提女因缘"是连续14个画面的横幅式故事画，施老师翻阅吴国支谦翻译的《须摩提女经》时，发现画面与经文完全吻合。施老师的这一发现，正确释读了壁画内容。根据施老师提供的线索，我查阅了学者对藏传壁画中"须摩提女因缘"的研究成果，充实了博士论文。

在莫高窟，我们和施老师聊天时，施老师询问我们读佛经的情况和感受，告诉我们，读佛经是一项非常枯燥的事情，一定要有耐性。施老师曾读过玄奘翻译的《大般若波罗蜜多经》。《大般若经》共600卷，经中有许多重复段落，加之名相纷繁，所以施老师说读起来非常枯燥。600卷的大部头足以让人心生畏惧，更别提经文枯燥难懂了，至今我也没有读过《大般若经》。跟施老师相比，我要做的功课实在太多了。

博士毕业后，我回到了老家聊城。离开了兰州，向施老师请教的机会变少了。后来，施老师去杭州安度晚年，我更是疏于问候。仅在大的节日，通过电话向施老师问候过数次。想起施老师给予我的帮助太多，我的报答实在太少，就心生愧疚。8月20日是施老师的90岁生日，衷心祝老师心情愉快，健康长寿。

松龄鹤寿　师者仁心

——记我与施老师二三事

石建刚/西北工业大学文化遗产研究院

　　我和施老师的熟识主要是通过冯培红老师，冯老师是我的导师，施老师是冯老师的导师，所以施老师自然也就是我的太老师。我从硕士入学起就想从事石窟图像方面的学习，所以读了不少施老师和贺老师的敦煌学论著，平日也听冯老师多次提到两位老师的学问和人生经历，甚是仰慕。因为我和吕德廷师兄一直想从事石窟图像方面的学习，所以冯老师尽力给我们提供各种实地考察和向石窟研究专家请教的机会，与施老师的认识也正是如此。

一、宝窟问学

　　冯老师之前多次给我们讲到施老师带他们在洞窟考察的往事，冯老师称之为"莫高窟里的课堂"，还专门以此为题撰写了文章，令我们无比羡慕。非常荣幸的是，后来我也有幸跟随施老师考察敦煌石窟，真真切切领略了施老师的风采。那是 2012 年春天，为了给博一的王百岁师兄确定博士论文选题，施老师和冯老师计划让百岁师兄对敦煌石窟进行一次系统考察（百岁师兄是两位老师合带的博士），我和博一的吕德廷师兄一同前往考察。正是这次考察，使我有幸正式认识施老师，并为施老师那高尚的人格、渊博的学识和对我们无微不至的关怀所感动。

　　考察从 3 月 29 日开始，历时 11 天，由老师们带队实地调查并详细解读的洞窟就达 50 余座，实是一次敦煌石窟知识的轰炸。然而，随着时间的久远，施老师在洞窟讲了什么，现已记忆模糊，但洞窟之外的一些琐事却记忆犹新。首先想到的就是我们刚到敦煌时，老师们悉心周到的安排。还记得 29 日早晨到达敦煌车站，我们还筹划着如何前往莫高窟时，施老师已安排郜惠莉老师在车站等候我们了。为了方便我们考察，施老师还特意安排我们住在莫高窟老游客中心旁的莫高山庄，这也使我有幸实现了迎接莫高日出和仰望莫高星空的愿望。当邰老师开车带我们到莫高山庄时，王惠民老师已经提前到山庄帮我们安排好了住宿。当天上午 9 点半有赵声良老师的讲座，所以两位老师让我们放下行李后迅速到敦煌研究院食堂吃早餐，在讲座正式开始之前赶到研究院接待部的会议室。在从食堂赶往会议室的途中正巧遇到施老师，原来施老师是为了我们考察洞窟之事而去找樊院长沟通，当得知王老师已经为我们安排妥当住宿和早餐之后，就催促我们赶快去听讲座，不要耽误时间。一到敦煌，施老师和诸位师长悉心周到的安排，就让我们满心感动。

2012 年施老师与王百岁（右）、石建刚（左）在莫高窟

吕德廷提供

考察伊始，考虑到施老师已是 81 岁高龄，加之三四月份的敦煌还比较寒冷，所以王老师计划让我们上午调查洞窟，下午在资料室看书学习，晚上准备第二天考察的内容。可是施老师坚决不同意，坚持要上午和下午都带我们考察洞窟。事后据王老师转述，施老师的大意是：我们应该为三个学生考虑，他们来一次敦煌不容易，肯定希望尽可能多地看洞窟，不能因为我而让他们每天只看半天洞窟。经过施老师的再三沟通，最后决定每天上午由施老师带我们看窟，下午则由王惠民、陈菊霞、范泉等老师轮流带我们看窟。施老师不畏年高，每天和我们一起攀爬石窟，为了保存体力，带我们看更多洞窟，她还随身携带一个小马扎，方便在窟内休息。

考察期间，每天早上 8 点由百岁师兄到家里接施老师，9 点和我们会合一起上洞窟。一天早上天气特别冷，大家怕施老师身体吃不消（其实我们也感觉很冷，想趁机偷个懒），所以就打算晚一点再去接她。但是 9 点 10 分的时候，吕师兄突然说他好像听到了施老师的声音，我们还打趣说他出现了幻觉，可没等我们说完施老师已经在敲我们的房门了，原来施老师以为我们还没起床，所以就直接到山庄来喊我们了。

考察期间正好赶上清明节，当天上午我们跟随各位老师一同前往研究院墓地，缅怀贺先生和研究院已故的其他诸位先生，这也是考察期间唯一一次没有上洞窟的时间，却是这次考察对我触动最深的一天，也是我上过的最深刻的一堂课。施老师和大家上午 9 点出发前往墓园，研究院的墓园就在九层楼对面的山坡上。来到墓地，我们在施老师的带领下，首先来到贺先生的墓前，献花、擦拭墓碑、清理杂物，一切都显得那样的简单和朴实，这也正符合贺、施二老一生简朴，不求名利，不愿张扬的品格。之后施老师带领大家，分别在毕可、许安、马金花、孙修身、李仁章等诸位先生的墓前清扫杂物、擦拭墓碑。在每位先生的墓前，施老师都会特意为我们讲述逝者当年的往事，或悲或喜，每每令人感动不已。最后施老师还特意面朝东方送去千纸鹤、纸钱和供品，这是施老师为远在老家的父母和在朝鲜战场上牺牲的战友特意准备的。施老师心情凝重地为我们讲述了当年在朝鲜战场上的战友和往事，感人至深。中午我们还特意参加了研究院为段文杰先生举行的立碑仪式。仪式由罗华庆副院长主持，研究院全体成员、段先生家属及部分院外人员参加，大家依次为段先生献花、鞠躬。碑上右刻"出蜀入陇根植敦煌风雪胡杨雄大漠"，左刻"承前启后贤仰宗师敦煌艺术擎巨椽"，两句碑联，看似简单，实则无比沉重，它不仅概括了段先生一生的经历，而且高度赞扬了先生为敦煌石窟艺术奉献终生而无怨无悔的精神。墓园里，一座座墓碑，就好比藏经洞那发黄的经卷一样，续写着莫高窟的历史，诉说着一段段往事，记载着一个个鲜活的生命，更代表着伟大的"莫高精神"。

二、整理藏书

2011 年贺老师因病去世，施老师便有了回到老家，同杭州的侄子、侄媳一起生活的打算，因而施老师便打算把她和贺先生的藏书捐献给敦煌研究院。为了不给研究院同事增添麻烦，施老师便准备自己整理所有藏书。冯老师得知此事之后，便派我们几个同学轮流去老师家中帮忙整理，由于我是研二，课业负担相对轻松，又因之前的考察之行和施老师比较熟悉，所以我去施老师家的次数相较其他同学更多一些，有更多的机会与施老师交流请教。

1961 年，施老师与爱人贺世哲先生一起来到敦煌，开启了他们的莫高人生。二位老师举案齐眉、相濡以沫，把一生献给了大漠敦煌。施老师曾以《打不走的莫高窟人》为题写下一篇脍炙人口的佳作，文中字字句句流露出他们对敦煌的挚爱之情。两位老师自治学以来，为了研究需要，耗尽毕生心血收藏了与敦煌学相关的各类图书 8000 余册，其中包括敦煌研究院早期的油印本资料简讯、道光版敦煌县志、民国时期刊印的线装书、国外学者关于佛教艺术方面的原著等，很多已是绝版，具有很高的学术价值。这些藏书寄托着施老师对敦煌一生的牵绊，更寄托着她对贺老师一生的爱。藏书的捐赠，预示着她和敦煌的告别，所以她对此非常重视。施老师特意找人镌刻了"贺施旧藏"的印章，整理藏书期间她一本一本地翻阅藏书，不时给我们讲述有关他们和它们的故事，然后才认真地用印、登记、装箱，每一步都要亲自参与，不能有丝毫马虎，与其说是整理藏书，更像是在送别远行的亲人。

2012 年 6 月在兰州施老师家整理赠书后，老师请大家吃晚餐

前排左起：冯培红、冯尔康、施老师；后排左起：屈直敏、王惠民、石建刚、朱艳桐　　　　　　　　　　　　　　　　　　　　　　　冯培红提供

整理藏书，前后大约 10 日，每天去老师家中，名义上是在干活，其实完全是一种休闲和享受。我们每天早上大约 9 点到施老师家里，印象深刻的是，施老师喜欢喝咖啡，每次一到家中，她必定先给我们冲一杯现磨咖啡，然后再把家里的各种零食找出来，一边吃东西一边聊天，有时聊得高兴，开始工作已是 10 点多了。可是，每天中午刚过 11 点，施老师就不断催促我们休息，准备吃午饭。其间，还会不断地给我们找来水果、零食、饮料。每天中午，老师也会让保姆小樊姐换着花样给我们做美食，她和小樊姐一起做的咖喱饭印象最深。原本我们商量好晚饭坚决不在施老师家吃，可还是拗不过她，施老师带我们吃遍了周边的海鲜、牛排和火锅店。施老师真的把我们当成了自家孩子，没有老师的威严，满满的都是长辈的慈爱和关心。

在整理藏书期间，我们也和施老师有了更多交流的机会。施老师除了为我们答疑解惑之外，还讲到她和贺老师的日常，讲到她第一次到莫高窟时的情形，讲到她参加解放战争、抗美援朝的往事，讲到她希望寻找一位战友遗骸的未了心愿……每到动情处，施老师都会潸然泪下，不能自已。

　　2013 年以后，施老师常住杭州，来甘肃的次数渐少，加之毕业后我也离开兰州到西安工作，与施老师见面的次数自然有限，不过也时常能从其他师友处得知施老师的近况，得知施老师在家人的照料下身体健康、心情愉悦，也是我们最大的欣慰。最后，在施老师九十年华诞即将到来之际，谨以此文献给施老师，祝愿她老人家健康长寿，为敦煌学事业做出更大贡献！

2017 年 8 月 24 日施老师与石建刚在莫高山庄

石建刚提供

与施老师在莫高窟的生活

朱艳桐/浙江工商大学人文与传播学院

2014 年，有幸与施老师在敦煌莫高窟生活近一月，与一位大学者共同生活，于我而言是一段特别的经历。

一、初见施老师

初见施老师是在 2012 年，那年夏天，冯培红老师说施老师年纪渐大，要跟随侄子回杭州生活，准备把家中的藏书捐给敦煌研究院，问我有没有时间去帮助做图书编目、打包。冯老师说施老师是他的老师，当年带他们看了一周的"洞子"，并亲自讲解。那时我还不认识施老师，只是觉得既然是老师的老师，当然要去帮忙。

去施老师家之前，我是很害怕的。虽然没见过施老师，但从书中读到过"双枪老太"的传奇故事，知道她曾当过兵到朝鲜打过仗，也学习过她的《俄藏敦煌文献经眼录》，想着是位威严的学者形象，一见面却是位和蔼爱笑的奶奶模样。我和其他研究生去施老师家后，她也不催着我们整理图书，而是给我们磨咖啡。现在还很清楚地记得，施老师从客厅沙发旁边的柜子中拿出带着托盘的精致咖啡杯，让我们喝咖啡的模样。印象中整理图书一共也没几天，却吃了好多顿饭。我们不像是去帮忙，更像是去蹭饭。

2014 年在敦煌喝咖啡的施老师

二、莫高窟的一个月

2014 年春季刚开学不久，接到王惠民老师的电话，问我有没有时间陪同施老师到莫高窟住一个月。因为知道施老师很好相处，我也可以到莫高窟和敦煌研究院参观、学习，冯老师同意后我就随同施老师前往敦煌了。

印象最为深刻的是，施老师的生活十分自律，白天看书，晚上写日记。她还告诉我：年纪大了，连书都捐了，不写文章了，每天只是随便看看。可一讲到敦煌，她还是很激动。施老师告诉我，她曾经做过讲解员，给音乐学院的老师讲过莫高窟壁画里的灯笼裤，当时的表情可爱得像个孩子。偶尔她也会提到敦煌论著中哪篇文章写得好，哪篇文章的观点站不住。遗憾的是大部分文章我都没看过，并不清楚其中的学术思路，现在回想起来大好的学习机会就这样错过了……

那一年施老师已经 83 岁了，上洞窟身体已经有些吃不消，但她说还是要去一次，去看看洞子。那一次有多位研究院的老师同去。对于壁画的定名，还有榜题文字的判断，施老师都讲了很多。最后她一定要强调这是她的观点，是一家之言。

2014 年施老师与朱艳桐（左）、张景峰（右）在莫高窟

朱艳桐提供

那一次去敦煌，最重要的事是要在清明时祭拜贺先生。断断续续地，施老师也跟我讲了很多她跟贺先生的往事。讲到她不会做家务，都是贺先生做，有一次贺先生帮她收拾了桌子，施老师却发了脾气，使得贺先生以后再也不敢碰她的桌子。也讲到贺先生是陕西穷苦人家出身，为人儒雅，生活讲究。提到贺先生，施老师每每是笑着讲起，却眼泛泪光地结束。清明的时候，施老师到九层楼对面的墓园祭拜，以托哀思。

一个月的生活，有很多点滴。一次闲聊中，施老师说她从来没有提及"双枪老太"那个形象。

施老师很爱干净，喜欢用纸巾各种擦拭。她失眠，偶尔要借助药物才能入睡。对于吃住并不挑剔，很怕麻烦人，即使是对我一名学生，也十分客气。对自己偶尔会忘记一些事情常常道歉。莫高窟的一个月，让我看到一位学者对敦煌学的热爱，与爱人的伉俪情深，生活中的自律与谦逊。

三、杭州相见

2018年，我有幸到杭州继续学习，在浙江大学跟随冯老师做博士后，去年出站后留在杭州工作。因此，我得以再次与施老师相见，并且可以长期共居在西子湖畔。我每次随冯老师去看望施老师，跃娟姐和施老师在吃饭后一定要再开车把我们送回去，我非常感动于这种热情与照顾。施老师得知我男朋友是敦煌人时，叮嘱我下次见面一定要带着一起来，让她再听听敦煌话，讲讲敦煌话。我想她是思念着敦煌吧！

祝福老师幸福安康！

2020年10月10日施老师与冯培红（左）、朱艳桐（右）在杭州西湖断桥边"酒旗风"饭店露台

冯培红提供

银杏公主

冯培红/浙江大学历史学院

施萍婷老师是我读博士时的第二导师，那是在 20 世纪的最后一年，兰州大学和敦煌研究院首次联合招收博士生，施老师是作为敦煌研究院方的导师。就这样，我有幸成为老师门下的学生。时间一晃，很快 22 年在弹指间过去了。今年老师 90 岁，要写点文字作为纪念和庆祝。打开记忆的闸门，回首多年的师生情谊，以及步入师门之前或清晰或模糊的交往，充盈了幸福和感动。就像一个孩子回忆母亲一样，那一幕幕的往日图景，又将我带回到过去那值得忆念的时光。

一、硕士答辩初印象

我是 1994 年去兰州大学读研究生的，读硕士的三年中，我与老师有没有直接交往，如今已经不能清晰地回忆起来；但是，硕士毕业的那场答辩，老师参加了，并且给我留下了深刻的印象。这虽然不是我和老师的最初交往，但印象极深，以至于时至今日，脑海里仍然闪现出那年夏日老师来兰州大学参加答辩的情景。那时她还没在兰州大学兼职，是敦煌研究院的老师，66 岁，身体健硕，神采奕奕，快人快语，爽朗犀利。

在答辩以前，我对老师并不陌生，因为大家都在兰州，都在敦煌学圈内，也曾经谋面，只是已经记不起是在什么场合，以及见过几次。作为一个正在求学的硕士生，可能没有机会和老师单独谈话。我的硕士导师齐陈骏老师与施老师都是浙江人，1956 年施老师到兰州大学历史系读书，翌年齐老师分配到兰州大学教书，所以他们很早就熟悉了。我读硕士的时候，每周都要到齐老师家去几次，常听到他讲起施老师和贺世哲老师，以及敦煌研究院的其他诸先生。那次硕论答辩，除了施老师之外，还邀请了西北师范大学历史系的王俊杰老师，王老师当年 83 岁，是答辩委员会主任，施老师是答辩委员。老师们当时对论文提了什么问题，现在已经全都忘记了，但那时答辩甚为庄严隆重，答辩场景依然历历在目。记得在一分部衡山堂504历史系会议室，前面摆着一排铺着红色绒布的桌椅，是七位老师的席位；正中间放一张略呈正方形的大桌子，是答辩人的位子；两边和后面的椅子上，坐着来听答辩的许多同学。答辩中间休息时，记得施老师与楼劲老师在谈话，这一幕至今仍清晰地印在我的脑海中。后来施老师好几次提起楼老师，连称他有才。这是她第一次见楼老师，可能也是唯一的一次，因为楼老师翌年就调离了兰州大学，加上不在敦煌学圈，所以那次答辩可能也是两位老师的唯一会面。

1997年5月兰州大学历史系硕士论文答辩委员席

左起：杜斗城、郑炳林、齐陈骏、王俊杰、施老师、陆庆夫、楼劲　　　　　　冯培红提供

答辩结束后，大家一起到衡山堂门口合影，那天的晚宴设在本部东餐厅的二楼，席间老师们话谈，楼老师提出敦煌学的硕士毕业，应该到河西走廊考察一下，建议敦煌学研究室给我们资助4000元。这一提议得到研究室主任齐老师的同意，并让掌管财务的陆庆夫老师支给我们四位学生（另三位是刘永明、段小强、刘惠琴）考察经费。虽然我在上学期间已经去敦煌参观过，且我们四人在杜斗城老师的"石窟寺艺术概论"课上，也随杜老师考察过麦积山石窟及渭河一带的其他石窟，但毕业时节能够再去河西走廊，并且得到研究室的大笔资助，真是太令人兴奋了！施老师当时在席，应当也说了关于去河西特别是敦煌考察的话吧，只不过今日回忆旧事，已经想不起具体的内容了，倒是对楼老师的提议印象极深，虽然最后陆老师实际给了2000元，但也属巨款。于是，我们四人花了一周时间考察河西各地，增长了许多见识。难忘这次愉快的毕业之旅，也对诸位老师及敦煌学研究室感恩至深。

1997年5月兰州大学历史系硕士论文答辩师生合影

前排左起：段小强、刘惠琴、冯培红、刘永明；后排左起：楼劲、杜斗城、陆庆夫、王俊杰、施老师、齐陈骏、郑炳林　　　　　　　　　　　　　　　　　　　　　　　　　　　冯培红提供

　　我硕士毕业后留校工作，和施老师之间只是略有交往，那主要是因为兰州大学图书馆赵书城馆长要建敦煌学数据库。那个年代，研究室的老师都不懂计算机，我最年轻，就派我去。当时兰州大学图书馆的敦煌学数据库建设主要是和施老师合作，因为她一直在给敦煌文献重新编目，在20世纪90年代初就已经使用计算机，与助手邰惠莉老师一起把敦煌文献数据逐条录入库中。其实我也没参与实际工作，与老师的接触也不是很多，只是和兰州大学图书馆赵馆长及庄虹老师、沈子君合作发表了一篇《关于敦煌学数据库》的小文。另外，1998年兰大与敦煌研究院联合申报历史文献学（含：敦煌学、古文字学）博士点获得批准，施老师被聘为博士生导师；紧接着又联合申报教育部文科重点研究基地，下设几个研究机构，其中一个是敦煌石窟艺术研究室，由施老师任主任（需加说明，这只是兰大填表时用的，其实老师自己并不知道这一职务）。1999年教育部组织专家组来兰州大学评审，记得当时安排几位老师进行汇报，但有一位老师临时没来，郑炳林所长让我替补上阵，可我那时留校工作不到两年，过于年轻，难当此任，所以建议请施老师来汇报，后来施老师来作汇报，我才如释重负。那年底，教育部基地批了下来。

二、洞窟里的课堂

　　1999 年秋，我在职考取兰州大学敦煌学的博士生，没想到竟然步入施老师的门下，并成为老师的第一个博士生。那时，兰州大学和敦煌研究院联合共建博士点，刚刚获批，施老师和樊锦诗院长是敦煌研究院一方的导师。当时博士生的培养采取双导师制，即兰州大学和敦煌研究院各有一位导师，施老师就这样成了我的第二导师。

　　2000 年夏，施老师带我和即将入学的 00 级博士生屈直敏、公维章，从 8 月 5 日到 11 日，在莫高窟看了一个星期的洞窟。那是在敦煌研究院举行藏经洞发现 100 周年敦煌学国际学术讨论会之后，老师特地抽出时间带我们三个去看洞窟。因为老师的缘故，我们免费住在敦煌研究院的一排平房宿舍中，在研究院食堂吃饭。每天白天看窟七小时，晚上回屋整理笔记，时间排得满满的。从所看洞窟的时代分布看，老师显然是经过精心挑选的，让我们熟悉每个时代不同风格的洞窟，牢记各类壁画的内容和风格。吃了晚饭以后，大家也会在宿舍屋檐下纳凉聊天，听老师讲她参加解放大西南和朝鲜战争的往事，真是佩服她当年不到 18 岁就从老家浙江徒步行军到重庆，以及渡过鸭绿江在朝鲜打了三年仗。当老师说起朝鲜战场的惨烈战斗时，神色严峻，仿佛回到了那个难以想象的烽火时代。

2000 年 8 月 5—11 日施老师带学生考察莫高窟

左起：屈直敏、公维章、施老师、冯培红

冯培红提供

　　这一年，老师 69 岁，毕竟是军人出身，身体很好，就是腿脚有点不便，但她还是带我们每天攀爬洞窟，耐心细致地讲解，传道答疑解惑。我硕士虽然学的是敦煌学，但主要是学习敦煌文献与历史，石窟基础十分薄弱。参观洞窟时，老师讲的石窟内容我听得很吃力，所以晚上回来必须认真整理笔记，总是要搞到夜半才能睡觉。有一天实在太累了，我和同住一屋的维章早晨多睡了会，来不及吃早饭，想要直接上洞窟。可是老师知道以后，硬是让我俩先去餐厅吃早饭，她和直敏坐在廊凳上等待，弄得我俩很是羞愧，又耽误了大家的时间。那年我 28 岁，身体真是比老师弱多了。

从敦煌回到兰州以后，我写了六篇小文章，其中一篇的题目是《莫高窟里的课堂》，就是写跟随老师看窟的时候。老师带领我们看窟的七天，可以说是我在博士期间难忘的课堂，我十分珍惜。老师付出了许多心血和劳动，也是我最为虔诚的学习经历，是那么的珍贵。二十余年过去了，往事随风而去，但老师带我们在莫高窟的七天如同在洞窟里的修行，以及在宿舍门前屋檐下的傍晚纳凉，都让我永远难以忘记。以后的十余年间，老师仍然带师弟师妹们去敦煌，看莫高窟、榆林窟、西千佛洞，甚至许多没有挂在老师名下的学生也踊跃加入其中，老师一视同仁，在洞窟中悉心讲授，指点法门。特别是 2012 年 3—4 月在莫高窟、榆林窟，在清明节为贺老师扫墓的前后，老师强忍自己悲痛的心情，带王百岁、吕德廷、石建刚三位学生看洞窟，除了百岁是老师与我合招的一年级博士生，德廷和建刚当时跟我读博一和硕二。我的老师带着我的学生看洞窟，而且老师当年已经是 81 岁高龄，此种恩情让我何以为报！

2012 年 3—4 月施老师带学生考察莫高窟

左起：王百岁、施老师、石建刚、吕德廷　　　　　　　　　　　　王百岁提供

　　虽然我在老师门下读博，但老师对我十分客气，从来不以学生相待，这让我既感动又惶恐。我的博士论文写的是归义军官制，老师时常打电话来，说她在研究中遇到官制名词不熟悉，向我请教云云，弄得我更是莫知所适。可是，我在阅读日文论文时，因自己水平低，看不懂日文，老师竟然说她翻译出来给我看。听了老师的话，心里充满感动，但是自己学识浅薄，又怎么能麻烦老师呢？后来，我还是向贺小萍老师请教，贺老师热心地为我翻译、解惑，说那是古日语，时至今日我都没搞清古日语。2004年夏，我提交博士论文进行答辩，老师也来参加。记得那次答辩从早上9点到中午12点，用了三个小时，各位老师给我提了许多问题和宝贵意见。毕业之后，我和直敏经常去位于渭源路什字的敦煌研究院家属院的老师家，每次去府上，老师总是热情地煮咖啡招待我们，贺世哲老师坐在摇椅里笑眯眯地听着我们闲聊，有时也加入到谈话中。我们一般空着手去老师家，老师却常常给我们送这送那，拎着茶叶或零食离开。在老师那里，我们学生好像永远是在索取，而老师对我们却是一直在付出。

2004年5月26日施老师参加兰州大学敦煌学研究所博士论文答辩

王晶波提供

2004 年 5 月 26 日兰州大学敦煌学研究所博士论文答辩师生合影
....
前排左起：李正宇、陆庆夫、赵逵夫、施老师、荣新江；后排左起：屈直敏、李并成、郑炳林、王晶波、
冯培红　　　　　　　　　　　　　　　　　　　　　　　　　　　　　　　　　　　*冯培红提供*

三、与老师合招博士生

　　从 2008 年起，我也开始招博士生了。没有想到的是，三年后竟然有幸与老师一起合招博士生，这也是老师招的最后一名博士生，名叫王百岁。从 1999 年到 2011 年，老师共招了 14 名博士生。我是到老师门下读书的第一个博士生，而老师的最后一个博士生又是与我合招的，12 年一轮回，事情竟是如此的机缘巧合。

　　施老师是百岁的第一导师，平时对他要求非常严，按照老师的话说是"骂得也最多"。其实，老师在兰州大学招了多少学生，恐怕她自己并不十分清楚。老师在敦煌研究院工作，招生在兰州大学，具体名额是兰州大学定的，只有开学初学生去登门拜见，她才知道谁是自己的学生。课表上排的课，老师恐怕也不清楚，所以也从来没有上过课，只是带学生去敦煌看洞窟，把课堂搬到了洞窟里。在我们之后，老师又带了其他博士生去洞窟教学，其中很多人并不在她名下，但她照单全收，无私教诲。老师招的博士生大多是在职的，自学能力比较强；也有个别应届生，主动去找老师的，老师都像对待亲生孩子一样，悉心教导，倾囊相授；但如果不主动去找老师，老师根本不知道名下还有这位学生。印象最深的是老师对维章和百岁的指导，其实不只是老师，对于维章来说，贺老师也成了名副其实的导师。记得贺老师病逝时，维章正在中国人民大学访学，闻讯之后急忙从北京赶来兰州。贺老师的《敦煌图像研究——十六国北朝卷》书稿写成后，我让刚读硕士的张善庆通读一遍，这既是自己学习敦煌石窟的好门径，又可以为贺老师的大稿校对一遍。善庆专注于石窟探究，阅读书稿十分认真，不仅向贺老师学习到很多知识，而且他的校读也为贺老师的书稿贡献了一点力量，这让我甚感欣慰。

百岁为人实诚，性格敦厚，年龄比我大6岁，虽然在校学习由我督促，但平时他经常去施老师家汇报学习情况，老师对他关心多，批评得也多。老师常把百岁的学习情况告诉我，而百岁也会把老师对他的论文指导意见转告我。从中我深深地知道，老师对百岁的学习用了很大心力，以至于批评也是最多的。然而，百岁答辩之前，施老师因为是第一导师，博士论文评语由她来写，写完后交给我，让我带到兰州大学。捧读老师的评语，我感动得眼泪夺眶而出。老师那军人风格的钢笔字，写得刚硬挺拔，内容却柔软感人，她平时对百岁骂得多，但评语中却字字充满了爱，让我简直不敢相信自己的眼睛。原来在老师严厉的批评背后，深藏着对学生如此深沉的关爱。

为了百岁博士论文的写作，老师不顾81岁高龄，于2012年3月29日至4月8日带百岁及我的另两位研究生吕德廷、石建刚考察莫高窟，尤其是在5月9—17日，又亲自带百岁去陇南考察石窟。当时，百岁是博一下半学期，博士论文定的是陇南石窟研究。我翻出当年他们考察归来后百岁在研读班上所作的报告，其中写道："这次考察的动因是，第一，我的两位导师（施老师和冯老师）从去年我们入学不久就非常关心我毕业论文的选题，后经过两位导师提出意见，大家协商一致，决定让我以陇南石窟及相关内容作为选题。……后来施老师明确提出，只有带我到陇南去进行实地考察，才能便于她指导、便于我撰写。"文中说施老师指导他野外考察，提示注意窟龛的数目和窟形，多看明清时期的石窟；问他是否关注前人的考察情况，并让他向同行的陈菊霞拷贝电子版材料。13日中午到达徽县江洛镇，入住长河饭店，午餐后其他人都在休息，老师把百岁叫到她房间，询问他这几天考察石窟的收获，以及平时阅读佛教史著作等情况，提示武都柏林寺的研究价值，叮嘱他背诵《西狭颂》，以及讨论博士论文的写作。百岁还写道："她要求我学好计算机、用好计算机，学会拓碑，学会绘图。她让我专心搞学问、研究课题，不要关心她。她让我回去以后写一份考察报告给她。"在这次为期9天的考察中，老师第三天在成县大云寺石窟门前摔了一跤，受了伤，但依然坚持考察完了全部石窟。这次陇南之行的考察最初是我提议的，我原来打算带百岁及同级博士生樊翔（研究仇池国）、即将毕业留校的博士生杨洁（武都人）一起去陇南考察，但后来老师要亲自带百岁去考察，敦煌研究院还专门派了车，所以就由老师带百岁前去。百岁的费用也由老师负担，他说考察完回来，"刚进兰大校园，陈师姐打来电话说，我的费用由施老师负担"。今天撰写此文，重读百岁当年的考察报告，真是百感交集，内心对老师的教育之心充满无限的感动。

2012年5月施老师带学生和同事考察武山县木梯寺

左起：王惠民、邰惠莉、施老师、王百岁、刘永增

陈菊霞提供

四、同住杭州

2011年，贺老师因病去世，施老师便南下回老家浙江，住在杭州侄子家，在钱塘江东岸，冠山之南。没想到五年后，我也回到了故乡浙江，竟与老师同住一城，隔江相望。也正因此，我得以随时有机会过江探望老师。老师的晚年是幸福的，侄子一家对她照顾得十分周到，侄媳辞职在家，陪伴侍候老人。老师的居室是家中唯一朝阳的卧室，也是最大的一间，望16层窗外，阳光与美景同收。光凭这一点，我就在心底里替老师感到幸福，也感动于劲榕、跃娟伉俪的无比孝心。

2019年10月10日冯培红到杭州滨江区看望施老师，手举纪念章题"施萍婷为石窟工作逾三十年谨志纪念/敦煌研究院"，施老师胸佩建国70周年纪念章

施跃娟提供

我读研究生时有三位导师，其中两位是浙江人，都在退休或离休后叶落归根，回到了故乡浙江。硕士导师齐老师住在绍兴，博士导师施老师住在杭州，所以我调到浙江大学以后，可以随时过江看望两位老师。有时先去绍兴，看望齐老师后返杭再去施老师那，或者反之。每次去看望施老师，我都会在10点半左右到，话谈半个多小时，然后一起到外面吃午餐。老师的胃口不错，所以身体也健朗。

不过，老师的侄子家在钱塘江东，比较偏远，附近没什么饭店，每次都是到城里吃饭，幸好有跃娟开车，而老师也喜欢外出散心。吃完饭后，她们总是热情地要把我送回紫金港，万般推辞不得，但看到老师能有心情出来，体力可支，所以也就只好同意。就这样，老师从城东南到城西北，往返于钱塘江两岸，万幸她一直身体健康，平平安安。到了紫金港，因为出来时间长，怕她太累，不敢再叫她上楼。我好几次说要请她来紫金港，在家里小住几天，却一直没有兑现。

以前在兰州时，老师将她与贺老师的藏书捐赠给敦煌研究院文献研究所，需要人手帮助登记造册。忘了是邰惠莉还是王惠民老师联系我，我让研究生们去她家帮忙登记书目，其中石建刚、朱艳桐出力最多，也给老师留下了深刻的印象。老师来到杭州以后，仍对他俩念念不忘。贺老师走后的几个清明节，老师都去敦煌扫墓祭奠，艳桐还曾陪老师在莫高窟住过一个月。2018年，艳桐从兰州大学博士毕业，到浙江大学做博士后，去年出站后到浙江理工大学工作，也成为新杭州人。每次我去看望老师，她也总是要跟我一起去，说想看看施老师。去年，同门王晶波也调到杭州师范大学工作，我们去看望老师的队伍也就变得更大了。

2012 年 6 月在兰州施老师家整理赠书后，老师请大家吃晚餐

前排左起：冯培红、邰惠莉、冯尔康、施老师、王惠民；后排左起：石建刚、王百岁、屈直敏、朱艳桐、杨洁、梁栋

冯培红提供

有时候外地师友来杭州，我也有陪同前去看望老师的机会，或者是老师进城来一起吃饭聚谈。一个月前，刘进宝老师举办敦煌学术史会议，敦煌研究院王进玉、党燕妮、夏生平、王慧慧老师来杭州参会，会后在断桥边的"酒旗风"饭店与老师共进晚餐，席间的欢乐，亲人般的感情，以及老师的风趣幽默，都在其中。半个月前，我们在中国丝绸博物馆附近召开敦煌吐鲁番会议，北京大学荣新江老师与同门陈菊霞、陆离及敦煌研究院赵晓星也来参加，午间我联系跃娟，问施老师能否来共进晚餐？没想到她们也在城里，敦煌研究院赵声良院长和夏生平老师正和施老师共进午餐。因为中午已经外出，怕她太累，所以建议晚上勿再出来。老师在杭州，常有亲朋故友前来探望，时相欢聚，颇不寂寞呢。

2021 年 5 月 30 日敦煌研究院同事来杭州看望施老师，摄于西湖断桥边

左起：夏生平、王进玉、冯培红、施老师、党燕妮、王慧慧　　　　　　　　冯培红提供

五、可爱的银杏公主

老师曾经对我讲过她的过去，我才知道她原来的名字叫"银杏"，是她父亲从小说《说唐三传》中的金桃、银杏公主给取的，后来老师报名参军，有位男同学帮她改名为"娉婷"，上大学后老师觉得"娉"字不合她的性格，又自己改为"萍婷"，以后在《敦煌研究》《东洋学报》等刊物上发表论文时还写作"萍亭"。我还是觉得最初的银杏可亲，称她为银杏公主。

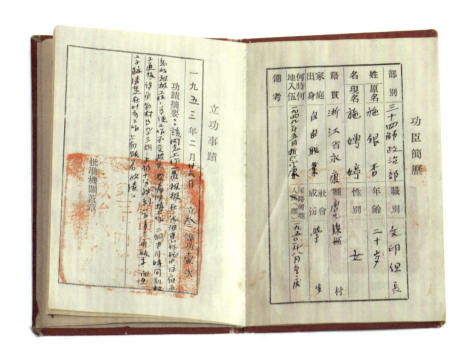

1953 年 2 月 26 日中国人民志愿军政治部给施老师颁发立功证，原名施银杏

施跃娟提供

　　老师虽然是军人出身，在学术上极其严格，但在生活中却是非常的可爱。她对待学生不仅像一位慈爱的母亲，悉心呵护学生的成长，而且有时与学生同乐，与朋友同乐，又表现出率真的可爱。2021 年 5 月底，敦煌研究院的同事来杭州，在断桥边相会，晚饭后从"酒旗风"饭店出来，话别之时，我拍了一张老师与同事们的照片，留下那一刻美好的纪念。照片中，老师挂着拐杖，微缩着脖颈，笑眯了眼睛，愉快之情溢于言表。这次编辑纪念册，老师的侄媳施跃娟给我发来照片，其中有一张是我前年国庆节后去拜访老师的聊天照。看神情，老师笑得那么开心，同样也是笑眯了眼睛。这样同款的笑眯表情，或许老师在其他场合也时常有。在老师的生活中，真的是充满了快乐，所以才会自然而然地显露出这种真正的可爱来。老师年纪大了以后，记性不太好，同一件事经常要问好几遍，甚至直到现在还问我在哪里工作，不过她把我的名字却记得牢牢的。其实，我还挺羡慕老师的忘性，因为她心中无事，向来磊落，根本记不住任何不快乐的事。这未尝不是益寿延年的妙方呢。

2019 年 10 月 10 日冯培红到杭州滨江区拜访施老师

施跃娟提供

2021 年 5 月 30 日施老师与敦煌研究院同事在杭州西湖断桥边

冯培红提供

我还记得，有次在兰州，我们几个学生带老师去唱卡拉OK，原以为像她这个年龄的人，不太会唱歌，可是没想到真正的歌后竟然是她！不用说军营歌曲，老师的民族歌曲也是唱得极好，日语歌曲歌词竟然全部记得，有些不带假名提示的日语汉字也都流利地唱出，更令我们刮目相看的是，老师一首蔡琴的《明月千里寄相思》，简直惊呆了在场的我们，至今仍然忘不了老师那美丽动听的歌声。

衷心地祝愿这位即将步入 90 的银杏公主：身体健康、精神爽朗！像那个少女时代的银杏公主一样，永葆青春！

2021 年 7 月 5 日于积石庐

秋风无声至　师恩永忆长

屈直敏/兰州大学历史文化学院

　　季夏之月，冯兄邀约小聚，贺恩师施萍婷九十寿辰，然因忙于西藏考察，纪念之文，迟迟未就。时过酷暑，已入孟秋，寿诞将近，弟子不才，匆忙之间，草就数言，以记师恩。

　　2000年，我考取兰州大学敦煌学在职博士，郑炳林老师是第一导师，施萍婷老师是第二导师。是年夏，在敦煌莫高窟召开纪念敦煌藏经洞发现暨敦煌学100年国际学术讨论会，当时我尚未报到入学，幸得郑老师垂爱，带我随行与会，随师混吃蹭会，亲历敦煌显学百年盛会，身心俱感荣光。此次敦煌之行，是首次与郑老师、施老师等近处，深深感受到了老师们的亲近随和，使我从学敦煌之心更笃。会后（8月5日至11日），施老师留下我与冯培红、公维章三人看洞窟，学习敦煌石窟壁画。当时我们经济能力有限，无力承担莫高山庄高昂的食宿费用，施老师便找到樊锦诗院长协商，让我们免费入住敦煌研究院新落成的职工宿舍，就食职工食堂。此次敦煌石窟研习为期一周，是施老师第一次正式为博士生授课，既无教材，也无成例可循，施老师便按石窟营造年代，挑选有代表性的洞窟进行讲授。在此期间，施老师不顾69岁高龄，带着我们爬上爬下，往返转折，看遍了北凉、北魏、西魏、北周、隋、唐、五代共73个洞窟。施老师的教学无本可循，全凭记忆，随窟讲授，如叙家常，信手拈来，其对石窟内容之熟稔，令我们惊叹不已。施老师在讲授之际，还不忘告诫我们，为学之道，要敢于质疑，如第301窟，《敦煌石窟内容总录》定为北周，施老师疑其为隋代；第445窟南壁，《敦煌石窟内容总录》所定"阿弥陀经变"，施老师认为当作"无量寿经变"。由于我们对敦煌石窟壁画的知识毫无基础可言，几乎是从零开始学习，虽然施老师的讲授细致入微，但我们仍是满眼千佛，经变难识，故白天只能将老师所讲生吞活剥地记录下来，晚上再据《敦煌石窟内容总录》《敦煌莫高窟供养人题记》等加以整理，每天都要到晚上12点之后才能将当天的笔记整理完，虽然苦累无比，但充实愉悦。本人在求学过程，特别是课堂学习，不善不喜记笔记，但这次我记录、整理笔记却极为认真，可以说是我求学经历中记录最认真、整理保存最完整的一本课堂笔记。这次随施老师看窟学习，时间虽然短暂，但收获颇丰。可以说是在施老师的引领下，使我得以略窥石窟研习之门径，为后来参加赖鹏举老师举办的"海峡两岸石窟研习营"奠定了基础。

从敦煌回来之后，与施老师更加熟识，经常到她家中请益，当施老师得知我的博士论文是做敦煌类书的整理研究，手上只有王三庆著《敦煌类书》的复印本（原书太厚，复印有些许缺漏）时，便将从日本花巨资购买的《敦煌类书》（上下）相赠，这对我完成博士论文助益良多。2003年，三年博士学习生涯到期，我因故申请延期，故2000级只有高启安、公维章、徐晓丽、王爱和四人如期答辩。

2003年6月兰州大学敦煌学研究所2003届博士毕业照

前排左起：冯培红、郑炳林、施老师、陆庆夫、屈直敏；后排左起：徐晓丽、高启安、公维章、王爱和

屈直敏提供

申请延期后，本欲安心修改论文，以便顺利参加2004年的毕业答辩，不意天道无常，世事难料。先是母亲于2003年10月病逝，长途奔波处理丧事之后，勉力修改校订论文；然而在论文即将付印之际，小儿晕厥入院，一度病危，为了不让家人担忧，独自怀揣病危通知书，强颜面对，论文的最后校订也只能在匆忙中略扫而过，打印、装订、送审等诸多事宜，均拜托冯兄帮忙。天见可怜，小儿经过治疗，康复出院，而答辩之期即至，故只能匆忙上阵。在历经一系列波折之后，最终于2004年5月通过答辩。2004年的答辩比较独特，分别有我（2000级）及冯培红（1999级）、王晶波（2001级）三个年级，可谓一次特别的组合。我毕业之后，仍留在兰州大学历史系工作，有一段时间，颇为消

2004 年 5 月 26 日兰州大学敦煌学研究所 2004 届博士论文答辩师生合影

前排左起：施老师、郑炳林；后排左起：屈直敏、王晶波、冯培红

屈直敏提供

沉，但幸得施老师多方开解，方重拾信心，坚持敦煌学的研习之路。

施老师治学严谨，行文句点，不容纤芥，毫厘必校。2009 年，敦煌学同门寇甲，时任兰州大学学报编辑，请代向施老师约稿，施老师便以《读〈翟家碑〉札记》相付，并让我按学报要求校改注释，在校改注释的过程中，施老师曾就"黄马碧鸡"出典的考证，数易其稿，才送学报发排。清样出来，又经数次改补，方交付校样。施老师在敦煌文献和石窟艺术两大领域均有较高造诣，却常自称"两栖动物"，"潜得不深""蹦得不高"。虽然施老师没有在权威期刊发表数量相当的论文，只在权威出版社出版了一部《敦煌遗书总目索引新编》，甚至将自己的文集命名为《习学集》，按当下的学术标准，可谓不甚了了，算不上人才，更遑论大家。然而施老师学识之广博，学养之精深，学界无不景仰。

施老师生性豁达，一心向学，淡泊名利，"只问耕耘，不问收获"。记得有一次给她送兰大发放的课酬，她拒不肯收，声称无功不受禄，若不能说清楚，便原路退还。施老师待人谦和，处事乐观，从无恶语向人，这可能是经过战火和磨难造就的人生品格。我毕业之后，也许是与施老师性格相近的缘故，过从较密，施老师知道我抽烟，故每次去家里拜访，偶尔帮忙维护电脑，必让保姆准备一盒香烟，并讲在朝鲜战场时，熬夜刻蜡版，没有烟抽，抽卷纸树叶的故事，而工作之后，笔耕之际，仍旧抽烟，有"双枪"之谓，故"有烟就灵"，便成了她让我得以放肆吞云吐雾的口头禅。施老师待我家人亦如至亲，每次到访，必请吃大餐，即使时有不便，事后也会买好自助大餐餐券补上。施老师移居杭州之后，见面渐少，但每忆此前点点滴滴，历历在目。小子不才，恩师待之如亲，可谓三生有幸，无以为报，唯永志不忘。

1999 年兰州大学建校 90 周年校庆历史系教师与校友合影

前排左起八、九为施老师、贺老师（兰州大学历史系 56 级）　　　　　　　屈直敏提供

　　光景西驰，岁月飞度，蓦然回首，忝列师门，已二十余载。然弟子不敏，学无所成，事业无果，愧对师教。值此恩师九十寿辰，唯遥望叩拜，祝恩师寿比南山松不老，福似东海水长流。

　　　　　　　　　　　　　　　　　　　　　　2021 年 8 月 11 日于兰大一分部陋室

亦师亦母益一生

公维章/泰山学院历史学院

2021年8月20日，施萍婷老师即将步入90后，也是施老师的学生一起给老师过的第三个生日。时光荏苒，仔细回想起来，我忝列师门已有二十一年，在这二十一年里，无论求学时期，还是毕业后工作时期，施老师一直都在予我关怀和加持，一直在助我成长。半世东奔西忙，路遥山高水长；厚谊长存魂梦，深恩永志心中。与老师相遇，是我生命历程中一段殊胜的缘，三年求学，与老师常相随，受益匪浅，将我"扶上马"；毕业十八年来，常得老师提携，继续"送一程"，是我学术上最重要的领路人。今年老师90岁，盼来了同门再一次与老师把酒言欢的幸福时刻，冯培红师兄要我写点与老师交往的纪念文字，打开尘封的记忆，与老师的美好过往浮现在眼前，忆念老师的慈祥与厚爱，充满幸福与感动；痛恨错失留敦煌研究院工作的机会，没能继续留在老师身边而愧疚与自责，好在老师晚年在侄子与侄媳劲榕、跃娟的精心照料下，自在幸福，感恩劲榕、跃娟！施老师之于我，恩同父母，惠我一生！

初识恩师

我是1997年去兰州大学敦煌所读硕士研究生的，导师是杜斗城老师，攻读方向是敦煌佛教史。那时为生计所迫，每年都要撰写论文以得"笹川良一奖学金"，为写论文，阅览了不少敦煌学论著，有没有读过施老师的论文已经记不得了。二年级时，要准备硕士毕业论文，杜老师要我自己选择题目，我初步拟定为"中古时期的维摩诘信仰"。正好那年秋天，兰州大学敦煌所与敦煌研究院联合招收日本敦煌艺术研修生，由贺小萍老师带领几位研修生到炳灵寺石窟考察，借此机会，郑炳林老师让我们敦煌所的几位研修生同去，算是第一次听专业研究人员在洞窟内讲佛教艺术，印象颇深，知道贺小萍老师是施萍婷老师、贺世哲老师的女儿。随后在兰州大学敦煌所举行的日本研修生答辩会上，施萍婷老师、贺世哲老师、贺小萍老师及敦煌研究院的其他几位老先生都来参加。印象中施老师身材微胖，穿着整洁，谈笑风生，慈祥可亲；贺老师西装领带，温文尔雅，举手投足颇具学者风范。清晰记得当时施老师对一位考察维摩诘图像的日本研修生用日语发问，我只听懂了一句"これは椅子です"，这是我与施老师的第一次相遇（尽管当时施老师并不知我是谁），后来从郑炳林老师那里听到了一些施老师的逸闻，比如施老师在敦煌研究院号称"双枪老太婆"（即一手抽烟，一手握笔），因戒烟身体发福的原故。二年级快结束时，杜老师要我改成《元明清时期的河西佛教》，收集资料时读过施老师的论文《敦煌与莫高窟》，特别是贺老师的《敦煌莫高窟供养人题记》及《敦煌石窟内容总录》，并在甘肃省图书馆抄录了两个月的甘肃地方志，因缘巧合，硕士毕业论文成为我进入施老师门下的敲门砖。三年级寒假，由于找工作不理想，打算考博，感恩郑炳林老师同意我报考兰州大学敦煌所，按照惯例，郑老师应该是我读博的导师，所以当时并没有在读博前去拜会施老师。2000 年 4 月，施老师作为兰州大学敦煌学的兼职博士生导师，参加了那年博士招生面试会，会上施老师问及我的硕士毕业论文，我对我不像敦煌学的硕士论文选题做了如实说明，正是一句"杜斗城老师让我做"让我与施老师结下师生缘，这是事后听施老师对我说的，说我老实、听话，孺子可教。因此，施老师成为我读博的第一导师，郑炳林老师是我的第二导师，有幸成为施老师的开门弟子！尽管我天生愚钝，情商不高，但施老师并不因此而嫌弃，反而关爱有加，尽心培养，每念及此，感激涕零！

问道三载

2000 年是敦煌藏经洞发现 100 周年，7 月 29 日至 8 月 3 日敦煌研究院与中国敦煌吐鲁番学会联合在莫高窟举行国际学术讨论会，施老师提前通知我会后要带我和冯培红、屈直敏等兰州大学敦煌所在读博士看洞窟，这是千载难逢的绝好机会，我们也自然重视。7 月 29 日，我随杜斗城老师组织的"海峡两岸大学生丝绸之路研习营"经过一周的河西走廊考察后如期而至，由于我跟屈直敏不是会议代表，当时的宾馆客房紧张且昂贵，只好挤在齐陈骏老师、陆庆夫老师所住的房间，蹭吃蹭喝蹭会，给齐老师、陆老师、郑老师添了不少麻烦，也感受到了老师们的可爱与随和，听到了老师们的一些家庭趣事，难得有这样与老师们相处的机会。会后，为方便看洞窟，施老师把我们安排在刚使用不久的敦煌研究院单身公寓，吃饭在敦煌研究院食堂，临时构建了三点一线的莫高窟洞窟考察格局，白天看洞，晚上整理考察资料，大概看了一周。在这期间，晚饭后总要跟着施老师一起散步，听施老师绘声绘色地讲她从军的往事，现在大多都不记得了，只记得老师在朝鲜战场做宣传工作，几天几夜不睡觉，行军时困得睡着了的趣事。尽管之前在杜斗城老师家上过"石窟寺艺术概论"课，也看过一些相关图片，但缺少实地观摩，故仅学得皮毛，这次经过施老师精心选择的莫高窟北朝与隋唐五代时期的近百个代表性洞窟的实地考察，结合着施老师四十年的敦煌石窟研究的经验与讲解，我们如饥似渴地接受并消化着，感觉日日都学得好多有用的知识与方法，奠定了之后考察佛教石窟的基本路数和研究方法，真是获益终生。

兰州大学敦煌学 1999 级、2000 级在读博士有 9 人，只有我不是在职，加上我妻子下岗在兰州打工，生活有点艰难，施老师看在眼里，不时自掏腰包资助我，并一直帮我解决实际问题。在施老师的努力下，2001 年 7 月，我与敦煌研究院签订了定向协议，毕业后到敦煌研究院工作，敦煌研究院为我每年发放 5000 元的学习补助金，每年报销 1—3 次兰州—敦煌考察学习的往返交通费，在兰州广武门敦煌研究院家属院提供一套一室一厅的套房，大大缓解了我的生活与学习压力，让我得以安心学习，顺利完成学业，这实在是施老师所赐，教我一生都难以回报，大恩不言谢，来生再报答！

那次敦煌授课回到兰州后，施老师就给我量身定做了博士论文选题——《敦煌莫高窟第 148 窟研究》，因为我是学历史出身的，莫高窟第 148 窟有两块碑，可从碑文入手研究敦煌李氏家族窟及洞窟主题，并期待能否解决从第 148 窟开始何以一壁出现多铺经变的问题——这是多年来困扰敦煌学界的一大难题，现在看来，论文还是没能达到最初的设计意图，愧对老师的厚爱，今后唯有不断加倍努力来报答老师！有人说，过早地进入一个选题，会束缚你认识问题的广度与深度，对施老师给我确定的这个选题来说，绝不会存在上述问题，恰恰让我集中精力，目标明确地读相关佛经，考察相关经变及洞窟整体，扩大了我学习考察的广度与洞窟整体研究的深度，实在是研究佛教石窟渐入佳境的绝好选题，这一选题凝结了施老师与贺老师敦煌石窟研究四十年的成熟思考，让我来做，实在是对我的眷顾。博士阶段是一个从事学术研究的学人最重要的学习与奠基阶段，博士论文选题是决定一个学者学术研究走得多远的关键，事实证明，施老师给我确定的这一选题，开启了对敦煌代表性原创洞窟个案研究的先河，给了我学术研究的极大空间，游刃于佛教石窟、摩崖造像的个案研究、专题研究、整体区域研究等领域，使我离开敦煌回到山东后，一样能学有用武之地，目前从事的山东佛教刻经研究、山东石窟摩崖造像研究、山东佛教史等研究进展顺利，这都得益于施老师给我确定的博士论文选题——一个具有可持续发展意义的选题。

确定好选题，接下来，施老师安排我读佛经，那时候《大正藏》光盘还不普及，只能从施老师家里陆续借出老师从日本购买的《大正藏》到复印店复印。每次复印，我都叮嘱复印店老板要小心，爱惜原书，生怕弄坏。现在还在书架上存放着复印的十几种佛经，还不时地抽出阅读，每次阅读都忆起老师家中存放图书的书架，以及让我任意阅览及复印的崇高礼遇，现在想起来都是满满的幸福！边读佛经，边在施老师的指导下对照阅读相关敦煌经变专题论文，施老师与贺老师写过多篇经变专题论文，熟稔经变画研究的理路，在施老师的指导下，我渐渐掌握了图像志的研究方法。读博三年，施老师共安排我到敦煌莫高窟考察四次，有时和施老师一块去，有时自己去，每次时间都在两个月左右，住在莫高窟单身公寓，吃在研究院食堂，每次施老师都在离开莫高窟回兰州时，或托人安排好我洞窟考察事宜，方便时求人带我看洞窟，我曾在谭蝉雪老师的帮助下看过一些洞窟。说起来不怕大家笑话，因小时候看《画皮》《神秘的大佛》等惊悚电影产生的阴影，读博期间独自考察莫高窟带塑像的洞窟时心里害怕，我把此等小事也告诉了施老师，施老师还专门安排缘空老师陪我，只是后来克服了困难，才没有麻烦缘空老师。每次在莫高窟考察，感觉都极好，因为施老师周到细致的安排，可以说能够"随心所欲"地考察某些洞窟，不过现在回想起来有些后怕，那时我自己扛着人字梯出入洞窟，没人扶梯，万一不小心梯子歪倒，岂不砸毁莫高窟壁画？我岂不成了王圆禄、华尔纳？幸好没发生此等险事！当时研究院食堂办得很好，因为有福利补贴，饭菜好吃不贵，现在都好想食堂做的茄辣西、牛肉面、黄面……，每次从莫高窟回来，都胖好几斤呢！

自从搬到兰州敦煌研究院广武门家属院后，有一年左右的时间得以与施老师近在咫尺，时常到老师家问学，施老师与贺老师和蔼可亲，与两位老师交往，从不感觉到有压力，老师总是不遗余力，倾囊相助，或给予我论文写作中的中肯建议，或不厌其烦地帮我修改论文，或告知我最新的研究成果信息，或将家中有副本的图书赠我……老师从没骂过我，总是给我鼓励与鞭策，不论老师搬家到渭源路什字新家属院，还是我毕业后回到山东，这种关怀与鼓励从没因距离而变弱过。我是何等幸运，在最后的求学阶段还能遇到这么好的老师，并且还是两位老师，两位让我受益终生的恩师！

两位老师始终关心我博士论文的写作，好在能有数次机会到莫高窟实地考察，前后四次做了280多页稿纸的洞窟调查记录，读了大量与莫高窟第148窟相关的不同时代翻译的汉文佛经，以及敦煌文献中的少量相关资料，自2002年4月开始论文的写作，年底完成并提交施老师审阅。当时由于我电脑打字速度极慢，自称"一指禅"，全文132页是我妻子用五笔输入法输入的（用的电脑是施老师给我的），好些字打不出来，又不会造字，所以有好多错别字、空字，施老师都用红笔或铅笔帮我改正、填补，并核对原文及注释，多有改正，几乎每页都有老师标注，涉及各方面问题，比如注意录文、注释、格式规范化；不合适的地方如何修改完善；应参照哪些权威版本等，深深被老师的认真、细致所折服，也为我的马虎粗心而汗颜。论文修改稿我至今珍藏，这是老师对我论文全方面把脉的历史见证，也是老师学术研究精益求精精神的集中体现，更是我们师生关系在学术上的首要展现，对我而言是弥足珍贵的一笔精神财富。论文做得并不成功，老师给的评语却充满鼓励与赞扬，我深知这是老师在给我加油鼓气，提振从事学术研究的信心，我始终以此激励自己，以施老师、贺老师为榜样，在两位老师的加持下，努力提升学术水准，薪火相传，灯灯续焰。

临近毕业时，做了这辈子最让我后悔的一件事，即我单方面解除了与敦煌研究院签订的就业定向合同，其中原委在此不便细说，但即使这样，施老师也没骂过我，还给予了理解与同情，贺老师还担心我回山东后的事业发展问题，这是多么善良的老师啊！我玷污了两位老师在敦煌研究院德高望重的名声，老师还这么护短，还这么为我考虑，我不知道背后两位老师因我此举承受了多大的压力，老师从未向我提起抱怨过，更使我无地自容，羞愧难当！正如贺老师所言，回山东到泰山学院工作，使我远离敦煌学阵地，孤军奋战，因平台与学校层次，这几年明显感到了我的学术空间渐渐变窄，即使自己怎样努力，也难破此围墙。如果当时听老师的话，留在敦煌研究院，得以继续聆听两位老师的巍巍教诲，并得以感恩回馈师恩，帮老师干一些力所能及的杂活，照顾一下老师的晚年生活，还能得天时地利人和，提高自己的业务能力，提升自己的学术水平，不至于使自己的学术之路走得如此艰难！感念两位老师的地方太多，唯此一事，使我终生不能释怀！

提携加持

2003年7月初,我离开了求学六年的兰州大学,带着老师们的美好祝愿与期许,来到了新的工作单位——泰山学院。离老师路途遥远,回兰州看两位老师的次数屈指可数,2004年秋天与2005年春天因回兰州大学取学位证、2006年暑假与2009年冬天回兰州大学查资料,都顺便看望两位老师,每次老师都会带我到渭源路什字家附近、农民巷特色餐厅请我吃牛羊肉,说我在山东吃不到正宗的牛羊肉,有时喝点红酒,贺老师喜欢喝点啤酒,我每次都会陪贺老师喝点青岛啤酒,完全像家宴一样,十分随意。还是像往常一样,随便阅览老师家的藏书,有需要的资料就拿出去复印,老师还把新出版的专著签名赠予,把家里敦煌研究院刚出版的图书有副本的赠我,从老师的电脑里拷贝资料,给我最新版的《大正藏》光盘,向我提供一些有关西夏元明清时期敦煌佛教的学术信息等,助我成长。我也经常向老师请教我在山东考察过的佛教造像的一些问题,每次都是有问必答,我还把自己年代把握不准的佛像打印出来带给老师看,比如我在考察山东泰安阴佛寺佛像时,在旁边的石壁上发现一处模糊的"开皇元年"题刻,而主尊佛像旁边有红色墨书"咸通十四年"题记,有些学者的文章及网站都直接认定此处佛像为晚唐时期开凿的,我把相关图像打印给贺老师看,凭借多年对北朝佛教造像研究的经验,贺老师当时就认定造像具有北朝风格,后来贺老师又拿给敦煌研究院其他老先生看,也同意贺老师关于时代的判定,帮我解决了一大难题,经过进一步研究,笔者认为此处造像开凿完成于隋代开皇元年,"咸通十四年"是后来的修复佛像题记。

2008年暑假,殷光明师兄、小萍姐、殷博一家三口来山东考察佛教造像,我陪光明师兄、小萍姐去东平看白佛山石窟,我妻子陪殷博爬泰山,在一起吃饭时,才知道贺老师因病做过手术,殷博还笑着说把饭桌上的手巾带回去给姥爷喂饭时掖在脖子上。2009年冬天回兰州看老师时,看到贺老师跟以前一样,恢复得比较好,心里也就放心了。2011年3月19日,是一个让人一念即心疼的日子,这天凌晨1时20分贺老师驾鹤西去,贺老师永远地离开了与他相濡以沫50多年的施老师,离开了他心心念念的外孙女,离开了他奋斗缔造的学术帝国……3月19日上午,我接到妻子打来的电话,当时我在中国人民大学访学,听此噩耗,脑子里一片迷蒙,泪水夺眶而出,老师于我恩惠太多太多,还没来得及报答,让我遗憾终生。本打算回山东与妻子一起去兰州,因山东到兰州的火车车次太少且太慢,只好坐上当天中午去兰州的火车,20日早上7点到达兰州,直奔老师家。进家后,看到施老师表情凝重,痛苦无助得像个孩子,让人心疼,握着施老师的手失声痛哭,说着安慰老师的话,随后去往客厅灵堂,对着贺老师的遗像鞠躬跪拜,嚎啕大哭。那几天,兰州下了一场春雪,上天也在为贺老师的仙逝而悲伤落泪!施老师跟我说,贺老师在住院弥留之际,还挂念着没有给我寄《敦煌研究》,我听后,顿时热泪盈眶,这是多么好的老师啊,真是可遇不可求!老师已经80岁高龄,从我毕业离开兰州后,每期《敦煌研究》出版后,都是施老师写好信封邮寄地址,贺老师到邮局寄出,八年从未间断,使我每期《敦煌研究》都能及时收到阅览,不至于跟敦煌学脱节(感恩郑炳林老师,每期《敦煌学辑刊》都给我邮寄,直至现在,亦从未间断),得益于老师的持续关怀,我还能够从事敦煌学研究，还没有掉队落伍。离开兰州时，我在火车站特意买了一份 3 月 22 日的《西部商报》，在第 24 版有贺老师逝世的报导，登载贺老师生平与学术成就，评价贺老师"为学界楷模，其为人治学、道德文章，永远是后代敦煌学人的光辉典范"，是"继段文杰先生后敦煌学界陨落的又一颗星"，对贺老师的评价实至名归！这份报纸我也珍藏在身，作为最重要的文件相随身旁。贺老师仙逝后，我曾两次到莫高窟贺老师坟前祭拜。贺老师是一个爱干净的人，在敦煌研究院与敦煌学界有崇高的威望，不时有老师指导帮助过的青年学子和仰慕老师学问的敦煌学人及其他人士，前来祭拜，寄托哀思。

2011 年 3 月在兰州施老师家中

左起：公维章、施老师、韩春平　　　　　　　　　　　　　　　　马德提供

　　2011 年 7 月，施老师在莫高窟，我们一家三口与同事一家到敦煌，施老师安排陈明到敦煌火车站接我们，并安排住在莫高山庄。这是我九年后重返莫高窟，一切都格外亲切，又能陪着施老师饭后散步，夜市聊天，党河观光，洞窟考察，仿佛又回到了读博期间的幸福时光！我八岁的儿子紧握着施老师的手，感觉特别亲，施老师也格外疼护，至今我还不时地跟儿子谈起施老师的好，以后有机会再看望他施奶奶！在施老师及陈菊霞师妹的精心安排下，我们此次敦煌之旅极为愉快，既品尝了美食，又欣赏了美景，关键是还能跟施老师在一起！ 2011 年 8 月 20 日，是施老师 80 岁生日，那天我参加完在武威召开的第二届西夏学国际学术论坛后赶到兰州饭店，晚上由施老师的学生们为老

师过 80 岁生日，那两天陈明驾车，施老师在陈菊霞、邰惠莉与施老师家保姆小樊陪同下，畅游平凉六盘山，从拍的照片看，是下雨天，路面积水泥泞，翠绿的山峰层峦叠嶂，仙气飘飘，游山玩水的心情非常好，施老师的状态也极佳。下午 7 点左右施老师一行才赶到兰州饭店，在兰州的同门冯培红、王晶波、陆离、陈菊霞、陈明夫妇、王惠民、邰惠莉等共同为施老师庆祝 80 岁生日。这是我参加的老师第一个生日会（第一次由兰州大学敦煌所部分师生于 2001 年 8 月 20 日在兰州为施老师过 70 岁生日，事后施老师还问起为什么没通知我参加，我也不清楚为什么，此次甚为尴尬与遗憾），尽管施老师年岁已大，又经过两天旅途颠簸，但看不出劳累，精神头很好，极力扮好老寿星的角色，吹蜡烛，戴寿星帽，唱生日歌，气氛极为热烈温馨，陈明也发挥其天才表现，引得施老师爽朗大笑，那天的感觉真好！

2011 年 8 月 20 日兰州饭店施老师 80 寿宴师生合影

前排左起：小樊、王晶波、施老师、邰惠莉、陈菊霞；后排左起：王惠民、冯培红、公维章、陆离、陈明伉俪

公维章提供

后来施老师移居杭州，住在侄子家，在滨江区中兴和园，与老师的距离变近了，但由于工作考核压力大，孩子又读中学，故只探望过老师两次。2017 年 1 月中旬，我和妻子专门到杭州看望老师，老师也特别高兴，还专门在楼下迎接我们，怕我们冷，不习惯杭州的湿冷，专门为我们打开电暖气，细心周到体贴，关怀无微不至，着实令我们夫妇感动！老师像个孩子一样，领我们参观她的"闺房"，房间极大，敞亮，是最好的一间卧室，床边贴着劲榕、跃娟安排的"注意事项"，跃娟辞职在家，专门照顾老师的饮食起居，足见劲榕、跃娟无比的孝心！我们看在眼里，感动在心里，为老师幸福的晚年而高兴！老师还高兴地送我一套刚出版的《浙江学者丝路敦煌学术书系》8 册，怕书重不好带，让跃娟后来快递给我。中午，施老师非要请我们吃饭，劲榕、跃娟也坚持，盛情难却，跃娟驾车，到湘湖景区附近就餐，食客满满，味道纯正，美美地感受了杭州的美食文化。饭后，又把我们送到灵隐寺（我们要看飞来峰造像），才与老师惜惜告别。2018 年 11 月，又借赴杭州参加第十六届吴越佛教学术研讨会的机会，再次看望老师，看到老师身体康健，精神饱满，嘻嘻哈哈，生活愉快，心无挂碍，还是两年前的老样子，只是床边又多了一些"注意事项"，我们对老师的晚年生活是放心的，再次感恩劲榕、跃娟的细心照料与辛劳付出！

自从 2003 年 6 月毕业后，施老师一直关心我的学术成长，我有时也请老师帮我修改论文，2003 年以后我在《敦煌研究》上发表的几篇论文都是施老师帮我修改并推荐的，每一篇论文的修改如同我的博士论文一样，从形式到内容，从史料到论证，老师都给我提出详细的修改意见，匡我于不逮，足见师恩浩荡之一斑。

2017 年 1 月 16 日公维章伉俪到杭州滨江区拜访施老师

施跃娟提供

以上是与施老师结师生缘以来交往的点点滴滴，都是我的真情实感。除去以上所列几次见面探望外，更多的是通过手机联络，每年的春节、老师的生日、教师节、重阳节等固定或不固定时间，都会给老师打电话问候。每次老师都是那么客气，问候我妻子、儿子，每次先问我儿子"王冠读书读到哪里了"？我说读到几年级了，老师又问我儿子是不是叫"王冠"，我说儿子乳名叫"强强"，"那王冠是谁""我不知道"，我们已经习惯了老师的这种张冠李戴。每次电话，老师都说身体很好，有时会到楼下散步，每天都看看书、看看电视，老师还说每天都看《参考消息》，《参考消息》的字体很小的，我也很诧异，我现在已经花眼了，老师 90 岁了，还眼不花、耳不聋，活脱脱一个"佘老太君"！

此生能遇恩师，是大因缘，大福报。永远祈福恩师身体康健，晚年幸福，诸事圆满！期待老师的百岁寿辰、一百一十岁寿辰、一百二十岁寿辰……我们再聚首，再为老师唱起生日歌！

2021 年 8 月 1 日

弟子公维章于仰岱堂

师生情缘二十年

王晶波／杭州师范大学人文学院

我对时间和年岁一向感觉迟钝。马德老师说施老师90岁生日快到了，我有些吃惊：怎么就90岁了呢？印象中老师80岁生日过了还没多久呢，怎么一转眼就90岁了？仔细想想，还真是的。施老师生于1932年，按中国的传统算法，今年不正好虚岁90吗？

余生也晚，与老师结下师生情缘的时间更晚。

2006年施老师与王晶波在兰州大学敦煌学研究所

施跃娟提供

2001年，我考入兰州大学敦煌学研究所，跟随施萍婷和郑炳林两位导师攻读博士学位。能同时得到两位老师的指导，是当时兰州大学与敦煌研究院两家共建敦煌学博士点的结果，当然也是我的运气。当我入学的时候，施老师已经从敦煌研究院的工作岗位上离休，只在兰州大学敦煌学研究所担任博士生导师一职。从那时到现在，整整20年了。20年在老师90岁的人生经历中，只是很短的一段，而且还不是她人生最重要的青壮年与事业高峰阶段，但对我而言，这20年是改变我学术方向，从学习敦煌学到热爱敦煌学再到从事敦煌学研究的重要时段。可以说，20 年前进入兰州大学敦煌学所学习，是我与老师结缘，也是与敦煌结缘的开始。回想 20 年间与老师的点点滴滴，我的内心充满深深的感激与敬佩。

读博之前的我，虽已在高校从事古籍整理工作十余年，涉及过历史地理、杂史小说及经史著作的整理研究，但对敦煌及敦煌学并没有多少系统深入的认识，仅有一些粗浅的了解。比如，上大学时曾听过李鼎文先生讲授的《敦煌文学概论》课程，李先生自编的《敦煌文学作品选》，是国内最早的敦煌文学作品选之一。李先生带有浓重武威口音的"敦，大也；煌，盛也"的话，迄今言犹在耳；兰州大学历史系敦煌学研究室的老师们在甘肃教育出版社所出的那五本专著，我是较早的读者之一；我所在单位组织整理出版的陇右文献中有许多与河西、敦煌相关，像《续敦煌实录》《张介侯诗草》等，我大多读过，我自己整理过的《十三州志》《沙州记》《凉州记》《西河旧事》等书中，也有不少敦煌的记载；平时往来的同学、朋友也常谈及与敦煌有关的话题等。现在回想起来，也许正是这些了解，让我在考博时，选择了敦煌学方向。

对老师的最初了解，也早于入兰州大学读博。现在已想不起来最早从哪里知道老师的了。只记得当时策划并负责甘藏敦煌文献出版事宜的朋友，因为跟施老师一起工作，常常在我们面前用充满钦佩与崇敬的口气提起"施先生"，所以，还未见到老师时，我心中已有了对这位敦煌学家的最初印象。

入学后第一次去老师家里的情形，已不大清晰，想来应该是教师节那天。她还没搬到渭源路的新房子，住在邓家花园一带的立功巷家属院，房子里非常明亮整洁。施老师和贺先生虽然都已离休，但仍在从事学术研究，俩人各有书房。老师个子不太高，身体健朗，说话中气十足。具体说了些什么已不记得了，但老师的爽朗和蔼，贺先生的儒雅温润，以及家里的氛围，都给我留下了很深的印象。

2019 年 4 月 7 日施老师与屈直敏（左）、王晶波（右）在兰州家中

施跃娟提供

　　入学后，在郑老师的建议下，我选了敦煌写本相书来做学位论文的方向。说实在话，刚接触相书的时候，我对此完全没有概念，内心一片茫然。这些内容与我原有的知识结构和研究方向大相径庭，该怎么做心里没底。跑去请教施老师，她很爽快地告诉我，相书她不懂，指导不了什么，要我多听郑老师的意见，还说相信我能做好。嘴上虽如此说，但她还是关注着我的论文写作，我也会不定时地将自己的进展汇报给她。当我说的时候，她总是静静地听着，并不打断我，也不评判，有时会提到某某人有相关的研究。那时日本学者松本荣一的《敦煌画研究》在国内不容易见到，我找到其中有关相图研究的部分，复印下来，连猜带蒙地看。因不懂日文，看汉字能看出说到了什么，但不知怎么说的。好像跟老师提到过这个事，后来一次去老师家里，她拿出一沓手写的稿纸给我，说是松本荣一有关敦煌相图P.3390的研究，她帮我翻译出来了。译文共7页，写在敦煌文物研究所的稿纸上，一字一格，一丝不苟，漏错之处，或补在上下，用增字符号标出，或用涂改液涂去。文内涉及图的部分她用铅笔画出来，旁边注出松本对附图的说明，她自己加说明的地方则用红笔标在旁边。最后有作者简介、文章出处。译文通顺流畅，用词古雅。那是我第一次见到老师手写的字，字形长方，笔画遒劲有力，有些宋体字的味道。那时我还不知道老师曾在志愿军中做过文印工作，有刻写蜡版的功底，只是觉得笔力劲健，清晰好看，很有个性。

施老师为王晶波翻译的松本荣一论文《观（看）相图卷》之首页

我的论文写作中还涉及佛教对中国相术影响的问题。她也是不声不响，将那时不太常见的电子版《大正藏》中的《大智度论》里有关"相好"的内容复印下来，用订书机订好，待我去的时候交给我。还给我一张卡片，上面写着一些载有"相好"内容的佛经经名。后来，她还送给我一张台湾佛光山所出大藏经的光盘，用起来就更方便了。

除了在论文写作与相书研究上给予我指导和帮助，老师也会用敦煌学术圈其他学者的研究，对我及其他人加以引导和影响。文献研究方面，她觉得要下硬功夫、真功夫，要对写本"烂熟于胸"，不仅要熟悉写本内容，能够准确判定名称、内容、年代，也要反复观看、揣摩写本的照片，对不同残片的形状、字体、内容等都有所熟悉，方能将大家觉得不相干的小断片缀合起来。她还举出荣新江老师将英藏文献中仅有 8 个字的小残片补到另一件残卷中的事例，来说明功夫之勤的效果。那时电子检索工具和图形工具的运用还不像今天这样普及和方便，敦煌写本的缀合主要还靠翻检与目验的功夫，所以大的残片容易缀合，小残片，尤其只有几个字的残片缀合起来就相当困难。从现今流行"写本学"的角度看，老师当年的眼光、要求与方法确实具有前瞻性。

不唯文献研究，她对我们在石窟艺术的学习方面也有意引导。带我们去敦煌莫高窟学习考察时，提前将巫鸿先生有关石窟研究的文章复印好，每人发一份，说巫先生将洞窟作为一个整体考察的思路方法值得学习借鉴。

2002 年夏天，老师带领我们 2001 级和 2000 级共七位同学去莫高窟考察。这是我第一次从学术而非游客的眼光来看莫高窟。考察共进行了两周，包括莫高窟、榆林窟和西千佛洞三处。老师那时已经 70 岁了，她带着我们这些 30 多岁的年轻人，每天早上赶在游客到来之前入窟，晚上游客散去后收工，午饭后小憩一会儿，两点半准时开始。这样连续讲了半个月。对莫高窟，基本上按时间先后，有时也从就近原则，先看了第 16 窟与藏经洞，然后北凉、北魏、北周、隋唐，一路讲下来。窟型、塑像、壁画，每个时代不同的特点，并加上相关的历史与宗教知识，真是熟极而流，滔滔不绝。因为大家各自有不同的研究方向，她也有针对性地重点讲解。我那时只惦记着自己的论文主题，进了洞窟就特别留意佛菩萨像是如何表现"相好"观的，别人呢，有关注千佛的，有关注妇女的，有关注单个洞窟的，或者出行图、供养人、僧尼，或者题记等。老师都耐心地讲解，对大家不懂或有疑问的地方再回头重看，反复讲解讨论，对尚未解决的问题也直言不讳。

记得在讲解第 465 窟时，提到四壁下部所绘的八十四大成就者像，老师说对这些图像的辨认还未完成，而且数目上似乎也没有画足。听完讲解后我们带着疑问走出洞窟，在回南区的路上，大家还在讨论，后来我建议说，要不再回去看看，重新数数？既然要画大成就者，就没道理不画全。我们又回到第 465 窟，根据壁画位置与对称关系，重新计数，最终还真的数出了 84 位。老师很高兴，说过去人们一直认为没有画全，今天竟然找全了，解决了一个问题（后来看到谢继胜老师 2001 年的论文，已经解决了这个问题。我们当时都不知道。这是后话）。

2002年施老师带兰州大学敦煌学研究所博士生考察莫高窟前往北区路上

左起：觉旻、徐晓丽、施老师、王晶波、黄维忠、梁晓鹏、教特根　　　　　　　　王晶波提供

　　去榆林窟和西千佛洞考察，也都是老师安排车辆和人员，并亲自带我们前去，一个洞窟一个洞窟地挨着讲解。当时我们不知道的是，像这样偏远的洞窟，平时只有一两个人守护，远离人烟，无从获得生活资料，守窟者自己的食物都得靠外面运来，所以研究院有一个惯例，就是前去考察的人必须自己带上粮食蔬菜。施老师提前一天联系了院里的司机师傅，她自己掏腰包，委托师傅去城里购买了面粉、蔬菜、肉蛋等物资。当我们看完洞窟，在管理处的办公室美美地吃了一顿面条大餐，使劲赞美人家厨艺的时候，老师笑吟吟地看我们大嚼，什么也没说。

　　老师上窟时总是穿一件近膝长的有些褪色的蓝布风衣，出窟后就脱下来搭在手臂上。她手提一个红色大手电筒走在前面，手电筒的样子很像《红灯记》里李玉和提的那个信号灯。这个形象给我印象非常深。她给我们解释过为什么在莫高窟要穿长衣服。当时虽然是盛夏，外面艳阳耀眼，莫高窟的洞窟里面可是幽深寒凉，尤其是那些大窟，太阳完全照不进去。我们不知厉害，刚去时不听提醒，穿得很单薄，结果进去一会儿就冻得打哆嗦，赶紧跑出来晒太阳。

　　老师虽然年龄比我们大了近一倍，但精力毫不逊于年轻人，可谓健步如飞，上台阶、下台阶、走栈道，都不用人扶，而且还要不停地讲解，我们走平路也常常被她落在后面。半个月中，老师只休息了一天。现在回想起来，钦佩之余，也暗暗自责，当时怎么那么心大，老师说不累就真当成不累，我们都不轻松，70岁的老人怎么能不累呢？

　　有了莫高窟这段经历，后来再见到老师，我就不像以前那样多少还有点拘谨，放松了许多。论文写成后拿去给老师审阅，她认真看了一遍，说是没什么问题，就是有些材料引用重复，还有一些话说了好几遍都要去掉。她还帮我改动了一些错别字，添注了几处文献出处。

我毕业后，老师在兰州大学还指导了好几位博士生，其中有我熟悉的，也有不太熟的，那几年我忙着上班、带孩子，与大家的联系不多，印象中从没有师兄弟齐集一块去看望老师的情形，大家都忙着自己的生活和工作。年节时我会去老师家里探望问安，说说工作进展或读书心得，顺便也聊聊生活中的琐事，有时贺先生也会放下工作，从书房中出来，坐在摇椅上加入我们的闲谈聊天。

老师的论文集出版后，题赠给我一套。书名《敦煌习学集》，确实显示出老师对学问对人生所秉持的谦逊态度，我很喜欢，拿回家后逐篇认真拜读，有些文章读了不止一遍。说来汗颜，虽然在老师名下读书学习三载，但对老师的学问经历所知非常有限。读了老师的论文集，才算对老师的学问及所涉猎范围稍稍有了较全面的认识，同时也加深了对她的敬意，深感要向老师学习的地方还有很多。后来郑老师召我回兰州大学敦煌所专门从事敦煌学教学与研究，施老师的书，无论《敦煌遗书总目索引新编》，还是这套论文集，以及编辑的经变画册，都是架上案头不可或缺的必备书籍，我不仅自己读，也推荐给学生读，讲课时遇到相关内容，也会结合老师的研究，综合起来讲给学生。

2020 年 7 月 5 日王晶波（中）到杭州滨江区拜访施老师，右为施跃娟

施跃娟提供

2011 年贺先生仙逝后，老师离开兰州，回浙江安度晚年。但她差不多每年还是会回兰州和敦煌一次，我们也可以借此机会见上一面。2018 年我到杭州开会，打电话给跃娟询问地址，想去家里看望老师，可老师说我不熟悉路，便和家人开车来到我开会的酒店，还请我吃了饭。

老师虽比我们年长许多，但对新事物的了解和好奇并不比我们少，还很有幽默感。我们在敦煌考察时，大家一起吃饭，见有驱之不去的苍蝇，她便说"空中小姐"来了。研究院食堂的名菜"茄辣西"也是老师强力推荐给我们的。还讲些她遇到的趣闻，比如第一次听人家讲"段子"，她理解成"缎子"，不明白为何出门要带上缎子？令大家捧腹不已。她使用电脑很早，用五笔输入法打字，对于新的电子产品也很有兴趣，有时隔一段时间去她家里，往往就会发现一两件新添置的小电器。老师自己不会做饭，但对兰州的美食比我了解得多。当年兰州滨河路研究院部的旁边，曾有一家日本料理店，有次老师带我去研究院资料中心查资料，中午便请我在这家日料店吃饭，还顺带讲了这位日本老板与敦煌的多年因缘。"忆江南"的臭鳜鱼，还有一家西餐店的牛排，也都是老师带我去品尝的。

开朗的性格与良好的心态，使她能以宽容的态度对人对己。她有时自嘲，说自己不会做饭，吃了一辈子食堂；也不会做家务。身为离休干部，她从不以之自傲傲人。她尽量不给人添麻烦，哪怕是学生和晚辈。若要外活动，她就尽量少喝水，以免上厕所。出门爱乘出租车，自称"打车一族"或"打车老太"。

施老师与学生、同事在兰州欢聚

前排左起：魏迎春、王晶波、施老师、邰惠莉、陈菊霞；后排左起：王惠民、冯培红、屈直敏、沙武田、张小刚、张善庆　　　　　　王晶波提供

老师生活自律，待人随和，不喜约束。不过也有发火的时候。她曾说，在家里工作时，习惯将常用的及还未用完的书放在手边案头，久了往往会堆积不少，爱整洁的贺先生有时会帮她收拾起来，她有次找不到要用的书，便冲贺先生发了一次火，后来贺先生就不再收拾她的书桌了，任其摆放。说起这些的时候，老师的眼里既有对贺先生的欠疚，又闪着一丝甜蜜和幸福。

回想20年来与老师相处的时光，心中充满温暖与感激。20年的师生情缘，起于兰大，系于敦煌，将两个不同的人紧紧联结在一起。感谢老师，祝福老师！

我和施老师

陆　离/南京师范大学历史系

　　施萍婷老师 2002 年 9 月起在兰州大学敦煌学研究所历史文献学（含：敦煌学、古文字学）博士点担任我的博士生导师，直到 2005 年 6 月我博士毕业。她指导学生非常认真，我选择吐蕃统治河陇西域历史作为博士论文选题方向，她对我多次加以鼓励和指导，让我去学习藏文、日文，还要加强英文的使用能力，并对我发表的习作和博士论文全部逐字逐句阅读，用圆珠笔仔细批注，指出其中的不足与错误，并提出改进意见，使我受益良多，此外还帮我查找日文论著，使我得以顺利完成博士论文。她曾一度有意让我做敦煌石窟考古及艺术史研究，继承她和贺世哲老师的衣钵，并惠赠他们的论著，让我学习，但我在佛教和石窟考古学方面基础有限，所以没能实现这一目标。施老师还经常提起要带我们去莫高窟现场看南北朝隋唐五代宋初洞窟中的壁画和雕塑，使我们能够领略敦煌石窟考古及艺术史研究的精髓，只是由于机会不合适，一直没有如愿。如今我已经先后 5 次去莫高窟开会并实地考察莫高窟、榆林窟、西千佛洞等处的石窟史迹，2021 年 10 月，我还准备再去莫高窟参加敦煌吐蕃文化研讨会，博士毕业以来我一直研究敦煌汉藏文献，发表了一些论著，取得了一点成绩，这与施老师的指导与帮助密不可分，我也一直提醒自己要努力学习敦煌石窟考古及艺术史方面的研究成果，从中汲取营养，以加深自己的专业素养，拓宽学术视野，但是至今还远未达到施老师的要求，只能寄希望于以后继续努力，以追补一二。

　　其爱人贺世哲先生非常儒雅大度，学术造诣很高，我去他们家找施老师时，贺先生如果在场，也经常和我交谈，谈其见闻、经历和学术心得，让我深受教益和启发。他们生活朴素，居室整洁明亮，书房藏书丰富，图书摆放整齐，井井有条，也给我留下了难忘的印象。他们夫妇二人淡泊名利，乐业敬业，为人谦逊豁达、正直不阿，对同事友善，关爱提携后辈，并直言不讳地指出其专业上的不足之处，帮助其成长进步，在单位和学界同行中具有很高的威信和声誉，是我们学习的楷模，这与他们的特殊人生经历有密切关系。早在 20 世纪 50 年代初，施老师和贺老师即参加中国人民解放军抗美援朝志愿军，保家卫国，在朝鲜战场上经受战火的洗礼与考验，接受彭德怀等老一辈革命家的言传身教，退伍复员后又在兰州大学历史系上学深造，系统接受历史学本科教育，打下了扎实的专业基础，毕业后自愿来到敦煌研究院（当时为敦煌文物研究所），在大漠戈壁环绕的莫高窟中默默奉献、潜心治学，几十年如一日，立志学术报国，历经坎坷，仍然对敦煌学研究矢志不渝，高风亮节，为人敬仰。其女儿贺小萍女士在敦煌研究院文献研究所资料室工作，我去查找资料时她也提供种种便利，并利用其日文特长帮我解决专业疑难问题，其情可感，让我至今难忘。我博士毕业离开兰州后，辗转武汉、南京等地学习工作，每次与施老师见面及通话，她都关心我的工作和生活，叮咛嘱咐，使我感动。今施老师欣逢九十大寿，晚年定居在故乡浙江，亲人相伴，生活幸福，我内心感到非常高兴，在此敬祝吾师健康快乐，万事如意！

恩师九十华诞杂忆

陈菊霞/上海大学历史系

　　1995年6月，我自兰州大学本科毕业后自愿去敦煌工作。当时，因兰州建了生活基地，院里的一些老先生退休或离休后都去兰州定居了，所以，我认识院里的老先生有个渐进的过程。然而，我对施萍婷老师的印象却比较早。那是因为我被分配在樊院长办公室工作，对院里的一些大事会有所知悉。我刚去那年的一件大事，就是由段文杰院长带领敦煌研究院的几位资深专家赴俄罗斯访问之事，其中就有施老师。我获知她曾担任过敦煌研究院文献研究所所长。

1995年5—7月敦煌研究院专家访问俄罗斯

左起：施老师、李正宇老师、鲁多娃老师、段文杰院长等

采自《坚守大漠　筑梦敦煌》

　　如果说赴俄访问之事只是对施老师开始有印象的话，而到了1998年，因俄罗斯艾尔米塔什博物馆学者鲁多娃来敦煌考察，我和施老师的电话联系开始变得频繁起来。她从兰州打电话，让我多关照下鲁多娃的食宿等生活问题。其实，施老师的惦念我是非常理解的，因为那时的莫高窟职工食堂简陋，宾馆住宿条件一般，交通也不甚方便。住在山上的工作人员，一周只有两次进城的机会。当然，鲁多娃来敦煌，同样，樊锦诗院长也很重视。我想，施老师的关心，应该缘自她

访问俄罗斯后，两国学者之间开始建立起了学术的友谊。果然，施老师还专门从兰州赶来与鲁多娃相见。关于施老师和鲁多娃的谈话大多已记不清了，但有关俄罗斯当时国内出现经济危机，供不应求，百姓的日常生活开始出现困难这一话题却至今印象深刻。

1999 年，我在樊院长办公室已工作四五年。出于对敦煌艺术的喜爱和平时受樊院长耳濡目染的学术影响，我希望能继续深造，走专业之路。当我心怀忐忑地将我的考研想法告诉樊院长时，令我意外的是，樊院长在身边缺人手的情况下竟然同意我考研，我考得还算顺利。就在那个夏天，施老师又回莫高窟。记得当时樊院长请施老师和另几位老师在食堂一起吃饭，聊天时，施老师说："小陈是研究院历年来考研考得最好的一个。"听到这句话，我一下愣住了，因为我压根没有想到，施老师还会关注我的考研成绩。

到了 2000 年 9 月，我怀着莫名的喜悦之情重返母校，开始攻读硕士学位。也许是性格使然吧，我极少去拜访老先生，当然，也包括施老师和贺老师。然而，在研三时，我的导师郑炳林老师告诉我，我以优秀硕士生的资格被保送继续攻读博士学位。考虑我的硕士论文主要侧重敦煌文献，我想我的博士论文应该是硕士论文的延展。由此，我主动找了施老师，希望她和郑老师共同做我的导师（当时兰州大学敦煌学博士点是兰大与敦煌研究院共建，施老师被聘为博士生导师）。令我欣喜的是，施老师竟毫不犹豫地答应了我，由此成全了我们的师生之缘。

在我的硕士论文完成初稿后，我请施老师把把关。当施老师将我的论文递给我时说："小陈的文笔还不错。"然而，当我回来打开论文时，发现施老师密密麻麻地改了不少错字、别字及标点。一瞬间，我感觉我的脸炽热起来，开始为自己的基本功感到惭愧。同时，也为施老师的严谨感动。正是施老师对学术的这种极致态度，使我后来完成博士论文后，曾先后打印 7 次，进行反复校对。我想这就是老师的一种无声授教吧。

2009 年 4 月施老师与陈菊霞
参观四川博物馆

陈菊霞提供

进入博士阶段，虽然施老师不给我们上课，但我经常会接到她的电话和信纸，她会将接触到的有关翟氏的资料信息给我。每当这个时候，我就觉得在读博的艰辛之路上，我不是个孤行者，我的身后始终有老师的关心和关爱，由此指引我无畏前行。

刚进入博二，我所在的单位敦煌研究院派遣我去日本东京艺术大学研修两年。临行前，施老师叮嘱我：这两年不要写论文，抓紧时间收集资料。到了日本，我严格按照老师的叮嘱，在多家图书馆和研究所尽力阅读和收集资料，这为我回国撰写毕业论文和日后转向石窟图像研究奠定了一定的基础。

去日本之时，施老师还给我介绍了她日本的朋友西村和静子伉俪。西村老师原来从事日本民俗学的研究，退休后来兰州理工大学教过日语，后又回国。西村和静子老师的真诚、热情和慷慨，令我永生难忘。他们夫妇曾先后带我、我和我先生去神奈川县的箱根旅游，不仅承包了所有的食宿花销，还带我们泡温泉，就连往返车票都是早早买好寄给我。在我快要回国的时候，西村老师还亲自从住地埼玉县赶来东京，带我到书道博物馆看敦煌文献。他说，他曾带施老师看过。但因一些原因，我们没能看上敦煌文献，不过，在参观完书道博物馆展览后，复印了该馆出版的《中村不折旧藏禹域墨书集成》（共三册），也算是弥补了一点遗憾。每当被西村和静子老师的无私和友好感动之时，我也感慨施老师能在日本交到这么好的朋友，或许这正是施老师个人魅力的一种体现吧。

施老师与西村三郎、静子伉俪在杭州钱江新城国际酒店

施跃娟提供

　　2008 年，博士毕业后，我回到考古研究所工作。2009 年 4 月，我有幸随同施老师、刘永增所长和王惠民老师赴四川考察石窟寺和博物馆。在长达 20 天的行程中，因与施老师同住，我们的私人话题开始多起来。虽说以前也听说过一些老师的经历，但听老师自己娓娓道来，还是觉得更为真切和生动。老师 17 岁在浙江老家参军，很快就随军投入到解放大西南的战争中。之后，又参加抗美援朝战争。老师说，当他们千里奔赴重庆时，因连夜急行军，有时走着走着就睡着了。在抗美援朝时，她在政治部负责刻蜡版，因任务繁重，会连续熬夜，所以，首长会给他们发烟，以此提神，由此，老师开始抽上了烟。

2009 年 4 月施老师与王惠民在巴中石窟南龛

在老师的叙述中，没有慷慨激昂的言语，没有令人荡气回肠的战争画面，似乎都是些平常的事。对于我这个超级喜爱革命题材的年轻人，初听来似乎有些寡淡，但转念一想，这就是战争最真实的一面。其实，那些我们在书里、电影和电视剧里所看到的轰轰烈烈的战争胜利背后，都凝结着像老师这样千千万万个默默无闻的后勤人员的辛苦和功劳。想到此，我在心里默默向像老师这样的无数幕后英雄致敬！

4 月 25 日，我们考察途经重庆，除了重点参观大足石刻外，我们还随施老师去了十八梯。所谓十八梯，是连接重庆上半城（山顶）和下半城（山脚）的一条老街道，因用长石梯分为十八层台阶而得名。当我们从十八梯走下来，步入一条狭窄的街巷时，突然发现施老师的脚步越来越快，都将我们甩在了后面。很快，施老师来到了一栋建筑前面，停下脚步，静静地注视开来。我看到这栋楼的牌号写着"凤凰台"。原来这是解放重庆时施老师所在中国人民解放军第 12 军 34 师的师部驻地。

关于中国人民解放军第 12 军 34 师的情况，老师很少去说。我最近经过检索才知，当时第 12 军的军长是王近山，他智勇双全，能征善战，人称"王疯子"，他所率领的部队也以勇敢著称。热播的电视剧《亮剑》中的男一号李云龙，据说原型就是王近山。而这部电视剧我看过好几遍，喜爱至极。老师说他们的师长是尤太忠，也很能打仗。1951 年，施老师所在的志愿军第 12 军 34 师又开赴朝鲜战场，参加过著名的第五次战役和上甘岭战役，涌现过一批英雄人物和感人事迹。我想，奏响抗美援朝胜利凯歌的合声中一定留下了老师的音迹。

2009 年 4 月 25 日施老师在重庆凤凰台中国人民解放军第 12 军 34 师师部驻地旧址

陈菊霞提供

2019 年 8 月 2 日施老师再访重庆凤凰台

老师在 34 师师部驻地就那样站着，一动不动，口里呢喃着："还是原来的样子。"我想老师眼里浮现的一定是 60 年前的一段又一段的峥嵘岁月。就在那一刻，我一下明白了为何老师刚才的脚步那般急速，或许在我们定下要来四川考察之时，她就无数次梦想和期待着此刻的重逢。诚然，以老师的涵养，她从不炫耀她所在的部队，然而，面对眼前承载着她青春记忆的场景，又怎能做到坦然和平静呢！

当我们从十八梯上来后，老师看着旁边的一个售货摊位说，这里曾是一个包子摊点。有一天，她的师部首长给她钱，让去看病，结果，她却拿着这些钱全买了包子吃。说话之时的老师，脸上露出了笑意，似乎在那个摊点上看到了曾经顽皮的自己。

和施老师一起考察陇南石窟也留下了一些难忘的记忆。这次考察因兰州大学博士生王百岁而成行，他是施老师和冯培红共带的学生，由于读博之前在陇南师范高等专科学校工作，所以将博士选题定为陇南石窟研究。说实话，单凭百岁个人之力，是很难对陇南各大石窟进行全面调查的。另外，施老师有意促成这次考察，也是考虑自己对陇南石窟不熟，对它们进行系统考察，可更好地指导百岁。此外，这次的考察成员还有敦煌研究院的刘永增所长、王惠民老师、邰惠莉老师和我。我们之所以积极参加，也是之前都没有调查过陇南石窟。随行成员中还有宋利良老师，他专门负责摄影，旨在通过这次考察能为研究院留存一套有关陇南石窟的图像资料。

2012 年 5 月，我们开拔南下，虽说施老师已入杖朝之年，但她始终与我们并肩考察，从不掉队。到了西和县，我们前往八峰崖考察。应该说，八峰崖是我们陇南之行中最具考察难度的一座石窟寺。它营建在一座深山顶上。我们从汽车下来，往这座山步行就花了一个多小时。到了山下，百岁指着云海深处的山顶说，八峰崖在那里。看着眼前陡峭的山坡，我们都担心起施老师来。经过我们的一再劝阻，老师才放弃前往。看得出，老师是非常想爬上去看一看的。

当我们爬到山顶时发现，八峰崖还在对面的山顶，而这两山之间只有一条仅容一人通行的狭窄通道。看着这条小道，才觉得没有让老师来是对的。也正是在那一刻，对阻拦老师的负疚感才得以释放。

2012 年 5 月前往西和县八峰崖石窟路上

前排左起：邰惠莉、施老师、刘永增；

中排左起：王惠民、王百岁；后排左起：

宋利良、陈菊霞　　　　陈菊霞提供

　　然而，老师当时坚持要上山看石窟的样子却一直萦绕在我的脑海，我懂得，老师并不是为错过一处石窟而深感遗憾，她所想的，应该是尽量看全陇南石窟，以便更好地指导百岁写好博士论文。老师对学术和学生的认真态度，令我敬佩，也让我动容。

　　当行至成县，参观大云寺石窟时，因其地处半山腰，老师在爬坡时不慎摔了一跤，膝盖磕破，出现红肿，但老师并没有过多休息，硬是坚持自己下山。当老师一跛一跛慢慢下山时，我仿佛从她的背影中看到了"刚强"二字。

　　作为老师的学生，在专业方面受益最大的就是随老师考察石窟，特别是敦煌石窟。记得有一年，老师专门来敦煌调查西方净土变。当时开列的洞窟号有 90 多个，我们大致按时代顺序逐一核查。当进入一个洞窟，除了重点核查西方净土变外，老师还会对此窟的主要内容、最新研究状况、尚未开展研究的题材等，进行细致讲解。一段时间的普查下来，我发现我对敦煌石窟的认识开始有了质的变化。老师的核查方法和传授的经验，都成为我业务成长的宝贵财富。

2012 年 5 月考察成县大云寺石窟施老师摔了一跤，
陈菊霞与邰惠莉在为施老师贴创可贴

陈菊霞提供

2012 年 5 月考察武山县木梯寺路上爬坡

左起：陈菊霞、施老师、邰惠莉　　陈菊霞提供

　　在这次普查中，留下了两点非常深刻的印象。其一，当我们一一核对完《观无量寿经变》中的十六观画面后，我们发现，虽然经变画的内容会大体遵循佛典而绘制，但其中一些局部画面，如十六观就极富个性，彰显变化。我想，这可能也是敦煌石窟壁画绘制的规律之一吧。其二，在莫高窟第 296 窟，施老师给我们讲微妙比丘尼的故事，令我诧异的是，老师竟然将我所熟悉的这个故事讲得异常曲折动人，当时，我被深深折服了，也由此明白，老师具有一些非凡的禀赋。

2012年5月施老师考察队在陇南市武都区柏林寺与当地僧俗合影

陈菊霞提供

　　自贺老师病逝后，施老师来敦煌的次数开始变得多起来。每次来，老师的身边总有一伙年轻人围绕着，有拜访的，有来聊天的，有来照顾的。显然，老师与这些年轻人都建立了很好的友谊。而我们共同做的一件事，就是去墓地祭奠贺老师。在墓地，我发现一个细节，就是老师每回都会顺便给段院长扫下墓。看得出，老师是非常敬重段院长的。我在老师所写的有关纪念段院长的文章中也品味到了这种敬重的含义。

　　与老师在莫高窟相聚的时光是非常惬意的。我们在4月初会一起去窟区采榆钱，7月份，会爬到窟区后面的沙山上进行沙疗，即将腿部深埋到炽热的沙里，据说可以治疗风湿病。还记得有一次，范泉老师带我们去阳关看日落，雅丹看日出，但因为沙尘暴，既没有看成日落，也没有看到日出，但不知为何，我却对那一次的旅行印象深刻。眼前总能浮现出施老师在阳关的葡萄架下与颜娟英老师及我们亲切交谈的场景。或许让我留恋的，就是老师所散发的那种亲和力。

　　老师是南方人，自抗美援朝战争结束后，她决定报考兰州大学，其理由是"因为没去过大西北，想去看看"。结果，这一去就是大半生，而且也成了她所写的"打不走的莫高窟人"。

　　自贺老师病逝后，老师随侄子生活在杭州。虽说是回归故里，且有跃娟的细心照顾，但我知道，她无时不在想念敦煌。记得有一次，老师在兰州时说过："不能提敦煌，一提敦煌，我就想流泪。"当时说这话的时候，老师的眼眶是湿润的。我想老师人虽在杭州，但九层楼的风铃声会时常回响在她的梦里吧。

学海导航　人海引路
——师从施萍婷先生学习二三事

郝二旭/许昌学院中原农耕文化研究中心

对我来说，求学之路并非坦途。顺利通过博士考试的喜悦尚未消散，突然一盆凉水兜头浇下——此前报考的老师由于种种原因不愿再带我。我只能迷茫而又无助地一遍遍检讨自己，为什么我会被放弃。但我又是幸运的。当我接到电话惶恐不安地来到郑先生办公室，他的话令我终生难忘，"没事，别紧张，老师我已经给你找好了，你以后由我们两个来带"。郑先生面带笑容，语气轻松，而我却心怀惴惴。郑先生似乎看出了我的不安，他问道："施萍婷老师你认识吧？你跟她联系吧，她想见见你。"说实话，施先生的名字我并不陌生，但因初入敦煌学，只知道先生是敦煌研究院德高望重、文献与壁画造诣融通的大家，此前无缘拜见，更不敢奢望拜入先生门下。回到宿舍，师兄弟们纷纷向我道贺，语气中带着羡慕。"你太走运了，施老师可是很少收学生的。""她对学生超好，肯定能指导你顺利毕业。"窃喜中，我拨通了先生的电话，自我介绍后，先生说："我们明天见个面吧，到时候我再决定带不带你。你是研究农业方面的，明天你就给我解释一下'地水'这个词吧。"

第二天，我在忐忑中来到先生家。房门打开的那一刻，我看到的是一个笑容可掬、满脸慈祥的老太太，完全不是我脑海中一直浮现的戴着眼镜、一脸严肃的形象。落座后，施先生和贺先生忙着给我沏茶、拿水果，那种亲切的感觉让我紧张的情绪一下子缓和下来。在简单了解了我的情况后，先生走到书桌旁说："你过来坐，咱们谈谈。"又笑着对贺先生说："我要面试学生，你回避一下。"在听完我对"地水"的解释和研究计划后，先生点点头说："农业方面的问题我关注得少，以后还要跟着你学习，我收下你这个学生了。"这一刻，我心中的石头才算落了地。临出门时，先生叫住了我，表情也变得严肃起来。指着我带去的礼物说："东西你带回去吧。"我说："这是我家乡的特产，是我的一点心意。"她看出了我的局促，又说："把学业搞好，就是对老师最好的回报，东西拿回去，以后再来也不要再带任何礼物。"东西我带了回去，但没有尴尬与失落，因为我知道我有多么的幸运。

第二次去见先生，我带上了自己刚完成的一篇论文。先生刚看了两段，就指着一处引文说："这个卷号和内容不符，你仔细对照了吗？这应该是某某号文书里的内容，你回去再把所有引文都检查一遍，这个马虎不得。"我嘴上没说什么，但心里想这个内容我检查了好几遍，应该不会错。结果回去一查，真的错了，我把卷号中的两个数字弄颠倒了，惭愧之余，更敬佩先生的严谨与博学。此后的学习中，我谨记老师的教诲，每处引文都要详加查证。

博士三年中，跟先生学习时间最长、收获最大的一次是 2009 年 9 月的敦煌之行。那年 9 月初，先生问我毕业论文的进度和遇到的困难。我随口说了一句："要是能把莫高窟和榆林窟中的农作图都看一遍就好了。"我很清楚，对我这种无名之辈来说这是不可能实现的愿望。没想到先生说："那你就好好准备一下，我带你去看。"到敦煌之后，先生不顾长途劳顿，先张罗着让我到敦煌研究院的职工食堂就餐，又安排我到王惠民先生的宿舍住下。心中除了感动，还是感动。次日，先生便和菊霞师姐申请了钥匙，领着我逐一考察我所列出的绘有农作图的洞窟。在进入洞窟前，先生郑重地对我说："不能拍照，这是规定。闪光灯对壁画不好，你可以临摹下来。这些画后世子孙还要看，我们要注意保护。"在看一幅高处的农作图时，我为了能看得更清楚些，不由自主地就踏上了旁边的一个布满灰尘、毫不起眼的土台。先生看到后急呼："快下来！快下来！不能往上面站，会踩坏的，坏了就无法复原了。"这一刻，我体会到在先生的心中，莫高窟的一切都是那么的神圣与珍贵。接下来的考察中，我变得细心起来，生怕留下一丝不该有的痕迹。

到敦煌之前，我自以为已经做足了功课，笔记本上列出了 60 多个绘有农作图的窟号。然而，先生一眼就看出了问题，她说："你列出的窟号有遗漏，不止这些，我们看的时候我再给你指出来吧。"记得在看完 116 窟后，我便开始按照所列窟号开始向 129 窟走去。先生叫住了我说："117 窟北壁应该也有一幅农作图，你等一下。"打开窟门后，北壁上果然有一幅二牛耕地图。就这样，我在先生的指导下，又找到了多幅重要的农作图。我真的无法想象，一位年近耄耋的老人，竟能牢牢记住这么多内容各异的洞窟中的一幅幅壁画。如果不是将其融入生命之中，又有几人能够做到。

考察完莫高窟之后，先生接着就要带我去榆林窟，考虑到中间有三百多里的路程，我和菊霞师姐怕累到先生，就提议过两天再去榆林窟。先生却不以为然地说："没关系，我身体好着呢，这点路不算啥。"到了榆林窟，先生兴致高涨，徜徉于洞窟之间，毫无倦色。虽然我要看的主要是农作图，但先生还给我推荐了几个研究价值颇高的洞窟。由于时间有限，不能一一参观，先生就在门外给我们简单地进行介绍，一龛一壁，如数家珍。

2009 年 9 月 20 日施老师与郝二旭在榆林窟

郝二旭提供

　　在敦煌的短短十余天里，我真切地感受到了先生对敦煌深沉的爱。也许，对于游客来说，莫高窟是难忘的风景。对于学者来说，莫高窟是无尽的宝藏。但对于先生来说，莫高窟是她生命的一部分。她的青春、她的理想、她的汗水、她的苦乐悲欢，都已沉淀于岩壁之中、镌刻于窟龛之间。岁月和风沙只能改变她的容颜，却不能抹去她心中的信仰。她不求闻达的坚守，甘为人梯的奉献，正是我们最应继承的治学精神。她超然于世俗的风骨，淡泊于名利的情操，更是吾辈终生追求的人生境界。

　　在先生这里，我不仅聆听到了严师的教诲，更享受到了慈母的关怀。

　　能够做先生的弟子，何其幸哉！

　　谨以陋文祝福亲爱的施老师寿诞快乐、笑口常开、身体健康、福寿绵长！

感恩与祝福

宁　宇/兰州大学图书馆

2021 年是个承载着希望与喜悦的年份。在喜迎中国共产党建党 100 周年之际，我们也迎来了施老师的九十寿辰。施老师是我读博时的第二导师，记忆中的她是一位勤勉严谨的学者，一位温柔慈祥的长者。

2009 年，我考入兰州大学敦煌学研究所攻读博士学位，也开启了与施老师的师生情缘。欣闻被分到施老师门下，我特地从网上查了一下她的信息，得知她的经历如电影般丰富多彩——17 岁投笔从戎，参加解放重庆战役和抗美援朝，而后在兰州大学学习，1961 年从兰州艺术学院调到敦煌文物研究所（现敦煌研究院）工作，曾任敦煌研究院敦煌文献研究所所长，从事敦煌学研究 50 余年，发表论文、论著 60 余篇（部），研究涉及敦煌史地、敦煌石窟、敦煌文献等领域，主要成果收集在《敦煌习学集》中。于是，我又欣喜又忐忑，欣喜于有幸可以成为这位资深敦煌学专家的学生，忐忑于自己学识浅薄，对老师有着莫名的惶恐与敬畏。

记得那是一个阳光灿烂的日子，我怀着紧张的心情，在"同门+闺蜜"沙沙的带领下拜会施老师。没想到，在见到老师的一刹那，所有的紧张都被老师温柔的笑容驱散。老师跟我想象中完全不同，没有想象中的严肃，只有可亲的面容与风趣的言语。现在想来，当时聊天的内容已然记不清楚，唯有老师带给我的感觉依然历历在目，如沐春风。

施老师对我们这些学生都很好，关心我们的学习，也关心我们的生活，关心我们的成长。研究中，她不仅求真务实，而且从不藏私，总是耐心地将她的经验传授给我们，热心地将她的资料与我们分享。她和贺先生还曾将多年来的藏书共计 8000 多册全部捐赠给工作了一生的敦煌研究院，其中包括中华书局标点版二十四史、《资治通鉴》《全唐文》《敦煌石窟全集》、中国石窟图册、中国美术画册，以及有关敦煌学研究的专著、佛教艺术专著、部分佛经等，特别是还有一些敦煌研究院早期的资料简讯（油印本）、清道光辛卯年版《敦煌县志》、民国时期刊印的线装学术书籍、日本学者关于佛教艺术方面的日文原著等，弥足珍贵，是不可多得的学术研究资料。

施老师曾将自己比作敦煌学领域的"两栖动物"，说自己能在敦煌石窟考古和敦煌写卷研究两个领域"两栖"，但是均未达到十分高深的程度。这正反映了她的风趣与谦虚。事实上，别说"两栖"，就是一个领域，想做出点成绩也需要下很大的功夫，实属不易。

这些年，虽然她多居杭州，我们见面不多，但她教给我的很多东西，都令我难以忘怀，受益终身。

时光荏苒，今年已是老师的九十寿辰，与老师相处的日子却仿佛就在昨天。很遗憾这次无暇到杭州为老师祝寿、与同门相聚，但依然要送上我衷心的祝福——祝福我们亲爱的老师祺祥康泰、福寿绵长！祝福同门师兄师姐前程锦绣、阖家欢愉！

情系宝窟　师表垂范

樊丽沙/郑州大学体育学院

2021 年对我而言是个忙碌的一年，几次奔波在郑州到兰州的高铁上，身体虽然乏累，但内心无比充实。6 月 15 日，我在公交车上接到冯培红老师邀请参加施萍婷先生上寿之喜的信息，当时十分惶恐和惭愧，回首学术生涯才发现自己博士毕业已然快十年了，虽与敦煌结缘时间早，但有负几位恩师，前几年因个人原因成果稀少，忝列师门，心中惴惴不安。近日得以静坐，回忆自己求学期间与施萍婷老师相处的点滴画面，记述成文，遥祝老师松鹤长春、春秋不老、古稀重新、欢乐远长！

2009 年秋季，我结束了西北民族大学的硕士研究生生活，搬着行李和几箱子书籍从五泉山下来到兰州大学，开始了传说中第三类人——女博士的求学生涯。记得当时报名填表的时候没有导师列表，选的都是郑老师，开学后导师双向选择的结果才分配下来，我挂名的第一导师即是施萍婷老师。询问了几位师兄才明白原来敦煌学研究所里的博士是兰州大学和敦煌研究院联合培养的，两边各有一位导师。虽然我一直跟着的杨富学老师也是敦煌研究院的，但当时确实对施老师知之甚少，硕士期间关注的是黑水城出土文献，对莫高窟的石窟艺术也了解不多，加之学校所有需要导师签字的地方都是找郑老师签的，所以入学初期并未想到要去拜访施老师。有个周末，郝二旭师兄联系我，问我要不要一起去敦煌研究院家属院拜访施老师，于是我叫上宁宇（第二导师是施老师）和郝师兄一起来到了渭源路的施老师家中。印象中的施老师家里整齐干净，非常简朴，虽然施老师对我们的名字不熟悉，可能还对不上号，但依然非常热情地询问我们各自的研究方向，一边和我们说话一边还张罗着让我们吃水果，完全没有架子，像一位慈祥温暖的长者面对喜爱的晚辈那样，令我们非常感动。我汇报完自己的论文方向后，施老师语重心长的对我说要注意哪些材料，应留意哪些洞窟，关切之心，令学生感怀。我本科不是学历史的，基础较弱，步入西夏文化领域也仅是硕士期间的三年光阴，之前虽然也去过莫高窟，但了解并不深入，所以听到施老师教导我该注意哪些石窟时，脑子是蒙圈状态，完全小白水平。近两年重新回到西夏研究中，对敦煌晚期石窟关注增多，再回想老师之语，言之凿凿啊，可惜当时并未能领悟到，实乃羞愧不已。怕过多打扰施老师休息，我们和老师聊了大概一小时多就回去了。2011年3月贺世哲先生去世，我们又一次登门为贺老师送行，宽慰施老师，印象中与施老师有当面交流的就仅有这两次了。

　　2018年6月以来，家庭和工作都日渐稳定，终于又有了自己的时间回归到敦煌学领域。在杨富学先生的鼓励下，2019年3月我参加了山西师范大学举办的"'一带一路'视野下的丝路城市发展与宗教文化交流学术研讨会"，虽然自己的论文长进不多，但与敦煌学界的各位师友一起探讨学习，感觉自己又活过来一样，充满了学术活力。2020年10月在敦煌参加了"敦煌学视阈下的东北与西北·宗教文化专题论坛"，再一次来到敦煌，感慨万分，党河河畔，三危之边，在莫高窟敦煌研究院院史陈列馆里，我看到了常书鸿、段文杰、樊锦诗、贺世哲、施萍婷等老一辈敦煌人艰苦卓绝守护宝窟、情系敦煌的一幅幅珍贵画卷。尽管当时的工作和科研条件简陋不堪，但每一张照片上都洒满了各位前辈热情洋溢的笑容。陈列馆正对着藏经洞，伫立院中，我泪目了，感动于他们的坚守和付出，感动于他们与敦煌相伴一生的美好青春。即便是生活和工作条件都已改善很多的今天，我能做到像前辈一样，把青春和生命都献给敦煌么？

　　今年春天我在学校无课，来到敦煌研究院兰州分院的资料室学习。资料室里还有一个硕士小师妹和博士生米小强师弟在忙自己的学业论文，每天我们三个人互相鼓励，一起探讨和辩论学术观点，偶尔还能请教杨老师和赵晓星、祁晓庆等几位老师，生活忙碌而充实，收获良多。最令我感动的是，整个资料室的浩瀚图书都是贺老师和施老师捐赠的，我经常望着挂在墙上的《捐赠证书》感慨，"我院研究员伉俪贺世哲、施萍婷先生，相携献身敦煌五十余年，成就卓著，师表垂范，终身情系宝窟，志专学海。今捐赠平生共同积累专业图书八千余册与我院，德誉三危，功昭后人"。很想骄傲地给别人说其实施老师也是我的导师，但一想到贺老师、施老师德高望重，自己的学术积累又实在拿不出手，这种内心矛盾又羞于启齿的小心事一直困扰着我。冯老师给我说读博期间应该主动多找找施老师的，老师都会认学生，殊不知我担心焦虑的不是老师认不认我这个学生，而是自己才疏学浅，是否有累及老师名号之嫌，发自内心深处的学术不自信。我在敦煌研究院的资料室学习了两个月，每天七点半到，书库里施老师搜集的史书文献种类繁多不便查找，为此我还专门问小强要了书目来看（后来才知道是冯老师的学生辛苦编写）。翻阅资料的时候，很多书里都有施老师留下来的笔记，或为注释或为读书心得，在看史料的同时也感知到了老师当年读书的心境。这种感觉很奇妙，十年之后施老师又以这种方式给予了我诸多学术营养。在施老师资料库的陪伴下，我完成了《禹氏之玉》的学术论文，5月28日在资料室举办的"敦煌读书班"中，我鼓起勇气在各位专家学者面前汇报了论文。很感恩遇到的每一位师友都是那么的和蔼可亲，不仅给了我很多修改意见，更为重要的是，我的学术自信心又重新燃起来了，这是我最大的收获。6月底，我和杨老师合作的《司马迁"行国"史观及其对后世的影响》在《史学史研究》上刊出，我热泪盈眶，在青年学者科研成果产出环境如此艰难的境遇下，我终于有了一丝自信和脸面来共祝老师上寿之喜了，不然也真的无颜面对曾经指导过我的冯培红老师和王晶波老师。

撰此拙文，衷心地祝福亲爱的施老师身体康健、笑口常开、寿比南山、福如东海！

贺老师、施老师给敦煌研究院捐赠图书的《捐赠证书》

樊丽沙提供

春泥滋养　润物无声
——记师从施萍婷先生学习点滴

孙晓峰/敦煌研究院麦积山石窟艺术研究所

不久即是我的导师施萍婷先生九十年华诞的喜庆日子。我是一个不善于表达的人，但在这个特殊而极具纪念意义的时刻，回想起当年跟随先生学习的情景，也不免心潮澎湃，思绪万千！而更多的则是感恩和祝愿：感恩先生在我读博期间的悉心指导！祝愿先生在西湖美景的陪伴下健康长寿！

我是 2010 年秋天进入兰州大学敦煌学研究所攻读博士学位的。自 1992 年大学毕业后一直在麦积山石窟艺术研究所工作，先后从事过文物藏品管理、文物保护、石窟考古等工作等，有一段时间甚至还兼职行政事务，但始终没有确定自己未来的发展方向。我也读过施先生发表在《敦煌研究》和《敦煌学辑刊》等杂志上有关佛教净土思想和阿弥陀经变的研究文章，但受能力所限，领悟并不深刻，对先生在敦煌文献研究方面的杰出贡献更是知之甚少，现在想起来很是汗颜。2004 年 12 月，兰州大学敦煌学研究所在麦积山石窟举办了一次规模较大的学术研讨会，也正是在这次会议上我有幸认识了郑炳林教授，在他的鼓励下，我开始有了深造的想法，但由于女儿正处于上学的关键阶段，加之单位杂务较多，读博的事只能一拖再拖。后来，在陪伴女儿备战高考的日子里，我终于下定决心，每天早起晚睡，苦读英语，恶补专业课。心想先试一试，毕竟已经快 20 年没上考场了，原本打算先试试，没想到居然被录取了！当时，真是喜极而泣，在我人生最低谷的时刻，兰州大学为我开启了一扇崭新的大门。

当年 9 月，在办完一系列入学手续后，迎来了最关键的选择导师环节。本来报考之初，我的第一导师填的是郑炳林教授，根本没想到会和施先生有所交集，当时我还不知道她也是兰州大学的兼职博士生导师。所以，当最终导师名单公布后，得知我的第一导师是施萍婷先生时，自己还有点蒙圈，而和我同时划到施先生名下的赖文英女士和已不幸离世的彭杰博士则是兴高采烈，急切地邀我一起去拜见施先生。显然，他们和施先生很熟悉，当然这也得益于他们比我拜读了更多的施先生大作。相比之下，我心中则是忐忑不安。因为敦煌研究院一直是我心中的学术圣地，记得刚工作不久，我就读过常书鸿先生守护敦煌的故事。1994 年 10 月，刚毕业不久的我，更是有幸参加了联合国教科文组织在敦煌举办的石窟保护培训班，先后聆听过段文杰、樊锦诗、李云鹤、李最雄等著名敦煌学者的讲座和教诲。此后，在甘肃省人民政府表彰的 19 名敦煌研究院学者中，我清楚记得也有施先生的名字。能得到施先生的教诲我当然是求之不得的，只是不知施先生能否看上我这个弟子？由于我就职的麦积山石窟艺术研究所属于基层文博单位，整体学术氛围并不浓厚，普通业务人员很少有机会参与外界学术活动，加之我从事的石窟考古与施先生擅长的文献研究交集不多，故此前一直无缘见到先生。但用俗话讲"再丑的媳妇也要见公婆"。2010 年 9 月 16 日上午，我与赖文英、彭杰同学携带一束鲜花，怀着忐忑不安又略带兴奋和激动的心情来到了先生位于兰州市渭源路的寓所。当门打开之后，一位面容慈祥、穿着朴素，浑身充满书卷之气的老人映入我的眼帘。简单介绍之后，她热情地让我们坐到沙发上，并客气地询问我们喝茶还是咖啡？一番忙碌之后，她坐到我们身旁，就像一位母亲对待自己的孩子一样，我的拘束感很快就消失了，话题也不知不觉就进入到与佛教石窟艺术相关的内容方面。这时，大概是听到了客厅里喧闹而热烈的谈话声，一位面容清癯但精神矍铄的老人移动轮椅从书房里出来了。来拜访施先生前略做过功课的我瞬间反应过来，来者是大名鼎鼎的贺世哲先生！贺老师关于敦煌莫高窟北朝佛教图像研究的大作尽管我拜读了许多，但第一次见到先生，还是有一种莫名的兴奋和开心，我连忙起身帮贺先生把轮椅推过来。当听说我是麦积山石窟的，先生的话匣子也迅速打开，从敦煌到麦积山，从洛阳到响堂山，还夹杂有他的学生兼同事王惠民博士的逸闻趣事，先生幽默而风趣的语言，惹得大家开怀大笑。而此时被"喧宾夺主"的施先生则十分默契地为大家添茶倒水、切削水果，眼角中洋溢着幸福和开心的笑容，这对长期坚守敦煌大漠、守护莫高窟的学术伉俪瞬间成为我心目中的榜样。美好的时光总是短暂的。为了不过多地打扰两位老人，特别是考虑到贺先生需要安静休养，我们很快结束了这次令人难忘的拜师之行。

此后，由于是在职攻读博士，其间，我还承担了甘肃省文物局委托的甘肃省中小石窟调查、甘肃省战国秦和汉明长城资源调查、甘肃省联合申报丝绸之路世界文化遗产等重点工作，每天是忙得脚不沾地，四处奔走。相较于施先生的其他弟子，去看老师的次数明显不足，现在想起来很是惭愧。

2011 年 3 月 19 日，正在外地出差的我惊闻贺世哲先生去世的消息，忙连夜赶到兰州，次日上午与几位同学一齐去施先生家吊唁。庄重、肃穆的客厅墙壁上挂着贺世哲先生的遗像，他面带笑容凝视着这个世界，仿佛仍然没有离开我们。大家鞠躬行礼之后，便不约而同地去安慰施先生。然而，令我感动的一幕出现了：施先生看到我后，特地把我拉到一个僻静角落，她告诉我她一直在关注我以前和她谈及的博士论文所涉及麦积山第 127 窟净土图像中建鼓的问题，并亲自查阅了刘宋时期求那跋陀罗译《大法鼓经》等相关材料，认为对我释读相关图像可能会起到一些作用，故前几天已委托一位在读的兰州大学敦煌所硕士生转交给我（当时由于我不在学校，尚未拿到）。而且，先生在如此悲痛之时依然和我交流了她对麦积山石窟这幅净土图像的看法，这对于我后来释读相关内容获益颇多，相关成果也顺利发表在《考古与文物》杂志。每每想起这段往事，我的心情依然久久不能平静，先生对我的关心、爱护和鼓励成为我在枯燥的学术之路上不断前行的动力！

2017年12月，麦积山石窟艺术研究所整体改属敦煌研究院管理，我与莫高窟的同仁往来更加密切和频繁，去年甚至有幸到莫高窟工作一年。遗憾的是，施先生却远在杭州，我手头杂务又多，再也没有机会和先生见面。但通过王惠民博士、王慧慧女士等同仁依然时常能听到老师的消息，很是欣慰和高兴。特别是每次到敦煌研究院兰州分院施先生任职过的文献研究所资料室，看到他们伉俪捐赠的图书时，心里就会莫名地升起一种崇敬和感动！

仅以拙文表达对我的导师施萍婷先生崇高的敬意，衷心地祝愿她老人家身体健康、开心快乐！

我在施萍婷老师家的日子

赖文英/独立研究者

收到冯培红老师要为施老师庆祝九十大寿的消息时，那段住在施老师家的片段不断涌现在脑海。施老师在学术上的丰功伟绩无需我再赘述，有幸的是我博士论文的最后阶段是住在施老师家完成的，让我得以心无旁骛地进行论文的撰写，顺利毕业，感恩戴德，没齿难忘！

初识施老师是在 2001 年，我随赖鹏举师赴兰州大学参加敦煌佛教艺术文化国际学术研讨会，当时施老师列名主持，而我第一次在国际学术会议上发表论文，对敦煌学还是懵懂无知的。但由于这次的因缘，结识了诸多敦煌学研究的前辈学者，也开启尔后多次石窟考察研习营的契机，只是这期间和施老师的接触并不多。2010 年，我进入兰州大学敦煌学研究所攻读博士学位，施老师担任我的第二导师，虽未在课堂正式上过课，但拜读了不少老师的文章，其研究横跨敦煌艺术与敦煌文献两大领域，而我是做石窟研究的，偏向石窟图像与义学的结合，施老师在石窟与文献方面的专长，正好符合我的研究所需。

2013 年秋，我在开学前夕抵达兰州，准备最后一年的论文撰写，与施老师约见，施老师知道我茹素，宴请了一顿丰盛的素餐，当老师知道我还未找到住的地方时，提议我去她那儿住。聊过之后得知，自从贺世哲老师过世后，施老师便回老家杭州常住，有事才来兰州小住，房子空着总要有人住，当下我可以感受到施老师的关怀之情，虽然觉得惊喜，但也有些惶恐，这份恩情，何以回报？然而我也无暇再多花时间找住处，就这样，我住进了施老师家。

施老师无私地提供给我一个房间，也让我使用她的个人计算机，连密码都告诉我，让我可以登入计算机查阅数据，对手头上的数据也不藏私，还拷贝多份电子书给我带回台湾。说来惭愧，我的计算机水平可能还不如施老师，回台湾在机场通关检查之时，不小心造成笔电毁损，后来一直没能修好，虽然部分资料有备份，但许多珍贵档案都已无法读取。

在施老师家的日子，我的生活重心除了论文还是论文，毕竟那是当时我唯一重要的事，而一天之中最轻松的时间，就是傍晚和施老师的饭后散步，一方面是纾解压力，另一方面则是听施老师述说着这里那里的故事，或一道高墙大院，或一间小卖铺、理发店，总是有说不完的故事，这也说明了施老师对周遭人事物的观察细微，时刻保持着高度好奇心，一如她在治学上的态度。

兰州施老师家中卧室

施跃娟提供

听施老师说敦煌旧事是另一番享受。虽然老一辈的敦煌人都说早期敦煌的生活很苦，但我始终认为这些敦煌前辈学者们都是累世有修之人，才会有此福报，能在敦煌、在石窟中与佛菩萨常相左右。印象中也曾听施老师说过小时候随亲戚在寺院诵经的经历，虽然不是佛教徒，却颇具佛缘。有时候为了石窟中一铺壁画的定名，需翻遍浩瀚如海的佛经，不仅翻阅佛经，还要读得通、读得懂，才有办法对壁画内容作识读，我虽忝为佛弟子，读过的佛经恐怕都没有施老师多。施老师能随遇而安，活在当下，为自身的信仰全身心投入与奉献，并且乐在其中，实已具足人间行者的风范。

施老师广受学生的爱戴，晚年并有侄子的悉心照顾，也算是有福之人，而这些都得自于施老师的天性使然，乐于奉献，不求回报，因此累积了许多的福德资粮。我回台湾后曾多次通过电话与施老师联系，电话那头传来的声音永远是精神奕奕、中气十足。值逢九十大寿前夕，谨以此短文衷心祝福施老师健康长寿，心想事成！

我的博士导师施萍婷先生

王百岁/陇南师范高等专科学校文学与传媒学院

说来十分惭愧，我是施萍婷先生的关门弟子，而钱文忠教授是季羡林先生的关门弟子，显而易见，我和钱文忠先生之间没有可比性！ 2011年，我考上了兰州大学敦煌学研究所，有幸成为施先生和冯培红教授的门下弟子。施先生是我的博士第一导师，我国著名敦煌学家、敦煌研究院资深研究员、兰州大学敦煌学研究所兼职教授。师生相遇肯定是一种缘分。毋庸置疑，施老师对我的教育和影响必将使我受益终生。下面略谈几件事，回忆过往，不忘师恩。

2012年施老师与王百岁在莫高窟"石室宝藏"牌坊前

王百岁提供

第一，我第一次拜见时施老师拒绝收礼。在 2003 年我刚考上硕士研究生时，在兰州大学敦煌学研究所走廊上看到施老师的照片和简介，就知道了施老师，当时在我心里形成了"施萍婷先生和樊锦诗先生都是女中英杰"的基本认识，对施老师和樊院长十分崇拜。2004 年元旦，敦煌学研究所举行联欢晚会，我第一次见到了施老师，冒昧向她请教了关于斯坦因、伯希和、橘瑞超、华尔纳、鄂登堡盗掘敦煌文物的一些史事。后来陆续读到一些介绍施老师的文章和施老师撰写的文章，包括施老师主撰稿、邰惠莉老师助编的《敦煌遗书总目索引新编》，这本书对学者们利用和研究敦煌文献提供了极大的方便。2011 年我考上博士，教师节前夕，专程拜见施先生，但是开始吃了闭门羹，主要原因是，我拿了点家乡土特产，施老师发现我提着礼物，很生气，就对我说："你不要拿东西，如果要拿东西，就请你出去！"刚开始我还以为是说笑话呢，后来我硬要拿着礼物进门，施老师变脸了，把我往外推。我有点想不通，心想，第一次和老师见面，顺便带点东西，那是尊敬师长、天经地义的事，有什么不可？换个角度看，也可以说是小事一桩，但施老师执意不要我带的东西，我觉得施老师有点不近人情，弄得我很没面子，就转身往出走，正好冯老师来了，他倒是给施老师带了点东西，他俩是师生关系，也是浙江老乡，多亏了冯老师替我说情，施老师才勉强答应让我进门。但施老师给我声明"下不为例"，这样才算告一段落。

第二，在莫高窟考察时对我要求严格。在去敦煌考察以前，按照施老师、冯老师的安排，我和吕德廷、石建刚二位师弟阅读了一些关于敦煌石窟历史的著作，塑像、壁画图录，研究文章等，做了一些准备。施老师带我在敦煌的考察和在天水、陇南的考察都得到了兰州大学敦煌学研究所的支持，更得到了敦煌研究院和樊院长、王惠民老师、刘永增老师、邰惠莉老师、马德老师、范泉老师等的大力支持和热情帮助。施老师将我们的考察向樊院长和研究院其他管理人员提前作了汇报。我们的考察由施老师、冯老师多次多方协商、精心筹划，全力支持，2012 年 3 月 28 日至 4 月 9 日，春寒料峭，我和吕、石二位师弟踏上了西去的列车，考察敦煌莫高窟和瓜州榆林窟。我们三人到达莫高窟是 3 月 29 日早上，施老师就让邰惠莉老师用自己的车来火车站接我们，我们的学习、生活都是王惠民老师安排的。29 日上午，施老师就让王老师安排我们听取赵声良研究员的讲座《佛教与中古文化生活》。我们进窟时虽然手里拿着票，但没有掏钱。施老师不让我们买票，有一次进窟时，我和石建刚买了 3 张票，施老师看到了十分生气，她说："我是研究院的职工，作为我的学生免票有何不可？这也是教学过程嘛，和院方说好的你们不买票，你们为何还要买？节约一点生活费不好吗？"她立即让我俩去退票，我俩不得已就去把票退了。身教重于言教，在考察洞窟时，施老师每天 6 点多起床，洗漱完，用过早餐，就和陈师姐、王老师领上我们三人 8 点准时进洞窟，从不迟到。我们三人去洞窟听施老师讲解时，一些莫高窟的研究人员和导游员也跟着我们去看窟听讲。莫高窟坐西朝东，上午洞窟光线好，所以上午我们三人随她看窟听讲，听讲时做好记录；下午去资料室学习，整理笔记；第二天看哪个窟，头一天晚上要阅读资料和相关论文，熟悉洞窟历史、塑像和壁画内容。施老师遵守文物保护制度，非常注意保护洞窟塑像和壁画。施老师不仅关心我们的学习，还关心我们的生活，有几次请我们吃饭，吃饭时聊洞窟、聊塑绘、聊论文、聊学术，以指导考察来鼓舞士气。

2012 年 3—4 月施老师带学生、同事考察莫高窟

前排左起：陈菊霞、王惠民、施老师、石建刚、陈璟；后排左起：王百岁、雷蕾、吕德廷　　王百岁提供

　　第三，在莫高窟考察时给我们认真讲解。对这次敦煌、瓜州考察，施老师多次强调，无论你将来研究哪里的石窟，敦煌石窟都是必须考察的，敦煌应该多去，第一次去，不要要求太高，你首先要对石窟方位，主要的石窟塑像、壁画有大概的了解或专门的研究。考察完莫高窟，施老师、王惠民老师、范泉老师、陈菊霞师姐、米歇尔（中文名：米雪）、施老师的保姆小樊姐又率我和吕德廷、石建刚考察了瓜州榆林窟。在这些日子里，我们日程安排密集，基本考察完了全部洞窟。洞窟就是课堂，施老师尽其所能、倾其所知，无私而慷慨地给我们讲解，很认真、很严谨，很有深度却又深入浅出，我们听得轻松有趣、意蕴无穷。施老师在莫高窟和榆林窟的讲解使我们三人能将书本知识与石窟艺术实物有机结合起来，更好地理解以前所学的历史学知识、敦煌学知识、佛教学知识、考古学知识、艺术学知识，给我们学习与研究打下十分有益和坚实的基础。多少年过去了，施老师记忆力仍然非常好。考察第一天，进的第一个窟就是十六国北凉时期始开、宋代重修的第 275 窟，除了西壁交脚弥勒菩萨外，尚有南壁的 1 身思维菩萨，南壁西侧 2 阙型龛内塑交脚菩萨各 1 身，北壁塑像与南壁相同，窟顶、西壁、南壁、北壁、东壁尚有许多壁画，其中包括毗楞竭梨王、虔阇尼婆梨王、尸毗王、

月光王等本生故事，施老师一一道来，我们听得如痴如醉。在讲北魏第259窟北壁下层东起第1龛结跏趺坐禅定佛像时，施老师很兴奋地给我们讲，佛像微微含笑，深沉恬静，该佛像就是"东方的蒙娜丽莎"，随之讲了较长时间。在讲中唐始开、西夏重修的第158窟涅槃佛像时，又讲了很长时间。施老师讲，释迦牟尼涅槃像身长15.8米、肩宽3.5米，为石胎泥塑像，是莫高窟最大的涅槃像；释迦牟尼身穿质薄如纱的红色圆领袈裟，肌体如女性般圆润丰腴，曲线微微起伏，螺髻规整，面形端庄，右胁而卧，舒展安适，比例协调，双唇微抿、嘴角上翘，长眉细弯，双目似瞑非启；娇艳不媚，超凡脱俗，圣洁高尚的灵秀气质，表现了佛的慈祥端庄，沉着安详，从容不迫，泰然自若，似乎在平静中带着一丝发自内心的愉悦，全无濒临死亡的痛苦与恋世之感，体现了不生不灭的境界，实为不可多得的出神入化之作。同窟的各国王子举哀图，以及过去世迦叶佛立像、未来世弥勒佛倚坐像等塑像，还有菩萨、弟子、罗汉、梵释天人、天龙八部、散花飞天等壁画，施老师都一一讲解。经施老师的详细阐述，我对涅槃有了更深的了解。施老师专门让我站在不同的位置观看，就会观察到不同的佛像表情，观者的感受也就不一样，当时好像就只让我一个人从不同的位置去感受，只有我享有这种殊荣，这使我很难忘怀。

2012年施老师与王百岁在莫高窟九层楼前

吕德廷提供

第四，在莫高窟考察时正赶上清明节。那些已故的学者和工作人员为敦煌文物的保护和研究奉献了一生，至死也不愿离开敦煌，去世后埋葬在莫高窟对面的沙丘上，将永远与莫高窟相伴，这就是莫高精神！那天我们三人随施老师去扫墓，有幸参加了敦煌研究院举行的段文杰先生墓碑的树立仪式，然后给常书鸿先生、段文杰先生、贺世哲先生等贡献祭品。扫墓完毕，施老师又将她于清明节前一夜熬夜叠的许多千纸鹤放飞，以纪念抗美援朝战争时牺牲的战友。几十年过去了，施老师还对她的战友念念不忘，充分显示了施老师对战友的思念，对祖国的热爱，和对美帝国主义侵略暴行的极端仇恨。清明节的这些活动深深地教育了我们。

第五，施老师因王老师坚决不让她亲临八峰崖石窟考察而非常生气。2012年5月，为了全面了解天水、陇南石窟情况，以便更好地指导我撰写博士论文，经多方筹划，施老师和敦煌研究院专家刘永增老师、王惠民老师、邰惠莉老师、陈菊霞师姐和摄影师宋利良老师、司机朱成录先生带我赴天水、陇南考察石窟。5月10日上午9时，我们一行八人从西和县城来到石峡镇，目的地是八峰崖石窟。八峰崖石窟距离石峡镇大概十几里路，那时车路不通，到现在也没有修好。从石峡镇街去八峰崖石窟要过河，过河后有两条路可走，一条是过石峡河朝石峡西南方向走，通过八峰沟直接到八峰崖山麓，再从八峰崖山麓向八峰崖石窟迈进，先上山、再朝西，要拐两道弯，羊肠小道，险峻异常；另一条是过石峡河后朝石峡西北方向走，绕道石坝沟、高灯村、牛儿坪也可以到达八峰崖石窟，但那是农用车路，狭窄、陡峭、坎坷、险峻，那时路面还没有硬化，况且太远，也不好走，即使到牛儿坪路边停了车，也要步行绕过两道弯才能到达石窟，羊肠小道更加险峻。我们让朱师傅把车停在石峡镇公路边求熟人照看，我们步行通过八峰沟去八峰崖石窟，来到了八峰崖山麓。施老师精神很好，决心走到石窟。因为上山的路很窄很陡，走了几步后，王老师就不让施老师走了，他让我们先走。我就随刘所长等先走了，留下王老师、邰老师照顾施老师。我听见施老师与王老师在后面争吵得很厉害，清晰地听见施老师问：“我是干什么来的？”王老师说：“看石窟啊。”施老师又问：“那为什么快到石窟了不让我去？”王老师说：“路陡啊，你上不去。”我听见施老师又走了一截路，而陈师姐在不断地给施老师打电话阻止其上来，王老师也在不断地阻拦施老师。我既没有支持施老师，也没有支持王老师，我认为各有各的道理——不过我内心倾向于支持施老师。因为施老师年岁大了，王老师阻止她是出于对施老师安全的考虑。而施老师在莫高窟待了几十年，与佛教石窟壁画有了很深的感情，正如樊先生所说：“我心归处是敦煌。”现在想起一件事，贺世哲先生去世后，施老师把他们夫妻二人几十年攒下来的书全部捐献给了研究院，捐书仪式前，我和石建刚、朱艳桐帮施老师在她家里捆书，中午她留我们三人吃午饭，闲聊中说起莫高窟，施老师说了句“莫高窟，那是我的家呀……”就忍不住哭了。这在外人是难以理解的，但是我懂得她的心思。只要一提莫高窟，就勾起了老师过去的岁月，勾起了对贺老师无尽的思念，勾起了在敦煌几十年的坚守和奋斗……所以施老师对佛教石窟壁画情有独钟是可以理解的。实际上这一切都是因我而起，施老师一心想要考察陇南、天水的石窟，是为了更好地指导我撰写博士论文。施老师最终没能去成八峰崖石窟，心里十分生气，引以为憾。后来我多次想，我毕业工作后可以创造条件，想方设法让施老师来一趟八峰崖石窟以了心愿，但到目前为止，因为客观条件的限制，这个愿望没有实现。但愿以后能如愿。

第六，陇南考察时在江洛镇长河饭店给我的教益。5月13日，我们从武都来到徽县，住在江洛长河饭店，中午时其他人都在休息，施老师叫我去她的房间，问我几天来分别走了哪些地方、到过什么石窟，之前都看了些什么书。她说，魏晋南北朝时期的佛教史，最好读汤用彤先生的《汉魏两晋南北朝佛教史》，另外还可以读任继愈先生总主编、杜继文先生主编的《佛教史》和任继愈先生主编的《中国佛教史》；唐朝及其以后的佛教史，最好读杜继文先生主编的《佛教史》和汤用彤先生的《隋唐佛教史稿》。我

2012年5月10日施老师在前往西和县八峰崖石窟途中休息

王百岁提供

问她：“成县大云寺石窟古代佛像残迹据您看大约是什么时候开凿的，说明了什么问题？”她认真分析并讲解，认为最迟不晚于唐代；另外让我去听听刘所长的意见。我问道：“大云寺的‘卧佛’像是新塑的，‘卧佛’之名据县志记载似乎出现很早，但又不尽符合佛教史的实际情况，这该怎么理解？”她又问我：“那么佛教是何时传入中国的？”我思考了下说：“佛教传入中国的时间历来众说纷纭。笼统地说，佛教在两汉之际传入中国。其实，西汉末年已经传入我国中原地区。东汉明帝时期的‘白马负经’只是反映了一种政府行为。”我又问她：“成县大云寺‘卧佛’为什么与别处的卧佛不同，竟然‘左胁而卧’，并且屈腿。”她解释说那不是佛。我说成县金莲洞有很多元、明时期石碑，并且洞中塑像和壁画多是道教的。她说我应该主要搞佛教方面的，因为陇南石窟主要是佛教石窟。后来我们谈到《佛顶尊胜陀罗尼经》，她说盛唐时期的最有研究价值。我向她描述了一下成县大云寺经幢的状况及树立年代，我说似为中唐时期的。她说中唐以后的价值不是很大。研究经幢，考证经幢的年代很重要。她还说有位名叫刘淑芬的台湾学者研究得最好。然后我们的话题转移到了我的博

士论文题目的选择与拟定上。我还谈到陈师姐曾经结合考察情况说过，陇南石窟没东西可写，认为应该让我换题目。施老师重新解释了"陇南石窟"，认为麦积山、武山、甘谷等处石窟等都属于"陇南石窟"或"陇东南石窟"的范畴，这是传统的观点，也是她看了最近出版的由敦煌研究院、甘肃省文物局编的《甘肃石窟志》后的新观点。但是她说麦积山石窟的研究成果已经很多，应该把武山木梯寺、拉梢寺、水帘洞等也作为"陇南石窟"的研究对象。我问："论文中能不能加进佛教史的内容？"她说那样会更好。我们还谈到陇南石窟中石碑的情况，我说可以抄、拓石碑上的文字，她说有些石碑人家不让拓，可以想办法，但要注意保护文物。我们还谈到昨天在武都的考察，她说宋代遗址柏林寺还是有研究价值的，关键是其中的木构建筑和石碑。当谈到武都朝阳洞的窟龛时，她还叮嘱我让我以后再去朝阳洞时把窟龛数目弄清楚，并要注意原来的窟型。她说成县《西狭颂》作为一种在国内外很有影响力的地方文化，我作为一个历史文化学者，不能不知道，若能把《西狭颂》的内容背诵下来更好，应该研究《西狭颂》文化，知识越多越有益嘛，这些历史文化知识都是相互关联的。她还要求我学好计算机、用好计算机，学会拓碑，学会绘图。她让我专心搞学问、研究课题，不要关心她。施老师的这些话都是肺腑之言、真知灼见，对我有很大的启发。

2012 年 5 月 14 日考察徽县佛爷崖石龛

左起：王百岁、朱成录、施老师、刘永增、陈菊霞、邰惠莉　　　　　　　陈菊霞提供第七，考察陇南石窟时在大云寺石窟外面摔了一跤。在大云寺门前的陡路上，尽管邰老师、陈师姐和我都努力扶着施老师，大概是由于施老师的鞋太滑，还是不小心摔了一跤。当时正好我有1片创可贴，递给邰老师为施老师贴上。施老师进寺后，坐在凳子上歇了一会儿。庙倌任二周给施老师倒了一杯开水，又拿过来一根直径约3厘米、长约200厘米的竹棍让施老师拄上，宋老师帮施老师将竹棍截短、下端削尖、周边刮光。接着，任二周又拿来一根结实端正的木棍，朱师傅用镰刀将木棍截短、削尖、刮光，递给了施老师。施老师对木棍很满意，就拿了木棍，舍弃了竹棍。之后，施老师就由邰老师和陈师姐关照，我很少关照，以后的两三天，我只是时不时地问过几次施老师："腿疼不疼了？"也买过几次外用药。施老师总是说："没事，你不用管了，你要表示关心，要做的就是好好学习，把博士论文写好。"第二天去武都的路上我再问施老师时，老师说："什么事都没有了，你放心。"我想，老师是怕我担心才这么说的吧，但是我渐渐就淡忘了。现在想起来，实在有些内疚。

2012年5月11日施老师在成县大云寺石窟考察时休息

陈菊霞提供

第八，关于博士论文指导的其他方面。本人忝列师门，是最不争气的一个学生。施老师、冯老师对我论文的指导，无微不至、善始善终。从考察到撰写，从构思到开题，从撰写到修改，从材料到正文再到参考文献和注释，从定稿到答辩，从读博到工作，指导和关心是全面的、长期的、无期限的。两个人从不同的角度，用相同或不同的方法进行指导，互相补充、相得益彰。施老师对我论文的指导，要求实事求是，并不让我好高骛远。施老师开始时考虑让我研究天水武山木梯寺石窟，2012 年 5 月，施老师带我考察陇南、天水石窟的最后一站就是木梯寺石窟。冯老师虽然因事当时没有跟我们一同前去（2016 年 1 月专程带我考察天水、陇南石窟），但他也是这个意思，我也有意愿研究木梯寺石窟（现在也想，以后也可能）。只是在 2012 年 10 月召开的博士论文开题报告会上，专家们集思广益、讨论评议，最终还是决定我的博士论文研究今天陇南市境内的石窟，以后有机会再研究木梯寺石窟。施老师给我的指导是多方面的。她说写文章一定要精炼，"可以用两个字的就不用三个字，可以用一个字的就不用两个字"。冯老师每隔一两周就主持召开一次"法藏敦煌文献轮读会"及"西北出土文献与中古史研读班"，我承担了 P.2130-1《唐五台山竹林寺法照传》和 P.2130-2《净土五会念佛诵经观行仪》，我把我释读的内容让施老师看一看，提出修改意见，施老师看后说，我的释读校勘工作比其他内容做得好，我适合做释读校勘工作。这给我很大的鼓励，使我树立了信心。复旦大学的张小艳教授读后给我回邮件，表明她也有类似的看法，她说这是她见过的同类文书中释读校勘最好的，这可能是言过其实了，但也激发了我的上进心。在我毕业论文答辩以前，我将论文发给施老师和冯老师，让他们提出意见，并给我写评语。施老师写完后，当即通过邮箱发给了我。评语写得非常好，很令人感动。"……资料收集齐全……实属难得。……可见他是石窟研究的'有心人'，研究者理应如此。"给我以很大的鼓励，为我修改论文和以后的研究增添了巨大动力。

总之，施老师给我留下了很深的印象，上述几件事只是一些片段，远不是全部。施老师、冯老师对我的影响已渗入我的血脉和灵魂，我读书、写文章、工作、说话、办事，都自然而然、或多或少地带有施老师和冯老师的一些风格和因素，两位导师对我的教导必将成为我永远的精神支柱和不断前进的力量源泉！

衷心祝愿施老师健康长寿、幸福快乐！

2021 年 7 月 30 日于陇南师专

敦煌僧赞文学写本与壁画的互释
——以P.2775写本原生态为例

郑阿财/南华大学文学系、四川大学中国俗文化研究所

一、前言

作为中古时期佛教圣地的敦煌，石窟壁画高僧史迹画、高僧画像，以及敦煌写本"高僧赞""高僧因缘记"等系列抄本是中国佛教艺术与文学自然发展的呈现，是研究高僧传赞与图像发展演变具体的实物材料。

施萍婷先生为敦煌学界跨越文献研究、文献叙录及石窟研究三大区块的前辈，其在法照、道真、金光明经变等的研究，对我多所启发。日前得知施先生九十寿辰将近，忆及自1990年莫高窟会议初次与先生交流以来，多所请教。因特以P.2775写本为例，从原生态的视角略论敦煌僧赞文学写本与壁画的互释，借申先生在佛教文献与壁画研究之贡献，并表祝嘏之忱。

二、原生态概念在敦煌文献图像整理研究中的意义

佛教从印度到西域，经丝路而东传。佛陀、菩萨、佛弟子到高僧，成为佛教信仰发展的网络。中国佛教的传播，经像并行是主要方法，晋唐高僧崇拜兴起，造像也从诸佛、菩萨而扩及高僧，促使佛教传赞作品大增，由佛、菩萨传赞，衍生出高僧传赞。高僧传赞自西域入华高僧，继而中土高僧；从神异感通高僧，到宗派祖师大德，其行迹与尊容，成为中土信众敬崇礼拜的对象。图像也从佛、菩萨扩展到高僧，围绕图像的赞记一类文字记载也随之广为发展。

敦煌学兴起以来，僧赞文学与高僧图像颇受研究者关注，不过自来有关敦煌僧传文学的整理研究，大抵依文体类别将各个文本从各写本中辑录出来，分别从各自文体观点各取所需地进行校录与

研究，^①虽成果可观，但因各有选择，较少全面系统地梳理，且多遵循文学文献研究的传统，加上写本未能全面公布，以致罕有交叉统观的分析探究，尤其对每一写本在单一作品文本与正反、前后抄写的其他文本间的关系均罕涉及，也未给予适切的关注。

个人以为敦煌文献中僧传文学的写本虽属性不尽相同，然大抵为唐五代敦煌地区流传的写本。其形态有卷轴、册子、单张散页，除少数是单独抄录的个体，如 S.528 正面仅单独抄录《灵州龙兴寺白草院史和尚因缘记》，羽 698 背面仅单独抄录《刘萨诃和尚因缘记》外，其他文本颇多汇抄于各个写本之中。其抄者，使用者盖为敦煌地区僧人、寺院，保存敦煌地区佛教僧传文学写本的原生态，既可反映文本性质与使用功能，又可供作考察敦煌僧传文学发展与演变的窗口。

敦煌写本抄写的复杂现象蕴含着写本时代的抄写文化，只是过去学者在整理研究时，致力于文本的移录、校改，进而据以展开相关研究，往往将同一写本上所呈现的各种样态与现象，视为文本校录时的累赘、讹误，忽视这些看似杂录、汇抄等存在的因缘，即写本原生态所呈现的意义与其间的实际关联性，包括同一写本的正面或背面，存在同时或先后抄写多种文本的情况，诸如：抄者身份不一，或同一人，或先后多人；抄写内容层次多元，性质、功能的多样性等。

又敦煌学研究的两大区块，即敦煌写本文献及敦煌石窟艺术，二者与榜题都有着密切的关联。既有的研究主要集中于个别石窟或经变与榜题的关系，如王惠民、^②公维章、^③沙武田^④等的系列研究，通过对这些文字底稿和画面底稿的研究，有助于了解当时的创作方案，是经变画研究的重要突破。

近年拜科技之赐，敦煌写本高解析的数字扫描及石窟壁画、纸本绢本绘画全面完整清晰影像得以出版与公布，我们据此可以将壁画图像、画面安排及榜题文字配置等与原生态的特质结合，跳脱传统以文学文体，或壁画图像为主体的单一研究，可深入而充分地理解壁画图像与榜题文字内容、配置及写本间的具体关联。综合前贤既有的研究成果，从宏观的视角探究壁画绘制、设计与榜题底稿之间各种可能的情况，从写本原生态与文本群的考察入手，同时由文字文本研究扩大到与非文字文本的图像进行互证互释的交叉研究，当不失为一新的研究方向。

---

① 如巴宙《敦煌韵文集》、汪泛舟《敦煌僧诗校辑》，着眼于有韵的佛教赞体，采录写本中的《佛图澄罗汉和尚赞》《罗什法师赞》等几篇高僧赞；钟书林、张磊《敦煌文研究与校注》有从散文文体的视角采择"传""记"一类文学体类的作品；张涌泉、窦怀永《敦煌小说合集》关注佛教灵验故事作品，将《佛图澄和尚因缘记》《刘萨诃和尚因缘记》等四篇具故事情节的高僧因缘记收入"通俗小说""传奇类"。

② 王惠民《敦煌壁画〈十六罗汉图〉榜题研究》，《敦煌研究》1993 年第 1 期，第 25—38 页；《敦煌遗书中的药师经变榜题底稿校录》，《敦煌研究》1998 年第 4 期，第 12—18 页；《敦煌遗书中的药师经变榜题底稿校录补遗》，《敦煌研究》1999 年第 4 期，第 25—38 页；《敦煌遗书的观无量寿经变榜题底稿校录》，《敦煌研究》2002 年第 5 期，第 57—61 页；《国图 B.D.09092 观经变榜题底稿校考》，《敦煌研究》2009 年第 5 期，第 1—7 页。

③ 公维章《敦煌莫高窟第 61 窟屏风画〈佛传·涅槃图〉榜题研究》，《敦煌研究》2010 年第 4 期，第 27—33 页。

④ 沙武田《敦煌壁画榜题写本研究》，《敦煌研究》2004 年第 3 期，第 104—110 页。

三、P.2775 叙录及其写本原生态所呈现的文献意涵

P.2775 写卷王重民《伯希和劫经录》简单的著录作："《付法藏传》（两面均抄录）"，施萍婷主撰《敦煌遗书总目索引新编》时才进一步地细为著录作："P.2775a《付法藏因缘传》从第三代至廿四代名录（只有目）；P.2775b 十大弟子名目；P.2775c《付法藏因缘传》从第十一代至十三代正文。按：列了两个十三代：第十三代毗罗，第十三大龙树；P.2775va 杂写两行；P.2775vb《付法藏因缘传》第八代伏陀密多；P.2775vc（倒写）某传法人的神异十一行；P.2775vd 杂写七行。按：义净三藏／卓哉大士／白草院史和尚／刘萨诃和尚／惠远和尚／佛图澄／第十四圣提婆第十五罗睺罗；P.2775ve 杂写四行。本文：付法藏人／稠禅师解虎龙树菩萨赞□□禅师颂□□沙门惠远／灵州史和尚佛图澄和尚罗□法师唐大庄严寺僧释智／□大唐三藏（下缺）大唐义净法师刘诃萨（后二字颠倒）宣律和尚。"施先生此一著录已对 P.2775 写卷全卷抄写现象有了全面的描述，显然已关注到此一写卷抄写的特殊性。

近年我在整理研究高僧传赞文学写本时，也对 P.2775 卷子特别注意，尤其对卷背接抄部分的最后 12 行文字："义净三藏／卓哉大士／白草院史和尚／刘萨诃和尚／惠远和尚／佛图澄"及"稠禅师解虎／龙树菩萨赞／寺门首立禅师颂／隋净影寺沙门惠远／灵州史和尚／佛图澄和尚／罗什法师／唐大庄严寺僧释智兴／大唐三藏法师／大唐义净法师／刘萨诃／宣律和尚"，以为这些文字内容盖为高僧赞与高僧因缘记赞主、传主名号的排列，呈现与敦煌写本高僧因缘记、高僧传写本相应的特点，也与一些榜题文字稿相契。若据此写本原生态的抄写现象，持与石窟壁画高僧图像逐一进行比对考察，当能对高僧因缘记、高僧赞的文本与图像关系的研究获得一定成果，对于高僧传赞功能的理解有具体实物的佐证。为方便说明，以下先行依写卷复印件将 P.2775 详细叙录，进而从抄本原生态说明其所呈现的文献意涵。

（一）P.2775 写卷叙录

法藏 P.2775（图 1），卷子本，存三纸。第一纸宽 24.7 公分，第二纸宽 38.6 公分，第三纸宽 42.7 公分。高 29—30.3 公分，全长 106.1 公分。正背书写。

正面：《付法藏因缘传》1—8 行为"第三代高那和修"至"第二十四代师子比丘"名录，及"迦旃延"等十大弟子名目，后接抄《付法藏因缘传》"第十一代付法藏人圣者富那奢"传、"第十二代付法藏人圣者龙树菩萨"传、"第十二代付法藏人圣者毗罗"传、"第十三代付法藏人圣者龙树菩萨"传。其中"第十二代付法藏人圣者龙树菩萨"传显为"第十三代"误抄作"第十二代"，发觉后，续抄"第十二代付法藏人圣者毗罗"传、"第十三代付法藏人圣者龙树菩萨"传（内容见元魏吉迦夜共昙曜译《付法藏因缘传》卷 5）。而未将前"第十二代付法藏人圣者龙树菩萨"传删去。

背面首先是两行杂写"□□不离自家田□□变化多应有／缘旧日荒芜种少"。字大，书迹佳，与其他非同一人所写。接着为《付法藏因缘传》第八代伏陀蜜多，然后为倒书 11 行，行约 16 字，内

容为"僧伽难提"一段，为元魏吉迦夜共昙曜译《付法藏因缘传》卷 6 内容。最后是 12 行分别抄有"义净三藏／卓哉大士／白草院史和尚／刘萨诃和尚／惠远和尚／佛图澄"及"稠禅师解虎龙树菩萨赞寺门手立禅师颂隋净影寺沙门惠远／灵州史和尚佛图澄和尚罗什法师唐大庄严寺僧释智兴／大唐三藏法师大唐义净法师刘萨诃宣律和尚"。"义净三藏／卓哉大士"是《义净三藏法师赞》及赞文首句。倒数第 4 行是"付法藏人□（下缺）"。

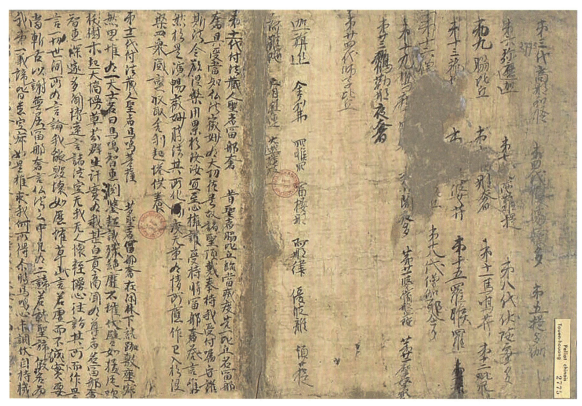

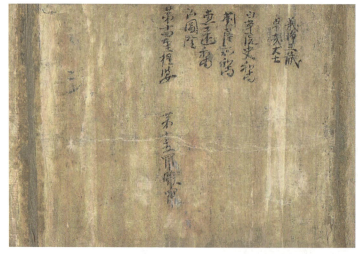

图 1　P.2775

（二）写本原生态所呈现的文献意涵

P.2775 写卷自王重民《伯希和劫经录》著录以来，研究者均将之视为《付法藏因缘传》的抄本或略抄。按：《付法藏因缘传》省称《付法藏传》，是北魏吉迦夜共昙曜所译，或称《付法藏因缘经》《付法藏传》《付法藏经》《付法传》。此经历代论录记载不一。梁代僧祐《出三藏记集》著录云："《付法藏因缘经》六卷（阙）。"①隋代费长房《历代三宝记》著录有《付法藏传》四卷、《付法藏因缘传》六卷。②唐代道宣《大唐内典录》、智升《开元释教录》著录承袭《历代三宝记》。

此传记叙内容从佛灭度时以最胜法咐嘱大迦叶起，至师子止，共计印度传法世系二十三人，依次为大迦叶、阿难、商那和修、忧波毱多、提多迦、弥遮迦、佛陀难提、佛陀蜜多、胁比丘、富那奢、马鸣、比罗、龙树、迦那提婆、罗睺罗、僧伽难提、僧伽耶舍、鸠摩罗驮、阇夜多、婆修盘陀、摩奴罗、鹤勒那、师子等二十三位印度祖师付法相传之事迹与传法世系。其最后一祖师子尊者，为罽宾国王弥罗掘杀害，付法遂至此断绝。

此书传入中土后，其列举历代祖师付嘱心法的传承逐渐成为隋唐期间禅宗、净土宗等宗派祖师法统世系发展的基础。③然本传内容与《阿育王传》多有类似，显然非由梵文翻译而来，似或依口传，或参照该书而作。古来天台宗、禅宗均重视本传，以此为付法相承的规准。隋唐五代，此传各类抄本广为流传。天台大师隋代智𫖮（538—597）《摩诃止观》所述西天二十四祖即根据本书（加上旁系之摩田提），北宋法眼宗道原的《景德传灯录》亦采用本书二十三祖之传承，另加婆须蜜、婆舍斯多、不如密多、般若多罗、菩提达磨五人，成为禅门付法西天二十八祖。

今敦煌文献中保存的《付法藏因缘传》相关文献写本大约有 20 多件，研究者整理，将之分为二系，一为《付法藏因缘传》，计有 S.264、S.276V、S.366V、S.1730、S.4478、P.2124、P.2775、P.2775V、P.2776V、P.3355V、P.3727、P.4968 等 12 件；另一系为《付嘱法藏传略抄》，计有 S.1053、S.8758、S.9407、P.2680、P.2774、P.2791、P.3212、BD06329（咸 29V）、BD07262（帝 62）九件。P.2775 正背抄录被列入《付法藏因缘传》的抄本，然从写本原生态来详细观察，不难发现 P.2775 卷子实具有同一卷汇抄多种、内容多元、情况多样的特色，并非单纯的《付法藏因缘传》抄本或略抄。

---

① 《出三藏记集》卷 2《新集撰出经律论录第一》记："《付法藏因缘经》六卷（阙）。……宋明帝时，西域三藏吉迦夜于北国，以伪延兴二年，共僧正释昙曜译出，刘孝标笔受。"（见苏晋仁、萧鍊子点校《出三藏记集》，中华书局，1995 年，第 62 页）

② 《历代三宝记》卷 9："《付法藏传》四卷（见《菩提留支录》）。和平三年昭玄统沙门释昙曜译。"同卷又云："《付法藏因缘传》六卷（或四卷，因缘广，昙曜自出者）西域沙门吉迦夜延兴二年（472）为沙门统释昙曜于北台译，刘孝标笔受（见道慧《宋齐录》）。"同书卷 10 又云："《付法藏经》六卷（见《李廓录》），凉州沙门宝云译。"

③ 参田中良昭《〈付法藏因缘传〉与〈付嘱法藏传略抄〉》，《敦煌禅宗文献の研究》，大东出版社，1983 年，第 61—105 页；马格侠《敦煌〈付法藏传〉与禅宗祖师信仰》，《敦煌学辑刊》2007 年第 3 期，第 119—126 页；王书庆、杨富学《也谈敦煌文献中的〈付法藏因缘传〉》，《敦煌学辑刊》2008 年第 3 期，第 94—106 页。

　　唐代寺院、石窟也多有据《付法藏因缘传》的世系为基底以绘制图画、塑像，用以说明祖师来历，并供礼拜瞻仰。而敦煌的佛教信仰并不专主一宗一派，即所谓的无宗无派，且具有其独特的地域性。今所得见的敦煌佛教文献虽各宗的典籍都有遗存，各时代的壁画也有各宗经典内容的表现，但只能说明当时各宗都在敦煌活动、流行，很难考察敦煌寺院分属哪一宗派。石窟壁画的内容庞杂，也是此一特性的投射。这些都共同展现出佛教经由西域东传而传布的影响并逐渐汉化乃至世俗化的发展，尤其是吐蕃、归义军时期的晚唐五代，更凸显了汉藏交融、地域化及民俗化的发展特色。这些特殊的宗教文化，则在敦煌石窟壁画与敦煌写本的原生态中多所呈现。

　　P.2775《付法藏因缘传》写卷的背面分别抄有"义净三藏／卓哉大士／白草院史和尚／刘萨诃和尚／惠远和尚／佛图澄"，其中"义净三藏／卓哉大士"是《义净三藏法师赞》及赞文首句，可能是未抄完，也可能是有意省略，仅供提示之用而已。而另一页最末三行更是连抄十二位高僧名号，名号之间仅空一格，其文字作："稠禅师解虎／龙树菩萨赞／寺门首立禅师颂／隋净影寺沙门惠远／灵州史和尚／佛图澄和尚／罗什法师／唐大庄严寺僧释智兴／大唐三藏法师／大唐义净法师／刘萨诃／宣律和尚"。此种现象当属石窟壁画绘制历代祖师传法图像及配置高僧赞参考的汇抄。这十二位高僧除了"龙树菩萨赞""唐大庄严寺僧释智兴"外，都是高僧因缘记、高僧赞文本中的传主、赞主。又"唐大庄严寺僧释智兴"还与《佛图澄和尚因记》在S.381、S.1625写本中一并出现，意义值得推敲。

四、敦煌高僧赞写本功能与壁画的互释

　　这些抄本除呈现与高僧因缘记、高僧传写本相应的特点之外，也与石窟壁画榜题文字稿相契合，可逐一将其与壁画图像考察，以此来说明敦煌佛教无宗无派的地域特性，以及高僧因缘记、高僧传图像作为绘制文本依据的性质，并且展现其配图解说的文学功能。2007年，马格侠《敦煌〈付法藏传〉与禅宗祖师信仰》，①在梳理敦煌写本《付法藏因缘传》系统后，讨论其与中原地区流传内容的异同，提到P.3727在佛教付法世系外，有祖师图的榜题，这与记载洞窟绘画内容的特征有关。其特别注意写本中有"泗州僧伽和尚无念因缘""门首立禅师赞""无著菩萨（并弟子）""世积菩萨（并弟子）""罗什法师（所并弟子）""佛图澄""刘萨诃""慧远和尚"等洞窟绘画内容的记载，敦煌的祖师信仰中，不但将佛的十大弟子作为祖师来崇拜，敦煌流传的高僧罗什、佛图澄、刘萨诃、史和尚、慧远等也被作为祖师来信仰。

　　从写本叙录可见将《付法藏因缘传》法系与图像紧密关联的是与榜题的合抄。唐五代僧人写真盛行，寺院中出现有世代僧人享用同一影堂的风尚。唐代羊士谔（约762—819）《山寺题壁》诗便

---

① 马格侠《敦煌〈付法藏传〉与禅宗祖师信仰》，《敦煌学辑刊》2007年第3期，第119—126页。

有"一灯心法在，三世影堂空"①的诗句。而禅宗六祖慧能坐化后有漆像肉身，弟子神会序禅宗宗脉，更将其余五祖绘作影像，安置于慧能的真堂，一起供奉。可见这些"传法高僧图"大抵用以说明祖师传承的由来并供瞻仰，其起源当溯源至《付法藏传》的流传。

我们从相关写本所见原生态的情形可以相互佐证，如由 12 张大小不一的纸张粘贴而成专辑的 P.3727 写本，每叶正背书写。《法藏敦煌藏文文献》拍摄图录及 IDP 数字扫描，均将每纸分开，处理正背凌乱次序。我统观其抄写内容，除《内亲从都头知常乐县令罗员定状》《广顺五年正月都知兵马使吕富延、阴义进等状》《乙卯年二月廿日通报吕都知、阴都知状》《沙门道会给瓜州吕都知、阴都知状（拟）》等文书外，主要为《付法藏传》与高僧因缘记、高僧赞汇抄。

其中《付法藏传》内容残存为《第一代付法藏大迦叶》到《第十二代付法藏人圣者比罗》及《第廿五代舍那婆斯圣者》等。"十梦"存"第一梦"至"第五梦"；"十大弟子"存《舍利弗智惠第一》至《阿难陁总持第一》。

敦煌写本中抄有《十大弟子赞》者，还有 P.3355、P.4968、S.5706、S.1042V、S.6006、BD14546、羽 025—1 等。其中 P.3355 写本与《佛图澄罗汉和尚赞》《弥天释道安赞》合抄。这与敦煌石窟壁画中十大弟子等图赞形式绘画及榜题多所相应，值得进一步考察。

此外，第八叶背面有硬笔书写"未画间子，第一代白象前　第二代三镬前　第三代一马两项智公和尚　解虎禅师赞　肩长和尚十三代掩耳帽　十四代　十五代前有一僧一俗新乐器　十六代有池内有火　十七代有僧项上放五色光　十八代有僧说法并有剃度　十九代有楼内有一手放光又有一僧花山磞身　廿代前有剃度出家"②4 行，说明敦煌石窟乃至唐代佛教寺院都有据《付法藏传》绘制历代付法圣者、高僧、祖师图像的风尚。

又同卷合抄还有图像绘制榜题文字，如"大迦叶不悟回时，释迦如来再现大身，相广为说法，受付嘱留传一代教法时""圣者提多迦从尊者付优波毱多时""圣者富那奢从尊者胁比丘受付嘱时""圣者胁比丘从尊者伏陁密多受付嘱时""圣者马鸣菩萨从尊者富那舍受一代教时""斛饭王生太子后，遣人往于圣者相太子时"，无著菩萨"以舌舐蛆时""却送刀时"，世亲菩萨"从无著菩萨受制千部论时"，有一弟子"诵无尽意经时""诵十地经时"，无著菩萨厌世"欣慕出家时""弥勒菩萨即为说法时""龙树菩萨从龙宫将《华严经》却还阎浮时""龙树菩萨受龙王请往龙宫时"等，盖为指示壁画图像榜题的套语。

----

① 羊士谔《山寺题壁》诗："物外真何事，幽廊步不穷。一灯心法在，三世影堂空。山果青苔上，寒蝉落叶中。归来还闭阁，棠树几秋风。"

② 杨明璋《敦煌文献中的高僧赞抄及其用途》以为："所列举的应该就是预计绘上的主题内容。其中有一项为'解虎禅师赞'，可以想象此一画作应是先绘上僧稠禅师解虎斗的画面，再添上释像幽的《稠禅师解虎赞》，而其前则准备画绘上智公和尚（应是志公和尚）。我们能较具体推知的绘画主题还有'第一代白象前第二代三镬前第三代一马两项'，其与前文曾引述过的 BD14546 卷背之诸壁画榜题中的十梦壁画榜题——'一梦见白象闭在一室''弟五梦见一匹马两头吃草者''弟七梦见燃三镬汤'正好得以相应，可见 P.3727 第一至三代表明的应该就是十梦的前三梦之画作安排。"（《敦煌写本研究年报》第 12 号，2018 年，第 27—44 页）

如此复杂的汇抄情形却能说明这是以《付法藏传》为主体，抄录其中有关佛陀十大弟子赞或名目，以及菩萨本生缘及历代圣者传等，并结合中国高僧形成本土佛教的传法世系，以作为绘制石窟壁画的提示稿，其中有些是石窟壁画绘制后榜题文字的抄录稿。这恰好说明了绘制中国高僧图像的榜题文字稿，便是由高僧因缘记、高僧赞而来，其汇抄的情形也就不难理解。

寺院与石窟是因佛教僧徒日常修行、说法及进行各种宗教仪式活动等的需求而产生的建筑。因此，石窟除了安置佛像、绘制经变画外，也绘制诸佛、菩萨、十大弟子、历代高僧的画像，以供法会礼拜之需，兼作庄严道场之用。上举P.2680、P.3355、P.3727均抄有壁画榜题文字稿，且与《付法藏传》十大弟子、菩萨本生缘、历代圣者、高僧赞、高僧因缘记等合抄，这种现象说明了写卷文本与高僧壁画、图像间的密切关系。这些僧传文学除了作为独立阅读的纸本外，也可依据斋会法事活动的实际需求加以灵活运用，或讽诵，或宣说，也用来作为石窟壁画绘制诸佛、菩萨、历代高僧画像的榜题解说文字之用，可在法堂、经院绘制高僧图像时配合解说，既可庄严道场，又可供僧众礼拜时之提示。如P.3355写本中抄写的六则榜题子目旁分别标有"把经""把杖""念珠""香炉""把意仗""啮枝"等画像人物的标志特征。这是与《佛图澄罗汉和尚赞》《弥天释道安赞》的合抄，显示其与敦煌石窟壁画中十大弟子等图赞形式绘画及榜题的相应。

十大弟子是佛陀释迦牟尼弟子中特别卓越的十人，又称释迦十圣、十弟子。十人各执一法门，皆具众德而各有偏长，故称第一，如《舍利弗智惠第一》《大目乾连神通第一》《摩诃迦叶头陀第一》《须菩提解空第一》《富楼那说法第一》《摩诃迦旃延论议第一》《阿那律天眼第一》《优波离持律第一》《罗睺罗密行第一》《阿难陀总持第一》。

此外，性质相同的写本还有P.2971"壁画榜题底稿"。此写卷中有些圣者或高僧名字旁加有画像特征的标示，是壁画绘制圣者、高僧图像的有力明证。这些写本榜题文字稿与《高僧赞》《高僧因缘记》乃至《高僧传略》合抄，说明了高僧壁画、图像与高僧赞的密切关系，既可独立阅读，又能依据法会活动的实际需求结合使用。

以下试将P.2775榜题名目与P.2680、P.3727、P.2971榜题文字稿进行相关对照，表列以明其间的关系：

P.2775 榜题名目	P.2680 榜题文字稿	P.3727 榜题文字稿	P.2971 壁画榜题底稿
稠禅师解虎		解虎禅师赞	
龙树菩萨赞			
寺门首立禅师颂	《寺门首立禅师赞》	《寺门首立禅师赞》	
净影寺沙门惠远	《隋净影寺沙门惠远和尚因缘记》	《隋净影寺沙门惠远和尚因缘记》	第二十三惠远和尚

续表

P.2775 榜题名目	P.2680 榜题文字稿	P.3727 榜题文字稿	P.2971 壁画榜题底稿
灵州史和尚	《灵州龙兴寺白草院和尚俗姓史法号增忍以节度使李公度尚书立难刺血书经义》	《灵州龙兴寺白草院和尚俗姓史法号增忍以节度使李公度尚书立难刺血书经义》	
佛图澄和尚	《佛图澄和尚因缘记》		第二十一佛图澄
罗什法师	《罗什法师赞》		第二十罗什法师
唐大庄严寺僧释智兴			
大唐三藏法师	《大唐三藏赞》		
大唐义净法师	《大唐义净三藏赞》	《大唐义净三藏赞》	
刘萨诃	《刘萨诃和尚因缘记》	《刘萨诃和尚因缘记》	第二十二刘萨诃
宣律和尚			

五、P.2775 中今存敦煌写本未见的标目试释及其他

至于P.2775标目的《龙树菩萨赞》，今存由于写本大多残缺不全，也许就无缘得见。今汉译佛典中有两篇署名姚秦三藏鸠摩罗什译《龙树菩萨传》，敦煌写本P.2775正面《付法藏因缘传》抄有"第十三代付法藏人圣者龙树菩萨传"字样。又有P.3727第十叶，单面书写，在接续第九叶背面抄写的《隋净影寺沙门惠远和尚因缘记》之后，有"龙树菩萨从龙宫将《华严经》却还阎浮时""龙树菩萨受龙王请往龙宫时""龙树共三人隐身入王宫，三人被伤，龙树随王不离三步，为刀不向王，免得此难，从兹厌欲出家"等5行文字，其形式类同壁画榜题指示情节之套语，当是龙树菩萨壁画榜题的遗存。虽未见，但当时应有《龙树菩萨赞》的存在，以配合壁画解说。

另P.2680、P.3727虽未见有"唐大庄严寺僧释智兴""宣律和尚"，但S.381正面有《唐京师大庄严寺释智兴鸣钟感应记（拟）》与《鸠摩罗什别传（拟）》的合抄，S.1625卷背有《佛图澄和尚因缘》与《唐京师大庄严寺僧释智兴》的合抄，字迹一致，是出自一人之手，P.3570背面有《南山宣律和尚赞》，且与《隋净影寺沙门慧远和尚因缘记》《刘萨诃和尚因缘记》《灵州龙兴寺白草院和尚俗姓史法号增忍以节度使李公度尚书立难刺血书经义》（《灵州龙兴寺白草院史和尚因缘记》）合抄。由此可以推知，这些写本应当是"唐大庄严寺僧释智兴""宣律和尚"壁画绘制的文本依据与壁画榜题之文字参考。

又P.2680《隋净影寺沙门惠远和尚因缘记》与《行威仪》之间有四行不起眼的文字（图2），盖为与净影寺惠远和尚画像有关的榜题文字稿。

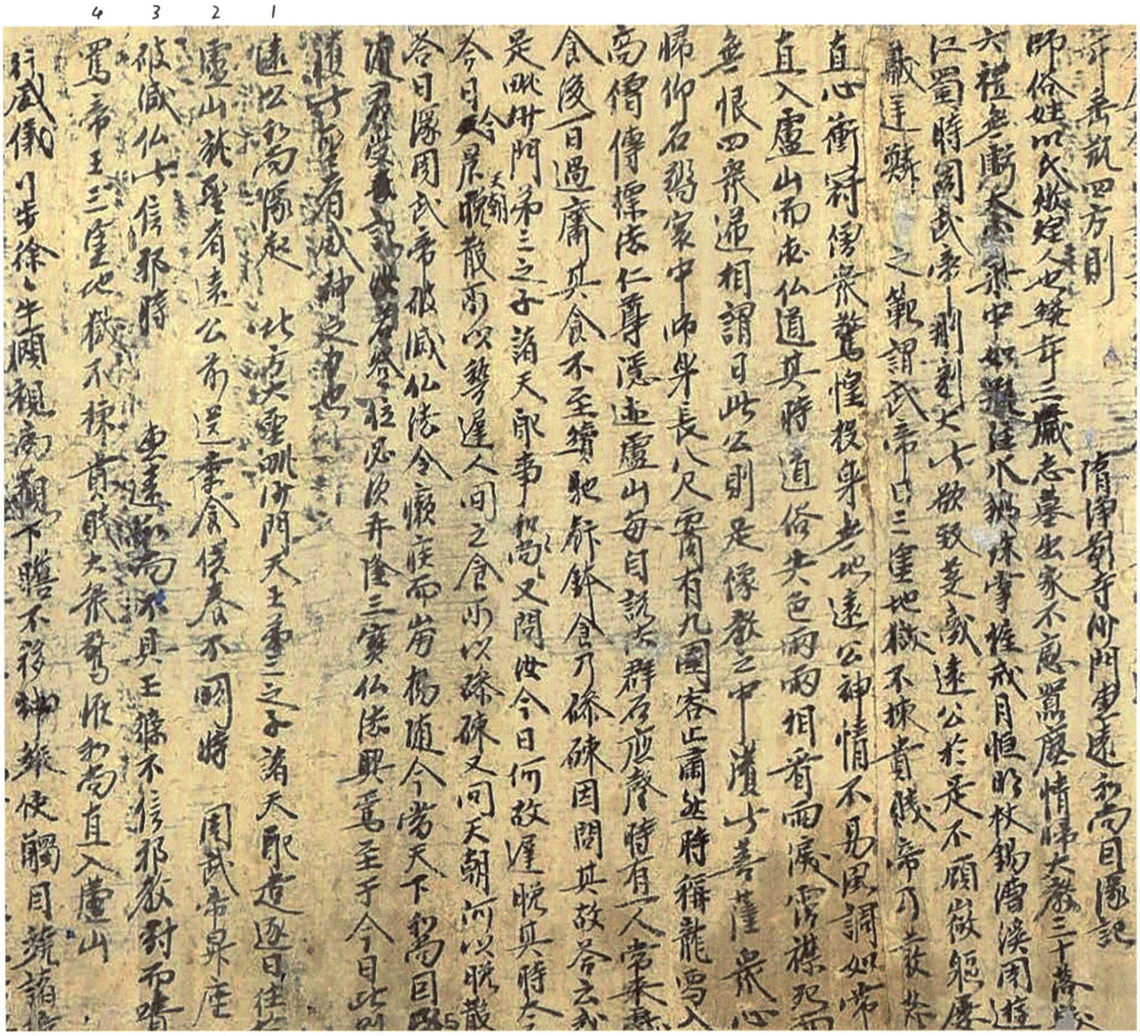

图 2　P.2680

其文字移录如下：

1　远公和尚缘起　北方大圣毗沙门天王第三之子诸天配遣逐日往于

2　庐山龙圣者远公前送斋食供养不阙时　周武帝升座

3　破减佛法信邪时　惠远和尚不具王条不信邪教对而喷

4　骂帝王三涂地狱不拣贵贱大众惊怪和尚直入庐山

详审其内容，正是《隋净影寺沙门惠远和尚因缘记》的重要情节。"北方大圣毗沙门天王第三之子，诸天配遣逐日往于庐山龙圣者远公前送斋食，供养不阙时""周武帝升座破减佛法信邪时""惠远和尚不具王条，不信邪教，对而喷骂帝王三涂地狱，不拣贵贱，大众惊惋，和尚直入庐山"，从这三则榜题，可以得知壁画当有此三个画面。"……供养不阙时""……破减佛法信邪时"，从现存壁画榜题常见有对应画面情节的套语"尔时……""时……""……时"，据此推知P.2680这四行显然是"隋净影寺沙门惠远和尚因缘变"的榜题文字稿，也清楚地显示高僧因缘记具画像赞性质与功能。

此外，性质相同的写本还有P.2971"壁画榜题底稿"（图3）。写本中圣者或高僧名字旁，有标示画像特征的文字，是壁画绘制圣者、高僧图像的有力明证。

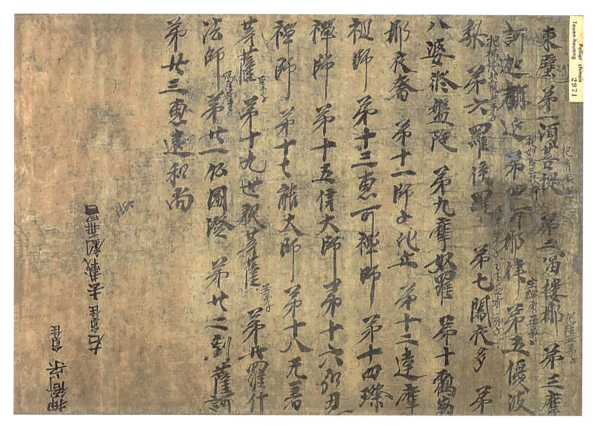

图3 P.2971

其文如下：

东壁第一须菩提（把香铃无弟子）、第二富楼那（把经无弟子）、第三摩诃迦旃延（把如意杖有弟子）、第四阿那律（坐绳床无弟子）、第五优波梨（把杨枝水瓶无弟子）、第六罗侯罗、第七阐夜多、第八婆修盘陁、第九摩奴罗、第十鹤勒那夜奢、第十一师子比丘、第十二达摩祖师、第十三惠可禅师、第十四璨禅师、第十五信大师、第十六弘忍禅师、第十七能大师、第十八无著菩萨（无弟子）、第十九世亲菩萨（无弟子）、第二十罗什法师（写经无弟子）、第二十一佛图澄、第二十二刘萨诃、第二十三惠远和尚。

其中"第十八无著菩萨、第十九世亲菩萨、第二十罗什法师、第二十一佛图澄、第二十二刘萨诃、第二十三惠远和尚"与P.3727《付法藏传》合抄的情形相吻合，可见除二十五代付法藏人圣者外，还将十大弟子、罗什法师、佛图澄、刘萨诃、史和尚、惠远、元念等敦煌当地普遍信仰的高僧纳入系谱。①这一情形也具体地展现了敦煌地区无宗无派的民间佛教信仰与地域特色。今莫高窟第72窟（五代）龛外南侧上画"圣者泗州和尚"②、龛外北侧上画圣者"刘萨诃像"，有明确榜题："圣者刘萨诃和尚"，另南壁上画垂幔中有"刘萨诃因缘变相一铺"，③可为明证。

净影寺慧远成为敦煌地区佛教信众高僧崇拜的对象，因而除有《隋净影寺沙门惠远和尚因缘记》的流传之外，还有壁画图像的绘制，再证以P.2971"壁画榜题底稿"中有"第二十罗什法师（写经无弟子）、第二十一佛图澄、第二十二刘萨诃、第二十三惠远和尚"。与P.3727《付法藏传》合抄的情形相吻合，且P.2775《付法藏因缘传》同卷合抄高僧名目也有惠远和尚、隋净影寺沙门惠远，其他也均是高僧因缘记、高僧赞的传主，这说明隋净影寺沙门惠远与罗什法师、佛图澄、刘萨诃、史和尚增忍、僧伽和尚元念等都是敦煌地区崇拜的高僧，充分展现敦煌民间佛教的地域特色。

再者S.3074《高僧传略》（拟）残存有康僧会、鸠摩罗什、竺道生、法显、佛图澄等部分，内容大抵节录萧梁慧皎《高僧传》以成篇，其中竺道生部分前题有《宋扬都龙光寺法师竺道生图赞》，鸠摩罗什部分前题有《罗什法师译经院》，据此推测该节录高僧传文字作为配合高僧画像图像解说的赞文。唐代张彦远《历代名画记·记两京外州寺观画壁》载："西明寺……东廊东面第一间传法者图赞，褚遂良书。"由此可见这些高僧赞当是配合高僧图像的说明，极可能是在寺院道场悬挂诸佛、菩萨、历代高僧及祖师画像以供法会礼拜，由法师一一礼拜赞颂。因此可题写在画面上或书写于画像下与图像结为一体，也可抄录以备法师歌咏赞颂之用。

六、小结

佛传文学在中国，随着寺院道场造像的普及，因佛陀图像而产生的佛像铭、赞的撰作涌现，酝酿了文士佛传文学的创作。以佛、菩萨为主的像赞自然推动高僧大德、文人居士撰写核心主题。当中土信众出家者渐多之后，更出现高僧作为佛教典范人物，除了高僧传的记述外，高僧神异事迹也往往被用来作为道场、法会讲唱的题材；寺院石窟也出现图写高僧形象用以庄严道场，或作为佛教历代传法祖师礼拜图像题写的图赞。

佛教寺院道场的庄严与法事活动的需求，在敦煌写本文献抄写的情况中，可以获得印证，敦煌石窟壁画的遗存，也反映了敦煌地区佛教僧传文学发展与实际运用的实况，更是后世佛教传播新颖而有效的见证。

---

① 除了P.2680外，S.276V、P.4968、ДX.03719等写本，也呈现了这种抄写现象。

② 详参郑阿财《敦煌文献图像整合视阈下的泗州僧伽和尚信仰》，《夏荆山艺术论衡》第10期，2020年，第9—45页。

③ 敦煌研究院编《敦煌石窟内容总录》，文物出版社，1996年，第30页；又详参郑阿财《文献、文学与图像：敦煌写本〈刘萨诃和尚因缘记〉文本互文研究》，"中国俗文化国际学术研讨会暨项楚先生八十寿辰庆祝会"论文，四川大学中国俗文化研究所，2019年。

敦煌写本保存下的"高僧因缘记""高僧赞"等系列抄本，是了解僧传文学发展演变具体的实物材料。虽题名不同，文体有别，然其作为高僧图像解说、绘画榜题，或法会讽诵宣讲的功能无二，实质具有纪传功能之取向，且多汇抄在同一写本，形成同构型之文本群。从写本原生态来观察，抄写内容层次多元，性质、功能多样，有单篇、散录，既不成集又无编纂辑录，主要流布在寺院、道场、斋会之间，由传抄写本构成。其中有寺院壁画绘制的底稿，有壁画人物图像简目，有壁画图像的榜题文字草稿；也有根据寺院壁画图像实际榜题的抄录文字；也有僧人法会宣讲讽诵的高僧赞、高僧因缘记。其中一些题写于壁画上，作为提示、解说高僧图像的榜题文字，呈现与实际应用场合相应的文本特色。

这些在高僧图像与高僧传赞文学的结合与分用，从各写本汇抄所呈现的原生态的比对、考察与析论，可见这些写本是唐五代敦煌地区佛教僧徒实际使用的佛教文书，是佛教寺院庄严道场及法会活动中赞颂高僧所用；是法仪活动盛行下，以高僧为赞颂对象独特的文学表现，是赞体文学开创的崭新局面。

从写本原生态看，这些高僧传赞文献的写本形态有卷轴、册子、单张散叶，属性亦不尽相同，其中写卷众多的《付法藏因缘传》，并非全为《付法藏因缘传》的文本传抄，如P.2775、P.3727等是《付法藏因缘传》的局部抄录，乃作为高僧图像绘制布置安排文本依据的参考。这些文本属性因不同用途自有区别，在整理研究敦煌写本《付法藏因缘传》时宜加区别。

由于过去受到正统文学观念的影响，文学文献研究者对于这些写本往往从文体学出发，通过文体分类来论述。石窟壁画研究者，着眼于单一壁画与榜题的关系，或仅留意写本中所谓的壁画榜题底稿的关系而已，至于壁画榜题抄录本之间的关系，以及榜题拟订的文本依据、壁画绘制画面情节的文本依据，特别是经变画以外，十大弟子、佛教史迹画、高僧像等，与敦煌写本高僧因缘记、高僧赞的关系，因有了高僧传赞写本与石窟壁画高僧图像等原生态的结合考察与互释互证，得以更为清晰。

原刊于《敦煌学》第 37 期，2021 年，第 155—173 页。

附记：去年六月中接到马德兄告知施老师九十寿庆的讯息，要我联络几位朋友撰稿。我随即一一联络并着手撰写此稿。由于视力不佳，漏接所附祝寿活动计划DOC档，不知有纪念文章与学术论文之分，且截稿日期不同。8月20日见纪念文集印行，深自懊恼错过截稿期限。适值《敦煌学》新一期催稿，心想还是该把我的心意表达出来，乃将此稿交付刊载。10月中接获冯培红电邮通知2022年拟为施先生正式出版包括纪念文章与学术论文的庆寿文集邀稿。我说明了稿子在《敦煌学》发刊的原委，并深表歉意；且以目前杂务缠身的情况，实无法及时另撰新稿，然对施先生的崇敬与祝嘏之忱不减。马德兄收到《敦煌学》37期后，认为拙文前言及内容应适合收入论文集，可不必重写，经编辑执事同意，编排时加"按语"说明即可。虽明知大家都是新稿，唯独我为已刊稿，实感羞赧，斟酌再三；然以盛情邀请，却之不恭，特加说明，我与凤玉藉此再度遥祝施先生福寿安康！

2022 年 7 月 28 日于台湾嘉义民雄

敦煌研究院藏敦煌文献碎片整理刊布记

王海云　梁旭澍/敦煌研究院敦煌石窟文物保护研究陈列中心

1999 年甘肃人民出版社出版《甘肃藏敦煌文献》六册，其中第一、二册收录《敦煌研究院藏敦煌文献》，刊发至 383 号，另有部分文献残片未整理编目。这部分残片，数量颇多，品相不佳，大小不一，即既有从原旧藏长卷中脱落之残段，亦有一些多件夹粘于自制册页中，未分类整理，无编号无名称。数十年间，我们一直心心念念想将这部分残片整理出来，希望编著一个完整的院藏文献目录，使世人能全面了解敦煌研究院藏文献的现状。第一次全国可移动文物普查开始，我们对碎片拍照归档，具备了进行目录编撰的条件。在编撰过程中先后得到了施萍婷、王惠民、彭金章、马德、郜惠莉等先生悉心指导，并给予充分的肯定。在近十年间我们不仅对旧藏的碎片进行了整理分类、考证定名，还将之后捐赠、征集及窟前遗址发掘的文献一并收入其中。到 2021 年，终于完成了《敦煌研究院藏敦煌文献叙录（续）》编撰，共收录汉文文献 462 号 896 件，其中写本 260 号 547 件，刻本 202 号 349 件。此书是承续施萍婷、郜惠莉两位先生发表的《敦煌研究院藏敦煌文献叙录》的编号和格式体例，首次刊布，已于 2021 年 9 月由人民邮电出版社出版。

借施萍婷先生九十寿诞之际，我们将院藏碎片的来源、原收藏者、内容价值、整理过程做简单介绍，向敦煌文献目录编撰的前辈、院藏敦煌文献的前保管者、编目者、研究者施先生致敬！

为叙述方便，在下文，我们将《敦煌研究院藏文献叙录》简称为《叙录》，《敦煌研究院藏敦煌文献叙录（续）》简称为《续录》。

一、敦煌文献来源

土地庙遗书：1944 年 8 月 30 日土地庙出土北朝写经。[①]绝大多数可定名者在《叙录》中已发表。《续录》著录 28 片。这可能就是宿白先生《国立敦煌艺术研究所发现六朝残经》一文中所附《民国三十三年八月三十日国立艺术研究所在本所（即中寺）后园土地庙残塑像中发现藏经初步检点报告》，编号 68 号"残片一包廿八片"。

任子宜旧藏：有 38 号 164 件。多钤"任子宜""任禄子宜"收藏印。《唐宋木刻版画残篇》一本，粘贴刻本残片。封题"敦煌任子宜珍藏"。任子宜先生并根据纸字、线条等对残片进行初步断代，标注尺寸形制、出土地信息。

周炳南旧藏：线装三册，共编 89 号 238 件（此《续录》中著录 73 号 230 件）。

辛普德旧藏：有《历代写经残片集锦》一册。有 10 件汉文写经残片、9 件藏文残页、2 件西夏文残片、一件残佛画。《续录》著录 14 件汉文残片。

北京书店购买：1951 年购得。《续录》著录 11 件。

许承尧旧藏：1 件，有"歙许苑父游陇所得"收藏印。2009 年 5 月 24 日新加坡袁犍女士捐。

李福旧藏：1 件。敦煌李福捐赠。

洪䇳塑像出土：1965 年在敦煌莫高窟第 17 窟洪䇳塑像中出。《续录》著录 2 件。

莫高窟前发掘所得：1965 年莫高窟第 122 窟前出土。《续录》著录 2 件。

未注明来源者：有 200 余件。我们整理研究，认为其中部分残片，有可能是常书鸿先生《九十春秋——敦煌五十年》一书中所描述，1953 年莫高窟第 53 窟北壁新发现第 469 窟墙壁板架上留有的唐人写经碎片及 1954 年征集到敦煌城墙中发现的一麻袋写经残片。在施萍婷先生《敦煌研究院藏土地庙写本源自藏经洞》一文中、万庚育先生的回忆录《皈依敦煌》一书中都曾提到"一麻袋写经残片"。

二、敦煌文献收藏者

任子宜，名禄，字子宜，1901 年生于敦煌。少年时就读于敦煌县立高等小学堂，后毕业于甘肃省立第九师范学校。1949 年前曾任敦煌县教育局局长、民众教育馆馆长、县政府教育科科长等职。1952 年登记为民主人士，后当选敦煌县人民代表会议代表、甘肃省政协委员。1956 年 12 月任敦煌县人民委员会文教卫生科副科长，1972 年逝世。

[①]土地庙：1944 年 8 月 30 日，国立敦煌艺术研究所因建职工宿舍，在中寺后园土地庙残塑像内，发现了六朝残经六十七卷，残片一包。

20 世纪 40 年代初，被誉为敦煌"三大才子"之一的任子宜先生常与来敦煌考察的书画家往来，并为早期敦煌研究者向达等人的西北考察活动予以便利。1941 年 10 月 5 日，于右任先生至莫高窟参观，于其《敦煌纪事诗八首·诗序》中言："是日在窟前张大千寓中作中秋，"[①]后记同到者中即有任子宜之名。1943 年中秋节前，时任教育科长的任先生陪同关山月、赵望云、张振铎三人参观游览莫高窟，后在其家中开怀畅叙，谈笑风生。其后，关先生挥毫泼墨作画一幅赠予任子宜并题款"子宜先生雅嘱"，此画后捐于敦煌文化馆收藏。1943 年 2 月，当时在敦煌考察的向达先生常至任子宜家中抄录其所藏敦煌文献，并调查散落的敦煌文献概况，为后来学者研究提供了帮助。

任子宜先生重视对地方县志的保护与传承。1929 年时任敦煌县教育局局长的任先生编写《敦煌县乡土志》四卷，是为民国时期教育部要求所编乡土史地教科书。[②]该志书中含疆域总图、城关总图及敦煌山川地貌、风土人情、古迹物产等内容，为其后的敦煌县志编写提供参考。1941 年，任子宜连同窦景桂等人商议，认为旧有的光绪十年县志"已逾百年，原志简略，又阙文，非续不足补遗文，非重修尤不足成完璧"。[③]随后经时任县长章朗轩同意，设立县志局并在吕钟《敦煌外史》基础上成书《重修敦煌县志》。任子宜于书中题词："敦煌掌故费搜求，满目琳琅美并收。慢道著书同嚼蜡，名山事业自千秋。"[④]1960 年任先生又撰有《新敦煌县志》。这些工作足以见得其对敦煌历史研究的重视，所撰写的诸多县志资料得以使今人察古知今、察远照迩。

任子宜先生对敦煌文献收藏颇多，且珍爱有加，其将写经残篇、木刻版画等汇集成册，并逐个编号记录。藏有《敦煌碎金》一本，为藏经洞中扫筛拣出的碎片，任先生将其一一贴在宣纸本上。另有《唐宋木刻版画残篇》一本，并书"敦煌任子宜珍藏"七字于封皮之上，根据纸质、线条对残片进行断代，说明尺寸形制、出土地等信息（图1、图2）。所藏文献涉及种类繁多且不乏精品，1943 年向达访问敦煌时于任处得见卷子二十余件，包括元代的路引及其他杂卷，并于 2 月 10 日至曾昭燏函中言"任子宜所藏《坛经》一册，共收五种，……皆禅宗重要资料"。[⑤]而后于 2 月 28 日信函中另记有任先生收藏的《论衡》残篇、《一切经音义》残片等信息。除敦煌文献外，任先生所藏另有陶器等文物，1942 年 12 月 4 日，向达在其考古通信中记有"洽敦煌县府任子宜捐南湖古董滩所出陶器一具"。[⑥]任先生所藏文物一部分因历史原因遭致损毁，保存下来的部分归于敦煌研究院、敦煌市博物馆收藏。

①于右任《敦煌纪事诗八首》，《右任诗文集》，台北：正中书局，1962 年，第 13 页；转引自车守同《国立敦煌艺术研究所的时代背景与史事日记》，华东师范大学博士学位论文，2003 年，第 158 页。

②吴浩军《酒泉古旧方志存佚及研究整理考述》，《河西学院学报》2007 年第 3 期，第 73 页。

③李淑萍《整理出版〈敦煌县志〉记》，《档案》1994 年第 4 期，第 34 页。

④吕钟修纂，敦煌市人民政府文献领导小组整理《重修敦煌县志》，甘肃人民出版社，2002 年，第 70 页。

⑤车守同《国立敦煌艺术研究所的时代背景与史事日记》，第 436 页。

⑥吕钟修纂，敦煌市人民政府文献领导小组整理《重修敦煌县志》，第 23 页。

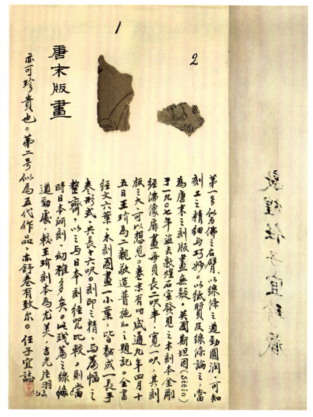

图 1　任子宜旧藏《唐宋木刻版画残篇》书影　图 2　任子宜旧藏《唐宋木刻版画残篇》书影

民国时期，任子宜先生于敦煌教育事业中颇具影响，1921—1926 年，其任职于周炳南先生创办的周氏小学中，以新思想、新方法教书育人，成绩斐然。同时，任先生常将其家国情怀倾注于文学作品之中，1943 年为表明自己抗日决心，于敦煌明耻楼中撰写的长联中写道："（日本）违犯九国公约，扰乱世界和平，愿同胞精诚团结齐抗战。" 1945 年抗日战争胜利后，祖国光复，百废待兴，他慷慨陈词，写下"渥洼天马，佛窟壁画，石室写经，流沙坠简，辉煌文物震全球"。这样的豪迈联句，可见其对家乡的关切与自豪。任先生平生博览全书，知古通今，倾心教育，重视史志，忧国忧民，其对敦煌文献的收集与著录为当今学者保存了珍贵的研究资料。

周炳南，字静山，1865 年生于甘肃临洮县八里铺周阳洼村，光绪末年秀才，后毕业于保定陆军速成学堂骑科。1913 年随安肃道尹周务学驻军酒泉，1919 年以肃州巡防第三营营长职率部驻扎敦煌，其后升至旅长兼肃州镇守使。1927 年响应北伐，任国民革命军第二集团军第七混成旅旅长，军衔至陆军中将。晚年解甲归田，1937 年逝于原籍。

周炳南先生驻守敦煌之时，克尽厥职，视民如伤，更将保护文物视为己任，其间多次守护莫高窟文物免遭破坏。1920 年 9 月，一支沙俄残余势力流窜至中国新疆境内，杨增新恐其寻衅滋事，在电请北洋政府同意后，将原沙俄七河省军区中将司令阿连科夫及所部 469 人迁往甘肃。1921 年 6 月，甘肃省督军陆洪涛将这支残军安置在敦煌莫高窟内，并令周炳南率兵驻扎于此进行监视。沙俄残军居留莫高窟期间，于洞窟中生火做饭，熏黑壁画，破坏彩塑，涂抹刻画，对窟中文物造成不可挽回的损害。《重修敦煌县志》载："惟千佛洞古壁画、佛像不无损坏，至匾对、器具被白俄薪者更无论矣。"①周见此状，痛心不已，会同县政府呈报甘肃省政府，建议将此残军迅速迁出。至次年9月，陆洪涛下令将此支残部解往兰州皋兰县阿干镇养寨村，遂终止了沙俄士兵对莫高窟文物的破坏，于此之中周先生的贡献不言自明。

以美国人兰登·华尔纳为首的福格艺术博物馆中国考察队，于1923—1924年用化学胶水攫取了莫高窟壁画中若干精美片段。次年，华尔纳再次来到中国，企图再次剥离莫高窟中一西魏石窟（现编号第285窟）内的壁画。后因国内多方阻拦，此次阴谋最终破产，其中周先生作为敦煌驻军代表，于安西等地参与接待、谈判，极大地阻止了美国人的"考察活动"，使得壁画免受损坏。据陈万里《西行日记》载，1925年5月18日周炳南先生在疙瘩井与考察队会晤："九时统领（周炳南）来，与翟荫君谈约一小时始去，翟荫君拟到敦煌后偕近仁回肃州止华尔纳君西来，以华尔纳君前岁剥离千佛洞壁画后，人民颇有反感，此来恐多周折也。"②5月19日，周先生于敦煌县署会议中再次发言表明态度，务必阻止考察队对敦煌文物的破坏。

周炳南先生作为"最早保护敦煌文物的官员"，③于敦煌任职期间，对莫高窟及敦煌汉简、卷子等文物进行科学的调查与收藏。《西行日记》后附有周先生等人于1922年所作《官厅调查表》，此表录有莫高窟、榆林窟、东千佛洞三地石窟编号，并含各窟洞高、洞宽、洞长及塑佛数量等信息，一一记录，颇为详尽。其中自北向南、逐次编序共编莫高窟353号，后人谓之"官厅编号"或"周炳南编号"。周先生为文献所载的国内首位对莫高窟进行编号之人，足见其对敦煌文物的重视。

1920年春，其在玉门关（小方盘城）附近带兵巡防时发现17枚汉代残简及敦煌长史土章一枚，且一简之上写有"元嘉二年九月廿日丁酉"字样，为汉桓帝时所出。周视此物吉光片羽、字字珠玑，并言"天气干旱，沙土中恐不易存留"。④故将其镶于木板之中，妥善保存。另有《敦煌石室遗墨》《敦煌石室遗墨一百二十五种续编》二本（图3），是为周先生收藏敦煌残卷集合，其亲笔题识，文曰："南生千年后，得此墨迹于敦煌石窟寺故纸中，朝夕展玩，虽片纸只字，不啻拱璧，实快平生之心目也。"⑤他对当时所见敦煌文献的收集与保护工作，于今而言仍意义深远。

---

①吕钟修纂，敦煌市人民政府文献领导小组整理《重修敦煌县志》，第651页。

②陈万里《西行日记》，朴社出版，1926年，第88页。

③师侃《最早保护敦煌文物的官员》，甘肃省文史研究馆编《陇史缀遗》，上海书店，1993年，第27页。

④周炳南所藏敦煌汉简木板题注，现藏敦煌研究院，编号：Z0058。

⑤周炳南《敦煌石室遗墨》《敦煌石室遗墨一百二十五种续编》，现藏敦煌研究院，编号：敦研483—1至敦研555—2。

周炳南先生为官之时受民爱戴，地方宁谧，关心教育。1920 年，自己出资设立敦煌第一所现代小学——周氏私立初级小学，推进敦煌地区启蒙教育的普及。炳南先生虽为武将，戎马一生，但其温柔敦厚，颇具才识，著有《静山文稿》四卷、《鸣沙诗钞》三卷、《安肃公牍》八卷，陈万里言其室内图书盈架，与之交谈宛然儒者。时任安西知县陈宣谓其"有轻裘

图 3 《敦煌石室遗墨》《敦煌石室遗书一百二十五种续编》书影

缓带风"。笔者所纂《续录》之中，有 74 号 231 件文献为周先生旧藏。

辛普德，1912 年生于甘肃临洮，高中时就读于甘肃私立青云中学，后毕业于正则会计学校。曾任武威政府会计助理员、陆军骑兵第五军军需处会计科上尉科员。1943 年至兰州参加甘肃省教育厅临时会计训练班，同年 3 月 27 日抵敦煌，始任国立敦煌艺术研究所会计，其后历任干事、事务员、代理会计主任等职。1958 年回乡务农，1979 年平反后享受退休干部待遇，1980 年病逝于原籍。①国立敦煌艺术研究所成立之初，时局动荡，民不聊生，敦煌交通闭塞，物质匮乏，鲜有人往。1943 年初，常书鸿先生在训练班中招募会计之时，唯辛普德一人自愿前去。常先生在其回忆录《九十春秋》中写道："开始，这个班四十几个人中没有一人愿意应招，半个钟点以后，才有一个穿着长布衫名叫辛普德的人站起来说，他愿意去敦煌。"②自此，辛先生即成为研究所创始之初的"六个苦行僧"之一，其后便跟随常先生等人离开金城，一路往西，途中风餐露宿，天幕地席。至 3 月 27 日抵达莫高窟，而后便投入研究所紧锣密鼓的筹备之中，随同常先生至县城采买物资，并将教育部批予的五万元建设经费管理得一清二楚。

辛普德先生初到敦煌时，因研究所内人手不足，其在完成本职工作之余，积极地参与基础建设及文物考察之中。1943 年夏，研究所对洞窟开展排沙工作，并自制"拉沙排"，一人于前，一人在后，将成年累月的积沙清理至水渠，后用水冲走，从而使被掩埋的壁画得以重见天日。1944 年 3 月 12 日，研究所职员前往阳关途中发现南湖店残窟（西千佛洞），次日入洞调查，并记"现存洞窟凡三十有八，

① 马德《辛普德搜集敦煌写经残片内容辨识》，《敦煌研究》2004 年第 5 期，第 73 页。
② 常书鸿《九十春秋——敦煌五十年》，北京大学出版社，2001 年，第 71 页。

唯存绘塑遗迹者不及半数"。[1]3 月 17 日回程途中再次入洞工作。1944 年 8 月 30 日，研究所于三尊塑像的中心支柱上发现六朝写经卷子，后请夏鼐、向达等人鉴定验收。此些工作，辛普德先生均参与其中。

1945 年 7 月，国立敦煌艺术研究院记录在职人员共 13 人，抗日战争胜利后部分职员相继返乡，至 1946 年 1 月职员名录中仅剩 6 人。[2]到 1947 年 1 月所中职员增至 14 人，1949 年夏增至 20 余人，而后范文藻等川籍人员相继离职返乡，辛先生同乡萧克俭也回到临洮。所内员工陆续减少，且兵荒马乱，动荡不定。1949 年冬，又有残匪作乱，人心不安，然无论何时辛普德先生始终坚守自己的岗位，兢兢业业，从未言退。

辛普德先生于工作之中勤勤恳恳，且乐于助人。1948 年秋，研究所中出纳一职暂缺，段文杰先生推举孙儒僩担任，孙先生此前从未涉及财务领域，一头雾水。时任会计的辛普德说："没有关系，有我做传票（记账凭证），你只需凭传票记一个流水账就行了。"[3]自此孙先生兼任此职，直至解放。辛普德先生于工作之余，常留心收集写经残片，并将其夹贴于线缝的小册子之中，自题为《历代写经残片集锦》，现藏于敦煌研究院（收藏号：敦研 0314）。册中有 10 片汉文写经残片，5 页藏文残经及 4 片残片，3 片其他民族文字写经残片，零圭断璧，弥足珍贵。

自 1944 年国立敦煌艺术研究所成立至 1950 年改组之前，自始至终在其中服务的正式职员仅有常书鸿先生及辛普德先生两人，[4]且辛先生是早期有资可证的唯一甘肃籍成员。彼时的漫天黄沙、刺骨寒风都未曾将这位"见证者"击退，他的坚守付出、一心一意时刻砥砺着每一代"莫高人"。

许承尧（1874—1946），曾单名芚，字际唐、芚公、婆娑翰林，安徽歙县人。近现代方志学家、诗人、书法家、文物鉴赏家。光绪三十年（1904）中进士，入翰林。辛亥革命后，应皖督柏文蔚聘，任全省铁路督办等职，后随甘肃督军张广建入陇，任甘肃省府秘书长、甘凉道尹、兰州道尹、省政务厅长等职。由于职务之便以及诗文交友，许承尧陆续搜集了一些敦煌写经。他经常观摩研究，辨别敦煌写经能力非常高，此后八年，许承尧不辞辛苦，五次奔赴甘肃搜集保护敦煌写经，成为我国敦煌写经的重要私人收藏家之一。1924 年辞官回京，同年由京返歙，从此绝迹仕途，致力于乡邦文献及从敦煌带回二百余卷写本的整理研究。在家乡以著述终老，著有《歙县志》《歙故》。

---

①杨捷《20 世纪上半叶敦煌西千佛洞考察史述评》，《敦煌研究》2020 年第 4 期，第 140 页。

②车守同《国立敦煌艺术研究所的时代背景与史事日记》，第 86 页。

③孙儒僩《莫高轶事——我的敦煌生涯（3）》，《敦煌研究》2013 年第 3 期，第 16 页。

④李淑萍《整理出版〈敦煌县志〉记》，《档案》1994 年第 4 期，第 68、120 页。

三、敦煌《续录》文献整理内容

《续录》所收文献残片 95% 为佛经。《续录》对这批佛经碎片编号、定名、说明现状、对应至现刊本《大正藏》的册、号、页、栏、行。因残卷太过碎小，又不规则，在拍照时碎片下方放置标尺，客观展示现状大小。当我们把成果呈现在读者面前时，我们倍感欣慰，院藏敦煌文献的家底理清了，终于以全貌呈现于世。碎片中有几片是题签，题签书于卷首之背，正规经卷是书于前引纸之背，相当于现代书籍之书脊。如果保存不当，很容易与整体经卷脱离。题签约存 10 件。因是碎片，题记、经题难得一见，题记仅见一处，敦研 481《北朝写经题记》"经卷上一校已"。经题 2 件。

编目过程中，我们最有兴趣的是对同卷碎片的认定及缀合。原为同卷同经，被人为割裂为多段，或因破损自然脱落数块。残为手掌大的一块碎片、或存 1、2 行的残条，经过内容识读、字迹比对、纸质认同，我们可以准确将其安置在已定名的残卷的缺损处，并给出缀合顺序。

我们试举几例说明。编号 383 以前为《叙录》编号，384 以后为此次整理《续录》编号。

敦研 449《佛说字经抄》，与敦研 184、敦研 261、敦研 450、敦研 446 缀合。缀合顺序为敦研 184+敦研 261+敦研 450+敦研 449+敦研 446。

敦研 465《佛说首楞严三昧经卷下》，与敦研 126、敦研 132、敦研 238 为同卷同品，同一人书写，敦煌 465 号上接敦研 132，下接敦研 238，每件相接处缺两行，不可直接缀合，敦研 238 与敦研 126 可直接缀合。缀合顺序为敦研 132……敦研 465……敦研 238+敦研 126。

敦研 476《大智度论释初品》，与敦研 052、敦研 224、敦研 480、敦研 264 缀合。缀合顺序为敦研 052+敦研 224+敦研 480+敦研 476+敦研 264。缀合后恰好填补了原来缺失的部分。

敦研 478《大般涅槃经卷第十九》，与敦研 470、敦研 203、敦研 263 缀合。缀合顺序为敦研 478+敦研 203+敦研 470+敦研 263。敦研 203《叙录》说明称："263 号缀合入此号，203 号下接 263，中缺 1 行约 18 字，应是分割后磨损所致"。第 35 行上部缺字，恰好敦研 470 号可填补，凹凸处及栏线密合无间。

律：有《四分律比丘戒本》《四分律比丘尼戒本》《摩诃僧祇律大比丘戒本》《摩诃僧祇律比丘尼戒本》等，共 13 件；

疏、释、义记：有《梵网菩萨戒经义疏卷下》（敦研 420-1）、《大乘稻芊经随听疏》（敦研 427-3）、《大乘百法明门论疏卷上》（敦研 690；敦研 758-1）、《大乘百法明门论开宗义记》（敦研 426-1；敦研 515-9）等，共 6 件；

三阶教文献：敦研 432《三阶观法略释》、敦研 590《三阶教残卷》。存 2 件；

敦研 799 为《续高僧传》；

道教文献，仅 1 件，敦研 491；

社会文书类保存极少：

五更转 1 件，敦研 439；

转帖 1 件，敦研 424-8《社司转帖》；

籍帐 1 件，敦研 517-1《食物历》；

账单 3 件，敦研 516-7 敦研 557、562；

当铺残账 1 件，敦研 532（D0611）

过所 1 件，敦研附 3《唐天宝七载过所文牒》；

《诗经字音》2 件，敦研 521-1、敦研 521-2；

《说文解字》1 件，敦研 662；

习字 3 件，敦研 637《习字》、敦研附 1，附 2《唐代习字纸》；

题跋、题记 6 件。均是时任安西知县的陈宣书为周炳南旧藏而题。敦研 533-1、2《法句经》卷末另接纸书题跋："此十六字精气内敛，疏朗劲腴，看似不经意而局度雍穆，有从心不喻出口，朝夕把玩，如见魏晋人风致可宝也。正皋妄评"。敦研 534《佛说观佛三昧海经》，卷末另接纸书题记："是悬腕书，是三指箝笔用力于腕内所书，榻笔即下横平竖直，以劲利取势，以灵和取韵，圆而健腴而秀，如楔如刀如锥如叶。魏书中隽品也。正皋妄评"。敦研 535《大般涅槃经》，卷首另接纸书题跋："笔健而腴，墨澹而凝，是用一种胶性汁和墨而成，珠圆玉润。六朝书中簪花格也。正皋妄评。"敦研 536《妙法莲华经》，卷末另接纸书题跋："朴拙劲密力可曲铁，与太妃造相像侣。魏书中能品也。正皋妄评"。敦研 547《佛说长阿含经》卷末另接纸书题跋："万毫齐下，局度谨严，尚承北派师法，唐初经生家书也。正皋妄评"。敦研 548《大般涅槃经》卷末另接纸书题跋："精力弥漫，万毫齐下，与云峯碑笔意相合，当是唐初经生家所书，善须修集，以住慧不等字绝佳。正皋妄评"。从此六则题跋可知，残片均是北朝写经，题跋也只是对书法的赏鉴。

敦煌文献横空出世，惊艳世人。一时文人骚客以拥有一二件敦煌写经为时尚。官吏互赠，文人邀赏，把玩鉴赏之际，兴至所致，撰写题跋，抒发情怀。题记内容或是书法赏析，或是内容考证。在题跋中可以是对写经的评品，也有对藏品流传过程的叙述，间或对收藏者为人为官在陇地的肯定。我们今天可以借助题跋考证文物的出土时间、地点及流传经过。

这批整理的残片时代，为北朝、隋、唐、宋、元代至清代，既有藏经洞文献，亦有窟内和窟前遗址出土。土地庙文献为北朝写经；唐代过所、雕版捺印佛像图，出土于莫高窟第 122 窟前；元代刻本，莫高窟洞窟采集。

我们感觉最困难的是有一些残片无法定名，因其残存字词在CBETA电子佛典搜索范围很广，尝试将同纸质同字体碎片放在一起比较，试图拼接，看是否为已定名残片的同经。因存文字过少且不连贯，意义不明，无法定名，最终还是有一百多块小片依旧归为"残片"，计有写经残片 100 件，刻经残片 65 件。

本书对 896 件文献进行整理、编目、考证定名过程中有两个新发现：

1.在《叙录》里院藏文献中未曾出现的佛经经品，如"佛说预修十王生七经""入楞伽经卷第七""佛说守护大千国土经卷下""圣妙吉祥真实名经"等 86 种，极大地丰富了敦煌研究院藏佛教文献种类。

2.发现《佛说八师经》的别译本。在《叙录》里有一件，编号为敦研178号《佛说幻士任贤经》背面的《佛说八师经》。施萍婷、邰惠莉先生认为，《叙录》中《佛说八师经》应属失译人名的别译本，从当时发表的敦煌文献目录可知，是敦煌藏经洞仅出土的一件。此后，定源先生进一步对《佛说八师经》进行了研究，认为该件文书有可能是《历代三宝记》所著录的竺昙无兰译本。[①]我们在整理文献过程中又发现三件残片与敦研178V为同一译本。敦研178V只存前六师的内容，而这次整理出的三件中，其中一件是第七到第八师的内容，尽管文字不多，却补充了八师内容，吉光片羽，弥足珍贵。

附录

现敦煌研究院藏敦煌文献编号有两个，一个是馆藏号，以英文"D"字母为首，记录文献入藏的时间、来源等原始信息；另一个是发表号，以"敦研"汉字加《叙录》的编目号。馆藏号与发表号两种编号学术界都有使用。如《归义军衙府酒破历》馆藏号为D0038，发表号敦研001。为方便学者对照查找使用，《续录》在书中附《敦煌研究院藏敦煌文献发表号与馆藏号对照表》。

①定源《敦研178V〈佛说八师经〉译者小考》，《敦煌研究》2012年第6期，第73页。

敦煌草书写本整理研究之检讨[*]

马　德/敦煌研究院敦煌文献研究所
马高强/甘肃政法大学艺术学院

从已经刊布的资料统计，敦煌遗书中的草书写本总数约有 187 件。同其他敦煌遗书一样，由于历史原因，这些草书写本分散收藏于中国和世界各地。国内主要有国家图书馆 28 件、故宫博物院 5 件、上海博物馆 3 件、上海图书馆 3 件、天津艺术博物馆 3 件、北京大学图书馆 2 件、南京市博物院 1 件、辽宁省博物馆 1 件、敦煌市博物馆 2 件、浙江省博物馆 2 件、中国文化遗产研究院 2 件、台湾各处 6 件；私人收藏 6 件，总共 64 件。国外主要有英国国家图书馆藏 36 件、法国国家图书馆藏 24 件、日本公私藏敦煌草书写本共 22 件、俄罗斯藏 41 件。

敦煌草书写本按照其书写内容可分为两大类：一是佛教典籍疏释类，二是公私文书类。佛教典籍类书写本按照其书写的内容，可详细分为经抄、经疏、论抄、论疏、律疏、传记、类书、辞书、杂抄共九大类。公私文书类：一是公文书，仅有敕纸和牒状；二是大量的民间私文书，有个人书信、习字、医书、文学书籍、杂写等。本文主要讨论第一类写本的相关情况。

一、刊布情况

1.黄永武主编《敦煌宝藏》1—140 册，新文丰出版公司，1981—1986 年。

2.《法国国家图书馆藏敦煌西域文献》1—34 册，上海古籍出版社，1995—2005 年。

3.《英国国家图书馆藏敦煌遗书》1—50 册，广西师范大学出版社，2011—2017 年。

*本文为 2021 国家社科基金重点项目"敦煌草书写本内容与构形的初步研究"（21AZD140）阶段性成果。

4.《俄藏敦煌文献》1—17 册，上海古籍出版社，1992—2001 年。

5.《中国国家图书馆藏敦煌遗书》1—146 册，北京图书馆出版社，2005—2012 年。

6.《上海博物馆藏敦煌吐鲁番文献》1—2 册，上海古籍出版社，1993 年。

7.《英藏敦煌文献》1—14 册，四川人民出版社，1995 年。

8.《天津市艺术博物馆敦煌文献》1—7 册，上海古籍出版社，1996—1998 年。

9.《甘肃藏敦煌文献》1—6 册，甘肃人民出版社，1999 年。

10.《上海图书馆藏敦煌吐鲁番文献》1—4 册，上海古籍出版社，1999 年。

11.《浙藏敦煌文献》，浙江教育出版社，2000 年。

12.潘重规《国立中央图书馆藏敦煌卷子》，台北石门图书公司，1976 年。

13.郑汝中《敦煌行草书法选粹》，甘肃人民美术出版社，2000 年。

14.矶部彰编《台东区立书道博物馆所藏中村不折旧藏禹域墨书集成》上、中、下，二玄社，2005 年。

15.启功主编《中国法书全集·5·隋唐五代 3》，文物出版社，2009 年。

二、总体上的整理研究

（一）目录的统计和刊布

2010 年 3 月 25 日，李洪财先生公布于复旦大学出土文献与古文字研究中心网站的《敦煌草书写本目录及简析》一文。该文检索了作者见到的敦煌文献叙录中的草书写本数目：天津艺术博物馆检得 6 条、上海图书馆检得 7 条、上海博物馆检得 5 条、法藏敦煌文献检得 40 条、俄藏敦煌文献检得 37 条、北京大学图书馆检得 4 条、国家图书馆馆藏敦煌文献检得 7 条、英藏敦煌文献检得 3 条、《敦煌遗书总目索引》检得 11 条、故宫博物院藏敦煌文献检得 5 条、散见各处检得 4 条。该文除了英藏和日本公私藏敦煌草书写本没有全面检索之外，已完成了敦煌草书写本目录绝大部分内容的基础整理工作，是按照当时已经发表的目录和图录做的，收录不是很完善，尤其是没有对英国藏敦煌草书文献进行全面检索，但这份目录在敦煌草书的整理和研究方面具有十分重要的意义。

（二）日本学者的识读和整理

最早关注敦煌草书写本的是日本学者。20 世纪初，日本学者狩野直喜欧洲访书时，自英国国家博物馆录回 S.2506《唐史记事》（开元九年至天宝十三载事）片段，后收入罗福苌《沙州文录补》中，定名为《唐开元天宝残史书》；王国维为之作跋，认为是占卜术数一类历书。①尽管这里只是简单的

---

①王国维《观堂集林》卷 21，中华书局，1959 年，第 1011—1012 页。

释文和定名，但对于敦煌草书写本的整理研究来讲，无疑是开拓性的。

日本学界对敦煌草书写本的整理主要集中于佛教文献方面，最为著名的是矢吹庆辉、[1]高楠顺次郎和渡边海旭[2]等人。早在 20 世纪 20 年代初，日本举全国著名学者和高僧之力编修《大正新修大藏经》（以下简称《大正藏》）之时，敦煌文献已经被发现，所以，《大正藏》以及《卍新纂续藏经》便收入了一些敦煌佛教文献。现将被辨识并收录其中的敦煌草书写卷详细列举如下：

1. 二七五二《法华问答》（一卷），英国国家博物馆藏，S.2662，首题新加首缺。"《大正藏》第 85 卷，第 199—205 页。《敦煌宝藏》第 22 册定名为《法华问答》，第 94—102 页。

2. 二七六四A《涅槃经义记》（一卷），英国国家博物馆藏，S.2735，首题新加，首缺。"《大正藏》第 85 卷，第 280—304 页。《敦煌宝藏》第 22 册定名为《涅槃经疏》，第 678—700 页。

3. 二七七四《维摩经疏》（一卷），中村不折藏，首题新加，首缺。《大正藏》第 85 卷，第 433—434 页。《中村不折旧藏禹域墨书集成》卷下作 "维摩经疏本纸 262 毫米 × 1393 毫米"，第 90—91 页。

4. 二八〇八《摄论章卷第一》（一卷），英国国家博物馆藏，S.2048，首题新加，首缺。《大正藏》第 85 卷，第 1022—1036 页。《敦煌宝藏》第 15 册作《摄论章卷第一》，第 514—527 页。

5. 二八一三《大乘起信论略述》（二卷），唐昙旷撰。法国国家图书馆藏，P.2141；英国国家博物馆藏，S.2436。《大正藏》第 85 卷，第 1089—1112 页。《敦煌宝藏》第 19 册S.2436 作《大乘起信论略述卷上》，第 411—428 页。《敦煌宝藏》第 115 册P.2141 作《大乘起信论略述卷上并序》，第 323—339 页。

6. 二八一四《大乘起信论广释卷第三》，唐昙旷撰，英国国家博物馆藏敦煌本，S.2554，S.2367。《大正经》第 85 卷，第 1121—1138 页。《敦煌宝藏》第 21 册S.2554 作《佛经疏释》，第 4—26 页。

---

[1]方广锠《方广锠敦煌遗书散论》，上海古籍出版社，2010 年，第 354 页："1916 年与 1922—1923 年，矢吹庆辉曾二度前往英国伦敦，在英国国家博物馆披阅斯坦因所得敦煌遗书，在数千号文献中精选一批重要文献摄成照片，共 6000 多张……矢吹庆辉收集的这些历代大藏经所未收的典籍，包括敦煌地区翻译的经论、已经亡佚千年之久的各种经律论疏、佛教史传著作、佛教仪轨文书、经录、疑伪经等，具有极大的研究价值。这些文献其后大多被收入《大正新修大藏经》第 85 卷。"

[2]王冀青《斯坦因与日本敦煌学》，甘肃教育出版社，2004 年，第 290 页："由高楠顺次郎和渡边海旭主编的《大正新修大藏经》从 1924 年开始编纂后，到 1934 年全部印行完毕。其中有关敦煌佛典的部分都是由矢吹庆辉负责编辑的。从 1924 年开始，矢吹庆辉整理敦煌佛典无底版黑白照片的工作就和《大正新修大藏经》的编辑工作结合在了一起"。

7. 二八一四《大乘起信论广释卷第四》，唐昙旷撰。英国国家博物馆藏，S.2721，首题新加，首缺。《大正藏》第 85 卷，第 1138—1156 页。《敦煌宝藏》第 21 册S.2721 背作《大乘起信论广释卷第四》，第 523—546 页。

8. 二八一四《大乘起信论广释卷第五》，唐昙旷撰，中村不折氏藏。《大正藏》第 85 卷，第 1156 页至 1174 页。《中村不折藏禹域墨书集成》卷上作"本纸 273 毫米×10024 毫米大历八年写本"，第 68—86 页。

9. 二八二三《大乘入道次第开决》（一卷），唐昙旷撰，英国国家博物馆藏，S.2463；法国国家图书馆藏，P.2202。《大正藏》第 85 卷，第 1026—1271 页。《敦煌宝藏》第 19 册S.2463v作《大乘入道次第开决》，第 663—688 页。

10. 二九〇二《法句经疏》（一卷），法国国家图书馆藏敦煌本，P.2325。《大正藏》第 85 卷，第 1435—1445 页。《敦煌宝藏》第 119 册P.2325 作《法句经疏》，第 251—263 页。

11. No.0855《因明入正理论略抄》《因明入正理论后疏》，唐净眼述，法国国家图书馆藏P.2063。武邑尚邦（1914—2005）全文校录本，收入东京国书刊行会《卍新纂续藏经》第 53 册，作《因明入正理论疏抄略记》，第 870—906 页。

三、个案研究之一：已有释文草书写本的进一步探讨

（一）S.5478《文心雕龙》

1.图版

（1）1962 年，饶宗颐先生主编的《文心雕龙研究专号》中，首次将敦煌本S.5478 号《文心雕龙》残卷印刊出来，为国内学者对敦煌本《文心雕龙》残卷的研究提供了文献资料。

（2）1970 年，潘重规先生整理出版了《唐写本〈文心雕龙〉残本合校》（新亚研究所），提供了一个全新的汇校本，还将他本人早年在英国专门拍摄的因最早由日本刊印的脱漏的那一页残卷照片附后，唐写本《文心雕龙》残卷才得以完整展现。

（3）1991 年 10 月，林其锬、陈凤金两位先生在《敦煌遗书文心雕龙残卷集校》（上海书店第 1 版），书前附了 44 张敦煌本S.5478 号《文心雕龙》残卷黑白图片。

（4）2011 年 8 月，林其锬、陈凤金两位先生在《增订〈文心雕龙〉集校合编》（华东师范大学出版社）所附图版资料也经过修复处理，较诸饶宗颐、潘重规先前公布的照片更为清晰。

2.研究

（1）日本

①铃木虎雄（1878—1963）。他是日本汉学家、京都大学教授，最早对S.5478 号《文心雕龙》残卷进行研究。1926 年，他根据内藤湖南从英国国家博物馆拍摄来的残卷照片的影印本，将S.5478 号《文心雕龙》残卷与中国清代的黄叔琳本《文心雕龙》做了对比校勘，发表了《敦煌本文心雕龙校

勘记》一文，[1]共找出 S.5478 号残卷与黄本异文达 512 条。最早将 S.5478 号《文心雕龙》残卷价值揭示出来了，引起研究者对该写本的重视。铃木虎雄先生的校勘工作为后人做进一步之校勘，奠定了坚实的基础。

②斯波六郎。斯波六郎是铃木虎雄的弟子，在 1953 年至 1958 年期间陆续发表《〈文心雕龙〉札记》，[2]主要采用训诂的方法，在吸收相关版本校勘成果的基础上，对《原道》《微圣》《宗经》《正纬》四篇进行了细致的疏解。他更加注重从字词、句法、篇章结构上做研究，文字校勘上也更加细致，又从宏观角度站在篇章结构乃至全书的理论上进行全局性的把握，一些见解相当有见地。

③户田浩晓。1958 年，户田浩晓获得英国国家博物馆一份新的缩微胶片，经仔细核对，指出了铃木虎雄先生的校勘记中的不足。他便从"纠正形似之讹、纠正音近之误、纠正语序错倒、补脱文、衍文和订正记事内容"六个方面，进一步说明了唐写本在《文心雕龙》原文方面所具有的资料价值，深化了对唐代写本 S.5478 号《文心雕龙》残卷研究。[3]

（2）国内

①赵万里。1926 年，发表了《唐写本文心雕龙残卷校记》，[4]是国内研究敦煌写本《文心雕龙》残卷第一人。与铃木虎雄先生发表《敦煌本文心雕龙校勘记》时间十分接近，因二者参照的底本不同，两位先生的成果，各有其独特的价值。赵万里先生的校注是以唐写本与嘉靖本《文心雕龙》作对校，共校出异文 474 条。在 S.5478 号《文心雕龙》残卷研究史上，他第一次提出了该写本为中唐时期的写本。

②杨明照。1958 年，杨明照先生出版了《文心雕龙校注》，[5]本书是他大学毕业论文的修改稿。杨先生的校注以清代黄叔琳养素堂本为底本，综合了唐本至清本的前人研究成果基础上的校勘，补充了黄本的不足和有疑惑的地方。该书的出版，代表了国内此时《文心雕龙》文本研究的最高水平。

③饶宗颐。1959 年，饶先生的《敦煌写卷之书法》[6]最早从书法角度简明扼要地评述了此残卷的书写特点，认为"虽无钩锁连环之奇，而有风行雨散之致，可与日本皇室所藏相传为贺知章草书《孝经》相媲美"。

---

①羽田亨《内藤博士还历祝贺支那学论丛》，弘文堂印刷部，1926 年，第 979—1011 页。

②王元化编选《日本研究〈文心雕龙〉论文集》，齐鲁书社，1983 年。

③户田浩晓《作为校勘资料的〈文心雕龙〉敦煌本》，《立正大学教养部纪要》第 2 号，1968 年。中译本收入户田浩晓著，曹旭译《文心雕龙研究》，上海古籍出版社，1992 年，第三编第一章中。

④该文收入王重民《敦煌古籍叙录》，中华书局，1979 年，第 383 页。

⑤杨明照《文心雕龙校注》，古典文献出版社，1958 年。

⑥饶宗颐《敦煌写卷之书法》，《东方文化》第 5 卷第 1 期，1959 年；收入《书学丛论》，《饶宗颐二十世纪学术文集》第 13 卷《艺术》，新文丰出版公司，2003 年。

④刘永济。1962年，刘永济先生的《文心雕龙校释》出版，^①他在该书《前言》第四页中提道："海外有唐写残卷，原出鸣沙石室。我曾取国人录回之文字异同，校《太平御览》所引，同者十之七八。"

⑤潘重规。1970年出版了《唐写本文心雕龙残本合校》一书。潘先生之前对S.5478号《文心雕龙》残卷进行研究的学者，都非亲见写卷，而潘重规先生的校本，则是他本人亲自远赴英国国家博物馆所得，是最为完整的。他指出本写卷书写字体是"章草"。与现存《文心雕龙》本子相校对，共校得异文576条，是迄今为止对S.5478号《文心雕龙》残卷与现存其他版本对校异文最多者。"校在吸收已有对唐写本各种校勘的基础上，也有不少自己的新见唐写本的校勘上是一篇集大成之作"。^②

⑥姜亮夫。依据赵万里之说，主张该《文心雕龙》写本或为唐大中七年（853）所写。结论精确到了具体的年份。^③

⑦林其锬、陈凤金。《敦煌遗书文心雕龙残卷集校》，^④本书以敦煌本《文心雕龙》残卷（S.5478号）为底本，所依据前人共11家校勘成果进行集校。赞同英国国家博物馆和王遽常先生"行书"而否定了潘重规先生"章草"的观点；不赞同姜亮夫和铃木虎雄认为该卷写于"唐末"的论断，认为是初唐时期。本书最大的成就是最大限度地汇集了对唐代写本S.5478号《文心雕龙》残卷校勘成果，加上了自己的见解，使内容更为细密精审。

⑧张涌泉。《敦煌本〈文心雕龙〉抄写时间辨考》^⑤首先提出学术界对S.5478号《文心雕龙》残卷文献价值一致充分肯定，但对具体书写时间争议颇大。作者自己列举了"渊、世、民"认为是避讳的，但"隆、豫、诵、恒"四字全卷不避讳；"旦"字也是唐代避讳通例，根据"旦"字旁严格缺避情况，作者确定本写卷的写作日期是"睿宗朝抄写的可能性为大"。

⑨方广锠。《现存最早的粘叶装书籍——敦煌遗书斯05478号〈文心雕龙〉装帧研究》，^⑥该篇文章共四部分：第一部分是S.5478号《文心雕龙》残卷保存和着录的情况。第二部分结合古籍记载，确定S.5478号《文心雕龙》残卷为粘页装。第三部分按照写卷中避讳的字情况确定出该写卷是"公元684年到690年这6个年中"。四是《余论》。方广锠先生是对S.5478号《文心雕龙》残卷外在装帧形式做研究的第一人。

①刘永济《文心雕龙校释》，中华书局，1962年。

②张少康等《文心雕龙研究史》，北京大学出版社，2001年，第266—267页。

③姜亮夫《莫高窟年表》，上海古籍出版社，1985年，第396页："卷中渊字世字民字均缺笔。笔势遒劲，盖出中唐士大夫所书。赵万里君有校记，以为传世刘书，无如此卷之善者，故不惜费词而次于此。"

④林其锬、陈凤金《敦煌遗书文心雕龙残卷集校》，上海书店，1991年。

⑤张涌泉《敦煌本〈文心雕龙〉抄写时间辨考》，《文学遗产》1997年第1期。

⑥方广锠《现存最早的粘叶装书籍——敦煌遗书斯05478号〈文心雕龙〉装饰研究》，《文献》2016年第3期。

⑩伏俊琏。《敦煌〈文心雕龙〉写本简说》一文认同赵万里先生的"盖出中唐学士大夫所书"之观点，[①]进一步指出S.5478号《文心雕龙》残卷"抄于张旭声誉正盛的开元、天宝时期"。其后用铃木虎雄、赵万里、范文澜、刘永济、户田浩晓、杨明照、潘重规、饶宗颐、王利器、郭晋稀及林其锬、陈凤金等先生做过精细的校勘研究成果，进一步说明S.5478号《文心雕龙》残卷的文献价值。

（二）P.2063《因明入正理论略抄》《因明入正理论后疏》

1.图版

（1）《因明入正理论略抄》《因明入正理论后疏》，法国国家图书馆藏，P.2063。新文丰编审部编《卍续藏经》，新文丰出版公司，1993年，第87册《中国撰述·大小乘十论部》第0001—0083页。

（2）1924年12月上海涵芬楼影印《大日本藏经续》第87套，第1册《大小乘是论部》作"因明入正理论疏抄一卷""因明入正理论疏后记（三卷下卷不完）"，第1—28页。

2.研究

①武邑尚邦（1914—2005年）是日本净土真宗本愿寺派僧侣兼著名学者。他最早对P.2063进行了校录和研究，校录被收录于《卍新纂续藏经》第53册N0.0855号中；最早对P.2063内容与当时日本存世的《明灯抄》《大疏抄》引文做了对比研究，确定了P.2063上半部分为净眼《因明入正理论略抄》，并指出了P.2063的文献价值。[②]

②沈剑英《敦煌因明文献研究》，[③]本书共分为四部分，第一部分是引论，介绍敦煌因明写卷的情况。第二部分是考论篇，考论了文轨疏、净眼因明疏抄的背景介绍，以及对敦煌本《因明入正理论略抄》《因明入正理论后疏》内容研究。第三部分是对4个敦煌因明类写卷释文及照片。第四部分是对《因明入正理论文轨疏》校补。沈先生是国内第一个关注敦煌草书因明学写卷的学者并对敦煌草书因明写卷释文，较日本武邑尚邦先生的释文及标点符号使用更加准确。

③李洪财《两种失传敦煌因明文献校读记——略谈敦煌草书研究的相关问题》，[④]对沈剑英的《敦煌因明文献研究》一书中关于P.2063写卷"愆、灶、色、刹、颠、同、那"等字阙释或误释指出，

①赵万里《唐写本文心雕龙校记》，《清华学报》第2卷第1号，1926年；收入王重民《敦煌古籍叙录》，中华书局，1979年，第383页。

②武邑尚邦《敦煌写本〈净眼の因明书〉について》，《印度学佛教学研究》第21卷第1期，1972年；《日本における因明学（共同研究）——敦煌写本〈因明入正理论略抄〉の研究》，《龙谷大学佛教文化研究所纪要》第14卷，1975年。

③沈剑英《敦煌因明文献研究》，上海古籍出版社，2008年。

④李洪财《两种失传敦煌因明文献校读记——略谈敦煌草书研究的相关问题》，《文博》2012年第5期。

并做了重新释读。通过释读谈了两点关于敦煌草书研究的相关问题：一是从文字的发展角度看，敦煌草书也有待进一步研究。二是作者认为从研究现状看，敦煌草书研究似乎成为艺术类较多涉及的话题，而从文字学角度深入研究目前是一项空白。作者提出了整理敦煌文献草书的新任务。此文为敦煌草书文献整理研究指出了长远的发展路线。

④黄征《法藏敦煌草书P.2063〈因明入正理论略抄〉残卷校录整理》。①首先判定P.2063号写本是"极其珍贵的带有章草特点的草书卷子之一"。其次对P.2063写卷整理研究进行了回顾，对武邑尚邦、沈剑英两种录文详细对照，指出沈剑英先生的录文和标点方面比武邑尚邦先生有所提高。黄征先生在以上录文的基础上重新对P.2063号草书写卷校录整理，把前人的研究成果和他的考订一起放入校录中，校录整理P.2063残卷全文，共446行11000字左右。通过写卷中的武后新字及净眼法师是玄奘大师的弟子等信息，推断本写卷的抄写时间应该跟净眼在世的时间相近。

⑤吕义《浅谈净眼因明论》，②文章分为两部分：一是对《唐净眼因明论》写卷的由来进行简要讲述。因明学是古印度的逻辑学说，由玄奘翻译引进，其弟子们竞相做注疏，但大多失传，流传至今的仅有神泰和窥基的，赖敦煌写卷《因明入正理论略抄》《因明入正理论后疏》使得今人得见净眼的著作。二是对《唐净眼因明论》草书书法特色的阐述：一、禅林草书，统一有序。二、章今相融，熟练精能。三、古质雄浑，巅峰之作。

⑥黄征《法藏敦煌草书写本P.2063净眼〈因明入正理论后疏〉残卷校录整理(编行校录之一)》，③本文对法藏敦煌草书写本P.2063净眼法师的《因明入正理论后疏》残卷做了逐字逐句的校录整理，并对该写卷的字形、词语和相关的经文做了注释和研究。通过卷子中的武后新字，认为此卷写作时间相近"602年到664年"。

（三）P.2141《大乘起信论略述卷上》

最早关注此写本的是矢吹庆辉（1879—1939），将P.2141收入《鸣沙余韵·正补》中，后于1933年《鸣沙余韵·解说篇》中解说P.2141内容。

1.黄征《敦煌草书写卷〈大乘起信论略述卷上〉考订》，④认为P.2141《大乘起信论略述卷上》是敦煌草书写卷的代表作，日本所出的《大正藏》第85卷收录了全文。作者认为P.2141号和S.2463

①黄征《法藏敦煌草书P.2063〈因明入正理论略抄〉残卷整理研究》，《艺术百家》2014年第2期。
②吕义《唐净眼因明论草书释校》，中国商业出版社，2015年，《序二浅谈净眼因明论》第3—6页。
③黄征《法藏敦煌草书写本P.2063净眼〈因明入正理论后疏〉残卷校录整理（编行校录之一）》，《佛教文化研究》2017年第1期。
④黄征《敦煌草书写卷〈大乘起信论略述卷上〉考订》，《南京师范大学文学院学报》2003年第2期。

号写卷出自一人之手，并对 P.2141 号写卷作者"昙旷"简要介绍。其后在逐字逐句核对原卷真迹、传世经文等多种重要数据的基础上，对《大正藏》存在的点校疏漏作了补订，提供了更加准确的录文。

2.黄征《敦煌草书写卷〈大乘起信论略述卷上〉考订（四）》，[①]继续对《大正藏》所录的 P.2141《大乘起信论略述卷上》存在的点校疏漏做了补订，给读者提供了更为准确的录文。本期刊登的是结尾部分，主体部分已经由西泠印社在 2003 年 8 月作为《敦煌书法精品选（二）》影印出版。

3.王继安《敦煌残卷〈大乘起信论略述卷上〉破体书风评析》，[②]作者认为法藏敦煌文献 P.2141《大乘起信论略述卷上》是敦煌写卷破体草书长卷的代表作。全文分三部分：一是介绍破体书法；二是 P.2141 破体书的特点，楷书、行草书、草书俱全，以草书为主体；三是 P.2141 破体书的三点启示。

（四）普光本《大乘百法明门论疏》

1.马德《新见敦煌本唐人草书〈大乘百法明门论疏〉残卷述略》，[③]首先对该写卷的保存情况做了详细说明；其次考证了作者"大乘光"即普光。该文是国内最早一篇站在文献学角度研究敦煌草书写本的文章，从写卷时代早、内容属孤本、书法史三个方面介绍了该草书写卷的文献价值。

2.马德《敦煌本唐人草书大乘百法明门论疏残卷简介》，[④]敦煌唐人草书写本《大乘百法明门论疏卷下》（编号 LAL.O1），保存情况基本完好。经仔细鉴别和查证，确系出自敦煌藏经洞之唐人真迹。就写本的作者、与《大正藏》本内容的比较，以及敦煌文献中保存的《大乘百法明门论疏》写本及残片做了介绍，着重从文献学的角度介绍了该写卷的重要价值。

（五）义忠本《大乘百法明门论疏》

马德《敦煌草书本义忠〈大乘百法明门论疏卷下〉初识》，首先介绍了敦煌博物馆藏 083 号保存情况；其次检索考证残卷内容为署名"唐·义忠述"之《大乘百法明门论疏卷下》的一部分，收入《洪武南藏》第 205 册。同时检索到上海博物馆藏 60 号与敦博 83 号原为同一卷并出自同一人之手。两卷各自首尾残缺，中间内容亦缺失而不相衔接。本写卷作为早期佛典，更凸显其珍贵。义忠

---

① 黄征《敦煌草书写卷〈大乘起信论略述卷上〉考订（四）》，《南京师范大学文学院学报》2005 年第 2 期。

② 王继安《敦煌残卷〈大乘起信论略述卷上〉破体书风评析》，《艺术百家》2010 年第 8 期。

③ 马德《新见敦煌本唐人草书〈大乘百法明门论疏〉残卷述略》，《敦煌研究》2005 年第 5 期。

④ 马德《敦煌本唐人草书大乘百法明门论疏残卷简介》，《收藏家》2009 年第 1 期。

的《大乘百法明门论疏（下）》是对大乘佛教理义的阐述，较大篇幅地征引了《瑜伽师地论》的内容，指出本卷"具有浓厚怡人的书卷气息和文人气韵"。[1]

四、个案研究之二：初识读的草书写本整理和研究

（一）《唐史记事》

现存 S.2506、P.2810Av、P.2810Bv、P4073v、P2380v，共 5 片，可衔接，共 70 行，前部残缺，结尾完整。现存部分以编年方式记唐代玄、肃、代、德四朝间自开元九年（721）至贞元四年（788）近 70 年间大事；结尾处有一落款人名"愿应"，并有一浓墨勾画，勾画以后为空白，知全文至此终。各残片衔接处时间连续，内容基本无中断，字体笔迹也相同，且很有特点。王重民先生在《敦煌古籍叙录》中，转引前述王国维跋文的同时，指出尚见到 P.2810 和 P.4073 两件，内容与 S.2506 相同，三件首尾可衔接，定名为《唐代残史书》。[2] 施萍婷先生等编《敦煌遗书总目索引新编》中，把 P.4073、P.2380、P.2810A、P.2810B 等文书放在一起做说明。[3] 郭锋《简谈敦煌写本斯二五〇六号等唐修史书残卷的性质和价值》，据缩微胶卷拼合 S.2506、P.4073、P.2380、P.2810A 4 个残卷，录文并略加校注，并讨论了其性质及价值。[4] 盛朝晖《敦煌写本 P.2506、2810a、2810b、4073、2380 之研究》对 5 件残卷正、反面都进行了录文，并结合两唐书对一些史实进行了检校。[5] 据郭锋对比，残卷记事仅详略有别，时间有出入，所记之事，则绝大多数可以在两唐书本纪中找到，可以得到印证。选材上与《旧唐书》本纪选材比较接近，可能与《旧唐书》本纪有着相同的原始材料来源。[6] 撰写时间在唐中后期，应在贞元以后至昭宗期间，在《资治通鉴》《新唐书》成书之前。本残卷为唐代史学研究在唐中后期编年体史书修撰方面提供了一个新的例证。所记唐玄、肃、代、德四朝事，在不少地方有参考价值和史料价值，而且有数件记事不为两《唐书》所载，具有史料上的补缺价值。本卷残片系敦煌遗书中罕见用草书书写的当代史事记录，在敦煌遗书文献中极具代表性。残片正面为《文子》楷书抄本，顺序与背面不同。

①马德《敦煌草书本义忠〈大乘百法明门论疏卷下〉初识》，《姜伯勤教授八秩华诞颂寿史学论文集》，广东人民出版社，2019 年。

②王重民《敦煌古籍叙录》，中华书局，1958 年，第 86—87 页。

③商务印书馆编《敦煌遗书总目索引》，中华书局，1983 年，第 263 页

④郭锋《简谈敦煌写本斯二五〇六号等唐修史书残卷的性质和价值》，《敦煌学辑刊》1992 年第 1、2 期，第 88—95、59 页。

⑤盛朝晖《敦煌写本 P. 2506、2810(a)、2810(b)、4073、2380 之研究》，《敦煌研究》2001 年第 4 期，第 123—128 页。

⑥郭锋《简谈敦煌写本斯二五〇六号等唐修史书残卷的性质和价值》，《敦煌学辑刊》1992 年第 1、2 期，第 92 页。

（二）法华释义（《恪法师第一抄》）

1.王继安《〈恪法师第一抄〉草书辩析》，^①本文从书写者、草书种类、《恪法师第一抄》艺术地位三部分，对该草书写卷的草书种类、艺术特点及其传承影响做了深入探究。作者认为此写卷书写者为当时高僧，为唐代章草的代表作，是有异于王羲之而传承于张芝、索靖一类的章草书风而发展出来的一种全新的西北草书，形成于垂拱至开元年间。

2.曾良、李洪财《〈恪法师第一抄〉性质考证》，^②文章分为三部分：一是关于题名的解析，作者认为可能是称誉恪法师的疏抄至善至美而名。二是关于《恪法师第一抄》的内容性质，通过比较，作者认为其属于义决，并不是对《妙法莲华经玄赞》的所有义疏进行阐释，而是有所选择的。三是关于"决择""义决"，需要我们进一步深入研究，比如儒家的义疏，就是在佛教的义疏影响下产生的。另外，作者指出中国的义疏与佛教的"论藏"有千丝万缕的关系。

3.李洪财《敦煌草书经卷〈恪法师第一抄〉研究》，为2011年厦门大学硕士学位论文，本论文首次详细揭示该经卷内容，将经卷的草书文字识读为楷书文字，并进行文字词语的初步整理和研究。本文主要分为三大部分：第一部分是对《恪法师第一抄》以研究回顾，研究价值及本文要达到的预期目的。第二部分是释文和简单校注，以脚注的形式对文中词语做了简单注释。第三部分是专题研究，对《恪法师第一抄》的源流、真伪、易混字形辨析等分专题论述。最后总结全文，并提出今后需进一步研究的问题。

4.李洪财《〈恪法师第一抄〉的流传与书写》，^③本文共罗振玉所藏书画目录勾陈、真伪补述、书写时间的推测三部分。罗振玉所藏书画目录中没有此卷，但有收藏章，印章假，但书写为上乘草书。其后作者认为该卷写成于初唐，不早于窥基生活的年代（632—682）。

5.李洪财《〈恪法师第一抄〉释读与疑难草书字形和特殊写法举例》，^④本文首次将该写卷转释为楷书，并对"异与实；断、次、即；渐、微、凝；深与你；那、也、邪"等十一个疑难草书字形做了重点辨析。

6.赵生泉《〈恪法师第一抄〉考评》，^⑤作者认为此卷写于武则天至唐玄宗时期，是弟子或信徒记录讲经的笔记，内容方面属于唯识宗文献，书法上承袭智永《真草千字文》的草法，对认识初唐书草书发展历程极有意义。

①王继安《〈恪法师第一抄〉草书辩析》，《艺术百家》2010年第3期。

②曾良《〈恪法师第一抄〉性质考证》，《敦煌研究》2011年第4期。

③李洪财《〈恪法师第一抄〉的流传与书写》，《中国书法》2012年第8期。

④李洪财《〈恪法师第一抄〉释读与疑难草书字形和特殊写法举例》，《学行堂语言文字论丛》第2辑，2012年。

⑤赵生泉《〈恪法师第一抄〉考评》，《文物春秋》2012年第6期。

7.李洪财《〈恪法师第一抄〉源流与时间断限考》，①本文共探源流说真伪、时间断限推测两部分。第一部分考察罗振玉所藏书画目录中没有此卷，确定卷首印章伪造，但卷子本身是真的。第二部分从书法角度、用字依据、书写内容三个方面，得出该卷成于初唐、最晚不会到孙过庭生活的年代。

8.曾良《有关〈恪法师第一抄〉杂考》，②经过考证，该卷是对窥基《妙法莲华经玄赞》的疏解。通过与BD01213《法华玄赞钞（拟）》相同内容的比较分析，得出"恪法师第一抄"题名含义即恪法师对《法华玄赞》卷第一的疏抄。最后作者呼吁要对《恪法师第一抄》这一类的佛经疏抄进行深入研究。

（三）《诸经杂辑》（S.6888）

马德、马高强《敦煌本〈诸经杂辑〉刍探——兼议敦煌草书写本研究的有关问题》，③全文分为五部分：一是介绍S.6888号草书写卷的信息和对其的定名。二是将S.6888号草书写卷的内容与《经律异相》《法苑珠林》《诸经要集》相同的内容进行了对比，显示出S.6888号草书写卷与《经律异相》《法苑珠林》《诸经要集》有许多相似之处，但异文甚多，且部分卷序品次，叙述形式也不一样，显然不是上述诸经中的任何一种，而是独立的特殊写本的结论，故定名"诸经杂辑"。三是将S.6888号草书写卷与原记出处迥异之经文举例。四是将S.6888号草书写卷一些内容并不见于其所举传世的经文，彰显该草书写卷的独特之处。五是别论：关于敦煌草书写本与研究的学术回顾及前瞻，列举四点敦煌草书写本的文献学价值，以及敦煌草书研究的中国书法史价值和意义。

（四）疑乘恩本《百法论疏卷下抄》（P.2304）

马德《唐乘恩凉州本〈大乘百法论卷下〉臆测》，④就敦煌草书写本P.2304《百法论疏卷下抄》的内容大量引用窥基及义忠同类著述的内容，据高僧乘恩本传所谓《乘恩疏》"祖慈恩而宗潞府，大抵同而少闻异"之描述，此卷应为唐长安西明寺僧乘恩在凉州所讲述的《大乘百法论疏》（即乘恩疏）底稿的一部分，系乘恩在长安失陷避吐蕃之乱客居凉州时（约763）的演讲记录。在张议潮收复凉州（863）后获此著述（应该是誊抄本），派遣凉州高僧法信赴长安进贡于唐廷。

---

① 李洪财《〈恪法师第一抄〉源流与时间断限考》，《书法赏评》2013 年第 1 期。

② 曾良《有关〈恪法师第一抄〉杂考》，《敦煌吐鲁番研究》第 13 卷，上海古籍出版社，2013 年。

③ 马德、马高强《敦煌本〈诸经杂辑〉刍探——兼议敦煌草书写本研究的有关问题》，《敦煌研究》2018 年第 2 期。

④ 马德《唐乘恩凉州本〈大乘百法论卷下〉臆测》，《交流与融合——隋唐河西文化与丝绸之路文明学术讨论会文集》，中西书局，2020 年。

五、检讨与新开端

（一）检讨：令人窒息的话题

1.批量整理：日本

从 1916 年开始，矢吹庆辉先生最早亲自去伦敦英国国家博物馆对敦煌佛教草书写本拍照并带回日本整理为开端，至今日已过百年。随后将《金刚般若经旨赞》（上、下）、《法华经疏》（一卷）、《法句经疏》（一卷）等 17 件敦煌草书写本辨识并编入《大正藏》第 85 卷中，这一批量化的辨识整理成果，至今国内外辨识整理数量没有超越。再加上内藤湖南《敦煌本文心雕龙校勘记》、武邑尚邦《因明入正理论后疏》，共 12 件。当然，日本学者的识读不妥之处明显，还有许多内容准确与否需要进一步的认定。

2.个别研究：国内

国内从 1926 年赵万里先生辨识敦煌草书写卷开始至今，总共才辨识出 6 个。而从研究方面讲，从 20 世纪初开始，尤其是中华人民共和国成立以后至今，国内越来越多的人开始从草书书法、中国书法史的角度做了大量的探讨；从 21 世纪初开始至今，参与敦煌草书文献整理和研究的人也越来越多，不仅仅有单篇论文、专题性的敦煌草书写本研究系列论文、专题性的敦煌草书写本研究专著出现，还有硕士、博士学位论文。但绝大多数也只是轻描淡写地提一下敦煌的草书写卷，最多说一说写得多好多好，至于写的什么内容，除了与有传世本可以对比者（如《文心雕龙》）外，很少有人去释读和注解。

所以，对敦煌草书文献整理研究情况的检讨，是一个有点沉重的话题。一百年前日本专家和学者所辨识出来的敦煌草书写卷的数量和 2018 年之前国内所辨识出来的敦煌草书写卷数量对比，是我们的数倍。让研究者们肩上增加了沉甸甸的责任和使命。

3.乱象：所谓的《敦煌草书大字典》① 作为工具书，本不在此文的学术史回顾范围。但这本所谓的《敦煌草书大字典》，编纂者并不认识几个敦煌草书文字，就是根据别人已经识读出来的几个写本，借助计算机技术抠字拼凑而来，粗制滥造，错误百出，给众人以误导，给本来就相当混乱的草书书法界乱上添乱。

（二）新开端

今天对于我们整理和研究敦煌草书文献来说，不仅仅能填补国内辨识和研究的不足，更加能丰富佛教古籍和中国社会史、中国佛教史的研究，并在一定程度上开拓敦煌文献和敦煌佛教研究的新领域，对于弘扬中华优秀传统文化有重要的历史和现实意义。

---

① 程同根编著《敦煌草书大字典》，江西美术出版社，2017 年。

为此，在敦煌藏经洞文献面世近 120 年之后，马德、吕义组织"敦煌草书写本整理研究"项目组，计划用八年左右的时间，对敦煌莫高窟藏经洞出土的二百余种草书写本进行全面、系统地整理研究，内容包括对现有草书写本的释录、校注、内容、背景、草书文字等各方面全面、系统地整理和研究，编纂相关的目录、字典等，同时还有相应的人才培养。这是一项庞大而繁杂的系统工程，从2018 年启动以来，主要取得了以下两个方面的进展：

1.作为"敦煌草书写本整理研究"的阶段性成果，整理编辑《敦煌草书写本识粹》第一辑 16 册由社会科学文献出版社立项申报，获得 2018 年度国家出版基金资助项目资金支持，在整理研究过程中又得到兰州大学历史文化学院的部分资助，于 2022 年上半年出版面世。每册内容分高清图版、释文（图文对照）和研究综述三大部分，这标志着国内大规模辨识整理敦煌草书写本的开始。《敦煌草书写本识粹》第一辑的整理研究分如下两种情况：

一是在前人基础上的进一步整理和研究，主要包括已经有传世的释文和前人释文的写本，如《文心雕龙上部残本》，窥基《法华经玄赞》系列，昙旷《大乘起信论广释》卷第三、第四、第五，昙旷《大乘起信论略述》上下卷，《因明入证理论略抄、后疏》《法句经疏》，以及近年的《法华玄赞抄》（即辽宁博物馆藏《恪法师第一抄》）《诸经杂抄》等。在对前人释文校勘的基础上，对相关的内容及背景进行探讨，有了一些新的收获。如主编之一的吕义先生在《唐敦煌写本〈文心雕龙〉综述》对《文心雕龙》残卷的抄录时间提出新的看法："基本可以确定敦煌唐写本，当为 684 年至 690 年，或710 年至 712 年之后；以下限 712 年而言，其时距刘勰去世 190 年，以上限 684 年而言，仅 162 年。依此推断，抄写者所据底本应是隋代或唐初之书，甚至可能是来自南朝的写卷。"

二是既无传世本留存，亦无前人识读的部分草书写本的辨识、录文、校勘、内容考证及背景研究等，主要包括没有保存任何作者信息的《法华经释》《法华经疏》《法华经义疏》残卷、《百法论疏抄上卷》《大乘百法明门论疏卷下》等写本。因为基本是前人没涉及的写本，所以都是新的内容，而且广征博引，异文较多，展现更为丰富的特点；而其书法方面的特色明显，均为罕见的墨宝。

《敦煌草书写本识粹》拟从敦煌草书写本中选取有代表性者 100 件左右，整理编辑为 80 册，分五辑出版，以飨学界及社会各界。这也是整个"敦煌遗书草书写本整理研究"的标志性成果。

2.作为"敦煌草书写本整理研究"的起步工作，"敦煌草书写本内容与构形的初步研究"获得2021 年国家社会科学基金重点项目立项资助。本项目从宗教学和语言学两个角度进行，一方面集中对敦煌遗书草书写本内容的全面调查和系统梳理，在此基础上就部分写本进行必要的个案研究；另一方面选取一部分代表性的草书写本建立敦煌草书字库，为下一步的整理研究打下基础。

从《敦煌类书》到
《敦煌写本类书〈励忠节钞〉研究》述评

王三庆/成功大学中国文学系

一、前言

2010 年 3 月，我赴敦煌研究院开会，顺道拜访兰州大学敦煌学研究所，遇到一位青年学者持赠他的精湛大作——《敦煌写本类书〈励忠节钞〉研究》，并签上"敬请王先生指正"一行题字。没想到会后回到台湾，荏苒光阴，十年已过，却始终置放于书架上，无缘仔细核对，主要原因乃行将退休，尽量收拾自己的未刊旧稿或单篇论著，董理归类，用以出版付梓，凡有《敦煌吐鲁番文献与日本典藏》(2014.9)、《日本汉文笑话丛编》(一)(二)(2014.10)、《汕尾本车鼓戏弄曲词现代化研究》(2014.12)、《南管曲词现代化之整理研究》(一)(二)(2014.12)等书，[1]并于 2015 年 1 月后即告退休，也算对教学生涯作个完整的交代。此后，除勉强完成《中国佛教古佚书:〈五杉练若新学备用〉研究》[2]一书外，已越古稀之龄，再也没有余力撰写新论，然而欣逢尊敬的施萍婷先生九十嵩寿，学界为其庆贺之际，谨检屈氏大作，核对旧文，重新予以修订评量，作为颂寿篇章。

---

[1] 以上诸书《敦煌吐鲁番文献与日本典藏》，新文丰出版公司，2014 年，共 557 页;《日本汉文笑话丛编》(一)，乐学书局，2011 年，共 348 页;(二)，乐学书局，2014 年，共 571 页;《汕尾本车鼓戏弄曲词现代化研究》，成功大学人文社会中心，2014 年，共 254 页;《南管曲词现代化之整理研究》(一)，成功大学人文社会中心，2014 年，共 348 页 (与魏金泉编著);(二)，成功大学人文社会中心，2015 年，共 416 页。

[2] 拙著《中国佛教古佚书:〈五杉练若新学备用〉研究》，新文丰出版公司，2018 年，上、下册，共 853 页。

二、《敦煌类书》的研究

　　《敦煌类书》是笔者研究敦煌的第一部著作，却非初始研究目标，盖笔者就读大学及研究所时，师从陈伯元先生，从乾嘉小学入手，据许慎《说文》一书上溯甲金文字等形音义的创始及后来流变；另从中古韵书《广韵》切入，先以陈澧《切韵考》系联条例分析中古声纽及韵部，然后与《韵镜》《七音略》《切韵指掌图》《四声等子》《切音指南》等韵图对校，以追今日国音流变。也因如此，当时据《十韵汇编》《大广益会玉篇》、段玉裁小徐本《说文解字注》、唐代王仁昫撰、吴彩鸾书《唐写本王仁昫刊谬补缺切韵》①诸书，进行反切联系及分析，更遍及《广韵》谐声偏旁的分析作业，因而建立了一定的小学基础，并开始接触敦煌文献中诸多的《切韵》材料。时多钦服陈澧在未见这批残卷材料，却能一一指说某字为后来增加，几乎屡试不爽；而刘半农《敦煌掇琐》、②姜亮夫《瀛涯敦煌韵辑》③等书，对于新出土材料的钻研及辑佚，以及尔后潘师对姜书进行的《新编》谠正及《别录》的增补，④各家的确都有发明与突破，也让法言原书历经《唐韵》及朱家的刊谬增补，以迄后来的《大宋重修广切韵》有关韵目及韵字的诸多繁衍更迭问题，大半明白矣。因此，一旦听闻潘先生回到华冈，笔者便兴起想再赴笈访师，延续这一方面的研究，无非想要踵武前辈学者的后尘。讵料潘师初由香江回到台湾，拟将新亚研究所的"红楼梦小组"风气带到华冈，于是鼓励同学志愿组织"《百二十回本红楼梦稿》整理小组"，而笔者在痴长岁数下，每周二晚上带着大家进行一次聚会，研读《红楼梦》，并报告工作进度，直到移录校订完成初稿，同学们毕业离去才告结束。此后，笔者尽全力完成第二三次的校稿及正式出版工作；而先生也才放心"红楼"，开始转授"敦煌学"的课程。为了让同学了解敦煌写卷的原样，先生时常带着大家上图书馆面对文物讲解，也向英国图书馆买来一套 7599 号及 19 号刻本的敦煌显微胶卷，作为学生的研究素材及初始的实习训练，然后进行目录编纂及提要撰写。至于笔者既经三年《红楼梦》的研读，相关数据都已经十分熟稔，为了尽快完成学业，终以《红楼梦版本研究》一书取得博士学位。

　　此后由《红楼梦》的研究基础向中国古典小说上下两个方向延伸，以见这部古典文学名著及中国文化之承继与影响，并透过汉字观察中国与周边各国文化之间的消长互动，开展更宽广的国际视野。同时，逐渐回归本意初衷，着手规划敦煌文献的整理和研究。是时，阿财教授正以"敦煌孝道文学"撰写博士论文并多涉及俗曲之作，于是笔者就从字样到分类文献进行整理。初从不知书名，也无作者的全本 P.2524 号入手，然后查核相关目录，找出 S.2588、P.4870、P.4636、S.0079、S.0078 等写卷，整理成 40 部类，670 条有组织的一部词典类书，为了订正文字，不得不找出语源的文化传

①王仁昫撰，吴彩鸾书《唐写本王仁昫刊谬补缺切韵》，广文书局，1964 年影印。
②刘半农《敦煌掇琐》，中央研究院历史语言研究所，1925 年刊本。
③姜亮夫《瀛涯敦煌韵辑》，鼎文书局，1972 年。
④潘师石禅《瀛涯敦煌韵辑新编》，潘重规著（文史哲出版社，1974 年再版）及《瀛涯敦煌韵辑新编》（新亚研究所出版社，1972 年）。

统，在没有任何数据库及数字化的搜寻工具下，都是依靠手工及记忆的翻检，辛苦备尝，也只有经过文献未数字化前，抄写卡片时段的学者可以体会。

因为整个研究过程，除在前人的基础上检索卷号，移录刊校文字外，必涉及目录、版本、校雠诸问题，才能纠正原编数据的人为误记，或者后人转录时的疏忽，也要尽量考索辨异，还原同一条事文语源的真实记录。这是汉儒面对战国以来书不同文，以迄秦火之余的断简残篇，语言每多变异而存在着今古文经诸多不同的现象下，自然需要进行诂训工作。何况古籍经过近千载的流播，既有篆隶真楷等形体之变，又由简帛到纸张书写材料各阶段的不同，更从抄录到雕版印刷的复制，每多存在积非成是的人为错误。何况语言的历时及南北空间的共时差异，甚至于个人对书籍内容的独特偏好或书手个性的表现，不但随着师承系统而有所不同；复经历代政治的无理干预，以及兵火虫水等人为或自然灾害有意无意之间的毁损，时或可见，致使古籍必经刊校整理，给予现代化以后才能粗略可以通解，否则不易卒读，此又乾嘉以来清儒经常进行的一道工序，戴震、钱大昕、段玉裁、江慎修，以迄王念孙父子、俞曲园等皆是此一理校系列中的佼佼者；而吴骞及黄丕烈等每多追求异本，用以读书或校勘，成就"千元十驾"之对"百宋一廛"的书林美谈。所以笔者当时整理《敦煌本古类书语对研究》，①亦多取法前贤，而早期扎下的小学基础自然运用上了。

由于此时受命职掌系所行政事务，又是撰写个人升等论文的当下，同时也带着同学进行整理法国远东学院在越南摄制的一批汉文文献，三方向并进，可说忙碌得昏头转向，然而唯一抱持的信念盖本于潘师训勉所题的联语："艰难立业差能久，忧患为文始觉真。"由于通过职等升迁的审查，并顺利出版《越南汉文小说丛刊》第一集后，②为了寻找毫无头绪的日本汉文小说，以及取法日本敦煌学者的研究业绩，便毫不犹疑地申请远赴日本天理大学执教，也离开烦琐的行政职务。教学期间，曾经利用学期的休课假期，远赴东京一个多月，参访东京大学中国文学系、东洋文化研究所及图书馆，并拜访池田温先生，呈上个人的研究论文，没想到承他抬爱，交给我一项极为艰巨的任务，亦即为他主编的《讲座敦煌 5 敦煌汉文文献》一书撰写《敦煌类书》③一节。

自从受命之后，的确寝食难安，所以天理大学中语学科征求我再次续约一年时，只好委婉地予以拒绝，而在三月中束装回国，开始进行《敦煌类书》的调查工作。由于当时对于整体敦煌文献的认识还十分短浅，宗教类有关的知识又处在学习阶段，不敢贸然涉入这个范畴，只好界定"传统类书"作为撰写对象。可是敦煌文献难得有全书，不少是去头断尾者，很多受到时空及个人意愿或者学养、物质上的限制，所编录者只是单一类别或短小的写卷，难得如唐、宋官方修整的大型类书，或在物质充裕以后文人的完整集录，然而它是民间小型类书的发轫，也因在此考虑之下稍微扩大它的名义及范畴，于是不免有些书抄而非类书的作品被拦入的情况。

① 王三庆《敦煌本古类书语对研究》，文史哲出版社，1985 年，一册，共 464 页。

② 《越南汉文小说丛刊》第一集，学生书局，1987 年，七册，共 2122 页。此书与陈庆浩合编。

③ 《敦煌类书》，池田温主编《讲座敦煌 5 敦煌汉文文献》，大东出版社，1992 年，第 357—400 页。

名义范畴既定，首先要务是展开调查，检索王重民汇编的几种不同目录和索引——《敦煌遗书总目索引》，同时也参考了翟目；另外又从海内外先行学者撰写的文章入手，举凡书抄体类的研究论文，在能力可及之下，都须一一经眼阅读，然后逐页翻检当时台北新文丰出版公司印制的《敦煌宝藏》，对文本进行初步的整理，复依书籍的编纂进程及形式、功能等略分六大类。为求得文本文义能有正确的了解，也做了部分语源事类的追溯及检阅，然后据此知识撰写研究，题名：《敦煌类书》寄呈池田温先生，并得到他的部分指正及亲自翻译为日文，三年后才收入出版的《讲座敦煌5敦煌汉文文献》，这点对于后学的提携，实属个人莫大的荣幸与万分的感谢。

《敦煌类书》完稿提交后，还有大量关于文本现代化的整理、校记及笺注文字，放在论文中并不合适，但是那也是敦煌文献现代化所必须进行的工作。既然已经做了，纵使未尽完善，有机会也要出版。恰好当时新闻局正好推出补助学人的出版计划，于是在最后期限内略加补充，送交出去，经过一段时间的审查，获得奖助通过，同时也规定经费成果皆须在不到半年内出版核销。也因当时已经南下于成功大学执教，只好就近交给南部的出版社采用计算机打字排版印制，理由是希望这部充满缺点与不完备的著作，将来有机会再据这次的初印底稿重新给予补实。讵料南部与学界稍有关系的只有丽文出版社，自己却无一套独立的出版人员，需要转包给另一家民营打字公司，这家公司又只有老板和员工两人，既要打那些古籍不经常见的文字，又要造字及更动我在初校、二校以后需要改订的文字，公司的忙乱可想而知。尤其当时计算机使用的一套中文标准码，正是信息策进会赶付送去注册的大五码（BIG5），受限于个人计算机的内存容量，总共编了13052字，这部分工作是由潘老师率领我们这批兼任国字整理小组的成员完成。可是若要排版具有三千多年，东南西北各色人所留下的书写材料及文字体式，绝对无法如实表现，尤其敦煌文献的手写书体。也因如此，必须大量地造字及编新码，这些新码字一旦送到打印机时，它的内建软件码又无法呈现后来的人为造字图码，以至于所印制出版的《敦煌类书》[1]是部质地极差、未达理想的出版品，所以每次翻阅时，如棘在背，汗涔涔下，总想在闲暇时刻，取用上海古籍出版社出版的敦煌及吐鲁番文献，重新增补，全面改订过去的错误与不足，毕竟现今各方面的条件，远比当时具足。虽然有此想法，在一头陷入分类之书的泥淖后，因为不断追索，从宗教仪式中的斋会文字到各类书仪等应用文献的整理，一直牵系着我的研究方向，无法回头，以迄退休之年，始终无法停下脚步，重新省视这批类书文献。讵料一部中国佛教古佚书：《五杉练若新学备用》[2]的出现，印证了我多年极想了解的一件事实：在唐宋变革之际，受到造纸的改进、印刷等技术出现的影响，使书籍的生产复制更为容易，无形之中降低了文化知识产品的成本，文化知识也随着商业发展普及全国各地。尤其因应社会各阶层的需求，实用及初阶教育方面的参考书籍，从东南到西北，覆盖了全国各个角落，此呼彼应，到了今天，这种情形仍然没有改变。

---

① 《敦煌类书》，丽文出版社，1993年，上、下册，共1496页。
② 《中国佛教古佚书：〈五杉练若新学备用〉研究》，新文丰出版公司，2018年，上、下册，共853页。

三、对《敦煌类书》的补正述评：
以《敦煌写本类书〈励忠节钞〉研究》为例

诚如上述，《敦煌类书》既然存在诸多的缺陷与不足，个人又迟迟未加修订与补实，迟早必有同好此道者会来做这一方面的订正工作，而兰州大学敦煌研究所一二十年来在郑炳林所长的领导下可说是执行这一任务最勤快与最好的导师。他指导学生每从《敦煌类书》的类别中挑出单一书篇，给予细致化而深入的研究，所谓前修未密，后出转精，也是必然的结果。在这些众多的博硕士研究论文中，以单篇发表，或成书出版者，比比皆是，笔者在此无法一一列举，只能列举十年前这位青年学者持赠给我的正式出版大作，希望能够给予"指正"的《敦煌写本类书〈励忠节钞〉研究》为例，稍做说明，免得让他引领企盼，有负所托，故借此特做如下的评述。

（一）《敦煌写本类书〈励忠节钞〉研究》①

屈直敏教授《敦煌写本类书〈励忠节钞〉研究》（以下简称"《屈书》"）是就读兰州大学敦煌研究所时撰写的博士学位论文，经过答辩之后，再做增补修订，由民族出版社通过审查，然后排印出版。全书结构，凡分六章，今分述如下：

首章乃是此一学术问题研究有关的文献回顾，可谓中规中矩。

第二章是写卷叙录与整理，共掌握了 14 个卷号，多出笔者原书写作时还未公布的俄藏Дx.10698V、Дx.10838V 及漏失的英藏 S.5763 三个卷号（参见此书第 486—487 页书影），的确对卷数或内文都有增补核校的价值。再者，对于卷子的描述也比我描述的详细，这点补充必须给予嘉许与感谢。

第三章引书研究，共含有分类统计、方式综述及价值等三方面的讨论，这部分与笔者"《励忠节抄》之编纂体例及其价值"及"第四章敦煌类书之特征、作用和价值"②相互对应，只是笔者针对所有类书做个总说，《屈书》则是究其架构集中于一处，再做更集中细致的分析，当然也有可观之处。

第四章讨论"《励忠节抄》的性质、内容及成书背景与年代"则是处理此书必须讨论的重点，这一部分与笔者观点有些不同，容后再论。

第五章针对此书看唐代的知识、道德与政治秩序，凡分两节集中比较《帝范》、《臣轨》及《珠玉抄》《新集文词九经抄》编辑的内容意义，则与笔者较简略而分散讨论的方式不同。

第六章探讨当时传抄此书的背后意义，似乎为了对归义军政权道德秩序进行了重建，以及因应儒释道三教并兴及忠节为核心的观念而编纂传播。

---

① 屈直敏《敦煌写本类书〈励忠节钞〉研究》，民族出版社，2007 年，共 489 页。
② 分见《敦煌类书》，第 26—28、127—148 页。

至于下篇录文与校笺部分，若持与拙著两相对照，除指正当时计算机无法打印之字及未曾校出误认者外，如今因为软硬件工具的发达，当时笔者仅录引重要条文，其他则约略提到事文出处和各种异文间的是非，《屈书》后来能够透过各种书籍数据库及百度工具的检索运用，进行全文复制，作更详细的辨证，的确给予读者不少方便，甚至当时笔者以人工未能找出的条文，他都能够做出更精确的增补说明，显然这也是他更为精进处。

以上是《屈书》的简要介绍，总体而言，他是继笔者之后，研究《励忠节钞》下的功夫最深、表现最好的一位，精彩文字随处可见，真不负他离乡背井、负笈访师的求学初衷，也无愧于郑所长的指导及书后所感谢的几位师长对他的期许深盼。

（二）《敦煌写本类书〈励忠节钞〉研究》商榷

然而《屈书》对于本作品的研究也非没有可资商榷的余地，宋代朱夫子《鹅湖寺和陆子寿》诗云："旧学商量加邃密，新知培养转深沉。"绝对是学界所应当遵奉的真理，也唯有如此，才不会积非成是，真理才会愈辩愈明。何况学者个人之间，因为立场的不同，切入叙述的角度也会有所差异，自然取用的证据及论述过程，以及最后得到的结果就有横竖之别了。盖所谓"横看成岭侧成峰，远近高低各不同"，无非如此，所以笔者也就在此提出如下几点看法，用以提供屈直敏教授斟酌参考。至于两岸隔绝，书籍阅览不便，诸如《屈书》第5页对王云五主编《续修四库全书提要》所造成的误会，则不在评述范围。

1.《励忠节抄》的编纂时间

笔者曾经根据《宋史·艺文志》子部类书类考证有关《励忠节钞》十卷书作者是王伯玙，该书置之于魏玄成《励忠节》四卷之后，按理而言，应该是在此基础上扩编抄成，故有如下文字说明云：

> 魏玄成即唐代名相魏征，史志文献上曾经提到受诏参预《隋书》、《梁书》、《陈书》、《齐书》、《周书》、《大唐仪礼》、《麟阁词英》六十卷、《文思博要》及《目》之总纂或编修，并有《次礼记》（类礼）二十卷、《自古诸侯王善恶录》二卷、《群书治要》五十卷、《谏事》五卷、《魏征集》二十卷、《祥瑞录》十卷、《列女传略》七卷、《王氏王嫔传》五卷、《续妒记》五卷、《时务策》五卷等众多著作，独未见新旧《唐书》著录《励忠节》四卷书，宋代公私诸家书目也未一语道及，直到《宋志》才见载录，因此是否其著作，不无可疑。①

除了上述提到诸书外，还有《志》三十卷，《周易义》六卷、《魏征隋靖列传》一卷（此书应写其靖隋有关的人物传记）。就此看来，魏征著作既然如此众多，对于区区四卷的《励忠节》编辑应该毫无困难，何况该书与日本传存的五十卷《群书治要》在体例或性质上十分类似，不过丛抄及类书之别而已。然而我也没有确切的证据足以判断必为伪作，因为元代前期所有书志，如新旧《唐志》《通志·艺文略》《崇文总目》《郡斋读书志》《直斋书录解题》《宋史·艺文志》《文献通考·经籍考》等，

---

① 《敦煌类书》（上），第25页。

提到魏征相关的作品皆直以"魏征"称名；仅下列四书以字敬称："魏玄成"，如"史部、传记类"录有王方庆《魏玄成传》一卷及《魏玄成故事》三卷，盖为别人撰写他的传记或故事；又"子部、杂家类"《魏玄成祥应图》（"应"一作"瑞"），也有称名魏征，唯独"类书类"《励忠节》四卷则以字称"魏玄成"。也因如此，才会有此疑惑，盖所谓考据应有考有据，孤证则要稍作保留。如果玄成有此一作，何以新旧《唐书》及其他书志不录，要等到《宋史》才会出现？严格而论，这种后出之作若以乾嘉考据学者或《古史辨》中的疑古前贤而言，对此立论也会有所质疑。毕竟著作众多，声名如此显赫的太宗谏臣，大家必然争相传写他的作品，岂与三家村学究所编辑的民间载籍一样地看待，因此我又继续做了如下的推论：

> 唯自太宗以九五至尊，撰作《帝范》；武后临朝，御制《臣轨》，则好事之臣，自励忠节亦事所必有。何况征为诤臣，又主张"君能尽礼，臣能竭忠"，"德礼诚信，国之大纲"，"若欲令君子小人是非不杂，必怀之以德，待之以信，厉之以义，节之以礼，然后善善而恶恶，审罚而明赏，无为之化何远之有！"故史臣评曰："其匡过弼违，能近取譬，博约连类，皆前代诤臣之不至者。其实根于道义，发为律度，身正而心劲，上不负时主，下不阿权幸，中不侈亲族，外不为朋党，不以逢时改节，不以图位卖忠。"凡此，皆当时上下人臣之所习诵乐道，而好事之徒，或有抄录旧文，假托其名以行之者也未可知，岂知两唐史志及私家书目之所不录，似乎透漏一丝玄机。因此本书未必是玄成所作，大概在其死后，武后御制《臣轨》不久，即有好事之徒伪作，何人伪托，今也随着原书的亡佚而难以稽考了。[①]

当然这是就理而论，未必是不刊之论。然而视其著作也罢，若非他的著作也不打紧，反正两书相次，性质相近，有其创作的时空背景为依托，大家应该同意这个设想，但是否必受《臣轨》一书所局限，恐有讨论的余地。有关《臣轨》的写作时间历来多所争论，《屈书》已列四说，并加以析论后，直认为：

> 由是可知，《臣轨》一书当是撰集于"上元元年"至"弘道元年"之间（674—683年），弘道元年之后上奏武则天，并由她亲自撰写序文，然后颁赐群臣，到了长寿二年便将此书作为天下贡举人学习的必读书而颁行天下。我们由此也可以推知，《励忠节钞》一书的编纂年代当在此后不久，即武周时期。因为武则天在天授元年（690）加皇帝尊号后不久，为了强化武周政权的统治，加强忠君爱国的政治思想道德教育，于长寿二年（693）下令让天下贡举人习业御制《臣轨》，罢举人习《老子》。这一措举直到神龙元年（705年）中宗令贡举人停习《臣轨》，依旧习《老子》才终止。上之所行，下必效之，好事之徒，为了迎合朝廷的需要，遂编纂了大量以道德伦理教育为主要内容的通俗读本，以激励忠节为核心内容的《励忠节钞》也就应运而生。[②]

---

① 《敦煌类书》（上），第 25 页。又此段中间引文参见《旧唐书》卷 71 本传（中华书局点校本），第 2557、2563 页；《新唐书》卷 97 本传（中华书局点校本），第 3874 页。
② 《屈书》，第 109 页。

其实，拙著在笺注中曾经提到《励忠节钞》与《臣轨》引文同出一源者凡有 23 则，并在各则下每常提到二书之关涉情形，而屈书则从中汇选了 18 条文字作附录，说明《臣轨》所援引内容而见诸《励忠节钞》者，[①]足见此一看法应有共识，只是他在讨论《臣轨》的著作年代，将前贤四说罗列后，把第二说到第四说所含括的时间轴给予统合，由"上元元年"至"弘道元年"之间（674—683）的著书，然后该年上呈武后作序，到长寿二年（693）始颁行天下，作为举子课读用书，使《臣轨》在不同的时间点上呈现不同的意义。然而此一说法颇多疑问，盖"弘道元年（683）之后上奏武则天，并由她亲自撰写序文"这个说法必须再予重新检视，根据《臣轨》序文曰：

> ……朕以庸昧，忝位坤元。思齐厚载之仁，式馨普覃之惠。乃中乃外，思养之志靡殊；惟子惟臣，慈诱之情无隔。……伏以天皇，明逾则哲，志切旁求。……但母之于子，慈爱特深。虽复已积忠良，犹且思垂劝励。……近以暇辰，游心策府，……聊因炜管，用写虚襟。……故缀叙所闻，以为《臣轨》一部。想周朝之十乱，爰着十章；……思殷室之两臣，分为两卷。……所以发挥言行，镕范身心。……为事上之轨模，作臣下之绳准。……若乃遐想绵载，眇鉴前修；……
>
> 御撰

这篇序文显然作于载初元年（689）登基以后，否则不会用"朕以庸昧，忝位坤元"及"御撰"等这般的口气，因此屈氏论定"《臣轨》一书当是撰集于'上元元年'至'弘道元年'之间（674—683），弘道元年之后上奏武则天，并由她亲自撰写序文"。这样的说法显然存有问题。何况"长寿二年（693）下令让天下贡举人习业御制《臣轨》，罢举人习《老子》"。已是登基之后多年，凡参加科举者至少也是当日庶民百姓中较高层次的知识分子，岂能尽以世俗人物视之。因此推论神龙元年（705）中宗令贡举人停习《臣轨》后，才有人编辑激励忠节为核心内容的通俗读本，说法未免令人生疑。因为《臣轨》之前若是已有魏玄成《励忠节》一书的存在，则此类作品之编辑何必一定要等到停习《臣轨》之后，况是《励忠节钞》与魏玄成的《励忠节》到底有何关系也要给予合理的解释。也因如此，笔者推断《励忠节》一书可能出自伪托，而《励忠节钞》乃根据魏征《谏事》五卷或《群书治要》等旧作进行钞撮，又增补《臣轨》等激励忠节的事文给予扩编成书，时间则在开元至天宝前期（713—747）。更精确地说，开元十六年（728）正月，唐玄宗为了教育诸皇子作文检事，命徐坚等撰成《初学记》三十卷。[②]若如晁公武言，《事类》为说撰，坚等又奉诏而择其精粹，编成此书。[③]在此背景下，从《帝范》到《臣轨》《初学记》、以迄抄录魏玄成之《群书治要》或《励忠节》，扩编为《励忠节钞》一书，应该是合理的一道程序，绝对不可能如方南生所推断的时间：

---

① 参见《屈书》，第 119—128 页。
② 《南部新书》记载开元十三年（725）五月，集贤学士徐坚等纂经史文章之要，以类相从，上制曰"《初学记》。"
③ 晁公武撰，孙猛校正《郡斋读书志校正》（上海古籍出版社，2011 年）（上）第 14 卷，第 651 页云："右唐徐坚等撰。初，张说类集事要以教诸王。开元中，诏坚与韦述、余钦、施敬本、张烜、李锐、孙季良分门撰次。"

《励忠节钞》，无疑是从《励忠节》一书中抄录简出的……，根据分析，当是稍后于魏氏的初唐人，此人在唐高宗李治当皇帝时仍健在。从《励忠节钞》的避讳来看，《励忠节》一书约成于太宗贞观中晚期，至迟不能晚于魏征逝世的贞观十七年（643）。①

或者《屈书》根据笔者曾经提过《旧唐书·魏征传》上的两条事文继续推论云：

> 上列两则虽然没有明确标示出处，但应属魏征之言论无疑。这对推测《励忠节》一书的编纂者和成书年代提供了有力的佐证。据《旧唐书·魏征传》载：魏征卒于贞观十七年（643年），享年64岁。而《群书治要》一书，虽然是魏征等人奉敕修撰，但主要由魏征负责，其成书年代为贞观五年（631年）。综上所述可知，推测《励忠节》一书以激励忠节为题，极有可能是进呈皇上之书，因而极有可能是魏征所撰，其成书时间大约在唐太宗晚期，最迟不晚于魏征逝世的贞观十七年。②

这个推论"《励忠节》成书年代为贞观五年（631年）""至迟不晚于魏征逝世的贞观十七年"，但是没用上拙著中提过关于《群书治要》与《励忠节钞》至少还有十余条对应的资料，不免让证据力稍微失色。只是此说纵使不错，也无关于后来《励忠节钞》的成书年代，因此从其时空背景需要及根据材料的来源来看，编纂时间还是推断在武后正式公布《臣轨》之后，以迄开元十三年（725）《初学记》创作前后的这段时间较为妥当。

2. 《励忠节钞》编纂的卷数及部次

根据本书整理后的清本，可以考知前半部较为完整，除了残序缺失不少宝贵的书讯外；卷1则有〔《忠臣部》〕《道德部》《恃德部》《德行部》《贤行部》《言行部》《亲贤部》《任贤部》《简贤部》《荐贤部》十个部类185条事文；卷二则有《将帅部》《安国部》《政教部》《善政部》《字养部》《清贞部》《公正部》《俊爽部》《恩义部》《智信部》《立身部》十一个部类215条事文，其后残断。又自〔《诤谏部》〕起，经《梗直部》《刑法部》《品藻部》《交友部》《言志部》《嘲谑部》《阴德部》等八个部类132条事文，又是一个系统；〔《戒慎部》〕《谦卑部》《推让部》《家诫部》四部类134条事文，又自成一个系统；最后〔《孝亲部》〕《人物部》《志节部》《贞烈部》74条事文是一个系统。这四个系统没有交集系联的部类或文字，所以后面这三个部分该如何摆置便成问题。依理而言，最前最后两系部类的摆次《屈书》和笔者的看法相同，但是中间〔《诤谏部》〕等八部类与〔《戒慎部》〕四部类，笔者曾经犹豫，有过变动，他则采用我的前说，把〔《戒慎部》〕四部置前，与〔《诤谏部》〕等八部对调。

的确，这两系不相联属，《立身部》后联系了《戒慎部》，似乎部义较近，因为《艺文类聚》之《人部七鉴诫》《人部八讽谏》《人部九：说、嘲戏》；可是再看《太平御览·人事部》则是《谏诤——七》

---

① 方南生《唐抄本类书〈励忠节钞〉残卷考》，《文献》1994 第 1 期，第 198—199 页。
② 《屈书》，第 104 页。

《鉴戒上下》《游说上中下》《辩上下、讷》《讴、歌、谣》《嘲戏、詈骂》，依次摆列，足见这两者都有各自的摆置次序。但是我后来将〔《诤谏部》〕八部类前调，改动原因有二：既然两者各有参照，顺从《太平御览·人事部》将《谏诤》置之《鉴戒》之前，未尝不可，何况《太平御览》一书也是承袭《修文殿御览》的事类，形成两截式的叙事体例。再者，前一二卷每卷约有十部类，若将残缺的八个部类掐头去尾，也约有一卷的分量，若把它放在卷 2 之后，独立成卷，也还可以勉强接受，如果根据《屈书》说法：

> P.2711、P.4026+P.5033、Дх.10698V+Дх.10838V+P.3871V+P.2980V+P.2549V 三个系统写卷因卷次不明，本文于此合在一起为第三卷，自本则起以 P.2711 为底本校录。①

把这三个系统勉强合在一起，视为第三卷的整体说法实待商榷，毕竟这些残卷已非同一时空的书写，轻易把它们一体统合，也是不得已的做法。若是将十六七个部类笼括，视作"第三卷"，有违第一二卷各约十部类的分卷方式。何况将 P.2711 四部类置前，更不适合，因为与前与后都很难缀合外，则部类中也必然出现标注卷三这个标题，或者存有"卷数"的标记，这也是笔者后来调动次序的另一个原因。然而《屈书》在表格②中把 P.2711《戒慎部》的"残"字误置于 P.4059 行列栏格之内，这个手民之误不免误导了读者，以为这两个卷子内容可以互相衔接。

3. 《屈书》整理《励忠节钞》后之清本及笺注

语言符号原本非一时一地一人所创，并在一定的族群社会中，以渐进积累的方式约定俗成而通行，随着不同时空及个人的使用，使形音义上产生些许的变异，此即陆法言《切韵·序》所谓的"南北是非，古今通塞"。尤其汉字又随书写的材料及字形之隶楷而有变革，历代也留下不少的异形变体。然而这些歧异每在政治大一统后，官方为求王政的顺利推行，必颁行所谓的正字典籍，用以纠谬，而字样书籍及石经之立都是在此背景之下产生，避免考试时古今正俗异体字的书写或字义上的歧异而产生纷争。只是个人的任意性，以及书法家讲究构字的审美艺术，也自有一套独特的书写标准，强制要求统一，只是理想而已。也因如此，我们整理古书现代化的标准何在？是复原到过去创作者的时空？还是力求现代化后方便于今日读者的阅读与理解？两个不同的面向有如背道而驰，有无折衷的可能？因为现代的简体字形及新式标点不是当日时空下的产物，而是今天大多数人口使用的习惯。不过这个问题已经随着字码的交换而解决，由繁变简，古今一体适用；由简变繁，仍然存在些许的困难。倒是尚未编码的字形，若谨守卷子上的书写形体，未必能够完全通读，也很难在经常使用的计算机及印表工具上顺利呈现，的确增加表述或阅读上的不变；作或图形呈现也很难检索。尤其面对几种不同时空下的复抄本校勘，如何在勘正过程中择优录写，或增或删，除了要以通读理校为标准外，在校记中阐述过程与真相应该力求简明，期使后来读者可以据此

---

① 《屈书》，第 370 页。
② 《屈书》，第 26 页。

叙述回复原来的初始面目，否则便会让人无所适从，落入窜改臆造之嫌。然而今日从甲骨、金文、以迄简帛或敦煌诸文献的整理，除非无法理解者姑存其形，否则应该予以简化，以正字表现，如此才是合于古籍现代化的意义。如果刻意存真，校记必然叠床架屋，也为古今正俗及偏旁描形绘字，新造不少无谓的字形，这点学界应该再行深思。毕竟古人书籍在流传过程中，雕版印刷未盛之前，各家文本已多通假异体或脱衍讹误，此汉儒之所以特重师承；刊版发行以后，仍有宋元明版的不同，这是清儒之重版本校勘的原因，今日整理古籍时也都会遇到这些问题。最令人苦恼的是书钞或类书一类的编辑，原来只是便于寻检，连类记诵，或者用于学习语言记号的文化传统，或为学习写作骈俪诗文而备用，不同于专门一书的学习读诵。因此，这类作品的编辑除非如官方具备充分的人力、物力、财力等条件，才能从事比较严整的修纂；否则私家编辑大都仅凭个人的记忆或运用手边有限的图书数据，难以确保字句的完全真实，姑存其义而已，此乃现存类书所见的特性，敦煌类书尤然。故类书可作辑佚校勘之用，然而使用也要小心，稍做保留。尤其这些古书经过多方抄录，各书之间都有不同，而在原书已经佚失的情况之下，面对诸本异文何者为是，何者为非，的确令人难以判断。但是无论如何，在数字工具越来越方便，求全省时之下，能找到的参考数据也较前人为多，这和过去卡片手工的学问方式已经不可同日而语，只要多下功夫，仔细比对，合理判断，后出转精也是必然的结果，因此，《屈书》在这方面胜过笔者的校笺批注乃毋庸置疑，这点应该给予道喜祝贺。

只是校书如扫落叶，随扫随生，尤其汉字一音一字，在辅音及元音的组合下，虽有四声别异，同音字仍然不少，以至于在狭小的键盘格子内稍有不慎，即产生不该有错误；而今日的计算机软件也太聪明了，把刚才正确无误的字又自动改错，凡此都是今日行文写书及校勘时，每遇到部首偏旁及同音致讹衍生的问题。因此，以下笔者略举几点《屈书》在整理清本或校注犹待商榷的问题：

（1）《阴德部》第二则（笔者编号 212-29-02，《屈书》第 446 页 33002）

〔毛宝行于江上，见渔父钓得一白龟，宝赎放〕江中。后十余年，宝镇守〔邾城，石虎遣二万骑攻之，城陷，宝突围出，赴江，脚如踏着物，视之，乃昔所放龟，长五六尺，送至东岸，遂得免焉。〕

案：本则因 P.5033 残缺，笔者根据《蒙求》卷中第 262 条"毛宝白龟"补足文意。并且找出《晋书》卷 81《毛宝传》、《类聚》卷 96、《太平御览》卷 477、卷 931 等引述文字乃出于今本《搜神后记》卷 10"放龟"条，然而文字颇有出入，故仅用于参考。反而不如《类林杂说》卷 7，《语对》〔廿〕《报恩》"白龟"与《蒙求》等文字近似，应该同源一系。再者，以上三书皆保留于敦煌文献，故笔者乃据以补足缺文外，亦说明正统官修类书汇编资料多存古貌而严谨；民间或个人修纂类书用于通俗知识教育，或多改易而随俗。可是《屈书》本则仍留原本真相，缺者犹阙，不但无法卒读，也将笔者认为比较合于原书文字出处弃而不用，未免可惜。

（2）《诚慎部》第二则（笔者编号 212-30-02,《屈书》第 370 页 22003）

　　任征君曰：夫病者皆从口入，祸从口出。□（是）故君子随□□□□饮食。语曰：罗网之鸟，悔不高飞；悬钩之鱼，悔不忍饥。

案：此则"□（是）故君子随"《屈书》强作解人，直接录作："是故君子慎"，然而原卷模糊，故宜保守为是。又笔者曾加案语："任征君见范晔《后汉书》卷81《独行列传》，唯不载此语，周天游《八家后汉书辑注》亦失辑，《增广类林》卷2《高士》篇及《语对》闺情类"奸淫"条，曾载其妻行奸于目前事"。然而《屈书》整理时，将此条分成两则，以"语曰"以下为另段起。考之本卷分则每多留下空缺示别，若据文义，予以上属，合作一条，未尝不可。何况既然无法考知出处，又是残缺写卷，实依旧式保守处理来得妥当。

又：本则可补出处为晋代傅玄《补遗上·口铭》曰："病从口入，患自口出。"然而《屈书》引宋代罗璧《罗氏识遗》卷3"忍字"条云："小说著太公劝忍之言曰，"不免画蛇添足，因为敦煌本《太公家教》今日见存，其文字经整理后云："罗网之鸟，悔不高飞；吞钩之鱼，恨不忍饥；人生误计，恨不三思；祸将及已，恨不忍之。"显然录引原书作证再恰当不过了，何必另行征引宋人后出之罗璧书。凡此，皆有待商榷处。

（3）《诚慎部》第三则（笔者编号 212-30-03,《屈书》22005）

　　昔辽太守将□□□□□之曰：守者，宅也；吏者，客也。自审有□□（能则）居之，不能则去，无久妨贤者之路。

案：本则残损，未知出典，《屈书》同。惟笔者误将"居"作"君"，已得《屈书》匡正。然而《屈书》却误衍"居之"一词，以至于标点则有待商榷。

（4）《诚慎部》第三则（笔者编号 212-30-05,《屈书》22007）

　　□□□曰：夫口舌者，患祸之门，灭身之府，言出□□（患入），言失身亡。

案：本则残损，出典待考。《屈书》引《刘子·慎言》文字近似而详于本文，故再引Ф247、Дx.2197《新集文词九经钞》及同书P.2598稍有差异的文字互证。若此，未免累赘，不如引用《无上秘要·修真养生品》卷之七云：

　　贵坚刚强，轻忽喜怒。福善出于门，妖孽入于户。故舌耳为患，齿角不定。口舌者，患祸之宫，危亡之府。言语者，大命之所属，刑祸之所部。言出患入，言失身亡。故圣人当言而惧，发言而忧，常如临危履冰。（右出《妙真经》）

毕竟这段文字早于《刘子·慎言》，更能说明此段文字的源头。

以上略举数处可咨商榷处，似此情形仍可检出不少例子，但是任何人在注释与校笺时，都可以挑出不少这类情形，却无损于《屈书》的成就，因此也就在此打住，再请参考拙著《敦煌类书》的新版修订。

四、结论

笔者受命撰写《敦煌类书》，当时条件及个人学养的确诸多不足，且时间又十分仓促，因此勿论研究或校笺部分留下不少可资批评的地方，也先后经过许多学者同好的匡正，铭感五内。其中，最重要的莫过于甘肃兰州大学敦煌学研究所屈直敏的博士论文《敦煌写本类书〈励忠节钞〉研究》，该书经过民族出版社出版之后，承蒙亲自题字，惠赠一部。经过多年，迟迟未动，委实有亏所托，今因适逢长者施萍婷教授九十华诞，学界为文颂寿，故特地取出阅读一过，叙述当年拙著撰述之经过与不足，以及评述《屈书》后出选精优胜之处。唯拙著《敦煌类书》与《屈书》观点仍有些许不同，特地说明笔者认为魏玄成著作《励忠节》四卷书仍宜稍持保留，纵使不排除魏征佚失之作，并就《群书治要》《谏事》《魏征集》等书抄录而成该书，仍然不能拿来作为《励忠节抄》创作时间的依据。因此《励忠节抄》是在武后登基，《臣轨》正式公布之后，以迄开元十三年（725）《初学记》创作的时段内，王伯玙以《励忠节》为底本，再从传统四部中增编为十卷。如今敦煌文献所存除一二卷近于完整外，其后部数应近二卷，甚至是三个残卷，《屈书》勉强将它合为第三卷，不但不符原编的卷部，部次的接续安排也无所根据。

《俄藏敦煌文献叙录》勘误

邰惠莉/敦煌研究院敦煌文献研究所

《俄藏敦煌文献叙录》的出版，使学者能更全面了解俄罗斯藏敦煌文献的状况，给学界提供了利用俄藏敦煌文献的工具，是研究俄藏敦煌文献较为全面、系统的工具书。但此叙录的不足也是非常明显的：定名不准确、录文舛错失误、内容考证引用文献名称不一致、索引不全等问题。

借施先生九十大寿之际，试对俄藏叙录查漏补缺，对定名失误经卷重新定名，并做简单说明。本文中所引经卷出自《俄藏敦煌文献叙录》（以下简称《叙录》），图片采用上海古籍出版社出版《俄藏敦煌文献》（以下简称《文献》）。

一、童蒙文献勘误

俄藏敦煌文献中童蒙资料虽不多，前人研究成果中零散，但成果颇多，《叙录》作者没参考这些最新研究成果，遗漏颇多。

俄藏有4件《武王家教》，均误为《太公家教》。现依内容定名。

Дх.00098，《文献》定名《太公家教》，《叙录》定名依《文献》。此件残片，存10行，行3至11字。原卷甚残，后2行与原卷断裂，第9至10行之间缺一行。"为七奴/二贱坐/著杂色衣裳/曰何名为九愚/人为三愚夸己善为四愚/愚妒疾胜己为七愚行/愚武王曰何为十狂太公曰/狂立身无志为三狂/六狂嗔他/庄子云/孝子亦知"。

Дх.00513，《文献》定为《太公家教》，《叙录》依原定名。误。其实有许多学者对此有研究，郑阿财、朱凤玉二位先生在《敦煌蒙书研究》第四章"敦煌写本德行类蒙书·家训类蒙书"《武王家教》中特别指出"尤其可贵的是俄藏Дх.513残卷，尾题有'武王家教'，明白地说明了《太公家教》

与《武王家教》性质虽然相近，然各自独立成书，不可混为一书"。然叙录作者未充分利用已有的研究成果。此卷残片，存 17 行，行 2 至 9 字。本文："求财/祥何为七奴太公曰跣脚/着鞋上床三奴起立/露形洗浴六奴口面不净/匆匆为一贱跣脚立尿/四贱唾涕污地五贱杂/不择地八贱武王曰何/求财不足二愚好/愚好说他人五愚悭/行恶不虑八愚被辱/下忤上一狂说他密事/道业四狂见善不习五/行善七狂同类相欺八狂/十狂礼云君子不失/吾比养汝怜汝极深/子亦知之相续相报是/武王家"。

Дx.06035《武王家教》，《叙录》定名《太公家教》，误。存 22 行，行 3 至 17 字。此号与郑、朱补足本意思相近，文字略有不同。后两行，每行仅存 3 字，"於金柜"是"此情可藏于金柜也"之残句，后一句不见于补足本。本文 "公曰家有三耗　武王曰何谓三耗/不□三耗　太公曰家有三费/三费　太公曰家有三败不富者何/家贫好酒三败　太公曰家有/酒□□□　好行非礼二殃　手不执作/太公曰家有一错　二娱　三痴　四失　五逆　六不详/公曰有子不交一错　何谓二娱　太公曰不修道业/谤调戏一痴　未语先笑二痴　言不择口三痴　何谓四失/笑他人三失　借他物借与他人四失/敬二逆　仕官不勤三逆　违上命四逆/□一祥　无事瞋恚二不详　与恶人交往/祥　非里求财六不祥何谓七奴　太公曰/三奴　起立著裈四奴　坐起背人五奴/行步匆匆一贱　立跷一脚二贱　坐不端正三贱/色衣六贱　不自修饰七贱/愚　好色薄德二愚/七愚　行不/身无志三/相欺八狂/于金柜/合随风□"。

Дx.17447，《武王家教》，《叙录》定名《太公家教》，误。存 9 行，正文 5 行。本文："悭贪吝惜为/被褥不耻为九/上为一狂说他密事为二/四狂见善不习为五/七狂同类相轻欺为/为十狂礼记云君子不/怜汝极深汝今养子/报是其常理也/家教一卷"。后 4 行题记："九□自洁身得行不负之/九月日吕惠达书记学/纸不可列将归虽然无手笔/生郎期马□天堂□"。

俄藏中的《新集文词九经抄》，郑阿财、朱凤玉先生《敦煌蒙书研究》有研究成果刊布，《叙录》编目时惜未利用，依旧沿用《文献》定名。

《文献》拍摄时，将几个残片缀合后拍摄。给号为 Ф.247《百行章》、Ф.247+Дx.1368《百行章》、Ф.247+Дx.2153（馆藏缺）、Ф.247+Дx.2197《百行章》。

Ф.247+Дx.2153《文献》注馆藏缺，实 Дx.2153 独立成号，未缀合。

郑阿财、朱凤玉先生《敦煌蒙书研究》中，将 Ф.247（书中误为 Дx.247）、Дx.1368、Дx.1368A 作为独立残片，详加研究。现依郑、朱先生成果，勘误如下：

Ф.247《新集文词九经抄》，《文献》定名《百行章》，《叙录》沿用。误；

Дx.1368《新集文词九经抄》，《文献》定名《百行章》，《叙录》沿用。误；

Дx.2153《新集文词九经抄》，《文献》定名《百行章》，《叙录》沿用。误。

俄藏中有不少儿童习字作业。这类依内容不同定名。

Дx.06066，《叙录》沿用《文献》定名"习字"，不准确。可定名"百家姓习抄"。抄写内容为百家姓，抄写形式比较独特，正文大字书写，在每一个字旁边用小字抄写同字 2 至 3 遍。正倒两头抄写，两头各抄写 6 个大字。内容为"赵钱孙李周吴郑王冯陈褚卫蒋沈韩扬朱秦尤许何吕施张孔曹严华金魏陶姜戚谢邹喻"。正倒均抄 36 大字。有点字帖的意思。

Дх.03095В+Дх.02482,《叙录》沿用《文献》定名"习字",不够精确,可定名为"千文字习字",是习抄"游鹍独运,凌摩绛霄,耽读玩市""易輶攸畏"句。Дх.03095В存"运、凌、摩、绛"4 字 6 行;Дх.02482 存"绛、霄、耽、易、輶、攸"6 字,共 16 行。两号同经同卷残片,可缀合。

Дх.04410V,《叙录》定名"杂写、习字、人名等",此残片中还有 5 行是千字文内容。前 4 行为"辰宿列张,寒来□□/——去腾致雨,露结为霜。/称√珠夜光,果珍李奈,菜/龙师火帝,鸟官人皇"。后 1 行,字迹模糊,不可辨识。《叙录》编目时此漏编此项。

Дх.05169+Дх.0517,《叙录》定名"习字",不够精确,可定名"千字文习字",存四残片,每片抄写 3 至 4 行单字。内容为"游鹍独运""渠荷的历""凌摩绛霄,耽读玩市""虚堂习听""陈根委翳落叶飘摇"句中之"独、运、凌""渠、河(荷)""霄、耽""习""翳、落"10 字各书 1 至 2 行,共 15 行。此四号纸质一致,书法相近,有二号同是正背抄写,应是同卷残片。

二、录文内容勘误

由于原卷漫漶不清、缺少笔画所引起的识读困难,还有几号是粗心或校对不认真所致误。

Дх.01413本文中"互相"错为"牙相"。这种错误是对敦煌俗体字不了解,也是对本文通读不够,未完全理解文义所致;

Дх.05474,本文"岂可摈狐兔稻梁(粱)"错为"岂可摒狐兔□粱";

Дх.0479,本文"沈伯贵"误为"沉伯贵";

Дх.06006V,本文中"宋文恽"错为"宋又恽";

Дх.0524,本文"起居"误为"超居";

Дх.08611 写经文愿题记中:"割减资财敬写……"。"割减"是一种很常用的说法,《叙录》作"割咸",明显识读错误。

三、简繁体转换形成错误

简体繁体使用不一致,也有手抄本使用俗体字在行文中未规范成简体,《叙录》中有些混乱。如:"敕"和"勅";"踈"和"疏";"託"和"托"的使用。

Дх.01254,本文中"备"用繁体"俻"。

Дх.07072,本文中"托"误为"讬";

Дх.16695,本文中"疏"用"踈";

Дх.14529,本文中"敕"误为"勅"。

四、粗心致误

但有些错误就显得比较低级，如佛经中出现的错误，如果能更仔细一点对照现刊本《大正藏》也会少一些这样的失误。

Φ.251《思益梵天所问经》，存 37 行，比对现刊本《大正藏》，在第 15 册第 47 页 A 栏第 9 行至 B 栏第 28 行，遗漏 "B 栏" 2 字。现刊本一栏 28 行，行 17 字，是参考写经单纸行数及字数排版。此卷存 37 卷，仔细想想，也不可能是同栏内容。实乃粗心所致。

Φ.336《妙法莲华经卷第七》，存 2 纸 50 行。比对现刊本《大正藏》，在第 9 册第 58 页 C 栏第 8 行至第 59 页 B 栏第 8 行。遗漏 "第 59 页" 几字。

行文前后不一。Φ.230V，名称是《黄子霞施小麦疏》，在下文中 "黄子霞" 成了 "黄小霞"，这就只能是粗心了。"子" "小" 在手写中很近似，在名字中也都可用。此卷有 "弟子黄子霞"，两个 "子" 书写很近似，"黄子霞" 正。

五、可定名未定名残经

有残片确实无法定名，内容又是佛经，只能归之残佛经。还有一些是残片（我们定名中认定的残片，所存文字超过 10 行，行数超过 10 字；残片行数不足 10 行，字数不足 10 字）。在比对经文时，部分经句相似，但前后内容比对不上，或是经文相近，不完全一致。还有一些，似为经句摘抄，所存经文都能对上，但相文不相连。

Φ.328，《叙录》定名 "残佛经"。此卷存 13 行。经过反复阅读，对残存经句反复检索，此残片可名为《大通方广忏悔灭罪庄严成佛经卷中》，经文参见《大正藏》第 85 册第 2871 号，第 1345 页 A 栏。不能确切比对至具体行。

敦煌文献博大精深，数量巨大，内容繁复。即使有前贤研究成果硕硕，但具体到经卷中，还是有许多的难点。敦煌文献编目经过百年，从最初的专题目录、简目、总目，到现在要适用大数据时代的数据库编目，我们一直面对新的难题，新的挑战。诚惶诚恐、战战兢兢。学识不足，知识蓄备不够，有许多错误，可避免未避免，遗憾万分，愧对读者。俄藏遗书总数 17000 余件，我们逐号纠错自查也是不易。施萍婷先生是敦煌文献编目的前辈，从事敦煌编目半个世纪。我们现在的叙录体例，即是遵循施先生编目。借施先生九十寿诞之际，我们自查自纠，希望得到学界的谅解，也希望专家学者指出《叙录》错误，以便我们在《敦煌遗书总目索引数据库》中改正修订。

俄藏敦煌文献中的童蒙资料

李　茹/敦煌研究院敦煌文献研究所

一、引言

俄罗斯科学院东方研究所圣彼得堡分所收藏的敦煌文献，为1914年沙皇俄国皇家科学研究院奥登堡考察队在敦煌所发掘和搜集的，共计19000多件。1992—2001年，俄罗斯科学院东方研究所圣彼得堡分所，俄罗斯科学出版社东方文学部、上海古籍出版社联合编纂出版《俄藏敦煌文献》(图录)共17册。但《俄藏敦煌文献》大多为残片，其图录出版时，仅前10册有简目，另有相当部分残片未定名；后7册残片以序号列出图片，没有定名。自2002年开始，邰惠莉研究员及其团队，经过10多年不懈地努力，对《俄藏敦煌文献》中近万件未定名佛经残片及社会文献进行全面系统的考证定名和编目，对原目录进行修改和补充并编撰索引，终于取得了丰硕的成果。

《俄藏敦煌文献叙录》的主要成果体现在以下五个方面：一是完整的俄藏敦煌文献目录，可直观反映文献检索的基本体例，包括编号、名称、现状、题记、本文、说明、定名依据等；二是展示已有的相关研究成果；三是揭示不见于其他敦煌文献收藏地的俄藏佛经；四是缀合俄藏敦煌文献与其他收藏地的敦煌文献；五是对此前未能定名或定名不准的残片通过新材料、新方法的对比予以准确定名。

本文依据《俄藏敦煌文献叙录》将其中的童蒙资料做一整理和分类，廓清俄藏敦煌文献中的童蒙写本的数量和类型，另外，对其中一件俄藏Дx.02822写本择取部分内容进行了释读和考证。

二、俄藏敦煌文献中的童蒙资料

郑阿财、朱凤玉先生在《敦煌蒙书研究》中，依据写本的内容、性质与功能，将敦煌童蒙书分为识字类、知识类、德行类三大类，计25种凡250件抄本，计分三大类，即（1）识字类有《千字文》《新合六字千文》《开蒙要训》《百家姓》《俗务要名林》《杂集时用要字》《碎金》《白家碎金》《上大夫》9种，106件抄本；（2）知识类有《杂抄》《孔子备问书》《蒙求》《古贤集》《兔园策府》《九九乘法歌》等，凡6种，34件抄本；（3）德行类有《新集文词九经抄》《文词教林》《百行草》《太公家教》《武王家教》《辨才家教》《新集严父教》《崔氏夫人训女文》一卷本《王梵志诗》《夫子劝世词》，凡10种，110件抄本。①

俄藏敦煌文献有如下特点：数量多，总数有19000余件；碎片多，有14000件为碎片，在《俄藏敦煌文献叙录》中定义的碎片，是行数不足10，每行字数少于17者，内容多为佛教文献。俄藏敦煌文献中的童蒙资料所存甚少。经过我们的调查，属于启蒙教材类的有8种60余号。还有一些是习字杂写等类似学生习抄的残片，是敦煌学童学习的实物留存。俄藏敦煌文献童蒙资料种类较少，我们在此文中，简分为蒙书及学生习抄两个方面，对俄藏敦煌文献中的童蒙资料做一简单介绍。

（一）蒙书

俄藏敦煌文献中的蒙书现存8种，有《千字文》《开蒙要训》《新集文词九经抄》《百行章》《太公家教》《武王家教》《王梵志诗》《百家姓》《九九乘法歌》。

1.《千字文》

存18号，全部为残片。从内容及抄写来看，有正文抄写，也有习字。抄写正文者10号：

Дх.00269，残片，存2行"恭惟鞠养岂/男效才"；

Дх.00528BV，残片，存1行"命临深履薄凤兴"；

Дх.04410V，残片，存5行"辰宿列张寒来□□/阳去腾致雨露结为霜/称√珠夜光果珍李柰菜/龙师火帝鸟官人皇"。前4行可辨识，后1行文字不清。

Дх.06028V残页，存11行，行27至28字。起"千字文敕员外散骑侍郎周兴嗣"，讫"渊澄取映"。

Дх.07861+Дх.07864+Дх.07870+Дх.07902，同一内容4碎片，其中有字者二片。其一，存2行，行5字"敦素史鱼秉/谨敕聆音察"；其二，存2行，行2字"稼穑/熟贡"；

Дх.09365，碎片，存2行"谈彼短靡恃/欲难量墨悲"；

Дх.10422，残片，存 8 行，行 3 至 10 字。起"千字文"，讫"让国有虞陶唐"；

Дх.11092，残页，存 18 行，行 3 至 7 字。起"鞠/慕贞洁男效才良"，讫"会盟何"；

Дх.12393，碎片，存 6 行，行 2 至 4 字。起"墨悲丝染"，讫"祸因"；

Дх.19085，残页，两面抄写，正面存 16 行，行 4 至 8 字。起"李奈菜重"，讫"如松之盛"。

第二种习抄，应是学童习字作业，单字抄 1 至 2 行。有 5 件：

Дх.02482，习抄千字文，单字抄 1 行或 2 行，"绛、霄、耽、易、辆、攸"6 字，各抄 1 至 2 行；

Дх.03095，残片，正背两面抄写，正页存"运、凌、摩、绛"4 字；背存"渠、河（荷）"2 字。每字抄写 2 行，行 5 至 10 个。

Дх.05614，残片，正背两面抄写，各 8 行。每行抄写 1 字，各字抄写存 3 遍，正面"鳞、潜、羽"；背面"翔、龙、师"。此四卷同经同卷，有二号正背两面抄写，字迹相同，似为同卷碎片。

Дх.19085V，习抄，每行抄写一字，有"国、光、师、龙、龙、芥、痛、瘦、吕、官、黄、藏、鸟"，非随原文顺序抄写，所选字有很大的随意性。另有一个大写的"显"字，或是显德寺藏经。

第三种杂写，存 2 件：Ф.103V，原卷抄《妙法莲华经卷第七观世音菩萨普门品第二十七品》，尾题后有题记"保瑞"，后又倒写 1 行 6 字"千字文敕员外"，卷背写"周兴嗣"3 字。此 3 处字体与本卷经文抄写者非同人，笔迹不同，字体稚拙。Дх.00895Дх.01442+Дх.02655V，存 1 行"敕员外散骑郎周兴"。

2.《开蒙要训》

俄藏存 30 号。张新朋先生在《敦煌写本〈开蒙要训〉叙录续补》一文中新调查得 35 卷，缀合后得 14 个残片，将各卷及缀合情况一一进行说明，[①]逐号介绍分析。其中俄藏 31 件：Дх.00895、Дх.01442、Дх.02485BV、Дх.02654B、Дх.02655、Дх.03991、Дх.04410、Дх.04799、Дх.04907、Дх.05260、Дх.05427、Дх.05451B、Дх.05839、Дх.05990V、Дх.06236、Дх.06136、Дх.06582、Дх.06586、Дх.10258、Дх.10259、Дх.10277、Дх.10740、Дх.11048、Дх.11066、Дх.12600、Дх.12601、Дх.12673、Дх.12715、Дх.18959、Дх.18960、Дх.19083。详情请参考张先生文章。此处不再赘述。

3.《新集文词九经抄》

俄藏存 8 号，缀合成 7 片。Ф.247、Ф247+.Дх.01368、Ф.247+Дх.02197、Ф.247+.Дх.02752+Дх.02842、Дх.02153、Дх.06019、Дх.06059。郑炳林、徐晓丽《读〈俄藏敦煌文献〉第 12 册几件非佛经文献札记》一文对Дх.06019、Дх.06059 二卷释读定名。[②]

---

① 张新朋《敦煌写本〈开蒙要训〉叙录续补》，《敦煌研究》2008 年第 1 期，第 98—101 页。

② 郑炳林、徐晓丽《读〈俄藏敦煌文献〉第 12 册几件非佛经文献札记》，《敦煌研究》2003 年第 4 期，第 81—89 页。

4. 《百行章》

俄藏存 5 号，缀合为 3 片：Ф.247+02863+03076、Дх.06028、Дх.12523。

Ф.247+Дх.02863+Дх.03076，卷长 13.5 厘米，卷高 21 厘米。存 8 行，行 3 至 14 字。首题"百行章一卷"，讫"侍省"。

Дх.06028，存 9 行，行 8 至 21 字。首题"百行章一卷杜正伦"，讫"非深奥之词"。

Дх.12523，存 7 行，行 15 至 23 行。起"碎柱而将还"，讫"专行未成"。中有"道行章第卅一、专行章第卅二"。余欣先生《新刊俄藏敦煌文献研读札记》有此卷释读定名研究。[①]

5. 《太公家教》

存 3 号：Дх.03858、Дх.12696、Дх.12827。

Дх.03858，存 16 行，行 6 至 10 字。起"序竟慎口言"，讫"白玉投泥"；

Дх.12696，存 10 行，行 2 至 7 字，起"女行则缓步"，讫"无亲"；

Дх.12827，存 8 行，行 2 至 11 字，起"上爱"，讫"风声大丑"。

6. 《武王家教》

存 4 号。Дх.00098、Дх.00513、Дх.06035、Дх.17447。

Дх.00098，残片，存 10 行，行 3 至 11 字。起"为七奴"，讫"孝子亦知"。

Дх.00513，残片，存 17 行，行 2 至 9 字。起"求财"，讫"武王家"。

Дх.06035，残片，存 22 行，行 3 至 17 字。起"公曰家有三耗"，讫"于金柜/合随风"。

Дх.17447，《叙录》定名《太公家教》，误。存 9 行，正文 5 行，后 4 行题记。起"悭贪吝惜为"，讫"□□家教一卷"。后有 4 行题记："九□自洁身得行不负之/九月日吕惠达书记学/纸不可列将归虽然无手笔/生郎期马□天堂□"。抄经人"吕惠达"还见于P.2622V，杂写"赤心乡判官吕惠达"。不知是否同一人。

7. 《王梵志诗》

存 11 号，缀合得 5 片。Ф.256+Дх.00485+01349、Дх.00889+02558、Дх.00890+Дх.00891、Дх.02405C+02506C+02540C、Дх.11197；

Ф.256+Дх.00485+01349；

Дх.00889+02558；

Дх.00890+Дх.00891；

Дх.02405C+02506C+02540C；

Дх.11197。

①余欣《新刊俄藏敦煌文献研读札记》，《敦煌学辑刊》2004 年第 1 期，第 13—25 页。

8.《百家姓》

Дх.06066，存 6 行，行 12 字。大字抄写，每一大字的旁边小字抄写同写 2 至 3 遍。正倒两头抄写，每头抄写六字。起："赵钱孙李"，讫"戚谢邹喻"。

9.《九九乘法歌》

存 2 号，Дх.02145V、Дх.02904。

（二）学生习抄

各类习抄大约有 40 号。有抄写课本的也有习抄佛经的，还有抄写社会文书之类的实用类应用文的。形式多样，内容丰富。抄写者文化程度、书法水平都有较大的不同。

1. 经名、佛经习抄

Дх.02481，习抄经名"大般若波罗蜜多经"，现残存 6 行，从卷三百六十一至三百六十六。书法流畅，很标准的题签写法，天头处有"八"字篇题号，沿袭汉简的书写习惯。Дх.04126V，残片。经文只有二句，剩余空白处抄写"二、月、人、女"等字多个。Дх.04885V，残片，仅存 1 行佛经，佛经上抄写多个"大"字。Дх.11020 习抄经名及佛名 2 行。Дх.11025，残片，前抄佛经 3 行，后在剩余纸上抄"我、之"2 行。

2. 单字习抄

对单个独字的练习，整纸或多行练习一个字。

Дх.04758V，习抄"集、行、檀、驰"单字各一行；

Дх.04776V，四残片，上习抄"真、未、复、宫、黄、故"等单字各一至二行；

Дх.05185V，残片，习抄千字文"克念作圣"句之"克念"2 字，残存部分各抄 2 遍；

Дх.05403V，残片。存 5 行行 6 字。单抄一个"谙"字；

Дх.05519，残片，正面存 4 行，行 15 字左右。习写"船"字。背面，存 2 行，行 16 字，习写"恒"字；

Дх.05548，习字，正面存 1 行，行 12 字，抄"社"字，背面存 1 行，抄写"册"3 个，"子"5 个。

Дх.05565V，残片，存 2 行，习抄"昔"字 6 个；

Дх.05651V，习抄"啸、兴"2 字 3 行 19 字；

Дх.05687，习抄"游、目、畅、怀"各 2 行。

Дх.05961V，习抄"膳、独、耀、班、衣、表、法、乐、扣、寂、让、言、十、方、之、违、驯、之"各 1 行 10 字；

Дх.07544，习抄 1 行"文"字；

Дх.07584，习抄 1 行"秋"字；

Дх.08354，正背二面抄写。正面习抄 1 行"归"字 14 个，背习抄 1 行"牢"字 14 个；

Дх.08758V，习抄"目、畅"各 2 行 4 字；

Дх.08778V，习抄 1 行"之"7 个；

Дх.09905，四残片，正背二面习抄，习抄"几、近"各 2 行，行 5 至 19 字；

Дх.10740V，四残片，抄写"襦、今、昔、之、裤、大、师、实"等字，每片抄 1 字或 3 字不等。每字抄 1 行或 2 行；

Дх.11024，6 残片，每片抄 2 至 3 字，每字抄 2 行；

Дх.11986，正背各一残片，习抄"犹、坏"各 1 行 13 个；

Дх.12578V，习抄 1 行"金"字 7 个；

Дх.12833，习抄"和"3 行，行 4 至 5 个；

Дх.18955V，习抄"之"3 行。

3. 实用性文书习抄

这类最多是社司转帖，利用卷背，卷尾空白随意抄写，或完整或仅抄数句，既练习了书法亦熟习了实用文体。Дх.11092V 习抄社司转帖 2 行，侧抄于残片地角。书写流畅。Дх.02487V，似社会文书，存 4 行，相同内容抄写 2 至 3 次。

4. 杂写类习抄

一种是随手在空白处杂写同字多个，带有一定的习字特征。如Дх.03168V，残卷，随意抄写"人、及、为、及、之"等多个；从习字来看，所习之字也多是与童蒙有关的蒙书和实用性文体，学以致用。

俄藏敦煌文献中的童蒙资料，数量不少，种类齐全。但残片居多。从只言片句中难窥蒙书全貌，习字作业更难见书法精品。俄藏的童蒙资料乏善可陈。

三、《俗务要名林》与俄藏Дх.02822

《俗务要名林》是发现于敦煌藏经洞的一种流行于我国唐代民间的汉文写本文献，是唐代西北地区的日用通俗词小词典。该词典收录并解释了一批俗务常用词语，其中大部分是名物词，是进行古代名物和文化研究的宝贵资料。藏经洞现共残存 4 个写卷，其编号分别是P.2609、P.5001、P.5579 和S.617。其中S.617、P.5001、P.5579 三个写卷可彼此缀合，缀合后尽管保留了相对较多的内容，但仍首尾皆残，无题记。P.2609 首残尾全，尾题"俗务要名林一卷"。从现存写卷来看，形式上《俗务要名林》采用以义聚类的部类划分模式罗列并解释了一批日用通俗词语。从内容上《俗务要名林》所收绝大部分是名物词，从残存部分看涉及身体、亲族、国号、宅舍等四十余部类。从功能上《俗务要名林》是为帮助童蒙学习日用知识并读书识字而编排的启蒙识字书。

敦煌写本识字类蒙书中有《俗务要名林》一种，此书系依据事物名称分类编纂的一种通俗字书。《俗务要名林》中的"俗务"盖指世俗间的各种事物；"要名"则指重要常用的事务名称、文字。敦煌写本《俗务要名林》针对民间日常生活中各种常用重要词汇加以分类编排，以求便于检阅并供学习的通俗要用字书。在《敦煌遗书总目索引·索引部分》著录有《俗务要名林》分别为S.617、P.2609、P.5001三件写本但内容文字均有残缺。

在俄藏敦煌文献以碎片居多的特点下，有一件较为完整且内容丰富的杂写类习抄——俄藏Дx.02822，具有非常重要的研究价值。俄藏Дx.02822号共有19个叶片，依据原件叶片中间的折痕，估计在当时为册叶装写卷，以工整楷书书写，两字一间隔，除第一部分残缺未见题名外，其余部分均有题名，末尾叶片残缺。《俄藏敦煌文献》第10卷将此件写本定名为"蒙学字书"，①《俄藏敦煌文献叙录》依此定名为"蒙学字书"。我们发现俄藏Дx.02822卷子在体例及绝大部分内容方面均与《俗务要名林》非常相似，而且俄藏Дx.02822卷子是迄今为止发现的内容最为完整的识字类蒙书，其写本性质属于《俗务要名林》。

此件汉文写本为册页，从右至左书写，共分为二十个部分，除了首尾部分内容残缺外，其余内容完整。各部分内容分别如下:第二番姓名、第三衣物部、第四斛斗部、第五果子部、第六农田部、第七诸匠部、第八身体部、第九音乐部、第十药物部、第十一器用物部、第十二屋舍部、第十三论语部、第十四禽兽部、第十五礼乐部、第十六颜色部、第十七官位部、第十八司分部、第十九地分部、第二十亲戚长幼。写本内容涵盖了敦煌中古时期社会政治、经济、文化、科技、民族等各个方面，写本不但记录有汉族姓氏，而且记录了诸多少数民族姓名，这对于研究少数民族姓氏文化有重要意义。

关于此件文书，史金波先生将其定名为西夏汉文本"杂字"，其功能是便于分类识字，是当时社会生活的启蒙读物。史先生把写本重新分为六类，对各类中择一两个问题做了初步分析。②马德先生认为此件文书定名为"杂集时用要字"，并对文书做了原文录文，就有关此件写本的来源与收藏地、写本时代、写本性质进行了全面研究，认定其为西夏时的汉文写本，并推测此件写本出自莫高窟北区，认为此件文书具有两个方面的特色研究，一是文献的方言特点及其内容价值，二是写本术语与敦煌壁画的识读关系。③

笔者也曾撰文考证了写本中的颜色部与敦煌莫高窟发现的染织品的关系，认为此件写本中的颜色部是一个唐以来五代、宋、西夏时期的石染和草木染的色谱。从敦煌写本所考证出的颜色多为植物性染料，但在莫高窟壁画中植物性染料使用较少，因为从材料学的角度来看，植物性染料不适宜于壁画制作。特别是在这件写本颜色部出现的皂矾是染织工艺中的助染剂、媒介剂，更加说明了写本中的植物性染料与藏经洞出土的染织物有相当密切的关系，反映了唐以来敦煌地区的染织技术相当发达。

①《俄藏敦煌文献》第10卷，上海古籍出版社，1998年，第58—67页。

②史金波《西夏汉文本〈杂字〉初探》，《中国民族史研究》第2辑，中央民族学院出版社，1989年。

③马德《敦煌新本Дx02822〈杂集时用要字〉刍议》，《兰州学刊》2006年第1期，第39—41页。

经研究这件童蒙资料文献所反映出的矿物颜料和植物染料的种类和功能，说明这件写本中的颜色部可能是唐、五代以来敦煌地区所使用的与染织有关的染料、颜色和技法名称。由此可见，染色技艺中外来的文化影响，特别是西域文化的影响。汉代丝绸之路开通以来，中西交融文化相互渗透，在染织物图案方面以中原风格为主，兼蓄西域风格，在染料和染色技艺上，也以中原染料为主，以西域染料引入的方式铺开，结合中原染色技艺的开发兼容并蓄，相得益彰。这些颜料和染料为唐以来的染色技术提供了真实的依据，丰富了唐以来的染色史研究，可以说是一部活的史料。写本中的颜色部所包含的颜料、染料、助染剂是有史以来关于染色方面的最为全面的资料和信息，是中国唐至五代染色工艺史上唯一、完整的染色色谱。对于研究敦煌地区西夏之前的染色工艺的流程和演变，以及藏经洞染织品流散物的染色工艺，乃至敦煌地区西夏之前的染织工艺和社会历史、人文和经济的发展具有不可多得的史料和材料学价值。[1]

此卷写本中的其他部类也与中古时期的社会生活息息相关，还有许多值得研究的空间，将作为以后研究的课题之一继续探讨。

[1] 李茹、马强《莫高窟发现的染料色谱——俄藏敦煌文献Дх02822颜色部考》，敦煌研究院编《敦煌壁画艺术继承与创新国际学术研讨会论文集》，上海辞书出版社，2008年，第537—545页。

近年来新认定的敦煌写本《太公家教》残卷叙录[*]

张新朋/浙江工商大学人文与传播学院

《太公家教》是我国古代训诫类童蒙读物的代表作，唐代曾风行全国，敦煌文献中数量不少的《太公家教》抄件即是明证。敦煌本《太公家教》的研究起源较早，如王国维《唐写本〈太公家教〉跋》[①] 作于1911年，陈寅恪《敦煌本〈太公家教〉书后》也于1932年前后发表，[②]其后则有王重民、[③]松尾良树、[④]游佐昇、[⑤]戴密微、[⑥]高国藩、[⑦]周凤五、[⑧]郑阿财、[⑨]山崎诚、[⑩]黑田

---

*本文为国家社科基金冷门绝学项目"敦煌蒙书《上大夫》及其衍生文献之整理与研究（21VJXG003）"之相关成果。

①王国维《唐写本〈太公家教〉跋》，《观堂集林》，中华书局，1959年，第4册，第1012—1014页。

②张求会《陈寅恪佚文〈敦煌本〈太公家教〉书后〉考释》，《历史研究》2004第4期，第175—180页。

③王重民《太公家教考》，周钰良等编《周叔弢先生六十生日纪念论文集》，1950年，第69—76页。

④松尾良树《音韵资料としての〈太公家教〉——佚文と押韵——》，《アジア・アフリカ言语文化研究》第17号，1979年，第213—225页。

⑤游佐昇《敦煌文献にあらわれた童蒙庶民教育伦理——王梵志诗・太公家教等を中心として》，《大正大学大学院研究论集》4，1980年，第151—161页。

⑥戴密微撰，廖伯源、朱凤玉译《〈王梵志诗附太公家教〉引言》，《敦煌学》第9辑，1985年，第109—117页。

⑦高国藩《敦煌写本〈太公家教〉初探》，《敦煌学辑刊》1984年第1期，第64—77页。

⑧周凤五《敦煌写本太公家教研究》，明文书局，1986年。

⑨郑阿财、朱凤玉《敦煌蒙书研究》，甘肃教育出版社，2002年。

⑩山崎诚《〈太公家教〉流传考》，张伯伟编《风起云扬——首届南京大学域外汉籍研究国际学术研讨会论文集》，中华书局，2009年，第559—577页。

彰、①冈田美穗、②伊藤美重子③等多位先生著书、撰文予以研究。笔者也曾就敦煌本《太公家教》撰写了《敦煌写本〈太公家教〉残片拾遗》④《〈敦煌写本《太公家教》残片拾遗〉补》⑤《敦煌写本〈太公家教〉残卷缀合三则》⑥等文，就《英藏敦煌文献（汉文佛经以外部份）》（以下称"《英藏》"）、《法藏敦煌西域文献》（以下称"《法藏》"）、《俄藏敦煌文献》（以下称"《俄藏》"）、《国家图书馆藏敦煌遗书》（以下称"《国图藏》"）、日本宁乐美术馆、日本杏雨书屋等处所藏敦煌文献中的、前人未曾留意到的《太公家教》（含《武王家教》）残卷予以介绍。因相关文献出版进度、图书流通速度及其他若干条件的限制，笔者所撰文章以当时所能见到的材料为限进行研究，故所撰论文中难免有整体关照不够的情况，后来虽有所补充，但仍有一些不尽如人意之处。同时，同一主题的材料分散于不同的文章或著作中，利用起来亦不甚方便。基于以上之情况，今将学界前辈及笔者近年来所认定的《太公家教》（含《武王家教》）之残卷或残片汇于一编，重新梳理，以英国藏、法国藏、俄罗斯藏、国图藏、日本藏为序，⑦依次叙录之，以就教于方家。

一、《太公家教》

（一）英国藏品

1.S.5773+S.13352+S.6243+S.12563 号。

（1）S.5773 号，残片，存 31 行，首行上部及下部残，尾行仅存若干字右端残迹。可辨识部分，起

---

①黑田彰《太公家教考》，敦煌学论丛编集委员会编《日本敦煌学论丛》第 1 卷，比较文化研究所，2006 年，第 1—76 页；黑田彰《大谷文书的太公家教——太公家教考·补——》，《文学部论集》第 93 号，佛教大学文学部，2009 年，第 15—34 页；黑田彰《杏语书屋本"太公家教"について——〈太公家教考补〉（二）——》，《杏雨》第 14 号，2011 年，第 234—291 页；黑田彰《抜き取られた敦煌文书——何彦升、邕咸のことなど·太公家教考·补（三）——》，《京都语文》第 19 号，2012 年，第 180—202 页；黑田彰《屏风、酒壶に见る幼学——太公家教について》，《文学》第 12 卷第 6 号，2011 年，第 43—58 页。

②冈田美穗《太公家教の诸本生成と流动》，《中京大学文学部纪要》第 41 卷第 2 号，2006 年，第 142—110 页。

③伊藤美重子《敦煌写本〈太公家教〉と学校》，《お茶の水女子大学中国文学会报》第 20 期，2001 年，第 69—89 页。

④张新朋《敦煌写本〈太公家教〉残片拾遗》，《社会科学战线》2010 年第 4 期，第 47—51 页。

⑤张新朋《〈敦煌写本《太公家教》残片拾遗〉补》，《敦煌学辑刊》2012 年第 3 期，第 70—75 页。

⑥张新朋《敦煌写本〈太公家教〉残卷缀合三则》，《魏晋南北朝隋唐史资料》第 30 辑，上海古籍出版社，2014 年，第 182—188 页。

⑦同一收藏国度不同馆藏之收藏，以所存内容先后为序；同一馆藏之收藏，依馆藏编号之先后为序。收藏于不同国家，却可以缀合的写卷，以所存内容最靠前的一号所藏国度为准，其余的卷号依内容之先后归其下。与《太公家教》关系甚密的《武王家教》则放于最后。

"◇◇（时流）①恶人欲染"，②讫"当道作舍苦于客"。本残片，《敦煌遗书总目索引》1962年初版即确定为《太公家教》，《英藏》从之。

（2）S.13352号，残片，首尾及上下皆残，存残文3行，首行存"暴者亡清清③之水"，次行存"人有过密掩◇（深）"，末行仅存若干字的右端残迹，似为"鹰鹞虽迅"句"◇◇◇（鹞虽迅）"之残。本残片，《英藏》题作"残文"；笔者依内容判断残片所抄文字出自《太公家教》。④

（3）S.12563号，残片，首尾及下部残，存残文6行，首行存若干文字的左半，漫漶严重，据残迹似可补为"◇◇◇◇◇◇◇◇◇（君子含弘为大海水博纳）"，第2行存"法治人人则得安◇"，第3行存"亡兄弟信谗必◇（杀）"，第4行存"必致死怨天雨五◇"，第5行存"止沸不如弃薪千人◇（排?）"，末行存"当（?）贪心害己利口伤身芯"。本残片，《英藏》题作"残片"，笔者据其所抄内容判断其文字源于《太公家教》。⑤

（4）S.6243号，残片，存28行，首行仅存文字左半，据残迹可知为"◇◇◇◇◇◇◇◇◇◇◇◇（君比干虽惠不能自免其身蛟）"，倒数第2行存"舌柔则长"，末行存某3字右端残迹，据行款推断，当为"行善获福，行恶得殃"⑥两句中的"获福行"3字。本残片，《英藏》亦从《敦煌遗书总目索引》1962年初版定其名为《太公家教》。

又，以上S.5773、S.6243、S.12563、S.13352等《太公家教》残片，字体甚近，不少相同或相类的字写法基本相同，所形成的卷面风格甚为相似；行款上亦大体相合；经笔者比对，发现它们可以缀合（如图1所示）。⑦其中，S.12563号所存恰好为S.6243号第5行至第10行上部所缺文字之一部

图1　S.5773+S.13352+S.6243+S.12563号《太公家教》缀合图

---

①本文对于各写卷中未能识别或仅存残迹之字以"◇"代替之；若据所存残迹可以判知为何字，则补于"◇"之后，并用"（　）"括之。

②这两句，异本尚有"非是时流，必须弃之；恶人欲染，必须避之""非是时流，恶人欲染，必须避之""非是时流，即须避之"等多种说法。

③第2个"清"字，原卷以重文符号代替之，今予以补出；下文对于重文符号的处理同此。

④张新朋《〈敦煌写本《太公家教》残片拾遗〉补》，《敦煌学辑刊》2012年第3期，第73页。

⑤张新朋《〈敦煌写本《太公家教》残片拾遗〉补》，《敦煌学辑刊》2012年第3期，第72页。

⑥P.2738相关文句作"齿坚则折，舌柔即长。女慕贞洁，男效才良。行善获福，行恶得殃"法藏（18/28上），可参。

⑦张新朋《〈敦煌写本《太公家教》残片拾遗〉补》，《敦煌学辑刊》2012年第3期，第72—73页。

分，二者可以缀合。S.5773 号与 S.13352 号之间仍缺"当道作舍，苦于客旅"之"旅"至"凶暴者亡清清之水"之"凶"字之间的文字，①依行 21 字计，所缺文字约占 20 行。S.13352 与 S.6243 之间缺"不能快于风雨"之"不"至"不能谏其暗君"之"暗"字之间的文字，依行 21 字计，残缺约 2 行。

（二）法国藏品

2.P.3962P，残片，首尾及上下皆残，正面存残文 4 行，不甚清晰，首行存"而至君◇◇◇（穷）"，第 2 行存"在身不羞乞◇（食）"，第 3 行存"太公未遇鸟◇（鱼）◇"，末行仅存某二字右端残迹，依行款推定，似当为"孔明盘桓"句的"盘桓"②二字。卷背为社司转帖。本残片正面之文字，《法藏》题作"残片"，笔者判定本残片正面所抄乃《太公家教》。③

3.P.5031（13）+P.2937 号。

（1）P.5031（13），残片，首尾及上下皆残，存残文 5 行，首行仅存一"容"字，第 2 行存"◇◇行欺巧◇（孝）"，第 3 行存"知渴知暖◇（知）"，第 4 行存"母有疾甘美◇（不）"，末行存"问◇◇◇（乐不乐问〔？〕）"。本残片，《法藏》题作"残片"，日本学者黑田彰等人定其名称为《太公家教》。④

（2）P.2937 号，残卷，首尾残（起首及结尾下部亦残），仅存 67 行，起"乐真实◇（在）"，讫"贫不择妻，居不"。卷背有《维大唐中和肆年（884）二月廿五日沙州燉煌郡学士郎兼充行军除解□太学博士宋英达题名》《写书不饮酒诗》及杂写等内容。本号另附抄有光启三年（887）酒司判凭的残片 2 片。本号正面的文献，《法藏》拟题《太公家教》。

以上两残片，P.5031（13）存 5 行，P.2937 起首处的 5 行下部残缺，二者所存文字，在内容上前后相接。经进一步比对，发现 P.5031（13）所存恰好为 P.2937 起首处所缺文字之一部分，二者可以缀合（如图 2 所示）。⑥其中，P.5031（13）第 4 行"母"字上端所残的部分及第 5 行"乐不乐"三字所缺的左半，均位于 P.2937 号上，诸字衔接处密合无间。

---

①S.5773 号"当道作舍苦于客"其下 1 行存甚为模糊的若干文字的右端残迹，然所存过少，不足以判定为何字之残，为行文方便，本处予以省略，特此说明。

②"盘桓"，《〈敦煌写本《太公家教》残片拾遗〉补》推定为"鲁连赴海"句的"鲁连"二字，有误。

③张新朋《〈敦煌写本《太公家教》残片拾遗〉补》，《敦煌学辑刊》2012 年第 3 期，第 70—71 页。

④幼学の会《太公家教注解》，东京：汲古书院，平成二十一年（2009），第 482 页。又，笔者撰写《〈敦煌写本《太公家教》残片拾遗〉补》时，未见到《太公家教注解》一书，故关于本残片笔者仍在《〈敦煌写本《太公家教》残片拾遗〉补》文中就其性质与名称予以讨论（第 71—72 页）。但黑田彰先生等未能确定本残片与 P.2937 为同一写卷之残，可以缀合，故《〈敦煌写本《太公家教》残片拾遗〉补》一文关于 P.5031（13）之讨论仍有所贡献。

⑤本文对于各写卷中完全缺失的文字以"□"代替之；若据文意可拟补，则补于"□"之后，并用"（ ）"括之。

⑥张新朋《〈敦煌写本《太公家教》残片拾遗〉补》，《敦煌学辑刊》2012 年第 3 期，第 71—72 页。

P.2937

图 2　P.5031（13）+P.2937 号《太公家教》缀合图

（三）俄罗斯藏品

4.Дx.3111 号，残片，正背两面书，背面为藏文残文。其正面存残文 4 行，首尾及下部残，所存内容从右至左依次为：第 1 行存"治国信◇（谗）必杀忠"，第 2 行存"别异居夫妇信"，第 3 行存"天雨五谷荆棘◇（蒙）"，第 4 行存"如去薪◇"。以上残文，《俄藏》定名为《劝诫文》。笔者据残存内容断定本残片正面所抄文字出自《太公家教》，改定题为《太公家教》。①

5.Дx.3858+罗振玉藏本B+罗振玉藏本A。

（1）Дx.3858 号，残片，正面存 17 行，首尾及上部残，首行存二字的左端残迹，结合相关文本判断，当为"莫学歌舞"句"歌舞"之残；次行为"序竟慎口言终◇（身）"；末行讫"白玉投泥"。背面存残文 10 行，可大体分为不甚相关的五个部分。本残片正面文字，《俄藏》未予以定名，笔者将其定名为《太公家教》。②

（2）罗振玉藏本B，为罗振玉《贞松堂藏西陲秘籍丛残》所收《太公家教》③3 残片之一，首尾及上下均残，现存残文 8 行，首行仅存某一字左端残痕，次行作"父事之十年已上即兄◇（事）"，末行存某 3 字之右部，据残形并结合文本判断，当是"欲量他"3 字。

（3）罗振玉藏本A，为罗振玉《贞松堂藏西陲秘籍丛残》所收《太公家教》3 残片之一，首尾及上下残，今存残文 13 行，首行仅存某二字之左端残痕，第 2 行为"防外敌先须内防欲◇◇（量他）"，末行存"良田谗言败"。

罗振玉藏本A、罗振玉藏本B，字形相同，内容上前后相接，经过比对，我们发现二者可以缀合，罗振玉藏本B在前。缀合后，分处于两片的"欲""欲量他"4 字几成完璧。又，罗振玉藏本B+罗振玉藏本A缀合后的残片与Дx.3858 号在行款、书风等方面颇近，当是同一写卷之裂，可以缀合（如图

---

① 张新朋《〈敦煌写本《太公家教》残片拾遗〉补》，《敦煌学辑刊》2012 年第 3 期，第 73 页。

② 张新朋《敦煌写本〈太公家教〉残片拾遗》，《社会科学战线》2010 年第 4 期，第 47—48 页。

③《敦煌石室遗书百廿种》题《贞松堂藏西陲秘籍丛残》所收 3 残片为《开蒙要训》，不准确。

3 所示）。三者缀合后，中间仍缺"不污其色。近佞者谄，近偷者贼"至"三人同行，必有我师焉择"等 180 余字，以行 20 字计，在 9—10 行。

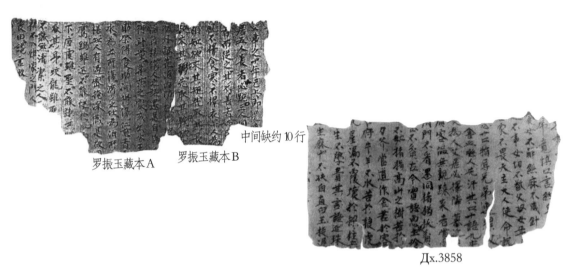

罗振玉藏本A　　罗振玉藏本B　　中间缺约10行　　Дх.3858

图 3　Дх.3858+罗振玉藏本B+罗振玉藏本A《太公家教》缀合图

6.Дх.4932+Дх.4251+Дх.3963 号。

（1）Дх.4932 号，残片，存残文 6 行，首尾及上下皆残，首行、末行均仅存一字残迹，次行存"身芘田不◇"，第 3 行存"◇（饮）道泉之水◇（暴）"，第 4 行存"◇（于）父忠臣"，第 5 行存"◇（乱）◇"。本残片，《俄藏》未定名，笔者定名为《太公家教》。①

（2）Дх.4251 号，残片，存残文 6 行，行 1—3 字，首尾及上下皆残，末行仅存某字右端残迹，其余 5 行所存，从右至左依次为"◇（整?）◇""◇风◇（疾）""不隐""◇（用）武""◇君不"。本残片，《俄藏》未定名，笔者确定其为《太公家教》。②

（3）Дх.3963 号首尾及上下均残，现存残文 4 行。所存文字从右至左依次为"卖卜于◇""起鹤鸣◇""◇中有恶◇""善必可◇"。本残片《俄藏敦煌文献》未予定名；《俄藏敦煌文献叙录》题作"残片"，说明云："存 4 行，行 4 字。不可定名。"③笔者据残存之文字定其名称为《太公家教》。④

上揭三残片所抄文字皆出自《太公家教》，其中前二片在内容上前后相接，同时书风、字体、行款皆甚相近，二者乃同一写卷之裂，可以缀合（如图4所示），衔接处基本吻合。Дх.3963 号的

①张新朋《敦煌写本〈太公家教〉残片拾遗》，《社会科学战线》2010 年第 4 期，第 49 页。

②张新朋《〈敦煌写本《太公家教》残片拾遗〉补》，《敦煌学辑刊》2012 年第 3 期，第 73—74 页。

③邰惠莉主编《俄藏敦煌文献叙录》，甘肃教育出版社，2019 年，第 302—303 页。

④张新朋、桂钱英《敦煌蒙书残片考辨四则》，《文津学志》第 14 辑，北京图书馆出版社，2020 年，第 94—95 页。

文字与前两片的文字十分相似，相近文字部件的写法基本一致，如Дx.4932+Дx.4251第4行上部残存的"于"字右部的笔迹与本残片第1行"于"字右部的笔迹、Дx.4932+Дx.4251第6行"君"字与本残片第4行"善"字所含构件"口"的写法。通过以上笔迹，基本上可以判定本残片与Дx.4932+Дx.4251出自同一人之手。本残片各行补齐残缺文字后，可推知每行所抄18或19字；Дx.4932+Дx.4251号补齐残缺后各行所抄也在18个字左右：二者在行款上亦相一致。综合以上笔迹、行款并结合整体卷面风格，我们可以判定本残片与Дx.4932+Дx.4251源自同一写卷，可以缀合（如图4所示）；然二者无法直接拼接，中间仍有3行左右的文字残缺。

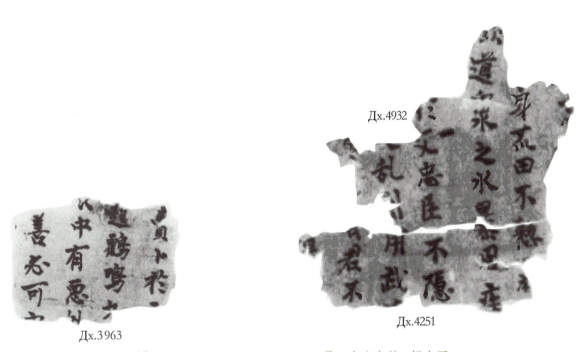

图4　Дx.4932+Дx.4251+Дx.3963号《太公家教》缀合图

7.Дx.6141V，残片，卷背存残文2行：第1行存"不覩夫之父兄不◇（得）"，第2行存"敬事夫主汎爱尊"。本残片，《俄藏》未定名，笔者定名为《太公家教》残片。①

8.Дx.12827+Дx.19082+Дx.12696号。

（1）Дx.12827号，残片，正面存残文8行，首尾及上部残，首行起"◇凡爱"，末行讫"风声大丑◇◇（污染）"；背面抄有学郎杂抄，2行，随后又全部用"卜"形删除符号删去。

① 张新朋《敦煌写本〈太公家教〉残片拾遗》，《社会科学战线》2010年第4期，第49页。

（2）Дx.19082号，残片，正面存残文6行，首尾及上部残，首行起"◇（宗）亲损"，末行讫"◇（翁）婆敬事"；背面存倒书文字2行，抄"门前""八十随能"等字。

（3）Дx.12696号，残片，存残文11行，首尾及上部残，首行仅存若干文字左端残迹，次行存"女行则缓步言"，末行存"◇无亲"。

以上三残片，《俄藏》均未定名，笔者将它们定名为《太公家教》；同时参照三片所存之内容、字体、行款等因素，判定它们来自同一写卷之裂，可以缀合（如图5、图6所示）。①

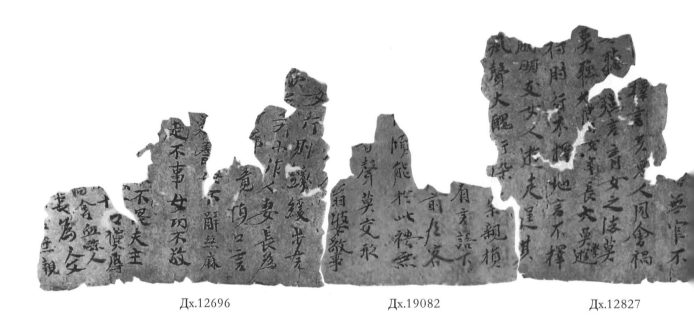

Дx.12696　　　　　　　　　Дx.19082　　　　　　　　　Дx.12827

图 5　Дx.12827+Дx.19082+Дx.12696 号《太公家教》缀合图（正面）

---

① 张新朋《敦煌写本〈太公家教〉残片拾遗》，《社会科学战线》2010 年第 4 期，第 49 页。

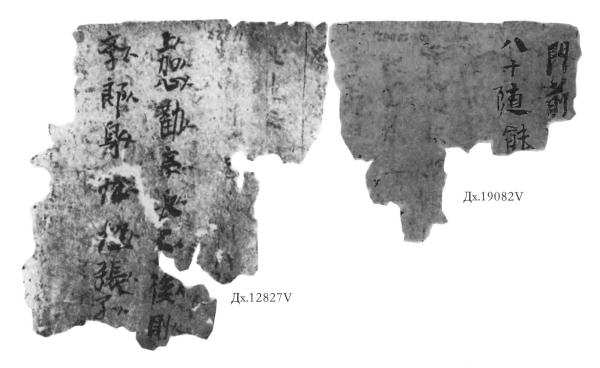

图 6 Дх.12827V+Дх.19082V 号《太公家教》缀合图（背面）①

（四）中国藏品

9.BD10379 号背。

正背两面抄写，首尾残，上下基本完整。正面存残文 4 行，行约 26 字。背面存残文 4 行，基本完整者行 29 字。背面所存文字从右至左依次为"是人，还同猪狗。含血损人，先污其口。十与九众，不语者胜。小为为为人子◇""人父。居必怀邻，暮近良友。测◇（立）◇◇"②"食与食，合食酒与酒。闭门◇""◇实◇"。本残片背面之文字《国图藏》题作"待考（拟）"；《中国国家图书馆藏敦煌遗书总目录·馆藏目录卷》作"佛教残片（拟）"，并附说明文字云"正背面文字相连"。③今据背面的文字判断，笔者认为它们源出《太公家教》。④又，本残片正面的 4 行文字，与背面的文字同出一人之手。其内容从右至左，依次作："◇摇（？）打◇""添丑，衰中道衰。告怨◇""十恶衰矜持厌蛊家问法符书◇⑤""衣则须火发遣，不得稽迟。勿容死外，宁可生离。所有男女惣收取，◇（所）"。以上文字《国图藏》题作"待考（拟）"，《中国国家图书馆藏敦煌遗书总目录·馆藏目录卷》

---

①Дх.12696 号《俄藏》未提供背面图版，故缀合图只能付之缺如。

②其下仍有若干文字残迹，但所存过少，难以分辨个数，故未予标记。

③方广锠、李际宁、黄霞《中国国家图书馆藏敦煌遗书总目录·馆藏目录卷》，中国人民大学出版社，2016 年，第 5 册，第 5810 页。

④张新朋、桂钱英《敦煌蒙书残片考辨四则》，《文津学志》第 14 辑，第 95—96 页。

⑤以下尚有文字残迹若干，因难以分辨个数，未予标记。

作"佛教残片（拟）"。①今谓其内容亦非佛教文献，实源自敦煌俗赋《丑妇赋》。今附其图版如下（图7），以供参验。

10.BD16191C，据《国家图书馆藏敦煌遗书·条记目录》（下称《条记目录》）之著录，知BD16191C为从BD2729号背面揭下来的古代裱补纸。今存残叶1叶2个半叶，每半叶3行，共3行，行9字。《条记目录》云"首全尾全。半叶书写，半叶空白"。写有文字的半叶，存3行文字，《条记目录》的录文为：

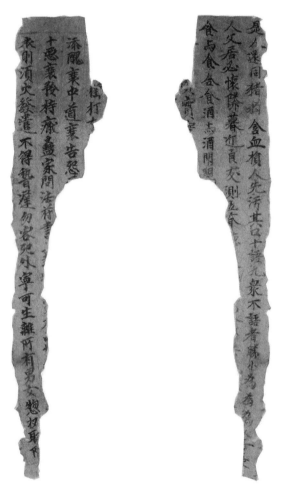

图7　BD10379号（左背面《丑妇赋》，右正面《太公家教》）

赐酒，即滇②拜受。尊者赐/③肉，骨不与狗。尊者赐草④，/怀◇⑤在手，勿得□□令（？）⑥。/

本残叶，《条记目录》题作《弟子行范（拟）》。笔者判定本残叶所抄内容出自《太公家教》，改定其名为《太公家教》。⑦

11.BD16196号，残叶，2叶4个半叶，每半叶3行，共12行，行6—7字。所抄文字《条记目录》分甲、乙、丙、丁4面予以录文，依次为：

〔甲面〕父，晨者（省）慕（暮）

①方广锠、李际宁、黄霞《中国国家图书馆藏敦煌遗书总目录·馆藏目录卷》第5册，第5809页。
②"滇"，当作"须"，《条记目录》误识。
③《条记目录》原文为各行分段抄写，于每行末施以"/"号以标示之。今予以连排，特此说明。下文BD16196号同此。
④"草"，当作"菜"，《条记目录》误识。
⑤《条记目录》未明确交代"◇"之用法，据其录文并参照图版，知其应为无法识别之字的代表。又，此字据《太公家教》之文本，当为"核"字。
⑥"□□令"3字，前2字当为"弃之"，第3字模糊不清，但非"令"字。
⑦张新朋《敦煌写本〈太公家教〉残片拾遗》补》，《敦煌学辑刊》2012年第3期，第74页。

参。知/饥知渴，知暖知◇①。/忧共则②戚，乐/〔乙面〕则同欢。父母有疾，/甘美不飡，食无求饱，饥无求安。/〔丙面〕◇③乐不乐，闻喜不/看。不羞（修）身体，不/整衣冠。父母疾喻（愈），/〔丁面〕惣④亦不难。弟子事/师，敬同于父，习其/道术（？），随其言语。/

本残叶，《条记目录》拟题《弟子规范》。笔者据残叶所存文字断之，其来源为《太公家教》，将其定名为《太公家教》。⑤

又，《条记目录》记本残叶来源云"本遗书为从BD2729号背面揭下来的古代裱补纸"，但认为"与BD16191C并非同一文献"。BD16191C与BD16196所抄同为《太公家教》，内容不重复；形式上均为册页装残叶，每半叶抄3行，每行所抄字数也大体相合；字体上某些相似或相类的笔画也具有一定的一致性；且均揭自BD2729号背面，笔者怀疑BD16191C与BD16196为由同一文献撕裂而来的残叶。但二者之间残缺较多，墨色、纸张大小上也稍有差异，故暂且存疑。

12.BD16288号A+BD16288号B。

BD16288号A，首尾及下部残，正面存残文4行，所存文字从右至左，依次为"副僧统僧政法律等收诸寺◇""太公家一卷，沙州都司判官""途乃生逢乱代，长◇◇◇""进流移，只欲隐"。

BD16288号B，首尾残，上下亦残，现存残文3行，第1行仅存3—4个字的左端残痕，第2行存"缨之讥◇"，第3行存"◇浪责（？）人◇"。

以上2残片，《国图藏》题作"副僧统僧政法律收诸寺物文书（拟）"，《中国国家图书馆藏敦煌遗书总目录·馆藏目录卷》拟题同。⑥据其内容来看，BD16288号A之2—4行及BD16288号B似非寺院文书，而是格言类文书。经进一步比对，笔者认为上面提及的这些文字源出《太公家教》。如此，则BD16288号A含有二个文献：一个是《国图藏》所拟的"副僧统僧政法律收诸寺物文书（拟）"，另一个则是《太公家教》。据《国图藏》的编纂体例，二者可分别赋以编号"BD16288号A1""BD16288号A2"。BD16288号B则应改题"太公家教"。

又，《国图藏条记目录》云BD16288号A与BD16288号B是揭自BD5652号的古代裱补纸，且二者同卷，但不能缀合。这一判断是正确的。今据残存文字大致推定其位置，将二者缀合（如图8所示），以供参考。

13.BD16465C+？+BD11408（1）。

（1）BD16465C，BD16465号包括A、B、C、D四件，均揭自BD7155号《观世音经》背面，为古代的裱补纸。其中1片存残文3行，从右至左依次为"者如日出知""光人生不学""舌舌柔则"。本

---

① "◇"号所代替之字《条记目录》未识别出，实乃"寒"字。

② 则共，据异本可知，乃"则正"之误倒，可乙正。

③ "◇"号所代替之字《条记目录》未识别出，实为"闻"字。

④ "惣"字S.5729、S.6183、P.2564号等7卷均作"整"，《条记目录》所录有误。

⑤ 张新朋《〈敦煌写本《太公家教》残片拾遗〉补》，《敦煌学辑刊》2012年第3期，第73—74页。

⑥ 方广锠、李际宁、黄霞《中国国家图书馆藏敦煌遗书总目录·馆藏目录卷》第8册，第9198页。

残片《国图藏》编号为BD16465C，拟题《太公家教》，定期年代为9—10世纪，归义军时期写本。

（2）BD11408（1），残卷，计存残文29行，首尾及下部残，抄《太公家教》《孝经序》两种文献及杂写若干。其中第1—19行，所抄为《太公家教》，起"◇◇◇◇（言不成章）"，讫"本不程于◇（君）"。其后为朱笔题记"维大晋天福八◇（年）（943）""之书不得◇（乱）"2行及墨笔题记"时天福九年（944）甲辰◇"1行。抄有以上内容的残片，《国图藏》编号为BD11408（1），定其年代为9—10世纪，归义军时期写本。

BD16288B

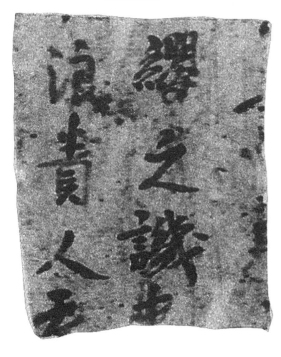

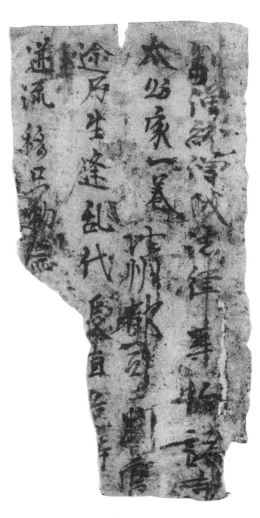

BD16288A

图 8　BD16288A+BD16288B《太公家教》缀合图

以上 2 残片，笔者据书风、字体、行款、异文等方面考察之，判定二者乃同一写卷之裂，可以缀合①（如图 9 所示）。BD16465C 所存恰好为 BD11408（1）起首 3 行下部所缺文字之一部分。

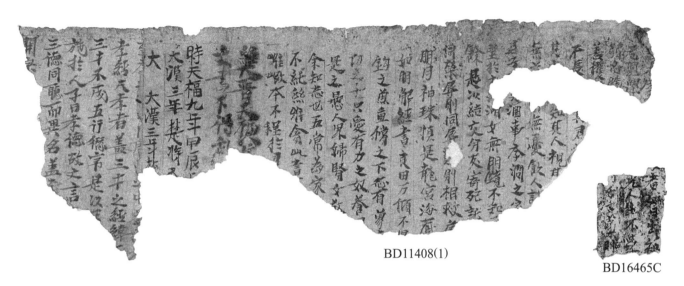

BD11408(1)

BD16465C

图 9　BD16465C+BD11408（1）《太公家教》缀合图

（五）日本藏品

14.宁乐本+Дx.3894+Дx.3863+？+P.2825 号。

（1）宁乐本，此本藏于日本宁乐美术馆，图版见载于黑田彰、后藤昭雄、三木雅博、山崎诚等人所撰《太公家教注解》之"影印篇"。②据图版看，此本由多层纸张黏合而成，不同层面纸张上有不同内容的文字遗留。表层今存文字 21 行，内容属于不同的文本，其中右起第 1—13 行所存为《太公家教》，第 14—21 行为《王梵志诗》残文。此本所存之《太公家教》部分，首尾及上下多已残缺，仅第 3 行至第 5 行文字完整，行 18 字或 19 字。

（2）Дx.3894 号，残片，正面存残文 3 行，首尾及下部残，第 1 行存"白银乍可相与好"，第 2 行存"弟子有束修◇"，第 3 行存"父教子之法◇（常）"；背面仅存"嗽口"二字。本残片，《俄藏》未予以定名，笔者将其定名为《太公家教》。③又，本残片背所存"嗽口"2 字，笔者认为它们亦当是《太公家教》之文字，P.3764 号"对客之前，不得叱狗，亦不得嗽口"、④P.2564 号"对客之前，不得叱狗。

①张新朋《敦煌写本〈太公家教〉残卷缀合三则》,《魏晋南北朝隋唐史资料》第 30 辑，2014 年，第 185—186 页。

②幼学の会《太公家教注解》，东京：汲古书院，平成二十一年（2009），第 484 页。

③张新朋《敦煌写本〈太公家教〉残片拾遗》,《社会科学战线》2012 年第 4 期，第 48 页。

④上海古籍出版社、法国国家图书馆编《法国国家图书馆藏敦煌西域文献》，上海古籍出版社，1995—2005 年，第 27 册，第 328 页。

对食之前, 不得唾地, 亦不得嗽口", ①皆可参。

（3）Дx.3863 号, 残片, 正面存残文 7 行, 首尾及下部残, 起 "越他事莫知他贫莫笑◇", 讫 "是时流, 即须避◇"; 背面存与升平乡宋文子、李文文相关等的契约文书及其他一些内容。本残片, 《俄藏》未定名, 笔者定名为《太公家教》。②

（4）P.2825 号, 残卷, 首缺尾完, 正面存 142 行, 内容分《太公家教》《武王家教》两种。由第 1 行至第 98 行所抄为《太公家教》, 第 98 行《太公家教》末句 "意欲教于意（童）儿" 下, 空 2 字, 接抄尾题 "太公家教一卷"。自第 99 行 "武王问太公曰" 起, 至第 140 行 "相续相报, 是其常理", 为《武王家教》, 尾题亦题 "太公家教一卷"。尾题后有题记, 云 "大中四年庚午（850）正月十五日学生宋文显读、安文德写"。③卷背存景福二年（893）九月押衙兼侍御史卢忠达状、乾宁二④（三？）年（896）丙辰岁二月十七日平康乡百姓冯文达雇驼契一段、社司转帖一道、"大顺元年（890）十二月李家学◇是大𦥑◇" 具年题记一条及其他杂写若干。

以上 4 个《太公家教》抄件, 字体相近、行款相合、能见到背面的卷背所存内容亦较一致, 笔者判定四者来自同一写卷, 可以缀合⑤（如图 10、图 11、图 12 所示）。其中宁乐本与 Дx.3894、Дx.3863

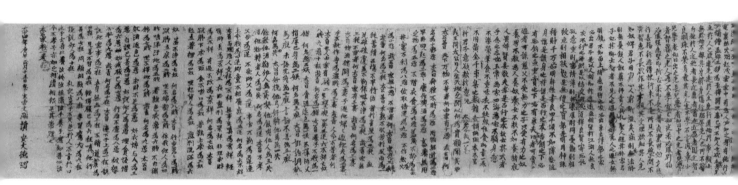

图 10　宁乐本+Дx.3894+Дx.3863+P.2825 号《太公家教》缀合图（正面）⑥

①上海古籍出版社、法国国家图书馆编《法国国家图书馆藏敦煌西域文献》, 上海古籍出版社, 1995-2005 年, 第 16 册, 第 15 页。

②张新朋《敦煌写本〈太公家教〉残片拾遗》,《社会科学战线》2010 年第 4 期, 第 48—49 页。

③S.705 号《开蒙要训》卷末题记云 "大中五年辛未（851）三月廿三日学生宋文献诵、安文德写"（中国社会科学院历史研究所、中国敦煌吐鲁番学会敦煌古文献编委会、英国国家图书馆、伦敦大学亚非学院合编《英藏敦煌文献（汉文佛经以外部份）》, 四川人民出版社, 1990—1995 年, 第 2 册, 第 120 页）。其 "宋文献" 与本号之 "宋文显" 当即一人。

④乾宁二年为公元 895 年, 所对应干支为 "乙卯", 而本题记却称 "丙辰岁", 故疑 "乾宁二年" 之 "二" 为 "三" 字之误。

⑤张新朋《敦煌写本〈太公家教〉残卷缀合三则》,《魏晋南北朝隋唐史资料》第 30 辑, 2014 年, 第 182—184 页。

⑥为眉目清晰起见, 本缀合图将宁乐本第 14—21 行《王梵志诗》的文字予以剔除, 特此说明。

可以完全缀合，三者相接之处分属于两片的"言""之""常""知""欺""财"等字几成完璧。三者缀合后的文本与P.2825号之间尚缺自"罗网之鸟"句之"罗"至"悔不甚之"之"悔"字，计29字，依行20字计，约占1行半的空间。

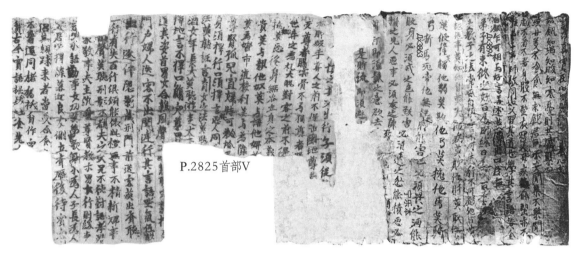

图11　宁乐本+Дх.3894+Дх.3863+P.2825号（首部）《太公家教》缀合图（正面局部放大）

图12　Дх.3894+Дх.3863+P.2825号（首部）《太公家教》缀合图（背面局部放大）①

①《太公家教注解》未提供宁乐本背面之图版，故本缀合图暂付之缺如。

15.羽664（1）+羽664（9）。

（1）羽664（1），羽664号为日本杏雨书屋之藏品。本号含大小不等10件文书，其中第1件、第2件相对略大，余则是细小的断片。第1件《敦煌秘笈》拟题《古今令语》，黑田彰《杏雨书屋本太公家教について——太公家教考补（二）》以之为《太公家教》，并指明其发现者为东野治之。[1]就羽664（1）之《古今令语》和《太公家教》二题名而言，以东野治之所拟之《太公家教》为允当。

（2）羽664（9），残片，正面存残文5行，抄"莫高十车""龙勒五车""平康五车""玉关六车""慈惠十车"云云之文字。本件《敦煌秘笈》编号为羽664（9），拟题《薪？等入历断片》。细审《敦煌秘笈》所载本件之图版，我们发现其右下端之文字是较为工整的楷书，书体上与上揭"莫高""龙勒""平康"等行书字体不一。进一步观察，我们可以发现，本件是由不同的纸张黏合而成，抄有"莫高""龙勒""平康"等文字的为第2层，在本层下端之上，尚覆盖有一层残纸，上有3字，各占1行，但仅位于中间1行的"养"字完整。

今细审羽664（9）正面下端之文字，我们发现其字体与同号第1件即羽664（1）正面所抄《太公家教》之字体甚似。经考订，笔者认为羽664（9）正面第1层之文字为《太公家教》。羽664（9）当是羽664（1）背后的修补残片，二者分离后，部分《太公家教》的文字粘在羽664（9）之上，而《敦煌秘笈》的整理者未能予以复原。[2]至于羽664（9）"养"字后所存之残迹，据其位置及羽664（1）之写卷状况看，当是羽664（1）第11行"长为人父"之"为"字之部分笔画。

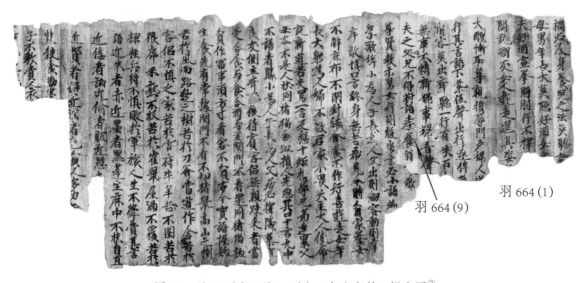

图13　羽664（1）+羽664（9）《太公家教》缀合图[3]

① 武田科学振兴财团《杏语》第14号，2011年，第241页。

② 张新朋《敦煌写本〈太公家教〉残卷缀合三则》，《魏晋南北朝隋唐史资料》第30辑，2014年，第185—187页。

③ 羽664（1）正面《太公家教》"◇（孝）□翁◇敬"之"翁"字，因上下文字残缺，其位置略向上移，造成与上字"孝"之间无法容下"养"字，本缀合图将其略向下移，特此说明。

二、《武王家教》

1.Дх.98+Дх.17447 号。

（1）Дх.98 号，残片，首尾残，上下亦残，今存残文 11 行，首行存"◇为七奴"，次行为"◇二贼坐◇"，倒数第 2 行存"庄子云"，倒数第 3 行上部存某二字残迹、下部存"◇六狂嗔他"，末行存"◇◇◇◇（孝子亦如）"。以上文字，《俄藏》拟题《太公家教》。

（2）Дх.17447 号，残片，正面存残文 13 行，上下及前部残缺，前 9 行所抄为正文文本，起"悭贪吝惜为◇"，讫"◇报是其常理也"。第 9 行为尾题，今存"家教一卷"4 字。第 11 行存题记"九月日吕惠达书记"。尾部其他各行则抄学郎诗。卷背存残文 8 行，前三行所抄为有关嫁娶类占卜文字，后五行所抄为学郎诗。本残片，《俄藏》未定名，笔者定名为《武王家教》。[①]又，该号前 5 行所存与Дх.98《太公家教》第 4 至 8 行所存，补齐残缺后，行与行之间在内容上恰好相连，且二号字体甚近、行款相同、背面均抄有占卜择吉类的文字，故二号当为同一写卷之裂，可以缀合（如图 14 所示）。

又，据《俄藏》所提供图版来看，Дх.98 号由多片残片拼合而成。其中第 9 行至第 11 行上部存"◇□◇""庄子◇（云）""◇◇◇◇（孝子亦如）"3 行文字的部分为一片，它与抄有"□□□□□◇（轻慢胜己为六狂）"等句的部分拼接有误，"庄子◇（云）"这部分的首行当接于"□□□□□◇（轻慢胜己为六狂）"的下一行。[②]又，其中第 3 行、第 4 行下部存"清◇◇""◇生◇"2 行文字的部分为一片，本残片所存文字与其上部之文字在内容上不相接，《俄藏》的拼接亦有误。又，Дх.17447 号正面右上侧有 4 小块仅存墨痕的残片，它们与Дх.17447 的位置关系似亦有问题，然因所存过少，且《俄藏》之图版不甚清晰，俟再考。

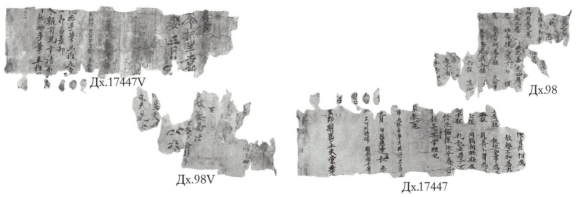

图 14　Дх.98+Дх.17447 号《武王家教》缀合图（左背面，右正面。部分误接之处有所修整）

① 张新朋《敦煌写本〈太公家教〉残片拾遗》，《社会科学战线》2010 年第 4 期，第 50 页。
② 刘郝霞《敦煌汉文文献（佛经以外部分）残断与缀合研究》，四川大学出版社，2020 年，第 329—330 页。

2.Дx.6035 号，残片，存 23 行，首尾及上部残，首行仅存"◇◇◇◇◇◇◇（家有二失武王曰）"等字左侧残迹，次行起"◇（太）公曰家有三耗武王曰何谓三耗"，卷末末行存"合随风◇"，倒数第 2 行存"于金柜"，倒数第 3 行存"◇相欺八狂"。本残片，《俄藏》未定名，笔者据残片所抄"武王曰""太公曰"及"三耗""四失""六不祥"等内容及一问一答的体式定其名为《武王家教》。[①]然文中个别字句与其他本《武王家教》不同，如：该卷提到的"三废""三败"，其他文本中皆未出现；而"三耗""三痴""六不祥"等共同出现的说法在文字或顺序上也有较大的差异，值得进一步探讨。

以上，我们就近年来笔者及相关学者认定的敦煌文献中的《太公家教》（含《武王家教》）写卷逐一加以叙录，计涉及《太公家教》写卷 31 号（近年来新认定的 26 号），整理缀合后为 15 件；《武王家教》3 号，缀合后为 2 件。在此基础上，加上前辈学者们较早认定的写卷，到目前为止，敦煌文献中的《太公家教》计有 73 号，《武王家教》计有 14 号。《太公家教》（含《武王家教》）成为继《千字文》《开蒙要训》之后的敦煌文献中的第三大蒙书。它与《千字文》《开蒙要训》《蒙求》《兔园策府》《新集文词九经抄》等不同类型的蒙书相结合，共同承担着启迪儿童之心智、教化儿童之品德、传承民族文化的童蒙教育的重任。

①张新朋《敦煌写本〈太公家教〉残片拾遗》，《敦煌学辑刊》2012 年第 3 期，第 51 页。

从gnam gi sras、'a zha rje二词看《吐谷浑大事纪年》的底本问题[*]

黄维忠/中国人民大学国学院

英藏敦煌藏文文献IOL Tib J 1368 (= vol. 69 fol. 84)《吐谷浑大事纪年》尽管只有50余行，而且还是残卷，但仍吸引了很多国内外学者关注、研究，就是因为它是探寻吐蕃统治下的吐谷浑情况的极其重要的文献之一。自托玛斯（F. W. Thomas）[①]发表相关研究文章以来的70余年，国内外有不下十位学者对该文献进行研究。关于本文献的学术史回顾，1990年之前的海内外学术研究的详细情况，可参周伟洲、杨铭的《关于敦煌藏文写本〈吐谷浑（阿柴）纪年〉残卷的研究》[②]一文；其后的相关研究综述，在林梅村的文章中有所介绍，[③]此不赘述。

学界对吐谷浑大事纪年的基本共识是该文献属于区域性文献，是吐谷浑自身撰写的大事纪年，不过并未讨论该文献的撰成年代问题。笔者在《谁是mun sheng khon co》一文中通过该文献中出现的"圣神赞普"（'phrul gyi lha btsan po）一词的考订，认为：

* 本文为国家社科基金冷门绝学专项"敦煌藏文大事纪年文书研究"（20221G50043）、中国人民大学重点课题《古藏文辞典》编纂"（21XNL005）、中国藏学研究中心重点课题"西藏文化史"（2020ZD001）的阶段性成果。本文在撰写过程中，西南民族大学的杨铭教授、中央民族大学的格日杰布博士都提出了很好的建议，特此一并致谢。

① F. W. Thomas, *Tibetan Literary Texts and Documents concerning Chinese Turkestan*, part II: Documents, London, 1951.

② 周伟洲、杨铭《关于敦煌藏文写本〈吐谷浑（阿柴）纪年〉残卷的研究》，《中亚学刊》第3辑，中华书局，1990年；周伟洲《吐谷浑资料辑录》（增订本），商务印书馆，2017年。

③ 林梅村《相逢在青藏高原——敦煌古藏文〈松赞干布本纪〉残卷人物与葬地之一》，《敦煌研究》2020年第6期。

本文献的撰成年代是在782—834年，即8世纪80年代至9世纪30年代之间。[①]

在确定该文献的撰成年代后，有一个关键问题浮出，即吐谷浑大事纪年的底本问题。一般来说，大事纪年是当时人记当时事，后人也会在此基础上进行汇编，或者后人根据原始的材料整理而成大事记。那么本文献是什么样的一种情况？是否是在原有的吐谷浑大事纪年基础上汇编而成的？还是综合多种大事纪年材料汇编而成的？学界迄今未有人做过讨论。以下拟从文献中出现的gnam gi sras（天子）、'a zha rje（吐谷浑王）两个关键词入手，尝试讨论吐谷浑大事纪年的底本问题。

一、吐谷浑使用的文字问题

要讨论吐谷浑大事纪年的底本问题，首先要对吐谷浑使用的文字进行探讨。根据考古材料和相关文献，我们知道吐谷浑使用汉文、藏文甚至创制有自己的文字——吐谷浑文。按照吐谷浑历史的发展进程，其使用的文字的先后顺序可以确认为汉文、吐谷浑文、藏文。

1.汉文

吐谷浑王国存续300余年（329—663）。学界根据汉文文献和吐谷浑相关墓志铭的记载认为，吐谷浑很早开始使用汉文。

648年编撰完成的《晋书·四夷传》中的《吐谷浑传》载：

> 其官置长史、司马、将军，颇识文字。[②]

这里说吐谷浑的官制模仿的是中原的官制，"颇识文字"一般理解为汉文，表明吐谷浑建立伊始，便开始使用汉文。

663年，吐谷浑被吐蕃所灭，慕容诺曷钵（636—683）率领众人到达凉州。666年唐廷加封诺曷钵为"青海国王"并助其夺回领土，至798年慕容复逝世，封号停袭。吐谷浑慕容氏王族的王统在663年后又延续了百余年。有学者统计了吐谷浑墓志情况：

> 目前发现的吐谷浑墓志仅21方，属于唐代的墓志就有17方。记载的墓主均为吐谷浑王族慕容氏成员，其身份有可汗、青海国王、大同军使、朔方军节度副使、朔方军防秋兵马使、朔方副元帅等。[③]

这些唐代吐谷浑墓志均是用汉文撰写的，表明汉文一直在吐谷浑有所使用。

---

①黄维忠《谁是mun sheng khon co——〈吐谷浑大事纪年〉新探之一》，《西域历史语言研究集刊》第17辑，中国藏学出版社，2022年。

②《晋书》卷97，中华书局，1974年，第2537页。

③朱建军《交融与互鉴——新见吐蕃、吐谷浑出土文物研究》，兰州大学博士学位论文，2022年。

图 1　吐谷浑文

2.吐谷浑文

关于吐谷浑是否创制有自己的文字,学界因材料所限,未有明确的结论。2019 年 10 月甘肃省文物考古研究所在武威发掘的吐谷浑王慕容智（650—691）墓中所出土的《慕容智墓志》上发现的文字材料（参见图 1）,被证明应为吐谷浑自创的文字——"吐谷浑文"。①这其实印证了《洛阳伽蓝记》所载的:

> 唯吐谷浑城左右暖于余处。其国有文字,况同魏。②

这里的"魏"指的是北魏。关于北魏有自己的文字,史籍记载,北魏始光二年（425）:

> 初造新字千余,诏曰:"在昔帝轩,创制造物,乃命仓颉因鸟兽之迹以立文字。自兹以降,随时改作,故篆隶草楷,并行于世。然经历久远,传习多失其真,故令文体错谬,会义不惬,非所以示轨则于来世也。孔子曰,名不正则事不成,此之谓矣。今制定文字,世所用者,颁下远近,永为楷式。"③

因此,上引文中的"国有文字,况同魏"的"文字",实际上是指"吐谷浑文"（鲜卑文）,而非传统上理解的汉文。

撰写《洛阳伽蓝记》的杨衒之是在北齐文宣帝天保年间（550—559）去世的,其于东魏武定五年（547）完成《洛阳伽蓝记》。这表明,"吐谷浑文"的创制时间至少在 547 年之前。

那么,这样的推论是否准确呢? 我们再来看

---

①有学者指出:"《慕容智墓志》侧面发现的文字,应是吐谷浑慕容鲜卑所创本民族文字,或可称之为'吐谷浑文'"。参见刘兵兵、陈国科、沙琛乔《唐〈慕容智墓志〉考释》,《考古与文物》2021 年第 2 期,第 92 页。

②杨衒之撰,范祥雍校注《洛阳伽蓝记校注》,上海古籍出版社,1978 年,第 251—252 页。

③《魏书》卷 4 上《世祖纪四上》,中华书局,1974 年,第 70 页。

看汉文史籍中还有没有关于"吐谷浑文"的记载：

《南史》卷7《梁本纪中》载：

> 五月巳（乙）卯，河南王遣使朝，献马及方物，求释迦像并经论十四条。敕付像并《制旨涅槃》、《般若》、《金光明讲疏》一百三卷。[①]

此五月系在540年，时为吐谷浑夸吕[②]六年。我们再来看《宋高僧传》对于吐谷浑"求释迦像并经论"的感慨：

> 系曰：未闻中华演述佛教，倒传西域，有诸乎？通曰："昔梁武世，吐谷浑夸吕可汗使来求佛像及经论十四条，帝与所撰《涅槃》《波若》《金光明》等经疏一百三卷付之。原其使者必通华言，既达音字，到后以彼土言译华成胡，方令通会。彼亦有僧，必展转传译，从青海西达葱岭北诸国，不久均行五竺，更无疑矣。故车师有《毛诗》《论语》《孝经》，置学官弟子，以相教授。虽习读之，皆为胡语是也。"[③]

赞宁认为吐谷浑的使者是懂汉语的（必通华言），吐谷浑"求释迦像并经论"，回到本土后，"以彼土言译华成胡"，说的正是吐谷浑会把梁武帝所赐的《涅槃》《般若》《金光明》等经疏翻译成"吐谷浑文"，以让吐谷浑的僧众都"通会"。而且吐谷浑的僧人再"辗转传译"，到西域的车师国，也都在学习经论，并且强调都是"胡语"。

这说的还是吐谷浑存在"吐谷浑文"的可能，只是《宋高僧传》时间上相对较晚，我们并不能证明540年时吐谷浑已经创制了吐谷浑文。这样看来，目前最直接的证据就是"吐谷浑文"的创制时间至少在547年之前。

3.藏文

663年吐谷浑被吐蕃吞并后，在吐蕃的统治之下，吐谷浑汗廷使用的文字，除了汉文、吐谷浑文还有藏文。

藏文的创制时间，大家接受的多为藏文文献所载的吐蕃松赞干布赞普时期创制的。最主要的证据来自法藏敦煌藏文文献P.T.1287《吐蕃赞普传记第八》中关于吐蕃赞普赤松赞（Khri srong brtsan，即松赞干布）的介绍：

（451）bod la snga na yi ge（452）myed pa yang // btsan po vdi vI tshe byung nas //[④]

吐蕃于古昔并无文字，于此赞普之时方始出现。

---

① 《南史》卷7《梁本纪中》，中华书局，1975年，第215页。

② 夸吕（531—591）即慕容夸吕，一作吕夸，伏连筹之子，吐谷浑第18任统治者，他是第一个自称可汗的吐谷浑首领，居伏俟城，在青海湖西15里。

③ 释赞宁《宋高僧传》卷27，中华书局，1987年，第679页。

④ 《法国国家图书馆藏敦煌藏文文献》第12册，上海古籍出版社，2011年，第17页。

这段引文指出，吐蕃在松赞干布主政时期创制出文字，但并未明确文字是何时创制的。松赞干布薨逝于 649 年，因此学界一般认为藏文出现于 7 世纪中叶。[①]新近，林冠群先生在吐蕃文化专题研究论坛上报告《吐蕃文字何时问世及圣神赞普徽号使用之考述》，依据汉藏文献指出：

> 吐蕃文字至少在公元 635 年以前并不存在，而是于松赞干布晚年问世，并确定于公元 650 年正式启用于历史及吏治方面的载记，似乎也并未使用于翻译佛经及宗教等方面。[②]

当然，藏文文献均把藏文的创制归结到松赞干布赞普时期的著名大臣吞弥·桑布扎身上。但学界一般认为吞弥·桑布扎并非松赞干布赞普时期的人物。根据西藏大学多布旦教授的考证，"吞弥·桑布扎很可能是赤松德赞时期（742—797）的人物"。[③]目前藏文文献中唯一确认是吞弥·桑布扎翻译的佛经为德格版《甘珠尔目录》68Ya，No.267 དཔང་སྐོང་ཕྱག་བརྒྱ་པ་ཞེས་བྱ་བ（Dpang skong phyag brgya pa shes bya ba），即《百拜忏悔经》。不过，学者经过研究认为，《百拜忏悔经》是 9 世纪前后的译本。[④]这一观点和吞弥·桑布扎很可能是赤松德赞时期（742—797）正相印证。

从现存的藏文文献、实物遗存来看，目前已知的最早的藏文是刻在钟上的铭文。该钟为甘肃天祝者龙[⑤]噶丹兴庆寺（jag rong dgav ldan byin cen gtsug lag khang，石门寺）发愿钟。[⑥]该钟铭提及赤德祖赞（Khri lde gtsug brtsan，705—754）及其兄长（mced）。

> bod khyi lha btsan po khri sde gtsug brtsan mced kyi sku yon du bsngo sta zhang lha sgra rgyal slebs spad skyis jag rong dgav ldan byin cen gtsug lag khang gi rkeyn du dril chen cig pul bavi yon skyis yon bdag dang sems can thams cad bla na myed de byang cub kyi rgyub par smon to dril vdi lcags kong□□gis yi ge bri ste dge slong chos prin gyis blug so //[⑦]

汉译：为吐蕃神圣赞普赤德祖赞及王兄之无量功德特发此愿，尚拉扎加来父子特为者龙噶丹兴庆寺供奉大钟一座，祈愿获得无上妙果为施主及一切众生之菩提善根。本钟由吉贡□□书写铭文，

---

①英国学者沙木（Sam van Schaik）2011 年有一篇长文专门讨论藏文造字问题。可参 Sam van Schaik, A New Look at the Tibetan Invention of Writing, *New Studies of the Old Tibetan Documents: Philology, History and Religion*, Old Tibetan Documents Online Monograph Series Vol. III, Tokyo, Research Institute for Languages and Cultures of Asia and Africa, 2011. 沙木（Sam van Schaik）著，张宁译《藏文造字新探》，《中国藏学》2020 年 S0 期。

②林冠群《吐蕃文字何时问世及圣神赞普徽号使用之考述》，"吐蕃文化专题研究论坛"报告，2022 年 7 月 2 日。

③参见多布旦《吐蕃古藏文考述》（藏文），西藏人民出版社，2014 年，第 43—44 页。

④原田觉《敦煌胡语文献》（《讲座敦煌》6），大东出版社，1985 年。

⑤陆离认为，者龙（jag rong）"应当是贯穿今甘肃天祝、永登两县之一大川的古地名"。陆离《关于新发现的吐蕃赤德祖赞时期者龙噶丹兴庆寺发愿钟的几个问题》，《藏学学刊》2014 年第 1 期。

⑥据此钟的发现者西北民族大学的兰却加教授介绍，此钟为铜合金铸造，重量为 168 公斤，高约 54 公分，钟口直径为 52 公分，钟座直径为 40 公分，整个铜钟形呈六瓣莲花状，花瓣尖端绘有虎头纹。

⑦陆离《关于新发现的吐蕃赤德祖赞时期者龙噶丹兴庆寺发愿钟的几个问题》，《藏学学刊》2014 年第 1 期，第 45 页。

比丘僧人曲真铸造。[①]

陆离认为，该钟的铸造时间为704—738年。[②]

就本文献而言，我们已经指出，其撰成年代在8世纪80年代至9世纪30年代之间。因此需要讨论的是否有底本的问题。在此不妨对《吐谷浑大事纪年》中的一些关键词汇进行讨论，看看是否能得出相对合理的结论。

《吐谷浑大事纪年》第9—10行（参见图2）出现了两个关键的词汇——gnam gi sras、'a zha rje：

9.de nas de'i［———］gnam gi sras ma ga tho gon kha gan gi［———］

汉译：此后……天子莫贺吐浑可汗之……

10.se to nya□—□ □kh□ab du bzheste / / 'a zha rje'i dpyang lagisu bkab nas / / □———□

汉译：将se to nya迎娶至王宫。在吐谷浑王的庇护下……

第9行中出现的gnam gi sras（天子）、第10行出现的'a

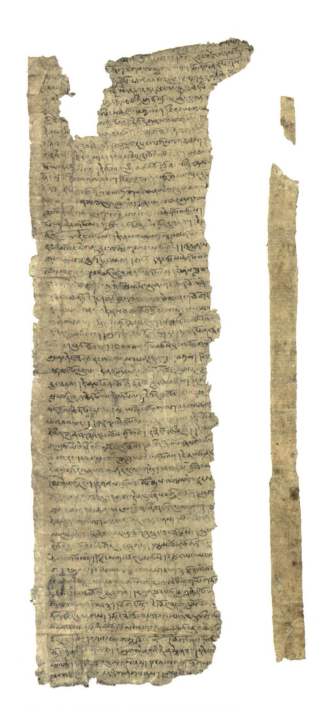

图2　IOL Tib J1368（国际敦煌学项目）

---

①陆离《关于新发现的吐蕃赤德祖赞时期者龙噶丹兴庆寺发愿钟的几个问题》，《藏学学刊》2014年第1期，第45页。

②陆离《关于新发现的吐蕃赤德祖赞时期者龙噶丹兴庆寺发愿钟的几个问题》，《藏学学刊》2014年第1期。

zha rje（吐谷浑王）是判定吐谷浑大事纪年来源的两个关键词。

我们先来说'a zha rje。根据林冠群先生的研究，直到689年才出现这一词汇："吐蕃于六六三年灭吐谷浑以后，一直到689年，《吐蕃大事纪年》才提及'vA zha rje'的名号。在663—689年的27年当中，《吐蕃大事纪年》所记载有关吐谷浑者，均只载vA zha，而不提其王"，原因是"直到六八九年，因吐蕃公主的下嫁，方提及吐谷浑王"。[①]这样说来，'a zha rje一词是吐蕃王室对吐谷浑王的专用称呼。

另外，2019年青海都兰热水墓群2018血渭一号墓中出土一枚银印章"甥阿柴王之印"（dbon 'a zha rje phyag rgya）。[②]该墓中出土木材的树木年轮测定年代为744±35年，即在709—779年。因此考古报告认为墓主为本文献提及的吐谷浑王莫贺吐浑可汗，其母为吐蕃墀邦公主。[③]gnam gi sras（天子）一词是对莫贺吐浑可汗的尊称。从该用词来看，像是从其他文字"天子"一词翻译而成的，而非藏文原创。在吐蕃时期的藏文文献中，天子或神子一般写成lha sras，而且都是用在吐蕃赞普身上。从目前已知的吐蕃时期的25种藏文文献包括敦煌藏文文献（20种）、碑刻（4种）、墓志铭（1种）等（参见表1）来看，均用lha sras一词。

表1　吐蕃时期藏文文献中提到lha sras的文献一览表

赞普名	藏文卷号及名号
鹘提悉补野	赤德松赞墓碑
聂墀赞普	P.T.1286
赤松德赞Khri srong lde brtsan（755—797）	P.T.840v 丽江格子碑（794） 工布第穆萨碑［799（？）—815］
牟尼赞普Mu ne brtsan po（797—798）	P.T.1552v3
赤德松赞Khri lde srong brtsan（约797—815）	赤德松赞墓碑
赤祖德赞Khri gtsug lde Brtsan（815—836）	拉孜冲钦碑（820—830）、楚布江浦建寺碑（815—836） P.T.16＋IOL Tib J 751、P.T.130、P.T.132、P.T.735、P.T.999、 P.T.1287、IOL Tib J783
赤乌东赞Khri wuvi dum brtan（839—842）	P.T.134
沃松Vod srung	P.T.131/ P.T. 230/ P.T.999
无具体名称赞普	洛扎摩崖刻石、P.T.1976、IOL Tib J 794、IOL Tib J 1359A、IOL Tib J 753（= Ch.88.VI = Scroll box 147）
无指代	P.T.1120、IOL Tib J 687

---

①林冠群《唐代吐蕃的rgyal phran》，《唐代吐蕃史论集》，中国藏学出版社，2006年，第33—34页。
②中国社会科学院考古研究所《青海都兰县热水墓群2018血渭一号墓》，《考古》2021年第8期。
③中国社会科学院考古研究所《青海都兰县热水墓群2018血渭一号墓》，《考古》2021年第8期，第60、69页。

试举一二例：

赤德松赞墓碑中lha sras一词共出现6次：

(1) $ / / btsan po lha sras / 'o lde spu rgyal / / gnam gyI(2) lha las myI'i rjer gshegs pa /

汉译：赞普天子鹘提悉勃野，以天神来为人主。

(6) / lha sras khrI lde srong brtsan myI'i rje(7) mdzad pa /

汉译：天子赤德松赞继作人主。

（13）$ / / btsan po lha sras / khrI lde srong brtsan /

汉译：天子赤德松赞

P.T.16 + IOL Tib J 751(1)出现的lha sras一词较多，共出现7次，其中：

(41v2)rje lha sras khrI gtsug lde brtsan gyI sku tshe rIng / dbu rmog brtsan ba）

汉译：王神子赤祖德赞寿命愈远，政权稳固。

P.T.134 题名为btsan po lha sras wu'I dun brtan kyI sku yon du bsngo ba'I smon lam du gsol pa'a，即"赞普神子吾东丹功德回向愿文"。

另外，P.T.849《印度高僧德瓦布扎事略》中出现的de ba pu tra（德瓦布扎）也是梵文转写的"天子"或"神子"。《大唐西域求法高僧传》提及，印度人称唐朝首都长安为"提婆佛呾罗"："莫诃支那即京师也，亦云提婆佛呾罗，唐云天子也。"[1]"提婆佛呾罗"（Debaputra）即"德瓦布扎"的汉语音译。长安城是唐天子所居，印度人故以"提婆佛呾罗"代称长安。[2]

P.T.1287 第6行提及止贡赞普乃天子虽然形同凡人（lde sras myI 'I myi tshul te/）。这里lde sras一词也可翻译成"天子"。

从笔者目前看到的材料来看，天子gnam gi sras这样的用法仅出现在本文献中。

按常理，如果此大事纪年是记载有关吐蕃赞普的大事纪年，[3]那就不会用gnam gi sras，而应直接用lha sras一词。即便是吐谷浑大事纪年，如果是吐蕃官方所记的大事纪年，那记录者也不会用gnam gi sras来称呼吐谷浑莫贺吐浑可汗的，而应用'a zha rje来称呼他。

目前透过藏文文献，我们能看到吐蕃统治下的吐谷浑的特点，吐谷浑是"吐蕃王室的姻亲"，"仍保有以前的可汗号，吐谷浑的汗廷仍保留下来"，其职能：一是吐谷浑统治氏族成员入吐蕃中央任要职，二是保留吐谷浑汗廷并赋予有限的权力，三是吐蕃按本土建制编组吐谷浑诸部并设立军政

[1]义净著，王邦维校注《大唐西域求法高僧传》卷1，中华书局，1988年，第103页。

[2]关于P.T.849《印度高僧德瓦布扎事略》的详细研究，可参才让《敦煌藏文文献P.T849号〈印度高僧德瓦布扎事略〉研究》，《首届长安佛教国际学术研讨会论文集》，陕西师范大学出版社，2010年。

[3]林梅村先生即认为本文献为《松赞干布本纪》。参见林梅村《相逢在青藏高原——敦煌古藏文〈松赞干布本纪〉残卷人物与葬地之一》，《敦煌研究》2020年第6期。

机构加以统管，四是吐谷浑受吐蕃之征发赋税、差役及作战等。[①]这说明在吐蕃统治下，吐谷浑仍保有自身的特点。即便如此，吐蕃也不太可能用天子一词来称呼吐谷浑可汗的。因此，通过gnam gi sras一词，我们可以排除本文献完全由吐蕃官方所记的大事纪年抄录的可能。

从另一个角度说，是不是本文献完全由吐谷浑本土所记的大事纪年抄录而成的？那也是不太可能的。因为文献中出现了'a zha rje（吐谷浑王）一词。如果是吐谷浑本土所记的大事纪年，既然第9行用gnam gi sras称呼其可汗，紧接着第10行绝不可能用'a zha rje（吐谷浑王）来称呼可汗的。这两个词所透视出的地位差异实在过于明显。

三、初步的结论

以上，我们从英藏敦煌藏文文献IOL Tib J 1368文献中gnam gi sras（天子）、'a zha rje（吐谷浑王）两个关键词汇入手，讨论了吐谷浑大事纪年的底本问题。我们认为，这两个词汇同时出现在本文献中，可以证明本文献有不同的来源：一个是吐谷浑本土所记的大事纪年（天子），[②]一个是吐蕃王室所记的大事纪年（吐谷浑王）。

---

① 林冠群《唐代吐蕃的rgyal phran》，《唐代吐蕃史论集》，第29—42页。
② 至于吐谷浑本土所记的大事纪年是用汉文、还是吐谷浑文，我们目前难以确认。

《楚辞音》引书考

许建平/浙江大学汉语史研究中心暨古籍研究所

一、前言

法藏P.2494号敦煌写卷，起《离骚》"驷玉虬以椉鹥兮"之"椉"条，至"杂瑶象以为车"之"瑶"条，共84行。因为此写卷涉及古代的经典作品《离骚》，故自面世后，即引起了学界的密切关注。王重民据写卷第10行"骞案弇兹之神居此山"句，认为此即《隋书·经籍志》所载之释道骞《楚辞音》。[1]周祖谟《骞公楚辞音之协韵说与楚音》据《日本国见在书目》有释智骞《楚辞音义》，而疑《隋书·经籍志》之"道骞"为"智骞"之误。[2]姜亮夫《智骞〈楚辞音〉跋》又以十例证"道骞"为"智骞"之误，[3]姜书阁从之。[4]黄耀堃、黄海卓从避讳、楚音、写卷第10行"骞案"、协韵、异文五个方面对此说提出了质疑，认为作者不一定是智骞。[5]

① 王重民《巴黎敦煌残卷叙录》第1辑，黄永武主编《敦煌丛刊初集》第9册，新文丰出版公司，1985年，第171页。王氏此则叙录撰写于1935年9月12日。

② 周祖谟《骞公楚辞音之协韵说与楚音》，原载《辅仁学志》第9卷第2期，1940年。此据《汉语音韵论文集》，商务印书馆，1957年，第4页。

③ 姜亮夫《智骞〈楚辞音〉跋》，《中国社会科学》1980年第1期，第164—166页。

④ 姜书阁《骞公〈楚辞音〉与所谓"楚辞"、"楚声"》，《文史说林百一集正续编》上册，浙江大学出版社，2010年，第207页。

⑤ 黄耀堃、黄海卓《道骞与〈楚辞音〉残卷的作者新考》，《姜亮夫、蒋礼鸿、郭在贻先生纪念文集》（《汉语史学报》总第3辑），上海教育出版社，2003年，第401—410页。

王重民谓写卷："书法整秀，装潢甚都，不避隋唐讳，望而知为隋唐间写本。"①姜亮夫云："书法儁秀，不为隋唐诸帝作讳，稍习敦煌卷子者，皆知为隋以前写本。"②李大明认为写本引《广雅》不避"广"字，引《世本》不避"世"字，因而是五代或以后写本，并非唐写本。③黄耀堃、黄海卓既不赞成王重民之说，也不认为李大明之说可信。因为仅凭不避隋唐讳，而定为隋唐间写本是不合逻辑的；因不避隋唐讳而定为五代或以后写本，说明隋代的道骞原著中的讳字也全部被后人回改为本字，而毫无避讳痕迹遗留，也是难以置信的。他们认为如果要从中找出一个各方面都能解释的说法，那就是这个写本《楚辞音》是五代或以后的著作。④但这里有一个问题，李大明或黄耀堃、黄海卓，均以传统版本学据讳字判断时代的做法应用于敦煌写本，而不知敦煌写本的避讳有其特殊性。据窦怀永的研究，敦煌写本唐以前的写本中，未见有避讳痕迹，⑤故不能仅以避讳字来判断敦煌写本的抄写时间。王重民判断写卷为隋唐间写本的理由并非仅仅根据避讳，而是根据写卷形制及书法等综合考虑的结果，即"书法整秀，装潢甚都"。他认为："欲定写本年代，绝不能脱离纸幅与书法，盖鉴定写本者，此其最重要因素也"。⑥我曾给黄耀堃教授去函谈此写卷的抄写时代：

残卷39行"佚"条引《尚书》曰："无教佚欲有邦。"唐石经"佚"作"逸"。天宝三载卫包改隶古字为今字本，开成时刻入唐石经。在政令之下全国通行今字本，则作"佚"之本应该看作天宝以前东西，至迟亦应是唐中期以前之本。今残卷所引者作"佚"，是否从中透露出该写卷作于唐中期以前的信息？另，该卷字体优美，行款疏朗，略带隶意。就我的感觉，这种优美的写卷，大多是敦煌陷蕃前的写本。这个本子为六朝本的可能性较大。⑦

所以该写本的抄写时代应以王重民隋唐间写本之说为长。

对该写本进行校勘的成果颇多，《敦煌经部文献合集》第9册"小学类群书音义之属"之《楚辞音》的"题解"已有介绍，⑧兹不赘述。此《楚辞音》写卷是对王逸所注《楚辞》所作的音义，以注音为主，兼及释义、正字，多引用典籍以证。闻一多曾云：

卷中所存佚书，郭氏《楚辞注》而外，似尚有宋人所称无名氏之《离骚释文》。……《释文》今既不传，此条又不见于洪氏所引，而作者姓氏久湮，复独赖此卷存之，斯不仅为遗说考之新资料，抑亦好古者之所当共庆者与！其他所引古籍尚有《尚书》三则，《毛诗》五则，《左传》并杜

①王重民《巴黎敦煌残卷叙录》，《敦煌丛刊初集》第9册，第171页。
②姜亮夫《海外敦煌卷子经眼录》，载《敦煌学论文集》，上海古籍出版社，1987年，第44页。"儁"字原误作"讍"，盖排版者误认手稿之"亻"旁为"言"旁，今以意改正。
③李大明《道骞楚辞音论考》，载《楚辞文献史论考》，巴蜀书社，1997年，第141页。
④黄耀堃、黄海卓《道骞与〈楚辞音〉残卷的作者新考》，第403—404页。
⑤窦怀永《敦煌文献避讳研究》，甘肃教育出版社，2013年，第57页。
⑥王重民《敦煌古籍叙录》，中华书局，1979年，第26页。
⑦黄耀堃、黄海卓《道骞与〈楚辞音〉残卷的作者新考》，第410页。
⑧张涌泉主编，许建平撰《敦煌经部文献合集》第9册，中华书局，2008年，第4727—4728页。

《注》一则，《公羊传》一则，《论语》并孔《注》一则，《世本》一则，《穆天子传》并《注》一则，《山海经》三则，《汉书》并《文颖注》一则，《淮南子》二则，司马相如《赋》一则，《尔雅》、《方言》各二则，《说文》六则，《广雅》十三则，《苍颉篇》、《埤苍》、《声类》、《字书》各一则，《字林》三则，《字诂》二则。以上《世本》、《淮南》许《注》，并《苍颉篇》以下皆佚书，当有裨于辑佚工作；自余诸书，或亦有裨于校勘。丛脞婴身未暇覆案也。①

据闻氏所列，共 23 种典籍，56 条，若计入王逸《楚辞章句》之 12 条，则闻氏所计者凡 24 种典籍的 68 条。

今重新统计，在残存的 84 行中，其所引典籍为 28 种，其中经部 16 种，史部 4 种，子部 4 种，集部 4 种，凡 76 条。多出闻氏所列 4 种典籍，8 条引文。

关于写卷所引诸书条目，诸校勘之论著偶有论及，然至今未见全面考订者。兹按经史子集四部，逐条考辨于下。

二、引书考辨

尚书

《隋书·经籍志》："《古文尚书》十三卷，汉临淮太守孔安国传。"②此即东晋时梅赜所献之《古文尚书》，即今所云之伪《古文尚书》。《楚辞音》有 3 处引用《尚书》，其中 2 处有孔传之文。今以《中华再造善本》影印之北京大学所藏宋刻本《尚书》对勘，并括注页码于后。

1. "佚"条引《书》曰："无教佚欲有邦。"孔安国曰："佚，豫也。"（第 39 行）

《尚书·皋陶谟》："无教逸欲有邦。"伪孔传："不为逸豫贪欲之教，是有国者之常。"（第 2 卷第 6b 页）

案：《汉书·王嘉传》："臣闻咎繇戒帝舜曰：'亡敖佚欲有国，兢兢业业，一日二日万机。'"③《玉篇·人部》"佚"字下引《书》云："无教佚欲有邦。佚，豫也。"④所引《尚书》"逸"字皆作"佚"。慧琳《一切经音义》卷 11《大宝积经序》"恒佚"条："孔安国注《尚书》云：'佚，豫也。'"⑤慧琳所引孔传与写卷所引同，皆为"佚欲"之"佚"作注。

据宋刻本《尚书》孔传，乃是以"逸豫"释"逸"，《诗·小雅·十月之交》"民莫不逸"郑笺："逸，逸豫也。"⑥亦以"逸豫"释"逸"。《文选》颜延之《赠王太常》"豫往诚欢歇"张铣注："豫，逸。"⑦

---

① 闻一多《敦煌旧钞本楚辞音残卷跋》，《闻一多全集》第 5 册，湖北人民出版社，1993 年，第 49—50 页。

② 魏征等《隋书》，中华书局，2019 年，第 1033 页。

③ 班固《汉书》，中华书局，1962 年，第 3494 页。

④ 顾野王撰，孙强重修《宋本玉篇》，北京市中国书店，1983 年，第 54 页。

⑤ 慧琳《一切经音义》，《高丽大藏经》第 74 册，线装书局，2004 年，第 204 页。

⑥《毛诗》第 12 卷，清乾隆四十八年（1783）武英殿仿宋相台岳氏五经本，第 11b 页。

⑦ 萧统选编，李善等注《六臣注文选》，浙江古籍出版社，1999 年，第 463 页。

是逸豫同义连文。《玉篇·象部》：“豫，佚也。”①是佚、逸、豫义并同。佚、逸为同源词，②音义均同，古多通用，例参《古字通假会典》。③缪祐孙《汉书引经异文录证》“亡敖佚欲有国兢兢业业一日二日万机”条云：“《史记》‘无逸’作‘无佚’，汉石经‘逸’字皆作‘佚’。”④写卷所引《尚书》有孔安国传文，是其所引者为《古文尚书》。《玉篇》引《尚书》作“佚”，其释义“佚，豫也”者，应是孔传之文，知其所引亦《古文尚书》。是汉之《今文尚书》及东晋晚出《古文尚书》均作“佚”，今作“逸”者，后人所改也。《唐石经》已作“逸”，⑤是其改字当在唐中期以前。若以作“逸”者为《古文尚书》，作“佚”者为《今文尚书》，⑥则误也。

2. “佚”条引《书》曰：“冈淫亏佚。”（第40行）

《尚书·大禹谟》：“罔游于逸，罔淫于乐。”（第2卷第1b页）

案：《说文·网部》：“网，庖牺所结绳以渔。从冂，下象网交文。凡网之属皆从网。𦉧，网或从亡；𦋀，网或从糸。”⑦季旭昇《说文新证》云：“秦文字以后或加‘亡’声。今楷字加‘糸’旁作‘网’。”⑧是“网”为本字，“𦉧”为后起形声字。“网”省文作“冈”，《曹全碑》《魏受禅表》皆作“冈”。⑨是“冈”即“𦉧”字。《玉篇·亏部》“亏”条下云：“于，同上，今文。”⑩则《玉篇》以“亏”为古文也。三体石经《尚书》“于”字多作“亏”。⑪

“佚”与“逸”同，说详上条，是写本所引《尚书》与宋刻本“逸”“乐”二字位置互换。孔传云：“淫，过也。游逸过乐，败德之原。”知其所据原文作“罔游于逸，罔淫于乐”。《新唐书·柳泽传》引《尚书》：“罔淫于逸，罔游于乐。”⑫正与写本所引《尚书》同，盖所据来源相同。

3. “滔”条引《书》曰：“象恭滔天。”孔曰：“滔，谩也。”（第76行）

《尚书·尧典》：“静言庸违，象恭滔天。”伪孔传：“滔，谩也。”（第1卷第2b—3a页）

案：《尚书》未见有作“谩”之本。《说文·言部》：“谩，欺也。”又《水部》：“滔，水漫漫大皃。”⑬故伪孔传以“漫”释“滔”。漫、谩古多通用，如《离骚》“椒专佞以慢慆兮”朱熹《集注》：“慢，

---

①顾野王撰，孙强重修《宋本玉篇》，第440页。

②王力《同源字典》，商务印书馆，1982年，第472页。

③高亨《古字通假会典》，齐鲁书社，1989年，第529页。

④缪祐孙《汉书引经异文录证》，清光绪十一年（1885）刊本，第17a页。

⑤《景刊唐开成石经》，中华书局，1997年，第124页。

⑥金景芳、吕绍纲《〈尚书·虞夏书〉新解》，辽宁古籍出版社，1996年，第215页。

⑦许慎《说文解字》，中华书局，1963年，第157页。

⑧季旭昇《说文新证》，艺文印书馆，2002年，第619页。

⑨顾南原《隶辨》，北京市中国书店，1982年，第437—438页。

⑩顾野王撰，孙强重修《宋本玉篇》，第175页。

⑪赵立伟《〈尚书〉古文字编》，中国社会科学出版社，2015年，第112—113页。

⑫欧阳修、宋祁《新唐书》，中华书局，1975年，第4175页。

⑬许慎《说文解字》，第54、229页。

一作谩，一作漫。"①《荀子·儒效》"行不免于污漫而冀人之以己为修也"杨倞注："漫，欺诳也。"②
杨倞即读"漫"为"谩"。

毛诗

《隋书·经籍志》："《毛诗》二十卷，汉河间太傅毛苌传，郑氏笺。"③《楚辞音》有5处引用《毛诗》，均有毛传，其中1处有郑笺之文。今以清乾隆四十八年（1783）武英殿仿宋相台岳氏五经本《毛诗》对勘，并括注页码于后。

1. "违"条引《诗》曰："何斯违斯。"毛曰："违，去也。"（第30行）

《诗·召南·殷其靁》："何斯违斯？莫敢或遑。"毛传："斯，此；违，去；遑，暇也。"（第1卷第21a页）

2. "违"条引《诗》曰："中心有违。"毛曰："违，离也。"（第31行）

《诗·邶风·谷风》："行道迟迟，中心有违。"毛传："违，离也。"（第2卷第13b页）

3. "慆"条引《诗》云："日月其慆。"毛曰："慆，过也。"（第77行）

《诗·唐风·蟋蟀》："今我不乐，日月其慆。"毛传："慆，过也。"（第6卷第2a页）

案："慆"字仿相台本作"慆"，P.2529《毛诗》写本亦作"慆"。段玉裁于《说文》"慆"篆下注云："古与'慆'互假借。"④马瑞辰云："《说文》：'慆，说也。'为本义。毛传训过者，盖以慆为慆字之假借。《说文》：'慆，水漫漫大皃。'大则易失之过，故过又大义之引申也。"⑤《玉篇·阜部》"陶"字下引《韩诗》："令我不乐，日月其陶。"⑥是《毛诗》"慆"字《韩诗》写作"陶"。郭店楚简《性自命出》"憙斯慆，慆斯奋"，⑦《礼记·檀弓下》有"人喜则斯陶，陶斯咏，咏斯犹，犹斯舞"句，⑧即"慆"与"陶"通用之证。慆者，悦也。"陶"亦有喜悦义，《广雅·释言》："陶，喜也。"⑨《毛传》训"慆"为"过"，乃读为"慆"，段、马已言之。《豳风·东山》"我徂东山，慆慆不归"，⑩"慆慆"一词，《艺文类聚》卷32《人部十六·闺情》引《诗》作"慆慆"，⑪《文选》卷27王粲《从军诗》"哀

① 朱熹撰，朱杰人等主编《朱子全书》第19册，上海古籍出版社、安徽教育出版社，2010年，第40页。

② 王先谦《荀子集解》，中华书局，1988年，第145页。

③ 魏征等《隋书》，第1036页。

④ 段玉裁《说文解字注》，上海古籍出版社，1981年，第507页。

⑤ 马瑞辰《毛诗传笺通释》，中华书局，1989年，第338页。

⑥ 顾野王《玉篇》，《续修四库全书》第228册，上海古籍出版社，1995年，第552页。

⑦ 荆门市博物馆编《郭店楚墓竹简》，文物出版社，1998年，第180页。

⑧《礼记》第3卷，《中华再造善本》影印中国国家图书馆藏南宋淳熙四年（1177）抚州公使库刻本，北京图书馆出版社，2003年，第8a页。

⑨ 王念孙《广雅疏证》，江苏古籍出版社，1984年，第172页。

⑩《毛诗》第8卷，第7b页。

⑪ 欧阳询《艺文类聚》，上海古籍出版社，1982年，第561页。

彼东山人，喟然感鹳鸣"、魏武帝《苦寒行》"悲彼东山诗，悠悠使我哀"及卷42魏文帝《与吴质书》"三年不见，东山犹叹其远"李善注所引亦作"滔滔"，[①]皆二字通用之证。

4."涕"条引《诗》云："涕泗滂沱。"毛曰："自目出曰涕。"（第22行）

《诗·陈风·泽陂》："寤寐无为，涕泗滂沱。"毛传："自目曰涕，自鼻曰泗。"（第7卷第7a页）

案：慧琳《一切经音义》卷22《新译大方广佛花严经音义卷上》"涕泗咨嗟"条："《毛诗传》曰：'自目曰涕，自鼻曰泗。'"[②]与仿相台本同。而卷23《新译大方广佛花严经音义卷下》"涕泗悲泣"条："《毛诗传》曰：'自目曰涕，自鼻曰泗也。'"[③]多一"也"字。又卷80《大唐内典录》第4卷"涕泗"条："《毛诗传》云：'自目出曰涕，口出液曰泗。'"[④]作"自目出曰涕"，正与写卷所引同。卷29《金光明最胜王经》卷1"涕泪"条："《毛诗》云：'涕泗滂沱。'传曰：'自目而出曰涕。'"[⑤]"目"下添一"而"字。卷2《大般若波罗蜜多经》卷53"涕唾"条："《诗传》亦云：'自目而出涕。'"[⑥]省一"曰"字。卷5《大般若波罗蜜多经》卷414"涕唾"条："《毛诗传》云：'自鼻而出曰涕。'"[⑦]误"目"为"鼻"字。是皆文本流传过程中逐渐改字所致也。

5."鵙"条引《诗》云："七月鸣鵙。"毛传云："鵙，伯劳也。"笺云："伯劳鸣，将寒之候。"（第70行）

《诗·豳风·七月》："七月鸣鵙，八月载绩。"毛传："鵙，伯劳也。"郑笺："伯劳鸣，将寒之候也。"（第8卷第2b页）

阮元《毛诗注疏校勘记》云："《唐石经》'鵙'作'鵙'。案《唐石经》是也。《五经文字》云：'鵙，伯劳也。'与《说文》合，可证也。"[⑧]

礼记注〔郑玄〕

《隋书·经籍志》："《礼记》二十卷，汉九江太守戴圣撰，郑玄注。"[⑨]《楚辞音》引郑玄《礼记注》1处。今以《中华再造善本》影印中国国家图书馆藏南宋淳熙四年（1177）抚州公使库刻本《礼记》对勘，并括注页码于后。

1."娥"条引郑玄云："帝喾立四妃，象后妃四星。"（第35行）

①萧统编，李善注《文选》，中华书局，1977年，第387、391、591页。
②慧琳《一切经音义》，《高丽大藏经》第74册，第444页。
③慧琳《一切经音义》，《高丽大藏经》第74册，第461页。
④慧琳《一切经音义》，《高丽大藏经》第76册，第414页
⑤慧琳《一切经音义》，《高丽大藏经》第74册，第610页。
⑥慧琳《一切经音义》，《高丽大藏经》第74册，第27页。
⑦慧琳《一切经音义》，《高丽大藏经》第74册，第80页。
⑧阮元《毛诗注疏校勘记》，刘玉才主编《十三经注疏校勘记》第2册，北京大学出版社，2015年，第766页。
⑨魏征等《隋书》，第1042页。

《礼记·檀弓上》："舜葬于苍梧之野，盖三妃未之从也。"郑注："帝喾而立四妃矣，象后妃四星。"（第 2 卷第 7b 页）

春秋左氏经传集解

《隋书·经籍志》："《春秋左氏经传集解》三十卷，杜预撰。"① 《楚辞音》引《左传》及杜注 1 处。今以日本宫内厅书陵部所藏南宋嘉定九年（1216）兴国军学教授闻人模主持刊刻的《春秋经传集解》对勘，并括注页码于后。

1. "偃蹇"条引《左传》曰："彼皆偃蹇。"杜曰："偃蹇，憍傲也。"（第 33 行）

《左传·哀公六年》："彼皆偃蹇，将弃子之命。"杜预注："偃蹇，骄敖。"（第 29 卷第 18a 页）

案：《说文·出部》："敖，游也。从出从放。"② 徐灏《说文解字注笺》云："《邶风·柏舟篇》'以敖以游'《释文》：'敖，本亦作傲。'相承增偏旁。敖从出从放会意，又读为傲。《尔雅·释言》'敖，傲也'，盖出游、放纵有兀傲自肆之意，故两义兼之。"③ 是徐氏以敖、傲为古今字。《说文》无"憍"字，段玉裁于"骄"篆下注："凡骄恣之义当是由此引申，旁义行而本义废矣。《女部》曰：'嬌，骄也。'《心部》曰：'怚，骄也。'皆旁义也。俗制娇、憍字。"④ 而杨树达云："憍为骄矜之本字。《荀子·荣辱篇》之憍泄，即《论语》之骄泰。《说文·心部》无憍字，偶脱耳。"⑤ 包山楚简 143 简"䣜迢尹憍"，⑥ 李守奎谓即骄傲之骄。⑦ 曾侯乙墓 173 简"憍之子为右䮱"，滕壬生释"憍"为"憍"。⑧ 秦印亦有"憍"字。⑨ 可知在战国时期"憍"字已经产生。但《经典释文》、金泽文库本《左传》皆作"骄敖"，阮元《春秋左传注疏校勘记》无校语，是其所见诸本无作"憍"者。由此可见，杜预注原或作"骄敖"。

公羊传

《汉书·艺文志》："《公羊传》十一卷。"⑩ 《经典释文·序录》云："《左氏》今用杜预注，《公羊》用何休注，《谷梁》用范宁注。"⑪ 《隋书·经籍志》云："晋时，……《谷梁》范宁注、《公羊》何休注、《左

① 魏征等《隋书》，第 1049 页。

② 许慎《说文解字》，第 127 页。

③ 徐灏《说文解字注笺》，《续修四库全书》第 225 册，上海古籍出版社，1995 年，第 626 页。

④ 段玉裁《说文解字注》，第 463 页。

⑤ 杨树达《积微居小学述林》，中华书局，1983 年，第 121 页。

⑥ 湖北省荆沙铁路考古队《包山楚简》，文物出版社，1991 年，第 27 页。

⑦ 李守奎等《包山楚墓文字全编》，上海古籍出版社，2012 年，第 409 页。

⑧ 滕壬生《楚系简帛文字编（增订本）》，湖北教育出版社，2008 年，第 934 页。

⑨ 王辉主编《秦文字编》，中华书局，2015 年，第 1626 页。

⑩ 班固《汉书》，第 1713 页。

⑪ 陆德明《经典释文》，中华书局，1983 年，第 14 页。

氏》服虔、杜预注，俱立国学。……至隋，杜氏盛行，服义及《公羊》、《谷梁》浸微，今殆无师说。"①
是南北朝时，《公羊》通用何休注本。《隋书·经籍志》："《春秋公羊解诂》十一卷，汉谏议大夫何休
注。"②《楚辞音》引《公羊传》1 处。今以《中华再造善本》影印南宋淳熙抚州公使库刻绍熙四年
（1193）重修本《春秋公羊经传解诂》对勘，并括注页码于后。

1."偃蹇"条引《公羊传》曰："为其橘蹇，使其世子处诸侯之上。"（第 34 行）

《公羊传·襄公十九年》："或曰为其骄蹇，使其世子处乎诸侯之上也。"（第 9 卷第 12a 页）

案：橘、骄之别，说参前《春秋左氏经传集解》条。

论语

《经典释文·序录》云："古《论语》者，出自孔氏壁中……孔安国为传。……魏吏部尚书何晏
集孔安国、包咸、周氏、马融、郑玄、陈群、王肃、周生烈之说，并下己意，为《集解》，正始中上之，
盛行于世。今以为主。"③陆氏在后面所列诸家注本中无孔安国注本，《隋书·经籍志》中亦无孔安国
《论语传》，可知南北朝时孔注本《论语》已不传。《楚辞音》引《论语》及孔安国注 1 处，则此孔注
应是据何晏《论语集解》所引。今以 1931 年故宫博物院影印元盱郡覆宋本《论语集解》对勘（此
影印本未标页码）。

1."偃蹇"条引《论语》曰："草上之风必偃。"孔安国曰："偃，仆也。"（第 33 行）

《论语·颜渊》："君子之德风，小人之德草。草上之风必偃。"何晏集解："孔曰：'亦欲令康子
先自正。偃，仆也。'"（第 6 卷）

尔雅

陆德明云："《尔雅》者，所以训释五经，辩章同异，实九流之通路，百氏之指南，多识鸟兽草木
之名，博览而不惑者也。……先儒多为亿必之说，乖盖阙之义，唯郭景纯沿闻强志，详悉古今，作
《尔雅注》，为世所重，今依郭本为正。"④《楚辞音》引《尔雅》2 处，今以《中华再造善本》影印宋
刻本郭璞《尔雅注》对勘，并括注页码于后。

"尔雅"二字，写卷所引皆作"迩疋"。《五经文字·辶部》："迩，作迩同。"⑤《中国汉字文物大系》
云："'迩'从尔得声，'尔'简体作'尓'或'尒'，故'迩'又作'迩'或'迩'。"又云："汉魏隋

①魏征等《隋书》，第 1054 页。
②魏征等《隋书》，第 1049 页。
③陆德明《经典释文》，第 16 页。
④陆德明《经典释文》，第 17 页。
⑤张参《五经文字》，清光绪九年（1883）鲍廷爵《后知不足斋丛书》本，第 25B 页。

唐墓志中'迩、迩、迹'三形并行。"① 是迩、迩同字。"迩"从"尔"得声，二字古多通用，东汉时的《鲁相谒孔庙残碑》："假尔攸仰。"洪适认为"假尔"即"遐迩"②，是"尔"为"迩"之借字。《管子》"鲁邑之教，好迩而训于礼"，俞樾谓"迩当读为尔"③，是"迩"为"尔"之借字。《说文·疋部》："疋，足也。……古文以为《诗·大疋》字。"④ 王观国《学林》卷1"雅疋"条云："古人初不以雅字为《大雅》、《小雅》之字也。古文惟用疋字为《大雅》、《小雅》之字也。"⑤

1. "楂"条引《迩疋》曰："楂，挂也。"（第3行）

《尔雅·释言》："楂，柱也。"（上卷第10a页）

案：S.12073《尔雅》写本作"楂，柱也"，与宋刻本同。P.3719《尔雅》写本作"揸，挂也"，通志堂本《经典释文·尔雅音义》同。⑥ 阮元《尔雅注疏校勘记》云："《石经考文提要》引至善堂《九经》本亦作'楂柱'。《五经文字·木部》引《尔雅》'楂，柱也'。监本、毛本作'揸挂'，非。按《释文》作'揸挂'，云'《说文》作楂柱，皆从木'，然则今本从手据《释文》改也。按郭注云'相揸挂'，义当从手，若经字则本从木。"⑦ 阮说《尔雅》经文本从木，有理。然谓今本据《释文》改，则恐不确。扌、木二偏旁古混用，自汉已然。此写本"挂"字，当从木旁。

2. "严"条引《迩疋》云："俨，敬也。"（第65行）

《尔雅·释诂》："俨，敬也。"（上卷第4a页）

方言

《隋书·经籍志》："《方言》十三卷，汉扬雄撰，郭璞注。"⑧《楚辞音》引《方言》2处。今以《四部丛刊初编》影印江安傅氏双鉴楼藏宋刊本《方言》对勘，并括注页码于后。

1. "违"条引《方言》："遥，远也。梁楚曰遥。"（第31行）

《方言》："遥、广，远也。梁楚曰遥。"（第6卷第3b页）

2. "筵"条引《方言》曰："筵，管也。"（第50行）

《方言》："絙、筵，竟也。秦晋或曰絙，或曰竟；楚曰筵。"（第6卷第6a页）

案：《广雅·释诂》："挺，竟也。"⑨ 王念孙《广雅疏证》引《方言》"絙、筵，竟也"云："筵与挺

① 刘志基主编《中国汉字文物大系》第2卷，大象出版社，2013年，第560页。文中"迩"原皆作"迩"，然其所列例字中只有"迩"，没有"迩"，当是偶误，今引用时已改正。

② 洪适《隶释》，中华书局，1985年，第175页。

③ 俞樾《诸子平议》，中华书局，1954年，第31页。

④ 许慎《说文解字》，第48页。

⑤ 王观国《学林》，中华书局，1988年，第27页。

⑥ 陆德明《经典释文》，第412页。

⑦ 阮元《尔雅注疏校勘记》，刘玉才主编《十三经注疏校勘记》第11册，第4949页。

⑧ 魏征等《隋书》，第1059页。

⑨ 张揖《广雅》，上海涵芬楼影印明万历刻本《元明善本丛书》，第3卷第1a页。

同"①。钱绎《方言笺疏》说与王念孙同。②《方言》未见有作"筵，管也"之本。考《说文·竹部》曰："筵，維丝筦也。""筦，筬也。""筬，筵也。"③段玉裁云："筵、筦、筬，三名一物也。"④疑写卷所引之《方言》本作"筵，筬也"，其所以改"竟"为"筬"者，当是据《说文》"筵，維丝筦也"之释义。邵瑛《说文解字群经正字》云："筬与管音同而义迥异。今经典有以筬为管者，《诗·执竞》'磬筬将将'是也。后人遂以筬为管之重文。《汉书》尤多用筬字，师古注直以筬为古管字。娄机因之，采入《班马字类》，此大惑也。"⑤因管、筬二字，后人多以为一字之别体，固又改"筬"为"管"也。

广雅

《隋书·经籍志》："《广雅》三卷，魏博士张揖撰。"⑥《楚辞音》引《广雅》14处。今以上海涵芬楼影印明万历刻《元明善本丛书》本《广雅》对勘，并括注页码于后。

写卷"广雅"之"雅"皆作"疋"，考已详"尔雅"下。

1."圃"条引《广疋》曰："昆仑虚有三山：阆风、板桐、县圃，其高万一千里百一十四步一尺六寸。"（第4行）

《广雅·释山》："昆仑虚有三山：阆风、板桐、玄圃，其高万一千一百一十里一十四步二尺六寸。"（第9卷第8b页）

案：《淮南子·地形》云："禹乃以息土填洪水，以为名山，掘昆仑虚以下地，中有增城九重，其高万一千里百一十四步二尺六寸。"⑦其数字与《淮南子》合，唯"一尺"作"二尺"。饶宗颐怀疑今本《广雅》有误。⑧玄圃即县圃，又写作悬圃。⑨

2."朏"条引《广疋》："明也"。（第14行）

《广雅·释诂》："朏，明也"。（第4卷第1b页）

案：《集韵·尾韵》："朏，古作朏。"⑩西周金文及侯马盟书即作此形。⑪"明""朙"异体。王献

---

①王念孙《广雅疏证》，江苏古籍出版社，1984年，第74页。

②钱绎《方言笺疏》，上海古籍出版社，1984年，第406页。

③许慎《说文解字》，第96页。

④段玉裁《说文解字注》，第191页。

⑤邵瑛《说文解字群经正字》，《续修四库全书》第211册，第132页。

⑥魏征等《隋书》，第1059页。

⑦刘安撰，高诱注《淮南鸿烈解》，《道藏》第28册，文物出版社、上海书店、天津古籍出版社1988年据1923年上海涵芬楼影印明正统《道藏》影印，第28页。

⑧饶宗颐《隋僧道骞楚辞音残卷校笺第三》，《楚辞书录》，香港苏记书庄，1956年，第106页。

⑨说详黄灵庚《楚辞异文辩证》，中州古籍出版社，2000年，第84页。

⑩丁度《集韵》，上海古籍出版社，1985年，第326页。

⑪刘志基《中国汉字文物大系》第7卷，第153页；吴国升《春秋文字字形表》，上海古籍出版社，2017年，第317页。

唐谓"从日从月者,行于东方;从囧从月者,行于西土",至于"明"之目旁,则由"囧"讹变而来。[1]

3. "傅傅"条引《广疋》曰:"傅傅,众也。"(第 18 行)

《广雅·释训》:"傅傅,众也。"(第 6 卷第 3b 页)

4. "溷"条引《广疋》曰:"浊也。"(第 21 行)

《广雅·释诂》:"溷,浊也。"(第 3 卷第 3b 页)

5. "溢"条引《广疋》:"晻晻,暗也。"(第 24 行)

《广雅·释训》:"晻晻,暗也。"(第 6 卷第 2b 页)

6. "繡"条引《广疋》:"敿懤,乖剌也。"(第 29 行)

《广雅·释训》:"敿懤,乖剌也。"(第 6 卷第 4b 页)

7. "违"条引《广疋》曰:"违,偝也。"(第 31 行)

《广雅·释诂》:"违,偝也。"(第 2 卷第 3b 页)

案:《文选》卷 20 潘岳《关中诗》"卢播违命,投畀朔土"李善注引《广雅》:"违,背也。"[2]又卷 24 张茂先《荅何劭》"无乃违其情"李善注引《广雅》:"违,背也。"[3]又卷 25 卢子谅《赠刘琨一首并书》"事与愿违,当忝外役"李善注引《广雅》:"违,背也。"[4]又卷 26 谢灵运《过始宁墅》"违志似如昨"李善注引《广雅》:"违,背也。"[5]又卷 58 谢玄晖《齐敬皇后哀策文》"闵予不佑,慈训早违"李善注引《广雅》:"违,背也。"[6]《说文》无"偝"字,《说文外编》云:"'偝'即'背'之俗体。"[7]

8. "偃蹇"条引《广疋》曰:"偃蹇,夭挢也。"(第 35 行)

《广雅·释训》:"偃蹇,夭挢也。"(第 6 卷第 4a 页)

9. "偃蹇"条引《广疋》云:"偃,卬也。"(第 35 行)

《广雅·释言》:"偃,仰也。"(第 5 卷第 3a 页)

案:卬、仰古今字。

10. "偃蹇"条引《广疋》云:"偃蹇,憍也。"(第 35 行)

案:今本《广雅》无"偃蹇,憍也"之训。

11. "鸩"条引《广疋》曰:"其雄曰运日,其雌曰阴谐。"(第 41 行)

《广雅·释鸟》:"鸩鸟,其雄谓之运日,其雌谓之阴谐。"(第 10 卷第 7a 页)

---

[1]王献唐《周昌铢考》,《那罗延室稽古文字》,齐鲁书社,1985 年,第 99 页。

[2]萧统编,李善注《文选》,第 281 页。

[3]萧统编,李善注《文选》,第 344 页。

[4]萧统编,李善注《文选》,第 358 页。

[5]萧统编,李善注《文选》,第 378 页。

[6]萧统编,李善注《文选》,第 799 页。

[7]雷浚《说文外编》,《中华汉语工具书书库》第 35 册,安徽教育出版社,2002 年,第 298 页。

案:《太平御览》卷 927《羽族部一四·鸩》引《广雅》:"鸩,雄曰运日,雌曰阴谐。"[1]《春秋左传·庄公三十二年》"使针季酖之"《正义》引《广雅》:"鸩鸟,雄曰运日,雌曰阴谐。"[2]

12. "雘"条引《广疋》曰:"雘,度也。"(第 63 行)

《广雅·释诂》:"雘,度也。"(第 1 卷第 5a 页)

13. "鹈"条引《广疋》:"鹈鹕,布谷也。"(第 69 行)

《广雅·释鸟》:"鹈鹕,布谷也。"(第 10 卷第 6b 页)

14. "沬"条引《广疋》曰:"已也。"(第 80 行)

《广雅·释诂》:"沬,已也。"(第 1 卷第 3b 页)

苍颉篇

历史上有两种《苍颉篇》,一是李斯所作《苍颉篇》,一是闾里书师将《苍颉篇》《爰历篇》《博学篇》三书合编的《苍颉篇》。前者是有说解的,后者仅以韵文编次文字而没有说解[3]。《楚辞音》引《苍颉篇》1 处。

1. "佚"条引《苍颉篇》曰:"佚,惕也。"(第 40 行)

案:慧琳《一切经音义》卷 23《新译大方广佛华严经音义》卷下"淫佚"条注:"《苍颉篇》曰:'佚,惕也,乐也。'惕音荡。"[4]任大椿辑《仓颉篇》卷上有"佚惕也"条,[5]是写卷之"惕"为"惕"之误。

说文

《隋书·经籍志》:"《说文》十五卷,许慎撰。"[6]《楚辞音》引《说文》6 处。今以 1963 年中华书局影印同治十二年(1873)陈昌治刻本《说文》对勘,并括注页码于后。

1. "轫"条引《说文》云:"轫,碍车也。"(第 3 行)

《说文·车部》:"轫,碍车也。"(第 301 页)

2. "筳"条引《说文》曰:"繀丝管也。"(第 50 行)

《说文·竹部》:"筳,繀丝筦也。"(第 96 页)

案:管、筦音同义异,后世多通用,说详邵瑛《说文解字群经正字》。[7]

①李昉等《太平御览》第 927 卷,嘉庆二十三年(1818)歙县鲍崇城刊本,第 8a 页。

②左丘明传,杜预集解,孔颖达疏《春秋左传正义》,《十三经注疏》本,艺文印书馆,2001 年,第 182 页。

③陈黎明《名同而实异的两部〈苍颉篇〉》,《文献》1995 年第 2 期。

④慧琳《一切经音义》,《高丽大藏经》第 74 册,第 470 页。

⑤任大椿辑《小学钩沈》,《芋园丛书》,1935 年,第 1 卷第 5a 页。

⑥魏征等《隋书》,第 1065 页。

⑦邵瑛《说文解字群经正字》,《续修四库全书》第 211 册,第 132 页。

3. "簠"条引《说文》曰："簠，圜竹器也。一曰：簇也。"（第 52 行）

《说文·竹部》："簠，圜竹器也。"（第 96 页）

案：关于《说文》说解中的"一曰"体例，可参华学诚《〈说文〉"一曰"义例试说》一文。[①]

4. "糈"条引《说文》曰："糈，粮也。"（第 59 行）

《说文·竹部》："糈，粮也。"（第 147 页）

5. "禂"条云："宜作禂字，騃吕反。《说文》：'祭具也。'见示部。"（第 60 行）

《说文·示部》："禂，祭具也。"（第 9 页）

6. "挫"条引《说文》："摧也。"（第 72 行）

《说文·手部》："挫，摧也。"（第 251 页）

埤苍

《隋书·经籍志》："《埤苍》三卷，张揖撰。"[②]《楚辞音》引《埤苍》1 处。

1. "溘"条引《埤苍》云："溘，依也。"（第 1 行）

马国翰《玉函山房辑佚书》、任大椿《小学钩沈》所辑《埤苍》均无此条。

字诂

《隋书·经籍志》："《古今字诂》三卷，张揖撰。"[③]古书所谓《字诂》，即指《古今字诂》。《楚辞音》引《字诂》2 处。

1. "溘"条引《字诂》云："亦暗字也。"（第 24 行）

案：本条所引，前为"王逸曰：'溘，奄也。'案'奄'并作'晻'字，于感反。《广疋》：'晻晻，暗也'"，所引《字诂》"亦暗字也"，乃据"晻"字而言。《经典释文·尔雅音义》："晻，《字林》或作晻，同。"[④]

2. "荪"条引《字诂》云："虄、荃，今荪。"（第 74 行）

案：《玉篇·艸部》："荪，香草也。虄，同上。"[⑤]钮树玉《说文新附考》"荪通作荃"条云："《玉篇》：'荪，息昆切，香草也。'《类篇》：'荪，亦作荃。'按《庄子·外物篇》'荃者所以在鱼，得鱼而忘荃'《释文》：'荃，崔音孙，香艸也。可以饵鱼。'据此知荪、荃音义并同。"[⑥]

① 华学诚《〈说文〉"一曰"义例试说》，《内蒙古师范大学学报》1986 年第 4 期。

② 魏征等《隋书》，第 1064 页。

③ 魏征等《隋书》，第 1064 页。

④ 陆德明《经典释文》，第 412 页。

⑤ 顾野王撰，孙强重修《宋本玉篇》，第 247 页。

⑥ 钮树玉《说文新附考》，《续修四库全书》第 213 册，第 97 页。

任大椿《小学钩沈》所辑《古今字诂》无此二条。

字林

《隋书·经籍志》:"《字林》七卷,晋弦令吕忱撰。"①《楚辞音》引《字林》3处。

1. "骄"条引《字林》云:"怚也。子恕反。"(第30行)

2. "糈"条云:"或从贝,《字林》'赜'字所音,从贝。"(第60行)

案:《说文·贝部》:"赜,赍财卜问为赜。"段注:"赜所以雠卜者也。祭神米曰糈,卜者必礼神,故其字亦作糈。"②

3. "攫"条引《字林》曰:"雘,郭也。"(第64行)

任大椿《字林考逸》及陶方琦《字林考逸补本》均无此三条。

字书

《隋书·经籍志》有《字书》两种,一为三卷,一为十卷。③任大椿《小学钩沈》辑有《字书》二卷,顾震福《小学钩沈续编》又续辑三卷佚文。唯因无法区分《隋志》所言二种《字书》,故二氏所辑内容应是混而为一。《楚辞音》引《字书》1处。

1. "违"条云:"而本或作'遥'字,与招反。……《字书》'逍遥也'。"(第32行)

案:此"违"为《离骚》"来违弃而改求"句中文。饶宗颐云:"唐本《文选》亦作'违'。《补注》、《考异》及各本无作'遥'者,此当是隋以前别本。"④

今存顾野王《玉篇》残卷多有引用《字书》者,如《心部》"悍"字条云:"《字书》亦諽字。"⑤《言部》"詀"字条云:"《字书》:'语声也。'"⑥其释联绵词,往往在出上字时,引《字书》释联绵词之义;而出下字时,引《字书》只出该联绵词,而不再出释义。如《石部》"砟"字云:"《字书》:'砟碟,石次玉者。'"而于"碟"字下云:"《字书》:'砟碟也。'"⑦又如"码"字云:"《字书》:'码碯,石之次者也。'"于"碯"字下云:"《字书》:'码碯也。'"⑧写卷所引《字书》于"遥"下释"逍遥也",体例与《玉篇》所引相同,疑与《玉篇》所引为同一书也。

①魏征等《隋书》,第1065页。

②段玉裁《说文解字注》,第282页。

③魏征等《隋书》,第1065页。

④饶宗颐《隋僧道骞楚辞音残卷校笺第三》,《楚辞书录》,第109页。

⑤顾野王《玉篇》,第242页。

⑥顾野王《玉篇》,第284页。

⑦顾野王《玉篇》,第527页。

⑧顾野王《玉篇》,第527页。

声类

《隋书·经籍志》:"《声类》十卷,魏左校令李登撰。"① 《楚辞音》引《声类》1 处。

1. "糈"条引《声类》曰:"糈,糈也。"(第 59 行)

任大椿《小学钩沈》所辑《声类》无此条。

国语注(贾逵)

《隋书·经籍志》:"《春秋外传国语》二十卷,贾逵注。"② 《楚辞音》引《国语》及贾逵注 1 处。

1. "佚"条引《国语》曰:"佚则淫。"贾逵曰:"佚,乐也。"(第 40 行)

《国语·鲁语下》:"夫民劳则思,思则善心生;逸则淫,淫则忘善,忘善则恶心生。"③ 案:佚、逸之别,说已见"尚书"第 1 条。

王仁俊《玉函山房辑佚书续编》所辑《国语贾氏注》无此条。

世本

《隋书·经籍志》:"《世本》二卷,刘向撰。《世本》四卷,宋衷撰。"④

章宗源《隋经籍志考证》云:"《世本王侯大夫谱》二卷,无撰人名。又《世本》二卷,刘向撰。是自有两本,一在周代,一在楚汉之际,皆十五篇,故同为二卷。刘向之撰当是注文,宋衷撰四卷亦注也。诸书多征引宋衷世本注。"⑤ 《楚辞音》引《世本》1 处。

1. "娀"条引《世本》云:"帝喾次妃,有娀民女曰简狄。吞乙卵而生偰。"(第 35 行)

《艺文类聚》卷 15《后妃部·后妃》引《世本》:"帝喾卜其四妃之子,皆有天下。……次妃,有娀氏之女,曰简狄,生契"。⑥《太平御览》卷 135《皇亲部一·帝喾四妃》引《世本》:"帝喾卜其四妃之子,皆有天下。……次妃,有娀氏之女简狄,是产契"。⑦

案:据《艺文类聚》与《太平御览》所引,知写卷"民"为"氏"之误。

杨树达《说文读若探源》云:"《说文·人部》云:'偰,高辛氏之子,尧司徒,殷之先。从人,契

---

① 魏征等《隋书》,第 1066 页。

② 魏征等《隋书》,第 1053 页。

③ 徐元诰《国语集解》,中华书局,2002 年,第 194 页。

④ 魏征等《隋书》,第 1117 页。

⑤ 章宗源《隋经籍志考证》,《二十五史补编》第 4 册,中华书局,1955 年,第 4998 页。

⑥ 欧阳询《艺文类聚》,第 277 页。

⑦ 李昉等《太平御览》第 135 卷,第 9a 页。

声。'此字古书多作离。……《说文》于牵、窃二字下并云:'离,古文偰。'盖谓偰之名古文多作离字也。"[1]徐宗元云:"段茂堂、王菉友、朱骏声并以离为殷之先祖名之本字,偰、契为后起字是也。"[2]马叙伦云:"偰盖契之后起字。"[3]

写卷所引较之《艺文类聚》《太平御览》多"吞乙卵"三字。《说文·乚部》:"乚,玄鸟也。"[4]徐锴曰:"《尔雅》'燕燕,乙',此与甲乙之乙相类。此音轧,其形举首下曲,与甲乙字异也。"[5]写卷"乙"字当作"乚"。《世本》秦嘉谟、张澍、雷学淇、茆泮林诸辑本皆据《艺文类聚》《太平御览》所引。[6]然秦嘉谟、茆泮林辑本皆误《艺文类聚》"卷十五"为"卷十"。

汉书

《隋书·经籍志》:"《汉书》一百一十五卷,汉护军班固撰。"[7]文颖注本不见于《隋书·经籍志》,唯颜师古《汉书叙例》中所列"诸家注释"有之。《楚辞音》引文颖注1处,当是据颜师古《汉书注》也。今以1962年中华书局点校本《汉书》对勘,并括注页码于后。

1."筳"条引《汉书》云:"以筳撞钟。"文颖曰:"音谓稾筳。"(第51行)

《汉书·东方朔传》:"语曰'以管窥天,以蠡测海,以莛撞钟。'"颜注:"文颖曰:'谓稾莛也。'"(第2868页)

案:文颖所言即"筳"字为"稾筳"之"筳"。《说文·艸部》:"莛,茎也。"又《竹部》:"筳,繀丝筦也。"[8]《说苑·善说》"建天下之鸣钟而撞之以梃"向宗鲁注云:"《文选》载东方朔《答客难》作'以筳撞钟',注引《说苑》亦作'筳',盖彼文叚'筳'为'莛'。李注每于所引书改从正文。本书作'梃',亦'莛'之借字。《说文》:'莛,草茎也。'《汉书》文颖注:'莛,稾莛也。''稾'与'稾'通,'稾'谓'禾稾','稾莛',即草茎也。"[9]是写卷之"筳"为"莛"之借字。

禹大传

王应麟《玉海》卷58《艺文·传》有《禹大传》,其出处为《文选》卷32《离骚经》王逸注所引:"《禹大传》曰:'洧盘之水,出崦嵫之山。'"[10]《楚辞音》引《禹大传》1处。

①杨树达《积微居小学述林》,第128页。
②徐宗元《惠园读书记》,《文史》第25辑,中华书局,1985年,第329页。
③马叙伦《说文解字六书疏证》第15卷,上海书店,1985年,第11页。
④许慎《说文解字》,第246页。
⑤徐锴《说文解字系传》,中华书局,1987年,第232页。
⑥《世本八种》,中华书局,2008年,第14、511、589、701页。
⑦魏征等《隋书》,第1081页。
⑧许慎《说文解字》,第22、96页。
⑨向宗鲁《说苑校证》,中华书局,1987年,第289页。
⑩王应麟《玉海》,广陵书社,2003年,第1099页。

1. "兹"条引《禹大传》云："洰盘水出崦嵫山也。"（第8行）

案：《离骚》"朝濯发乎洧盘"王逸注引《禹大传》曰："洧盘之水出崦嵫之山。"[①]《山海经·西山经》"西南三百六十里，曰崦嵫之山……苕水出焉，而西流注于海"郭注引《禹大传》曰："洧盘之水出崦嵫山。"[②]是王逸与郭璞皆见《禹大传》。写卷此条在引《山海经》后，则其当是据郭璞注。李大明《敦煌写本〈楚辞音〉释读商兑》即认为是引郭璞注。[③]《史记·大宛列传赞》："《禹本纪》言'河出昆仑。昆仑其高二千五百余里，日月所相避隐为光明也。其上有醴泉、瑶池'。"[④]王应麟《困学纪闻》卷10《地理》云："《三礼义宗》引《禹受地记》，王逸注《离骚》引《禹大传》，岂即太史公所谓《禹本纪》者欤？"[⑤]顾颉刚亦怀疑《禹本纪》即《禹大传》，[⑥]谓王逸所引《禹大传》应是《禹本纪》之误。[⑦]然《山海经·海内西经》"昆仑之墟方八百里，高万仞"郭璞注："皆谓其墟基广轮之高度耳。自此以上二千五百余里，上有醴泉华池，去嵩高五万里，盖天地之中也。见《禹本纪》。"[⑧]郭璞注《山海经》，既引《禹大传》，又引《禹本纪》。故阎若璩曰："璞既引《禹本纪》，又引《禹大传》，固亦判而二之。王伯厚疑为一书者非。"[⑨]

山海经

《隋书·经籍志》："《山海经》二十三卷，郭璞注。"[⑩]《楚辞音》引《山海经》3处，今以《四部丛刊》影印傅增湘双鉴楼藏明成化戊子刊本《山海经》对勘，并括注页码于后。

1. "兹"条引《山海经》云："西南三百六十里曰崦嵫之山，上多丹木，其叶如穀，其实如瓜，赤荷而黑理，食之已瘅，可以御火。"注云："日没所入山也。"（第7行）

《山海经·西山经》："西南三百六十里曰崦嵫之山，其上多丹木，其叶如穀，其实大如瓜，赤符而黑理，食之已瘅，可以御火。"郭璞注："日没所入山也，见《离骚》。"（第2卷第21a页）

案：《玉篇·山部》："嶰，《山海经》云：'鸟鼠同穴山，西南三百六十里曰崦嵫山。'崦，同上。"[⑪]

---

①《楚辞》，《中华再造善本》影印清初毛氏汲古阁刻本，国家图书馆出版社，2009年，第1卷第33a页。

②《山海经》上册，《四部丛刊》影印傅增湘双鉴楼藏明成化戊子刊本，第31a页。

③李大明《敦煌写本〈楚辞音〉释读商兑》，《西南民族学院学报》1999年第3期，第103页。

④司马迁《史记》，第3830页。

⑤王应麟《困学纪闻》，上海古籍出版社，2008年，第1155页。

⑥顾颉刚《顾颉刚读书笔记》第4卷《逍遥堂摭录》"王逸引禹大传与相玉书"条，第319页。

⑦顾颉刚《顾颉刚读书笔记》第5卷《法华读书记（十）》"水经注引禹本纪"条，第397页。

⑧《山海经》下册，第53a页。

⑨阎若璩《尚书古文疏证》，上海古籍出版社，1987年，第758页。

⑩魏征等《隋书》，第1111页。今所见《山海经》皆18卷本，《隋书·经籍志》所谓23卷者，包括郭璞《山海经图赞》2卷、《山海经音》2卷及张骏《山海经图赞》1卷。详见张春生《〈山海经〉版本考》（《历史文献研究（北京新7辑）》，北京师范大学出版社，1996年，第225页）。

⑪顾野王撰，孙强重修《宋本玉篇》，第403页。

《说文》无"嵼",亦无"崦"。迮鹤寿云:"弇兹,俗作崦嵫。"①《穆天子传》卷三:"天子遂驱升于弇山。"郭璞注:"弇,弇兹山,日入所也。"②因其为山,故均加山旁而成"嵼嵫",又因"弇""奄"通用,故又写作"崦嵫"。写卷"符"作"苻"者,艸、木偏旁混用故也。

2．"兹"条引《大荒西经》云:"西海陼中,有神人面鸟身,珥两青虵,践两赤虵,名曰弇兹。"(9行)

《山海经·大荒西经》:"西海陼中,有神人面鸟身,珥两青蛇,践两赤蛇,各曰弇兹。"(第16卷第3b页)

案:《九经字样·虫部》:"蛇,今俗作虵"。③"各"为"名"之形误,国家图书馆藏宋淳熙七年(1180)池阳郡斋刻本即作"名"。

3．"鸩"条引《山海经》曰:"女几之山多鸩。"郭璞曰:"大如雕,紫绿色,长领赤啄,食虵。"(42行)

《山海经·中山经》:"又东北百二十里,曰女几之山……其鸟多白鷮,多翟多鸩。"郭璞注:"鸩大如雕,紫绿色,长头赤喙,食蝮蛇头。"(第16卷第17b—18a页)国家图书馆藏宋淳熙七年(1180)池阳郡斋刻本作"长颈赤喙,食蝮蛇头"。

案:领、颈皆指脖子,而"战国后期'颈'就已经取代了'领',此后一直到南北朝都是脖子义的主导词",④左思《吴都赋》"白雉落,黑鸩零"刘逵注:"鸩鸟,……黑色,长颈赤喙,食蝮蛇,体有毒,古人谓之鸩毒。"⑤亦作"颈",写卷之"领"当是"颈"之误字。至于"头",必是误字无疑。

《说文·口部》:"啄,鸟食也。"又"喙,口也。"⑥是其本义,"啄"为动词,"喙"为名词。然"啄"字后又作名词用,《汉书·东方朔传》"尻益高者,鹤俛啄也"颜师古注:"啄,鸟觜也。"⑦而"啄"字俗写与"喙"形近,是以常有讹混,慧琳《一切经音义》卷1《大般若波罗蜜多经》卷3"啄啖"条:"经文从象作喙,非也。"⑧曾良有较详细的考释。⑨写卷"啄"当是"喙"之误。"虵"者"蛇"之俗字。

又《四部丛刊》本把"蝮蛇"写作"蝠蛇"者,桂馥云:"《后汉书·崔琦传》:'蝠蛇其心。'注以蝠为蝙蝠。馥谓'蝠蛇'即'蝮蛇',借'蝠'字。"⑩

①王鸣盛《蛾术编》卷19《说字五》,商务印书馆,1958年,第300页。

②《穆天子传》卷3,嘉庆十七年(1812)孙星衍平津馆刊本,第2a页。

③唐玄度《九经字样》,鲍廷爵《后知不足斋丛书》本,清光绪九年(1883),第12b页。

④汪维辉《汉语核心词的历史与现状研究》,商务印书馆,2018年,第188页。

⑤萧统编,李善注《文选》,第91页。

⑥许慎《说文解字》,第35、30页。

⑦班固《汉书》,第2846页。

⑧慧琳《一切经音义》,《高丽大藏经》第74册,第16页。

⑨曾良《明清小说俗字研究》,商务印书馆,2017年,第19—20页。

⑩桂馥《札朴》,中华书局,1992年,第278页。

穆天子传

《隋书·经籍志》:"《穆天子传》六卷,汲冢书。郭璞注。"[1]《楚辞音》引《穆天子传》2处,今以嘉庆十七年(1812)孙星衍平津馆刊本对勘,并括注页码于后。

1."兹"条二处引及《穆天子传》:

(1)遂驱升亏舁山,乃纪其迹亏舁山之石而树之。(第9行)

(2)天子遂驱升亏舁山。郭:"舁,舁兹山,日所入也。"乃纪其迹亏舁山之石,郭云:"铭题之。"(第11行)

《穆天子传》:"天子遂驱升于舁山。舁,舁兹山,日入所也。乃纪名迹于舁山之石铭题之而树之槐。"(第3卷第2a页)

洪颐煊校云:"名,本作'丌',邢昺《尔雅疏》引作'其'。《山海经·西山经》注引无'丌'字,《大荒西经》注引作'乃纪名迹'。元朱珪《名迹录》谓取义于此,则宋本固有作'名迹'者矣。以注及上文云'乃铭迹于县圃之上'校之,宋本是也。因改正。"[2]

案:铭迹之"铭"为动词,而纪名迹之"名"则非动词,洪氏所说不确。写卷两次引《穆天子传》皆作"其"("丌"为"其"之古字),《山海经·西山经》注所引无"丌"者,当是脱漏。

淮南子

《隋书·经籍志》:"《淮南子》二十一卷,汉淮南王刘安撰,许慎注。《淮南子》二十一卷,高诱注。"[3]楚辞音》引《淮南子》3处,今以文物出版社、上海书店、天津古籍出版社1988年据1923年上海涵芬楼影印明正统《道藏》第28册所收《淮南鸿烈解》对勘,并括注页码于后。

1."娥"条引《淮南子》云:"有娥在不周之北。"(第39行)

《淮南子·地形》:"有娥在不周之北。"(第31页)

2."鸩"条云:"《广疋》曰:'其雄曰运日,其雌曰阴谐。'《淮南子》作'云日',字或作'鸆日'。"(第41行)

《淮南子·缪称》:"晖日知晏,阴谐知雨。"(第78页)

案:《说文·鸟部》:"鸩,毒鸟也。从鸟尢声。一名晖日。"[4]《抱朴子外篇·良规》"渴者之资口于云日之酒"杨明照校笺:"王国维曰:'云日,即运日。'照按:王说是。……《文选·吴都赋》:'黑

①魏征等《隋书》,第1092页。
②《穆天子传》第3卷,嘉庆十七年(1812)孙星衍平津馆刊本,第2a页。
③魏征等《隋书》,第1143页。
④许慎《说文解字》,第82页。

鸩零。'刘注：'鸩鸟，一名云日。……'陶弘景《名医别录》：'鸩鸟，毛有大毒，一名鸫日。'《刘子·类感》：'天将风也，纤尘不动，而鸫日鸣。'（《集韵 二十四焮》：'鸫，交、广人谓鸩曰鸫。'）'云'、'运'、'晖'、'鸫'皆音同得通。"① 王叔岷《淮南子斠证》云："敦煌本隋释道骞《楚辞音》引'晖日'作'云日'，当是高本。"②

　　3. "筳"条引《淮南子》曰："柱不可摘齿，筳不可持屋，"许眘曰："筳，小簪也。"（第49行）

《淮南子·齐俗》："柱不可以摘齿，筐不可以持屋。"注："筐，小簪也。"（第80页）

　　案：王念孙《读书杂志》卷九《淮南内篇弟十一》"筐"字条云："《太平御览·居处部十五》引作'蓬不可以持屋'。念孙案：筐与蓬皆筳字之误也。筳读若庭，又读若挺，庭、挺皆直也。小簪形直，故谓之筳。柱与筳，大小不同而其形皆直，故类举之。若筐与蓬，则非其类矣。……此言大材不可小用，小材不可大用。故柱可以持屋而不可以摘齿，小簪可以摘齿而不可以持屋也。筳字隶书或作莛，形与蓬相似。筐与筳草书亦相似，故筳误为筐，又误为蓬矣。"③ 张双棣云："王说是。《玉篇》云'筳，小簪也'，盖顾野王所见《淮南注》'筳'字尚未误。"④

　　"许眘曰"云云，乃许慎所注《淮南子》也，陶方琦《淮南许注异同诂·自叙》云："《原道》以次十三篇皆有'故曰因以题篇'字，高注本也。《缪称》以次八篇，皆无'故曰因以题篇'等字，许注本也。"⑤ 是《齐俗篇》为许慎注。《玉篇·日部》："眘，古文慎。"⑥

　　"簪"字《道藏》本作"簪"，《集韵·覃韵》："簪，或从兂。"⑦ 是"簪"为"簪"之或体。

相玉书

　　姚振宗《汉书艺文志拾补》："《相玉书》，不知何人作。王叔师骚注引之，当出前汉。"⑧《楚辞音》引《相玉书》1处。

　　1. "理"条引《相玉书》云："理玉六寸，明自照矣。"（第56行）

　　案：《周礼·冬官·玉人》"大圭长三尺，杼上，终葵首，天子服之"郑注引《相玉书》曰："瑑玉六寸，明自炤。"⑨《礼记·玉藻》"天子搢珽，方正于天下也"郑注引《相玉书》曰："瑑玉六寸，明

①杨明照《抱朴子外篇校笺》，中华书局，1991年，第293—294页。

②王叔岷《诸子斠证》，中华书局，2007年，第382页。

③王念孙《读书杂志》，江苏古籍出版社，1985年，第856页。

④张双棣《淮南子校释（增订本）》，北京大学出版社，2013年，第1150页。

⑤陶方琦《淮南许注异同诂》，《续修四库全书》第1121册，第412页。

⑥顾野王撰，孙强重修《宋本玉篇》，第374页。

⑦丁度《集韵》，第282页。

⑧姚振宗《汉书艺文志拾补》，《二十五史补编》第2册，中华书局，1956年，第1520页。

⑨《周礼注疏》，《十三经注疏》本，艺文印书馆，2001年，第632页。

自炤。"① 《释文》："珽，本又作珵。"② 《五经文字》卷中《火部》："炤，与照同。"③ 是《周礼》《礼记》所引与写本所引相同，唯"珵"作"珽"之别耳。

惠士奇《礼说》卷十四："康成引《相玉书》'珵'作'珽'，《说文》有'珽'无'珵'，盖'珵'即'珽'，古今文。"④ 然战国时已有"珵"字，⑤珵、珽皆从壬声，从呈与从廷之字古多通假，如珵与挺、莛与庭，⑥故"珵"字又写作"珽"，是写卷所引《相玉书》与郑玄所引同。《周礼·冬官·玉人》"大圭长三尺，杼上，终葵首，天子服之"孙诒让正义："大圭首六寸，名珽，自杀以下二尺四寸也。"⑦ 戴震《考工记图》卷下云："终葵，椎也，为椎于其杼上，明无所屈也。杼，杀也。……大圭，笏也，故揩大圭而执镇圭。笏谓之手版，亦谓之薄。天子玉笏，其首六寸，谓之珽。"⑧ 是大圭长三尺，其上端终葵，又名珽，长六寸。《离骚》"岂珵美之能当"王逸注："《相玉书》言：珵大六寸，其耀自照。"⑨ 其"大"字必误。《玉篇·玉部》云："珵，美玉也。埋六寸，光自辉。"⑩ 《玉篇校释》谓"埋"为误字，故据王逸注所引改作"大"，⑪ 是亦误也。

饶宗颐云："《相玉经》，《汉志》不载。魏《志》钟繇传注引魏略太子与繇书曰'窃见玉书称'云云，姚氏《汉志拾补》列在形法家，据骞音则《相玉经》隋时书尚存也。"⑫ 案姚振宗《汉书艺文志拾补》作"相玉书"，饶氏谓为"相玉经"者误。姚氏未列《周礼》《礼记》郑玄注所引两则材料，是其疏漏。

司马相如赋

《汉书·艺文志》："司马相如赋二十九篇。"⑬ 《楚辞音》引司马相如赋1处。

1. "荪"条引司马相如赋云"葳蕤若荪"。（第73行）

①《礼记》卷9，《中华再造善本》影印中国国家图书馆藏南宋淳熙四年（1177）抚州公使库刻本，北京图书馆出版社，2003年，第3a页。

②陆德明《经典释文》，第189页。

③张参《五经文字》，第55b页。

④惠士奇《礼说》，《景印文渊阁四库全书》第101册，台湾商务印书馆，1983年，第658页。

⑤徐在国等《战国文字字形表》上册，上海古籍出版社，2017年，第35页。

⑥例见白于蓝《战国秦汉简帛古书通假字汇纂》，福建人民出版社，2012年，第725页。

⑦孙诒让《周礼正义》，中华书局，2015年，第4021页。

⑧戴震《考工记图》，《续修四库全书》第85册，第89页。

⑨《楚辞》第1卷，《中华再造善本》影印清初毛氏汲古阁刻本，国家图书馆出版社，2009年，第37页。

⑩顾野王撰，孙强重修《宋本玉篇》，第16页。

⑪胡吉宣《玉篇校释》，上海古籍出版社，1989年，第81页。

⑫饶宗颐《隋僧道骞楚辞音残卷校笺第三》，《楚辞书录》，第111页。

⑬班固《汉书》，第1747页。

案：此为司马相如《上林赋》中文。《史记·司马相如传》引《上林赋》作"葴橙若荪"，①《汉书·司马相如传》作"葴持若荪"，颜师古注："持当为荂，字之误耳。荂，鬼目也。杜若苗颇类姜，而为棕叶之状。今流俗书本'持'字或作'橙'，非也。后人妄改耳。其下乃言黄甘橙榛，此无橙也。"②写卷所引作"董"。《集韵·耕韵》："橙，《说文》：'橘属。'或从草。"③从木从草古多通用④，故"橙"又写作"董"，是写卷所引与《史记》所载来源相同。

楚辞注（王逸）

《隋书·经籍志》："《楚辞》十二卷，后汉校书郎王逸注。"⑤《楚辞音》引《楚辞》及王逸注 12 处，今以《中华再造善本》影印清初毛氏汲古阁刻本《楚辞》对勘，并括注页码于后。

1. "溢"条引王逸云："溢犹掩也。"（第 1 行）

《离骚》："驷玉虬以乘鹥兮，溢埃风余上征。"王逸注："溢犹掩也。"（第 1 卷第 26b 页）

2. "轫"条引王逸云："枝轮木也。"（第 2 行）

《离骚》："朝发轫于苍梧兮，夕余至乎县圃。"王逸注："轫，搘轮木也。"（第 1 第 27a 页）

饶宗颐云："洪《补注》引王作'搘轮木'。又言'搘一作支'。考唐钞《文选集注》正作'支'，《诗·小旻》疏引注同，可见字有搘、搘、枝、支数本之异。"⑥案《后汉书·申屠刚传》："谏不见听，遂以头轫乘舆轮，帝遂为止。"李贤注："王逸注《楚词》曰：'轫，止轮木也。'"⑦李大明云："依《说文》，字本作'楷'，王逸注当亦用此本字。"⑧黄灵庚云："楷轮，同支轮，皆止轮也。……《后汉书》卷二八《冯衍传》'发轫新丰兮'，李贤注：'轫，止车木也，将行，故发之。'……《说文·车部》：'轫，所以碍车也。从车、刃声。'徐锴曰：'止轮之转，其物名轫。'刃，有坚止义。……故止车木谓之轫。"⑨

3. "傅傅"条引王逸曰："聚皃也。"（第 17 行）

《离骚》："纷總總其离合兮，斑陆离其上下。"王逸注："總總，犹傅傅，聚貌。"（第 1 卷第 30b 页）

案：据《说文》，"皃"为小篆隶定字，"貌"为籀文隶定字。⑩

①司马迁《史记》，第 3640 页。

②班固《汉书》，第 2553、2555 页。

③丁度等《集韵》，第 236 页。

④王慎行《古文字义近偏旁通用例》，《古文字与殷周文明》，陕西人民教育出版社，1992 年，第 26 页。

⑤魏征等《隋书》，第 1199 页。

⑥饶宗颐《隋僧道骞楚辞音残卷校笺第三》，《楚辞书录》，第 106 页。

⑦范晔《后汉书》，中华书局，1965 年，第 1016 页。

⑧李大明《敦煌写本〈楚辞音〉释读商兑》，《西南民族学院学报》1999 年第 3 期，第 102 页。

⑨黄灵庚《楚辞章句疏证》，中华书局，2007 年，第 329 页。

⑩许慎《说文解字》，第 177 页。

4. "溢"条引王逸曰："溢，奄也。"（第23行）

《离骚》："溢吾游此春宫兮，折琼枝以继佩。"王逸章句："溢，奄也。"（第1卷第31b页）

5. "繣"条引王逸云："乖戾也。"（第28行）

《离骚》："纷緫緫其离合兮，忽纬繣其难迁。"王逸注："纬繣，乖戾也。"（第1卷第32b页）

6. "偃蹇"条引王逸曰："偃蹇，高皃也。"（第33行）

《离骚》："望瑶台之偃蹇兮，见有娀之佚女。"王逸注："偃蹇，高貌。"（第1卷第33b页）

7. "佚"条引王逸曰："佚，美也。"（第39行）

《离骚》："望瑶台之偃蹇兮，见有娀之佚女。"王逸注："佚，美也。"（第1卷第33b页）

8. "筳"条引王逸曰："筳，小破竹也。"（第49行）

《离骚》："索藑茅以筳篿兮，命灵氛为余占之。"王逸注："筳，小折竹也。"（第1卷第36a页）

案：闻一多云："'筳'下引王逸曰'筳，小破竹也'，与《文昌杂录》二所引正同，今本'破'作'折'，盖蒙下文'结草折竹以卜曰篿'而误。"[1]马燕鑫云："尤袤本、奎章阁本王逸注正作'筳，小破竹也'。"[2]

9. "篿"条引王逸曰："楚人名结草折竹卜曰篿。"（第51行）

《离骚》："索藑茅以筳篿兮，命灵氛为余占之。"王逸注："楚人名结草折竹以卜曰篿。"（第1卷第36a页）

10. "当"条引王逸云："岂当知玉之美恶乎？"（第57行）

《离骚》："览察草木其犹未得兮，岂珵美之能当。"王逸注："岂当知玉之美恶乎？"（第1卷第37b页）

11. "糈"条引王逸云："糈，精米，所以享神也。"（第59行）

《离骚》："巫咸将夕降兮，怀椒糈而要之。"王逸注："糈，精米，所以享神。"（第1卷第38b页）

12. "謟"条云："宜作'滔'……王逸曰：'滔，淫也。'"（第76行）

《离骚》："椒专佞以慢慆兮，樧又欲充夫佩帏。"王逸注："慆，淫也。"（第1卷第42b页）

黄灵庚云："《文选》奎章阁本、尤袤本、胡本'慆'作'謟'。案：慆、謟同。"[3]

楚辞注（郭璞）

《隋书·经籍志》："《楚辞》三卷，郭璞注。"[4]《楚辞音》引郭璞《楚辞注》4处。

[1] 闻一多《敦煌旧钞本楚辞音残卷跋》，第48页。
[2] 马燕鑫《道骞〈楚辞音〉对〈文选〉版本的校勘价值——以〈离骚〉经及王逸注为例》，《古籍整理研究学刊》2016年第4期，第10页。
[3] 黄灵庚《楚辞章句疏证》，第487页。
[4] 魏征等《隋书》，第1199页。

1. "兹"条引郭云："止日之行勿近昧谷也。"（第6行）

2. "珵"条云："《相玉书》云：'珵玉六寸，明自照矣。'本或作'瑶'字，非也。郭本止作'程'字，取同音。"（第56行）

3. "鸩"条引郭云："奸佞先己也。"（第68行）

4. "鸩"条引郭云："凶人见欺也，成鸩鸟也，三千岁也。"（第43行）

王重民《巴黎敦煌残卷叙录》卷四"楚辞音"条谓第2条"郭本止作'程'字"的郭本即《隋书·经籍志》所载郭璞《楚辞注》三卷，[①]闻一多从之。[②]闻氏又谓第1、第3、第4三条亦郭璞《楚辞注》的内容。

文释

1. "鸩"条引《文释》曰："鶋鸩，一名鴂，今谓之伯劳。顺阴气而生，贼害之禽也。王逸以为春鸟，谬矣。"（第69行）

闻一多《敦煌旧钞本楚辞音残卷跋》：

> "文释"似非人名。注《汉书》者有文颖，然"释"之与"颖"形声俱远，无缘致误。窃意"文释"当为"释文"之倒。其书洪《补注》屡引之。隋唐《志》不载。《郡斋读书志》、《直斋书录解题》并有《离骚释文》一卷，《解题》云："古本，无名氏，洪氏得之吴郡林虑德祖。其篇次不与今本同。"案《释文》篇次异于今本，而与王逸《注》暗合，又据洪所引，率多古文奇字，盖隋唐以前旧籍也。骞公所引，必此书无疑。第宋人云其书无名氏。今细审前揭骞公语，上引《释文》驳王逸曰"王逸以为春鸟谬矣"，下云"案江之意，秋时有之"，则江是《释文》作者之姓矣。[③]

饶宗颐《隋僧道骞楚辞音残卷校笺第三》：

> 《文释》为书名，闻一多《跋》疑系"释文"之倒误。（然无名氏《楚辞释文》为宋人所传，骞公隋人，年代悬绝，不应引及其书。况《释文》未见为旧本，说详《四库提要》）今考《文选》张衡《思玄赋》"鶋鸩鸣而不芳"，善注引服虔云："鶋鸩一名鴂，伯劳也。顺阴气者生，贼害之鸟也。王逸以为冬鸟，缪也。"与骞公引文释语正同。《一切经音义》引书有曰《文字释训》、《文字释要》者，"文释"可能为其省称。又《思玄赋》有旧注，李善云："未详注者姓名。"此句胡刻《文选》善注前有"鶋鸩，鸟名也；以秋分鸣"九字。当是旧注文。骞公言"江之意"，其人无考，江或注字之误，岂指《思玄赋》注欤？疑莫能明也。[④]

①王重民《巴黎敦煌残卷叙录》，黄永武主编《敦煌丛刊初集》第9册，第172页。

②闻一多《敦煌旧钞本楚辞音残卷跋》，第47页。

③闻一多《敦煌旧钞本楚辞音残卷跋》，第49页。

④饶宗颐《隋僧道骞楚辞音残卷校笺第三》，《楚辞书录》，第113页。

姜亮夫《智骞〈楚辞音〉跋》：

> 闻先生跋中引《文释》一段，谓当为江邃《释文》之误，理或可通。然谓此即洪《补》所引近百条之《释文》，则非。盖洪引者，乃《宋史》王勉之书也。……考《文选》陆士衡《猛虎行》注引《管子》"士怀耿介"，又马季长《长笛赋》"瓠巴齐人"注《史记·苏秦列传》"揣摩"一词引司马贞《索隐》，皆引江邃《文释》一书。按江邃，刘宋时考城人，字玄远，《宋书·沈演之传》言"邃撰《文释》传于世"云云……正指江邃《文释》之言而申其意也。[①]

据姜亮夫先生考证，此《文释》作者即刘宋时江邃，正合写卷所云"案江之意"所揭示作者之姓。然姜先生文中所云"闻先生跋中引《文释》一段，谓当为江邃《释文》之误"，"江邃"之名乃姜先生自己考出，闻一多只是据"案江之意"一语谓作者姓江，并未言及其名。饶宗颐谓李善注引服虔语与《文释》之语同，因而怀疑"江"为"注"之误，案服虔东汉人，刘宋时之江邃袭用其语，亦在情理之中。

三、结论

姜亮夫先生谓《楚辞音》写卷所引诸书"无隋唐以后书"，[②]结合其抄写时代，可以肯定《楚辞音》一书是南北朝时的作品，其所引用诸书文本自然反映南北朝时的面貌。通过对《楚辞音》所引诸书各条的考辨，可以略述其所据文本之价值。

1.关于今古文《尚书》之别，清人所见除了《汉石经》残块，最早文本为宋刻本。因而常以《史》《汉》等书所引为《今文尚书》，而把与晚出《古文尚书》文字有异者定为《今文尚书》。其实《古文尚书》自东晋出现后，因辗转传抄，已屡被改动，并非东晋时的原貌。"尚书"第 1 条即其例。第 2 条虽是伪古文，但其中"亏""佚"二字尚存隶古定原貌。

2.补辑佚本之缺。王欣夫《蛾术轩书跋》云："所引逸书如《埤苍》、《字诂》、《字林》、《声类》、《字书》诸条，咸为任大椿、顾震福诸家辑本所未及。"[③]另外，贾逵《国语注》1 条，亦可补王仁俊《玉函山房辑佚书续编》所辑《国语贾氏注》之缺。《广雅》第 10 条不见于传世本《广雅》，亦有可能是《广雅》之佚文。而郭璞《楚辞注》、江邃《文释》又可补清人辑本之缺。

3.保存传本异文，为考察诸书之早期文本提供重要的资料。如《尚书》第 1、第 2 条，《毛诗》第 3 条，《左传》条，《广雅》第 1、第 7 条，《说文》第 3 条，《淮南子》第 2 条，王逸《楚辞注》第 8 条。

4.可为前人的研究结论提供有力的证据材料。如《毛诗》第 5 条、《淮南子》第 3 条。

5.可据以知前人考释之误。如《穆天子传》条。

---

① 姜亮夫《智骞〈楚辞音〉跋》，《中国社会科学》1980 年第 1 期，第 171—172 页。

② 姜亮夫《海外敦煌卷子经眼录》，载《敦煌学论文集》，第 44 页。

③ 王欣夫《蛾术轩书跋》，《学术集林》第 7 卷，上海远东出版社，1996 年，第 44 页。

敦煌《韩擒虎话本》的小说史意义略论*

王志鹏/敦煌研究院敦煌文献研究所

敦煌变文中有不少是以历史人物为中心来演绎故事或展开情节，如《伍子胥变文》《孟姜女变文》《王昭君变文》《汉将王陵变》《捉季布传文一卷》《李陵变文》《张议潮变文》《舜子变》《秋胡变文》《韩擒虎话本》《叶净能诗》等，其中敦煌S.2144卷的《韩擒虎话本》对后世小说产生了深远影响，堪称我国古代小说史上英雄人物演义之祖。到目前为止，学界除对《韩擒虎话本》进行校录整理外，还有不少学者对其创作年代、话本小说特征、韩擒虎英雄形象的艺术塑造等方面进行深入探讨，取得不少重要研究成果，①但较少有人注意《韩擒虎话本》整体结构对后代小说的重要影响，

*本文为国家社科基金重大项目"敦煌佛教文学艺术思想综合研究"（19ZDA254）中子项目"敦煌佛教文学思想研究"的阶段性研究成果。敦煌《韩擒虎话本》原卷无题，文末有"画本既终，并无抄略"八字，多数学者包括王庆菽、王重民、张锡厚、张鸿勋等均认为其中"画"为"话"之讹，或系同音借用，因而据此视之为"话本"。笔者此文采用这种看法。但也有学者持不同意见，如程毅中《关于变文的几点探索》认为"画本"并非"话本"之讹，形式和近代的拉洋片相似。参见参见周绍良、白化文编《敦煌变文论文录》，上海古籍出版社，1982年，第379页；韩建瓴《敦煌写本〈韩擒虎画本〉初探（一）》认为"画本"不是"话本"的同音借用或误写，参见《敦煌学辑刊》1986年第1期等。

①相关研究成果主要有王庆菽《试谈"变文"的产生和影响》，参见周绍良、白化文编《敦煌变文论文录》，第255—272页；王重民《敦煌变文研究》，参见周绍良、白化文编《敦煌变文论文录》，第273—326页；程毅中《关于变文的几点探索》，参见周绍良、白化文编《敦煌变文论文录》，第373—396页；程毅中《俗赋、词文、通俗小说》，《文史知识》1988年第8期；张锡厚《敦煌话本研究三题》，《甘肃社会科学》1983年第2期；邱镇京《敦煌变文述论》，台湾商务印书馆，1974年；张鸿勋《敦煌话本词文俗赋导论》，新文丰出版股份有限公司，1993年，第27—30页；王昊《韩擒虎话本——历史演义和英雄传奇的先声》，《明清小说研究》2003年第4期；郑广熏《敦煌本〈韩擒虎话本〉的写卷制作方式和文学特点》，《艺术百家》2009年第2期；赵伟《敦煌本〈韩擒虎话本〉韩擒虎形象析义》，参见2019年5月"佛教与敦煌文学学术研讨会论文集"；王昊《论敦煌话本小说的文学史意义》，参见王昊《中国古代叙事文学研究》，安徽师范大学出版社，2017年，第174—189页等。

或对此仅仅提出了一些粗略的看法，尚有未尽之处。有鉴于此，笔者在现有研究成果的基础上，通过对《韩擒虎话本》进行较为全面、具体的考察，认为《韩擒虎话本》在整体结构上前后呼应，佛教因果报应的思想观念在故事情节发展中也有一定的体现，即开头交代故事背景，说明事件起因，中间展开情节，结尾又留有悬念。同时，《韩擒虎话本》丰富多样的艺术表现形式，在后代小说中得以继承和发挥。

一、《韩擒虎话本》的主要故事内容

《韩擒虎话本》开头交代事情发生在唐会昌年间，云："会昌既临朝之日，不有三宝，毁坼迦（伽）蓝，感得海内僧尼，尽总还俗回避。"① 据《旧唐书》卷18《武帝本纪》（会昌五年）八月"制"中有云："天下所拆寺四千六百余所，还俗僧尼二十六万五百人。收充两税户，拆招提、兰若四万余所，收膏腴上田数千万顷，收奴婢为两税户十五万人。隶僧尼属主客，显明外国之教。"② 但文中主要讲述隋文帝开创帝业、表现韩擒虎勇武超群的形象及南渡平定陈国的卓越功勋等事迹，此或用来借指后周武帝时事。③《北史》卷10《周本纪下》载建德三年（574）夏四月"丙子，初断佛、道二教，经像悉毁，罢沙门、道士，并令还俗。并禁诸淫祀，非祀典所载者，尽除之。"④ 话本讲述在佛法遭受禁毁的背景之下，有一法华和尚笃信佛教，乃入山隐居修道，诵习《法华经义》，"朝朝转念，日日看经"，感得八大海龙王也前来听法，和尚却并不知情。一天，有一人后到，和尚心生疑惑，询问原由，才知每日听法的竟是八大海龙王，唯恐和尚有难，特来护助。今天迟到，是为杨坚换脑盖骨去了。原来随州杨坚在百日之内，将登宝位，却戴不稳平天冠，并告诉和尚，杨坚现患生脑疼，无人医治。为报答和尚，给和尚一盒龙膏，说："若到随州使君面前，已（以）膏便涂，必得痊瘥。若也得教，事须委嘱：限百日之内，有使臣诏来，进一日亡，退一日则伤。若以后为君，事复再兴佛法。即是某等愿足。"说完，忽然不见。这样，《韩擒虎话本》一开始就带有较为明显的佛教色彩。

法华和尚到随州衙门，见到使君，确知杨坚患生脑疼，检尽药方，医疗不得。和尚遂从袖中取出药盒，以龙仙膏往顶门便涂。此膏"才到脑盖骨上，一似佛手捻却"，立刻见效。使君顶谒再三，告诉和尚："虽自官家明有宣头，不得隐藏师僧，且在某衙府回避，岂不好事。"和尚闻语，忆得龙王委

---

① 黄征、张涌泉校注《敦煌变文校注》，中华书局，1997年，第300页。

② 刘昫等《旧唐书》，中华书局，1975年，第606页。

③ 王庆菽云："会昌为唐武宗年号。离隋朝后二百五十二年。因周武帝和唐武宗都是反对佛教的，所以说话人对历史年代发生错误。"（参见王重民等编《敦煌变文集》文后"校记"，人民文学出版社，1957年，207页）。邱镇京也认为"会昌乃唐武宗年号，是时虽亦极力压迫佛教，然已与韩擒虎所处之隋代相去二百五十余年，故知此必开讲者不明历史年代，将周武帝误为唐武宗所致"（参见邱镇京《敦煌变文述论》，第73页）。黄征和张涌泉则认为"本话本多借古讽今，不拘史实，故未必是因缺乏历史知识而发生错误"（黄征、张涌泉校注《敦煌变文校注》，第305页）。

④ 李延寿《北史》，中华书局，1974年，第360页。

嘱，启言使君："限百日之内，合有天分。若有使臣诏来，进一日亡，退一日伤。……若也已后为君，事须再兴佛法"。说完便告辞归山去了。至此，可说是整部话本小说的引子，也可说是话本的"入话"部分。从此话本才开始进入故事情节的主体。

敦煌《韩擒虎话本》写隋文帝杨坚肇登宝位之前，险象环生，危机四伏。司天太监夜观天象，得知随州杨坚百日之内要做皇帝，乃具表奏闻。皇帝览表，心中大为惊怖，遂差殿头高品到随州宣诏杨坚入朝。杨坚蒙诏，便与来使登途，直到离长安十里有余的常乐驿安顿，忽然想起法华和尚的叮嘱，遂与天使商量，过几天再正式朝见。天使奏表上闻，皇帝览表，知道杨坚来了，心中十分高兴。此时唯有皇后杨妃满目泪流，忧心忡忡，想到父亲过几天觐见皇帝，必遭毒手，自己身为皇后，定也受辱，不如服毒先死。便香汤沐浴，穿戴整齐，满一杯毒酒放在镜台前面，对着镜子梳妆画眉。刚收拾完毕，从镜子里突然看到皇帝来了，赶忙站立。皇帝问她梳妆要酒何用？杨妃回答梳妆饮酒，一是软发，二是保养容颜，同时也为供奉圣人。皇帝听说，心中大喜，说："皇后尚可驻颜，寡人饮了也会端正。"皇帝不知药酒，一饮而尽，顷刻脑裂身死。杨妃把皇帝的尸体拉到龙床下面，遮盖起来，然后来到前殿，差内使宣诏杨坚。杨坚入朝，皇后乃与杨坚及其亲信商议，册立杨坚为皇帝，自称隋文皇帝。

杨坚称帝的过程，疑念重重，最终往往又峰回路转，充满戏剧性，尤其在故事讲述的关键之处，往往伴有神奇事件发生。如前述和尚专心诵经，感得八大龙王前来护持。随州杨坚合有天分，却因戴不稳平天冠，因此龙王去换脑盖骨。特别是皇后与杨坚及其亲信商议，拟立杨坚为皇帝时，担心众臣不从。于是密谋设计让手下连夜点检御军五百，手持大刀利刃，伏于甲幕，到时如有大臣不服，殿前斩杀。第二天上朝，文武大臣立在殿前，皇后宣问："主上已龙归沧海，今拟册立随州杨使君为乾坤之主，卿意如何？"说完拂袖便去。满朝文武大臣疑惑之际，殿上"见一白羊，身长一丈二尺，张牙利口，便下殿来，哮吼如雷，拟吞合朝大臣。众人一见，便知杨坚合有天分，一齐拜舞，叫呼万岁"。[①]这更是超乎想象的灵异事件。

杨坚称帝，自然引出主人公韩擒虎渡江平陈的故事情节。金陵陈王听到杨坚做了皇帝，心生不服，乃兴兵讨伐。杨坚得报，聚集文武大臣商议对策，决定让皇弟杨素领贺若弼和韩擒虎出兵，三人受宣，即刻进军。杨素派韩擒虎领军三万五千收复金陵。韩擒虎足智多谋，与敌作战，所向披靡，降伏大将任蛮奴，率军直入金陵。"陈王见隋家兵士到来，遂乃波逃入一枯井，神明不助，化为平地。将士一见，当下擒将，把在将军马前。"[②]韩擒虎得胜回朝，进上主将二人，皇帝大悦，遂拜韩擒虎开国公，遥守阳（扬）州节度。这次出兵大获全胜，杨素、贺若弼也各有赏赐。

不经数旬，北蕃大夏单于差突厥首领为使，到长安索隋文皇帝交战。皇帝召集大臣商议。蕃使云："蕃家弓箭为上，赌射只在殿前。若解微臣箭得，年年送贡，累岁称臣。若也解箭不得，只在殿

---

① 黄征、张涌泉校注《敦煌变文校注》，第 300 页。

② 黄征、张涌泉校注《敦煌变文校注》，第 302 页。

前，定其社稷。"皇帝乃在殿前，安下射垛，画二鹿，开始赌射。蕃使"当时便射。箭发离弦，势同劈竹，不东不西，恰向鹿脐中箭"。左勒将贺若弼主动请求解箭，他"臂上捻弓，腰间取箭，搭括当弦，当时便射。箭起离弦，不东不西，同孔便中"。接着，韩擒虎也请解箭，准奏后，擒虎拜谢，"遂臂上捻弓，腰间取箭，搭括当弦，当时便射。箭既离弦，势同雷吼，不东不西，去蕃人箭括便中，从榭至镞，突然便过，去射垛十步有余，入土三尺"。①蕃人一见，惊怕非常，连忙前来，侧身便拜。隋文帝于是差韩擒虎为使和蕃，与蕃将一道入蕃。

韩擒虎到达蕃界，单于升帐，遂唤三十六射雕王子，云："缘天使在此，并无歌乐，蕃家弓箭为上，射雕落雁，供养天使。"王子唱喏，一时上马，看见一雕飞来，当时便射，箭既离弦，向雕前翅过，没有射中。单于大怒，认为有辱蕃家先祖，要将王子开腹取心。天使看到，启言蕃王："愿请弓箭，射雕供养单于。"单于闻语，遂与弓箭。韩擒虎接得，正在思维之时，忽见双雕，争食飞来，当时来射，"十步地走马，二十步地臂上捻弓，三十步腰间取箭，四十步搭括当弦，拽弓叫圆；五十步翻身背射。箭既离弦，势同擗竹，不东不西，向前雕咽喉中箭，突然而过；向后雕擗心便着，双雕齐落马前"。②蕃王一见，齐声叫好，南向拜舞称谢。韩擒虎圆满完成出使任务，皇帝大喜，赐金银锦罗等物，还归私第。至此，韩擒虎身怀绝技、武艺超群、骁勇无敌的英雄形象被淋漓尽致地刻画出来。

前后不经两旬，韩擒虎有一天"忽觉神思不安，眼〔瞤〕耳热"，便升厅而坐，忽见十字地裂，涌出一人："身披黄金镤甲，顶戴凤翅兜牟，按三杖头低高声唱喏。"韩擒虎惊问，才知道天符牒下，自己合作阴司之主，五道将军特来迎接。韩擒虎请假三日，具表上奏隋文皇帝，皇帝惊讶异常，遂诏合朝大臣，内宴三日，在殿前与擒虎取别。到第三日，正在热闹歌欢之时，忽有一人着紫，一人着绯，乘一朵黑云，立在殿前，高声唱喏。二人原来是天曹地府来迎。韩擒虎遂别过众人，归宅委嘱妻男家人，"便奔床卧，才着锦被盖却，摸马举鞍，便升云路"，③到阴司赴任去了。此可视作《韩擒虎话本》的尾声。

从以上可以看出，《韩擒虎话本》主体可分为三部分：杨坚称帝、韩擒虎渡江平陈、韩擒虎与突厥首领赌射及奉使和蕃、射雕，而开头记述法华和尚相关情节可看作话本的"引子"，最后韩擒虎赴任阴司主可视为故事尾声。从整体看，各部分之间环环紧扣，有着密切的前后因果关系。《韩擒虎话本》中讲述的重大历史事件与史实大致相合，如杨坚代周自立，韩擒虎、贺若弼共同伐陈，任蛮奴降于韩擒虎，陈王为韩擒虎所俘获等。《隋书》卷2《高祖下》云："（开皇）九年（589）春正月丙子，贺若弼败陈师于蒋山，获其将萧摩诃。韩擒虎进军建邺，获其将任蛮奴，获陈主叔宝。"④但在具

---

① 以上均见黄征、张涌泉校注《敦煌变文校注》，第303页。

② 黄征、张涌泉校注《敦煌变文校注》，第304页。

③ 黄征、张涌泉校注《敦煌变文校注》，第305页。

④ 魏征、令狐德棻等《隋书》，中华书局，1973年，第32页。

体叙述过程中,《韩擒虎话本》中有的内容与正史记载并不一致。①正如鲁迅《中国小说史略》第 12 篇《宋之话本》中所说:"大抵史上大事,即无发挥,一涉细故,便多增饰。"②这也是后代讲史话本的一大特征。

二、《韩擒虎话本》的小说特征及宗教表现

敦煌《韩擒虎话本》是在充分吸收前代史传和民间传说有关韩擒虎种种奇闻逸事的基础上,重新进行文学加工演绎,生动描绘了隋朝开国名将韩擒虎的传奇人生:奉命率兵平陈,两次大败任蛮奴;攻陷金陵,俘获陈王;两次射箭比赛获胜,表现出惊人绝技;死后作阴司之主。《韩擒虎话本》不仅在题材叙事、故事情节方面有很大的创造性,而且表现出高度的艺术性。

《韩擒虎话本》故事内容紧凑,题材取舍严谨,注意内在的逻辑性;构思巧妙,情节开展紧张激烈,扣人心弦。如杨妃见皇上诏杨坚入朝,恐牵连受辱,因而欲以药酒自杀,不想在梳妆之际,皇帝突然出现,杨妃乘机鸩杀皇帝。这自然引出杨坚称帝,推动了情节发展。其中杨妃与皇帝的对话也极富戏剧性。③据《北史》卷 14《后妃列传》载:"宣皇后杨氏名丽华,隋文帝之长女也。帝在东宫,武帝为帝纳后为皇太子妃。……后性柔婉,不妒忌,四皇后及嫔御等咸爱而仰之。帝后昏暴滋甚,喜怒乖度。尝谴后,欲加之罪,后进止详闲,辞色不挠。"又云:"初,宣帝不豫,诏隋文帝入禁中侍疾,及大渐,刘昉、郑译等因矫诏以隋文帝受遗辅政。后初虽不豫谋,然以嗣主幼冲,恐权在他族,不利于己,闻昉、译已行此诏,心甚悦。后知隋文有异图,意颇不平。及行禅代,愤惋愈甚。隋文内甚愧之。"④可知杨妃当时并没有参与杨坚称帝的密谋,以致后来看到杨坚即皇帝位,内心愤懑,杨坚对此也感羞愧,故敦煌《韩擒虎话本》所述种种事情,当或为作者杜撰,或出自民间传闻。

《韩擒虎话本》的叙事方式具有后代话本小说的特征,这不仅体现在结构上粗具"入话""正话"等文本体制,⑤而且也使用连接前后段落的时间套语,如"前后不经数句""前后不经旬日""前后不经两句"等来转换情节,采用设问方式,自问自答。⑥同时,口语化特征突出,具有明显的话本讲

---

① 如其中所述与蕃使赌射事源自贺若弼,并将贺若弼战败任蛮奴之事移植于韩擒虎,又将长孙晟、崔彭射雕之事转到韩擒虎身上等。为了突出描写主要人物韩擒虎,话本扬韩抑贺,采取移花接木、节外生枝等手法,把贺若弼放在次要的陪衬地位。参见张锡厚《敦煌话本研究三题》,《甘肃社会科学》1983 年第 2 期;王昊《中国古代叙事文学研究》,第 168、185 页。

② 鲁迅《中国小说史略》,东方出版社,1996 年,第 85 页。

③ 参见张锡厚《敦煌话本研究三题》,《甘肃社会科学》1983 年第 2 期。

④ 李延寿《北史》,第 529 页。

⑤ 张锡厚《敦煌话本研究三题》,《甘肃社会科学》1983 年第 2 期。此外,胡士莹《话本小说概论》(中华书局,1980 年,第 130—147 页);石昌渝《中国小说源流论》(三联书店,1994 年,第 244—150 页);王昊《中国古代叙事文学研究》(第 174—189 页)都对话本小说的文本体制有详细阐释,此不赘述。

⑥ 王昊《中国古代叙事文学研究》,第 176 页。

说特征。《韩擒虎话本》为以后我国的历史演义和英雄传奇类小说提供了可资借鉴的丰富创作经验。王昊《韩擒虎话本——历史演义、英雄传奇的先声》说：“《韩擒虎话本》以其成功的艺术经验，确立了历史演义应遵循的创作原则，并在后世蔚为大观的历史演义小说得到广泛的继承和发展，开辟了一条历史演义、英雄传奇小说创作的新路，影响极为深远。”[①]其中有些创作手法也为后代小说广为使用，如历史演义中怎样处理史实与虚构之间的问题，对于重大的历史事件，话本多能做到言之有据，忠于历史，而在叙述的具体细节上则多有虚构，甚而常常将历史上别人的经历移植于故事中的主人公身上。这正是鲁迅所言“历叙史实而杂以虚辞”。[②]还有其中描写韩擒虎与任蛮奴两军对垒时幻设出来的斗阵、破阵等艺术想象，充满浪漫夸张色彩，在后世小说中都有一定程度的继承和发挥。

对神奇事件、灵异现象等超现实描写，是《韩擒虎话本》中的一大特色。从开始的八大龙王听和尚讲经，杨坚合有天分，却因戴平天冠不稳，要换脑盖骨，致患生脑疼，无人能医。八大龙王为报答法华和尚讲经，授以药膏，和尚为杨坚治好头疼，谢绝挽留，叮嘱杨坚要护持佛法。这为杨坚称帝后扶持佛教提供了一定的依据。主人公韩擒虎“生为上柱国，死为阎罗王”的说法，此虽源自《北史》《隋书》等正史记载，说明这种说法曾经十分流行。而《韩擒虎话本》还有韩擒虎赴任阴司前，要求请假三日，不允许时即大怒，呵责五道将军等具体描述，形神必备，突出韩擒虎不可一世，叱咤风云的神威。特别是话本中还有多处灵异现象的描写，以此来推动情节的发展。如皇后拟册立随州杨使君为皇帝，宣问大臣，满朝文武大臣疑惑之际，殿上“见一白羊，身长一丈二尺，张牙利口，便下殿来，哮吼如雷，拟吞合朝大臣”。由此知杨坚合有天分，众大臣不再心生疑惑。韩擒虎率兵进入金陵，陈王“逃入枯井，神明不助，化为平地。将士一见，当下擒将，把在将军马前”“枯井化为平地”，十分形象地揭示出陈王在惊慌逃跑，又无处藏身的窘状。韩擒虎与任蛮奴斗阵，“此阵既圆，上合天地。蛮奴一见，失却隋家兵士，见遍野总是大虫，张牙利口，来吞金陵”。[③]此实写隋军所向披靡，锐不可当，蛮奴只得卸甲来降。这种神奇事件或灵异现象的描写，经常出现于后代历史演义、英雄传奇或神魔小说故事，而《韩擒虎话本》堪称嚆矢。

《韩擒虎话本》除表现有一定的命定论思想外，同时也具有鲜明的宗教色彩。开头说明故事发生在佛法遭受破坏的背景之下，海内僧尼被迫还俗，法华和尚却坚守佛法，隐居随州山中诵读《法华经》，感得八大海龙王出现。由此引出杨坚与佛教之间的一段因缘。隋文帝杨坚出生于冯翊（今陕西大荔）般若寺，年幼时曾由尼姑抚养。杨坚称帝后，推行了一系列有利于发展佛教的政策。《隋书》卷35《经籍志四》云：“开皇元年，高祖普诏天下，任听出家，仍令计口出钱，营造经像。而京师及并州、相州、洛州等诸大都邑之处，并官写一切经，置于寺内；而又别写，藏于秘阁。天下之人，从

---

① 王昊《〈韩擒虎话本〉——历史演义和英雄传奇的先声》，《明清小说研究》2003 年第 4 期。

② 鲁迅《中国小说史略》，第 84 页。

③ 黄征、张涌泉校注《敦煌变文校注》，第 302 页。

风而靡，竞相景慕，民间佛经，多于六经数十百倍。"①同书卷2《高祖下》开皇二十年（600）十二月辛巳有诏曰："佛法深妙，道教虚融，咸降大慈，济度群品，凡在含识，皆蒙覆护。所以雕铸灵相，图写真形，率土瞻仰，用申诚敬。……故建庙立祀，以时恭敬。敢有毁坏偷盗佛及天尊像、岳镇海渎神形者，以不道论。沙门坏佛像，道士坏天尊者，以恶逆论。"②可见，隋文帝杨坚在周武帝灭佛之后，对于复兴佛教在历史上有重要贡献。而《韩擒虎话本》与佛教之间的关系由此也可窥见。

《韩擒虎话本》讲述会昌灭法的背景下，法华和尚入山修道，因不断持诵《法华经》而感得神灵听法，表现出鲜明的法华信仰。《法华经》是佛教历史上有着深远影响的大乘经典，也是流传非常广泛的佛教经典之一。《法华经》在我国的翻译流通较早，前后有三译：最早始于西晋太康年间竺法护译《正法华经》十卷二十七品；其后鸠摩罗什在姚秦弘始年间译《妙法莲华经》七卷二十八品；到隋代仁寿元年又有阇那崛多、达摩笈多重勘梵本，补订罗什所译的《添品妙法莲华经》七卷二十七品。刘亚丁指出："《法华经》自罗什的汉译本问世后，随即于汉地盛传开来。在《高僧传》所列举的讲经、诵经者中，以讲诵此经的人数最多，在敦煌写经里此经所占的比重最大。《法华经》对西晋以后的僧俗产生了广泛影响。"③在唐代，还有以"法华"命名的多种传记，如唐释僧详《法华传记》十卷，其中即有"讲解感应""讽诵胜利""听闻利益"等科目，收于《大正藏》51册。还有释惠详《弘赞法华传》（又称《法华传》）、释法藏《法华经传记》等，这类传记近似灵验记。正如杨宝玉所说："这类灵验记常在'传记'之前冠以佛经名，其中的'传记'当是'感应传''灵验记'等的简称。"④

结合敦煌P.3898卷和P.3877V卷丁片抄写唐释道宣《大唐内典录·历代众经应感兴敬录》与《集神州三宝感通录》，其中所记的获灵验的原因多为诵念或抄写《法华经》《涅盘（槃）经》《金刚经》《般若经》《华严经》《观音经》等，⑤尤其是多为持诵《法华经》而得感应，故王重民《伯希和劫经录》将P.3898卷拟题为"持诵《法华经》灵验记"。方广锠认为此卷"大致抄写于八世纪下半叶至九世纪上半叶。"⑥结合敦煌莫高窟约有44个洞窟中都绘有法华经变，其中又以中晚唐五代时期的《法华经变》最多。⑦由此可知，敦煌地区在中晚唐时期法华信仰比较流行，因而这也表现于《韩擒虎话本》之中。

此外，《韩擒虎话本》也具有一定的道教因素。最明显的是话本后面部分写五道将军迎接韩擒虎去阴司。而五道将军是唐朝至五代时期民间信仰中广为流传的冥界神灵，专掌地狱、鬼卒等事。

①魏征、令狐德棻等《隋书》，第1099页。

②魏征、令狐德棻等《隋书》，第45—46页。

③刘亚丁《佛教灵验记研究——以晋唐为中心》，巴蜀书社，2006年，第200页。

④杨宝玉《敦煌本佛经灵验记校注并研究》，甘肃人民出版社，2009年，第10页。

⑤杨宝玉《敦煌本佛经灵验记校注并研究》一书中第220—223页对两写卷抄写状况有详细说明，并在第224—238页有录文。

⑥方广锠辑校《敦煌佛教经录辑校》，江苏古籍出版社，1997年，第125页。

⑦施萍婷、贺世哲《敦煌壁画中的法华经变初探》，参见中国文物研究所编《中国石窟·敦煌莫高窟》第3卷，文物出版社，1987年，第177页。

佛教传入到中国后，其跟原有的中国神灵体系相融合。佛教思想传播中的地狱冥神与我国本土化的冥神五道将军相融合体现出民间传说中三教合一的倾向。

需要指出的是，《韩擒虎话本》与后世"小说"话本也有一定的不同。一般说来，话本包含有入话和正话两部分。①石昌渝将入话与正话进行了具体区分，说："入话在开头，是导入故事正传的闲话，是作品的附加部分。正话就是作品所要讲述的故事正传，是作品的主要部分。"并将小说话本正话与入话的关系概括为四种。②但从《韩擒虎话本》来看，正文前面交代故事发生背景和有关法华和尚的种种事情，引出话本前面杨坚称帝之事，尽管所记多为神奇怪诞事件，但二者之间有着一定联系，这与后代话本小说的"入话"不尽相同，因此称为"引子"更为合适。《韩擒虎话本》故事情节大致为会昌灭法，僧尼还俗——法华和尚至随州山内隐藏，朝朝诵经——感得八大海龙王日日来听经——海龙王报恩，说明缘由，给和尚一盒龙膏为杨坚治病，希求其以后为君，再兴佛法——和尚治愈杨坚头疼，辞别归山，叮嘱其日后为君，须再兴佛法 ——皇帝听说杨坚合有天分，诏杨坚入宫，杨妃忧虑——杨妃毒杀皇帝，诏杨坚入宫——杨坚为君，陈王不服，陈王派萧摩诃、周罗睺率军讨伐——隋文帝杨坚命杨素、贺若弼、韩擒虎出师——灭陈归来，韩擒虎官拜开国公，遥守扬州节度——韩擒虎与突厥首领赌箭获胜，隋文帝差韩擒虎为使和蕃——出使蕃国，蕃王归服，圆满归来——韩擒虎受邀去作阴司之主，辞别皇帝、大臣、亲友，奔床卧而升天。话本至此结束。可以看出，《韩擒虎话本》整体内容情节表现为单线发展，环环紧扣，不可或缺，将主人公韩擒虎可歌可泣的英雄壮举与富于想象的超现实人生归宿相结合，表达出人们对历史英雄人物的怜惜和崇敬之情。

《韩擒虎话本》采用清晰完整的线性叙述，结构完整，情节连贯，前后呼应，线索清晰。而作为话本"引子"对人物——法华和尚及其相关事情的叙述，既包含故事发生的背景，也为后面的情节发展设下了伏笔，同时规定了整部话本的叙述结构甚至话本主人公的最终结局。这在一定程度上也是佛教因果报应观念在文体上的反映。同时，《韩擒虎话本》想象丰富，口语特征鲜明，对话生动形象，情节富有戏剧性，注意以细节描写突出人物形象，用种种悬念使故事内容跌宕起伏，曲折有味，这些都对后代小说有着深远影响。

总的说来，敦煌《韩擒虎话本》是在真实历史人物的基础上所进行的文学加工和再创造，体现出历史真实与文学艺术的高度统一。作为我国较早产生的小说类作品，《韩擒虎话本》以生动丰富的内容题材和变化多样的艺术手法，大大拓展了我国古代小说的艺术表现形式，为我国古代小说提供了可资借鉴的宝贵创作经验，影响深远。同时，这为后来宋元话本的发展乃至明清章回小说准备了充足的条件，因而在我国古代小说发展史上具有重要意义。

---

① 胡士莹《话本小说概论》将"小说"话本体制分为题目、篇首、入话、头回、正话、结尾六个部分。又说："在篇首的诗（或词）或连用几首诗词之后，加以解释，然后引入正话的，叫做入话。"参见胡士莹《话本小说概论》，第 134、136 页。

② 石昌渝《中国小说源流论》，三联书店，1994 年，第 245、248—250 页。

敦煌帛尸梨蜜多罗译本《药师经》缀合研究*

罗慕君/浙江工业大学人文学院

雷　霄/浙江师范大学人文学院

施先生精于敦煌文献研究与敦煌艺术研究，成果卓著，嘉惠学林。末学整理敦煌文献，案头常备先生论著，受益良多。今欣逢先生九十寿诞，谨以小文，敬祝先生福寿康宁，福乐绵绵！

帛尸梨蜜多罗译本《药师经》，又名《佛说灌顶拔除过罪生死得度经》，敦煌文献中共有 300 余号，其中首尾完整或接近完整的仅有 8 号，其余诸号皆有不同程度的残损，其中颇多可缀合者。前贤已将其中 63 号缀合为 18 组，包括《中田录》缀合 2 组：北敦 4505 号+北敦 4510 号，北敦 4220 号+北敦 4039 号+北敦 3798 号；[①]《国图》条记目录缀合 5 组：北敦 9131 号+北敦 15589 号，北敦 5452 号+北敦 5451 号，北敦 8939 号、北敦 8937 号、北敦 8931 号、北敦 8933 号，北敦 1178 号+北敦 1169 号，北敦 11535 号+北敦 11516 号+北敦 11528 号+北敦 11527 号；《孟录》缀合 1 组：俄敦

---

*该经虽记为"帛尸梨蜜多罗译"，实为伪经，伍小劼已有详细考论（详见伍小劼《〈大灌顶经〉研究——以〈灌顶拔除过罪生死得度经〉为中心》，上海师范大学博士学位论文，2010 年）。本文部分缀合组目曾发布于微信公众号"写本文献学微刊"（张涌泉、罗慕君：敦煌《佛顶尊胜陀罗尼经》《药师经》残卷缀合总目，2018—01—07 20:34）。

① 为避免繁琐，本文常用书目或网站皆用简称，其中《中田录》指《北京图书馆藏敦煌遗书总目录》（中田笃郎编，朋友书店，1989 年）；《国图》指《国家图书馆藏敦煌遗书》（全 146 册）（中国国家图书馆编，任继愈主编，北京图书馆出版社，2005—2013 年）；《孟录》指《俄藏敦煌汉文写卷叙录》（全 2 册）（孟列夫主编，袁席箴、陈华平译，上海古籍出版社，1999 年）；《俄藏》指《俄藏敦煌文献》（全 17 册）（俄罗斯科学院东方研究所圣彼得堡分所、俄

2016 号+俄敦 2034 号+俄敦 2294 号；《俄藏》缀合 3 组：俄敦 7078 号、俄敦 7097 号，俄敦 2016 号+俄敦 2034 号，俄敦 3464 号、俄敦 3551 号、俄敦 3559 号；张炎缀合 6 组：俄敦 2651 号+斯 10217 号，俄敦 10780 号+俄敦 11981 号+俄敦 10781 号 2，俄敦 5971 号（E…C+H…F…B+A…G）[①]+俄敦 5929 号+俄敦 5971 号D+俄敦 913 号+北敦 11514 号+北敦 8944 号+北敦 11515 号+北敦 8943 号+北敦 11517 号+北敦 12091 号+北敦 12143 号+北敦 12151 号+北敦 12152 号+北敦 11115 号+北敦 11535 号+北敦 11516 号+北敦 11528 号+北敦 11527 号+北敦 12213 号，斯 8795 号…斯 8797 号+斯 8796 号…斯 8794 号…俄敦 10783 号+俄敦 5132 号…俄敦 2016 号+俄敦 2034 号+俄敦 2294 号+俄敦 3724 号A，俄敦 2524 号+俄敦 16248 号（此组苏思远文亦缀合），俄敦 8981 号+俄敦 3464 号C+俄敦 3276 号B+俄敦 3464 号B（卷号标法及缀合标题中的卷号顺序稍有不妥）；[②]苏思远缀合 7 组：北敦 3407 号+俄敦 5558 号，俄敦 5971 号+俄敦 5978 号+俄敦 5987 号+俄敦 5989 号+俄敦 5994 号+俄敦 5995 号+俄敦 5998 号，俄敦 8337 号+俄敦 15790 号，俄敦 10781 号 1…俄敦 10780 号+俄敦 10781 号 2，俄敦 14776 号+俄敦 11322 号，俄敦 2524 号+俄敦 16248 号，俄敦 913 号+北敦 11514 号+北敦 8944 号+北敦 11515 号+北敦 8943 号+北敦 11517 号…北敦 12143 号+北敦 12091 号…北敦 11115 号+北敦 11535 号+北敦 11516 号+北敦 11528 号+北敦 11527 号；[③]邰惠莉缀合 1 组：俄敦 18846 号…俄敦 18840 号。[④]

本次补缀 1 组、新缀 23 组，共计将 57 号缀合为 24 组，依次介绍如下：

罗斯科学出版社东方文学部、上海古籍出版社编，孟列夫、钱伯城主编，上海古籍出版社，1992—2001 年）；《翟录》指 *Descriptive Catalogue of the Chinese Manuscripts from Tunhuang in the British Museum*（Lionel Giles. London: The Trustees of the British Museum，1957）；《秘笈》指《敦煌秘笈》（全 9 册）（日本武田科学振兴财团影印杏雨书屋藏（原羽田亨藏）敦煌文献，武田科学振兴财团，2009—2013 年）；IDP 指国际敦煌项目网站：http://idp.bl.uk/；《英图》指《英国国家图书馆藏敦煌遗书》（方广锠、吴芳思主编，广西师范大学出版社，2011 年起陆续出版）；《方录》指《英国图书馆藏敦煌遗书目录（斯 6981 号—斯 8400 号）》（方广锠，宗教文化出版社，2000 年）；《法藏》指《法藏敦煌西域文献》（全 34 册）（上海古籍出版社、法国国家图书馆编，上海古籍出版社，1995—2005 年）；《宝藏》指《敦煌宝藏》（全 140 册）（黄永武主编，新文丰出版公司，1981—1986 年）；《津艺》指《天津市艺术博物馆藏敦煌文献》（全 7 册）（上海古籍出版社、天津市艺术博物馆编，上海古籍出版社，1996—1997 年）；《甘藏》指《甘肃藏敦煌文献》（全 6 册）（甘肃藏敦煌文献编委会、甘肃人民出版社、甘肃省文物局，段文杰主编，甘肃人民出版社，1999 年）。又，本文缀合组目卷号间用"＋"连接表示二号可以直接缀合，用"…"连接表示二号难以完全缀合，用"、"连接表示原属同卷但相对位置未明确。

① 张炎卷号标法有误，应为"俄敦 5971 号、俄敦 5978 号、俄敦 5987 号、俄敦 5989 号、俄敦 5994 号、俄敦 5995 号、俄敦 5998 号"。

② 张炎《俄藏敦煌本〈灌顶拔除过罪生死得度经〉残卷缀合研究》，《古籍研究》2017 年第 1 期，第 178—191 页。

③ 苏思远《俄藏敦煌文献佛教疑伪经叙录》，西南大学硕士学位论文，2011 年。

④ 邰惠莉《〈俄藏敦煌文献〉第 17 册部分写经残片的定名与缀合》，《敦煌研究》2007 年第 2 期，第 99—103 页。

一、北敦 1414 号＋北敦 1397 号

（1）北敦 1414 号（北 7470；寒 14），见《国图》21/52B–54B。^①卷轴装，3 纸。后部如图 1 右部所示，前略残后残，存 82 行（首纸 26 行，第 2—3 纸各 28 行），行约 17 字。首题"佛说灌顶拔除过罪生死得度经"。楷书。有乌丝栏。卷面有规则污渍。《国图》条记目录称原卷纸高 25.6 厘米，为 7—8 世纪唐写本。

（2）北敦 1397 号（北 7498；张 97），见《国图》20/415A–419B。卷轴装，7 纸。前部如图 1 左部所示，前后皆缺，存 196 行（诸纸各 28 行），行约 17 字。原卷无题，《国图》拟题"灌顶章句拔除过罪生死得度经"。《国图》条记目录称原卷纸高 25.7 厘米，为 7—8 世纪唐写本，与《大正藏》本对照，缺 T21/533C4–533C7 部分文字。^②

按：上揭二号皆为《佛说灌顶拔除过罪生死得度经》残卷，二号内容于"皆大布/施"句前后相接，中无缺字，存有缀合的可能性。^③二号接缝处皆为失黏所致的脱落，边缘整齐，横向乌丝栏亦可对接；二号卷面皆有污渍，这些污渍形状雷同，循环出现，大小、间隔渐次缩小，接缝处污渍边缘衔接自然。比较二号共有的"愿""巍""所""众""为""瑠""长""解""本"等字，如表 1 所示，字迹书风似同。又二号纸高皆约 25.6 厘米，行款格式相同（天头地脚等高，皆有乌丝栏，前号第 2—3 纸与后号诸纸每纸皆 28 行，满行皆约 17 字，行距、字距、字体大小相近）。由此推测二号可以缀合。二号缀合后，所存内容参见《大正藏》T21/532B7–535C10。

---

① "《国图》21/52B–54B"指图版见于《国图》第 21 册第 52 页下栏至第 54 页下栏。"A、B"分别表示"上、下"栏。下同。

② "T21/533C4–533C7"指存文对应《大正藏》第 21 卷 533 页下栏第 4 行至 533 页下栏第 7 行。"A、B、C"分别表示"上、中、下"栏。下同。

③ 本文引经文以"/"表示两号边缘，"▨"表示残字，"□"表示缺字，"▨""□"后跟"（ ）"表示补入残字或缺字。

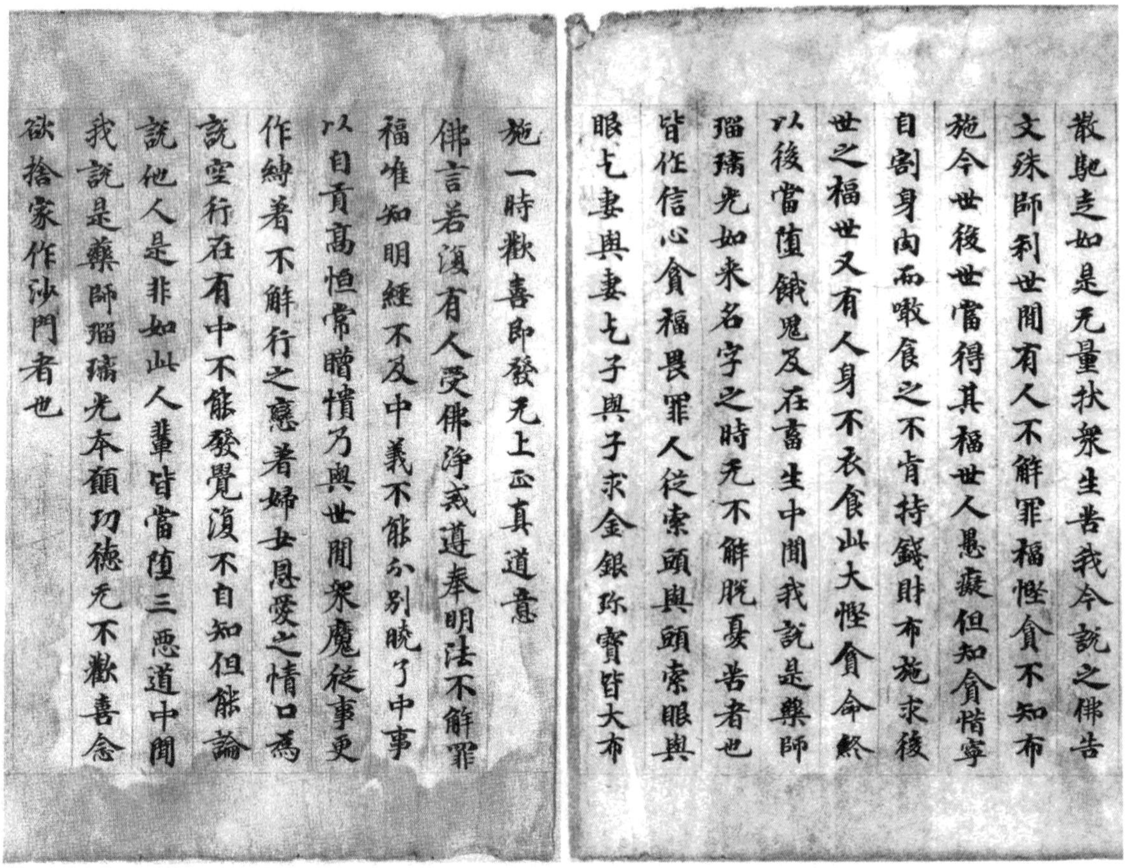

北敦 1397 号（前部）

北敦 1414 号（后部）

图 1　北敦 1414 号（后部）＋北敦 1397 号（前部）缀合图①

表 1　北敦 1414 号、北敦 1397 号字迹比较表

卷号 ＼ 例字	愿	巍	所	众	为	瑠	长	解	本
北敦 1414 号	願	魏	所	眾	為	瑠	長	觲	本
北敦 1397 号	願	魏	所	眾	為	瑠	長	解	本

①本文缀合图版在缀接处保留缝隙以示残卷边缘，或通过设置颜色深浅来区分不同的残片。

二、斯 12543 号+北敦 14465 号

（1）斯 12543 号，见 IDP。卷轴装残片。如图 2 右侧所示，前后皆残，右下缺，存 17 行，行存 7—17 字。楷书。有乌丝栏。原卷首题"佛说灌顶章句拔除过▢▢▢▢▢（罪生死得度经）"，写卷整体右下部残损，第 3—4 行上部、9—10 行中部、11—12 行中下部、末行中部各有一个破洞，残损数字。所存内容起"闻如是"，止于"十恒河沙有佛名曰药师琉璃光如来"句的"有"字。

（2）北敦 14465 号，见《国图》127/370A–377B。卷轴装，13 纸。前部如图 2 左侧所示，前残尾全，存 325 行（首纸 9 行，中 11 纸皆 28 行，末纸 8 行；首纸第 1—9 行中下部残损，末纸倒数第 2 行空白无字），行 17 字。楷书。有乌丝栏。卷面上部及底部有规则污渍。尾题"药师经一卷"，《国图》拟题"灌顶章句拔除过罪生死得度经"。

按：上揭二号皆为《佛说灌顶拔除过罪生死得度经》残卷，二号内容于"有/佛名曰药师琉璃光如来无▢▢▢▢▢（所着至真等正）/觉明行足善逝世间解无▢▢▢▢▢（上士调御丈夫）/天人师佛世尊"句前后相接，中无缺字，存有缀合的可能性。二号接缝处皆为失黏所致脱落，边缘整齐。比较二号共有的"无""天""人""佛""愿""十""世"等字，如表 2 所示，字迹书风似同。又二号行款格式相同（满行皆约 17 字，行距、字距、字体大小相近）。由此推测二号可以缀合。二号缀合后，如图 2 所示，所存内容参见《大正藏》T21/532B12–536A13。

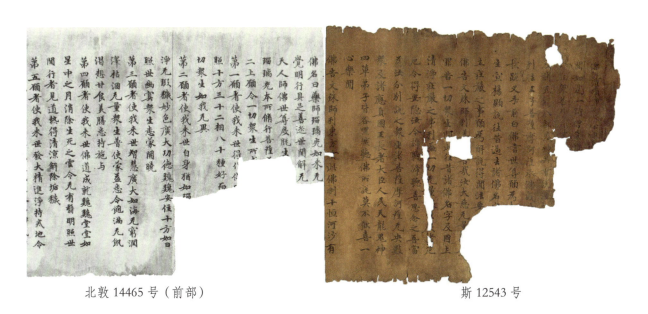

北敦 14465 号（前部）　　　　　　　　　　　　　斯 12543 号

图 2　斯 12543 号+北敦 14465 号（前部）缀合图

表 2　斯 12543 号、北敦 14465 号字迹比较表

例字／卷号	无	天	人	佛	愿	十	世
斯 12543 号	无	天	人	佛	顚	千	世
北敦 14465 号	无	天	人	佛	顚	十	世

三、斯 3196 号＋斯 3186 号

（1）斯 3196 号（翟 3542），见《宝藏》26/490B–491B。卷轴装，2 纸。后部如图 3 右部所示，前后皆残，存 46 行，行约 17 字。原卷无题，《翟录》已考定为《佛说灌顶拔除过罪生死得度经》，并称其纸色黄[《翟录》97]。

（2）斯 3186 号（翟 3541），见《宝藏》26/449A–455B。卷轴装，14 纸。前部如图 3 左部所示，前后皆残，存 266 行，行约 17 字。原卷无题，《翟录》已考定为《佛说灌顶拔除过罪生死得度经》，并称其纸色黄[《翟录》97]。

按：上揭二号皆为《灌顶拔除过罪生死得度经》残卷，二号内容于"回向／菩提八正觉路"句前后相接，中无缺字，存有缀合的可能性。二号接缝处皆为失黏所致脱落，边缘整齐。比较二号共有的"苐""愿""者""使""我""来""世""无""得"等字，如表 3 所示，字迹书风似同。又二号行款格式相同（满行皆约 17 字，行距、字距、字体大小相近）。由此推测二号可以缀合。二号缀合后，所存内容参见《大正藏》T21/532B12–536A13。

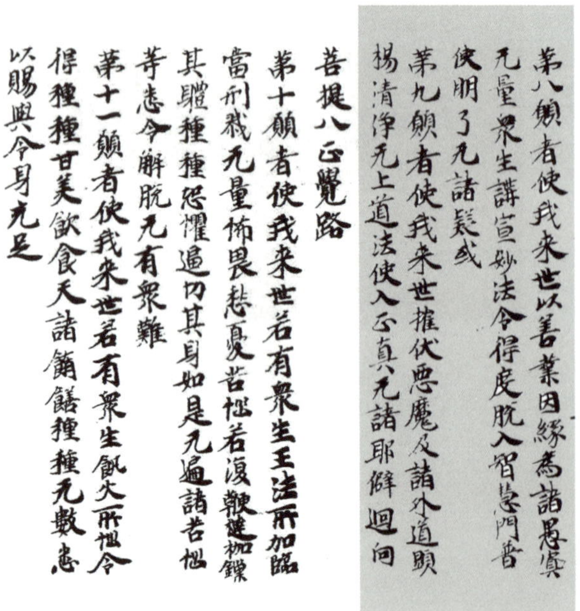

以賜與令身充足
得種種甘美飲食天諸餚饍種種无數恵
苐十一願者使我来世若有衆生飢火所惱令
等悉令解脱无有衆難
其軀體種種怨懼遍切其身如是无邊諸苦惱
富刑戮无量怖畏悲憂苦惱若復鞭撻枷鎖
苐十願者使我来世若有衆生王法所加臨
菩提八正覺路

使入正真无諸邪解迴向
揚清淨无上道法
苐九願者使我来世摧伏惡魔及諸外道顕
使明了无諸疑或
无量衆生講宣妙法令得度脱入智慧門普
苐八願者使我来世以善業因縁為諸愚冥

图 3　斯 3196 号（后部）＋斯 3186 号（前部）缀合图

斯 3186 号（前部）　　斯 3196 号（后部）

表3　斯3196号、斯3186号字迹比较表

卷号＼例字	第	愿	者	使	我	来	世	无	得
斯3196号	第	頳	者	使	我	来	世	无	得
斯3186号	第	願	者	使	我	来	世	兂	得

四、北敦5843号+羽235号

（1）北敦5843号（北7476；菜43），见《国图》78/327B–334B。卷轴装，11纸。后部如图4右部所示，前残后缺，存303行（首纸23行，其后诸纸各28行；首15行下残），行约17字。楷书。有乌丝栏。卷面有规则污渍。原卷无题，《国图》拟题"灌顶章句拔除过罪生死得度经"。《国图》条记目录称原卷经黄纸，纸高25.6厘米，为7—8世纪唐写本。

（2）羽235号，见《秘笈》3/457–458。卷轴装，2纸。前部如图4左部所示，前缺尾全，存29行（前纸28行，后纸1行尾题），行约17字。尾题"药师经"。楷书。有乌丝栏。卷面有规则污渍。《秘笈》拟题"佛说灌顶拔除过罪生死得度经卷第十二"。《秘笈》叙录称原卷麻纸，纸高25.1厘米，纸色黄橡，有染^{《秘笈》3/456}。

按：上揭二号皆为《灌顶拔除过罪生死得度经》残卷，二号内容于"乃/至三七日"句前后相接（此处文字与藏经本略相异），中无缺字，存有缀合的可能性。二号接缝处皆为失黏所致脱落，边缘整齐，横向乌丝栏亦可对接。二号卷面底部皆有污渍，这些污渍形状雷同，循环出现，大小、间隔渐次缩小，接缝处污渍边缘衔接自然。二号皆用经黄纸。比较二号共有的"菩""萨""世""其""七""日""乃""者""是"等字，如表4所示，字迹书风似同。又二号行款格式相同（满行皆约17字，行距、字距、字体大小相近）。由此推测二号可以缀合。二号缀合后，所存内容参见《大正藏》T21/532B14–536B5。

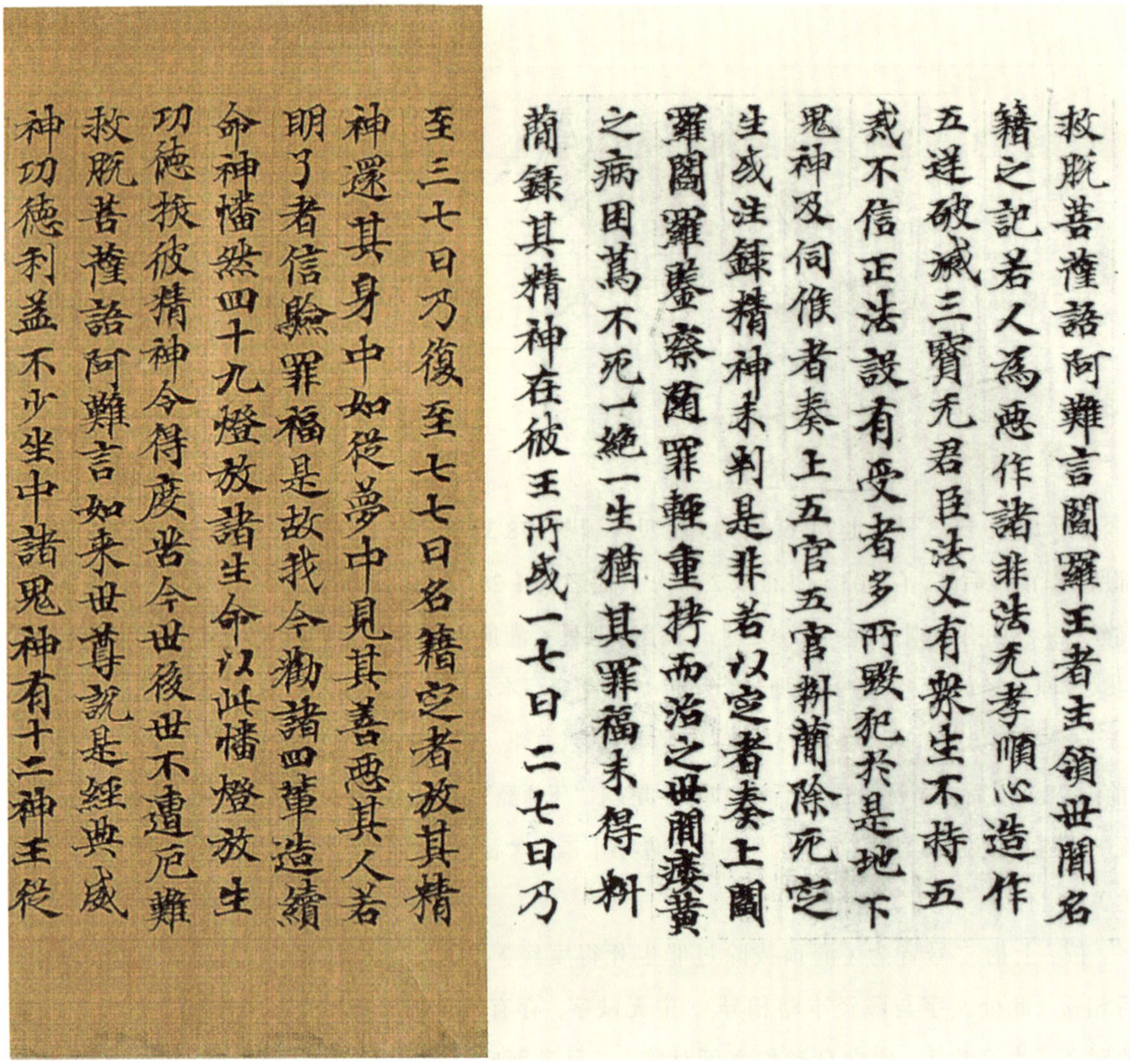

救脱菩薩語阿難言閻羅王者主領世間名
籍之記若人為惡作諸非法无孝順心造作
五逆破滅三寶无君臣法又有衆生不持五
戒不信正法設有受者多所毀犯於是地下
冥神及伺候者奏上五官五官料簡除死定
生成注錄精神未判是非若以定者奏上閻
羅閻羅鑒察隨罪輕重拷而治之世間漢黄
之病困篤不死一絕一生猶其罪福未得料
蘭錄其精神在彼王所或一七日二七日乃

至三七日乃後至七七日名籍定者放其精
神遻其身中如從夢中見其善惡其人若
明了者信驗罪福是故我今勸諸四衆造續
命神幡然四十九燈放諸生命以此幡燈放生
功德抜彼精神令得度苦令世後世不遭厄難
救脱菩薩語阿難言如來世尊說是經典威
神功德利益不少坐中諸鬼神有十二神王役

羽 235 号（前部）　　　　　　北敦 5843 号（后部）

图 4　北敦 5843 号（后部）+ 羽 235 号（前部）缀合图

表 4　北敦 5843 号、羽 235 号字迹比较表

例字　　卷号	菩	萨	世	其	七	日	乃	者	是
北敦 5843 号	菩	薩	世	其	七	日	乃	者	是
羽 235 号	菩	薩	世	其	七	日	乃	者	是

五、北敦 11453 号 + 北敦 848 号

（1）北敦 11453 号（北临 1582），见《国图》109/212A。卷轴装，2 纸。如图 5 右部所示，存 24 行（前纸 23 行，后纸 1 行；首行仅存中部 6 字左侧残笔，前 20 行残损严重，末行仅存中下部 8 字右侧残笔），行约 17 字。楷书。有乌丝栏。原卷无题，《国图》拟题"灌顶章句拔除过罪生死得度经"。《国图》条记目录称原卷纸高 25 厘米，为 7—8 世纪唐写本。

（2）北敦 848 号（北 7483；盈 48），见《国图》12/122B–129A。卷轴装，11 纸。前部如图 5 左部所示，前残尾全，存 304 行（前 10 纸各 29 行，末纸 14 行；首行中下部 8 字右侧残损），行约 17 字。尾题"佛说药师经"。楷书。有乌丝栏。《国图》拟题"灌顶章句拔除过罪生死得度经"。《国图》条记目录称原卷纸高 25 厘米，为 7—8 世纪唐写本。

按：上揭二号内容前后相承，可以缀合。缀合后如图 5 所示，接缝处边缘吻合，原本分属二号的"来""广大如海无穷润"八字皆得成完璧，横纵乌丝栏亦可对接。又二号纸高皆为 25 厘米，行款格式相同（天头地脚等高，皆有乌丝栏，满行皆约 17 字，行距、字距、字体大小相近），字迹书风似同（比较二号共有的"茅""愿""者""使""我""来""世""悉""蒙"等字），可资参证。二号缀合后，所存内容参见《大正藏》T21/532B15–536B5。

北敦 848 号（前部）　　　　　　　　　　北敦 11453 号

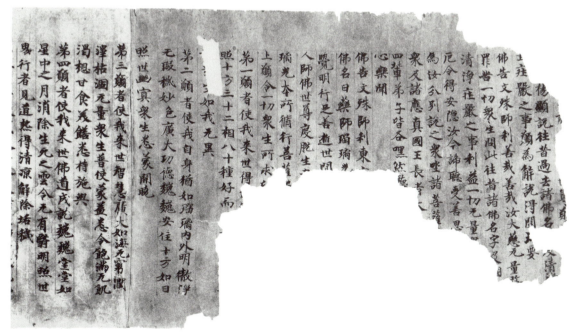

图 5　北敦 11453 号 + 北敦 848 号（前部）缀合图

六、北敦 6674 号+北敦 6734 号+北敦 6477 号

（1）北敦 6674 号（北 7479；鳞 74），见《国图》92/134A–136B。卷轴装，5 纸。后部如图 6-1 右部所示，前后皆残，存 122 行（首纸 19 行，中 3 纸各 28 行，末纸 19 行；首 15 行下残，末 2 行上残），行约 17 字。楷书。有乌丝栏。原卷无题，《国图》拟题"灌顶章句拔除过罪生死得度经"。《国图》条记目录称原卷纸高 25.8 厘米，为 8 世纪唐写本。

（2）北敦 6734 号（北 7501；潜 34），见《国图》93/80A–82A。卷轴装，5 纸。前部如图 6-1 左部所示，后部如图 6-2 右部所示，前后皆残，存 101 行（首纸 11 行，中 3 纸各 28 行，末纸 6 行；首 2 行下残，末行仅存上部 5 字右侧残笔），行 17 字。楷书。有乌丝栏。原卷无题，《国图》拟题"灌顶章句拔除过罪生死得度经"。《国图》条记目录称原卷纸高 25.9 厘米，为 7-8 世纪唐写本。

（3）北敦 6477 号（北 7519；河 77），见《国图》88/28B–31A。卷轴装，4 纸。前部如图 6-2 左部所示，前残尾全，存 105 行（首纸 23 行，中 2 纸各 28 行，末纸 26 行；首行上部 5 字右侧残损），行约 17 字。尾题"佛说药师经"。楷书。有乌丝栏。《国图》拟题"灌顶章句拔除过罪生死得度经"。《国图》条记目录称原卷纸高 25.9 厘米，为 8 世纪唐写本。

按：上揭三号内容前后相承，可以缀合。前二号缀合后如图 6-1 所示，接缝处原本分属二号的"以好素帛书取是经五色杂""神""部常（当）"十四字皆得复合为一；后二号缀合后如图 6-2 所示，接缝处原本分属二号的"师利若有善"五字皆得成完璧。诸相邻二号接缝处边缘吻合，横纵乌丝栏亦可对接。又三号纸高皆约 25.9 厘米，行款格式相同（天头地脚等高，皆有乌丝栏，满行皆约 17 字，行距、字距、字体大小相近），字迹书风似同（比较三号共有的"佛""我""说""药""师""瑠""璃""光"等字），可资参证。三号缀合后，所存内容参见《大正藏》T21/532B17–536B5。

北敦 6734 号（前部） 北敦 6674 号（后部）

图 6-1　北敦 6674 号（后部）+北敦 6734 号（前部）缀合图

北敦 6477 号（前部） 北敦 6734 号（后部）

图 6-2　北敦 6734 号（后部）+北敦 6477 号（前部）缀合图

七、北敦 6690 号 + 北敦 6672 号

（1）北敦 6690 号（北 7481；鳞 90），见《国图》92/237A–241A。卷轴装，6 纸。后部如图 7 右部所示，前后皆残，存 156 行（首纸 16 行，其余诸纸各 28 行；首 16 行下残），行约 17 字。楷书。有乌丝栏。卷面有规则污渍。原卷无题，《国图》拟题"灌顶章句拔除过罪生死得度经"。《国图》条记目录称原卷经黄打纸，纸高 26.3 厘米，为 7—8 世纪唐写本。

（2）北敦 6672 号（北 7509；鳞 72），见《国图》92/121B–125B。卷轴装，6 纸。前部如图 7 左部所示，前残尾全，存 163 行（前 5 纸各 28 行，末纸 23 行），行约 17 字。尾题"佛说药师经"。楷书。有乌丝栏。卷面有规则污渍。《国图》拟题"灌顶章句拔除过罪生死得度经"。《国图》条记目录称原卷经黄打纸，纸高 26.3 厘米，为 7—8 世纪唐写本。

按：上揭二号内容于"复闻我说瑠璃光/佛"句前后相接，中无缺字，存有缀合的可能性。二号接缝处皆为失粘所致脱落，边缘吻合，横向乌丝栏亦可对接。二号卷面上部与底部皆有污渍，这些污渍形状雷同，循环出现，大小、间隔渐次缩小，接缝处污渍边缘衔接自然。二号皆用经黄打纸。比较二号共有的"佛""告""文""殊""琉""璃""光"等字，如表 5 所示，字迹书风似同。又二号行款格式相同（天头地脚等高，满行皆约 17 字，行距、字距、字体大小相近）。由此推测二号可以缀合。二号缀合后，所存内容参见《大正藏》T21/532B21–536B5。

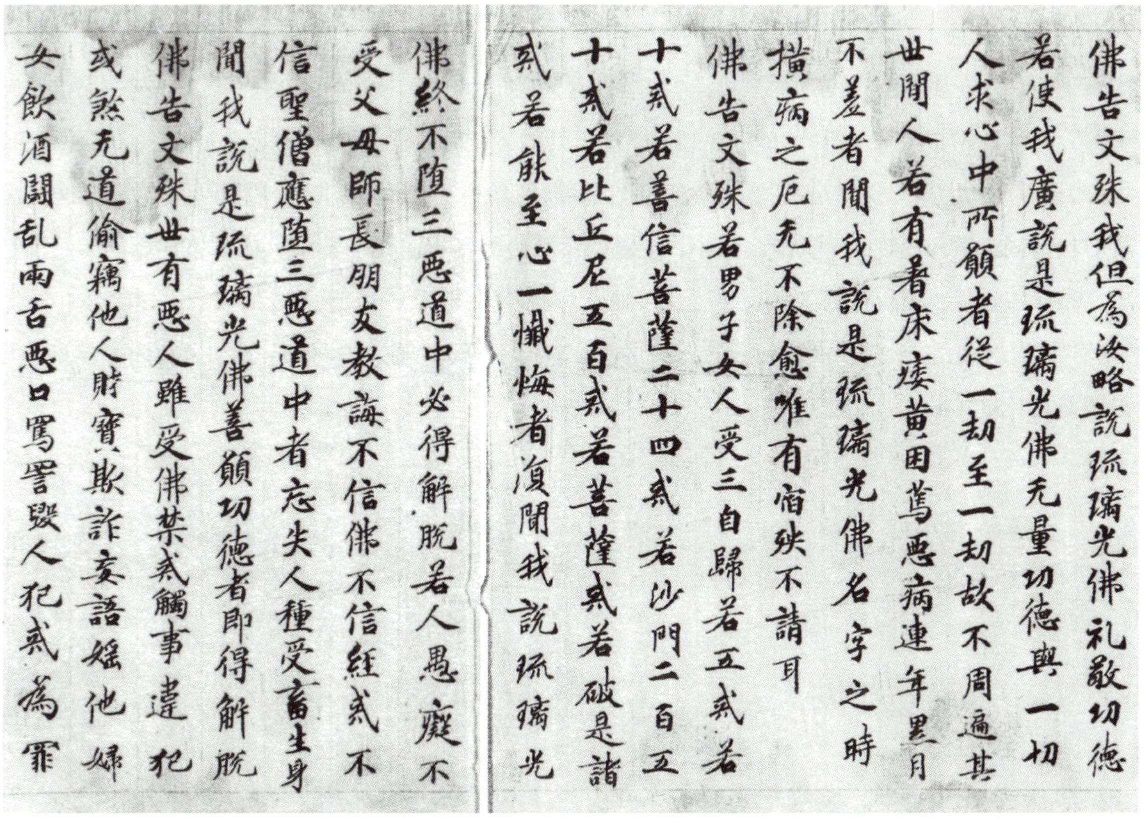

北敦 6672 号（前部）　　　　　　　　　　　　　　　　北敦 6690 号（后部）

图 7　北敦 6690 号（后部）+ 北敦 6672 号（前部）缀合图

表 5 北敦 6690 号、北敦 6672 号字迹比较表

例字 卷号	佛	告	文	殊	琉	璃	光
北敦 6690 号	佛	告	文	殊	琉	璃	光
北敦 6672 号	佛	告	文	殊	琉	璃	光

八、北敦 9130 号＋北敦 11926 号

（1）北敦 9130 号（陶 51），见《国图》105/30B-31A。卷轴装，1 纸。如图 8 左上部所示，存 25 行（首 19 行下残），行约 17 字。楷书。有乌丝栏。卷面有规则污渍。原卷无题，《国图》拟题"灌顶章句拔除过罪生死得度经"。《国图》条记目录称原卷纸高 26.5 厘米，为 7—8 世纪唐写本。

（2）北敦 11926 号（北临 2055），见《国图》110/154B。卷轴装残片。如图 8 右下部所示，存 19 残行（第 2、8 残行空白无字），行存下部 0—8 字。楷书。有乌丝栏。卷面有规则污渍。原卷无题，《国图》拟题"灌顶章句拔除过罪生死得度经"。《国图》条记目录称此卷为 7—8 世纪唐写本。

按：据完整文本推算，后号满行亦约 17 字。二号内容前后相承，可以缀合。缀合后如图 8 所示，后号恰可补入前号右下角，接缝处边缘吻合，缀合后第 1、3、7、9—12、14—16、18、19 行接缝处原本分属二号的"好""犹""蒙""道""云""解""大""道""有""得""界""疾病"十三字皆得成完璧，第 4—6、13、17 行接缝处内容前后相接，依次为"功德/巍巍""悉蒙开/晓""智慧/广大""令无缺/犯""悉令/具足"，横纵乌丝栏亦可对接。二号卷面皆有污渍，这些污渍形状雷同，循环出现，间隔渐次缩小，接缝处污渍边缘衔接自然。又二号行款格式相同（地脚等高，皆有乌丝栏，满行皆约 17 字，行距、字距、字体大小相近），字迹书风似同（比较二号共有的"十""方""如""广""大""如""悉""无""令"等字），可资参证。二号缀合后，所存内容参见《大正藏》T21/532C4-532C28。

北敦 9130 号

北敦 11926 号

图 8　北敦 9130 号＋北敦 11926 号缀合图

九、北敦 11869 号+北敦 8938 号

（1）北敦 11869 号（北临 1998），见《国图》110/121B。卷轴装残片。如图 9 右下部所示，存 22 残行（第 3、9、15、18、21 残行空白无字），行存下部 0—8 字。楷书。有乌丝栏。卷面有规则污渍。原卷无题，《国图》拟题"灌顶章句拔除过罪生死得度经"。《国图》条记目录称此卷为 7 ｜ 8 世纪唐写本。

（2）北敦 8938 号（有 59），见《国图》104/265A。卷轴装残片。如图 9 左上部所示，存 21 行（首 19 行下残），行约 17 字。楷书。有乌丝栏。卷面有规则污渍。原卷无题，《国图》拟题"灌顶章句拔除过罪生死得度经"。《国图》条记目录称此卷为 7—8 世纪唐写本。

按：据完整文本推算，前号满行亦约 17 字。二号内容前后相承，可以缀合。缀合后如图 9 所示，前号恰可补入后号右下角，接缝处边缘吻合，缀合后第 4、6、7、10—14、16、17、19、20、22 行接缝处原本分属二号的"成""除""精""众""语""具""若""☒（诸）""缘""慧""外道""回""临"十四字皆得复合为一，第 5、8 行接缝处内容前后相接，依次为"令/无有翳""令无缺犯/亦令一切戒行/具足"，中无缺字，横纵乌丝栏亦可对接。二号卷面皆有污渍，这些污渍形状雷同，循环出现，大小、间隔渐次缩小，接缝处污渍边缘衔接自然。又二号行款格式相同（地脚等高，皆有乌丝栏，满行皆约 17 字，行距、字距、字体大小相近），字迹书风相同（比较二号共有的"无""悉""令""如""有""世""秽""持""令""生""者""能"等字），可资参证。二号缀合后，所存内容参见《大正藏》T21/532C9–533A4。

北敦 8938 号

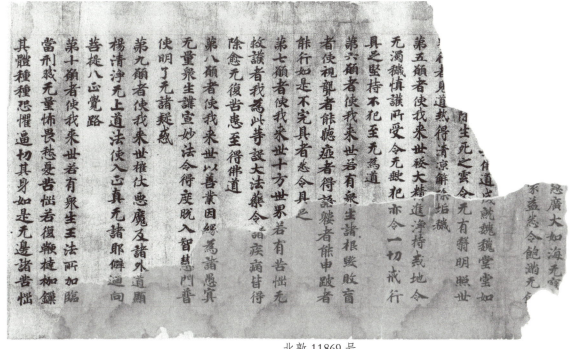

北敦 11869 号

图 9　北敦 11869 号+北敦 8938 号缀合图

十、北敦 1495 号+北敦 7959 号

（1）北敦 1495 号（北 7484；寒 95），见《国图》22/1A–7B。卷轴装，10 纸。后部如图 10 右部所示，前后皆残，存 277 行（首纸 25 行，其余诸纸各 28 行；首行上下残，第 2—3 行上残），行约 17 字。楷书。有乌丝栏。卷面有污渍。原卷无题，《国图》拟题“灌顶章句拔除过罪生死得度经”。《国图》条记目录称原卷纸高 25.7 厘米，为 7—8 世纪唐写本。

（2）北敦 7959 号（北 7526；文 59），见《国图》100/15A–16A。卷轴装，1 纸。前部如图 10 左部所示，前残尾全，存 24 行（首行上残），行约 17 字。尾题“药师经一卷”。楷书。有乌丝栏。卷面有污渍。《国图》拟题“灌顶章句拔除过罪生死得度经”。《国图》条记目录称原卷纸高 25.7 厘米，为 7—8 世纪唐写本。

按：上揭二号内容于“今世后世不遭厄难/▨▨（救脱）菩萨语阿难言”句前后相接，存有缀合的可能性。二号接缝处皆为失粘所致脱落，边缘大体整齐，横向下界栏亦可对接。二号卷面皆有污渍，接缝处污渍边缘衔接自然。二号纸高皆为 25.7 厘米。比较二号共有的“之”“世”“其”“得”“是”“故”“神”等字，如表 6 所示，字迹书风似同。又二号行款格式相同（天头地脚等高，满行皆约 17 字，行距、字距、字体大小相近），可资参证。二号缀合后，所存内容参见《大正藏》T21/532C10–536B5。

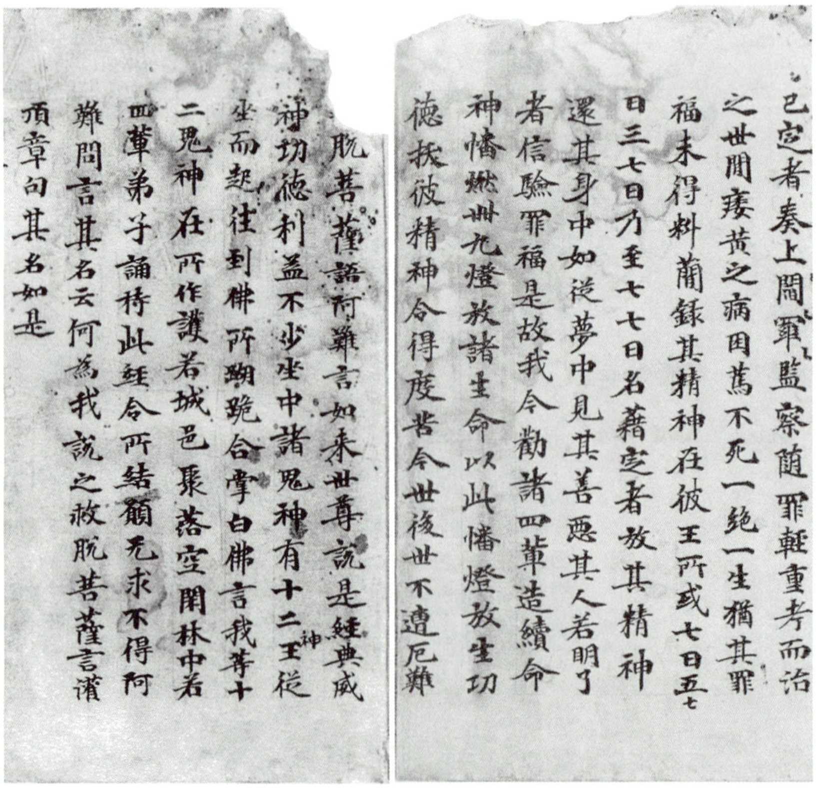
已定者奏上閻羅監察隨罪輕重考而治
之世間瘦黄之病因篤不死一絶一生猶其罪
福未得料簡錄其精神在彼王所或七日五七
日三七日乃至七七日名籍定者放其精神
還其身中如從夢中見其善惡其人若明了
者信驗罪福是故我今勸諸四輩造續命
神幡然卌九燈放諸生命以此幡燈放生功
德拔彼精神令得度苦今世後世不遭厄難
脫菩薩語阿難言如來世尊說是經典威
神功德利益不少坐中諸鬼神有十二神王從
坐而起往到佛所胡跪合掌白佛言我等十
二鬼神在所作護若城邑聚落空閑林中若
四輩弟子誦持此經令所結願无求不得阿
難問言其名云何為我說之救脫菩薩言濟
頂章句其名如是

北敦 7959 号（前部）　　北敦 1495 号（后部）

图 10　北敦 1495 号（后部）+北敦 7959 号（前部）缀合图

表 6　北敦 1495 号、北敦 7959 号字迹比较表

例字 卷号	之	世	其	得	是	而	神
北敦 1495 号	之	世	其	得	是	而	神
北敦 7959 号	之	世	其	得	是	而	神

十一、斯 8800 号+斯 13232 号⋯ 北敦 602 号+北敦 7790 号⋯俄弗 200 号

（1）斯 8800 号，见 IDP。残片。如图 11-1 右部所示，存 6 残行，行存中上部 9—14 字。所存内容起"第六愿者"，至"无复苦患至得佛道"止。楷书。卷面有规则污渍。原卷无题，IDP 未定名。

（2）斯 13232 号，见 IDP。残片。如图 11-1 右下角所示，仅存 7 个较完整的字及一些残笔。楷书。原卷无题，IDP 未定名。

（3）北敦 602 号（北 7493；日 2），见 IDP。卷轴装，5 纸。前部如图 11-1 左部所示，后部如图 11-2 右部所示，前后皆残，存 94 行（首纸 15 行，中 3 纸各 22 行，末纸 13 行；首 17 行下残），行约 17 字。楷书。卷面有规则污渍。原卷无题，《国图》拟题"灌顶拔除过罪生死得度经"。《国图》条记目录称原卷纸高 27.4 厘米，为 9—10 世纪归义军时期写本。

（4）北敦 7790 号（北 7504，始 90），见《国图》98/376A-377B。卷轴装，4 纸。前部如图 11-2 左部所示，后部如图 11-3 右部所示，前后皆残，存 64 行（首纸 9 行，中 2 纸各 22 行，末纸 11 行），行约 17 字。楷书。卷面有规则污渍。《国图》拟题"灌顶章句拔除过罪生死得度经"。《国图》条记目录称原卷纸高 27.3 厘米，为 9—10 世纪归义军时期写本。

（5）俄弗 200 号，见《俄藏》4/234B-235A。卷轴装，3 纸。前部如图 11-3 左部所示，前后皆残，存 34 行，行约 17 字。楷书。卷面有规则污渍。原卷无题，《俄藏》拟题"灌顶经卷第十二"。《孟录》称该卷为 9-11 世纪写本[《孟录》上/331]。

按：据残存文字推断，上揭五号皆为《佛说灌顶拔除过罪生死得度经》，且内容前后相承，可以缀合。除斯 8800 号与北敦 602 号、北敦 7790 号与俄弗 200 号不能直接缀合外，诸相邻二号接缝处及纸张贴合处皆边缘吻合，原本分属二号的"有""者得语"四字皆得复合为一，横纵乌丝栏亦可对接。又五号行款格式相同（满行皆约 17 字，行距、字距、字体大小相近），可资参证。比较斯 8800 号与北敦 602 号二号共有的"苐""愿""者""使""我""来""世"等字，如表 7-1 所示，字迹书风似同，由此推测二号可以缀合。

北敦 602 号、北敦 7790 号内容于"亦当礼敬瑠璃光佛/佛告文殊师利"句前后相接，中无缺字，

存有缀合的可能性。二号接缝处皆为失黏所致脱落，边缘整齐。前号末纸13行，后号首纸9行，二号拼接，合成一纸凡22行，正与前号中3纸、后号中2纸完整纸每纸22行的规格相合。二号纸高皆约27.3厘米。写卷卷面上部皆有污渍，这些污渍形状雷同，循环出现，大小、间隔渐次缩小，接缝处污渍边缘衔接自然。比较二号共有的"佛""药""师""琉""璃""光""若""得"等字，如表7-2所示，字迹书风似同。又二号行款格式相同（天头等高，满行皆约17字，行距、字距、字体大小相近），由此推测二号可以缀合。

北敦7790号与俄弗200号不能直接缀合，二号缀合后中缺约2行。此二号写卷卷面上部皆有污渍，这些污渍形状雷同，循环出现，大小、间隔渐次缩小。比较二号共有的"难""皆""念""佛""药""师""琉""璃""光""无""智""慧""长""阿"等字，如表7-3所示，字迹书风似同。又二号行款格式相同（天头等同，满行皆约17字，行距、字距、字体大小相近），由此推测二号可以缀合。上述诸号缀合后如图11-1至图11-3所示，所存内容参见《大正藏》T21/533A2-535A16。

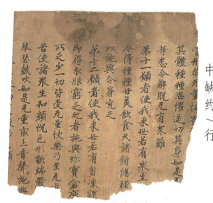

北敦602号（前部）　　斯8800号　斯13232号

图11-1　斯8800号＋斯13232号…

北敦602号（前部）缀合示意图

北敦7790号（前部）　　北敦602号（后部）

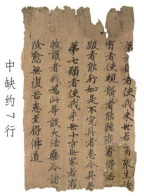

图11-2　北敦602号（后部）＋

北敦7790号（前部）缀合图

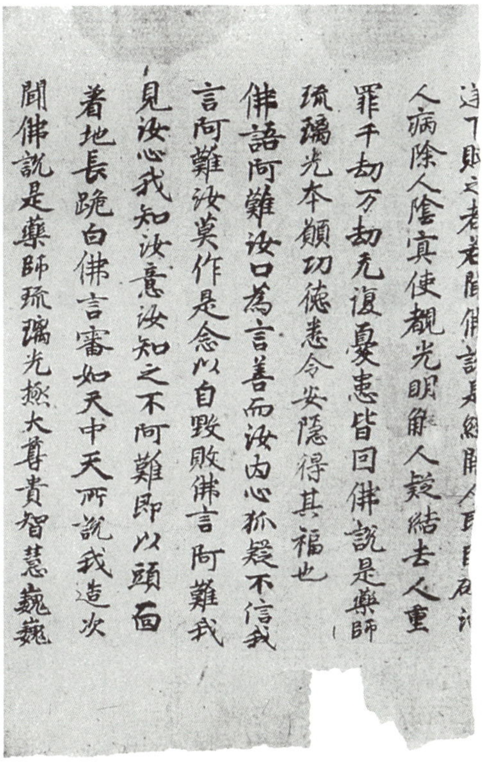

俄弗 200 号（前部）

中缺约 2 行

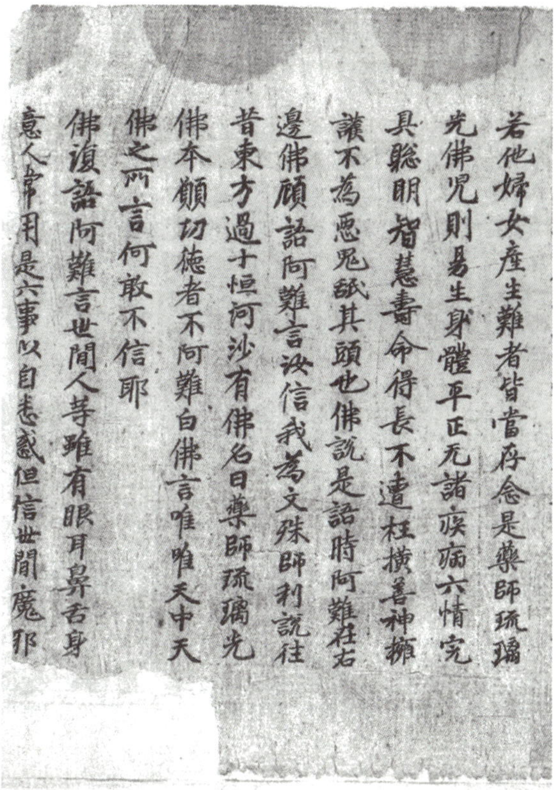

北敦 7790 号（后部）

图 11–3　北敦 7790 号（后部）…俄弗 200 号（前部）缀合示意图

表 7–1　斯 8800 号、北敦 602 号字迹比较表

例字 / 卷号	第	愿	者	使	我	来	世
斯 8800 号	苐	願	者	使	我	来	世
北敦 602 号	苐	願	者	使	我	来	世

表 7–2　北敦 602 号、北敦 7790 号字迹比较表

例字 / 卷号	佛	药	师	琉	璃	光	若	得
北敦 602 号	佛	藥	師	琉	璃	光	若	得
北敦 7790 号	佛	藥	師	琉	璃	光	若	得

表 7-3　北敦 7790 号、俄弗 200 号字迹比较表

例字 卷号	难	皆	念	佛	药	师	琉	璃	光	无	智	慧	长	阿
北敦 7790 号	難	皆	念	佛	藥	師	琉	璃	光	无	智	慧	長	阿
俄弗 200 号	雜難	皆	念	佛	藥	師	琉	璃	光	无	智	慧	長	阿

十二、北敦 2130 号 + 北敦 2103 号

（1）北敦 2130 号（北 7488；藏 30），见《国图》30/36A–38A。卷轴装，4 纸。后部如图 12 右部所示，前残后缺，存 94 行（首纸 10 行，其余诸纸各 28 行；首行仅存中部 4 字左侧残笔，第 2—3 行下残），行约 17 字。楷书。"世"字无末笔。有乌丝栏。卷面有污渍。原卷无题，《国图》拟题"灌顶章句拔除过罪生死得度经"。《国图》条记目录称原卷纸高 26.1 厘米，为 7—8 世纪唐写本。

（2）北敦 2103 号（北 7503；藏 3），见《国图》29/322A–326B。卷轴装，8 纸。前部如图 12 左部所示，前缺尾全，存 198 行（第 1—5、7 纸各 28 行，第 6 纸 26 行，第 8 纸 4 行），行约 17 字。尾题"佛说药师琉璃光经一卷"。楷书。"世"字无末笔。有乌丝栏。卷面有污渍。《国图》拟题"灌顶章句拔除过罪生死得度经"。《国图》条记目录称原卷纸高 26.1 厘米，为 7—8 世纪唐写本。

按：上揭二号内容于"求心中所愿者无不/获得"句前后相接，中无缺字，存有缀合的可能性。二号接缝处皆为失黏所致脱落，边缘整齐，横向乌丝栏亦可对接。二号卷面皆有污渍，接缝处污渍边缘衔接自然。二号纸高皆为 26.1 厘米。比较二号共有的"佛""师""药""瑠""璃""光""者""世"等字，如表 8 所示，字迹书风似同。又二号行款格式相同（天头地脚等高，满行皆约 17 字，行距、字距、字体大小相近）。由此推测二号可以缀合。二号缀合后，所存内容参见《大正藏》T21/532C26–536B5。

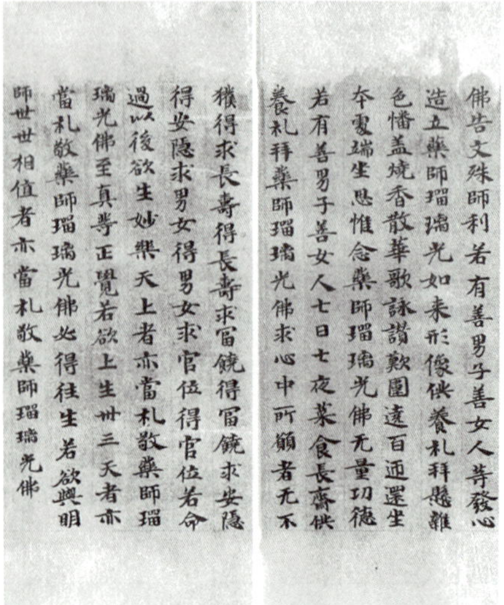

图 12　北敦 2130 号（后部）+ 北敦 2103 号（前部）缀合图

北敦 2103 号（前部）北敦 2130 号（后部）

表 8　北敦 2130 号、北敦 2103 号字迹比较表

例字 卷号	佛	师	药	瑠	璃	光	者	世
北敦 2130 号	佛	師	藥	瑠	璃	光	者	世
北敦 2103 号	佛	師	藥	瑠	瑞	光	者	世

十三、斯 2443 号+斯 10019 号

（1）斯 2443 号（翟 3552），见《英图》41/166A–170B。卷轴装，8 纸。前部如图 13 左上部所示，前残尾全，存 214 行（首纸 10 行，中 6 纸各 30 行，末纸 24 行；首 7 行下残），行约 20 字。尾题"药师经"。有乌丝栏。《英图》拟题为"灌顶章句拔除过罪生死得度经"。《英图》条记目录称此卷为 8 世纪唐写本。

（2）斯 10019 号，见IDP。残片。如图 13 右下部所示，存 7 残行，行存下部 3—9 字。有乌丝栏。原卷无题，IDP未定名。

按：上揭二号内容前后相承，可以缀合。缀合后如图 13 所示，后号恰可补入前号右下角，接缝处边缘吻合，缀后第 3、4、6、7 行原本分属二号的"☒（是）""妙""师""为地宫殿"七字皆得复合为一，第 5 行内容于"此药师琉璃光／本愿功德如是"句前后相承，横纵乌丝栏亦可对接。又二号行款格式相同（据完整文本推算，满行皆约 20 字，行距、字距、字体大小相近），字迹书风似同（比较二号共有的"众""生""琉""璃""光""如""量"等字），可资参证。二号缀合后，所存内容参见《大正藏》T21/533A9– 536B5。

斯 2443 号（前部）

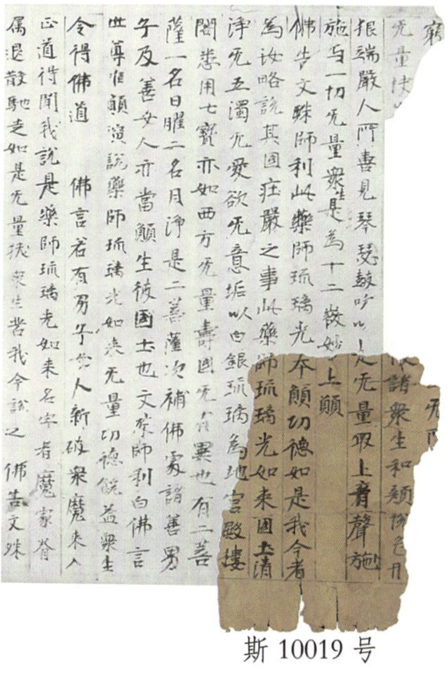

图 13　斯 2443 号（前部）+斯 10019 号缀合图

斯 10019 号

十四、斯 7562 号 + 伯 4666 号

（1）斯 7562 号，见《宝藏》55/234A–234B。卷轴装，2 纸。后部如图 14 右部所示，前后皆残，通卷下残，存 28 行（前纸 26 行，后纸 2 行；倒数第 2 行上部略残，末行仅存中部 5 字右侧残笔），行存中上部 5—17 字。楷书。有乌丝栏。原卷无题，《宝藏》拟题"药师瑠璃光如来本愿功德经"，《方录》拟题"灌顶拔除过罪生死得度经"，并判断此卷为唐写本《方录》160。

（2）伯 4666 号，见《法藏》33/64B。卷轴装残片。前部如图 14 左部所示，存 24 行（首行下残，第 2 行中部 5 字右侧残损，末 2 行下残），行约 17 字。楷书。有乌丝栏。原卷无题，《法藏》拟题"拔除过罪生死得度经"。

按：上揭二号内容前后相承，可以缀合。缀合后如图 14 所示，接缝处边缘吻合，横纵乌丝栏亦可对接。缀合后第 27 行内容于"虽知/明经不及中义"句前后相接，中无缺字；第 28 行接缝处原本分属二号的"惯乃与世间"五字皆得成完璧。又二号行款格式相同（皆有乌丝栏，满行皆约 17 字，行距、字距、字体大小相近），字迹书风似同（比较二号共有的"人""是""有""能""者""师""佛""光"等字），可资参证。二号缀合后，所存内容参见《大正藏》T21/533A10–533C2。

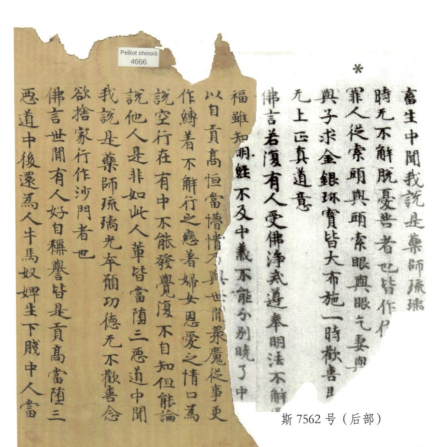

斯 7562 号（后部）

伯 4666 号（前部）

图 14　斯 7562 号（后部）+
伯 4666 号（前部）缀合图

十五、北敦 10286 号+北敦 4220 号+北敦 4039 号+北敦 3798 号

（1）北敦 10286 号（北临 415），见《国图》107/223B。残片。如图 15 右上部所示，存中上部 6 残行，行存 2—13 字。楷书，有乌丝栏。《国图》条记目录称原卷经黄纸，为 7—8 世纪唐写本。

（2）北敦 4220 号（玉 20），见《国图》57/74A–75B（《宝藏》106/487A–488B）。卷轴装，4 纸，纸高 25.5 厘米。前部如图 15 左部所示，首尾均残，存 72 行，行 17 字。经黄纸，首纸有横裂，第 2 纸下边有残损，有乌丝栏。《国图》条记目录称该卷楷书，为 7—8 世纪唐写本。

按：《中田录》已指出"北敦 4220 号+北敦 4039 号+北敦 3798 号"可缀，甚是。今谓北敦 10286 号与北敦 4220 号亦属同卷，可以缀合。前二号缀合后如图 15 所示，接缝处边缘吻合，横纵乌丝栏亦可对接。缀合后原本分属二号的"求""在""来"三字皆得成完璧。又二号行款格式相同（皆有乌丝栏，满行皆约 17 字，行距、字距、字体大小相近），字迹书风近同，可资参证。四号缀合后，所存内容参见《大正藏》T21/533A26–536A5。

北敦 4220 号（前部）　　　　　　　　　　北敦 10286 号

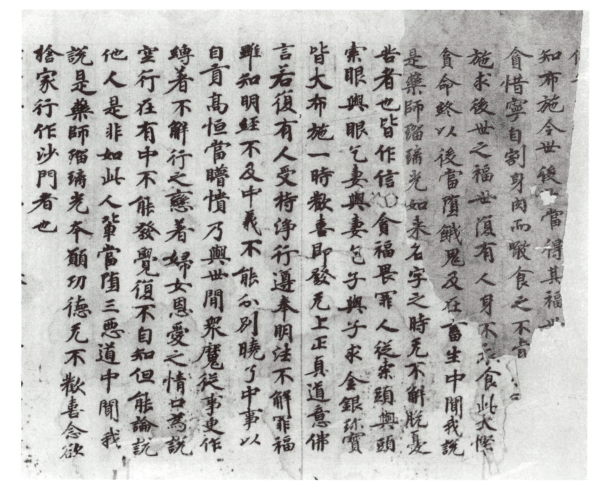

图 15　北敦 10286 号+北敦 4220 号（前部）缀合图

十六、斯 8799 号+斯 10246 号+斯 2541 号+斯 9881 号

（1）斯 8799 号，见 IDP。残片。如图 16 右上部所示，存 8 残行，行存上部 3—9 字。所存内容起"不肯持钱财布施求后世之福"句"求"字，至"虽知明经不及中义"句"经"字上部残笔止。楷书。有乌丝栏。原卷无题，IDP 未定名。

（2）斯 10246 号，见 IDP。残片。如图 16 右下部所示，存 12 残行（末行空白无字），行存下部 0—8 字。所存内容起"当堕饿鬼及在畜生中"句"鬼"字下部残笔，至"念欲舍家行作沙门者也"句"欲"字止。楷书。有乌丝栏。原卷无题，IDP 未定名。

（3）斯 2541 号，见《英图》44/1A–7A。前部如图 16 左上部所示，前残尾全，存 248 行，满行 17—19 字。纸张上部有连续规则污渍。楷书。有乌丝栏。原卷无题，《宝藏》定名为《药师琉璃光如来本愿功德经》。

斯 2541 号（前部）　　　　　　　　　　　　　　　　斯 8799 号

斯 9881 号　　　　　　　　　　　斯 10246 号

图 16　斯 8799 号+斯 10246 号+斯 2541 号（前部）+斯 9881 号缀合图

（4）斯 9881 号，见 IDP。残片。如图 16 中下部所示，存 7 残行，行存下部 2—5 字。所存内容起"当堕三恶道中"句"三"字，至"离诸魔缚"句"缚"字右部残笔止。楷书。有乌丝栏。原卷无题，IDP 未定名。

按：上揭四号内容前后相承，可以缀合，缀合后如图 16 所示，斯 8799 号第 2—8 行依次下接斯 10246 号 1—7 行，缀合后原本分属两号的"鬼""字"二字复合为一，第 2、3、4 行接痕处的内容也前后相接，纵向乌丝栏亦可对接，依次为"闻我说/是药师瑠璃光如来名/字之时""皆作信心贪福/畏罪"、"乞妻与妻乞/子与子"，中无缺字。第 5、6、7 行虽不直接相接，但每行中部留白高度与所缺字数亦相符，依次为"一时欢喜☑（即）/☐（发）/☑（无）上正真道意""佛言☑（若）复有☑☑☑☐（人受佛净戒）/☑（遵）奉明法不解罪福""☑☑（虽知）明/☑（经）不及中义不☑/（能）分别晓了中事"。斯 9881 号与斯 10246 号断裂处可以接合，横向乌丝栏可对接，分作两片的"三"字得成完璧。斯 2541 号右接斯 8799 号，下接斯 10246 号、斯 9881 号，诸相邻二号接缝处边缘吻合，横纵乌丝栏亦可对接，原本分属二号的"人受佛净""经""世""恩""不""三"九字皆得复合为一。又此四号行款格式相同（皆有乌丝栏，满行 17 字，行距、字距、字体大小相近），字迹书风似同（比较四号共有的"人""与"等字），可资参证。四号缀合后，所存内容参见《大正藏》T21/533A29–536A5。

十七、北敦 4627 号＋北敦 4507 号

（1）北敦 4627 号（北 7499；剑 27），见《国图》62/97A–100A。卷轴装，5 纸。后部如图 17 右部所示，前后皆残，存 130 行（首纸 22 行，其余诸纸各 27 行），行约 17 字。楷书。有乌丝栏。卷面有规则污渍。原卷无题，《国图》拟题"灌顶章句拔除过罪生死得度经"。《国图》条记目录称原卷纸高 26.6 厘米，为 8 世纪唐写本。

（2）北敦 4507 号（北 7518；岗 7），见《国图》60/335B–338B。卷轴装，5 纸。前部如图 17 左部所示，前残尾全，存 111 行（前 3 纸各 27 行，第 4 纸 20 行，末纸 10 行），行约 17 字。尾题"药师经"。楷书。有乌丝栏。卷面有规则污渍。《国图》拟题"灌顶章句拔除过罪生死得度经"。《国图》条记目录称原卷纸高 26.7 厘米，为 7—8 世纪唐写本。

按：上揭二号内容于"世尊佛说是药师瑠璃光如来/无量功德"句前后相接，中无缺字，存有缀合的可能性。二号接缝处皆为失黏所致脱落，边缘大体整齐，凹凸吻合。二号卷面上部与下部皆有污渍，这些污渍形状雷同，循环出现，大小、间隔渐次缩小，接缝处污渍边缘衔接自然。前号后 4 纸与后号前 3 纸每纸皆 27 行。二号纸高皆约 26.6 厘米。比较二号共有的"佛""言""药""师""瑠""璃""光""如""来"等字，如表 9 所示，字迹书风似同。又二号行款格式相同（天头地脚等高，满行皆约 17 字，行距、字距、字体大小相近）。由此推测二号可以缀合。缀合后所存内容参见《大正藏》T21/533B8–536B5。

表 9　北敦 4627 号、北敦 4507 号字迹比较表

例字 / 卷号	佛	言	药	师	瑠	璃	光	如	来
北敦 4627 号	佛	言	藥	師	瑠	璃	光	如	來
北敦 4507 号	佛	言	藥	師	瑠	璃	光	如	來

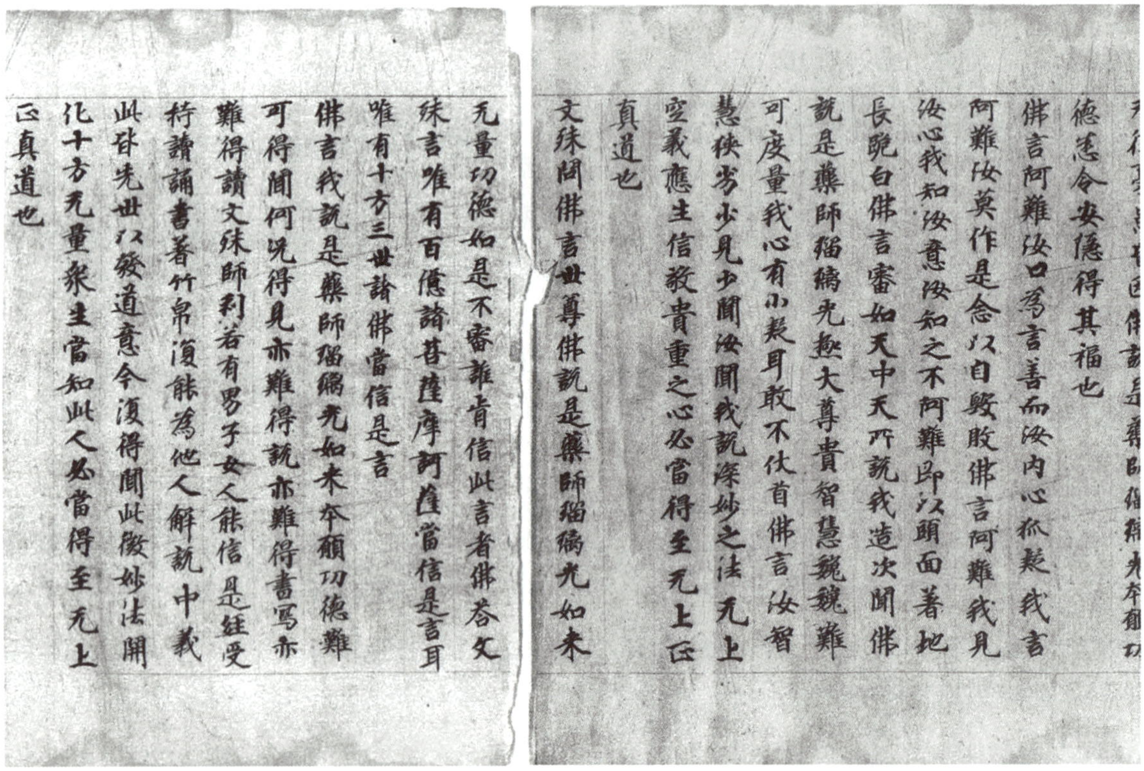
德慧令安隱得其福也
佛言阿難汝口為言善而汝內心狐疑我言
阿難汝莫作是念以自毀敗佛言阿難我見
汝心我知汝意汝知之不阿難即以頭面著地
長跪白佛言審如天中天所說我造次聞佛
說是藥師瑠璃光趣大尊貴智慧巍巍難
可度量我心有小疑耳敢不伏首佛言汝智
慧狹劣少見少聞汝聞我說深妙之法无上
空義應生信敬貴重之心必當得至无上正
真道也
文殊問佛言世尊佛說是藥師瑠璃光如來
无量功德如是不審誰肯信此言者佛荅文
殊言唯有百億諸菩薩摩訶薩當信是言耳
唯有十方三世諸佛當信是言
佛言我說是藥師瑠璃光如來本願功德難
可得聞何況得見亦難得說亦難得書寫亦
難得讀文殊師利若有男子女人能信是經受
持讀誦書著竹帛復能為他人解說中義
此爲先世以發道意今復得聞此微妙法開
化十方无量衆生當知此人必當得至无上
正真道也

北敦 4507 号（前部）　　北敦 4627 号（后部）

图 17　北敦 4627 号（后部）+北敦 4507 号（前部）缀合图

十八、北敦 5464 号+北敦 5277 号

（1）北敦 5464 号（北 7508；菓 64），见《国图》73/290B–291B。卷轴装，2 纸。后部如图 18 右部所示，前后皆残，存 44 行（前纸 28 行，后纸 16 行；末 2 行左侧残损），行约 17 字。楷书。有乌丝栏。原卷无题，《国图》拟题“灌顶章句拔除过罪生死得度经”。《国图》条记目录称原卷经黄打纸，纸高 26.2 厘米，为 7—8 世纪唐写本。

（2）北敦 5277 号（北 7515；夜 77），见《国图》71/62B–66A。卷轴装，6 纸。前部如图 18 左部

所示，前残尾全，存137行（首纸13行，中4纸各28行，末纸12行；首2行右侧残损），行约17字。尾题"药师经一卷"。楷书。有乌丝栏。原卷无题，《国图》拟题"灌顶章句拔除过罪生死得度经"。《国图》条记目录称原卷经黄打纸，纸高26.2厘米，为7—8世纪唐写本。

　　按：上揭二号内容前后相承，可以缀合。缀合后如图18所示，接缝处边缘大体吻合（缀后中部仍有残缺），原本分属二号的"善神拥护不为☒（恶）""☒（语）"八字皆得复合为一，横向乌丝栏亦可对接。又二号皆用经黄打纸，行款格式相同（天头地脚等高，皆有乌丝栏，满行皆约17字，行距、字距、字体大小相近），字迹书风似同（比较二号共有的"佛""药""师""琉""璃""光""阿""难"等字），可资参证。二号缀合后，所存内容参见《大正藏》T21/534A26–536B5。

北敦 5277 号（前部）　　　　　　　　　　　　北敦 5464 号（后部）

图 18　北敦 5464 号（后部）+北敦 5277 号（前部）缀合图

十九、津艺 270 号+北敦 14908 号

（1）津艺 270 号，见《津艺》6/37A–41B。卷轴装，4 纸（裂为二段，各 2 纸）。前段后部如图 19 右部所示，后段前部如图 19 左部所示，前后皆残，存 112 行（每纸 28 行），行 17 字。有水渍印。有乌丝栏。《津艺》称该卷纸高 25.8 厘米，楷书，唐代写本，并据《大正藏》定名作"佛说灌顶经卷第十二"。

（2）北敦 14908 号（新 1109），见《国图》135/169B–170A。卷轴装，1 纸。如图 19 中部所示，前后皆残。存 28 行，行 17 字。楷书。有乌丝栏。《国图》条记目录称该卷纸高 25.8 厘米，为 7—8 世纪唐写本。

按：上揭二号内容前后相承，可以缀合。缀合后如图 19 所示，纸张粘贴处边缘吻合。比较二号共有的"菩""萨""瑠""璃""光""十""方"等字，如表 10 所示，字迹书风似同，又此二号纸高皆约 25.8 厘米，行款格式相近（天头地脚等高，皆有乌丝栏，行约 17 字，行距、字距、字体大小相近），可资参证。二号缀合后，所存内容参见《大正藏》T21/534B7–535C28。

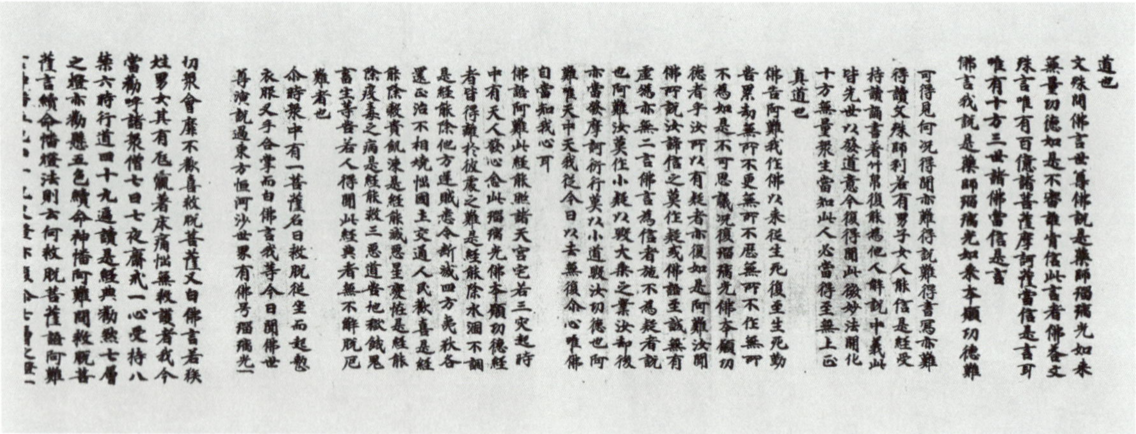

津艺 270 号（局部）　　　　　　　　北敦 14908 号　　　　　　　　津艺 270 号（局部）

图 19　津艺 270 号（局部）+北敦 14908 号缀合图

表 10　津艺 270 号、北敦 14908 号字迹比较表

卷号＼例字	菩	萨	瑠	璃	光	十	方
津艺 270 号	菩	萑	瑠	璃	光	十	方
北敦 14908 号	菩	萑	瑠	璃	光	十	方

二十、北敦 7496 号+敦研 355 号

（1）北敦 7496 号（北 7511；官 96），见《国图》97/183B—184B。卷轴装，2 纸。后部如图 20 右部所示，前残后缺，存 56 行（每纸各 28 行；首 4 行下残），行约 17 字。楷书。有乌丝栏。卷面有规则污渍。原卷无题，《国图》拟题"灌顶章句拔除过罪生死得度经"。《国图》条记目录称原卷经黄打纸，纸高 25.9 厘米，为 7—8 世纪唐写本。

（2）敦研 355 号，见《甘藏》2/146A—147A。卷轴装，2 纸。前部如图 20 左部所示，前后皆残，存 56 行（每纸各 28 行；首行中部右侧残损，末 3 行下残），行约 17 字。楷书。有乌丝栏。卷面有规则污渍。原卷无题，《甘藏》拟题"佛说灌顶章句拔除过罪生死得度经卷第十二"。《甘藏》叙录称原卷黄皮纸，纸高 25.9 厘米。

按：上揭二号内容于"亦/难得读"句前后相接，中无缺字，存有缀合的可能性。二号接缝处皆为失黏所致脱落，边缘整齐。二号卷面下部皆有污渍，这些污渍形状雷同，循环出现，大小、间隔渐次缩小，接缝处污渍边缘衔接自然。二号完整诸纸每纸皆 28 行。二号纸色皆黄，纸高皆为 25.9 厘米。比较二号共有的"佛""文""殊""师""利""我""得"等字，如表 11 所示，字迹书风似同。又二号行款格式相同（天头等高，满行皆约 17 字，行距、字距、字体大小相近）。由此推测二号可以缀合。缀合后所存内容参见《大正藏》T21/534B8—535C7。

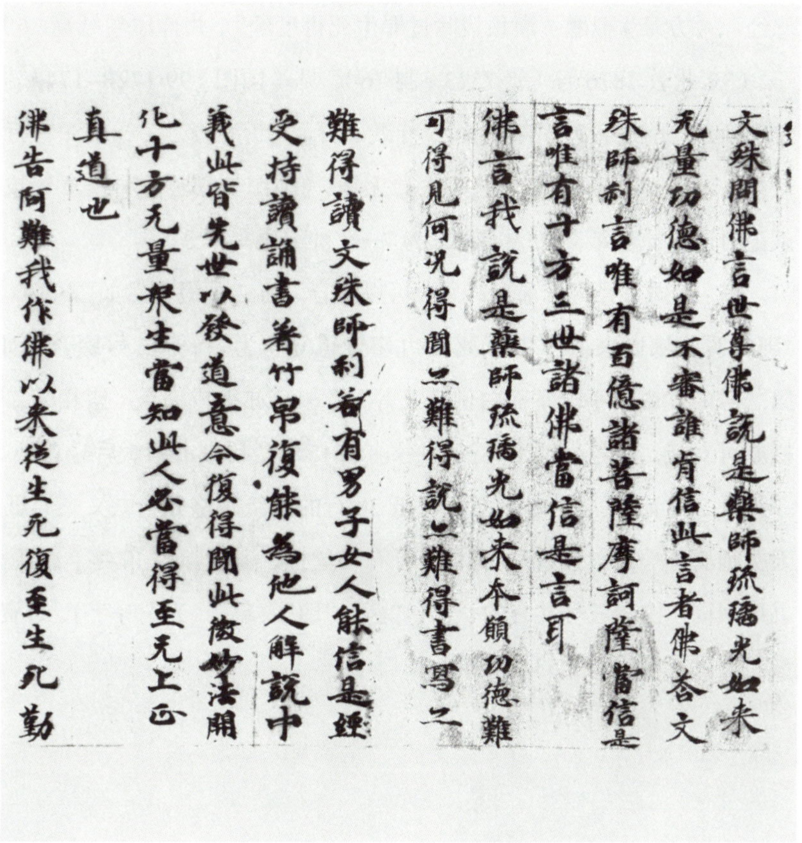

图 20　北敦 7496 号（后部）+
敦研 355 号（前部）缀合图　　　　　敦研 355 号（前部）　　　　北敦 7496 号（后部）

表 11 北敦 7496 号、敦研 355 号字迹比较表

例字 卷号	佛	文	殊	师	利	我	得
北敦 7496 号	佛	文	殊	师	利	我	得
敦研 355 号	佛	文	殊	师	利	我	得

二十一、斯 7323 号+斯 7256 号+北敦 7876 号

（1）斯 7323 号，见《宝藏》55/29A–30A。卷轴装，2 纸。后部如图 21–1 右部所示，前后皆残，存 35 行（前纸 21 行，后纸 14 行；末 7 行下残），行约 17 字。楷书。有乌丝栏。原卷无题，《宝藏》拟题"药师琉璃光如来本愿功德经"，《方录》拟题"灌顶拔除过罪生死得度经"，并称原卷纸高 26 厘米，为唐写本《方录》99。

（2）斯 7256 号，见《宝藏》54/584B–585A。卷轴装，2 纸。前部如图 21–1 左部所示，后部如图 21–2 右部所示，前后皆残，存 21 行（前纸 15 行，后纸 6 行；首行右侧残损，倒数第 2 行下残，末行仅存中部右侧残字），行约 17 字。楷书。有乌丝栏。原卷无题，《宝藏》拟题"药师琉璃光佛本愿功德经"，《方录》拟题"灌顶拔除过罪生死得度经"，并称原卷纸高 26 厘米，为唐写本《方录》82。

（3）北敦 7876 号（北 7523；制 76），见《国图》99/172B–174A。卷轴装，3 纸。前部如图 21–2 左部所示，前后皆残，存 79 行（首纸 23 行，其余 2 纸各 28 行；首行中部右侧残损，末 3 行下残），行约 17 字。楷书。有乌丝栏。原卷无题，《国图》拟题"灌顶章句拔除过罪生死得度经"。《国图》条记目录称原卷纸高 25.9 厘米，为 7—8 世纪唐写本。

按：上揭三号内容前后相承，可以缀合。前二号缀合后如图 21–1 所示，接缝处原本分属二号的"阿难我作佛以来从""☒（死）"九字皆得复合为一；后二号缀合后如图 21–2 所示，接缝处原本分属二号的"服叉手合掌而白佛言我等"十一字亦得成完璧。诸相邻二号接缝处边缘吻合，横纵乌丝栏亦可对接。前号后纸 14 行，中号前纸 15 行、后纸 6 行，后号首纸 23 行，诸相邻二号拼接，合成一纸凡 28 行，正与后号后 2 纸每纸 28 行的用纸规格相合。又三号纸高皆约 26 厘米（《宝藏》图版天头地脚不全），行款格式相同（皆有乌丝栏，满行皆约 17 字，行距、字距、字体大小相近），字迹书风似同（比较三号共有的"佛""药""瑠""璃""光"等字），可资参证。三号缀合后，所存内容参见《大正藏》T21/534C9–536B1。

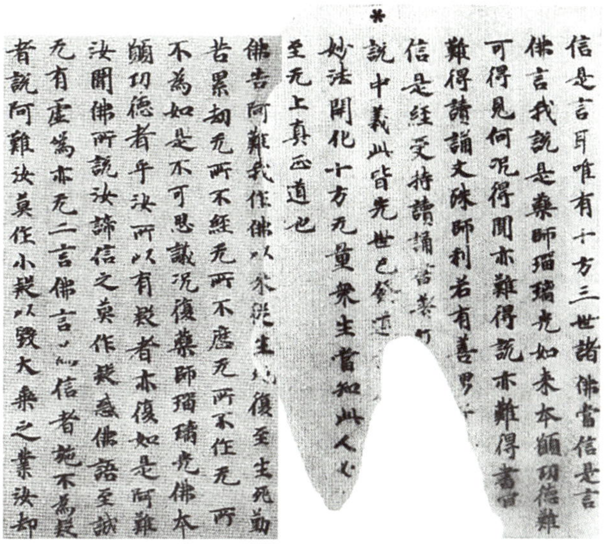

斯 7256 号（前部）　　　斯 7323 号（后部）　　　北敦 7876 号（前部）　　斯 7256 号（后部）

图 21-1　斯 7323 号（后部）+斯 7256 号（前部）缀合图　　图 21-2　斯 7256 号（后部）+北敦 7876
号（前部）缀合图

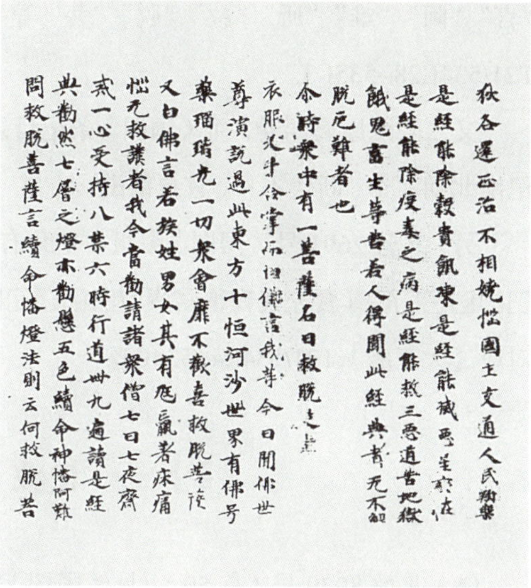

二十二、北敦 2691 号+北敦 10630 号

（1）北敦 2691 号（北 7517；律 91），见《国图》36/410A-411A。卷轴装，2 纸。后部如图 22 右下部所示，前后皆残，存 47 行（前纸 25 行，后纸 22 行；首行上残，末 17 行上下部残损），行字不等（21—26 字）。楷书。有折叠栏。原卷无题，《国图》拟题"灌顶章句拔除过罪生死得度经"。《国图》条记目录称原卷纸高 26.2 厘米，为 9—10 世纪归义军时期写本。

（2）北敦 10630 号（北临 759），见《国图》108/64A。残片。如图 22 左上部所示，存 7 残行，行存中部 3—9 字。楷书。有纵向栏线。原卷无题，《国图》拟题"灌顶章句拔除过罪生死得度经"。《国图》条记目录称原卷为 5—6 世纪南北朝写本。

按：上揭二号内容前后相承，可以缀合。缀合后如图 22 所示，接缝处边缘吻合，缀合后倒数第 7—4、2 行原本分属二号的"▨（无）""▨（法）""萨""尊""福德"六字皆得复合为一，倒数第 3 行内容于"又言阿难昔沙弥/救蚁以修福▨（故）"句前后相连，纵向栏线亦可对接。又二号行款格式相同（行距、字距、字体大小相近），字迹书风似同（比较二号共有的

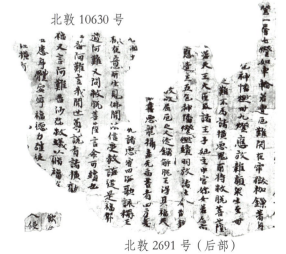

北敦 10630 号

北敦 2691 号（后部）

图 22　北敦 2691 号（后部）+北敦 10630 号缀合图

“言”“阿”“难”“所”“救”“脱”“菩”等字），可资参证。二号缀合后，所存内容参见《大正藏》T21/534C28–535C3。

又二号既原属同卷，而《国图》条记目录称前号为9—10世纪归义军时期写本，后号为5—6世纪南北朝写本，断代不一，宜再斟酌。

另，北敦2691号《国图》图版右上角有一残片，如图22左下角所示，当属同卷，原文作“饮▨□□□□□□（食充饶皆得富贵）/□□□□□□□□（若为县官之所拘录）/□▨（恶人）侵□（枉）”对应《大正藏》T21/534C4–534C5。

二十三、北敦8929号+北敦8167号

（1）北敦8929号（有50），见《国图》104/256B。卷轴装，2纸。后部如图23右部所示，前后皆残，存18行（前纸9行，后纸9行；首2行上下残，末行左侧残损），行约17字。楷书。有乌丝栏。原卷无题，《国图》拟题“灌顶章句拔除过罪生死得度经”。《国图》条记目录称原卷纸高25.5厘米，为7—8世纪唐写本。

（2）北敦8167号（北7525；乃67），见《国图》101/104A–105A。卷轴装，2纸。前部如图23左部所示，前后皆残，存47行（前纸20行，后纸27行；首行右侧残损），行约17字。楷书。有乌丝栏。原卷无题，《国图》拟题“灌顶章句拔除过罪生死得度经”。《国图》条记目录称原卷纸高25厘米，为7—8世纪唐写本。

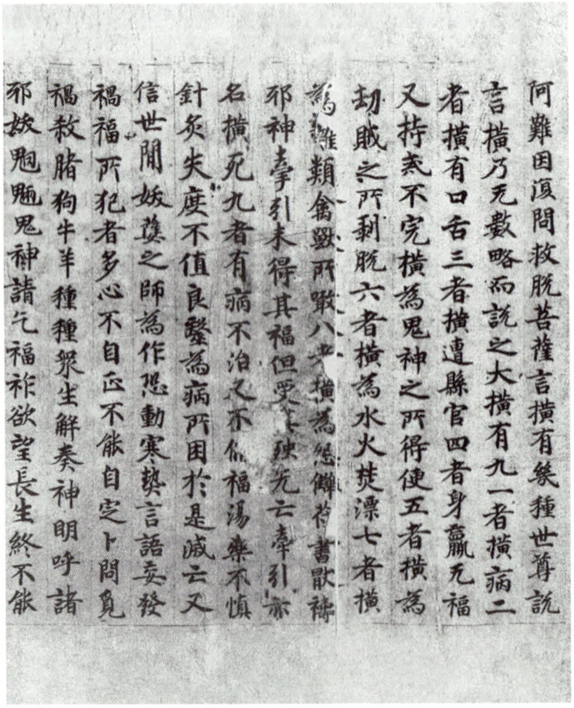
阿難因復問救脫菩薩言橫有幾種世尊說
言橫乃无數略而說之大橫有九一者橫病二
者橫有口舌三者橫遭縣官四者身羸无福
又持戒不完橫為鬼神之所得便五者橫為
劫賊之所剝脫六者橫為水火焚漂七者橫
為雜類禽獸所噉八者橫為怨讎符書厭禱
邪神牽引未得其福但受其殃先亡牽引亦
名橫死九者有病不治又不修福湯藥不慎
針灸失度不值良醫為病所困於是滅亡又
信世間妖孽之師為作恐動寒熱言語妄發
禍福所犯者多心不自正不能自定卜問覓
福救賭狗牛羊種種眾生解奏神明呼諸
邪妖魍魎鬼神請乞福祚欲望長生終不能

北敦8167号(前部)　　北敦8929号(后部)

图23　北敦8929号（后部）+北敦8167号（前部）缀合图

按：上揭二号内容前后相承，可以缀合。缀合后如图23所示，接缝处边缘吻合，原本分属二号的"为杂""禽兽所噉八⊠⊠（者横）""怨雠""书厌"十三字皆得复合为一，横向乌丝栏亦可对接。又二号纸高皆约25厘米，行款格式相同（天头地脚等高，皆有乌丝栏，满行皆约17字，行距、字距、字体大小相近），字迹书风似同（比较二号共有的"无""得""之""不""所"等字），可资参证。二号缀合后，所存内容参见《大正藏》T21/535B19–536A29。

二十四、斯 10287 号＋斯 10741 号

斯 10287 号

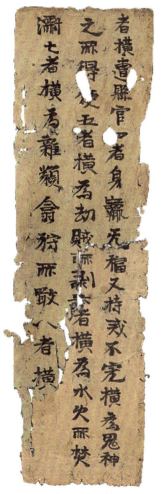

（1）斯 10287 号，见IDP。残片。如图 24 下部所示，存 3 残行，行存上部 10—14 字。所存内容起"三者横遭县官"句"者"字，至"八者横"，与今《大正藏》本稍有不同。楷书。

（2）斯 10741 号，见IDP。残片。如图 24 上部所示，存 2 残行，行存下部 10—11 字。所存内容起"四者身羸无福"句"无"字下部残笔，至"六者横为水火所焚"句，与今《大正藏》本稍有不同。楷书。

按：上揭二号内容前后相承，可以缀合。缀合后如图 24 所示，接缝处边缘吻合，原本分属二号的"无""所剥六"四字皆得成完璧。又二号行款格式相同（满行约 20 字，行距、字距、字体大小相近），字迹书风似同（比较二号共有的"横""为""所"等字），可资参证。二号缀合后，所存内容参见《大正藏》T21/535C5–535C8。

斯 10741 号

图 24　斯 10287 号＋斯 10741 号缀合图

佚本《维摩诘经注》

袁德领　整理/敦煌研究院考古研究所

题解

《佚本〈维摩诘经注〉》，原文无标题，笔者据文意定名，系北朝早期中国本土人士所撰写，著者、卷数不详。

现存《佚本〈维摩诘经注〉》，共九件，首尾俱有残缺，均藏于敦煌研究院，分别为敦研 0066、0067、0247、0248、0249、0250、0251、0252、0375 号。《敦煌文物研究所藏敦煌遗书目录》（《文物资料丛刊》1977 年第 1 期）、《甘肃藏敦煌文献》（甘肃人民出版社，1999 年）等定名为"维摩诘经疏""佛经疏释""佛经疏""佛经注疏""维摩诘□□品疏释""佛经注解"六种。本文献九纸，两面书写，正面为粗笔大字书写佛经经文标目，经文各标目下有细笔小字书写经文的解释，大字约比小字大一倍；背面均为小字写，亦为佛经注解，系对正面注文的补注。九纸的正面中均无首题、尾题，敦研 0248 号中有"第五品"，敦研 0251 号中有"第九品""第十品"，敦研 0252 号中有"第十一品"，经核查这些经文名相均出自罗什译《维摩诘经》。罗什译《维摩诘经》，又称"维摩诘所说经"等，共十四品。《佚本〈维摩诘经注〉》缺者六品（一、二、六、十二、十三、十四品）、首尾残者四品（三、四、五、七品）、首残尾全者一品（八）、首尾全者二品（九、十）、首全尾残者一品（十一品），顺序如下：

佛国品第一（缺）

方便品第二（缺）

弟子品第三（首尾残）

菩萨品第四（首尾残）

文殊师利问疾品第五（首尾残）

不思议品第六（缺）

观众生品第七（首尾残）

佛道品第八（首残尾全）

入不二法门品第九（首尾全）

香积佛品第十（首尾全）

菩萨行品第十一（首全尾残）

见阿閦佛品第十二（缺）

法供养品第十三（缺）

嘱累品第十四（缺）

注文所存一半略强。本文献未为历代经录所著录，亦未为历代大藏经所收。对于研究敦煌乃至中原地区《维摩诘所说经》早期的注解和流行情况有着特殊的价值，我们对其进行了缀合、研究。这次公布的录文，是按照经文顺序，正面标目字号大一号，注解正文用正常字号；背面标目用正常字号，加【】以示区别，注解正文亦用正常字号并分别插入相应的位置。其研究、校记等内容参见拙文《敦煌研究院藏〈佚本《维摩诘经注》〉的几个问题》（《敦煌研究》2008 年第 3 期）、《敦煌研究院藏佚本〈维摩诘经注〉研究序论》（敦煌市博物馆编《第二届丝绸之路与敦煌历史文化学术研讨会论文集》，北方联合出版传媒（集团）股份有限公司万卷出版公司，2020 年）、《敦煌研究院藏佚本〈维摩诘经注〉研究》（约 30 万字，待刊）等。

我在 1989 年从施老师（当时的遗书研究所所长）那里接手照片后，一直不间断地进行着研究工作。录文完成后，经过三校，于 2006 年交给施老师审校，然后我又一次地复校。2008 年，在施老师的鼓励与督促下，申请了院级课题《敦煌研究院藏佚本〈维摩诘经注〉研究》，并于 2012 年完成课题初稿，其后进行了修改与补充。适逢先生九秩盛典，略呈菲薄小文，以请教方家。

辛丑年九月月圆日识于莫高窟空巢。

录　文

佚本《维摩诘经注》

佛国品第一（缺）

方便品第二（缺）

弟子品第三（首尾残）

（首残）

【三界】佛言三界者，声闻经中言罗汉漏尽其粗郛

说法 说施戒之德也，七事及少欲知足□□□法也，实相为理，心想永寂，少多都废也。而众□（生）□（对）我□□□□□也，故明众生空、法空。此下尽实相说也，□也。□□□□□也。

生离者 释所以无众生也。

【法无寿命】佛假禀处自续，生诸大不散，若出息不返，生理都绝，谓命尽终寿尽，故以生死释寿命也。

际断 前际□□□□□无我，此言无我所。

【无所缘故者】无所缘故者，缘者前缘及心缘，心为无所缘也。

【法无有比者】法无有比者，无则无二，既无一，二以何相待。

不在缘 种性为因，余者为□（缘）□□□□因父母为缘，直明实相法，不属因缘也。上言同下言□□□□故云入也。

【不应六尘者】不应六尘者，既无内情，则无所依缘也。

【法无去来】若有人则从未来世入现在，现在入过去，以无□□□□所以先明声闻人者，以□（寿？）尽在无过地□□□□

常不住 法初无暂住，无暂住则无法，何有法来也。□□□□相，相则应无作也。

【无作】破陶师月器，喻释无作义也。

过眼耳 实法无相，非情尘所摄，□□□□

【法无高下】名下起六愧为高，不如愧为下也。

【离观行】离观行，外道凡夫及声闻人二种观行也，一切取相分别亦是也。

【赞于大乘者】赞于大乘者，向来唯无相说，望听者坠于灭见，故此句出有门，明实智与大悲和合，其用无穷也。

【不断三宝】□□□□言所说，则背佛恩、断三宝也。

[大迦叶]者，姓也，头陀第一，多愍贫人昔不殖福，今处贫屈□□□□德，彼国贫富里异也。

悲心 言虽慈悲而有，有限□□□□及怨亲无异亦平等也，兼实智无相亦平等也。为□□□□

【佛从贫乞者】佛从贫乞者，慈悲所，彼法应无碍，既云有慈好，何舍豪富，偏从贫乞。

【应次行食者】应次行食者，大意力；欲大明等法，即其所滞故，先从乞食说等法。行广入诸法，明等之所济也。

不食故 谓泥洹为不食处也，三界之内四食为□□□□故因应无分别也。

揣食 彼国除糜粥，余食皆□□□□身，故云和合相也，彼揣食亦和合相，取彼和合法□□□□故许令取食；口言坏者，去其封滞耳。又相对为□□□□更也，如真谓生而真者也，此下诸情所以入□□□□□出与办向馔也。

【聚落】佛虽游聚落，明情无所寄，必无所着也。

不分别 亦谓末曾知味□□□□□有二种知亦证也，得亦证也，虽受诸触如尽□□□则无分别也，不灭意识普缘诸法，意识缘五尘，五尘则变名为法尘也；法无生灭则无相，无相故不取。

八邪 八正相违法，故云邪施一切，大士慈悯众生，普行乞食，以一钵之食而行等施，心无高下，汝若如是，便可取食。

烦恼 迦叶自以为离烦恼，众生不同于已，亦即旨迦叶，故云非有非离也。

无大福 明前念相与应等法，等法中无得失损益也。

【不空食人之施者】不空食人之施者，若于乞食平等，则万法同致，如是则能报佛重恩；佛重恩为众生作净毕，众佑二种不空食也。入空三昧，则见法空，出在果报六情中，则见万法朽然，末能出入斯置。

须菩提 无净三昧解空第一，故为说甚深法空也。

于食亦等 此句幡（翻）覆（复）总论空义无不尽，自下竟章别相广释所以空义也。

【于食等者】于食等者，众生人物既无异相，故不应作异心而住。　　有无同也。

不与俱 须菩提自以三毒永尽，故即旨为言也，若仁（人）不断淫怒痴，亦不与俱，彼意若以断则不俱，不俱则不断，是如是人者乃可取食也。一义，断三毒为菩提也；不与俱者，谓凡夫也见谛；不见，谓亦二种义也。

不坏身 声闻人不能即阴身得一相，故设此语也。

得解脱 恒以五逆相为眼相，圣法为解脱也。

【五逆相】五逆相，因逆而有脱，故即逆有脱相；即逆有脱相，则天下无逆。脱即是逆，则天下无脱，脱无逆则取舍可忘也。

【五逆相】彼意以五逆恶，是罪中之重；佛所得解脱圣法中极。

不缚 言汝非缚解人，一义；不缚虎凡夫不解虎，须菩提也。

【不见谛非不见谛者】不见谛非不见谛者，小乘始四而终一，大士始终同病，故不见四得之真，故非不见也。

非得果 圣果也□□□□也。

【不得果】不得果，因观四谛，故得圣果；既不见四果，复何由也。

凡夫法 □□□取也。

【非凡夫非离凡夫法者】非凡夫非离凡夫法者，上少法事，字凡圣法相对也。

一切法 虽成就罗汉所得诸法，而远法相，远法相者，乃可取食也者。

不闻法 □□不能是非都真，好恶齐观，故崇重三宝为□□□，为鄙理，苟玄会□□□安何拘于言辞耶，是故弘此事。抑挫其心，为辩毕竟空理也。

翅舍 翅舍粗毛也，钦婆罗衣也。三人出字，兼出母性（姓），二人直出已性（姓）字，一人攘衣服也；第二者善于禁，述六师出家人也；从恩惠生，佛在世十八，一切智人之六也。

【彼师所坠者】彼师所坠者，所坠二世坠；

【言彼深入邪见】言彼深入邪见，末能自拨；即处所见，则乖背法相，何有到彼岸耶。此□□。

不到彼岸 言如入邪见，尚不至中说到彼岸，到彼岸则达实相；须菩提自拔邪见，到彼岸故，以此岸之也。

离清静法　须菩提自过八难，离烦恼也。

【亦得此定者】亦得此定者，居善业同诸群常，故设此语也。

福田　此四大弟子称为现世福也。

【不名福田者】不名福田者，如向来所说者，彼自未能勉（免）恶，何能利人，以福济人，以道□□。云敢与彼结因缘者，彼为更增众累，造诸劳垢；自以所缘众生遇良伴善侣，故设此言也。

【谤诸佛者】谤诸佛者，彼自以弟子中胜，每助佛宣教，光扬三宝，故以此言折之。食不称器，法不应心也。

不得灭度　以其以证为美，谓得灭度；此中论空皆就乐，实心之所学有而破，故言迹异乃异，明毕竟空义者也。

以何答　欲言即是谤毁三尊，同魔宫属，然末能去会妙理，万法无美不得，以此答正欲言非，则堕在是非之境，不应平等两边俱失，故无訓（酬）对。

法眼净　法眼净有二种：得须陀洹，亦言法眼；得无生忍，亦法眼净。此言法眼净谓得无生忍也，除经所称告，善说空法□□□□明□□□□（具）足之理□□□□也。

【尼子富楼那】[尼子富楼那]□□□□也，外国多从母性（姓），以生育恩□[重]，明阿毗昙，说法第一也，□[佛]□□（毗耶）离城边有树林，林中有僧坊说法处，此中有弥猴池，初入佛法故□[新]也，虽久心不习涉，亦新也。

宝器　秽食喻小法也，宝器喻大心也。

水精　流（琉）离（璃）真宝，水精名宝也，勿以彼大志同汝小心也。

根源　信等五根，属三乘人也。二乘信等诸根，唯总信三宝、四真谛法。大士信等诸根则信佛无碍解脱不思议法，及信大士劳谦弥劫方便度人也。

勿伤之　若以小法往取，则败大心也。

【莫示小径者】莫示小径者，菩萨之道乘；平直进小道，则迂回。佛，声闻人小器钝根，不能志弘大法；推以不及，谓所遇前人尽有崖极，所谓以己量人也，故以此责之也。

牛迹　莫以大心染于小法也。

即入三昧　圣人心在万机，不失一静，于时心造此事，故云即入也；又，圣心出入无在，宜欲显凡神通，所为皆是三昧之力，终不虚设，非风（讽）咒邪述也。明圣人神通智惠众生应得度者，皆得暂与废悟道根；圣人发心，誓为众生；行愿力之所回，故得照发，但不得久为己用；所以然者，非自心所得。又，众生数非共法也，如暗中假明，去暗眼得见物；借神力暂去心鄣，心得有用也。

【礼足者】礼足者，若遭净名则坎由下乘之类，永失如来无量知见。今遂清净多重恩；所以欣于此遇，庆己所得，忘形敬礼也，阿罗汉，众归解法空者，由四行中空也。

迦旃延　迦旃延，披（婆）罗门性（姓）也，解修多罗第一也。

法要　佛大判有为法，则有三相；无为法则无三相，故称略说也。

无我义 如来应众生根量而为说法，宜深宜浅，非二乘所测；而后为说有为法有四相，此四则真谛法，除彼四倒，唯言无为法是寂灭相也。无常无我，普咏诸法空，去十五我所有见苦，虽在五盛阴，谓小乘经中说也。摩呵衍中空普咏诸法。所以无我在后者，行人讨有我能观无常苦空，故遣其所讨也。

实相法 言法之实相，初无灭心，若以生灭所，则背法相，责说法中失也。

无常义 即无常是真相，故仍本名也；无异言者，空即色也，苦义亦尔。钝根先观无常，渐入实相；利智者，观无常即达实相。观无常则知法无定相；法无定相则无法，无法则无所取也。声闻以流迁为无常义，如以坚为地相也。

无所起 惑者以阴是起，苦之本；知阴空则无阴，无阴则谁起苦者也。

不然 二乘人以三界为炽然，泥洹为寂灭。又观者诸法本寂，今何以灭也。

心解脱 得无生法忍也。

阿那律 天眼第一也。

阿（菴）摩勒果 如［木/奈］等盖据所见之实而答，以取相故，致也。

【作相】 取相分别，违背其旨；彼此俱失，所以致责也。□□（贤者）如人于深水求物，善取者，水则澄清，而物易得；拙取者，令水浑浊，终不获。声闻人以此五义，自谓通达法性相，尽极真谛，是以此下皆以第一义。辩此五句名顺而理乖；名顺而理乖者令智所见，末极破其所对二种义。仍，本名也。

默然 欲言作相，则同外道虚诳；欲言无作，向复言见，不勉负处，故默然。

不以二相 无有见及所见也。

优波离 明于律藏也；诸大弟子各言第一者，皆昔身以来志慕所有。

犯律行 言犯淫欲戒也。

不敢问佛 于佛愧耻情重；又惧佛科制坠永傧（摈）之罪，是以咨优波离，求出罪、解其疑悔；虽咨优波离，而犹不以诚心表罪，故教诲其人。夫犯戒要诚心首过，随心轻重，处其罪根，一如戒律中问罪说事；兼告言责疠，此比丘以犯佛重禁，常怀忧惧、挑（恌？）悔缠心，而优波离为说此事俞（逾）忧悔，故下言无重增其罪也。

勿扰其心 此二比丘利根，应以深法拨其疑悔，而方为曲辩罪相，故云当宜除也。众生净者，将欲辩其罪垢无定相。夫净秽之生皆由心造，心既无相，净秽亦然；故下先明心无相，次求垢罪；垢罪即心法也。次广及诸法也。

言亦然者 如心无内外、中间，内外中间则是如理，故云不出于如也。

心相 上以一彻说法会归实相，今质其所解，证明空义，释其所滞。

得解脱时 即解心是实相，故云心相得解脱。

是净 向言众生心相本来无垢，若尔者一切生应即是圣人，欲释此理，故出此念相颠倒，皆由取我为本也；又明净垢无定相也。

生灭不住 此两比丘系心罪相，以为无碍故，种种门释其心滞，此明有为法无住，无住则无法，无法何有罪相也。

及菩萨 谓小菩萨也。

其智慧明 释所以无能制者也。

菩提心 缘菩萨说法，拨我心滞；若不遇者，永堕疑悔，此则咸大而发心也。又闻说实相法，实相无相，理无拘碍，内心豁然而发二种发心也。

罗睺罗 秦言不放，亦言覆障也，处胎二年不放令出也；如阿修罗王食月覆障光明，令不照故，即因为号，持戒第一也。

【呵者长者子】呵者长者子，心在荣利；而彼为说出家功德，俞（愈）增其滞。又，彼于出家法圣所行处，谓诸佛由路。

功德云 利诸长[____]

（尾残）

菩萨品第四（首尾残）

（首残）

【持世意谓是帝释】□（持）世谓是帝释即为说法，讨常则丧[____]，若悟无常则集诸善根[____]诸成[____]解善我。

【财坚】财坚亦二种：一能资人至于得；二则应人天□□之用。

【如我应受】即语魔言：是诸女等，可以与我，如我应受。

【非时】[____]弥劫修行，不其果证。若行求证，则非时求[____]是行时，非是证时也。

无恚碍 □非同志，而常慈愍也。

清净 行、住、坐、心常在法[____]清净也。

欲乐 始悟真乐，知天□虚诳，狂心所滞，岂可寄意也。

【我已舍矣】我以（已）舍矣者，虽受天女，盖为利益其人，欲令化彼魔宫，明本无普心，故言以（已）舍之言，源其本意也。受之与舍，俱有所益也。财施唯救形，末能济神。又体非缘法，功报有极。法施资人成佛无尽之用。

法愿具足 维摩诘[____]（因禅）发大愿也，随所说法，谓随所应适无量法门也。而自增

益 世间灯有灭而无增益，无尽灯即自增益也。

辩才 向来明维摩诘进却波旬，摄化天女。又以无尽灯照悟魔界，自非人神通幽达熟能□化。

父舍 父舍者，父为造立也，善得（德）即维耶离国长者子，父母因善事而得，即以为名。

外道 外道诸论师也。外道祠法，宰杀求法福，或马或牛，广延高朋，以为上宾，不及下贱也。菩萨设会，普及穷下劣，故自庆为妙，欲令彼所设成就，故满七日而来。谓言：夫菩萨法，法会为妙，

而善得（德）偏有福业，以已所作殊胜，外道欣此财施等大善根，是故为说法施之会也。

一时供养 向之所施，随上中下，心有优劣，故教运大慈心；一虑普及一切，故云一时，此则纯净之心为本，而行法施；虽未为说法，亦是法施，以心无所遗吝也。

慈心唱 言以善根起于慈心，当知有行皆为菩提；自下逐义分别耳，祥（详）出法施事。

大悲 大士悲心要施之于事也。

喜心 余喜虚诳故，居正法以明真喜也。

舍心 凡夫舍心以为真，处二乘舍心止息而已；大士智慧行舍，以明其妙也。

无我法 憎怨净讼，皆由我起，故居无我以明忍义也。

离身心相 身心精进，各二自种义；身离愤受及五识［↑/鄧］赏，心离结使盖缠。又解身心相离，乃精进也。

菩提相 菩提以寂灭为相，禅以寂为理；居因果相似，以明其义也。

于空 二乘为证，行三脱门；大士则不然，为广化无方，所求空尽性，故能处生死如泥洹；此则体空，应心为用也；即有为是无相，故不舍也；又体无相而广修功业不舍□□亦不舍也，由无作故能，故生诸起也。

方便力 摧破邪见，令正法宣流；或天闻之□□□□□□□扬三宝，皆方便力。

【方便】 方便有二种：一涉有而不或（惑）有；二造无而不滞无。不滞不或（惑）有故，不以有故为有不滞无，故不以无为真。　得空便证，由解空不深，所以为空所报也。

四摄法 大士闻斯四闻，皆以恩润随宜弘接教之速者也。亦□（知）惠施中别相，□（非）三门也。

【六和敬法】 净戒如足，正见如眼。此六法于止净和敬功用最大，故举六也。

质直心 因二部僧净颂（讼），复向佛归悔，请不净法，佛为说六和敬法。谓以慈心修身口意三业也，衣钵之余，周给同学，持戒正见，愿因果报六也。

贤【圣】 欲令心净，深入法喜，亲近贤圣也。

多闻 虽多闻不行是为虚闻，为如说行而生□□智起于多闻也。

闲处 以无净三昧，身心求寂也。

燕（宴）坐 起深禅定也。

修行地 谓解缚之行也。

智业 有二种义：智居外化为称，即方便智也；究竟决定，亦智也。

慧业 慧业亦二种义，即般若惠，内心乘执穷相之妙器也；又以初观分别为惠，如无生忍也。见有为法中功德之相便取则生爱；若观恶法及无常过患便舍，则生增心。此谓遇见也，故求空离着不应取舍。又毕竟空理、法无有相，无有相何得取舍。

起一切善业 上说二业，又别智之与惠也，惠明业妙故，二明辩义也；此则总说，广明功能，非一二业和合，断诸烦恼、三郭、八难及一切不善法。总二业，故言一切善业也。惠明功德，成佛之资粮，喻足目之相□故云业也，业庄严之称也。

助佛道法 谓卅七品无漏法也。前慧明业，总诸智□此蠲取三漏，以妙为异，于助道法中胜，故每标道品为助道法也。一切智惠、一切善法□□众成果也。

福田 既为大施主，又兼福田之德也。

【福田】□□两科，又为善得（德）广辩法施，转明深致，凡三科说法施；复二科虽是财施，□（因）财而明妙法，故不云具足法施。虽能舍财，未应法施；得为施主，不名福田；财法具足，乃称福田。言财施主将知才（财）法备足也。谓禅定、智惠神通方便也。此长施，乃因财而明妙法，故下云具足法施也。

清净 深悟法施得心清净，自明已□益也。

不肯取 所以入会盖为化益法身。大士不有珠宝，故不取也。又说法之主也，呵财施之鄙，赞美法施，故不受也。复欲令众生少欲知足，三义不取也。如来圣人因事托化，无二分之施，将欲显阳（扬）佛事，咸发时会，合众生知佛福田为最下贫之人取，起慈悲心。良田而种子恶，种好而田薄，是以获报俱等也。

福田之相 向既说二施之义，恐有分别，起增减心。又众生于佛则敬心重，而无慈悲；于贱则悲心，而无敬意。故设此□□□□教理，乃迎二心俱令泯然无寄，于佛等者无大悲，是以下言具足法施也。

【福田之相】施有四品：一者有前地厚而施心薄；二者施薄而心浓；三者心地俱厚；四者心地俱薄。欲令会众福田有厚薄，施心加轻重，得报有同异，故说两分之施。又向辞不受，今心受二俱有益，欲令施主功德。又欲寄之託（托）化圣人之动，未如非益也。

本缘 佛□□法三千菩萨有疾也，□（发）起维摩诘有因缘，昔乃遣问，故令称扬其德也。

（尾残）

文殊师利问疾品第五（首尾残）

（首残）

第五品

【文殊】两默然而往不称，彼得众谓文殊为胜，以彼□□□□后众会等心宗，欲情无复劣此□□□□

訕（酬）对 夫精粗优劣□然殊□□□□不任问疾，推此而言，唯微可以感精进，唯□□□□知难为（酬）对，不释所以也。虽堪任性，先叙□□□也。

无滞 乐说辩才，宣扬微言，无断无□（滞）□□□

【无滞者】无滞者，如水流也；无碍者，如风之游空，释善说法□□□论师。

法式悉知 诸大士方便，应适道门无量种种仪轨也。

秘藏　　[_____]能究尽，故始入也；犹王结中明珠也；宫之秘藏，非余人所见也。

游戏　　[_____]为法无定相，变化应适，不以为难，故云戏也。又是有涉□[_____]

承佛圣旨　　[_____]兼退仰凭圣旨则无适众，恐于受使理足也。妙法又说[_____]也。

【承佛圣旨者】承佛圣旨者，已之所得习由于佛，故言承也；及以光[_____]成辩，亦言承也，明尊师重道。

空其室内　为开论端，以明宗极。又云文殊乐空寂行，故空[_____]。

【空其室内】以彼乐空，故就其所善而美也。

【善来者】善来者，二种义：净[_____]亦缘彼来，乃成化度；二以虽求不先不来理，不来相[_____]美于二论，得自在；第一义不舍俗论处，从而不失[_____]而来而见之迹也。

【无所】先世因缘，以是惑本也，既释则大悟空性；如推善惠至颠倒，便悟不住，无所为本；若以法性空，不假观力，一切众生应即同□□，而今尔若法性不空，遍由观力，其由木外求火，终无得理，是故二□□，由法性既空，空三昧力，转众生心，然从心与理会。

宁可忍不　　[_____]笃切不可堪忍，则不容思善念道，故问可忍不也。

因起　凡疾起[_____]或缘外不适也。

病生　答病生近久也，烦恼除凡有二分：痴爱[_____]无明恚慢贪嫉等属，爱居痴爱；为言者，明大悲之疾，所缘[_____]无始悲心有限，云何言从痴有爱则我疾生？答言：大士所以发大悲[_____]苦之源，苦源无际，故悲心无边。此论大悲无限齐也，何者佛法大要[_____]二者毕竟空。观痴爱无性，即悟空理；既悟空理，而大悲广被，即无[_____]之妙行也，此实智相应悲也；居痴爱者，将为辨斯二义也；先答第二问[_____]或言文殊乐空，故先论痴爱，痴爱是明空之极处也。

【病生】　下言众生病、生灭，我病亦然；将知悲无边[_____]（缘）人可始有终，但有中义不尔也。

我病　此居众生病答也。[_____]

大悲起　大悲是病因也，由新行菩萨见生苦则剖心殒泪，以之为病，无生大[_____]无缘而有拯拔之功，故得言悲疾也。心府虚寂无缘也，随俗拯拔，称大悲也。无[_____]内实大悲，其名为外德也。

亦复皆空　君是揆性，长者疾得寝在床而无赡养[_____]失，众望不亦可耻之甚，故答者引诸佛世尊所王国土皆空，岂况[_____]立事而问，答者引之入室也。

何为空　将欲明毕竟空，[_____]其理问者，言空有种种，或无物为空；或彼此相无[_____]何□（等）[_____]以空，空为言则尽；法空于理顿足可知，非余空也[_____]法本空，何用生诸空观、三脱门、十八空等难，所以生名也。

无分别空　应[_____]无分别之生，起于惑情分别；惑情分别亦即自空，辩世谛会第一义谛也。此一途明□□□空寂，成毕竟空义。十八空中，毕竟空、性空、诸法空。如此诸空旨，论法体余空；众生所滞立名，拾（什）公两二种解：前云重遣空；后言法空。法空如住与真，立说毕竟空理，末释所以解空。今问行人求空意故也。六十二见讨我为本，邪心决定累之重者也，是故先居诸见，明求空之处，若即诸见，得其真性，则求之理足矣。

解脱中求 如来解脱正定之极处也；悟直理者，邪正即一，故于解脱而求诸见。

【诸佛解脱】夫名生于有用，诸佛解脱即实相惠也，以人证故名为解脱也。

心行中求 谓不定众生也。上以邪见同解脱，此以解脱同众生心行，即混三聚为一相也。众生对三聚以为天隔，盖由不得众生空也，故于三处辩求空之理。上伦（论）法空，此明众生空也。

不动 众魔处道毁嫉，正真（真正），菩萨出世质之以隆其化；既知邪正一相，故不舍不动也。

【不舍不动】不舍不动俱二种释也，寻其事本。

何等相 上来□（因）□□□论议本受使问疾，竟末得叙，故问其所患之相也。

不可见 言我病非色法，非色法则无所相可睹也，经文虽不正言空，而答者触言欲辩空相也；心合既言有疾必有所在，身心是受病之器，故居而问也。

【不可见】直言不可见，不言无病，故问在何处而不可见邪。

心如幻 推身无相，故云离也。既言其离，何得受患。若身离心，犹若草木除。有病者，心从缘起，不在内外中间，故云如幻。又心离身何所仿止而有觉知，身心各二义，答之病。上已破身心，此居四大而问；四大不和如四毒蛇，将知病。诸天问者，□讹知病之所在，是故病我。答不从不离则明众缘而有，众缘而有则□无自性，此亦渐论空理。先明众生病从四大起，以众生病所以我病。此则明已□病言，以众生而起则会大悲立病。此则我病之相也，至此乃示病相也。

【四大】四大无情类同风石，故云非地大，然缘大而致悉，故言不离；若离言有，则坠无因；问者居众生情，故求其定相。此言所寄，乃明病无体相，非情粗所会见。

【我病】新行大士若有疾苦，心多生恼，故宜慰也、喻也。说法之主，众情所归。下先推无我者，即我病本。

有疾菩萨 大众既知维摩诘是大菩萨，功业久备，众累都绝，悲心立疾，照明法化□文殊唱发论端咨问，欲令广敷道教，大悟时听，使大法宣流也。

厌离于身 □大厌患下苦，以上界为乐，二乘四行，速背生死，有昧泥洹；大士则不然，说谛圣行，则用毕竟空明，故得拯济，不胜而弘四等过去教忏悔法灭、先世重罪；令悟罪相从因缘有，不滞常见也。

彼疾 缘已之疾而愍众生三趣之苦、诸余疾患、三涂八难、王法刑戮，苦甚于我。又众生无惠，不知深自晓喻，将忧愍昔劫以来，经苦无数，末曾为法；若令众愿于苦得脱，岂可以小苦，况我大心，故当遣志饶益众生也。

忧恼 仆心福业，净命功德，则不生忧恼。

谁受病 次明病者，既受法化，思维向之所说以为心用，故能调伏其心。讨身有我则罪患由生，若知无我则心未伏，心未伏则万累都息，故先观无我也。

合成 此身阴界诸入合成也，假法相以除讨我也。

【各不相知者】各不相知者，或者谓此身虽有虑，知之主统御诸情，诸情有念，知之邪指，实缘会而起，犹若机关示人，故示知所以而起、所以而灭。

行于平等 推情尘和合，则起法相。知其虚诳则平生念行于平等，行于平等法想则废也。

涅槃等 上推无我，明众生空也。次遣法想及余空病，解法空也。言我等者，举生死本名也。

名字故空 凡假名举字，将知如名下无实，释所以空也。

【无决定性者】无决定性者，忘（妄）想颠倒假名，为生死虚忘（妄），既（即）除假名涅槃。

亦空 本假空，去滞覆有着空相，不勉（免）于累，故空病亦空霄无能寄，乃会真性也。

诸受 诸受，谓三受也。又大士既体真性，虽受诸受，终不取相、起诸烦恼，故能为物受生，不以受为累，故以无所受为言也。

疾患 苦痛受阴所摄，故居受阴明义也。

【念恶趣众生者】念恶趣众生者，自推积善之身，犹苦病如是，积过如山泣泪成江；况兼趣众生受苦无量，故悲心遂深也。

【调伏】向来明能自调伏，此下论兼化众生，□□无碍，然后调伏，谓之也

而不除法 众生讨我着乐情重，虽知结使烦恼为患，闻除断我，舍五欲乐；至于涅槃，则谓永失于乐，及受乐之主，故外道言：佛寂将人（疑衍）入涅槃，永灭了去。是以应意设教，言但除其病，而无所除也。

三界 三界众生，自末入圣境，诸情取舍，起三种业，末妨暂住，故云攀缘也，乃至有顺，更无所缘；还缘下地，犹如步屈也。以无所得知，情尘所缘虚诳非真，则不取相；不取相即过情尘之境，则无缘无得。

谓二见 谓二见无所得也，下内外见者，谓彼我见也。

【调伏其心者】调伏其心者，能忍病苦，要有二事：一外人慰喻；二内自调伏，则苦可忍也。

菩提 大士之道，兼志旷济，乃谓调伏其心，故归功于菩提也。

非真非有 上解大士调伏其心要，兼化为义；然众生无边，病亦无尽，菩萨云何能悉济拨，恐心忧没废退，故教此观；若知己疾虚诳非真，易可除灭，彼疾亦然；既得此意，则进修大业；大业之道，先兴大悲；有二种，故教舍爱见悲也。见谓见彼我也，深着众生为之悲结，故爱见。爱见乐悲相应，故有彼退也。下言说法解缚者明，故生五道自在。

无缚 有二种：爱见应心，不能化度也；不解毕竟空也。

无方便慧缚 以爱见心，严土化人，则无方便也。

无惠方便缚 方便与惠有二种：世间、出世间也；此言世间方便也，智慧深浅不与名也。广辩权深浅，示行人缚、解五相也。

观诸入法 行者应如是观诸法，调伏其心。

所观不离身 言身病相因，若身从因缘生，病亦如是；若身无相，病亦无相；若病无相，身亦无相也。

非故　明身与之病报，故无定；由身有病，缘病有身□（在）下无始以来，犹若寻镯何有定相，既无定相心无所□，心无所□□□实□此利智所□也。□□□善不善不动业也。□□以为常有不动□□□□□□及亦名不动也。三解脱门为圣贤行对三凡夫三种业。凡行虚诳□□□□□□□故云悲也。又凡圣一相，理无分别。

【不住不调伏心】上言人慰喻，此明内自调伏不可是顿得，故先明众生空，次明法，后明空；空此病皆先世因缘而生，故无有住者；既无【住者】亦无受者，则而病本也。

垢净　尘劳为垢也，无漏为净□□□□□□□净也。

众魔行　出三界则过魔行也，三乘人亦过魔行也；然□□□□□□魔行而□成大果也。业经□□□□□□

【众魔行】□□□□大士法□□□□为本□□□□□□（欲）知众生劳垢魔怨外道皆是菩萨□□□□佛道故也。

（尾残）

不思议品第六（缺）
观众生品第七（首尾残）

（首残）

行慈　言无众生不如外道断灭，亦非本有，今无□（但）去志见众生邪。又向言无众□□以堕灭见，故文殊问所以行慈，令会中道也。位下菩萨取相行慈，得无生忍。所□□，乃所以行慈也。

说如斯法　下所列是也。

【真慈】如水中生冰，终不可灭，故云真慈也。二乘人得寂灭则澄（证），不能弘寂灭。大士体无相理，俞（逾）进功业，化接无碍，故尽言行也。

寂灭慈　此明大士行无缘慈，故建章言；寂也，虽寂灭无相而随俗生数，故称为慈。凡大士行皆为众生，众生即是慈也，故即众行□□慈名不论说与不说也。如般若实相观诸法无相，而此智体兼济之世，兼济之世则□也。寂灭无相谓无缘也，故云真慈也。

无诤　无增（憎）爱、诤讼，故云无所起也。不合内外者，情尘诸□也。

【无诤】□（慈）有三种　即二种无诤三昧也。

【行不二慈】□不起有二见，既无内情则无外尘；无物则无合，无合何有诸累也。

毕竟尽　体毕竟尽，故为名也。

阿罗汉　秦言杀贼也，就破结使贼为名也。

【行菩萨慈者】行菩萨慈者，菩［萨］以安众生为义，此实慈，能安众生，故名为菩萨慈也。

【行如来慈者】行如来慈者，如来究竟如相，此慈亦随顺如理，故名如来□（慈）。

【佛慈】觉、自觉、觉彼梦云行慈，亦能自觉、藏悟于彼，故名佛慈。

觉众生　三界常眠,众生重梦,唯佛独寤而能兼悟也。

自然慈　言无师者,居一生出则不咨师而成也。为说三句义,即因为慈名。

【自然慈】□妙□理绝因缘,此真慈亦尔,故云无因得也。

菩提慈　寂灭为相,故云一昧也。

无等慈　□□及凡夫为等也。

【行无等慈】　无等等是空法名也,以空法去爱,其累永断也。

【行大悲慈者】行大悲慈者,夫大悲必导人以大乘,此慈亦尔,故云大悲慈也。

无我　外观诸法毕竟空相,内知无我,故慈心无厌也。

无遗借(惜)故　□□行初禅,当生梵世,自念我若与彼行,同则功报无别,即自兼行慈心,得上生为□则权咨于法也;大士则不然也。

【行法施慈无遗惜故者】　□(行)法施慈无遗惜故者,上来说真慈体性,自此下明慈不类□□。

知时　谓在菩萨地勤修大业,不汲期于果证,此知之妙也。智慧知时,义非一途也。无隐慈　谓不隐藏过失也。

无杂行　所行纯净,无结使杂也。

无诳慈　若远本意,受从异心而有,所作则诳虚也。上言直心,此之不诳,俱表成(诚)心也,但上明不藏已过,此言不期(欺)诳他人也。

【悲】　从悲心所生功德,皆名悲也。复次以拔苦为理,此功德实有利益,故名为悲也。

众生　上慈中以明空义,将知余三等义同于慈故不广顺文也;当以所行前人虽不得恒运心及众生,故云兴也;又以所得果报□□众生也。

无悔　施有三种:财也、法也、无畏施也;施之所及,形神俱济,彼此欣悦,故云无悔。居施身,当知万行皆尔。

【舍】┌──────┐要施之于事,于彼有益,故云与也异,二乘人苦恼所副逼□□曲心所以行皆名隐也。内心忧没,或生疲退也。

悕(希)望　所作福祐者,广明于诸业,行不求功报,故云舍也。□□□用心无所有普皆舍义也,将知三在中也。

何所依　上来广美不思议,大士所行次□等汎然无寄,然求佛道发财迹要在于生死中,而功业未备,为苦恼所逼。苦有三种:内、身、心□病,外诸苦难,故云畏也。是时何所依邪。

功德之力　当专心念佛功德,佛功德之势自然接助,以寄心妙,处苦恼则灭也。次念佛功德智慧我亦有分,不可为此小事自没也。又当念□□实我当求真,岂可为此虚诳所坏也,种种牵心,苦恼畏自灭。言依者,即求义也。

正念　┌──────┐恶之本外法无定也。随心所造而有报应,故经言:诸法从意生形也。是故以正┌──────┐不得勉(免)苦,皆由邪億(意)念,故云空念也。

不生不灭　正念之足处也。┌──────┐辩义,此世间正念也。

身为本 身者□ _____

分别为本 分别男妇美 _____是女人发，因是□ _____

【无住】 _____也 _____实更无本，故云无住。

（尾残）

佛道品第八（首残尾全）

（首残）

此明我心大，能为作大事也。

【入烦恼海】 又为众生入大生死，广积善根，兼法有无倦，自致得佛，故云入烦恼海也。

智宝 言即烦恼，得实相也；染与染心不一，不□（异）□实智也；一义于烦恼报身中发大心，行六度，养成一切智宝也；果中说中，故云□□海也。

【加（迦）叶善哉者】 加（迦）叶善哉者，自以声闻人钝根小器，永绝大乘，然加（迦）叶是利根人，每自鄙愧，是以内心常欲令众生发大业心，修菩萨行。文殊向来所说令未发心者，发大悲心；已发心者，志愿深固，又心俟小乘者，令其回向，是□□又钝根罗汉，以所得见三乘无差，故自足，一方无所欣尚，加（迦）叶则不然，如人识内□□退恶改顺，名为智人，彼亦如是，所以美也。

_____法有二种，一能 _____

永不能发 声闻人观有为法无常过患，志在无为，自以永足，终不能发大慈悲心；因向佛道也，如人知水有毒，终不肯饮；又入室者皆称扬大乘之法，故自叹鄙也。

普现色身 法身大士变化像，应适一切而不动本处，故云普现色身也。大众之心，谓长者□（处）疾，即久不应，杪（渺）然独处小室，故发斯问也。

【父母】 父母有三种相义：一就胡音为称；二目内外所伺各异；三明功用也。

【妻女】 本心寂清净。 妻女俱二种义。

以为父 外道以偈说法，庄严功妙为难，故作偈□（答）也，所以寄万法，酬其所问者，欲令众会审知，维摩诘是法身大士，迹绝群粗，久超世表□众生，故寄迹常流，以弘道化，岂同群品，婴累生死，是故配之诸行，以明父母妻子也。外国□法般若女音也，故以般若为母也；照达法相，尽智慧理，故云度也；内心所乘，资之而生，故言母也。沤（讴）和南称也，故以为父也；方便之力，外化无方，故方（云）父也。

道（导）师 导师者，诸佛也。

【法喜】若心弛逸则念除，舍定三法，若心□没则念释，喜精进三觉念处中，两用也。

为妻 实相妙法喜足，于内又喜心，缘法而生理内为义，故云妻也。

慈悲 二等，缘众生犹之女，外适也；成心真实万善之众行，则具匡正家内，故云累也。

舍 世人舍宅遮风寒防寇难也。大士入毕竟空舍，群邪外恶不能阻坏。

所转 尘劳众生，凶顽难化，训以正教，邪自觉面，故云转也。

等侣 趣大旷险得至所期之处，唯诸度能也，故云侣也；知识真取相益为事，故伴侣知识□辩乃悉也。

伎女 四摄法能令众生欣服，伏其化道心欢误（娱），故云伎女也。

总持 闻持音声持也，入别持者，入别持谓知众生五道受记，如是等事中□□不相应；持者如病痓人也；又如结使，虽□□在心中，常有缚人之势也；持，名总也，诸禅定智慧皆是持，是故以为园圃也。

【**总持为园苑者**】总持为园苑者，园苑二有，种种滋茂，寄心悦自之处，可以施止，施止则人释愁虑，喻持有无量妙法，可以标心，以此二事为喻也；无漏法是成果之处也，又能除人热恼之患，故以下为树也。

华 三觉动发，三觉沉没，动发如华之将欲衰落，沉没如华之敷念，觉调御得所如华之盛也。

果 通二乘，有为无为果也。

七净华 戒净也，心净也；见净断疑，净也；道非道，知见净也。行戒净者，为涅槃持戒，离五邪命也。心净者谓金刚三昧相应心也，或云第一法心，能开涅槃门也。见净者八正道，初正见也，断疑；净者疑绝永拔，如见谛成就人也；道非道知见净者，知见是非邪正也，谓无复邪智也；净行者，苦乐道谓行也，知苦乐道所行难易也；居思惟道中，重分别、明了为义也。涅槃净者，谓无余涅槃也。

一心 以为车马必须善御，以制心马，若驰速则制，若缩没则进，□和得所，故云一心即舍义也。

上服 衣服外部风寒，内以覆体；惭愧二行，防制外恶消不善，故云上服也。

【**惭愧**】若藏恶心，内自耻责，各为惭容；怀恶心，耻于外人，名为愧也。

【**衣服**】衣服其用有三：一御风尘；二覆体秽；三为饰好。惭愧，亦有三能也。

鬘 彼国以珠宝为须，或以华为鬘，以自严饰也；大士则深入善法，以为华鬘也。

【**华鬘**】一形唯头面为贵，唯是为贱，故庄严头目，则举形严饰，故举华鬘也。

大利 信等七才（财）所以充逸，由惭愧守护诸不善，贼无由侵夺；惭愧亦才（财）亦守护也、教授也、修行也、回向也，由此三故滋息无尽也。

床坐（座） 彼国床以防虫蛇，行者坐四禅之床，得免盖缠毒害之患也；禅定所以成立，由净命为地也。

音 彼土贵人眠时，若欲寐，鼓乐寐之也。

食 彼外国书中，言以诸药草和合海水，以宝山摩经十二年则甘露出，食之殊美，永不复死，故佛法中，以六般罗蜜和合实相海水乃真甘露，食之无老病死也。

【**甘露法**】甘露法，食养智慧命。

浆 四解脱味为浆，一出味，二远离味也，三智惠味也，四解脱味。出味者，□（于）欲恚恼三觉得出也。远离者，远离家居也。虽得出家，而有徒众、弟子，犹恼累，谓于中远离也。智惠味者，观于实相也。解脱味者，二种解脱，同前解也。

浴 洗除心秽，永无遗垢。唯心净为澡浴也。此论室余时澡浴，不以就池也，亦食诣澡。

【澡浴】彼土浴竟，以香涂身也。

【戒品】外持净戒则内乐、内乐则心住、心住则入禅，故言从生也；胡本净命持戒为地也。

【戒品】爱心为性，虚渴五欲将以救渴。（此句应在戒下）

【戒品】戒为万善之本，能熏除众秽，香彻八难，故为涂香，亦为行香也。

道场 彼国军斗，若怀（坏）敌竖幢幡以表胜相也。自此以下次明居业作役之事也。

无不现 不动本处，爱身适也。

尽现 此偈释所以化众生，众生种类各异，形声威仪万品之差也。

魔事 通三界之内，通是邪动之境也。

老病死 弗迦沙王远来欲见佛，佛知舍至南山。所以然者，欲望令精成（诚）敬念心专，若即时见佛则心粗散乱，王到□（佛）□（住）处，见难陀谓：呼（谁）是佛，既知非佛，即思惟：弟子姿容乃尔，岂况于师，即往逐佛，暮到陶家舍寄山，佛知此王明当为牛灭杀，宜应往度，佛化作老比丘，寄宿一处，初夜中夜不卧，王见此道人年老，行道不懈，我年庄（壮）力盛，云何眠卧，于是思惟行道；佛然后乃问：汝见佛不答言：我欲求见而未得见，佛即现身相好，而为说法，于是得道，所谓现老而化也。

王 □□（之）处，令睹日月光明所益无量也。作风火、作四大调和，则群生得所。又变作四大随时饶益，如无水火之处而给济之也。

【疾疫】疾疫劫时，多起众恼也。

【若有服之者】现腹内风冷，服呵利勒果及乞牛乳，因如是事化度也。

饮食 如仁，良宏化也；饥饿劫，多起悭贪也；刀兵劫，则瞋恚心重也。

等力 令两敌力势停等，若交战则俱惧灭，抑其勇毅之心，令得通好，彼此和安也。

食噉 本生经中说，大士本作三狩（兽）：象、猕猴、鸡，更相推问，长幼相事，象负猕猴，猕猴负鸡，以为供养。□周行国内，诸禽狩（兽）怪，见而问之，以事而答；于是一切禽狩（兽）皆长幼相敬，伏其德义。时国□（俗）以老人无益，毁贱远弃，见三狩（兽）如是，时人咸其仁义，以崇人礼也，其便不能称大士之心，故愤叱也。

大力士 如佛化五百群贼，化也。

离淫欲 或服仙药，或现苦行也。下言不肖无智者，极势明三部重垢众生也。

入不二法门品第九（首尾全）

第九品 所乐说之 上来文殊维摩诘讲论诸法，或说作问，或明实相。而实相甚深，真理难悟，是以此章明诸大士纯说实相法门；情惑既异，将知悟非一端，要而言之，四因缘义。又自上以来，二人谈对，互相供养；今者将欲供养诸大士也。世人以衣食供养，大士则以说法为养也。又前论大士通达佛道，周权化接方便门也。次辩实相般若门也。

生灭为二 二乘人观生无常，入圣道；大士观无生灭，入正位也；肉眼所见，故有生灭。惠眼所观，则无生灭。拾（什）公此句配空解脱门，下云无我门，自此以下皆居慧眼所见，慧眼所见则无法，无法则无相。配空无我，无在也。所以不破一者，一无对，无过患，是故居二为言也。不二法者出因缘之表，出因缘之表则不可破，故称相法也。

若法不受 谓四受也；亦报身受苦，乐也；无漏法，谓不受也。惠眼所观本自无法，故不可受也。

【见垢实性者】 见垢实性者，见垢实性则无垢，无垢则净。

是念 动谓所缘法也，取相境界皆是动法也；动与念内外而言也，或言心初为动也，取相有着为念。

一相无相 诸法皆空，故云一相也；若寄心于一以无相，则二也。

弗沙 弗沙者星名，是鬼星也。

【善不善】 善谓一切有为无为善法也，不善谓欲界不善法也。罪谓通三界染。□（善）谓一切有为无为善法也，不善谓欲界不善法也。罪谓通三界染累恶法也；福谓三界有漏善法，能得报者是也；三界系法是有漏，无系法是无漏；一切生灭法是有为，三无为是无为；诸不善法无记法及世中善法；不能除患者，是世间法也；有为无为无漏及有漏善法，大乘离生死者，名出世间法也。

【不入不出者】 □（不）入不出者，本自无法入世间，故无出也。

【不溢不散者】 不溢不散者，明一切法皆入法性，若有法不入法性，一者可有溢散，无□者故不溢散也。

究竟尽 有为无常、迁灭会归于尽，故利智者观无常即实相也。若无尽，无法也。

即是明 推无明无性，即生实智也。由无明而有明，故不增无明；明从无明而生，故不爱也。

色色空 明智慧空色，方言空也；若未生，谓智为有则二也。

四种异 四种所以言大者，以作法中有，云为之能也，空识不尔也。

【作】 大种经本云：摩呵浮陀，摩呵，大也；浮陀，作也。

【三解脱】 下人以三解脱是有为无为，二性居异也。

法即众 就世谛中，三宝亦一也。

身身灭 身灭者，谓无余涅槃。

从我起二 真取我起不论我也；上云我，我所也。

暗与明 以三乘人智慧深浅为明暗也，喻如灯所照不同也。

灭受想 所无心行处为喻也。

乐涅槃 下品人着世间乐，背涅槃法；中人则厌五欲而乐涅槃，人于此二事中无所厌乐也。月氏王以乐涅槃情深，一时杀五百大臣也。

【不见】彼菩萨来，凡有三因缘：一与此众生有缘，助佛宣教；二以此果苦处处修功业，欲请受未闻资益以德也；三常处净土，未见不净，未来观化菩萨，所以见不净；诸天举手之净不见不净者，菩萨本求自在智慧；又不一向厌患恶事，故得自在，见诸天无自在智慧；又一向厌患恶事，故不见也。

默然无言　文殊无言无说，云行人有言取相，故迹中何汉，诸大士所说，欲令废言求理，犹有言，故维摩诘默然明至理言像，乃会于真性断也。然后文殊称美，乃令众心深领志言之妙会矣。

【无生法忍】谓大士文殊净名，此三科明理精粗，相次共成五千人心会无生□□（法忍）也。

香积佛品第十（首尾全）

第十品　**何食**　所以身子念食者，其旨有三：一者，身子是弟子中上坐（座），上坐（座）法忧众僧饭食所须也；二者，身子未免形苦，是须食；三者，于大乘法永绝希想，于诸深法语默俱游，入出同相不能，故未能忘累也。受行者，所以居八解脱。为言者，直明禅定解脱，由心之处无复碍累，既无碍累，岂容念食于（乎）。

说法　彼国以香佛事也，当知亦有说法从多为名耳，以众生所悟不。又圣人本誓所因通教无住不寄，故佛事不同耳。

目见　所以彼国取饭者，欲令此众见彼净土。又彼香食，多所饶益也。

默然　所以默然，必欲令维摩诘遣化大士，遣化大士彼此有益。又彼土严净，虽法身大士未若变之像，清净殊妙乃称净土也。又客法不应自往取食，是故默然。

可耻　仁此众中，无能变化周旋异刹不亦可耻乎。

之余　言余者，谓佛钵中残食，佛钵中残食则□感为妙也；一义彼饭悉是如来之余饭，乞者谦辞，故云所食之余。

普闻　更以三因□（缘），故于彼取食也；一者于世界作佛事也；二者乐小法者得弘大道；三者称扬彼佛名声，□（饶）益众生五浊，众生即是乐小法者也。

娑婆　秦言大众，亦言大会也。

众香钵　或言□（以）香熏，是众宝所成也；或云最上栴檀等香木所成也。

不尽现净土　同净土解也。

月盖　彼国长者之主也。

不消　所以无让众子，食者，盖欲有所击发，而此食如来□慈所熏，理未无量，若以限碍之心而造此食，则不称食；不称食则虚负香饭，饭消病故云勿使不消也。

终不可尽　往修无碍智慧，功□□□无功报，岂可有尽，故香饭无尽也；又香饭以为佛事，佛事云何有尽，彼国唯树香、香饭作佛事也。

难化 说三教调伏众生，一者，说三恶趣苦切之言；二者，为说无常快乐及他方净士；三者，兼说上二事也。犹马师三种法，调马十不善业道有三差，故有三恶趣也。是结戒者广结戒因申如毗泥说也。

【是持戒、是犯戒】是持戒、是犯戒，以下是杂说也，亦可通有说善法也。众生利钝亦因五品，如说无常至无我，即四品人也；说恶趣因果、苦功之言第五人也。因香入鼻，随根利钝心悟道成。

【障碍者】鄣碍者，谓三鄣也，毗泥（尼）中四粪重偷兰等亦是也。

【贫法】是故为现生王宫中六年，出家苦行成佛，饥渴寒热乞食之行，名贫法，现如此事，人则信受，故云乐也；人天所行及二乘不法，皆名贫法。

度脱众生 钝根罪垢众生不安深法，犹如乞儿惧于上馔也，故彼现教隐藏无量神力，喻如大龙为小蛇也。

劫行 彼土大士以此土鄙秽，众生下劣，故出其分事也。

【净土】虽寄生净土，欲令诸大士进修功业，功业既大有，当拯济众生。又功业既深，净秽何异也。

愚痴 愚痴有二种，【一】者，佛法中痴；二【者】，世界中痴。彼士无世界中痴，故功能妙也。

【说除八难者】说除八难者，戒不具足则受身形残也；有惧心故则生边地，破涅槃因，故久在生死，名长寿之人；不法施，亦堕边地；又一切生善果报，故诸不求道者，总名一难也；正见成就持戒清净，是离难之本也。

【八难】犯戒之人，使心造恶、坏一切善，故堕八难；持戒则心净，心净起禅定，心净起禅定则生实智，生实智则起出三界也。

善根 善根者，染心所种也。

创（疮）疣 若二业微薄于行则滞，虽欲化众生产净佛国土不能无累，故云创（疮）疣也。

为八 而不望报，一也；尽以施之，二也；言代受苦恼者，众生在三恶趣受苦，慈悲拨济也；又大法欲灭受命济法，令众生安乐亦是也；【三也】，谦下无碍，视之如佛；四，闻之不疑；五，而违背者，本以二乘人为怨贼，知其同趣而能顺从，无□□□；【六】，调伏其心；七也，不讼彼短；八，求诸功德。总上八功德也。

菩萨行品第十一（首全尾残）

第十一品　右掌 欲广说显大士神通之力，又以供养宾客大众也。拾（什）公云：此中佛应变化坐像与彼相称经此文也。

何香 阿难侍佛左右，或诸天下则有天香，或异刹大士供养之香皆所曾闻，故问其异也。难云：前云香遍三千世界，阿难云何不闻；答云：前非所及，今近及闻，亦□感之发问也。

七日 势至七日尘劳乃消，如七步蛇也；下大小乘人随经文阶差，亦经七日得成道果；此言食香饭成。小乘者，谓应适乐；小法者，若一、若二耳；一七日中便得无生忍；云何有化度之功耶？答云：大士成佛有迟有速，于义无损也。

能作佛事 阿难意以饮食唯以养生全命，而彼如来以为佛事，是故美其奇特也。

光明 如放光品，光明所照身心柔濡，悟无上道也。

菩萨 但菩萨说法教化，佛无施作也。

化人 直以化人说法，化度如须扇头佛度众生也。

菩提树 见佛道树，庄严殊妙则道心开悟也；又，道树音声吐教；下园林，义同也。

衣服 云一国人疫，病死者无数，以佛僧迦梨玄（悬）著高处，病者皆愈；又，发道心也，如此比非一条也。

随形好 谓见佛图像相好则悟也，或见国中有佛相好，人或见一相两相，如转轮圣王比也，如一国王以金华遗余国王，彼王即十二因缘经并画佛容像与之，彼王见佛相好即悟道心。

佛身 谓佛色相真身也。

虚空 观虚空即悟一切法无相无碍，皆如虚空也。

以此缘 释所以佛事有异，众途之异也，谓随誓愿应众生所悟不同，皆互参余法，举其多者耳。

梦幻 如人梦得珍玉，寤则无实，因此悟一切肉眼所见犹若梦境；慧眼所视，犹若悟已，就近情以开深理也。镜像喻肉眼所见，手取像不可得，喻惠眼所照也，下诸情皆尔也。

【梦幻】以梦化者，昔有三人好为淫事，常遣想奈女，情想既积，其后三人夜俱梦与通，既寤自思曰：此女来我亦不来往而淫事得成，因悟诸虚诳亦复如是；既得无生忍，若众生须梦得悟者，即令通梦也。或形伐或法教，令勉如尸毗王皆以形伐也。

寂漠（寞）无言 上来皆有所观以成佛事，此因虚影以悟真相也；佛事虽异，然大师皆以灭寂为眼，所谓殊途而归一也。

诸烦恼门 明诸佛圣人善为佛事、拯济群生无往不寄，故善不善无记法皆已度人，犹如良贤土石草木无非药也，如以天欲拨难陀之欲，然后自起憍慢，即此慢心舍彼天欲也。又如毒烟降龙，如此比皆烦恼为妙药也；以毒除毒，唯良师之述。八万四[千]者就食欲境界，因其色像若干，为二万一千明细别及无量也，余三皆尔，异于旧数。

【欢喜供（恭）敬者】欢喜供（恭）敬者，解心由佛明彼欣已所得，以益加敬欢喜；下句，更出所以欢喜。

三佛陀 秦言正遍觉也，二乘亦得言觉，觉理味极，故以正遍别也；阿加（伽）度，通名如来也；如昔过去佛来入佛道，我亦如是也；佛陀者，明独觉无师而成也。

【多陀】多陀，言如阿迦陀，言来或言去或言说或言智，此四法皆如诸佛也。

舍离是心 彼诸大士或有结使未尽，或习气未除脱，能生劣想，不必皆尔也，故彼佛殷勤戒约；既闻上来所说，故以诚白佛忏悔此失也。如来香饭至此，广有所成；言流于彼必有弘者，故求少法还于彼土，当念如来佛事之美也。彼国严净，若闻此土众生杂熏，佛事谦苦，则彼国殊妙，方自欣庆

进成大业也；又诸大士欲以此法周施教▭▭▭▭

【有尽无尽】赐少法者，正法深妙，自以心智微浅不能堪受；又是乞者谦退之辞也。二乘人以有为法动移无常，故云有尽也。以无为法虚影不变，故云不尽，是故舍有为住无为也。诸佛所以出世益为度人取饭求法周旋往返者，明诸法正，相成济也。无尽者　无尽者，泥洹实智所缘法无常，无常变易灭尽，故云无尽；凡夫着有法，不贵无为，小乘见有法过悉深着无为，大士离此二过，故云解脱也。

（尾残）

见阿閦佛品第十二（缺）

法供养品第十三（缺）

嘱累品第十四（缺）

《新唐书》所记沙州"下都督府"考*

黄　京/敦煌研究院敦煌文献研究所

　　沙州（敦煌），处于河西走廊最西端。它西临西域，南界吐蕃，北御突厥，东通中原，是中西交通的咽喉要地，中原王朝经营西域的桥头堡。[①]唐代沙州，在地缘上是边州。[②]其行政等级，在正史的记载中却有着不同的反映。《旧唐书·地理志》（下文简称《旧志》）记载沙州是下州。[③]《元和郡县图志》（下文简称《元和志》）载："沙州，敦煌，中府。"[④]《新唐书·地理志》（下文简称《新志》）却记载："沙州敦煌郡，下都督府。"[⑤]正史的不同记载，其实体现了沙州在唐代的等级处于动态的变化之中，那么何时为下州？何时为中都督？下都督府又是什么时期的等级？对这些问题，传世史料没有明确，现有的研究也没有给出答案。

　　唐德宗贞元二年（786），[⑥]吐蕃攻陷敦煌，唐朝在河西、敦煌一带的行政建制随之瓦解，沙州进入吐蕃统治时期。如果沙州为都督府的时间，仅为766—786年这20年的区间段，而《元和志》与

*本文是甘肃省文物保护科学和技术研究课题"中晚唐河西陇右历史政治地理格局研究——以敦煌石窟和文献为中心"（GWJ202007）阶段性研究成果。

①郑炳林《敦煌：晚唐五代中外文化交融与碰撞》，《龟兹学研究》第2辑，2007年，第94—95页。
②李林甫等撰，陈仲夫点校《唐六典》卷3《尚书户部》，中华书局，2014年，第73页。
③刘昫等《旧唐书》卷40《地理志三》，中华书局，1975年，第1644页。
④李吉甫撰，贺次君点校《元和郡县图志》卷40《陇右道下》，中华书局，1983年，下册，第1025页。
⑤欧阳修、宋祁《新唐书》卷40《地理志四》，中华书局，1975年，第1045页。
⑥陈国灿《唐朝吐蕃陷落沙州城的时间问题》，《敦煌学辑刊》1985年第1期，第1—7页。

《新志》的记载，分别为中府和下府。是不是说，这20年间沙州又经历了等级调整？假如真是如此，那么，唐宣宗大中二年（848）张议潮起事后，①唐中央在沙州设置归义军，任命张议潮为节度使兼河、沙等十一州观察、营田、处置等使。②沙州再次成为唐代藩镇使府的一个治所。此时的沙州，又是什么级别？本文将结合相关史料及制度，集中探讨这一问题。

一、《新唐书》的记载与沙州等级考辩

我们知道《旧志》记载沙州是下州。这在英藏敦煌文献S.2593V《沙州图经》③和敦煌博物馆藏58号《天宝年间地志残卷》④得到印证。王仲荦先生对上揭两文献都有全文过录和详细考证，并指出S.2593V《沙州图经》，其成书年代当在武德七年以后到天宝初年以前。⑤可见《旧志》所载沙州等级是唐代前期的情况。

《元和志》关于沙州为中都督府事。学界研究已有涉及，在此只引述刘安志师的一段评论以明之：

> 唐代前期十节度治所，多为边州要地，治所皆是都督府或都护府所在地，节度使例兼都督或都护，沙州作为下州，与都督府级别相差数级，河西节度使迁往沙州后，例兼沙州地方军政长官，但原沙州刺史级别较低，与节度使身份不相配，因此，势必要提高沙州的军事行政级别。⑥

也就是说，沙州作为中都督府这个级别建制，从大历元年（766）到贞元二年（786）一直没有改变过。建中四年（783），唐与吐蕃会盟于清水，双方划定了新的边界，实际承认了吐蕃对河西陇右的占领与统治，⑦也宣告了唐朝在河西地区行政建制的瓦解，沙州中都督府的建制级别，停止在贞元二年（786）。

---

① 关于沙州张议潮起义，传世文献记载阙漏、讹误较多，学界前贤根据敦煌文献，已有详论，故此不赘。参考：罗振玉《补唐书张议潮传》，原刊于氏著《永丰乡人杂著本》，1922年，后收录于陈国灿、陆庆夫主编《中国敦煌学百年文库·历史卷（一）》，甘肃文化出版社，1999年，第14页；藤枝晃《沙州归义军节度使始末》（上），原刊于《东方学报》第12册第3分、第4分，后此文由金伟、张虎生、李波译成中文，收入陈庆英、耿昇主编《国外藏学研究译文集》第14辑，西藏人民出版社，1998年，第56—57页；向达《罗叔言〈补唐书张议潮传〉补正——瓜沙谈往之四》，原刊于《辽海引年集》，后收入氏著《唐代长安与西域文明》，河北教育出版社，2001年，第411—412页；金启综《唐末沙州（敦煌）张议潮的起义》，原刊于《历史教学》1954年第2期，后收入陈国灿、陆庆夫主编《中国敦煌学百年文库·历史卷（一）》，第116—117页；荣新江《归义军史研究——唐宋时代敦煌历史考索》，上海古籍出版社，2015年，第148—151页。

② 司马光撰，胡三省注《资治通鉴》卷249《唐纪六十五》唐宣宗大中五年条，中华书局，2011年，第8171页。

③ 唐耕耦、陆宏基编《敦煌社会经济文献真迹释录》第1辑，全国图书馆文献缩微复制中心，1990年，第1页。

④ 唐耕耦、陆宏基编《敦煌社会经济文献真迹释录》第1辑，第56页。

⑤ 王仲荦《敦煌石室地志残卷考释》，中华书局，2007年，第4页和第142—143页。

⑥ 刘安志《关于唐代沙州升为都督府的时间问题》，《敦煌学辑刊》2004年第2期，第64页。

⑦ 《旧唐书》卷196下《吐蕃传下》，第5247页。

那么《新志》的记载："沙州敦煌郡，下都督府。"①从现有的材料看，均不能支持沙州曾在唐代前期有过"下都督府"的建制等级。难道是欧阳修等人记载有误？

据《新唐书·艺文志》，欧阳修撰《新志》时，应参考过《元和志》②和苏冕的《会要》、崔铉监修的《续会要》。③《会要》记载了唐高祖至代宗之事，《续会要》接记德宗至宣宗年间事，④是欧阳修掌握的有关沙州在唐代的建制沿革，应该比我们更加清晰和准确。那么，《新志》所谓"下都督府"的记载应该不是唐代前期乃至吐蕃攻陷沙州之前的建制等级情况。问题就在于，沙州"下都督府"的建制等级到底是在什么时期？目前学界的研究，没有明确答案。赵庶洋先生曾专门探讨《新志》，分析了《新志》的材料来源并对其中史事进行了详细考校。⑤这有益于我们进一步加深对《新志》的认识。然氏著没有谈到《新志》关于沙州建制等级存在的问题。

清人王鸣盛曾仔细考校过两《唐书·地理志》所记唐代天下诸州郡，在建制沿革、领县数、户口数等各指标的差异性，提到：

> 向来志地理者，皆据最后为定，如汉据元始是，《旧唐》据天宝十一载，则以其极盛……唐有天下三百年，天宝未及其半，安能遽据为定，自不如《新志》据天祐为妥。⑥

随后，王鸣盛在"新志据天祐条"又曰：

> 《旧志》既自言唐末乱不可备书，故据天宝，而《新书》往往有意欲与《旧书》乖违。然汉元始王莽擅命，而班氏据之，前例可循，则天祐贼臣朱温所建置，正与汉事类，《新志》自可通，惟汉户口亦据元始，《新志》则户口据天宝，建置据天祐为异。⑦

然岑仲勉先生认为王氏观点，是"泥古之说"，并举《新志》关于唐末安西、北庭不应数为例，提出"新志不可从也"。⑧我们认为，岑先生是指类似安西、北庭，这类曾经为大唐领土，后因战乱，被外族占领，唐末之后不再属于唐，《新志》对于这些州郡记载有误，不可盲从。但是，对于唐代绝大多数州郡来说，通读王鸣盛的著作可以看出，王氏是经过详细考证得出的结论。这一观点被学界多次验证。如严耕望先生在论述唐代地方行政区划时，指出：

---

①《新唐书》卷40《地理志四》，第1045页。

②《新唐书》卷58《艺文志二》，第1506页。

③《新唐书》卷59《艺文志三》，第1563页。

④郑樵撰，王树民点校《通志·艺文略第三》，中华书局，2000年，第1547页。

⑤赵庶洋《〈新唐书·地理志〉研究》，南京大学2012年博士学位论文；后该论文由凤凰出版社于2015年出版。

⑥王鸣盛撰，陈文和、王永平、张连生、孙显军校点《十七史商榷》卷79《新旧唐书十一》，凤凰出版社，2008年，第525—526页。

⑦《十七史商榷》卷79《新旧唐书十一》，第528页。

⑧岑仲勉《唐史余瀋》卷4《杂述·总论新唐书》，上海古籍出版社，1960年，第242页。

历来讲唐代地方行政区划，都据新唐书地理志为说。其实很不妥当。因为新志体例，以开元天宝盛世为轮廓，而州府条目与县的隶属，又常以唐代末年为定，所以前后往往参差矛盾不一致。①

又如齐子通博士在探讨唐代次赤、次畿县产生的时间和历史背景时，曾详细比较了《元和志》与《新志》之间相关记载的差异，认为：

通过比较《新唐书》与《元和郡县图志》，《新唐书·地理志》出现了很多元和、乃至唐末年号，也记录了元和之后的诸多属县变化。因此，可大致认为《新唐书·地理志》所记，反映的是唐代后期之制，时间当在《元和郡县图志》之后。②

同时，也有学者考证出《新志》所记各州郡领县数也是唐代后期的情况。③学界的研究，对我们启发很大。

据此，结合前文《旧志》《元和志》有关沙州建制等级年代的论证，我们认为《新志》记载沙州为"下都督府"，很可能反映了唐代后期沙州的建制等级状况。因为吐蕃占领沙州长达62年（786—848），此期间，唐朝在河西及沙州的行政建制已经瓦解，不可能在吐蕃统治期间有新的调整。如果《新志》反映的是唐代后期制度，论证不误的话，那么只能是到唐宣宗大中二年（848），张议潮起事光复沙州以后，唐朝对沙州的行政调整。

虽然目前所见传世史料中，除了《新志》记载沙州为"下都督府"外，再没有其他材料与之相佐。换言之，《新志》似乎成了孤证。幸运的是，敦煌文献中的长史、司马、都督等官职，提供了一些线索，为我们考证晚唐沙州建制等级，以及《新志》记载的可信度创造了条件。

法藏P.3167V《乾宁二年（895）三月沙州安国寺道场司常秘等牒》（下文简称《常秘牒》）：

1　安国寺道场司常秘等　　状。

2　普安营田女巧惠、都衙安再诚女戒圆、押衙翟善友女□□□□，押衙

3　阴清尔侄女圣修、押衙唐荣德女□□□□、阴安宁女妙力、押衙

4　张进达女□惠、李太平女启胜、吕像像女善因、安橛子女□□□□□
　　李丑儿女镜行、

　　（5—13记录的内容类似2—4行，都是人名，略）

①严耕望《谈唐代地方行政区划》，原刊于《新亚生活》（香港）第8卷第9期，1965年，后收入氏著《严耕望史学论文集》卷下《综合篇》，上海古籍出版社，2009年，第837页。

②齐子通《次赤、次畿县的成立与唐宋府制变迁》，《魏晋南北朝隋唐史资料》第31辑，2015年，第267页。

③文媛媛《新旧〈唐书·地理志〉各州领县户口系年考——以州县建制的角度》，《中南大学学报》2014年第3期，第244—245页。

14　右前件五尼寺沙弥戒惠等，父孃并言爱

15　乐受戒。一则年小，二乃不依　圣教，三违

16　王格条流处分。常秘等恐有愆咎，今将

17　逞过本身，验知皂白，不敢不申。伏望

18　长史、司马仁明详察，伏乞裁下处分。

19　牒件状如前，谨牒。

20　乾宁二年三月日道场司常秘等谨牒。①

此揭《常秘牒》较早由那波利贞刊布，②因涉及敦煌尼寺、僧人出家、授戒道场及归义军时期政治等问题，倍受学界关注，常有引用。藤枝晃在那波氏刊布的基础上转引此文书，并考释文献中出现的关键词汇如"逞过""长史、司马"等，指出安国寺道场司是给尼出家授戒之所。③郝春文先生研究晚唐五代宋敦煌方等道场问题时，也注意过此文书，并指出乾宁二年（895）在安国寺设置的方等戒坛是给已经出家的沙弥尼授的具足戒。④荣新江先生探讨张氏归义军时期，长史、司马掌实权问题时，考证了《常秘牒》中所见长史、司马非李明振。⑤冯培红利用上揭文书指出，长史、司马位高权重，不仅处理归义军政务，也涉及僧界事务，并认为《常秘牒》的长史、司马是李弘谏、李弘益。⑥李军先生进一步探讨归义军长史、司马问题，也利用过《常秘牒》。⑦学界前贤有关《常秘牒》的刊布、录文和研究，对我们深入了解该文书所体现的僧人授戒、归义军官职等制度背景颇具参考价值。

法藏非汉文文献336号《年代不明麦粟入破历》（下文简称《麦粟历》）：

1　九月九日纳磑粟课麦张法律。

2　六月九日于张法律边纳磑课麦十一硕四斗。

3　◻◻◻课麦三硕二斗，于张法律边纳。又粟两硕五斗看园人粮用。

4　◻◻□麦八斗于张长使（史）边纳。◻◻律对粟四斗，麦◻◻

5　七月十五日佛盆麦五硕五斗，于氾寺主边纳。又粟二斗，分付氾寺。

①唐耕耦、陆宏基编《敦煌社会经济文献真迹释录》第4辑，第66—67页。

②那波利贞《唐代の社邑に就きて》，《史林》第23卷第4号，日本史学研究会，第118—119页。

③藤枝晃《敦煌の僧尼籍》，《东方学报》第29册，京都大学人文科学研究所，1959年，第319—321页。

④郝春文《唐后期五代宋初沙州的方等道场与方等道场司》，荣新江主编《唐研究》第2卷，北京大学出版社，1996年，第65页；后此文收入郝春文《唐后期五代宋初敦煌僧尼的社会生活》，中国社会科学出版社，1998年，第27—28页。

⑤荣新江《归义军史研究——唐宋时代敦煌历史考索》，第200页。

⑥冯培红《晚唐五代宋初沙州上佐考论》，郑炳林主编《敦煌归义军史专题研究四编》，三秦出版社，2009年，第225页。

⑦李军《晚唐归义军长史及司马问题再探》，《敦煌学辑刊》2010年第3期，第50页。

6　十五日瓜价麦三斗，分付氾文文。

7　安小苟边模课麦四斗。

8　八月日麦两驮，分付放羊人。吴判官对

9　寺家设衙厅孤（沽？）酒粟三驮，碓家纳。①

上揭《麦粟历》，唐耕耦、陆宏基录文时，标题为"伯希和非汉文文书"，且年代不明。通过观察国际敦煌项目（IDP）提供的该文献高清图版，其前部分有两行藏文。陆离先生录过此藏文，并对其进行了拉丁文转写和翻译，引用如下：

1　/:/dbyar sla vbring po la/khrergya sheg gnyis/cang phab lud la gthad//devi garjes la/bang ka ma

2　khre trya bre lnga vtshal//lam ched pavi dbyung nas/ban de ser shi La zhing rin du nas rgya bre lnga gthad//

（译文）：仲夏五月，小米二汉硕，交付张法律（phab lud）。此后，潘伽玛小米五汉升。兰掣甫庸向沙门瑟师交付田价青稞五汉升。②

陆离认为吐蕃统治时期，敦煌藏文文书中已经有了押衙和长史的官称，拉丁文转写长史为"jang shi"，押衙为"am va gav"，这在敦煌藏文文献P.T.1097《官府支出粮食清册》的第17—25行有多处体现，并以此认定《麦粟历》是吐蕃统治敦煌时期的寺院文书，可与P.T.1118《水磨费等杂据》（王尧、陈践定名并翻译）先后缀合衔接。③坂尻彰宏认为敦煌藏文文献中的长史（jang shi）、押衙（am va gav），其实是归义军时期的官职称号，P.T.1097《官府支出粮食清册》应是归义军时期的文献。④冯培红考证出《麦粟历》中所谓的"张长史"，是在张淮深后期任职。⑤

我们知道，在唐代地方州郡建制中，长史、司马、都督是主要的政府成员⑥，也是判断地方州郡等级的重要参照。在唐代前期（最晚到永泰二年），沙州作为下州等级，其上佐的员额配置存在一个动态的变化，可从下表得以明确：

① 唐耕耦、陆宏基《敦煌社会经济文献真迹释录》第3辑，第132页。

② 陆离《关于法藏敦煌藏文文书P.T.1097〈官府支出粮食清册〉的几个问题》，《敦煌研究》2019年第1期，第97页；《麦粟历》前的两行藏文，陆离是参考了王尧、陈践二先生的译文，其中部分译文有所改动。见王尧、陈践《敦煌古藏文文献探索集》，上海古籍出版社，2008年，第287页。

③ 陆离《关于法藏敦煌藏文文书P.T.1097〈官府支出粮食清册〉的几个问题》，《敦煌研究》2019年第1期，第96—98页。

④ Akihiro Sakajiri, "A Tibetan Register of Grain Delivery in Dunhuang in the Period Following Tibetan Domination：Pelliot Tibétan 1097", *New Studies of the Old Tibetan Documents：Philology，History and Religion，Research Institute for Language and Cultures of Asia and Africa*, Tokyo University of Foreign Studies, 2011, pp. 260–264.

⑤ 冯培红《敦煌归义军职官制度——唐五代藩镇官制个案研究》，兰州大学博士学位论文，2004年，第222页。

⑥ 李林甫等撰，陈仲夫点校《唐六典》卷30《三府都护州县官吏》，第742—747页。

时间 置废情况 上佐官	天宝八载以前	天宝八载—至德年间	至德年间—永泰元年	永泰元年—永泰二年
别驾	置	废	置	置
长史	无	置	废	置
司马	置	置	置	置

吐蕃攻陷敦煌后，整个河西的唐朝州府建制已经不复存在。在吐蕃统治敦煌期间（786—848），唐政府对所辖州府上佐有过数次调整。严耕望统计出，此期间主要有贞元三年（787）诸州官员，上佐仅置一员；贞元十七年（801）省天下州府别驾、司田、田曹参军；大和元年（827）的复置六十二州别驾。①进而认为：

> 是晚唐时代，中州亦不置司马，料下州必同。是则其时大多数州府皆不置别驾、司马。下州本不置长史，是无上佐之官矣。长史，除大都督府外，中叶以后极少见，疑一般州府实亦不置。则中州亦无上佐之官矣。然则晚唐时代，唯诸京府有少尹，两辅、六雄、十紧、十望、三十四州有别驾，及其他上州有司马，至于中下等州皆无上佐之任矣。②

严先生的"中下等州皆无上佐之任"之观点，李志生先生已证其非③。但是，我们要明确，前文已揭，上佐官包含别驾、长史、司马，是为"三官"。也就是说，唐代晚期中下州，只要设置其中一员，就可以说有上佐之任。那么，如果某州长史、司马都配备了，这个州是什么级别呢？

《唐会要》有一段记载，值得注意：

> 大中四年六月敕：光州比是中州，停废司马员额，今以升为上州，宜令却置司马。④

此揭材料可知，在宣宗大中四年（850）之前，朝廷曾有废中州司马的举措。换言之，当时中州的上佐员额，或许已无设置，可能有些属于六十二州范围内的，存在别驾。⑤上州，在晚唐应该配置有长

---

① 严耕望《唐代府州僚佐考》，收入氏著《严耕望史学论文集》，第341页。
② 严耕望《唐代府州僚佐考》，收入氏著《严耕望史学论文集》，第341页。
③ 李志生《关于唐代晚期府、州上佐（长史、司马、别驾）的几点意见》，《河北学刊》1991年第4期，第90—92页。
④ 王溥《唐会要》卷69《别驾》，中华书局，1960年，第1216页。
⑤ 按：《新唐书·百官志》对于中州的府属官员记载中，已经没有上佐。见《新唐书》卷49下《百官志四下》，第1318页。前揭严耕望先生亦认为中州无上佐，李志生先生却认为：晚唐时期上佐仍普遍存在于中、下州。细读李先生文，其所列十条事例中，仅有一条提到中州有司马，即《旧唐书·李宗闵传》记载传主在会昌三年贬官郴州司马，所依据的史料是《元和志》关于郴州是中州的记载。但是我们知道，《元和志》是元和八年之前撰写，反映的是元和八年之前郴州的等级状况，《新志》记载郴州是上州，应该是会昌以后的郴州等级。见《新唐书》卷41《地理志五》，第1072页。因此，晚唐时期，特别是会昌以后，中州是否还有上佐，可能要重新考虑。

史、司马二官。此可从一些制令中印证，如杜牧的《授柳师玄衢州长史国从瑜邢州司马制》、[①]李磎的《授虞岫常州别驾温罗濠州长史制》、[②]钱珝的《授杨知权袁州司马陈锡温州长史杨澄瑞端州司马制》[③]等。根据前揭晚唐时期，敦煌僧官文书中存在的长史、司马等官职，我们认为，从上佐的职员配置情况看，晚唐沙州很可能是上州等级。我们还可从沙州长史所带职事品的层面进一步探讨。

依据《唐六典》《新唐书》[④]的记载，唐代地方州府上佐，特别是长史，其所带职事品阶，存在很大差异，下面列表示之：[⑤]

州府等级 品阶 上佐官	大都督府	中都督府	下都督府	上州	中州[⑥]	上州下州
别驾	无设置	正四品下	从四品下	从四品下	正五品下	从五品上
长史	从三品	正五品上	从五品上	从五品上	已废	无设置
司马	从四品下	正五品下	从五品下	从五品下	已废	从六品上

晚唐沙州长史职事品，敦煌莫高窟第196窟甬道北壁第二身供养人题记曰：

男故 太保孙朝议郎守沙州长史兼御史中丞承勋一心供养。[⑦]

---

①李昉等编《文苑英华》卷414《中书制诰·上佐》，中华书局，1966年，第2096页。按：衢州，《新志》记为上州。见《新唐书》卷41《地理志五》，第1062页。通过这篇制文，可知杜牧当时官任中书舍人、知制诰。时间当在杜牧任湖州刺史之后。根据《樊川文集》"祭周相公文""祭龚秀才文"，杜牧担任湖州刺史是在宣宗大中五年左右。见杜牧著，陈允吉校点《樊川文集》卷14，上海古籍出版社，2009年，第205—206页。

②《文苑英华》卷414《中书制诰·上佐》，第2098页。按：濠州，《新志》记为上州。见《新唐书》卷38《地理志二》，第991页。据《旧唐书·昭宗纪》载：李磎在乾宁元年十一月之前，是翰林学士承旨、礼部尚书、知制诰。见《旧唐书》卷20上《昭宗纪》，第752页。

③《文苑英华》卷414《中书制诰·上佐》，第2097页。按：袁州、温州，《新志》均记为上州。见《新唐书》卷41《地理志五》，第1063、1070页。钱珝，由宰相王溥举荐为知制诰、中书舍人。见《新唐书》卷177《钱徽传》，第5273页。王溥是在昭宗反正后的，天复三年二月担任"同平章事"。见《旧唐书》卷20上《昭宗纪》，第776页。

④前文已提到，《新唐书·百官志》已无中州上佐的记载。

⑤具体参考《唐六典》卷30《三府都护州县官吏》，第742—747页；《新唐书》卷49下《百官志四下》，第1314—1318页。

⑥据前揭史料看，晚唐时期，部分中州可能有别驾官，但已无长史、司马。

⑦敦煌研究院编《敦煌莫高窟供养人题记》，文物出版社，1986年，第87页。

莫高窟第 196 窟创建于晚唐索氏当政时期[①]，上揭索承勋的供养人题记，"朝议郎守沙州长史"，对判断当时沙州长史品阶至关重要。

朝议郎，是文散官正六品上。[②]这种正六品的文散，守沙州长史。《旧唐书·职官志》载：

> 凡九品已上职事，皆带散位，谓之本品。职事则随才录用，或从闲入剧，或去高就卑，迁徙出入，参差不定。[③]

《通典》注引《贞观十一年令》：

> 以职事高者为守，职事卑者为行。其欠一阶依旧为兼，与当阶者皆解散官。官阶相当，无行无守。[④]

据此，则沙州长史，其职事官阶，比朝议郎文散阶高，所以用"朝议郎守沙州长史"。由于朝议郎已经是正六品上阶，沙州长史至少是从五品上阶，而中州长史，在唐代前期只是正六品上，[⑤]与朝议郎相当。从前揭列表所示，各等级州府上佐品阶来看，只有上州长史和下都督府长史的职事官阶与之对应。

现在的问题是，晚唐时期，文散与职事官阶，是否存在变化？下面结合传世史料和出土文献材料，以朝议郎为中心，略举几例，验证之。

《张淮澄墓志》："大唐故朝议郎守鄂王友南阳张府君墓志铭并序……朝议郎前守泗州司马潘玄景书并篆"。[⑥]首先，志主张淮澄的官职名"朝议郎守鄂王友"，此散官是朝议郎，与前揭莫高窟供

---

① 关于第 196 窟的营建年代，日本学者土肥义和认为是五代时期。而梅林先生认为，其原建年代当为晚唐索勋担任节度使时期，是敦煌高僧何法师为庆祝索勋担任节度使，而将自己的家窟中供养人改为索家。张景峰也认为此窟是晚唐修建，其供养人像和题记都绘制于当时。见土肥义和《论莫高窟中的何法师窟（第 196 窟）的创建时代——对供养人题记的考察》，收入敦煌研究院编《2000 年敦煌学国际学术讨论会论文集》，敦煌研究院，2000 年，第 54 页；梅林《"何法师窟"的创建与续修——莫高窟第 196 窟年代分说》，《艺术史研究》第 8 辑，中山大学出版社，2006 年，第 413—432 页；张景峰《敦煌莫高窟第 9 窟甬道供养人画像年代再探》，《兰州学刊》2009 年第 11 期，第 22—23 页。

② 杜佑撰，王文锦、王永兴、刘俊文等点校《通典》卷 40《职官二十二》，中华书局，2016 年，第 1089 页。

③ 《旧唐书》卷 42《职官志一》，第 1785 页。

④ 《通典》卷 34《职官十六》，第 931 页。

⑤ 《唐六典》卷 30《三府都护州县官吏》，第 746 页。

⑥ 《张淮澄墓志》自发现以来，先后有王庆卫、李宗俊、郑怡楠等学者进行过录文和研究。本次引用参考前述学者的录文和研究成果。见王庆卫《新出唐代张淮澄墓志所见归义军史事考》，《敦煌学辑刊》2017 年第 1 期，第 12—21 页；李宗俊《唐〈张淮澄墓志〉跋》，《乾陵文化研究》第 11 辑，三秦出版社，2017 年，第 213—216 页；郑怡楠《新出〈唐敦煌张淮澄墓志铭并序〉考释》，《敦煌学辑刊》2017 年第 1 期，第 22—36 页。按：在本文引用中，发现对于《张淮澄墓志》题名所见官职，王庆卫、李宗俊录为"朝议郎守鄂王友"，郑怡楠录为"朝议郎兼鄂王友"。通过仔细辨别王庆卫先生提供的墓志拓片图，这里采用王庆卫、李宗俊录文。

养人题记的散官一致。鄂王友，作为职事官。如果晚唐时期，此职、散品阶没有变化，则朝议郎阶正六品上，鄂王友，阶从五品下①。据唐贞观令："以职事高者为守"。则此墓志所谓"朝议郎守鄂王友"，符合唐制。其次，篆书者潘玄景，其官名"朝议郎前守泗州司马"。其职事官泗州司马，泗州在晚唐是上州②，上州司马阶从五品下，依然是职事高而散官卑，所以用了"守"。

杜牧的《授李成庆凤翔节度副使冯轩义成军推官制》："敕朝议郎前守太常丞上柱国李丞庆等……"。③太常丞，从五品下。④是李丞庆以正六品上阶的朝议郎散官守太常丞。

杜牧的《石贺除义武军书记崔涓除东川推官等制》："敕朝议郎行秘书省著作佐郎石贺等……"。⑤秘书省著作佐郎，从六品上。⑥是石贺职事官品阶为从六品上，其散官阶是正六品上，散位高而职事卑，因此杜牧用了"行"。

上举三例，我们选取了与朝议郎散官阶相差较小的职事官阶进行比较。通过例证可见，晚唐时期朝议郎的散官阶，及大部分职事官阶变化不大。基本可以印证，前揭莫高窟第196窟供养人题记中，朝议郎与沙州长史之间的"行""守"关系。换言之，索承勋所带"朝议郎守沙州长史"职衔，是按照唐代官制题写。由此，晚唐沙州至少是上州等级。

二、敦煌文献所记"都督"考辩

前文通过唐代州府上佐员额的配置，以及沙州长史的品阶两个方面，论证了晚唐沙州至少是上州等级。但是前列唐代各级州府上佐官品表中，可见，下都督府与上州，其上佐品阶有一致性。《新志》也记载沙州是下都督府，而且学界已指出，《新志》所载是依据唐代晚期的制度。依此，是否暗示晚唐沙州很有可能是下都督府建置？或者退一步说，沙州在晚唐的某一时段是下都督府？

法藏P.3410《僧崇恩析产遗嘱》第51行有"侄都督索（押）琪"的签押，很明显，此文书中索琪的官职称号为"都督"。

---

① 《通典》卷40《职官二十二》，第1088页。

② 《新唐书》卷38《地理志二》，第990页。

③ 《文苑英华》卷413《中书制诰·幕府二》，第2092页。

④ 按：太常丞，《唐六典》记为"从五品上"，《通典》为"从五品下"，《旧唐书·职官志三》为"从五品上"，而《旧唐书·职官志一》却记为"从五品下"，《新唐书·百官志》为"从五品下"。清人沈炳震《唐书合钞》将太常丞记入"从第五品下阶"。详见《唐六典》卷14《太常寺》，第395页；《通典》卷40《职官二十二》，第1088页；《新唐书》卷48《百官志三》，第1241页。沈炳震撰，丁小鹤补正《唐书合钞》卷64《志四十·职官一》，书目文献出版社，1992年，第430页。

⑤ 《樊川文集》卷19，第292页。

⑥ 《唐六典》卷10《秘书省》，第301页；《通典》卷40《职官二十二》，第1089页；《新唐书》卷48《百官志三》，第1215页。

英藏S.2199《唐咸通六年（865）尼灵惠唯书》①，第16行有"左都督成真"的签押。②针对文书中出现的"左都督成真"，杨宝玉先生认为，此与P.2962《张议潮变文》提到的"左承珍"，P.3750《肃州守官与沙州某官书》中的"左诚珍"，或为同一人。③法藏P.2854《竖幢伞文》有："则我释迦门僧政和尚爱及郡首都督、刺使（史）等④奉为当今大中皇帝建兹弘业也。"⑤

如此例证还有很多，此不赘举。据冯培红统计，出现有"都督"官职的敦煌文献，集中在归义军初期，随后由于归义军藩镇官制的健全，被废弃。至于归义军后期文献中出现的董俄都督等，是周边少数民族政权派往敦煌的使者，与归义军官制无涉。⑥

关于敦煌文献中出现的都督问题，除前揭冯培红对归义军官制有专辟章节研究外。⑦藤枝晃指出，吐蕃"都督"在敦煌藏文文献中拉丁转写为"to—tog"，回鹘文拉丁转写为"tutug"，都是受唐代制度影响，吐蕃的都督位于节儿之下。⑧山口瑞凤认为，吐蕃大都督是管辖汉人的官职，是节儿论的助理，小都督与副都督其实是一码事。⑨王继光、郑炳林两位先生指出，都督是吐蕃官职，在吐蕃统治敦煌时期，汉人所能担任的最高官，辅助节儿治理敦煌，是节儿的副手。归义军初期，继续沿用这一官职，由于该职地位崇高，往往在敦煌文献中与刺史并称，即"郡首都督刺史"，是集民政、监

①池田温定名为《唐咸通六年（865）十月沙州尼灵惠遗书》，池田温氏还在录文第一行，将"尼灵惠唯书"的"唯"字旁写有"遗"字。见池田温著、龚泽铣译《中国古代籍帐研究》，右翻第428页；乜小红专门解释了"唯书"的含义，指出"唯"是"违"的别写，即违世的别写，就是遗书的意思。见乜小红《秦汉至宋时期遗嘱制度的演化》，《历史研究》2012年第5期，第25页。杨宝玉先生亦对该文书有过全文校录，并认为文书中的"唯"字应统一校改为"遗"，见《英藏敦煌文献S.2199〈尼灵惠唯（遗）书〉解析》，《形象史学研究》总第5辑，人民出版社，2015年，第174—175页。

②文书详细内容，见沙知辑校《敦煌契约文书辑校》，江苏古籍出版社，1998年，第515—516页；唐耕耦、陆宏基编《敦煌社会经济文献真迹释录》第2辑，第153页。

③杨宝玉《英藏敦煌文献S.2199〈尼灵惠唯（遗）书〉解析》，《形象史学研究》总第5辑，2015年，第182页。

④关于"郡首都督刺史"的断句，郑炳林先生断为"郡首都督、刺史"，黄征、余欣、冯培红、陆离等断为"郡首、都督、刺史"。见郑炳林《〈索勋纪德碑〉研究》，《敦煌学辑刊》1994年第2期，第67页；黄征、吴伟《敦煌愿文集》，岳麓书社，1995年，第461页；余欣《圣域制造与守护：敦煌安伞旋城仪式中幢伞的功能》，《历史研究》2020年第5期，第45页；冯培红《敦煌归义军职官制度——唐五代藩镇官制研究》，第185页；陆离《敦煌写本S.1438背〈书仪〉残卷与吐蕃占领沙州的几个问题》，《中国史研究》2010年第1期，第100页。

⑤上海古籍出版社、法国国家图书馆《法藏敦煌西域文献》第19册，上海古籍出版社，2001年，第123页；黄征、吴伟《敦煌愿文集》，第461页。按：P.2854是由多通文献组成，定名为《国忌日行香文》，《竖幢伞文》是其中一通。在P.2854中其实有多处体现了郡首、都督、刺史。详见《法藏敦煌西域文献》第19册，第121—130页；郑炳林、魏迎春《敦煌归义军节度副使安景旻考》，《敦煌学辑刊》2019年第1期，第127页。

⑥冯培红《敦煌归义军职官制度——唐五代藩镇官制研究》，第186页。

⑦冯培红《敦煌归义军职官制度——唐五代藩镇官制研究》，第184—186页。

⑧藤枝晃《沙州归义军节度使始末》（上），陈庆英、耿昇主编《国外藏学研究译文集》第14辑，1998年，第121页。

⑨山口瑞凤著，高然译《吐蕃统治的敦煌》，《国外藏学研究译文集》第1辑，西藏人民出版社，1985年，第50页。

察、军事于一身。[1]金滢坤先生专文论述了吐蕃统治敦煌时期的都督，亦指出都督是吐蕃统治敦煌时期的高层官员，是节儿的僚佐，位居节儿之下，都督拥有审判权、僧尼出度权等；吐蕃时期，汉人担任的都督依次为杜氏—安氏—索氏—张氏等。[2]可见，学界对敦煌文献中都督这个官称，已经有充分的研究，有助于我们了解该官职在吐蕃及归义军统治敦煌时期的职权、地位、汉人世家担任序列等。然现有研究，几乎统一意见是：归义军时期的都督，是延续吐蕃官制，鲜有将都督与晚唐沙州等级联系起来进行考虑。细观史料，结合前贤的研究成果，可以发现，敦煌文献中"都督"这个官称，为我们考论晚唐沙州等级提供了重要线索。

首先从"都督"的政治地位层面看。虽然前贤已经研究指出，吐蕃统治时期，都督是处于吐蕃官员"节儿"[3]之下，而归义军时期，都督是沿用吐蕃时期的官制。但根据P.2854《竖幢伞文》，是将都督与刺史并举，都有郡首之意。郑炳林先生依P.2854中所体现的尚书—张议潮，认为该文献的年代当在宣宗大中五年（851）至十二年（858）。[4]杨宝玉先生指出，该文献为九纸粘连，其纸缝处均有"恒安"的签押，说明P.2854很可能是当时的高僧恒安所写或收藏。[5]也就是说，在大中五年以后，大唐朝廷已经在沙州设立归义军节度使府，张议潮全面恢复了唐朝官制，这个"都督"即便是归义军沿用吐蕃官，其地位，是作为一州之首，与刺史相提并论，甚至高于刺史。这一现象，学者都已经注意到。[6]在传世文献中，都督、刺史并举，都督在刺史之前的书写状况，比比皆是。如《肃宗遗诏》："并准圣皇遗诰：其诸道节度使、都督、刺史等，并不须赴哀。"[7]可见，节度使、都督、刺史并举，节度使在最前，都督居刺史前。冯培红在分析前揭P.2854文书时指出，从发愿文祈愿对象的排序来看，都督索琪的地位仅次于归义军节度使，而排在刺史、都部落使之前。[8]又如《命新除牧守面辞》："顷者，都督、刺史惟良是求……自今以后，都督、刺史每欲赴任，皆引面辞。"[9]这里将都督、刺史并举，都督也是在刺史前，且题名为"新除牧守"。《唐六典》中也有如此表述："京兆、河

①王继光、郑炳林《敦煌汉文吐蕃史料综述——兼论吐蕃控制河西时期的职官和统治政策》，《中国藏学》1994年第3期，第52页。

②金滢坤《吐蕃沙州都督考》，《敦煌研究》1999年第3期，第86—90页。

③王继光、郑炳林指出："节儿"，是吐蕃在沙州的行政长官，地位相当于唐沙州刺史。见王继光、郑炳林《敦煌汉文吐蕃史料综述——兼论吐蕃控制河西时期的职官和统治政策》，《中国藏学》1994年第3期，第51页；林冠群指出："节儿"其实是吐蕃在新统治区，建立的与本部不同的一种官制，他是为了取代原唐朝统治下的州刺史，用以管辖州一级的军民首长。见林冠群《沙州的节儿与乞利本》，《中国藏学》2018年第3期，第46—47页。

④郑炳林《〈索勋纪德碑〉研究》，《敦煌学辑刊》1994年第2期，第67页。

⑤杨宝玉《晚唐敦煌名僧恒安事迹稽考与相关归义军史探析》，《隋唐辽宋金元史论丛》第5辑，上海古籍出版社，2015年，第42页。

⑥王继光、郑炳林《敦煌汉文吐蕃史料综述——兼论吐蕃控制河西时期的职官和统治政策》，《中国藏学》1994年第3期，第52页；冯培红《敦煌归义军职官制度——唐五代藩镇官制研究》，第186页。

⑦宋敏求编《唐大诏令集》卷11《帝王·遗诏上》，中华书局，2008年，第68页。

⑧冯培红《敦煌归义军职官制度——唐五代藩镇官制研究》，第186页。

⑨《文苑英华》卷465《翰林制诏·诏敕七》，第2372页。

南、太原牧及都督、刺史掌清肃邦畿……"。[1]事实上，在吐蕃统治时期的敦煌文献中，也有将都督称为牧的事例，如P.3258《祈愿文》中有："都督京兆杜公，惟愿繁祉斯乐……"。而在P.2770《释门范文》则写道"伏惟我良牧杜公，帝乡雄望……"。金滢坤先生已研究指出，敦煌杜氏父子在敦煌吐蕃时期，前后相续，任都督时间长达45年。[2]是见，在当时人的心目中，都督，无论是吐蕃统治时期，还是归义军时期，作为"吐蕃延续而来的官职"或"蕃官"，其地位相当于牧、刺史，跟大唐一致。

其次从执掌层面看。都督，曾是军事武官。《唐六典》注叙及此官源流曰：

> 魏黄初二年，始置都督诸州军事，或领镇戍、总夷校尉；三年，上军大将军曹真都督中外诸位军事。司马宣王征蜀，加号大都督。自此之后，历代皆有。至隋，改为总管府。皇朝武德四年，又改为都督府。[3]

又《通典》注曰：

> 掌所管都督诸州城隍、兵马、甲仗、食粮、镇戍等。[4]

而成书于开元年间的《唐六典》又有这样的记载：

> 京兆、河南、太原牧及都督、刺史掌清肃邦畿，考覆官吏，宣布德化，抚和齐人，劝课农桑、敦谕五教。每岁一巡属县，观风俗，问百姓，录囚徒，恤鳏寡，阅丁口，务知百姓之疾苦……其所部有须改更，得以便宜从事。若亲王典州及边州都督、刺史不可离州局者，应巡属县，皆委上佐行焉。[5]

陈仲安、王素两位先生，专门探讨过都督执掌的演变，指出：

> 隋唐虽然施行州县二级制，但总管、都督等官仍然存在，只不过其执掌最初仅限于军事而已。稍后出现变化。及置巡察、采访等使，执掌遂扩大到地方行政。[6]

张国刚先生亦认为，都督的主要任务是统筹数州镇防行政事务。[7]

可知，唐代都督，从起初仅执掌军事的武职，到了开元以后，已经成为兼管民事、官吏等具有行政监察职能的地方官，[8]与京府牧、州刺史相提并论。从这一认识出发，我们观察作为"蕃官"的都督，在吐蕃统治敦煌时期和归义军期间的执掌。

前揭敦煌文献P.2770《释门范文》有："伏惟我良牧安公，明鉴时政，清肃乡人。或识量弘深，聊扬古今。或推穷审察，妙尽否臧。"这里"清肃乡人""推穷审察"，与《唐六典》所记"清肃邦畿""问

① 《唐六典》卷30《三府都护州县官吏》，第747页。
② 金滢坤《吐蕃沙州都督考》，《敦煌研究》1999年第3期，第88页。
③ 《唐六典》卷30《三府都护州县官吏》，第742页。
④ 《通典》卷32《职官十四》，第889页。
⑤ 《唐六典》卷30《三府都护州县官吏》，第747页。
⑥ 陈仲安、王素《汉唐职官制度研究（增订本）》，中西书局，2018年，第228页。
⑦ 张国刚《唐代官制》，三秦出版社，1987年，第126页。
⑧ 艾冲《唐代都督府研究——兼论总管府、都督府、节度司之关系》，西安地图出版社，2005年，第42—44页。

百姓""录囚徒"是相同的。可以说，这是"蕃官"都督拥有民事、监察之权。又P.3699《吐蕃统治敦煌时期斋文》记有"都督代天理物，助圣安人"，P.3770V《吐蕃统治敦煌时期愿文》提道："伏惟节儿、都督，公平育物，整节安边……乐相设计，务□安人。"其中"代天理物，助圣安人"，同样也强调了都督具有管理民事权，而"整节安边"则显示了都督的军事职能。

《大唐河西道归义军节度索公纪德之碑》记载："父琪，前任敦煌郡长史，赠御史中丞。前承高荫，皆显才能；儒雅派衍，弓裘不□□□（坠，于时）宣宗启运，乃睠西顾；太保东归，□平□义。河西克复，昔年土宇，一旦光辉，没□□□□□。"①此碑所载索勋之父索琪，为沙州长史。郑炳林先生指出，P.2631《转经文》、S.1164《发愿文》、P.2854《释门杂文》中的"都督公"就是索琪，他在吐蕃统治敦煌末期和归义军初期，出任沙州都督。②通过碑文记载，所谓"儒雅派衍，弓裘不□""河西克复，昔年土宇，一旦光辉"，虽有溢美之嫌，但对都督索琪担任都督期间，治理民事和率军出征的文治武功，跃然于纸上。

可见，从吐蕃统治敦煌到归义军初期，都督是集民政、军事、监察于一身。在吐蕃统治时期，其与节儿相同，③但与大唐官制也相符合。冯培红指出，归义军时期，沙州都督对外统军作战，对内与沙州刺史共治敦煌。④

最后，从吐蕃统治时期敦煌官制层面看。正如前文所述，目前学界虽然已经明确了都督的执掌，但是仍然认为都督是"蕃官"，是由吐蕃统治敦煌时期延续而来。究其原因，一方面是受到吐蕃统治期，沙州官制中都督设置的影响；另一方面，也可能制约于归义军时期，确实沿用了吐蕃的一些官职，如部落使。⑤特别是，索琪这个重要人物，他在吐蕃统治敦煌末期就担任都督，一直延续到归义军时期，更影响到了学界对归义军时期都督性质的判断。因此，我们有必要对吐蕃统治敦煌时期沙州都督的设置进行分析。有关此时的沙州官制，敦煌藏文文献P.T.1089《吐蕃官吏呈请状》是一则重要材料。由于原文较长，现择相关内容移录如下：

拉丁文转写：

（前略）

46　...rgyavi dpon snavi gral tha bs│re shig vdi bzhin mchis

　　　par vtshol cig ces ‖ kwa cuvi │

---

①此碑，徐松的《西域水道记》和张维的《陇右金石录》均有录文。郑炳林先生在前人碑录基础上重新校录，此处参考郑炳林先生录文。见郑炳林《〈索勋纪德碑〉研究》，《敦煌学辑刊》1994年第2期，第62页。

②郑炳林《〈索崇恩和尚修功德记〉考释》，《敦煌研究》1993年第2期，第63页。

③王继光、郑炳林《敦煌汉文吐蕃史料综述——兼论吐蕃控制河西时期的职官和统治政策》，《中国藏学》1994年第3期，第52页。

④冯培红《敦煌归义军职官制度——唐五代藩镇官制研究》，第186页。

⑤关于归义军时期，部落使的沿用，王继光、郑炳林、冯培红都有详细研究。见王继光、郑炳林《敦煌汉文吐蕃史料综述——兼论吐蕃控制河西时期的职官和统治政策》，《中国藏学》1994年第3期，第53页；冯培红《敦煌归义军职官制度——唐五代藩镇官制研究》，第247—251页。

47 dmag pon dang spyan gyi mchid kyis bcad ces ‖ sha cuvi rtse

rjes brtsangs pavi gral thabs lsa vbyung bav ┃ rtse rje blon rgyavi

khri dpon │

48 rgyavi khri spyan to dog chen po │ rtse rje vog pon │ to

dog chungu │ rgyavi spyan │ stong pon bod las bskos pavi rnams‖stong

pon gyi zla rgya las bskos pavi │

49 rnams‖ rtse rje chungu dang mngan go cu rub │ sha cu spyivi

dgra blon bod las bskos pav │ rgyavi stong cung bod las bskos pavi

rnams ‖ stong cung gi zla rgya las │

50 bskos pavi rnams‖ dgra blon rgya las bskos pa │ rgya spyivi

khral dpon ched po ‖ khri dpon gyi yi gi pa zhes vbyung‖rgya sha cu

pavi dpon sna ‖ zhang lon chen pos │

（中略）

79 ...‖ sha cuvi dpon snvi gral tha bs mchid

80 kyis bcad de ‖ slan cad vdi bzhin mchis pa la ‖ rtse rje

blon dang kliri dpon go cu rub ‖ khri spyan ‖to dog ched po ‖ stong

pon bod las │

81 bskos pavi rnams‖ rtse rje vog pon ‖to dog chungu ‖ rgyvi

spyan ‖ stong zla rgya las bskos pavi rnmas ‖ stong cung bod las

82 bskos pavi rnams‖ rtse rje chungu dang mngan go cu rud ‖

sha cu spyivi dgra blon bod las bskos pav ‖ stong cung gi zla rgya las ‖

83 Bskos pavi mams ‖ dgra blon rgya las bskos pa ‖ rgya

spyivi khral pon ched po ‖ khri dpon yige pa zhes vbyung ‖

（后略）

译文：

46 瓜州（大行军衙）

47 将军及观察使作出决定。由沙州节儿派遣之官员品位如下："节
儿论唐人乞利本、

48 唐人乞利本悉编（万户观察使）、大都督、副节儿、小都督、
唐人观察使、由吐蕃人担任千户长者、千户长僚佐由唐人担任者、

49 小节儿、岸武库令、沙州料敌防御都使由吐蕃人担任者、唐人小
千户由吐蕃人担任者、小千户助理由唐人

50 担任者、料敌防御使由唐人担任者、唐人大税务官、乞利本之书

吏。"

（中略）

79 沙州官员品位

80 已作决定,今后依此而行:

"节儿论和万户长武库令、万户悉编、大都督、委托吐蕃人

81 为千户长、副节儿、小都督、唐人观察使、唐人被委派作助理者、

吐蕃人被委任为

82 小千户长、小节儿和岸武库令、吐蕃人被委任为沙州总防御使、

委任唐人

83 为小千户助理、唐人被委任为防御使,唐人地区总大税务官、万

户长书吏。"①

山口瑞凤根据P.T.1089《吐蕃官吏呈请状》,梳理出沙州官职顺序:节儿论—汉人的万户长—汉人的万户都护—大都督—副节儿—小都督……,并指出大都督又称为都督,是管辖汉人事务的官职,同时兼任节儿伦的助理,副都督和小都督可能是一码事。②金滢坤先生亦认为:沙州大都督位在节儿、万户都护之下,副节儿之上,下都督则在副节儿之下,大都督即都督,副都督即小都督,沙州似仅有正、副(大、小)都督。③反观唐朝官制,没有大小和正副都督之区分,只有在州府等级次位,有大、中、下等都督府。将都督这个官制,进行等级细分,很可能是吐蕃在借用唐朝官制④时的改革。

值得注意的是,前揭P.T.1089,不同学者在翻译"rje"及对此吐蕃官职认识上的差异。本文采用的是王尧、陈践的翻译成果,他们直译成"节儿",但对于此官的性质,两位先生认为是"节度使"。⑤藤枝晃氏认为"节儿"是吐蕃驻在沙州统治乃至监督全州的职务,具体不知对应的汉官名。⑥山口氏也没有找出准确的对应汉官名。⑦汶江先生将"rje"译成刺史,由此可见,凡是王尧、陈践先生译为"节儿""副节儿""小节儿"等词汇处,汶江都译为"刺史""副刺史""小刺史"。⑧前揭王继光、

①王尧、陈践《吐蕃职官考信录》,《中国藏学》1989年第1期,拉丁文转写部分,第105—106、107—108页;汉译文部分,第110—111、114页。

②山口瑞凤《吐蕃支配敦煌时代》,原文收入榎一雄编《讲座敦煌2·敦煌の历史》,本文据其中译版:山口瑞凤著、高然译《吐蕃统治的敦煌》,《国外藏学研究译文集》第1辑,1985年,第49—50页。

③金滢坤《吐蕃沙州都督考》,《敦煌研究》1999年第3期,第14辑第87页。

④关于吐蕃参照唐朝官制,设立都督,藤枝晃先生已经明确。见藤枝晃《沙州归义军节度使始末》(上),第121页。

⑤王尧、陈践《吐蕃职官考信录》,《中国藏学》1989年第1期,第109、116页。

⑥藤枝晃《沙州归义军节度使始末》(上),《国外藏学研究译文集》第14辑,1988年,第120页。

⑦山口瑞凤著,高然译《吐蕃统治的敦煌》,第50—51页。

⑧汶江《吐蕃官制考——敦煌藏文卷子P.T.1089号研究》,《西藏研究》1987年第3期,第45—48页。

郑炳林先生已指出，沙州节儿，其实相当于唐朝沙州刺史，而吐蕃统治时期，节度使是设在瓜州。[1]
汶江先生将"rje"译为刺史，有一定的可行性。明乎此，仅就都督而言，吐蕃统治时期沙州官制，其
大都督、副都督、小都督，与节儿论（刺史）、副节儿（副刺史）、小节儿（小刺史）也是一一对应的。
换言之，就像唐朝官制中都督与刺史并举一样，在吐蕃沙州官制中，节儿与都督也是对举的。当然，
我们不能仅看到这种词汇上的对应，就认为二者在政治地位上相似。前文已经提到，吐蕃沙州都督
位在节儿之下，是作为节儿的助手存在。而唐朝官制，都督位在刺史之上，二者不存在助理关系。
前揭归义军时期，敦煌文献是"郡首都督、刺史"之排列，同时，从目前所见归义军文献中，再无都
督、副都督、小都督之分别。据此，结合沙州起事后，张议潮已经在沙州甚至河西地区全面恢复大唐
制度的历史背景，我们认为归义军时期，都督很可能不是"蕃官"而是大唐官职。

三、晚唐沙州为"下都督府"考

如果归义军都督不是"蕃官"，推论无误，是否就可以认为晚唐沙州存在都督府建置，或者说在
归义军初期，沙州是下都督府？要明确这个问题，还需要进一步解决两个疑点：一是索琪官任，前
揭《索勋纪德碑》明确记载"父琪，前任敦煌郡长史"，而《索崇恩遗嘱》中索琪的签押却是"都
督"，如此矛盾的官称如何理解？二是沙州刺史的官称。我们知道，在唐代，如果是都督府州，都督
一般兼任治所州刺史，其全称是"使持节都督某州诸军事某州刺史"。[2]如天宝年间任晋昌郡（瓜州）
太守的乐庭瑰，在莫高窟第130窟的供养人题记上，其结衔就是"朝议大夫使持节都督晋昌郡诸军
事守晋昌郡太守兼墨离军使赐紫金鱼袋上柱国乐庭瓌供养"。[3]这样的例子不胜枚举。但是归义军
时期的敦煌文献材料中，目前没有发现有如此题衔。这种现象，或许也是困扰学界，没有把《新志》
"下都督府"的记载，以及归义军时期敦煌文献有关"都督"的官称，与晚唐沙州级别联系起来的重
要原因。

针对第一个疑点，索琪官任问题。郑炳林认为在敦煌文献中，不见有索琪担任长史的记载，此
中长史，或许是索琪死后赠官，也可能是在归义军初期，都督相当于长史。[4]其实《索勋纪德碑》已
经明确，索琪的赠官是御史中丞，所以长史为死后赠官的解释不成立。至于在归义军初期，都督相
当于长史的意见，颇有启发性。据唐代官制，大都督府一般由亲王遥领，长史居府以总其事。[5]如

①王继光、郑炳林《敦煌汉文吐蕃史料综述——兼论吐蕃控制河西时期的职官和统治政策》，《中国藏学》1994年
第3期，第50—51、53页。
②张国刚《唐代官制》，第126页；赖瑞和《唐代高层文官》，中华书局，2017年，第391—394页。
③敦煌研究院编《敦煌莫高窟供养人题记》，第62页。
④郑炳林《〈索勋纪德碑〉研究》，《敦煌学辑刊》1994年第2期，第67页。
⑤《通典》卷32《职官十四》，第889页。

崔玄暐，曾官任益州大都督府长史，判都督事；杨再思为扬州大都督府长史，判都督事。^①大都督府长史主事，^②已是不刊之论。但是，这里要清楚的一点是，所论为沙州，其行政级别绝不可能是大都督府等次，那么是不是说在大都督府以下，各级都督府就没有长史主事或者说判都督事的情况存在呢？史料中，确实存在这样的案例，即卢藏用。他曾牵涉太平公主之乱，被贬官岭南，后因平叛交址之功，先任昭州司户参军，后迁黔州都督府长史判都督事。^③又如徐申为洪州都督府长史，时李皋举兵讨伐李希烈时，以长史行刺史事。^④若将视野扩大到普通州级，以长史身份判州事的例证更多。如李同捷，被其父李全略奏请为沧州长史知州事，兼主中军兵马，朝廷初不许，后遂从之。^⑤是知，长史作为州府上佐，有"半刺"之称，在州府长官因故阙时，有代行之责，这在唐代已是定制。^⑥

问题是，索琪到底是都督还是长史？如果是长史，前揭敦煌僧官文书中，索琪签押的都督又做何解释？对此问题，可能要从这些文献所使用的场合来入手。索琪官任敦煌郡长史，是出自《索勋纪德碑》。关于纪德碑、神道碑的场合与功用，仇鹿鸣先生有过详细研究，他指出：

> 神道、德政碑往往立于碑主墓前或通衢要道之间，是一种公开的政治宣传，有显著的景观效应。其内容的书写和制作，要在朝廷的监控之下进行。要秉笔直书，据实而写，若出现褒贬不实，违背朝廷意愿，会受到追究。^⑦

可见，《索勋纪德碑》作为一种官方的正式表达，所记载的官称应该就是实际职务。换言之，索琪的官职就是沙州长史。那么为何在僧官文书中却签押为都督呢？正如上文所述，索琪在吐蕃统治时期，就已经官任都督。张议潮起事后，他被任命为长史。大中五年（851），朝廷设立归义军节度使。当时张议潮忙于四出征战，^⑧索琪以长史身份代行都督事。敦煌文献中《索恩遗嘱》《发愿文》《行城文》中所写都督，较之"纪德碑"，是一种非官方文书，在使用场合上，没有碑文正式，因此采用了索琪的实际执掌都督事务的称呼，简言之，就是俗称。

---

①《旧唐书》卷7《中宗纪》，第139页。

②张国刚《唐代官制》，第126页；

③《旧唐书》卷94《卢藏用传》，第3004页；《新唐书》卷123《卢藏用传》，第4375页。

④李翱《广州刺史充岭南节度使徐公行状》，收入《文苑英华》卷976《行状六》，第5136页；《新唐书》卷143《徐申传》，第4694页。

⑤《旧唐书》卷143《李全略传》，第3906页。

⑥汪家华《唐代长史考述——以唐代典籍和墓志为基本面》，华东师范大学博士学位论文，2011年，第101—102页。

⑦仇鹿鸣《从〈罗让碑〉看唐末魏博的政治与社会》，《历史研究》2012年第2期，第36—37页。

⑧归义军初期，张议潮为收复河西，长期在外征战。此可从《敕河西节度兵部尚书张公德政之碑》（简称《张淮深碑》）记载得知。见荣新江《敦煌写本〈敕河西节度兵部尚书张公德政之碑〉校考》，原文发表于《周一良先生八十生日纪念文集》，后收入氏著《归义军史研究——唐宋时代敦煌历史考索》附录，第399—400页。

　　至于第二个疑点，沙州刺史官称问题。节度使、都督按例兼任治所州刺史，都督兼刺史其带衔应有"使持节都督某州诸军事"。目前所有的敦煌归义军时期的材料中，未见此题衔。在归义军建立时，节度使张议潮未兼沙州刺史，反而是其兄张议潭、侄张淮深先后担任沙州刺史。对此，《张淮深碑》①和莫高窟第156窟甬道题记都有明确记载。②荣新江先生指出，按归义军的制度，节度使似未必兼任沙州刺史。③可知，由于归义军初期，节度使不兼任治所州刺史，所以在当时的沙州刺史题衔中，我们看不到"使持节都督某州诸军事某州刺史"的官名全称。

　　至于归义军节度使，《唐会要》载：

　　　　都督带使持节即是节度使，不带节者不是节度使。④

又《新唐书·兵志》载：

　　　　自高宗永徽以后，都督带使持节者，始谓之节度使。然尤未以名官。⑤

由于受此两条史料的影响，很多学者以此解释节度使之名。张国刚先生对上揭史料的说法产生过质疑。⑥唐长孺先生详考此说，指出其误：

　　　　在唐代都督例加使持节之号，岂有不带节之理……其误在于以都督包举而不知节度使有不兼都督者耳……先授节度之职，后兼都督之官，尤可证非必以都督持节乃是节度使，正不能泥于《会要》之说耳。⑦

是节度使并非都督加使持节，相反，都督仅仅是节度使的一个兼官。陈仲安、王素先生认为：

　　　　节度使为使职，例以都督、都护或行军总管为本官。还例兼尚书、仆射等为检校官，例带御史中丞、大夫为宪官。⑧

　　可知，朝廷设立归义军后，很可能将沙州升级为都督府，张议潮以节度使兼任沙州都督。而沙州刺史则是由张议潭、张淮深父子先后担任，这体现了归义军制度的特殊性，即所谓的府、州分治。

---

①《张淮深碑》有："皇考讳议潭，前沙州刺史、金紫光禄大夫、检校鸿胪大卿、守左散骑常侍、赐紫金鱼袋。"和"公则故太保之贵侄也……诏令承父之任，充沙州刺史，左骁骑大将军。"见荣新江《归义军史研究——唐宋时代敦煌历史考索》附录，第401—402页。

②莫高窟第156窟甬道南壁题记有"侄男银青光禄大夫检校太子宾客上柱国……大将军使持节诸军事……赐紫金鱼袋淮深一心供养"，见敦煌研究院编《敦煌莫高窟供养人题记》，第73页。荣新江认为此甬道供养人的绘制时间在大中七年到十二年间（853—858），见荣新江《归义军史研究——唐宋时代敦煌历史考索》附录，第81页。

③荣新江《唐刺史考补遗》，《文献》1990年第2期，第88页。

④《唐会要》卷78《节度使》，第1425页。

⑤《新唐书》卷50《兵志》，第1329页。

⑥张国刚《唐代藩镇研究（增订版）》，中国人民大学出版社，2010年，第168页。

⑦唐长孺《唐书兵志笺正（外二种）》，中华书局，2011年，第84—89页。

⑧陈仲安、王素《汉唐职官制度研究（增订本）》，第237页。

这种分开，或许与当时归义军所处河西地区复杂的民族关系和严峻的军事形势有很大关系。如《张淮深碑》中曾描述道："河西创复，犹杂蕃浑，言音不同。"①P.3720《张淮深造窟功德碑》有"加以河西异族狡杂，羌、龙、嗢末、退浑，数十万众"。②S.5697《申报河西政状》称"缘河西诸州，蕃、浑、嗢末、羌、龙狡杂，极难调服。"③而都督与刺史，文武、军民，分工不同。④张议潮作为节度使兼都督主持军政，张淮深父子作为沙州刺史主持民政，能更好地处理当时复杂的河西形势。同时，也能平衡归义军建立初期内部各方面势力。但是，张议潮常年领军在外，沙州军政则由索氏以长史的身份兼判。

咸通八年（867），张议潮入质长安，⑤张淮深以节度留后、沙州刺史身份实掌归义军大权。⑥然而从咸通十三年（872）张议潮去世，⑦到昭宗文德元年（888），张淮深长期未能得朝廷授予节度使。⑧当张淮深如愿成为节度使一年之后，即大顺元年（890）就被杀害。⑨正是这十多年，中原地区的政治格局及唐中央的经营策略已经发生改变。南诏与唐开始发生争端，唐朝边防重点转向西南地区。⑩随后的黄巢起义，使得唐朝势力日衰，到了唐昭宗，更是"王室日卑，号令不出国门"。⑪这样的朝廷根本再无力经营河西，乃至遥远的敦煌。我们知道，都督府一般是在一些重要的地区设置的军事行政建置，是为了加强对地方的经营和管理。⑫此点，可在琼州都督府的设置上，得到充分证明。《旧志》载：

---

① 荣新江《归义军史研究——唐宋时代敦煌历史考索》附录，第 402 页。

② 郑炳林、郑怡楠辑释《敦煌碑铭赞辑释（增订本）》，上海古籍出版社，2019 年，第 685 页。

③ 唐耕耦、陆宏基编《敦煌社会经济文献真迹释录》第 4 辑，第 361 页。

④ 陈仲安、王素《汉唐职官制度研究（增订本）》，第 230 页。

⑤ 《资治通鉴》卷 250《唐纪六十六》懿宗咸通八年二月条，第 8240 页。

⑥ 荣新江《归义军史研究——唐宋时代敦煌历史考索》，第 78 页。

⑦ 《资治通鉴》卷 252《唐纪六十八》懿宗咸通十三年八月条，第 8286 页。

⑧ 荣新江先生根据有邻馆敦煌文书记载，考证出，张淮深在 888 年，终于得到唐中央授予节度使。荣新江《归义军史研究——唐宋时代敦煌历史考索》，第 191 页。

⑨ 关于张淮深被杀及其中暗含的归义军内部斗争，学界已有很多探讨。详见李永宁《竖牛作孽 君主见欺——谈张淮深之死及唐末归义军执政者之更迭》，《敦煌研究》1986 年第 2 期，第 15—20 页；邓文宽《也谈张淮深之死》，《敦煌研究》1988 年第 1 期，第 76—80 页；荣新江《归义军史研究——唐宋时代敦煌历史考索》，第 191—192 页；杨宝玉《〈张淮深墓志铭〉与张淮深被害事件再探》，《敦煌研究》2017 年第 2 期，第 64—69 页。

⑩ 杨宝玉先生曾就唐懿宗时期，设置凉州节度及唐中央对河西经营态度等问题有专文探讨。她指出，懿宗以后，唐中央边防重心东移，主要侧重于对付南诏，而对河西一带，转入消极防御态势，根本原因是唐朝国力不足。见《唐懿宗析置三节度问题考辨》，《中国史研究》2017 年第 4 期，第 109—111 页。

⑪ 《资治通鉴》卷 259《唐纪七十五》昭宗景福二年李茂贞恃功骄横条，第 8566 页。

⑫ 严耕望《中国地方行政制度》，《严耕望史学论文集》，第 866 页。程志、韩滨娜《唐代的州和道》，三秦出版社，1987 年，第 54 页。

贞元五年十月，岭南节度使李复奏曰："琼州本隶广府管内，乾封年，山洞草贼反叛，遂兹沦陷，至今一百余年。臣令判官姜孟京、崖州刺史张少逸，并力讨除，今已收复旧城，且令降人权立城相保，以琼州控压贼洞，请升为下都督府，加琼、崖、振、儋、万安等五州招讨游弈使。其崖州都督请停。"从之。[①]

可见，在边疆地区设置都督府，与唐中央对该地区的经营态度有紧密联系。而咸通年以后，随着唐中央边防策略由西北转西南，加之国力日衰，中原战乱，朝廷对河西的经营从积极转为消极，甚至再无力经营。我们有理由相信，张淮深以后，朝廷很可能取消了沙州都督府。

四、结论

传世文献和敦煌文献的记载，为我们探讨晚唐归义军时期沙州等级，提供了重要线索。通过对相关正史史料的辨析，以及唐代州府上佐配置与品衔的考证，晚唐沙州至少是上州等次。再根据吐蕃及归义军时期，僧官文书所见都督，其政治地位、执掌和吐蕃官制的考察，可以得知，晚唐归义军初期，沙州曾被升级为都督府。随着唐中央经营策略的转变，及大唐国力日渐衰落，沙州都督府建置，很可能在张淮深以后即被取消。沙州以上州的等次，存在于当时大唐的版图上。由此也可以说明，欧阳修《新志》中的"沙州下都督府"，是晚唐归义军初期的写照。

---

① 《旧唐书》卷41《地理志四》，第1763页。

法照的"五会念佛"与"禅净双修"

刘　屹/首都师范大学历史学院

20 世纪以来，关于净土教法照的研究，当首推日本净土宗的望月信亨氏早年的一篇文章。[1]望月氏率先探讨了法照的生平事迹、著作等基本问题，并特别关注了法照与禅宗之间的关系，指出中唐以后，"禅净双修"之风已然兴起。此后，同为日本净土宗的塚本善隆氏，利用矢吹庆辉氏提出的敦煌遗书新资料和各种传世石刻资料，在中国佛教史和净土教史的背景下，对法照本人及其创制的"五会念佛"仪式做了更为全面细致的研究。[2]塚本氏关于法照的研究，至今仍具有典范意义。国内最早有汤用彤先生对塚本氏大著的书评，以及汤先生在对唐代"净土宗"的概述中，都论及法照和他的"五会念佛"。[3]此后，中外学者对法照的研究逐渐增多，1999 年和 2020 年，分别已有圣凯法师和范瑜容做过专门的学术史梳理。[4]本文在此无须赘言。

① 望月信亨《法照禅师の事蹟及教義並に中唐代に於ける禅對念佛論》，《摩訶衍》第 1 卷第 1 号，1920 年，第 10—23 页。

② 塚本善隆《唐中期の净土教—特に法照禅師の研究》，东方文化学院京都研究所研究报告，第 4 册，1933 年初版；法藏馆，1975 年；收入《塚本善隆著作集》第 4 卷《中國净土教史研究》，大东出版社，1976 年，第 209—510 页。本文依据的是法藏馆版。

③ 汤用彤《评〈唐中期净土教〉》，1934 年初刊，此据《汤用彤学术论文集》，中华书局，1983 年，第 49—51 页。并参汤先生《隋唐佛教史稿》，中华书局，1982 年，第 192—193 页。

④ 圣凯《二十世纪法照研究综述》，《敦煌研究》1999 年第 2 期，第 159—164 页。范瑜容《20 世纪以来法照研究综述》，《中国佛学》2020 年第 1 期，第 72—79 页。

值得一提的是，与早年日本学者接触到有限的敦煌资料不同，施萍婷先生在20世纪80年代末90年代初全面调查敦煌资料的基础上，于1994年发表《法照与敦煌文学》①《法照与敦煌初探——以P.2130为中心》②两篇文章，施先生是中国敦煌学界最早关注法照研究的学者，可谓独具慧眼。施先生不仅在塚本氏研究基础上进一步讨论了法照研究中的一些基本问题，还公布了自己搜罗到与法照"五会念佛"相关的敦煌遗书62件的卷号，为后来更多人利用敦煌遗书研究法照提供了极大便利。

按照日本学者的研究，现存法照关于"五会念佛"的著作有"广本"和"略本"之分。在敦煌资料发现之前，日本传世有法照《净土五会念佛略法事仪赞》一卷。③敦煌发现的《净土五会念佛诵经观行仪》则有卷中和卷下两卷。④两个版本内容并不能完全对应，但都反映了法照"五会念佛"仪式。故敦煌本被称为"广本"，日本传世本则称为"略本"。施先生在这两种版本之外，特别提出P.2130写卷对于法照研究的重要性，并推测这就是已佚的法照《净土五会念佛诵经观行仪》卷上。虽然后来的学者对此说基本都持疑，但的确为法照研究提出了新的研究方向和值得探究的问题。此外，利用P.3792写卷来研究法照的生卒年、籍贯和生平事迹，也是施先生对法照研究的贡献之一。

笔者本想探究唐中期净土教是否还秉持唐初"正像末三时说"的问题，为此特意学习了施先生关于法照的两篇大作，受益良多，进而对所谓"五会念佛"究竟是怎么回事等问题产生兴趣。在此借为先生祝寿之机，草成小文一篇，既是汇报自己的学习体会，也是表达对先生多年前在法照研究问题上为中国敦煌学界导开先路的敬意！不当之处，敬祈先生和读者批评指正！

一、初唐到中唐"末法"观念的变化

按照矢吹庆辉、塚本善隆等日本佛教史研究权威学者的看法，"末法思想"在"周武灭佛"之后到隋和唐初时期，在中国佛教界产生极大影响。6世纪末至7世纪初的佛教各宗各派，虽然并不全都认同当世已入"末法"，但对佛灭之后正法将灭的危机感，大多数宗派都是承认的。日本学者将那些秉持"末法思想"作为本派教法修行前提的宗派称为"末法佛教"。当时的中国佛教宗派中，三阶教和净土教是"末法佛教"中最有代表性的两支。以往学者认为，两教都相信"末法思想"，只是各自提出应对"末法"的主张不同。现在看来，虽然两教都把承认佛法渐衰作为立论的根基和前提，但对于"末法"的理解却并不相同。

---

① 施萍婷《法照与敦煌文学》，《社科纵横》1994年第4期，第6、12—14页。收入施先生《敦煌习学集》，甘肃民族出版社，2004年，第190—198页。

② 施萍婷《法照与敦煌初探——以P.2130为中心》，1994年完稿并发表于同年的敦煌学国际研讨会，收入《1994年敦煌学国际研讨会论文集·宗教文史卷（上）》，甘肃民族出版社，2000年；此据《敦煌习学集》，第199—228页。

③ 已收入《大正藏》第47册《诸宗部》，第474页下栏至490页下栏。

④ 分别为：卷中P.2066，首尾完整；卷下P.2250和P.2963各存首题和尾题，去除重复内容后，也可复原完整的卷下。已收入《大正藏》第85册《古逸部》，第1242页下栏至1266页上栏。

被后世尊为"净土宗"二祖的道绰（562—645）在《安乐集》中说：

> 《大集月藏经》云："佛灭度后，第一五百年，我诸弟子，学慧得坚固；第二五百年，学定得坚固；第三五百年，学多闻、读诵得坚固；第四五百年，造立塔寺、修福忏悔得坚固；第五五百年，白法隐滞，多有诤讼，微有善法得坚固。"又彼经云："诸佛出世，有四种法度众生。何等为四？一者，口说十二部经，即是法施度众生；二者，诸佛如来，有无量光明、相好，一切众生，但能系心观察，无不获益，是即身业度众生；三者，有无量德用、神通、道力，种种变化，即是神通力度众生；四者，诸佛、如来，有无量名号，若总、若别，其有众生，系心称念，莫不除障获益，皆生佛前，即是名号度众生。"计今时众生，即当佛去世后，第四五百年，正是忏悔、修福，应称佛名号时者。①

道绰引用的《大集月藏经》第一段文字，见于今本《大集月藏分》。②这是把佛灭之后按每五百年为一期，分为五个"坚固期"。"五坚固期"过后，会出现"白法隐滞"。"白法"是清净善法，与"黑法"相对而言，在此象征着佛陀的正法。"隐滞"并非彻底消亡的"法灭"。《月藏经》很可能是于阗佛教的产物，所以这里与印度佛教原初的"法灭"意识略有差别。于阗佛教只承认释迦佛法正在逐渐消退，却不强调佛法最终会消亡的结局。这"五坚固期"中的"第四坚固"，《月藏经》的原文只有"多造塔寺，得住坚固"，道绰则改为"造立塔寺，修福忏悔得坚固"。即此时适合众生的修行方式就是造立塔寺、忏悔修福。道绰认为比照"五坚固说"，当世应该已处于佛灭之后的第四个五百年，即佛灭 1501—2000 年。

道绰之所以说当世已进入佛灭之后的第四个五百年，前提是要先确认具体的佛灭年代，否则就难以进行推算。南北朝至唐初，中国佛教认定的佛灭年代主要有两种说法，其一是东周匡王四年（前 609），其二是西周穆王壬申岁（前 949 或前 948）。这两个佛灭年代与印度历史上真实的佛陀涅槃年代都相去甚远，但中国佛教的主流在南北朝至唐初的确就是按照这两种佛灭年代来推算佛灭之后的年历。若从东周匡王四年算起，到唐初的 7 世纪初，还不到 1500 年，也就谈不上第四个五百年。只有从西周穆王壬申岁算起，到唐初才是佛灭之后 1500 年已过，开始进入第四个五百年之期。而选用西周穆王壬申岁为佛灭之年，也就意味着必然是在"正像末三时说"的背景下讲"末法"。③

所谓"又彼经云"后面的文字，应该也是来自《大集月藏经》，然而在现存版本中却不见这样的内容。道绰《安乐集》中不止一处出现号称出自《大集经》，而实际上今本《大集经》中并没有

---

① 道绰《安乐集》卷上，《大正藏》第 47 册，第 4 页上栏至中栏。

② 那连提耶舍译《大方等大集经》卷 55，那连提耶舍译《月藏分》第十二《分布阎浮提品》，《大正藏》第 13 册，第 363 页上栏至中栏。

③ 关于佛灭年代的确立与"正像末三时说"之间的关系，参见拙文《佛灭之后：中国佛教末法思想的兴起》，《唐研究》第 23 卷，北京大学出版社，2017 年，第 493—515 页；拙文《穆王五十二年佛灭说的形成》，《敦煌学辑刊》2018 年第 2 期，第 166—177 页。

这样的文字。这里引用的这段不见于《月藏经》的文字，是想说明佛度众生主要有四种方式：法施、身业、神通力和名号。而到佛灭之后将近两千年的第四坚固期，众生就只能通过念佛名号而得度。而口念阿弥陀佛号，发愿往生西方净土，被认为是净土教所提倡的教法。

在《安乐集》卷下，道绰说道：

> 辨经住灭者，谓释迦牟尼佛一代，正法五百年，像法一千年，末法一万年。众生灭尽，诸经悉灭。如来悲哀，痛烧众生，特留此经，止住百年。[①]

意即从佛灭之年开始计数，先进入"正法五百年"阶段，然后是"像法一千年"阶段，再后是"末法一万年"阶段。"末法"结束后，释迦佛法在世间消亡。这样依"正像末三时说"的体系来划分佛灭之后的年代，前提就是以穆王壬申岁佛灭为起点来计算。"众生灭尽，诸经悉灭"之说，是从《佛说无量寿经》中演化出来的说法。原本《无量寿经》中是释迦佛对弥勒说：

> 当来之世，经道灭尽。我以慈悲哀愍，特留此经，止住百岁。其有众生，值斯经者，随意所愿，皆可得度。[②]

所谓"此经"，指的是《无量寿经》。意即当未来之世，佛法佛经行将灭尽时，释迦佛特意使《无量寿经》在世间多存在百年，以度世人。原本释迦佛所言的是"经道灭尽"，而非"众生灭尽"。只有在佛教的宇宙从"住劫"进入到"坏劫"时，才会有"众生灭尽"的景象发生。但释迦佛法的消亡，原本是在释迦佛灭之后千百年，后来进一步被推迟到佛灭万年之后就会发生，肯定不会迟至"住劫"与"坏劫"交替之时。道绰在《安乐集》中对《无量寿经》有意无意地改写，目的则是为强调《无量寿经》是五浊恶世中唯一能够救度众生的佛经。

道绰之后，有怀感著《释净土群疑论》，[③]也对"经道灭尽"做了解释。怀感引述了对"经道灭尽"的三种不同解释。首先，他引述并批评了三阶教的说法：

> 问曰：《无量寿经》说："于未来世，经道灭尽。我以慈悲哀愍，特留此教，止住百年。"未知定用何时，经道灭尽也？
>
> 释曰：如三阶禅师等，咸以信行禅师，是四依菩萨，于诸大乘经中，撰集《三阶集录》言："今千年已后，第三阶众生，唯合行普真、普正佛法，得生十方佛国。若行别真、别正佛法，及读诵大乘经等，即是不当根法，堕于十方地狱。今《无量寿经》等，即是别真、别正，是第二阶佛法。千年已前，合行此法。千年已后，既无此机，斯教即废。纵令住世百岁，只合千一百年。"故释"经道灭尽，特留此经，止住百岁"者，是正法千年之后百年者也。……细寻此义，理必不

① 《安乐集》卷下，《大正藏》第 47 册，第 18 页中栏。
② 康僧铠译《佛说无量寿经》卷下，《大正藏》第 12 册，第 279 页上栏。
③ 历来只知怀感是善导门人，具体生活年代无法确知。近有村上真瑞氏考订怀感生活年代大约是 639—699 年。见氏著《懷感の生沒年代》，《共生文化研究》第 5 号，2020 年，第 61—87 页。

然。……劝诸学流,审谛圣旨。勿得自误,复误余人。令诸大乘微妙经典,绝行于世。将为毒药,是地狱因,灭正法眼,何其颠倒,可伤之甚![1]

信行在《三阶集录》中认为:佛灭千年后,就进入"第三阶"之时,此时只能行三阶教提倡的"普真、普正佛法",信众才能得生十方佛国。至于其他宗派所宗奉的经典教法,包括净土法门特别提倡和尊崇的《无量寿经》,都属于大乘经典,是"别真、别正"之法,只适合已过去的"第二阶"。故净土信仰的教法不值得提倡。若依信行的看法,所谓"经道灭尽"就是在佛灭千年之后,《无量寿经》再多存世一百年而已。佛灭1100年时,就要"经道灭尽"。怀感引经据典,认为信行三阶教的做法是要使"大乘微妙经典,绝行于世",因此信行之说是"自误、误人",不可信从。

接着,怀感又举出两种对"经道灭尽"的不同解说:

> 有释"经道灭尽"。依《大悲经》,正法千年,像法千年,末法万年。万年之后,经道灭尽,特留此教,更住百年。此刀兵劫时,人多造恶,所执草木,悉成刀剑,互相杀害,瞋毒炽盛。人寿十岁,身长二肘。于此时中,更不能修诸余甚深戒定慧学,唯能念佛。厌此娑婆,三灾五浊,极苦恼处,愿生西方安乐世界。故佛知此时众生苦重,能生厌离。故以慈悲,特留此经,于诸经后,止住百岁。在刀兵劫,利益有情。

> 又有释言:如尊者庆友说《法住记》,言此佛法,刀兵劫后,人心厌恶,咸起慈心,不相杀害,共相怜愍,如父如子,命渐增长,至满百年。十六大罗汉,……受佛付嘱,住持正法,利益众生。不般涅槃,并余眷属,大罗汉万余徒众,还以如来三藏教法,流行于世。化导群生,造寺度僧,修戒定慧。佛法炽盛,至增人寿六万岁末、七万岁初。诸阿罗汉,总集如来所有舍利,共造宝塔。十六阿罗汉,与诸眷属,遶塔供养,散诸香华,瞻仰礼已,俱升虚空,作如是言:敬礼世尊释迦如来应正等觉,我受教勒,护持正法,及与天人,作诸饶益。法藏已没,有缘已周。今辞灭度,说是语已。一时俱入无余涅槃,其舍利塔,便陷入地。至金轮际,方乃停住。其三藏教,在舍利前,先已灭没。经一百年,唯此净法,与舍利塔,及诸阿罗汉,一时灭没。[2]

按怀感的引述,似乎《大悲经》有"正法千年,像法千年,末法万年"的"正像末三时说",而"末法万年"结束后,才是"经道灭尽"之时,此时再将《无量寿经》多留住百年。经查,《大悲经》原本也没有"正像末三时说"。怀感在此或是自己误引,或是延用前人的文字而未做甄别。道绰言"正像末三时"总计11500年,而怀感则说三时总计12000年,两种说法差异的五百年,大概就是隋初的人为避免将隋文帝列入"末法恶王"而将"正法"时长延长,"末法"开始时间推迟的结果。不过,"正像末三时"总计12000年后,"经道灭尽"是最容易理解,也是对净土信仰最适合的说法。因为信行三阶教的说法在佛灭后1100年就"经道灭尽"。而《法住记》的说法涉及"刀兵劫",即人寿

① 怀感《释净土群疑论》卷3,《大正藏》第47册,第48页上栏、中栏、下栏。
② 怀感《释净土群疑录》卷3,《大正藏》第47册,第48页下栏至49页上栏。

十岁时，会发生七日刀兵劫。劫后人类慈心向善，人寿逐渐从二十岁、四十岁、八十岁……倍增到八万岁，而在增寿到六万岁末，七万岁初时，十六罗汉、三藏与舍利都灭尽。这个过程大概需要的时间要远远长于12000年，也不易算得准确的年数。所以三种解释比较之下，怀感其实更倾向于"正像末三时"共12000年后，《无量寿经》再多存世百年之说。

这样看来，三阶教与净土教的分歧点，表面在于佛灭后多少年才会"法灭"。三阶教认为佛灭后1100年或1600年，就该"法灭"即"经道灭尽"。之所以三阶教的经典中有的地方说佛灭一千年后如何，有的地方说佛灭一千五百年后如何，^①原因有两点：其一是信行所依据的不同佛经原典，关于佛灭后多少年"法灭"的说法就不一致。其二是三阶教经典中并无明确提及佛灭年代是具体哪一年，但很可能是按照从东汉末就已出现的东周匡王四年说来推算。这样，佛灭后一千年，应是公元391年，即便再加100年，对于三阶教来说，也已是"过去时"。意味着隋唐之际的三阶教成立时，就已处在"经道灭尽"的时代，这是三阶教所不能承认的。事实上三阶教取用的是佛灭后1500+100年而"经道灭尽"的说法。这样"经道灭尽"的时间就还有二三百年才会到来（891左右）。若按"正像末三时说"来看，则"经道灭尽"的时间就要推迟到佛灭之后11500年或12000年后，这是三阶教不能认同的。唐初的净土教则认为：佛灭后12100年后才会"经道灭尽"。这正是基于"正像末三时"，总计一万两千年说。

这只是表面的分歧，真正的分歧在于面对佛灭之后佛法渐衰的现实究竟该采取怎样的修行方式。三阶教认为包括《无量寿经》这样的大乘经典都已过时，世间进入"第三阶"阶段，只能行"普真、普正"之教，十方佛土都是可以死后往生的净土。而净土教则认为进入佛法渐衰之世后，其他一切经典、教义、戒律都过时了，只有念佛、发愿往生阿弥陀净土这一种修行方式，才适合当世人们的根机。舍此之外，别无他途。两者都有意无意中把对方的教义和教法列入本派要排除、否定的范围，自然彼此对立就会很严重。

这是截至初唐时期，三阶教与净土教之间的分歧所在。可知净土教从道绰到怀感，都是秉持"正像末三时说"。他们所说的"末法"，就是佛灭之后佛教发展的第三个，也是最后一个阶段——"末法万年"时期。而三阶教所言的"末法"，则是对佛灭之后佛法渐衰这一整体过程的概称。从《三阶集录》看，信行所认可的"末法"是不可能有万年之久的。但是这样的分歧到中唐法照这里，似乎就出现相当程度的融合。如P.2066《净土五会念佛诵经观行仪》卷中，讲述法照在南岳衡山受到阿弥陀佛将临，传授五会念佛的神遇时说：

> 佛言：有一无价梵音，五会念佛法门，正兴彼浊恶世。今时末法，一切众生，机感相应。闻

---

① 如《开元释教录》所载三阶教经典有《当根器所行法》一卷，（明佛灭度第二五百年以后，一切最大颠倒，最大邪见，最大恶众生，当根器所行法）《明善人恶人多少法》一卷，（明佛灭度一千五百年以后，善人恶人多少法）。此据智昇撰、富世平点校《开元释教录》卷18《别录中伪妄乱真录第七》，中华书局，2018年，第1265页。

汝暂念,皆悉发心。如是《无量寿经》,说宝树五音声,即斯五会佛声是。以是因缘,便能称念佛名,报尽定生我国。①

这里借阿弥陀佛之口宣告"今时末法",即当世已入"末法"时代。在此前提下,再依据《无量寿经》的"宝树五音声",创制"五会佛声"。法照创作的《叹五会妙音赞》中说道:

零零五会出衡山,隐隐如今遍五天。五众咸言皆利乐,末法仍留五百年。②

所谓"末法仍留五百年",显然不是"正像末三时"中"末法万年"的最后五百年,而是"五坚固"五个五百年中的最后一个五百年。③换言之,佛灭后经历"五坚固"共2500年,都属于"末法"时期,才会有"末法仍留五百年"。这样从佛灭之年开始都算作"末法"时期,本是印度佛教对"末法"一词的原初定义。看来,初唐道绰、怀感等人一再强调"正像末三时"的"末法",认为"末法"要在"正像二时"1500年或2000年之后才会到来。而三阶教所言的"末法"则是从佛灭之后就开始进入的"末法"。到法照这里,明显舍弃了"正像末三时"意义上的"末法",重新按照印度传统意义去理解"末法"。

在从初唐到中唐佛教发展的背景下来看法照对"末法"的理解,至少有以下几方面的意义:

其一,表明唐初各宗派激烈争论的"末法"问题,到中唐时期已经趋于平息。若按唐初确立下来的佛灭年代是穆王壬申岁,而正像二时总计2000年来计算,要到公元1052年前后才会进入"末法"时期。因而对于8世纪中后期开始的中唐时期佛教各宗派而言,"末法"来临的时间要在二三百年后的未来,当下就仍属于"像法时代",而非"末法时代"。这本来可以缓解"末法"降临的危机感,但是对于三阶教和净土教这样以当世已入"末法"作为立教根本的"末法佛教"而言,如果按照"正像末三时说",当世就还没有进入"末法时代"。那他们原先的教义、教法就无疑面临巨大的合理性质疑。因此,法照等人转而不再强调"正像末三时说"背景下的"末法",而接受从佛灭之后开始就进入佛法渐衰的"末法之世",这样才能维护其立教的根本。

其二,法照虽然被尊为"净土宗"的祖师之一,但他直接师承南岳的承远(712—802),而承远又是出自四川地区的禅宗门下。所以严格说来,法照本来具有禅宗的法脉。将其作为"净土宗"的祖师之一,实在有些勉强。特别是从对"末法"的意识来看,他的确没有严格遵从道绰、善导、迦才、怀感等这些被视为"净土宗"的前辈所论定的教理和教义。换言之,道绰、怀感等净土教高僧所提倡的教义、思想,也没有通过其门下弟子代代传续下去。这样的现实对于理解所谓中国佛教的"净土宗"是否存在的问题,是一个重要的启示。

---

① 此据《大正藏》第85册,第1253页下栏。

② 《叹五会妙音赞》在敦煌本《净土五会念佛诵经观行仪》卷下和日本传世本《净土五会念佛略法事仪赞》一卷中都被收录,分别参见《大正藏》第85册,第1257页下栏;第47册,第488页下栏至489页上栏。

③ "末法五百年"指"五坚固"中的第四或第五坚固的五百年,这种理解很可能最早来自唐初的窥基。见窥基《妙法莲华经玄赞》卷10,《大正藏》第34册,第845页上栏。

其三，从现存法照的文字中也可看到，像初唐时各派学僧引经据典论辩的风气已经消失。经典的解释和论辩的工作，前辈已经做的差不多。中唐的僧人更多着力于具体的修行实践上。法照的"五会念佛"就是在此背景下创制的。

二、"五会念佛"与"禅净双修"

关于法照创制"五会念佛"的地点、经过、时间等基本问题，学界已基本搞清：公元766年，法照在南岳衡山感遇阿弥陀佛教授"无价梵音，五会念佛法门"。774年，法照在太原编就《净土五会念佛诵经观行仪》三卷。788年以后，法照在长安期间又编成《净土五会念佛法事仪赞》一卷。[①]"五会念佛"因为采取简单的音调，郎朗上口，而广泛传播和被接受。在实际使用中，又可根据不同需要，选取不同的赞、诵，进行组合，形成"五会念佛"取用仪式歌辞的多种不同版本。敦煌写卷中大约有64种依照"五会念佛"来编排的法事仪式写卷，显示出在晚唐五代时期，"五会念佛"法门在敦煌的流行。[②]

历来学者对"五会念佛"四字的解释，都似有不当之处。如塚本氏引"略本"的文字云：

> 五者会是数，会者集会。彼五种音声，从缓至急，唯念佛法僧，更无杂念。……此五会念佛声势，点大尽长者，即是缓念。点小渐短者，即是渐急念。须会此意。第一会，平声缓念"南无阿弥陀佛"。第二会，平上声缓念"南无阿弥陀佛"。第三会，非缓非急念"南无阿弥陀佛"。第四会，渐急念"南无阿弥陀佛"。第五会，四字转急念"阿弥陀佛"。[③]

所谓"五者会是数，会者集会"，第一个"会"字或许是衍字。即便不是衍字，法照也说得明白："五会"即五次集会。"念佛"指的是念佛名号的修行。在这里具体指的是：依照一种简单的、容易上口的音调，以不同的速度和密度，由缓至急地反复念唱阿弥陀佛的佛名。前四次念"南无阿弥陀佛"，第五次只念"阿弥陀佛"。这样的念佛唱诵，一直流传至今。也是最常见的佛教唱诵音乐之一。不过今天流行的"五会念佛"唱法，都是先要唱诵一段《礼佛赞》，即"阿弥陀佛身金色，相好光明无等伦"等八句，然后再以不同速度和密度的曲调念佛唱诵。《礼佛赞》的内容不仅不见于法照"广本"和"略本"两种关于"五会念佛"的版本，而且在宋以前几乎未见流传。所以《礼佛赞》这部分应该是宋代开始才加到"五会念佛"之前的。这就提醒我们，很可能今日流行的"五会念佛"唱诵仪式与法照原创的形态已有不小的差别。这就使我们不得不追问，法照"五会念佛"的原初形态究竟是怎样的？

---

① 参见刘长东《晋唐弥陀净土信仰研究》，巴蜀书社，2000年，第389—409页。

② 张先堂《晚唐至宋初净土五会念佛法门在敦煌的流传》，《敦煌研究》1998年第1期，第48—64页。

③ 《净土五会念佛略法事仪赞》，《大正藏》第47册，第476页中栏。

历来学者解释"五会念佛"四字，都侧重在第一会至第五会分别唱诵什么速度和什么名号的佛名，却忽略了其实"五者会是数，会者集会"才是"五会念佛"的基本定义。而第一会、第二会……第五会云云，不过是说，当举行第一会时，应该唱诵什么，以及怎么唱诵……直到第五会。换言之，如果只说第一会至第五会分别唱什么、怎么唱，这其实是在说第一遍念佛应该怎么念，第二遍……第五遍念佛应该怎么念。久而久之，"第几会"就等同于"第几遍"念佛。而这显然不是"五会念佛"本该应有的定义。

除法照在自己的作品中对"五会念佛"有简单的定义外，还有南宋志磐在《佛祖统纪》中两次说道：

> 五会者，当是五日为一会也。[1]

虽不清楚"五日为一会"是什么样的"会"，但至少表述了"五会念佛"应该是在五次法会上的念佛仪式。至于说在五次法会上究竟是把由缓至急的五种唱法依次唱诵完毕？还是根据不同法会内容的需要而只唱诵其中的一种或几种唱法？这可能是理解"五会念佛"原初形态的关键。

《净土五会念佛诵经观行仪》卷中（P.2066）在《佛说阿弥陀经》的经文之后云：

> 众等每诵经了，即第二会念佛一两会，即诵后《宝鸟》、《相好》二赞。应知。

意即在诵读完《佛说阿弥陀经》后，以"第二会念佛"一两遍，然后再唱诵《宝鸟赞》和《相好赞》。显然，诵经之后，并不需要把"五会"完整地念诵，而只挑选其中的一"会"念佛"一两会"即一两遍。

《净土五会念佛诵经观行仪》卷下（P.2250）的开篇即云：

> 此下一卷赞，从第八赞佛得益门分出。众等尽须用第三会念佛和之。

其后是法照自己撰写的《依无量寿观经赞》，其第六句"兴逆徒囚父母形"后有注云："已后赞诸依前第三会念佛和之。"可见在"广本"中，至少"第二会"和"第三会"是可以单独用在特定的经赞唱诵之后，而无需把从缓至急的"五会"都唱诵出来。

《净土五会念佛略法事仪赞》也说道：

> 从《弥陀》《观》《维经》已后诸赞，皆须第三会念佛和之。诵诸赞了，欲散，即诵《道场乐》。音即高声。须第三会念阿弥陀佛三百余声。最后唱《西方礼赞》天台智者回向发愿文，取散。

这说明所谓"五会念佛"，并不是像我们今天听到的五段由缓至急的唱诵作为整体，不可拆分使用。问题是，拆分使用是原初就可以，还是原本就固定化了五会连诵之后，再便于取用？

---

[1] 释志磐《佛祖统纪》卷26《净土立教志》第十二之一《莲社七祖》，《大正藏》第 49 册，第 263 页下栏。同书卷28《净土立教志》第十二之三《往生公卿传》，《大正藏》第 49 册，第 285 页上栏。

P.2130 写本①中《西方道场法事文》云：

> 若欲作道场五会法事时，先诵《阿弥陀经》，众和了，即高声念佛，得一千口。续诵《宝鸟赞》，和赞了，更读念佛三千口，已，为一会。若欲五会全具，《阿弥陀经》为两会，《十二（六）观经》为三会。道场欲歇时，应诵《净土乐赞》，了，散。②

这是说举行"西方道场法事"仪式时，第一步诵《阿弥陀经》。第二步在诵经之后，由道场信众高声念佛一千口作为应和。第三步诵《宝鸟赞》。第四步众和赞。第五步要念佛三千口。这五步都完成，是为"一会"，意即"五会"中的一次集会。这里面其实包含了"高声念佛得一千口"和"更读念佛三千口"这两遍念佛。如果要完整地做一套"五会"的仪式流程，则应该是第一、二会都先诵《阿弥陀经》，第三、四、五会则改诵《十六观经》，诵经之后，都是先诵和、念佛，然后是《宝鸟赞》、念佛。第五会时则以《净土了赞》为收尾。换言之，诵不同的经，唱不同的赞，以不同的速度、密度念佛。五种缓急不一的念佛方式，各自对应不同的"会"。这可能是"五会念佛"最初的来源。

"西方道场法事文"所描述的还只是佛教众多法事活动中的一种而已，诵《阿弥陀经》和《十六观经》也都是切合阿弥陀净土信仰的基本经典。若是其他法事活动，就不一定也要诵这两部经。但诵经之后的念佛采用"五会念佛"的形式，则基本成为定式。杨明芬根据《净土五会念佛观行仪》的记述，概括出一场法会所包含的 10 个仪轨步骤：（1）焚香；（2）座主白文；（3）作梵；（4）稽请；（5）念庄严文；（6）诵《散花乐》文；（7）诵经；（8）唱赞与念佛；（9）回向发愿；（10）唱随意。③

其中，包括"念庄严文"之前，属于法会的前行仪式。念庄严文后，念阿弥陀佛，以佛号衔接前行程序和法会主体。但这时念阿弥陀佛，是否按"五会念佛"法来念？具体怎么念？是否把"五会"完整唱念一遍？我目前还无从得知。不过"诵经"之后的"唱赞与念佛"，就应该是选取"五会"中的个别"会"唱念。换言之，"五会念佛"并不是整个仪程中特别突出和可以单独立项的一环，只是诸多法会仪式要素中"念佛"这一个环节上的统一化和规范化。

五种缓急不一的念佛方式，说是法照的创制，其实所取用的应该都是来自民间的非常简单的曲调、音调。"五会念佛"在音乐上而言并无特别之处。此前学者认为法照之师承远，曾经在四川地区

---

① P.2130 的确不应是法照撰写的《净土五会念佛诵经观行仪》卷上。首先，此卷开篇的部分讲法照感遇文殊、普贤二菩萨，然后去五台山、太原、长安等地劝众念佛。从个人行谊上，就包含了法照创制"五会念佛"以后的事情。这与《净土五会念佛诵经观行仪》只讲到 766 年在南岳感遇阿弥陀佛得授"五会念佛"的记事有矛盾之处。其次，法照自己创制的《观行仪》正文中，不太可能要信众"克数念一百法照名。南无法照和尚"云云。亦即说他不能自己把自己等同于佛菩萨的地位。再次，塚本氏曾推测《观行仪》的卷上应该是法照讲说教义的部分，卷中和卷下才是仪式实践的部分。见《唐中期の净土教》，第 182 页。

② 上海古籍出版社、法国国家图书馆编《法藏敦煌西域文献》第 6 册，上海古籍出版社，1998 年，第 211 页。

③ 杨明芬（释觉旻）《唐代西方净土礼忏法研究——以敦煌莫高窟西方净土信仰为中心》，民族出版社，2007 年，第 104—108 页。

受到禅宗处寂一脉提倡的"引声念佛"的影响。杨明芬认为"引声念佛"是从长声到最后没声,而"五会念佛"则是越到后来越激昂高亢,所以不应该来自"引声念佛",反而最有可能来自怀感所倡导的"厉声念佛"。①当"五会念佛"普及开来,"五会"的本义逐渐不再强调五次集会,而是成为每一会上念佛不同曲调、速度念佛的代称。说"第几会"时,其实已经不是在说第几次集会,而是第几次集会上念佛的曲调。

前文已述至少从法照现存的文字中,他对以道绰、怀感为代表的唐初净土教所秉持的"正像末三时说"并没有刻意继承。从现存"广本"47种和"略本"40种赞颂文字也可看到,法照其实并无明确的宗派意识。他在"净土五会念佛"仪程中,大量引用了非净土教宗师的赞颂作品。塚本氏最早梳理过法照引用到其他佛教宗师的赞颂作品。②这些赞颂中标明的作者共有八人,除去法照外,另有七人,即彦琮、善导、慈愍、净遐、神英、灵振、惟休。现知引用善导的大约6首,慈愍的4首,净遐的2首,彦琮、神英、灵振、惟休各1首。其中,净遐和惟休的情况不明。善导被认为是净土教的祖师之一,有多篇关于西方净土的赞文、经疏传世。慈愍即三藏慧日,是唐中宗时期净土教的代表人物之一,被认为是最早提倡"禅净双修"的高僧。彦琮是隋代的译经僧,并未被认作是净土教或其他宗派的代表人物,但他有《净土礼赞》传世。灵振与慧能同时代,曾被慧能推荐给弟子讲法,可见与禅宗也有密切关联。③神英在《宋高僧传》有传,曾依止神会大师,④也与禅宗紧密相关。如果从法照的"净土五会念佛"法门中如此明显地引用禅宗高僧唱赞来看,的确可以说是一种"禅净双修"意识的体现。

不过,所谓"禅净双修"的提法,以往的理解是先要有禅宗和"净土宗"这两个分别独立的宗派存在。禅宗的存在似乎无须多言,而中国佛教历史上是否有一个"净土宗"存在,其实面临很大的质疑。一方面,很可能是从宋以后,中国佛教才开始建构"净土宗"的传承法脉。另一方面,日本佛教的确是有"净土宗"的宗门法脉,正是受日本佛教宗派意识和日本佛教研究的影响,中国佛教史的论述也有所谓"净土宗"之称。但近年来有学者反思这种带有"误导性"的称呼,认为中古时期的中国并不存在一个法脉明晰固定、组织严格独立的"净土宗"。念佛和发愿往生净土其实是当时大多数佛教宗派修行的共通方式,不能作为所谓"净土宗"的独家法门。⑤换言之,是对西方净土的信仰,使得法照在大量吸收善导、慈愍这样的净土教宗师关于净土赞颂的同时,也丝毫不带宗门

---

① 杨明芬《唐代西方净土礼忏法研究》,第102页。

② 塚本善隆《唐中期の净土教》,第200—255页。

③ 《曹溪大师别传》,《卍字续藏》第86册,第52页上栏。

④ 赞宁撰、范祥雍点校《宋高僧传》卷21《释神英传》,中华书局,1987年,第535—536页。

⑤ 参见Robert Sharf,"On Pure Land Buddhism and Ch'an/ Pure Land Syncretism in Medieval China",*T'oung Pao*,Vol.88,Fasc.4/5,2002,pp.282–330.此据丁一汉译《论净土佛教以及中古中国的禅净融合》,《佛教文化研究》第1辑,江苏人民出版社,2015年,第369—423页。

偏见地取用禅宗系统关于净土信仰的赞颂。这样看来，也许并非作为"净土宗"宗师的法照有意吸纳禅宗关于净土的赞颂，而是原本就没有明确的"净土宗"与禅宗之间的藩篱妨碍他这样做。甚至，法照是否算是"净土宗"宗师，也是可以提出讨论的问题。

三、结语

法照的"净土五会念佛法"是传承至今仍经久不衰的佛门唱诵念佛不二法门，但从音乐专业的角度来看，这并不是一种具有高超音乐技巧和理论的唱诵法。很多民间小调与此就有相通之处。而"五会念佛"更需要放置在具体的佛教法会仪式中去看，才能更准确地理解其在佛教仪式发展史上的地位和作用。这方面还需要更多结合佛教仪式另做专门的探讨。

从法照现存的文字来看，大体可以解答关于"末法思想"为何在南北朝末至初唐盛极一时，到中唐以后就似乎衰落下去的原因。南北朝末至初唐之所以"正像末三时说"盛行，是因为从6世纪中期的慧思开始，就认定世间已进入"末法"时期，很多高僧立教传法的前提也是在承认"五浊恶世""末法"的时代背景下，提出各自不同的教法主张。但随着唐初确立下"穆王壬申岁佛灭说"后，当认为"正像二时"1500年时，还可认为自552年起就进入"末法时代"，而一旦采用"正像二时"2000年说，"末法"的开始年代就被推迟到1052年。这对于7世纪和8世纪的唐代佛教来说，那些以"末法"为立教之基的宗派，就会感到很尴尬，承认"末法"还有几百年以后才到来，他们原本针对"末法"而定的教法还怎样保持合理性？不承认"正像末三时说"的"末法"，就只能按照印度佛经中"末法"的原义来理解，将佛灭之后所有世代都视作是"末法"。当然也不排除随着"末法"开始年代的推迟，更多的佛教中人暂时不把"末法"来临作为迫在眉睫的危机看待。总之，法照对"末法"的认知，一定程度上是回归到信行的主张，这也是他并非严格意义上的"净土宗"宗师的另一种体现。

"禅净双修"的问题是中国佛教史上一个重要的论断。从学术史角度梳理出这一命题是如何提出、如何受到质疑，更重要的是依据对"禅净双修"的争议，重新认识像法照"五会念佛"这样具体而鲜活的事例，可能是今后仍需重点探讨的问题。至少在本文中可以看到，法照本人并无明确的"净土宗"宗门意识，他没有对"净土宗"祖师的刻意传承，其"净土五会念佛法"不仅有唱念阿弥陀佛，还有禅修观想等实践。真正让他体现出所谓"禅净双修"特点的，是当时佛教各宗派中对阿弥陀净土的信仰，以及相应的各种唱诵实践。而这些并不是单单归结为"净土宗"法门就可解释清楚的。

总之，法照"五会念佛"的相关资料，很可能对我们历来了解并不充分的中晚唐佛教发展变化，特别是当时的宗派发展和融合问题，带来某些新的看法。法照的研究，未来仍值得深入下去。

翻译与民族交流：敦煌、吐鲁番与哈喇浩特出土蒙古文翻译文献[*]

敖特根/西北民族大学铸牢中华民族共同体意识研究院

如果从翻译的角度重新审视敦煌、吐鲁番与哈喇浩特出土蒙古文文献的话，将会出现另一番景象。古时候译自汉文、梵文、藏文、以及回鹘文的宗教、文学、占卜、法律等文书作为当时蒙古人社会生活和思想情感的一种体现，在一定程度上反映出他们与其他民族的交往互动，以及他们对待其他民族文化的一种开放的心态。在这个意义上，穿过岁月传到我们生活时代的那些残章或碎片，不仅是蒙古族宝贵的文化遗产，而且更为重要的是此类文献从一个侧面阐释了中国传统文化的发展历程及其特征，即文化上的大交融。

一、吐鲁番出土蒙古文翻译文献

基于达·策仁苏德纳木和曼弗雷德·陶贝合著《柏林吐鲁番藏品中的蒙古文文献》一书，将吐鲁番出土蒙古文翻译文献可分为叙事诗与格言诗（Epos und Spruchdichtung）、佛教作品（Buddhica）和占卜文书（Divination）三类。[1]吐鲁番蒙古文文献中，除了佛教经典的译疏（见下文）外，还有似

---

*谨以此文祝贺恩师施萍婷先生九十寿辰。自 2001 年考入兰州大学敦煌学研究所攻读博士至今，老师对我多有照顾。特别想念在莫高窟听老师课程的那段时光。

[1] Dalantai Cerensodnom und Manfred Taube, *Die Mongolica der Berliner Turfansammlung*, Berlin: Akademie Verlag GmbH, 1993.

乎是译自突厥语的《亚历山大传奇》蒙古文译本（《索勒哈尔奈故事》）残卷，以及由僧人苏那木嘎拉（Sonom Gara）译自藏文的《萨迦格言》八思巴字蒙古文印本残页。这些文献为我们了解蒙古族古代文学和翻译文学提供了珍贵的一手资料。

最早研究《索勒哈尔奈故事》的鲍培、柯立夫等学者认为该手抄本属于 14 世纪上半叶，年代与吐鲁番出土的 1312 年《入菩萨行论疏》相近。因为文中出现不少突厥语词汇，[①]而且当初这本小册子出土的时候多半为回鹘文散文体或韵文体作品，[②]所以，《索勒哈尔奈故事》即《亚历山大传奇》蒙古文译本，不仅出自突厥语环境，而且很有可能译自一种突厥文本，或将其改编而成。[③]事实上，除突厥语词汇外，文中还有阿拉伯、波斯和梵文词汇。例如：*Qurasan* < 波斯：*X (u) rāsān*（呼罗珊）；*Misir* < 阿拉伯：*Misr*（亚历山大港）；*Sulqarnai* < 阿拉伯：*Dū'l-qarnain*（有两个犄角的）；*Sumur taγ* <［突厥］< 梵文：*Sumeru*（须弥山）；*garudi* <［突厥］< 梵文：*garuḍa*（迦楼罗）；*qaraba* <［波斯］< 阿拉伯：*qaraba*（一种大酒壶或容器），等等。[④]

自 20 世纪 50 年代以来，《索勒哈尔奈故事》已被中西方学者反复研究探讨，并被翻译成多种语言，成为研究蒙古族古代文学和翻译文学的重要材料。[⑤]

① 另外，值得一提的是，第 13v11 行（明显不属于正文）是用突厥语（回鹘语）写的：*Qutluγ bolz-un ädgülüg* < *ädgülüg* > *kälz-ün*，意思是 "祝愿幸福吉祥，好事连连"。

② 该小册子原始编号为 TID 155 a-h（左）。写本，棕色纸，用麻绳装订的小册子的一部分，共 17 叶（34 页），由四部分组成，用两种语言写成，内容包括：(1) 1r-6v 为有关《旧约·创世纪》中人物宁录（Nimrod）传说故事片段（回鹘文）。见 W. Bang und G. R. Rahmati,"Lieder aus Alt-Turfan," *Asia Major*,vol. 9,1933,p.129（129-140）. 参见 Cerensodnom & Taube 1993, 52,n. 7；Volker Rybatzki,"Linguistic Particularities in the Middle Mongol Alexander Romance," in:Desmond Durkin-Meisterernst,Simone-Christiane Raschmann,Jens Wilkens,Marianne Yaldiz and Peter Zieme,eds.,*Turfan Revisited-The First Century of Research into the Arts and Cultures of the Silk Road*,Berlin: Dietrich Reimer Verlag,2004,p. 285（284-296）,n. 17；(2) 7r-13v 为《亚历山大传奇》（蒙古文）；(3) 14r-15v 为宗教训诫诗（蒙古文）。见 Nikolaus Poppe, "Ein mongolisches Gedicht aus den Turfan-Funden," *Central Asiatic Journal*, vol. V, Nr. 4, The Hague -Wiesbaden, 1960, pp. 257-294;L. Ligeti, *Monuments Préclassiques* 1, *XIIIe et XIVe Siècles*, Budapest, 1972, pp. 153-158.（Monumenta Linguae Mongolicae Collecta II）；Cerensodnom & Taube 1993, 122-131；(4) 15v7-17v 为六首回鹘文诗歌。见 Bang & Rahmati 1933,129-140; R. A. Arat, *Eski Türk Şiiri*, Ankara, 1965.（Türk Tarih Kurumu yayinlari 7: 45）.

③ Nikolaus Poppe, "Eine mongolische Fassung der Alexandersage, " *Zeitschrift der Deutschen Morgenländischen Gesellschaft*, vol.107, Leipzig-Wiesbaden, 1957, pp. 105-129; F. W. Cleaves, "An Early Mongolian Version of the Alexander Romance, " *Harvard Journal of Asiatic Studies*, vol. 22, 1959, pp. 1-99.

④ Cleaves 1959, 26-27.

⑤ E. Haenisch, *Mongolica der Berliner Turfan-Sammlung II*, Berlin, 1959, pp. 39-46.（Abhandlungen der Deutschen Akademie der Wissenschaften zu Berlin. Klasse für Sprachen, Literatur und Kunst. Jahrgang 1959 Nr.1）；Poppe 1957, 105-129; Cleaves 1959, 1-99; C. Damdinsürüng, *Mongγol uran jokiyal-un degeji jaγun bilig orusibai,*

《萨迦格言》①（藏语：*Sa skya Legs bshad*；蒙语：*sayin ügetü erdeni—yin sang*）最早的蒙古文译文出现于 13 世纪末或 14 世纪初。②这部早期译本较完整地传至现代的有两件写本文献：一为匈牙利著名东方学家李盖提从卓索图盟喀喇沁公爷府购得，现收藏于布达佩斯匈牙利科学院东方写本蒙古文文献部。这是件长条形蒙藏合璧文书，共 248 页。③文中保留了中古蒙古语正字法、词法和词汇的一切特征。然而，它并非 14 世纪遗物，而是 17 世纪初叶之手抄本。值得一提的是，跋文中提到了该格言诗的蒙古文译名、原作者及译者的名字。④另一个手抄本现收藏于圣彼得堡国立大学图书馆。⑤这是柯瓦列夫斯基从卡尔梅克人中所得。此本似乎从未正式出版过。⑥

除此之外，直至目前我们所知道的八思巴字蒙古文《萨迦格言》印本残片共有 5 件：赫尔辛基

Ulaanbaatar,1959,pp. 136–146. (Corpus Scriptorum Mongolorum XIV);Ligeti1972 *XIVᵉ*, 197-207; Dobu, *Uyiɣurjin mongɣol üsüg-ün durasqaltu bičig-üd*, Begejing, 1983, pp. 419-466;Cerensodnom & Taube 1993, 51-63; D. Tumurtogoo, ed., with the collaboration of G. Cecegdari, *Mongolian Monuments in Uighur-Mongolian Script* (XIII-XIV Centuries). *Introduction,Transcription and Bibliography*, Taipei: Institute of Linguistics, Academia Sinica, 2006, pp. 193-198. (Language and Linguistics Monograph Series A-11); Ë. Жанчив, *Сонгодог Монгол Бичгийн Өмнөх Үеийн Дурсгалууд*,Улаанбаатар,2006, 63-64 тал. (Corpus Scriptorum Tomus II);宝花《蒙古文〈索勒哈尔奈故事〉的文化背景研究》，线装书局，2020 年（《东方文化集成》）。

①又称《善语宝藏》，蒙古族民间俗称《苏布喜地》（*Sobašid*，梵文音译），是藏族著名学者萨班·贡噶坚赞（*kun-dga'-rgyal-mtshan*，1182–1251）用藏文撰写的一部格言体哲理诗集。

②James E. Bosson, *A Treasury of Aphoristic Jewels: The Subhāṣitaratnanidhi of Sa Skya Pandita in Tibetan and Mongolian*, Bloomington: Indiana University Publications, 1969, p. 12. (Uralic and Altaic Ser. 92); György Kara, with the assistance of Marta Kiripolská, *Dictionary of Sonom Gara's Erdeni-yin Sang. A Middle Mongol Version of the Tibetan Sa skya Legs bshad. Mongol-English-Tibetan*, Leiden-Boston: Brill, 2009, introduction, p. vii.

③Louis Ligeti, *Le Subhāṣitaratnanidhi mongol, un document du moyen mongol. Partie Iʳᵉ. Le manuscrit tibéto-mongol en reproduction phototypique*, Bibliotheca Orientalis Hungarica, vol. VI, Budapest, Société Körösi Csoma, 1948; *Trésor des Sentences: Subhāṣitaratnanidhi de Sa-skya Pandita*, traduction de Sonom Gara, Budapest: Akadémiai kiadó, 1973. (Monumenta Linguae Mongolicae Collecta. IV); Bosson 1969.

④第一章第一叶背面（I 1b）记：*mongɣoljin keleber sayin üge-tü erdeni-yin sang neretü šastir ∴ saskiyab bandidta baysi čorjig degedü lam-a joqiyaju∴ tarniči toyin sonom gar-a orčiyulbai*，意为"蒙古语称'善语宝藏'，萨迦班智达大师、法王、大喇嘛著，咒文僧苏那木嘎拉译"。见敖特根《敦煌莫高窟北区出土蒙古文文献研究》，民族出版社，2010 年，第 116—117 页。

⑤Vladimir L. Uspensky and Osamu INOUE, *Catalogue of the Mongolian Manuscripts and Xylographs in the St. Petersburg State University Library*, ed. and foreword by Tatsuo NAKAMI, Tokyo, 1999, p.309, No. 340.第 340—352 号均为《萨迦格言》。

⑥敖特根《敦煌莫高窟北区出土蒙古文文献研究》，第 118 页。

1件（现已丢失）①、柏林2件②、兰州敦煌研究院2件③。赫尔辛基的一件是由芬兰国父马内汉（C. G. Mannerheim，1867—1951）将军于1906年在亚洲旅行期间从新疆某处所得。柏林的两件均为格伦威德尔（Albert Grünwedel，1856—1935）和勒柯克（A. von Le Coq，1860—1930）率领的德国探险队自1905年12月到1907年4月，对中国新疆地区进行第三次考察时从吐鲁番发现的。赫尔辛基和柏林的残片均为册子装，然而，敦煌莫高窟北区出土的2件却为梵夹装，说明有元一代，至少两次刻版印刷八思巴字蒙古文《萨迦格言》。

吐鲁番出土蒙古文文献中还包含有译自梵文、藏文的佛教文献，如《入菩萨行论疏》（梵文：*Bodhicaryāvatāra*；蒙古文：*Bodistw-a Čari-a Awatar-un Tayilbur*）、《普贤菩萨行愿赞》（梵文：*Bhadracaryā-praṇidhā-na-rāja*；藏文：*'phags-pa bzaṅ-po spyod-pa'i smon-lam-gyi rgyal-po*；蒙古文：*Qutuɣ-tu sayin yabudal-un irüger-ün qaɣan*）、《圣文殊真实名经》（梵文：*ārya Mañjuśrī-nāma-saṃgīti*；藏文：*'phags-pa 'Jam-dpal-gyi mtshan yaṅ-dag-par brjod-pa*；蒙古文：*Qutuɣ-tu Manǰuširi-yin yeke ner-e üneger ügülekü*）、《般若波罗蜜多心经》（梵文：*Bhagavatī-prajñāpāramitā-hṛdaya*；

---

①G. J. Ramstedt, "Ein Fragment mongolischer Quadratschrift," *JSFOu* XXVII, 1912: 3, pp. 1–4; "A Fragment of Mongolian Quadratic Script," in:C. G. Mannerheim, ed., *Across Asia, from West to East in 1906—1908*. II, Helsinki, 1940. 7, pp. 1–5; Pentti Aalto, "Altaistica I: The Mannerheim Fragment of Mongolian Quadratic Script," *Studia Orientalia* XVII, Helsinki, 1952: 7, pp. 1–9; Nicholas Poppe, trans. and ed., John R. Krueger, *The Mongolian Monuments in ḥP'ags-pa Scrip*, Wiesbaden, 1957, p. 59: Text XI. The Mannerheim Fragment;尼·鲍培著，郝苏民翻译、补注《〈八思巴字蒙古语碑铭〉译补》，内蒙古文化出版社，1986年，XI. 曼涅尔赫姆残叶，第134—138页；Yo. Janchiv, *The Mongolian Monuments in hP'ags-pa Script（Texts, transliterations, glossary and bibliography）*, Ulaanbaatar, 2002, p. 137; D. Tumurtogoo, with the collaboration of G. Cecegdari, *Mongolian Monuments in 'Phags-pa Script. Introduction, Transliteration, Transcription and Bibliography*, Institute of Linguistics, Academia Sinica, Taipei, Taiwan, 2010, pp. 99–103.（Language and Linguistics Monograph Series 42）；呼格吉勒图、萨如拉编著《八思巴字蒙古语文献汇编》，内蒙古教育出版社，2003年，第475—498页（《阿尔泰学丛书》）。

②Pentti Aalto, "Fragmente des mongolischen Subhāsitaratnanidhi in Quadratschrift," *MIO* III, 1955, pp. 279–290; "Zu den Berliner Turfan-Fragmenten T III D 322," *JSFOu* 61, 1959, pp. 3–21; Haenisch 1959, 55–57; L. Ligeti, "Les fragments du *Subhāsitaratnanidhi* mongol en écriture 'phags-pa: Mongol préclassique et moyen mongol," *Acta Orientalia Acadermiae Scientiarum Hungricae* 17, 1964, pp. 239–292; Th. Francis Carter, *The Invention of Printing in China and Its Spread Westward*, New York: The Ronald Press Company, 1925, pp. 109, 269; Pentti Aalto, "A Second Fragment of the Subhāsitaratnanidhi in Mongolian Quadratic Script," *JSFOu* LVII, Helsinki, 1953–1954: 5, pp.1–6; James E. Bosson, "A Rediscovered Xylograph Fragment from the Mongolian 'Phags-pa Version of the Subhāsitaratnanidhi," *Central Asiatic Journal*, VI, 1961, pp. 85–102；照那斯图《关于〈善语宝藏〉最早的蒙译及其回鹘式、八思巴两种文字的版本》，《蒙古语言文学》（蒙文版）1980年第1期。

③教特根《莫高窟北区出土八思巴蒙古文〈萨迦格言〉残片研究》，《中国藏学》2007年第4期，第58—65页；Otgon, trans., Zhang Xiaomei, "Fragment of Sakya Mottoes in Mongolian Quadratic Script unearthed in the Northern Section of Mogao Grotto," in: *China Tibetology*, 2009: 2, pp. 50–57;教特根《敦煌莫高窟北区出土蒙古文文献研究》，第115—139页；Р. Оттонбаатар, *Дөрбөлжин Үсгийн Тухаи Дөрбөн Зүил*, Улаанбаатар, 2014, 32–40 дугаар тал.

藏文：*bCom-ldan-'das-ma shes-rab-kyi pha-rol-tu phyin-pa'i sñiñ-po*；蒙古文：*Ilaǰu tegüs nögčigsen eke bilig-ün činadu kiǰayar-a kürügsen ǰirüken*）、《妙法莲华经》（梵文：*Saddharmapuṇḍarīka-nāma-mahāyānasūtra*；藏文：*Dam pa'i chos pad ma dkar po žes bya ba theg pa chen po'i mdo*；蒙古文：*Čaγan lingqu-a neretü degedü nom yeke kölgen sudur*）①等。其中搠思吉斡节儿（Chos–kyi 'od–zer）著《入菩萨行论疏》（1312 年）作为蒙古族佛教文学的早期代表，备受学界关注。文书中保留了前古典时期蒙古书面语的全部特征，而且语言优美、翻译与创作二重性为其显著特点。

元朝政府似乎十分重视将汉文历书及占卜类文书翻译成蒙古文。据学者研究，吐鲁番一处出土同一部书 19 件残页为元代《授时历》（1281）蒙译本残留。②残存文字所记载的内容主要是各项民事活动择日宜忌测算指南，如：

aduγusun teǰigebesü（牧养）；*beye üsün uγiyabasu*（沐浴？）；*bičig bayiγulbasu*（立卷）；*degel edkebesü*（裁衣）；*ed oraγulbasu*（进财）；*ed quriyabasu*（纳财）；*ger arilγabasu*（扫舍宇）；*ger ǰasabasu*（修造）；*ger nilbibasu*（饰垣）；*irüger bičig oraγulbasu*（祈福？）；*iseri orasiγulbasu*（安床）；*ǰarγu ǰarγulabasu*（词讼）；*ǰasaylabasu*（折断）；*ǰirümüsün kümün-e ger ǰasabasu*（修置产室）；*ǰögebesü*（移徙）；*kebid delgebesü*（开市）；*kegür-ün γaǰar ebdebesü*（破葬，破葬土）；*mod ǰalyabasu*（接木）；*mod šidkübesü*（栽植）；*mör orum tübšidkebesü*（平治道涂）；*mör γarbasu*（出行）；*niruγun modun ergübesü*（上梁）；*noyalaqu nere abbasu*（受封）；*ökin γarγabasu beri baγulbasu*（嫁娶）；*ongγočalabasu müren getülbesü*（乘船渡水）；*qaš debter oraγulbasu*（入册）；*qolača qaribasu*（远回）；*qoriyan sebligülbesü*（补垣）；*qubi üdügülbesü*（科分？）；*quda bolilčabasu*（结婚姻）；*qudaldu kibesü*（交易）；*quduγ subaγ erübesü*（掘井、开渠）；*qulaγai orγodali baribasu*（捕捉）；*qurimlabasu*（会客）；*sačuli sačubasu*（祭祀）；*široγai ködölgebesü*（动土）；*töküm bekilebesü*（塞穴）；*tuly-a baribasu*（竖柱）；*ür-e sačubasu*（种莳）；*uridus-un mör-tür ǰalγaldubasu*（租道）；*uruγ γuγubasu*（订婚）；*üsün düilbesü*（剃头）；*utasun arqaγ yabuγulbasu*（（安机）经络）；*uγur tegirmen orasiγulbasu*（安碓碍）；*ǰoqiqu*（宜）；*ülü ǰoqiqu*（不宜），等等。③

①Louis Ligeti, *Catalogue du Kanjur Mongol Imprimé*, Budapest, 1942, p. 225, Nº 868, Tome 66: Eldeb VII–1; Sodubilig, *Šasin-u Toli*, Xöxeχota: Öbör Mongγol-un surγan xömüǰil-ün xeblel-ün χoriy_a, 1996 on, 726 duγar niγur.

②Cerensodnom & Taube 1993, 147–163（Nr. 49–67）und Tafel XXII-XXVIII; Ho Kai-Lung, "The Political Power and the Mongolian Translation of the Chinese Calendar during the Yuan Dynasty," *Central Asiatic Journal*, vol. 50:1, 2006, pp. 57–69; Ho Kai-Lung, "Spread and Preservation of Chinese Divination in Mongolian, 14th–17th Centuries: The Documents of Dunhuang, Turfan, Qara Qota and Xarbuxyn Balgas," *Central Asiatic Journal*, vol. 56, 2012/2013, pp. 133–153.

③Herbert Franke, *Mittelmongolische Kalenderfragmente aus Turfan*, München: Verlag der Bayerischen Akademie der Wissenschaften, 1964; Georg Kara, "Weitere mittelmongolische Bruchstücke aus der Berliner Turfansammlung," *Altorientalische Forschungen*, 1979: 6, pp. 195–198; Ho 2012/2013, 134–136.

其中编号T II M 166，502d的木刻本文书尾部附有《嫁娶周堂图》蒙译文。此圆形图中按顺时针方向将下列文字依次排列成圆周状：*küregen*，*qadum eke*，*ger*，*qadum ečige*，<u>*nuntuɣ*</u>，*ɣolumta<u>n</u>*，*beri*，*baɣurči ger*。这些明显与汉文《嫁娶周堂图》中的"夫、故、堂、翁、第、灶、妇、厨"相对应。图上方有几行文字，读作：*ökin yarɣaqui-<u>t</u>ur beri baɣulqui-<u>t</u>ur: orčin üjekü jiruɣ̄anu ede bui*，意为"此为嫁娶环视图"。①从哈勒不浑−巴勒哈孙（Xarbuxyn Balgas）古城遗址发现的桦树皮蒙古文文书（编号XBM99）中，亦有类似嫁娶择日图及其用法说明，其文如下：*yeke sara büg[esü] kürgen-eče nara jo̤b toɣola : [baɣ]a a sara bügesü ökin-eče nara [buruɣ]u toɣolotuɣai*（逢大月从"夫"开始，顺时针数；逢小月从"妇"开始，逆时针数）。②由于时代的变迁，产生于农耕文化土壤上的这些推断未来吉凶祸福的手法渐渐从蒙古游牧人的记忆中消失。

二、敦煌出土蒙古文翻译文献

敦煌出土的蒙古文翻译文献看似不起眼，却为我们提供了有关《萨迦格言》《入菩萨行论》和《般若波罗蜜多心经》等文献的重要版本信息。前文中已提到敦煌出土《萨迦格言》为梵夹装，与吐鲁番出土册子装《萨迦格言》不同。至于《入菩萨行论》片段，我们认为很有可能是元代高僧搠思吉斡节儿1305年译本残留。若是这样，这为今人提供了《入菩萨行论》1305年译本的实物证据。③此外，还有《般若波罗蜜多心经》《因明入正理论》（梵文：*Nyāya-praveśa-nāma -pramāna-śāstra*；藏文：*Tshad-ma rigs-par 'jug-pa'i sgo žes-bya-ba'i rab-tu byed-pa*；蒙古文：*uqayan-dur oruɣči silyaday-un šastir kemegdekü*）等佛教经论蒙译本残片。④

---

①Franke 1964, 36–43; Kara 1979, 191–192; Cerensodnom & Taube 1993, 155–157（Nr. 55）und Tafel XXVI; Ho 2012/2013, 136–137.

②Elisabetta Chiodo, *The Mongolian Manuscripts on Birch Bark from Xarbuxyn Balgas in the Collection of the Mongolian Academy of Sciences*, part 1, Wiesbaden: Harrassowitz Verlag, 2000, p. 215; Ho 2012/2013, 138–139.

③敖特根《莫高窟北区出土回鹘蒙古文〈入菩萨行论〉印本残叶》，《兰州学刊》2009年12期,第9—15页；敖特根《敦煌莫高窟北区出土蒙古文文献研究》，第219—254页；Otgon Borjigin, "A Mongolian Printed Fragment of *Bodhicaryâvatâra* from Dunhuang,"*China Tibetology*, 2019:2, pp. 55–63.

④敖特根《莫高窟北区出土回鹘蒙古文〈般若心经〉抄本残叶》，沈卫荣主编《西域历史语言研究集刊》第2辑，科学出版社，2009年，第257—266页；敖特根《莫高窟北区出土回鹘蒙古文〈因明入正理论〉印本残叶》，《蒙古学问题与争论》（东京）2008年第4期，第79—87页；敖特根《敦煌莫高窟北区出土蒙古文文献研究》，第255—304页。

三、哈喇浩特出土蒙古文翻译文献

哈喇浩特（黑城）出土蒙古文翻译文献可分为佛教文献、道教文献、占卜文献和法律文献四大类。

哈喇浩特出土蒙古文文献因其刊布时间较晚，近年来受到国内外蒙古学界的广泛关注。其中最值得一提的是八思巴字蒙古文《彰所知论》印本残叶。①该残片残存文字 9 行，为原作第一品 "器世界"（藏文：*snod-kyi 'jig-rten*；蒙古文：*saba yirtinčü*）内容。根据残存部分无法判断其装帧形式。

众所周知，《彰所知论》（*Shes-bya rab-gsal*）是元朝帝师八思巴（'Phags-pa bla-ma Blo-gros rgyal-mtshan，1235—1280）应忽必烈三子真金（Činggim，1243—1286）太子启请而造的。原文系藏文，成书于 1278 年，被完整地保存在 1734 年德格（sDe-dge）木刻版《萨迦五祖文集》（*sa skya goṅ ma rnam lṅa'i gsuṅ 'bum*）第 12 册（pa 函）中。该《文集》于 1966 年在东京重印，②亦有英文翻译。③汉文本成书于 1306 年以前，由八思巴弟子沙罗巴（Sarpa，1259—1314）译，后收入汉文大藏经（《大正新修大藏经》，论集部三十二卷<No. 1645>，第 226—237 页）。④蒙译本成书时间不详。⑤

①YOSHIDA Jun'ichi and Chimeddorji, *Harahoto shotto Mongoru bunshu no kenkyū. Study on the Mongolian Documents Found at Qaraqota*, Tōkyō: Yuzankaku, 2008, pp. 136–137; facsimile on p. 326.

②*Sa Skya Bka' 'Bum. The Complete Works of the Great Masters of the Sa skya Sect of the Tibetan Buddhism*. Facsimile Edition. 15 volumes. Tokyo: The Toyo Bunko, 1968.

③Constance Hoog, *Prince Jiṅ-gim's Textbook of Tibetan Buddhism: The Śes-bya rab-gsal (Jñeya-prakāśa) by 'Phags-pa Blo-gros rgyal-mtshan dPal-bzaṅ-po of the Sa-skya-pa*, Leiden: E. J. Brill, 1983.

④Vladimir Uspensky, with special assistance from INOUE Osamu, preface by NAKAMI Tatsuo, *"Explanation of the Knowable" by 'Phags-pa bla-ma Blo-gros rgyal-mtshan (1235–1280). Facsimile of the Mongolian Translation with Transliteration and Notes*, Tokyo: Research Institute for Languages and Cultures of Asia and Africa, 2006, 'Introduction', p. IX; György Kara, "Reading the Middle Mongol Translation of 'Phags-pa's Shes-bya rab-gsal in the St. Petersburg Manuscript and in a Print Fragment from Qaraqota," *Central Asiatic Journal*, vol. 59, no. 1–2, 2016, pp. 43–60; Walther Heissig, *Die Familien-und Kirchengeschichtssch-reibung der Mongolen. Teil I: 16.–18. Jahrhundert*, Wiesbaden, 1959, 26–34; 王启龙《八思巴生平与〈彰所知论〉对勘研究》，中国社会科学出版社，1999 年；台北：佛光山文教基金会印行，2003 年，第 258 页（《法藏文库》中国佛教学术论典—77—硕博士学位论文）；沈卫荣《再论〈彰所知论〉与〈蒙古源流〉》，《中央研究院历史语言研究所集刊》第 77 本第 4 分，第 697—727 页。

⑤西安外国语大学王启龙教授据德国的著名蒙古学家海西希（Walther Heissig，1913—2005）教授《蒙古族家庭和寺院历史编纂学（第一部：16—18 世纪）》（*Die Familien-und Kirchengeschichtsschreibung der Mongolen. Teil I: 16.–18. Jahrhundert*）一书中提到的有关锡埒图·固什·却日吉（Siregetü guosi čorji）译《本义必用经》（*Čiqula kereglegči tegüs udqatu šastir*）的记载，认为《彰所知论》"蒙古文本时间则更晚""估计是作于一五八七至一六二〇年间"（王启龙《八思巴生平与〈彰所知论〉对勘研究》，佛光山文教基金会印行，2003 年，第 258、259 页注①）。据卡拉教授研究，圣彼得堡大学收藏的回鹘式蒙古文《彰所知论》不同于锡埒图·固什·却日吉的《本义必用经》，也不同于卫拉特咱雅班迪达于 17 世纪中期翻译的同一部论典*Cuxula kereqtü*（Kara 2016，43–44）。

蒙古国科学院R·敖特根巴特尔教授认为其蒙译者很可能是搠思吉斡节儿（生卒年不详），因为此论典是应太子之请而创作的，所以请当时的佛经翻译名家来担此重任，并用大元"国字"即八思巴字刊印是极有可能的。[1]印第安纳大学G·卡拉教授则认为圣彼得堡大学收藏的回鹘式蒙古文《彰所知论》（*Medegdekün-i belgetey-e geyigülügči neretü šastir*）可能是 13 世纪晚期译本的 18 世纪早期的一份抄本。尽管有一些改动，此抄本中还是保留了可能曾为真金太子工作过的一名译者的作品。关于哈喇浩特出土八思巴字蒙古文《彰所知论》印本残叶，他说这可能是 13 世纪末真金太子在世时在元大都刊印的。我们不知道蒙古文本最初是用方体字还是用回鹘字写成的。[2]从上述学者们的观点来看，《彰所知论》蒙古文本成书时间不会晚于 1286 年，即真金太子卒年。其价值在于这是用八思巴字刊印的现存唯一一件八思巴本人的作品。

近期，R·敖特根巴特尔教授辨认哈喇浩特出土编号№ 059 / F20:W64 蒙古文木刻本残叶[3]为《佛说天地八阳神咒经》（藏文：'Phags-pa gnam sa'i snaṅ brgyad theg-pa chen-po'i mdo；蒙古文：*Qutuɣtu oɣtarɣui yaǰar-un naiman gegen neretü yeke külgen sudur*）。[4]纸幅大小为 21 厘米 ×9 厘米，残存文字 6—7 行。此前，没有资料记录《八阳经》于 13—14 世纪翻译、刻印。这部经后来被收录于蒙古文刻本《甘珠尔》（1718—1720）。[5]该经有几种译本，并以写本、刻本等形式在蒙古地区广为流传。内蒙古敖论苏木出土蒙古文写本文献中有几件该经的残片，由德国著名蒙古学家海西希教授对其进行了解读研究。[6]哈喇浩特蒙古文《佛说天地八阳神咒经》是继敦煌、吐鲁番与哈喇浩特出土该经汉文、回鹘文、古藏文、西夏文本之后的又一次重要发现。

R·敖特根巴特尔教授将哈喇浩特出土编号M1–033［F277:W5 反］蒙古文木刻本文书[7]辨认为佛本生故事《和气四瑞》片段，内容为国王亲往一仙人处问讯令其国土风调雨顺、国泰民安之缘由部分。[8]纸张尺寸为 34.9 厘米 ×23.3 厘米，残存文字 8 行。该本生故事亦见于《甘珠尔》[9]及《五卷书》（Pañcatantra），[10]

[1]Оттонбаатар 2014, 14–31.

[2]Kara 2016, 43–60.

[3]Yoshida & Chimeddorji 2008,134; facsimile on p. 325；塔拉、杜建录、高国祥主编《中国藏黑水城民族文字文献》，天津古籍出版社，2013 年，第 33 页。

[4]P. Оттонбаатар, "'Найман Гэгээн' Номын Нэн Эртний Монгол Хэвлэлийн Тасархай"（unpublished version）.

[5]Ligeti 1942, 159–160, №º 709.

[6]Walther Heissig, *Die Mongolischen Handschriften Reste aus Olon süme Innere Mongolei (16.–17. Jhdt.)*, Wiesbaden, 1976, 300–322（Asiatische Forschungen, Band 46）.

[7]塔拉、杜建录、高国祥主编《中国藏黑水城民族文字文献》，第 35 页。

[8]P. Оттонбаатар, "Зурагт Монгол Судрын Эртний Хэвлэлийн Хэсэг" (unpublished version).

[9]北京朱印版蒙古文《甘珠尔·律师戒行经》第 4 卷（*ṅa 'dulv-a dötüger debter*），第 111v—116v 页。

[10]John R. Krueger, ed., *The Pañcatantra. Mongolian Text of the Burdukov Manuscript*, Bloomington, Indiana, 1965, pp. 28–29（The Mongolia Society Special Papers, Issue Two）.

蒙古文题名为：*Ebtei dörben amitan*或*ǰokilduγsan dörben amitan*。据R·敖特根巴特尔教授介绍，该文书语言明显具有元代初期或更早些时候的蒙古语特征，[①]而且看似从藏文本逐字翻译，有可能是梵夹装。

哈喇浩特出土编号HF125a–HF125d文书为一部回鹘式蒙古文木刻本相邻两叶（即四页）之残留，残存部分为原书第4章（或第4卷）第13r—14v页内容，貌似梵夹装。[②]从其内容、语言和字体判断，应为一部道教作品的早期蒙古文译本，刊印时间可能接近于吐鲁番出土1312年《入菩萨行论疏》。每页上图下文，图画主题与文字内容关系密切。现存文字还包含了书于行间的汉文注释。这些注释与文书中出现的道教术语，以及汉文人、地名相对应。例如：*i yang qoton*—宜阳；*liu si*—刘楫；*sun čin šin*—孙真人；*seu buyan*—醮等。直至目前，我们虽然未辨认汉文原著到底是什么，但是根据上述特征，可以得出以下结论：此文书不是蒙古文原创作品，而是译本。其主要价值在于，这是迄今所发现的唯一一件汉文道教作品的早期蒙古文译本残留，故具有重要学术价值。文书虽残缺不全，但据其残存部分可以推测其大略内容如下：按照宜阳城（今河南省洛阳市宜阳县）一富人刘楫的建议，当地居民举办了一次禳灾祈福的宗教活动——道教斋醮活动。仪式由孙真人（孙思邈？）等道士主持，其目的很可能是通过救赎在一场战役中阵亡者的灵魂，为该地区久旱不雨进行祈祷，并连续三天供食物给穷人。其结果，那年该地区久旱逢甘霖，粮食大丰收。[③]

哈喇浩特出土No.062（F9:W57）号刻本残片，[④]9.5厘米×39厘米，共63行，内容可分为三个部分：一、嫁娶择吉与太白日游之方（1—25行）。残存文字如下：

öki ögür_ün beri baγular_un T [///] *...ǰuɢ odun esergü ülü yabuγuld* [a] *qu* [嫁娶日不可去（太白）星方]；

nigen sini : arban nigen qorin nigen ede üdüd-tür : dorun_a ǰuɢ ayu（初一、十一、二十一在正东方）；

qoyar sini [a]*rban qoyar qorin qoyar ede üdüd-tür dorun_a emün_e ǰobki-ṭur ayu*（初二、十二、二十二在东南方）；

γurban sini arban γurban . qorin γurban ede üdüd-tür . emün_e ǰuɢ ayu（初三、十三、二十三在正南方）；

---

①例如，*ma*、*ra*、*ge/ke*、*ba/be*和*č+i*的写法，以及*ars_i*、*amiṭan*、[*dö*] *rben*等词的写法均具有古蒙古语的书写特征。

②Yoshida & Chimeddorji 2008, 126–134; facsimiles on pp. 323–325；塔拉、杜建录、高国祥主编《中国藏黑水城民族文字文献》，第3—32页。

③Otgon Borjigin, "Some Remarks on Page Fragments of a Mongol Book of Taoist Content from Qaraqota," in: *Philology of the Grasslands: Essays in Mongolic, Turkic, and Tungusic Studies*, eds., Ákos Bertalan Apatóczky, Christopher P. Atwood; guest editor: Béla Kempf, Leiden-Boston: Brill, 2018, pp. 80–100（The Languages of Asia Series, vol. 17）。

④Yoshida & Chimeddorji 2008, 137–144; facsimile on p. 327；塔拉、杜建录、高国祥主编《中国藏黑水城民族文字文献》，第29页；Ho 2012/2013, 141–142.

dörben sini : arban dörben . qorin dörben . ede üdüd-tür emün_e örün_e ǰobki-ṯur ayu（初四、十四、二十四在西南方）；

tabun sini . arban tabun : qorin tabun ede üdüd-tür [*örün_e*] *ǰụg ayu*（初五、十五、二十五在正西方）；

ǰirγuyan sini : arban ǰirγuyan qorin ǰirγuyan ede üdüd-tür . örün_e [*ümer_e*] *ǰobki-ṯur ayu*（初六、十六、二十六在西北方）；

doluyan sini : arban doluyan qorin doluyan ede üdüd-tür ümer_e [*ǰụg*] *ayu*（初七、十七、二十七在正北方）；

naiman sini : arban naiman . qorin naiman ede üdüd-tür . dorun_a ümer_e ǰobki-ṯur ayu（初八、十八、二十八在东北方）；

yisün sini : arban yisün . qorin yisün ede üdüd-tür dumda ayu（初九、十九、二十九在中方）；

[*arban*] *sini . qorin yučin ede üdüd-tür : oγturγui-tur ayu ::*（初十、二十、三十在天）。

二、长短星日吉凶（26—49 行）。残存文字如下：

urṯu oqur odun üdüd-tür qud [*aldu*] [1] *kibesü degel edkedesü ed orayulb* [*asu*] *ülü ǰoqiqu ::*（长短星日，不宜交易、裁衣、纳财）；

qubi sara-yin doluyan sini-ṯür [*urṯu odun*] [正月初七（长星）]；

qorin nigen-e oqur odun :（二十一短星）；

quǰi [*r sara-yin*] *dörben sini-ṯür urṯu odun :*（二月初四长星）；

[*arban yisün-e*] *oqur odun :*（十九短星）；

γurban sara-yin nigen [*sini-ṯür*] *urṯu odun :*（三月初一长星）；

arban ǰirγuyan-a oqur [*odun*]（十六短星）；

dörben sara-yin yisün sini-ṯür urṯu odun（四月初九长星）；

qorin tabun-a oqur odun :（二十五短星）；

tabun sara-yin arban tabun-a urṯu odun :（五月十五长星）；

qorin tabun-a (oqur odun) [二十五（短星）]；

（六月缺）

[*naiman*] *sinide urṯu odun* [（七月）初八长星]；

[*qorin*] *qoyar-a oqur odun :*（二十二短星）；

---

① 在吉田顺一和齐木德道尔吉编《哈喇浩特出土蒙古文文献研究》（Yoshida & Chimeddorji 2008, 139）一书中，把此词释读为 "（*qurim?*）'（喜筵?）'"。笔者认为该词应读作 *qud* [*aldu*]，而非 *qurim*，因为在吐鲁番出土的同类文书中多处出现 *qudaldu kibesü*（交易）一语，却不见 *qurim kibesü*。

naiman sara-yin qoyar sini : tabun sini urṭu odun（八月初二、初五长星）；

arban naiman-a : arban yisün-e : oqur odun（十八、十九短星）；

yisün sara-yin yurban sini : [*dörben*] *sini urṭu odun :*（九月初三、初四长星）；

arban ji[*ryu*]*yan-a : arban doluyan-a oqur od*[*un*] *(: arban)*（十六、十七短星）；

sara-yin nigen [*sini urṭu*] *od*[*un*] *(:)* [（十）月初一长星]；

arban dörben-e oqur odun (: arban)（十四短星）；

nigen sara-yin arban qo[*yar*]①*(urṭu) odun :* [（十）一月十（二）（长）星]；

qorin qoyar-a oqur odun :（二十二短星）；

kögeler sara-yin yisün šinede urṭu odun :（十二月初九长星）；

qorin tabun-a [*o*] *qur odun ::*（二十五短星）。

三、彭祖百忌日（50–63 行）。残存文字如下：

arban mösü [*///*]②*üdüd-tür ülü üileddeküi üiles ede bui ::* [十（干）日禁忌事项]；

ga üdür-tür sang ülü negegdekü :（甲不开仓）；

yi üdür-tür modun ülü siḍkügdükü :（乙不栽植）；

bing üdür-tür yolumta ülü taqiydaqu :（丙不修灶）；

ding üdür-tür üsün ülü düil<e>dekü :（丁不剃头）；

ou üdür-tür tariy_a ülü quriyaydaqu :（戊不受田）；

*gi üdür-tür bičig ülü bayiyuldaqu*③:（己不破卷）；

---

① 根据上下文此词应释读为*qo* [*yar*]，而非*sin* [*i*]（Yoshida & Chimeddorji 2008, 141）。

② *arban mösü* [*///*]，是指"十 [天] 干"，与*arban qoyar gesigün*（十二 [地] 支）相对应。*mösü* [*///*] 的后半部分残缺，在前引吉田顺一和齐木德道尔吉编《哈喇浩特出土蒙古文文献研究》一书中读作*mösür/ mösüküi*，并解释为"虽然我们不清楚它的含义，但是根据其后的内容考虑，我们认为它无疑是指'十干'而言"（第 143 页）。*mösü*[*///*] 的词根为*mösü/ mösün*，义为"杆，箭杆，（线绳的）股"（斯钦朝克图编《蒙古语词根词典》，内蒙古人民出版社，1988 年，第 1426 页）。《武备志》《卢龙塞略》："母速*müsü*箭杆"；《蒙古秘史》（§19）：*niji'el müsüt ququlutqun ke'ejü ökba*（每人给予一支箭杆，让他们折断）。蒙古语中亦有"数字+*müsün*"构成的复合词，比如：*nigemüsün*（全然，完全，彻底，截然），*yurmusun* [三股的（线、绳等）]，*bürimüsün*（完全，全部，全然，彻底），*jirmüsün*（妊娠的，怀孕的），等等。另参见 J. É. Kowalewski, *Dictionnaire Mongol-russe-français*, vol. 3, Kasan, 1849, p. 2056; Ferdinand D. Lessing, *Mongolian-English Dictionary*, Berkeley and Los Angeles: University of California Press, 1960, p. 550。在现代蒙古语中把"天干地支"一般翻译为"*esi erxeten*"（达·巴特尔主编《汉蒙词典》第三版，民族出版社，2005 年，第 1372 页；斯钦朝克图 1988, 2953）。

③ 在上引吉田顺一和齐木德道尔吉书中将此词误读作*buyayuldaqu*（第 142 页）。兹根据吐鲁番出土蒙古文文献对其进行了纠正。参照吐鲁番出土蒙古文文献中的*bičig bayiyulbasu*（立卷）一语。

ging üdür-tür utasun arqay ülü yabuɣuldaqu : [①]（庚不经络）；

sin üdür-tür sang ülü qol [*i*] *ɣdaqu :* [②]（辛不合酱）；

šim üdür-tür usun-u subay ülü erügdekü :（壬不泱水）；

güi üdür-tür ülü ǰayalduɣdaqu .（癸不词讼）。

arban qoyar gesigün üdüd-tür ülü üileddeküi üiles ede bui ::（十二支日禁忌事项）；

quluyan_a üdür-tür ǰiruqai ülü üǰegüldekü :（子不问卜）。

　　编号No.063（F192:W1）文书为《具注历日》片段，[③]内容与吐鲁番出土《授时历》蒙古文译本基本一致，残存文字中同样出现，如 *[q]aš [de]bter [oraɣulbasu]* ; *[noyalaqu] nere [a]bbasu; degel ed[ke]be[s]ü; ür-e sačubasu; bičig bayiyulbasu; qudaldu kibesü; mod ṣidkübesü; ülü ǰoqiqu* 等语。

　　N. TS. 孟库耶夫在《黑城出土两件蒙古文印刷品残片》一文中对柯兹洛夫黑城收集品中的两件回鹘蒙古文印刷品残片进行了释读、辨识、翻译与注解，并认为其中一个残片大概就是《大元通制》

①*ging üdür-tür utasun arqay ülü yabuɣuldaqu*（庚不经络），是指每逢庚日不宜纺纱织布。吉田顺一和齐木德道尔吉书中的解释存在问题。他们认为*utasun arqay ülü yabuɣuldaqu*一语的意思是"不能用丝线镶边儿"（第143页）。其实，*utasun*在此指"经"，*arqay*指"络"。*arqay*源自突厥语，意为"编织材料的纬线"，除了突厥语西南语支外，存在于所有现代语言中。见Sir Gerard Clauson, *An Etymological Dictionary of Pre-Thirteenth-Century Turkish*, London: Oxford University Press, 1972, p. 216: "arka:ğ 'the woof（or weft）of a woven material'. S.i.a.m.l.g.（survives in all modern languages / language groups）except SW（south-western language group）"。据兰州大学吐送江·依明教授说，"在回鹘语中*arqay*表示绳子、线、（在织布机上）横抛纱、纬纱、纱等意思，*ärüš arqay*，［意思是］经纱和纬纱。该词在现代维吾尔语中也存在"。

②*sin üdür-tür sang ülü qol* [*i*] *ɣdaqu*（辛不合酱），意思是说每逢辛日酿造行业的不要做酱料，不要进行发酵和勾兑等事。由于对*sang*和*qol* [*i*] *ɣdaqu*二词理解有误，该句在《哈喇浩特出土蒙古文文献研究》一书中被译成"辛仓不被盗"（第142页），并解释为"*sang ülü qulaɣdaqu:*这段语句的意思我们也不能完全知晓。其中的'*sang*'或许可以看作是'*ǰang*'，这样就可以将其解释成'酱菜（酱油）搅拌不动'的意思"（第143页）。其实，*sang*是对"酱"的音写，后一词应读作*qol* [*i*] *ɣdaqu*（掺合，掺杂，搅拌，混合），而非*qulaɣdaqu*。根据《中原音韵》等音韵学著作，"酱"字在元代汉语中的读音应该是tsiaŋˋ或tsjaŋˋ（江阳韵，去声。见杨耐思《中原音韵音系》，中国社会科学出版社，1981年，第85页；Edwin G. Pulleyblank, *Lexicon of Reconstructed Pronunciation in Early Middle Chinese*, *Late Middle Chinese*, *and Early Mandarin*, Vancouver: UBC Press, 1991, p. 150）。蒙古语中没有tsiaŋ或tsjaŋ音，所以，把"酱"字音写成sang是不难理解的。例如，1338年《大元敕赐故诸色人匠府达鲁花赤竹公神道碑铭》中把"匠"字用蒙古文音写为sang（Francis Woodman Cleaves, "The Sino-Mongolian Inscription of 1338 in Memory of Jigüntei," *Harvard Journal of Asiatic Studies*, vol. 14, No. 1/2, 1951, p. 63）。根据《中原音韵》等韵书，"匠"字在元代汉语中的读音也是tsiaŋˋ或tsjaŋˋ（杨耐思 1981，85；Pulleyblank 1991，150）。

③Yoshida & Chimeddorji 2008,144-146, facsimile on p. 327; 塔拉、杜建录、高国祥主编《中国藏黑水城民族文字文献》，第30页；Ho 2012/2013, 141-142.

蒙译本*yuu gon*（入官）条下有关各类官员及其责任和义务方面的内容。①

四、结论

（一）敦煌、吐鲁番与哈喇浩特出土的蒙古文文献大部分属于 13—14 世纪。这些文献反映了蒙古文化发展鼎盛时期的一些特点。当时的蒙古人从多种语言，如汉语、梵语、回鹘语和藏语等翻译了各种体裁的作品，于是我们还可以认为这些译作甚至从一个侧面阐释了中国传统文化的发展历程及其特征，即文化上的大交融。

（二）学界通常以 14 世纪和 16 世纪为分界线，将蒙古语的发展分为"古代""中古"和"现代"三个历史阶段，究其原因，主要是因为 14 世纪和 16 世纪佛教翻译文献对蒙古语的广泛影响。翻译使语言变得丰富多彩，这是个不争的事实，蒙古语亦然。古时候蒙古语中引入了很多汉语、印—欧语、藏语和回鹘语借词，现如今其中的一些借词已经完全融入蒙古语体系中，看不出"借用"的痕迹。

（三）通过吐鲁番、敦煌和哈喇浩特等地出土的蒙古文文献，我们得知在元朝时期用八思巴字蒙古文刊印了不少如《苏布喜地》《彰所知论》等篇幅较长的经典著作，其中一些著作二次刊印，说明有元一代，八思巴字的应用并非局限于官方文书。

（四）正如何启龙所言，自 14 世纪以来，中国古代占卜术很受蒙古族民众欢迎，这种现象一直持续到 20 世纪初，甚至在蒙古的藏族僧侣也特别珍视此类占卜书。②

---

① N. Ts. Munkuyev, "Two Mongolian Printed Fragments from Khara-khoto," in: Louis Ligeti, ed., *Mongolian Studies*, Akadémiai Kiadó, Budapest, 1970, pp. 341—359; N. Ts. 孟库耶夫著，教特根译《黑城出土两件蒙古文印刷品残片》，《西北民族研究》2007 年第 3 期，第 56—67 页。

② Ho 2012/2013, 146.

数目字和容量单位用大写字例释
——以吐鲁番、敦煌文献为中心的考察

张涌泉/浙江大学文学院

数目字和容量单位有大小写之分，这是中华民族智慧的结晶。我们曾在一篇短文中谈到，在公元四世纪前后（约当东晋末）人们已开始有意识地在券契中使用大写的数目字；到了公元五六世纪，这种用法进一步得到普及[1]。但具体到某一个具体数字大写用法的来源及演变，那篇短文尚未能逐一勾勒讨论。以高昌时期为中心的吐鲁番文书和以唐五代为中心的敦煌文书的发现，为我们讨论这一问题提供了大量鲜活的例子。本文就以吐鲁番文书和敦煌文书为中心，逐一勾勒每个数目字和容量单位大写字的来源演变。（词目在例中出现时用浪号代替，每个条目的讨论一般分两段，前一段列举吐鲁番文书和敦煌文献的具体用例，后一段按语后讨论其来源及演变）

【壹】

数目"一"的大写字。斯 613 号背《西魏大统十三年（547）瓜州效谷郡籍帐》"王皮乱"户："息男买，丁巳生，年拾～。中男。"其下小计全户情况又说："口一中男，年十一。"此例记录户籍成员个人信息用大写字"拾壹"，小计全户情况用小写字"十一"。66TAM48: 28（a），32（a）《高昌延昌二十七年（587）六月兵部条列买马用钱头数奏行文书》："起六月八日，侍郎僧子传：翟呼典畔陀边

---

① 参看拙著《汉语俗字研究》末附《数目用大写字探源》，商务印书馆，2010 年，第 367—372 页。

买赤马一匹，用钱卅五文。"接着另起一行写云："都合买马～匹，用银钱肆拾伍文，付匡安受。"（《唐吐》1-339）66TAM48:30（a），38（a）《高昌延昌二十七年（587）八月兵部条列买马用钱头数奏行文书》："……黄马一匹，□马一匹，匹用钱卅三文；骠马一□匹，赤马二匹，匹用钱卅二文。"接着另起一行写云："都合买马□□□匹，用⊘⊘（钱～）遷肆伯捌拾文。"（《唐吐》1-343）后二例数词皆分计时用小写字，但在总计时用大写字。

按《说文·壹部》："壹，专壹也。""专壹"亦作"专一"，"壹""一"音同义通，故数字"一"古书也借用"壹"来表示。宋程大昌《演繁露》卷三"十数改用多画字"条云："今官府文书凡其记数皆取声同而点画多者改用之。于是壹贰叁肆之类本皆非数，直是取同声之字借以为用，贵点画多不可改换为奸耳，本无义理可以与之相更也。若夫十之用拾、八之用捌、九之用玖，则全无附并也。……然不能究其起自何时。"根据我们对敦煌、吐鲁番写本文书的调查，上揭敦煌西魏籍帐文书已多用大写字，在吐鲁番高昌延昌年间（561—601）的出土契券中，数目字用大写字的情况已相当普遍；更早的前凉、西凉、北凉时期的文书也偶已见用例。据此推断，大约公元四世纪前后（约当东晋末），人们已开始有意识地在券契中使用大写的数目字；到了公元五六世纪，这种用法进一步得到普及。

【贰】

数目"二"的大写字。75TKM91:22（a）《阿成等麦酒帐》："（前缺）阿成□麦～斛仟（伍）斗□□客偿□酒仟（伍）斛。"（《唐吐》1-77）据同一墓出土的有纪年文书（起西凉建初四年，止缘禾五年，即公元408—436年）推断，此件文书也应出于同一时期。60TAM35:33《唐麟德元年（664）西州高昌县里正史玄政纳当年官贷小子抄》："崇化乡里正史玄政纳麟德元年官贷小子～斛，其年十二月叁拾日。"（《唐吐》3-485）原卷"十二月"右侧旁注"拾贰月"三字，表示"十二月"当改作"拾贰月"。

按《说文·贝部》："贰，副益也。从贝，式声。弋，古文二。"正因为"贰""二"同音，其含义多有混同，故数词"二"亦或借用"贰"。于是，魏晋以后契约文书选用"二"的大写字，"贰"便在首选之列了。《广雅·释诂》："贰，二也。"《礼记·坊记》"唯卜之日称二君"郑玄注："二当为贰。"孔颖达疏："小二是一二之二，大贰是副贰之贰。此取副贰之贰，不取一二之二，故转二为贰也。"宋洪迈《容斋五笔》卷九"一二三与壹贰叁同"条："古书及汉人用字，如一之与壹，二之与贰，三之与叁，其义皆同。……《孟子》'市价不贰'，赵岐注云：'无二贾者也。'本文用大贰字，注用小二字，则二与贰通用也。……予顷在英州，访邻人利秀才，利新作茅斋，颇净洁，从予乞名。其前有两高松，因为诵《蓝田壁记》，命之曰'二松'。其季请曰：'是使大贰字否？'"所谓"小二""大贰"之别，正是得名于"贰"用作"二"的大写字。

【兩】

数目"二"的大写字。斯 613 号背《西魏大统十三年（547）瓜州效谷郡籍帐》"白丑奴"户："妻张丑女，丙申生，年参拾～。丁妻。……（弟武）兴妻房英英，己亥生，年～拾究。丁妻。……兴息女续男，乙丑生，年～。黄女上。"其下细目"口八女"下云："口二中，年十二已下；口四小，年八已下；口一黄，年二。"其前记录户籍成员个人信息用大写字"参拾兩""年兩"，小计全户情况则用小写字"十二""年二"。又云："口～拾件妻、妾：口廿二旧，口三新。"此例记录户籍成员个人信息"兩拾件"数词大写，小计全户情况"廿二""三"则不用大写。伯 2032 号背《后晋时代净土寺诸色入破历筹会稿》"粟入"："粟～硕，善惠亡时面替入。"其下"利润入"云："粟二硕，阳略罗利润入。""兩硕"即"二硕"。

按《广雅·释诂》："兩，二也。""二"大写字作"兩"，应系同义训读。

【参】

数目"三"的大写字。75TKM91:17《奴婢月廪麦帐》："（前缺）合给肆斛贰斗。奴文德、婢芳容二人，人日廪麦五升，合给麦斛。"（《唐吐》1-77）据同一墓出土的有纪年文书（起西凉建初四年，止缘禾五年，即公元 408—436）推断，此件文书也应出于同一时期。75TKM90:34《高昌永康（？）十年用绵作锦绵残文书》："▨▨（须）🐛绵斤▨（半）作锦绵。"（《唐吐》1-118）斯 613 号背《西魏大统十三年（547）瓜州效谷郡籍帐》："🐛拾兩人定见：六丁兵卅人，乘二人。"其中的总计数词用大写字，分计则用小写字。斯 389 号《肃州防戍都状》："大小🐛拾柒人。"73TAM520:6/1-1（b）《高昌付官将兵人粮食帐》（二）："阿周陀贰斛陆兜。将犹儿🐛斛。"（《唐吐》1-315）斯 388 号《正名要录》"字形虽别，音义是同，古而典者居上，今而要者居下"类"三"上的"古而典者"为"参"。73TAM507: 013/5,013/6《唐调露二年（680）某人行旅公验》："▨▨陆拾硕。▨▨（作）人参。"（《唐吐》2-274）伯 4957 号《申年某寺诸色入破历筹会牒》："参拾陆硕陆斜捌胜面。……参拾伍硕参斜伍▨（（胜）（后缺）"其中的"参"原卷皆作"参"形。

按："参"字金文或作"🐛"形，《说文》或体作"🐛"（后者隶定作"曑"，亦作"参"），上揭引例前四例截图字即其隶变形，后四例截图字则皆为"参"字俗写。《广雅·释诂》："参，三也。""参"古字上部本像三星之形，下部的声符"彡"与"三"形音皆近，"参""三"关系密切，故金文中"参"已多被借用作"三"。《容斋五笔》卷九"一二三与壹贰叁同"条："古书及汉人用字，如一之与壹，二之与贰，三之与叁，其义皆同。……《易·系辞》'叁天两地'释文云：'参七南反；又如字，音三。'《周礼》'设其参'注：'参谓卿三人。'则三与参，通用也。"（据明会通馆活字本，其中的"叁""参"皆原本如此）但有意识地使用"参"作为"三"的大写字，则应在魏晋之际。

又按："三"的大写字早期应该直接借用"参"字，与参商之"参"、参与之"参"字形无别；但后来出于区别词义的需要，则往往把借用作"三"的"参"改写作"叁"或其简体"叁"，作为"三"大写字的专字。上引《正名要录》"三"的"古而典者"字形作"叁"，应已有分别"叁""参"的意味。元李文仲《字鉴》卷二侵韵："参，又苏甘切，数名。……（俗）以苏甘切作叁为数名，误。"可参。

【肆】

数目"四"的大写字。75TKM91:17《奴婢月廪麦帐》："（前缺）合给～斛贰斗。奴文德、婢芳容二人，人日廪麦五升，合给麦参斛。"（《唐吐》1–77）据同一墓出土的有纪年文书（起西凉建初四年，止缘禾五年，即公元408—436年）推断，此件文书也应出于同一时期。66TAM48:24《高昌高宁等城丁输木薪额文书》："横截～拾人，出薪贰拾车。威神～▨▨（拾～）人，出薪贰拾贰车。"（《唐吐》1–347）斯613号背《西魏大统十三年（547）瓜州效谷郡籍帐》："右件应受田捌顷～拾捌亩：四顷卅三亩已受，四顷一十五亩未受。"后例总计用大写字"肆"，分计用小写字"四"。伯4957号《申年某寺诸色入破历筭会牒》："白面壹硕柒斗～升，油叁升，粟玖斗，已上充三日筭会尊宿等食用。"

按："肆""四"《广韵·至韵》同在息利切小韵，二字同音通用。参看下文"捌"字条。

【伍】

数目"五"的大写字。66TAM48:28（a），32（a）《高昌延昌二十七年（587）六月兵部条列买马用钱头数奏行文书》："起六月八日，侍郎僧子传：翟呼典畔陀边买赤马一匹，用钱卌五文。"接着另起一行写云："都合买马壹匹，用银钱肆拾～文，付匡安受。"（《唐吐》1–339）北敦2496号《儭司唱儭得布支给历》："法律德荣：唱紫罗鞋两，得布～伯捌拾尺。支本分一百五十尺，支乘延定真一百五十尺，支乘政会一百五十尺，支晶福盈一百五十尺，余二十尺。"此二例皆总计时用"伍"，分计时则皆作"五"。

按《说文·人部》："伍，相参伍也。从人从五。""伍""五"音同义通，二字古本通用，故魏晋以后借用"伍"作为"五"的大写字。

【仵】

数目"五"的大写字。75TKM91:22(a)《阿成等麦酒帐》："（前缺）阿成□麦贰斛～斗☐ 客偿□酒～斛。"（《唐吐》1–77）据同一墓出土的有纪年文书（起西凉建初四年，止缘禾五年，即公元408—436）推断，此件文书也应出于同一时期。67TAM364:7《高昌卫阿文子夏田残券》："☐～亩，亩与夏价☐☐"（《唐吐》1–387）斯613号背《西魏大统十三年（547）瓜州效谷郡籍帐》："口～拾捌课见输：口五十三旧，口五新。"后例总计用大写字"仵"，分计用小写字"五"。75TKM99:9（b）

《高昌延昌二十二年（582）康长受从道人孟忠边岁出券》："延昌廿二年壬寅岁二月廿二日，康长受从道人孟忠边岁出，到十一月卅日还入正作。岁出价，要得麦伍拾斛，麦贰拾～，床贰拾伍，平斗中取，使净好。若过其（期）不偿，听摊家财平为麦直（值）。"（《唐吐》1-96）

按清王昶《金石萃编》卷三十载北魏兴和二年（540）《敬史君碑》："檀越元囿鸾施地～拾亩。"王昶按："以仵拾亩为五十亩，仵、伍通用也。""仵""伍"古代确可通用，如斯4571号《维摩诘经讲经文》："搅搅排队仵，瞻礼法轮王。""队仵"即"队伍"。但"五十"写作"仵拾"未必是"仵""伍"通用，而应该是"仵"直接借用作"五"。"仵""伍""五"三字《广韵·姥韵》同在疑古切小韵，当魏晋以后"五"需要找一个大写字的时候，"仵""伍"均在可选之列。2004TBM245:1《麴氏高昌延寿九年（632）六月十日康在得随葬衣物疏》："在得自去，不得相注五，若为相注五，各自有别舅（咎）。"（《荣吐》上-100）其中的"五"编者括校作"仵"，可以比勘。早期的大写字用字往往不太固定，如吐鲁番文书"八"既作"捌"，又作"拔"；"九"既作"玖"，又作"久"和"究"；"千"既作"仟"，又作"阡"和"遷"；"百"既作"伯"，又作"佰"，等等。故"五"的大写字早期既作"伍"，也可作"仵"（上揭后一例"伍""仵"先后并出）。但由于"伍"字的字形字义都与"五"更为密切，唐代以后"仵"便让位与"伍"，"伍"成了"五"固定的大写字。

【陸】

数目"六"的大写字。75TKM91:16(a)《祠吏翟某呈为食麦事》："□食麦拾久斛贰斗。超度一人，从田地来，住祠八□（日），□（日）食麦八升，合斗九四升。都合拾久斛拔斗四升。请纪识。"（《唐吐》1-77）同墓75TKM91:17《奴婢月稟麦帐》："（前缺）合给肆斛贰斗。奴文德、婢芳容二人，人日稟麦五升，合给麦叁斛。奴子虎生一人，日给稟麦二升，合□□～六斗。都合柒斛拔斗，请纪识。"（《唐吐》1-77）后例"六"字右侧有四点，应指此字为衍文当删。抄手于"陆"字下误衍一"六"字而删去，"合""都合"后面的数词皆用大写，说明当时已有明确的大写意识。据同一墓出土的有纪年文书（起西凉建初四年，止缘禾五年，即公元408—436年）推断，此两件文书也应出于同一时期。斯613号背《西魏大统十三年（547）瓜州效谷郡籍帐》："右件应受田壹顷壹拾～亩足：卅亩麻，八十亩正，六亩园。"其中的总计数词用大写字，分计则用小写字。伯3348号背《唐天宝六载（747）十一月河西豆卢军军仓收纳籴粟牒》："军仓：行客任悆子纳交籴粟壹伯捌硕～斛。"

按清叶名沣《桥西杂记》云："壹贰叁肆伍～柒捌玖拾阡陌等字，陆容《菽园杂记》谓始于明初刑部尚书开济，而宋边实《崑山志》已有之。考石刻隋《龙藏寺碑》'劝奖州内士庶壹万人等'，唐《开元寺贞和尚塔铭》书'开元贰拾～年'，元和《华岳庙题名》'壹月贰拾～日'，又云'元和拾伍年壹月'，《尉迟恭碑》'粟米壹阡伍伯石'，盖不自宋始。"据吐鲁番文书，包括"陆"在内的数词大写应出于魏晋前后。

【漆】

数目"七"的大写字。73TAM506:4/11 之一《唐开元十九年（731）康福等领用充料钱物等抄》："支度使典陆人，九月料钱壹阡漆伯肆拾文。"（《唐吐》4-402）73TAM506:4/32-9 之一《唐天宝十三载（754）长行坊申勘十至闰十一月支牛驴马料帐历》："据案支牛驴马料，总壹阡肆伯伍拾陆硕～斞～胜，并青麦。"（《唐吐》4-467）75TKM91:18（a）《北凉玄始十一年（422）马受条呈为出酒事》："十一月四日，□酒三斗，赐屠儿□□使。次出酒□斛，付孙善，供帐内□□隙骑、箱□等。次出酒五斗，付□□五斗，供凌□。合用酒**㳄**斛□□"（《唐吐》1-61）。后例分计时数词用小写，总计时"七"则用大写，其字兼于"漆"与"柒"之间。

按：漆字《说文》本作"桼"，俗字作"柒"，为从木、七声的形声字。"桼""七"古通用。如《汉李翊夫人碑》："寿十二兮九九期，三五柒兮衰左姬。"清顾蔼吉《隶辨》卷五"柒"字下云："即桼字，亦借用七也。""漆"本为水名，后借用作"桼"，同时也就自然而然沿用了"桼"借用作"七"的功能。唐张参《五经文字》"七"字皆写作"漆"。

【柒】

数目"七"的大写字。66TAM59:4/6《北凉神玺三年（399）仓曹贷粮文书》："（前缺）主囗（者）赵恭、孙殷：今贷**㳄**石囗□□拾斛，秋熟还等斛。"（《唐吐》1-22）蒋礼鸿先生批校本云："**㳄**，柒。"[1] 斯 613 号背《西魏大统十三年（547）瓜州效谷郡籍帐》："都合麻陆拾**㳄**斤捌两：六十七斤良，八两贱。"其中总计用大写字"柒"，分计用小写字"七"。67TAM364:14《高昌义和三年（616）屯田条列得水遹麦斛斗奏行文书》："□囗（壹）亩，再取水田弃水田陆□□囗（斛）**㳄**兜半。"（《唐吐》1-388）67TAM80:13《高昌延寿元年（624）张寺主赁羊尿粪、刺薪券》："九月囗（任一赁）□□□壹车，此辛（刺薪）五车，要到舍，与严粟**㳄**□□兜。"（《唐吐》1-392）60TAM320:01/2《高昌张武顺等葡萄亩数及租酒帐》（三）："□□延伯桃□□**㳄**斛。。"（《唐吐》1-327）

按《干禄字书》："㳄漆：上俗下正。"《龙龛·水部》："㳄，俗通；漆，正。""㳄"字从水、柒声，当是"漆"受"桼"俗字"柒"影响产生的后起形声字（顾炎武《金石文字记》卷三《岱岳观造像记》条按语谓"柒"即"漆"字草书，恐不确）。今字作"柒"，乃"㳄"的偏旁移位字。氵旁俗书多作丬旁，故"㳄""柒"俗字又有从丬旁者。宋陆游《老学庵笔记》（明《津逮秘书》本）卷七："壹、贰、叁、肆、伍、陆、柒、捌、玖、拾，字书皆有之。……柒字晋唐人书或作漆，亦取其同音也。"陆氏以"漆""柒"之异为"取其同音"，不准确。

---

① 《吐鲁番出土文书》第一册蒋礼鸿先生批校本系蒋先生去世后家属捐赠，现藏浙江大学古籍研究所资料室。

【捌】

数目"八"的大写字。斯 613 号背《西魏大统十三年（547）瓜州效谷郡籍帐》"白丑奴"户："息男显受，庚戌生，年拾～。白丁。进丁。"66TAM48:30（a），38（a），41（a）《高昌延昌二十七年（587）八月兵部条列买马用钱头数奏行文书》："……黄马一匹，□马一匹，匹用钱卅三文；骠马□□一匹，赤马二匹，匹用钱卅二文。"接着另起一行写云："都合买马□□□匹，用▨▨（钱壹）遷肆伯～拾文。"（《唐吐》1-343）伯 2049 号背《后唐长兴二年（931）正月沙州净土寺直岁愿达手下诸色入破历筭会牒》："壹阡肆伯柒拾～硕贰斛玖胜麦、粟、油、苏、米、面、黄麻、麸、查、豆、布、緤、纸等，沿寺破除外应及见在：叁伯～拾壹硕贰斛肆胜麦，伍伯叁拾叁硕壹斛～胜粟，叁硕伍斛壹胜油，贰胜苏，……肆拾柒硕贰斛麸，壹伯贰拾贰饼滓，贰伯柒拾～硕玖胜豆，伍伯玖拾～尺布，壹伯玖拾伍尺緤，贰伯张纸。"

按《正字通·手部》："捌，官府文书纪数借为七八字。或曰：秦法凡数目字文单者取茂密字易之，一作壹、二作贰是也。按秦诸碑，惟一、二、三改易，四以下则仍用本文。捌字徐氏始收附。今之十字并改者，非秦之旧也。"上揭敦煌西魏籍帐文书是大写字"捌"早见的例子。

【拔】

数目"八"的大写字。75TKM91:16（a）《祠吏翟某呈为食麦事》："□食麦拾久斛贰斗。超度一人，从田地来，住祠八□（日），□（日）食麦八升，合陆斗四升。都合拾久斛～斗四升。请纪识。"（《唐吐》1-77）又同一墓 75TKM91:17《奴婢月廪麦帐》："（前缺）合给肆斛贰斗。奴文德、婢芳容二人，人日禀麦五升，合给麦叁斛。奴子虎生一人，日给禀麦二升，合□□陆斗。都合柒斛～斗。请纪识。"（《唐吐》1-77）据同一墓出土的有纪年文书（起西凉建初四年，止缘禾五年，即公元 408—436 年）推断，此件文书也应出于同一时期。60TAM316:08/1（b）《古抄本乘法诀》："究究～拾壹，～究柒拾贰。"（《唐吐》1-470）

按：早期的大写字多借用同音或音近字为之，用字不太固定。"拔"与"八"字《广韵》皆在入声黠韵，前者音蒲八切，并纽浊音，后者音博拔切，帮纽清音，中古时期浊音清化，则二字读音基本相同。不过"捌"则与"八"同有博拔切一读，二字完全同音，因而在用作"八"的大写字的竞争中，"拔"字不免处于下风，唐代以后就未见行用。

【久】

数目"九"的大写字。75TKM91:16（a）《祠吏翟某呈为食麦事》："□食麦拾～斛贰斗。超度一人，从田地来，住祠八□（日），□（日）食麦八升，合陆斗四升。都合拾～斛拔斗四升。请纪识。"（《唐吐》1-77）据同一墓出土的有纪年文书（起西凉建初四年，止缘禾五年，即公元 408—436 年）推断，此件文书也应出于同一时期。

按：宋洪迈《容斋五笔》卷九"一二三与壹贰叁同"条："古书及汉人用字，如一之与壹，二之与贰，三之与叁，其义皆同。……九之与～、十之与拾、百之与栢亦然。""九"与"久"皆在《广韵》上声举有切小韵，二字同音通用。参上"捌"字条。

【究】

数目"九"的大写字。斯 613 号背《西魏大统十三年（547）瓜州效谷郡籍帐》："户主刘文成，己丑生，年参拾～。薑（荡）寇将军。课户上。"73TAM520:6/1-2(a)《高昌付官将兵人粮食帐》（二）："合壹佰壹拾叁斛～兜。"（《唐吐》1-315）据同一墓出土的有纪年文书（起延昌二十年，止延和六年，即公元 580—607）推断，此件文书也应出于同一时期。2006TZJI:077《麹氏高昌张延怀等纳斛斗帐》："严善富叁兜，左崇祐～兜半。"（《荣吐》下-294；编者推断本件文书年代应为义和三年即公元 616 年前后）60TAM316:08/1(b)《古抄本乘法诀》："▭～陆拾叁，陆▨（～）五▭"（《唐吐》1-470；编者推断本墓文书年代为高昌末期）

按："究"作为"九"的大写字，主要见于六朝及吐鲁番高昌时期。"究"《广韵》去声宥韵音居祐切，而"九"及"久"在上声，声调不同。

【玖】

数目"九"的大写字。69TKM39：9/7(b)《唐□意等户籍》："▭意年叁拾～岁，白丁。……▭～岁，小女。"（《唐吐》3-57；编者按："本墓同出有贞观年间手实、户籍及永徽二年后户口帐，本件年代应亦相当。"）60TAM337:18(a)《唐龙朔三年（663）西州高昌县张海隆夏田契》："若海隆肆年、五年、六年中不得田佃食者，别钱伍拾文入张；若到头不佃田者，别钱伍拾文入赵，与阿欢仁草～围。"（《唐吐》2-229）2004TAM395:4-6 ＋ 2004TAM398:4-1+2004TAM395:2《唐西州高昌县李操领钱抄》："赵洛富银钱叁拾陆文，李操领。……更～文，李操领。"（《荣吐》上-2；同墓出土有武后载初元年即公元 690 年的纪年文书，本件年代应相近）伯 3877（2）号《沙州敦煌县慈惠乡开元四年（716）籍》："户主杨法子，年叁拾～岁，卫士下中户，课户，见不输。"

按清顾炎武《金石文字记》卷三《岱岳观造像记》条云："凡数字作壹贰叁肆捌～等字，皆武后所改及自制字。"如上揭第三例所见，武周时期数词确有使用大写字的，但这些字多数南北朝时期早已行用，而非武后所改。就"玖"字而言，武周前的贞观、龙朔年间也已见用例；而且"九"更早的大写字"久""究"南北朝时已见，更与武后无关。大约由于"久"的字形太过简单，起不到防止浅人篡改的本意，而"究"的读音又与"九"不完全一样，于是大约在唐代前期，便改用"玖"作为

"九"的大写字,"玖"与"九"完全同音(二字《广韵》皆在举有切小韵),又与原来的大写字"久"字形上有关联,两全其美,于是便流行开来,并一直行用到今天。

【拾】

数目"十"的大写字。75TKM91:16(a)《祠吏翟某呈为食麦事》:"□食麦～久斛贰斗。超度一人,从田地来,住祠八□(日),□(日)食麦八升,合陆斗四升。都合～久斛拔斗四升。请纪识。"(《唐吐》1-77)据同一墓出土的有纪年文书(起西凉建初四年,止缘禾五年,即公元408—436年)推断,此件文书也应出于同一时期。斯613号背《西魏大统十三年(547)瓜州效谷郡籍帐》:"都合麻陆～斤捌两:六十七斤良,八两贱。"此例总计用大写字"拾",分计用小写字"十"。09ZJ0047(a)《高昌建昌六年(560)十一月某人租葡萄园券》:"酱(浆)～忤斛。"(《刘吐》206)俄敦476、俄敦5937、俄敦6058号背《唐开元五年(717)沙州敦煌县龙勒乡籍》:"男仁本,年壹～柒岁,中男。_{转前籍年十四,开元五年帐后貌加,实空。}妹靖连,年伍～贰岁,中女。"

按:"拾""十"《广韵·缉韵》同在是执切小韵,二字同音通用。《正字通·手部》"拾"字下云:"今官文书防伪窜,借为数目字。"东汉延熹二年(159)立《张景碑》:"瓦屋二间,周栏楯～尺。"这是"拾"最早用作"十"的例子,但碑中应该只是同音假借(此碑其他数词均不作大写字),与魏晋以后有意识地用作"十"的大写字有所不同。但大写的数词"拾"五世纪以后的吐鲁番文书中已然通行,敦煌文献中更是不胜枚举,《正字通》以为"今"字,自然是不合适的。

【伯】

数目"百"的大写字。66TAM48:30,38,41《高昌延昌二十七年(587)八月兵部条列买马用钱头数奏行文书》:"……黄马一匹,□马一匹,匹用钱卅三文;骠马一□□匹,赤马二匹,匹用钱卅二文。"接着另起一行写云:"都合买马□□□匹,用钱壹遷肆～捌拾文。"(《唐吐》1-343)69TKM48:9(a),10(a),16/5(a)《唐永徽元年(650)后付宋赟等物帐契》:"以前总计得⊠(贰)□⊠(肆)～肆拾贰尺。"以下具体支出则作小写的"一千二百尺""一百五尺"等(《唐吐》2-166)。北敦2496号《僦司唱僦得布支给历》:"法律德荣:唱紫罗鞋两,得布伍～捌拾尺。支本分一百五十尺,支乘延定真一百五十尺,支乘政会一百五十尺,支图福盈一百五十尺,馀二十尺。"72TAM230:49《武周天授二年(691)总纳诸色逋悬及屯收义纳粮帐》:"□授二年腊月廿日以前总纳诸色逋悬及屯收义纳粮总三阡柒～捌拾陆硕贰斗壹胜。"(《唐吐》4-78)73TAM509:8/28-1(a)《唐开元二十一年(733)推勘天山县车坊翟敏才死牛及孳生牛无印案卷(七)》:"一赤犍,八岁:角竖,两膊上远人胯上有瘢,用钱壹阡壹～文,于焉耆人候元处买,用填黄犍十一岁替。一紫犍,白面,十二岁:角抱盆,两耳秃,两膊上及远人相有瘢,近人眼瞎,用钱捌～文,于罗转达处□□,用填黄犍十四岁替。"《唐吐》

4-305）前三例总计时用"壹""贰""肆""伍""拾""伯"，分计时则皆作"一""二""五""十""百"等，可见前者属于有意用大写的数目字。

按《汉书•食货志上》"亡农夫之苦，有仟伯之得"颜师古注："仟谓千钱，伯谓百钱也。今俗犹谓百钱为一伯。"可见"伯""百"二字通用自古而然。考《广韵•陌韵》博陌切："百，数名。""伯"为该小韵代表字。而"佰"则在同一大韵莫白切小韵，与"百"异音。再溯及《广韵》之前的写本韵书，如斯 2071 号《切韵笺注》、故宫本《刊谬补缺切韵》、裴务齐正字本《刊谬补缺切韵》及蒋斧印本《唐韵残卷》，"百""伯"二字同在陌韵博白反或博陌反小韵（皆以"伯"为该小韵代表字），此四书皆未收"佰"字（《集韵•陌韵》博陌切小韵才增收了"佰"字）。所以当魏晋以后人们有意识地在券契中使用大写的数目字的时候，"伯"作为"百"的同音字（后来《切韵》系韵书的小韵代表字），自然就在首选之列了。唐张参《五经文字》各部之首统计本部辨析的字数时，数词皆用大写字，"百"亦写作"伯"，如木部下云"凡壹伯玖拾贰字_{陆字重文}"之类是也。张参的书属于奉诏"勘校经本"的结果，带有"国标"的性质，可见"伯"已然成为当时的规范用字。

【佰】

数目"百"的大写字。73TAM520:6/1-1（b）《高昌付官将兵人粮食帐》（二）："合壹**佰**壹拾叁斛究兜。"（《唐吐》1-315）其（四）又有"合壹**佰**"字样（《唐吐》1-316，本件抄写在《高昌延昌二十年（580）计月付麦帐》的背面）。67TAM80:12《高昌延寿元年（624）张寺主明真雇人放羊券》："□□□⊘（年）甲申岁九月十日，张寺主明真师从⊘（严）□□□⊘（阳—羊）壹～伍拾口。"（《唐吐》1-393）伯 4957 号《申年某寺诸色入破历筭会牒》："壹～陆斛叁胜麦、粟、油、面、黄麻、豆、布等，缘寺诸色破除讫。"又云："壹伯陆拾玖硕捌斗捌胜半麦、粟、油、苏、米、面、黄麻、豆、绢等，破用外应见在：……"伯 2838 号《唐光启二年（886）安国寺上座胜净等诸色斛斗入破历筭会残状》："从辰年正月已后，至午年正月已前，中间叁年，应入硇颗（课）、梁颗（课）、厨田，及前帐回残斛斗油、苏等，总叁～肆拾捌硕玖斗叁胜。麦贰～玖硕捌斗，粟壹～贰拾硕柒斗。"

按：一、三例借用作"百"的"佰""伯"先后错出。据普查，吐鲁番和敦煌写本文书"百"字繁化大写多借用"伯"，少数作"佰"（二者之比约十比一）。《说文•人部》："佰，相什伯也。从人百。""佰"本指古代军队的编制单位，十人为什，百人为佰。但由于其字与数目词"百"的繁化大写字"伯"相近，而且其音义本身又与"百"相关，于是"百"的繁化大写字偶尔也写作"佰"（泽存堂本《广韵•陌韵》："佰，一百为一佰也。"），并且越往后作"佰"的比例越大，甚至古书原本使用的"伯"往往也被改成了"佰"。如《玉篇•人部》："佰，莫白切，《说文》云：相十佰也。《汉书•食货志》云：而有仟佰之得。《注》云：仟谓千钱，佰谓百钱。"不但所引《说文》训释中的"伯"被改成了"佰"，而且《汉书》原文和颜师古注中的"伯"也都被擅改成了"佰"。及至明清以后，"佰"字通行，则罕有知"百"的繁化大写字原本作"伯"者也。参上条。

【遷】

数目"千"的大写字。66TAM48:30（a），38（a），41（a）《高昌延昌二十七年（587）八月兵部条列买马用钱头数奏行文书》："……黄马一匹，□马一匹，匹用钱卅三文；骠马一□□匹，赤马二匹，匹用钱卅二文。"接着另起一行写云："都合买马□□□匹，用⊘⊘（钱壹）～肆伯捌拾文。"（《唐吐》1-343）72TAM151:95《高昌延和八年（609）七月至延和九年六月钱粮帐》："次得前剂□逋钱柒～柒□□中半。"又云："次依案除钱贰～究拾伍⊘（文）□□半，麦壹兜，粟贰兜半，在藏。"（《唐吐》2-86）

按："遷"《广韵·仙韵》音七然切，"千"字在先韵，音苍先切，仙韵、先韵《广韵》同用，故二字同音通用。《正字通·辵部》："迁，俗遷字。""迁"字从千得声，可参。

【阡】

数目"千"的大写字。73TAM206:42/9-27《唐课钱帐历》（三四）："廿日付王二壹～文，起抽六十。"（《唐吐》2-324；本墓文书有纪年者，为高昌义和五年至武周光宅元年之间，即公元618—684年）伯3348号背《天宝四载（745）河西豆卢军和籴会计牒》："玖～叁伯叁拾玖硕肆斗壹胜粟。"伯2049号背《后唐长兴二年（931）正月沙州净土寺直岁愿达手下诸色入破历筭会牒》："壹～肆伯柒拾捌硕贰斗玖胜麦、粟、油、苏、米、面、黄麻、麸、查、豆、布、緤、纸等。"斯610号有篇题"杂集时用要字壹～叁伯言"。

按："遷"是"千"早期的大写字，主要见于六朝，但"遷"字形过于繁复，字音也稍有不同，故大约从隋代前后开始，改用读音完全相同的"阡"作为"千"的大写字。隋开皇六年（586）《李敬族墓志》："封定州安平县开国公，邑壹阡户。"（《隋代墓志铭汇考》第1册第170页①）其中的"阡"已用同"千"。而稍后的敦煌文书中用例极多。《集韵·先韵》："阡，通作千。"宋程大昌《演繁露》卷三"十数改用多画字"条："今官府文书凡其记数皆取声同而点画多者改用之。……然而古今经史凡书千百之字无有用阡陌之'阡'、公伯之'伯'者，予故疑旧本不曾改少画以从多画也。然不能究其起自何时。"程大昌称"古今经史"未见"千"作"阡"者，大概跟宋以后刻本文献用字规范化有关。OR.8212/1951M.Tagh.0117《唐马坊准式支付帐》有"酬钱肆阡文""酬钱叁阡文"等句，其中的"阡"字原件如此，或录作"仟"（《中亚》213），不确。敦煌吐鲁番文献及六朝碑刻中皆未见

___

① 此例承梁春胜惠示。

"千"大写作"仟"者。^①

【昇】

容量单位"升"的大写字。66TAM50：9-27（a）《高昌重光三年（622）条列虎牙氾某等传供食帐一》："次虎牙氾传，市肉贰节、白罗面壹兜，供吴尚书食。次传细面伍～，作饼。"（《唐吐》1-376）2006TZJI：077《麹氏高昌张延怀等纳斛斗帐》："令狐元海大麦肆兜柒～。……白弟弟陆兜捌～。"（《荣吐》下-294；编者推断本件文书年代应为义和三年即公元616年前后）俄敦1451号《癸酉至己卯年曹亦胡等还便黄麻历》："戊寅年三月七日韩定昌便黄麻陆䥷，秋柒䥷捌～。"

按《说文新附·日部》："昇，日上也。从日，升声。古只用升。""昇""升"本一字之分化，但二字古仍多混用，只有作量词的"升"一般不作"昇"。六朝前后为免"升""斗"形近相乱，则"昇"亦借用作"升"的大写字。

【勝】

容量单位"升"的大写字。伯3841号背《开元间州仓粟麦纸墨军械什物历》："捌硕肆䥷青麦；肆伯伍拾壹硕柒䥷叁～叁合柒勺床。"伯3348号背《唐天宝四载（745）河西豆卢军和籴会计牒》："伍阡柒伯玖拾壹硕贰䥷肆～肆合斛䥷。"斯5495号《唐天复四年（904）二月一日灯司都师领得课油抄》："三月十一日领得油壹䥷；四月五日领得油贰䥷玖～；七月十四日领得佛料油叁䥷；八月十二日领得油肆～半。"

按明天一阁刻本《商君书·赏刑》："赞茅、岐周之粟，以赏天下之人，不人得一～。"其中的"勝"清严万里校本作"升"。俞樾《诸子平议·商子》："～，读为升，古字通用。《三辅黄图》曰：'御宿园出栗，十五枚一～，大梨如五～。'～，皆'升'之假字。""勝""升"《广韵·蒸韵》皆有识蒸切一读，二字可以通用没有问题。但从敦煌吐鲁番文书来看，"升"的大写字六朝高昌时期作"昇"，唐代以后始作"勝"。明清人所见秦汉古书刻本中用同"升"的"勝"字，很可能也是唐代人抄本用字的残留，而未必是作者手下的原貌。

<hr />

① 东汉永兴二年（154）《向寿碑》："三月一日于许城西北二里，将张豊地中，去吏董额家八十步，去西仟卅步壖之。"（《北京图书馆藏中国历代石刻拓本汇编》第1册第104页）此碑词句鄙俗，有伪造的嫌疑。编者称"此本有硬伤"，值得玩味。或谓其中的"仟"同"千"，不可靠（"西仟"疑当读作"西阡"，指墓地西边的边界；东汉蒲阴县光和五年《刘公砖地券》有"东仟西仟，南佰北佰"句，其中的"仟""佰"亦当读作"阡""陌"）。《汉书·食货志上》："而商贾大者积贮倍息，小者坐列贩卖，操其奇赢……亡农夫之苦，有仟伯之得。"唐颜师古注："仟谓千钱，伯谓百钱也。伯音莫白反。今俗犹谓百钱为一伯。"其实例中的"仟伯"当读作"阡陌"，指田野、垄亩，文意谓经商的人没有农夫的辛劳，却可以享受农夫劳动的果实。

【䉈】

容量单位"斗"的大写字。斯613号背《西魏大统十三年（547）瓜州效谷郡籍帐》："仵拾䂖参～输租：卅九石二斗五升良，十石七斗五升上，廿九石中，九石五斗下；四斗五升贱；六斗牛。"此例总计用大写字"䉈"，分计用小写字"斗"。73TAM518:2/11《唐神龙元年（705）公廨应收浆帐》："合今年应收浆总伍拾肆硕伍～：卅三石九斗给折冲，廿石三斗五升给左果毅。"（《唐吐》3-453）72TAM226:5（a）《唐伊吾军上西庭支度使牒为申报应纳北庭粮米事》："叁阡捌伯伍拾叁硕捌～叁胜伍合，军州前后检纳得；肆拾叁硕壹～陆胜伍合，前后欠不纳。壹伯玖拾柒硕纳伊州仓讫。叁阡陆伯肆拾陆硕捌～叁胜伍合纳军仓讫。"（《唐吐》4-98）

按："䉈"当是从斤（重量单位之一）、豆声，为升斗之"斗"的早期繁化大写字。《龙龛•豆部》："～，丁侯反。"可洪《音义》第拾贰册《杂阿含经》第卅六卷音义："～斛，上都口反。"这个字即"斗"字。"斗"字《广韵》上声厚韵音当口切，与可洪都口反的读音相合。"斗"的大写字又作"兜"，后者《广韵》平声侯韵音当侯切，则与行均丁侯反的读音相合。2006TZJI:003《唐永徽五年（655）安西都护府符下交河县为检函䉈等事》："三石函三具，一石函一具，䉈两具。"（《荣吐》下-303）其中的"䉈"亦同"斗"，则是指量器。汉简中"䉈"或用同"鬭"（见《银雀山汉墓竹简•孙膑兵法》），可参。

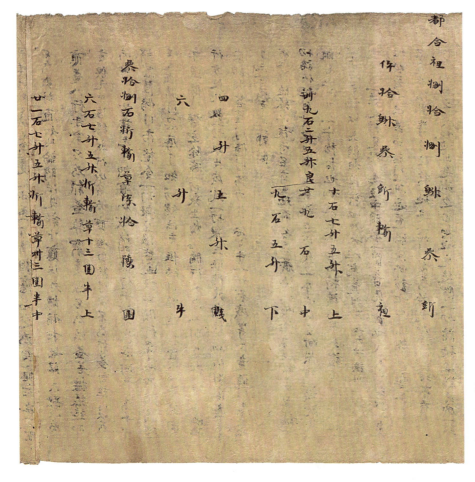

斯613号背《西魏大统十三年（547）瓜州效谷郡籍帐》（局部）

【兜】

容量单位"斗"的大写字。67TAM1365:7-1《高昌延昌二十八年（588）王幼谦夏镇家麦田券》："王幼谦从主簿孟儁边▨（夏）镇家细中部麦田贰▨▨（拾仟）亩，亩与夏价麦贰斛柒～。"（《唐吐》1-293）72TAM151:95《高昌延和八年（609）七月至延和九年（610）六月钱粮帐》："至庚午岁六月廿九日□□伍伯肆文半。麦陆～半。次依案除钱贰迁究拾伍▨（文）□□半，麦壹～，粟贰～半，在臧。"（《唐吐》2-86）67TAM377:04,03,07《高昌乙酉、丙戌岁某氏条列月用斛斗帐历》："起三月一日至月竟，僧陆人，沙弥壹人，食麦肆酐捌～究昇，粟拾酐肆～，麦伍昇祀天。床粟拾酐肆昇，供作使并荀。粟叁酐究～，得钱叁文。麦壹酐伍～作面。"（《唐吐》1-401）

按："兜"用为容量单位"斗"的繁化形式，以避免与"升"字相混，主要见于高昌国时期文书。"兜"（端纽侯韵）与"斗"（端纽厚韵）纽同韵近（唯调有平、上之异），属于借用近音字。

【斝】

"斗"的大写字。❶量器，容量为一斗。伯2564号《太公家教》："凡人不可貌相，海水不可～量。"俄弗109号《八关斋戒文》："轻秤小～，对面侵欺。"俄弗319号《十二时普劝四众依教修行·鸡鸣丑》："或刀尺，[或]秤～，增减那掐（容）夸眼手。"又《日入酉》："交关多使七成钱，籴粜无非两般～。"❷量词。称量粮食，容量十升。73TAM506:5/1之一《唐某馆申郡坊帖马食醋历》："四日帖马壹拾伍匹，匹食生壹～，共给青麦壹硕伍～。付健儿秦仙，子将杨俊卿。"（《唐吐》4-534）73TAM506:04/10-2《唐天宝十三载（754）张元举男方晖租田契》："▨（张）元举男方晖于杨晏边领得沙堰渠部田贰亩，交领租价亩别贰～。"（《唐吐》4-570）斯76号背《某年正月四日摄茶陵县令谭某状》："新笋伍拾茎，面叁～。"斯5476号《秦妇吟》："四面从兹多厄束，一～黄金壹升粟。"伯3145号《社司转帖》："右缘年支春座局席，次至曹保奴家。人各粟壹～，面一斤，油半升。"

按《玉篇·斗部》："斗，丁口切，十升曰斗。～，俗。"从现有资料看，为免与"升"字相混，"斗"的大写字最早作"斲"，稍后作"兜"，皆见于北朝及吐鲁番高昌时期；唐代以后则多作""（唐代早期"斲"字仍有使用）。"斝"原用作升斗之"斗"的大写字，后北斗、陡峭义的"斗"亦或借用此繁化字形。参看上文"捌"字条。

【硕】

容量单位"石"的大写字。66TAM360:3《唐贞观十七年（643）牒为翟莫鼻领官牛醋料事》："青稞伍～，准醋陆～，给官牛陆～贰拾日醋料。"（《柳吐》456）73TAM518:2/11《唐神龙元年（705）公廨应收浆帐》："合今年应收浆总伍拾肆～伍斲：卅三石九斗给折冲，廿石三斗五升给左果毅。"

（《唐吐》3-453）伯 3850 号背《酉年四月僧神威等牒》龙兴寺方等所状上："应缘道场诸家舍施及收纳得斛䄷油面等总壹伯贰〜捌䄷：六石八斗破用讫_{六石麦、油八斗}；九十六石见在_{内一十石散施入}。右具通破除及见在如前，请处分。"后二例数量词总计时皆用大写，分计时则皆用小写，其中包括大写的"硕"与小写的"石"的对应。伯 2032 号背《后晋时代净土寺诸色入破历筭会稿》："头面入：面陆拾〜，自年春碨入；面两〜伍䄷，太傅亡时劝孝替入。计六十二石五斗。"又云："连麸面入：面陆〜贰䄷，三月碨入；面叁〜陆䄷，六月碨入；面叁〜，秋碨入。计十二石八斗五升。"又云："谷面入：面叁〜，秋碨入；面两〜，春碨。计五石。"此例则是分记时数量词皆用大写，总计时则皆用小写，其中包括大写的"硕"与小写的"石"的对应。

　　按："硕""石"《广韵》皆音常只切，二字古本通用。但唐代前后则有意以"硕"作为"石"的大写字。清顾炎武《金石文字记》卷五《千峰禅院敕》（后唐天成元年明宗御书）条下云："余所见宋元碑，升作陞，斗作䉷，石作〜，盖如数目之借用壹贰等字，务令笔画繁多，以防改窜。今按此敕已用䉷、〜二字。"从前举用例来看，这样用法的"硕"至迟唐初已然。《隋萧球墓志》（大业九年〈613〉二月十六日葬）："君隋内宫堂弟，准从三品，赠束帛一百段，粟麦三百〜，仪仗鼓吹车辂，营坟夫六百人。"这是用同"石"的"硕"较早出现的例子，但此例上下文数词皆未用大写，这个"硕"也许还仅仅是一般的同音通用，而非有意为之。百衲本《后汉书·第五伦传》"铜马赤眉之属前后数十辈皆不能下"唐李贤注："《东观记》曰：时米石万钱，人相食，伦独收养孤兄子外孙，分粮共食，死生相守，乡里以此贤之。"其中的"石"字清武英殿本作"硕"，系同字异文，可参。

【䄷】

　　容量单位"石"的大写字。斯 613 号背《西魏大统十三年（547）瓜州效谷郡籍帐》总目"都合租捌拾捌䄷参䉷"，其下含括"仵拾䄷参䉷输租""参拾捌石折输草柒拾陆围"两个细目，其中后一细目的"石"等于总目和前一细目的"䄷"。前一细目下又含括"卌九石二斗五升良_{十石七斗五升上；廿九石中；九石三斗下}；四斗五升贱；六斗牛"三个更小的层次，其中的"石"等于前一细目的"䄷"。又同卷下文总目"都合税租两拾肆䄷"，其下含括"拾陆石仵䉷输租""柒䄷仵䉷折输草拾仵围"两个细目，其中前一细目的"石"等于总目和后一细目的"䄷"。后一细目下又含括"三石，折输草六围，上；四石五斗，折输草九围，中"两个更小的层次，其中的"石"等于后一细目的"䄷"。正如总计时的"拾""䉷""仵""两""肆""陆""柒"为其后分计时的"十""斗""五""二""四""六""七"的大写字，同样总计的"䄷"其实也是其后分计时的"石"的大写字。

　　按："䄷"通常为"斛"的会意俗字，但汉魏六朝时"斛""石"用作容量单位均指十斗（百升），故此二字当时有混用的倾向。《国语·周语下》引《夏书》"关石和钧，王府则有"三国吴韦昭注："石，今之斛也。"故由百升二字会意的"䄷"既可代表"斛"，也可代表"石"。上揭写卷总计时数量词多用大写，分计时则多用小写，总计时的"䄷"字分计时多作"石"，"䄷"正是"石"的大写字。

元大都回鹘佛教文化圈的形成及其与敦煌吐鲁番之关联[*]

胡　蓉/甘肃政法大学文学与新闻传播学院

杨富学/敦煌研究院人文研究部

关于回鹘佛经的翻译与传播，国内外学者研究成果颇丰，但对佛经翻译刊刻的地点，以及传播方式等问题，则论者鲜少。从敦煌、吐鲁番出土文献看，元代回鹘文佛经的翻译和刊印中心不在吐鲁番和敦煌而是在大都。[①]生活于元大都的回鹘（或作畏兀儿，元代混用，此从之）文士直接参与并引导了回鹘佛经的翻译与刊印工作，大都成为全国回鹘佛教文化的中心。本文拟以译者、译经场所与刊印地为出发点，来探讨元大都回鹘佛教文化圈的形成及其对敦煌、吐鲁番佛教的影响问题。

一、元大都之佛经翻译与刊印

"京师佛寺自来甲天下"，[②]元朝时期，大都地区的佛教寺院在 200 所以上。西域东迁的畏兀儿佛教僧徒云集大都，翻译、刊印了回鹘文《华严经》《父母恩重经》及大量藏文佛经等，各大寺院成为佛经翻译与刊印的主要场所，如白塔寺（即万安寺）、普庆寺、弘法寺、大护国仁王寺等，莫不如此。

-----

*本文为国家社科基金西部项目"元代畏兀儿文学及其与汉文化的交流"（21XZW023）的阶段性成果

① 刘拉毛卓玛、杨富学《元代印本在莫高窟的发现及其重要性——兼论元代敦煌在中西交通中的地位》，待刊。

② 孛兰肹等著，赵万里校辑《元一统志》卷 1，中华书局，1966 年，第 22 页。

（一）白塔寺（万安寺）

回鹘文《文殊所说最胜名义经》是由迦鲁孥答思任总监，由安藏翻译的，译经地点是大都白塔寺。吐鲁番出土的现存于柏林的木刻本《文殊所说最胜名义经》残片有40多片，其中TM 14（U 4759）残卷记录了该经的翻译场所在大都白塔寺，时间是壬寅（1302）七月：

> arïš arïɣ bu nama sangit nom ärdini: ačari kši karunadaz sidu üzä aqdarïlmïš-ï adïnčïɣ mungadïnčïɣ taydu-taqï aq stup-luɣ uluɣ vxar-ta adruq šim šipqan-lïɣ bars yïl yitinč ayta alqu-sï barča ala-sïzïn tüzü yapa: adaq-ïnga tägi uz yaraši ädgüti bütürü ldi sadu sadu

> 神圣的法宝《文殊所说最胜名义经》由司徒Karunadaz总监翻译，在大都大白塔寺内于十干的壬寅七月将其全部译出，未加任何删节，工作进行得完满细致。善哉！善哉！[1]

题记中的司徒Karunadaz，当即畏兀儿著名翻译家迦鲁孥答思，在大都白塔寺完成了回鹘文《文殊所说最胜名义经》的翻译。这座白塔寺还承担着回鹘式蒙古文佛经刻印任务，吐鲁番出土蒙古文佛经题记称，"受合罕之命"，鼠年（元文宗至顺元年，1330）在大都白塔寺刊印Bodistva carya avaciar经注，"印行千册以传众生"。[2]白塔寺又称"大圣寿万安寺"或"妙应寺"，位于今北京市西城区阜成门内大街，始建于辽寿昌二年（1096），元代重修，寺内大白塔由尼泊尔匠师阿尼哥于至元十六年（1279）建成。程钜夫《凉国敏慧公神道碑》载：至元"十六年，建圣寿万安寺，浮屠初成，有奇光烛天，上临观大喜，赐京畿良田亩万五千、耕夫指千、牛百、什器备。"[3]《元一统志》卷1亦载："大圣寿万安寺，按大都图册：国朝建此大刹在都城内平则门里街北，精严壮丽，坐镇都邑。"[4]阿尼哥因白塔之建而受到赏赐，祥迈曾奉敕撰写《圣旨特建释迦舍利灵通之塔碑文》，刻石立于白塔附近（惜明末碑石亡佚）。[5]作为皇家寺院，白塔寺从开始营建到元末，持续得到皇室的支持，香火旺盛，据载，至元二十二年（1285）"以中卫军四千人伐木五万八千六百，给万安寺修造"。[6]至元二十五年（1288）"万安寺成，佛像及窗壁皆金饰之，凡费金五百四十两有奇、水银二百四十斤"。[7]

忽必烈死后，白塔寺增建祭拜忽必烈的神御殿，元贞元年（1295），元成宗亲自主持"国祭日"佛事活动，有七万之众参与。此后，这座皇家寺院长期充任翻译和刻印回鹘文、蒙古文等佛经的中心。

---

[1] P. Zieme, Zur buddhistische Stabreimdichtung der alten Uiguren, *Acta Orientalia Academiae Scientiarum Hungaricae* XXIX-2, 1975, S. 198-199；杨富学《回鹘文佛教文献研究》，上海古籍出版社，2018年，第101—102页。

[2] E. Haenisch, Mongolica der Berliner Turfan-Sammlung, I: Ein buddhistisches Druckfragment vom Jahre 1312, *ADAW*, Berlin, 1954, Nr. 3.

[3] 程钜夫《程雪楼文集》卷7《凉国慧敏公神道碑》（《元代珍本文集汇刊》），台北"国立中央图书馆"编印，1970年，第316页。

[4] 孛兰肹等著，赵万里校辑《元一统志》卷1，第22页。

[5] 宿白《元大都〈圣旨特建释迦舍利灵通之塔碑文〉校注》，《考古》1963年第1期，第37页。

[6] 《元史》卷13《世祖纪一〇》，中华书局，1976年，第282页。

[7] 《元史》卷15《世祖纪一二》，第311页。

（二）普庆寺

普庆寺位于今北京西城区平安里大街，初为太官塔纳监龙兴之宅第，[1]大德四年（1300）成宗母亲裕宗徽仁裕圣太后故去后，成宗将此处改为佛寺以崇奉太后，武宗朝至大元年（1308），皇太子爱育黎拔力八达征用周围土地，将佛寺扩建为大承华普庆寺，占地二百亩。[2]著名畏兀儿航海家亦黑迷失延祐三年（1316）刻石的《一百大寺看经记》称皇帝将亦黑迷失进献的佛经回赐给普庆寺。普庆寺有皇室神御殿，祀太祖、太宗、睿宗、仁宗等。[3]

癸酉（1333）五月十五日，普庆寺刻印了回鹘文《观世音本尊修法（Avalokiteśvara-Sādhana）》。该书为藏族佛教大师噶玛拔希（Karmapa，1203—1282）所撰，由畏兀儿人本雅失里（Puṇyaśrī，13—14世纪）译为回鹘文。[4]

（三）弘法寺

位于大都城南的弘法寺始建于辽道宗年间（1055—1101），从彼时起即充任藏经与印经的中心，后历金、元、明，数百年间相沿不绝，既有官刻也有私刻。金代，弘法寺在宗教功能外另设中丞和郎官，掌管诉讼、边地将士的抚恤工作。大定二十三年（1183），原雕刻于山西的《赵城金藏》经版，由崔法珍携带入京，在中都弘法寺继续使用。[5]成吉思汗二十二年（1227），河北曲阳觉辨大师驻锡大都弘法寺，补修藏经版，事见《觉辨大师源公塔铭》："都城弘法寺补修藏经版以师为提领，三年雕全，师之力焉。"[6]畏兀儿人布颜啜厄博士（Buyančoɣ Baqšï）用弘法寺印版印制《大般若经》《法华经》《华严经》《Sosingki》《慈悲忏》《金刚经》六部佛经，带回西域，吐鲁番出土回鹘文印本残卷TM 36（U 4791）跋文称："Čongdu balïq-ta hungwasi atlïɣ Sangaram-taki inban-tin…yaqturu tägintim（我发愿用中都城弘法寺所藏印版印制）。"[7]Čongdu balïq即"中都"的音译。1215年，蒙古从金朝手中夺取中都，改名为燕京。1264年又改称中都，1267年迁都于此，至元九年（1272）改称大都。[8]

---

① 姚燧《牧庵集》卷11《普庆寺碑》，《文渊阁四库全书》第1201册，第507—508页.

② 赵孟頫《松雪斋集·外集·大元普庆寺碑铭奉敕撰》，《四库全书》第1196册，第753页。

③ 陈启仁辑《闽中金石略》卷11（《石刻史料新编》17），台北：新文丰出版公司，1982年，第13030页。

④ G. Kara - P. Zieme, *Fragmente tantrischer Werke in uigurischer Übersetzung*, Berlin, 1976, S. 66.

⑤ 李兰盼等著，赵万里校辑《元一统志》卷1，第27页。

⑥ 侯海洋《北京旧城弘法寺新考》，《北京文博文丛》2016年第2期，第31页。

⑦ P. Zieme, Bekerkungen zur Datierung uigurischer Blockdrucke, *Journal Asiatique* 269, 1981, S. 386; P. Zieme, Donor and Colophon of an Uigur Blockprint, *Silk Road Art and Archaeology* 4, 1995/96, p. 413.

⑧ 党宝海《吐鲁番出土金藏考——兼论一组吐鲁番出土佛经残片的年代》，《敦煌吐鲁番研究》第4卷，北京大学出版社，1999年，第116—117页。

弘法寺因元刊《弘法藏》而闻名遐迩。元太宗、世祖时期，弘法寺在《赵城金藏》基础上补充新经，再行刊印。[1]不兴燕京地区，邻近地区也到弘法寺刊经，《济州普照寺照公禅师塔铭》载："闻京师弘法寺有藏经版，当往彼印之，即日启行，遂至其寺，凡用钱二百万有畸。得金文二全藏以归。"[2]1979 年发现的云南省图书馆藏元刻本汉文《大藏经》同为弘法寺刻本，弘法寺四位僧人署名于这部元代规模最大的官刻《大藏经》。[3]弘法寺有八个藏经库房，[4]存放着大量经版，用以刊印佛经。

（四）大护国仁王寺

皇家寺院大护国仁王寺也是大都回鹘佛经的翻译中心。敦煌回鹘文册子本《说心性经（xin (köngül) tözinuqïttačï nom bitig）》（编号：Or. 8212—108）乃畏兀儿高僧智泉都统（Čisön Tutung）的著作，也是今天所见唯一的由合伙人创作的禅学著作，其题记称该作的撰写地点就在大都的 gao lenhua：

> küskü yïlïn toquzunč aynïng on yangïta，
>
> körtklä tangïsuq taydu kedini gao lenhuata，
>
> köp yašamaqlïy boduyïn kök qalïyïy
>
> küčäyü bädizägäli umunmïšïn körgü üčün bitidim. čisön tutung

鼠年九月初十，在大都（Taydu）西部有魅力而迷人的 gao lenhua 用长生不老的颜色把虚空极力装饰的愿望变成现实而写。智泉都统。[5]

这里的 gao lenhua，即今北京高梁河畔之元代皇家寺院大护国仁王寺。至元十一年（1274）在金代护国仁王寺的故址上建成，又称大都寺、高梁河寺。《元一统志》卷 1 称："大护国仁王寺……国朝都城之外西建此寺及昭应宫，寺宇宏丽雄伟。每岁二月八日大阐佛会，庄严迎奉，万民瞻仰焉。"[6]位于高梁河上白石桥西北魏公村一带。大护国仁王寺从营建到供养都得到皇家资助，为便于管理寺院资产，成立了总管府、提举司、提领所等部门，后又罢总管府，建会福院，以平章政事、宣政院使安普、忽马儿、不花为会福院使，足见其皇家背景。皇太后令任职中书省的著名文臣程钜夫为寺院撰写碑铭，其中有文记曰："至元七年秋，昭睿顺圣皇后于都城西高良河之滨，大建佛寺……

---

[1]宿白《〈赵城金藏〉和〈弘法藏〉》，《现代佛学》1964 年第 2 期，第 13—22 页；黄夏年《辽金元明时代北京的弘法寺》，怡学主编《辽金佛教研究》，北京：金城出版社，2012 年，第 34—46 页。

[2]张金吾《金文最》卷 110，中华书局，1990 年，第 1582 页。

[3]童玮、方广锠、金志良《元代官刻大藏经的发现》，《文物》1984 年第 12 期，第 82—86 页。

[4]熊梦祥著，北京图书馆善本组辑《析津志辑佚》，北京古籍出版社，1989 年，第 84 页。另本书第 78 页言："法藏寺在石佛寺西北金城坊内。"

[5]R. R. Arat, *Eski Türk Siiri*, Ankara, 1965, S. 124；阿不都热西提·亚库甫《古代维吾尔语赞美诗和描写性韵文的语文学研究》，上海古籍出版社，2015 年，第 59 页。

[6]孛兰肸等著，赵万里校辑《元一统志》卷 1，第 22 页。

三年而成。"①高梁河一带乃元代内徙畏兀儿人最显赫家族的祖茔所在，廉氏家族、孟速思家族、贯氏家族的文人名士不少都瘗埋于此，如孟速思（察必皇后的妹夫）、阿失帖木儿父子、阿里海涯与贯云石祖孙、廉希宪等。建于同一地址的大护国仁王寺，实为元世祖皇后察必氏的家庙。

智泉法师的作品在敦煌多有发现，最著名者当首推前揭回鹘文《说心性经》（Or. 8212—108）。该文献并非如前贤所推测的那样是某部汉文佛经的翻译，而是以汉文禅宗典籍为主，根据自己的理解进行再创作而形成的佛学著作，只是写法较为特殊，将原来的散文形式都改成了四行诗形式。②该文献在敦煌的发现，很可能与14世纪60年代中期由大都巡行西北寺院的藏传佛教噶玛噶举第四世活佛乳必多吉③有关。揆度莫高窟北区石窟出土回鹘语韵文残片B140:5和B128:18，亦可见智泉法师所撰佛教诗歌。④写本残卷B140:5之跋文提到智泉翻译《文殊师利所说不思议佛境界经》。⑤由敦煌本B128:18回鹘文佛教韵文诗可知，智泉法师生前还曾组织人力翻译《阿弥陀经》《华严经》《观音经》《七有经》《八阳经》《般若经》《金光明经》《金刚经》《法华经》和《圆觉经》等十部佛经。⑥惜皆已无存，难窥究竟。

四大寺之外，翻译、刊印于大都的回鹘文佛经还有很多，如阿拉特（R. R. Arat）所刊木刻本《观无量寿经》残卷⑦很可能是14世纪上半叶于大都刊刻的，残卷尾部的Činaširi一名当为该印本的施主或印制者。⑧《观无量寿经》汉本原为散文，嶩嶩⑨将其改编为回鹘文头韵诗形式，其状与《说心性经》有近似处。回鹘文《观世音经（Avalokiteśvara-sūtra）》刊印于庚午（1330）八月初一，由畏兀儿高官跃里帖木儿（Yol Tämür）妻沙拉奇（Šaraki）施资印制千部，祈愿驻守云南的丈夫跃里帖

---

①程钜夫《程雪楼文集》卷9《大护国仁王寺恒产之碑》（元代珍本文集汇刊），第368页。

②杨富学、张田芳《敦煌本回鹘文〈说心性经〉为禅学原著说》，《西南民族大学学报》2018年第1期，第79—86页。

③谢光典《噶玛噶举黑帽系第四世活佛绕呗朵儿只的河西巡礼》，杨富学编《裕固族文化研究》，甘肃文化出版社，2021年，第254—262页。

④彭金章、王建军《敦煌莫高窟北区石窟》第2卷，文物出版社，2004年，第183—187页。

⑤Abdurishid Yakup, Uighurica from the Northern Grottoes of Dunhuang, *A Fertschrift in Honour of Professor Masahiro SHŌGAITO's Retirement Sudies on Eurasian Languages*, Kyoto: Publication Committee, 2006, p. 24；阿不都热西提·雅库甫《敦煌北区石窟出土回鹘文文献的综合研究》，敦煌研究院编《敦煌莫高窟北区石窟研究》下卷，甘肃教育出版社，2011年，第460页。

⑥阿依达尔·米尔卡马力《回鹘文诗体注疏和新发现敦煌本韵文研究》，上海古籍出版社，2015年，第161—169页。

⑦R. R. Arat, *Eski Türk Şiiri*, Nr. 19–20.

⑧ペーター・ツィーメ、百濟康義《ウイグル語の觀無壽經》，京都，1985年，第138页。

⑨嶩嶩，其名又见于甘肃武威城北十五公里的石碑沟发现的《亦都护高昌王世勋碑》之汉文部分，应为字迹模糊，学术界过去通常读作嶩嶩（读音náonáo）。然观回鹘文部分，与之对应的署名为kiki（或作khikhi）。显然，kiki应为汉文部分所见"嶩嶩"之音译，绝非"嶩嶩"之音译也。对此，学术界有考订，可参见F. W. Cleaves, "K'uei-k'uei or Nao-Nao?", *Harvard Journal of Asiatic Studies*, Vol. 10, No. 1, 1947, pp. 1–12; 北村高《元代トルコ系色目人·康里嶩嶩について》，《龍谷史壇》第85号，1984年，第13—42页。

木尔平安归来。① 《观世音经》本为鸠摩罗什译《妙法莲华经》第二十五品《观世音菩萨普门品》，以其集中反映诸多观世音菩萨大慈大悲、救苦示现事迹而受到信徒格外推崇，至北凉沮渠蒙逊时期，从《妙法莲华经》中独立出来，作为单行本流传。此单行本即回鹘文译文之底本。据《元史》载，当时跃里帖木尔担任云南行省右丞，出兵镇压罗罗人暴动。就在《观世音经》施印的那年六月，跃里帖木尔于建昌击退蛮兵万人的进攻，并斩首四百余级。八月，又擒获罗罗小头目曹通并斩之。② 当时沙拉奇（Šaraki）当居于大都，故《观世音经》亦应视作大都刊本。③

云南省图书馆藏元代官刻《大藏经》系由元文宗皇后（元顺宗时代的太皇太后）卜答失里（1306—1340）发起，至顺元年（1330）至至元二年（1336）刊刻于大都。据其中的僧名录可知，大都参与刊刻《大藏经》工作的寺院有大法藏寺（3人）、大普庆寺（2人）、弘法寺（4人），并可能与万寿寺有关。明人沈德符言："先是京师有番经、汉经二厂，年久颓圮，穆皇命重修未竟，上移贮汉经于其中（万寿寺）。"④ 是知，元代大都可能存在专门刊印番经、汉经的两个工厂，遗留至明代。

元大都经济发达，具备佛经翻译、刊印的经济实力。佛寺的营建与维护受制于政治环境和经济发展水平，经济基础薄弱的佛寺很难支撑大量佛经翻译与刊印所需的费用。回鹘佛教的发展依附于蒙古政权的支持，元亡以后，回鹘佛教很快就衰落了，佛经印刷盛况不再。

二、回鹘佛教文化圈在元大都的形成

元代畏兀儿以文化昌盛而闻名，回鹘式蒙古文就是以回鹘文字母为基础创造出来的，一度被视为"国字"，直到1269年以后才被八思巴文所取代。许多畏兀儿知识分子都受到蒙古统治者的重用，以至于形成凡"有一材一艺者，毕效于朝"的局面。⑤ 大批才华横溢的畏兀儿佛教僧徒从西域东迁到中原地区或蒙古高原，出任元政权从中央到地方的各级官吏，或作为高级僧官，参与对全国佛教的管理。亦有人代帝出家，成为皇帝的替僧，更多的则是充当翻译人员，以沟通皇帝、蒙古贵族及西藏喇嘛间的联系与交流，为元代宗教文化的发展作出了突出贡献。⑥ 他们集中居于大都，使之成为畏兀儿人翻译、刊印经典的首选地，迦鲁孥答思在白塔寺、本雅失里在普庆寺、智泉在护国寺翻译佛经。他们不仅翻译佛经，还创作了很多佛教诗歌，逐渐形成了以元大都为中心的佛教文化圈。

①G. Hazai, Ein buddhistisches Gedicht aus der Berliner Turfan-Sammlung, *Acta Orientalia Academiae Scientiarum Hungaricae* 23, 1970, S. 1–21.

②《元史》卷34《文宗纪》，第759、764页。

③杨富学《回鹘文佛教文献研究》，上海古籍出版社，2018年，第240页。

④沈德符《万历野获编》卷27《京师敕建寺》，中华书局，1959年，第687页。

⑤念常《佛祖历代通载》卷22，《大正藏》第49册，No. 2036，第727页c。

⑥杨富学《畏兀儿与蒙古历史文化关系研究》，《兰州学刊》2006年第1期，第55—59页。

佛教既是回鹘宗教信仰的主体，也是文化的主体。元时期，东迁中原或漠北的回鹘人，无论是从中央、地方的各级官员，还是普通民众，都普遍信奉佛教，其中不少文士与高僧都精通佛教和多种语言。回鹘僧人在大都地位甚高，可至皇室敷设的道场祝祷、做法，忽必烈还在宫廷设"畏兀儿佛殿"。在精通汉文、藏文、回鹘文、蒙古文等多个民族语言的回鹘文士中，职高位重者有安藏、迦鲁纳达思、必兰纳识里、智泉、本雅失里、括鲁迪·桑伽失里、弹压孙、舍蓝蓝、巙巙等，扮演着元大都回鹘佛教文化圈的核心角色。

巙巙、安藏、必兰纳识里、迦鲁孥答思等有作品传世，为大都回鹘佛教文化圈中的翘楚，兼用回鹘语和汉语两种以上语言进行创作，可称得上典型的双语作家。[①]他们关系密切，安藏曾将迦鲁孥答思（Karunadaz）引荐给八思巴修习密法。至元二十二年（1285）春到二十四年（1287），元世祖以藏文经卷勘对汉文，整理《大藏经》1440部，即《至元法宝勘同总录》。在卷一《奉诏旨编修执笔校勘译语证义诸师名衔》列出领衔者29人。[②]冯家昇先生检得其中五位畏兀儿僧徒，分为（1）"北庭都护府通二国言音，解显密教迦鲁孥答思奉诏译西蕃语"；（2）"翰林学士嘉议大夫脱印都统奉诏译畏兀儿语；"（3）"翰林学士承旨正奉大夫安藏奉诏译语证义"；（4）"资德大夫释教都总统正宗弘教大师合台萨里奉诏译语证义"；（5）"北庭都护府通显密教讲经论律沙门斋牙答思奉诏证西天语"。[③]其实，还应将弹压孙列入，其名书于合台萨里和斋牙答思之间，写作："翰林学士承旨中奉大夫弹压孙奉诏译西蕃语。"弹压孙之名又见于《根本说一切有部出家授近圆羯磨仪范》："含伊罗国翰林承旨弹压孙传华文。译主生缘北庭都护府，解二种音，法词通辩，诸路释门总统。合台萨哩都通，暨翰林学士安藏。"[④]其中的"含伊罗"，即今哈密，与之并列的合台萨哩（乞台萨里）和安藏也同为北庭回鹘人。弹压孙其名还见于八思巴撰《根本说一切有部苾刍习学略法》的跋尾[⑤]和念常所著《佛祖历代通载》[⑥]中。赵孟頫《松雪斋集·瑞州路北乾明寺记》中提到的"旦牙"，据傅海波（H. Franke）考证，其实也是"弹压孙"的异写。[⑦]在柏林印度艺术博物馆藏吐鲁番出土佛经刻本残卷中有用梵文和汉文合璧书写的铭文："翰林承旨公Dhanysena为回鹘（haihura）语……"[⑧]这里的Dhanysena应为弹压孙的梵文写法，等同于藏文中的da na si。

① 胡蓉、杨富学《元代畏兀儿双语作家考屑》，《民族文学研究》2016年第5期，第5—14页。

② 庆吉祥《至元法宝勘同总录·序》，《续修四库全书》第1289册，第471页。

③ 冯家昇《刻本回鹘文〈佛说天地八阳神咒经〉研究——兼论回鹘人对于〈大藏经〉的贡献》，《考古学报》第9册，1955年，第188页。

④《根本说一切有部出家授近圆羯磨仪范》，《大正藏》第45册，No.1904，第905页a。

⑤ 拔合思巴《根本说一切有部苾刍习学略法》，《大正藏》第45册，No.1905，第905页a。

⑥ 念常《佛祖历代通载》卷21，《大正藏》第49册，No.2036，第705页b。

⑦H. Franke, Chinesische Quellen über den uigurischen Stifer Dhanyasena, *Memoriae Munusculum. Gedenkband für Annemarie von Gabain*, Wiebaden, 1994, S. 55–64.

⑧L. Sander, Der Stifer Dhanyasena, ein ungewöhnlicher Blockdruck aus dem Museum für Indische Kunst, Berlin, *Memoriae Munusculum. Gedenkband für Annemarie von Gabain*, S. 105–121.

在上述六位畏兀儿人中，迦鲁孥答思、乞台萨里、斋牙答思为僧侣，而脱印、安藏、弹压孙为供职于元廷的官员，同为学识渊博的佛教徒。安藏、弹压孙曾合力将《栴檀瑞像传入中国记》由回鹘语译为藏文。此乃目前所知唯一能够确定由回鹘语翻译成藏语的一篇佛教文献，译于水猪年（1263）二月十五日。①安藏长期活跃于大都，弹压孙与之合作，以理度之，亦应生活于大都。

在大都回鹘佛教文化圈里，来自吐鲁番的智泉法师成就卓著。智泉（回鹘文写作Čisön或Čisuya，Čisuin）出生于柳中城（Üč Lükčüng Balïq，今吐鲁番鲁克沁），生活于大都，在大仁王护国寺译经。敦煌回鹘文写本B128:18提到，智泉法师曾将自己在大都的财产布施给"五年大集"。"五年大集"即"无遮大会"，系梵语pancavrsīk的意译，原意为无分道俗、贤圣、贵贱、上下，平等地进行财施和法施的法会，由国王主办，每五年一设。②在B128:18中还可知，智泉的儿子亦曾参与译经活动。

在大都，必兰纳识理将汉文《北斗七星延命经》翻译为蒙古文，天历元年（1328）十月一日刻印2000部。据佚名氏所印《北斗七星经》的藏文题记，回鹘人阿邻铁木耳（Alïn Tämür）曾将《北斗七星经（Yitikan sudur）》翻译成回鹘文，癸丑（1313）六月一日由施主思立特勤（Sïlïγ Tegin）捐印了1000部。③该经再被译成藏文，时当丁丑（1337）。④

高昌回鹘女喇嘛舍蓝蓝八岁时即"从其亲至京师。入侍中宫真懿顺圣皇后……以黄金缮写番字藏经《般若八千颂》《五护陀罗尼》十余部及汉字《华严》《楞严》，畏兀字《法华》《金光明》等经二部"，并给高昌国旃檀佛寺进行布施。⑤

吐鲁番本回鹘文《文殊师利成就法（Mañjušrisādhana）》乃由回鹘人括鲁迪·桑伽失里（Qoludï Sanggäširï）由藏语译入回鹘文相关残片，现存龙谷大学图书馆，编号2695。此外，括鲁迪·桑伽失里还翻译了回鹘文《胜军王问经》等。⑥昆尊萨里都统（Küntsün Säli Tutung）翻译了《慈悲道场忏

①百濟康義《〈栴檀瑞像中國渡来記〉のウィグル譯とチベット譯》，森安孝夫编《中央アジア出土文物論叢》，京都：朋友书店，2004年，第71—84页；Kōgi Kudara, Uigur and Tibetan Translations of the History of the Buddha Statue of Sandalwood in China, Desmond Durkin-Meisternst et al. (eds.), *Turfan Revisited -The First Century of Research into the Arts and Cultures of the Silk Road,* Berlin, 2004, pp. 149–154；百济康义著，杨富学、秦才郎加译《〈栴檀瑞像传入中国记〉的回鹘语与藏语译文》，达力扎布主编《中国边疆民族研究》第4辑，中央民族大学出版社，2011年，第261—272页。

②霍旭初《"无遮大会"考略》，氏著《考证与辩析——西域佛教文化论稿》，新疆美术摄影出版社，2002年，第122—152页。

③B. Laufer, Zur buddhistischen Literatur der Uiguren, *T'oung Pao* 7, 1907, S. 391–409.

④松川節《モンゴル語訳〈佛説北斗七星延命経〉に残存するウィグルの要素》，森安孝夫编《中央アジア出土文物論叢》，第87页；松川节著，杨富学、秦才郎加译《蒙古语译〈佛说北斗七星延命经〉中残存的回鹘语因素》，杨富学编译《回鹘学译文集》，甘肃民族出版社，2012年，第306页。

⑤念常《佛祖历代通载》卷22，《大正藏》第49册，No. 2036，第734页c—735页a。

⑥杨富学《回鹘文佛教文献研究》，第101页。

法》。①尊者阿阇黎（Ārya Āčari）翻译了纳若巴大师所著《死亡之书》。②本雅失里（Punyaśri，13—14世纪）乃八思巴（1235—1280）弟子，于14世纪30年代将密宗文献《吉祥胜乐轮曼陀罗》《秘密集会坦特罗》依藏文译成回鹘文。③

畏兀儿文人凭借兼通双语或多语的优势，出任朝廷机构中的翻译官，如亦都忽立（1249—1315）因"精通诸国语，既勤且慎，被任命蒙古译史，深得当时器重"。④偰帖该于元廷担任译史。达理麻识理于至正五年（1345）经筵选充译史，后转为御史台译史。叶仙鼐作为畏兀儿喇嘛僧，早在忽必烈潜邸时期就跟随忽必烈南征北战，师从萨迦班智达·贡噶坚赞（1182—1251），后任吐蕃宣慰使。

在大都，回鹘佛教集团不仅翻译佛经、创作文学作品，还抄写刊印佛经以为功德，并从事佛教的管理工作。元朝佛教事务最初由八思巴提领的总制院管理，至元二十五年（1288）改为宣政院，任职其间的畏兀儿人有乞台萨里、桑哥、脱因、兀玉笃实、洁实弥尔、八札、答儿麻失里、桑哥（亦都护月鲁帖木尔之子）、大悲都、普达、廉惠山海牙、双加失里及沙剌班、世杰班父子。在50位院使中，畏兀儿人有12～13位，占全部人数的四分之一左右。乞台萨里（合台萨里）家族祖孙三代都精研佛教，他本人在八思巴所辖总制院内任释教都总统，充八思巴助手。父阿台萨理精习佛教，在太祖时期从西域至中原燕地，后因畏兀儿亦都护请求而回归西域。子阿鲁浑萨理，官至尚书右丞，精通佛教和多种语言，博学多才，廉洁正直，在大都从学八思巴，后被八思巴携带入藏地修佛。赵孟頫作为阿鲁浑萨理同事，在其亡后，为之亲撰《神道碑》，以为纪念。

居于大都的回鹘上层大多具备良好汉文化修养，深受中原汉文化的濡染，参加科举，学习治国理政经验，著文写诗，出任各级政府官员。1259—1368年，在元朝各级机构任职的畏兀儿人共有100多人，其中有46人是学者或翰林学士，翰林学士承旨就有26人。⑤畏兀儿僧人亦有通音律者，如会福院僧人间间以铜为弦弹奏箜篌，史载："畏兀儿僧间间，尝为会福院提举，乃国朝沙津爱护持南的沙之子。世习二十弦，悉以铜为弦。余每叩乐工，皆不能用也。"⑥唐仁祖官至翰林学士承旨，进阶资善大夫，知制诰兼修国史。洁实弥尔官至资善大夫、同知宣政院事，领延庆使。诸如此类，不胜枚举。如同中原汉族文士一样，回鹘文士兼具诗人、翻译家、官员等多重身份，皆信奉佛教，其作品借由元代通畅的东西交通而流播敦煌、吐鲁番。

---

①K. Röhrborn, *Eine uigurische Totenmesse* (=Berliner Turfantexte II), Berlin, 1971.

②庄垣內正弘《ウイグル語寫本·大英博物館藏Or. 8212 (109) について》，《東洋学報》第56卷第1号，1974年，第45頁。

③杨富学《回鹘之佛教》，新疆人民出版社，1998年，第138页。

④黄溍《道园学古录》卷24《中大夫延平路宣相杏林公墓志铭》，四部丛刊初编本。

⑤Igor de Rachewiltz, Turks in China under the Mongols: A Preliminary investigation of Turco-Mongol Relation in the 13th and 14th centuries, M. Rossabi (ed.), *China among Equals: The Middle Kingdom and Its Neighbors 10th–14th Centuries*, Berkeley: University of California Press, 1983, p. 290.

⑥杨瑀《山居新语》卷3，中华书局，2006年，第221页。

有元一代，新疆西部地区逐步伊斯兰化，畏兀儿佛教势力式微，主要局限于新疆东部的哈密、吐鲁番和北庭地区，另外就是河西走廊的敦煌一带。元代畏兀儿佛教的基本信众差不多全部集中于这四个地区，但观元代畏兀儿文士和佛教高僧，凡著称于史册或出土文献者，差不多都出自大都，未见出自上述四地区者，尽管其籍贯或出生地差不多都在上述四个地区。在元代以前，最著名的回鹘高僧、学者、翻译家为胜光法师（Singqu Säli），北庭人，生活于 10 世纪左右，先后翻译出《金光明最胜王经》《玄奘传》《千手千眼观世音菩萨广大圆满无碍大悲心陀罗尼经》《观身心经》等众多经典，[①]而且"词句茂美"，[②]为一时之盛。由是可见元大都文化圈在回鹘佛教史上独一无二的地位。

包括畏兀儿在内的色目人来自西域，怀念故土，常有"河西王翰""高昌偰氏""北庭贯氏"等标注故土的称呼。他们到中原后不断迁徙，萧启庆将色目人之祖居地称作原乡，初到中原的落脚地为旧贯，再次迁居地为本乡。[③]尽管再三迁徙，许多人以旧贯为故乡，死后归葬旧贯，如 1285 年与亦黑迷失协力攻打占城的生死战友平章阿里海牙初到中原即定居在大都。后来，阿里海牙、贯只哥父子虽然宦游各地，但死后都归葬于大都。贯云石虽客死江浙，多年后依旧归葬大都。类似情形还有廉氏家族、孟速思家族、不忽木家族等，他们在大都皆有家族陵园。

三、亦黑迷失与大都的关系及其大都情结

亦黑迷失与元大都的关系特别值得强调。亦黑迷失出生于 13 世纪 40 或 50 年代，自幼生活在大都，笃信佛教，与寺院关系密切。[④]从延祐三年（1316）勒立于泉州的《一百大寺看经记》知，他布施的寺院很多位于大都，如大万安寺、宝塔寺、大庆寿寺、承天佑国寺、大崇国寺、双泉寺、延寿寺、圆明寺、潭柘寺、智全寺、海云寺、下生寺、大圣安寺、竹林寺、承华普庆寺、大万安寺、香山永安寺、护国仁王寺、大万寿寺、西仰山寺、亦怜真觉寺、大报恩寺、千佛寺、崇福寺、大都姚法师寺、毛法师寺等，计有 32 所，"谨写西天银字经一藏进上，当今皇帝回赐大都普庆寺看读"。[⑤]亦黑迷失将自己在各大寺院抄写的藏经呈献给仁宗皇帝，由皇帝转给大都普庆寺。

①П. Циме, О Второй главе сутры «золотой блеск», *Turcologica (Festschrift zum 70.Geburtstag von A. N. Kononov)*, Ленинград, 1976, стр. 341–347；耿世民《回鹘文〈玄奘传〉及其译者胜光法师》，《中央民族学院学报》1990 年第 6 期，第 66—70 页。

②冯家昇《回鹘文写本〈菩萨大唐三藏法师传〉研究报告》（考古学专号丙种一号），中国科学院，1953 年，第 17 页。

③萧启庆《九州四海风雅同：元代多族士人圈的形成与发展》，联经出版事业公司，2012 年，第 67 页。

④北村高《元代色目人亦黑迷失の仏教活動》，《木村武夫教授古稀記念・僧傳の研究》，永田文昌堂，1981 年，第 253—274 页。

⑤陈启仁辑《闽中金石略》卷 11（《石刻史料新编》17），新文丰出版公司，1982 年，第 13030 页。

亦黑迷失于至元二十一年（1284）受命出使僧伽剌国（斯里兰卡），至元二十四年（1287）出使马八儿国（今印度半岛南端）。亦黑迷失兼具朝廷官员、斡脱商人、佛教徒等多重身份，多次出使南亚、东南亚，是元朝和南亚、东南亚佛教文化交流的使者。每次出海归来都会返大都，将所得珍宝、药物、佛教圣物等尽献给皇帝，[①]受到世祖及京师僧俗众人的隆重迎接。

与亦黑迷失相关的石刻材料集中见于福建，诸如泉州《一百大寺看经记》碑、许静山墓碑、建阳县报恩寺雕刊《毗卢藏》题字及妻子盛柔善墓等，但并不能由此推断亦黑迷失老死于泉州或福州，其归葬地有可能在大都。一百大寺名单包含了河北真定、邢州、西凉府、甘州、汝州、衢州、福州、杭州、河南、宁夏等地，这些寺院，他未必亲临，但不难看出与之有联系的寺院遍布中原、西北、东南等全国各地。

新近在泉州发现了亦黑迷失夫人盛柔善、祖父南宋诗人盛世忠及其弟弟盛师亮的墓碑三方，为研究亦黑迷失提供了新资料。[②]借由墓志材料可知，至元二十八年（1291），亦黑迷失出任泉府司左丞，在泉州娶24岁女盛柔善（1268—1301）为妻。盛柔善死后归葬娘家墓地，与祖父、弟弟葬于一处，未归葬亦黑迷失家族墓地。

新近公刊的回鹘文石窟题记显示，来自西域地区的yïɣmïš（亦黑迷失？）在敦煌、吐鲁番地区都留有足迹。吐鲁番吐峪沟石窟有回鹘文题记曰："ïduq bo vaxarqa män yïɣmïš ydwq pw w'r t//m//y'kmys（向神圣的这个佛寺，我yïɣmïš）。"[③]yïɣmïš的名字还多次出现在敦煌石窟中，莫高窟237窟、榆林窟16窟都有yïɣmïš的题记："män yïɣmïš"（我yïɣmïš）。[④]但这里的yïɣmïš是否即上文所述足迹遍及南北的畏兀儿佛教徒亦黑迷失，尚有待确证。观回鹘文题记的年代，属于忽必烈时期，与亦黑迷失所属时代相同，如果二者为同一个人，则可以说亦黑迷失连接了海上丝绸之路与西北陆路丝绸之路。

亦黑迷失前半生主要生活在大都，前两次出海时间是至元九年（1272）、至元十二年（1275）。彼时南宋尚未入元，杭州尚在宋手，故其出发地不可能是杭州以南的泉州，以理度之，当为山东或苏北某港口。庶几可以认为，在13世纪80年代中期之前，亦黑迷失生活的重心是在大都。他在大都担任"斡脱""兵部侍郎"之职，深受皇家青睐，1272—1293年五次领命出海，回归必至大都。在其心目中，大都为其旧贯，而泉州为其本乡，尽管在泉州娶妻成家，但归宿地仍为大都。可以推想，

---

① 《元史》卷131《亦黑迷失传》，第3199页。

② 陈丽华《畏吾儿航海家亦黑迷失与清源盛氏的婚姻——兼释元代泉州盛氏家族三方墓志》，《福建文博》2012年第3期，第49—54页；张雪松《有客西来 东渐华风——中国古代欧亚大陆移民及其后代的精神世界》，中国社会科学出版社，2020年，第51—52页。

③ 吐送江·依明《吐峪沟石窟佛教遗址新发现回鹘文题记释读》，《敦煌研究》2020年第5期，第117页。

④ 松井太、荒川慎太郎《敦煌石窟多言語資料集成》，東京：東京外國語大学アジア・アフリカ言語文化研究所，2017年，第44、102页。

他在大都和泉州都有府邸，泉州盛柔善夫人死后未与亦黑迷失合葬，而是葬于娘家祖坟，间接显示亦黑迷失的葬地可能在大都而非泉州。

四、回鹘佛教由大都向敦煌、吐鲁番的回流

9 世纪中叶至 13 世纪初，吐鲁番一直充任回鹘佛教文化的中心。1260 年，忽必烈继承蒙古大汗之位，引起西北诸王的不满，于是爆发了长达 40 年之久的叛乱。忠诚于中原王朝的高昌回鹘一直为叛军进攻的重点，1275 年，亦都护城被叛军攻占，其后的亦都护要么居于哈密，要么居于武威永昌堡遥领高昌。彼时的大都作为全国政治、经济、文化中心，吸纳了众多来自高昌回鹘的文士和佛教高僧，其逐渐发展成为回鹘佛教文化的中心。自汉魏之后由西域东传到中原的佛教，在元代出现了比此前更明显的回流现象，翻译、刻印于大都的回鹘文佛经又向西流传到敦煌、吐鲁番地区。文化的流动总是从中心流向次中心、再向偏远地方流动。元代时期，大批回鹘人东进，其中的文士与高僧多聚居于大都，在那里形成回鹘佛教文化和中心，回鹘文化在那里与各民族文化融合，进而形成更高层次的回鹘文化，然后再向西传播。这种文化传播的曲折路线，抑或可称作元代畏兀儿佛教文化流动的一大特点。

中原与敦煌、吐鲁番的佛教文化交流由来已久，太平兴国六年（981），北宋使臣王延德到达高昌，目睹其地有"佛寺五十余区，皆唐朝所赐额，寺中有《大藏经》《唐韵》《玉篇》《经音》等"。[1]20世纪初，在高昌回鹘王国故都高昌故城出土的文献中即有《契丹藏》残片，庋藏于德国柏林国立图书馆，编号为Ch. 5555，内容系《增壹阿含经》卷 3。值得注意的是，在其尾部余白部分有回鹘文题记，内容讲托里都统拜读了雕版的sang ir (a)ɣam（《增壹阿含》）。[2]金刻《大藏经》也西传吐鲁番，有多件刊本残片留存，德国、日本、国内皆有收藏。[3]

大都和敦煌、吐鲁番之间交往频繁，大都刊刻的回鹘文佛教经典有不少都流传至敦煌、吐鲁番地区。考古证实莫高窟北区是元代藏传密教活动的中心，北区有藏密石窟第 465 窟，被称作"秘密寺"，附近还有元代重修重绘的第 462、第 463 和第 464 窟及 B77 礼佛窟等。这些石窟分布的区域应为元代蒙古豳王家族皇家石窟之所在。至正八年（1348），成吉思汗七世孙西宁王速来蛮父子人等

① 王明清《挥麈录·前录》卷 4，上海书店出版社，2001 年，第 30 页。又见《宋史》卷 490《高昌传》，第 14112 页。应录自《挥麈录》。
② 松井太《契丹とウイグルの関係》，《アジア遊学》第 160 号，2013 年，第 65 页。
③ 党宝海《吐鲁番出土金藏考——兼论一组吐鲁番出土佛经残片的年代》，《敦煌吐鲁番研究》第 4 卷，第 104—109 页。

在莫高窟镌刻梵文、藏文、汉文、西夏文、八思巴文、回鹘文六种文字的《六字真言碑》，又于至正十一年（1351）施资重修莫高窟皇庆寺（位于莫高窟第 61 窟窟前）。[①]藏传佛教在元代的沙州、瓜州非常盛行。

敦煌发现的安藏、必兰纳识里和智泉的作品被装订在一起，作为佛教诗歌总集流传于敦煌。现存大英博物馆，编号为Or. 8212—108，存诗 948 行，内容可分为佛赞片段、赞十种善行、赞弥勒、赞观世音、忏悔诗、祈愿诗等类型，[②]是迄今保存最好的回鹘文诗集，抄写于元代，多处夹写汉字，皆是押首韵的四行诗或八行诗。[③]其中第二首为安藏的 14 段八行诗《十种善行赞》是《四十华严》的一部分，第五首是智泉所作赞美《般若波罗蜜多经》的颂诗 15 段四行诗，第六首是安藏和必兰纳识里据汉文再创作的 21 段四行诗《普贤行愿赞》。[④]

智泉于大都所作《说心性经》之传入敦煌，很可能与来自大都的乳必多吉有关。据载，虎年（1362）正月，噶玛噶举黑帽系第四世活佛乳必多吉（Rolpa'irdorje，1340—1383）由大都出发赴西北巡礼，抵达敦煌、瓜州等地，对当地佛教寺院多有布施。活佛不远万里，由甘州绕行敦煌礼佛，盖与"三王"有关。三王者，即驻肃州之豳王、瓜州之肃王和沙州之西宁王也。[⑤]乳必多吉活佛一行由大都将回鹘文《说心性经》携至敦煌非为不可能。

和大都的情形一样，杭州刊刻的西夏文佛经也通过官方渠道，流入河西。元成宗大德年间（1297—1307），八思巴弟子松江府僧录管主八在浙西道杭州路大万寿寺雕刊河西字（西夏文）《大藏经》，施予宁夏、永昌路寺院。[⑥]日本天理图书馆藏莫高窟北区出土《阿毗达磨大毗婆沙论》还存有"僧录广福大师管主八施大藏经于沙州文殊舍利塔寺，永远流通供养"施经戳记。[⑦]莫高窟北区B159 窟出土《龙树菩萨为禅陀迦王说法要偈》刻本残页尾附一长方形压捺印记，有汉文两行："僧录广福大师管主八施大藏经于沙州文殊舍利塔寺永远流通供养。"[⑧]足见管主八曾将自己主持印制的西夏文《大藏经》施给沙州文殊舍利塔寺。

① 李永宁《敦煌莫高窟碑文录及有关问题》（二），《敦煌研究》试刊第 2 期，1982 年，第 108—116 页。

② 耿世民《古代维吾尔诗歌选》，新疆人民出版社，1982 年，第 12 页。

③ 杨富学、叶凯歌《敦煌回鹘语头韵诗及其格律特征》，《敦煌研究》2021 年第 2 期，第 32—40 页。

④ 耿世民《新疆文史论集》，中央民族大学出版社，2001 年，第 306—307 页；杨富学《回鹘文化与回鹘文献》，民族出版社，2003 年，第 289—293 页。

⑤ 杨富学《藏传佛教噶玛噶举黑帽系乳必多吉活佛巡礼沙州并布施文殊窟斟议》，《五台山研究》2019 年第 1 期，第 43—44 页。

⑥ 段玉泉《管主八施印〈河西字大藏经〉初探》，杜建录主编《西夏学》第 1 辑，宁夏人民出版社，2006 年，第 99—104 页；孙伯君《元刊〈河西藏〉考补》，《民族研究》2011 年第 2 期，第 56—63 页；孙伯君《元代〈河西藏〉编刊资料补正》，《中华文化论坛》2019 年第 5 期，第 55—80 页。

⑦ 武宇林、荒川慎太郎主编《日本藏西夏文献》下册，中华书局，2010 年，第 384 页。

⑧ 彭金章、王建军《敦煌莫高窟北区石窟》第 3 卷，文物出版社，2004，第 38 页。

在吐鲁番也有来自大都的回鹘印刷品，即《孟速思家族供养图》。孟速思是忽必烈近臣，学识深厚，供养图中列出孟速思家族人物多达 47 人，旁边绘释迦说法图，制作年代大约在 1260 年，制作地为燕京。心念故乡，为向故乡亲友展示首都的雄姿，供养图在大都刻印后不久便被搬运到吐鲁番。①另据吐鲁番出土回鹘文残卷TM14（U 4759）记载，大都刊印的佛经不但赐给中原诸王大臣，也同样颁赐给察合台汗国的畏兀儿上层。

不仅大都，元代的杭州和敦煌、吐鲁番也保持着密切的文化联系，刊刻于杭州的佛经、塑像等佛教用品也被带到敦煌、吐鲁番地区。20 世纪初，德国吐鲁番考察队由格伦威德尔（A. Grünwedel）、勒柯克（A. von Le Coq）率领，在柏孜克里克石窟掘获Ch.1064（T II M 1046）、Ch.1875（T II M 1047）、Ch. 1103（T II M 137）文书，三件纸文书中均写有"杭州"字样，"是杭州城里经营打造佛像金箔的行铺店家散发的商业广告"。②1980 年，柏孜克里克石窟又出土 80TBI:508 文书，其中有杭州泰和楼大街某金箔店的包装纸，上有木刻墨色印记一方，显系记有某金箔店地址的行铺招贴。③经陈国灿、冯培红、马娟等学者考证，其中的"信实徐铺"位处杭州官巷北、崔家巷口，"□□□家"则位于杭州泰和楼大街南，说明元朝初年杭州的商业广告即已散发到遥远的吐鲁番。④元代的杭州和大都一样，皆为著名的佛经刊刻中心，《元史》记载了杭州印经业的昌盛，元明宗天历二年（1329）十二月"壬寅，命江浙行省印佛经二十七藏"，翌年正月，"遣使赍金千五百两、银五百两，诣杭州书佛经"。⑤杭州刊刻过汉文、西夏文、藏文、回鹘文等多种文字的图籍。以杭州与大都相比较，可以看出，杭州仅是佛经刊印中心，不像大都，既是回鹘佛经的翻译中心，又是刻印中心。这一现象的形成，当与杭州未形成回鹘佛教文化圈，缺乏回鹘文士与高僧有关。

这里需要就吐鲁番出土回鹘文印本《佛说天地八阳神咒经》刊刻地到底是大都还是杭州的问题略做考证。

1929 年，西北科学考察团于吐鲁番一带获得回鹘文印本《佛说天地八阳神咒经》，现藏北京中国国家图书馆，残存三张半七面。⑥文献页码用汉文标注，在第一、第二大张所绘《如来说教图》下标"陈宁刊"三字。陈宁是活跃于元朝中叶的一位雕版技艺高超的刻工，参与很多佛经扉画和图录

①北村高《关于孟速思家族供养图》，中国元史研究会编《元史论丛》第 5 辑，中国社会科学出版社，1993 年，第 9—12 页；党宝海《十三世纪畏兀儿孟速思家族供养图考》，余太山主编《欧亚学刊》第 2 辑，中华书局，2000 年，第 139—152 页。

②冯培红、马娟《从杭州到吐鲁番：元代商业广告的南北流传》，《杭州文史》第 4 辑，2015 年，第 6 页。

③吐鲁番地区文物管理所《柏孜克里克千佛洞遗址清理简记》，《文物》1985 年第 8 期，第 56 页；吐鲁番博物馆编《吐鲁番博物馆》，新疆美术摄影出版社，1992 年，第 110 页，图 238。

④陈国灿《吐鲁番出土元代杭州"裹贴纸"浅析》，《武汉大学学报》1995 年第 5 期，第 41—44 页；冯培红、马娟《从杭州到吐鲁番：元代商业广告的南北流传》，《杭州文史》第 4 辑，2015 年，第 6—17 页。

⑤《元史》卷 33《文宗纪三》，第 746、750 页。

⑥黄文弼《吐鲁番考古记》，科学出版社，1954 年，第 112—113 页。

的雕造,如元刊《碛砂藏》《至大重修宣和博古图》等。

最早对《八阳经》进行研究者当推冯家昇先生,他认为此经最有可能的刊刻地是平江(苏州吴县)或是大都。[①]然张新鹰以陈宁活动于杭州一带为由,推定吐鲁番出土署名"陈宁刊"三个字的《八阳经》来自杭州。[②]

刻工陈宁参与的《碛砂藏》刻本大致完成于1231—1322年,时间跨越宋元,刊刻于平江路碛砂延圣寺。《碛砂藏》原版发愿文显示,大德十年(1306),平江路碛砂延圣寺比丘志颐捐资助寺刊刻藏经,至治二年(1322)长州人钱氏妙慧捐资碛砂寺刊雕《大般涅槃经》六卷。质言之,直到元中叶,平江路碛砂寺仍在刊印《碛砂藏》。大德年间(1297—1307)管主八续刻《碛砂藏》,地点在杭州,陈宁虽参与了扉画的刊刻工作,但不能因此遽断吐鲁番回鹘文《八阳经》刻本来自杭州,首先,《碛砂藏》里并没有收录《八阳经》(今天影印本中的《八阳经》是后加的);其二,刊刻于大都的官刻大藏经也有"陈宁刊"字样,如前文所述1982年于云南省图书馆发现的大都官刻《大藏经》,其中《菩提场庄严陀罗尼经》扉画右下角即赫然可见"陈宁刊"三字。[③]质言之,陈宁既有可能为活动于江浙一带的刻工,也有可能为大都的刻工。在大都、杭州刊刻的《大藏经》中出现"陈宁刊"三字,有可能是其在二地间奔走的结果,元代交通便利,也有可能是同一经版在二地互用的结果。其状类于赵城金藏经版在山西和大都弘法寺的共用。陈宁刊刻扉画的经版由杭州运往大都或由大都运至杭州的可能性都是无法排除的,是以,仅凭"陈宁刊"字样而遽断吐鲁番本回鹘文《八阳经》刊刻地是杭州或大都,均显得证据不足。

元代交通发达,全国共有站赤一千四百多处,即使崎岖难行的西藏也有37所驿站,"四方往来之使,止则有馆舍,顿则有供帐,饥渴则有饮食,而梯航毕达,海宇会同,元之天下,视前代所以为极盛也。"[④]诚如元末文人王礼所言:"适千里者,如在户庭,之万里者,如出邻家。"[⑤]官府文书能以每天400里的速度传递,马可波罗也可以日行250～300里,[⑥]中原各地的驿站更是"星罗棋布,脉络通通,朝令夕至,声闻毕举"。[⑦]

①冯家昇《刻本回鹘文〈佛说天地八阳神咒经〉研究——兼论回鹘人对于〈大藏经〉的贡献》,《考古学报》第9册,1955年,第189页。

②张新鹰《陈宁其人及回鹘文〈八阳经〉版刻地——读冯家昇先生一篇旧作赘言》,《世界宗教研究》1988年第1期,第128—130页。

③童玮、方广锠、金志良《元代官刻大藏经的发现》,《文物》1984年第12期,第82—86页;童玮、方广锠、金志良《元代官刻大藏经考证》,《世界宗教研究》1986年第3期,第47—59页。

④《元史》卷101《兵志四·站赤》,第2583页。

⑤王礼《麟原文集》卷6《义冢记》,《文渊阁四库全书》第1220册,第416页。

⑥曲金良主编《中国海洋文化史长编·宋元卷》,中国海洋大学出版社,2013年,第314页。

⑦《永乐大典》卷19416《站赤一》,中华书局,1960年,第7页。

1228 年，蒙古将领按竺迩受命镇守察合台的份地删丹州，开辟了从嘉峪关西至通察合台汗驻地的驿路，出河西走廊后，途次敦煌，西北行至哈密，越天山，至于阿力麻里和别失八里等地。[①]另一条道路由哈密西南行至于吐鲁番，再西行，经库车而至喀什噶尔。元朝在甘肃行省境内广设驿站，既有隶属于甘肃行省的驿站，如《经世大典·站赤》所记中兴、永昌、甘州等三路六处马站即是，又有隶属于蒙古豳王乌鲁斯的驿站。[②]四通八达的驿站交通为大都与河西、西域等地的佛教文化交流提供了便利。使者、商贾、传教士、探险家来往如织，陈宁及其版画的西传，亦黑迷失在驿路上的东西穿梭，都是可以想见的。

五、结论

元时期，回鹘佛教文化的中心由原来的吐鲁番转移到大都。大都的各大寺院成为回鹘文佛经翻译的主要场所，迦鲁孥答思在白塔寺、本雅失里在普庆寺、智泉在大仁王护国寺翻译佛经。此外，安藏、必兰纳识里、阿邻铁木儿、乞台萨里、巙巙、括鲁迪·桑伽失里、弹压孙、舍兰兰等诸位畏兀儿文士与高僧也都活跃在大都，在那里翻译、刊印佛经。他们熟练掌握多种语言，或翻译佛经，或出任元朝的各级官员，或管理宗教事务，或担任朝廷的专职译史，像中原汉族文人一样，兼具诗人、翻译家、官员等多重身份，其中最显贵的家族，如廉氏家族、孟速思家族、贯氏家族等，都在大都高粱河畔有固定的宅第和家族茔区，他们互相交游，在元首都形成了独特的回鹘佛教文化圈。元代回鹘佛教信徒虽主要集中于新疆东部和河西走廊地区，但著名的畏兀儿文士和高僧差不多全部出自大都，这是维吾尔族文化史上的一个特殊阶段。畏兀儿佛教徒亦黑迷失出生于大都，多次出使南亚和东南亚，与佛教关系密切，有着浓重的大都情结。大都，连同东南沿海的杭州，经济发达，文化昌盛，成为元代刊刻佛教经典的核心地区。著名的刻工陈宁即经常奔走于大都与杭州之间。回鹘人在大都翻译和刊印的佛教经典，通过元代发达的交通网，又向西流传到敦煌、吐鲁番一带，回鹘佛教呈现回流之势。

---

① 李云泉《蒙元时期驿站的设立与中西陆路交通的发展》，《兰州大学学报》1993 年第 3 期，第 89—94 页。
② 杨富学、张海娟《蒙古豳王家族与元代西北边防》，《中国边疆史地研究》2012 年第 2 期，第 33—34 页。

北凉高昌郡县僚属补考[*]

朱艳桐/浙江工商大学人文与传播学院

　　前凉在吐鲁番地区设置郡县后，吐鲁番即进入了高昌郡时代，其后前秦、后凉、北凉、西凉均设置高昌郡。吐鲁番墓葬中出土了不少反映这个时代的文书，前辈学者利用这些细致而微的出土材料已基本厘清了高昌郡的郡县职官、属吏情况。[①]根据王素的研究成果，高昌郡的属吏可以分为门下、政务、事务、监察四个系统，本文将通过两组文书对门下、政务系统的僚属进行研究，首先考证郡校曹主簿的定员，其次对郡僚属的升迁问题做一点补充，最后从一件行水文书看北凉郡县僚属的协同办公。

*项目基金：2021 年度国家社科基金项目"十六国北朝西北地区民族交往交流交融研究"（21CZS061）；2022 年度浙江省社科联研究课题"南北朝时期江南与西北交往交流研究"（2022N27）。

① 参见唐长孺《从吐鲁番出土文书中所见的高昌郡县行政制度》，《文物》1978 年第 6 期。吴震《吐鲁番文书中的若干年号及相关问题》，《文物》1983 年第 1 期。町田隆吉《五世紀吐魯番盆地における灌溉をめぐって—吐魯番出土文書の初步的な考察—》，中国水利史研究会编《佐藤博士退官記念中国水利史論叢》，东京：国书刊行会，1984 年，第 129—130 页。吴震《北凉高昌郡府文书中的"校曹"》，《西域研究》1997 年第 3 期。關尾史郎《トゥルファン出土"五胡"文書よりみた長沙吳簡》，日本长沙吴简研究会报告，东京お茶の水女子大学文教育学部栋 8 阶演习室，2002 年 12 月 14 日（转引自王素《高昌郡时期县廷官制研究》一文）。王素《高昌郡府官制研究》，新疆吐鲁番地区文物局编《吐鲁番学研究：第二届吐鲁番国际学术研讨会论文集》，上海辞书出版社，2006 年，第 16—26 页。王素《高昌郡时期县廷官制研究》，饶宗颐主编《华学》第 9、10 辑，上海古籍出版社，2008 年，第 1081—1086 页。孟宪实《吐鲁番新出一组北凉文书的初步研究》，《西域历史语言研究集刊》第 1 辑，科学出版社，2007 年，第 1—12 页。

一、郡校曹主簿定员

根据高昌郡的具体情况，门下系统也就是校曹系统，北凉高昌郡校曹置校曹主簿和校曹书佐。校曹主簿是校曹系统的长官，主要负责校审宣传，对太守负责。校曹书佐是校曹主簿小吏。阚爽政权缘禾十年（441）三月一日前后《高昌郡功曹白请溉两部葡萄派任行水官牒》记载了"校曹书佐隗季""校曹书佐黄达"，[1]王素据此指出校曹书佐至少设置二员，校曹主簿置员不详，或为一人、或为两人。[2]本文通过梳理一组文书的牒尾署位，推证校曹主簿的编制人数。

阿斯塔那382号墓出土《夏真兴六年（424）高昌郡兵曹牒尾署位》记载：

1 不得违失，明案奉行。

2   校曹主簿   识

3   真兴六年十月十三日兵曹范庆白草

4   主簿   混

5   功曹史   沆

6   典军主簿   瑶（？）

7   五官   诜

8   典军   敏

9   录事   双[3]

文书第2行"校曹主簿"后的签押残损了，柳洪亮将之录为"琦"。此押署与哈拉和卓96号墓出土《北凉玄始十二年（423）兵曹牒为补代差佃守代事》中的一处签押笔记非常相似，功曹史"沆"的签押也同样出现于两件文书中。《北凉玄始十二年（423）兵曹牒为补代差佃守代事》署位记载：

16   □□□□   识

17   □始十二年正月十三日白

18   主簿   暖

19   功曹史   沆[4]

根据公文格式和押衔位置，第16行前四字当补"校曹主簿"，唐长孺将这个签名录为"识"字。观察图版，《夏真兴六年（424）高昌郡兵曹牒尾署位》和《北凉玄始十二年（423）兵曹牒为补代差佃

---

[1] 新疆吐鲁番地区文管所（柳洪亮）《吐鲁番出土十六国时期的文书——吐鲁番阿斯塔那382号墓清理简报》，《文物》1983年第1期，第22页，文书图版见图版壹：4。柳洪亮《新出吐鲁番文书及其研究》，新疆人民出版社，1997年，录文第16页，图版第399页。

[2] 王素《高昌郡府官制研究》，第20页。

[3] 新疆吐鲁番地区文管所（柳洪亮）《吐鲁番出土十六国时期的文书——吐鲁番阿斯塔那382号墓清理简报》，第20页，文书图版见第23页图四。柳洪亮《新出吐鲁番文书及其研究》，录文第6页，图版第389页。

[4] 唐长孺主编《吐鲁番出土文书》壹，文物出版社，1992年，第31页。

守代事》两件文书中"校曹主簿"的署位当为同一人的签押，本文暂从《吐鲁番出土文书》录为"识"字。[①]

《夏真兴六年（424）高昌郡兵　　　　《北凉玄始十二年（423）兵曹牒为

曹牒尾署位》"校曹主簿 识"　　　　　补代差佃守代事》"校曹主簿 识"

　　哈拉和卓96号墓另有多件文书与上引两件文书押署互见。《北凉玄始十二年（423）残文书一》记载：

1　　　　　　┌──┐簿　　　泮
　　　　　　　│　│
2　　　　　玄始十二年三月五日白
3　　　　　主簿　　　混
4　　　┌──┐　　　㐬[②]
　　　　└──┘

"泮"应为"校曹主簿"，"㐬"应为"功曹史"。

《兵曹属为以王明代张赏入员事》：

3　主簿　泮［下残］[③]

《文书残片》（75TKM96：48(a)）：

1　泮

2　月五日 白 草

3　混

4　㐬[④]

《文书残片》（75TKM96：49/12）：

1　识

2　月十三日 白

3　混[⑤]

①《北凉义和三年（433）兵曹条知治幢鞌文书》（《吐鲁番出土文书》壹，第63页）记载了"主簿 识"，此字签押与两处"校曹主簿 识"不同，当为二人。

②《吐鲁番出土文书》壹，第32页。新疆文物考古研究所《吐鲁番阿斯塔那—哈拉和卓墓地：哈拉和卓卷》，文物出版社，录文见第175页，图版一五二，1，其中"㐬"字录为"毓"。

③《吐鲁番出土文书》壹，第39页。《吐鲁番阿斯塔那—哈拉和卓墓地：哈拉和卓卷》，录文第178页，图版一五七，2。

④《吐鲁番出土文书》壹，第45页。

⑤《吐鲁番出土文书》壹，第46页。

《文书残片》(75TKM96：49/20)：

1 流

2 □①

这几件文书纪年均在玄始十二年（423）至真兴六年（424）间。有校曹主簿"识""泮"，主簿"混""暖"，功曹史"流"，将此三僚佐押署按照文书时间顺序排列，得出下列表1：

表1 玄始、真兴年间文书僚属签押互见表

	玄始十二年（423）正月	玄始十二年（423）三月	真兴六年（424）十月	不明	不明
校曹主簿	识	泮	识	泮	识
主簿	暖	混	混	混	混
功曹史	流	流	流	流	

从校曹主簿任职名单的变化可以看出：玄始十二年正月校曹主簿为"识"，同年三月出现了校曹主簿"泮"，但"识"并没有被取代，其押署仍然出现在后一年即真兴六年的署位中。笔者认为"识"与"泮"并非替代关系，而是在一段时期内同时担任校曹主簿，进而推测同一时期校曹主簿可能至少置两人。二员校曹主簿是否因来文单位或文书性质不同而存在分工，现因资料太少难以判断。

二、郡政务系统僚属补考

郡政务系统以"三纲"——主簿、功曹史、五官为首。唐长孺疑典军主簿、校曹主簿并是主簿的分职。②吐鲁番出土文书可补充主簿的直属人员还有典军主簿、捉曹主簿、典学主簿、均役主簿，以及录事、隶属典军主簿的典军、隶属典学主簿的内学司成。功曹史下有功曹书佐。

吴震指出："校曹主簿、主簿、功曹史、五官虽并为郡府重要僚属，但从文书署名先后看，似仍有高低之差。因此这种职务改变，亦可视为晋升。"③町田隆吉赞成此观点。吴震通过文书中军府文书"录事参军悦"的签押，在另外两件文书中分别签作"功曹史""主簿"，认为存在功曹史—主簿—

---

①《吐鲁番出土文书》壹，第46页。

②唐长孺《从吐鲁番出土文书中所见的高昌郡县行政制度》，《文物》1978年第6期，第17页。

③吴震《吐鲁番文书中的若干年号及相关问题》，《文物》1983年第1期，第34页注［29］。

录事参军的升迁过程。町田隆吉对此有所质疑,认为军府、郡府不存在上下级关系。①

哈拉和卓 91 号墓出土的兵曹文书牒尾署位是帮助解决僚属升迁关系问题的重要史料,为行文方便,本文再次引用这组文书(为方便对照,罗马数字编号仍依照吴震文,本文另补充Ⅷ编号文书)。

Ⅰ《北凉义和三年(433)兵曹李禄白草》:

1		校曹主簿		璠
2		义和三年六月五日起兵曹 李禄白草		
3	长史	駞		
4		主簿		鞅②

Ⅱ《北凉义和三年(433)兵曹条知治幢壁文书》:

6		校曹主□	□
7		义和三年□□□	
8		主簿	识
9		功曹史	悦
10		典军主簿	嘉
11	□官		善③

Ⅲ《北凉义和某年兵曹行罚部隤五人文书》:

6			校□□□	
7	长史	駞	义□□□	
8			主□□□	
9	司马	林	功□□	
10			典□□	
11	录事参军	瑱	五官	涝
12			典军	胤
13	参军		录事	□④

---

①町田隆吉《五世紀吐魯番盆地における灌溉をめぐって—吐魯番出土文書の初步的考察》,《佐藤博士退官記念中国水利史論叢》,第129—130页。

②《吐鲁番出土文书》壹,第62页。《吐鲁番阿斯塔那—哈拉和卓墓地:哈拉和卓卷》,录文第145页,图版一〇三,2。

③《吐鲁番出土文书》壹,第63页。《吐鲁番阿斯塔那—哈拉和卓墓地:哈拉和卓卷》,录文第145—146页,图版一〇四。

④《吐鲁番出土文书》壹,第65页。《吐鲁番阿斯塔那—哈拉和卓墓地:哈拉和卓卷》,录文第146页,图版一〇六。

Ⅳ《兵曹行罚兵士张宗受等文书》：

8　　　　　　　　　校□□□

9　长史　　　驮□□□

10　　　　　　　□□　　　□

11　司马　　　林　　　功曹史　　悦

12　　　　　　　典军主簿　嘉

13　录事参军　填　　五官　　汸①

Ⅴ《建□某年兵曹下高昌、横截、田地三县符为发骑守海事》：

11　　　校□□簿　谇

12　　　建□□年九月十二日白

13　　　□□□　　悦

14　　　□□□　　□

15　　　典军主簿　莹

16　　　五官　　汸

17　　　典军　　遗②

Ⅵ《兵曹下八幢符为屯兵值夜守水事》：

4　司马　　萴　功曹史　　璋

5　　　　典军主簿　　嘉

6　录事参军　悦　五官　　　汸③

Ⅶ《兵曹行罚幢校文书》：

7　　　　　□□簿　嘉

8　　　　□□□年四月十四日

9　　　　主簿　　谇

10　　　功曹史　　鞅

---

①《吐鲁番出土文书》壹，第69页。《吐鲁番阿斯塔那—哈拉和卓墓地：哈拉和卓卷》，录文第148页，图版一〇九。

②《吐鲁番出土文书》壹，第67页。《吐鲁番阿斯塔那—哈拉和卓墓地：哈拉和卓卷》，录文第147页，图版一〇七。"谇"字《吐鲁番出土文书》壹录为"诀"，本文根据《吐鲁番阿斯塔那—哈拉和卓墓地：哈拉和卓卷》录文校改，下文同，不再出注。

③《吐鲁番出土文书》壹，第70页。《吐鲁番阿斯塔那—哈拉和卓墓地：哈拉和卓卷》，录文第148页，图版一〇九。

11　　　　　　典军主簿　　鸿①

Ⅷ《兵曹条次往守海人名文书》：

4　　　　　　　校□□□　　　诹②

文书Ⅱ、Ⅳ、Ⅴ、Ⅵ均有"悦"的签署，分别写作：

　Ⅱ文书"功曹史悦"　　Ⅳ文书"功曹史悦"　　Ⅴ文书"主簿悦"　　Ⅵ文书"录事参军悦"

　　Ⅱ文书存"悦"全字；Ⅴ文书存"悦"字右边，与Ⅱ相同；Ⅳ存字左边，与之相似；Ⅵ"录事参军 悦"的"悦"字存右半部分，残存部分与Ⅱ号文书"悦"字写法并不相同，为二人不同签押的可能性非常大。本文将Ⅱ、Ⅳ、Ⅴ中"悦"标记为"悦（a）"，Ⅵ标记为"悦（b）"。"悦（a）"在义和三年（433）至建平某年［五年（441）或六年（442）］间从功曹史升为主簿。Ⅵ号文书的另面有建平年号，当也为北凉时期文书，高昌郡有录事参军"悦（b）"，因此，可能并不存在主簿—录事参军的升迁过程。

　　据以上Ⅰ–Ⅷ号文书，将署位僚佐签押情况制成下表2：

表2　哈拉和卓91号墓出土文书僚属签押互见表

编号	文书时代	校曹主簿	长史	司马	录事参军	主簿	功曹史	典军主簿	五官	典军	录事
Ⅰ	义和三年（433）六月	璠				靸～					
Ⅱ	义和三年（433）					识	悦（a）	嘉·	兰		
Ⅲ	义和某年		駚	林	瑱				浡	胤	□
Ⅳ	年代不明		駚	林	瑱		悦（a）	嘉·	浡		
Ⅴ	建□某年（建平五年441、六年442）	诹—				悦（a）	□	莹	浡	遗	
Ⅵ	年代不明		蔺	悦（b）			璋	嘉·	浡		

----

① 《吐鲁番出土文书》壹，第71页。《吐鲁番阿斯塔那—哈拉和卓墓地：哈拉和卓卷》，录文第149页，图版一一一。

② 《吐鲁番出土文书》壹，第73页。《吐鲁番阿斯塔那—哈拉和卓墓地：哈拉和卓卷》，录文第150页，图版一一三，3。

续表

编号	文书时代	校曹主簿	长史	司马	录事参军	主簿	功曹史	典军主簿	五官	典军	录事
Ⅶ	年代不明	嘉·				诔	鞅	鸿			
Ⅷ	年代不明	诔									

前辈学者已研究出五官、功曹史、主簿、校曹主簿间存在层级序列,那么我们可以通过僚属的变动来排列文书的制作年代。如果以"嘉"由典军主簿升任校曹主簿的过程来看,Ⅶ文书晚于Ⅱ文书;以"鞅"由功曹史升任主簿的情况看,Ⅶ文书早于Ⅰ文书,因此Ⅶ文书的制作时间可限定在Ⅱ(433年)与Ⅰ(433年6月)之间,可以得到Ⅱ(433年)-Ⅶ-Ⅰ(433年6月)的文书排序。那么"嘉"从Ⅱ典军主簿升任Ⅶ中的校曹主簿,是在短时间内完成的,很可能越过了功曹史、主簿两级,直接升迁。"诔"从主簿升任校曹主簿,"悦(a)""鞅"从功曹史升任主簿当属顺序升迁。高昌郡的僚属虽然存在层级关系,但不拘泥于顺序,可以越级升迁。

"嘉"升任校曹主簿后,仍见到另一位校曹主簿"璠"在Ⅰ(433年6月)的文书上签署,前文已经述校曹主簿当置二员,一段时期内"嘉""璠"当同任此职。

Ⅶ文书制作于433年,"诔"任主簿,Ⅴ、Ⅷ文书显示其在441或442年任校曹主簿,在高昌郡任职近十年。

另外,需要补充的是2006年洋海古墓群出土北凉文书其中一件残片(2006TSYIM4:3—40)记载:

1　□▢▭▭

2　承前▢▭▭▭

3　贼曹□▭▭▭

4　名如右,□□▭▭

5　　　兼主簿▢▭▭▭①

"兼主簿"的押署说明某僚属以本职兼任主簿,即郡僚属是存在兼职情况的。

三、郡曹与县吏的协同办公

北凉高昌郡列曹系统下设兵曹、仓曹、户曹、金曹、掾史曹。柳洪亮据"祠主"记载认为祠是曹一级的机构。②王素推测高昌郡设置水曹或都水、监渠一类曹掾。高昌出土了与刑法有关的公文,王

① 《新获吐鲁番出土文献》上,第209页。
② 柳洪亮《高昌郡官府文书中所见十六国时期郡府官僚机构的运行机制》,《文史》第43辑,1997年,第94页。

素认为郡府应设置辞曹、决曹或按狱仁恕等曹掾。^①在处理具体事务时，不仅诸曹之间，而且郡曹与县之间亦需相互配合，北凉行水文书集中反映了这一问题。^②

《北凉高昌郡功曹白请溉两部葡萄派任行水官牒》记载：

1 铠曹参军王涝、均役主簿侯遗、校曹书佐隗季

2 掾史曹严午兴、县吏一人，右五人知行中部蒲（葡）陶（萄）水，使竟。

3 金曹参军张兴周、均□□□、校曹书佐黄达、曹史

4 瞿庆、县吏一人，□□□□□

5 功曹书佐氾泰、□案樊海白：今引水

6 溉两部蒲（葡）陶（萄），谨条任行水人名在右。事诺约敕奉行。^③

柳洪亮根据同墓所出的文书纪年判断，本件亦属北凉。文书显示，至少调任十人担任中部葡萄地和某部共两部的行水之职，其中中部行水五人。宋晓梅在《吐鲁番出土文书所见高昌郡时期的农业活动》一文中指出"金、铠曹参军想必亦须向本部行水提供出行之车马，以及疏通修理水利设施时所需要的工具"，^④引导我们继续思考高昌郡以铠曹参军、金曹参军、均役主簿、校曹书佐、掾史曹、曹史、县吏等职官兼任行水的作用及意义。

现在所见两部行水中，1～2行名单为"行中部葡萄水"，3～4行为另一部行水，地点和田地种类缺失。两部行水中，均役主簿、校曹书佐、县吏均需参加，铠曹与金曹参军则各参与一部行水。

铠曹主要为掌军器、仪仗、公廨、营造、罪罚，营造之职，行水之前需对水渠加以修缮，正是属于铠曹的营造职务。金曹，按照中原旧制，主货币、盐铁事。北凉另一件出现"金曹"的文书是《夏真兴七年（425）高昌郡兵曹白请差直步许奴至京牒》，高昌郡兵曹差遣许奴入京，并令"金曹给驰，仓曹给资"。^⑤王素指出："仓曹所给之'资'，结合前述仓曹职掌（主管征收赋税，储蓄粮食、布匹甚至钱币等），较易理解，不是资装，就是资费。然则金曹所给之'驰'，应该如何理解呢？如果是指路费，似与仓曹所给之'资'矛盾；如果是指马匹或者驿亭等通行证，又与金曹职掌不太符合。待考。"^⑥宋晓梅所述"金、铠曹参军想必亦须向本部行水提供出行之车马，以及疏通修理水利设施时所需要的工具"，本文认为金曹在行水之事上，更偏重"盐铁"事务，为之提供修建水利的金属器物。

---

① 王素《高昌郡府官制研究》，《吐鲁学研究：第二届吐鲁番国际学术研讨会论文集》，第22—23页。

② 关于高昌郡行水的最新研究成果参见崔永强《北凉高昌地区行水问题研究——兼论其时督邮分部情况》，《西域研究》2022年第2期。

③ 新疆吐鲁番地区文管所（柳洪亮）《吐鲁番出土十六国时期的文书——吐鲁番阿斯塔那382号墓清理简报》，《文物》1983年第1期，第21页，文书图版见图版壹：4。柳洪亮《新出吐鲁番文书及其研究》，录文第16页，图版第399页。

④ 宋晓梅《吐鲁番出土文书所见高昌郡时期的农业活动》，《敦煌学辑刊》1997年第2期，第31页。

⑤ 新疆吐鲁番地区文管所（柳洪亮）《吐鲁番出土十六国时期的文书——吐鲁番阿斯塔那382号墓清理简报》，《文物》1983年第1期，第20—21页，文书图版见图版壹：2。柳洪亮《新出吐鲁番文书及其研究》，录文第7页，图版第390页。

⑥ 王素《高昌郡府官制研究》，《吐鲁学研究：第二届吐鲁番国际学术研讨会论文集》，第22页。

均役主簿，是主簿的分职，可能是在行水时期平均各人所需承担的力役。吐鲁番出土唐代文书《唐开元二十二年（734）西州高昌县申西州都督府牒为差人夫修堤堰事》①载西州政府组织人夫1450人修筑堤堰和渠，这必然要涉及分配人夫的差役。当然，唐西州时期离北凉政权已远，且政府对水利的管理组织已经发生了变化，此处仅借以说明行水过程中会遇到组织分配劳役的问题。

校曹书佐为校曹主簿的直属小吏，直属对郡守负责的门下系统。《北凉缘禾十年（441）高昌郡功曹白请改动行水官牒》载："请如辞差校曹书佐隗达，代达行西部水，以摄仪张祗养□□行中部水。事诺约敕奉行。"②这是一件任命行水官的文书，中部、西部的行水官员屡次改动，以"校曹书佐隗达，代达行西部水"，说明校曹书佐任平水事有例可循。

P.2507《唐开元水部式》多次记载县官管理水利的情况，如"（泾、渭二水大白渠）委当界县官共专当官司相知，量事开闭""（洛水中桥、天津桥等）若水涨，令县家检校"，③以县官、县吏知水官，多是因为其更了解基层情况。

掾史曹掾史曹、曹史等官是以郡官的身份知行水，但具体职掌不知。

通过以上分析，我们认为行水人选是经过精心考量的。两部共十人的行水名单中，八人是郡府僚佐，显示了北凉政权对行水的重视。行水官中有掌管营造、盐铁、役力等郡官，还有了解基层情况的县吏，虽只是行水一事，亦显示出高昌郡县各部门在具体事务中的配合。柳洪亮曾指出这件文书"真实地记录了民田用水的管理情况。行水官全由郡、县官吏担任，反映了高昌郡的水利命脉严格控制在郡、县官府手中的历史事实"。从文书第5行"功曹白"可知文书本身是在郡级部门制作的，就行水这一事来看，郡府僚属不仅记载官职还记载姓名，即将具体事务分配到个人，对县吏仅记"县吏一人"，说明县吏只是临时抽调的，行水与其说是控制在郡、县官府手中，更不如说整个过程是由郡主导的，县吏仅是配合完成。

四、总结

通过以上补证，我们可知对于郡的门下系统，不仅校曹书佐设置两员，校曹主簿亦同时由两人担任，但二人是否存在具体分工尚不得而知。虽然从文书的署位看，郡僚属存在从五官到功曹史、主簿、校曹主簿的序列，但是在吏员调任时则可越级升迁。北凉高昌郡僚属中有兼职现象的存在。有些僚属成员在郡任职长达近十年。通过行水文书，可知参与行水的僚属是郡级单位（很可能是功曹）精心安排和择选的，这些僚属在行水事务中需密切配合才能完成行水一事。

---

① 唐长孺主编《吐鲁番出土文书》肆，文物出版社，1996年，第317—318页。

② 新疆吐鲁番地区文管所（柳洪亮）《吐鲁番出土十六国时期的文书——吐鲁番阿斯塔那382号墓清理简报》，《文物》1983年第1期，第22页，文书图版见第24页图八。柳洪亮《新出吐鲁番文书及其研究》，录文第10页，图版第393页。

③ 上海古籍出版社、法国国家图书馆编《法国国家图书馆藏敦煌西域文献》第15卷，上海古籍出版社，2001年，第1—2页。

从出土文书看唐代于阗军镇体系[*]

荣新江/北京大学历史学系

唐朝在显庆二年（657）灭西突厥汗国，正式把军镇系统延伸到西域地区，并且在与吐蕃的争斗中逐步加强。但传世文献中有关西域地区军镇建置的记录较少，因此出土文书显得异常珍贵。排除作为唐朝正州——西州出土的文书外，唐代西域地区的汉语文书主要出自库车与和田，其中和田出土的于阗文书数量更多，涵盖的地域和时限都比库车出土的龟兹文书更广，为我们探讨唐朝在于阗地区的军镇设置及其体系提供了素材。1992 年，笔者曾发表《于阗在唐朝安西四镇中的地位》一文，[①]罗列所见于阗军镇、守捉等名目，但其时所见文书不多，而且限于篇幅，也没有引用文书原文展开论述。本文正是在前文基础上的再探讨，并利用新旧出土文书，做更详细的阐述。

一、从于阗镇向于阗军的发展

唐高宗显庆二年（657），唐朝平定西突厥汗国，取得了西域各国的宗主权。翌年，唐朝将安西都护府移至龟兹都城，下设安西（龟兹）、于阗、焉耆、疏勒四镇，并且在西域地区广泛设立羁縻府州，把唐朝的军事镇防系统推行到塔里木盆地，以期牢固掌握西域的腹心，并切断南北游牧民族势力的联系。

*本文属国家社科基金重大项目"中国人民大学藏唐代西域出土文献整理与研究"（20&ZD250）的阶段性研究成果。本文所使用的未刊文书录文，系基于 2010—2011 年北京大学中国古代史研究中心西域读书班上会读成果，在此感谢读书班成员，特别感谢中国国家图书馆、中国人民大学博物馆允许发表所藏文书。
①文载《西域研究》1992 年第 3 期，第 56—64 页。其中第一节标题"从于阗镇到于阗军"，排版丢掉"镇"字，让读者不知所云。

　　唐朝在塔里木盆地周边设安西四镇，最初大概只是为了以四个较大的地方王国为中心而镇守一方，其等级似应是《唐六典》卷 30 都护府条后所记之镇，而非同书卷 5 节度使下之军镇。据《新唐书》卷 49 下《百官志》："防人五百人为上镇，三百人为中镇，不及者为下镇。"[①] 即使安西四镇均为上镇，每镇亦只有五百防人，[②] 总共也就两千人。而且"蕃汉相兼，以之制边"，[③] 其防御能力不会太强。

　　龙朔二年（662），西突厥弓月部引吐蕃军入侵安西地区。[④] 翌年十二月，安西都护高贤将兵击弓月以救于阗。[⑤] 麟德二年（665）闰三月，弓月又与疏勒引吐蕃侵于阗，唐朝敕令西州都督崔知辩等将兵救之。[⑥] 可见吐蕃最初进入西域，争夺的重点就是于阗，而于阗本镇防人显然无力抵抗，每次均需唐朝派兵救援。唐镇军实力不足，终于在咸亨元年（670）在吐蕃的大举进攻下，[⑦] 唐朝只好罢四镇，将安西都护府撤回西州。上元元年（674），于阗王伏阇雄击走吐蕃，入朝长安。以后于阗在唐蕃争夺中又两次易手。

　　长寿元年（692），王孝杰率武威道行军击败吐蕃，收复四镇，安西都护府移回龟兹。鉴于此前四镇防不胜防，救不胜救的局面，唐朝采取了一项重要的措施，即发汉兵三万人镇守四镇，[⑧] 使安西四镇抵御外敌的能力大大增强，此后直到约贞元中唐朝势力最终退出西域，除个别地区曾经受到一些部族的侵扰外，安西四镇的建置始终没有动摇。

　　值得注意的是，汉兵三万人之出镇安西四镇，每镇至少在五千人，[⑨] 因此，原来四镇的级别显然要随之变动。《唐六典》卷 5 兵部郎中条下记八节度使后云："凡镇皆有使一人，副使一人，万人已上置司马、仓曹、兵曹参军各一人；五千人已上，减司马。"[⑩] 下文又记凡诸军镇大使、副使已上（应作下）皆有傔人，这种以大使、副使执掌的军镇与都护府之下以镇将、镇副执掌之镇截然不同，其兵数正与长寿元年以后四镇平均兵数合，使人怀疑安西四镇自此时起升格为军镇。

① 《新唐书》卷 49 下《百官志》，中华书局，1975 年，第 1320 页。

② 王小甫《论安西四镇焉耆与碎叶的交替》，《北京大学学报》1991 年第 6 期，第 97 页。

③ 《全唐文》卷 40《赐郭虔瓘等玺书》，中华书局，1983 年，第 439 页下栏。按唐发府兵镇戍安西四镇，见《唐高宗某年西州高昌县左君定等征镇及诸色人等名籍》第 13 行"二人安西镇"，《吐鲁番出土文书》第 7 册，文物出版社，1986 年，第 173—174 页。

④ 《册府元龟》卷 449 将帅部专杀门，中华书局，1960 年，第 5324 页下栏。

⑤ 《资治通鉴》卷 201 龙朔三年十二月壬寅条，中华书局，1956 年，第 6339 页。

⑥ 参看拙稿《新出吐鲁番文书所见西域史事二题》，《敦煌吐鲁番文献研究论集》第 5 辑，北京大学出版社，1990 年，第 345—351 页。

⑦ 《资治通鉴》卷 201 咸亨元年四月条，第 6363 页。

⑧ 《新唐书》卷 216 上《吐蕃传》，第 6078 页；《旧唐书》卷 198《西戎传》龟兹条，中华书局，1975 年，第 5304 页。

⑨ 《旧唐书》卷 144《尉迟胜传》（第 3924 页）、《新唐书》卷 110《尉迟胜传》（第 4127 页）均记于阗王尉迟胜闻安禄山反，"率兵五千赴难"。因为此后于阗仍有唐军驻守，因此可知天宝末于阗镇兵当在五千以上。

⑩ 《唐六典》卷 5，中华书局，1992 年，第 158—159 页。

同时，调发三万汉军戍守安西四镇，也是唐朝军事体制由行军向镇军转化的结果，这一转化的结果就是节度使体制的诞生。张说《兵部试沉谋秘算举人策问三道》第二称："安西回途，碛北多寇。自开四镇，于兹十年，及瓜戍人，白首无代；分阃节使，丹旐方归。"[1]据张说长安初迁右史内供奉兼知考功贡举事的时间，知文中所说开四镇是指长寿元年复四镇，当时似已有节度之设。[2]据《唐会要》卷78节度使条："安西四镇节度使，开元六年（718）三月，杨（汤）嘉惠除四镇节度使、经略使，自此始有节度之号。十二年以后，或称碛西节度，或称四镇节度。至二十一年十二月，王斛斯除安西四镇节度，遂为定额。"[3]然而，日本宁乐美术馆所藏10甲号《唐开元二年（714）西州蒲昌府文书》中，已有"四镇节度使"之名。可知从开元初，唐朝在安西地区设四镇节度使，其后或称安西节度、安西四镇节度，完善西域地区的防戍体制，于阗等四镇实际已从"镇"上升为"军"，但仍合称四镇。

按安西四镇的军镇应直属于安西节度使。节度使下的军镇，简称镇或军，其长官称镇使、镇守使、军镇大使、军大使等，或简称使。敦煌写本《沙州图经》卷3张芝墨池条记，开元二年（714）九月前后，张怀福任"游击将军、守右玉钤卫西州蒲昌府折冲都尉、摄本卫中郎将，充于阗录（镇之讹）守使、敦煌郡开国公"，[4]说明其时只以折冲都尉兼任镇守使。《旧唐书》卷104《高仙芝传》记其在开天之际的官职迁转为：于阗使→焉耆镇守使→安西副都护使→安西都知兵马使→四镇节度使。[5]又杨炎撰《四镇节度副使右金吾大将军杨公神道碑》记杨和天宝中"自武卫将军、四镇经略副使，加云麾将军，兼于阗军大使。……又迁金吾大将军，四镇节度副使。"[6]直到贞元初年，从印度取经回国的悟空，还在于阗遇见镇守使郑据。[7]可见，自长寿元年于阗等四镇升为军镇以后，实力剧增。

安西地区的其他军镇史料有：（1）延载元年（694）二月有碎叶镇守使韩思忠。[8]（2）疏勒副使张思礼，当指疏勒军副使。[9]（3）"保大军，屯碎叶城。"[10]（4）开元二十七年（739）八月有疏勒镇

① 《全唐文》卷222，第2240页下栏。

② 菊池英夫《西域出土文书を通じて见たる唐玄宗时代における府兵制の运用》（上），《东洋学报》第52卷第3号，1969年，第83—91页。

③ 《唐会要》卷78，上海古籍出版社，1991年，第1690页。《新唐书》卷67《方镇表》四同。

④ 池田温《沙州图经略考》，《榎博士还历纪念东洋史论丛》，山川出版社，1975年，第370页。按"录"字之误，系据菊池英夫上引文第37—38页注10。

⑤ 《旧唐书》卷104《高仙芝传》，第3205页。

⑥ 《文苑英华》卷917，中华书局，1966年，第4829页下栏；《全唐文》卷422，第4308页上栏。

⑦ 《大正新修大藏经》卷51，第980页。

⑧ 《资治通鉴》卷205，第6493页。

⑨ 《册府元龟》卷358将帅部立功门，第4244页。

⑩ 《新唐书》卷40《地理志》，第1048页。

守使夫蒙灵詧。[①]（5）高仙芝曾任焉耆镇守使[②]。（6）小勃律"开元初，以其地为绥远军。天宝六载，置归仁军。"[③]（7）悟空记贞元初疏勒、于阗、钵浣（拨换）、握瑟得（据史德）、焉耆均有镇守使[④]。可见安西军镇，至此时已不仅四镇而已。史籍中有关于阗镇的资料多于其他各镇，除了偶然的因素外，恐怕和于阗在四镇中的地位和作用有关。

于阗镇升格为于阗军，在当地出土的汉语文书中也有反映。麻札塔格遗址出土M.T.080（Or.8212/1866）第（1）片文字如下：[⑤]

（前缺）

1	] 不阙 [　　] □ [
2	] 烂坏，□回支给镇兵
3	] 右公验无损，牒于阗军
4	] 应贮纳熟粮，准数 [
5	] 令有司□ [　] □比

（后缺）

这是有关于阗军为贮纳熟粮事的牒文，残存大半方朱印，为官文书无疑。此件虽残，但内容是某个军仓收纳并贮存熟粮，以供镇兵使用，在粮食转运中，因为公验等事要有牒文给于阗军。

Or.8210/S.9464r《唐大历十年（775）正月廿八日典赵遵牒为巡探事》，其背面《唐建中元年（780）四月廿八日梅捃（于阗路远，不知改元，仍用大历年号）举钱契》的举钱人裴捃，又见中国国家图书馆BH1—3《唐贞元六年（790）十月廿二日杰谢镇仓算叱半史郎等交税粮簿》第25行、[⑥]BH1—17于阗语汉语双语文书第14行，[⑦]可知是误编入S编号斯坦因敦煌所获汉语文书的和田出土文书。其文字如下：[⑧]

（前缺）

1	] 所]] 由审探，知回踪□ [
2	] 知巡探勿失事宜者，故牒。
3	大历十年正月廿八日典赵遵牒
4	印赴军 印　　　 判官折冲杨晖
5	副守捉郎将李希青

---

① 《资治通鉴》卷214，第6838页。

② 《旧唐书·高仙芝传》，第3205页。

③ 《新唐书》卷221下《西域传》，第6251—6252页。

④ 《悟空入竺记》，《大正新修大藏经》卷51，第980页。

⑤ 沙知、吴芳思《斯坦因第三次中亚考古所获汉文文献（非佛经部分）》②，上海辞书出版社，2005年，第263—264页。

⑥ 荣新江、张志清主编《中国国家图书馆藏西域文书·汉文卷》，中华书局，待刊。

⑦ 同上书。

⑧ 沙知、吴芳思《斯坦因第三次中亚考古所获汉文文献（非佛经部分）》②，第321页。

这是于阗某守捉典赵遵的牒文，内容是叮嘱巡探勿失事宜，后有判官和副守捉郎将的签署。其中第4行有注记"印赴军"，下有朱笔"印"字，表示将来印拿回来后，在此处补钤印。从裴捹贞元六年时为杰谢百姓，这里的守捉可能是坎城守捉，也可能是后来设立的杰谢守捉。当时守捉之印所赴之"军"，当指于阗军。

大历十年的文书表明，在安史之乱后，随着四镇节度使体制的巩固，于阗镇逐渐发展成为于阗军的建置。

二、节度使体制下于阗镇成体制的建立与发展

《新唐书》卷50《兵志》："夫所谓方镇者，节度使之兵也。原其始，起于边将之屯防者。唐初，兵之戍边者，大曰军，小曰守捉，曰城，曰镇，而总之者曰道。其军、城、镇、守捉皆有使。"[1]唐朝节度使体制下的军镇结构，军下应当有守捉、城、镇、戍、堡等各级防御设施。

在《新唐书》卷43下《地理志》"安西入西域道"条保存的贾耽《皇华四达记》佚文中，我们可以看到一些安西各地军事机构的建置情况。[2]这些佚文来自长安保存的开元、天宝时期的官府档案，时间并不一致，而为贞元宰相贾耽辑录在一起。在和田地区出土文书中，我们可以勾稽出更多、更细的于阗各级镇防机构。现汇集相关文书材料如下。（城的概念较宽泛，故此未列）

（一）坎城镇与坎城守捉

《新唐书》卷43下《地理志》记：

> 于阗东三百里有坎城镇，东六百里有兰城镇。于阗东距且末镇千六百里。（第1150—1151页）

> （从且末播仙镇西行），又西经悉利支井、祅井、勿遮水，五百里至于阗东兰城守捉。又西经移杜堡、彭怀堡、坎城守捉，三百里至于阗。（第1151页）

又《新唐书》卷40《地理志》安西大都护府条：

> 于阗东界有兰城、坎城二守捉城。（第1048页）

据《新唐书·地理志》所记，坎城既是镇，又立为守捉。坎城即于阗原本的东部重要聚落媲摩（Phema），[3]在今老达玛沟（Old Domoko）一带。"坎城镇"一名最早见于中国人民大学博物馆收藏的和田出土汉语文书GXW0106《武周某年事目历》，其上有"（前缺）使牒坎城镇□至封道伍月贰拾"，"延载二年（695）腊月"，"月"字用武周新字。[4]可见坎城是唐朝在于阗东部最早设置的军镇，

---

① 《新唐书》卷50《兵志》，第1328页。

② 《新唐书》卷43《地理志》，第1149—1151页。

③ H. W. Bailey, *Khotanese Texts*, IV, Cambridge, 1979, pp. 37, 136–137.

④ 荣新江《唐代于阗史新探——和田新发现的汉文文书研究概说》，吕绍理、周惠民主编《中原与域外：庆祝张广达教授八十嵩寿研讨会论文集》，台湾政治大学历史学系，2011年，第2页。

设置的时间可以追溯到长寿元年（692）发汉兵三万镇守四镇之时。

中国国家图书馆藏和田出土文书BH3—2《唐开元廿四年（736）正月八日杰谢百姓破沙桑□□借钱契》略残：[1]

1 开元廿四年正月八日，杰谢百姓破沙桑□□为

2 负官甲仗钱，交无出处，今于坎城镇将雷

3 边，共取[ ]拾柒个，共得钱捌佰叁拾文，其布

4 限至今夏[ ]内还希足，其布□□□□□□□

5]□□[

（后缺）

这是开元二十四年正月时，杰谢乡百姓，也是负责交纳官府甲仗钱的小吏桑某某，因为交不出税钱，向坎城镇将雷某借钱830文。可见开元后期坎城镇一直存在，镇将显然是汉人军官，而军镇所需制作甲仗的钱，摊派到包括远在杰谢的六城百姓头上。

GXW0076《唐某年坎城镇牒杰谢镇守捉使为访逃兵郭外生不获事》：

1 坎城镇 牒杰谢守捉[

2]兵郭外生

3]守捉牒称，被[

4]上件人访不获，牒□[

5]□□凭[

（后缺）

文书残缺过甚，有朱印痕，为官文书无疑。具体内容已不明了，应当是从坎城镇行文到沙漠深处的杰谢，访捉逃兵。杰谢此时已是守捉，年代当在贞元时期，可见坎城镇的建置一直存在，虽然此时坎城同时又是更高一级的守捉。

BH1—14《唐天宝二年（743）二月廿三日典成意牒》后半完整：[2]

（前缺）

1 归奔，母今即嫁胡族，男幼被母携将，恐其蕃竖无情，

2 苟生诱卖。孙岳所请，雅合公途，牒杰谢推问，实是

3 孙岳表弟，男任付外琛，付讫具申者。牒至准状，故牒。

4 　　　天宝二年二月廿三日典成意牒

5 　　　　判官刘彦珪

---

①《中国国家图书馆藏西域文书·汉文卷》，待刊。参看文欣《于阗国官号考》，《敦煌吐鲁番研究》第11卷，上海古籍出版社，2009年，第140—141页。

②《中国国家图书馆藏西域文书·汉文卷》，待刊。

6　　　　　　副守捉王达龙

7　　　　　　　守捉使冯仙期

这里大概是处理镇戍人与当地胡人百姓婚姻后产生的纠纷，要发文到杰谢推问。最后签署的守捉使冯仙期，又见斯坦因达玛沟所获Dom.0136(Or.8212/1369)残纸，只存"守捉使馮仙期"几个字，[1]但出土地正是古代坎城范围，暗示此牒文的发文单位是坎城守捉。[2]如果这个推测成立，则天宝二年二月时，坎城已经立为守捉，但其下仍有坎城镇的建置。

距离于阗都城三百里的坎城守捉，是唐朝镇守军在于阗东境的最重要军事单位，因此有关的记录也比较多。BH1—2《唐大历九年（774）（或十年）于阗镇守军仓勾征帐草》第34—39行有一段勾征的总账：[3]

34　二千八百一十七石八斗二升，坎　城　仓　交。

35　　　　　卅六石青麦。　二千七百八十一石八斗二升粟。

36　二百一十七石八斗粟，杰　谢　镇　交。

37　四百三石八斗一升七合粟，蘭城交，准米二百卅二石二斗九升。

38　二百卅四石四斗，征债官卿陆翔牒称，征得质逻野

39　　窖。专征陆卿、判官许晟、典刘天宝。

可见坎城仓所存粮食的数额，远远大于杰谢镇、蘭城所交和质逻野窖所存粮食的总和，这个粮仓应当就是在坎城守捉城内的重要军粮仓库。

由于坎城守捉的中心地位，所以于阗镇守军对六城范围内百姓的各种苛捐杂税，也都要求送到坎城守捉仓存贮。GXW0062《杰谢百姓牒稿为放免正税事》文字值得注意：

1]杰谢百姓等

2]勿萨踵是杰谢乡百姓，其乡去坎城及坎城守捉远四百余里，道路

3]往来于□，放免正税，钱输纳不阙，其定□差

4]新造使薄，钱恐不□，□牒送留，须

　　（后缺）

杰谢在今丹丹乌里克（Dandan Oilik），远在沙漠深处，距离坎城守捉有四百余里，但杰谢乡百姓在正税之外的税钱，仍需交纳，似乎还要送至坎城，因此陈牒，申请缓交或缓送。[4]

①沙知、吴芳思《斯坦因第三次中亚考古所获汉文文献（非佛经部分）》②，第149页。

②陈国灿《唐安西都护府驻军研究》，《新疆师范大学学报》2013年第3期，第59页认为这位冯仙期"可能是神山堡的守捉使"。但通检所有出土文书，神山堡只是"堡"，不是"守捉"，故其说不可取。

③《中国国家图书馆藏西域文书·汉文卷》，待刊。参看庆昭蓉、荣新江《和田出土大历建中年间税粮相关文书考释》，《西域文史》第16辑，科学出版社，2022年，第132页。

④刘子凡《于阗镇守军与当地社会》，《西域研究》2014年第1期，第17页对此文书有所讨论，但理解与本文略有不同。

同类的文书，还有Дx.18915《唐某年九月十七日杰谢镇帖羊户为市羊毛事》：[1]

1　杰谢镇　　　帖羊户等

2　　当镇诸色羊户共料官市毛壹伯斤

3　　右被守捉帖，称："上件羊毛，帖至速市供，

4　　分付专官介华，领送守捉，不得欠少。其价

5　　直，卖即支遣者。"准状各牒所由，限三日内

6　　送纳。待凭送上，迟违科所由。九月十七日帖。

7　　　　　判官别将卫惟悌

8　　　　　镇官将军杨晋卿

此为编入"敦煌"编号的和田出土文书，从内容看当来自丹丹乌里克遗址。文书上有朱印痕，但不可识读。这里是杰谢镇根据守捉的来帖，给杰谢的放羊户下帖，市取羊毛，然后派专官领送到守捉。既然要专官领送，可见这里的守捉不在杰谢当地，而应当是杰谢的上级——坎城守捉。

Дx.18918《唐某年五月简王府长史王□□帖为缺税钱事》：[2]

（前缺）

1　□[

2　□[

3　右件人各欠税[

4　帖至，仰已上至，并[

5　同到，迟科所由。五月□[

6　用守捉印。

7　专官起复简王府长史王□[

（余白）

此件也是编入"敦煌"编号的和田出土文书，也应来自丹丹乌里克。这是一位带有简王府长史头衔的专官，来催促百姓欠交的税钱，特别提到要"用守捉印"，则其税钱也是要归入守捉，很可能即坎城守捉。

Дx.18921《唐杰谢镇牒为杰谢百姓摊征事》称：[3]

① 孟列夫、钱伯城主编《俄藏敦煌文献》第17卷，上海古籍出版社、俄罗斯科学出版社东方文学部，2001年，第280页；张广达、荣新江《圣彼得堡藏和田出土汉文文书考释》，《敦煌吐鲁番研究》第6卷，北京大学出版社，2002年，第222—224页；同作者《于阗史丛考》（增订版），中国人民大学出版社，2008年，第269—271页。

② 施萍婷《俄藏敦煌文献经眼录》（二），《敦煌吐鲁番研究》第2卷，北京大学出版社，1997年，第329页；《俄藏敦煌文献》第17卷，第282页下；张广达、荣新江《圣彼得堡藏和田出土汉文文书考释》，第220—227页；同作者《于阗史丛考》（增订版），第274—275页。

③ 施萍婷《俄藏敦煌文献经眼录》（二），第329页；《俄藏敦煌文献》第17卷，第284页下；张广达、荣新江《圣彼得堡藏和田出土汉文文书考释》，第229页；同作者《于阗史丛考》（增订版），第277页；庆昭蓉、荣新江《唐代碛西"税粮"制度钩沉》，《西域研究》2022年第2期，第52—53页。

（前缺）

1　守捉使　　□ [

2　　杰谢百姓等状 [

3　牒，得胡书状称：所摊蔺 [

4　其彼镇官夏打驼分外，更出鞍 [

5　馱。伏望哀矜，商量放免。其□ [

6　百姓共出，请归一硕 [

7　月已后搬送。今得百 [

（后缺）

从内容看，也当出自丹丹乌里克。有朱印痕迹，文书下残，大意应是守捉使接获杰谢百姓等状文，称所摊派的蔺城"打驼分"外，还有有关鞍的征收，希望放免。于是守捉使给某衙门发文，商量如何共出，并要在某月以后搬送。既称"搬送"，则守捉不在杰谢，更可能的还是坎城守捉。

BH1—9《唐都守捉牒》更值得关注：[①]

1　都守捉　牒杰谢守捉

2　　彼守捉人等—— ——

3　牒得坎城镇牒称，被牒称，得状称

4　更得一人相共守捉者，依检彼通押，

5　当是有三人者，牒坎城镇勘，承前有

6　贰人者，依检承前 [

　　　　（后缺）

第2、3行上部，第5、6行下部，各钤印一方，印文漫漶难识。这里是更高一级的都守捉给杰谢守捉的牒文，说到先得坎城镇牒报，为安排人员再守捉通押。这里的都守捉显然是杰谢守捉和坎城镇的上一级，那应当就是坎城守捉了，因为下面又有了杰谢守捉，所以坎城就成为管辖一方的都守捉了。

　　坎城守捉地位之重要，在于阗陷蕃前最后的时刻表现得更为突出。Hedin 24 汉语于阗语双语文书《唐贞元十四年（798）闰四月典史怀仆牒为尽收人畜入坎城事》是一件最好的证明：[②]

① 《中国国家图书馆藏西域文书·汉文卷》，待刊。

② 张广达、荣新江《于阗史丛考》（增订本），第241—246页。相关讨论见 P. O. Skjærvø, "The End of Eighth-Century Khotan in Its Texts", *Journal of Inner Asian Art and Archaeology*, III, ed. J. Lerner and L. Russel-Smith, pp. 120, 139；荣新江《汉语—于阗语双语文书的历史学考察》，新疆吐鲁番学研究院编《语言背后的历史——西域古典语言学高峰论坛论文集》，上海古籍出版社，2012年，第20—22页；段晴《Hedin 24号文书释补》，《语言背后的历史——西域古典语言学高峰论坛论文集》，第74—78页；Zhang Zhan, *Between China and Tibet: A Documentary History of Khotan in the Late Eighth and Early Ninth Century*, Dissertation of Harvard University, 2016, pp. 107–117。

1   / khu s- h- -ā sa l-. × ×

2   ］□史乘驼人桑宜本口报称：闻神山堡鼓

3   / ḍai karmā × -ā -ī kūsä īyāde ula-bārai dasau × vaṃñä pastä yuḍe khu sal-

4   ］此三铺人并驼三头，今日卯时到濡马屈萨

5   / vā buḍä yuḍe khu parau pva' cve tta piṣkala hvaṃḍä u stūrä biśūṃ pheṃañä kīṃtha tva<śdya>

6   ］得消息，便即走报来者。准状各牒所

7   / × pyaṃtsa ā × rä th<u> pa'jsä ārrä byehä śe' seṃjsījsä haḍai parau ------

8   由者，］人畜一切尽收入坎城防备，如有漏失，

9   ］罪科所由者，故牒。

10   贞元十四年闰四月四日辰时，典史怀仆牒。

11   判官简王府长史富惟谨〔

12   节度副使都督王尉〔迟曜〕

（于阗语部分翻译：持续。……乘驼人……十……今其俯就如此行事，故此……其能携带给我。当你听到此令，务将当地人畜收入媲摩城……于城堡中……你将受到严格防备。闰四月四日，此令〔发出〕。）

本文书8行汉语，4行于阗语，汉语为正式文本，于阗文择要翻译。上面于阗语部分转写录自贝利（H. W. Bailey）《于阗语文书集》，汉译则据贝利英译翻译。[1]有关此件年代判定，我们也曾经过反复考证，从早期认为是乾元三年（760），到最后认定为贞元十四年，也经历了一个过程。按神山堡在今麻札塔格，坎城在今老达玛沟。当有人探听到神山堡一带有敌情后，走马报告给于阗王庭。于阗地区的最高军政首脑——安西节度副使、毗沙都督府都督、于阗王尉迟曜签署，由典史怀仆发牒文到坎城地区，转达于阗镇守军最高指令，让坎城地区在接到此令后，一切人畜都收入坎城防备。这里的坎城，一定是坎城守捉城，很可能是于阗东境最大城池，里面有这一带最大的粮仓和军用物资储藏，可以对外敌采用坚壁清野的战术，让围城敌军无后勤给养，过不久自然解围。

（二）蔺城镇与蔺城守捉

同上《新唐书》卷43下《地理志》记：

于阗东三百里有坎城镇，东六百里有蔺城镇。于阗东距且末镇千六百里。（第1150—1151页）
（从且末播仙镇西行），又西经悉利支井、祆井、勿遮水，五百里至于阗东蔺城守捉。又西经

---

[1] H. W. Bailey, *Khotanese Texts*, IV, Cambridge University Press, 1979, pp. 37, 135–139.

移杜堡、彭怀堡、坎城守捉，三百里至于阗。（第1151页）

又同上《新唐书》卷40《地理志》安西大都护府条：

　　于阗东界有蘭城、坎城二守捉城。（第1048页）

此外，《新唐书》卷50《兵志》也记：

　　保大军一，鹰娑都督一，蘭城等守捉八，曰安西道。（第1328页）

按《新唐书》各处所记之"蘭城"均同，此地曾经立为镇，也发展成守捉。此地西距于阗都城六百里，是于阗国东面与且末的播仙镇接壤的边境城镇。按《大唐西域记》记玄奘东行路线，于阗王城东三百余里有大荒泽，更东行三十余里为媲摩城，有媲摩川，自媲摩川东行二百余里至尼壤城。一般认为尼壤即汉代的精绝国，今民丰县尼雅遗址。[1]但由于古尼雅遗址最迟在5世纪初即已废弃，所以也有学者认为尼壤在今民丰县址（旧名尼雅）。[2]于阗文专家指出，玄奘的尼壤在唐代于阗语文书中写作Nīña，其地或在今民丰（即尼雅）。[3]吉田丰教授进一步推测，这个尼壤/Nīña可能就是《新唐书》所记的"蘭城"。[4]但"蘭城"一名，迄今未见于出土文书。2007年，李吟屏先生发表他在和田地区所见新出文书，其中有"藺城"一名，他怀疑《新唐书》的"蘭城"即"藺城"之讹。[5]朱丽双博士指出，"藺城"之"藺"与于阗语Nīña完全可以勘同；汉语文书的"藺城"对应于于阗语文书的Nīña，也就是玄奘所记的尼壤城，而《新唐书》的"蘭城"为"藺城"的形近而误。[6]这一在前人一步步前进的基础上得出的结论，完全成立，解决了一个千年无法揭示的错误写法。近年来发现的和田地区文书更多，完全证明于阗没有蘭城，只有藺城。

前引BH1—2《唐大历九年（774）（或十年）于阗镇守军仓勾征帐草》第37行有一条勾征的总账：

37　　四百三石八斗一升七合粟，藺城交，准米二百卌二石二斗九升。

这里虽然没有提到藺城是什么样的城镇，但这个账目是于阗镇守军的总帐，因此其下属各单位应当是守捉或镇，如果把藺城所交粮食数量与前后的坎城仓、杰谢镇的数量相比较，则把这里的藺城看

---

[1] 水谷真成译注《大唐西域记》第3册，平凡社，1999年，第451页；季羡林等《大唐西域记校注》，中华书局，1985年，第1025—1030页。

[2] 王北辰《古代西域南道上的若干历史地理问题》，《地理研究》第2卷第3期，1983年，第37页。关于尼雅废弃年代，参看于志勇《尼雅遗址的考古发现与研究》，《新疆文物》1998年第1期，第62页。

[3] H. W. Bailey, *Khotanese Texts*, IV, p. 149; P. O. Skjærvø, "An Account Tablet from Eighth-Century Khotan", *Bulletin of the Asia Institute* 15〔2001（2005）〕, p. 7.

[4] 吉田丰《コータン出土8—9世纪のコータン语世俗文书に关する觉え书き》，（神户市外国语大学研究丛书第38册（2005）），神户市外国语大学外国学研究所，2006年，第18—19页；广中智之译《有关和田出土8—9世纪于阗语世俗文书的札记》（一），《敦煌吐鲁番研究》第11卷，上海古籍出版社，第161—162页。

[5] 李吟屏《发现于新疆策勒县的四件唐代汉文文书残页考释》，《西域研究》2007年第4期，第18—19页。陈国灿先生同意这一看法，见所撰《唐安西四镇中"镇"的变化》，《西域研究》2008年第4期，第21页。

[6] 朱丽双《唐代于阗的羁縻州与地理区划研究》，《中国史研究》2012年第2期，第80—82页。

作是镇比较稳妥。由此可以说，大历九年、大历十年前后，于阗最东边有蔺城镇。

蔺城在今民丰县，这一带似乎很少见到唐代纸本文书出土，目前所见记录到蔺城的文书，大多数是来自老达玛沟的六城地区。BH3—4《唐某牒为防御贼人事》：[1]

（前缺）

1　　　］不敢进，遂共李他素尊［

2　　　］几探回，状称贼去，在堡斗

3　　　　］□□牒蔺城镇，差强壮

4　　　　］□意，星夜驰报，仍牒诸

5　　］不觉察必□□［　　］□□□

（后缺）

文书较残，大意是说有贼人侵扰，所以要发牒报告蔺城镇，派出强壮之人进行防备。看文书的语气，文书应当是坎城镇或坎城守捉的文牒。

GXW0064 应当是唐某单位牒为质逻、蔺城等处摊市袋索等事：

（前缺）

1　　　］贰拾口毛袋，贰拾条扳索，

2　　　　］口摊市质逻界。

3　　　］壹拾口毛袋，壹拾条扳索，

4　　　　］□上件袋索先有承帐并

5　　　　］运蔺城粮料交阙事。

6　　　］举者，依检上件袋索，摊擘

7　　］牒所由处者，当守捉市蔺城

（后缺）

这里两处提到蔺城，与之并列的有质逻，在今策勒县附近。对此二处市袋索、运粮料加以检查的机构——"当守捉"，推测应当是坎城守捉。

此外，BH1—27《唐牒为吉良等镇铺资粮事》，提到"蔺城等镇界"，详见下文。

迄今为止，我们尚未见到文书中提到"蔺城守捉"一词，但据《新唐书》，蔺城守捉的存在是毋庸置疑的。蔺城最在于阗东境，安史之乱后吐蕃蚕食唐朝河陇土地，又控制了青海的吐谷浑故地，所以从青海到若羌、且末而侵袭于阗，是其扩张路径之一。唐朝在于阗的镇守体系中，最东边的蔺城虽然没有坎城重要，但随着吐蕃西进，也越来越需要增强力量，所以大历以后，这里可能把镇升格为守捉，抑或是两者并存。

①《中国国家图书馆藏西域文书·汉文卷》，待刊。

（三）胡弩镇、固城镇、吉良镇、皮山镇

《新唐书》卷43下《地理志》记：

> 于阗西南三百八十里有皮山城。南六百里有胡弩镇，西二百里有固城镇，西三百九十里有吉良镇。（第1150—1151页）

《新唐书》卷40《地理志》：

> 西有葱岭守捉城，有胡弩、固城、吉良三镇。西南有皮山镇。（第1048页）

这是于阗设在西南方向的四个军镇，防守着于阗通向西南方向的道路、山口。皮山镇，或置于今皮山县治，[1]或在今皮山县城西南35公里的皮西那（Pishna）乡政府驻地皮什南（Pishinan）村。[2]王小甫认为"胡弩"为Korum的音译，今作"昆仑"，地在由桑株达坂（Sanju dawān）向南翻越昆仑山以后的赛图拉（Shahīdula）一带，是自古以来和田通西藏的交通要道。[3]固城藏文《于阗教法史》中作Ko sheng，[4]其位置当在今皮山县境内，位于杜瓦镇和克里阳镇之间的某处。吉良在藏文《于阗国授记》中作Gyil kyang，今皮山县西南的克里阳（Kilian）。[5]近代以来这些地点没有出土文书，所以相关的记载很少，但也有两条珍贵的材料。

斯坦因麻札塔格所获M.T.0140（Or.8212/1576）《唐司马君静等配刀箭簿》记有：

> 2　　张光宅^{固城付了}[

这大概是唐军出征途中分配刀箭的记录，其中张光宅所得，是在固城付了的。固城在于阗西二百里，这里应当是唐军镇守的一处重地。

更西190里的吉良镇，幸运地有一条材料。BH1—27《唐牒为吉良等镇铺资粮事》：[6]

> （前缺）
>
> 1　　]牒称奉处分[
>
> 2　　]□恐未存心事[
>
> 3　　]□铺事资粮[

① 谭其骧主编《中国历史地图集》第5册，中国地图出版社，1982年，第63—64页。

② 钟兴麒《西域地名考录》，国家图书馆出版社，2008年，第697页。

③ 王小甫《唐·吐蕃·大食政治关系史》，北京大学出版社，1992年，第37—38页。

④ 录文参见R. E. Emmerick, *Tibetan Texts concerning Khotan*, London: Oxford University Press, 1967, p. 91; F. W. Thomas, *Tibetan Literary Texts and Documents concerning Chinese Turkestan*, I, London: The Royal Asiatic Society, 1935, pp. 322–323.

⑤ F. W. Thomas, *Tibetan Literary Texts and Documents concerning Chinese Turkestan*, I, p. 135, n. 13; Emmerick, *Tibetan Texts concerning Khotan*, p. 95. 王小甫《唐·吐蕃·大食政治关系史》，第105页。以上总结及比定，系据朱丽双《唐代于阗的羁縻州与地理区划研究》，第71—90页。

⑥ 《中国国家图书馆藏西域文书·汉文卷》，待刊。

4   ]吉良等镇界□[

5   ]繭城等镇界[

6   ]□[

（后缺）

文书残损严重，纸张粗松，略呈絮状。从残存文字看是有关资粮的事宜，因为涉及吉良、繭城等镇，所以应当是于阗镇守军一级的文书。因为涉及东西方的军镇，所以这件应当是出土于达玛沟一带的文书，也提到了吉良镇，印证了文献的记载。

（四）杰谢镇与杰谢守捉

杰谢（Gaysāta）位于今和田东北丹丹乌里克遗址，[1] 其行政系统属于六城（Kṣvā auvā），见H.8（M.3.1/Or.6409）《唐某年六城杰谢镇牒》。[2] 杰谢一名不见于贾耽《皇华四达记》所引开元、天宝时的官府档案记录，说明它是在安史之乱以后逐渐确立的一个军镇。杰谢虽然位于塔克拉玛干沙漠深处，但其西边有路通到于阗河，与神山堡（麻札塔格）之间有密切往来，由此和经过于阗河的塔里木盆地南北通路相连。它和南面六城地区的坎城联系更加紧密，由此可以和塔里木盆地南沿的西域南道联系起来，因此交通地位具有战略意义，是设立军镇，把控咽喉之地的重要点位。

上引BH1—2《唐大历九年（774）（或十年）于阗镇守军仓勾征帐草》第36行记：

36   二百一十七石八斗粟，杰谢镇交。

表明大历九年、十年时，杰谢镇已经是于阗镇守军系统里重要的一员。到了建中三年（782）时，杰谢镇仓粮的存储数是419.91石，见GXW0166:2r《唐建中三年（782）杰谢镇状稿为合镇应管仓粮帐事》：

1   杰谢镇   状上

2   合当镇应管仓粮总四百一十九石九斗一升。

3   一百九十七石五斗五升六合都破用具由：

4   七十五石八斗抽下，于守捉仓纳；

5   五十二石二斗，韩冬日；

6   廿三石六斗，杰谢百姓住六城新仓纳。

7   一十八石小，给正月官健正月一十八人大粮。

8   一十七石四斗青，给官健一十八人二月小粮。

9   一十八石二斗粟，给官健一十八人三月大粮。

---

①参看张广达、荣新江《〈唐大历三年三月典成铣牒〉跋》，《新疆社会科学》1988年第1期，第61—62页。

②沙知、吴芳思《斯坦因第三次中亚考古所获汉文文献（非佛经部分）》②，第336页。

10	一十七石四斗三升三合小，给官健一十八人闰三月粮。
11	一十七石四斗七升三合青，给官健一十七人四月小粮。
12	一十六石粟，给官健一十六人五月大粮。
13	一十七石四斗三升，给官健一十七人二（六）月小粮。

（后缺）

这里记录了该年杰谢镇仓的粮食总额及各项支出，虽然后缺，但知道上交坎城守捉仓及六城新仓外，主要是给当地守军官健用作食粮。这件文书的背面，记录了"合杰谢镇应欠十五年十［六］年百姓碛外税粮总破除外二百廿二石三斗五升"，即杰谢镇需要收取的大历十五年（780）、十六年（781）百姓欠粮数。因为一些杰谢百姓在碛外居住，有的在军中寄住，文书下面罗列了在外居住欠粮百姓的具体所在，有的在拔伽（Birgaṃdara），有的在潘野（Phaṃña），有的在坎城（Phema），均属于六城范围，但没有及时交纳税粮。

BH1—1背《唐贞元六年（790）冬季于阗杰谢镇官健预支人粮、马料簿》就是一件为杰谢镇官健预支人粮、马料的帐簿，存36行，一行一人，记领粮日期、数额、领取方式等。[①]

GXW0167背《唐某年（贞元年间？）于阗杰谢镇仓粮入破帐草》，前部残缺，保存了两个月的给粮具体记录：

6	二百石五斗八升给一十二个月人粮：
7	七十石三斗青麦、 五十石二斗小麦、
8	八十石八升床。
9	一十七石官健一十七人正月大粮：
10	行官杨光武 李奉珎 李湛 李庭凑 冯什儿
11	李昌愿 韩披云 韩晗 杨心儿 张子珣
12	刘光庭 张守仙 张社儿 李阿七 史庭训
13	弥姐嘉顺 辛伏奴
14	一十六石四斗三升给官健一十七人二月小粮：
15	行官杨光武 李奉珎 李湛 □□□ 冯□（什）儿
16	张子珣 杨心儿 李昌愿 韩披［云］［
17	刘光庭 □□□ 张社儿 李阿七［

由此保留了当年杰谢镇的17名官健的名录，虽然二月后半有残，但这两个月的名单可以确定大抵是同样一批人。GXW0166:2r《唐建中三年（782）杰谢镇状稿为合镇应管仓粮帐事》所记杰谢镇的官健员额为16～18人不等，与这里的17人基本吻合。支粮标准是人均月支一石，以青麦、小麦、糜

---

①《中国国家图书馆藏西域文书·汉文卷》，待刊。

为食粮。①

杰谢镇处于于阗镇守军对敌的最前线，在安史之乱后中央政府补给不济的情况下，许多军需物资需要从当地百姓那里征收或市买。前举Дx.18915《唐某年九月十七日杰谢镇帖羊户为市羊毛事》，是从羊户那里市取羊毛，由判官别将卫惟悌、镇官将军杨晋卿签署发帖；Дx.18921《唐杰谢镇牒为杰谢百姓摊征事》，则是为摊派的蔺城"打驼分"外，征收鞍子类的物品。Дx.18916r《唐大历十五年（780）杰谢镇牒为征牛皮二张事》，是让所由送纳"鞦皱牛皮二张"，牒文由判官果毅□□进、知镇官大将军张顺签署②；H.2（M.9.b/Or.6406）《唐某年十二月杰谢镇知镇官杨晋卿帖》，是让知事负责修造"鞦皱牛皮一张"。③

杰谢镇处在军事前线，更重要的任务是探寻敌情，守护于阗王国不被侵扰。BH1—5《唐某年三月五日杰谢镇知镇官王子游帖》就真切地反映了这一情形：④

1 杰谢镇　　帖都巡杨光武

2　当界贼路等

3　右为春初雪消山开，复恐外寇冯（凭）

4　陵，密来侵抄。帖至，仰当界贼路，

5　切加远探候，勿失事宜。似有疏

6　失，军令难舍。三月十五日帖。

7　权知镇官左武卫大将军王子游。

这是某年的三月十五日，权知（临时负责）杰谢镇的镇官、左武卫大将军王子游给巡探的总负责人杨光武的帖文。此时是初春时节，山雪融化，道路通行。为了防止外寇前来侵扰，偷袭抄掠，王子游下帖，命令所管界内各条与贼人相通道路上的军事据点，派人到远处探候，不得有失。如有疏失，军法处置。

至于探候的结果，GXW0191《唐杰谢镇上守捉状为巡探事》有详细的叙述：

1 杰谢镇　　　　　状上

2　当界贼路三月下旬

---

① 以上文书的详细分析，参看庆昭蓉、荣新江《和田出土唐贞元年间杰谢税粮及相关文书考释》，《敦煌吐鲁番研究》第21卷，上海古籍出版社，2022年，第165—209页。

② 《俄藏敦煌文献》第17卷，第281页；张广达、荣新江《圣彼得堡藏和田出土汉文文书考释》，第224页；同作者《于阗史丛考》（增订版），第271—272页。

③ 沙知、吴芳思《斯坦因第三次中亚考古所获汉文文献（非佛经部分）》②，第332页。

④ 李吟屏《发现于新疆策勒县的四件唐代汉文文书残页考释》，《西域研究》2007年第4期，第77页；荣新江《新见唐代于阗地方军镇的官文书》，北京大学历史学系、北京大学中国古代史研究中心编《祝总斌先生九十华诞颂寿论文集》，中华书局，2020年，第368页。

3　　　右得行官陈玉诠 等 贰人状，称：奉帖令至边

4　　　界已来巡探，罗截□（得）知动静，回日速报 者 。谨

5　　　依。至削计宁（?）已来， 探 候罗截，亦无动静。所领

6　　　筋脚，并平安□□，□［　　　　　］具状录申守捉

7　　　听裁者。谨录［状上。］

8　牒 件 状［如 前 谨 牒。］

9　　　　　　　　　　　　］ 毛卜生 　牒

文书上有印痕，是正式的官文书。牒文中比较明显的缺字，已推补如上。最后一行为一个单独碎片，不确定能否与本件缀合，"毛卜生"的读法，是根据与此件关系密切的GXW0126号文书上的文字。这是杰谢镇向上级单位（很可能是坎城守捉）报告的牒文，告知三月下旬探巡当界贼路的情况。具体来说，在接到行官陈玉诠等二人的状后，按照帖令的要求，到边界地带巡探，寻找等候（罗截），探查敌人动静，回来时迅速予以报告。称巡探远至削计宁（?），从那里以来的各处贼路，都侦察巡视，没有发现什么动静。其所率领的人马（筋脚），[1]也都平安无事。杰谢镇将此情况报告上级守捉，听取裁决。

因为杰谢在军事上的重要地位，杰谢地区又有了杰谢守捉，目前尚不清楚这是从杰谢镇升格而来，还是与杰谢镇并列存在。GXW0224残帖中，有"帖杰谢守捉"字样，上面有朱印痕，是官文书无疑。另外上面第（一）小节中引用的BH1—9《唐都守捉牒》，即都守捉（坎城守捉）牒杰谢守捉的文字，可惜提到"杰谢守捉"的两件文书都没有年代。

最后应当提到，目前在出土文书中没有见到镇戍系统中具体"戍"的名字，但BH2—41残牒中，有"镇戍等公然"的残文，似表明当地也应当有戍的建置。

（五）神山堡

《新唐书》卷43下《地理志》记：

于阗东蘭城守捉。又西经移杜堡、彭怀堡、坎城守捉，三百里至于阗。（第1151页）

自拨换南而东，经昆岗，渡赤河，又西南经神山、睢阳、咸泊，又南经疏树，九百三十里至于阗镇城。（第1150页）

贾耽《皇华四达记》中提到的蘭城（蔺城）守捉与坎城守捉之间的移杜堡、彭怀堡未见和田出土文书。从拨换（今阿克苏）经昆岗南下，即沿于阗河南下于阗，经过神山、睢阳、咸泊、疏树四地，

---

①筋脚，筋代指马，脚代指人，参看毕波《和田新发现汉语、胡语文书所见"筋脚"考》，荣新江、朱玉麒主编《西域考古·史地·语言研究新视野——黄文弼与中瑞西北科学考查团国际学术研讨会论文集》，科学出版社，2014年，第339—347页。

最后到于阗镇所在。神山常见于和田出土文书中，现已确定在麻札塔格遗址。[①]准此神山例，睢阳、咸泊、疏树三地可能亦置堡，但在和田出土文书中尚未得到印证。

"神山堡"一名见于GXW0174《唐某年十二月十二日李旺致杨副使书状》：[②]

1　朝夕冬末，惟

2　副使所履清泰，旺不易前见，去日凭勾觅

3　少事，承垂情，并有手尾。今使佣人往，收检信

4　到，早发遣，幸也。各居一局，言款不由，企望

5　之情，日增劳积。谨因韩总管次，附状。不具。谨状。

6　　　　十二月十二日神山知堡官摄经略副使押牙将作监李旺状通

7　杨副使^{记室}

8　　　萨波悉略^{油麻二斗}李凑^{油麻一斗六升}緤花两秤　纥罗捺^{緤花三秤}

9　　　勃特桑宜^{緤花三秤}桑宜没^{两秤}毛勃捺^{三秤}杨副使^{四秤}

10　　史押官^{两秤}韩睦^{两秤}李珎^{四秤}已上计花廿五秤

11　油麻三斗六升。附送粗毡袜。至须检领。谨封□

　　　（余白）

李旺是神山堡的知堡官，本职是镇守军体制下的一名押牙，即"经略副使"下的押衙，兼官"将作监"（从三品），显然是阶官化的结果。[③]收信人杨副使不得其名，但送礼的清单中有几位是此前和田出土文书见到过的人物。"萨波悉略"是我们所熟悉的杰谢乡的小吏，其名汉文又作"思略""斯略"，皆从于阗文Sīḍaki音译而来。他至少在大历十七年（782）至贞元四年（788）间，任杰谢萨波，负责行政管理和税收工作。[④]李凑见GXW0066《唐某年帖为追吴楚林等事》，惜记其身份处残破。[⑤]纥罗捺（Rruhadattä）见Дx.18926+SI P 93.22+Дx.18928汉语于阗语双语《大历十六年（781）杰谢合川百姓勃罗门济卖野驼契》，时为保人；[⑥]他的名字还见于Дx.18927《建中六年（785年）十二月廿一日行官魏忠顺收驼麻抄》，时为杰谢百姓；[⑦]又见BH1—3《唐贞元六年（790）十月廿二日杰谢镇仓

①侯灿《麻札塔格古戌堡及其在丝绸之路上的重要位置》，《文物》1987年第3期，第63—75页；殷晴《丝绸之路和古代于阗》，《西域史论丛》第3辑，新疆人民出版社，1990年，第77页。

②李吟屏曾在和田当地抄录过这件文书，见所撰《近年发现于新疆和田的四件唐代汉文书残页考释》，《西域研究》2004年第3期，第85—86页。但因条件限制，录文有误。今据原件录文。

③参看孟宪实《于阗镇守军及使府主要官员——以中国人民大学博物馆藏品为中心》，《西域研究》2014年第1期，第4—5页。

④张广达、荣新江《八世纪下半至九世纪初的于阗》，同作者《于阗史丛考》（增订本），第255—256页。

⑤孟宪实《于阗镇守军及使府主要官员——以中国人民大学博物馆藏品为中心》，第5—6页。

⑥张广达、荣新江《于阗史丛考》（增订本），第281页。

⑦张广达、荣新江《于阗史丛考》（增订本），第282页。

算叱半史郎等交税粮簿》第30行。勃特桑宜应即BH1—3《唐贞元六年（790）十月廿二日杰谢镇仓算叱半史郎等交税粮簿》和GXW0107汉语于阗语双语欠钱名单上的没特桑宜（Budasaṃga）。[1]桑宜没（Saṃgabuda）也见于GXW0107双语欠钱名单。李珎见BH1—1背《唐贞元六年（790）冬季杰谢镇官健预支人粮、马料簿》第18行、GXW0167《唐某年（贞元年间？）于阗杰谢镇仓粮入破帐草》第10行，以及GXW0100《唐建中四年（783）粮帐》第4行，全名"李奉珎"。这些都证明李旺的这封信是写给杰谢镇的杨副使，并随信带一些礼物给杰谢的头面人物，其中既有汉军首领，也有胡人官吏。

GXW0201《唐神山堡李旺致米使特进状封》是一件信封，文字一行：

1　谨　　通　　米使特进^{左右}　　　　神山知堡官押牙将作监李　旺　谨封

寄信人与上件相同，都是神山堡的知堡官李旺，收信人则是一位姓米的某个"使"，其检校官也是很高的"特进"，但不知是哪里的官人，推测也应在杰谢或六城地区。

神山堡是一座唐朝在于阗设置的军事堡垒，迄今仍耸立在麻札塔格山顶最东端，附近还有一座烽燧。此地扼守于阗河西岸南北交通要道，应当就是《皇华四达记》所记之道路。9世纪初吐蕃占领于阗后，这里成为吐蕃军队驻守的重要军事据点，由此与北面的回鹘汗国隔塔里木盆地对峙。这里出土了大量藏文军事文书，就是吐蕃军队驻守的记录，藏文将"神山"音译为Shing shan。[2]

（六）神山及以北四馆

除了守捉、镇、戍、堡等军事单位之外，与之关系密切的是交通设施。《唐会要》卷73"安西都护府"条记："显庆二年十一月，伊丽道行军大总管苏定方大破贺鲁于金牙山，尽收其所据之地，西域悉平。定方悉命诸部，归其所居。开通道路，别置馆驿。"[3]这里虽然说的是西突厥阿史那贺鲁所属诸部的地方，其实随着唐朝在安西地区设四镇，这种"开通道路，列置馆驿"的工作应当遍及整个西域占领区。[4]按唐朝制度，官道上每三十里置一驿，非通途大道则立馆。

在唐朝统辖时期，神山地处从拨换到于阗的交通要道上，因此也设有馆驿，但在传世的唐朝文

①段晴、李建强《钱与帛——中国人民大学博物馆藏三件于阗语—汉语双语文书解析》，《西域研究》2014年第1期，第29—32页。

②F. W. Thomas, *Tibetan Literary Texts and Documents Concerning Chinese Turkestan*, II, London: The Royal Asiatic Society, 1951, pp. 198–199, p. 219 杨铭《吐蕃简牍中所见的西域地名》，《新疆社会科学》1989年第1期，第87—94页；收入作者《吐蕃统治敦煌研究》，新文丰出版公司，1997年，第209—222页。

③《唐会要》卷73，第1567页。从文意上看，"别"字作"列"字更佳，两个字体相近，或许原文为"列"字。

④安西地区的其他馆，《皇华四达记》记有吕光、新城、济浊、谒者、葭芦、羯饭馆。岑参有《银山碛西馆》《宿铁关西馆》等诗。大谷库车文书1508号有"大井馆"名，见小田义久编《大谷文书集成》一，法藏馆，1984年，第73页。而驿名尚未见到，目前所知唯一一条有关驿的材料见《资治通鉴》卷209，景龙二年（708）突骑施娑葛攻四镇，"擒吕守素于僻城，缚于驿柱而杀之"（第6628页）。

献中见不到记录，出土文书填补了空白。我们从和田出土文书中不仅知道神山设有馆，而且还知道其北面还有四个以上的馆。对此记载最有价值的文书，是德藏T IV Chotan（MIK III 7587）《唐于阗镇神山等馆支粮历》：[1]

（前缺）

1]□□□□□[

到　二月十□[

2]□一石二斗，至二月十七日[

3 □阳清，食米六斗，至二月[　　　　]十八日草泽馆

4 子一人、欣衡馆一人、连衡馆四人、谋常馆一人、般运子一人，

5 共八人，食米一斗六升。□十九日，草泽馆一人、欣衡

6 一人、连衡四人、谋常一人、般运子一人，共八人，

7 食米一斗、麦一斗。　廿日，神山已北四馆[

8 米一斗八升。　二月九日，都巡二人停十一日，食米

9 四斗八升，马两疋，食米一斗。都巡停十二，马两疋，食□[

10 □□。二月十七日，押官田□八入军后至，到二月九十（十九）日，

11]阳清急付已北四馆及看使料并脚力人粮[

12]石五斗三升。廿一日，神山已北四馆々子八人，食□

13 石五斗，破用讫。廿二日，神山已北四馆[

14]米一斗六升。

15]四斗　麨八斗

16]米二斗，一人取米二斗[

（后缺）

背面画马，其后倒书：

（前白）

1]十九日，停十二，马两疋，食麦[

2]思粮[

（后缺）

文书存16行，背面倒书2行，记于阗北沿于阗河的神山及以北草泽、欣衡、连衡、谋常四所馆驿支用粮食账。从文书属于于阗官府并且出土于和田地区来看，以上四馆都应是属于于阗镇的馆，而神山以北四馆应当是归神山馆供给和统领的。

① 池田温解说，《トルファン古寫本展解説》，朝日新聞社，1991年，No.7。陈国灿《唐代的"神山路"与拨换城》，《魏晋南北朝隋唐史资料》第24辑，武汉大学出版社，2008年，第199—200页。

草泽馆未见其他文书记载。欣衡馆见GXW0176《唐彦朏状为欣衡馆主曹小奴买驴事》，我们整理组的录文如下：①

1 欣衡馆主曹小奴^{买驴四} 〔

2 　右件人去七月十日交馆便买上件驴，将准作前件

3 钱。自立帖，限八月廿日付足。限已早满，频从索，一钱不

4 还。驴复转卖却两〔头，々〕别六千文。彦朏今被征回残

5 蹋面卌石已上〔　　〕急，伏望征上件钱，将粂囗〔

6 　　　〕衡〔

　　　（后缺）

可见馆有馆主，应当是负责该馆平日运作的负责人。这位曹小奴买驴一头，而驴正是交通路线上的畜力。

欣衡一名还和连衡一起出现，见麻札塔格发现的《唐别奏康云汉文书》（M.T.092v，Or. 8212/1557）：②

　　　（前缺）

1 别奉（奏）康云汉　作人石者羯　都多〔

2 奴伊礼然　奴伏浑　马一匹　驴〔

3 牛三头　揄论都督首领弓弩〔

4 　〕左右觅战　胡数浑　马〔

5 　〕连衡监官王瓒　欣衡监官囗囗〔

　　　（后缺）

从先连衡再欣衡的记录顺序来看，这件文书记录了一个康国粟特商人康云汉从拨换（阿克苏）到于阗行走的路线，文书记录了他携带的作人、奴隶的姓名，以及牲口数量，形式与过所大致相同，但从后面的内容看，应当还是馆驿留存的记录。文书发现地在麻札塔格，因此可能就是神山堡留存的过往商旅的记录。

欣衡、连衡一起记录，又见GXW0192《唐某年十月欣衡连衡等馆领物帐》：③

　　　（前缺）

1 囗米陆斗〔

2 斛，油伍胜〔

3 故，壹白。十月九〔

---

① 刘子凡《于阗镇守军与当地社会》，第21—22页有此文书录文和讨论。

② 沙知、吴芳思《斯坦因第三次中亚考古所获汉文文献（非佛经部分）》②，第217页。

③ 刘子凡《于阗镇守军与当地社会》，第20页录此文书，但第6行、第8行领物人"李衫"之名不能确定。

4 欣衡十月马蹄拾伍硕 [

5 陆斗充使料，九月、十月□ [

6 羊，一白羊。十月十九日李□领□□□□ [

7 连衡九月、十月使料，米陆斗，酒两□ [

8 升，羊肆口，两口白，两口故（殺）。十月廿九日李□领。

（余白）

这里提到"欣衡十月马蹄拾伍硕"，"连衡九月、十月使料，米陆斗，酒两□"，推测这件文书也是神山馆所写，是两所馆破用粮食、酒、马料等各项支出。

谋常馆又见于麻札塔格出土的M.T.0628r（Or.8212/708r）《唐于阗谋常监馆粮米帐》：[1]

（前缺）

1   ]谋常监馆二人粮

2   ]监馆二人粮，米四胜。

3   ]二人粮，米四胜。

4   ]六胜。

（后缺）

"谋常监馆"应当就是谋常馆的管理者，这里供给粮的单位应当就是神山馆。

更可喜的是还有谋常馆与昆岗一起出现在GXW0217《唐谋常昆岗等馆用粮帐》中：[2]

（前缺）

1 廿五日□□ [

2 一人路粮面五升。 [

3 谋常馆润十月五日，昆 [

4 同日昆岗请都 [

5 三斗。十六日都 [

6 十七日都 [

（后缺）

"昆岗"一名见于上引贾耽《皇华四达记》，在赤河（今塔里木河）以北，[3]是从拨换南行于阗的第一个重要地方，与这件文书中的"昆岗"应当可以勘同。它与谋常馆记录在一起，说明距离不远。很可能昆岗和谋常是相连接的两个馆，试看上引《唐于阗镇神山等馆支粮历》所记神山以北四所

---

①沙知、吴芳思《斯坦因第三次中亚考古所获汉文文献（非佛经部分）》①，上海辞书出版社，2005年，第187页。

②刘子凡《于阗镇守军与当地社会》，第20页录此文书第4行昆岗下一字为"馆"，但字形不类，当时读书班成员认为可能是"请"字。

③谭其骧主编《中国历史地图集》第5册，第63—64页。

馆的顺序是草泽、欣衡、连衡、谋常，这应当是从神山向北依次记录的，所以谋常在最北端，而据GXW0217粮帐，谋常北面应当就是昆岗。位于塔里木河北面的昆岗，其所用粮食也是由神山堡提供，这正如《沙州图经》所记瓜州的五所驿，是由沙州百姓"越界捉"的。这是一个很有意思的问题，可惜文书太残，不得其详。

和田地区还出土有《永泰三年（767）正月五日于阗百姓纳馆家草条记》：[1]

1　拔伽百姓勿日桑宜纳馆家草壹落子，永泰三年正月五日曹头忽延牌。（署名）

拔伽（Birgaṃdara）是六城下属的一个乡，在今老达玛沟一带。当地百姓要向馆驿交纳草，也说明拔伽地区也有馆的设置，只是这里没有提到该馆的名字。

又M.T.0634（Or.8212/709）《唐贞元六年（790）善政坊罗勃帝芬等纳神山马料抄》：[2]

（前缺）

1　善政坊罗勃帝芬神山纳 马 料青 麦 □ [

2　斗。贞元六年十月四日，馆子王仵郎抄。

3　 宜 货坊杨师 神山 □□ 料 青麦壹 [

4　　] 年 十月四日馆子 [

（后缺）

善政坊、宜货坊应当是设在于阗都城内的坊名，由此可知，城内坊里百姓要向神山纳马料，由馆子王仵郎发抄证明。这个王仵郎应当就是神山馆的馆子。

上述种种文书，可以说明馆在于阗的普遍存在。

从敦煌吐鲁番看到的唐朝西北边境地带的情形，馆驿常常与烽铺并置，以就水草所在。目前我们在传世史料和当地出土文书中，没有看到于阗烽铺的具体名称，但它们的存在应当是没有疑问的。上举Hedin 24号文书提到"三铺人"，就是于阗设置铺的明证。这一点还有新出文书的印证，GXW0081是《某帖杰谢镇为发遣铺子王元嵩事》：

1　□□ [　] 　　帖杰 谢镇 [

2　　铺子王元嵩　疏勒回易子 [

3　　右件人，使抽，别有 [

4　　仰当日速发 遣 [

5　　□ [

（后缺）

文书有朱印痕，为官文书无疑。开头的发文单位残，从下帖给杰谢镇，可以推测最有可能是"坎城

① 日本书道教育会议编《スウェン・ヘディン楼兰发见残纸・木牍》，书道教育会议，第128页，no. 117。
② 沙知、吴芳思《斯坦因第三次中亚考古所获汉文文献（非佛经部分）》①，第188页。

守捉"。"疏勒回易子"等字笔画偏细,是后来添写的,也可能是说明铺子王元嵩是从疏勒返回的人员。"铺子"一词表明王元嵩是杰谢镇下某烽铺的戍守兵士,因为有其他任务,所以被上级守捉发帖抽取。

最后,于阗也有"关",是更大的交通管制单位。贾耽《皇华四达记》记"于阗西五十里有苇关",[①]应当是防御于阗都城的重要关口,但目前还没有在出土文书中见到其名。斯坦因疑苇关在札瓦库尔干(Zawa Kurghān)戍堡。[②]据朱丽双的考察,今墨玉(Kara kash)县西南 24 里札瓦乡东风水库旁有一烽火台,相距里数大致相合,所以推测是于阗苇关遗址之所在。[③]

总之,由上面列举的传世文献和出土文书可以看出,唐朝军镇防御体制中的军、守捉、镇、堡,以及烽铺、馆驿、关津等各级建置及其制度,都推行到了于阗等安西四镇。于阗在北面沿于阗河的交通线上,设置神山等戍堡,驿馆比栉而立,保障了与安西都护或四镇节度使所在的龟兹之间军事要道的畅通。针对吐蕃越南山多次与弓月、疏勒等部进攻于阗的情况,唐朝在于阗镇城的东南西三方,设置了兰城、坎城两守捉,兰城、坎城、胡弩、固城、吉良、皮山六个镇,严密防范吐蕃的入侵。于阗的这一北通龟兹,南拒吐蕃的镇防体制,使它成为开元、天宝时期唐军向外进击的重要基地,一改此前备受攻击的局面。在安史之乱后,为加强北部的防御,又增设杰谢镇,后升格为杰谢守捉。镇防体制健全后的于阗军镇,在唐朝经营西域的活动中起到了重要的作用。史称"大军万人,小军千人,烽戍逻卒,万里相继,以却于强敌",[④]说明西域地区镇防体系的形成,大大增强了包括于阗在内的四镇御敌能力。

三、安西副都护或节度副使驻扎于阗

于阗在安西四镇的防御体系中处于西南方举足轻重的位置,我们发现,不论是前期的安西副都护,还是后期的安西节度副使,都有证据他们长期驻扎在于阗地区。

《旧唐书》卷 104《哥舒翰传》记:

> 哥舒翰,突骑施首领哥舒部落之裔也。……祖沮,左清道率。父道元,安西副都护,世居安西。……〔翰〕年四十,遭父丧,三年客居京师,为长安尉不礼,慨然发愤折节,仗剑之河西。初事节度使王倕,……后节度使王忠嗣补为衙将。……翰母尉迟氏,于阗之族也。[⑤]

①《新唐书》卷 43《地理志》,第 1150 页。

②A. Stein, *Ancient Khotan*, I, Oxford, 1907, p. 98;巫新华等译《古代和田》,山东人民出版社,2009 年,第 104 页。

③朱丽双《唐代于阗的羁縻州与地理区划研究》,第 74 页。

④《旧唐书》卷 196 上《吐蕃传》,第 5236 页。

⑤《旧唐书》卷 104《哥舒翰传》,第 3211—3213 页。

《新唐书》卷 135《哥舒翰传》所记略同，唯作"翰母，于阗王女也"。[①]据《唐方镇年表》，王倕任河西节度使在开元二十九年到天宝二年（741—743），[②]哥舒翰时年四十三，其出生当在 698—700 年前后，这也就是哥舒道元娶于阗王女为妻的时间，或许也是他任职安西的时间。哥舒道元又见《宋高僧传》卷 2《实叉难陀传》："〔实叉难陀〕以景云元年（710）十月十二日，右胁累足而终，春秋五十九岁。……十二月二十三日，门人悲志。敕使哥舒道元送其余骸及斯灵舌还归于阗，起塔供养。"[③]哥舒道元既娶于阗王女，又送于阗高僧骨灰归国，其与于阗的密切关系让我们怀疑他出任安西副都护的驻地就在于阗。其所谓"世居安西"的安西，应当是包括于阗在内的广义的安西，而不是狭义的龟兹。

《贞元释教录》卷 14《普遍智藏般若波罗蜜多心经》条记："三藏沙门达摩战涅罗，唐言法月……至于阗国，住金轮寺。时因病疹，渐染缠绵，药石无征，奄从迁化，春秋九十一，法夏七十二，以天宝二年岁次癸未十一月二十三日卒于此寺矣。时本道节度副使大夫夫蒙零（灵）督监护葬仪。"[④]这是四镇节度副使驻节于阗的明证。

上举《四镇节度副使右金吾大将军杨公神道碑》记，天宝中，杨和"自武卫将军、四镇经略副使，加云麾将军，兼于阗军大使。又迁金吾大将军，四镇节度副使"。从于阗军大使到四镇节度副使，其驻地一直在于阗。

《资治通鉴》卷 221 乾元三年（760）正月条记："丙戌，以于阗王胜之弟曜同四镇节度副使，权知本国事。"[⑤]这是因为安史之乱爆发后，于阗王尉迟胜入中原勤王未归，所以此时唐朝任命其弟尉迟曜为"同四镇节度副使"，权领本国事宜。这里四镇节度副使由于阗王兼任，其驻地在于阗更无疑议。

四镇节度副使驻扎在于阗，必然有不少军政事务处理。我们幸运地还能看到他们处理的一些文书或拟稿，先罗列如下。

M.T.c.iii（Or.8211/974）《唐建中七年（786）十一月十九日节度副使苏某牒为赵法仙发遣事》：[⑥]

1　仲冬严寒，伏惟准状各各牒所由者。其赵

2　法仙仍当日发遣讫。　发遣者，准状仍

3　牒举者，准状各牒所由者，请处分者，未

4　有处分者，执咨取处分。使判："勒所由

5　装束发遣者。"准状各牒所由者，仍牓

①《新唐书》卷 135《哥舒翰传》，第 4569、4571 页。

②吴廷燮《唐方镇年表》，中华书局，1980 年，第 1221 页。

③《宋高僧传》卷 2《实叉难陀传》，中华书局，1987 年，第 32 页。

④《大正新修大藏经》卷 55，第 878—79 页。

⑤《资治通鉴》卷 221 上元元年正月条，第 7090 页。

⑥É. Chavannes, *Les documents chinois découverts par Aurel Stein dans les sables du Turkestan oriental*, Oxford, 1913, pp. 216–217, pl. XXXVI；张广达、荣新江《于阗史丛考》（增订本），第 113 页。

6　示，故牒。

7　度副使开府建中七年十一月十九日　牒

8　　使节度副使开府太常卿苏

9　　使节度副使开府太常卿苏

文书上没有印鉴，第 7 行"度副使开府"显然是误书于此，牒文也没具撰者，第 9 行完全重复第 8 行文字，说明这是一个牒文草稿，但所记发遣赵法仙事宜应当完整无误。这位赵法仙很可能是从中央朝廷来四镇做道教斋醮的法师，因此由节度副使苏某出面安排送行事宜。文书发现于麻札塔格，这里的节度副使应当驻扎于阗。

上举 Hedin 24 汉语于阗语双语文书《唐贞元十四年（798）闰四月典史怀仆牒为尽收人畜入坎城事》最后三行云：

10　　贞元十四年闰四月四日辰时，典史怀仆牒。

11　　　判官简王府长史富惟谨〔

12　节度副使都督王[尉]〔迟曜〕

此时已经是于阗陷蕃的前夜，时任节度副使者的名字还可以看到"尉"的残画，所以我们推断其为当时的于阗王尉迟曜，前面的"都督"指他所兼的毗沙都督府都督，"王"指于阗王。可见此时和乾元三年相同，于阗王兼四镇节度副使。

还有一些没有年代的文书，应当也在大历至贞元时期（766—805）。吐鲁番地区博物馆藏《唐某年某月二十六日于阗镇守军帖》：[①]

　　（前缺）

1　拾文，帖至[准]〔

2　当送纳，待[凭]〔

3　廿六日帖。

4　　[知]〔

5　　　〔

6　使同节度副〔

这件是乌鲁木齐某收藏者连同吐鲁番文书一起捐赠给吐鲁番博物馆的文书，帖文末钤朱印一方，文曰"镇守军之印"，可知不是西州文书，而同时还有于阗语文书，故判断此件为和田出土文书。文末的"使同节度副〔使〕"职衔，当指大历、贞元间驻扎于阗的四镇节度副使。

BH4—255《唐于阗镇守军守捉使帖》：[②]

①荣新江、李肖、孟宪实主编《新获吐鲁番出土文献》，中华书局，2008 年，第 361 页。
②《中国国家图书馆藏西域文书·汉文卷》，待刊。

1]捉使　　[

2]拔伽寺僧不得[

3 　右要上件[

4 　驱使□[

5 　　□

6 使同[

这件是国家图书馆接受的捐赠文书，与上件相同，也钤有"镇守军之印"，内容是处理拔伽寺僧的事宜，最后残存"使同"二字签署，对照上件文书，可以确定是驻扎于阗的四镇节度副使的属衔。

M.T.0125（Or.8212/1523）《唐节度副使文书》：①

（前缺）

1 　　　　］使节度副使十将都[

这件出自麻札塔格遗址，最后的属衔表明是节度副使下的十将，不是节度副使本人。

GXW0098《于阗毗沙都督府长史节度副使尉迟宁状》：

（前缺）

1 　　　］今月八日□[

2 　　］同马□有限，路远未申[

3 　　］谨因使次，谨奉状□□谨[

4 　　］沙府长史节度副使骠骑大将军殿中监尉迟宁状上

（余白）

这位节度副使是由毗沙都督府长史兼任，尉迟宁的名字在传世史料和出土文书中都未见过，但其出自于阗王族应无异议。《旧唐书》卷144《尉迟胜传》记："贞元初，曜遣使上疏，称有国以来，代以嫡承嗣，兄胜即让国，请传胜子锐。上乃以锐为检校光禄卿兼毗沙府长史还。固辞。"②可见于阗王之子应当是毗沙都督府长史的人选，则尉迟宁很可能是某位于阗王的长子，③在某个时段中以毗沙府长史兼节度副使。

---

①沙知、吴芳思《斯坦因第三次中亚考古所获汉文文献（非佛经部分）》②，第200页。

②《旧唐书》卷144《尉迟胜传》，第3924—3925页。《新唐书》卷110《尉迟胜传》，第4127—4128页略同。《资治通鉴》卷232系在贞元元年（785）年末（第7467页）。

③孟宪实也认为是于阗王太子，见所撰《于阗：从镇戍到军镇的演变》，《北京大学学报》2012年第4期，第124页。

四、于阗在安西四镇中的地位和作用

除了安西副都护、四镇节度副使长期驻扎于阗外，有时候安西都护或四镇节度使也会莅临于阗，因为于阗在安西四镇中具有重要的地位。

《册府元龟》卷24帝王部符瑞门三记：

> 天宝元年正月戊申，安西都护田仁琬于于阗东王（玉）河，获瑞玉龟一，画以献。[①]

安西都护来于阗，肯定不是因为玉龟的出现，而是有其军事目的。

值得提到的还有藏文《于阗国授记》(Li-yul Lung-bstan-pa)一书中的相关记录，现将有关部分译出：[②]

> 尔后，尉迟僧伽罗摩（Vijiya Sangrama）王之子尉迟毗讫罗摩（Vijiya Vikram）返归于阗国，为其善友尊者大阿罗汉提云般若（Devendra）建毗沙罗摩（Byi-zha-gre-rma）寺。至今，阿婆罗质多天王与摩尼跋陀罗神守护之。
>
> 尔后，唐朝大臣谢大使（Ser The-shi）与尉迟达摩（Vijiya Dharma）王一起，为他们的善友瞿摩帝（'Gum-tir）的上座阇那斯纳（Jinasena），于东城建弥勒寺（Byams-pa Maitri）。至今，毗沙门天王守护此寺。
>
> 尔后，王之大臣盖大使（Ka The-shi）与尉迟散跋婆（Vijiya Sambhava）王一起，为他们的善友乌丹陀罗若希（Udrendra Rod-ci）与达磨难陀（Dharmananda）二人，共建开元寺（Khe-gan-rtsi）。至今，毗沙门天王守护此寺。

《于阗国授记》是有关于阗王国建立佛教寺庙的记录，大体上按年代先后记录，但并不一定涉及每一位国王。据前人考证，这里关于提云般若建寺一事当发生在他于691或692年去世的时候，以纪念这位大法师。[③]由此为基点，推测后面两段的记录应当年代相距不远。对比汉文史料，可以将Ser The-shi（谢大使）比定为开元十六年（728）十一月乙酉以前任"右羽林军大将军兼安西副大都护、四镇节度等副大使"的谢知信，[④]把Ka The-shi（盖大使）比定为开元二十六年任安西都护的盖嘉运，开元二十六年正是唐朝敕建开元寺的那一年。[⑤]四镇节度使副大使即四镇节度使，大使由亲王遥领，不出阁。

---

① 《册府元龟》卷24帝王部符瑞门三，第263页上栏。

② R. E. Emmerick, *Tibetan Texts concerning Khotan*, pp. 58–61.

③ J. E. Hill, "Notes on the Dating of Khotanese History", *Indo-Iranian Journal*, XXXI.3, 1988, pp.181–182.

④ 《册府元龟》卷975外臣部褒异门二，第11452页上栏。

⑤ 《旧唐书》卷194下《突厥传》下，第5192页。以上对证，详见拙稿《唐宋时期中原文化对于阗的影响》，北京大学中国传统文化研究中心编《国学研究》第1卷，北京大学出版社，1993年，第413页。

安西都护或四镇节度使在于阗监护葬仪和建立寺院，一方面反映了于阗佛教的兴盛，另一方面也反映了安西四镇最高首脑人物在于阗地区的频繁活动。这也说明于阗在整个唐朝西域镇防体系中，地位仅次于安西都护、四镇节度使所在的龟兹。

于阗在安西四镇中所处的地位，可以从史籍所见四镇的名录中看出，现将我们收集到的有代表性的材料罗列于下：

A.吐鲁番出土《延载元年（694）氾德达轻车都尉告身》："准垂拱二年十一月三十日敕，金牙军拔于阗、安西、疏勒、碎叶等四镇。"① 这里应当是拔四镇的先后次序。

B.《唐会要》卷73安西都护府条引苏氏记曰："咸亨元年（670）四月罢四镇，是龟兹、于阗、焉耆、疏勒。至长寿二年（693）十一月复四镇，是龟兹、于阗、疏勒、碎叶。"②

C.慧超《往五天竺国传》即开元十五年（727）："此即安西四镇名数：一安西、二于阗、三疏勒、四焉耆。"③

D.《册府元龟》卷967外臣部继袭门："调露元年（679），以碎叶、龟兹、于阗、疏勒为四镇。"④ 此年以碎叶代焉耆，故此碎叶在首位。

E.《旧唐书》卷40《地理志》："安西都护所统四镇：龟兹都督府、……毗沙都督府、……疏勒都督府、……焉耆都督府。"⑤《新唐书》卷43下《地理志》同。⑥

F.《旧唐书》卷198《西戎传》龟兹条："先是，太宗既破龟兹，移置安西都护府于其国城，……兼统于阗、疏勒、碎叶，谓之'四镇'。"⑦《新唐书》卷221上《西域传》龟兹条同。⑧按此条史料年代有误。

G.《新唐书》卷221上《西域传》焉耆条："开元七年（719），……安西节度使汤嘉惠表以焉耆备四镇，诏焉耆、龟兹、疏勒、于阗征西域贾，各食其征。"⑨此时又以焉耆代碎叶，故焉耆在先。

H.《资治通鉴》卷215天宝元年（742）正月条："安西节度抚宁西域，统龟兹、焉耆、于阗、疏勒四镇。"⑩

以上A、D、G三条因为有所侧重，所以不具有代表性，其他除《资治通鉴》外，均以龟兹为首，

---

① 《吐鲁番出土文书》第7册，第224页。

② 《唐会要》卷73，第1571页。

③ 录文见羽田亨《羽田博士史学论文集》上，京都，1957年，第627页。

④ 《册府元龟》卷967外臣部继袭门二，第11372页上栏。

⑤ 《旧唐书》卷40《地理志》，第1648页。

⑥ 《新唐书》卷43下《地理志》，第1134—1137页。

⑦ 《旧唐书》卷40《地理志》，第5304页。

⑧ 《新唐书》卷221上《西域传》，第6232页。

⑨ 同上，第6230页。

⑩ 《资治通鉴》卷215天宝元年正月条，第6847页。

于阗为次，慧超的记载甚至编有序号，当是闻自安西节度使府。《会要》及两《唐书·地理志》应本自原始档案，其所反映的应是实际情况。从四镇名表的排列上，也可以看出于阗在安西四镇中的地位。

于阗在安西四镇中仅次于龟兹的地位，使得它成为独当一面的军事重镇，于阗也在于阗王和镇守军将的率领下，发挥着重要的作用。《旧唐书》卷144《尉迟胜传》记：

> 尉迟胜，本于阗王珪之长子，少嗣位。天宝中来朝，献名马、美玉，玄宗嘉之，妻以宗室女，授右威卫将军、毗沙府都督。还国，与安西节度使高仙芝同击萨毗、播仙，以功加银青光禄大夫、鸿胪卿，皆同正。[1]

天宝六载（747），高仙芝征小勃律，以功授安西四镇节度使。[2]《册府元龟》卷971外臣部朝贡门四记："天宝七载三月，于阗、焉耆、龟兹、祥舸并遣使贺正，且献方物。"[3]这或许就是《旧唐书·尉迟胜传》所记天宝中来朝一事。考虑到高仙芝天宝九载破揭师、石国及九国胡并背叛突骑施等战事，[4]二人合击萨毗、播仙当在天宝八载。四镇节度使与于阗王合击入侵鄯善、且末地区的吐蕃军，充分证明了此时于阗不仅增强了本身的防御能力，而且有力量主动出击。

库车苏巴什唐代遗址出土过一件残破的汉语文书，其中只有"一十人于阗兵"的几个字，[5]但证明于阗兵还曾支援过安西都护府的大本营龟兹地区。另外，拜城克孜尔石窟出土有一件文书，残文如下："碛〔西〕行军押官杨思礼请取〔于〕阗镇军库讫，被问依（中残）更问（下残）。"[6]碛西即安西，安西行军押官杨思礼奉命去取于阗镇军库中的物资，进一步证明于阗军镇在安西四镇中的重要地位。

总之，随着唐朝势力的进入西域，特别是长寿元年发三万汉军驻守四镇后，于阗地区的各级军镇体制逐渐建立，四镇节度使、副使长期驻扎在于阗，使得于阗从备受吐蕃与西突厥余部侵袭，到主动出击，甚至增援他镇的变化。这种种迹象都说明了于阗在安西四镇中仅次于龟兹的重要地位。

（2022-6-30完稿）

① 《旧唐书》卷144《尉迟胜传》，第3924页。

② 《资治通鉴》卷216天宝六载十二月条，第3924页。

③ 《册府元龟》卷971外臣部朝贡门四，第11412页下栏—第11413页上栏。

④ 《资治通鉴》卷216天宝九载条，第6898、6900页；《天宝十载制授张无价游击将军官告》，《吐鲁番出土文书》第10册，文物出版社，1991年，第2页。

⑤ 黄文弼《新疆考古发掘报告》，文物出版社，1983年，第90页，图版六六。

⑥ 黄烈编《黄文弼历史考古论集》，文物出版社，1989年，第269页。

面壁穷经一甲子

施萍婷先生敦煌研究
六十年纪念文集

下册

石文　主编

甘肃文化出版社

下册

敦煌莫高窟早期三窟的图像与仪式发展略探*

赖文英/独立研究者

敦煌莫高窟早期三窟指第 268、第 272、第 275 三个窟，位于南区窟群中段第三层，具体开凿年代尚无定论，是目前学界公认敦煌现存最早的石窟寺遗址，受到学界关注，已出版全面、完整的考古报告。[①]三窟位置毗邻，形制各异，其功能多被定位为禅窟，如贺世哲先生从石窟形制与主要造像、壁画内容等方面，具体论述其禅观内涵，并推测其中附有小禅室的第 267—271 组窟，可能是最早在莫高窟开窟的乐僔禅师所使用过的禅窟。[②]赖鹏举先生则从弥勒净土的角度，分析三窟念佛禅法与净土的结合。[③]

莫高窟之创建始于禅僧，[④]早期石窟的禅修功能毋庸置疑，但不可忽略的是，佛教的禅修不仅止于坐禅，尤其是石窟中的图像（或造像）除了有禅观性质之外，还涉及与禅修相关的其他功能，如礼

---

*本文原稿为笔者于觉风佛教文化艺术基金会举办之"2019 亚洲佛教艺术研习营——敦煌佛教艺术"课程讲义《敦煌石窟的图像与仪式》，兹经增补而完稿。

[①] 敦煌研究院编《莫高窟第 266～275 窟考古报告》，文物出版社，2011 年。

[②] 贺世哲《敦煌图像研究——十六国北朝卷》第一章《北凉三窟图像研究》，甘肃教育出版社，2006 年，第 1—42 页。

[③] 赖鹏举《敦煌石窟造像思想研究》第二章《北凉三窟承袭炳灵寺的造像思想》，文物出版社，2009 年，第 65—102 页。

[④] 莫高窟创建之最早的记载，见唐武周圣历元年（698）《李君莫高窟修佛龛碑》："莫高窟者，厥初，前秦建元二年（366），有沙门乐僔，戒行清虚，执心恬静，尝杖锡林野，行至此山，忽见金光，状有千佛，遂架空凿岩，造窟一龛；次有法良禅师，从东届此，又于僔师窟侧，更即营建。伽蓝之起，滥觞于二僧。"学界多据此碑以乐僔、法良二禅师为莫高窟之创建者。马德《敦煌莫高窟史研究》，甘肃教育出版社，1996 年。

佛、忏悔等仪式。石窟建成之初必启建法会，尔后作为僧俗日常活动的场所亦不离仪式，石窟形制与图像配置均和仪式功能的需求息息相关，图像发展也涉及仪式的演变，因此图像与仪式的关系是石窟研究重要课题之一。敦煌石窟不论在形制或图像上均展现出丰富的仪式性，部分学者已关注此一议题。然而对于早期三窟的相关研究较为不足，笔者认为，莫高窟早期三窟开启敦煌石窟的仪式性功能，在图像配置上亦有仪式性的考虑，影响尔后敦煌石窟的造像发展，在此思考脉络下，本文尝试对三窟图像与仪式发展之关系提出个人的一点想法，就教于方家。

一、莫高窟早期三窟开启敦煌石窟的仪式性功能

莫高窟早期三窟的形制虽有不同，但在建筑布局，以及造像内容、题材等方面，均表现出同一体系的完整性。敦煌学者马德曾指出，莫高窟十六国（北凉）时期的石窟艺术，"由单一的少数僧人的道场发展为面向大众的佛教活动场所"，[①]笔者同意此一观点。佛教活动可能涉及仪式的进行，但具体有哪些活动或仪式，我们从以下三窟分别观察。

（一）第 268 窟

第 268 窟平面为纵长方形，两侧各有两个方形小禅室，编号分别为第 267、第 269、第 270、第 271 窟，是典型的禅窟形制，延续从西北印、中亚新疆一路到敦煌的禅窟发展，也点出早期石窟的禅修性质。主室即为第 268 窟，正壁开龛设置佛像，主尊为交脚佛。就石窟功能而言，两侧小禅室可供坐禅，主室的长形空间可供经行。而走道尽头设置龛像则涉及禅修之观像与忏悔（图 1）。

戒定慧三学以戒为首，学禅之人须持戒清净，《坐禅三昧经》云："学禅之人初至师所，师应问言：'汝持戒净不？非重罪恶邪不？'"[②]若持戒清净，无犯重罪，便教以禅法；若有破戒犯罪，轻者教以如法忏悔，破重戒者，则不得学禅。又重罪之人求佛，要修念佛三昧，"若初习行人，将至佛像所，或教令自往，谛观佛像相好，相相明了，一心取持，还至静处，心眼观佛像，令意不转。……如是不已，心不散乱，是时便得心眼，见佛像光明，如眼所见，无有异也。"[③]若忏悔清净，一心不乱，则能以心眼见佛相好光明。故念佛三昧可忏除罪业，禅观成就时，能于定中见佛，请决所疑。

由上文可知修念佛三昧时，先至佛像之所观像，再至静处坐禅以心眼作观，观像与坐禅的场所不同，第 268 窟正壁龛内的主尊即观像的对象，两侧的小禅室则为坐禅之静处。

---

① 马德《敦煌莫高窟史研究》，第 60 页。
② 《大正藏》第 15 册，第 277 页。
③ 《大正藏》第 15 册，第 276 页。

图 1　第 268 窟内景

（敦煌研究院编《莫高窟第 266～275 窟考古报告》，图版 27）

图 2　第 268 窟西壁

（敦煌研究院编《莫高窟第 266～275 窟考古
报告》，图版 30）

图 3　第 268 窟顶平棋的莲花、化生与飞天

（敦煌文物研究所编《中国石窟·敦煌莫高窟》第一卷，
文物出版社、平凡社，1982 年，图版 5）

本窟主尊既作为禅观的对象，主尊的定位亦涉及禅修内涵，学界有两种解读：一为释迦佛；一为弥勒佛。从三窟的关联性来看，弥勒佛的可能性较大，学界也多认为是弥勒佛。若从第268窟主室壁面图像布局来看，主尊或许是带有净土属性的。如正壁龛外两侧的四身供养天人，合掌胡跪于下方伸出长茎的莲花上，最上方有飞天；龛内也有或跪或立的供养天人与化生；窟顶平棋中心以莲花为饰，还有化生与飞天，这些都是佛经中描写佛国净土的殊胜景象，也是图像中常见的净土元素（图2、图3）。以释迦于秽土成佛，故龛内主尊交脚佛宜解读为净土成佛的弥勒佛。

第268窟主尊与主室空间的净土色彩，透露出此窟禅修内涵的大乘特质，而禅忏不可分，因禅观衍生出的持戒、忏悔，在与其相邻的第272窟得到进一步开展。

（二）第272窟

第272窟为覆斗顶方形窟，前室西壁窟门两侧各开一小龛，内有一禅定僧，符合三窟的禅修主题。主室正壁龛内主尊为倚坐佛，龛外左右侧绘菩萨众，左右两壁面绘满千佛，千佛中央绘一说法图。值得注意的是正壁龛外两侧的坐姿菩萨，每侧各有四排、每排各五身，共四十位菩萨，这些菩萨或交脚，或结跏，或侧坐，姿态各异，加上正壁龛主尊两侧各一立菩萨合为四十二菩萨，过去学界多视为供养菩萨未多作解读，笔者认为，此四十二菩萨不同于合掌的供养菩萨，若从菩萨修行意义而言，可代表四十二贤圣位（图4、图5）。

图4 第272窟西壁

（敦煌研究院编《莫高窟第266～275窟考古报告》，图版106）

图5 第272窟西壁龛外南侧

（敦煌研究院编《莫高窟第266～275窟考古报告》，图版124）

图 6　第 272 窟西壁龛内北侧
（敦煌研究院编《莫高窟第 266～
275 窟考古报告》，图版 114）

图 7　第 272 南壁说法图
（敦煌研究院编《莫高窟第 266～275 窟考古报告》，图版 136）

　　四十二贤圣是大乘菩萨修学阶位，在《菩萨璎珞本业经》（简称《璎珞经》）中列举十住、十行、十回向、十地、无垢地、妙觉地共四十二阶位。经中佛为敬首等十方菩萨说三具净戒等菩萨因行，在《大众受学品》指出受菩萨戒法有三种受戒：一者诸佛菩萨现在前受，得真实上品戒；二者诸佛菩萨灭度后，千里内有先受戒菩萨者，请为法师教授我戒，是中品戒；三者佛灭度后千里内无法师时，应在诸佛菩萨形像前，胡跪合掌，自誓受戒，是为下品戒。受戒者礼三世佛之后，忏悔十恶五逆，接着师为说十无尽戒，一一戒若犯者，失四十二贤圣法。①

　　第 272 窟正壁两侧之四十二菩萨，点出此窟与四十二贤圣之菩萨戒法的关联，而正壁倚坐佛可在千里内无法师时作为自誓受戒的戒师，圆券大龛低近于地面，适合受戒者于龛前胡跪，龛内两侧菩萨上方也可见胡跪合掌的比丘，部分可见持花供养，每侧五身，两侧共十位比丘弟子；主尊与两侧壁千佛中的说法佛合为三世佛，则可作为受戒者礼拜忏悔的对象（图 6、图 7）。

　　因此第 272 窟可视为禅修前行之受戒礼忏窟，说戒、受戒、忏悔等仪式皆可在此窟进行。

①《菩萨璎珞本业经》据传为姚秦凉州沙门竺佛念所译，收于《大正藏》第 24 册，第 1010—1022 页。本经约成书于 5 世纪后半，虽被学界视为中土所作之疑经，但其明确提出菩萨修行的四十二阶位说，对后世影响深远。

（三）第 275 窟

第 275 窟为三窟中较大者，平面方形，正壁不开龛，直接塑一尊 3.4 米高的交脚菩萨，两侧壁上部各并列开三龛，靠西侧之两龛内均造交脚菩萨，东侧一龛内造思惟菩萨。北壁龛下绘本生故事，南壁龛下的壁画内容则较有争议。过去学界一直将南壁壁画定为佛传中之四门出游，赖鹏举则解读为兜率净土内民众相谈教化、天人奏乐的和乐场景。[1]贺世哲仍持佛传（出游四门）之观点，并从禅观的角度，将其定为生身观，南壁的本生故事定为法身观。[2]尔后赖鹏举又结合贺世哲的观点，认为第 275 窟将念佛三昧的像观、生身观、法身观含摄为净土的因地，而北壁四门出游之佛传题材为念佛三昧之生身观，并加入兜率净土天人奏乐的场景。[3]

综观全窟的布局，整体造像以兜率净土为主题，侧壁上层龛内的交脚菩萨则为在兜率天宫等待下生的一生补处菩萨，一生补处菩萨之代表为次当作佛之弥勒，故主尊交脚菩萨可定位为弥勒（图 8、图 9、图 10）。《大智度论》卷 38 云：

> 兜率天上，结使薄，心软利，常是菩萨住处。譬如太子将登王位，先于静室七日斋洁，然后登正殿受王位。补处菩萨亦如是，兜率天上如斋处，于彼末后受天乐；寿终来下，末后受人乐，便成阿毗三佛。[4]

兜率天之补处菩萨均入千菩萨会中，次第作佛。[5]275 窟壁面上层有多处绘有小坐佛，可见是在千佛的系统下。其下生至成佛，应于善法思惟分别，《大智度论》卷 27 云："初发心乃至坐道场，于其中间一切善法，尽名为道。此道中分别思惟而行，是名道智"。[6]故两侧壁东侧一龛皆为思惟菩萨，并以树形龛与交脚菩萨之阙形龛作区隔，此配置与四世纪新疆克孜尔石窟第 38 窟窟门上方之布局有相同意涵，惟在表现方式上不同，克孜尔石窟第 38 窟将思惟菩萨置于兜率天宫下方两侧，而敦煌莫高窟的思惟菩萨则置于兜率天诸菩萨之外侧。

在兜率天宫说法的弥勒菩萨有其禅观内涵。北魏吉迦夜共昙曜翻译的《付法藏因缘传》记载，僧伽难提曾以一偈试一罗汉，尔时罗汉即入三昧，深谛思惟不能解了，便以神力分身飞往兜率天宫弥勒之所，请决所疑。[7]弥勒为罗汉决疑之事迹亦见于梁代慧皎《高僧传》，在卷 3 记载，沙门智严未出家前曾犯五戒，出家多年禅观不能自了，疑不得戒，便至天竺寻访明达，遇一罗汉比丘，罗汉为其入定往兜率天宫咨于弥勒。[8]又，同书卷 11 记载释慧览于罽宾从达摩（一称摩达）比丘咨受禅要，

---

[1]参见赖鹏举《丝路佛教的图像与禅法》，台湾中坜：圆光佛学研究所，2002 年，第 200—204 页。

[2]贺世哲《敦煌图像研究——十六国北朝卷》，第 39—41 页。

[3]赖鹏举《敦煌石窟造像思想研究》，第 97—102 页。

[4]《大正藏》第 25 册，第 341 页。

[5]《大智度论》卷 39："菩萨有各各道、各各行、各各愿。是菩萨修业因缘，生兜率天上，入千菩萨会中，次第作佛。如是相，当知是贤劫中菩萨。"《大正藏》第 25 册，第 343 页。

[6]《大正藏》第 25 册，第 259 页。

[7]《大正藏》第 50 册，第 320 页。

[8]《大正藏》第 50 册，第 339 页。

图 8　第 275 窟内景

（敦煌研究院编《莫高窟第 266～275 窟考古报告》，图版 171）

图 9　第 275 窟北壁

（敦煌研究院编《莫高窟第 266～275 窟考古报
告》，数码全景拼图 39）

图 10　第 275 窟南壁

（敦煌研究院编《莫高窟第 266～275 窟考古报告》，
数码全景拼图 40）

达摩曾入定往兜率天从弥勒受菩萨戒，出定之后以此菩萨戒法授予慧览。^①故兜率天宫的弥勒菩萨不仅可为罗汉决疑，更可为授菩萨戒，对僧人修习禅定具有重要意义。

但若以三窟功能搭配来考虑，本窟亦可作为集会说法之殿堂，主尊弥勒菩萨是大众归依之导师，如北凉沮渠京声译《佛说观弥勒菩萨上生兜率天经》云："若有比丘及一切大众，不厌生死乐生天者、爱敬无上菩提心者、欲为弥勒作弟子者，当作是观。作是观者，应持五戒、八斋、具足戒，身心精进，不求断结，修十善法，一一思惟兜率陀天上上妙快乐。……弥勒菩萨于未来世，当为众生作大归依处。若有归依弥勒菩萨者，当知是人于无上道得不退转。"^②

归依是归投、依靠的意思，亦即弥勒菩萨将于未来世成佛，成为众生归依之处。经文指出欲作弥勒弟子者，应持五戒、八斋、具足戒。五戒为不杀生、不偷盗、不邪淫、不妄语、不饮酒，是佛弟子的根本戒。八斋即八关斋戒，具体包含八戒一斋，是佛陀为在家信众制定，一日一夜受持，学习出家生活，使亲近三宝，长养出世善根。五戒、八斋为在家戒，具足戒则是出家僧尼所受持之戒律，也就是不论在家、出家，要成为弥勒弟子均应持戒、精进。"不求断结"指不断除烦恼，此为弥勒菩萨之慈心不舍众生，故不断烦恼、不求涅槃；"修十善法"为弥勒菩萨之本愿。弥勒菩萨展现积极救世的大乘菩萨精神，经文最后称本经亦名"观弥勒菩萨生兜率陀天劝发菩提心"，也揭示弥勒菩萨对众生追求佛道的殷殷劝导。

菩提心指无上正等正觉之心，为一切诸佛之种子，能长养净法，也是大乘菩萨必须发起之大心，即上求佛道、下化众生。菩提心更是成佛动力，是因也是果。以弥勒菩萨劝发菩提心，符合弥勒菩萨之本愿，据西晋竺法护译《弥勒菩萨所问本愿经》所载，弥勒菩萨以四事不取正觉：一、净国土；二、护国土；三、净一切；四、护一切。又其求道时，以善权方便安乐之行，向十方诸佛归命礼敬，悔过劝善，"使其作佛时，令我国中人民，无有诸垢瑕秽，于淫怒痴不大，殷勤奉行十善，我尔乃取无上正觉"。^③不证涅槃的大乘菩萨，代表着大乘行者对众生的现世关怀，也就是慈悲心，不仅重视个人修行，亦强调人世间的度化。《佛说观弥勒菩萨上生兜率天经》为北凉沮渠京声在南朝译出，与当时大乘菩萨思想的发展有关。

从弥勒菩萨劝发菩提心之观点来看，本窟北侧的本生故事正是菩提心的展现。北壁的本生故事共五铺，由西向东分别为：毗楞竭梨王本生，为求一偈而受千钉；虔阇尼婆梨王本生，为求妙法，身燃千灯；尸毗王本生，割肉贸鸽；月光王本生，施头；快目王本生，施眼。前二则故事强调求法，后三则故事彰显布施，皆体现菩萨上求下化之菩提心。

菩提心为成佛之因，故第275窟北壁的本生故事可谓表现菩萨因地的思想，画面构图穿插天人奏乐以赞叹，而相对之南壁宜解读为兜率天宫妙乐景象，下方描绘一排天人，与北壁下方的世俗供

---

① 《大正藏》第 50 册，第 399 页。

② 《大正藏》第 14 册，第 419—420 页。

③ 《大正藏》第 12 册，第 188 页。

养人形成对比。

　　小结：从上述分析可知，早期三窟虽以禅修为主要功能，但具备由禅修所衍生出的礼拜、忏悔、诵戒、集会、供养等仪式性活动，这些仪式性活动构成敦煌石窟中的功能主体。第 268 窟设有四个小禅室，为僧人共修模式，佛龛下方绘有供养人像，分别由两侧朝向中央，前有僧人引导。第 275 窟北壁的一列供养人，前方有数身吹乐人，接着一身较高大的僧侣引领众人，朝向正壁方向作礼前行，可知石窟为僧俗所共用，说明敦煌的教团组织在初期已具雏形，石窟作为僧俗佛弟子集会修行的场所。尔后北朝的中心柱窟进一步区隔出前部的礼拜空间与后部中心柱形成的行道空间，清楚界定出不同的仪式性空间，原有的诵戒、礼忏等功能也在不同仪式空间开展，但这些仪式性活动在早期三窟已可看出端倪。

二、从千佛大戒至佛名礼忏

　　5 世纪之际，随着中土菩萨思想的发展，大乘菩萨戒经亦陆续译出。菩萨戒法传入中土，使得仪式修法的形式逐渐完备。[1]学界研究指出，中土佛教礼忏之发展，从早期僧团布萨忏悔演变至大乘佛教的礼忏仪，其中关键是菩萨戒的传入与相关行法之制定。[2]前文已说明第 272 窟的受戒礼忏性质，主尊与两侧壁说法佛合为三世佛，是礼拜忏悔的对象，而菩萨戒法为其特色。第 272 窟除了正壁的四十二贤圣与菩萨戒有关，两侧壁的千佛也涉及中土菩萨戒法，并以佛名礼忏的形式开展。

（一）《梵网经》与千佛大戒

　　"千佛"可说是敦煌石窟最基本的图像元素，成行成列构图井然有序的小坐佛几乎遍满每一个石窟。现存已知最早的千佛图像见于甘肃永靖炳灵寺第 169 窟西秦壁画，其中位于东壁的 24 号壁画，满壁千佛中绘有三幅比例较大的图，分别为一说法佛二胁侍菩萨、一禅定佛二胁侍弟子，以及释迦、多宝二佛并坐图。其中释迦、多宝二佛并坐图旁的题记中有"共造此千佛""供事千佛"等明确文字记载。从题记亦可得知"共造此千佛"者，包括罗什门下之弟子道融。此道融曾参与罗什译场，弘始年间鸠摩罗什于长安传出《菩萨波罗提木叉》，云出《梵网经》，"时融、影三百人等，一时受行，修菩萨道"，并书写流通后世，"愿来劫不绝，共见千佛，龙华同坐"。[3]

　　现存《梵网经》共有上、下两卷，为《梵网经卢舍那佛说菩萨心地戒品第十》，上卷明菩萨阶位，开十发趣、十长养、十金刚、十地名相；下卷明菩萨戒法，详述十重四十八轻戒，即《菩萨戒本》。此菩萨戒法为佛佛相传，是释迦牟尼佛成道时于定中返回莲华台藏世界，由卢舍那佛所传授。《梵网

①盐入良道《中国佛教仪礼における忏悔の受容过程》，《印度学佛教学研究》第 11 卷第 2 期，1963 年，第 353 页。

②纪志昌《东晋南朝礼忏之型态与发展历程研究》，《成大中文学报》第 66 期，2019 年，第 77—116 页。

③未详作者《菩萨波罗提木叉后记》，《大正藏》第 55 册，第 79 页。

经》谓此卢舍那佛所说心地法门为三世诸佛所说、三世菩萨所学，经中并称此心地法门为"千佛大戒"，受持者"得见千佛，佛佛授手"。[①]故炳灵寺此铺千佛图可能即当时受戒学人共同所造。

仔细观察炳灵寺第169窟24号壁画千佛的表现，佛与佛背光之间均有一朵莲花，而没有题佛名，但是莫高窟第272窟两侧壁上层的千佛仍可见佛名榜题，二者之间的转变值得注意（图11、图12）。

图11　炳灵寺第169窟第24号壁画千佛

（王亨通、花平宁主编《甘肃永靖炳灵寺石窟壁画》，重庆出版社，1991年，第4页）

图12　莫高窟第272窟北壁上层，飞天下方千佛

（敦煌文物研究所编《中国石窟·敦煌莫高窟》第一卷，图版8局部）

①鸠摩罗什译《梵网经卢舍那佛说菩萨心地戒品第十》卷下，《大正藏》第24册，第1009页。

（二）《千佛名经》与行道忏悔

有关千佛的经典在西晋时期已译出，但多宣扬功德，没有形成具体的行门。[①]对于持诵佛名的经典记载，最早见于吴支谦译的《佛说八吉祥神咒经》，持念佛名之目的不离消灾除厄、不堕恶趣及求佛道。[②]将千佛与持诵法门结合首次出现在元魏菩提流支译《佛说佛名经》，经文云："受持读诵诸佛名者，是人现世安隐，远离诸难及消灭诸罪，未来当得阿耨多罗三藐三菩提。"[③]接着总礼十方诸佛，一一称念各方诸佛名，再"归命"总礼十方诸佛，此时的姿势为长跪合掌，可视为"请佛"的仪节。礼十方诸佛之后接着便称念诸佛名号，一日六时，称名礼拜：

> 若有众生信受我语，受持读诵是诸佛名，当净洗浴，着新净衣，于昼日初分时、中分时、后
> 分时，夜亦三时，从坐起，偏袒右肩，右膝着地，一心称是佛名，供养礼拜。[④]

此言"从坐起"，因此可能也配合禅坐，称名时则"偏袒右肩，右膝着地"。经中罗列的佛名包括过去、现在、未来一切劫中之同名与异名诸佛，都是称名礼敬的对象。

《佛说佛名经》中多处言及持诵佛名可灭罪、除厄、离障、不堕恶道，又进一步将持名的对象扩大到十方三世千佛，并强调持诵千佛名可到达三昧的境界，见三世佛：

> 若善男子善女人，能受持读诵是贤劫千佛名者，必见弥勒世尊，及见卢至，远离诸难。[⑤]

"卢至"即"楼至佛"，为贤劫千佛之最后一佛，弥勒为未来佛，卢至等贤劫千佛为现在佛，因此"见弥勒世尊，及见卢至"即是见三世佛，有"三世佛观"的意涵。

至于未来世求得菩提，则须先忏悔，如经言："求阿耨多罗三藐三菩提者，当先忏悔一切诸罪。"[⑥]发露忏悔时，要"一心归命十方诸佛，称名礼拜，随力随分"。[⑦]可见在忏悔时亦称念佛名，只是佛名之多寡，依个人"随力随分"。

"三世佛观"与"十方佛观"皆是禅法的重要核心，《观佛三昧海经》中《念佛品第十》叙述七佛观法时云："见七佛已见于弥勒，见弥勒已贤劫菩萨一一次第逮及楼至，各放光明住行者前。……以是念佛三昧故，十方诸佛放大光明，现其人前。"紧接着《念七佛品》之后就是《念十方佛品》，由见过去七佛而至弥勒乃至见十方诸佛有其禅观之次第，可以看出《佛说佛名经》与禅法之间的关联性。故借由持诵佛名与忏悔，可以得到与禅观相当的境界。禅观时若修观不成须忏悔以求清净业

① 如西晋竺法护译《贤劫经》，《大正藏》第 14 册，第 425 号经。

② 《大正藏》第 14 册，第 427 号经。

③ 《大正藏》第 14 册，第 114 页。

④ 《大正藏》第 14 册，第 167 页。

⑤ 《大正藏》第 14 册，第 134 页。

⑥ 《大正藏》第 14 册，第 158 页。

⑦ 《大正藏》第 14 册，第 159 页。

障，这在禅籍中多有论述，因此《佛名经》除持诵佛名之外，亦结合忏悔，来达成其上求菩提之心，而发展成为一种行门。

前述莫高窟第 272 窟两侧壁亦绘有千佛，千佛中央各绘有一说法图，与正壁主尊倚坐佛合为三世佛。稍后的北魏第 259 窟在正壁开龛，龛外两侧绘满千佛，龛内主尊为释迦、多宝二佛并坐，亦在三世佛系统。但第 259 窟形制已明显有了变化，出现半中心柱，说明有新元素加入。第 259 窟虽沿袭第 275 窟侧壁上层开龛造交脚菩萨、思惟菩萨，但显然早期三窟原有形制已不能满足功能的需求，或许是在尝试阶段，故此形制仅见一窟，而有尔后成熟的中心柱窟形制。在北魏具代表性的中心柱窟第 254 窟，四壁千佛保存大量的佛名榜题，根据学界对本窟现存千佛榜题名号的整理，佛名包含过去庄严劫千佛与未来星宿劫千佛，其排列顺序从东壁门南起，经南壁往西，西壁往北，北壁往东，东壁再往南，构成依顺时针右绕的行道方向。窟内中心柱如塔之功能，中心柱四面龛内所造禅定佛、苦行佛、交脚佛、交脚菩萨、思惟菩萨等，或为释迦，或为弥勒，皆属现在贤劫千佛，故整窟造像以三世千佛为主体，作为窟内行道礼拜的对象。[1]

佛名经典罗列佛名以宣唱、礼拜，或解说佛名功德以称扬，借由礼唱佛名的功德，祈求除障灭罪，增进禅观念诵之力，不只追求宗教上的生死解脱、修道成佛，更重要的是以治病、延寿、攘灾、避邪等现世利益作为祈求的主要目的。有些佛名经在佛名前冠上"南无""敬礼""归命"等，或在"佛名"之后夹杂经文长行，或在"佛名"之前先诵赞偈，也有夹杂忏悔发愿文、神咒等，可见称礼佛名并非单一行门，而是与礼忏仪式结合，身（礼拜）、口（称名）、意（虔敬），三者合一，成为宗教仪式的重要组成。[2]

佛名经典进入具有仪式性质的石窟空间之后，经中罗列的佛名使礼拜仪式有了具体的称礼对象，行道时可称念佛名，称名礼忏的仪节被广泛应用在各类忏法的忏仪之中，乃至昼夜六时忏悔发愿均各有佛名。佛名经典种类繁多，所列佛名不仅有三世三劫佛名、贤劫千佛名、十方千五百佛名、五千五百佛名，还有八佛、三十五佛名、五十三佛名等，佛名礼忏的仪式也越来越多元。

早期与忏悔有关的三世佛与千佛图像构成石窟造像主体，石窟也由禅修功能转为礼忏空间，从仪式的意义来说，千佛中央说法图具有千佛主尊的象征，礼一佛即礼千佛。然而在千佛成为石窟图像的重要组成并结合佛名礼忏之后，石窟中原有的受戒礼忏功能被扩大。慧皎编撰《高僧传》在"唱导"一科指出，早期佛法初传之时的集会，即唱念佛名而礼拜，至中夜疲倦时，则礼请大德法师说法，或杂序因缘，或傍引比喻先谈三世因果，再述斋会的意义，形成唱导的仪则。[3]从受戒法到礼忏法，千佛在石窟中的角色转变也象征其功能的转变。

[1] 宁强、胡同庆《敦煌莫高窟第 254 窟千佛画研究》，《敦煌研究》1986 年第 4 期；贺世哲《关于北朝石窟千佛图像诸问题》，《敦煌研究》1986 年第 4 期，第 1—10 页。

[2] 汪娟《佛名经典和佛教礼忏的关系》，《法鼓佛学学报》第 1 期，2007 年，第 35—69 页。

[3] 《大正藏》第 50 册，第 417 页。

三、行香与行华

在石窟图像中与仪式相关的除了诸佛菩萨，还有供养人。第 275 窟北壁的一列供养人，均朝向正壁（西壁），前方数身吹乐人之后，一身较高大者为僧人，手上持物不清。后方供养人均作合掌献花状（图 13）。这是常见的供养人像，僧人多执香炉，在家众持华（花），表现了法会仪式中的行香、行华供养仪式，记录着当时窟内进行的活动。

就仪式而言，行香、行华就是献香、献花，是佛教礼仪中的基本供养，佛经中常可见以烧香、散花来供养佛，原是供佛仪式，但亦被广泛运用于僧团轨范中，进而发展出行香、行华之仪则。

（一）行香

香能借助风力远播，传达吾人对佛虔信之心，被视为佛之信使，香神乾闼婆也是佛教八部护法之一。东晋僧伽提婆译《增一阿含》卷 22 记载，满富城长者女须摩提嫁入外道之家，不堪为外道作礼，为度化诸外道，一日便沐浴净身，手执香炉，登上高楼，向佛虔心祈请。阿难见妙香遍满祇洹精

图 13　莫高窟第 275 窟北壁供养人列

（敦煌文物研究所编《中国石窟·敦煌莫高窟》第一卷，图版 12 局部）

舍，请示佛陀，世尊告曰："此香是佛使。"知是满富城须摩提女所请。①

香不仅是佛使，其独特气味亦有净化、熏习的作用，借以比喻戒德之真香，持戒清净便有戒香，可以成就诸佛法身功德。《大方广佛华严经·金刚幢菩萨十回向品》云："菩萨摩诃萨布施香时，如是回向：以此善根，令一切众生具足戒香，得不坏戒、不杂戒、离垢戒、离疑戒、离缠戒、清凉戒、不犯戒、无量戒、无上戒、离世间戒、菩萨究竟至彼岸戒，令一切众生具足成就诸佛戒身，是为菩萨摩诃萨布施香时善根回向，令一切众生具足成就无碍戒身。"②佛之法身由五种功德显现，由戒而定、而慧、而解脱、解脱知见，此为五分法身，亦称五分功德法身。五分法身以戒为始，依定、慧、解脱、解脱知见而成就佛之功德，以五分法身香熏修自心，念念无染，借此功德回向，可令一切众生得到五分法身香的清净功德，成就戒身，具足戒香，非世间之香可以比拟，是最妙胜的供养。

中土的行香法在东晋道安之时就已制定，其僧尼轨范三例，一是行香定座上讲之法，二为常日六时行道饮食唱时之法，三是布萨差使悔过等法。③道安所制定行香之法，从梁代《高僧传》的记载可略知一二。如《高僧传》卷7记载："释僧苞，京兆人。少在关受学什公，宋永初中游北徐，入黄山精舍。复造静、定二师进业，仍于彼建三七普贤斋忏。至第七日，有白鹄飞来，集普贤座前，至中行香毕乃去。"④又，"释僧导……立寺于寿春，即东山寺也。常讲说经论，受业千有余人。会虏俄灭佛法，沙门避难投之者数百，悉给衣食。其有死于虏者，皆设会行香，为之流涕哀恸"。⑤可知斋忏、法会均会行香，有为生者也有为亡者，然而具体进行方式并不清楚。

唐代道宣《四分律删繁补阙行事钞》虽较后出，但可提供一些参考，其卷上《说戒正仪篇》提到布萨法（即说戒），在"供养说戒法"中，先由少年比丘以水、香汤、花供养诸佛，然后供养者作礼，"三捻香已，执炉向上座所坐方互跪，炷香炉中。维那云行香说偈。此法安师每有僧集人别供养，后见繁久，令一人代众为之，广如本文，各说偈言。华严云：戒香定香解脱香，光明云台遍法界，供养十方无量佛，见闻普熏证寂灭。维那打静讫，供养者复座"。⑥由上文可知布萨说戒时会行香供养，供养者于佛前作礼并三捻香之后，执香炉向上座（说戒师）所坐之方互跪（疑为胡跪），燃香于炉中，说偈完回座。此是道安所制，原是供养者依序次第行香，但后来因人数众多，改由一人代大众行香。又，《四分律删繁补阙行事钞》卷下《行香咒愿法》为僧人应供之法，道宣言及《四分律》中受斋食竟方为行香，而在中土则依道安之制，在食前行香。道宣又称"行香时呗，未见经文"，⑦可知僧人受斋食竟亦行香作，为设供之檀越祝愿。

---

① 《大正藏》第2册，第662页。

② 《大正藏》第9册，第501页。

③ 慧皎《高僧传》卷5，《大正藏》第50册，第353页。

④ 《大正藏》第50册，第369页。

⑤ 《大正藏》第50册，第371页。

⑥ 《大正藏》第40册，第36页。

⑦ 《大正藏》第40册，第135页。

上述两则记载表明布萨说戒和斋会都有行香，同时说偈（也可能以呗唱形式）。智升所撰《集诸经礼忏仪》收录当时所见的礼忏仪，其中收有行香说偈文；"戒香、定香、慧香、解脱香、解脱知见香，光明云台遍法界，供养十方无量佛，见闻普熏证寂灭。愿佛开微密，广为众生说。"与前述《华严经》以香喻五分法身之寓意相符。[①]《集诸经礼忏仪》与《四分律》所载偈文虽稍有异，但反映了在唐代之世行香说偈已被普遍应用于礼忏仪中，并且依不同忏仪而有增减。

此外，莫高窟隋代第 276 窟于西壁龛北侧维摩像旁有两行土红色墨书写的文字，据敦煌学者王惠民考察是行香说偈文，虽然书写之年代尚待考证，但其内容可能就是道安的行香之法。[②]而本文认为第 275 窟北壁供养人像或可进一步推测行香之法在十六国北凉时期的莫高窟就已具雏形。

（二）行华（花）

行华是指行道时持华前行，不同于散华。《大唐大慈恩寺三藏法师传》卷 2 记载：

> 入屈支国界（旧云龟兹，讹也）。将近王都，王与群臣及大德僧木叉毱多等来迎。自外诸僧数千，皆于城东门外，张浮幔，安行像，作乐而住。法师至，诸德起来相慰讫，各还就坐。使一僧擎鲜华一盘来授法师。法师受已，将至佛前散华，礼拜讫，就木叉毱多下坐。坐已，复行华。行华已，行蒲桃浆。于初一寺受华、受浆已，次受余寺亦尔，如是展转日晏方讫，僧徒始散。[③]

引文中，木叉毱多受华之后，带着鲜华行至佛前散花、礼拜，就是行华仪式，这是在西域常见的供养仪式。

初唐净土大师善导也将行华仪式纳入其所撰的《法事赞》。如《转经行道愿往生净土法事赞》卷上，详细描述了行华仪式：

> 奉请既竟，即须行道七遍。又使一人将华在西南角立，待行道人至，即尽行华与行道众等，即受华竟，不得即散。且待各自标心供养，待行道至佛前，即随意散之。散竟即过至行华人所，更受华亦如前法，乃至七遍亦如是。若行道讫，即各依本坐处立，待唱梵声尽即坐。[④]

从引文可知，行道时，先设一行华人，捧华立于西南角，行道人至行华人处，受华之后，各自生起至诚供养之心，行至佛前才散花，继续前行至行华人处受华，如此反复七遍，回本处唱完梵声之后才坐下，这是完整的行华仪式。

又，《安乐行道转经愿生净土法事赞》下卷，将行香与行华结合：

---

①《集诸经礼忏仪》在《云何梵》之后有《大正藏》第 47 册，第 464 页。
②王惠民《莫高窟 276 窟〈行香说偈文〉与道安的行香之法》，《敦煌研究》2009 年第 1 期，第 16—20 页。
③《大正藏》第 50 册，第 226 页。
④《大正藏》第 47 册，第 427 页。

诵经唱赞已。高座即令一人行香与大众行华，次当赞人等向行道处立。又令小者唱礼供养及如法行道，唱已，其散华法用一如上，或三匝或七匝竟，即当佛前立，次唱后赞。[1]

虽然上述文献记载年代都在初唐，无法证诸早期石窟，但玄奘所述龟兹行华一事在西域行之已久，善导作《法事赞》亦应有参酌前人或先例，其中的行华仪式或许可以作为早期石窟仪式参考的依据。

因此，从石窟功能性与图像可能涉及的仪式考虑，第 275 窟不是坐禅窟，而是可以让僧俗二众举行法会或斋会的礼拜窟，其中行香、行华等仪式对敦煌石窟造像与供养仪式的发展均有深远的影响。[2]

四、结语

本文透过对莫高窟早期三窟的图像与仪式之观察，初步可以看到石窟功能从早期偏重禅修到后来以功德礼忏为主的发展。简而言之，第 268 窟附有小禅室，可以坐禅，主室就是经行、礼佛、观佛的空间。第 272 窟以僧众为主，可进行诵戒、布萨等活动。第 275 窟则可以为在家众进行斋忏等法会，僧俗二众在窟内可进行礼拜、行香、行华等供养仪式。从最基本的礼佛、拜佛到戒法的修持、忏悔，石窟中的图像因为仪式而有了生命力，藉由外在的仪式与内在的专注，行者在窟内进入佛法修持的甚深密意，图像扮演着中介的重要角色。

以上的观察仅是粗略之探讨，不能视为通式或定论，且囿于个人学养，所见仍浅，敦煌石窟的图像与仪式课题，有待后续更严密的检视与努力。

---

[1]《大正藏》第 47 册，第 437 页。
[2] 第 275 窟地面有一突起，亦可能与行道仪式之进行有关。

敦煌莫高窟北朝模制造像及相关问题研究

孙晓峰/敦煌研究院麦积山石窟艺术研究所

　　敦煌莫高窟北朝时期开凿的洞窟约 36 个，窟形主要以前后室结构的中心塔柱窟居多，前室横长方形，后室平面呈长方形。前侧人字披顶，浮塑或彩绘檩、梁等建筑构件。后侧平面方形、平顶，正中凿方形柱通顶，四壁下部设坛基，上方正面（东向面）开一大龛，其余三面多开上、下两个小龛，或下层开一个小龛，上层设坛台。后期中心柱其余三面各开一大龛，个别北魏中心柱窟内南、北壁还并列开数个小龛，诸龛均浮塑龛楣、龛梁、立柱等构件，上层南、北侧（南、北向面）小龛多为阙形龛或树形龛。龛内和坛台上均塑有佛、菩萨造像。根据相关研究成果，上述洞窟分属于北凉、北魏、西魏和北周至隋初四个阶段，时间跨度约 160 年。其中 13 个中心柱窟内出现有模制造像（北魏5 个、西魏 4 个、北周 4 个），约占这一时期洞窟总数的三分之一。但相关研究成果并不多，仅将其作为泥塑造像的一种特殊类型加以简单介绍，[①]本文在充分考察相关洞窟的基础上，拟对这一题材及其相关问题谈点看法，以期抛砖引玉，谬误之处，敬请批正。

---

① 孙纪元《敦煌早期彩塑》，《敦煌研究》试刊第 1 期，甘肃人民出版社，1981 年，第 22—26 页；孙纪元《谈谈敦煌彩塑的制作》，《敦煌研究文集》，甘肃人民出版社，1982 年，第 26 页；费泳《敦煌雕塑·魏晋南北朝》，江苏美术出版社，1998 年，第 2 页；敦煌文物研究所编《敦煌的彩塑艺术》，林保尧、关友惠编《中国敦煌学百年文库·艺术卷》（一），甘肃文化出版社，1999 年，第 395 页；刘永增主编《敦煌石窟全集·8·塑像卷》，商务印书馆，2003 年，第 15—60 页。

一、莫高窟北朝模制造像概况

根据调查，莫高窟北朝模制造像主要见于北魏时期，西魏、北周时虽有继承，但总体上呈式微之势（附表1）。樊锦诗、马世长、关友惠先生将莫高窟北朝洞窟大致划分为北凉（421—439）、北魏中期（465—500）、北魏末至西魏初（525—545）、西魏初至隋初（545—585）等4个阶段，[①]其中北凉第268、第272、第275等三个洞窟形制各异，北魏第251、第254、第257、第259、第260等5个窟内发现有模制造像，除第259窟为半隐式中心柱外，其余4个窟均为中心柱窟（图1）；西魏第248、第288、第435、第437等4个中心柱窟内有模制造像，除第248窟中心柱四壁各开一大龛外，第288、第435、第437等3个窟形制上仍然沿续北魏中心柱特点，既正面开一大龛，其余三面各开上、下两个小龛；北周第432、第428、第442、第290等4个中心柱窟内有模制造像，第290、第442、第428窟内中心柱均四面各开一大龛，第432窟形制略有变化，中心柱正壁开一大龛，其余三壁下层开龛，上层设坛台。简而言之，模制造像主要集中在北魏、西魏和北周等三个时期的中心柱窟内，其研究价值主要体现在以下几个方面：

图1　北魏第254窟主室前侧及中心柱

---

① 樊锦诗、马世长、关友惠《敦煌莫高窟北朝洞窟的分期》，敦煌文物研究所编《中国石窟·敦煌莫高窟》（一），文物出版社，1987年，第185—197页。

附表 1

敦煌莫高窟北朝模制造像窟龛统计表

时代	窟号	分布位置		模制造像内容						备注
		中心柱四面	主室壁面	千佛/佛	供养菩萨	飞天	化生童子	反顾/侧姿龙头	正面龙头	
北魏	251	√			√			√		
	254	√			√			√		
	257	√			√			√		
	259	√			√		√			
	260	√			√		√	√		
西魏	248	√		√	√		√		√	
	288	√		√	√		√			
	435	√		√	√	√		√		现已全部剥落无存。从粘痕旁残存有榜题框，可知其原多为千佛，少量可能为供养天人或莲花化生
	437	√		√	√	√				
	432	√			√	√	√	√		
	442	√		√				√		
	290*	√		√				√		*290 窟中心柱四面龛外两侧原整齐贴有数排影塑造像，
北周	428		√	√				√		

根据统计，莫高窟北朝窟龛总数 36 个左右，发现有影塑造像者 13 个，占北朝全部窟龛总数的三分之一

附表 2

莫高窟北朝窟龛影塑造像分布位置表

时代	窟号	东向龛（正龛）	南向龛		西向龛		北向龛	
			上龛	下龛	上龛	下龛	上龛	下龛
北魏	251	倚坐佛*	交脚*菩萨	禅定佛*	禅定佛*	禅定佛*	交脚*菩萨	禅定佛*
	254	交脚佛*	交脚*菩萨	禅定佛*	禅定佛*	禅定佛*	交脚*菩萨	禅定佛*
	257	倚坐佛*	思惟*菩萨	苦修佛*	禅定佛*	禅定佛*	交脚*菩萨	禅定佛*
	259	释迦、多宝*	该窟内凿半隐式中心柱，仅正面开龛，左、右面贴影塑。					
	260	倚坐佛*	交脚*菩萨	苦修佛*	禅定佛*	禅定佛*	交脚*菩萨	禅定佛*
西魏	248	结跏坐佛*	结跏坐佛*		结跏坐苦修佛*		结跏坐佛*	
	288	倚坐佛*	禅定佛*	苦修佛	交脚佛*	禅定佛	禅定佛*	禅定佛
	435#	倚坐佛*	交脚菩萨	禅定佛	禅定佛*	苦修佛	交脚菩萨	禅定佛
	437#	倚坐佛*	思惟菩萨	苦修佛*	禅定佛	禅定佛*	交脚菩萨	禅定佛
北周	432	倚坐佛*	禅定佛*（无龛）	禅定佛*	禅定佛*（无龛）	苦修佛*	禅定佛*（无龛）	禅定佛*
	442	倚坐佛*	倚坐佛*		倚坐佛*		倚坐佛*	
	290	倚坐佛*	倚坐佛*		交脚菩萨*		结跏坐佛*	
	428	结跏坐佛	结跏坐佛		结跏坐佛		结跏坐佛	

注：*影塑均分布于龛外两侧或主尊坛台胁侍造像上方，带"#"号窟由于后世对中心柱壁面全部重绘或改造，原貌不详。

（一）造像题材和内容

莫高窟北朝模制造像大致分为两类：一类是模制佛、菩萨、飞天和天人等佛教世界各种人物形象，通常称之为影塑造像。根据樊锦诗先生对莫高窟影塑的定义，其属于彩塑艺术之一，以泥、细砂和麦秸做材料，用泥制模具（泥范）翻制，表面经过处理，然后敷彩。通常背面粘贴于墙壁上，正面作凸起壁面较高的浮雕状，主要用以衬托主像圆塑。成群影塑的敷色，符合均衡、对比、变化的要求，与周围背景统一和谐，浑然一体；[①]另一类是模制的龙头、化生童子、莲花、宝瓶、璎珞、串珠、花饰等窟龛和造像表面装饰的构件。

前者在不同时期亦有差异：最早者当属北凉第275窟正壁主尊交脚菩萨宝冠上的模制化佛。北魏模制造像多为供养菩萨或天人，同时也有少量化生童子。西魏模制造像除供养菩萨、化生童子外，开始出现立佛、坐佛、飞天等题材，更值得注意的是，这一时期中心柱小龛上方开始出现由佛、胁侍菩萨、飞天和供养菩萨等组成的整铺式造像。北周模制造像则主要以佛为主，其余题材基本消失。

后者情况略微复杂一些。如北凉第275窟南、北两壁阙形龛内交脚、思惟菩萨身上装饰的项圈、璎珞、莲花等饰物均带有明显模制特征，尚待于进一步观察和数据分析统计结果。此后，在北魏、西魏、北周洞窟内中心柱正面佛龛两侧龛柱装饰中，模制龙首贯穿始终、特点鲜明。其他模制题材则相对零星散乱，不成系统，其中最具特点者当属西魏时期出现的摩尼宝珠、莲花、宝瓶、忍冬等装饰图案。

（二）造像风格与特点

莫高窟北朝模制造像时代特色非常鲜明。北魏模制供养菩萨主要对称粘贴在中心柱龛楣外两侧，一般上至下5—7排，每排3—7身，个别甚至粘到中心柱下层佛龛龛柱及胁侍菩萨像之间空隙处，以布满整个中心柱龛外壁面为原则。从造像特点上看，出现有两种风格：一种束发髻，发髻平且浑圆，宝缯较短，垂至双肩，面形圆润饱满，弯眉、细目、悬鼻、小口，五官紧凑集中，颇似新疆克孜尔石窟早期壁画里的菩萨和天人头像，带有鲜明西域人种特点（第251、第254、第257、第259窟）（图2）。这类菩萨均单膝跪坐姿，身穿袒右式或通肩式袈裟，其中袒右式居多，服饰表面分别施石绿、石青、褚红、浅灰等不同色彩，十分艳丽。菩萨手姿样式各异：或双手合十于胸前，虔恭而立。或一手侧举过头，一手持莲蕾于腹前。或双手抱膝。或一手持钵于胸前，一手高举过头，托举莲蕾。或双手合握于胸前，身体前倾，托一莲蕾。排列方式彼此之间交错配置，动感十足。另一种则束发高髻，面形方圆清秀，五官舒展，细颈端肩，身后浮塑桃形头光，身穿圆领通肩袈裟，服饰表面分别涂石绿、乳白、褚红等色彩。单膝跪坐于圆莲台上，边缘彩绘覆莲瓣。体姿挺拔，制作精美。其样式明显减少，主要包括三种：一是双手胸前合十，二是双手抱单膝，三是双手斜置于胸前，各握一莲蕾。排列上也彼此之间留有间隙，在接近龛楣尖顶等狭窄处，则粘贴模制化生童子像（图3），呈现出浓郁的中原文化元素。

①敦煌研究院编《敦煌艺术大辞典》，上海辞书出版社，2019年，第132—133页。

图 2　莫高窟第 254 窟影塑供养菩萨　　　　　图 3　莫高窟第 260 窟中心柱壁面上的莲花化生

西魏模制菩萨整体上趋于清秀，头光以莲瓣形居多，兼有少量圆形头光，体姿、装束等方面与北魏相比，差异不大，但人物形体更加清秀舒展。值得注意的是，在饰圆形头光菩萨的洞窟内，新出现模制或浅浮塑佛、菩萨、飞天，背项光或头光均为莲瓣形，特别是龛外两侧对称排列的伎乐飞天，在艺术形式上充分借鉴和吸纳了壁画中飞天的造型样式。其多以中心对称方式出现，束发高髻，面目清秀，体姿婀娜，清秀飘逸，双腿前后交叠后折，裹于长裙之内，飘带凌空飞舞，尽显灵动之气。有的还持有琵琶、鼓等乐器，体现出一种新的风尚和潮流（第 437 窟）（图 4）。菩萨和飞天像多种风格交叠，如第 435 窟内影塑菩萨形象与北魏时期基本相同，而第 248 窟内影塑菩萨则束发髻，额前中分，面形长圆，头光桃形，身穿圆领通肩装。第 437 窟内的伎乐天束细长高发髻，面形长圆，桃形头光，上穿交领大袖短衫，下着贴体长裙，手姿各异，呈斜体飞行姿，绕龛楣对称排列。这些形象充分体现出时代交会的特点。模制佛像作为新出现的题材，形式上包括立佛、坐佛和化佛三种样式，背项光多为椭圆形，少量为莲瓣形。佛装、背项光、莲座等均用彩绘表现细节。着装包括垂领和通肩两种样式，造型上均体态敦厚挺拔，中西融合的时代特征突出。具体可分为两类：一类是由模制或浅浮塑样式的佛、菩萨、飞天、供养菩萨构成的一辅七身像。另一类是整齐排列的影塑坐佛，如第 288 窟内影塑坐佛连同椭圆形背光整体模制而成，佛低平肉髻，面形方正，五官清秀，两耳贴颊外撇，短颈宽肩，挺胸敛腹，身穿垂领或通肩式袈裟，禅定印，结跏趺坐于圆形覆莲台上（图 5）。

北周模制造像以影塑坐佛为主，供养菩萨像锐减。前者如第 428 窟内影塑佛像整齐粘贴在窟内四壁上部，大部分保存完好，样式与西魏第 288 窟影塑坐佛较为相近，佛五官、衣纹服饰、背项光等均彩绘而成，但整体上较为粗糙（图 6）。同期第 290 窟内原粘贴有影塑坐佛，惜已无存，仅隐约

图 4　莫高窟第 437 窟中心柱正壁龛外影塑飞天

图 5　莫高窟第 288 窟模制坐佛像　　图 6　莫高窟北周影塑坐佛像（敦煌博物馆藏）

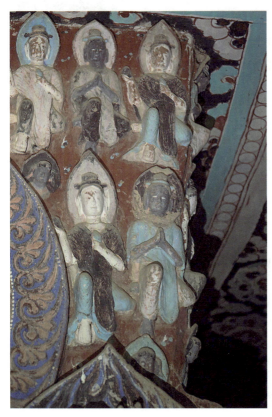

图 7　莫高窟第 432 窟影塑供养菩萨像

图 8　莫高窟第 251 窟的模制龙头

可见旁边的白底榜题框，具体造像特点不详。后者仅见于第 432 窟，束发髻，额前中分，面形长圆，突目悬鼻，双唇紧闭，两耳贴后颊外撇，短颈端肩，上穿圆领通肩袈裟，下穿紧身长裙。单膝胡跪姿，饰桃形头光。手姿仅有两种，一是双手合十于胸前，一是双手侧姿斜向上举，各持一莲蕾，服饰表面彩绘成白、绿、红色等，错落排列（图 7）。从这些特征分析，其制作时间当在西魏、北周之际，具有明显过渡性特征。

在莫高窟北朝时期模制的窟内龛饰中，龛梁末端两侧龙首形象无疑最具代表性，发展、变化规律也较为清晰。北魏模制龙首均侧姿，或做龙首反顾，或昂首嘶吼。双爪前后错落，立于希腊式或束帛状柱头之上，形象十分生动。如第 251 窟中心柱正面龛梁的龙头，形状方正，圆目短吻，嘴中露出尖锐的犬齿，颌下垂宽平龙须，龙角脱落不详，双足错落柱头上，外观上更接近魏晋碑刻、墓室壁面上常见虎首形象，体现出许多早期龙的特征（图 8）。而第 254、第 257 窟内中心柱正面龛梁两端的龙首则脖颈挺拔有力，头部变长，上吻长、下吻短，口微张，一排短平牙齿外露，圆形龙睛后侧嵌有长长的龙角，并施各种彩绘以增加视觉效果（图 9）。第 260 窟中心柱正面龛梁末端龙首在龙脖颈处嵌有一对翅膀，形象也很生动。这些龙首形象上的变化表明上述洞窟之间存在着开凿时间顺序上的差异性；西魏时期模制龙首有简化和变少趋势，只出现在第 248、第 435 窟内，除传统的侧身、双足并立姿龙首外，新出现正面姿龙首，嘴张开，舌头外吐下垂，形象犹如世俗宫殿建筑门扇上对称出现的兽面铺首（图 10）。但到北周时期，模制龙首再度风行，但样式上又发生显著变化：龙的头、颈、爪、须等扭成一团，立于覆莲柱头之上，

图 9　莫高窟第 254 窟龛饰模制龙头　　　　图 10　莫高窟第 248 窟模制龙头

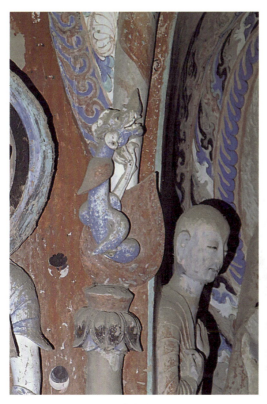

图 11　莫高窟第 290 窟模制龙头　　　　图 12　莫高窟第 251 窟影塑菩萨

身后饰桃形背光，整体形象更突出，具有强烈的圆雕和透雕艺术效果（图11），应该是受到同时期造像碑碑额龙首装饰影响的结果。

模制化生童子像仅出现在北魏第259、第260窟和西魏第248、第288窟和西魏末至北周初的第432窟，主要分布于中心柱龛楣尖顶端两侧等处，用以填补中心柱壁面空隙处，其形象与北魏洞窟内彩绘化生童子像基本相同，大小也相差无几。这种表现形式上的变化应该与这一时期相关洞窟开凿时间前后顺序上有关联性。它与西魏洞窟模制装饰图案中出现的莲叶宝瓶、摩尼宝珠、忍冬花卉等一样，不仅丰富了壁面开凿的各类小龛的装饰效果，更是这一时期相关净土造像思想的反映。

（三）制作工艺和技法

与国内同时期其他地区常见的模制造像不同，莫高窟模制造像具有鲜明的地域特点，主要表现在以下几个方面：

一是模制造像体姿丰富、排列整齐有序，很大程度上延续或继承了同时期壁面彩绘千佛或供养菩萨和天人的排列样式。传统意义上的模制造像虽然题材种类多少不一，但形象高度一致，这也是模制造像批量性特点所决定的。但根据调查和统计，莫高窟北朝模制造像确有很大不同，整个北朝时期，特别是北魏和西魏阶段，无论是佛、菩萨、天人、莲花化生，还是龙首或圆莲，哪一类题材整体数量都不是很多，直到北周时期这种现象才有所改变。如北魏模制供养菩萨手姿、体态等多达6种，在壁面粘贴排列上也非常注意各种不同姿态供养菩萨之间错落有致、此起彼伏。在影塑表面不同服饰色彩映衬下，形成了强烈的视觉冲击力（第251、第254窟）（图12）。

二是模制技法丰富多样。北魏时期各类影塑主要以模制为主，而西魏时期模制造像无论是题材种类、制作技法，还是风格特点、排列方式，都发生了明显变化。在工艺、技法、形式等方面与北魏明显不同，一部分影塑仍采用模制工艺，如第288、第248、第435窟内的影塑佛、菩萨像。另一部分则采用模制与浅浮塑相结合技法。如第248、第435、第437窟中心柱四壁龛楣正中上方或两侧壁面上的一佛二菩萨、伎乐天人、摩尼宝珠、莲花宝瓶等，特别是在伎乐天人服饰、莲叶等表面还印刻疏密不一的线条，使造像内容更加生动和充满韵律感。值得注意的是，这些新题材一部分采用模制，如宝瓶、莲座、忍冬等图案（图13）。另一部分内容相对复杂的题材，如飞天、莲叶等则直接在壁面上使用浅浮塑技法，为使其更加牢固，相应位置壁面内预埋设有苇草束等材料，与表层泥皮融为一体。如果不仔细观察，很容易将其误认为是模制作品。

图13 莫高窟第248窟浮塑的宝瓶莲花

三是模制工艺方面，莫高窟北朝影塑佛、菩萨像一般采用连同背项光整体模压而成，然后修整、抛光、敷彩，最后粘贴到窟内壁面相应位置上，具有高浮雕效果，也使得模制造像背后粘贴面积更大，增加了塑像在壁面上的牢固性。此外，西魏时为适应新题材的需要，工匠们还采取模制与浅浮塑相结合的技法，如第437窟中心柱正壁龛外两侧的伎乐飞天，身体部分采用浅浮塑，但头部及项光则采用模制技法，做好后再嵌入对应的造像躯体之内，使之融为一体。这种技法脱胎于受洞窟空间限制的大型泥塑造像制作上，使造像形象更生动，更具有立体效果，也灵活的增加了创作空间，如麦积山北魏晚期洞窟影塑造像制作中已经广泛运用（图14）。显然，莫高窟西魏时期才开始出现的这种模制和雕塑结合的技法应该是受中原地区影响的结果。

图14　麦积山第142窟右壁影塑造像

二、莫高窟北朝模制造像的渊源与传播

如前所述，模制造像是指采用模制方法，通过模压、烘烤、拼接、敷彩等技法和工艺制做的泥塑作品。材料一般为按一定比例混合而成的泥、细砂、麻绒、麦秸等，成品通常正面呈高浮雕或半圆雕状，背面略粗糙，以利于粘贴或固定在特定位置上。在佛教石窟寺中，它多作为洞窟内主尊造像附属部分或辅助性题材，起到烘托、渲染或装饰作用。这种模制艺术品除我们比较常见的佛、菩萨、飞天、弟子、化生等形象外，还有莲花、忍冬、璎珞、串珠、兽面、柱头，以及冠饰、宝珠、花卉、祥云等，极大地丰富和拓展了泥塑艺术表现方式和技法。在中国南疆古代佛寺遗址、天水麦积山北朝窟龛、唐宋时期的寺塔壁面，以及西夏和元明时期佛教遗存中均有数量不一、内容丰富的各类模制造像，成为中国古代泥塑艺术的重要组成部分。

根据调查统计，莫高窟模制造像主要见于北魏、西魏、北周和隋初，唐代个别洞窟龛楣装饰中也有发现，在莫高窟北区洞窟遗存中，也发现有少量唐、西夏至元代模制佛、菩萨、"脱佛""擦擦"，甚至经变图。[①]由此可见，5世纪中叶是莫高窟模制造像集中出现最早的时间。作为一种新的佛教造像艺术样式，其来源问题显然值得关注。笔者注意到，在北凉第275窟正壁主尊交脚弥勒菩萨三珠宝冠正面就贴有一身模制坐佛，通高15厘米，磨光高髻，面形饱满，穿通肩袈裟，禅定印，结跏

①谭蝉雪《印沙·脱佛·脱塔》，《敦煌研究》1989年第1期，第19—29页；郭萌、张建林《敦煌莫高窟北区出土擦擦研究》，《文博》2015年第5期，第34—41页；敦煌研究院编《敦煌艺术大辞典》，第50、52页。

跌坐于莲花台上（图15）。①菩萨颈饰宽边项圈内的小花、宝坠，胸饰的璎珞等均为模制而成，类似现象也见于窟内南、北壁上方阙形龛内泥塑菩萨冠饰和胸饰上。②这些迹象表明北凉时已有模制造像出现，此后则沉寂了数十年。到北魏中期时，又重新出现，但在风格、题材、技法等方面呈现出一定规律性和中西文化原素融合的特点。

图15　莫高窟第275窟正壁主尊宝冠上的模制佛像

古代敦煌是连接中原和西域的咽喉要道，也是外来佛教由中国新疆进入中原的必经之路。发现于敦煌悬泉置驿站的"浮屠汉简"，说明至少在东汉初年敦煌城内已经出现了佛寺建筑，③开始有佛事活动。西晋时期，世居敦煌的月氏国高僧竺法护常年往来于敦煌、凉州、长安与洛阳之间，不懈翻译佛典、弘扬佛法，广收信徒，更有"敦煌菩萨"之誉。④这些迹象表明当地佛教已有相当规模的传播和发展。据史料记载，前秦建元二年（366），高僧乐僔始在莫高窟开窟造像，但具体是哪个洞窟，现已无从可考。从现存最早的北凉三窟内造像、壁画的艺术风格等特征分析，体现出较多外来文化，特别是当时印度、中亚和西域佛教文化因素影响，这种现象在魏晋和南北朝早期中国境内佛教传播史上也非常普遍。就第275窟主尊菩萨冠上的化佛和南北壁小龛内交脚、思惟菩萨身上的项圈、璎珞等所采用的模制技法而言，从佛教造像实物方面，可以比较者主要有河西石窟群中的开凿年代较早的张掖金塔寺石窟，这处佛教石窟遗存由于历代重修，存留

① 参见敦煌研究院编《莫高窟第266～275窟考古报告》第一分册，文物出版社，2011年，第157—158页。原文称"浮塑化佛"，但笔者仔细观察后，认为这是一尊模制影塑佛像。

② 敦煌研究院编《莫高窟第266～275窟考古报告》第二分册，文物出版社，2011年，图662—668页。

③ 张德芳《悬泉汉简中的浮屠简略考——兼论佛教传入敦煌的时间》，郑炳林主编《中国敦煌吐鲁番学会2008年度理事会议暨"敦煌汉藏佛教艺术与文化学术研讨会"论文集》，三秦出版社，2011年，第160—171页。

④ 释慧皎撰，汤用彤校注《高僧传》卷1《竺法护传》，中华书局，1992年，第23—24页。

历史信息复杂等原因，开凿年代争议较大。何恩之认为在前凉至北凉之际。[①]董玉祥、杜斗城认为在北凉时期。[②]王泷、金维诺认为它就是沮渠蒙逊开凿的凉州石窟，时间在公元397—412年。[③]宿白先生认为与炳灵寺第169窟第二期洞窟相当。[④]张宝玺、暨远志、陈悦新等学者认为开凿时间当在5世纪五六十年代。[⑤]日本学者八木春生认为更晚一点，约在5世纪六七十年代。[⑥]李玉珉仔细研究后认为，金塔寺东窟略早，约在5世纪五六十年代，西窟略晚，约在5世纪70年代。[⑦]敦煌研究院等编撰的《肃南马蹄寺石窟群》调查报告在综合金塔寺、千佛洞第2窟等考古调查材料综合分析后认为，金塔寺东、西窟开凿年代当在5世纪中叶前后。[⑧]综合其洞窟形制、造像风格、题材组合等因素，笔者倾向于金塔寺石窟开凿年代为5世纪中叶前后的说法。基于这一结论，笔者通过对金塔寺东窟、西窟中心柱上方泥塑飞天、天宫菩萨，以及中心柱龛外两侧小坐佛、胁侍菩萨等仔细观察后，可以发现，在金塔寺小型泥塑造像中，无论是佛、菩萨还是飞天，均采用浮塑或高浮塑技法，而非模制。胁侍菩萨冠饰、璎珞、项圈及缀饰等，甚至包括中心柱佛龛尖楣处的火焰宝珠等，均为浮塑而成，未发现模制现象（图16）。实际上，从考古学分期意义上讲，目前能确认的塑做于5世纪初的泥质佛教造像十分罕见。学术界公认的甘肃永靖炳灵寺第169窟6号龛内西秦建弘元年（420）墨书题记大致给我们提供了同期泥质造像样本，但该龛内主尊两侧泥塑胁侍菩萨装束风格特点与敦煌北凉三窟内泥塑菩萨像大相径庭，前者较为简洁，多束发髻，装束简约（图17）；后者则多戴三珠宝冠，装饰华丽。这表明两地造像的粉本来源不同，故在塑作技法上有所差异也很正常。同理，地处河西走廊中段凉州石窟群的金塔寺在5世纪中叶已纳入北魏版图。从这个角度出发，金塔寺造像在艺术风格和技法方面，体现的中原文化因素要多一些，但未发现泥质造像中有模制技法的运用和出现。前述在地理位置上更接近中原的炳灵寺早期泥塑造像也是如此，因此，我们有理由怀疑，莫高窟早期佛教泥塑造像所采用的模制技法应不是源于中原地区。

① 参见巫鸿主编《汉唐之间的宗教艺术与考古》，文物出版社，2000年，第262—263页。

② 董玉祥、杜斗城《北凉佛教与河西诸石窟的关系》，《敦煌研究》1986年第1期，第90—98页；杜斗城《关于河西早期石窟的年代问题》，《敦煌学研究》1994年第2期，第101—111页。

③ 王泷《甘肃早期石窟的两个问题》，敦煌文物研究所编《1983年全国敦煌学术讨论会文集·石窟艺术编》（上），甘肃人民出版社，1985年，第311—324页；金维诺《中国古代佛雕——佛造像样式与风格》，文物出版社，2002年，第23—24页。

④ 宿白《凉州石窟遗迹与"凉州模式"》，《考古学报》1986年第4期，第435—446页。

⑤ 张宝玺《河西北朝石窟编年》，敦煌研究院编《1994年敦煌学国际研讨会文集——纪念敦煌研究院成立五十周年·石窟考古卷》，甘肃民族出版社，2000年，第250—274页；暨远志《张掖地区早期石窟分期试论》，《敦煌研究》1996年第4期，第22—35页；陈悦新《金塔寺石窟佛像服饰与年代》，《敦煌学辑刊》2013年第1期，第95—102页。

⑥ 八木春生著，魏文斌、何洪岩译《关于麦积山石窟第74、78窟的建造年代》，《敦煌研究》2003年第6期，第58—64页。

⑦ 李玉珉《金塔寺石窟考》，《故宫学术季刊》第22卷第2期，2004年，第36—58页。

⑧ 敦煌研究院、甘肃省文物局、肃南裕固族自治县文物局编著《肃南马蹄寺石窟群》，文物出版社，2020年，第6—7页。

图 16　金塔寺东窟中心柱上方悬塑供养菩萨

图 17　炳灵寺第 169 窟西秦泥塑菩萨　　图 18　克孜尔第 4 窟供养天人像

图 19-1　新疆和田佛寺遗址出土的 3—5　　　图 19-2　新疆和田佛寺遗址出土的 3—5
世纪模制莲花坐佛　　　　　　　　　　　　世纪模制立佛像

　　通过比较分析，我们可以发现，莫高窟北凉三窟菩萨在冠、颈、胸等装饰样式与风格上与犍陀
罗及中国新疆地区同类造像有很强相似性，既头戴装饰华丽的宝冠，上身佩挂繁缛精美的项圈、璎
珞、手镯等饰物（图18）。遗憾的是，受制作材料影响，犍陀罗地区佛教造像多以石雕为主，泥塑作
品十分罕见。但这种样式和风格的造像传到中国新疆后，却受当地自然条件限制，演变成主要以泥
塑作品为主。19 世纪末至 20 世纪初，英、法、德、日等国探险家和考古学者对中国新疆塔里木盆地
及周边地区分布的古城、佛寺、石窟等遗存内文物恣意发掘、掠夺和盗取，相关成果在斯文·赫定、
斯坦因、伯希和、奥登堡等人的相关著作、图录和论文中均有记述。其中发现于南疆地区 3—6 世
纪佛寺遗址中的各类模制造像非常值得关注。相关研究成果表明，这些分布于塔克拉玛干沙漠南缘
绿洲上的西域国家主要信奉大乘佛教，在其佛寺和佛塔内原保存有许多模制的佛、菩萨、飞天、供
养天人、莲花童子等造像题材，人物多束髻卷发，面容饱满圆润、五官紧凑，形象短壮丰硕，艺术风
格呈现出较多犍陀罗和秣陀罗艺术特征。如新疆和田市策勒县丹丹乌里克佛寺遗址出土的 4—5 世
纪时期模制化佛立像，高约 17 厘米，穿圆领通肩贴体袈裟，左手下垂，右手施无畏印，跣足立于圆
莲台上，饰圆形头光，斜向并列粘贴在佛背光残件上。另一件泥质坐佛与莲瓣形背项光整体模制而
成。此外，还出土有模制飞天、供养天人像等，后者下半身隐于展开的莲瓣纹上，十分精美。相距不
远的策勒县哈达里克佛寺遗址出土有 5—6 世纪的模制飞天、化佛等造像，前者高 15 厘米，宽 14 厘
米，束发高髻，斜侧飞姿，上身袒露，下着长裙，双臂张开，两手各执帛带一角，颈饰圆形头光。后
者高 16 厘米，宽 5.5 厘米，形象与丹丹乌里克佛寺遗址的化佛类似。此外，在洛甫县热瓦克佛寺
遗址、墨玉县克拉塞尔佛寺遗址等处亦出土有模制坐佛、立佛、莲花坐佛、月天、化生童子等造像

（图 19-1、19-2）。[1]这些模制造像早至 3—4
世纪，晚到 6 世纪，无论时间跨度，还是空间
分布，几乎遍及南疆地区。这一时期和田境内
模制泥塑造像盛行与当地历史、地理环境有密
切关系：一是与当时塔克拉玛干沙漠北麓龟兹
境内流行小乘佛教不同，南麓绿洲诸国盛行大
乘佛教，造像题材内容丰富。二是南疆境内少
石材、多沙土，故泥土与木材成为当地佛教造
像的主要材料。从斯坦因著《西域考古图记》
第四卷里展示的在新疆和田境内佛寺遗址发
掘出的相关材料来看，塑像模范应为泥质，现
藏于大英博物院（图 20）。国内近年来也有发
现，如新疆博物馆就也收藏有一件巴楚地区出
土的北朝泥质佛头像泥质模范（图 21）。需要
指出的是，新疆境内的塑像模范并不排出部分
影塑造像和半浮雕造像模范为木质或陶质的
可能性。[2]

图 20　新疆和田佛寺遗址出土的 3—5 世纪模莲
花坐佛泥质模范

因此，我们可以看出，中国新疆是目前国
内已知采用模制佛教造像技术最早的地区。
国内另一处模制造像技术和水平都很高的佛
教遗存当属天水麦积山石窟，根据笔者调查，
麦积山石窟模制造像最早约出现在 5 世纪末
前后，兴起于北魏中期，繁盛于北魏晚期。在
模制造像出现时间上要明显晚于莫高窟，且两
地影塑造像在样式风格、制作技法、工艺水平
等方面差异显著，容另文再论。

如前所述，古代敦煌是中西丝绸之路的交
通要道，莫高窟早期造像、壁画艺术风格与中

图 21　新疆出土的北朝时期佛头像泥质模范（新
疆博物馆藏）

① 巫新华主编，李军、贾应逸编著《新疆古代雕塑》，山东美术出版社，2013 年，图 22、23、24、25、31、32、34、
37、39、41、52、60、61。
② 笔者在新疆博物馆展品中就发现有一件标定为 6—7 世纪的陶质佛像模范，其衣纹带有明显笈多造像艺术风格。

亚、西域佛教艺术之间存在着密切关系。北凉第275窟交脚菩萨宝冠上的模制化佛身材健壮、敦厚挺拔，阴刻细密衣纹线，具有浓郁的犍陀罗艺术原素，显然是受到上述南疆地区影响的结果。值得注意的是，莫高窟同期第268、第272窟无论是窟龛形制，还是造像题材，都与第275窟有明显不同，窟内也没有发现模制造像，但中西文化交融的时代特征同样十分突出。这些现象表明，这一时期敦煌莫高窟造像艺术呈现出多元化现象，但尚未形成自身特点，这应该是仅第275窟出现模制造像的原因之一。到北魏中期，经过数十年开凿和营建，莫高窟已形成了以中心塔柱窟为主流的洞窟样式，而采用模制造像装饰窟内中心柱四壁龛楣的技法也普遍使用，表明其已被开窟者和功德主所接受。到西魏、北周和隋初时，在相关佛教造像思想和理念影响下，这一时期中心塔柱窟内各种模制造像依然受到欢迎。但在题材内容、造像风格、模制技法等方面则融入了更多中原佛教艺术因素，形成了自身特色。简而言之，综合模制造像的特点与艺术风格，以及此类作品出现的时间顺序，笔者认为，莫高窟模制造像技术应是受到新疆地区影响的结果。

三、相关问题的探讨与研究

在佛教美术造像研究领域，影塑造像由于本身处于主尊造像的从属地位，带有鲜明的辅助性色彩，故历来不为研究者所关注。但实际上，笔者通过对此前学界关注较少的莫高窟北朝模制造像题材进行初步整理和分析后发现，其至少在以下几个方面具有很高的学术意义和价值：

（一）与莫高窟北朝洞窟形制演变关系密切

如前所述，目前可以确认的莫高窟36个左右北朝洞窟中，模制造像均出现在中心塔柱窟内，占这一时期全部洞窟总数三分之一强。由于莫高窟北魏、西魏、北周时期洞窟开凿数量整体呈增多趋势，如表所示，现存模制造像的洞窟数量方面在这三个时期内基本上是平均分布的，故整体上表现出一种减少趋势，但在不同时期又有所差异。

根据莫高窟北朝洞窟考古分期成果，现存北魏洞窟约10个，其中5个窟内有模制造像。在其他几个没有发现模制造像的窟内，第263、第265窟均被后世改造，窟内主室前部形制变化不大，后部中心柱则面目全非，除正面重新开龛外，其余三面皆被抹平并重新彩绘。[1]第487窟改造得更为彻底，但根据相关考古发掘资料，基本可以判断它原来仍为前后室结构，后室前部人字披顶、后部中心柱，南、北壁各并列开四个小龛。[2]因此，在上述改造后的北魏中心柱窟里，不排除其相应龛楣外两侧还有粘贴模制造像的做法，这表明它是莫高窟北魏洞窟内造像题材组合的主流样式。

---

① 敦煌研究院编《敦煌石窟内容总录》，文物出版社，1996年，第107—108页。
② 潘玉闪、马世长《敦煌莫高窟窟前建筑遗址发掘简记》，《文物》1978年第12期，第47—58页。

图 22　莫高窟第 431 窟中心柱龛外北魏彩绘供养菩萨像

　　莫高窟北魏末至西魏洞窟也有 10 个左右，在没有模制造像的窟中，第 247、第 249、第 285、第 286 窟均为平面方形窟，属全新窟型。第 431、第 246 窟仍延续北魏中心柱窟的特征，前者龛楣上方及两侧可见整齐排列的北魏原绘供养菩萨像。其余三壁上、下层龛外两侧亦保存有北魏原绘胁侍菩萨像（图 22）。室内正、左、右三壁中上部亦保存有北魏原绘千佛、佛说法图等；后者窟形未变，但内容已被后世全面改造。这种新出现的用彩绘胁侍菩萨像代替影塑造像的做法也值得关注，这种变化的内在原因值得思考，究竟是相关工艺流程简化的表现？还是当时具体从事模制造像技艺工匠的远遁或消失？抑或在新的外来艺术风格样式影响下，功德主们造像思想发生了变化？考虑到这一时期以东阳王元荣为代表的北魏贵族带来了全新的中原佛教艺术之风，其对莫高窟的洞窟形制、造像题材、壁画内容、艺术风格等均产生了深远影响。[1]在这种历史背景下，当时洞窟内北魏时流行的在中心塔柱龛外粘贴影塑造像的做法很有可能不再被开窟信众所延续采用，故笔者认为第三种可能性要大一些，但具体原因还需进一步的实物或相关文献材料证明。到北周时期这种现象更为明显，莫高窟未发现模制造像的洞窟有 7 个左右，其中第 430、第 439、第 440、第 441 窟均主室前侧人字披，后侧平顶，正壁开一大龛。第 438、第 461 窟均平面方形，覆斗顶，正壁开一大龛，这两种洞窟样式

① 参见贺世哲《敦煌图像研究——十六国北朝卷》，甘肃教育出版社，2006 年，第 263—347 页。

均为新出现。可以想见，窟内壁面没有模制造像应与窟龛形制和造像思想的变化有密切关系。相反，北周时期出现模制造像的洞窟均为中心柱窟，应是北魏以来此类窟龛样式和造像题材延续的结果，但是在造像内容上也已经发生变化，主要以影塑千佛为主。

从上述莫高窟北朝不同时期模制造像的变化情况分析，可以看出模制造像也是这一时期中心柱窟的主要图像类型之一，结合其不同时期所表现出的图像特征、模制技法、题材组合、艺术特点等，笔者认为，它在相关洞窟的考古分期工作中应引起更多关注。

（二）关于莫高窟早期洞窟开凿问题

根据樊锦诗、马世长、关友惠先生的研究成果，莫高窟北凉与北魏窟龛之间在形制上反差很大，基本上没有规律和可比性。北魏以后的北朝窟龛则基本形成了以中心塔柱窟为主流的窟龛演变和发展规律。实际上，在关于莫高窟早期洞窟开凿问题上，学术界一直存在着西晋说[1]、北凉说、[2]北魏说、[3]西凉说[4]等多种观点，而莫高窟北魏以来流行的模制造像为我们探讨这一问题提供了新的线索。

从前述情况可以看出，模制造像是莫高窟北朝中心柱龛内主尊组合的重要组成部分，其构图样式与北凉第272、第275窟正（西）壁图像组合具有极强相似性。如第272窟正壁龛内塑倚坐佛，身后绘莲瓣形背光，头光内绘化佛、火焰纹，背光外缘对称绘伎乐飞天，龛顶绘圆形宝盖。龛内左、右壁各绘1身胁侍菩萨，佛座两侧各绘1身供养菩萨，在龛内胁侍菩萨上方横向各对称绘4身供养天人。圆拱龛彩绘龛楣、龛梁及立柱，梁尾末端彩绘龙头，正面姿，扁额，圆睛，阔嘴，口中宽扁的舌头外露下垂。龛外两侧壁面各绘5排供养菩萨像，每排5身左右（图23），第275窟正壁主尊塑交脚菩萨，坐于方座上，两侧各绘1身胁侍菩萨，其后侧和上方纵向绘4—5排供养菩萨像（图24）。[5]这种构图方式与北魏同类洞窟相比，在造像题材、内容、位置等方面基本相同，最大区别就是供养菩萨或天人的表现形式不同，前者为彩绘，后者为模制，但它们所表达的宗教内涵是完全一致的，这种形式上的变化应该是开凿时间前后差异所致，前者明显要早一些。

① 阎文儒《莫高窟的创建与藏经洞的开凿及其封闭》，《文物》1980年第6期，第59—62页。

② 樊锦诗、马世长、关友惠《敦煌莫高窟北朝洞窟的分期》，敦煌文物研究所编《中国石窟·敦煌莫高窟》（一），第185—197页；杜斗城《关于河西早期石窟的年代问题》，《敦煌学辑刊》1994年第2期，第101—111页。

③ 谢稚柳《敦煌艺术叙录》，上海古典文学出版社，1957年；张大千《莫高窟记》，台北故宫博物院，1985年；水野清一《敦煌石窟ノート·北朝窟について》，氏著《中国の佛教美术》，平凡社，1968年；宿白《莫高窟现存早期洞窟的年代问题》，氏著《中国石窟寺研究》，文物出版社，1996年，第270—278页。

④ 王泷《甘肃早期石窟的两个问题》，敦煌文物研究所编《1983年全国敦煌学术讨论会文集·石窟艺术编》（上），第311—324页；金维诺《敦煌窟龛名数考补》，敦煌研究院编《1987年敦煌石窟研究国际讨论会文集·石窟考古编》，辽宁美术出版社，1990年，第32—39页。

⑤ 详见敦煌研究院编《莫高窟第266～275窟考古报告》，图106、113、114、115、173。

图 23　莫高窟第 272 窟正壁主尊南侧彩绘供养菩萨和天
人像

图 24　莫高窟第 275 窟正壁彩绘胁侍及
供养菩萨像

同时，结合第 268、第 272 窟顶部浮塑平棋，第 275 窟南、北壁并列开凿阙形龛等因素，笔者认为这组洞窟开凿时间与已认定的北魏中期洞窟相差不远，具有较多类似图像特征和时代共性，故也应开凿于北魏时期，从这三个洞窟形制各异的现象分析，说明这时还没有形成统一的窟龛形制样式，具有石窟寺初期窟龛开凿和营建的基本特征。

实际上，国外有学者也注意到北凉三窟内这种类似模制造像等易被忽视的图像题材在石窟寺考古断代方面的价值和意义。如韩国学者李姃恩就通过莫高窟与云冈、龙门、响堂山等北朝时期出现的卷草纹样式与类型进行考古学分期，并结合相关文献资料，认为莫高窟第 268、第 272、第 275 窟开凿于 480 年前后。①

---

① 参见李姃恩《北朝装饰纹样研究——5、6 世纪中原北方地区石窟装饰纹样的考古学研究》，中国社会科学院研究生院博士学位论文，2002 年，第 108—113 页。

（三）模制造像相关题材与内容探讨

莫高窟北朝模制造像题材中，北魏以供养菩萨为主，西魏出现了佛和伎乐天，北周则以佛为主，这种变化与不同时期窟龛内造像思想有密切关系。

笔者注意到，莫高窟北魏中心柱窟出现的影塑造像均为形态各异的供养菩萨，其所对应的龛内或坛台上主尊造像为倚坐佛、交脚佛、禅定佛或交脚、思惟菩萨像。根据贺世哲先生的研究，莫高窟北朝时期中心塔柱窟的来开凿是为满足佛教信徒禅观需要，其经典依据主要有《佛说观佛三昧海经》《禅秘要法经》《四分律》等，中心塔柱上的佛像虽然坐姿各异，但结合窟内壁面彩绘的佛说法图、降魔图、本生图等，可以确定主要表现的依然是释迦佛五分法身像和弥勒菩萨决疑[①]。从这个角度出发，中心塔柱上的影塑供养菩萨与龛内壁面彩绘飞天，龛楣内彩绘莲花化生等一样，共同组成辅饰龛内主尊、地位较高的供养者。

众所周知，佛教里把供养大体划为三类：一是利供养，主要指用鲜花、香烛、食物、资财等供养。二是敬供养，主要指用礼敬、膜拜、赞美、唱颂等形式的供养。三是行供养，主要指敬奉三宝、受持戒律和修行善法的供养。而供养菩萨专指为佛陀做供养或弘扬佛法的菩萨，分布在佛周围，装束类似大菩萨，但体姿丰富，或站或坐，有的也手捧供养物。后者根据佛经描述，又称"天众"，音译"提婆"。具体指持五戒、行十善、修禅定，死后生于色、欲两界的佛教信徒，装束具有鲜明世俗特征。外貌特征类似菩萨，实质上又是为佛陀弘扬佛法服务且果位相对较低的菩萨，但本身又处于供养者最高地位，兼有三种供养的便利。正是这种特性，佛教信徒在其位置安排上，往往将其放在离佛较近、位置较高、十分显眼和醒目的地方。敦煌莫高窟北魏中心柱窟内供养菩萨专门以影塑形式出现的做法，应该是这种观念的具体表现。同时，也说明开窟者对相关佛典思想了然于胸。

西魏时期，北魏阶段盛行的影塑供养菩萨依然流行，但在题材、内容方面已有所变化，新出现了影塑千佛（第288窟）、佛说法场景（第435、第437窟），以及象征佛国净土世界的莲花宝瓶、摩尼宝珠等题材。

千佛是佛教大乘思想的重要概念，随着佛教的传入，这一观念很快被中国人所接受。西晋竺法护译《贤劫经》里已有《贤劫千佛名号品》，刘宋畺良耶舍译《观药王药上经》中《三劫三千佛缘起》曰：

> 尔时，释迦牟尼佛告大众言：我曾往昔无数劫时，于妙光佛末法之中，出家学道，闻是五十三佛名。闻已合掌，心生欢喜，复教他人，令得闻持。他人闻已，展转相教，乃至三千人。此三千人异口同音，称诸佛名，一心敬礼；如是敬礼诸佛因缘功德力故，即得超越无数亿劫生死之罪。初千人者，华光佛为首，下至毗舍浮佛，于庄严劫得成为佛，过去千佛是也；其中千人者，拘留孙佛为首，下至楼至佛，于贤劫中次第成佛；后千人者，日光佛为首，下至须弥相佛，于星宿劫中当得成佛。[②]

---

① 参见贺世哲《敦煌图像研究——十六国北朝卷》，第43—81页。

② 《大正藏》第14册，第364页c。

图 25　莫高窟第 248 窟中心柱正壁影塑

　　总之，按照大乘佛教说法，三千大千世界无量诸佛，空间上布满十方，时间上贯穿过去、现在和未来，合称为"过去、现在、未来十方三世尽虚空界一切诸佛"，①亦简称十方三世诸佛。

　　莫高窟中千佛图像出现很早，北凉第 272、第 275 窟左、右壁或前壁均有彩绘千佛。此后北朝各个时期中心柱窟内壁面上这种配置方式几乎成为定例，大部分千佛图正中还绘有一幅佛说法图。而西魏时，中心柱佛龛两侧及上方出现影塑坐佛，表明千佛思想被进一步强化，主题更加鲜明。同时，为体现一世有诸多佛观念，整辅影塑佛说法图开始出现。如第 248 窟中心柱正面（东向面）龛外上方虽然壁面内容大部分脱落无存，但通过残存痕迹大致可推测出正为 1 身立佛，足下踩莲台，莲台左右各伸出一枝莲茎，末端各托一莲蓬，其上各 1 身供养菩萨，斜披络腋，下着贴身裙，帔帛搭肩绕臂向后飞舞。双手合握莲蕾，举至胸前，分别跪拜于佛两侧。这组造像外侧原各贴上、中、下三排供养菩萨，现多已无存（图 25）。第 435 窟内中心柱正面（东向面）龛外上方保留则相对完整：正中影塑佛结跏趺坐于莲台上，身后浮塑莲瓣形背光。左右各贴 1 身菩萨立像，身披袈裟，下着长裙，双手合十，足踩莲台，恭立于佛两侧。菩萨外侧斜下方各有 1 身影塑残痕，其外侧各 1 身影塑飞天。这组造像外侧上方各对称贴 4 身供养菩萨，下方沿中心柱边沿原各纵向贴 3 身供养菩萨，身后均浮塑桃形头光。其中胁侍菩萨与飞天之间残痕上方没有桃形头光，故推测其原贴塑弟子像。这样的话，就构成了一幅相对完整的佛说法图。第 437 窟内中心柱正面（东向面）龛外上方也大抵如此：正中

图26 莫高窟第285窟顶部彩绘摩尼宝珠

为1身穿通肩袈裟，做说法状的立佛，立于莲台之上，身后浮塑桃形背项光。两侧各1身胁侍菩萨立像，斜披络腋，下着长裙，帔帛搭肩绕臂下垂，足踩莲台，双手合十于胸前。这组像两侧各对称贴塑上、下两排伎乐飞天，或弹拨乐器，或合手供养，身姿各异。

莫高窟西魏现存的4个带影塑造像的洞窟中，3个窟内中心柱正壁龛上方出现整铺影塑组合的佛说法场景，显然并非偶然现象，而是一种流行样式，从北魏时盛行的供养菩萨组合变为佛说法＋供养菩萨组合，表明供养菩萨敬奉的对象有所变化和增加。除这种变化外，中心柱龛外上方新出现有摩尼宝珠（第248、第437窟）、莲花宝瓶（第248窟）等内容，类似图像也见于莫高窟西魏第249、第285窟顶部壁画（图26）。摩尼宝珠为梵语意译，还有如意宝、如意珠、末尼宝、无价宝珠、如意摩尼等诸多称谓。关于其来源，《杂宝藏经》称出自摩竭鱼脑中，《大智度论》则称如意宝珠或出自龙王脑中，或为帝释天所持之金刚，破碎后掉落而得，或为佛之舍利变化而成，以利益众生。总之，它有除病、去苦、遂愿等功德，能"随意所求，皆满足故。体具众德者，标下众德也"。[1]其形状一般为多棱六角形，边缘以火焰、莲座、忍冬等图案装饰，以示其重要性。慧琳在《一切经音义》中解释说："摩尼，正云末尼。末谓末罗，此云垢也。尼云离也，言此宝光净，不为垢秽所染也。又云摩尼，此云增长，谓有此宝处，必增其威德。"[2]这种不惧任何污秽、威德无限且能满足信徒一切美好愿望的宝物自然会受到重视，表明西魏时期当地佛教信众已将摩尼宝崇拜上升到一个新的高度。

莫高窟北周洞窟内影塑已全部改为千佛，位置除分布在中心塔柱外，也见于窟内诸壁，与此前诸窟内壁面彩绘千佛相比，更具有视觉冲击力（图27）。但已不再占据窟内整个壁面，均安置于窟内壁面上部，其下多绘制整幅连续排列的佛说法图、涅槃、降魔变、卢舍那佛、释迦多宝、本生和因缘故事、太子降生相等内容。[3]可见在突出千佛的同时，重点表现出礼敬释迦，强调三世十方诸佛法华思想的内涵和主题，体现出和中原地区在佛教思想和造像题材方面传播与弘扬的一致性特征。

---

①良贲《仁王护国般若波罗蜜多经疏》卷三，《大正藏》第33册，第515页a。

②《大正藏》第54册，第434页b。

③敦煌研究院编《敦煌石窟内容总录》，第175页。

图27 莫高窟第428窟南壁前侧上方影塑千佛

关于北朝时期模制龙头前面已有略述，其发展、变化规律十分鲜明，是莫高窟北朝洞窟考古学分期研究的重要类型学例证，相关内容拟另文详述。同时，龛饰中大量使用龙这一形象也是中原传统文化图像的重要符号，而龙爪下支撑的却是外来的希腊式或束帛式柱头，两种文化现象的完美融合更彰显出古代敦煌在中西文明融合与创新过程中的地位与价值。

（四）佛教模制造像与模制技法之间的关系

作为补充，笔者需要说明的是，佛教模制造像与模制技法之间是一种枝与干的关，前者是出于相关造像思想和艺术表现形式的需要，而从后者中汲取这一特殊工艺和技法，也是外来佛教艺术中国化的具体表现之一。大量考古和传世文物证明，秦汉时期的模制砖、瓦等建筑构件，以及三国魏晋以来的墓葬俑、陶瓷器上的饰物等已广泛采用模制工艺和技法，汉代墓葬陶俑中已发现有批量模制作品。[1]最迟到三国和西晋时期，这种模制技术已经开始运用于佛像制作。近年来，在江苏、浙

①杨泓《美术考古半世纪：中国美术考古发现史》，文物出版社，1997年，第186—187页。

江、安徽境内不断发现有孙吴至西晋时期附塑佛像的青瓷或釉陶谷仓罐。此外，在上述地区墓葬中的双系或四系罐、鸡首壶、香熏、钵或唾壶等器物上均发现有贴塑佛像现象。[①]如 1983 年南京雨花台长岗村 5 号墓出土的青釉褐彩壶上就贴塑有两身坐佛，高发髻，面相清癯，圆形项光，穿通肩袈裟，衣纹悬垂于胸前，坐于双兽莲花台上。[②]从图像模本和图片可以看出，这两身佛像为同一模制。这件文物的时代作者认为在东吴至西晋初年。到东晋时期，此类带有升仙思想的魂瓶上模制佛像更多，如 1958 年南京甘家巷高场 1 号东晋墓出土的黑釉魂瓶，呈鼓腹罐状，有三层浮塑，最上层为另加的方形陶屋，屋壁四面有门，门内各置一佛像，围绕房屋一周，又置 7 身佛像，均坐于与瓶口相连的盘座上。中层堆塑于瓶颈处，为盘形座，正面开一门，内置一佛像，门两旁置双阙，阙旁各一小罐，后部对应处亦各一小罐，其间有佛像 8 身。下层雕塑堆塑于瓶腹，有佛像、铺首和鱼。所有佛像均同一模所塑，头似有发髻或冠，五官不清，双手合十，结跏趺坐。[③]

因此，从上述材料可知，早在三国末期至东晋初年，我国长江中下游一带地区的陶瓷器上已经大量采用模制工艺来制作佛像。当然，它在所表达的佛教思想和内涵方面还不成熟，仍然是温玉成先生所谓"仙佛模式"造像范畴，[④]也有学者认为这是当时南方民间佛教传播系统的一种表现。[⑤]不管属于哪种情况，但有一点是可以肯定，即这些器物上的佛像均为模制，表明这种工艺已经十分成熟。至于它与中原北方地区、西北，乃至新疆境内古代佛教造像中出现的模制工艺之间的关系，尚有待于进一步讨论和研究。

四、结语

敦煌莫高窟北朝洞窟内出现的模制造像题材丰富、技法多样，在窟内分布位置和题材内容及组合等方面特色鲜明，其中许多造像内容本身蕴含着重要的历史、文化和艺术价值。它的出现、形成、发展与演变有着自身特色，充分体现和反映出当时中西方宗教文化的互动与交流。但在以往研究中并未得到应有重视，特别是在模制造像艺术源流与传播、莫高窟早期洞窟断代分期、相关题材个案研究等方面尚有许多工作可做。

① 贺云翱等编《佛教初传南方之路》，文物出版社，1993 年，图版 23、34、35、37、39—51。
② 易家胜《南京出土的六朝早期青瓷釉下彩盘口壶》，《文物》1988 年第 6 期，第 73—74 页，图三；《中国文物精华（1993）》，文物出版社，1993 年，图版 10。
③ 参见金琦《南京甘家巷和童家山六朝墓》，《考古》1963 年第 6 期，第 304 页，图版三：2。
④ 温玉成《公元 1—3 世纪中国的仙佛模式》，《敦煌研究》1999 年第 1 期，第 159—170 页。
⑤ 何志国《"仙佛模式"和"西王母+佛教图像模式"说商榷——再论佛教初传中国南方之路》，《民族艺术》2005 年第 4 期，第 96—105 页。

作者附记：图1—5、图7—13、22、24—27采自敦煌文物研究所编《中国石窟·敦煌莫高窟》（一），文物出版社，2011年；图6、14、21作者自摄；图15、23采自敦煌研究院编《莫高窟第266~275窟考古报告》（二），文物出版社，2011年；图16采自姚桂兰主编《金塔寺石窟》，甘肃人民美术出版社，2018年；图17采自甘肃省文物工作队、炳灵寺文物保管所编《中国石窟·永靖炳灵寺》，文物出版社，1989年；图18采自段文杰主编《中国新疆壁画全集·克孜尔卷》，天津人民美术出版社，1995年；图19—20采自奥雷尔·斯坦因《西域考古图记》，广西师范大学出版社，1998年。

略论敦煌唐代净土变的构成

赵声良/敦煌研究院

中国传统文化对外来文化的吸纳，最为典型的就是佛教的中国化。虽说佛教是外来的宗教，但经过几百年后，逐渐与中国本土文化融合而不断被改造，最终成为中国传统文化中不可分割的一部分。若从宗教的意义上来讲，隋唐以来佛教各宗各派的形成，与印度原始佛教宗旨已有所区别。若从佛教艺术来看，隋唐以来的佛教艺术，不论建筑、雕塑和壁画，也都与印度及中亚的佛教艺术截然不同，完全是中国的艺术了。而在佛教艺术由外来的样式风格转化为中国本土的艺术时，经变画无疑是一个具有划时代意义的创新。

经变画是中国佛教壁画的重要内容，有关经变画的概念，施萍婷先生曾在《敦煌学大辞典》中有精辟的解释：

> 就广义而言，凡依据佛经绘制之画，皆可称之为"变"，然今之"经变"，既有别于本生故事画、因缘故事画、佛传故事画，又有别于单身尊像，专指将某一部乃至几部有关佛经之主要内容组织成首尾完整、主次分明的大画。①

其后，施萍婷先生又在相关的学术论文中对经变画做过详细的阐述。②总之，经变画就是按某一部佛经的主要内容来表现该经思想的绘画。敦煌经变画隋朝开始大量出现，到唐代达到鼎盛，代表性的经变画有维摩诘经变、阿弥陀经变、观无量寿经变、弥勒经变、药师经变等。在印度或中亚的佛教遗迹中，至今没有发现类似中国的经变画。虽然从经变画的某些特征去追根溯源，也似乎可以找

---

① 季羡林主编《敦煌学大辞典》，上海辞书出版社，1998年，第81—82页。
② 参观施萍婷《敦煌经变画》，《敦煌研究》2011年第5期。

到一些痕迹（比如犍陀罗雕刻大神变之类的形式）。但是形成有体系、有规模的绘画（或雕塑）的构成风格，则不是犍陀罗等样式所能决定的，乃是中国的艺术家按中国的审美思想、中国式的表现手法创作而成的。

作为佛教绘画，佛教寺院和石窟壁画的内容来自佛经，其创作的依据，主要是佛经。由于佛经中对佛国世界有诸多描绘，给画家以灵感和启发，尤其是净土经中就有诸多关于阿弥陀佛世界的描绘，如《无量寿经》记载：

> 又，讲堂、精舍，宫殿、楼观，皆七宝庄严，自然化成。复以真珠、明月摩尼众宝以为交露，覆盖其上。内外左右，有诸浴池，……八功德水湛然盈满，清净香洁，味如甘露……其池岸上有旃檀树，华叶垂布，香气普熏。天优钵罗华、钵昙摩华、拘物头华、分陀利华，杂色光茂，弥覆水上。彼诸菩萨及声闻众，若入宝池，意欲令水没足，水即没足；欲令至膝，即至于膝；欲令至腰，水即至腰；欲令至颈，水即至颈；欲令灌身，自然灌身；欲令还覆，水辄还覆。调和冷暖，自然随意。开神悦体，荡除心垢，清明澄洁，净若无形。宝沙映澈，无深不照，微澜回流，转相灌注。安详徐逝，不迟不疾，波扬无量，自然妙声。[①]

在《阿弥陀经》中也有相关的记载：

> 又舍利弗，极乐国土，七重栏楯，七重罗网，七重行树，皆是四宝，周匝围绕，是故彼国名为极乐。又舍利弗，极乐国土有七宝池，八功德水充满其中，池底纯以金沙布地。四边阶道，金、银、琉璃、颇梨合成。上有楼阁，亦以金、银、琉璃、颇梨、车磲、赤珠、玛瑙而严饰之。池中莲花大如车轮，青色青光、黄色黄光、赤色赤光、白色白光，微妙香洁。[②]

以上佛经中所叙，对净土世界中的净水池及其中的莲花、周边的树木、楼阁等都有记录，非常形象而真切，为画家描绘西方净土世界提供了十分具体的内容依据。六朝时期一些高僧的文字记录，也反映了当时已有关于净土世界的绘画作品。如东晋支道林《阿弥陀佛像赞并序》，施萍婷先生就认为该文所描述的有可能就是一幅早期的无量寿经变图景。[③]联系四川成都出土南朝的浮雕法华经变与弥勒经变，[④]在东晋南朝时期出现西方净土变的绘画，也是可以理解的。尽管如此，南北朝时代的经变画大体跟成都的南朝浮雕类似，不太可能有唐代经变那样大的规模，以及那么丰富和具体的内容。从内容上来说，佛经中虽然提供了有关净土世界的种种内容及其特征，但要进行绘画创作，其实仍存在诸多困难。比如佛经所描绘的内容极为丰富，画家只能选择某些较有视觉特征的

① 康僧铠译《无量寿经》卷上，《大正藏》第 12 卷，第 271 页。

② 鸠摩罗什译《佛说阿弥陀经》，《大正藏》第 12 卷，第 346—347 页。

③ 陈明、施萍婷《中国最早的无量寿经变》、施萍婷《支道林〈阿弥陀佛像赞并序〉注释》，均刊于《敦煌研究》2010 年第 1 期。

④ 参见赵声良《成都南朝浮雕弥勒经变与法华经变考论》，《敦煌研究》2001 年第 1 期。

内容来绘制。还有一些佛经内容较为抽象，很难通过视觉形象来表现其哲学思想，如果必须要有所表现，那么如何表现？绘画技法应是制约经变画发展的重要因素，如何营构一个佛国世界，这是前所未有的绘画，它有待于绘画空间表现技法的成熟，包括对山水、建筑及人物群体表现技法的成熟，特别是营构大规模绘画的能力——即"经营位置"的能力。另外，还有一个更重要的前提，就是社会需要。只有当社会需求达到了一定的高度，才能刺激画家的能动性和创造力。

到了隋唐时期，随着佛教的不断普及，广大信众对常见的佛教故事大多耳熟能详，如北朝时期流行的那些佛经故事画，对于一般信众来说已不再感到新鲜了。这时，信众们最希望看到的就是佛国世界。尤其是净土宗流行之后，常常会讲到西方净土世界（阿弥陀世界），人人都希望能够往生西方净土世界。于是，净土世界的景象便是人人向往之所。当时的画家显然就是应这种广泛的社会需要而开始创作净土经变画的。诚然，不论是信众们还是画家，谁也没有亲眼见到过佛国世界，但作为画家，自然可以运用想象力来创作佛国世界的景象。

要在壁画中营构一个美好的佛国世界，当然是一个较大的工程。画家必须要设计出这个世界都包含着什么。佛国，就是天国，当然天空就是必不可少的。但在画面中，作为视觉形象，天空就不可能像文字作品所描写的那样虚无缥缈，它必须是看得见的。因此，即使是表现天空，也要描绘可以比较的实景：天空的云霞及地面的山峦、树木、房屋等，通过地面的实景来比照出天空的景象。按照佛经所说，净土世界是建立在净水池之上的，于是，水也是画面中必须有的内容。这样，天、地、水三个要素都有了，净土世界的基本要素就具备了。而这些要素还必须经过画家的设计，进行合理的构图。谢赫提出绘画六法中第五项为"经营位置"，到了唐代张彦远的《历代名画记》，进一步强调了"经营位置"的重要性，认为它是"画之总要"，反映了唐代绘画与六朝绘画已有了较大的不同。由于寺院中流行经变画，要构建这样大规模的经变画，"经营位置"的重要性就显现出来了。经营位置不仅仅是画面本身的构图问题，还要考虑所有相关内容的布局设计，既要正确地反映一部佛经的主题思想（如对佛经内容的选择，就必须按宗教的需要），作为视觉形象，又不能不考虑画面构成的需要，如何能够详略有致，并达到全画面的"气韵生动"，既让观众看得明白，又要让观众感动，从而产生向往之情，这些恐怕都是作为"经营位置"必须考虑的，正因为如此，经营位置才成为了"画之总要"。单就净土经变来看，我们大致可以看到以下三个方面的考量：

1. 天域的表现

对于天空的表现，在中国艺术中由来已久，早在战国时期的帛画和一些漆器装饰中，常常表现大量的云气，其中还有一些怪兽，仿佛是乘着云在天空遨游，或许这是古人对茫茫宇宙的表现吧。汉晋以来的壁画墓中出现较多表现天界的景象，如酒泉丁家闸五号墓中，表现东王公与西王母，这是神仙所居的天界，自然有大量的画面表现天空与云气，在画面下部则是连绵的山峦。用地面上的山来映衬出天空的辽阔无垠。

受到这一传统的影响，莫高窟第249、第285窟的窟顶四披均画出了天界的景象，空中或表现东王公、西王母分别驾龙凤之车，驰骋于苍穹，或描绘伏羲、女娲及众天人在云中翱翔（图1）。同样，在画面的下部都要画出连绵的山峦树石。天空的表现除了以云气烘托，还要画出各种天界的神兽（如风、雨、雷、电之神）及天人，中国式的仙人与佛教的飞天在这一片天空中共舞。这样以东王公、西王母为主题表现天空的样式在北周至隋朝的一些洞窟中仍可看到，但有一点变化，就是画面的下部不再表现山峦，显然观者已经明白整个画面表现的是天空的景象，无须再用地面的山峦来作对比，画面中的云气则成了表现天空的象征。

图 1　莫高窟第 249 窟窟顶南披　西王母　西魏

　　这一富有浓厚传统色彩的样式，在唐代壁画中也不同程度地被采用。如莫高窟初唐第 209 窟窟顶、第 329 窟龛顶表现佛传故事中"乘象入胎"和"逾城出家"的情节，即通过飞扬的彩云来烘托天空的景象，再衬以飞天飘然而下，很好地体现出天空的景象。初唐第 321 窟的龛内壁画，我们看到画家独特的创意。画家将壁画的上部设计为天界，有佛、菩萨、飞天在空中飞行。在上部天空的边缘画出一道栏杆，不少天人在栏杆内或凭栏下视，或向下散花。具体的露台栏杆建筑构成近景，观者仿佛是透过栏杆而看到上部的天穹。而中央的菩提树也向上伸展，还有几身飞天从天界降下，越过了栏杆，接近菩提树了。这样表现天空，把现实与想象的天界联系起来，亦真亦幻。

　　在初唐第 321 窟北壁的无量寿经变也同样用了近三分之一的画面来表现天空：宝楼阁、宝树浮游在深蓝的天空中，乘云来去的佛、菩萨及天人，还有不鼓自鸣的乐器也在天空飘游（图2）。类似的景象在莫高窟初唐第220、第341窟等窟的无量寿经变中也有表现。

图2　莫高窟第321窟北壁　无量寿经变　初唐

从初唐到盛唐，经变画中天空的画面逐步减少，如天界的飞天、不鼓自鸣乐器等形象仍然出现，但楼阁则逐渐表现为实景，而不是在天空飘浮的状态了。如第217窟北壁的观无量寿经变中，画面上层表现楼阁，仿佛是远远的背景，主体内容在中层（佛说法场面）。盛唐的净土经变中，以完整的建筑群统摄全画面，天空的面积缩小，表现飞天或不鼓自鸣乐器，上下翻飞，往往通过尾随其后的卷云延续到下面的殿堂之间，指示其飞行的轨迹。这样实际上把天域与地域融为了一体。

2. 水域的表现

虽说在早期敦煌壁画中也已出现水的画面，但主要是在山水景物中以表现自然的水池、河流等，如在莫高窟第257窟鹿王本生故事画中，表现恒河的河流。在莫高窟第285窟五百强盗成佛图中，作为故事画的背景山水风景中就有一些水池，池中有莲花与水鸟等。而在唐代的经变画中，水被赋予了新的含义，这里的水池就是净土世界里的净水池。莫高窟第220窟南壁的无量寿经变中，在画面中央以大面积的水域来表现净土世界（图3）。首先，作为画面的主角——无量寿佛及两侧以观世音、大势至二大菩萨为首的各菩萨都或坐或立于莲花之上，莲花则是从水池中长出的。水池就成了整个经变画的中心。除了大大小小支撑着座位的莲花外，水池中还有不少莲蕾，透明的花苞可见有化生童子在其中，还有已从莲花中长出的童子正在水中嬉戏，更有天人从水中走出，正攀着水边的栏杆上来。诸如此类的表现，为这个理想天国的净水池增添了不少趣味，并使其具有了现实感。类似第 220 窟无量寿经变这样以较突出的位置大面积表现水域的，在莫高窟第 340 窟北壁、第 341 窟南壁等处的经变画中也可以看到。

图 3　莫高窟第 220 窟南壁　无量寿经变　初唐

　　盛唐以后，净土图的表现形式逐渐定型，画面中较为强调的是以宏伟的殿堂楼阁为主体，水域的面积缩小了。但由于建筑都是建立在净水池上的，因此，水池在建筑的过道边、小桥下被呈现出来。虽然只露出部分的水域，但由于水仿佛环绕着殿堂的水渠，整个画面中的人物与建筑都包含在水域之中。

　　由于唐代经变画中的净水池成为十分重要的内容，唐代画家们也很擅长于画水。文献记载长安的赵景公寺有"范长寿画西方净土变及十六对事、宝池尤妙绝、谛视之、觉水入浮壁"。[1]范长寿画的宝池使人感到水好像在流动一样，可见画家技艺之精。而在敦煌唐代的经变画中，水的表现也是极其丰富而生动的。如莫高窟第 321 窟北壁的无量寿经变中，平台之间的水就像沿水渠流下，在中央平台两侧，如从上游流下一般，波浪翻卷显得较为湍急。而在近处，下部平台与中央平台之间的

————————————————————
①段成式《寺塔记》，人民美术出版社，1964 年。

水则较为平静。第205窟北壁经变画中的水池，表现出波光粼粼的效果。类似这样表现为激流的，如第71窟南壁弥勒经变中，平台两侧的水也是奔流而下，溅起许多水花。第148窟东壁观无量寿经变中，由于画面较大，中央的水池显得较为开阔，水中泛着细细的涟漪，其中还画出许多莲花，以及化生童子和水鸟，表现出宁静的湖面景象（图4）。第172窟北壁的观无量寿经变，虽然没有在中央表现较宽的水域，却也在中央平台的两侧描绘出宽广的水面，其间莲花、化生及水鸟等在碧波荡漾的水面上显得自然生动。在画面上部两侧透过雄伟的殿堂，分别画出河流和原野延伸向远方，使净土世界的空间扩展到无限远。

3. 殿堂建筑的表现

殿堂楼阁可能是净土经变画的核心主题。对佛、菩萨、天人所在场所的表现也就是对天宫的想象。画家们对天宫的想象，无非就是人间最理想的殿堂。《历代名画记》记录了这样一个故事：隋朝

图4 莫高窟第148窟东壁 观无量寿经变中水池 盛唐

著名画家杨契丹与田僧亮、郑法士共同绘制光明寺的壁画，当时，郑法士很敬佩杨契丹的绘画技艺，便想借他的画本来学习，于是，"杨引郑至朝堂，指宫阙、衣冠、车马，曰：此是吾画本也"，[①]这个故事说明当时的画家是要写生的，佛教经变画中那些殿堂建筑，正是人间宫殿的写照。也正因为如此，唐朝的净土经变画总是要详细描绘具体的殿、堂、楼、阁、台、榭、栏杆、桥梁等，对建筑中的门、窗、梁、柱、斗拱等无不备具，一方面是要表现佛国天宫的华丽辉煌，另一方面也要显示画家的高超技艺。

在敦煌壁画中，隋朝开始出现了较多的经变画，除了维摩诘经变和涅槃经变有着特别的构图形式外，如弥勒经变、药师经变往往是以楼阁建筑的形式来表现佛国世界。其建筑形式多采用正面剪影的形式表现楼阁，颇有汉画的意味。到了唐代，彻底改变了这种简略的形式，加强了对殿堂楼阁立体感、空间感的表现，如初唐第220、第321窟净土变中，即可以看出画家对建筑空间表现的尝试。第220窟南壁的无量寿经变，画面的主体表现佛说法的场面，建筑仅绘于画面的两侧，各露出楼阁的半边，但对这二层楼阁，则详细描绘其中的屋脊、屋檐、斗拱、廊柱，以及下部相联系的栏杆等，较为真实地表现出建筑的结构。由于主题表现的需要，中央是一佛与众多菩萨坐在莲花座上，莲座起于水池中，因而水池占据了较大的空间，而在莲池周围则是整齐而华美的栏杆。这些栏杆装饰精致，既反映了唐代建筑的严谨，又使画面空间完整而真实。初唐的净土经变大体如此，往往为了突出佛说法的场景，中央不画较大规模的完整建筑，而多以平台、栏杆等建筑结构来表现佛国世界。这样构成的净土变，在第205窟北壁、第334窟北壁、第335窟南壁、第340窟南壁、第341窟南壁等处均可见到。

第329窟南壁、第331窟南壁的无量寿经变中，在画面上层画出了较为完整的殿堂建筑。但画面的中心——佛说法的场面仍是在中层，上部的建筑只是作为佛国世界（天宫）的象征而做了较为细致的描绘，往往以二层楼阁为主，中央大殿与两侧配殿形成品字形结构，在画面两侧又各绘出二层建筑，通过平台与小桥，与中央一组建筑相通。这样的结构在盛唐第217窟北壁的观无量寿经变中仍可看到（图5），不过此时建筑表现得更加细腻且完善了。中央不仅仅是一座大殿，而是包含了一个闭合的院落，在中央建筑前面一直延续到两边是高高的台、榭等建筑。

初唐晚期至盛唐以后，宏伟的建筑群逐渐成为净土变的标志，以完整的殿堂结构形成更为真实可感的空间，殿堂象征着佛说法的天宫，把人间最为华美的宫殿（包括相关的台、榭、楼、亭等）表现得淋漓尽致。从建筑的绘画表现中，也体现出当时画家们的空间表现技法达到了顶峰。如第172窟南、北两壁均绘观无量寿经变，分别表现宏伟的建筑群。南壁经变画中佛居于中央平台说法，背后就是高大的殿堂，殿堂后面仍可见数重殿堂，两侧也是较高大的二层建筑，延伸到后部与中央的殿堂有长廊相连，后部两侧可见高层建筑上有圆顶的亭。经变画整体以仰视的角度，表现主体建筑

---

① 《历代名画记》卷8，人民美术出版社，1963年。

图 5　莫高窟第 217 窟北壁　观无量寿经变　盛唐

图 6　莫高窟第 172 窟北壁　观无量寿经变　盛唐

宏伟高大。同窟北壁的经变画，则以俯视的角度表现同样宏伟壮观的一组建筑，更为完整地表现出殿堂建筑的纵深感（图 6）。从中可以看到唐代画家在空间表现上达到的高度。[1]盛唐以后，随着画家在建筑空间结构表现技法上的成熟，净土变中以表现佛在殿堂前说法为中心，通过殿堂建筑来营构画面成为了流行的模式，一直影响到五代、宋的佛教壁画，也影响到了朝鲜半岛和日本。

以上我们知道净土经变画构成的三个要素：天域、水域、殿堂建筑。怎样来经营位置，以这三大要素为核心把一个佛国世界生动地表现出来，恐怕是营构一幅经变画首先要考虑的问题。初期的净土变构图源自说法图，只是增加了对佛说法场面的环境描绘，如对净水池的表现。如莫高窟隋代第 393 窟的净土变就通过净水池表现出由近至远的一个景观。初唐第 322 窟北壁的净土变也是同样的构图，只是加强了净水池细节的描绘。第 340 窟北壁的无量寿经变开始把画面分为上中下三段：上层表现天空；中层是佛说法场面，佛与菩萨都坐在很大的莲花宝座上，周边为水池；下层则是与中层隔水相望的平台，平

① 参见赵声良《敦煌壁画风景研究》第二章第一节《经变画的空间构成》，中华书局，2005 年。

台上表现乐舞场面。

这样的三段式结构成为初唐净土变流行的形式。而在水中起平台，平台以栏杆围绕，画面分成上中下三段的结构更加明确了。第 220 窟南壁、第 321 窟北壁的无量寿经变就是典型。按施萍婷老师的分析，画面由上而下，分别是虚空段、三尊段（含七宝池及两侧的宝楼阁）、宝地段。[①]中间的三尊段是经变中最核心的内容，所占的面积也是最大的。为了突出佛、菩萨等形象，往往中央不绘高大建筑，所以宝楼阁都画在了画面两侧。近处宝地段通常表现乐舞场面。三段式构成使画面中层次清晰，主题突出。围绕佛说法场面，以净水池为中心构建出丰富的世界。这类经变画的优秀之作，往往在于表现庄严说法场面的同时，又能以上部天域中飞升上下的天人、宝楼阁、宝树，以及下部平台上起舞的伎乐等形象相映衬，动静结合，体现出气韵生动的效果。从第 220 窟南壁、第 321 窟北壁、第 341 窟南壁等处的净土经变中可以看到这种对画面中气韵的烘染。

进入盛唐，画家们对殿堂建筑的表现越来越娴熟，他们更热衷于用宏伟的殿堂建筑来营构佛国世界。因为建筑画本身即可构成十分完美的空间关系，通过这样的空间关系，营构出一个相对真实的世界，使幻想的佛国世界具有了真实感。对于唐朝人来说，佛国世界已变得真实可感了，仿佛可以走进去一般。第 172 窟南北壁的观无量寿经变就是具有空间透视关系的成功案例。如北壁的经变中，画家以中轴对称的方法，表现了中央前部有平台，正面有中央大殿，大殿背后可见后殿，由后殿向两侧延伸出长廊，长廊把两侧的配殿、角楼连接起来。这样一个闭合的建筑空间，正是中国传统建筑群的基本构成。画面通过俯瞰的视角，把这样一个完整的建筑群表现出来。这些殿堂建筑又都建立在净水池之上。水池环绕着全部建筑，并在上部两侧表现出延伸到远方的水流。显然在这个净土世界中，建筑是主要构成元素，水池则是无处不在的环境，而天空虽然所占画面不多，却在画面上部可以看到乘云来往的佛、菩萨、天人，以及不鼓自鸣的天乐，这些形象都画得极小而精致，显得天空无限辽远。通过这幅经变画，让我们感受到较为真实的空间场景。同时，由于采用了中国式的院落建筑形式，在画面上形成了一个超稳定的空间结构，其构成的特点在于营造出雄浑而庄严、宏伟而严谨的气氛。

从构图的意义上来讲，通过天域、水域、建筑等客观景物的布局，使画面形成一定的空间关系，从而营构出一个相对完整的佛国世界。但是经变画毕竟是要表现佛经要义的，佛、菩萨、天人等才是画面的主人。人物的表现才是决定绘画艺术灵魂的因素。不论采用怎样的构图形式，其核心内容还是要表现佛说法的场面。以此为中心，包括天空中自由飞翔的飞天、表演舞蹈和音乐的伎乐都是体现画面气韵的重要因素。尤其是盛唐的经变画，以建筑构图已成为普遍的形式，在这些规模宏大而稍显凝重的建筑群之中，佛说法的场面和众多的菩萨、天人等人物的布局排列，以及各个人物不同的动态与表情刻画，都彰显出画家的艺术造诣。

传统绘画中往往按人物的大小来区分人物的身份地位，这一点在宗教绘画中更为突出。经变画

---

① 施萍婷《敦煌石窟全集 阿弥陀经画卷》，商务印书馆（香港），2002 年。

的众多人物形象中，主尊佛与主要胁侍菩萨的形体最大，是全画面的焦点，其余相关人物则按一定的比例绘出。在一幅经变画中，主要人物与次要人物纷杂其间，人物有大有小，分别成组，形成繁而不乱的局面。通过人物的组合而使复杂的画面变得有序且生动。其中有的组合整齐（如佛说法场面），有的富于变化（如乐舞或飞天），动静结合，使净土经变画既有整体的统一性，又有细部的生动性。

表现佛和菩萨的庄严法相，虽然在佛教艺术长期发展中形成了定式，但不同的画家所表现的则各有不同。第 220 窟南壁、第 320 窟北壁、第 103 窟北壁等窟的阿弥陀佛，造型和表情均有不同的特色，反映出画家对佛像的不同理解。而佛身旁的胁侍菩萨，其体态、动作和表情，较佛陀的形象更容易表现其生动之姿。第 220 窟南壁的胁侍菩萨婀娜多姿，长裙飘逸；第 217 窟北壁的胁侍菩萨则娴静典雅。周边众多的菩萨，在唐代画家的笔下也显得生动活泼。如第 71 窟北壁经变中的听法菩萨或专注静听，或低头沉思；第 172 窟北壁经变中，平台上的听法菩萨们相互之间动态各异，顾盼有情。至于平台上的乐舞伎或凝心奏乐，或翩翩起舞。这些栩栩如生的人物形象是经变画中的亮点，与佛说法的庄严气氛相对应，使画面充满了活力。

总之，经变画的构成体现了唐代画家经营位置的匠心，以天空、建筑、山水树木构成佛国世界的客观景象，以人物塑造营构出佛国世界的社会风貌。唐代画家把一个理想的佛国世界以真实的视觉形象展示给世人，体现出无限丰富的创造力。

　　附记：施萍婷先生在《敦煌经变画》一文的结尾部分写道：

　　　　唐张彦远《历代名画记》第一卷有"论画六法"一节，六法中"五曰经营位置"。他在说到"经营位置"时，曾感叹："至于经营位置，则画之总要。自顾陆以降，画迹鲜存，难悉详之。"可惜张彦远没有见到敦煌经变画，所以他认为只有吴道子"六法俱全"。他认识到"经营位置"是"画之总要"，但他感慨"悉难详之"。我想，他当年如果到了敦煌，此念顿消！敦煌的每一幅经变画，设计之始，首先要考虑的就是"经营位置"。研究敦煌壁画，就"经营位置"四个字可以写成巨著。[①]

　　每读先生此文，感慨系之。一直想尝试作一探讨。然才疏学浅，仅就浅见，缀成小文。适逢施萍婷先生九十华诞，以此小文，祝施先生寿！并就正于学界。

---

①施萍婷《敦煌经变画》，《敦煌研究》2011 年第 5 期。

敦煌莫高窟的礼拜空间与
正面佛龛的图像构成
——以唐五代时期的覆斗顶形窟为中心[*]

滨田瑞美　著/横浜美术大学美术学部

马歌阳　译/早稻田大学文学学术院

一、序言

敦煌莫高窟的各个石窟内部通过塑像和壁画的表现，构建了礼拜佛的空间。

莫高窟始开凿于南北朝，其营造绵延了约一千年。在每个时代，石窟的形制都有其各自的特点。南北朝时期，中心柱窟数量较多，而到了隋唐时期覆斗顶形窟成为了主流。唐代的石窟中有接近九成都是覆斗顶形窟，这一形制的石窟也延续到了五代以后。覆斗顶形窟平面为方形，正面开凿一个有纵深的佛龛，并立数尊塑像。一般认为在一组塑像之中，中央的佛塑像是石窟内的主尊像。

塑像因其材质的特性，易受到损伤，因而保存状况不佳。即使部分石窟内现仍留存有建造初期的塑像，但这些塑像的头部、两臂等也大多为后代重新修补的产物。因而佛教美术中的敦煌莫高窟研究一直偏重绘画部分，与此也有很大的关系。然而，若将石窟内部看作是对佛陀所居世界的再现，并且人们在这个空间之中礼拜佛的话，窟内正面的主尊塑像无疑就是最重要的部分，同时主尊为何种佛也与石窟整体的主题有着密切的关系。

与此同时，正面佛龛的壁面上不仅有塑像的背光，还会绘制弟子、菩萨等种种的内容。唐代以降的石窟中可见用塑像和壁画的形式共同表现十尊弟子像，也就是十大弟子。这种形式正说明了佛龛内的塑像和壁画成为一体，并且都在佛世界。从这点出发，那么即使主尊塑像受损或不存，或许也可

*本文是JSPS科研费 19K00182 的阶段性成果

以通过龛内壁画的内容来推定主尊的尊格。此外，位于塑像背后的龛内壁画，其内容十分丰富，也有附榜题的作品。以上这些佛龛内壁的信息在考察以主尊为中心的佛世界时，都是非常重要的线索。

因此本文通过对唐五代时期常见的覆斗顶形窟中正面佛龛的图像构成，即主尊塑像、壁画内容及榜题等方面进行考察，试图阐明这一时期石窟内正面佛龛如何表现佛世界，以及窟内如何构建礼拜空间等问题。

一、覆斗顶形窟正面龛内主尊的坐姿及尊格

根据《敦煌石窟内容总录》[①]（以下简称《内容总录》），可以确认正面（西壁）设佛龛的覆斗顶形窟，初唐有 36 个窟，盛唐有 87 个窟，中唐有 48 个窟，晚唐有 47 个窟，五代有 8 个窟。佛龛内主尊的大多数，有些原塑像已不存，即使龛内有塑像者也多为清代重修之作。其中，唐代前半期石窟主尊的保存状况相对良好，初唐有 29 个窟，盛唐有 41 个窟中的主尊塑像保留下了建造初始之姿。中唐以后的石窟就呈减少之势。

虽说保留下了初期之姿，但这些塑像中的绝大多数，其头部、两臂、手部等部分已经损失或经由后代补修。龛内主尊几乎均为坐像，考虑到在补修阶段改变塑像本来的坐姿较为困难，现认为塑像的坐姿应基本为最初的姿势。根据《内容总录》中的记录及笔者的实地调查等，现将能判明坐姿的主尊汇总为表 1。石窟依据《内容总录》进行分期。

主尊塑像的坐姿分为跌坐（结跏跌坐）和倚坐两种。初唐期窟中，跌坐像为 24 件（图 1），倚坐像为 2 件，[②]故能确认初唐期的主尊佛像几乎都为跌坐像。盛唐期窟中，跌坐像为 21 件，倚坐像为 12 件（图 2），同初唐期相比，倚坐像的数量增加。中唐以后原塑像的数量骤减，但从保存下来的原塑像来判断的话，中唐期跌坐像和倚坐像各占一半，而晚唐期和五代期的石窟中安置跌坐像的倾向变高。

关于唐代倚坐佛像的尊格问题，因刻有"弥勒"的铭文在龙门石窟惠简洞及其他如来倚坐像中逐步被确认，同时弥勒经变图中的弥勒佛也表现为倚坐，因此唐代的倚坐佛一般被看作是弥勒佛。莫高窟的唐代倚坐佛像基本上看作是弥勒，应无大碍。莫高窟在唐代，特别是盛唐及中唐期，应制作了一定数量以弥勒佛为主尊的作品。

---

①敦煌研究院编《敦煌石窟内容总录》，文物出版社，1996 年。

②《内容总录》以中宗期，即 705 年为盛唐的起始年。本书中认为第 323 窟属于初唐时期，但笔者认为该窟是中宗期以降的石窟。顺便一提，1982 年出版的《敦煌莫高窟内容总录》（敦煌文物研究所整理，第 197 页）认为第 323 窟属于盛唐早期。

图 1　莫高窟第 328 窟正面佛龛（出自《敦煌 The Art of Dunhuang》）

图 2　莫高窟第 66 窟（出自《中国石窟·敦煌莫高窟》三）

表 1　唐五代莫高窟覆斗顶形窟正面佛龛主尊塑像的坐姿

	初唐	盛唐	中唐	晚唐	五代
跌坐	57、58、68、70、71、78、202、204、207、220、242、283、287、321、322、328、329、331、334、335、341、373、381、386	26、27、34、45、46、88、103、169、171、185、199、215、217、264、345、347、384、387、445、446、458	92、112、144、200、231	18、30、192	72、99
倚坐	323、338	66、87、91、113、117、166、172、180、194、225、320	197、240、363、368、154（菩萨）	156	
不明	340、342、375	32、41、79、81、116、122、164、188、482	69、93	459	
原像失／后代重修	51、52、60、211、339、372	23、28、31、33、38、42、43、47、48、49、50、52、74、75、83、84、89、109、115、118、119、120、121、123、124、125、126、129、162、165、170、176、181、182、208、214、216、218、219、223、353、374、444、450、483	7、21、53、133、134、135、151、153、155、159、186、201、222、226、236、237、238、258、358、359、360、361、366、369、370、447、449、467、468、469、471、472、474、475、478、479	8、12、15、19、20、29、54、82、102、106、107、111、127、128、132、136、140、141、142、143、145、147、150、163、167、173、178、183、184、190、193、195、198、224、227、232、241、337、343、348、470、473	5、6、35、100、189、351
其他	203（凉州瑞像）	300（凉州瑞像）			

注：表中数字是窟号。原则上根据《内容总录》的记载。

然而，莫高窟盛唐期主尊的坐姿仍主要为跌坐。唐代主尊佛为跌坐像时，首先认为其是释迦。初唐期第 68 窟主尊是跌坐佛像，龛内正壁的主尊背光旁以墨书题附"本师释迦牟尼佛"，因而可以确认主尊像就是释迦佛。"本师释迦牟尼佛"中的"本师"，在仪轨的礼佛愿文中也时常出现，[①]如智顗《法华三昧忏仪》中"一心敬礼本师释迦牟尼佛，一心敬礼过去多宝佛"[②]等。

但笔者认为，是否能将所有的跌坐佛像都看作释迦仍需进一步地考察。因此下文会对塑像及龛内壁画内容的构成进行确认。

这里想要补充一点，表 1"其他"这一分类中的第 203 窟（初唐）和第 300 窟（盛唐），石窟正面开一浅龛，在其中造依山而立的"凉州瑞像"。[③]"凉州瑞像"据传是出现在北魏时期凉州番禾县山中的灵验瑞像，制作时将其置于正面的龛中，并在像的周围表现山中之景。因而"凉州瑞像"得以作为石窟内礼拜的主尊在正面佛龛中被再现出来。这种瑞像的出现可以认为是将石窟内部变成了再现中国佛教圣迹的空间。

二、初唐及盛唐时期的佛龛图像构成

唐五代时期莫高窟的正面龛内，在塑像背后的壁面及龛内的天井大多绘制表现特定内容的图像。这些内容在初唐、盛唐期及中唐期以后略有不同（表 2）。本章主要以初唐和盛唐期的正面龛为中心，确认龛内壁画内容与龛内主尊的关系，并对龛内图像的构成进行论述。

（1）十大弟子

诸多龛内的壁面上都绘制有弟子像。除主尊的佛坐像以外，龛内的塑像还会出现胁侍弟子像及菩萨像。弟子塑像（大多为两尊），加上龛内弟子画像共计十尊的例子（图 3）亦不少见。对于现弟子塑像不存的情况，凡龛内壁绘有八尊弟子像者，本文都将其视作原有十尊弟子像。

龛内表现十尊弟子像的石窟，初唐期有 10 件，盛唐期则有 30 件之多。在唐后半期的窟中，中唐期有 2 件，晚唐期有 1 件，而五代时期有 3 件。其中，在一些龛内仍留有弟子尊名的榜题。[④]比

---

① 第 68 窟窟内还绘制有维摩经变。与《维摩经》相关的敦煌写本 P.2049《维摩经疏》（《大正新修大藏经》收录）卷 3"弟子品"中也有"本师释迦牟尼佛"（《大正藏》卷 85，第 397 页 a）这一用法。

②《大正藏》卷 46，第 951 页 c。

③ 凉州瑞像也称"凉州番禾县瑞像"。关于这一图像已进行了诸多研究。主要参考肥田路美《凉州番禾县瑞像の说话と造形》（《佛教藝術》第 217 号，1994 年）、肥田路美《初唐仏教美術の研究》第二部第四章《瑞像の政治性》（中央公论美术出版，2011 年，第 297—337 页）、张小刚《敦煌佛教感通画研究》下篇第 8 章《凉州瑞像在敦煌》（甘肃教育出版社，2015 年，第 405—426 页）等。

④ 文中榜题的录文，依笔者实地调查的记录。

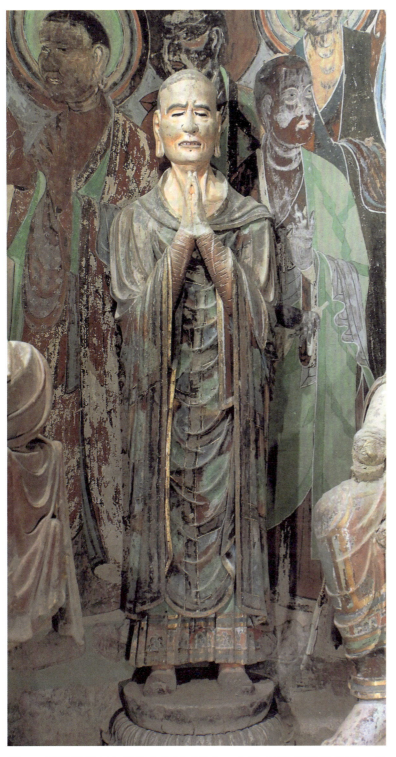

图 3　莫高窟第 328 窟龛内北侧（出自《中国石窟·敦煌莫高窟》三）

如，初唐期第 68 窟龛内壁正面（西壁）的主尊像背光左右两侧分别各附榜题。即左侧（北）从中央开始依次为"舍利弗智慧第一""大迦叶头陀第一""须菩提解空第一"；右侧从中央开始依次为"摩诃迦旃延论议第一""阿难陀多闻第一""优波□□律第一"。这些榜题的内容都是释迦的十大弟子，因此可以看作是龛内的两尊弟子塑像与壁面的八尊弟子画像中的六尊像所附榜题。除此之外，莫高窟盛唐期第 74 窟的龛内，正面西壁到北壁依次题"大迦叶□□第一""大目乾连□□□一""舍利弗智□第一""须菩提""阿□律"；西壁到南壁依次题"阿难□□多闻第一""罗□罗密行第一""迦旃延论识第一""优波离律行第一"。① 依据上述的榜题，推测其他石窟正面佛龛中表现的十尊弟子像基本上应为释迦的十大弟子。

龛内表现有十大弟子像的初唐及盛唐期窟内，现能确定主尊原像坐姿为趺坐佛像的石窟具体如下：初唐期 9 件（第 68 窟、第 202 窟、第 220 窟、第

---

① 此外，第 341 窟（初唐）等窟，正面龛内也可以确认题有十大弟子尊名的内容。第 220 窟（初唐）龛内虽能确认一部分弟子尊名的榜题，但本龛内壁被后代的补色所覆盖，现可见的榜题有可能为后代的补笔。

322窟、第328窟、第329窟、第331窟、第341窟、第367窟），盛唐期7件（第103窟、第185窟、第199窟、第215窟、第217窟、第264窟、第387窟）。这些窟内的主尊是释迦佛的可能性很高。

表2　唐五代莫高窟覆斗顶形窟正面佛龛的壁画题材

	初唐	盛唐	中唐	晚唐	五代
十大弟子	68、202、220、322、328、329、331、340、341、386	31、32、33、41、42、47、49、66、74、91、103、113、117、119、120、129、170、172、176、180、185、199、208、215、217、225、264、320、374、387	201、449	459	6、99、100
趺坐佛（佛说法图）	51、220、283、342	31、32、33、42、109、117、119、120、122、125、170、176、214、387		167	
倚坐佛（弥勒佛说法图）	328	218、320			
二佛并坐	68、335、340、341	45、46、48、49、208、215、374			
逾城出家、乘象入胎	322、329、386				
鹿头梵志、执雀外道	204、287、322、329、375、381				
维摩经变	68、242、334、341、342				
劳度叉斗圣变	335				
金刚经变		217			
弥勒经变	338	180	112、240、370、474		
五十菩萨		171			
天龙八部			53、449		6、99、100
佛传故事图				12	
本生故事图			231、237		72
瑞像图			53、231 236、237、449		72

续表

	初唐	盛唐	中唐	晚唐	五代
报恩经变			231、236、237、238	147	72
法华经变			7、154、358	18、141	
药师经变			93、159、200、222、358、359、369、468、471、475、	54、145、156、232	
戒律图			361		
其他	321（龛顶表现天宫）	47（弥勒菩萨）、182（千佛）	112（一部分为故事画）、153（地藏）、358（一部分为观经变）、360（故事画）	156（龛顶表现千手观音变等）	6（观音）

注：表中数字是窟号。以开窟时的壁画内容进行分类，不包括后代的重修壁画。

另一方面，盛唐期第66窟、第91窟、第113窟、第117窟、第172窟、第180窟、第225窟、第320窟的主尊是倚坐佛像，可知弥勒佛的周围也采用了与释迦相同的十大弟子像这一表现。也就是说，虽然表现的是十大弟子像，但主尊并不一定局限于释迦，也有可能是弥勒。

（2）跏坐佛（佛说法图）

佛的跏坐说法图绘制在龛内天井，或垂直面上的内壁。前者有初唐期第220窟、第283窟、第342窟，盛唐期第31窟、第32窟、第33窟、第42窟、第109窟、第117窟、第119窟、第120窟、第122窟、第176窟、第387窟；后者有初唐期第51窟，盛唐期第125窟、第170窟、第214窟，晚唐期第167窟。[①]

在这些石窟之中，现能确定主尊原像坐姿的有第220窟、第283窟、第117窟、第387窟，其中只有第117窟是倚坐佛像，其他均为跏坐佛像。因此这一图像不适用于主尊尊格的判定。

（3）倚坐佛（弥勒佛说法图）

佛倚坐而说法，即弥勒佛说法图也表现在龛内的天井之上。这一图像出现在初唐期的第328窟（图4），盛唐期的第218窟、第320窟之中。其中，第328窟的龛内主尊为跏坐佛像，第320窟的主尊为倚坐佛像。龛内主尊为跏坐佛像时，考虑到与天井弥勒的关系，将主尊像看作释迦较为稳妥。

①第167窟（晚唐）在正面龛内的南北两壁分别绘制佛说法图。

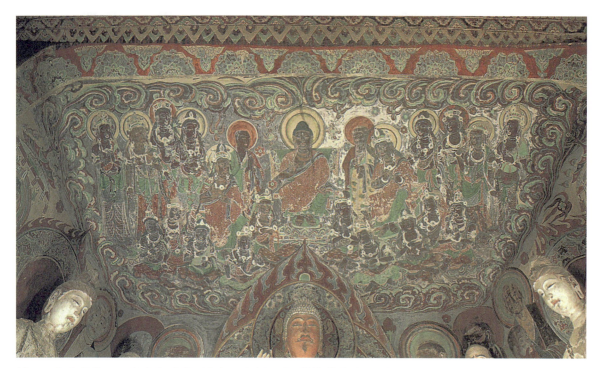

图 4　莫高窟第 328 窟龛内天井（出自《中国石窟·敦煌莫高窟》三）

图 5　莫高窟第 46 窟龛内天井（出自《中国石窟·敦煌莫高窟》三）

（4）宝塔内的二佛并坐图

宝塔内释迦多宝的二佛并坐图，这一表现出自《法华经·见宝塔品》。二佛并坐图像自北魏时期的莫高窟中就已出现。从表现《法华经》中内容这个层面来说，也可称其为法华经变。这一图像意在表现从过去佛（多宝）到现在佛（释迦）的佛法延续性，以及在三世中如来恒久说法的内容。唐代石窟中在龛内天井绘制二佛并坐图的共计 11 个窟，即初唐期的第 68 窟、第 335 窟、第 340 窟、第 341 窟，以及盛唐期的第 45 窟、第 46 窟（图 5）、第 48 窟、第 49 窟、第 208 窟、第 215 窟、第 374 窟。其中第 335 窟和第 340 窟，龛内正壁还绘制了宝塔从灵鹫山现出的场面。

在上述石窟中，能确定龛内主尊原像坐姿的有初唐期第 68 窟、第 335 窟、第 341 窟，以及盛唐期第 45 窟、第 46 窟、第 215 窟，且这些主尊像均为跌坐佛像。如前所述，第 68 窟的主尊根据铭文可知为释迦佛，加之二佛并坐与释迦佛这一组合也具有相当的一致性，因此将这些跌坐佛像看作释迦，应无大碍。

（5）逾城出家、乘象入胎

初唐期第 329 窟、第 386 窟的龛内壁上部左右两侧分别绘制"逾城出家"及"乘象入胎"，这是与佛传故事有关的图像。两窟内的主尊原像均为跌坐佛像，可将其看作是释迦。

（6）鹿头梵志、执雀外道

初唐期第 204 窟、第 287 窟、第 322 窟、第 329 窟、第 375 窟、第 381 窟的龛内壁下部表现有一组人物，即执骷髅的鹿头梵志和执小鸟的执雀外道（尼乾子派），[①]它们位于主尊像的左右两侧。鹿头梵志原是婆罗门，后皈依释迦而成为佛弟子。执雀外道尼乾子也是降伏于释迦的婆罗门。二者都作为降伏外道的图像被表现出来。这一图像见于莫高窟北魏至初唐时期的石窟之中。

这一图像与释迦关系紧密，并被绘制在龛内壁。这些龛内的主尊像，除第 375 窟现坐姿不明外，其余都为跌坐佛像。

（7）维摩经变

初唐期第 68 窟、第 242 窟、第 334 窟、第 341 窟、第 342 窟的龛内壁面上绘制以维摩诘和文殊菩萨对坐构图的维摩经变。其中，第 68 窟的维摩诘像侧题"无垢称菩萨"，第 341 窟的维摩诘像侧题"无垢称菩萨"，文殊菩萨侧题"文殊师利菩萨"。维摩诘被称为"无垢称"来源于玄奘译《说无

---

① 过去一直将与鹿头梵志共同表现的执雀外道看作是婆薮仙，王惠民在其研究中已解明实际上应该是六师外道中的尼乾子派。参见王惠民《执雀外道非婆薮仙辨》，《敦煌研究》2010 年第 1 期，第 1—7 页。

垢称经》。①

　　观察上述石窟龛内的主尊像，除第342窟的坐姿不明，其他均为趺坐佛像。考虑到前述第68窟龛内主尊趺坐佛像附释迦的榜题，这些趺坐佛像也应该为释迦。从《维摩经》开篇宣说释迦的佛国土这点来看，维摩经变这一图像也被赋予了说明释迦佛世界即佛国土的含义。②

（8）劳度叉斗圣变

　　初唐第335窟的龛内壁面绘制了劳度叉斗圣变。③劳度叉斗圣变也称祇园记图或降魔变，其内容是六师外道的劳度叉妨碍建立祇园精舍，佛弟子舍利弗用法力战胜并降伏了劳度叉，让其皈依了佛教。这一内容与释迦有密切的关系。第335窟龛内主尊是趺坐佛像。

（9）金刚经变

　　盛唐期第217窟龛内的天井部分，面向左边的南侧壁画虽已剥落，但北侧的保存了下来。过去一直认为这部分壁面表现的是释迦回到故乡迦毗罗卫城及罗睺罗出家这些佛传故事的内容，但西林孝浩认为这些内容是构成金刚经变的图像要素。④他指出图中的一些小画面，诸如如来手执佛钵，同僧侣一起拜访楼阁；如来倾斜倚坐并将脚置于一个大容器中等图像，表现的是《金刚般若波罗蜜经》开篇的内容，即释迦从祇树给孤独园（祇园）前往舍卫城的途中持钵乞食，以及返回祇园进食后坐下清洗足部的场面。笔者认为西林的图像比定可能性很高，若是如此，这一图像也是与释迦有密切关系的内容。第217窟龛内主尊像是趺坐佛像。

　　上述（5）—（9）的图像内容，包括经变图在内，都是与释迦说法有关，或显示其法力的内容，因而其共通之处是都为说明释迦佛世界的图像。这些图像绘制在佛龛内壁，与龛内主尊释迦相呼应。以上图像对应的石窟，其主尊的原像全都表现为趺坐，从这一点来看，初唐、盛唐时期趺坐这一佛的坐姿也可以说是代表释迦的一种标志。

----

①在支谦译《佛说维摩诘经》中"名曰维摩诘"一句的夹注为"汉言无垢称"（《大正藏》卷14，第520页c），但支谦译本及鸠摩罗什译本指代维摩诘时，都使用的是"维摩诘"这个名称。另一方面，在六卷的玄奘译本中，"维摩诘"从未出现，一直使用的都是"无垢称"这个译名。同时榜题中的"无垢称菩萨"也出现在玄奘译本中（《大正藏》卷14，第588页a）。关于第68窟、第341窟维摩诘经变的榜题，笔者于2018年10月在"观念·技术 视野·视角 敦煌石窟研究方法论国际学术研讨会"进行了口头发表，发表内容以《敦煌石窟壁画的窟内配置与图像研究》为题，刊于《丝绸之路研究集刊》第5辑，2020年，第151页。
②关于莫高窟唐代维摩经变，参考拙稿《敦煌莫高窟初唐期的维摩经变—窟内配置与图样をめぐって—》，《アジア仏教美術論集 東アジアⅡ（隋唐）》，中央公论美术出版，2019年；《敦煌石窟唐代维摩经变の题记について》，《横浜美术大学教育·研究纪要》第11号，2021年。
③劳度叉斗圣变多见于晚唐到五代时期莫高窟的洞窟四壁。
④西林孝浩《第217窟小考》，《朝日敦煌研究员派遣制度 记念誌》，朝日新闻社，2008年。

（10）弥勒经变

初唐时期第 338 窟的龛内天井之上绘制了以倚坐菩萨为中心，表现兜率天宫的场景，《内容总录》认为这是"弥勒上生经变"。盛唐期第 180 窟龛内天井绘佛于翅头末城说法；龛内正面绘女性剃发出家及转轮圣王的七宝（马宝、象宝、轮宝、玉女宝、兵宝、珠宝）；龛两端的下部，北侧绘似帝王的男性人物像，南侧绘两个女性人物像，① 这些都是弥勒下生经变的图像内容。此外，还有中唐时期的例子（后文详述）。

第 338 窟和第 180 窟主尊原像都是倚坐佛像。也就是说在主尊弥勒佛塑像的上方或背后绘制了弥勒经变，这里进一步确认了主尊与龛内壁画在内容上有紧密的联系。

（11）五十菩萨

盛唐期的第 171 窟龛内正壁绘制二十尊坐于莲花上的小型菩萨像，左右两壁也分别绘十五尊相同的菩萨像，共计五十尊（图 6）。每尊像所坐莲花由中央分出的莲茎相连接，与龛内主尊所坐莲花座的茎部也为同根。五十菩萨与阿弥陀组合的表现，是以唐代道宣《集神州三宝感通录》卷中"隋释明宪五十菩萨像缘"② 所述天竺由来的阿弥陀佛五十菩萨为基础而形成的图像。③ 本佛龛的下部还绘制了表现九品往生的化生童子。

龛内的主尊是跌坐佛像。主尊像的一部分在后代进行过补修，但躯体及莲花座应为盛唐期之作。从主尊的莲花座与龛内壁画内容相连接来看，主尊像应是阿弥陀。第 171 窟在正面龛内表现阿弥陀佛世界是十分少见的例子，这也说明了龛内的主尊像并不限定为释迦与弥勒。

图 6　莫高窟第 171 窟正面佛龛（出自《敦煌石窟全集 8 阿弥陀经画卷》）

综上，笔者对初唐及盛唐时期正面龛内的图像构成进行了确认，由此可得出以下两个结论：其一，龛内特定的壁画内容与主尊的尊格有密切联系；其二，龛

---

① 《内容总录》中认为，第 180 窟龛内北侧似帝王的男性人物像为"蠰佉王"，南侧的两个女性人物像为"蠰佉王妃"。敦煌研究院编《敦煌石窟内容总录》，第 71 页。

② 《大正藏》卷 52，第 421 页 a—b。

③ 敦煌莫高窟中，除第 171 窟龛内以外，第 332 窟东壁（初唐）、第 23 窟天井（盛唐）也绘制有阿弥陀佛五十菩萨图。

内除了表现释迦世界与弥勒世界，亦有表现阿弥陀世界的例子。

三、中唐及晚唐时期的佛龛图像构成

本章主要确认唐后半期，即中唐及晚唐时期正面佛龛的图像构成。中唐以降，龛内壁面出现了将画面划分成若干纵向区域的"屏风画"形式。如第一章所述，中唐以降石窟的龛内主尊是原像的例子极少，但笔者想尽可能通过以下的考察，探讨不同类型的龛内壁画与主尊像的关系。

（1）十大弟子

中唐期第 201 窟、第 449 窟的龛内壁面上绘十弟子像，这也可以看作是释迦的十大弟子。晚唐期第 459 窟的龛内壁面绘制八尊弟子画像，与现存的两尊弟子塑像，共同表现十大弟子。以上三窟的龛内主尊像或有破损（第 201 窟、第 449 窟），或坐姿尚不明确（第 459 窟）。

（2）菩萨与天龙八部

中唐期的第 49 窟在表现十大弟子的同时，还绘制了十尊菩萨和天龙八部。中唐期第 53 窟的龛内南壁上残存有一部分天龙八部头部的痕迹。天龙八部是在《法华经》等经典中出现的天部，为释迦的眷属。以上二窟龛内的主尊原像现已不存。

（3）佛传故事图

晚唐期第 12 窟的龛内壁面在"屏风画"的区域中绘制佛传图。本窟龛内主尊为跏坐佛像，《内容总录》记为"清塑佛"。

（4）本生故事图

中唐期第 231 窟、第 237 窟、五代期第 72 窟的龛内"屏风画"区域绘萨埵太子等本生故事图。第 231 窟、第 237 窟龛内西壁除了萨埵太子本生图以外，还绘制了善事太子入海本生。五代期第 72 窟的龛内西壁为萨埵太子本生，南壁为萨埵太子本生和尸毗王本生，北壁为萨埵太子本生和鹿母夫人本生，并附榜题。[1]

---

[1] 第 72 窟佛龛内榜题的录文参考田林启《敦煌美术東西交界史論》，中央公论美术出版，2022 年，第 347 页。关于本窟的开凿年代，本文依据《内容总录》记为五代时期窟。霍熙亮、张小刚则认为应为晚唐（张氏归义军期）初期，同时张小刚还指出瑞像图所附榜题中避讳了"世"字。龛内的其他图像要素接近晚唐的风格，关于开凿的年代确需进一步考察。霍熙亮《莫高窟第 72 窟及其南壁刘萨诃圣容瑞像史迹考》，《文物》1993 年第 2 期。张小刚《敦煌佛教感通画研究》，第 331 页。

在这些本生故事之中，萨埵太子本生出自于《贤愚经》卷1"摩诃萨埵以身施虎品"、《金光明经》卷4"舍身品"等。五代期第72窟的萨埵太子本生图增加了舍身饲虎之前施救老虎母子，以及萨埵死后在天上安慰父母的场面，可以认为其是根据《贤愚经》绘制的。[1]第231窟、第237窟萨埵本生太子图依据的也是《贤愚经》。[2]

另一方面，第231窟、第237窟所见善事太子入海本生的出典一般为《贤愚经》卷9"善事太子入海品"和《大方便佛报恩经》卷4"恶友品"，但殷光明认为此图像是依据后者绘制的报恩经变。[3]顺便一提，第72窟的鹿母夫人本生是根据《大方便佛报恩经》卷3"论议品"绘制的内容。这些本生图在表现释迦前生的同时，也可以看作是以释迦佛为主尊的经变图中的图像要素。

上述石窟中，第231窟和第72窟龛内主尊原像仍存，且都为跌坐佛像，故将其看作释迦佛，与龛内的本生图无矛盾之处。

（5）瑞像图

中唐期第53窟、第231窟、第236窟、第237窟、第449窟及五代期第72窟的龛内录顶部配置了诸多因缘于印度、西域佛教圣迹的佛菩萨像，这些图像统称为瑞像图。在第231窟、第237窟、第72窟内留有榜题。[4]

在上述石窟中，第231窟和第72窟的龛内主尊原像仍存，如前所述二者均是跌坐佛像。瑞像图中虽然绝大多数是释迦，但也包含弥勒佛及弥勒、观音、文殊三尊菩萨。与其说这些盝顶瑞像与释迦有密切的关系，不如说瑞像肩负了暗示龛内主尊像亦会发生灵验的作用。

（6）报恩经变

在前述本生图的部分，介绍了将龛内壁面上绘制的善事太子入海本生看作报恩经变的观点。除了上述第231窟、第237窟，第236窟、第238窟的龛内壁屏风画区域也绘制了《大方便佛报恩经》的"恶友品"（善事太子入海本生）及"孝养品"（须阇提太子本生），晚唐期第147窟的龛内壁画屏风画区域则绘制了"论议品""孝养品""恶友品"。这些内容都是报恩经变的图像。此外如前所述，五代期第72窟佛龛北壁的鹿母夫人本生也是根据《大方便佛报恩经》"论议品"绘制的内容。

① 《敦煌石窟全集3本生因缘故事画卷》，上海人民出版社，2001年，第225页。
② 上原和《敦煌莫高窟に见られる「摩訶薩埵本生」図の諸相—とくにチベット占領時代以降における様式変容について—》，《上原和博士古稀記念美術史論集》，上原博士古稀記念美術史論文集刊行会，1995年。
③ 殷光明认为第231窟龛内壁画为报恩经变，但未提及第237窟的题材。《敦煌石窟全集9报恩经画卷》，上海人民出版社，2002年，115页。
④ 关于每幅瑞像图的个别研究众多。近年张小刚在其《敦煌佛教感通画研究》（第304—355页）中刊载了龛内天井的全图，并对各瑞像图像及榜题进行了综合性考察。

上述石窟中，中唐期第 231 窟和五代期第 72 窟龛内主尊原像仍存，其亦为跌坐佛像。报恩经变图的主尊为释迦，因此龛内的主尊也应为释迦。

（7）法华经变

中唐期第 7 窟、第 154 窟、[①]第 358 窟[②]的龛内壁屏风画区域绘制了三十三应现身和诸难救济，或展现其中一部分的内容。这些都是与《法华经·普门品》相关的内容。晚唐期第 18 窟、第 141 窟的龛内壁屏风画区域也同样绘制了《法华经·普门品》的内容。

上述诸窟中，第 154 窟和第 18 窟的龛内主尊原像仍存，其中第 154 窟主尊是菩萨倚坐像。从这一坐姿来看，应为弥勒菩萨。若考虑主尊与龛内壁画内容的关系，需要进一步探讨主尊像是否有为观音菩萨的可能性。另一方面，因第 18 窟是跌坐佛像，考虑其与龛内壁画的统一性，看作释迦应无不妥。

（8）弥勒经变

中唐期的第 112 窟、第 240 窟（图 7）、第 370 窟、第 474 窟绘制有弥勒经变。其中，第 370 窟龛内正面及左右的三壁上分别绘倚坐佛像及胁侍像，可认为其是弥勒三会。第 112 窟、第 240 窟、第 474 窟的龛内壁面为屏风画形式，绘制了剃发出家、九龙灌水、七宝、嫁娶、入墓等弥勒经变的内容。其中，第 112 窟除了表现弥勒经变的内容，龛内南壁西侧为"采花供养佛得生天缘"（支谦

图 7　莫高窟第 240 窟正面佛龛（出自《敦煌石窟全集 6 弥勒经画卷》）

---

① 《内容总录》中认为这是药师经变的"九横死"部分（第 60 页。《敦煌石窟艺术》等书中同此说），但笔者认为因为绘制有雷神，表现的应该是诸难救济中雷击的部分。

② 第 358 窟龛内北壁为九横死，正面西壁为现身说法及十六观的一部分，南壁为未生怨。现身说法是法华经变的内容，十六观和未生怨是观经变的内容，本龛将数种经变图的图像都绘制了出来。

译《撰集百缘经》卷653），西壁南侧为"采花违王故事"（昙无兰译《采花违王上佛授诀号妙花经》），二者均为释迦相关的内容。①

上述石窟中，第112窟和第240窟的龛内主尊原像仍存。第240窟主尊为倚坐佛像，即弥勒佛，主尊像和龛内壁画内容密切相关。而第112窟的龛内本尊是跌坐佛像，从坐姿来看，有可能是释迦。除弥勒经变之外，其龛内壁画还包含与释迦相关的故事图，这似乎与主尊像没有造为一般的倚坐弥勒有关。加之，第112窟现存像，其头部与身后靠背处表现的头光，在位置的高低上似有不合。究竟能否将这尊像看作原像仍需进一步考察。

图8　莫高窟第159窟正面佛龛
（出自《中国石窟·敦煌莫高窟》四）

（9）药师经变

中唐期第93窟、第159窟（图8、图9）、第200窟、第222窟、第358窟、②第359窟、第369窟、③第468窟、第471窟、第475窟，晚唐期第54窟、第145窟、第156窟、第232窟，以上14个石窟的龛内壁屏风画绘制了十二大愿、九横死、设斋等药师经变的图像。

在龛内壁面绘制药师经变的例子，较别类题材数量更多，且出现在中唐时期以降。莫高窟窟内壁面上绘制药师经变图的数量，盛唐期2件、中唐期22件、晚唐期29件，呈逐渐增加之势。若将龛内药师经变与壁面药师经变在数量上的结果进行联动，可以认为这反映了中唐以降敦煌地区的药师信仰增多。

图9　莫高窟第159窟龛内西壁南侧
（出自《敦煌 The Art of Dunhuang》）

---

①参考《敦煌石窟艺术 莫高窟第一一二窟（中唐）》，江苏美术出版社，1998年，第219页。
②第358窟龛内壁画，除药师经变，还绘有其他题材的经变图。参考第520页注②。
③关于第369窟，《内容总录》中记"下屏风各三扇，各画十二大愿。"可是，一般的十二大愿图中佛坐像对面为俗人，但第369窟中却是比丘，因此其是否为十二大愿尚存疑。

从本文所探讨主尊塑像与龛内壁画内容紧密相关的角度来看，这些在整壁面表现药师经变的佛龛，其龛内主尊应最有可能为药师佛。

上述石窟中，中唐期第 200 窟和晚唐期第 156 窟的龛内主尊原像仍存。第 200 窟主尊是跌坐佛像，这也是药师佛最常见的坐姿。但是第 156 窟是倚坐佛像，从坐姿来看，首先认为其似为弥勒，但这样的话，主尊的尊格就与龛内壁画的内容发生了矛盾。此外，本窟的龛内天井绘制了千手观音等变化观音，这也说明本龛的各部分之间似缺乏统一性。另一方面，在大足北山石刻第 279 龛、第 281 龛等五代时期的龛中，可见倚坐药师如来的例子，[①]因此值得注意晚唐时期以降，敦煌地区的倚坐佛像不仅仅限于弥勒，也有药师的可能性。

(10) 戒律图

第 361 窟的屏风画中绘制了《大般涅槃经》卷 11 "圣行品" 中十二禁戒受持誓愿的内容。[②]但本屏风画中共有 19 个场面，因此存在无法比定内容的场面。赵晓星则认为这一画面表现的是《梵网经》第三十六轻戒（十三愿）等内容，并指出其与五代及宋时期梵网经变中十三愿图的相似，同时本窟内的持戒图与修行者所举行的发愿仪式也存在一定关系。[③]第 361 窟的主尊虽已不存，但可以推测存在在主尊前持戒誓愿的行为，且这也是与《梵网经》所宣说受戒相关的画面，或亦可理解为梵网经变的一部分。

综上，唐代进入后半期，即中唐和晚唐时期以后，以屏风画的形式较为细致地表现龛内壁画的内容，所绘制经变图的种类也丰富起来。本生故事和戒律的内容也有可能作为经变图的一部分被表现出来。主尊等塑像背后绘制的经变图，分别表现其所依据经典中佛的世界观，可以想象依据不同经典在正面龛前也会举行不同礼拜供养的宗教实践活动。在这之中，药师经变的数量最多，且在中唐和晚唐期这一倾向日渐明显。

四、五代的佛龛图像和榜题

本章论述五代时期覆斗顶形窟中所设正面佛龛中的图像。时至五代，虽散见在覆斗顶形窟中央设置佛坛并将塑像安置其中的背屏式石窟，但唐代的主流，即在正面设佛龛的覆斗顶形窟也仍有建

①拙稿《大足北山仏湾の薬師龕について》，《図像学Ⅰ—イメージの成立と伝承》仏教美術論集 2，竹林舎，2012 年。

②赵青兰《莫高窟吐蕃时期洞窟龛内屏风画研究》，《敦煌研究》1994 年第 3 期，第 49—61 页。

③赵晓星《梵室殊严：敦煌莫高窟第 361 窟研究》第四章《持戒而成佛》，甘肃人民美术出版社，2017 年，第 57—72 页。

造。正面设佛龛的五代期覆斗顶形窟，共计8个窟。其中，只有第72窟和第99窟仍存建造之初的主尊原像，二者均为跌坐佛像。

龛内壁画内容，除了前文提及的第72窟（图10）绘制萨埵太子本生图和瑞像图之外，还有绘制十大弟子、菩萨及天龙八部的例子。其中有随附榜题的作品，本章就以这些榜题为中心展开论述。

（1）十大弟子

五代时期第6窟、第99窟、第100窟（图11）的龛内正面西壁绘制十大弟子。除此之外，盛唐期第87窟、第121窟的龛内也可见五代期重修的十大弟子。在上述诸窟中，第6窟、第100窟、第121窟的十大弟子像随附尊名的榜题。第6窟龛内西壁的十大弟子榜题分别为：南侧上方"大目乾连神通第一""阿难陀总持第一""优波离持律第一"，下方"迦旃延□□第一"；西壁北侧上方"舍利弗智慧第一""须菩提解空第一"，下方"□□□说法第一"。[①]第100窟龛内西壁亦可见十大弟子的榜题，分别为：南侧上方"大目乾连神通第一""罗睺罗密行第一"，下方"舍利弗智惠第一""阿那律天眼第一""迦旃延论议第一"；北侧上方"须菩提解空第一"，下方"大迦叶波头陀第一""阿难陀总持第一""优波离持律第一"。[②]第121窟的十大弟子榜题有"阿那律天眼第一""须菩提解空第一""□波离持□第一""大迦叶波头陀第一""迦旃延论议第一"。

五代时期的十大弟子榜题，几乎与初唐盛唐时期所书内容相同。但阿难陀在初唐盛唐时期记作"阿难陀多闻第一"，而到了五代时期则记作"阿难陀总持第一"。

（2）菩萨和天龙八部

前述五代时期第6窟、第99窟、第100窟的龛内壁除了十大弟子像以外，还绘有菩萨和天龙八部。此外，盛唐期第87窟、第121窟的龛内壁也在五代时重修了菩萨和天龙八部。五代期正面龛内菩萨多为十尊。第6窟和第99窟在龛内绘制八尊菩萨，而后者第99窟加上五代期的两尊塑像共计十尊菩萨。[③]第100窟则在龛内绘制了十尊菩萨。

第6窟和第100窟龛内的菩萨和天龙八部随附榜题。第6窟龛内的榜题分别为：南壁"南无明惠菩萨""南无日光菩萨""南无月藏菩萨""揭路荼王""迦楼罗王""阿修罗王"；北壁"南无宝智菩萨""妙吉祥菩萨""紧那罗王"。第100窟龛内榜题分别为：西壁南侧"南无大云欢喜高王菩

---

① 第6窟西壁中央绘观音菩萨立像，其左右表现十大弟子。本龛的塑像现已不存，但正面及左右留有台座的痕迹，说明这里曾放置有塑像。

② 米德昉《敦煌莫高窟第100窟研究》（甘肃教育出版社，2016年，第79—80页）也录有莫高窟第100窟龛内榜题。

③ 第87窟中也在龛内表现五代期的菩萨画像八尊及盛唐期的菩萨塑像两尊，共计十尊像。第121窟为八尊菩萨画像，塑像则为清代之补作。

图 10　莫高窟第 72 窟正面佛龛（出自《敦煌石窟全集 3 本生因缘故事画卷》）

图 11　莫高窟第 100 窟正面佛龛（出自 *Les grottes de Touen-Houang*，vol.2）

萨""大云雷音菩萨""大云火光菩萨""大星云光菩萨";南壁"南无妙高山王菩萨""梵王""□条落""天龙夜叉""迦楼罗";西壁北侧"南无虚空藏菩萨""南无宝首菩萨";北壁"乾达婆王""天□□□""迦楼罗""阿修罗"。①

第6窟所记尊名之中，"月藏菩萨"和"妙吉祥菩萨"载于《金光明最胜王经》卷1，②天龙八部之一的"揭路荼王"也见于《金光明最胜王经》卷1。③然而，"妙吉祥菩萨"不仅见于《金光明最胜王经》，在玄奘译《说无垢称经》④等诸多经典中也载其名。"日光菩萨"载于《佛说佛名经》⑤等经典中。因此很难说第6窟菩萨榜题中所见尊名是依据统一的经典而书写。

另一方面，第100窟中所见"大云欢喜高王菩萨""大云雷音菩萨""大云火光菩萨""大云星光菩萨""妙高山王菩萨""虚空藏菩萨"都可见于《金光明最胜王经》开篇讲述释迦说法时，作为听众大菩萨而列名的菩萨之中。⑥其中只有"宝首菩萨"未见于《金光明最胜王经》。⑦

米德昉对莫高窟第100窟做过全面的研究。他指出龛内榜题所见菩萨尊名依据的经典，同时还认为能将菩萨像基本看作是八大菩萨，且这些菩萨作为佛涅槃后的代言人，起到了宣扬佛法的作用。⑧榜题所见"虚空藏菩萨"确为法贤译《佛说八大菩萨经》中八大菩萨之一，但是第100窟龛内实际绘制的是十尊菩萨，因此并不必然与八大菩萨有关。如前所述，本龛内大多数菩萨的尊名榜题都出自《金光明最胜王经》，这点尤为值得注意。

在敦煌石窟周壁的壁画中，依据《金光明最胜王经》所绘制的金光明经变，年代为中唐以降的仅有10幅。与超过100幅的药师经变，或70件以上的维摩经变相比，这一数目可以说极少。然而，在藏经洞写经中《金光明最胜王经》的数量极多，因此可以推测本经在敦煌地区较为流行。在既往研究中，关注了经典流行但依据其绘制金光明经变壁画的数量却很少这一问题，究其原因，已有学者做过相关研究，本文列举以下两点。其一，金光明经中因缺少故事性的内容，不适合表现为绘画

①莫高窟第100窟龛内榜题，笔者的录文与米德昉的录文有若干不同之处。参考米德昉《敦煌莫高窟第100窟研究》。
②"大云月藏菩萨"（《大正藏》卷16，第403页b）。
③《大正藏》卷39，第190页a。
④《大正藏》卷14，第558页a。
⑤《大正藏》卷14，第235页b。
⑥《金光明最胜王经》卷1（《大正藏》卷16，第403页b）。其中，榜题为"大云欢喜高王菩萨"，经文中为"欢喜高王菩萨"，无"大云"二字。另，榜题中的"大星云光菩萨"，经文中记"大云星光菩萨"。榜题中"星"与"云"的顺序疑为误记。
⑦第100窟榜题中"宝首菩萨"之名未载于《金光明最胜王经》中，但在佛驮跋陀罗译《大方广佛华严经（六十华严）》（《大正藏》卷9，第422页c等）、《佛说佛名经》（《大正藏》卷14，第228页a等）、支谦译《佛说维摩诘经》（《大正藏》卷14，第519页b）中可见其名。
⑧米德昉《敦煌莫高窟第100窟研究》，第193—199页。

的形式；其二，金光明经变多为佛说法图或参加法会的人物像这样简单构图的图像。[①]

上述理由也不是没有可能。但是，金光明经变主体图像表现的是释迦佛说法的法会。五代时期石窟的甬道及窟壁下部会绘制一列等身大小的供养人像，这些供养人像一般被认为是与建造石窟有关的人物。若重新再看参加法会的国王贵族等各式各样且不可或缺的人物时，则能将供养人像与参加法会的人联系起来。五代时期的供养人像，以第98窟中的于阗国王李圣天和曹氏夫人像最为有名，节度使曹元德所造第100窟的甬道中也绘制了前代节度使曹议金及其妻子甘州回鹘公主像。这些供养人像都呈手持柄香炉向前进的姿势，就如同步入石窟内部一般。也就是说，可以将他们理解成是因为参加窟内正面表现的佛会而步入石窟的内部。第100窟表现的法会，依据的应是《金光明最胜王经》中的释迦佛法会。

此外还有一点不容忽视，《金光明最胜王经》是宣说忏悔灭罪、王法正论，以及护国思想的经典。因此，石窟内部就变成了当权者为了消除自身罪业而进行忏悔、祈求护国的法会空间，而这一法会依据的则是《金光明经》。或许可以推测，包含实际进入石窟礼拜的世俗当权者，石窟内部以一种立体且真实的状态，将"金光明经变"呈现出来。

第100窟中，依据《金光明最胜王经》的内容主要是在石窟最重要的正面龛内被表现出来，这对于其他无法确认榜题的佛龛也有参考价值。正如前文所述，盛唐期开凿的石窟在其龛内壁散见五代时期重绘的十大弟子、菩萨、天龙八部等图像，多数的五代时期石窟正面龛内确实表现了这样的图像，但这些图像或亦在一定程度上反映了龛内《金光明最胜王经》的世界观。这样一来，也就能理解前述莫高窟窟内金光明经变绘制在四壁十分少见这一现象了。笔者认为敦煌地区流行的《金光明最胜王经》思想，不仅反映在石窟的周壁上，同时更影响到了石窟正面，甚至是整个石窟内部。

五、结语

敦煌莫高窟各个石窟内部如何营造礼拜空间，对于这一宏大的问题，本文通过对唐五代时期的覆斗顶形窟进行考察，从图像构成的角度探讨了作为礼拜对象中心的正面佛龛。

首先，确认了石窟的主尊，即正面龛内佛塑像的尊格。在盛唐时期，除了释迦和弥勒以外，还存在阿弥陀。中晚唐时期因龛内壁画多数为药师经变，因此石窟的主尊也有可能是造药师。如同佛教寺院中建阿弥陀堂、药师堂，石窟的主尊尊格亦呈现出多样性。人们期望不同尊格的佛能带来不同的功德。

其次，即使主尊像都为释迦，但龛内壁画所绘题材不同的话，所表现的世界观及祈愿的内容也应发生相应变化。特别是中唐以降，龛内会详细绘制特定的经变图，其题材的丰富程度也在本文中

[①] 参考沙武田《敦煌石窟の金光明経変に関するいくつかの問題》，《アジア仏教美術論集 東アジアⅡ隋·唐》，中央公論美術出版，2019年。

进行了论证。正面龛内不仅意外地绘制了各式各样的图像，而且这些图像也应与主尊像存在密切的联系。

最后，中晚唐时期的石窟内，主尊尊格与龛内壁画在内容上存在矛盾的也有数例。但开凿大量石窟之时，每个石窟的制作水平不尽相同，并且内部图像或会随时间推移而发生变化。[①]考虑以上这些因素的话，就应更谨慎地看待这些出现矛盾的例子。笔者在本文中从整体上对提及的石窟进行了把握，并主要对其内容和形式做了分类，而更进一步对各个时期的重要石窟进行深入探讨也是很重要的。

在这个意义上，前章所举五代时期的第100窟，因绘制了曹议金及其夫人甘州回鹘公主的出行图，可以说是代表五代时期的重要石窟之一。其正面龛内壁画作为受到《金光明最胜王经》影响而创作的实例，亦有重大的意义。可以指出，在五代时期莫高窟中，可能已经形成了一个基于这部经典进行忏悔灭罪，以及祈祷护国的礼拜空间。

综上所述，虽然资料有限，但本文试图阐明对于其时的人们来说，石窟内部究竟有何意义，且这样的佛教空间是如何建造的。然而，若进一步考察这一问题的话，需要考虑的就不仅限于正面的佛龛，而需要扩展到佛龛周边及石窟内部整体的图像。此外，不仅仅是覆斗顶形窟，其他形制的石窟也应列入讨论的对象。以上这些问题，望在今后的研究中能做更深入的考察。

---

① 敦煌壁画图像中出现的摹画走样，参考大西磨希子《中唐吐蕃期の敦煌十六観図》(《仏教学部論集》95，2011年，第1—20页)等。

敦煌莫高窟北大像及其窟前楼阁营建史*

陈菊霞　马丹阳/上海大学历史系

"北大像"是莫高窟第 96 窟的俗称，^①以内塑巨身弥勒佛像而闻名。其主体由两部分构成：一是窟内的弥勒大佛；二是窟外的木构楼阁。室内的弥勒佛为石胎泥塑，高 35.5 米，是国内现存室内最大的佛像。其像头发呈波状，肉髻隆起。圆形脸庞上两眼微睁，目视下方。右手上扬做施无畏印，意为拔除众生的痛苦；左手平伸做与愿印，意为满足众生的愿望。整个佛像倚崖而坐，其体魄雄伟、神情肃穆，无不令参观者心生敬畏与崇敬之情。^②第 96

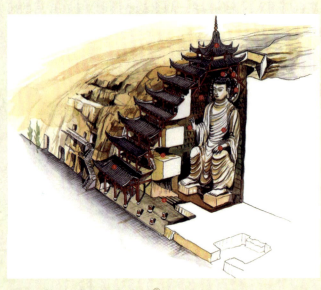

图 1　第 96 窟剖面示意图^③

*本文系国家社科基金项目"唐宋敦煌石窟图像与洞窟宗教功能研究"（19BZJ015）阶段性成果。

①莫高窟窟群共有二尊巨大的坐佛像，第一尊位于第 96 窟，像高 35.5 米。第二尊位于第 130 窟，像高 26 米。因莫高窟崖面坐西向东，而第 96 窟在北边，第 130 窟在南边，故而，古代敦煌民众将前者称作"北大像"，将后者称作"南大像"。

②参考胡同庆《从天上到人间——敦煌艺术中的弥勒信仰》，《法音》2014 年第 4 期，第 58 页。

③李乾朗《穿墙透壁：剖视中国经典古建筑》，广西师范大学出版社，2009 年，第 133 页。

窟窟外建有木构阁楼，从最初的四层增至五层，再到九层。现如今，其檐脊高耸，九层累达窟顶，在横亘一千多米的崖面上尤显雄伟和壮美。此木构楼阁现被简称为"九层楼"，为莫高窟标志性的建筑。

北大像及其窟外楼阁从始建至今已有一千多年的历史，单就露天的楼阁来说，每日饱受风吹日晒，难免会出现损毁情况。然而，千百年来，虔诚崇佛的敦煌民众却对其"爱护有加"，竭尽所能，持续对其进行维护和修缮，使其始终耸立在崖壁。本文拟在前贤的研究基础上，对北大像及其殿堂楼阁的始建和重修历史加以梳理，以期勾勒出北大像在敦煌莫高窟窟群中的崇高地位，以及它在敦煌民众中所发挥的精神支柱作用。

一、初唐阴氏家族兴建北大像与四层楼

关于营建北大像之事，题写于咸通六年（865）的莫高窟第156窟前室北壁的《莫高窟记》有简略记载（P.3720号文书背面是其底本或抄本），其文云：

> 莫高窟记
>
> 右在州东南廿五里三危山上。秦建元年中有沙门乐僔仗锡西游至此，遥礼其山，见金光如千佛之状，遂架空镌岩，大造龛像。……又至延载二年，禅师灵隐共居士阴祖等造北大像，高一百卌尺。……（莫高窟）从初凿窟至大历三年戊申，即四百四年。又至今大唐庚午，即四百九十六年。时咸通六年正月十五日记。[1]

《莫高窟记》写明北大像创建于延载二年（695）。"延载"是女皇武则天的年号，使用不到一年便于"延载二年"正月改"证圣元年"。《莫高窟记》所谓的"延载二年"应是证圣元年（695），为方便记述，下文因旧仍称延载二年。

《莫高窟记》还载明，北大像的创建者是禅师灵隐和居士阴祖等人。阴祖又见于P.2625《敦煌名族志》，其文云：

> 阳（阴）祖，乡闾令望，州县轨仪。年八十四，板授秦州清水县令、上柱国。[2]

马德先生已指出，上列引文中的阳祖为阴祖之笔误。[3]阴祖在84岁时被板授为秦州清水县令、上柱国。此处的"板授"，又可写作"版授"，与版授高年制度有关，指朝廷为了表示对高年耆寿的重视，在皇帝登基、改元、大赦、巡幸、封禅、籍田、册封等重大事件时，会实施版授高年举措。[4]版

① 因P.3720《莫高窟记》更为完整一些，故作引文。参见上海古籍出版社、法国国家图书馆编《法藏敦煌西域文献》第27册，上海古籍出版社，2002年，第116页。

② 唐耕耦、陆宏基《敦煌社会经济文献真迹释录》第1辑，书目文献出版社，1986年，第102页。

③ 马德《〈莫高窟记〉浅议》，《敦煌学辑刊》1987年第2期，第131页。

④ 夏炎《论唐代版授高年中的州级官员》，《史学集刊》2005年第2期，第108页。

授的程序是"先有皇帝发布诏令，指定年龄与等级，然后地方政府依照此规范对符合条件的老人进行申报、版授。"①这种版授除了赐予老人粟、帛、绵、米、酒，以及享受赐绯、赐紫等待遇外，还授予官职，②如《唐大诏令集》卷 66 云：

> 老年百岁以上者，版授下州刺史、妇人版授郡君；年九十已上者，版授上州司马、妇人版授县君；年八十已上者，版授县令……。③

当然，版授的官职并非职事官，仅是虚衔，类似荣誉称号。既然阴祖的"秦州清水县令"乃板授而来，那么，作为一介百姓的他来说，营建北大像绝非易事。依《莫高窟记》所记，北大像高一百卅尺。我们知道，唐代的度量衡有大、小二制，大制沿用隋开皇官尺，一尺约为 29.5 厘米；小制沿用隋大业表尺，一尺约为 23.6 厘米④。温玉成先生已指出，唐代佛像制作基本都依小制来塑造⑤。由此，北大像的高度可折算为 33 米。这与敦煌研究院最新的实测数据 35.5 米相差不大⑥。塑造如此宏伟的巨像，并相应开凿巨型洞窟，都是要耗费巨额资金的，单看阴祖本人的影响和势力是有限的。然而，《敦煌名族志》告诉我们，阴祖的儿子和孙子却功名卓著。其文云：

> 祖子守忠，唐任壮武将军、行西州岸头府折冲兼充豆卢军副使，又改授忠武将军行左领军卫、凉州丽水府折冲都尉摄本卫郎将、借鱼袋，仍充墨离军副使、上柱国。以父老请侍，孝诚恳切，蒙凉州都督郭元振判录奏：谋略克宣，勤劳久著，当王凉之西面，处四镇之东门。弹压山川，控御缓急，寇不敢犯，尘不得飞。将士有投醪之欢，吏人承狭纩之惠。防授既众，功效实多；利润倍深，孳课尤剩。赵充国之为将，省而成功；甘延寿之居边，惠而能利。长子修己，右卫勋，二府勋卫，材兼文武，蹈礼依仁，少习父风，乡间挹以其干略。节度使差专知本州军兵马。次子修义，见任文州平府别将。⑦

从《敦煌名族志》的记载来看，阴祖之子阴守忠是个关键人物，他先后出任过豆卢军副使和墨离军副使。

---

① 毛阳光《唐墓志与唐代"版授高年"》，《文博》2002 年第 1 期，第 73 页。

② 夏炎《论唐代版授高年中的州级官员》，《史学集刊》2005 年第 2 期，第 105 页；李亮《唐代版授高年问题发覆》，《史学月刊》2021 年第 4 期，第 33 页。

③ 宋敏求编《唐大诏令集》，商务印书馆，1959 年，第 372 页。

④ 吴承洛《中国度量衡史》，上海：三联书店，2014 年，第 192、223 页。

⑤ 温玉成《〈河洛上都龙门山之阳大卢舍那像龛记〉注释》，《中原文物》1984 年第 3 期，第 100 页。

⑥ 1999 年，敦煌研究院考古工作人员对莫高窟第 96 窟窟前及窟内进行了考古发掘，发现了初唐时期的洞窟地面，并据此测量北大像的始建高度为 35.5 米。参见彭金章、王建军、郭俊叶《敦煌莫高窟"九层楼"考古新发现》，敦煌研究院编《2000 年敦煌学国际学术讨论会论文提要集》，2000 年，第 68 页。

⑦ 本引文参考池田温《唐朝氏族志研究——关于〈敦煌名族志〉残卷》，《唐研究论文选集》，中国社会科学出版社，1999 年，第 75 页；郑炳林《敦煌写本 P.2625 号〈敦煌名族志残卷〉撰写时间和张氏族源考释》，郑炳林主编《敦煌归义军史专题研究四编》，三秦出版社，2009 年，第 35 页。

豆卢军，据《新唐书·地理志》《唐会要》《元和郡县图志》等记载，神龙元年（705）九月在沙州置豆卢军。然而，陈国灿先生指出，在吐鲁番阿斯塔那225号墓中出土的圣历二年（699）的敦煌文书上钤有"豆卢军经略使之印"。①王惠民先生依据《李无亏墓志》关于"载初元年（690），授公（李无亏）沙州刺史，兼豆卢军经略使"之记载认为，至少载初元年（690），豆卢军就已建置。②关于阴守忠出任豆卢军副使的时间，我们可大体推定在691年至694年之间。理由如下：

第一，P.2005《沙州都督府图经》和P.2695《沙州都督府图经残卷》在记述"白狼"祥瑞时有"大周天授二年得百姓阴守忠状称"③之记载，这说明时至天授二年（691），阴守忠仍是一介"百姓"。然而，他随后步入职场且平步青云，则与沙州刺史李无亏有着密切的关系。

李无亏是唐前期沙州历史上颇具影响力的人物。关于他的事迹，主要见于P.2005《沙州都督府图经》、P.2695《沙州都督府图经残卷》和陕西杨陵区发现的《李无亏墓志》，依据这些文献和墓志记载，李无亏为陇西成纪人，家族数代为官，较为显赫。他先以进士擢第，出任过并州北平县丞、阳曲县令，后以芮州折冲府果毅都尉身份任过羽林军官，并于武周天授元年（690）至延载元年（694）出任沙州刺史。他在沙州的主要事迹和功绩可概括为以下五个方面：1.曾组织敦煌民众于沙州东一百七十里堰苦水溉田。2.天授二年（691）以瓜沙驿路山险迁曲，奏请移北置，后于旧驿北新置清泉、甘草、阶亭等驿。3.天授二年（691），4次向武则天表奏沙州祥瑞事。4.长寿二年（693），率领军民击败入境的吐蕃军队，因功加太中大夫，又晋爵长城县开国公；5.延载元年（694），再次率众击败入境的吐蕃军队，但因身负重伤而殉职。④总之，李无亏"才兼文武""应变多绪"，功勋卓著，尤其任职沙州期间，不仅维护了丝绸之路的畅通，而且取得了两次沙州保卫战的胜利，这对稳定沙州政局和唐王朝经营西域具有重要意义。

天授二年（691），作为沙州刺史的李无亏曾4次向武则天表奏祥瑞，其中的"白狼"祥瑞与阴守忠有关。P.2005《沙州都督府图经》和P.2695《沙州都督府图经残卷》对此有基本相同的记述，现将全文录下：

白狼：右大周天授二年得百姓阴守忠状称：白狼频到守忠庄边，见小儿及畜生不伤，其色如雪者。刺史李无亏表奏，谨检瑞应图云：王者仁智明哲，即至，动准法度，则见。又云，周宣王时，白狼见，犬戎服者。天显陛下仁智明哲，动准法度，四夷宾服之征也。又见于阴守忠之庄边者，阴者，臣道，天告臣子，并守忠惜也……嘉大周之应宝命。⑤

① 陈国灿《敦煌学史事新证》，甘肃教育出版社，2002年，第185—189页。
② 王惠民《〈沙州刺史李无亏墓志〉跋》，《敦煌研究》2004年第5期，第68页。
③ 郑炳林《敦煌地理文书汇辑校注》，甘肃教育出版社，1989年，第19页。
④ 李慧、曹发展《陕西杨陵区文管所四方唐墓志初探》，《考古与文物》2004年第1期，第80—81页；王惠民《〈沙州刺史李无亏墓志〉跋》，《敦煌研究》2004年第5期，第67—68页；李宗俊《读〈李元亏墓志铭〉》，《西域研究》2006年第2期，第95—98页；冯玉新《唐沙州刺史李无亏考议》，《石河子大学学报》2014年第6期，第115—120页；陆离《〈大周沙州刺史李无亏墓志〉所记唐朝与吐蕃、突厥战事研究》，《西藏研究》2015年第4期，第38—46页。
⑤ 郑炳林《敦煌地理文书汇辑校注》，第19页。

引文明确说明，有一只"其色如雪"的白狼经常光顾阴守忠庄边，但从不伤及小儿和畜生。鉴于周宣王时因出现白狼而使犬戎降服，如今，阴守忠庄边有白狼现世，此乃"四夷宾服之征也"。李无亏进一步借阴守忠之名发挥说，因白狼是在阴守忠庄边出现的，而阴者，象征臣道，这是天告臣子们，要守忠陛下。

沙州刺史李无亏在一年中竟4次表献符瑞，这与武周政权初期盛行的谶纬祯祥之说有关。《资治通鉴》云："及太后称制，四方争言符瑞。"① 因为天授元年（690）九月，武则天革唐建周。为了说明武周称制的合法性，全国各地争上祥瑞，以示该政权乃授命于天。孟宪实先生解释这一现象云："谶纬也好，祥瑞也好，无非是上天意志的表达，而这种天意，不过是武则天心意的投影。但是，这种天意并非可有可无，武则天的意志、精神、思想选择了这种表达方式，是希望天下尽知的。"② 作为"应变多绪"的李无亏当然会审时度势，频奏祥瑞，为新生的武周政权摇旗助威。

值得注意的是，李无亏所表奏的四事祥瑞中，还有一事也与阴氏有关。即阴嗣鉴在平康乡武孝通园内，发现了一群非同寻常的鸟，这些鸟头上长冠，红嘴红足，翅尾是青、黄、赤、白、黑五色。当州里的官员和百姓听说此事后都纷纷赶来观看，而这些五色鸟不但不惊恐，反而跟随他们前行。这令我们想到了《大云经疏》中的五字谶言，文云："陇头一丛李，枝叶欲凋疏，风吹儿欲倒，赖逢鹦鹉扶。"③ 这里用鹦鹉之"鹉"比拟武则天，寓意李唐王朝已像凋疏的枝叶，摇摇欲坠，要靠武则天来扶持。④ 阴嗣鉴所献祥瑞正是头上有冠的五色鸟，刚好与"鹦鹉"相对应。更巧的是，五色鸟被发现的地方恰是一户姓武人家的庄园，刺史李无亏又借题发挥说："阴者，母道，鉴者，明也。"⑤

显然，李无亏将阴氏、武氏、圣母巧妙地联系在一起，并通过阴守忠和阴嗣鉴之名呼吁臣民要效忠武皇。可见，敦煌阴氏的兴盛某种程度上关系着武周政权的繁荣昌盛，那么，火速提拔阴守忠和阴嗣鉴，并快速发展其家族势力便是李无亏的职责所在。由此，不难推定，阴守忠和阴嗣鉴步入仕途当是沙州刺史李无亏的功力所致。考虑李无亏以沙州刺史兼豆卢军经略使，又于延载元年（694）殉职，那么，阴守忠提任豆卢军副使的时间当在691至694年之间，是李无亏的副手。

据《敦煌名族志》记载，阴守忠还出任过凉州丽水府折冲都尉。丽水府为凉州七府之一，设在昌松县城中。后来，阴守忠"以父老请侍"，凉州都督郭元振还为此录奏，充分肯定和褒扬了阴守忠的功绩。阴守忠应是此时充墨离军副使。墨离军，唐河西道十军之一，驻扎在瓜州城附近。其主体原为投唐的吐谷浑的蕃军。⑥

---

① 司马光《资治通鉴》卷203，中华书局，2011年，第6421页。

② 孟宪实《论武则天称帝的舆论营造》，《中古中国研究》2017年第1期，第282页。

③ S.6502《大云经疏》，黄永武主编《敦煌宝藏》第47册，新文丰出版公司，1981年，第504页。

④ 贺世哲《武则天与佛教》，《西北师范大学学报》1978年第2期，第62页。

⑤ 郑炳林《敦煌地理文书汇辑校注》，第19页。

⑥ 钱伯泉《墨离军及其相关问题》，《敦煌研究》2003年第1期，第61页。

阴守忠的长子为阴修己，据《敦煌名族志》记载，他是"右卫勋，二府勋卫"，这是作为"四品子"而受荫的，其实职是"专知本州军兵马"，即沙州豆卢军兵马使。

阴守忠次子是阴修义，任"文州平府别将"。《新唐书·地理志》山南道文州阴平郡条不见军府。谷霁光《唐折冲府考校补》疑"平府"上有脱字，文州本前代阴平郡，平府或即阴平府。①

从以上分析来看，虽然营建北大像的关键人物是阴祖，但他只是一介百姓，其背后的强大支持者应是他时任豆卢军副使（后任墨离军副使）的儿子阴守忠及其两个孙子，前者出任沙州豆卢军兵马使，后者出任文州阴平府别将。

北大像的营建者除了阴祖外，据《莫高窟记》记载，还有禅师灵隐。然而，目前我们找不到关于灵隐的任何史料，但从莫高窟家族窟的营建规律来推测，灵隐应该是阴祖家族成员之一。如果此推测无误，北大像当是由沙州刺史李无亏倡导，以阴祖为代表的阴氏家族出资营建的。

北大像被塑成高 35.5 米的弥勒大佛，这完全迎合了当时全国大造弥勒大像的风气，而这一风气的形成又与武后称帝造势有关。身为天后的武则天为了能顺利篡唐建周，大肆利用佛教制造"王权神授"之舆论。先是让薛怀义和法明等僧人伪造《大云经疏》，分析女身何以成王，还"言则天是弥勒下生，作阎浮提主"，②暗示武则天将取代李唐而做中国的女皇。武则天将此经颁布于全国，命佛寺各藏一本，并设僧人升高座讲说。③之后，武则天托言受命于佛，于载初元年（690）九月初九革唐建周，改元天授，自立为"圣神皇帝"。长寿二年（693）九月，又加"金轮圣神皇帝"，并仿效《弥勒下生成佛经》里的穰佉王制造金轮等七宝，"每朝会，陈之殿庭"。④证圣元年（695）春一月，又加号"慈氏越古金轮圣神皇帝"，俨然以人世间的弥勒佛自居。证圣元年（695）九月，再改称"天册金轮圣神皇帝"。⑤

弥勒佛是未来佛，将弥勒下世与"女王"联系起来，完全是武则天利用佛教为其篡夺皇权和巩固皇权制造的舆论。而这种自上而下的舆论影响力非常大，以至于全国掀起了大造弥勒大佛的风气。其实，早在垂拱四年（688），洛阳天堂已建成夹纻的弥勒大佛像。⑥甘肃武威天梯山第 13 窟、山西天龙山第 9 窟都有武周时期建的弥勒大佛。⑦还有一些寺院也营建弥勒大佛。如吕州普济寺弥勒大佛、五台山佛光寺弥勒阁大像等。⑧现藏山西省艺术博物馆的武周天授三年（692）大云寺弥勒重阁碑，按其造像记所述，寺院前身是白禅寺，主体建筑为弥勒重阁，亦似专为武氏而立。⑨

①谷霁光《唐折冲府考校补》，《二十五史补编：隋唐五代五史补编（叁）》，北京图书馆出版社，2005 年，第 437 页。

②刘昫等《旧唐书》卷 183《外戚传》，中华书局，1975 年，第 4742 页。

③刘昫等《旧唐书》卷 183《外戚传》，第 4742 页。

④司马光《资治通鉴》卷 205，第 6492 页

⑤刘昫等《旧唐书》卷 6《则天皇后纪》，第 121—124 页。

⑥罗世平《天堂法相——洛阳天堂大佛与唐代弥勒大佛样新识》，《世界宗教研究》2016 年第 2 期，第 29—42 页。

⑦张宝玺《凉州洪元谷大云寺考》，《敦煌研究》2015 年第 1 期，第 37 页。

⑧罗世平《天堂法相——洛阳天堂大佛与唐代弥勒大佛样新识》，《世界宗教研究》2016 年第 2 期，第 42 页。

⑨崔亚男《〈大云寺弥勒重阁碑〉研究》，《美术学报》2018 年第 1 期，第 64 页。

北大像正是此历史背景下的产物。阴氏家族在雕造北大像时，是否同时修筑了窟外楼阁？虽然目前没有发现直接史料，但第96窟新发现的初唐殿堂遗址证明了当时窟前殿堂建筑的存在。[1] 而在洞窟外兴建殿堂楼阁，在初盛唐时期已成风气。如P.3608《大唐陇西李氏莫高窟修功德记》云：

> 尔其檐飞雁翅，砌盘龙鳞；云雾生于户牖，雷霆走于阶陛。左豁平陆，目极远山；前流长河，波映重阁。[2]

引文中的"檐飞雁翅"和"波映重阁"都生动描绘出了初盛唐时期莫高窟壮丽的窟前楼阁建筑。沙武田也推测莫高窟窟前殿堂建筑至少在初唐时期已经出现。[3] 此外，张淮深于晚唐重修北大像的功德记文中也提到北大像"旧阁乃重飞四级"。金维诺先生指出，此四级"旧阁"正是初建北大像时一并修建的窟前四层阁楼。[4]

另外，《腊八燃灯分配窟龛名数》将第96窟记为"大像天王"，马德先生推测在第96窟殿堂西壁的窟门两边，应该有初唐兴建的巨身塑像四大天王。我们期待未来的考古能发现此遗迹。[5]

二、晚唐节度使张淮深改建五层楼

时至晚唐，归义军第二任节度使张淮深组织人力对北大像窟外楼阁进行重修。此事见载于S.6161+S.3329+S.6973+P.2762+S.11564《敕河西节度兵部尚书张公德政之碑》（下文简称《张淮深碑》），[6] 其文云：

> 乃见宕泉北大像，建立多年，栋梁摧毁。若非大力所制，诸下孰敢能为？退故朽之摧残，葺昤晓之新样。于是杍匠治材而朴斲，郢人兴役以施功。先竖四墙，后随缔构。曳其楸（桁）檩，凭八股之棂栌；上墍运泥，斡双轮于霞际。旧阁乃重飞四级，靡称金身；新增而横敞五层，高低得所。玉豪（毫）扬采，与旭日而连晖；结脊双鸱，对危峰而争耸。[7]

从引文记述来看，当时的北大像，其窟外楼阁共有四层，但因"建立多年，栋梁摧毁"，而且摧毁程度非常严重，故有"若非大力所制，诸下孰敢能为？"之语。关于这次重修的意愿是"退故朽

---

①彭金章、王建军、郭俊叶《敦煌莫高窟"九层楼"考古新发现》，《2000年敦煌学国际学术讨论会论文提要集》，第67页。

②唐耕耦、陆宏基《敦煌社会经济文献真迹释录》第5辑，全国图书馆文献缩微复制中心，1990年，第210页。

③沙武田《关于莫高窟窟前殿堂与窟檐建筑的时代问题》，《考古与文物》2003年第1期，第60页。

④金维诺《敦煌窟龛名数考》，《文物》1959年第5期，第51页。

⑤马德《宋乾德四年重修敦煌北大像的"二期工程"——关于莫高窟第96窟前第2层遗址的时代及相关问题》，《敦煌研究》2003年第5期，第1页。

⑥荣新江《敦煌写本〈敕河西节度兵部尚书张公德政之碑〉校考》，《归义军史研究——唐宋时代敦煌历史考索》，上海古籍出版社，1996年，第399—410页；郝春文《英藏敦煌社会历史文献释录》第15卷，社会科学文献出版社，2017年，第499—503页；郑炳林、郑怡楠《敦煌碑铭赞辑释》（增订本），上海古籍出版社，2019年，第154—158页。

⑦参考郑炳林、郑怡楠《敦煌碑铭赞辑释》（增订本），第157页。

之摧残，葺昤昽之新样"，具体施工时，是"先竖四墙，后随缔构"，从这些记述判断，这次重修是项大工程，应该是将原来的四层楼阁全部拆除，在更换掉已经朽坏的木构组件后重建，而且由原来的四层增建至五层。引文中的"玉豪（毫）扬采，与旭日而连晖；结脊双鹓，对危峰而争耸"描述了重建后的北大像的壮美景观。

依据《张淮深碑》记载，张淮深在完成北大像重修工程后，接着又在北大像的北侧开凿了他的功德窟——第94窟，所以学者多将重修北大像的时间和开凿第94窟的时间并置讨论。关于这次的修建时间，学界形成了多种观点，主要有：867—872年说、[1] 872—890年说、[2] 874—885年说、[3] 876年以前说、[4] 880年说、[5] 885—888年说、[6] 875—879年说[7]。

在上述诸多观点和举证中，以郑炳林先生的875—879年说更具说服力。首先，他发现了一条重要证据，即P.4660《勾当福田判官辞弁邈生赞》中有"助修大像，勾当厨筵"[8]之记载。郑先生认为辞弁助修大像之事，正是指张淮深重修北大像之事。而且，他又依据P.4660数件邈真赞的抄写时间顺序规律，推断出辞弁的《邈生赞》写于乾符三年（876）至乾符六年（879）之间。这样，就将重修北大像的下限锁定在了乾符六年（879）。

关于重修北大像的起因，郑先生认同贺世哲先生关于"第94窟或许就是张淮深为庆贺他的乾符政绩而开的'功德窟'"[9]之观点。所谓的"乾符政绩"，正是P.2913V《张淮深墓志铭》所说的"乾符之政，以功再建节。时降皇华，亲临紫塞"。[10]郑炳林先生具体说明是因张淮深征西桐回鹘取得胜利而唐朝遣使加官晋爵之事。[11]关于这次战争的时间，P.2570《毛诗卷第九残卷》卷背题云："咸通

① 藤枝晃《敦煌千佛洞の中兴》，《东方学报》（京都）第35册，1964年，第84页。

② 这个时间是金维诺先生依照张议潮和张淮深的卒年大致推定的。参见金维诺《敦煌窟龛名数考》，《文物》1959年第5期，第50—51页。

③ 李永宁《敦煌莫高窟碑文录及有关问题（二）》，《敦煌研究》1982年第2期，第126页注释②。

④ 贺世哲《从供养人题记看莫高窟部分洞窟的营建年代》，敦煌研究院编《敦煌莫高窟供养人题记》，文物出版社，1986年，第213页。

⑤ 马德先生认为在唐广明元年（880）前后，张淮深营造了自己的功德窟，即第94窟。参见马德《敦煌莫高窟史研究》，甘肃教育出版社，1996年，第101页。

⑥ 邓文宽《张淮深改建北大像和开凿第94窟年代考》，敦煌研究院编《1990年敦煌学国际研讨会文集：石窟史地、语文编》，辽宁美术出版社，1995年，第121—135页。

⑦ 郑炳林《张淮深改建北大像和开凿94窟年代再探——读〈辞弁邈生赞〉札记》，《敦煌研究》1994年第3期，第41页。

⑧ 郑炳林、郑怡楠《敦煌碑铭赞辑释》（上册）（增订本），第426页。

⑨ 贺世哲《从供养人题记看莫高窟部分洞窟的营建年代》，敦煌研究院编《敦煌莫高窟供养人题记》，第213页。

⑩ 郑炳林、郑怡楠《敦煌碑铭赞辑释》（中册）（增订本），第748页。

⑪ 关于张淮深征西桐回鹘事，见载于P.3451《张淮深变文》，其文曰："尚书闻贼犯西桐，便点偏师过六龙"。参见郑炳林《张淮深改建北大像和开凿49窟年代再探——读〈辞弁邈生赞〉札记》，《敦煌研究》1994年第3期，第41页。

十六年正月十五日，官吏待西同打却回鹘至"，①这表明战争的结束时间是"咸通十六年正月十五日"。据《新唐书》记载，咸通十四年，唐懿宗崩，十五年十一月改元。敦煌因地境边远，消息闭塞，仍沿用了原有年号，故"咸通十六年"乃乾符二年（875）。既然张淮深重修北大像和开凿第94窟是为庆贺其乾符政绩，那么，北大像的重修时间只能发生在乾符二年正月以后。

总之，郑炳林先生将北大像的重修时间推定在乾符二年至乾符六年之间是可信的。当然，郑先生又指出"按赞文说辞弁以'助修大像，勾当厨筵'之功金举福田判官，北大像的改建工程远早于879年"。②而贺世哲先生推测张淮深重修北大像在乾符三年以前。由此来看，北大像的这次重修很可能是在乾符二年（875）至乾符三年（876）间。

此次重修后的北大像样貌，在S.5448《敦煌录》（写于五代）中有所介绍，文云：

> 州南有莫高窟，去州二十五里，中过石碛，带山坡至彼斗下谷中。其东即三危山，西即鸣沙山，中有自南流水，名之宕泉。古寺僧舍绝多，亦有洪钟……每窟动计费税百万，前设楼阁数层，有大像堂殿，其像长一百六十尺。其小龛无数……。③

引文中"每窟动计费税百万，前设楼阁数层"，与P.3608《大唐陇西李氏莫高窟修功德记》之"前流长河，波映重阁"④形成呼应，真实描绘出莫高窟崖面楼阁的壮观之景。"有大像堂殿，其像长一百六十尺"无疑指的是北大像，言其"堂殿"，说明晚唐张淮深重修的五层楼在五代时仍在。只是《敦煌录》将北大像的高度记为"一百六十尺"，这与《莫高窟记》所记"一百卌尺"和现在的实际高度都不符，李正宇先生推断《敦煌录》的作者并非敦煌本地人士，⑤因此很有可能是作者误记。当然，《敦煌录》所记载的"一百六十尺"也有可能是指北大像窟外五层楼的高度。从《敦煌录》关于莫高窟的崖面景观描述来看，五层的北大像殿堂，其雄伟壮美，无窟能及。

作为敦煌当地最高统治者的张淮深，不仅组织重修了北大像窟外殿堂阁楼，而且，还将自己的功德窟也建在北大像北侧，这些举措都突显出北大像在莫高窟的重要地位。

三、宋代节度使曹元忠夫妇重修北大像

北大像及其窟前楼阁自建成后，逐渐成为莫高窟地标性的建筑，日益受到敦煌统治者的重视与青睐。当归义军第二任节度使张淮深改建五层楼，并将其功德窟营建于北大像北侧时，北大像就确立它在莫高窟的中心地位。

① 池田温《中国古代写本识语集录》，东京大学东洋文化研究所，1990年，第402页。
② 郑炳林、郑怡楠《敦煌碑铭赞辑释》（上册）（增订本），第428—429页。
③ 唐耕耦、陆宏基《敦煌社会经济文献真迹释录》第1辑，第46页。
④ 唐耕耦、陆宏基《敦煌社会经济文献真迹释录》第5辑，第210页。
⑤ 李正宇《〈敦煌录〉斠理后记》，潘重规等《庆祝吴其昱先生八秩华诞敦煌学特刊》，文津出版社，2000年，第61页。

到了曹氏归义军时期，北大像的中心地位进一步巩固。首任节度使曹议金将自己的功德窟第98窟建在北大像南侧，其夫人回鹘天公主的功德窟第100窟也选在距北大像不远的地方。而且，曹氏家族在营建这两个功德窟时，都先在北大像前施供焚香。如P.3262《河西节度使尚书曹议金造窟功德记》云：

> 厥今初临夏节，仁王钦慕于仙岩。林树芳荣，宫人散诞于灵窟。舍珍财于金地，祈［鸿］恩于大尊之前；焚宝香以虔诚，然（燃）银［灯］于八圣之侧。创镌石室，发弘愿与济含生。广命良工，用膂力而鏊凿者，为谁施作？时则有我河西节度使尚书，先奉为……。①

再如S.4245《河西节度使司空曹元德造窟功德记》云：

> 厥今广崇释教，固谒灵岩，舍珍财于万像之前，炳金灯于千龛之内。炉焚百宝，香气遍谷而翔空；乐奏八音，妙响遐通于林薮。国母圣天公主，亲诣弥勒之前，阃宅娘子、郎君用增上愿，倾城道俗，设净信于灵崖；异域专人，念鸿恩于宝阁者，有谁施作？时则有我河西节度使司空，先奉为……②

从P.3262《河西节度使尚书曹议金造窟功德记》"舍珍财于金地，祈［鸿］恩于大尊之前"和S.4245《河西节度使司空曹元德造窟功德记》"国母圣天公主，亲诣弥勒之前"之记载可看出，此时的北大像已是莫高窟诸龛佛像之代表，有着显著而神圣的地位。

至曹元忠任节度使时，又组织重修了北大像及其窟外木构楼阁。此事见载于现藏于英国国家博物馆的CH.00207《宋乾德四年（966）归义军节度使曹元忠夫妇修莫高窟北大像功德记》，其文云：

> 大宋乾德四年岁次丙寅五月九日，敕归义军节度使特进检校太师兼中书令托西大王曹元忠与敕受（授）凉国夫人浔阳翟氏，因为斋月届此仙岩，避炎天宰煞之恶因，趣幽静祯祥之善处，莫不洗心忏涤，心池之慧水澄清；炼意虔诚，意地之道芽郁茂。拔烦喧于一月，系想念于千尊，龛龛而每燃银灯，光明彻于空界；窟窟而常焚宝馥，香气遍于天衢。夜奏箫韶，乐音与法音竞韵；昼鸣铃钹，幽暗之罪顿停痍。……遂睹北大像弥勒建立年深，下接两层材木损折。大王夫人见斯颓毁，便乃虔告焚香，诱谕都僧统大师兼及僧俗官吏，心意一决，更无二三，不经旬时缔构已毕。梁栋则谷中采取，总是早岁枯干；逐今□□□□□□并仗信心，檀越工人，供备实是丰盈，饭似债（积）山，酒如江海。可谓时平道泰，俗富人安。尽因明主以陶镕，皆由仁君而造化。不唯此际功德，如今福田，遍谷而施力施勤，处处而舍财舍宝。将斯胜善，资益群生。伏愿世界清平，人民乐业；道途开泰，一方无烽燧之灾；路径通流，七部有稣舒之喜。大王禄位，年齐龟鹤之年；福祚长隆，岁等赤松之岁。夫人仙颜转茂，芝宫之宠爵日新；玉貌恒荣，兰披之荫庥益厚。次愿城隍晏谧，兵甲休行，无闻刀斗之声，永罢鼓鼙之响。春蚕善熟，夏麦丰登，东皋广积于千箱，南亩倍收于万斛。社稷康泰，疠疾蠲除，贤圣加威，龙神何（呵）护。然后空飞陆走之

---

① 郑炳林、郑怡楠《敦煌碑铭赞辑释》（下册）（增订本），第1279页。

② 郑炳林、郑怡楠《敦煌碑铭赞辑释》（下册）（增订本），第1306页。

类，一切带性之徒，赖此胜因，俱成佛果，故题耳纪。

凉国夫人翟氏自手造食供备工人，其月廿一、廿二两日，换柱材木损折较多，不堪安置。至廿三日下手拆，大王夫人于南谷住。至廿四日拆了，夜间，大王夫人从南谷回来。至廿五日便缚棚阁上，材木缔构。至六月二日功毕，四日入城。助修勾当应管内外都僧统辩正大师紫赐纲惠、释门僧正愿启、释门僧正信力。都头知子弟虞候李幸思，一十二寺每寺二十人，木匠五十六人，泥匠十人，其工匠官家供备食饭，师僧三日供食，已后当寺供给。[①]

这是一篇完整记录乾德四年（966）归义军节度使曹元忠与夫人翟氏重修北大像殿堂的功德记。依据记录内容，我们可以明确以下五点：

1. 重修的起因。佛教戒律规定，僧尼在正午过后不进食，即为持斋，并将正月、五月、九月定为三长斋月。虽然三长斋月主要是佛教徒的斋月，但节度使曹元忠夫妇作为俗众，也专程前往莫高窟持斋，且时长竟满一月。夫妇二人在持斋期间，不仅组织遍窟燃灯、焚香供养诸佛，还组织抄写《大佛名经》，分送敦煌各寺与西州。这些举措都充分反映出节度使曹元忠和翟氏夫人是十足的佛教信徒。当然，因敦煌当地崇信佛教，最高统治者和民众历来都非常重视斋月，并定期举办斋会。在归义军时期，因正月的佛事与祭祀活动较为频繁，归义军衙府会在五月和九月举行官斋，时人称作"春官斋"和"秋官斋"。对于普通民众来说，多以社邑为组织单位举办斋会。正因节度使曹元忠夫妇前往莫高窟持斋避暑和供养诸佛时看到北大像殿堂材木有损折才提议重修北大像殿堂的。

2. 重修的倡议人、组织者和参与者。正如前述，节度使曹元忠夫妇是这次重修的倡议人。僧团和官方是共同承办方，其中又以僧团为主导，负责人有都僧统纲惠、僧正愿启和信力。官方负责人是都头知子弟虞候李幸思。具体施工者有 306 人，其中工匠 66 人，包括木匠 56 人，泥匠 10 人；助工人是 240 名僧人，由 12 僧寺各出 20 人组成。

3. 重修时间。自乾德四年（966）5 月 21 日开始至 6 月 2 日完工，共计十二天工期。

4. 施工任务和用料。这次重修的任务主要是更换北大像殿堂下接两层已经损折的木材。最初，预计的工程量要小，但当更换时发现"材木损折较多"，于是，扩大工程，"缚棚阁上，材木缔构"。这次重修所用梁栋基本都采自莫高窟，乃"早岁干枯之木"。

5. 施工供食。工匠全由官家供食；僧人由官家供食三天，以后当寺供给。在这数百人的施工修建中，节度使夫人翟氏还亲自揽衣入厨，为施工僧俗操炊调膳。翟氏这种极具亲和力的行事风格，使她备受敦煌民众的爱戴。

这次修建工程从技术上讲应该具有一定的难度，但仅在短短十二天之内就能完工，这无疑反映出敦煌僧俗对曹元忠夫妇的敬重和对他们的极大支持。

---

① 参考松本荣一《敦煌画の研究・附图》，东方文化学院东京研究所，1937 年，第 224 页；史苇湘《世族与石窟》，《敦煌研究文集》，甘肃人民出版社，1982 年，第 156—157 页；马德《敦煌莫高窟史研究》，第 143—144 页；郑炳林、郑怡楠《敦煌碑铭赞辑释》（增订本），第 1341—1342 页。

关于北大像乾德四年（966）的这次重修，还可以从考古地层得到印证。1999 年，敦煌研究院在莫高窟第 96 窟前铺设电缆工程时发现下层建筑遗迹。敦煌研究院考古专业人员于当年 10 月下旬至 11 月下旬对莫高窟 96 窟窟前及其窟内进行了抢救性发掘。据《敦煌莫高窟"九层楼"考古新发现》公布，这次发掘共清理出初唐、西夏、元、清四个时代的窟前建筑遗址和洞窟地面。①

对于《敦煌莫高窟"九层楼"考古新发现》认为的西夏地面，马德先生持不同看法，他认为这个地层并非西夏地面，而属宋代地面，是乾德四年曹元忠夫妇主持重修北大像殿堂楼阁时的地面，其中列举了两条重要证据。其一，该地层出土了八瓣莲花云头纹花砖，这与莫高窟南大像（第 130 窟）殿堂遗址所铺设的花砖类似，而此花砖是 1002—1014 年节度使曹宗寿重修时铺设的，属宋代的建筑材料。②殷光明先生在讨论敦煌模制花砖艺术时列出了《敦煌模印花砖明细表》，其中第 23、第 24 类均是八瓣莲花云头纹花砖。这种纹饰的花砖在莫高窟有出土，其时代，最早为宋代，延续至西夏和元。③其二，北大像佛座底下的通道两端入口处及内顶绘制的火焰纹与云纹壁画，无论是技法风格还是用色，都与莫高窟第 22、第 25 等窟的壁画几乎出自同一人之手，是典型的曹氏中晚期（宋初）壁画，当为曹氏画院的画工们集体所绘。④马先生的分析有理有据，我们认为是可以信服的。

综上所述，乾德四年（966），曹元忠夫妇倡议和组织重修北大像，除了更换下接两层的损折梁木外，还用八瓣莲花云头纹花砖铺设了殿堂地面，同时，还在窟内做了局部补绘，如补绘佛座底下的通道两端入口处及内顶等。

四、元代重修北大像殿堂

前揭文提及，1999 年 10 月下旬至 11 月下旬，敦煌研究院考古专业人员在清理发掘莫高窟第 96 窟窟前及窟内时，发现的四层地面中有元代的洞窟地面，⑤还在元代所铺地面的同一水平面，即北大像窟门入口处两边发现石门砧，马德先生认为石门砧的时代应为元代。⑥

①彭金章、王建军、郭俊叶《敦煌莫高窟"九层楼"考古新发现》，《2000 年敦煌学国际学术讨论会论文提要集》，第 67 页。

②马德《宋乾德四年重修敦煌北大像的"二期工程"——关于莫高窟第 96 窟前第 2 层遗址的时代及相关问题》，《敦煌研究》2003 年第 5 期，第 1 页。

③殷光明《敦煌模制花砖艺术初探》，《敦煌学辑刊》1988 年第 1、2 期，第 128 页。

④马德《宋乾德四年重修敦煌北大像的"二期工程"——关于莫高窟第 96 窟前第 2 层遗址的时代及相关问题》，《敦煌研究》2003 年第 5 期，第 2 页。

⑤彭金章、王建军、郭俊叶《敦煌莫高窟"九层楼"考古新发现》，《2000 年敦煌学国际学术讨论会论文提要集》，第 69 页。

⑥马德《宋乾德四年重修敦煌北大像的"二期工程"——关于莫高窟第 96 窟前第 2 层遗址的时代及相关问题》，《敦煌研究》2003 年第 5 期，第 2 页。

以上信息足够说明元代曾重修过北大像殿堂，然而，因缺乏相关文献资料，关于这次重修的详情不得而知。

五、清末复建五层楼

《重修千佛洞九层楼碑记》（下文简称为《九层楼碑记》）是民国重修北大像的功德记，其中提及清末重修北大像之事，其文云：

> 大佛一尊，全身尽山，高十八丈，年久山圮，法相暴露。光绪二十四年，商民戴奉钰建楼五层入居之。而材木细小，逾十余年倾欹。①

碑记中的"千佛洞"指莫高窟，是其俗称。"大佛"指北大像。"高十八丈"，约等于 58 米，②显然这不是大佛的高度，如是，则为夸张之说。或许，此处是指第 96 窟崖面的高度？

"全身尽山"说明北大像整体原本都建在窟内，但因"年久山圮"，致使大佛暴露在外。显然，宋元时期的五层楼在此时已受到严重损毁。关于这一点，立于莫高窟第 146 窟甬道南壁的《重修千佛洞宝贝佛殿功德碑记》也透露了些许信息。其文云：

> ……遂将佛龛半付灰烬，令人有不忍目睹之状。至光绪建元后，民安物阜，时和年丰，金云佛力广大，有以默护之也。爰有好善信士，或纠诸同志，或募诸众人，鸠工庀材，次第修葺，渐复旧时之规。③

关于引文中的"佛龛"，李永宁先生解释说："从洞窟现状分析，不可能是佛龛本身被火焚烧，而应当是指窟前木构建筑被火焚被毁一事。"④笔者非常赞同李先生的看法。而且，引文提到的光绪建元后的修复之事，如果结合光绪年间莫高窟开展的"修葺"工程来看，应主要指莫高窟第 96 窟外的五层楼和第 16 窟外的三层楼的修复工程。由此，我们能获知，因战乱导致莫高窟窟前殿堂和上层窟檐的严重焚毁⑤后，五层楼的样貌已变成"不忍目睹之状"。同样，《重修千佛洞三层楼功德碑记》也反映了这一时期莫高窟崖面的残破样貌，其文云："后经兵燹蹂躏，佛像屡遭毁废，龛亦沙压倾圮，梯级多断，攀缘莫逮。"⑥此处的"龛"，应仍指窟前木构建筑。

---

① 本录文参考李永宁先生录文和敦煌研究院于 2000 年复刻的碑录文（此复刻碑现存放在莫高窟第 96 窟前室西壁门北）。参见李永宁《敦煌莫高窟碑文录及有关问题（二）》，《敦煌研究》试刊第 2 期，甘肃人民出版社，1982 年，第 119—120 页。

② 清代营造尺一尺约等于 32 厘米。参见黄盛璋《历代度量衡里亩制度的演变和数值换算》，《历史教学》1983 年第 1 期，第 15 页。

③ 李永宁《敦煌莫高窟碑文录及有关问题（二）》，《敦煌研究》试刊第 2 期，1982 年，第 117—118 页。

④ 李永宁《敦煌莫高窟碑文录及有关问题（二）》，《敦煌研究》试刊第 2 期，1982 年，第 121 页。

⑤ 李永宁《敦煌莫高窟碑文录及有关问题（二）》，《敦煌研究》试刊第 2 期，1982 年，第 120—121 页。

⑥《重修千佛洞三层楼功德碑记》，李永宁《敦煌莫高窟碑文录及有关问题（二）》，《敦煌研究》试刊第 2 期，1982 年，第 1171 页。

　　五层楼被损毁，深深牵动着敦煌民众的信佛之心。"光绪二十四年（1898）"，由敦煌商民戴奉钰倡议并组织重建五层楼。关于戴奉钰其人和他组织重建五层楼之事又见于《重修千佛洞三层楼功德碑记》（下文简称为《三层楼碑记》）。该碑是重修莫高窟第16窟窟前三层楼的功德碑，立于光绪三十二年（1906），现嵌于第16窟甬道南壁。其文云：

> 　　丁酉之岁（1897），邑从九戴君奉钰倡首续修，聚众善之赞力，营艰大之工程，左提右挈，其运意为独挚矣！始构大雄之殿，继兴大士之宫，畴昔荒刹萧索，不蔽风雨，今则洞宇峥嵘、观瞻辄资景仰。苟非竭诚补葺，即阅五六年，殊难告厥藏功。①

　　与《九层楼碑记》相比，《三层楼碑记》关于戴奉钰重建五层楼之事宜记载得更为详细一些，可归纳为以下五点：

　　1. 重修时间。《九层楼碑记》将戴奉钰重修五层楼的时间写作"光绪二十四年（1898）"，而《三层楼碑记》却写作"丁酉之岁（1897）"。虽说二者只有一年的时差，但笔者认为《三层楼碑记》的记时应更准确一些，因为该碑立于光绪三十二年（1906），而《九层楼碑》立于中华民国二十五年（1936），前者更接近于重修时间。另外，据《三层楼碑记》所述，戴奉钰以"督修"之职全权负责三层楼的重建工作，当年立碑之时，他一定是见证人之一，所以，该碑关于"丁酉之岁（1897）"的记载更为可信。

　　2. 重修功德人。《九层楼碑记》和《三层楼碑记》都记明，重建五层楼的倡议人和组织者是戴奉钰。关于戴奉钰其人，《三层楼碑记》的记述更为详细。为了后文方便叙述，现将《三层楼碑记》所列功德人全部录下：

> 敕授文林郎、侯铨试用知县、丁酉科选拔联捷举人郭璘谨撰并书。
> 例授登仕佐郎、吏部候选巡政厅、从九品、经理社首戴奉钰督修。
> 例授修职郎、吏部注册即选儒学训导、岁贡生、社首习登瀛监修。
> 例授修职郎、吏部注册候选儒学训导、附贡生、社首马育江监修。
> 　　经理社首戴号公　陈正言　杨春洲　殷善言　戴化勋　胡从
> 义住持王园禄　徒王　发
> 　　　明　全修。②
> 　　赵　裕

录文清楚地写明了重建三层楼的功德人。首先，主持为王园禄。因王园禄信奉道教，时人又称其为

①《重修千佛洞三层楼功德碑记》，参见李永宁《敦煌莫高窟碑文录及有关问题（二）》，《敦煌研究》试刊第2期，1982年，第117—118页。

②《重修千佛洞三层楼功德碑记》，参见李永宁《敦煌莫高窟碑文录及有关问题（二）》，《敦煌研究》试刊第2期，1982年，第118页。

"王道士"或"王道人"。他正是发现敦煌藏经洞并导致藏经洞文物外流的关键人物。1900年，当他雇工清理莫高窟第16窟积沙时，在其甬道北壁意外发现一个"藏经洞"（编号第17窟），出土了数万件文献与文物，使"见者惊为奇观，闻者传为神物"。①于是，王园禄决意改建第16窟窟外的三层楼。改建所需资金应由他来筹措。其次，具体负责这次改建工程的是以戴奉钰、习登瀛和马育江三人为首的社组织。其中，戴奉钰作为"经理社首"行"督修"之职，而作为"社首"的习登瀛和马育江均行"监修"之职。所谓"社首"，是清代民间自治组织"社"的领导者，分为长期任职的执年社首和短期的督工社首。②显然，戴奉钰、习登瀛和马育江三人为督工社首，是因修建莫高窟而临时组织的"社"。作为社首，戴奉钰、习登瀛和马育江三人都详细写明了他们的职官，以示郑重，但不难看出，都不是职事官，应为捐纳所得。因为清末商人通过捐纳成为士绅者不胜枚举，这已经成为一种全国性的普遍现象，其中捐数最多的，非从九品莫属。③由此，《九层楼碑记》将戴奉钰称作"商民"。

由戴奉钰经理的这个会社值得特别关注，它很可能就是重修五层楼的原班人马。因为这两次重修，戴奉钰都是关键人物，且都是重修的倡议人和组织者。重修五层楼不必多说，戴奉钰既是主持人也是组织者，而重修三层楼，虽说王园禄是主持人，但从《三层楼碑记》所记"园禄测度藏经佛龛，结造三层楼，仍属戴君奉钰提倡而振作之，庙貌焕乎维新"④之语看，改建三层楼是戴奉钰鼓动王园禄做的，而且他还是这次施工总负责人。

我们再来看这两次重修的时间，五层楼开始于丁酉之岁（1897），前后花了五六年的时间。也就是说，在1903年前后，戴奉钰基本主持完成了北大像的重修工作。而《三层楼碑》立于光绪三十二年（1906）孟夏之月，那么，这说明重修三层楼的工期应该大致在1904—1905年。既然这两次重修是一前一后，且重修工程的组织者都是同一人，所以我们有理由相信，由戴奉钰带领重修三层楼的这些会社成员应该也是重修五层楼的施工人员。依照《三层楼碑记》记载，这个社除了戴奉钰三位社首外，还有陈正言、杨春洲、殷善言、戴化勋、胡从义等社员。而其中的胡从义、杨春洲、殷善言三人又见载于《重修千佛洞宝贝佛殿功德碑记》。该碑是重修莫高窟第146窟的功德碑，现嵌于第146窟甬道南壁，立于民国五年（1916）。这三人写在"经理会末"之下的人员名单中，且位置都靠

---

① 《太清宫大方丈道会司王师法真墓志》，参见李永宁《敦煌莫高窟碑文录及有关问题（二）》，《敦煌研究》试刊第2期，1982年，第122页。

② 姚春敏《清代华北乡村"社首"初探——以山西泽州碑刻资料为中心》，《清史研究》2013年第1期，第129页。

③ 许大龄《清代捐纳制度》，哈佛燕京学社，1950年，第83页；马敏《官商之间：社会剧变中的近代绅商》，华中师范大学出版社，2003年，第75页。

④ 《重修千佛洞三层楼功德碑记》，参见李永宁《敦煌莫高窟碑文录及有关问题（二）》，《敦煌研究》1982年第2期，第118页。

前，^①这说明他们后来又加入了重修第 146 窟的会社。

3．重修资金。《三层楼碑记》记载五层楼的重修是"聚众善之赞力"。^②这说明此次重修的资金全靠戴奉钰通过募集善款而得。因重修工程量大，且缺乏充足的资金，所以修建前后延续了五六年之久。

4．重修工程任务。"始构大雄之殿，继兴大士之宫"^③是《三层楼碑记》关于戴奉钰重修北大像的大致概述。这里的"大雄之殿"指北大像殿堂。李永宁先生说第 96 窟殿堂一层曾悬有"大雄宝殿"黑底金字木匾一块，今已不存。^④法国伯希和在 1908 年记录第 96 窟时说"这就是大佛洞。其现代的名称叫'大雄殿五层楼'"。^⑤关于"大士之宫"，李永宁先生认为"无据可考，难以确定"，不过，他还是将"大士"视为观音，推测修复的可能是第 454 窟或者是第 138 窟。^⑥然而，以笔者之见，《三层楼碑记》所记述的"始构大雄之殿，继兴大士之宫"等一段话都是在叙述戴奉钰重修北大像之事，所以此"大士之宫"仍与北大像有关。所谓大士，不是观音的专属名称。《释迦谱》云："展转满无量器是则自利利人，名为大士。"^⑦《释氏要览》解释"上士"云："《瑜伽论》云，无自利利他行者，名下士；有自利无利他者，名中士；有二利，名上士（上士具二利，有大心大行，亦名大士）。"^⑧显然，佛教将自利又能利他者称为大士。佛典将佛、菩萨、高僧大德称作大士者比比皆是。如《四教仪集解》解释云："《大论》以菩萨名大士，亦《开士普贤观》以声闻、菩萨名大士，《金光明》以佛为大士，诸文不同故，须略知。"^⑨由此，《三层楼碑记》中的"大士"应指第 96 窟的弥勒大佛。如《佛说观弥勒菩萨上上兜率天经》就将弥勒称作"大士"，其文云：

> 尔时优波离即从座起，整衣服、头面，作礼，白佛言："世尊，兜率陀天上乃有如是极妙乐事，今此大士何时于阎浮提没生于彼天？"佛告优波离："弥勒先于波罗捺国劫波利村婆利大婆罗门家生，却后十二年二月十五日，还本生处，结加趺坐，如入灭定，身紫金色，光明艳赫，如

① 《重修千佛洞三层楼功德碑记》，参见李永宁《敦煌莫高窟碑文录及有关问题（二）》，《敦煌研究》试刊第 2 期，1982 年，第 118 页。

② 《重修千佛洞三层楼功德碑记》，参见李永宁《敦煌莫高窟碑文录及有关问题（二）》，《敦煌研究》试刊第 2 期，1982 年，第 118 页。

③ 《重修千佛洞三层楼功德碑记》，参见李永宁《敦煌莫高窟碑文录及有关问题（二）》，《敦煌研究》试刊第 2 期，1982 年，第 118 页。

④ 李永宁《敦煌莫高窟碑文录及有关问题（二）》，《敦煌研究》试刊第 2 期，1982 年，第 118 页。

⑤ 伯希和著，耿昇译《伯希和敦煌石窟笔记》，甘肃人民出版社，1993 年，第 155 页。

⑥ 《重修千佛洞三层楼功德碑记》，参见李永宁《敦煌莫高窟碑文录及有关问题（二）》，《敦煌研究》试刊第 2 期，1982 年，第 118—119 页。

⑦ 僧祐《释迦谱》，《大正藏》第 50 册，第 61 页。

⑧ 道诚集《释氏要览》，《大正藏》第 54 册，第 261 页。

⑨ 从义《四教仪集解》，《大正藏》第 57 册，第 543 页。

百千日，上至兜率陀天。"①

像《正法华经》《金光明经》《菩萨念佛三昧经》等佛典都称"弥勒大士"。由此来看，戴奉钰不仅集资修复了五层楼，还重修了北大像窟。

关于戴奉钰"继兴大士之宫"的情况，被 1908 年考察莫高窟的伯希和看到了，而且做了考古记录。他说第 96 窟在"1900 年进行过修葺"，"整个洞子都曾抹过灰泥。墙壁上不存在任何壁画，只有盘旋走廊的一部分是古代的"。②显然，戴奉钰对第 96 窟窟内的重修也仅是对整个洞窟进行抹泥而已。

5. 重修后的效果。重修后的五层楼，由原来"畴昔荒刹萧索，不蔽风雨"变为"今则洞宇峥嵘，观瞻辄资景仰"，③似乎发生了大的变化。为何《三层楼碑记》却说"殊难告厥藏功"呢？

关于此情形，一些莫高窟照片为我们提供了答案。我们知道，19 世纪末 20 世纪初，西方掀起了探险热，德国、瑞典、英国、法国、俄国、日本等国家都纷纷成立考古队，赴中亚和我国西北"探险"。他们中的一些人不仅从王道士手里骗走了敦煌藏经洞大量的文物，而且对莫高窟进行了考古调查，并拍摄了莫高窟外景和一些洞窟照片。

我们先来看英国探险家斯坦因 1907 年来莫高窟考察时拍摄的一张莫高窟南区远景照（图 2）。这张照片是从窟区对面，即今天宕泉河右岸的沙山上拍摄的，远处茂盛的树林几乎将崖面洞窟都遮蔽了，唯有五层楼的上三层高耸在崖面，看上去气势雄伟。法国伯希和考察队 1908 年拍摄的第 96 窟"五层楼"为近景，样貌更为清晰（图 3）。其上三层与斯坦因照片基本一致，而且能清晰地看到下两层，第一层的佛殿已修好，但第二层没有修复，可以说窟檐全无。第三层似乎也没有修复，仅是对西壁的壁面抹了一层泥皮。

通过斯坦因和伯希和这两张照片，我们能直观地看到戴奉钰所修五层楼的效果。为了给外露的北大像遮风挡雨，他们重点修复了四、五层。而一层是佛殿，关乎"门面"，所以也做了修复。如此看来，戴奉钰这次的重修也只能算是局部修复和应急修复而已。这就难怪《三层楼碑记》说是"殊难告厥藏功"了。

1999 年 10 月下旬至 11 月下旬，敦煌研究院考古专业人员在清理发掘莫高窟第 96 窟窟前及窟内时也发现了清代"北大像"窟前殿堂遗址和清代窟内地面。④

---

① 沮渠京声译《佛说观弥勒菩萨上生兜率天经》，《大正藏》第 14 册，第 419 页。
② 伯希和著，耿昇译《伯希和敦煌石窟笔记》，第 155 页。
③ 李永宁《敦煌莫高窟碑文录及有关问题（二）》，《敦煌研究》试刊第 2 期，1982 年，第 118 页。
④ 彭金章、王建军、郭俊叶《敦煌莫高窟"九层楼"考古新发现》，《2000 年敦煌学国际学术讨论会论文提要集》，第 69 页。

图 2　莫高窟远景①　　　　　　　　　　　　图 3　第 96 窟 "五层楼"②

六、民国集资改建九层楼

　　清末戴奉钰重建五层楼时所用材木细小，过了十余年，所修的楼阁就出现倾斜。③关于这一现象，我们在 1914 年俄国奥登堡考察团所拍摄的照片中可以看出端倪，很明显，照片中五层楼的上二层出现了倾斜（图 4）。

　　面对此急情，三清宫道人王园禄④开始筹划重修。《九层楼碑记》记曰："道人王圆篆重修，历经十数年，未成。"王园禄的墓志铭（《太清宫大方丈道会司王师法真墓志》）在列举了王园禄种种 "功果" 后说 "惟五层佛楼规模粗具，尚未观厥成功"。⑤想必王园禄是带着遗憾于民国二十年（1931）离世的。

图 4　莫高窟南区中段⑥

---

①敦煌研究院编《敦煌旧影——晚清民国老照片》，上海古籍出版社，2011 年，第 12 页。

②敦煌研究院编《敦煌旧影——晚清民国老照片》，第 18 页。

③参建莫高窟第 96 窟前室西壁门北由敦煌研究院于 2000 年复刻碑文。

④《太清宫大方丈道会司王师法真墓志》中写作 "王圆篆"。

⑤《太清宫大方丈道会司王师法真墓志》，参见李永宁《敦煌莫高窟碑文录及有关问题（二）》，《敦煌研究》试刊第 2 期，1982 年，第 122 页。

⑥敦煌研究院编《敦煌旧影——晚清民国老照片》，第 22 页。

如果说1914年五层楼只是出现了倾斜，那么到了1924年，最上两层楼阁应该完全倒塌了，因为从美国人兰登·华尔纳在当年拍摄的照片来看，北大像的头部已经暴露在外了（图5）。

图5　暴露在外的北大像[1]

法相外露，使敦煌民众寝食难安。自民国十六年（1927）始，刘骥德、张盘铭、朱璿等人联合敦煌各界人士，通过募集善款等方式，历经八年，终将五层楼改建为九层楼，并于民国二十五年（1936）撰刻《重修千佛洞九层楼碑》以示庆贺。

民国二十五年立的《重修千佛洞九层楼碑》已毁，其碑抄文原题写在莫高窟第96窟前室西壁门北，李永宁先生在20世纪80年代做过录文并予以发表。[2]2000年，时逢敦煌藏经洞发现100周年，敦煌研究院举办了系列活动以示庆贺，其中一项举措就是将《重修千佛洞九层楼碑记》复刻为碑，安放在第96窟前室西壁门北。现将碑抄文全文录下：

重修千佛洞九层楼碑记　我国佛迹之最巨者有三：山西云冈石窟、河南龙门造像、敦煌千佛洞是也。要以千佛洞为最古。千佛洞，古名三界寺，或称皇庆寺，又名莫高窟。建始年代久莫能考。顷见徐松《水道记》载李怀让重建莫高窟碑："莫高窟者，秦建元二年，有沙门乐僔，行至此山。忽见金光，状有千佛，造窟一龛。次有法良禅师，从东届此，又于僔窟更即营造。伽蓝之起，实滥觞于二僧。后有刺史建平公、东阳王等各造一大窟。而[3]后合州黎庶造作相仍。"五代及元皆有营造。（见余敦煌外史千佛洞各洞号内容图考[4]）秦建二元（元二）年，即公元三六六年，晋废帝太和元年，距今一千五百六十余年矣。大佛一尊，全[5]身尽山，高十八丈，年久山圮，法相暴露。光绪二十四年，商民戴奉钰建楼五层，□居之而材木细小，逾十余年倾欹。道人王圆箓重修，历经十数年[6]未成。民国十六年，商号德兴恒慨施千元，号东刘骥德子和，农民王凤智、王章首承建筑之任。年余，以工钜难任，中途告退。十七年，子和复邀邑绅张盘铭涤吾，农者朱璿[7]次山，僧会司易昌恕，集合官绅农商各界，发愿复修，矢叨必成。惟工程浩大，克期不能藏

①照片引自孙志军《1907—1949年的莫高窟摄影》，《敦煌研究》2017年第2期，第40页。

②李永宁《敦煌莫高窟碑文录及有关问题（二）》，《敦煌研究》试刊第2期，1982年，第123—124页。

③李永宁先生录文无"等各造一大窟而"7字，敦煌研究院复刻碑文有。

④李永宁先生录为"内卷图改"，敦煌研究院复刻碑文为"内容图考"，当后者正确。

⑤李永宁先生录为"余"，敦煌研究院复刻碑文为"全"。

⑥李永宁先生录文无"楼五层，□居之而材木细小，逾十余年倾欹。道人王圆箓重修，历经十数年"29字，敦煌研究院复刻碑文有。

⑦李永宁先生录作"浚"，敦煌研究院复刻碑文为"璿"，当后者正确。

事，逐成劝募，为续修之计。起民国戊辰至乙亥，八易春秋，用金一万二千余元，而工程巩固，巍峨壮观，亦回出寻常之外也。是役也。子和、涤吾、次山统筹，一是兼任集募，商号德兴恒司会计出纳，而昌恕兼理工程，故能一劳永固也。功既成，子和、次山告余曰：愿为之记。余亦嘉子和、次山诸君子之实心好善，勔于趋事也，故记之。

　　经理督工人　张盘铭　王伯元　李生茂　刘钺

　　朱永镇　朱璿　胡瀛　王凤智

　　刘骥德　李生枝　王永①柄　王章

　　上寺　　易昌恕②　张和尚

　　中寺 住持 王觉静 木工 方会堂

　　下寺　　方智敷③ 刻石 陆震洼

　　中华民国二十五年岁次丙子清和肚浣邑人

　　少卿吕钟撰书并篆额④

《九层楼碑记》为我们了解清末和民国时期，敦煌民众前赴后继重修九层楼和北大像提供了非常珍贵的第一手资料。依据碑抄文内容，我们可以明确以下四点：

1. 重修时间。这次重修可分为两个阶段：第一阶段，开始于民国十六年（1927），历经一年，因工程浩大，中途暂时停工。第二阶段，从民国十七年（1928）起至民国二十四年（1935），历经八年完工。

2. 重修功德人。民国十六年（1927），商号德兴恒司施舍千元，由号东刘骥德，又名子和，与农民王凤智和王章一起开启重修工程，但仅一年，因工程量大，资金短缺而暂时停工。民国十七年（1928），刘骥德又邀请邑绅张盘铭（字涤吾）、农耆朱璿（字次山），以及僧会司易昌恕，并集合官绅农商各界，通过募捐赞助等形式筹措善款，历经八年而完工。其核心人物有四位，即刘骥德、张盘铭、朱璿和易昌恕。前三位主要负责筹款，而易昌恕负责施工。对于募集来的善款都统一放在商号德兴恒司，由刘骥德、张盘铭、朱璿兼任会计和出纳。

除了上述四位核心人物外，《九层楼碑记》中"经理督工人"下还列了 14 人，他们都是这次重修的重要参与人。其中朱永镇又见于《重修千佛洞宝贝佛殿功德碑记》，写作"委任敦煌高等小学校长、前新疆候补府经厅、拔贡生朱永镇阅"。⑤

---

① 李永宁先生录作"用"，敦煌研究院复刻碑文为"永"。

② 李永宁先生录作"怒"，敦煌研究院复刻碑文为"恕"，当后者正确。

③ 李永宁先生录文无"木工方会堂下寺方智敷"10 字，敦煌研究院复刻碑文有。

④ 参考李永宁先生录文和现存在莫高窟第 96 窟前室西壁门北由敦煌研究院于 2000 年复刻碑录文。参见李永宁《敦煌莫高窟碑文录及有关问题（二）》，《敦煌研究》1982 年第 2 期，第 123—124 页。

⑤《重修千佛洞宝贝佛殿功德碑记》，参见李永宁《敦煌莫高窟碑文录及有关问题（二）》，《敦煌研究》试刊第 2 期，1982 年，第 120 页。

3．重修资金。第一阶段的资金来自商号德兴恒施舍的千元。第二阶段共筹措资金一万二千余元。

4．重修工程。这次的重修不是复原工程，是将五层楼直接改建为九层楼，应该算是一次历史性变革。《九层楼碑记》形容改建后的九层楼"工程巩固，巍峨壮观"。我们在瑞典人斯文·赫定及其团队所拍摄的照片中能看到竣工前一年，即1934年的九层楼形象，虽说此时第二层的脚手架还未撤除，但主体工程基本结束，确实有巍峨壮观之感（图6）。

图6　即将竣工的莫高窟九层楼[1]

斯文·赫定是这样描述他看到的九层楼："在南面，面对主寺院我们看到了一座新的有9层楼高的中国式新建筑，内有一尊巨大的如来佛像。"[2]李永宁先生说："重建竣工后，九层飞檐倚山而立，兽鸱伏脊，风铎悬响；梁木交错，檐层垒叠，异峰突起，巍峨绮丽，殊为壮观。"[3]我们在1942年中研院史语所石璋如、1943年英国李约瑟、1948年美国艾琳·文森特等人所拍莫高窟外景照片中都能领略到九层楼巍峨绮丽的形象。

九层楼每层宽为五间，并设檐廊，屋顶为八角形攒尖顶。《敦煌莫高窟九层楼屋顶结构探析》认为九层楼与其他窟檐建筑相比，它的尺度规模和结构的复杂程度都超越同类。尤其是攒尖高耸的屋顶结构具有突出的建筑成就。[4]

关于第96窟窟内，李永宁先生说："民国十七年到民国二十五年重修九层楼时，曾以土红重涂袈裟，并以帝王袍服之龙云纹绘作边饰，非佛非俗，不伦不类。"[5]与1924年华尔纳拍摄的露天北大像相比，1935年巴慎思所拍的北大像面部已经被彩绘（图7）。佛像身上的僧祇支及土红色袈裟也同时进行了绘制，并在袈裟垂裾边沿绘清式云龙纹，这一样式一直保持到今日（图8）。1941—1943年，张大千在莫高窟临摹壁画，还对莫高窟做了编号，并记录了洞窟内容，他写明大佛"重新装饰"。[6]虽然大佛历经多次重修，但其整体态势仍保存了雄伟的唐韵。

①照片引自孙志军《1907—1949年的莫高窟摄影》，《敦煌研究》2017年第2期，第41页。

②斯文·赫定著，徐十周等译《亚洲腹地八年：1927—1935》，新疆人民出版社，1992年，第702页。

③李永宁《敦煌莫高窟碑文录及有关问题（二）》，《敦煌研究》试刊第2期，1982年，第125页。

④李江、杨菁《敦煌莫高窟九层楼屋顶结构探析》，《敦煌研究》2016年第3期，第124—131页。

⑤李永宁《敦煌莫高窟碑文录及有关问题（二）》，《敦煌研究》试刊第2期，1982年，第124页。

⑥张大千《漠高窟记》，台北故宫博物院，1985年，第109页。

图 7　第 96 窟大佛头像^①　　　　　　　　　　　图 8　北大像仰视图

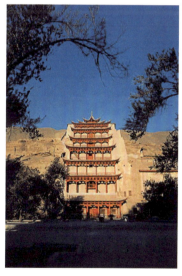

图 9　第 96 窟大殿殿顶建筑^②　　　　　　　图 10　九层楼今景^③

---

①照片引自何俊华、包菁萍《巴慎思敦煌之行的石窟照片》，《敦煌研究》2014 年第 6 期，第 123 页。

②照片来源：敦煌研究院网站（http://public.dha.ac.cn/content.aspx?id=525124140728）

③照片来源：敦煌研究院网站（http://public.dha.ac.cn/content.aspx?id=525124140728）

七、当代敦煌研究院维护九层楼

1986年，敦煌研究院发现九层楼第8层窟檐横梁断裂，有坍塌的危险，于是，将第9层和第8层一并拆除并进行维修。除了重点更换第8层的梁木，还对各层的脊瓦做了揭换，并用红色涂料刷新了各层梁柱和廊檐。此外，又沿第8层外围在崖体上修筑了保护墙。

1987年，经国家文物局批准，敦煌研究院对大佛的双手进行了修缮。

2013年4—11月，敦煌研究院又在遵循"不改变文物原状"原则的基础上，通过技术手段对北大像及九层楼进行了修缮，使其更加稳定。

八、结语

证圣元年（695），由沙州刺史李无亏倡导，禅师灵隐和居士阴祖等人建成莫高窟第96窟和窟前四层木构楼阁。因该窟内雕有高35.5米的倚坐弥勒大像而被俗称为"北大像"。营建巨型弥勒大佛与武则天称帝有密切关系，意在将阴氏、武氏、圣母巧妙地联系在一起，为新生的武周政权摇旗助威，使其篡权变得"合法化"。

北大像与四层楼建成后，逐渐成为莫高窟地标性的建筑，日益受到敦煌统治者的重视与青睐，由此，开始树立它在莫高窟的中心地位。唐乾符二年（875）至乾符三年（876）间，归义军节度使张淮深将原有的"四级"楼阁扩建为五层，使其"对危峰而争耸"，更显壮观。还将自己的功德窟建在北大像的北侧。到了曹氏归义军时期，节度使曹议金夫妇也将他们的功德双窟（第98、第100窟）建在北大像的南侧。至宋乾德四年（966），节度使曹元忠与翟氏夫人又"诱谕"僧俗、官吏对五层楼的下两层已损坏的撑木做了更换。曹议金、曹元忠、曹延恭还在出任节度使时向"大像"舍施布匹。郝春文先生对此分析说："所谓施入大像或充大像的织物，可能被用于购置平日供养大像所需之物，或被用作小规模的维修费。看来在曹氏归义军时期，北大像是由曹氏家族直接供养。"[①]

从考古地层和考古遗物来看，元代重修过北大像及其殿堂，但因缺乏相关文献资料而不得详情。

至光绪二十三年（1897）（《三层楼碑记》记为"丁酉之岁"），五层楼因年久而损坏，致使法相外露。由敦煌商人戴奉钰倡议并集资对五层楼进行了为期长达六年的断断续续修复。这次的修复只能算是应急修复，主要完成了五层楼的第一、四、五层的复建工作，而没有修第二、三层。虽说能为大佛遮风挡雨，但离美观还存在一定距离。而且，因这次"材木细小"，不经风雨，在十余年后，五层楼又开始出现损毁，大佛再次外露。

---

① 郝春文《唐后期五代宋初敦煌僧尼的社会生活》，中国社会科学出版社，1998年，262页。

风吹日晒的大佛令敦煌民众忧心难安。从民国十六年（1927）至民国二十四年（1935），由敦煌商人刘骥德倡议，集合敦煌官绅农商各界力量，通过募捐方式完成了对大佛的重新装扮，还将原五层楼扩建为九层楼。这次的改建，不仅工程坚固，还将九层楼建得雄伟壮美。

20世纪80年代以后，敦煌研究院对九层楼和北大像做过多次小规模的保护性修缮。如1986年，更换第8层的梁木、揭换各层的脊瓦、刷新各层梁柱、廊檐等，并维修大佛右手。2001年，再次维修九层楼上三层，更换方砖、瓦砖，并做防水层面，等等。

总之，在千余年的岁月时光中，北大像及其窟前楼阁历经岁月的磨蚀和风雨的洗礼，时常会出现损毁现象，但敦煌的统治者和民众始终将其视为尊圣而精心守护。至归义军时期，它不再是阴氏的家窟，而成为窟群佛圣的代言人，得到了以节度使为首的僧俗各界高度关注和重视，几乎确立了官窟的中心地位。时至清代和民国时期，由于国力不强，大佛的维护责任落在了敦煌民众的肩上，他们虔诚信佛，并前赴后继通过捐助和募集等形式筹措善款，最终建成巍峨雄壮的九层楼。中华人民共和国成立后，作为莫高窟的管理单位，敦煌研究院对北大像及九层楼进行过多次修缮，使其一直以昂扬壮美的雄姿耸立于崖面。

北大像及其窟前楼阁的千年营建史，仿佛诉说着敦煌千年的兴衰史。作为敦煌民众的精神寄托，北大像及其窟前楼阁千余年来牵动了无数一心崇佛和忠诚护佛的敦煌民众，无论是达官，还是布衣，他们前赴后继，多方筹款，将楼阁从四层建至九层，使其一直高高耸立于崖面。当我们为这些事迹感动之时，更深知一个强大国家对文物保护的重要性。

敦煌莫高窟第 251 窟藏文题记*

勘措吉/敦煌研究院敦煌文献研究所

一、洞窟基本现状

莫高窟第 251 窟在莫高窟南区中段,时代是北魏时期,后五代、清代重修过。形制:前部人字披顶,后部平顶,有中心塔柱,柱东向面开一龛,南西北向三面上、下层各开一龛,东壁门上开一明窗。现今所见洞窟内容基本保存初建原貌,唯独甬道被后代重修。

本窟内容为中心塔柱东向面圆圈龛内塑跌坐佛一身(清修),龛外两侧各塑一胁侍菩萨。龛上浮塑龛楣画化生忍冬,两侧影塑菩萨存十五身。塔座座沿画边饰一条八段,下座身五代画男供养人十身,中唐画药叉托顶供器。南向面上层阙形龛内塑交脚菩萨一身。枋、檐两端下均有木制斗拱。中前部画说法图一铺,后部画千佛,中央说法图一铺,下药叉存十二身。东壁门上开明窗,明窗两侧残存天宫伎乐十四身,门北存千佛一部分。[1]本窟的中心塔柱西向面有汉、藏文题记各一则;南向面也有汉、藏文题记各一则;北向面有一则汉文题记,无藏文题记。关于这三则汉文题记在《敦煌莫高窟供养人题记》有辑录为:"妙高宝龛寺弟子王和供养""妙高胜严寺弟子□神奴供养""妙高寺弟子□"。[2]在《敦煌学大辞典》的寺院章节中提及其中二题记,并辑录为:"妙高宝龛寺弟子王和□供养""妙高胜严寺弟子□神奴供养"。[3]

*本文系国家社科基金重大项目"敦煌河西石窟多语言壁题考古资料抢救性调查整理与研究"(22&ZD219)子项目"河西石窟藏文题记调查整理与研究"阶段性成果。

[1]敦煌研究院《敦煌石窟内容总录》,文物出版社,1996年,第81—82页。
[2]敦煌研究院《敦煌莫高窟供养人题记》,文物出版社,1986年,第109页。
[3]季羡林《敦煌学大辞典》,上海辞书出版社,1998年,第632页。

二、藏、汉文题记

此窟主室中心塔柱西向面佛龛下方有一则墨书藏文题记两行，藏文题记下方有竖写的汉文题记一行，与藏文题记形成T形榜题，题记框高 32 厘米，宽 8 厘米。题记为：

【藏文】1.ༀ༔ རིན་ཆེན་ཕུག་གཙུག་ལག

　　　　2.ཁང་ཡོན་བདག་ཝང་ཧྭ་ཤང་རྐྱ།

【拉丁文】rin chen phug gtsug lag

　　　　khang yon bdag wang hwa shang rkya

【汉文】妙高宝龛寺王和尚供养

中心塔柱北向面龛下方有则汉文题记一行，该题记上方无藏文题记，高 31.5 厘米，宽 8 厘米。题记为：

【汉文】妙高胜严寺弟子□神奴供养

中心塔柱南向面佛龛下方存墨书藏文题记两行，藏文题记下方有竖写的汉文题记一行，与藏文题记形成T形榜题，但藏文题记大多漫漶不清，只能识别出个别字，题记框高 32 厘米，宽 4.5 厘米。题记为：

【藏文】1.ༀ༔ □གཙུག་□□□ཁང

　　　　2.□□ཧྭ□□□

【拉丁文】1. □□gtsug□□khang

　　　　2. □□vu□□□

【汉文】妙高□□寺弟子尹□。

关于以上两则藏文题记，从T形榜题的角度，笔者尚未看到专门的释读和研究，两则藏文题记用楷体书写，第一则字迹清晰可辨认，第二则藏文题记漫漶严重，识别起来有一定的困难，但从现能辨认的几个字里也可判定该题记是供养人题记。本文主要分析第一则藏文题记与其形成T形的汉文题记的内容。

第一则汉文题中"王和□供养"中的"和"与后面的"尚"字现在现场去看也能辨认，而《敦煌莫高窟供养人题记》[①]中辑录为："妙高宝龛寺弟子王和供养"，未辑录"尚"字的原因或是漏录。整理《敦煌莫高窟供养人题记》中 20 世纪 80 年代辨认的题记应比现在更清楚。实际上，"王和□"后面的字是"尚"是根据藏文"ཧྭ་ཤང་"的"ཤང"字对照音确定是"尚"的。汉、藏两种文字的题记内容是一样的，就是同一个供养人用汉、藏文两种文字书写的。这种T形的藏汉文合璧的题记在同类形式的莫高窟第 365、75、331、93、428 等窟中都有出现。

---

①敦煌研究院《敦煌莫高窟供养人题记》，文物出版社，1986 年，第 109 页。

关于藏汉T形榜题最早什么时候出现的问题，沙武田在《榆林窟第25窟：敦煌图像中的唐蕃关系》[1]中提出"最早出现者当属榆林窟第25窟，因为该窟营建成于776—786年"的观点。该窟的营建时间能够确凿于776—786年的话，此观点毋庸置疑。若榆林窟第25窟的营建时间晚于786年，那该问题就需要重新考虑。很有可能最早发现藏汉两文T形榜题的是黄文焕先生，他最早注意到莫高窟第365窟，因第365窟有明确的建窟题记，根据题记中提到的鼠年、虎年和赞普名来推断该窟的建造年代，并提出该窟建造在832—834这三年时间。

榆林窟第25窟，莫高窟第365、第93窟T形榜题是在洞窟营建之初的作品，当属最初的设计，文字内容和性质不一致，当以壁画文字图解说明为主。[2]但是，有些洞窟的T形榜题并不是画壁画之初就设计好的，是后来者直接在壁画上添加T形框，但并不美观，如莫高窟第75、第251、第428窟等。

莫高窟第75窟的题记为一杨姓施主修建该窟时留下的，但汉文已残毁不辨，该窟现在已无任何弥勒像的痕迹，但佛龛重修之前的塑像很有可能是弥勒佛。第331窟T形榜题中横写的回鹘文，最初应是汉文，只是到了回鹘时期重绘时改成回鹘文。

莫高窟第158窟赞普像中出现了仅写藏文的一字横榜题，该藏文墨书题记为"བཙན་པོ་"，翻译成汉文为"赞普"。藏文题记的下面没有出现对应的竖写汉文题记及榜题，藏文保存了下来，其他均为汉文竖写榜题，且无字，显示出该洞窟功德主及营造者独特的身份。洞窟以外，藏经洞绢画中也有类似的题记榜题出现。现收藏于英国大英博物馆的敦煌绢画Stein Painting，绢本设色，纵152.3厘米，横177.8厘米，画面最上方为药师佛书法图，中间为一横向长方形榜题，另侧为文殊、普贤并侍从，下方为千手千眼观音及胁侍菩萨。中间榜题题记为汉藏两种文字书写，其中汉文竖写在上面，内容为：

1　经画药师如来法席

2　一铺文殊普贤会一铺千手

3　千眼一躯如意轮一躯不

4　空羂索一

5　以此功德奉为先亡□考

6　□□□法界苍生同

7　□共登绝觉路

8　丙辰岁九月癸卯朔十五日丁巳

9　建造毕

①沙武田《榆林窟第25窟：敦煌图像中的唐蕃关系》，商务印书馆，2016年，第130页。

②季羡林《敦煌学大辞典》，上海辞书出版社，1998年，第632页。

【藏文】འབྲུག་གི་ལོར། ང་། བཙུན་པ་དཔལ་དབྱངས་ཀྱིས་ལུས་གཟུགས་བདེ་ཐང་དང་སྐྱེ་དགུའི་བསོད་ནམས་ཀྱི་ཚོགས་སུ་སངས་རྒྱས་སྨན་གྱི་བླ་
བི+ཌཱུ+ཡའི་འོད་ཀྱི་རྒྱལ་པོ་དང་། འཕགས་པ་ཀུན་ཏུ་བཟང་པོ། རྒྱལ་སྲས་སྤྱན་རས་གཟིགས་དབང་ཕྱུག འཕགས་པ་སྤྱན་རས་གཟིགས་ཕྱག་སྟོང་སྤྱན་སྟོང་། ཡིད་བཞིན་
འཁོར་ལོའི་རྒྱལ་པོ། བསྔོ་སྨོན་འཁོར་ལོའི་རྒྱལ་པོ་ལ་སོགས་སངས་རྒྱས་བྱང་སེམས་ཀྱི་སྐུ་བརྙན་འདི་དག་བཞེངས་ནས། སེམས་ཅན་ཐམས་ཅད་ལ་ཕན་པར་སྨོན་ཏོ། །

【拉丁文】vbrug gi lor/ nga/ btsun pa dpal dbyangs kyis lus gzugs bde thang dang skye dguvi bsod nams kyi tshogs su sangs rgyas sman gyi bla Bee+DAur+yavi vod kyi rgyal bo dang/ vphags ba kun du bzang bo/ rgyal sras spyan ras gzigs dbang phyug/ vphags ba spyan ras gzigs phyag stong spyan stong/ yid bzhin vkhor lovi rgyal bo/ bsngo smon vkhor lovi rgyal bo la sogs sangs rgyas byang sems kyi sku brnyan vdi dag bzhengs nas sems can thams cad la phan par smon to//

据题记可知，此绢画由藏族僧人白央绘于龙年，白央是赤松德赞时期"七觉士"之一。他在敦煌藏文写经中承担校经师。

T形榜题在敦煌地区仅出现在吐蕃统治时期石窟的壁画中，独特的壁画榜题T形榜字形式，反映了鲜明的时代特色。

三、供养人身份

从莫高窟第 251 窟的T形汉、藏文题记在石窟中出现的位置、书写的方式、文字内容等各个方面考虑，它的重要性应当超过其他文字题记；从文字的内容上看，它应是洞窟供养人留下的题记，并且符合供养人题记的书写习惯和基本章法，由此可判断，不属于吐蕃时期人们游历莫高窟的游人供养题记性质。藏、汉文题记的内容是相对应的，但没有相应的供养人画像。题记中供养人"王和尚""神奴"，从其姓氏和名字判断，不是吐蕃人，是汉族或其他民族。之所以出现藏文，只能说明是写于吐蕃时期或归义军时期。从题记可以肯定王和尚是妙高宝龛寺的人，那么，妙高宝龛寺到底在什么地方目前没有看到相关的研究，现已无从考证。在《敦煌学大辞典》中解释为"五代敦煌佛寺，寺址待考"。[①]其他文献中也未看到与妙高宝龛寺的相关记载。

8—11 世纪出现在文书及写经中的王姓人数在敦煌姓氏中排名第二，据《敦煌氏族人名集成》[②]统计有 1232 人，王和尚为其中之一。吐蕃统治敦煌时期，同时任用汉人和胡人管理地方事务，在公务文书和使用藏文的场合，汉人和流寓敦煌的胡人，包括粟特人、月氏人、突厥人等均有各自的藏文名，签字画押的地方都使用藏汉两种文字署名。第一则题记供养人王和尚，在国家图书馆藏 BD02296《唱布历》中有出现：

发唱三尺子布一三尺

---

① 季羡林《敦煌学大辞典》，上海辞书出版社，1998 年第 632 页。
② 土肥义和《八世纪末期～十一世纪初敦煌氏族人名集成》，汲古书院，2015 年，第 6 页。

李家念谓 计布一十六尺 唱得布人各知余西□寸

王和尚 李阇梨 张阇梨 判官藏胜 阴阇梨 索寺主 石寺主

愿乞立 智定 福威 福惠 弘誓 法达 宝爱

沙弥□福 和盈季□①

马德研究员《都僧统之"家窟"及其营建〈腊八燃灯分配窟龛名数〉丛识之三》中根据P.3302v歌颂这次营造活动的《河西都僧统宕泉建龛一所上梁文》，对参与营造的工匠们作了描述：

凤楼更多巧妙，李都料绳墨难过。尊（剗）截本无弃者，方圆结角藤箩。拱科皇回软五，攒梁用柱极多。直向空里架镂，鲁班不是大哥。施功才经半月，楼成上接天河。

P.3302另有一篇《维大唐长兴元年癸巳岁贰月廿四日河西都僧统和尚依宕泉灵窟之地建龛一所上梁文》，癸巳岁实为长兴四年（933）。文云：

伏惟我都僧统和尚，业登初地，德仰前英；神资天遐，五郡白眉；百金日食，声播四维；变通有则，妙在心机。故乃 圣兹劫悉，像法皆施，会众生之本意，流名万代之期，选择□胜之地，凑日即便开基。……和尚众人之杰，多不与时同，忽然设其大惠，委今凿窟兴功。宕泉虽有千窟，此窟难可擅论。实是显扬千佛，发晖龙像之容。②

从以上推测，新任河西都僧统高职的王和尚，修建了自己家族所开莫高窟第143窟的窟檐和土塔等"王家窟"。③本人认为第251窟供养人之一的"王和尚"就是河西都僧统王和尚。

第二则题记中的供养人"□神奴"，沙武田认为是姓"尹"的粟特人，粟特人"尹神奴"之所以出现藏文，只能说明是写于吐蕃时期。但笔者认为题记中的"神奴"可能是敦煌文献BD04698《金银匠翟信子等状》中出现的银匠吴神奴，引文如下：

1 金银匠翟信子、曹灰子、吴神奴等三人状

2 右信子等三人，去甲戌年，缘无年粮

3 种子，遂于都头高康子面上寄

4 取麦叁硕，到旧年秋翻作陆硕。

5 共陆硕内填还，纳壹硕贰斗，亥

6 年翻作玖硕陆斗，于丙子年秋填

7 还，内柒硕陆斗，更余残两硕。今年

8 阿［郎］起大慈悲，放其大赦，矜割旧年

9 宿债。其他家笠两硕，不肯矜放。今信子

①中国国家图书馆、任继愈《国家图书馆藏敦煌遗书》32，北京图书馆出版社，2006年，第292页。

②上海古籍出版社、法国国家图书馆《法国敦煌西域文献》23，上海古籍出版社，2002年，第126页。

③马德《都僧统之"家窟"及其营建〈腊八燃灯分配窟龛名数〉—丛识之三》，《敦煌研究》1989年第4期，第57—58页。

10 依理有屈，伏望 阿郎，特赐

11 公凭，裁下处分。

12 (判词)其翟信子等三人，若是宿债，

13 其两硕矜放者。[1]

引文中的银匠"吴神奴"，很有可能是题记中的"□神奴"，是工匠们重修第 251 窟后留下的所属寺院名和自己的署名。

虽然不少洞窟的供养人题记用藏文书写，但供养人的身份却不一定是吐蕃人。经研究者发现，不少洞窟的供养人为汉人或其他少数民族，如第 75、251、160 窟的供养人均不是吐蕃人。供养人中有官员、高僧、画工等，有汉族、藏族等民族的普通信徒，完全是多民族共建的。吐蕃时期，藏文仍然是陇右地区的官方及各民族之间的通用语言。虽然吐蕃王朝灭亡，但是吐蕃的影响却在敦煌及陇右地区延续了一个多世纪，即 9 世纪中期至 10 世纪中期。藏语在吐蕃统治的敦煌地区兴盛不衰，以至于在吐蕃统治敦煌末期，当地不少居民都成为能使用汉藏双语的人，而且会取藏文名或藏化名字。在敦煌吐蕃文文献中，出现了不少一人多名的现象，就是"汉姓蕃名"的姓名，如日本杏雨书屋藏敦煌遗书羽 191《金有陀罗尼经》卷末写经题记署有汉、藏两个名字为："薛潋"和"ཤར་མདོ་སྐྱེས་ཤིས།།"，这里"薛潋"是汉名，"མདོ་སྐྱེས"是藏名，但藏名"ཤར་མདོ་སྐྱེས་ཤིས།།"保留了汉姓"薛（ཤར）"，这就是一人既有藏名又有汉名的情况。还有汉名用汉、藏文两种文字的情况，如BD06231《金有陀罗尼经》的写经题记为："དེང་ཀྱེན་ཀྱེན་ཤིས།།""邓坚坚写"，可以看出写经人"邓坚坚"用两种文字署名，这些都是当时的民族文化交往、交流、交融的真实反映。

---

①中国国家图书馆、任继愈《国家图书馆藏敦煌遗书》63，北京图书馆出版社，2007 年，第 24 页。

莫高窟第 257 窟的图像构成与设计思想

于向东/东南大学艺术学院

北魏敦煌石窟的营建主要集中于莫高窟，[①]这一历史阶段的洞窟可以分为前后二期。北魏前期洞窟有第 251、254、257、259、260、263、265、487 窟，后期洞窟有第 246、431、435、437 窟，洞窟形制及图像虽然局部有所创新，但在总体上与前期一脉相承。上述 12 个洞窟中，除了第 259、487 窟外，[②]其他都是中心塔柱窟。

根据主尊及图像构成等，北魏敦煌洞窟可以分为两种类型，一种是以第 259、246 窟为代表的特殊洞窟，主尊为二佛并坐，现存壁面图像中没有佛教故事题材。[③]关于第 259 窟图像配置与设计思想，已有学者做过专题探讨，指出此窟从主尊到壁面图像的设计安排，均表现与法华思想与信仰紧密的关联。[④]笔者支持这一观点，并认为该窟采用半中心塔柱的非常规形制也与法华三昧思想有关。[⑤]

[①]敦煌石窟中，属于北魏的洞窟还有西千佛洞第 7、第 22 窟，两窟属于此时期比较流行的中心塔柱窟，但是塔柱四面仅开一龛，年代可能接近北魏晚期甚至西魏。

[②]第 259 窟后壁中部凿成一前凸的半中心塔柱，仅正面开窟造像，因此没有可供右旋绕行的通道。第 487 窟是 20 世纪 60 年代发掘清理出的，前部人字披顶，后部平顶，南北壁原初各有四个小禅室，属于禅窟。

[③]第 246 窟经过西夏重修，洞窟四壁现存西夏绘制的说法图、千佛图，北魏原初很可能也是这两种题材图像。

[④]李玉珉《敦煌莫高窟二五九窟之研究》，敦煌研究院编《1994 年敦煌学国际研讨会文集·石窟考古编》，甘肃民族出版社，2000 年，第 74—90 页。

[⑤]于向东《五世纪二佛并坐像在敦煌与云冈石窟的表现》，《圆光佛学学报》总第 11 期，2007 年。按：莫高窟第 259 窟设计者可能根据法华信仰的需要，对于传统的中心塔柱窟做了创造性改变。以半中心塔柱取代中心塔柱，一方面放弃传统"绕塔"这一功能，另一方面也突出观想、礼拜多宝佛塔的重要性。

　　另一种是以第 254、257 窟为代表的主流洞窟，塔柱正面龛内主尊均为一佛，壁面分层布局，流行千佛与说法图组合、佛教故事图像等。关于此类洞窟图像配置与设计思想，阿部贤次对于第 254 窟做了比较深入的个案研究，他结合《佛说观佛三昧海经》等文献，详细分析此窟空间布局、图像配置，指出主尊等图像与念佛三昧（也称观佛三昧）禅法有关。①无论是其研究视角还是提出的观点，都有助于理解此类中心塔柱窟的功能与设计思想。第 257 窟南、西、北壁绘制九色鹿王本生等连环画式佛教故事图像，其题材内容、构图布局均迥然不同于其他洞窟，使得本窟图像构成与设计思想别具特色。本文拟对第 257 窟图像构成等进行具体分析，一方面尝试揭示此窟设计思想的独特之处，另一方面，进一步探讨此类中心塔柱窟与北魏敦煌流行禅法的联系。

一、莫高窟第 257 窟图像概述

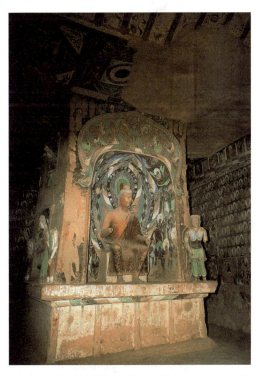

图 1　倚坐说法佛　莫高窟第 257 窟中心塔柱东向面　北魏　彩塑

　　第 257 窟属于典型的敦煌中心塔柱窟，前部人字披顶，后部平棋顶。东壁塌毁，仅存人字披少部。本窟曾经在宋代重修，塔座正面最下部有宋代所绘供养人像，画面模糊。窟内现存图像绝大部分是北魏时期原作。洞窟后部中央有一中心塔柱，连接窟顶和地面，塔柱四面均开龛，正面（东向面）开一圆券形龛，龛内塑一身倚坐说法佛（眼、鼻、手残损），着右袒式袈裟，衣褶采用贴泥条与阴刻线相结合手法，线条自然流畅（图 1）。龛内两侧分别描绘十身供养菩萨，龛顶画四身飞天以及佛的背光图案，龛楣有莲花化生等纹饰，两端为双龙。塔柱正面龛外北侧存一身彩塑天王像，是莫高窟现存北朝唯一的天王像。②龛上部留存部分浮塑供养菩萨，龛下部塔座的座沿存北魏供养人（模糊）。塔柱其余三面均上下分层开龛，南、北面上层均为阙形龛，内部分别塑思惟菩萨与交脚菩萨（图 2），西壁和其他各龛均塑禅定佛像，各龛外两侧均塑胁侍菩

①Abe, Stanley Kenji（阿部贤次）, Mogao Cave 254: A Case Study in Early Chinese Buddhist Art, Ph. D. dissertation, UC Berkeley, 1989.
②北魏天王与金刚力士有时均以身穿盔甲，一手持金刚杵形象出现，表明他们之间的界限比较模糊。

图 2　思维菩萨像　莫高窟第 257 窟塔柱南向面上层　北魏　彩塑

萨像。塔柱南向面下层龛形制特别，采用双树圆券式，内塑肋骨暴露的趺坐苦修像一身（图 3）。

图 3　苦修像　莫高窟第 257 窟塔柱南向面下层　北魏　彩塑

　　窟顶前部采用汉式人字披顶，西披画供养天人持莲花，脊枋留存部分平棋图案；后部是平棋顶，仅东南角存留斗四平棋图两方，其中一方的中央表现莲池中裸体童子游泳场景，比较特别，外侧四角有四身飞天（图 4）。

　　第 257 窟人字披下的南北壁均画大型说法图。南壁前部绘一身比较高大的立佛，身边有众多菩萨等眷属，立佛袈裟上布满长方形格子纹饰，左手执袈裟一角，包括右手臂在内的大部分画面较为模糊（图 5）。北壁前部对称位置也描绘一身立佛及眷属人物，画面仅存立佛头部及其右侧部分，残缺较多。洞窟后半部现存南、西、北三壁壁画，作三段式布局，上段画天宫伎乐通绕全窟，中段画千佛，千佛中下部均画小型说法图一铺（图 6），最下层为药叉群像。在千佛与药叉之间，有一横长的故事画带联通三壁，南壁绘制沙弥守戒自杀因缘及提婆达多破僧缘，[①]西壁南部、中部绘九色鹿王

---

① 关于此铺提婆达多破僧缘，下文将做具体阐述。

图 4　莲池童子、忍冬与飞天　莫高窟第 257 窟后部平棋　北魏　壁画

图 5　佛说法图　莫高窟第 257 窟南壁前部　北魏　壁画

本生，西壁北部与北壁绘制须摩提女因缘。这几铺基本采用连环画式构图，在赭红底壁上绘成，画面都以人物、动物为主，山水、房宇、车马、器物等仅为衬景，显然延续汉晋传统画风。此窟故事画采用全新构图形式，是敦煌石窟壁画故事的经典作品，对此后敦煌艺术的发展有深远地影响，历来受到学术界关注。

二、第 257 窟图像题材内容辨析

经过学术界一个世纪左右的持续努力，包括第 257 窟在内的北魏敦煌图像题材内容大多已经辨识清楚。然而由于题记缺失、相关文献记载较少，迄今为止，包括洞窟主尊在内的不少图像题材内容仍有争议，这是探讨洞窟图像构成与设计思想前必须讨论的问题。就第 257 窟而言，需要具体辨析如下图像的题材内容。

首先，需要探讨洞窟塔柱正面龛内倚坐佛的尊格及其与塔柱其他三面龛内造像的关联。北魏敦煌中心塔柱正面开一大龛，其他面一般都分层开龛，西壁没有开龛造像，鉴于塔柱正面龛内主尊佛像的体量及其在洞窟中的核心位置，可以将其判定为洞窟主尊。第 257 窟塔柱正面龛内塑造一身倚坐说法佛，也是北魏最为常见的洞窟主尊佛样式。

贺世哲根据此类洞窟倚坐佛与其

图 6　佛说法图与千佛图组合（局部）　莫高窟第 257 窟南壁后部中央　北魏　壁画

他图像的组合关系，推测北魏敦煌石窟塔柱正面龛内倚坐说法佛的尊格均为释迦佛，进而认为该倚坐佛与塔柱其它三面龛内的四身禅定佛形成五佛组合，代表释迦如来的五分法身。① 此类洞窟塔柱的双树形龛内常塑肋骨暴露的跌坐佛苦修像，第 431 窟塔柱南向面上层龛外，还绘制"乘象入胎"与"逾城出家"图。樊锦诗、马世长等依据这些线索，推测第 257 窟等塔柱正面龛内倚坐佛皆为倚坐释迦像，中心塔柱四面龛内造像似乎与释迦"出家""苦修""成道""说法"各相有关，认为这符合禅观所要求的观佛传各相。② 赖鹏举则提出，中心柱正面龛内倚坐佛造像"符合弥勒佛的特性"，与两侧前部的"念佛三昧"造像相呼应，而中心柱其余三面的上下龛造像表显千佛间代代相传的本质。③ 以上列举的是一些比较有代表性的观点。

本文认为，无论交脚佛、倚坐佛，在北朝时期都没有与弥勒佛建构稳定的关联，因此，有必要将其与窟内其他图像关联起来考虑，才能判断其尊格。北魏敦煌以倚坐佛主尊的洞窟中，塔柱双树形龛内常塑释迦苦修像，主室南、西、北三壁经常描绘降魔变、初转法轮及本生、因缘故事图像等，几乎一律都与释迦佛相关。5 世纪在中土传译的禅经中，像观、生身观、法身观等十分流行，这些禅观也均与释迦佛直接相关。因此，本文认为第 257 窟塔柱正面龛内倚坐佛的尊格更有可能是释迦佛。至于塔柱其他三面的四身禅定佛，就体量大小及错层分布来看，与倚坐佛形成一体"五佛"组合的可能性不大，未必与"五分法身"观念相关。此外，塔柱四龛内的跌坐佛均为禅定印，没有降魔印与说法印，与释迦"出家""成道""说法"等难以形成对应联系，与禅观直接关联的可能性较小。塔柱南、北面上层阙形龛内的思惟菩萨与交脚菩萨，尊格可以判定为弥勒菩萨。塔柱上包括苦修像在内的四龛禅定佛的尊格很可能都是释迦佛，他们集中分布于中心塔柱上，或许与早期佛塔以纪念释迦佛为主相关。释迦佛与弥勒菩萨也可以视为贤劫千佛的代表。

其次，洞窟壁面上的千佛是如何命名的。北魏敦煌石窟的千佛图像持续盛行，洞窟四壁经常大面积描绘，千佛旁一般都有一竖长条形榜题框，原初书写相应的佛名，包括第 257 窟千佛在内的榜题大多都已无法辨识。然而，第 254 窟主室四壁留存 1235 身千佛，其中 783 身旁边留有墨书佛名题记，从而为此类千佛定名提供了重要依据。据学者研究，第 254 窟千佛名号抄自《过去庄严劫千佛名经》与《未来星宿劫千佛名经》。④ 该窟四壁千佛名号中没有发现贤劫千佛。本文认为，第 257 窟与该窟形制及图像构成十分相近，因此，窟内南、西、北壁的千佛很可能也是依据《过去庄严劫千佛名经》与《未来星宿劫千佛名经》制作，代表过去、未来两劫千佛。

① 贺世哲《敦煌图像研究——十六国北朝卷》，甘肃教育出版社，2006 年，第 58—73 页。
② 樊锦诗、马世长、关友惠《敦煌莫高窟北朝洞窟的分期》，敦煌文物研究所编《中国石窟·敦煌莫高窟（第一卷）》，文物出版社，2011 年，第 189 页。
③ 赖鹏举《敦煌石窟造像思想研究》，文物出版社，2009 年，第 143—145 页。
④ 宁强、胡同庆《敦煌莫高窟第 254 窟千佛画研究》，《敦煌研究》1986 年第 4 期。

图 7　提婆达多破僧缘　莫高窟第 257 窟南壁西部　北魏　壁画

　　再次，洞窟南壁西部紧接沙弥守戒自杀缘后的一铺图像（图 7）。学术界对其题材内容有不同看法。此铺图像由两个场景组合而成，壁画曾遭烟熏，画中主要人物面部等虽然难以辨析，但是画面基本完整，人物基本动作及相关场景元素可以识别。画面左方场景中有一位比丘侧卧床上，背景是一拱形山洞或草庐，周围有三角形山峦。右方场景中有两棵大树，树冠右侧描绘三角形山峦，树下有一近似草庐的圆拱形小建筑。该建筑右方，一比丘以半躺姿而坐，双膝弯曲，左手撑地，右手置于膝上，身姿懒散。该比丘右侧，描绘一动物，双耳直竖，唇吻较突出，颈部比较粗壮，低首向下，背部平直，背上似披一方形垫子，其间可以辨识垂直线条。1986 年、樊锦诗、马世长提出此图为"弊狗因缘"，[1] 其后《敦煌石窟内容总录》采用此说。[2] 近年来，樊雪崧对此质疑，认为画面表现的应该是与"提婆达多破僧事"的相关情节，即"如佛而卧""自投于地""驱驴之喻"等。[3] 根据图像中动

①樊锦诗、马世长《莫高窟北朝洞窟本生、因缘故事画补考》，《敦煌研究》1986 年第 1 期。

②敦煌研究院编《敦煌石窟内容总录》，文物出版社，第 103 页。

③樊雪崧《莫高窟第 257 窟提婆达多图像试论——敦煌"弊狗因缘"献疑》，《敦煌研究》2020 年第 6 期。

物形象特征（非狗）、人物姿势与山峦等背景来看，将其称为"弊狗因缘"确实欠妥，笔者倾向于后一观点，认为将其称为"提婆达多图像"显得过于宽泛，或许更适宜称为"提婆达多破僧缘"。

最后，第257窟的人字披下南北壁的两铺图像与塔柱正面倚坐佛说法图的关系值得探讨。第257窟南壁前部绘一身比较高大的立佛，身边有众多菩萨等眷属，大部分画面较为模糊。北壁前部对称位置也描绘一身立佛及眷属人物，画面大部分残缺，原初画面构图等可能与南壁对称分布的那铺十分相近。《敦煌石窟内容总录》记载此身立佛为"毗卢舍那佛"，[1]仔细观看现存图像，基本看不到北齐、北周时期法界人中像袈裟上的那些符号元素，因而此佛尊格为"毗卢舍那佛"的可能性较小。第251、435窟南、北壁人字披下也都分别描绘一跏趺坐佛说法图，笔者推测第257窟人字披下南北壁的两铺图像可能都是类似性质说法图，区别只在于主尊佛采用了坐、立两种不同姿势。有学者认为，第251、435窟南北壁说法图的主尊佛与塔柱正面跏坐佛或倚坐佛之间，可能"共同组成三壁三佛的三世佛造像组合"。[2]第257窟南北壁此二立佛说法图与中心塔柱正面倚坐佛说法图可能也是类似组合关系，共同表现三世佛宣说同样的妙法。

三、第257窟故事图像及其关联分析

与北魏同时期洞窟相比，第257窟最有特色的应是壁面出现几铺连环画式故事图像。无论是构图的艺术手法还是题材内容选择的视角，都比较特别，值得分析。

新疆克孜尔石窟图像中有十分丰富的佛教故事题材内容，包括本生、因缘、佛传等，一般采用单幅画形式，突出表现故事中最关键的一两个情节。第257窟几铺故事图像的题材在克孜尔石窟壁画中也有表现，但艺术手法不同，第257窟的画面与画面之间采用山石和建筑物相隔，整体上以连环画式构图详细表现故事情节。现按照窟内南、西、北壁顺序，依次分析几铺故事画。

沙弥守戒自杀因缘故事画绘于第257窟南壁中层，画面表现的情节依据顺时针方向陆续展开。画面首先表现沙弥剃度场面，为其主持剃度仪式的僧人有头光，暗示其是一位有道高僧。接着表现行前说戒，扣门乞食，诉说真情，以身殉戒，纳金赎罪，香木火化，起塔供养等一系列画面（图8）。其中香木火化、起塔供养两个画面，均将小沙弥却表现为禅僧端坐的镇定姿态，四周的熊熊火焰与庄严佛塔衬托沙弥以身殉戒的崇高品质（图9）。佛教以三世因果为基础，重视累生累世的精进修行，沙弥严格守戒对于今生来世都有重要意义，在此方面释迦佛本生故事也树立了典范。根据画面表现的情节推测，本铺故事画应是依据北凉慧觉等编译《贤愚经》卷5《沙弥守戒自杀品》描绘。紧接此铺故事画后的是"提婆达多破僧缘"，前文已有分析，在此不赘。

---

[1] 敦煌研究院编《敦煌石窟内容总录》，第103页。

[2] 贺世哲《敦煌图像研究——十六国北朝卷》，第152页。

图 8　沙弥守戒自杀因缘（局部）　莫高窟第 257 窟南壁　北魏　壁画

图 9　沙弥守戒自杀因缘（局部）

第257窟西壁南部、中部描绘著名的九色鹿王本生故事画（图10）。在安排故事情节时，画师从画面的两端开始，整个故事情节的高潮部分处于画面的中心位置。这种特殊构图布局的形成或许与窟内的空间与光线等因素相关。第257窟是中心塔柱式，九色鹿王本生故事画面描绘在主室的后壁，由于受到中心塔柱的遮挡，后壁的光线呈现出两端较明、中间较暗的情形。可能为了适应这种特殊的情况，画师采取了从两端开始描绘的方式，以便于观众在观看过程中，对故事开端及其发展的过程获得比较清晰的认识。①这种特殊布局的出现也有另一种可能，即创作者为了强调表现的主题，而将故事的高潮情节安排在画面的中心部分，从而给观众留下深刻的印象。

图10　九色鹿王本生故事　莫高窟第257窟西壁　北魏　壁画

新疆克孜尔石窟则采用单幅画式表现这一故事，有的画面描绘溺水者跪在地上，向九色鹿王表示感激之情，也有的画面描绘鹿王跪于骑马握剑的国王前面，讲述溺水者忘恩负义之事。相比而言，第257窟故事画中，鹿王临危不惧，昂首挺胸面对国王慷慨陈词的高潮场景，令人印象更为深刻。这铺故事画的创作依据，应是与三国支谦译《佛说九色鹿经》或康僧会译《六度集经》卷6相关内容。

图11　须摩提女因缘（局部）　莫高窟第257窟西壁北部　北魏　壁画

---

①业师张道一先生认为，第257窟此铺故事画构图与僧人为了便于引导信众观看有密切关联。这一观点富有启发性。

图 12　须摩提女因缘（局部）　莫高窟第 257 窟北壁　壁画

　　第 257 窟西壁北部与北壁描绘须摩提女因缘故事画。西壁北部首先以一组建筑为中心，描绘三个情节：须摩提女卧床于楼下，拒绝出去礼拜裸形外道；外道不满，满财长者道歉；须摩提女上楼焚香遥请佛陀（图 11）。其后，依次描绘满财长者及其眷属恭迎佛陀及其弟子，众僧使人乾荼等三人背负大釜等炊具飞来。接着是一僧人乘坐五百华树宝座飞来，该僧人身旁还描绘在雪山阿耨达泉浣洗衣服及二天龙鬼神为他晾晒衣服的场景。北壁西侧依次描绘乘坐五百头牛、五百孔雀、五百金翅鸟、五百龙、琉璃山、五百鹄、五百虎、五百狮子、五百匹马、五百象而来的佛弟子，以及佛陀在诸弟子、释梵天王等卫护下飞来（图 12）。将这些画面与经典对照，可以发现与东晋僧伽提婆译《增一阿含经》卷 22《须陀品》的描述一致。接着乾荼飞来的佛弟子依次是均头沙弥、般特、罗云、迦匹那化、优毗迦叶化、须菩提、大迦旃延、离越、阿那律、大迦叶与大目犍连。

　　新疆克孜尔石窟第 178、198、205、224 窟也有须摩提女因缘图像，描绘于天象图通常所在的位置，显然有取而代之的用意，即以禅定僧在上空飞翔的图像象征着深邃的天界。新疆吐峪沟石窟第 20 窟是一个典型意义上的禅窟，窟内左壁上部须摩提女因缘图像与中、下部基于《观无量寿经》描绘的禅观图紧密组合在一起。虽然其图像样式与克孜尔石窟一样忽视故事情节，但是其创作目的显然不是象征深邃的天界，而是强调表现禅修成就后获得的神通自在。[1]这些图像需要仰视才能看到，与莫高窟那种适合平视的布局形成对比。

　　这与莫高窟第 257 窟故事画有着共同的特点，都比较严密地依据经典文本组织画面，故事情节得到比较充分的表现。就画面题材内容以及给人的直观印象而言，各铺故事画有不同的表现重点。沙弥守戒自杀因缘强调守戒重要性，提婆达多破僧缘表达恶有恶报的因果观念，九色鹿王本生故事凸显佛陀前世救度众生的大慈大悲，而须摩提女因缘强调佛教降伏外道的高深法力等。

① 宫治昭著，贺小萍译《吐峪沟石窟壁画与禅观》，上海古籍出版社，2009 年，第 64—71 页。

关于这几铺故事画之间的内在联系，有值得深究之处。近年来，已有研究者比较深入地探讨它们与佛教戒律思想的关联，指出提婆达多破僧缘与沙弥守戒自杀因缘图的尾声部分形成明显对比，承上启下将南壁、西壁内容以律部思想巧妙连接起来，而其后的须摩提女因缘也与持守戒律有所联系，"第257窟三壁的故事画在广义上同属于律学系统"。①这一观点对于认识该窟故事画的关联及其创作目的，具有比较重要的启迪意义。按照洞窟顺时针绕行塔柱的次序来看，首先进入视野的是沙弥守戒自杀缘，此故事与戒律的关系不言而喻。接下来的故事图像是提婆达多破僧缘与九色鹿王本生，佛经中经常提及，鹿王本生故事中忘恩负义的溺水人正是提婆达多的前世。《根本说一切有部毗奈耶破僧事》还明确记载佛陀因提婆达多破僧而宣说鹿王本生，指出他"从昔已来亦无恩无报"。②须摩提女作为持守戒律的典范形象也与提婆达多之间构成对比。

从这个角度来看，第257窟故事画的选题视角及表现形式明显有别于同时期其他洞窟，此窟的设计思想由此具有特别之处。

四、第 257 窟的设计思想及其渊源

第257窟图像构成与设计主要包括几个组成部分，即塔柱塑绘图像与人字披下南北壁说法图、壁面中部千佛与故事图、壁面上部天宫伎乐与窟顶天人图像等。

依据前文分析，中心塔柱正面龛内的倚坐佛是本窟主尊，尊格很可能为释迦佛，其与龛内外人物组合成一铺塑绘结合式说法图像。塔柱其他三面龛内的禅定佛很可能均为释迦佛，交脚、思惟菩萨像应是弥勒菩萨，塔柱上的释迦佛与弥勒菩萨共同作为贤劫千佛的代表。塔柱正面倚坐佛说法图进而与南北壁人字披下的两铺立佛说法图形成组合关系，表现过去、现在、未来三世佛宣说同样妙法。窟内南、西、北壁的千佛很可能依据《过去庄严劫千佛名经》与《未来星宿劫千佛名经》制作，属于过去、未来两劫千佛，南、北壁千佛中间说法图的主尊佛，可以视为过去、未来两劫千佛的代表。西壁千佛中间也有一铺说法图，与南北壁不同的是，采用的是趺坐姿，同时也没有出现于阙形塔中。笔者认为，此铺说法图的主尊位于洞窟中轴线上，其尊格很可能是释迦佛，与塔柱上释迦佛等一致，作为贤劫千佛的代表。由此看来，本窟中心塔柱与人字披下南北壁说法图、壁面中部千佛等有着比较密切的联系，可能形成塑绘联壁式三世三千佛（简称为三世佛）。

莫高窟第257窟故事画构图新颖，选材独特，它们或多或少都与戒律思想有关，既有正面形象的代表，如守戒沙弥、须摩提女；也有反面形象的人物，如提婆达多、溺水人，从而形成鲜明的正反对比。此外，南北壁故事画的人物场景也有视觉上的呼应关系，南壁香木火化及起塔供养图中沙弥

---

①樊雪崧《莫高窟第257窟提婆达多图像试论——敦煌"弊狗因缘"献疑》，《敦煌研究》2020年第6期。
②义净译《根本说一切有部毗奈耶破僧事》卷15，《大正藏》第24册，第175页。

端坐姿态与北壁佛大弟子们凌空飞翔时的坐姿十分一致，塔中沙弥甚至被描绘成头光，暗示其与佛弟子一样已经领悟成道，这正是北魏禅僧精进修行，期望即身成就的重要目标。

塔柱南、北向面上层龛内主尊分别为思惟、交脚坐姿的弥勒菩萨，阙形龛应代表菩萨所在的兜率天宫。此种设计理念可能源自四川汉代西王母天宫图像。[①] 窟顶人字披有持莲花的供养天人，后部平棋图中有莲池、裸体童子、飞天等。无论是供养天人手中还是斗四莲池中的莲花，都不是普通的植物，而应视为"天莲花"，可以比喻为将生出天人的神圣子宫。天界人物一般经历天莲花、莲花化生（或"变化生"）至天人的诞生过程。[②] 此期洞窟四壁上段均为天宫伎乐，天人在天宫内进行伎乐、歌舞等供养，生动呈现天界的美好景象。北魏洞窟中上述窟顶图像与四壁上段的天宫伎乐是一种比较稳定的组合，本文认为，此种组合表现的是一种充满生机的天界，联系塔柱上方龛内的弥勒菩萨来看，这种组合很可能就代表弥勒菩萨所在的兜率天宫。弥勒菩萨所在的兜率天宫内院，属于弥勒菩萨教化的净土。北魏禅僧一方面向往禅定中面见弥勒决疑，另一方面期待临终可以往生兜率天宫，未来再随弥勒下生，于龙华会下得度。

第 257 窟的设计思想与禅僧实践佛法及信仰诉求紧密相关。塔柱正面龛等中的释迦佛像可供"入塔观像"，这是"像观"禅法的前提条件之一。三世佛以及三劫三千佛是此期供养、顶礼、忏悔的常见对象，与此期流行的大乘佛名信仰有关，通过供养礼忏以及绕塔经行可以集资净障，保障坐禅的顺利进行，从而证明"念佛三昧"，[③] 相关记载常见于此时期流行的禅经。塔柱前方的空间便于供养、顶礼活动的开展。洞窟故事画的组合凸显持守戒律的重要性，沙弥守戒自杀缘图像表明，禅僧宁可舍弃生命也不可以破戒。此类戒律图像的表现，一定程度上暗示设计本窟主要是为了禅僧服务，而非一般的世俗信众。就此时期禅僧修学体系而言，戒定慧三学是层层递进的，持戒是否清净直接关系到其后的定慧修持。南北壁故事画对于沙弥及佛弟子们庄严坐姿的刻画，也激励禅僧持守戒律，精进坐禅，由此证悟圣果后可以神通自在，超越生死。弥勒菩萨及洞窟顶部图像则表达禅僧希望面见弥勒决疑，并往生弥勒净土的强烈信念。

第 257 窟的设计思想与 5 世纪的禅法经典有着紧密联系。根据此时期十分流行的"念佛三昧"禅法来看，修行者在禅观之前、中间与之后都需要配合供养、顶礼佛像。如下将第 257 窟设计与此期流行的《佛说观佛三昧海经》等相结合，做些具体分析。《佛说观佛三昧海经》卷 9《观像品》记载：一切众生"欲观像者，先入佛塔，以好香泥及诸瓦土涂地令净，随其力能烧香散花，供养佛像，说己

---

① 张善庆《河西石窟阙形龛溯源刍议》，《考古与文物》2012 年第 3 期。

② 关于天人经由变化生的诞生过程，吉村怜将其比拟为蝴蝶由"卵→幼虫→蛹→成虫"的蜕变过程。参见吉村怜著，卞立强译《天人诞生图研究——东亚佛教美术史论文集》，上海古籍出版社，2009 年，第 124—136 页。

③ 念佛三昧，也称观佛三昧，是以观想念佛为主要内容的一种禅法，公元纪年以后，在罽宾地区十分盛行，其后传入中国，成为中国十六国北朝时期最为流行的一种大乘禅法。

过恶，礼佛忏悔。如是伏心经一七日"。^①由此可见，进入正式禅观前，在佛像前进行供养、礼忏是必不可少的，第 257 窟塔柱前的空间就适宜进行此类活动，塔柱正面的主尊及壁面说法图、千佛等，都是供养、礼忏时的殊胜对境。此文接着提及，"若出家人应诵毗尼，极令通利。"^②"毗尼"，是梵语音译，又译作"毗奈耶"，意思为戒律，用以调和身语意业，以便进一步摄心坐禅。第 257 窟几铺故事画选择与戒律相关的题材内容，与此可能有一定关联。

《观像品》还记载在观像过程中，如果观想的佛像身色出现异样，此时坐禅者需要暂停观想，至诚忏悔犯戒的业障。经文写道："念想成已，闭目叉手，端坐正受，更作远想，满十方界见一切像，身纯金色，放大光明。若有犯戒作不善者，先身犯戒及以今身，见诸佛像或黑或白，以忏悔故，渐见红色，见红色已，渐见金色，见金色已，身心欢喜，劝请诸像使放光明。"^③可见，无论前世（先身）还是此世今身如果犯戒，都可能在坐禅观想中遇到障碍，这也是本窟南壁图像中沙弥宁肯舍身也不愿破戒的原因。此处没有具体说明如何忏悔，根据上下文推测仍应如前面那样在佛像前礼忏。《佛说观佛三昧海经》卷 10《念十方佛品》中，进一步说明成就念佛三昧的五因缘，第一条列举的就是"持戒不犯"，从中可见持戒对于禅观多么重要。此外，坐禅出定后，也应该到塔像处供养发愿等，"云何供养？是人出定入塔见像念持经时，若礼一佛当作是念，'正遍知诸佛心智无有限碍，我今礼一佛，即礼一切佛……'"。^④

相关记载也见于此期其他禅法经典，譬如，沮渠京声译《治禅病秘要法》卷上就有关于如何"治犯戒法"的记述，"然后，复当澡浴身体，着僧伽梨，入于塔中，一心合掌，谛观如来眉间白毫大人相光"。^⑤此文表明塔像与禅僧忏悔犯戒等有关。北魏敦煌流行中心塔柱窟当与禅僧践行佛法的需求相关。

在上述探讨基础上，有必要进一步探讨北魏敦煌僧团与念佛三昧禅法的关联，有关敦煌此期僧团的文献记载相当有限，本文拟结合此期佛教背景做些推论。依据有关凉州一带禅师的记载，有助于大概判断北魏时期敦煌流行的禅法。

5 世纪时，凉州一带佛法已很兴盛。据《高僧传》卷 3 记载，罽宾禅师昙摩密多（356—442）"博贯群经，特深禅法"，宋元嘉元年（424）入蜀前，曾在敦煌、凉州一带传授禅法，"遂度流沙，进到敦煌，于闲旷之地，建立精舍。植棕千株，开园百亩，房阁池沼，极为严净。顷之复适凉州，仍于公府旧事更葺堂宇，学徒济济，禅业甚盛"。^⑥依据其在敦煌、凉州一带活动的情况，北魏以后，敦煌僧

① 佛陀跋陀罗译《佛说观佛三昧海经》卷 9，《大正藏》第 15 册，第 690 页。
② 佛陀跋陀罗译《佛说观佛三昧海经》卷 9，《大正藏》第 15 册，第 690 页。
③ 佛陀跋陀罗译《佛说观佛三昧海经》卷 9，《大正藏》第 15 册，第 691 页。
④ 佛陀跋陀罗译《佛说观佛三昧海经》卷 10，《大正藏》第 15 册，第 694—695 页。
⑤ 沮渠京声译《治禅病秘要法》卷上，《大正藏》第 15 册，第 337 页。
⑥ 慧皎《高僧传》卷 3，《大正藏》第 50 册，第 342 页。

团中或许有其一系的禅法传承。他后来译出《五门禅经要用法》《观普贤菩萨行法经》等，前者中的"念佛"禅法也就是念佛三昧。与昙摩密多同时的佛陀跋陀罗，早年受业于罽宾大禅师佛大先，"以禅律驰名"，后来应智严邀请前来中土弘法，^①他的禅法传承在 5 世纪影响最大。佛陀跋陀罗一系禅法应与其翻译的《佛说观佛三昧海经》《达摩多罗禅经》相关，前者中所述的念佛三昧与《五门禅经要用法》的"念佛"禅法比较相近。得佛陀跋陀罗禅法真传的玄高是北凉、北魏著名的禅师之一。玄高曾游凉州，受到沮渠蒙逊的敬重。玄高在北凉期间应有禅法传授活动。

　　昙无谶是北凉另一位有重要影响人物，其以翻译《涅槃经》等大乘佛教经典、擅长咒法等闻名于世，同时也熟悉禅法，至于其禅法具体内容，史书记载甚少。《高僧传》卷 2 中有关张掖沙门道进求菩萨戒一事值得关注，道进"乃勤力三年，且禅且忏"，最终"于定中见释迦文佛与诸大士授己戒法。"其后昙无谶欣然"次第于佛像前为说戒相"。^②笔者推测，道进三年中修持的可能是昙无谶一系的禅法，或许就是以释迦佛为对象的"像观"，也是念佛三昧法门的一个重要组成部分。敦煌与凉州交通便利，玄高、昙无谶等所传的禅法其后流入敦煌是很有可能的。

　　据上所述，上述三系禅法传承虽然有别，但是内容均与罽宾传来的"像观"等念佛三昧有关，此种念佛三昧很可能就是北魏敦煌僧团的主流禅法，并与洞窟图像构成与设计思想发生关联。莫高窟第 257 窟正是在此种佛教背景下营建的，相比同时期其他洞窟而言，设计者对于戒律图像的重视使得本窟别具特色。

---

①慧皎《高僧传》卷 2，《大正藏》第 50 册，第 334 页。
②慧皎《高僧传》卷 2，《大正藏》第 50 册，第 336 页。

具有洞窟空间含义的图像
——莫高窟第 400 窟西夏藻井凤首龙身图案探微*

沙武田/陕西师范大学历史文化学院

莫高窟第 400 窟为西夏重绘隋代洞窟，属整窟重修。窟顶藻井井心出现了一例在艺术史上颇为独特的凤首龙身图像，且为两身环绕（图 1），形成团龙装饰图案，在敦煌石窟中属特例，同时期其他地方也没有见到完全一样的图像遗存。由于该图像的独特性，较早已引起西夏学和西夏艺术史领域的关注，岳键先生首次完全以政治图像的角度对此类作品提出思考，[①]史金波先生认为是西夏政治生活中太后、皇太后掌权的艺术表现，是属于西夏皇室营建的洞窟，[②]李玉峰在史先生的基础上把此类图像归为"奇特造型"作了进一步阐述，[③]陈玮则从西夏"龙崇拜与西夏皇室政治统治"的视角对龙凤图像出现在莫高窟洞窟藻井的现象作了阐释。[④]的确，包括第 400 窟凤首龙身在内的龙凤藻井井心图像，一直是西夏艺术史关注的内容，[⑤]但总体来看，研究者较为一致地把龙凤及其相关的图像和西夏皇室政治相联系，其核心理由是西夏法典《天盛律令》所记载条文：

*国家社科基金重大招标项目"敦煌西夏石窟研究"（16ZDA116）、高等学校学科创新引智基地计划资助（Supported by the Project 111）"长安与丝路文化传播学科创新引智基地"（B1803）阶段性成果。

① 岳键《西夏"龙凤藻井图案"探秘》，樊锦诗、郑炳林、杨富学主编《敦煌佛教与禅宗学术讨论会文集》，三秦出版社，2007 年，第 637—644 页。
② 史金波《西夏皇室和敦煌莫高窟刍议》，《西夏学》第 4 辑，宁夏人民出版社，2009 年，第 169—171 页。
③ 李玉峰《西夏装饰纹样中的龙纹及特点》，《西夏学》第 14 辑，甘肃文化出版社，2017 年，第 271、272 页。
④ 陈玮《西夏龙信仰研究》，《西夏学》第 13 辑，甘肃文化出版社，2016 年，第 208 页。
⑤ 韩小忙、陈悦新、孙昌盛《西夏美术史》，文物出版社，2001 年，第 29 页；陈育宁、汤晓芳《西夏艺术史》，上海三联书店，2010 年，第 65、66 页；王胜泽《美术史背景下敦煌西夏石窟绘画研究》，兰州大学博士学位论文，2019 年，第 234—235 页。

图 1　莫高窟西夏第 400 窟藻井

节亲主、诸大小官员、僧人、道士等一律敕禁男女穿戴鸟足黄（石黄）、鸟足赤（石红）、杏黄、骟（绣）花、饰金、有日月，及原已纺织中有一色花身，有日月，及杂色等上有一团身龙，官民女人冠子上插以真金之凤凰、龙样一齐使用。倘若违律时，徒二年，举告赏当给十缗现钱。①

据此记载可知，龙凤纹属于西夏皇帝御用，若简单从历史研究的角度而言，由龙凤纹样联系到西夏的皇权制度和帝王思想，确属历史的自然逻辑，也是时下较为热门的"以图证史"的学术方法与理念之基本路径。但毕竟佛教洞窟壁画有其自身发展的艺术理路，也有宗教思想观念的作用和主导，是否洞窟中的内容和纹样均受现实社会政治的左右，就我个人对佛教艺术史长期观察的结果，事实上往往并非如此。

对于西夏时期洞窟藻井龙凤图案，作为专题问题，赵沈亭已在其硕士学位论文中有详尽而较深入的研究，把敦煌洞窟此类图像和墓葬美术相结合，联系到墓葬中龙凤图像引导亡灵升天的功能和思想，强调洞窟中的藻井龙凤图像有相同之功能，不只是简单的吉祥纹样，从而体现了净土往生信仰与灵魂升天思想的融合。②可以说赵沈亭的研究基本上解决了西夏时期洞窟藻井龙凤图案的思想和功能，有一定的参考价值。

①史金波、聂鸿音、白滨译注《天盛改旧新定律令》卷 7 "敕禁门"，法律出版社，2000 年，第 282 页。
②赵沈亭《敦煌西夏石窟净土图像研究》，陕西师范大学硕士学位论文，2020 年，第 109—130 页。

但长期以来，学术界对五代宋曹氏归义军、沙州回鹘、西夏时期洞窟窟顶藻井流行的棋格团花纹，以及大量的形式多样的几何纹和各类缠枝花纹，包括龙凤纹，均以装饰图案对待，总体上把这一类图像简单化处理。[①]但仔细考虑，作为洞窟藻井井心位置之图像，从洞窟建筑空间而言，属于洞窟覆斗顶四披的集中点，又是洞窟的最高点，必然是洞窟内一处视觉的聚焦点。但同时，作为最高点位置，也使得在窟中的观看受到高度、角度和光线的制约，当然这个位置也是窟内作画时最困难的地方。因此，综合考虑，在这个位置的作品即使是作为装饰纹样的设计，必然有其特殊之处。第400窟出现变异了的龙凤纹图像，虽然可大体上归入敦煌晚期洞窟流行的龙凤纹图案，但毕竟这种变化还是值得关注，图像本身有其"原创性"，且未流行开来，属仅见材料，强烈暗示图案背后深层历史和宗教含义。

鉴于此，基于前人的研究，结合赵沈亭的初步研究，对第400窟凤首龙身井心图像提出个人的一些思考，草成此文，求教于大方之家，希不吝赐教。

一、传承有自的敦煌晚期洞窟藻井龙凤图案

目前学术界对第400窟作为西夏时期重绘洞窟的时代判断，均来自最初刘玉权先生的分期断代，为莫高窟西夏第一期即西夏早期洞窟，[②]但我们注意到刘先生在分期过程中并没有对该幅特殊的藻井图案给予关注。刘先生的这一分期对西夏石窟研究意义重大，几乎成为之后西夏石窟研究的指南，也可以认为在很长的时间内对西夏艺术史的研究有重要的影响，直到关友惠先生提出全新的见解，关先生主要讨论的依据即是洞窟壁画装饰纹样图案，其中第400窟即被他列入《误为西夏时期的洞窟装饰纹样表》，其核心内容即是窟顶藻井各类纹样。[③]根据关友惠先生通过装饰纹样对宋西夏时期一批洞窟时代的判断，再结合王惠民和笔者本人对西夏洞窟分期的一些意见和思考，[④]对前述西夏艺术史研究中涉及洞窟藻井龙凤图案时均一致把这些洞窟图像归入西夏时期作品，其实是有明显的问题。距刘玉权先生分期成果发表已有近40年的时间，期间对敦煌晚期洞窟（宋曹氏归义军、

①敦煌研究院编、关友惠主编《敦煌石窟全集·14·图案卷（下）》，香港商务印书馆，2003年，第201页，图版204。

②刘玉权《敦煌莫高窟、安西榆林窟西夏洞窟分期》，敦煌文物研究所编《敦煌研究文集》，甘肃人民出版社，1982年，第273—318页。

③关友惠《敦煌宋西夏石窟壁画装饰风格及其相关的问题》，敦煌研究院编《2004年石窟研究国际学术会议论文集》（下），上海古籍出版社，2006年，第1110—1141、1121页。

④王惠民《敦煌西夏洞窟分期及存在的问题》，《西夏研究》2011年第1期，第59—65页；沙武田《敦煌西夏石窟分期研究之思考》，《西夏研究》2011年第2期，第23—34页。

沙州回鹘、西夏、元）的认识不断地更新，包括刘先生本人也在不断更新他的分期观点，[①]可以说洞窟分期已有很大的变化，因此如果还沿袭他早年的分期结果，显然有抱残守缺之嫌。

图 2　莫高窟第 16 窟藻井　　　　　　　　　图 3　莫高窟第 130 窟藻井

　　按刘先生早年的分期，仅莫高窟西夏重绘洞窟中藻井绘龙凤图案的洞窟就有 32 处之多，具体包括：第 16 窟浮塑团凤莲花四龙纹井心（图 2）、第 29 窟团龙戏珠卷瓣莲花井心、第 34 窟浮塑团龙井心、第 35 窟浮塑团龙团花纹井心、第 65 窟浮塑团龙井心、第 69 窟团龙井心、第 78 窟浮塑团龙井心、第 83 窟浮塑团龙井心、第 97 窟团龙井心、第 130 窟五龙团花纹井心（图 3）、第 169 窟团龙井心、第 223 窟浮塑团龙井心、第 234 窟五龙团花井心、第 237 窟前室顶浮塑团龙、第 238 窟盘龙团花井心、第 245 窟团龙井心、第 252 窟团龙莲花井心、第 310 窟团龙井心、第 327 窟浮塑团龙莲花井心、第 344 窟浮塑团龙井心、第 345 窟浮塑团龙卷瓣莲花井心、第 347 窟浮塑团龙井心、第 351 窟浮塑二龙戏珠井心、第 363 窟团龙井心、第 366 窟浮塑团凤井心、第 367 窟浮塑团凤纹井心、第 400 窟凤首双龙井心、第 450 窟二龙戏珠井心，莫高窟第 5 号塔七龙纹华盖。[②]另有榆林窟第 2 窟团龙多层五彩叠晕纹井心。

[①]刘玉权《关于沙州回鹘洞窟的划分》，敦煌研究院编《1987 年敦煌石窟研究国际讨论会文集·石窟考古编》，辽宁美术出版社，1990 年，第 1—29 页；刘玉权《敦煌西夏洞窟分期再议》，《敦煌研究》1998 年第 3 期，第 1—4 页。刘玉权《略论沙州回鹘与西夏》，《首届西夏学国际学术会议论文集》，宁夏人民出版社，1998 年，第 168—177 页。
[②]参见敦煌研究院编《敦煌石窟内容总录》，文物出版社，1996 年。井心龙凤纹样的具体定名同时参考了敦煌研究院编、关友惠主编《敦煌石窟全集·14·图案卷（下）》，香港商务印书馆，2003 年，图版 191—212。

图 4　莫高窟第 98 窟藻井

图 5　莫高窟第 100 窟藻井

把以上这些洞窟藻井图案一并归为西夏，显然是不恰当的。据近年来对归义军晚期洞窟的研究，其中第 16、第 29、第 152、第 130 窟均为宋曹氏归义军晚期重绘洞窟，[①]第 97、第 237（前室）、第 245、第 310 窟应为回鹘时期作品。[②]

事实上，团龙、团凤或龙凤藻井，早在五代宋曹氏归义军时期已在洞窟中较为频繁地出现，如五代第 6 窟团龙鹦鹉井心、第 22 窟团龙卷瓣莲花井心、第 53 窟团龙卷瓣莲花井心、第 61 窟团龙鹦鹉团花井心、第 98 窟团龙鹦鹉团花井心（图 4）、第 100 窟团龙卷瓣莲花团花井心（图 5）、第 146 窟团龙鹦鹉莲花井心、第 369 窟卷瓣莲花团龙四鹦鹉井心、第 467 窟浮塑团龙井心、宋第 55 窟双龙卷瓣莲花纹井心、第 152 窟法轮四龙井心、第 230 窟浮塑团龙井心、第 368 窟团龙井心、第 449 窟团龙卷瓣莲花井心、第 454 窟浮塑团龙井心。[③]结合以上的统计，再考虑到关友惠先生的图案研究，可以看到团龙、龙凤藻井在曹氏归义军的五代宋时期颇为流行，到了沙州回鹘时期也仍然在延续，当然西夏时期也在延续。

因此，从目前在洞窟中看到的藻井图案的基本面貌特征，可以认为正如关友惠先生所讨论的那样，团龙、团凤和龙凤藻井在曹氏归义军统治时期近一百年时间里较为流行，变化多样，在洞窟中的表现形式和组合关系多不雷同。因此，可以认为归义军之后的回

① 沙武田《归义军时期敦煌石窟考古研究》，甘肃教育出版社，2017 年，第 231—258 页。
② 刘玉权《关于沙州回鹘洞窟的划分》，敦煌研究院编《1987 年敦煌石窟研究国际讨论会文集·石窟考古编》，第 1—29 页。
③ 以上据《敦煌石窟内容总录》，并参照关友惠主编《敦煌石窟全集·图案卷（下）》。

鹊与西夏洞窟中出现类似的图案，很大程度上是曹氏归义军的延续，这一点也是我们观察到的西夏洞窟壁画题材、样式、艺术风格的基本现象。因此，要讨论西夏时期藻井龙凤图案的图本来源和其出现的历史原因，则必须认识到这种图像并非西夏的原创作品，而是传承自属因袭曹氏归义军的传统，故强调这种龙凤图像与西夏皇室和西夏政治的关系，其实是需要讨论的问题。

就第 400 窟而言，虽然目前学界有两种不同的时代判断，但就我们近年来对莫高窟西夏洞窟营建的一系列探讨，洞窟中没有出现供养人画像，[①]洞窟壁画的艺术风格、图像样式、组合关系，包括净土变的重复出现、主室东壁三会式组合净土变、西壁龛内和龛南北侧共同构成绘塑结合的经变画独特样式，以及龛下一朵大莲花代表龛内主尊造像的独特思想的方式方法，均是西夏时期莫高窟汉传洞窟的常见题材、样式，整体而言属西夏时期重绘洞窟特征。关先生所论宋西夏时期一批洞窟的关系问题，虽然在装饰纹样方面确有相互一致的地方，有其可参考的价值。但是通过我们之前对莫高窟曹元忠功德窟第 55 窟甬道重修问题的检讨，[②]可以明显地看到单纯地通过这些装饰纹样分析也是有可讨论的空间。

因此，可以认为第 400 窟藻井井心凤首龙身图案，整体上依然是曹氏归义军以来洞窟藻井团龙、团凤、龙凤图案的延续，事实上团龙藻井图案最早已在莫高窟初唐第 57、第 392 窟双龙莲花井心中出现了（图 6），敦煌以外的云冈石窟

图 6　莫高窟初唐第 392 窟藻井

① 沙武田《西夏时期莫高窟的营建——以供养人画像缺席现象为中心》，《西夏学》第 15 辑，甘肃文化出版社，2017 年，第 101—128 页。

② 沙武田《莫高窟第 55 窟重绘净土菩萨对敦煌晚期石窟断代的意义》，《西夏学》第 23 辑，甘肃文化出版社，2021 年，第 312—330 页。

图 7 云冈北魏洞窟天井与窟顶龙图像

北魏洞窟顶及其他位置已频繁见到龙图像的存在（图 7），如果再考虑到汉晋以来的墓葬中的图像，龙凤图像在墓葬顶部表现天界、天空的位置更是考古中屡见不鲜的题材，最有代表性的如吉林省集安市洞沟古墓群禹山墓区中部五盔坟 4 号墓斗四藻井的四龙井心（图 8），①因此其西夏的时代特色并不明显，虽然以凤首出现有一定的原创性，但该类图案总体是不能认为属西夏原创性艺术图样。

至于龙图像变化为凤首的形象，则属龙图像神异和善变的结果，但也不是特例，早在春秋战国时期楚国墓葬中就出现凤首龙身的玉佩，再到隋唐时期出现凤首龙身柄的瓷壶，可见龙身出现凤首其实很早就已出现，实属古人对龙凤这两种有浓厚象征意义的祥禽瑞兽有机结合的结果。在莫高窟北朝洞窟较为流行龙首龙身龛楣，但在第 260 窟出现过凤首龛楣（图 9），显然龛的边沿仍然是龙身，应属凤首龙身龛楣。

龙可以认为是中国神异灵兽中最善于变化者，英国剑桥大学中国文化史学者胡司德（Roel Sterckx）指出"古代中国的灵禽瑞兽，极变形之能事的是龙""龙体现了变化，是灵禽瑞兽的典型。它兼备所有物种，不受时空局限，以一身代表众生而不失'本形'，千变万化而不失故常"。②在中国文化中龙代表至尚的道德和至高的地位，所以往往也是帝王的象征，这一点其实和龙神异变化之功能相关联，古人很早就有认识，《管子》曰：

　　龙生于水，被五色而游，故神。欲小则化如蚕蠋，欲大则藏于天下，欲上则凌于云气，欲下则入于深泉。变化无日，上下无时，谓之神。③

马王堆帛书《周易·二三子问》开篇曰：

　　二三子问曰："《易》屡称于龙，龙之德何如？"孔子曰："龙大矣。龙刑（形）遷（迁），叚（假）宾于帝，侃神圣之德也……□乎深沊，则鱼蛟先后之，水流之物莫不隋（随）从；陵处，则雷神

① 徐光冀主编《中国出土壁画全集——辽宁、吉林、黑龙江》，科学出版社，2012 年，图版第 174、175、176。

② 胡司德著，蓝旭译《古代中国的动物与灵异》，江苏人民出版社，2016 年，第 230、231 页。

③ 颜昌峣《管子校释》卷 14《水地》，岳麓书社，1996 年，第 351 页。

图 8　吉林集安市洞沟古墓群五盔
坟 4 号墓天井五龙井心

图 9　莫高窟北魏第 260 窟中心柱正向面

养之，风雨辟乡（向），鸟守（兽）弗干。"曰："龙大矣。龙既能云变，有（又）能蛇变，有（又）能鱼变，鸢（飞）鸟蚰（昆）虫，唯所欲化，而不失本刑（形），神能之至也。"①

有如此神异功能之龙，可以千变万化，第 400 窟凤首龙身图像也属龙善变之一种。

以凤首出现的龙图像，是把古人思想观念中分别代表祥禽和瑞兽的两种最尊贵的形象结合在一起。凤和龙一样是道尊德高的灵禽瑞兽的代表，是所有神鸟之王，也是古代祥禽、灵禽的代表，"神鸟五彩，凤凰为主"，②因此"五彩鸟"和"五色鸟"作为祥瑞的记载史书颇为常见，其代表的即是凤凰作为国家和政治祥瑞显现的象征。总体而言，龙凤图像在历史世俗生活中更多与祥瑞相结合，主要表现帝王道德之高尚，政治之清明，并不严格意义上强调皇权的至尊。

因此，从这个意义上而言，第 400 窟凤首龙身的团龙图案的出现，要完全和西夏时期皇后、太后主政的政治相关联，虽然有一定的历史依据和思想文化的关联，但是考虑到这种图案早在初唐已出现在窟顶井心位置，且在西夏之前的曹氏归义军时期更是盛极一时，甚至像第 130、16、152 窟井心出现四龙、五龙环绕的现象。再考虑到归义军作为地方政治势力，如此大规模夸张地使用龙图案，显然要完全和帝王政治、皇权思想联系起来，则属公然的独立和割据政治的图像体现，曹氏归义军固然有称王的现象，但在表面上一直以来奉中原王朝为正朔，并没有公然提出过独立政权的意愿和诉求，③所以该类图案的出现似乎和西夏的皇权思想关联不大。

①廖名春《帛书〈二三子问〉简说》《帛书〈易之义〉简说》《帛书〈要〉简说》，《道家文化研究》第 3 辑，上海古籍出版社，1993 年，第 190—202 页。邓球柏《帛书周易校释》，湖南出版社，1996 年，第 348—349 页。
②焦赣《易林》卷 12，《四部备要》本，第 20 页。
③荣新江《归义军史研究——唐宋时代敦煌历史考索》，上海古籍出版社，1996 年，2015 年再版。

图 10　陕西延安清凉山 20 号窟顶双龙平棋图案　　　图 11　陕西延安清凉山 20 号窟顶四凤平棋图案

　　如果考虑到同时期在陕北宋金石窟窟顶平棋藻井中出现的龙凤图案，或许也可以帮助我们理解敦煌西夏洞窟龙凤藻井图案出现的原因和背景。陕西延安清凉山金代第 20 窟平顶并列几组圆形平棋图案，有花卉纹，也有联泉纹，还有双龙纹（图 10）、四凤纹（图 11），[①]甘泉李巴圪崂石窟平顶圆形藻井内以方格的形式雕刻各类纹样，中心为四身飞天环绕井心，外层二圈方格内有各类花卉纹、云气纹、单头的迦陵频伽鸟、双头迦陵频伽共命鸟等图案，[②]黄龙月坪石窟窟顶有类似圆形平棋藻井图案，[③]同一窟内平顶还有其他的莲花井心、对鸟、几何纹藻井，所以整体显示陕北宋金石窟的龙凤藻井更多有装饰纹样的意味在其中，但如果联系到同一地区，即陕北明清时期同样形式的洞窟

①《陕西石窟内容总录》，编纂委员会编《陕西石窟内容总录·延安卷（下）》，陕西人民出版社，2017 年，图版 136：1—4。

②《陕西石窟内容总录》，编纂委员会编《陕西石窟内容总录·延安卷（下）》，图版 161。

③《陕西石窟内容总录》，编纂委员会编《陕西石窟内容总录·延安卷（下）》，图版 253。

图 12　陕北榆林雄山寺第 10 窟藻井线描图

图 13　陕北明代石窟常见藻井图案

平顶平棋藻井中出现大量的祥禽瑞兽的图案（图12），则又似乎远非装饰图案所能够解释（图13），当有更加深远的世俗与宗教含义在其中。同时，陕北宋金石窟的开凿很难和皇权、帝王政治相联系，因为就目前所知，陕北宋金石窟基本上是以宋夏交战前线士兵和地方老百姓为主体的功德主洞窟营建行为，其造窟的目的就是为了保佑自身和家人平安。[①]

二、洞窟整体空间观察的必要性

仔细观察可知，第400窟藻井凤首龙身的团龙纹只是井心位置的小画面，所以学术界也多以装饰图案属性对待。但之前的研究只是对藻井图案进行单独讨论，并没有考虑到该图案只是洞窟整体图像的有机组成部分，致使藻井图像被从洞窟中孤立出来，一叶障目，不见泰山，所以讨论的结果是片面的，也是不可靠的。

我们必须要强调的是，到了西夏时期对第400窟的维修工程是整窟重绘，包括前室、甬道和主室全部，唯有窟檐的情况因残毁和后期加固工程封堵而不清。现在洞窟所看到的全是西夏时期重绘的表层壁画，也就是说井心凤首龙身的团龙图案其实也是西夏整体重绘洞窟时整体设计的结果，并非随意而为，其中可能有时代流行图案的因素，但一定是和洞窟最核心的宗教思想相一致的，至少不能背离洞窟的核心思想。

第400窟原为隋代一小窟，覆斗顶殿堂窟，西壁开一双层龛，西夏重绘时没有改变洞窟形制，仅是在表层覆盖一层地仗，再在表面绘制壁画，这也是西夏在莫高窟洞窟营建的主要形式。

洞窟主室窟顶藻井是西夏双龙井心，四披为西夏常见的棋格团花，窟顶整体上突出表现装饰图案，除了井心凤首双龙图之外，乏善可陈。主室四壁整体上是西夏时期重绘洞窟流行净土变的结构布局，南壁为主尊作禅定印的西方净土变（图14），对应北壁为主尊托钵持锡杖的东方药师经变（图15），这两种经变画题材和南北壁对应关系，早在初唐时期已经在敦煌石窟出现并形成较为固定的对应关系，代表如莫高窟初唐第220窟，是唐五代宋洞窟经变画对应的主要模式之一，所以仍然是传统影响的结果。第400窟在经变画组合关系、表现形式、洞窟空间利用等方面带有西夏时期创新形式的内容主要表现在以下三个方面：

1.西壁龛内外绘塑结合形成完整的一铺净土经变画（图16）

绘塑结合表现说法图或经变画的方式，早在中晚唐的洞窟龛内已经形成，但把龛内外南北侧和窟内结合形成铺完整的经变画形式，最明显的即是到了西夏重绘的一些洞窟，其中第400窟为代表，

[①] 参见李静杰《陕北宋金石窟题记内容分析》，《敦煌研究》2013年第3期，第103—116页；石建刚、范建国《宋金两朝沿边德靖寨汉蕃军民的精神家园（一）——陕西志丹城台第2窟造像与碑刻题记内容调查》，《丝绸之路研究集刊》第4辑，商务印书馆，2019年，第356—383页。

图 14　莫高窟第 400 窟主室南壁西方净土变

图 15　莫高窟第 400 窟主室北壁东方药师净土变

图 16　莫高窟第 400 窟主室西壁龛及顶西披

之前把龛外南北两侧定为两组单独的"赴会菩萨十二身",[①]之前之所以把这两组图像分开定名,是受到龛外团花边饰分隔的影响。经过我们对西夏重修洞窟整体长期观察研读,认为之前的判断有误,实属龛内外结合,以龛内彩塑主尊为核心(龛内现存彩塑一铺为清代作品,原隋代和西夏彩塑作品不存),龛外南北两侧原定名"赴会菩萨十二身"属经变画中的"海会菩萨",这些菩萨均面向龛中心位置,分排趺坐于莲花座之上,在排列形式、画面结构、人物形象特征、画面整体面貌风格等方面完全是西夏时期净土变中围绕主尊佛而一排排组合形成"海会菩萨"的常见形式,是西夏简化版经变画的主体特征。[②]从龛外两侧海会菩萨中出现数量较多的莲花苞,可以判断其是净土变。

画面最突出的新的图像因素是在龛下边沿部分画出一朵大莲花(图17),这朵大莲花从形式上显然是承托龛内彩塑和壁画构成的主尊说法场景。由于龛内原西夏彩塑不存,所以彩塑组合关系和主尊尊格无法判断。既然西壁龛内外绘塑结合形成完整的一铺经变画,那么该朵莲花也属于经变画的画面构成元素。那么,在画面中如此大面积夸张地绘出一朵大莲花,和整体龛内外图像不大协调,正是突出莲花净土之意味,所以西壁龛内外绘塑结合形成完整的一铺净土变。

图 17　莫高窟第 400 窟龛下图案

①敦煌研究院编《敦煌石窟内容总录》,文物出版社,1996 年,第 163 页。

②李志军《从化生童子和海会菩萨看莫高窟西夏经变画的简化》,沙武田编著《敦煌西夏石窟艺术新论》,甘肃文化出版社,2022 年,第 104—131 页。

图 18　莫高窟第 400 窟龛顶五佛微型经变画

2.出现仅见的一铺五佛净土变

在双层龛的外龛顶部位置，有一铺小型经变画（图 18），画面中有一排水中栏杆，左右各一小桥，边沿是石结构栏墙，栏杆里面是一排五身跌坐于莲花上的佛，每尊佛上有一华盖，五身佛的莲花座是以莲茎相互联结在一起，每尊佛之间均以莲叶、莲茎、莲苞、莲花填充，五身佛左右两侧各一身胡跪于莲花之上的供养状菩萨。画面人物简洁明了，背景色彩上中下三段式，下部水中栏杆是石绿色，中间五佛和二菩萨背景是灰蓝色，上部华盖部分是白灰底色，这种三段式背景色在西夏时期不见于其他经变画，包括整个石窟群也没有看到，颇有特色。

该画面虽然构图简单，人物数量有限，一共就七身像，但画面中的天宫栏墙、水中栏杆与相互联结在一起的莲花上的坐佛，均具备这一时期经变画的基本图像元素，可以看作是微型的经变画。

但难以理解的是，画面中只有五尊坐佛，该五身佛显然是此铺微型经变画的核心人物，相同或类似的经变画在佛教美术史上未曾看到，显然属于第 400 窟所独有，为"原创性"图像。虽然艺术史上看不到完全相同的图像遗存，但画面中以五身佛作为主尊，据此还是可以作些推测。汉传佛教流行五佛，早在莫高窟初唐、盛唐、中唐时期部分洞窟中已有出现，一般是出现在主室东壁门上位置，和第 400 窟龛顶位置相对应，和第 400 窟同时期的西夏莫高窟第 3 窟主室东壁有五佛，回鹘时期第 245 窟东壁门上同样有五佛。因此，第 400 窟五佛微型经变画的出现或许属此类五佛发展到西夏时期以经变画方式表现的结果，形成五佛净土的表现形式。但这种洞窟流行的五佛一般为过去五佛，他们是拘留孙佛、拘那含牟尼佛、迦叶佛、释迦牟尼佛、弥勒佛，且往往是以禅定印形式出现，确属净土五佛的思想。另，佛教中确有"五佛世界"，[①]不知此画面是否即是此"五佛世界"的图像表达。

但同时，我们也知道宋夏时期从印度来华的一批僧人新译了一些经典，对这一时期佛教及佛教艺术有较大的影响，[②]其中的代表人物即有法天、施护和天息灾等人及他们翻译的经典，在敦煌石窟中影响最大的就是天息灾对莫高窟天王堂的影响。[③]我们也注意到，法天所译另一部经《毗婆尸佛经》中强调了释迦宣说该经对广大信众的"永断轮回、解脱安乐"的作用，其中也包括"尸弃佛、毗舍浮佛、拘留孙佛、拘那含牟尼佛、迦叶佛"五佛受此经而"远离五欲，断烦恼证无生法，成阿那含"的现象：[④]

> 尔时，世尊说此偈已，告比丘言：我于一时在王舍城七叶岩边，住止净室，而忽思惟：过去毗婆尸佛说毗奈耶藏时，恐有诸天不来听受大仙戒者，今往诸天问诸梵众。作是念已，我于彼时入三摩地，如大力士展臂之间至善现天。彼之天子，头面礼足而作是言：善哉！世尊！久不来此。我是毗婆尸佛正等正觉声闻弟子，彼佛姓刹帝利，信心出家，憍陈族，寿八万岁，父名满度摩王，母名满度摩帝。欠拏太子、帝稣噜，出家受戒成阿罗汉。大贤第一侍者，名阿输迦，三会说法广度声闻，第一大会六万二千人得阿罗汉，第二大会十万人得阿罗汉，第三大会八万人得阿罗汉。毗婆尸佛，有如是最上，如是出家，如是证菩提，如是说法，如是调伏，令诸弟子，着衣持钵，修诸梵行，远离五欲，断烦恼得解脱，证无生法，成阿那含。复次尸弃佛、毗舍浮佛、拘留孙佛、拘那含牟尼佛、迦叶佛，说法调伏，着衣持钵，修诸梵行，远离五欲，断烦恼证无生法，成阿那含，亦复如是。

考虑到法天译经对宋夏时期佛教的影响，是否第 400 窟中的微型经变画与此经所言五佛成就的故事有关，不得而知。但有意思的是，第 245 窟主室东壁五佛因为有榜题，从北到南依次为：南无毗婆尸佛、南无尸弃佛、南无毗捨浮佛、南无拘留孙佛、南无拘那含牟尼佛（图 19），在这里把经文中的迦叶佛以该经核心人物毗婆尸佛替代，并把毗婆尸佛作为第一身出现，因此可以认为第 245 窟五佛即是根据法天译《毗婆尸佛经》绘制，正是这一时期新译经典传播对洞窟营建之深刻影响。第

① 昙无谶译《大方等大集经》卷 4《陀罗尼自在王菩萨品第二之四》，《大正藏》第 13 册，第 22 页；昙无谶译《悲华经》卷 7《诸菩萨本授记品第四之五》，《大正藏》第 3 册，第 212 页。
② 沈卫荣《重构十一至十四世纪的西域佛教史——基于俄藏黑水城汉文佛教文书的探讨》，《历史研究》2006 年第 5 期，第 23—34 页。
③ 阮丽《敦煌石窟曼荼罗图像研究》，中央美术学院博士学位论文，2012 年。
④ 法天译《毗婆尸佛经》卷下，《大正藏》第 1 册，第 158 页。

图 19　莫高窟回鹘第 245 窟主室东壁门上五佛图像

245 窟五佛与法天译经的关系，暗示到了西夏时期法天译《毗婆尸佛经》仍在继续流传，并继续影响敦煌石窟图像的可能。

另一种推测，西夏时期受藏传佛教的影响，流行五方佛信仰，其图像在黑水城唐卡和敦煌石窟群中有较多的遗存，如莫高窟第 464、第 465 窟顶五方佛曼荼罗、东千佛洞第 2 窟五佛顶、榆林窟第 4 窟每铺曼荼罗上方都有五方佛出现。西夏此类图像谢继胜、[1] 阮丽、[2] 常红红[3] 等已有丰富的研究。但是五方佛作为五智如来，无论其是胎藏界五佛还是金刚界五佛，其身形、身色、手印均有其特定的标准样式，显然第 400 窟五身佛不具备这一特点，故二者关系不大，但其图像的出现受西夏时期五方佛信仰与图像流行的影响或许是有可能的。考虑到这一时期佛教艺术"神系重构"的图像时代新现象，[4] 可以认为 11 世纪的信众已在原有的佛教诸神中遴选、重组，并创造出新的神灵系统。其所创造出的全新的神灵系统除了有相应的宗教思想作支撑，还在"显密圆融"思想的糅和调适下促进多佛语境中佛的形象和身份的转换，形成新的尊格形象。

需要强调的是，虽然我们目前对该铺微型经变画的经典依据、粉本来源等问题无法找到准确的答案，但可以肯定的是，该铺经变画的净土变的形式和净土思想。

3. 东壁经变画对洞窟空间的独特阐释

之前对东壁图像内容的标识是"门上、门南、门北各画净土变一铺"，[5] 但我们在洞窟中实地考察时可以清楚地看到，整个东壁应为完整的一铺三会式经变画（图 20），主尊在门上，两侧胁侍二

---

①谢继胜《西夏藏传绘画：黑水城出土西夏唐卡研究》，河北教育出版社，2001 年；谢继胜主编《藏传佛教艺术发展史》（上），上海书画出版社，2010 年。

②阮丽《敦煌石窟曼荼罗图像研究》，中央美术学院博士学位论文，2012 年。

③常红红《瓜州东千佛洞第 2 窟壁画研究》，首都师范大学博士学位论文，2015 年。

④廖旸《从黑水城星曜曼荼罗看汉藏夏之间的文化勾连》，《敦煌研究》2018 年第 4 期，第 31—44 页；廖旸《11—15 世纪佛教艺术中的神系重构——以炽盛光佛为中心》；沈卫荣主编《大喜乐与大圆满——庆祝谈锡永先生八十华诞汉藏佛学研究论集》，中国藏学出版社，2014 年，第 410—440 页。

⑤《敦煌石窟内容总录》，第 163 页。

图 20　第 400 窟主室东壁经变画

图 21　莫高窟西夏第 365 窟经变画

弟子，图下方南北两侧为两大胁侍菩萨；门南北两侧各一身佛像，均有二弟子胁侍，但无两侧的二胁寺大菩萨，因此属于经变画的组成部分，其他横竖排列的菩萨像均为"海会菩萨"，其间又有十三身化生童子，或呈两两舞蹈状，或呈对佛或大菩萨作供养状；画面里石绿色背景是净土的象征，充满其间的莲花苞和童子像，也是净土的表现；同时，画面结构、人物组合、菩萨排列方式、莲花座之间的关联方式，也是同时期西夏净土变的常见样式，是我们之前指出的西夏简化版净土变的特征（图21）。因此，可以认为东壁属完整的一铺净土变。

对该铺东壁净土变而言，虽然图像样式是西夏常见的类型，但该经变画所处的位置值得讨论。因为东壁是洞窟甬道所在位置，即是信众出入洞窟的所在，是洞窟空间中唯一的真实出入通道。由于甬道口在净土世界形成一个天然的通道，这样使得进入洞窟者有一种穿越石窟进入净土的独特空间感受，反过来对出洞窟者也有会有同样的空间意识。此类现象和敦煌维摩诘经变在主室东壁整壁布局的结构类似，甚至发展到中晚唐时期，维摩诘经变在洞窟甬道出入口的两侧绘毗耶离城门，有把甬道出入口作为毗耶离城门的图像意象（图22）。因此对出入者而言，进入洞窟即来到维摩诘经所宣说的妙喜国世界，[①]相互比较，二者实有异曲同工之妙。西夏时期虽然没有看到类似的维摩诘经变布局结构，但画家或许受前代维摩诘图像的影响，在洞窟中如此布局架构净土变，实属敦煌艺术史上有趣的结构和图像意涵，值得引起研究者的注意。

图22 莫高窟中唐第159窟主室东壁维摩诘经变

---

①魏健鹏《图像与文本——敦煌石窟维摩诘经变研究》，四川大学博士学位论文，2020年，第146页。

结合我们前面对洞窟经变画题材的讨论,结果表明,在第400窟内,整个洞窟是由多铺净土变组合而成,整体上形成一个复杂而完整的净土世界。窟内四壁下部均以壶门内供养菩萨和盆花供养的形式排列一圈,同样形成一个完整的空间供养关系,显然有强调净土世界庄严的意味。

所以,第400窟整窟的净土空间意味十分浓厚,那么回到本文所重点讨论的藻井凤首团龙井心图案上来,窟顶四披的棋格团花装饰同样应属第400窟所营造出来的净土世界的一部分,藻井图案的选择也必然是为净土世界思想服务的,正是赵沈亭指出的净土往生信仰与灵魂升天思想的体现。①

三、洞窟藻井的空间意涵

藻井作为中国古建筑的结构之一,其命名是有深刻含义的,张衡《西京赋》:

> 蒂倒茄于藻井,披江葩之狔猎。

李善注:藻井,当栋中交木方为之如井干也……孔安国《尚书》传曰:藻,水草之有纹者,《风俗通》曰:今殿作天井,井者,东井之像也。菱,水中之物,皆所以厌火者也。②

对于东井,《史记·天官书》解释:

> 东井八星主水衡。③

在中国古代人们的观念中,东井即井宿,隶属于二十八宿中之一宿,在星宿上是主水的。在古人的观念中有"以水克火"的传统哲学思想,并将其设计体现在殿堂藻井当中,因此藻井常见以荷、菱、藕等藻类水生植物花纹相搭配,希望达到克火的目的,以避免火灾。

王延寿《鲁灵光殿赋》描绘了鲁灵光殿中藻井的样子:

> 尔乃悬栋结阿,天窗绮疏,圆渊方井,反植荷蕖。④

因此,我们在敦煌洞窟中看到的藻井多以莲花或团花为井心图案,且莲花或团花为水中出现,莫高窟北周第428窟的平棋藻井莲花以及水中化生(图23),包括本文所论各类龙凤纹井心也多在莲花中出现,莲花同样位于水中,非常符合藻井的原本含义。按照吉村怜先生的研究,窟顶的莲花即是佛教净土的天空,莲花又表示希望生入净土的诞生思想,是生命的象征,又是光明的象征,⑤因此莲花一定是藻井最常见的表现题材,可以看出古人在设计图案时是有充分的理论和文化依据的。

①赵沈亭《敦煌西夏石窟净土图像研究》,第109—130页。

②刘昫等《旧唐书》卷45,中华书局,1975年,第19页。另见敦煌写本P.2528张衡《西京赋》。

③司马迁《史记》卷27《天官书第五》,中华书局,1982年,第1302页。

④严可均编《全上古三代秦汉三国六朝文·全后汉文卷五十八·王延寿·鲁灵光殿赋》,中华书局,1958年,第1580页。

⑤吉村怜著,卞立强、赵琼译《天人诞生图研究——东亚佛教美术史论文集》,中国文联出版社,2002年,第16—36页。

图23　莫高窟北周第428窟平棋顶图案

早在汉晋墓葬的顶部藻井或券顶代表天空的位置就较多出现莲花图案，[1]代表如河南新密打虎亭村西2号东汉墓甬道券顶壁画（图24），[2]山东沂南北寨东汉画像石墓藻井中也有莲花图像，[3]在甘肃武威雷台东汉墓顶也有莲花藻井；[4]还有4—6世纪吉林集安左洞沟高句丽墓中顶部常见的各类莲花（图25），[5]在甘肃河西地区魏晋墓中也频繁出现莲花井心，如敦煌佛爷庙M37、M39、M133（图26），[6]所以其源渊可谓流长。而在第400窟藻井四边则装饰各类花纹，非常之繁复，表面上是在美化装饰和加强审美，但其核心的思想和文化意义则属于藻井之"以水克火"之本意。

另一方面，藻井作为覆斗顶洞窟最高处，是洞

①阮海峰《河西魏晋十六国墓藻井研究》，西北师范大学硕士学位论文，2019年。

②徐光冀主编《中国出土壁画全集——河南》，科学出版社，2012年，第67页。

③南京博物院、山东省文物管理处《沂南古画像石墓发掘报告》，文化部文物管理局，1956年，第3—9页。

④甘肃省博物馆《武威雷台汉墓》，《考古学报》1974年第2期，第87—109页。

⑤徐光冀主编《中国出土壁画全集——辽宁、吉林、黑龙江》，第57—60、123—213页。

⑥甘肃省文物考古研究所《敦煌佛爷庙湾西晋画像砖墓》，文物出版社，1998年，第14、34、78、79页，图七二、七三、七四，图版四五。

图 24　河南新密打虎亭东汉墓券顶壁画

图 25　吉林集安古洞沟高句丽墓舞踊墓天井壁画

图 26　敦煌佛爷庙第 133 号墓前室顶部藻井井心莲花

窟中距离天最近的地方，所以研究者往往把覆斗顶洞窟形制和古代墓葬相联系，[1] 考虑到洞窟顶部所画题材内容和墓顶常见天象图之间的关联性，以莫高窟第 249、第 285 窟窟顶图像为例（图 27），洞窟形制和壁画内容同甘肃河西地区的魏晋墓墓顶位置图像有很大的相似性，尤其是此二窟窟顶

① 甘肃省文物考古研究所《敦煌佛爷庙湾西晋画像砖墓》，第 14、34、78、79 页，图七二、七三、七四，图版四五。

图 27　莫高窟西魏第 285 窟顶图像

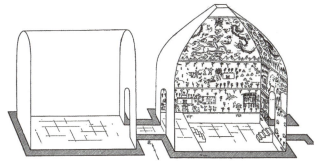

图 28　甘肃酒泉丁家闸五号墓结构图示

图 29-1　莫高窟第 272 窟藻井图

图 29-2　莫高窟第 272 窟藻井线描图

与甘肃酒泉丁家闸 5 号墓墓顶在壁画内容上的高度相似性（图 28），加上汉唐以来墓葬顶部流行的天象图，因此把覆斗顶洞窟的藻井与中国传统思想中的宇宙观念之"天"相结合，确实是有其深刻的文化渊源与历史关联性的。宿白先生很早就指出，"第 285 窟窟顶壁画从窟顶中心的宝盖式藻井，一直到窟顶下缘的丛山、茂林、草庐，是有意识的布置了一个整体，这整体即为了表现天空，其表现手法，主要是应用中国固有的各种象征性的形象。"[1]被段文杰先生描述为"天堂的描写"[2]的

①宿白《参观敦煌第 285 窟札记》，《文物参考资料》1956 年第 2 期，第 16—21 页。
②段文杰《略论莫高窟第 249 窟壁画内容和艺术》，《敦煌研究》创刊号，1983 年，第 1—9 页。

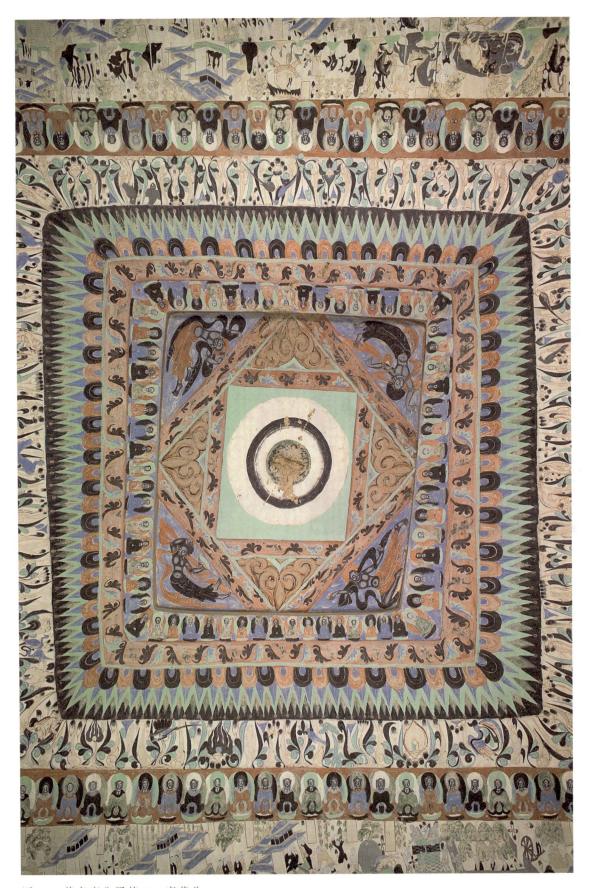

图 30 莫高窟北周第 296 窟藻井

第 249、第 285 窟覆斗顶所绘内容，是贺世哲先生所讨论的"天象"图，[1]也是姜伯勤先生所阐释的"天"的图像，[2]亦是巫鸿先生指出甘肃酒泉丁家闸 5 号墓墓顶天象、祥瑞和神仙图像所构成的天界，是宇宙、仙境的内容，[3]因此，古人观念中覆斗顶或窟顶必然是想象中的天界在佛教礼仪空间的表现形式。

佛教石窟藻井与天之关系，洞窟藻井对中国传统观念中"天"和"宇宙"建筑的体现，已是学界的共识。就敦煌石窟而言，这方面以赵燕林对莫高窟早期洞窟之莫高窟北凉第 272 窟（图 29）、西魏第 285、第 249 窟与北周第 296（图 30）、第 461 窟为代表的"覆莲藻井"所体现的中国古代"三圆三方"宇宙模型思想观念为代表，指出"敦煌早期石窟中的三圆三方藻井图案，应该是对先秦以来形成的三圆三方宇宙模型的应用或模拟，亦是对佛教思想的表达，是佛教和中国传统文化艺术结合的产物"，其中体现了中国传统宇宙论和佛教宇宙论的关联，洞窟壁画内容也始终以"天、地、人"形式展开，也受到汉晋以来墓葬形制的影响，最终形成覆斗顶窟，并被后来固定地延续下来，成为一种最流行的洞窟形制。[4]

图 31　敦煌洞窟藻井三圆三方结构图示

①贺世哲《莫高窟第 285 窟窟顶天象图考论》，《敦煌研究》1987 年第 2 期，第 1—13 页。

②姜伯勤《"天"的图像与解释——以敦煌莫高窟 285 窟窟顶图像为中心》，氏著《敦煌艺术宗教与礼乐文明》，中国社会科学出版社，1996 年，第 55—76 页。

③巫鸿《黄泉下的美术》，生活·读书·新知三联书店，2010 年，第 31、32 页

④赵燕林《敦煌早期石窟中的"三圆三方"宇宙模型》，《自然辩证法研究》2019 年第 7 期，第 88—94 页。

由此，先秦以来的"三圆三方"宇宙理论和模型，在敦煌洞窟藻井中的形象图示（图31），对我们认识洞窟藻井的空间思想和人文哲学观念有重要的启示，应该是自北朝开窟以来一直深刻影响洞窟藻井的基本思想和观念。也就是说，藻井虽小，却是洞窟表达宇宙空间的核心所在，所以历代洞窟藻井的图案看似非常图案化，但其图案的复杂性、结构的多重性、方圆相结合等基本特点，其实正是古人对"天"和"宇宙"的基本诠释，洞窟藻井一定是一个最具有想象力的空间，因此井心出现的任何图像都值得我们深入思考和探讨。

就窟顶藻井的空间和观念表达，除了北朝洞窟中的"三圆三方"宇宙模型以外，三兔藻井对本文的研究亦有重要启示作用。在莫高窟隋、初唐、中唐和晚唐洞窟中出现16例，属藻井中的特殊图像（图32），富含深厚的传统文化和思想观念。[①]据赵燕林综合前人的研究，[②]洞窟藻井中的三兔图像，作为"以水克火"的藻井，缘何绘制三兔图像，其实与房山云居寺石经堂残碑所言"十乌并行……三兔齐飞"之意一脉相承，其内涵依然是中国古代象征"阴精"的月中兔，除了象征多子多福、长寿和作为祥瑞之外，还具备同莲荷一般的主水功能。同时，洞窟藻井作为宇宙空间的象征，和古人的星象北斗信仰有关联，北斗斗柄三星即为玉衡之精，而玉衡又是兔子的象征，数字"三"又在中国古代有无限之意，故藻井中出现了三兔形象。另一方面，佛教中的兔子乃佛本生的化身，佛教强调因果轮回，所以循环往复的三兔共耳图像出现在洞窟"三圆三方"宇宙象征的藻井位置，也有佛教艺术自身表达的需求。[③]总体可以看到，北朝洞窟寓意"三圆三方"宇宙观的覆莲藻井、星象图案和隋唐时期的三兔藻井有着密切联系。可以说，三兔藻井图案是中国传统文化、佛教文化与其他文化的有机结合，更是洞窟功德主们朴素的美好寄寓，是洞窟空间图像表达的典型案例，属洞窟藻井空间独特而富含文化内涵的图像呈现。

就藻井的空间关系而言，莫高窟第361窟顶十二天坛城藻井更具空间概念，据赵晓星研究员的研究，第361窟藻井为一密教坛城（图33），由三部分组成，一是井心十字金刚杵，二是藻井四壁上的十二天尊形，三是围绕藻井的金刚杵，[④]整体上空间方位关系十分清楚。密教坛城本身往往即是代表佛教时间和空间概念的基本图像载体，该坛城出现在第361窟顶藻井位置，确实为我们理解洞

①Anna Filigenzi, *The Three Hares from Bir-kot-ghwandai: Another Stage in the Journey of a Widespread Motif*, *Menle Vrrronre FoNrewa e Bnwo GBNrr: Studi in Onore Di Umberto Scerrato: per il suo Settantacinquesimo Compleannpp*, Volume I. Napo, 2003, 327–346.

②赵燕林《莫高窟三兔藻井图像来源考》，《艺术探索》2017年第3期，第57—64页；赵燕林《莫高窟"三兔藻井"图像释义》，《西北民族大学学报》2017年第5期，第125—132页。

③相关研究参考余俊雄《敦煌藻井"三兔共耳"图案初探》，敦煌研究院编《2004年石窟研究国际学术会议论文集》（下），上海古籍出版社，2006年，第727—731页。

④赵晓星《梵殊室严：敦煌莫高窟第361窟研究》，甘肃人民美术出版社，2017年，第21—44页。

图 32　莫高窟盛唐第 205 窟藻井三兔图像

窟藻井的空间概念及其无限延展性提供了绝佳的例证，其中处在洞窟窟顶最核心亦即坛城中心位置的十字金刚杵，郭祐孟先生将其比定为大日如来，[1]赵晓星则强调了该坛城中心十字金刚杵象征时间和空间的延展性与永恒性，以及镇护全窟的功能。[2]无论如何，该十二天坛城和十字金刚杵的设计架构于一个洞窟的窟顶，确实为我们理解由早期"三圆三方"藻井到"三兔藻井"所表达的洞窟天界和宇宙空间概念提供了最具宗教含义的例证。对洞窟藻井所表达出来的时空概念的理解和图像

①郭祐孟《敦煌吐蕃时期洞窟的图像结构——以莫高窟 360 和 361 窟为题》，敦煌研究院编《敦煌吐蕃文化学术研讨会论文集》，甘肃民族出版社，2009 年，第 126—145 页；郭祐孟《敦煌莫高窟 361 窟之研究》，《圆光佛学学报》第 15 期，2009 年，第 143—173 页。

②赵晓星《梵殊室严——敦煌莫高窟第 361 窟研究》，甘肃人民美术出版社，2017 年，第 32—34 页。

图 33-1　莫高窟中唐第 361 窟顶图像

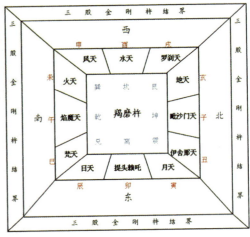

图 33-2　莫高窟第 361 窟藻井十二天坛城
示意图

呈现，到了西夏时期，随着莫高窟第 464、第 465 窟和瓜州东千佛洞窟第 2 窟五方佛坛城曼荼罗窟顶的出现（图 34），①以及榆林窟第 3 窟的金刚界十三尊曼荼罗、②榆林窟第 29 窟的种子曼荼罗和第 10 窟的九佛顶曼荼罗，这些带有浓厚藏传密教色彩的坛城曼荼罗出现在洞窟的窟顶或藻井位置，除了各自特有的仪轨、义理、思想、功能之外，其表达洞窟空间的概念也是清晰的，虽然这些坛城曼荼罗旨在强调洞窟在时间和空间的延展性和永恒性，因此在这里，洞窟窟顶表达天、宇宙的概念仍然没有变化。

　　所以就整体而言，洞窟藻井无论如何变化，即使是最普通的各类莲花、团花井心，其对呈现洞窟空间观念的核心思想应该是统一的，这也是我们理解包括第 400 窟在内的西夏时期重绘洞窟藻井图像的核心思想。至于西夏时期对藻井空间的表达，莫高窟第 5 号塔内顶部的莲花七龙纹，属最具空间感的图像表达（图 35），在中心莲花和七条龙之间的两圈联珠纹间，环绕莲花画锐角形多层色彩叠晕云气纹，不同相间的色彩加上一个个锐角形以相互穿插环绕的形式表现，形成一个完全动态的无限旋转的旋涡状空间，给人感觉此处是一处空间无限深入的所在，可以认为是古人在表现佛教洞窟和佛塔藻井空间概念时最绝妙的作品，是古代艺术中最具空间想象力的图像呈现。在瓜州榆林窟西夏第 2 窟也有类似实例，实属艺术史上的奇葩，值得给予特别关注。

①常红红《东千佛洞第 2 窟壁画研究》，第 141—146 页。
②贾维维《榆林窟第三窟壁画与文本研究》，浙江大学出版社，2020 年，第 246—252 页。

图 34　莫高窟西夏第 464 窟后室窟顶五方佛

图 35　莫高窟五号塔内顶图像

四、井心图像的微观观察和实际意义

图像的研究自有其规律可循，艺术史有自身内在的逻辑，考察莫高窟第 400 窟藻井凤首龙身图像，不仅仅看到常见的二龙围绕的团龙纹特征，还要看到作为一个整体的井心团花纹样。在这里我们重点强调的是，该二龙只是井心团花的组成部分，而不是独立的二龙图像，事实上还包括方形井心四角的四朵团花。

图 36　莫高窟盛唐第 323 窟顶藻井

图 37 敦煌洞窟藻井二例

　　洞窟藻井井心以各种花卉纹填充，是敦煌石窟藻井的主流图样，尤其以各类变化的莲花纹最为流行，像莫高窟盛唐第 323 窟 "桃形瓣莲花纹藻井"（图 36），不仅井心为一朵盛开的大莲花，井心四角为四朵莲花，井心外围面积最大的一层全部以莲花纹填充其中，从视觉效果上来看，整个藻井赫然为一盛大的莲花池，池中莲花朵朵，无比娇艳，使得藻井不仅有强烈的装饰效果，更重要的是，完全符合藻井 "以水克火" 之本意。类似的藻井在莫高窟隋代、初唐、中唐、晚唐洞窟中比比皆是，不胜枚举（图 37），[①]关友惠先生有集大成之汇总和研究。[②]

　　到了五代宋曹氏归义军时期，虽然较多地出现了团龙、团凤或龙凤井心的藻井，但经过仔细观察梳理，我们会发现这一时期频繁出现龙凤藻井井心，龙凤图像仍属各种样式莲花、团花的有机组成，很少有龙凤图独立出现在井心位置的案例。像五代第 98 窟井心，中间一朵大莲花，莲花外再环绕一层团花纹，莲花中心为一条团龙环绕其间，四角镶嵌的花纹是中心花纹的六分之一切割块，中心与四角中间分别对应二鹦鹉和二朵祥云纹，这是较为常见的样式。即使是出现四龙的第 16 窟井心，中间一朵卷瓣大莲花，花心中间一团凤戏珠，大莲花外围四角环绕四条金色的走龙，大莲花中心团凤底色为石绿色，象征净水。出现五龙的第 130 窟井心，井心中间仍然为一朵大团花，一条龙盘旋其中，团花外环绕四条金龙，团花中心龙的底色为石绿色，象征净水。

---

①中央美术学院实用美术系研究室辑《敦煌藻井图案》，人民美术出版社，1953 年；苏莹辉《漫话敦煌莫高窟藻井图案——唐代的美术装饰之一》，《唐代文化研讨会论文集》，文史哲出版社，1991 年，第 207—214 页；莫殿霞《敦煌石窟藻井井心莲花的探析——北朝至隋唐时期莲花纹样造型的变化》，《文物世界》2006 年第 6 期，第 15—20 页。

②敦煌研究院编，关友惠主编《敦煌石窟全集·图案卷》（上、下），香港商务印书馆，2000 年。

图 38　莫高窟回鹘重绘第 310 窟藻井

图 39　瓜州榆林窟第 21 窟藻井

即使是在回鹘时期，莫高窟第 310、第 207、第 245 等窟藻井井心团龙也没有出现在莲花或团花中心的现象（图 38），其实考虑到整体藻井井心周围布满莲花或团花，该类团龙仍然是花中之龙，仍然属于传统花卉井心发展变化的结果。甚至像在井心出现十字金刚杵这样有强烈镇窟降魔功能法器的洞窟，如榆林窟第 21 窟西夏重绘洞窟井心，我们观察到该十字金刚杵仍然是在一大团花的花心处（图 39），因此仍然属于以象征净土、再生、祥和为主的莲花的有机组成部分，也仍然没有丢失藻井原有的"以水克火"之本意，其实这一点也适用于对前述中唐第 361 窟十二天坛城中心即井心位置的十字交杵图像的理解。

再到西夏时期，隋唐以来的各类莲花和团花变体纹井心仍在延续，五代宋时期流行的莲花纹或团花纹团龙纹也仍然在延续，如果再联系到西夏时期那些布满洞窟四披的团花纹，以及个别洞窟平棋团花井心，如莫高窟第 263 窟平棋顶井心，两种样式的莲花纹间隔一排布满其中，俨然一个大莲池倒悬窟顶（图 40）。

所以，五代宋和西夏时期团龙、团凤、龙凤出现在藻井井心位置，其实仍然属于对表达"以水克火"的藻井常见纹样水中之莲花、团花的辅助或搭配，莲花和作为莲花变体的团花，以及其他各类变化多样的花卉，无疑均代表的是用以克火的水图像，是藻井建筑装饰的核心元素需求。

图 40　莫高窟第 263 窟西夏重绘平棋顶图案

　　同时莲花又是佛教净土的象征，[1]也是佛教往生的必由之路，所以莲花、团花出现在藻井位置，又是净土往生的需求。常沙娜先生指出，在佛教石窟中，莲花图案是圣洁光明的象征，认为人的灵魂可以从莲花中获得再生，进入西方极乐世界。[2]而龙主水，是祥瑞，又有神圣性，因此和象征水，并和佛教中象征净土往生的莲花相结合，同时出现在表达古人对天界和宇宙概念化的窟顶位置，实是多重文化影响的必然结果。

　　如果再考虑到龙在汉唐墓葬中出现是作为往生接引瑞兽神兽思想和功能，多出现在巫鸿先生所认为的墓葬仙界和天界空间图像中，[3]在历代墓葬中频繁出现，[4]那么西夏时期作为净土世界的第400 窟顶出现的井心凤首龙身图像，则包含传统、世俗与佛教的多重信仰、思想、文化于其中，可以

①袁承志《象征的图像：莲花的图像学释读》，李砚祖主编《艺术与科学》（卷 3），清华大学出版社，2006 年，第122—135 页。

②常沙娜《中国敦煌历代装饰图案》，清华大学出版社，2009 年，第 2 页。

③巫鸿《黄泉下的美术》，第 46—62 页。

④龙图像作为墓葬中表达接引亡灵往生天国的神兽，在历代墓葬中或多或少均有出现，参见罗二虎《试论古代墓葬中龙形象的演变》，《四川大学学报》1986 年第 1 期，第 103—113 页；张倩仪《魏晋南北朝升天图研究》，商务印书馆，2010 年。

认为属于此类龙凤藻井图像的基本文化属性和思想意涵。

五、洞窟龙凤藻井图像与往生接引

和第400窟同时期的陕北宋金石窟群之甘泉县下寺湾镇的李巴圪崂石窟，据考古调查和内容总录显示，为单处一地的一处崖墓瘗窟。[①]我们根据相关资料判断该洞窟的瘗窟属性，主要体现在以下几个方面：

洞窟入口距地表6米（图41），没有看到任何供人上下使用的台阶和其他设施，说明该洞窟不是作为供人礼拜供养而经常出入的洞窟，但是作为葬人的洞窟，则恰能说明这一现象。

洞窟主室包括中室和后室两部分，有雕刻石柱分隔开来，总体进深8.70米、面宽3.50米、高2.40米，空间颇为宽敞，但除了窟顶之外其他各壁没有造像，也没有其他图案，这种现象应属瘗窟的常见作法。

图41　陕西甘泉李巴圪崂石窟外观

① 《陕西石窟内容总录》编纂委员会编《陕西石窟内容总录·延安卷（上）》，陕西人民出版社，2017年，第306—309页。

图 42　陕西甘泉李巴圪崂石窟主室堆放人骨现状

　　洞窟内现存大量人骨（图 42），据图片显示，洞窟中有 10 具左右的人骨堆放其中。把如此之多的人骨堆在一个佛教洞窟中，只能是瘗窟。即使是考虑到后期放入人骨的情况，也不能排除其为瘗窟的基本属性。

　　前室南北壁雕刻出各 8 身罗汉像（图 43），共 16 身罗汉，罗汉固然是宋金时期流行的题材，但罗汉信仰所表达的因果报应、护持末世、来世、往生接引等思想和功能也是其出现在作为瘗窟的李巴圪崂石窟的重要原因。[①]

　　洞窟窟口外壁面是由两根高浮雕石柱形成一面阔三间结构的木构建筑形式，上面雕刻出一排木檐，窟口在中间，两侧分别两铺造像，一侧为一佛二弟子二菩萨二力士像，上面两侧有二飞天；另一侧主尊为菩萨，两侧四身胁侍，内容总录认为是二菩萨二世俗人形象。把佛教造像雕刻在室外洞口，其实是有亡人进入墓窟之前接受说法并由菩萨接引的意味，彰显瘗窟的属性。

　　洞窟所在崖面下部浮雕出一三开间的屋子，中间为门，左右两侧雕刻出窗户，考虑到上面为葬人的空间，可以理解下面为世俗中的居处，大门紧锁，正是主人亡故的象征。

① 王霖《早期中国罗汉信仰及图像研究》，中国美术学院博士学位论文，2014 年，第 72—89 页；张凯《五代、两宋十六罗汉图像的配置与信仰》，《宗教学研究》2020 年第 1 期，第 104—110 页。

图 43　陕西甘泉李巴圪崂石窟前室雕刻罗汉像

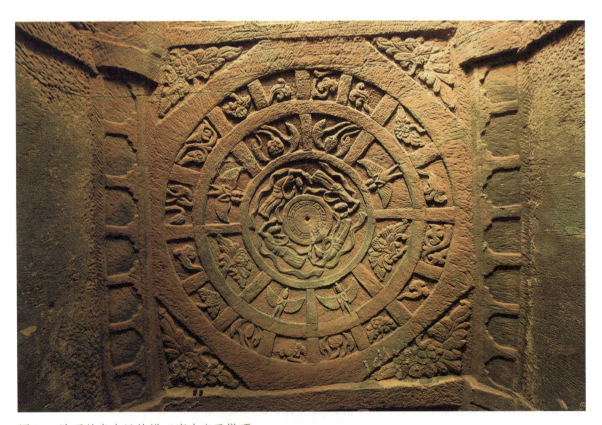

图 44　陕西甘泉李巴圪崂石窟中室平棋顶

据以上现象分析，该窟作为墓葬瘗窟的属性似无疑问。

除了以上因素之外，主室即中室和后室顶部图像颇为复杂，显然是洞窟建造之时精心设计而成。主室中室平顶为一内圆外方的大藻井，大圆形是由内、中、外三层方格状图案组合而成，内层为宝贵不断万字纹装饰一周，外绕4身飞天；中层分为八等分方格，内分别雕刻牡丹、荷花、迦陵频伽等；外层同样分为八等分方格，分别雕刻宝相花、双鸾、菱形等图案。大圆形和外层方形四角雕刻4朵花（图44）。其中的牡丹、荷花、宝相花、双鸾等是同时期宋金辽墓中常见的纹样，墓葬中的此类纹样表达的是死者往生的仙界，其出现在瘗窟中，应当表达的是相同的意思，均是为死者服务。

另在后室也雕刻平棋图案，共6格，分别雕刻双鸾、团花、菱形花等图案，最里层还有花卉图案（图45）。

图 45-1　陕西甘泉李巴圪崂石窟后室平棋顶图案

图 45-2　陕西甘泉李家圪崂石窟后室藻井线图

考虑到洞窟整体的瘗窟属性，中室和后室平顶上的图案也应和洞窟葬人性质相符合，窟顶的牡丹、荷花、鸾鸟、宝相花、迦陵频伽鸟等除了自身常见的作为吉祥、富贵的象征之外，考虑到其处于洞窟窟顶这样一个天部的位置，如同墓葬一样，应为天象的位置，也类似于覆斗顶的藻井，其三层圆形结构加上外层的外方框，可以理解为具有立体感的空间，也可以认为是敦煌所见早期洞窟"三圆三方"宇宙模型的变化和发展，这种表现空间结构的手段在陕北明清时期的洞窟中几乎成为通例（图46）。考虑到后期陕北地区明清石窟大量出现此类结构方式的窟顶造像，其中大量出现类型丰富的祥禽瑞兽和莲花等图案，其中包括龙凤图像，其作为佛教洞窟顶部图像，一定是有表达天界的概念，同时也有净土往生和接引功能与思想。

该洞窟的空间关系和葬入多人的现象，我们推测有可能是受战争的影响，一次性对某次宋夏或

图46-1　陕北明代石窟平顶图案一例　　　　　　　　　图46-2　虎头峁石窟2号窟藻井线描图

宋金战争中阵亡战士的集中埋葬与度亡方式。也有可能是多次葬入的结果，属于当地一个佛教团体的丧葬场所。当然这些仅是推测，还需更多资料的佐证和对相关历史史实的分析讨论。

　　陕西甘泉李巴圪崂石窟作为宋金石窟瘗窟的代表，在窟顶出现的图案再次强化我们对窟顶图案功能性认识，所以像莫高窟第400窟出现的宋夏时期流行的此类龙凤藻井图像，一定与净土往生和灵魂接引有密切的关系。

　　洞窟藻井图像的接引思想，另在西夏重绘的瓜州榆林窟第14窟也可以得到丰富的图像佐证。榆林窟第14窟属西夏重绘洞窟，同样是整窟重绘，其中有一类在洞窟中极少见到图像表达形式，在窟顶藻井的最外层即窟顶四披的位置，并没有画同时期常见的团花纹，也不是早期常见的千佛图像，而全以挂在藻井边沿上的一排排幡来填充，使得进入洞窟看到的即是挂满窟顶的一条条彩幡，实属窟顶装饰特殊之图像（图47）。此类图像和窟顶藻井图案仅在榆林窟看到，并不是十分流行。但是如此之多的幡出现在窟顶，高高在上，确实符合佛教挂幡的习俗。但其又和表现空间的藻井紧密连接在一起，考虑到窟内壁画浓厚的净土特色，因此又容易把其和往生接引相联系。

　　幡作为佛教最常见的供养物，其有一个很重要的功用，即是往生接引，[①]我们在敦煌壁画和绢画中看到持长幡引路的引路菩萨图像（图48），另在榆林窟五代第32窟梵网经变中就看到一位仙人乘龙持幡（图49），其表现的也是往生接引的意思。类似的画面在唐前期乘象入胎佛传画面中，前

①樊锦诗、马世长《莫高窟发现的唐代丝织物及其它》，《文物》1972年第12期，第55—62页；王乐、赵丰《敦煌幡的实物分析与研究》，《敦煌研究》2008年第1期，第1—9页。

图 47　瓜州榆林窟第 14 窟西夏重绘壁画

图 48　S.P46 引路菩萨绢画

图 49　瓜州榆林窟第 32 窟仙人乘龙图

图 50 莫高窟初唐第 329 窟龛顶佛传故事画中的乘龙仙人

导的仙人往往乘龙持麈尾而行（图 50），这里表现的是佛投胎转生的画面。至于墓葬中表现引导亡灵升天的乘龙或乘凤的仙人图像，自汉代以来就有，一直流行到明清时期，对此前人已有丰富的研究成果，其中在 4—6 世纪的吉林集安洞沟古墓群禹山墓区中部五盔坟的高句丽墓天井（图 51）[1]和山西忻州北齐九原岗大墓墓道都有最为精彩的图像遗存（图 52）。[2]至于榆林窟西夏第 3 窟窟顶出现的内容丰富的祥禽瑞兽图像所体现出来的往生接引思想，郭静也已有专门的研究，可供参考。[3]总体而言，第 400 窟凤首龙身藻井和其他这一时期出现的龙凤藻井一样，均有表现净土往生和灵魂升天的思想在其中。[4]

① 徐光冀主编《中国出土壁画全集——辽宁、吉林、黑龙江》，图版 167—204。

② 山西博物院、山西省考古研究所编《壁上乾坤——山西北朝墓葬壁画艺术》，山西人民出版社，2020 年，第 69、71、79 页图版；瞿鑫《山西九原岗北朝壁画墓研究》，兰州大学硕士学位论文，2017 年，第 17—36 页。

③ 郭静《瓜州榆林窟第 3 窟世俗图像研究》，陕西师范大学硕士学位论文，2019 年；郭静《石窟与墓葬图像在功能上的关联——瓜州榆林窟第 3 窟窟顶边饰祥禽瑞兽图像探析》，《南京艺术学院学报》（美术设计版）2019 年第 2 期，第 125—137 页。

④ 赵沈亭《敦煌西夏石窟净土图像研究》，第 109—130 页。

图 51　吉林集安洞沟古墓群五盔坟 4 号墓藻井

六、结语

　　莫高窟第 400 窟西夏重绘凤首龙身井心图像，表面上是以洞窟藻井装饰纹样的形式出现在洞窟中，但是透过现象看本质，联系此类图像在五代宋或更早时期在洞窟藻井频繁绘制的现象，传承有自。再结合对其洞窟整体图像的解读，将第 400 窟藻井图像作为西夏时期洞窟重绘时整体设计的有机图像组合因素，可以看到洞窟中浓厚的净土意味。同时还可以看到，洞窟藻井在空间概念上受到浓厚的中国传统文化色彩的影响，是洞窟中表现天界和宇宙空间的重要组成部分，其中心的图像在体现空间概念方面有独特的象征性。而作为图像和艺术史研究对象，对该藻井图像本身作微观的观察，往往可以看到其中所蕴含着的多重意涵，如其与表现净土往生的莲花、团花之间往往作为一个整体出现，团龙图像其实是附属于莲花之中，因此其图像的含意则离不开对莲花等佛教背景下的花卉的解释。若再结合同时期与佛教艺术上和敦煌有密切互动关系的陕北宋金石窟中的一些例证，[①]包括同时期敦煌石窟中的相关案例，也可以看到此类图像在宋夏金时期人们信仰和观念中的基本问题。

总体观察和讨论的结果，我们以第 400 窟为例，对西夏时期敦煌石窟中出现的团龙、团凤、龙凤藻井图像有了新的理解和认识，其一方面紧紧围绕中国传统建筑观念中藻井"以水克火"的核心思想而出现，但同时，用来作为表现佛教净土空间的重要组成部分和净土往生观念密切相关。最终让我们看到这一类装饰图案在洞窟中出现和其发展演变复杂的历史脉动关系，实属有趣的艺术史现象，也是佛教洞窟研究中不可多得的图像史料，启发我们对敦煌西夏石窟作更加深入地思考和探索，或许有意想不到的收获。

附记：感谢石建刚博士提供陕北石窟资料信息和相关图片。

图 52　山西忻州九原岗北齐大墓墓道乘龙仙人

①石建刚、杨军《延安宋金石窟玄奘取经图像考察——兼论宋金夏元时期玄奘取经图像的流变》，《西夏学》第 15 辑，甘肃文化出版社，2017 年，第 129—142 页；石建刚、白晓龙《陕北宋金石窟布袋和尚图像调查与研究——兼论与河西地区西夏石窟布袋和尚图像的关联性》，《丝绸之路研究集刊》第 5 辑，商务印书馆，2020 年，第 434—447 页。

莫高窟第 464 窟 "元代公主说" 辨析

——莫高窟第 464 窟研究之二

王慧慧/敦煌研究院敦煌石窟文物保护研究陈列中心

莫高窟第 464 窟(伯希和编号为 181 号,张大千编号为 308 窟)位于莫高窟北区,和学术界关注度比较高的敦煌藏传佛教代表窟第 465 窟为邻窟,且对第 465 窟的年代判定有重要的佐证价值,因此颇显重要。

关于此窟的年代,传统观点认为是西夏窟,元代重修,[①]但皆未明确说明第 464 窟定为西夏窟的依据;2003 年,谢继胜通过对洞窟内的历代游人题记和窟内比较典型的"西夏藏传风格"的研究,认为窟内前后室都是西夏时期的壁画;[②]2012 年,杨富学撰文提出新观点,认为第 464 窟为元代洞窟。[③]

本文不讨论年代问题,但持元代说的主要立论依据是关于此窟元代公主的传说,本人在梳理敦煌研究院院史的过程中,发现有几条资料或对辨别"元代公主说"的真伪提供一些线索。

① 敦煌文物研究所整理《敦煌莫高窟内容总录》,文物出版社,1982 年,第 170 页;敦煌研究院编《敦煌石窟内容总录》,文物出版社,1996 年,第 189 页;敦煌研究院编、梁尉英主编《敦煌石窟艺术·莫高窟第四六四、三、九五、一四九窟(元)》前言,江苏美术出版社,1997 年;刘玉权《敦煌莫高窟、安西榆林窟西夏洞窟分期》,敦煌文物研究所编《敦煌研究文集》,甘肃人民出版社,1982 年;刘玉权《关于沙州回鹘洞窟的划分》,《敦煌研究》1988 年第 2 期,第 1—3 页;刘玉权《敦煌西夏洞窟分期再议》,《敦煌研究》1998 年第 3 期,第 1—4 页;王惠民《敦煌西夏洞窟分期及存在的问题》,《西夏研究》2011 年第 1 期,第 59—65 页;沙武田《敦煌西夏石窟分期研究之思考》,《西夏研究》2011 年第 2 期,第 23—34 页。
② 谢继胜《莫高窟第 465 窟壁画绘于西夏考》,《中国藏学》2003 年第 2 期,第 69—79 页。
③ 杨富学《敦煌莫高窟第 464 窟的断代及其与回鹘之关系》,《敦煌研究》2012 年第 6 期,第 1—16 页。

一、"元代公主说"的相关材料

史苇湘在《丝绸之路上的敦煌与莫高窟》一文中记录"第464窟为西夏晚期作品，元代重修，窟内西北角曾封闭盛装元朝某王的公主，公元1920年被白俄匪帮撤毁，珠饰钗钿被劫一空"。[①] "元代公主"一说即来源于此，其真伪情况不明。

近来，笔者在收集整理敦煌研究院院史资料时，发现几条相关史实：

（1）1941年10月5日，于右任视察莫高窟时与张大千相会，当日正值农历中秋，参观洞窟后受张大千之邀，于右任一行在上寺把酒临风，吟诗赏月，共度佳节。席间，于右任诗情满怀，成《敦煌纪事诗八首》，后发表在1942年《民族诗坛》上。[②] 其中第七首提及"将军手"和"某公主"，应该是席间张大千介绍新发现的唐代将军张君义断手时于右任有感而作。诗云："丹青多存右相法，脉络争看战士拳。更有某朝某公主，殉国枯坐不知年"。在诗的末尾，于右任加了三行注解："佛相甚似阎立本画法。张大千得唐人张君义断手一只，裹以墨迹告身，述其战功，均皆完好。某亡国公主，据张鸿汀先生云系亡元公主坐化洞中，其遗骸事略均为白俄毁去。"（图1）

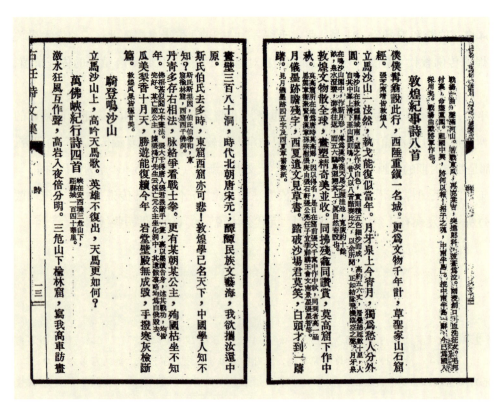

图1 《右任诗文集》收录的《敦煌纪事诗八首》（车守同先生提供）

---

① 史苇湘《丝绸之路上的敦煌与莫高窟》，敦煌文物研究所编《敦煌研究文集》，甘肃人民出版社，1982年，第105页。

② 见《民族诗坛》第2卷第1辑，1942年，第3页。另收录在《右任诗文集》，正中书局，1962年，第13页。

（2）1943 年 6 月，史岩发表《敦煌莫高窟艺术》一文，该文记：“民初白俄住此时，防军于某洞窟发现珠冠，后经发掘写经一册，木乃伊状态之女体一驱，他物均已散亡，惟骷髅骨，一手一足二，现存陈列室，一足尚存袜，质料为丝，中实以丝绵，疑为唐物。”①

（3）1943 年 7 月，国立敦煌艺术研究所呈教育部公文《呈送工作报告书》（图 2）中对此遗骨记为：“女头盖骨一，两脚骨络二，系民国十年守卫白俄之军队驻扎时，在三〇八窟中发现，服制衣饰均已遗失，该物系前年上寺喇嘛所收集者，据云女骨系于阗国公主之遗体，男手一据说系张君仪之遗体，此外均为残缺之石像……”②

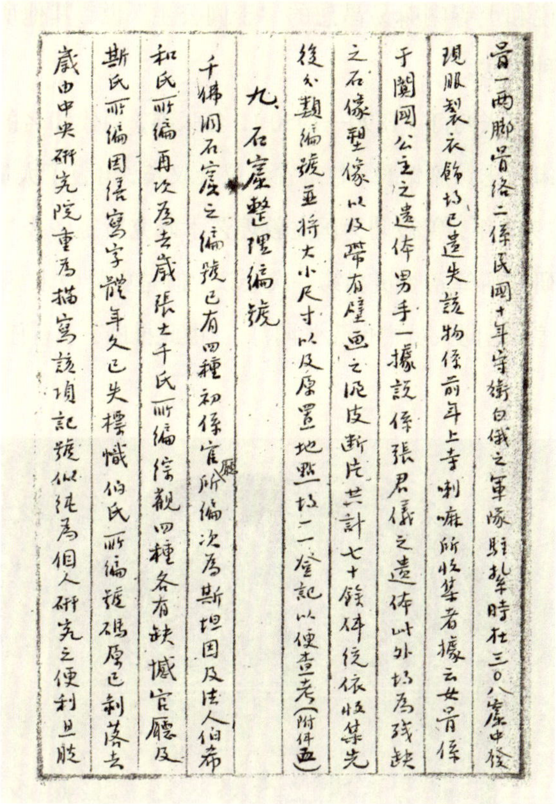
骨一兩腳骨絡二係民國十年守衛白俄之軍隊駐紮時在三〇八窟中發
現服製衣飾均已遺失該物係前年上寺喇嘛所收集者據云女骨係
于闐國公主之遺体男手一據說係張君儀之遺体此外均為殘缺
之石像塑像以及帶有壁画之泥皮断片共計七十餘件俟依收集先
後分類編號並將大小尺寸以及原置地點一一登記以便查考（附件五）
九、石窟整理編號
千佛洞石窟之編號已有四種初係官廳所編次為斯坦因及法人伯希
和氏所編再次為去歲張大千氏所編僧觀四種各有缺憾官廳及
斯氏所編因僅寫字體年久已失標幟伯氏所編號碼原已剝落去
歲由中央研究院重為描寫該項記號似純為個人研究之便利且殊

图 2　1943 年 7 月，国立敦煌艺术研究所上报教育部公文《呈送工作报告书》（车守同先生提供）

（4）1944 年 8 月 7 日，夏鼐在日记中记为：“在围墙之外，自成一区域，多为小洞，一部分曾经住人，有烟熏痕迹及土炕。但一部分过于低矮窄小，似为墓室。闻张大千曾发现一张君义墓，从前军队曾发现一元代女子墓。”③

（5）即上文提到的 1983 年史苇湘“盛装元朝某王的公主”的记录。④

二、“元代公主说”辨析

通过以上五条资料我们可以得到如下信息：

（1）关于遗骨的身份，有某朝某公主说、疑为被唐代织物包裹的女骷髅骨说、于阗公主说、元代女子说、元代公主说五种。从于右任的记录可知在这五种说法之前已有张鸿汀的“亡元坐化公主”

①史岩《敦煌莫高窟艺术》，《社会教育季刊》，1943 年，第 93 页。

②台北国史馆档案 019000001390A。

③夏鼐《夏鼐日记》卷 3，华东师范大学出版社，2011 年，第 212 页。

④史苇湘《丝绸之路上的敦煌与莫高窟》，敦煌文物研究所编《敦煌研究文集》，甘肃人民出版社，1982 年，第 105 页。

说和上寺喇嘛易昌恕的"于阗公主"说，其他所列五种说法皆脱胎于此，故本文重点来分析前两种说法。

张鸿汀（1890—1950），名张维，当代知名的史学家、方志学家、金石学家、目录学家，历任甘肃通志馆副馆长、甘肃省参议会议长，出版了大量专著，代表作有《陇右金石录》《甘肃通志稿》等。1942年，曾被聘为国立敦煌艺术研究所筹备委员会委员，并于1943年在兰州参加了国立敦煌艺术研究所筹备委员会第一次会议。但是史料中未见有张鸿汀曾经去过敦煌的记载，即使于右任视察敦煌，陪同人员中也无张鸿汀。[①]由此推断，于右任所记录的"据张鸿汀先生云系亡元公主坐化洞中"，

图3 《重修千佛洞九层楼碑记》(孙志军先生提供)

应该是席间张大千等人告知的。至于张鸿汀又是如何得知，考虑到张鸿汀创办过《大河报》《甘肃民报》《政闻报》《金城周报》等刊物，还曾收集各地奇闻异事汇编成《陇右轶旧录》二卷，[②]应该是不知何时从何人那里听闻的。但是无论如何，在于右任听闻的当下，他，甚至参与当晚赏月的人都对此说表示怀疑，或席间他们谈论过此事的真伪也很有可能，否则就不会有"更有某朝某公主"诗文了。

易昌恕，上寺的喇嘛，何时至莫高窟未可知。但是1907年斯坦因初访莫高窟时曾向他打听有关藏经洞发现的细节；[③]1928年，敦煌乡绅刘骥德等重修九层楼时，他曾经是工程监理（图3）；1944年国立敦煌艺术研究所成立以后，他与研究院的工作人员在同一个院落里生活了近20年。易昌恕不是学者，对莫高窟的历史上未必明了，对"于阗"这样的词语也未必搞得清楚，但是在与莫高窟相伴近60年的朝夕间，他对上

①《右任诗文集》，第13页。记为："同到者高一涵、马云章、卫聚贤、曹汉章、孙宗慰、张庚由、张石轩、张公亮、任子宜、李祥麟、王会文、南景星、张星智等"。

②唐国华《张鸿汀先生事述》，《兰州学刊》1983年第4期，第103页。

③Aurel Stein, *Serindia*, Vol. II, London: Clarendon Press, 1921, p.808.

中寺所发生的事情,对洞窟所发生的事情应该是最清楚的,相对于张鸿汀,理论上他对此事会更了解。但就此事来说,因为他们都不是事件的亲历者,故无法判断易昌恕与张鸿汀的说法孰是孰非。唯一的亲历者,只有现藏于敦煌研究院的那只被美其名曰的"公主脚"。因此,才会有后来的学者史岩、夏鼐在记录此事时或表示怀疑,或行文谨慎了。

另外,还有一个细节值得注意,假定张鸿汀说的是正确的,他所说的公主是"坐化"的,考虑到第464窟的洞窟现状及伯希和曾在第464窟仔细翻检过的事实,这个公主坐化的窟绝非第464窟。所以从上述材料可知,并无一人有充分的资料能够证明遗骨的身份。

(2)关于遗骨的残存物,有史岩的骷髅骨、一手一足说和常书鸿的头盖骨一、两脚骨络说两种。两者在数量上是一致的,区别仅在于对遗骨是手还是脚的判断上。1943年10月,李约瑟在敦煌逗留期间拍摄了一张当时展陈的遗骨照片。对照现敦煌研究院馆藏文物编号为Z0113的将军手遗骨和编号为Z0114脚的遗骨(图4、图5),照片左边应该是由织物包裹的"公主左脚",右边是"将军手",而中间这只脚仅从外观上很难辨别出是女子还是男子的脚,也许是脱去织物包裹的"公主"右脚。所以应该是一头骨、两只脚的说法更准确些。如果史岩和常书鸿记录无误,没有记录混乱的情况(把展陈的三件归为遗骨),那么他们所说的头盖骨和一只脚今已遗失,无档可查。

图4 馆藏Z0113藏品"公主脚"(敦煌研究院提供)　　图5 馆藏Z0114藏品"将军手"(敦煌研究院提供)

"将军手"是1943年4月中旬,张大千赠送给敦煌艺术研究所的。据窦景椿回忆:"有一次他在沙堆中发现一个切断干枯人手,骨节粗长,用书写的纸卷裹着,中间有血迹污染,从周围文字片段的记载看来,是记述与吐蕃作战失利的经过,不甚完整,此项血迹遗物在1943年敦煌艺术研究所成立时,大千移送研究所保留"。[①]

由"将军手"的称谓我们或可推断"公主脚"的称谓也许是与"将军手"相互押韵和呼应而产生的。目前,上文所记的头盖骨和一只脚今已遗失,无档可查。

---

① 窦景椿《张大千敦煌传奇》,《中外杂志》总254号,1988年,第30—31页。

（3）关于遗骨的发现者，有守卫白俄的军队（或防军）说、白俄人说两种。1921 年 6 月 11 日，469 名俄国官兵被安置在莫高窟，中央研究院历史语言研究所档案"呈甘肃敦煌安置俄旧党官兵谨将遵办情形"[①]记："由周管带炳南率同步兵一营，会同新疆商准留驻敦煌之营长徐谟，率所部骑兵一百十八名，轮流监视，并订定禁止俄党损坏古迹暨动植物限制进城人数及买物各守规则六条布告，俄党暨敦煌军民人等一体遵守。"周炳南一个营步兵加上徐谟 118 名骑兵，少说也有 500 人。据此我们可知当时在莫高窟的军队一共大概有 1000 人左右，俄军和防军比例几乎是 1∶1，且俄军受到严密的管理和监督，明令禁止不得毁坏古迹文物。从 1921 年 6 月 11 日俄国官兵到莫高窟，至 1922 年 3 月最后一批白俄军离开，白俄军共在莫高窟生活了 8 个月之久。尽管他们在洞窟里生火做饭，导致大面积壁画被烟熏黑，也留下了不少随意刻划的俄文题记，但与他们的人数与停留的时间对比来看，并没有出现非常恶意地、严重地破坏行为，这应该是得益于安置时的严格管理。从这个角度上来讲，能够让俄军在北区肆意抢夺并将文物占为己有的可能性很小，反而是看守他们的防军的可能性更大。

（4）关于遗骨的发现地，有某洞窟说、308 窟说、北区某低矮墓室说三种，"308 窟说"是时间上相对较晚的常书鸿提到的。20 世纪以来，对敦煌莫高窟实地进行编号的共有八家，[②]其中有四家涉及北区，分别是 1908 年的伯希和编号、1941 年至 1943 年间的张大千编号、1943 年的史岩编号和敦煌艺术研究所 1944 年成立后的编号。常书鸿所记的 308 窟是张大千对原伯希和编 181 号、后来敦煌研究院编第 464 号洞窟的编号。也就是说，1941 年以前，北区有且只有一种编号，如果世人知北区编号，只会知伯希和的"181 号"，而不可能知张大千的"308 窟"。

而在 1943 年 7 月这个时间节点上，常书鸿是否已经知道伯希和的"181 号"是指张大千的"308 窟"呢？这可能性也比较小。因为比照不同的洞窟编号工作是由李浴完成的，而李浴是 1944 年 6 月到职，1946 年初离职。在敦煌期间他对洞窟壁画做了系统的调查研究，完成了《莫高窟各窟内容之调查》《莫高窟艺术志》《敦煌石窟内容之考察》等多份调查报告。其中《莫高窟各窟内容之调查》[③]以张大千编号为序，附注伯希和编号，分式型、时代、塑像、壁画、题记摘录等项，逐窟记录，有些洞窟还加有按语和时代考证（图 7），这是敦煌石窟编号历史上首次将张大千编号与伯希和编号进行对照研究，具有非常重要的意义。

常书鸿知道 181 号的可能性比较小，而最重要的是在常书鸿之前，任何一种说法都未涉及洞

---

① 台北"中央研究院"近代史研究所档案：03-32-123-03-022。

② 蔡伟堂《重订莫高窟各家编号对照表说明——兼谈莫高窟各家编号及其对照表》，《敦煌研究》2005 年第 6 期，第 1 页。

③ 《莫高窟各窟内容之调查》手稿，现藏敦煌研究院资料中心。

窟编号。洞窟编号本身具有较强的专业性和学术性，对于尸骨的发现者白俄军或者防军尤甚，在发现尸骨时能判断为伯希和的 181 号是不可能的。所以最大的可能是常书鸿在上报公文时，为了叙述方便，考虑到北区有编号的洞窟不多，最重要的就是第 465 窟和第 464 窟，两者相比，第 464 窟可能性较大。

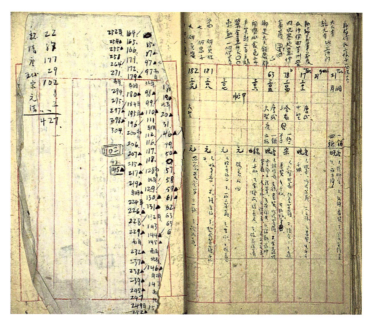

图 7　敦煌千佛洞各窟现状调查简明表（敦煌研究院提供）

通过以上有关遗骨材料的分析，我们大致可以确定的信息是：1921 年，白俄军兵被安置在莫高窟期间，在北区发现一身女性遗骨，它物皆不存，仅存一脚，不知何因缘、何时被易昌恕喇嘛收藏，后捐给敦煌艺术研究所。因未有亲历者，有关此遗骨的说法多语焉不详，莫衷一是，仅从一只脚难以判断其身份、出土洞窟和年代。

三、余论

据彭金章、王建军统计，莫高窟北区先后经过 5 次被掘，[1]分别为斯坦因、伯希和、奥登堡、沙俄残余部队和张大千，加上 1988 年开始的北区考古挖掘，共计 6 次。这其中对第 464 窟进行明确记载的有 2 次：一次是 1908 年伯希和在窟内搜集到汉文、藏文、蒙文、西夏文、回鹘文、婆罗谜文等文献共计 600 余件，[2]回鹘文木活字 968 枚，[3]这批遗物绝大部分现收藏于法国国立图书馆东洋写本部和集美博物馆，还有一部分流散到日本和美国。[4]第二次是 1988—1995 年敦煌研究院对北区石窟进行全面的挖掘和整理，2004 年出版的《敦煌莫高窟北区石窟》第 3 卷对第 464 窟壁面结构的变

①敦煌研究院编，彭金章、王建军《敦煌莫高窟北区石窟》(3 卷) 前言，文物出版社，2004 年。

②森安孝夫《回鹘语文献》，《讲座敦煌·敦煌胡语文献》，大东出版社，1985 年，第 9—12、31—98 页。

③彭金章、王建军《敦煌莫高窟北区洞窟所见多种民族文字文献和回鹘文木活字综述》，《敦煌研究》2000 年第 2 期，第 154—159 页。

④森安孝夫《回鹘语文献》，《讲座敦煌·敦煌胡语文献》，第 9 页。

化做了详尽的描述，并绘有平面图、剖面图和壁面图，附有显示洞窟结构的黑白及彩色照片，并对洞窟新出土文献做了细致解读，在第464窟的沙土中又发现了残剩的各种语言文字的文献90余件，还有包括木活字在内的其他的一些文物。①

除此，北区还出土包括汉文、西夏文、回鹘文、蒙古文、藏文、婆罗谜文、梵文等多民族语言文字佛经多达千件，张铁山、②庄垣内正弘、③嘎日迪、④敖特根、⑤史金波、⑥百济康义、⑦黄颢、⑧雅森·吾守尔、⑨段晴⑩等从不同的角度对不同的文献进行了研究，取得了很多的成果。

但在当使用这些研究成果论及第464窟年代等相关问题时必须要进行甄别，不能简单地将"北区出土"等同于"第464窟出土"。⑪毕竟不同于洞窟内的壁画，文献具有可移动性，也就具有不确定性。从目前状况看，藏经洞出土文献中有非藏经洞文物者；据伯希和1908年记录，在161号（敦煌研究院编号第19窟）洞窟内还有两个大转经筒，其中一个内装的文献是来自洞窟；⑫直至1942年10月30日，西北史地考察团的劳干、石璋如还在很多洞窟中觅得残经，其中以蒙文居多。⑬这几种情况都说明起码1900—1942年间，洞窟中还一直散落各种文献资料，他们有的一直尘封在原洞窟，有的因为各种目的被搬来搬去。比如英藏回鹘文密宗文献Or.8212—109（旧编号Ch.xix.003）

---

① 敦煌研究院编，彭金章、王建军编《敦煌莫高窟北区石窟》第3卷，第53—108页。

② 张铁山《敦煌莫高窟北区出土回鹘文文献诠释研究》（一）（二），分别载《敦煌莫高窟北区石窟》第2卷，第361—368页；第3卷，第383—396页。

③ 庄垣内正弘《ウイグル语写本・大英博物馆藏Or.8212—109について》，《东洋学报》第56卷1号，1974年，第44—57页。

④ 嘎日迪《敦煌莫高窟北区出土蒙古文和八思巴文文献标音释读》（一）（二），分别载《敦煌莫高窟北区石窟》第2卷，第375—386页；第3卷，第397—419页。

④ 杨富学《裕固族与敦煌晚期石窟》，《敦煌研究》2017年第6期，第46—57页。

⑤ 敖特根《敦煌莫高窟北区出土蒙古文文献研究》，民族出版社，2010年。

⑥ 史金波《敦煌莫高窟北区西夏文文献译释研究》（一）（二）（三），分别载《敦煌莫高窟北区石窟》第1卷，第358—370页；第2卷，第369—374页；第3卷，第420—432页。

⑦ 百济康义《天理图书馆藏ウイグル语文献》，《ビブリア》第86号，1986年，第127—180页。

⑧ 黄颢《敦煌莫高窟北区石窟出土藏文文献译释研究》（一）（二）（三），分别载《敦煌莫高窟北区石窟》第1卷，第371—381页；第2卷，第387—405页；第3卷，第420—432页。

⑨ 雅森·吾守尔《敦煌莫高窟北区新出土回鹘文木活字解读、翻译》，《敦煌莫高窟北区石窟》第3卷，第433—444页。

⑩ 段晴《敦煌莫高窟北区出土的一件梵语残卷》，《敦煌莫高窟北区石窟》第3卷，第447—457页。

⑪ 杨富学《敦煌莫高窟第464窟的断代及其与回鹘之关系》，《敦煌研究》2012年第6期，第9页。

⑫ 伯希和著，耿昇、唐健宾译《伯希和敦煌石窟笔记》，甘肃人民出版社，1993年，第363页。

⑬ 转引自车守同《国立敦煌艺术研究所史事日记》（下）上册，第113页。

《吉祥胜乐轮》残片，其虽出自藏经洞，但据研究表明，其上有至正十年虎年（1350）六月初四的题记，且出现有西宁王子阿速歹的名字，[①]所以可以断定此件文献非藏经洞之物，出土地另有所指。

故在探讨石窟年代问题上，文献姑且也只能作为断代的参考，更何况"元代公主"这样的传言，更不足以为据。

---

① 庄垣内正弘《ウイグル语写本・大英博物馆藏Or .8212—109について》，《东洋学报》第56卷1期，1974年，第44—57页。

敦煌石窟游人题记反映的佛教信仰

——以清代以来游人题记为中心[*]

杨秀清／敦煌研究院

　　1959 年教育改革时，兰州大学文科并入甘肃师范大学（今西北师范大学），施萍婷先生亦从兰大历史系进入师大历史系，受业于金宝祥、陈守忠等先生。1995 年，我调入敦煌研究院，先生得知我为金先生弟子，我大学时期的班主任徐世华先生和她是同班同学，遂高看一眼。在此后的学术生涯中，先生耳提面命，提携扶持良多。先生长于敦煌文献研究，而又熟稔敦煌石窟，曾著文《打不走的莫高窟人》，彰显莫高精神。小子才疏学浅，不敢望先生项背，然仰止之情，不能不表。今逢先生九十华诞，小子有幸忝厕祝寿之列，借此胜缘，草就小文，谨作绵薄之义，并表祝嘏之情。

　　大约自晚唐以来，作为佛教圣地的莫高窟及周边其他石窟，不断吸引着信徒和其他游人礼拜和参观。在以后的历史长河中，无论是前来朝拜的信徒，还是慕名而来的游人，各地各色人等在包括莫高窟在内的敦煌石窟中，留下了大量的题记，这些题记以汉文居多，也包括诸多少数民族文字，我们将这类文字统称为游人题记。近年来，随着敦煌学研究领域的不断拓展，敦煌石窟游人题记的价值开始受到学术界重视，但研究者所据材料，主要依据法国学者伯希和所著《伯希和敦煌石窟笔记》、敦煌研究院编《敦煌莫高窟供养人题记》，徐自强、张永强、陈晶编著《敦煌莫高窟题记汇编》，以及 20 世纪四五十年代史岩、谢稚柳先生调查笔记中所记的若干游人题记等，[①]这些著述中所收

---

*本文为国家社科基金重大项目"敦煌河西石窟多语言壁题考古资料抢救性调查与研究"（22&ZD219）的阶段性成果。

① 伯希和著，耿昇译《伯希和敦煌石窟笔记》，甘肃人民出版社，1993 年；敦煌研究院编《敦煌莫高窟供养人题记》，文物出版社，1986 年。徐自强、张永强、陈晶编著《敦煌莫高窟题记汇编》，文物出版社，2014 年；史岩《敦煌石室画像题识》，比较文化研究所、敦煌艺术研究所、华西大学博物馆，1947 年；谢稚柳《敦煌艺术叙录》，上海古典文学出版社，1957 年；上海古籍出版社，1996 年重印。

录的游人题记不过数百条，远非敦煌石窟游人题记全貌，即便是《敦煌莫高窟供养人题记》这样权威的著述，其著录的重点也是石窟壁画中的供养人题记，对游人题记也较少著录，且上述所有著录者对民国以来，特别是 1949 年中华人民共和国成立以来的游人题记几乎未曾著录。从我们调查的情况来看，目前公布的敦煌石窟游人题记，仅仅是敦煌石窟现存游人题记的一小部分，大量的游人题记由于没有调查、辑录和刊布，而不为外界所知，从根本上影响了我们对游人题记价值的认识，不能不令人遗憾。

近年来，笔者参与了李国先生主持的国家社科基金"敦煌石窟历代游人题记调查整理与研究（18XKG008）"项目，对敦煌莫高窟、西千佛洞及瓜州榆林窟在内的敦煌石窟游人题记进行了系统调查，深感有必要向社会各界介绍敦煌石窟游人题记所蕴含的价值与意义，今以敦煌石窟清代以来游人题记反映的佛教信仰为例，略陈管见，以期进一步引起学术界对敦煌石窟游人题记关注和研究。

一、敦煌石窟作为佛教圣地的地位仍然影响着人们的信仰方式

笔者曾以敦煌藏经洞出土文献和敦煌石窟壁画资料为据，认为唐宋时期的敦煌佛教，是佛教在长期大众化过程中形成的大众佛教。所谓佛教的大众化，我个人认为，是指佛教在传播过程中，向大众传播一般的佛教知识与佛教思想，这些佛教知识与思想在大众社会生活中普遍流行，并由此支配着社会大众的佛教信仰与佛教实践。唐宋时期，大众化的佛教信仰成为敦煌地区主流的佛教信仰，这种佛教既不同于过去我们所说的传统意义上的佛教（或称经典佛教），也不是非主流的所谓"民间佛教"。[①]在近年来敦煌佛教研究新成果的基础上，笔者从信仰群体、信仰内容、信仰目的、信仰方式等方面探讨了唐宋时期敦煌佛教与经典佛教的不同；从敦煌佛教所呈现出的特征，探讨唐宋时期敦煌佛教特点，是以社会大众为主体，以一般佛教思想为指导，以佛教信仰与实践为特征的大众佛教；通过对唐宋时期敦煌各阶层佛教生活的探讨，认为这些全民共同参与的佛教生活背后，必然有一个为他们所认同的知识和思想，这一思想我们称之为大众的佛教知识与思想；同时，以经变画为中心，探讨了佛教的大众化与敦煌石窟的关系。[②]我们认为，这是以敦煌大众佛教为个案，从一

---

① 李正宇先生指出："唐五代至北宋时期的敦煌佛教，是一种中国化、民族化、世俗化的佛教，同佛学家所描绘的正统佛教亦即传统观念中的佛教大相径庭、别具典型。""根据其性质、特点、播布、渗透的实际情况给予命名，笔者称之为'敦煌世俗佛教'。可以肯定地说，唐宋时代敦煌佛教的主流和代表不是别的，正是这种冲破佛教正统、被某些佛学家、宗教家视为难登'大雅'、不入流品的世俗佛教。"见李正宇《唐宋时期的敦煌佛教》，郑炳林主编《敦煌佛教艺术文化论文集》，兰州大学出版社，2002 年，第367—386 页。笔者非常认同李先生的观点，但就具体概念上李先生以"敦煌世俗佛教"命题，笔者则以"敦煌大众佛教"称之，与先生略有不同。
② 杨秀清《唐宋时期敦煌大众的知识与思想》第六章，甘肃人民出版社，2022 年，第192—315 页。

个新的角度来探讨唐宋时期的中国佛教问题。

由此认识出发，笔者认为，清代以来敦煌地区的佛教更体现出大众佛教的特色。笔者注意到，相关的研究者在利用敦煌石窟游人题记研究敦煌佛教时，已指出敦煌佛教在信仰方面的大众化现象。[①]但由于研究者所依据的资料有限，影响了对此问题的进一步认识，而我们的调查，则更有助于加深对清代以来敦煌佛教的认识。

嘉庆十八年（1813）四月，敦煌当地人赵吉到莫高窟礼佛，在莫高窟今编第231窟西壁龛外南侧下部，抄录诗一首：

> 古郡敦煌远，幽崖佛洞传。建垣新日月，访胜旧山川。
>
> 宝启琳宫现，沙凝法相填。神工劳劈划，匠手巧雕镌。
>
> ……
>
> 色相嗟多毁，丹青讶尚鲜。问禅无僧侣，稽首冷香烟。
>
> 字落残碑在，丛深蔓草缠。徘徊荒刹外，怀往意悠然。

有学者指出，这首诗为清雍正初年任职敦煌的光禄少卿汪漋所作，在《重修肃州新志》《敦煌县志》中均录了这首诗。雍正五年（1727），汪漋来到敦煌，监督当时沙州卫城的修建工作。两年后，新城建成，衙署也基本竣工，汪漋写诗以记其事。期间，汪漋游莫高窟，目睹石窟现状，感慨石窟兴衰，记录了莫高窟"色相嗟多毁，丹青讶尚鲜。问禅无僧侣，稽首冷香烟。字落残碑在，丛深蔓草缠"的状况。这种情况在后来到莫高窟礼佛的游人题记中也有反映，如莫高窟第152窟甬道南壁清乾隆年间题记曰：

> 千里进香到西方，
>
> 观看佛洞甚辉煌。
>
> 荒凉寂寞少僧住，
>
> 令人越望越悲伤。
>
> 　　　张永奠
>
> 肃州总寨堡庠监弟子 张永达 进香一次
>
> 　　　于体堂
>
> 乾隆□二年□□□□偶书

莫高窟第148窟主室东壁门南侧底层墨书四行：

> 可叹可叹真可叹，可叹诸佛连节（劫）难。
>
> 不知何年并何月，再得重兴胜景山。

---

① 参阅公维章《元明清时期的敦煌佛教》，《敦煌学辑刊》1999年第2期；秦弋然《从莫高窟游人题记看明清时期的敦煌佛教》，学愚主编《佛学思想与佛教文化研究》，社会科学文献出版社，2017年，第452—463页。

甘肃凉州府武威县信士弟子王维曾叩□

大清乾隆伍拾四年八月十五日题

尽管从政府官员到普通信众都感叹莫高窟的衰败，但他们都认识到莫高窟在历史上曾经的辉煌。众所周知的事实是，有明一代，是敦煌古代历史上最为衰落的一朝。至明朝末年，明政府已完全放弃了对敦煌的管理，居民东迁嘉峪关以内，敦煌经济文化随之衰落。清朝康熙年间，清政府着力经营西北，驻兵敦煌，开始对敦煌的管理。雍正三年（1725）又移民敦煌，发展生产，文化的重建也随之开始。八十余年后，赵吉礼佛莫高窟，此时敦煌设县，安西（今瓜州）置府，生产恢复，人民安宁，莫高窟又是另一番景象。于是赵吉于四月礼佛莫高窟时，在第231窟抄录题写了汪滫的诗，六月再次礼佛时，便在第14窟中心龛柱北向面题写了自己所作的诗：

山岩开劈势隆崇，造作非凡巧琳工。

意依群曹分效职，期逾何年告功成。

云峦翠柳层楼胜，佛屋宝塔四望中。

新开此境香烟盛，夷狄诸夏往来通。

大清嘉庆十八年六月初一鸣沙赵吉书

赵吉抄录和亲笔题写的这两首诗，真实地记录了莫高窟在清朝由衰落走向兴旺的历程。

随着唐宋时期佛教大众化的完成，佛教义理中因果报应、转世轮回思想成为基本的佛教知识，"诸恶莫作，诸善奉行"的佛教伦理规范成为影响人们信仰的基本伦理。这些基本的佛教知识，在佛教发展过程中得到普及和传承，成为大众佛教信仰的主流思想。敦煌石窟游人题记也正是继承了这种信仰特色。 我们知道，信众是佛教发展的基础，信仰是佛教发展的动力。佛教在传播过程中，利用种种所谓"方便法门"鼓励人们信仰佛教。诸多佛教经典中都强调写经、诵经、转经、造窟、造佛堂、造兰若、造像、浴佛、行象、造幡、造塔、安伞、燃灯、施舍、设斋等，都可以作为一种"功德"，给自己种下善因，为自己带来福报或者免除灾难，甚至口称"阿弥陀佛"，念诵"观世音"名号，便可消灾除厄，获得福报。唐宋时期的敦煌如此，清代敦煌也是如此。开窟造像历来是敦煌地区佛教信仰最主要的方式，延及清代，虽然敦煌成为新移民开发区，但由于敦煌石窟的存在，开窟造像仍然成为社会大众佛教信仰方式。学者研究表明，清代新开洞窟为今编第11窟和第228窟，清代重修石窟共217个，占莫高窟现存全部洞窟数量的近一半。根据第454窟甬道北壁第一身供养像榜题上墨书："凉州武威县朝山施　画匠雷吉祥于雍正元年二月十五日功完"，这是清代重修莫高窟的最早记录。其他如莫高窟第342窟雍正三年十二月"武威弟□（子）刘斌在此开圣像陆尊"，第152窟甬道北壁西起第二身供养菩萨像前有："陕西府乾隆拾叁年伍月十六日众信弟子新修斋房壹院，又补修佛殿房一次。"都是清代重修洞窟的证明。据敦煌研究院编《敦煌石窟内容总录》可知，[①]在莫高窟之外，清代对敦煌西千佛洞石窟、瓜州榆林窟、东千佛洞也进行了修缮。我们不妨再举几例清代

①敦煌研究院编《敦煌石窟内容总录》，文物出版社，1996年。

晚期修缮洞窟的题记。

莫高窟第 285 窟窟檐题字：

五月初六日未时山成工咸丰九年

四月廿二日木工四个

初一日出寿功德主布修染金佛

第 450 窟主室北壁龛东侧墨书：

大清嘉庆岁次戊午甲子月望五日

甘泉弟子塑工人李滋□　　在此□□

武威画士杨钧

镇番画士吴正□

第 365 窟洞窟木门内侧上端重新装修洞窟题记：

光绪二年四月初三日起工安门

朝山焚香　弟子

年禄　杜秀　周才

安财章　殷思存

杜茂林　叩献

本工　周贵施钱壹两八钱

姚克昌施钱陆钱

康贵施钱陆钱

此外，在莫高窟第 233 窟主室中央台座前，还绘有清代供养人画像，这也是唯一出现供养人画像的清代洞窟。尽管从艺术价值来讲，清代重修洞窟已远逊前代，但不可否认的是，有清一代对如此多的洞窟重新进行修缮，完全是民众自发的信仰表达，是清代敦煌佛教发展的一个侧面。

莫高窟第 176 窟主室南壁西侧塑像后题记：

大清康熙五十五年十一月初十日奉

旨在沙州及色尔藤驻防甘肃马营墩堡把总加一级邓洪印本堡 通士王宫兵丁鄗辉学吕朝 鼎书史杜廷玺侄子邓攀顺 等

率领长子国子监太学邓攀龙

杨勇

甘州前营外委雷振海领旗郝元魁兵丁祁秀等

张重林

中营领旗张美兵丁范兴中火伏陶秀等

右营管队毛继位兵丁杨春黄朝张素魁等

永固营外委高惠关应学程禄等

大马营领旗杨士珍石顶器率兵丁等

红水营管队毛彦贵韩守印众兵等

山丹营管队李良吉陈旭众兵等

黑城营领旗蔡鼎等

高台营徐敖等

嘉峪关领旗柴大良顾玠等

金塔本营邓玉等

凉州镇中营领旗曹中后营王四等

南古城营王守华等

硖口营管队杨茂芳等

青水堡陈义等

肃州镇中营吕斌等于

康熙五十九年八月初一日叩进香

学者指出，这则题记不仅表明早在康熙五十五年（1716），清政府在统一西域的过程中，就已开始派兵进驻敦煌地区，可弥补史料记载之不足。[①]且从题记所列军营名称来看，包括来自甘州前、中、右营、永固营、大马营、红水营、山丹营、黑城营、高台营、嘉峪关营、金塔本营、凉州镇中营、南古城营、硖口营、青水堡、肃州镇中营等各营的军官和兵士，有名有姓者达数十位之多。这些远离故乡故地的军士，戍守他乡，莫高窟作为历史上的佛教圣地，也成为慰藉他们心灵的重要场所。

此外，如敦煌莫高窟第427窟甬道北壁记有甘州工匠37人来沙州做工，工讫留下了题记：

雍正叁年甘州宁夏人三十七名伍月十六日卅□做沙州房伍百简立起工完

第454窟甬道北壁题记：

大清陕西省直隶肃州钟楼寺比丘普印，徒通愔、通□、通儶、通懿，孙心观、心空、心月，乾隆十九年七月十五日到此朝谒流通法华经一部金刚批注等经。

瓜州榆林窟第六窟二层甬道南壁题记：

乾隆八年五月十八日进香

因为诚心进香炉

卒领众兵到佛前

千佛古洞世上少

山水连连万万年

沙州协标左营功加把总加一级赵连壁率众外委旗队兵丁叩

外委

方必成

①陈光文《敦煌莫高窟清代游人题记研究》，《敦煌学辑刊》2016年第1期。

李攀富

高　伏

张廷禄（？）

马守隆

杨进虎

嘉庆七年六月十五日朝山奉献

山西平阳府襄陵县弟子杨建科施舍云梯一架敬□

嘉庆十九年六月初六日安西弟子王大国，子王宪龄、王泰龄，孙□儿

沐手焚香上叩

诸佛拥护保佑合家人等出入顺利万事亨通许愿朝山三年敬叩

　　随着对莫高窟、榆林窟等敦煌石窟的修缮、维护，这些石窟开始吸引更多僧俗群众前往礼拜、观瞻，并且随着各类游人的到来，为我们留下了内容更为丰富多彩的题记。与敦煌社会历史发展相一致，莫高窟的兴衰，正说明了其作为历史上的佛教圣地，在清代仍然受到人们顶礼膜拜，是清代佛教在敦煌复兴的一个表证。敦煌莫高窟第146窟甬道南侧壁上嵌有一方民国五年（1916）《重修千佛洞宝贝佛殿功德碑记》木碑，其文曰：

　　　　敦煌之有千佛洞，由来久矣。稽诸邑乘，证诸父老，亦莫详其所自始、述其所以来也。历观古碣，惟唐为盛。自前清定鼎以来，洞宇如旧，佛像犹新，级有三层，像约万数。洞各千佛，实不止千，不过总其成数而已。每年四月八日，相传为浴佛会，邑之士女邀福酬愿者，络驿不绝。诚为一邑之胜境焉。[1]

碑文所记，便是最好的佐证。并且，从游人题记反映的地域范围和人员来看，相比于唐宋间敦煌佛教的兴盛，自元明清以来，敦煌佛教尽管处于式微状态，但仍然吸引了大批佛教信士来敦煌礼佛、进香许愿，做佛教功德，佛教对社会生活的影响始终存在，敦煌作为佛教圣地的地位仍然影响着人们的信仰方式。

二、游人题记反映的大众佛教信仰内容

　　佛教传入中国后，为了向僧俗大众宣传其教义，不断采取各种手段，以故事化、通俗化的形式宣传佛教，以期使深奥的佛教义理通过大众化的传播手段为各阶层信众所了解和掌握。敦煌藏经洞出土文献表明，到唐宋时期，宣传佛教的通俗读物更是多种多样，诸如讲经文、变文、因缘、话本、

① 李永宁《敦煌莫高窟碑文录及有关问题》，《敦煌研究》试刊第2期，甘肃人民出版社，1982年。

小说、佛家赞辞、俗曲（五更转、十二时、百岁篇、十恩德）、儿郎伟、劝善文等，这些通俗读物语言流畅，通俗易懂，故事性、趣味性强，适于听闻，因此十分受欢迎，流传广泛。特别需要指出的是，上述各类通俗读物不仅仅以文本形式在社会上流传，而且以说唱形式，或由僧人在宗教集会上说唱，或由艺人在集市赛会上讲唱，这就使得广大中下层群众，尤其是文化水平较低的群众也能掌握佛教知识，因此，各种通俗读物的传播，成为唐宋时期敦煌大众接受佛教知识的一条重要途径。不仅如此，有些通俗读物还被视同佛经一样庄严，和佛经一样被供养、诵读、抄写或施舍流传。这种以通俗方式宣传佛教义理，鼓励人们信仰佛教的形式，自清代以来，仍然在全国各地流行，如各类劝善文书的大量出现，便是一例。而流行于河西地区的宝卷，既与敦煌变文、俗讲有某些渊源关系，又是具有地方特色的一种通俗宣传佛教义理的方式，敦煌石窟也成为最为便利而形象地宣扬佛教的手段。榆林窟第14窟前室北壁一则藏头为"南无阿弥陀佛"的题记，便是明证：

　　南字本是天地根，长养万物一气生，上生天来下生地，生天生地生人根。

　　无字本是如来家，要除生死连根发，寻着无字是正体，要到西方路不差。

　　阿字本是空地门，观见弥陀其向云，一声□开生死路，灵山顶上见世尊。

　　弥字本是□□□，□□□□两边□，（？）开混元生路径，半夜三更见太阳。

　　陀字本是一只船，度了文殊度普贤，善人度在娑婆岸，要相成佛亦不难。

　　佛字本是真宝地，全莲台上见消息，三千诸佛同了道，清风明月尽皈依。

　　来人念佛南无阿弥陀佛

　　宣统辛亥六月初六日玉门县弟子济世居士集（？）三王陈有途（？）

　　莫高窟第16窟前室西壁门北面有一方类似劝善书的文字，更让我们了解了儒释相间，劝善修行的内容（图1）：

图1　莫高窟第16窟前室西壁门北　劝善文

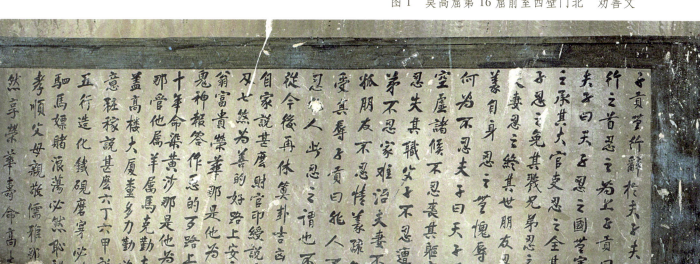

子贡欲（？）行，辞于夫子。夫子曰"百行之首，忍之为上。"子贡曰："何以为？"夫子曰："天子忍之国无害，诸侯忍之承其大，官吏忍之全其职，父子忍之免其戮，兄弟忍之家必富，夫妻忍之终其世，朋友忍之全其义，自身忍之无愧辱。"子贡曰："何为不忍？"夫子曰："天子不忍国空虚，诸侯不忍丧其躯，官吏不忍失其职，父子不忍遭其戮，兄弟不忍家难治，夫妻不忍临身孤，朋友不忍情义疏，自身不（忍。案此处疑漏写'忍'字）受其辱。"子贡曰："非人不忍，不忍非人，此忍之谓也"。不外乎从今后再休算卦，吉凶事只问自家。说甚么财官印绶，说甚么羊刃七煞。为善的好路上安身，八十翁富贵荣华，那是他为人高（尚。案此处疑漏写"尚"字），鬼神报答；作恶的歹路上等他，□十年命染黄沙，那是他为人短诈，那管他属羊属马。克勤克俭，起盖高楼大厦；粪多力勤，必然得意庄稼。说甚么六丁六甲，说甚么五行造化。铁砚磨穿，必然高车驷马；嫖赌浪荡，必然耻体□□。孝顺父母，亲敬儒雅，那……然享荣华寿命高□……

从第 16 窟前室相关题记及甬道所立碑文，我们大体推断这段文字题写于民国年间。据敦煌研究院李国、王海彬研究，本文前部夫子与子贡对话部分源于《明心宝鉴·戒性篇·景行录》，不过对话的人物由子张改为子贡而已。[①]其实，《景行录》为元朝史弼所撰写的道德教育读物，收录格言百余条，《明心宝鉴》的作者在编辑本书时引用了《景行录》中的有关句子。《明心宝鉴》是元末明初范立本整理编辑的劝善启蒙书，也是最早被译介到西方的中国古籍，成为明清时期最有影响的劝善启蒙读物。这段文字出现在莫高窟里，不仅可以使我们了解《明心宝鉴》在民国年间的流行情况，更重要的是，其中所讲内容虽与传统儒家思想有关，但其间所透露的"善有善报，恶有恶报"的因果报应思想，是出现在莫高窟的重要原因。这段文字，多年来未曾受到关注，也未见有文字公布，现逐录如上，与大家共享。

笔者认为大众佛教的特点之一，是对经典的供养和对佛教诸神的崇拜，代替了对佛教义理的探寻，因此，经像崇拜就自然成为大众佛教的内容。佛教在自身发展过程中，由最初的反对神祇崇拜逐渐发展为将释迦牟尼神格化，并构建出一套神祇体系，允许人们顶礼膜拜。佛教在向大众传播过程中，正是借助大众对传统神仙方术的认同，通过各种方式，夸大和神化佛教诸神的神力，并由此形成一系列人格化、偶像化的神祇信仰。佛教为中国的信仰者贡献了诸多新的神灵，这对于本来就有多神信仰的中国大众来说，又有了新的膜拜对象。敦煌石窟塑像、壁画，以及藏经洞出土的绢、纸画当中，佛、菩萨等佛教诸神被安排在最突出、最重要的位置，形象也最为高大神圣，佛教诸神不仅在石窟、寺院的殿堂里受到僧俗各界的崇拜，而且被请到坊巷里社，甚至信仰者家中的佛堂佛龛中供养。除了佛教神灵，敦煌文献还表明，在敦煌大众的认识中，不仅是佛教经典本身，所有宣演、赞扬佛法的作品，例如讲经文、佛教变文、佛家辞赞（如《太子五更转》《法体十二时》《归极乐去

① 李国、王海彬《敦煌石窟研究的新视角——以莫高窟儒、释、道游人题记为中心的考察》，《丝绸之路研究集刊》第 5 辑，商务印书馆，2020 年，第 186 页。

赞》《十恩德赞》之类）灵验记等等，一概认为神圣庄严、具有法力，视同佛经一般进行供养、观瞻、诵读、抄写或施舍流传。在经像崇拜中，敦煌大众通过神灵功能的确认，而确定对神的角色的认同。对敦煌大众而言，无论是佛经的抄写，供养，还是对神灵的膜拜，他们关心的并非其中深奥的义理，而是他们视为神圣的经典与佛像。在他们心中，经典与神佛是善和道德的象征与化身，借助经典和神灵的力量，对人们进行教化和约束。他们开石窟、建寺庙、建佛堂，把他们信仰和崇拜的神，高高地供养在石窟和寺庙里，他们相信这些神佛掌握着他们进入天国或地狱的门票，于是他们自觉自愿地皈依佛教诸神，为自己修善除恶，积累功德。信仰者通过求神拜佛表达向佛的心愿，他们希望用这种方式建立起与佛教神灵的联系，这样当他们向神灵发出求助的信号时，佛教诸神或救他们于苦难，或带他们于福地。对于占人口大多数的普通大众来说，他们的佛教知识与思想更多地来自佛教神殿，来自内心对佛教诸神的皈依而不是对教义的理解，对经典的崇拜而不是对经典的研读。清代对敦煌石窟的修缮，主要是新塑或者对残损塑像的修补，包括佛、弟子（迦叶、阿难）、菩萨（观音、文殊）、天王等，最能反映敦煌大众的信仰特色。而更多的题记则表明，僧俗群众来敦煌石窟的目的之一，就是求神拜佛。我们也不妨罗列数条题记如下。

莫高窟第454窟主室北壁东侧《梵网经变》下方题记栏内（图2）：

> 维　乾隆元年岁叙丙辰四月癸巳八日壬申，欣逢　祖佛瑞诞之辰，是以杨如柏在此修设兰
> 筵诵经
>
> 　本贯武威人氏
>
> 　　久闻敦煌有雷隐
>
> 　　只见沙岭不见形
>
> 　　早朝起来往东走
>
> 　　一直上了摩天岭
>
> 　　沙岭崖下有水流
>
> 　　但看梧桐绿华浓
>
> 　　回首不见城和寨
>
> 　　低头拜佛鬼神钦
>
> 　　　杨如柏叩

十三年后，一位道士又在杨如柏题诗中间，插了一首诗，反映了敦煌佛道交融的特色：

> 沙州燉煌郡　旧有小雷音
>
> 今朝来到此　佛像即此身
>
> 乾隆十三年六月初三日凉武玄弟子张维绪、篆名精始叩

榆林窟第6窟二层门北侧西壁下层：

> 光绪甲辰年
>
> 弟子拜佛来

图 2　莫高窟第 454 窟主室北壁东侧《梵网经变》下方题记栏内

　　　　诚心来梵香

　　　　四季保平安

　　　　七月七日提笔

　　　　明（民？）国元年

　　　　弟子拜佛来

　　　　诚心来梵香

　　　　四季保安平

　　　　六□玉门雷兴成

榆林窟第 6 窟木正门背：

> 万佛通灵保合境
>
> 一家大小得安宁
>
> 若要年々来朝佛
>
> 富贵永佑保长生
>
> 渊泉道士书
>
> 酒泉人

榆林窟第 6 窟甬道北壁：

> 诚心叩佛上宝峡
>
> 古佛万层真仙洞
>
> 世人存心多向善
>
> 添寿增子丰光年
>
> 玉门^{信士}弟子七人张玉成提笔

莫高窟第 138 窟甬道北壁还愿文（图 3）：

> 光绪十一年（1885）七月初七日，弟子刘天添诚心还愿，灵应男童千佛保，长命百岁，万事亨通。原籍系凉州府武威县大渠东北乡板槽下沟居住，刘家新庄子巽山乾的住宅，诚心还愿一回。
>
> 十年四月初六日求男，十一年四月初旬天赐一男童，乳名千佛宝（保）。大吉大利。

> 光绪卅年四月上旬
>
> 弟子任运熙叩恳
>
> 光绪卅一年正月初旬
>
> 生下童男全禄儿
>
> （笔者案，光绪三十年的这则题记为竖写，其上还有横写四字"有求必应"）

莫高窟第 454 甬道南壁第二身供养人像衣袍上题记：

> 弟子来朝山
>
> 四季保平安
>
> 求儿来年生
>
> 挂袍把油添

如果说，求神拜佛体现了大众佛教信仰的重要内容，那么游人信仰目的或许让我们更加清楚大众佛教信仰的特色。

佛教还为信仰它的大众提供了如何获得幸福与消灾除厄的知识与思想，把出世的教条转化为入

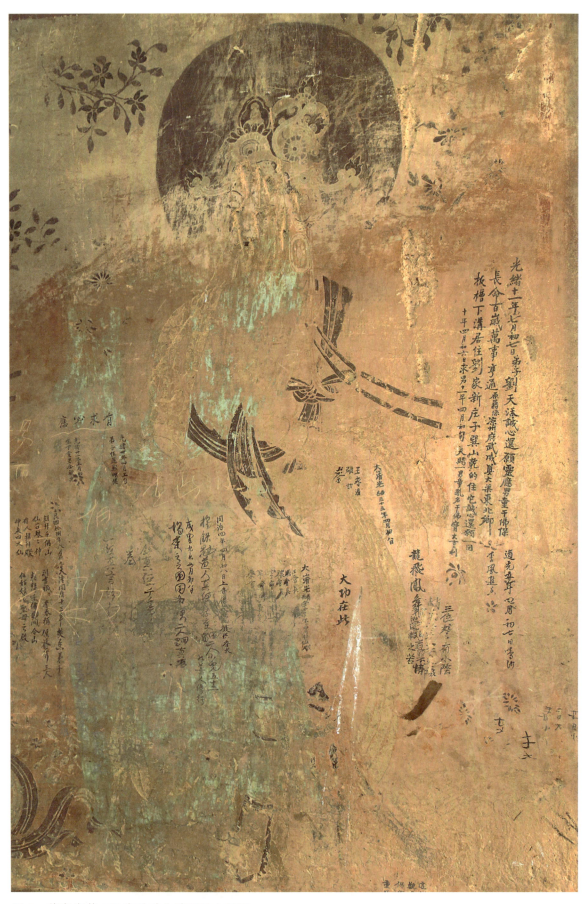

图 3　莫高窟第 138 窟甬道北壁还愿文题记

世的利益。这些关于解决人生幸福与困厄的思想，与敦煌大众的生活观念与普遍想法想契合，深深地影响着敦煌大众，并成为他们追求人生幸福和宗教救赎的信条。对于来敦煌石窟的游人而言，他们所表达的信仰目的不是为了追求终极的精神超越，而是通过信仰实践来获得解决问题的技术与方法；也就是说，信仰者通过各种功德活动，希望获得现实生活中的利益。这些利益在当时来说，就是国家的安宁，家族、家庭的平安，子孙的繁衍，五谷的丰登，都是与他们生产生活息息相关的世俗利益。我们试列举民国期间的几则游人题记。

榆林窟第 6 窟门外北墙有两则题记言：

吾辈来此千佛洞

诚心虔叩诸圣辰

默佑众生四时泰

庇护安邑万载宁

乙丑年荷月伍日

信士　段复泰

陈学曾　仝沐手百拜

秦秀科

（乙丑年当为 1925 年）

六人一同来朝山

佛爷保我无灾难

念经朝斗消苦难

佛祖保佑回家转

民国廿九年六月初六日玉化堂弟子　张□叩

莫高窟第 136 窟前室南壁有民国年间甘州进香游客题记：

千佛面前来叩首，

保佑凡人乐安宁。

今年诚心来焚香，

来年还是报神恩。

千里路上出了门

来到敦煌千佛洞

叩首拜过千佛祖

保佑弟子乐安宁

大中华民国十七年古四月初五日

甘州东乐县三堡金山香汀笔

莫高窟第383窟主室西壁龛下南端观音像身后民国二十六年（1937）游人题记（图4）：

佛菩萨摩诃萨一心圣愿

生母常安乐，先亡获超罪。

现眷得福慧，师友悉康宁。

消除已身业，增长胜善根。

法界诸含识，同证无上道。

（笔者案：莫高窟第365窟窟门外南壁有同样内容的题记，"廿六年夏蝶娱馆主韩军秉诚至此，普礼诸佛菩萨摩诃萨一心圣愿"，而第383窟则有"廿六年夏开封韩馨（？）武因赈务来敦，虔诚普礼"。这两个洞窟相距不远，题记字体相同，许愿内容一致，或许二人为同一人。）

莫高窟第443窟西壁游人题记：

宽心留诗许愿心，

恐误佛爷那一尊。

图4 莫高窟第383窟主室西壁龛下南端观音像身后游人题记

若待发迹回家早，

另塑佛身贴赤金。

民国廿八年五月廿二日

陕西三原县弟子 崔宽心作

莫高窟第 454 窟木门正面右（南）扇门上：

弟子来到大佛殿

时运不通拜□□

许下喜文事百篇

保佑弟子孝□亲

民国□七年□□□□□拜

如前文所言，清代以来，到莫高窟参观礼拜的人并非来自敦煌一地，而是来自全国各地，身份以普通大众为主。他们在莫高窟、榆林窟等处留下题记，表达信仰，目的不是为了追求终极的精神超越，通过这种信仰表达，希望获得现实生活中的利益。因此，敦煌石窟历代游人题记从一个侧面，印证了笔者所提出的"大众佛教"的特征。

三、游人题记反映的大众对佛教信仰的迷茫、困惑与批判

更为有趣的是，敦煌石窟游人题记反映的佛教内容远不止上述这些，还有更为广阔的内涵。比如对佛教信仰的迷茫和困惑。大家都知道，生活在东晋后期的戴逵是著名的书法家、雕刻家，也是一位虔诚的佛教徒，他以自己坎坷一生的命运为例，写了《与远法师书》和《释疑论》两封信给慧远大师，就现世社会出现善人得恶报、恶人得现报的情况，表达了他对善恶报应的怀疑。慧远于是作《三报论》以答之，《三报论》的副题是"因俗人疑善恶无现验而作"，表明解决这一问题具有普遍意义。中国佛教中的因果报应思想，实质上就是经过慧远等思想家整理过的因果报应说。但是这个问题仍然困惑着现代人。榆林窟第 6 窟一层木门外南壁长眉罗汉画像旁有两则题记（不在同一位置），表达的就是现代人的困惑：

其一曰：

行善人朝朝不乐，

作恶人夜夜生（笙）歌，

忠厚人忍饥受饿，

奸诈人狂骗财多。

具手念佛问弥陀，

弥陀无言对我。

长眉罗汉哈哈笑：

不因看眼前快乐。

是问老天待如何？

且看收圆结果。

其二曰：

欲悟至道却无缘，

可怜苦志二十年。

披毛戴角能成正（？），

惟人为何得道难。

前人

而在莫高窟第16窟前室西壁门南墙壁上，有一首陆孙祥题名的诗：

修行悟道最高上，一日丹成寿无疆。

总要受得人毁谤，有始有终有吉祥。

不但阻拦有尊长，还有恩爱非寻常。

年初本是神仙样，三宝满足似金刚。

知识一开日放荡，十恶八邪满尸腔。

又加娇妻美容像，无限波涛有愁肠。

生下儿女结成党，寒来暑往要衣裳。

盘盘算算精神丧，不觉就是两鬓霜。

纵要冲天大志向，奔波劳碌好悲伤。

正是恩枷爱如纲，不能识破枉思量。

父母爱惜不由往，烦恼怎能上九天。

奉道修真不思想，恩爱牵缠没下场。

此是三难对你讲，看不穿时落汪洋。

天地的大道清雅，正堂堂合得三家。

日月初照满天下，谁不见郎郎光华。

雷霹雳声音多霎，远近闻岂比青蛙。

外旁门异端小法，唧唧虫呼唤呱呱。

左开弓有右去扯，拉抱着头立定身价。

手搓热满面云擦，气存在丹田之下。

若叩齿牙咬紧牙巴，枝叶上摸索总假。

争事非你错我差，书符咒不合造化。

所修谓也。

己巳阳和月　陆孙祥拙笔

查阅中国年历，清末至现代己巳年分别是为 1869 年、1929 年、1989 年，据第 16 窟前室相关题记及甬道所立碑文，并参阅斯坦因相关笔记，此己巳年当为 1929 年无疑。陆孙祥此人虽情况不明，但所抒写的个人修行与世俗生活的矛盾，却代表了那一代人的困惑。

所以佛陀总结出"空"的智慧，教人们凡事不必过于执着，应以平常心待之，心无挂碍，得失从缘，超然物外，便可轻松安祥地做更多有益的事情，生活也会更加幸福吉祥。如此人生智慧，真正感悟者有多少呢？而处在俗世间的有情之人，又有多少人能践行这一点呢。

莫高窟第 454 窟甬道北壁第 7 身供养人像身上，有人写道：

> 佛在灵山莫远求，
>
> 灵山只在汝心头。
>
> 人人有个灵山地
>
> 好在灵山地（底）下修
>
> 癸酉年古四月十八日题诗一首

这首感悟诗有着满满的禅意。原来这位游客化用了被认为是南宋慧开禅师创作的一首偈诗。全诗如下：

> 春有百花秋有月，夏有凉风冬有雪。
>
> 若无闲事挂心头，便是人间好时节。
>
> 善是青松恶是花，看看眼前不如它。
>
> 有朝一日遭霜打，只见青松不见花。
>
> 面上无嗔是供养，口里无嗔出妙香。
>
> 心中无嗔无价宝，不断不灭是真常。
>
> 佛在灵山莫远求，灵山只在汝心头。
>
> 人人有个灵山塔，好向灵山塔下修。

但笔者注意到，只有"春有百花秋有月，夏有凉风冬有雪。若无闲事挂心头，便是人间好时节"四句为南宋慧开禅师所作。慧开，俗名姓梁，字无门，临济宗杨岐派禅僧。慧开于南宋绍定元年（1228），在福州永嘉龙翔寺，应学人之请益，从诸禅籍中拈提佛祖机缘之公案古则四十八则，加上评唱与颂而成《禅宗无门关》一书，以上四句诗便是其中"平常是道"一则。[①]而"善是青松恶是花，看看眼前不如它，有朝一日遭霜打，只见青松不见花。"学者认为是明初政治家刘伯温所作。"面上无嗔是供养，口里无嗔出妙香，心中无嗔无价宝，不断不灭是真常。"似也不是慧开所作。《五灯会元》卷 9《无著文喜禅师》记载，此偈为杭州无著文喜禅师于唐大中初年到五台山华严寺，见童子说偈："面

---

① 《大正藏》第 48 册，No.2005，《禅宗无门关》，第 295 页。

上无嗔供养具，口里无嗔吐妙香。心里无嗔是珍宝，无染无垢是真常。"①可见这首偈语产生于唐代。《五灯会元》成书于南宋淳祐十二年（1252），作者普济和慧开禅师同为临济宗杨岐派禅僧，他们二人所处时代相同，无著文喜禅师在五台山华严寺的这几句偈语，应该有所流传，而为二人所知，但非慧开所作。"佛在灵山莫远求，灵山只在汝心头，人人有个灵山塔，好向灵山塔下修"则出自《西游记》第八十五回：唐僧师徒四人辞别钦法国王，一路西去，忽逢一高山阻路，唐僧顿觉神思不安，孙悟空讲解乌巢禅师的《多心经》，其中有四句偈语："佛在灵山莫远求，灵山只在汝心头。人人有个灵山塔，好向灵山塔下修。"②笔者认为这应当是莫高窟第454窟甬道北壁游人题记的真正来源，因为清代以来，《西游记》在敦煌的流传要比《禅宗无门关》更为流行。题写者很可能是一位修习禅宗的僧人，当来到莫高窟时，才有所感悟，遂题壁石窟，留下了这几句文字。

我们还注意到，后人甚至将五代僧人契此（布袋和尚）写的"手捏青苗种福田，低头便见水中天。六根清静方成稻，后退原来是向前。"明代诗人于谦"千锤百炼出深山，烈火焚烧莫等闲。粉身碎骨都无怨，留得青白在人间。"也添加进来，使得这首"平常是道"偈语越来越长，增加了更多层次的意味在其中。笔者学力不逮，仅就上述题记来源妄作上述勾勒，正解与否，还请方家不吝赐教。

"佛在灵山莫远求，灵山只在汝心头，人人有个灵山塔，好向灵山塔下修。"对修行者来说，佛不在别的地方，觉悟不在别的地方，它就在你心的中。而对世俗大众而言，你所追求的幸福、快乐、平和、宁静，都不可能从别人或者别的地方获得，所有的事情都要靠自己，因为那个觉悟的世界就在你的心里。

于是有人化用清人萧锦忠的《闲居即兴》诗，在榆林窟也题写了如下的感言（榆林窟第5窟西壁北侧）：

> 依山靠水房数间，名也不贪，利也不贪。
>
> 粗米淡饭饱三餐，早也香甜，晚也香甜。
>
> 布麻絮丝棉，长也可穿，短也可穿。
>
> 一对犁牛盘顶田，收也平（凭）天，荒也平（凭）天。
>
> 雨过天，架令船，琴在一边，酒在一边。
>
> 夜于（与）妻子花灯前，可（今）也言言，古也言言。
>
> 日高三丈有（揉）我眼，谁是神仙？我是神仙！
>
> 奴平小乙
>
> 清同治元年四月八月敬香弟子武生王裕堂叩

榆林窟第3窟窟门内南侧，也有一则与之旨趣相同的题记：

---

① 普济著，苏渊雷点校《五灯会元》中册，中华书局，1984年，第545页。
② 吴承恩《西游记》，人民文学出版社，1980年，第1024页。

　　世人笑我不耕耘

　　我笑世人空劳神

　　学不求禄禄自得

　　君子忧道不忧贫

　　山右吕占魁书

在榆林窟第 11 窟（龙王洞）窟门内北侧、第 6 窟一层甬道、二层甬道都有吕占魁相同题记，时间据第 6 窟题记，当在道光辛卯年（1831）四月八日。吕占魁，有学者著录为"吕六魁"，当为误读。颜廷亮先生在《榆林窟题记中的文学作品及其意义略说》[①]一文中认为，诗中"山右"即为山西省代称，吕占魁或为山西游人或为在安西（瓜州）做官的山西人，时代当为清嘉庆（1796—1820）年间，兹从之。明代唐伯虎《桃花庵歌》里有"别人笑我太疯癫，我笑他人看不穿。"此诗是否化用唐寅之诗，尚且不论，但诗中借用孔子《论语》中"君子忧道不忧贫"之语，反映的安贫乐道的思想，却又和前一则题记有异曲同工之处。

　　在榆林窟第 6 窟一层木门外北壁，有一处对礼佛不敬者的批评，则更有生活的情趣：

　　佛洞清净系西天

　　凡民朝山（？？）虔

　　大殿面前拴驴马

　　后宫内中妇女眠

　　如此焚香神不愿

　　反造（？）办深罪愆

　　自己作孽自思改

　　傍人相劝是浮言

　　春和题

　　1949 年以后，唯物主义、无神论成为主流意识形态。从这一时期敦煌石窟游人题记来看，游人的信仰也发生了变化，题记中出现了对佛教信仰的批判与否定，更多的仅是将敦煌石窟当作一处古迹而"到此一游"的，表明人们对佛教信仰的淡漠。

　　1973 年，在全国掀起农田基本建设的高潮中，安西县（现瓜州县）也在榆林窟不远的榆林河谷修建水库，灌溉农田。劳动之余，有人来到榆林窟参观，在第 6 窟一层甬道北壁题写了如下诗句（图 5）：

　　劳动之余历胜地

　　祖先遗迹堪称奇

---

① 颜廷亮《榆林窟题记中的文学作品及其意义略说》，《丝绸之路》2011 年第 18 期。

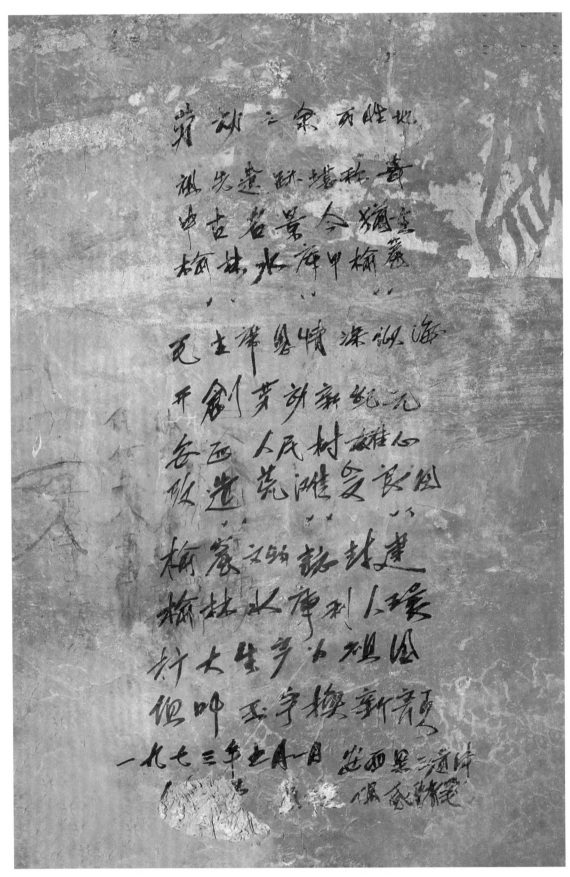

图 5 榆林窟第 6 窟甬道题记

中古名景今犹在

榆林水库甲榆窟

毛主席恩情深似海

开创劳动新纪元

安西人民树雄心

改造荒滩变良田

榆窟文物志封建

榆林水库利人环（寰）

扩大生产为祖国

但叫玉宇换新颜

一九七三年七月一日安西县三道沟

（笔者按：两人名漫漶）偶感随笔

这首题诗的观念与态度已是非常明确，无需解释。我们还可再拣出几条。

莫高窟第 14 窟前室北壁游人题刻：

百花定在春天开

远离家乡来游玩

游玩来到千佛洞

观看□□已经完

　　苗念

　　河南郑州

莫高窟第 205 窟甬道北壁，铅笔题写（图 6）：

这里由去青海石油

部工作的同志游过，

为了纪念特题上感想：

祖国（案：以下原有字，现有被擦痕迹，字迹不清），

在心腹中还藏有我们祖先的□□（案：被擦），

我们感到做一个中国人的□□（案：被擦），

做一个新中国毛泽东时代的青年

更加骄傲，我们要依（以）无比的

智慧和热情建设我们

的大西北。

（笔者案：青海油田 1954 年开始勘探，本题记为繁体书写，应是 1964 年 5 月中国文字改革委员会出版《简化字总表》之前的字体，因此判断此题记当作于 20 世纪 50 年代。）

图 6　莫高窟第 205 窟通道北壁游人题记

莫高窟第 367 窟主室南壁红笔题写：

　　跨渡当金来佛洞

　　千佛端坐各窟中

　　忆古祖国唐宋史

　　继续革命向前冲

　　青海省公路处机械队

　　八一参观

　　千佛洞

　　□□铭叶□新□□人题

莫高窟第 454 窟甬道北壁第四至五供养像之间铅笔题写：

　　五四青年节

　　慢游千佛洞

　　虽说以（已）古老

　　但是更好看

　　　五四留念

　　　王丽燕

莫高窟第 464 窟前室南壁：

　　青海省汽车运输公司汽车七三八场

　　周远军、王岁德、郭玉桂三人到此一游

　　三人都有同样的感觉：

　　历史记□和平□

　　劳动人民普（谱）新篇

　　　　　1975 年 7 月 20 日

莫高窟第 4 窟前室北壁铅笔题记：

　　古闻甘肃千佛洞

　　可惜无缘来贵地

　　今巧为国来建设

　　便遊神山於留念

　　　浙乐工程队

　　　一九七六年九月十九日

　　这些有着明显时代烙印的题记，为史书所不载，但对我们了解中华人民共和国成立至改革开放这一时期，中国宗教的演变及大众的信仰趋向极具价值。

四、游人题记中佛道相融

　　如前所言，清雍正三年（1725）以来，清政府接受川陕总督岳钟琪的建议，自甘肃 56 州县向敦煌有计划、大规模地移民屯田，敦煌地区的社会经济开始复苏。伴着移民到来，生产恢复，经济发展，敦煌地区的文化重建活动也随之开始。有学者指出"这次文化活动的主人都是外来移民，他们将各自从西北 56 州县带来的地方文化进行了杂糅组合，形成了一种新的敦煌文化"，[1]这是颇有见地的认识。而这种文化反映在敦煌石窟中，一方面以莫高窟第 138、454 窟为代表的一批洞窟，被改造成为具有道教色彩的"娘娘殿"，佛像被灵官、送子娘娘所代替，远在敦煌之外的榆林窟也是如此。另一方面，游人题记里也出现了不少与道教相关的题记。

---

①杨宝玉《敦煌史话》，社会科学文献出版社，2011 年，第 149—150 页。

莫高窟第 34 窟前室西壁门北：

> 昨夜梦不祥
>
> 今朝书在墙
>
> 太阳来临见
>
> 凶々化吉祥
>
> 　　吾奉
>
> 太上老君急々如律令千年大吉

莫高窟第 95 窟主室中心龛柱东向面甬道门北侧：

> 大清嘉庆二十二年七月初七日道德腊之辰，西宁府县西川镇海堡人唐成斗、唐明九，石匠、沟人山有铭、王敦铭同来此地进香，在于大佛殿内讽金刚弥陀经各一卷，太上诸品仙经宝号，祈消愆减罪，早超彼岸，天下太平，共乐升平之世也。

莫高窟第 98 窟甬道南壁供养人像列西起第一身供养人像绿底榜题栏内，有铅笔书写的民国二十一年（1932）组织军队清理积沙时的题记，明确指出"僧道两教敬神佛"：

> 民国贰拾壹年
>
> 远看青山一片石
>
> 来到青山有贵处
>
> 千々佛爷在洞里
>
> 三大寺院修的新
>
> 僧道两教敬神佛
>
> 骑五十三团赶沙子
>
> 千年古洞见天日

莫高窟第 152 甬道北壁西起第七身供养菩萨身上书写：

> 武当山太玄道人真阳子今
>
> 乾隆四十年四月初八日到此朝山

相同题记也出现在莫高窟第 166 窟主室南壁观音菩萨像前：

> 武当山太玄道人真阳子今
>
> 乾隆四十年四月初八到此朝山

莫高窟第 148 甬道二门北面门框旁墨书一行：

> 龙门洞金符山授戒弟子张来德至嘉庆十年九月廿一日朝礼

同窟甬道二门外北侧墨书二行：

> 　玄门弟子吕义寿到
>
> 千佛洞十（释）迦佛爷遵（尊）下

甬道二门内南侧墨书：

嘉庆九年玄门弟子潘永归叩拜

嘉庆十年玄门弟潘永归叩拜徒颜元子□□叩

乾隆十三年六月初三日凉州

武威玄裔弟子张维绪篆名精始到此

同窟主室东壁门北侧下方第二身供养人像榜题栏内竖写：

大清陕西安沙州西云观出家道人马合庆叩

莫高窟237窟主室东壁门北：

道光十六年四月初七日诵经

  嗣教弟子同叩上祝

佛祖圣诞之辰建醮讽诵仙经蒙

神灵永佑万事如意百福千祥

  一诚上达

  百事皆通

  岁次丙申七日叩

莫高窟第366窟主室南壁：

王子去求仙

丹成入九天

洞中方七人(日)

世上已千年

云山道人笔

莫高窟第454窟主室北壁墨书：

乾隆元年四月初七武当会一会人等到此建醮

莫高窟第454窟甬道南壁第二身供养像榜题上端题记，留下了佛教僧人与道士结伴到莫高窟诵经的题记，别有意味：

  临洮狄道州　玄门弟子朱成相

大清乾隆十八年四月初八日诵经　　　　二人虔叩

  临洮狄道州　报恩寺僧人照永

无独有偶，第196窟甬道南壁西起第二身供养人衣袍前下方题写"咸丰十一年四月十五日玄门弟子徐德、李春云，僧人七斤子敬叩"，应该也是佛道弟子共同礼拜莫高窟的记录。

同窟甬道南壁第四身供养像衣袍上题写：

玉皇敕令下九天

王母蟠（蟠）姚（桃）会八仙

太极八仙来上寿

　　　天降长寿不老丹

　　　伊吾云山弟子萧立恒敬叩

此则题记无时代，从甬道南壁第六身供养像身上墨书题记可知作于清同治五年（1866）：

　　　西方我佛在此山

　　　世人朝山□□□

　　　若要不姓（信）抬头看

　　　半岩尽是古神仙

　　　同治五年三月二十日伊吾云山弟子萧立恒敬叩

　　榆林窟第 6 窟二层门北侧西壁下层：

　　　云游胜境漫参禅

　　　不是前缘有后缘

　　　福地洞天真自在

　　　世间极乐是神仙

　　　楚北圻水方锡庚（侯）官安西□二次

　　　同　杨受□□□等并刘队长来

　　　山，随笔写意

莫高窟第 152 窟东壁门南存有一纸清光绪十五年（1889 年）道教仪式榜文，这类纸质榜文在莫高窟第 138 窟、第 454 窟等洞窟都有留存痕迹，说明莫高窟一度已经成为道教举行斋醮科仪的场所。我们知道，道教的斋法与醮仪是道教的祀神仪式，也是道教最重要科仪。在道教发展过程中，道教的斋法与醮仪融合成为同坛举行的斋醮，斋醮科仪格式趋于完备。道教宣称斋醮具有度世之功，可"上消天灾，中镇国祚，下度人民"。①道教斋醮的祈禳、济度功能，可以通过仪式的象征表现，达到祈福消灾、济生度死的目的。这也是敦煌石窟在清代成为道教斋醮之所的原因。道教的起源，与大众的民间信仰息息相关。道教斋醮科仪中祭神如神在的信仰观念，能充分满足普通大众对生命的祈求，对祖先亡灵的济度，更符合大众的祭祀需求与信仰习俗，因而敦煌石窟内留存的道教斋醮仪式榜文，有着明显的大众化色彩（图 7）。

　　对于敦煌莫高窟、瓜州榆林窟众多道士的题记，学界一致的观点是，这类道士题记表明了莫高窟已非佛教独尊的圣地，也成为佛道相融的场所，②这一方面是与敦煌地区新移民的到来有关。另一方面，来到敦煌石窟的道士，除甘肃各地之外，还有来自今新疆、陕西、湖北及江南地区的道士，他们当中有不少清代道教著名流派，如正一派、武当派、龙门派的道士，甚至出现了僧人与道士结

---

① 《道藏》第 30 册，上海书店，1988 年，第 779 页。

② 利用游人题记的研究成果，可参见李国《榆林窟道教游人题记刍议》，《敦煌研究》2020 年第 3 期。

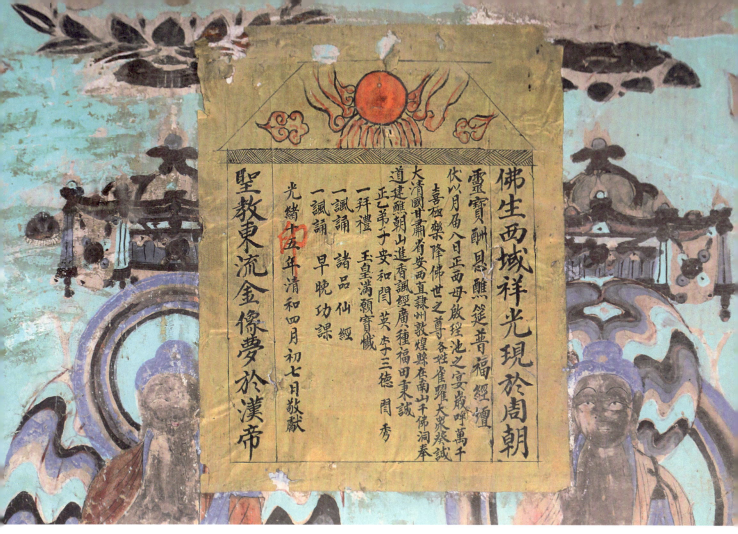

图 7　莫高窟第 152 窟东壁门南道教斋醮榜文

伴来到敦煌石窟。从敦煌石窟道士题记、相关洞窟中保存的道教科仪的榜文，以及榆林窟第 23 窟清代道教壁画中可以看出，道教教义与道教伦理对民众日常生活的影响，尤其是蕴含儒家伦理与佛教因果报应思想的道教伦理观念，更是影响着普通民众的心理和行为，在大众层面体现出"三教圆融"的宗教特色。笔者在研究敦煌藏经洞出土文献中的道教文献时，曾指出唐宋时期敦煌道教的大众化特色。清代以来，敦煌石窟中的道教题记虽不是唐宋敦煌道教的延续，却是元明以来，中国道教不断大众化、世俗化的结果，在清代以来更加体现了大众化的色彩。这些为史书所不载的道教题记及相关内容，为我们认识清代以来中国道教发展的特色，提供了一个真实而新颖的视角，这也是为什么发现敦煌藏经洞的是一位道士的原因。

五、敦煌学研究的新材料

20 世纪以来的考古发现，改变了人们的思想世界。考古发现对学术研究的意义越来越为人们所认识，研究者在各自的研究领域对此进行了精辟的阐述。就敦煌学而言，1930 年，著名学者陈寅恪先生为陈垣先生《敦煌劫余录》所作序言中就说："一时代之学术，必有其新材料与新问题。取用材料，以研求问题，则为此时代学术之新潮流。""敦煌学者，今日世界学术之新潮流也。"①陈寅恪先生的这一著名论断早已为敦煌学界所熟知。而敦煌学之所以成为如陈先生所言的，为"世界学术之新潮流"，自然是由于 1900 年敦煌藏经洞文献的出土。百余年来，流散于世界各地的藏经洞出土文献陆续公布，利用敦煌文献、敦煌石窟资料进行研究的领域也在不断扩大，研究成果更是硕果累累，我国敦煌学自 1949 年以来的研究成果，则在 2020 年出版的《当代中国敦煌学研究》一书中得到集中的展示。②自 2009 年 3 月开始，收藏李盛铎旧藏敦煌写本的日本杏雨书屋出版《敦煌秘笈　影片册》。随着散藏于世界各地的敦煌藏经洞文献的最后公布，作为资料意义上的敦煌学新材料已越来越少，但随着研究领域的不断扩大，研究方法研究视角的不断变化，敦煌文献的新价值也在不断凸现。不单是新发现的材料是新材料，用新视角重新审视旧材料，旧材料于是也变成了新材料。

当然，新材料既不能决定学术研究的命运，也不是如超市里陈设的商品，随时会出现在我们面前。但学术研究的新材料并非从此销声匿迹，它总是会在不经意间给我们一个惊喜。如我们所调查的敦煌石窟游人题记，就是长期被学术界忽略了的新材料。北京大学邓小南教授曾经指出："新材料中的另外一类，则是尽管长期存在却一直被忽视的'边缘材料'。这类材料从人们视而不见的背景下'涌现'出来，更是依赖于问题意识带动下的新视角和新眼光。社会史领域的学者们首先感到，要突破根深蒂固的'经典话语系统'，需要把研究的取材范围从精英著述扩大到边缘材料。这里既包括文字资料的拓展（例如正史等传统文献之外的档案、方志舆图、墓志碑铭、宗教典籍、医书、笔记小说、诗词乃至书信、契约、婚帖等），又包括对于各类实物、图像、出土材料、考古遗迹乃至情境场景（发生环境、社会氛围等）的综合认识及其与文字资料的互补和互证。"③

笔者认为，敦煌石窟游人题记就是一直被忽略的"边缘材料"。这些由历代社会各界人士相继题写于敦煌石窟的文字，由于我们的预设和清代以来文献资料的大量存世而边缘化，未能进入学术研究的视野。

即以邓小南先生指出的社会史研究而言，20 世纪 60 年代以后，西方史学在社会史研究方面出现了新的动向，正如学者所指出的："新社会文化史重点研究普通人的知识、意识、心理和情感，或者说，社会上流行的普通人的理性和非理性的观念，认为普通人的观念犹如大河的河床，更能反映社会观念和价值的最基本和最低层的存在。同时，新社会文化史还研究普通人是如何构筑其意义和观念的世界，以及研究这些观念如何影响人的行动并进而塑造他们的社会的。"④

---

① 陈寅恪《金明馆丛稿二编》，三联书店，2001 年，第 6—268 页。

② 敦煌学研究百年成果综述性论著颇多，最新成果则为郝春文、宋雪春、武绍卫《当代中国敦煌学研究（1949—2019）》，中国社会科学出版社，2020 年。

③ 邓小南《永远的挑战：略谈历史研究中的材料与议题》，《史学月刊》2009 年第 1 期。

④ 王锟《寻求"精英思想"与"民众观念"的统一》，《南京大学学报》2005 年第 2 期。

法国年鉴派史学家埃马纽埃尔·勒华拉杜里《蒙塔尤》是新社会文化史研究的代表性成果之一。[①]塔尤是法国南部讲奥克语的一个牧民小山村。1320年，当时任帕米埃主教（后为教皇）的雅克·富尼埃作为宗教裁判所法官到此办案。在调查、审理各种案件的过程中，发现和掌握了该山村包括居民的日常生活、个人隐私以及种种矛盾、冲突等，并把它们详细记录下来。在这个过程中留下的资料，随着他后来成为教皇伯努瓦十二世而被保存于罗马梵蒂冈图书馆，直到600多年后被再次发现并最终成为今日历史学家珍贵的研究材料。法国著名学者勒华拉杜里利用了这些珍贵史料，并以现代历史学、人类学和社会学方法再现了600多年前该村落居民的生活、思想、习俗的全貌和14世纪法国的特点。所以新社会文化史在某种程度上说，就是对大众文化、大众观念的研究。就我国而言，20世纪90年代以来，随着国际国内政治、经济、文化的变化，特别是人文社会科学研究领域的发展变化，国内社会史、思想史研究也受到挑战，人们开始关注对大众文化、大众思想的研究，而对此研究最有帮助的就是那些所谓的"边缘材料"。代表性的成果如葛兆光先生的《中国思想史》一书。他利用如早期中国的星占历算、祭祀仪轨、数术方技、宫室陵墓建制，还有敦煌文书的写经题记、变文小说、各种类书、私塾教材，以及秦汉简帛画像、魏晋南北朝隋唐的碑刻造像，还有书札信件等材料，来描述当时人们的知识、观念和信仰，新意迭出。由此，也引发了笔者利用敦煌藏经洞出土文献及敦煌石窟壁画资料进行大众思想史研究。[②]而新近出版的《龟兹石窟题记》，则第一次全面清理了龟兹石窟群中七大石窟寺的700多条题记，以及龟兹研究院收藏的木简、经籍残片和陶片陶罐上的婆罗谜字母文字，解读对象以龟兹语为主，而又兼及梵语、据史德语、回鹘语、粟特语等古代胡语，在龟兹佛教和世俗社会历史的多个方面，为学界带来了大量新资料。[③]

事实上，从我们调查的情况来年看，敦煌石窟游人题记和《龟兹石窟题记》有着同样的意义。敦煌石窟游人题记，以清代以来为多。从时间来说，自唐五代到现当代，跨越千余年；就地域范围而言，若以今日行政区划为标准，则涵盖北京、河北、陕西、甘肃、宁夏、青海、新疆、山西、湖北、四川、重庆等全国诸多地区；游客成份则包括普通民众、一般文人、中下层官吏及军将、佛教僧侣、游方道士、各类工匠、往来商旅等。游人题记的文字，除汉文外，还有藏文、回鹘文、西夏文、蒙古文（巴思八文）等民族语言文字，甚至有俄罗斯、日本等外国人的题记。如此丰富的游人题记，既反映了敦煌社会的历史变迁，更记录了敦煌大众的社会生活、宗教信仰、思想观念等方面的内容，这些题记基本为传世文献所不载，也从未全面调查和刊布过，完全能够印证和弥补文献记载的不足，可

① 埃马纽埃尔·勒华拉杜里著，许明龙、马胜利译《蒙塔尤——1294—1324年奥克西坦尼的一个小山村》，商务印书馆，1997年。
② 杨秀清《唐宋时期敦煌大众的知识与思想》，甘肃人民出版社，2022年。
③ 赵莉、荣新江主编《龟兹石窟题记》，中西书局，2020年。

以说是真正意义上的新资料。所有这些题记，经过一代代参观朝圣者的不断添加，日积月累，遍布莫高窟、榆林窟等敦煌石窟当中，静静的在石窟中度过历史的岁月。我们知道，20世纪以来的考古发现，不仅改变了我们学术研究的方法，更重要的是改变我们对过去漫长的诸多认识。敦煌藏经洞的发现，足可作为一个典型例证，它的意义已被百年来的学术研究所证实，无需多言。敦煌石窟游人题记，其内涵和价值固然无法与藏经洞出土文献相比拟，但它所涉猎的范围和反映的问题，已远远超过题记本身。敦煌石窟游人题记，零星且不系统，正如学者王力平先生所言："虽不像敦煌碑铭墓志、供养人题记那样被学者所重，但它同属重要的古代文献遗存，更具原始性、真实性，它或多或少、直接或间接地反映了敦煌不同时期的社会历史面貌，因而独具价值……倘能将莫高窟以及榆林窟等西北地区众多石窟尚存的汉文、吐蕃文、于阗文、回鹘文等多民族文字的游人题记一并重新辑录并加以整理和考订，则必将为敦煌学研究提供重要的文献。"[1] 笔者很认同这个观点，并撰文介绍了其价值意义，[2] 同仁李国先生也有专论，[3] 目前敦煌石窟游人题记还处在整理和校录阶段，相信随着越来越多的资料公布，敦煌石窟游人题记的价值意义就会被越来越多的人们所认识。

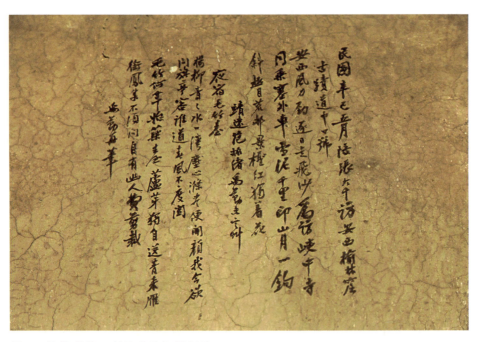

图8　榆林窟第6窟甬道范振绪题诗

①王力平《莫高窟汉文游人题记史料价值探析》，《敦煌学辑刊》2014年第3期。

②杨秀清《游人里的社会众相——以清代以来敦煌石窟游人题记为中心》，《敦煌——另类的解读》，甘肃人民出版社，2020年，第219—285页。

③李国、王海彬《敦煌石窟研究的新视角——以莫高窟儒、释、道游人题记为中心的考察》，《丝绸之路研究集刊》第5辑，2020年，第186页。

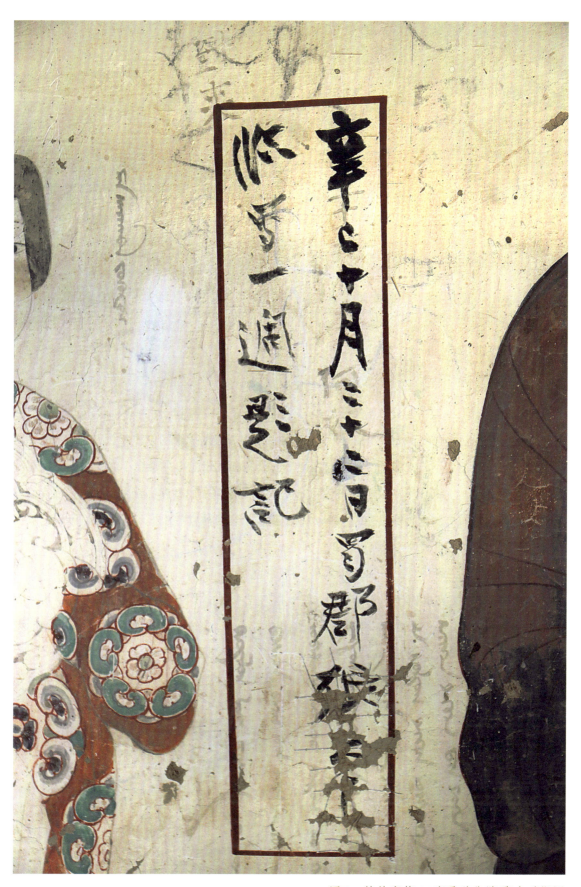

图9 榆林窟第16窟甬道北壁 张大千题记

瓜州榆林窟第 29 窟营建年代新探*

公维章/泰山学院历史学院

  瓜州榆林窟第 29 窟是西夏统治瓜州晚期开凿的一所家族窟，其形制为覆斗形顶，设中心佛坛。此窟平面基本呈正方形，面积约为 33.64 平方米。以往学者推断该窟的创建年代，依据是榆林窟第 19 窟后甬道北壁的一则汉文题记"乾祐廿四年□□日画师甘州住户高崇德小名那征到此画秘密堂记之。"但题记中的"到此"并非到榆林窟第 19 窟，而是指整个榆林窟，因为元代刘世福在榆林窟第 12、15 窟皆题有"到此画佛殿一所"，所以"到此"指到榆林窟。另外，榆林窟第 19 窟为五代时开凿，所绘内容也不属密教，所以此窟不会是题记中的"秘密堂"。而第 29 窟藏于众禅窟中最深处，有可能被称作"秘密堂"，其重要依据是该窟东壁南侧和西壁南侧的两幅藏传佛教护法神像。东壁南侧为金刚手，西壁南侧为不动明王。所以宿白先生最早推断题记中的秘密堂就是指榆林窟第 29 窟，绘制年代就是 1193 年。[1]刘玉权先生根据第 29 窟窟内的供养人题记和第 25 窟的西夏文发愿文，确认此窟就是建于 1193 年。[2]沙武田同意刘玉权的论断，认为"据洞窟供养人题名，榆林窟第 19、第 25 窟相关题记，结果认为该窟窟主即是南供养像中排名第一的西夏沙州监军司中任职的赵麻玉，并有儿子、孙子三代人作为施主，整体洞窟即是赵麻玉的家窟，具体营建于西夏第五代国主仁宗李仁孝乾祐二十四年即 1193 年。可作西夏晚期洞窟分期的代表窟，应该是没有异

---

*本文为国家社科基金青年项目"西夏元明清时期的敦煌佛教"（08CZS020）的阶段性成果。

①参见宿白《榆林、莫高两窟的藏传佛教遗迹》，宿白《藏传佛教寺院考古》，文物出版社，1996 年。
②参见刘玉权《榆林窟第 29 窟窟主及其营建年代考论》，《段文杰敦煌研究五十年纪念文集》，世界图书出版公司，1996 年。

议的"。①但谢继胜对榆林窟第 29 窟绘制于 1193 年的这种说法存有疑问，"这种说法仍然有很多疑点。第 29 窟完全的藏式作品只是窟顶坛城和东西壁南侧的两尊明王像，其余完全是汉式作品，所以秘密堂也有可能指第 3 窟"。②但认为榆林窟第 29 窟壁画从风格判断绘于西夏晚期是没有疑问的。笔者也不同意根据榆林窟第 19 窟题记而将榆林窟第 29 窟的创建年代定在 1193 年。下面，笔者再从榆林窟第 29 窟的供养人入手，考察该窟的确切创建年代。

榆林窟第 29 窟主室南壁门口东上部画国师鲜卑智海高僧画像一身，西夏男供养人三身，孩童一身，侍从三身。国师像前方有西夏文榜题一行为"真义国师鲜卑智海"。这位高僧端坐胡床之上，头戴上师帽，头后有头光，作说法印，顶罩圆伞盖，前面有弟子恭敬围绕，后面有供养人虔诚礼拜供养，一位西夏高级僧官的形象跃然壁上。这位西夏国师到敦煌的原因由于文献缺载，我们不得而知，但按照惯例，这位国师应该是被西夏最高统治者派遣到敦煌，或处理高级佛教事务，或作重大佛事活动。总之，鲜卑智海国师的到来，无疑对敦煌佛教的发展起到重要的推动作用，也说明西夏统治者对敦煌佛教的重视。

国师身后有三身男供养人，着武官服饰。头戴官帽，两支软璞头垂于脑后，身穿窄袖长袍，腰间系甲，一手掌心向外置于胸前，一手握鲜花放于胸前，作虔诚礼佛状。三身供养人像前皆有西夏文榜题，第一身榜题为"……沙州监军……执赵麻玉一心归依"；第二身榜题为"……内宿御史司正统军使向赵一心归依"。第三身榜题为"……儿子……军讹玉一心归依"。在第二身、第三身供养像之间有一孩童，秃发，身穿窄袖长袍，双手合十供养，前有榜题为"孙没力玉一心归依。"三身供养人后有三身侍从，形象表情各异，皆秃发，一身穿窄袖圆领长袍，另二身皆穿长褂，腿裹带，一人肩扛一长杆（似为幡杆），另二人手持乐器，从三人手中持物来看，应该是为主人礼佛供养的。门口东下部绘八身男供养人，穿着同于上部三身男供养人像，每身像前皆有一西夏文墨书榜题，从东向西依次为"……瓜州监军……""座……臣……语……""施主长子瓜州监军司通判奉纳赵祖玉一心归依""……子……""……承旨""……司……""……嵬名……""……铁狗一心归依"。门口西上部画僧人一身，女供养人三身及侍女二身。此三身女供养人像，皆为贵妇人装束，身体修长，头戴桃形冠，耳垂重环，脸形浑圆，深目高鼻，身着大翻领窄袖团花长袍，脚穿钩鞋，双手合十持花置于胸前供养。高僧像榜题为"出家禅定……那征一心……（归依）"。三身女供养人像榜题为"提……""故岳母曹氏夫（人）……一心归依""故先行愿施主夫人褚氏一心归依"。门口西下部绘供养僧人一身，比丘尼一身，女供养人六身，每身供养人皆有榜题，从西向东依次为"出家和尚菴梵亦一心归依""行愿者……有月成一心归依""女宝金一心归依""赖氏女？金一心归依""媳赖氏净？……一心归依""媳兀罗氏女香一心归依""媳褚氏阿香一心归依""媳褚氏乐金一心归依"。从榆林窟第 29 窟僧俗供养人的排列分布情况来看，该窟应该是西夏王派来的国师鲜卑智海一行与敦煌地方官赵

①沙武田《敦煌西夏石窟分期研究之思考》，《西夏研究》2011 年第 2 期，第 30 页。
②谢继胜《西夏藏传绘画——黑水城出土西夏唐卡研究》，河北教育出版社，2002 年，第 260 页。

氏家族共同开凿的一个洞窟。第29窟"赵祖玉""没力玉"的题名也出现于榆林窟第25窟外室甬道南壁西夏文题记中。该西夏文题记为墨书，23行，记有瓜州监军司通判赵祖玉之父于"丑年中"主持一百余人参加的大乘忏悔法会，兹将史金波译文移录于下："（1）……子等谨愿（2）西……释迦佛者二足明毕全……身证得自（3）……爱……已……东王座身现……法雨意（4）全寻止情……毕……以己入涅槃……（5）………故…中……佛像已……为以根恼断得（6）寻……身得能谓因此上（7）圣恩思佛……塔亦迅速愿行……造玉瑞圣（8）至胜遣信……佛门共去行愿男女一百余（9）时彼岸……果证……故大乘忏悔……因（10）供养……令作以此善根取　当今（11）圣帝王座应如桂树全，御寿万岁身……己（12）大……当……福广……定……当遇（13）……法界众生一切善……以菩提（14）……等……身灾消绝……愿？全……受（15）修证得圣果（16）时佛……菩萨……毕因毕……园……渐菩萨……（17）……恼心……方喜……时圣帝……（18）大官此……当诸众生翼失……（19）丑年中正月二……瓜州监军……（20）子瓜州监军司通判赵祖玉（21）……赵……山（22）（不清）（23）上孙没力玉。"[1]

从以上两所洞窟的题名来看，瓜州监军使缺名，瓜州监军司通判赵祖玉为瓜州监军使的长子，赵祖玉还应有数位弟弟缺名。沙州监军使为赵麻玉，"内宿御史司正统军使向赵"或许为赵麻玉的儿子，赵麻玉有一子名（赵）讹玉（其官职或为副统军），赵麻玉孙名没力玉。而第25窟的"没力玉"为瓜州监军（使）的"上孙"。从以上人物的关系及排列位置来分析，沙州监军使赵麻玉或许为瓜州监军使赵某某的兄长。兄弟二人分别担任瓜州、沙州的监军司使，其子侄辈又担任瓜州监军司通判、内宿御史司正统军使、副统军。可以看出此赵氏家族成员均为敦煌最高一级的军政长官，这种情况是颇值得思考的。据冯培红研究，在十六国五凉时，赵氏已初步成为敦煌地区较有势力的家族，到北魏时，敦煌出现了数位担任军将的赵氏，但赵氏在敦煌仍为寒门庶姓。[2]隋唐五代宋初的敦煌大族行列中，未见有赵氏，现在还没有敦煌文献可以证明在敦煌历史上存在过世家大族赵氏及其所开凿的洞窟。敦煌莫高窟第44窟有敦煌赵姓的一则供养人题记："释门法律□三窟禅院主□坛□□□德□□俗姓赵氏。"[3]莫高窟第428窟亦有一则供养人题记："清信士赵。"[4]如果是文献没有记载的敦煌世家大族赵氏的话，西夏占领瓜沙后，对敦煌的统治比较脆弱，西夏统治者定会将这些世代为官、势力显赫的敦煌大家族迁出了敦煌，否则就会留有后患，归义军首任节度使张议潮就是一个典型的例子，想必西夏统治者早有认识。既然此一赵氏家族并非敦煌土著大族，就是从外地迁入敦煌的。在西夏，能够担当护卫敦煌的使命并使西夏最高统治者放心的，且一个家族的成员均担任敦煌地方官要职的显

---

① 史金波《西夏佛教史略》附录一，宁夏人民出版社，1988年，第302页。

② 冯培红《汉宋间敦煌家族史研究回顾与述评（上）》，《敦煌学辑刊》2008年第3期，第39页；冯培红、孔令梅《汉宋间敦煌家族史研究回顾与述评（下）》，《敦煌学辑刊》2010年第3期，第118页。

③ 伯希和著，耿昇译《伯希和敦煌石窟笔记》，甘肃人民出版社，2007年，第264—265页。

④ 伯希和著，耿昇译《伯希和敦煌石窟笔记》，第285页。

赫家族，一定是西夏最高统治者的子孙或近亲或是其宠信的大家族，西夏最高统治者的子孙是被封王的，如果是西夏最高统治者的子孙，赵祖玉官职前肯定会封有"××王兼瓜州监军司通判"，但现在还没有史料证明西夏最高统治者将其子孙封在边地担任监军使的，所以，依据此姓赵家族的情况分析，其是西夏最高统治者的近亲或宠信的大家族无疑。从榆林窟第 29 窟"故岳母曹氏夫（人）……一心归依"题记来看，"曹氏"为窟主赵祖玉之父的"故岳母"，此"故岳母曹氏"很可能是西夏仁宗的已故生母曹氏或其曹氏族人，那么，此一赵氏家族在西夏仁宗时期为地位显赫的后族豪门。

另外，从赵麻玉、赵祖玉的名字来看似为汉人，但赵麻玉的孙子名为"没力玉"，不是汉名；另外，从此瓜州监军使的儿媳为兀罗氏来看，赵氏家族也应是党项族。另从其家族成员深目高鼻的外貌特征来看，应为党项族。若为汉族，其家族成员不可能在西夏担任如此众多且权重的军政官职。据历史文献记载，宋代曾用宰相赵普的计策"欲委继捧以边事，令图之。因召赵阙，赐姓赵氏，更名保忠"，[1] 继捧为继迁之族兄，继迁子为德明，德明子为元昊，《宋史》皆称其为赵德明，赵元昊，其后继夏主也冠以赵姓，说明姓赵的党项人应为西夏最高统治者的子孙或近支。另外，宋廷对归顺或立功的番人赐以汉姓，以示尊崇，"契勘本路蕃官，自来有因归顺，或立战功，朝廷特赐姓名，以示旌宠。如威明善为赵怀顺，均凌凌为朱保忠是也"。[2] 在宋仁宗改明道年号（1032）后不久，元昊借口明道年号中的"明"字，与其过世的父亲德明的"明"字相同，为避父亲的名讳，将"明道"改为"显道"。[3]

西夏最高统治者很谙熟中原王朝的赐姓给自己带来的好处，如文献记载"继迁复连娶豪族，转迁无常，渐以强大，而西人以李氏世著恩德，往往多归之。继迁因语其豪右曰：'李氏世有西土，今一旦绝之，尔等不忘李氏，能从我兴复乎？'众曰：'诺'"[4]

敦煌在西夏占领前，汉人占有极大的比重，且归义军政权一直奉宋朝正朔，与宋政权有频繁的朝贡往来，敦煌居民也比较认同宋王朝。西夏占领敦煌后，为避免敦煌汉人居民心理有太大的变化，西夏最高统治者特派一可靠的近支家族，冠以宋朝国姓赵氏来担任敦煌的军政要职，这样比较容易使敦煌的汉人有一种民族认同感，也比较容易统治迁入的西夏党项人。对瓜州榆林窟第 29、第 25 窟中的西夏赵氏家族，王静如先生早有精要的论述：

> 题名中记出沙州（敦煌）监军，瓜州（安西）监军司以及统军均为西夏地方名称和军事组织官衔。《宋史·夏国传》称李元昊领有瓜、沙、肃、夏、银、绥、宥、静、灵、盐、会、胜、甘、凉等州以后，"置十二监军司，委豪右分统其众。"《续资治通鉴长编》（一二〇卷）十二监军司作"置

① 脱脱等《宋史》卷 485《外国·夏国传上》，中华书局，1977 年，第 13984 页。
② 李焘《续资治通鉴长编》卷 476，哲宗元祐七年八月壬子条，中华书局，1979 年。
③ 李焘《续资治通鉴长编》卷 115，仁宗景祐元年十月丁卯条，中华书局，1979 年。
④ 脱脱《宋史》卷 485《外国·夏国传上》，第 13986 页。

十八监军司，委酋豪分统其众"。《宋史·夏国传》末又记西夏军事"有左右厢十二监军司。……日甘州甘肃，日瓜州西平，日黑水镇燕……"可见瓜州监军司是由贵族担任，与史传全合。贵族姓（赵），为宋封建王朝赐姓，在题记中极为罕见。[①]

陈光文亦认为"榆林窟第29窟的赵姓家族应为党项人，他们在西夏后期担任着沙、瓜二州监军司的多个官职，表明当时两司都在党项赵氏家族的实际领导之下"。[②]

营造榆林窟第29窟的赵氏家族应是汉姓，并非赵宋王朝的赐姓，但已是完全党项化了的汉姓，且作为西夏统治下瓜沙二州的最高一级军政长官，其营造家窟显然是为庆祝举族升迁这一重要事件。

另外，榆林窟第29窟的世俗供养人为沙州监军使赵麻玉、子（赵）讹玉、孙没力玉，侄瓜州监军司通判奉纳赵祖玉，这不符合汉人取名的原则。汉人取名特重避讳，据洪迈《容斋随笔》卷1"罗处士志"条："襄阳有《隋处士罗君墓志》曰：'君讳靖，字礼，襄阳广昌人。高祖长卿，齐饶州刺史。曾祖弘智，梁殿中将军。祖养，父靖，学优不仕，有名当代。'碑字画劲楷，类褚河南。然父子皆名靖，为不可晓。拓跋魏安同父名屈，同之长子亦名屈，祖孙同名。胡人无足言者，但罗君不应尔也。"宋人的避讳制度也影响了汉文化较高的西夏人，如西夏开国君主李元昊，为避父讳，将北宋改元的"明道"年号称"显道"于国中。以从榆林窟第29窟男供养人取名不避讳来看，该窟窟主赵氏家族为一冠以汉姓的党项贵族。那么，是西夏在位的哪一位皇帝，在何种情况下将一心腹党项贵族举家封官于敦煌，担任敦煌的最高军政长官？笔者认为，这是西夏仁宗皇帝在权臣任得敬逼迫下，被迫派一心腹先来经营敦煌，之后又亲自来视察，为以后迫不得已时退居敦煌而作准备。从任得敬篡权与分裂夏国的全过程看，自1156年起，仁孝就一再忍辱退让，终于以同意任得敬自为国并上表金朝为得敬请求册封而达到高潮。1165年五月任得敬营建西平府，准备进一步篡权，提出"欲以仁孝处瓜、沙，己据灵、夏"并"役民夫十万大筑灵州城，以翔庆军监军司所为宫殿。盛夏溽暑，役者糜烂，怨声四起"。[③]关于此次任得敬与夏仁宗"分国"的疆界，据马旭俊考察，"李仁孝与任得敬大致沿着灵州—天都山—河湟一线，将西夏一分为二的"，"李仁孝事实上的活动范围已经被挤压到今河西走廊一带"。[④]在这种情况下，1165年任得敬提出了"欲以仁孝处瓜、沙"的无理要求后，仁孝一定会考虑此事，所以先行派出赵姓一家，担任敦煌要职，为自己经营退处，然后自己还亲自到敦煌视察，如榆林窟第15窟外室甬道北侧通道东墨书西夏文题记，陈炳应先生释读为"南方瞻部梅那国番天子、戒国子、大臣、瞻仰菩萨神山，当为修福。"[⑤]此西夏皇帝很可能就是仁宗。1170年八月粉碎任得敬的分裂国家阴谋后，仁孝是不会再考虑退居敦煌之事的。所以，很可能将派到敦煌的心腹

① 王静如《新见西夏文石刻和敦煌安西洞窟夏汉文题记考释》，原载《王国维学术研究论集》第1辑，华东师范大学出版社，1983年；此引自王静如《王静如文集》，社会科学文献出版社，2015年，第774页。

② 陈光文《西夏时期敦煌的行政建制与职官设置》，《敦煌研究》2016年第5期，第88页。

③ 吴广成撰，龚世俊等校证《西夏书事校证》，甘肃文化出版社，1995年，第432页。

④ 马旭俊《"任得敬"史事二则再认识》，《西夏研究》2016年第2期，第53页。

⑤ 陈炳应《西夏时期的敦煌》，敦煌研究院编《2000年敦煌学国际学术讨论会会议论文提要集》，2000年，第110页。

赵氏一家，召回国都兴庆府，榆林窟第 29 窟应当开凿于 1165 年至 1170 年之间。

榆林窟第 25 窟西夏文题记中的"丑年"应为 1169 年。题记中的"丑年中正月二……"很可能为正月二日，正月一日为新年，唐宋时期的敦煌，要在正月初一这天举行佛会及赛天王佛事活动，正月要举行燃灯、施粥、布施等佛事活动。[①]西夏统治敦煌时期，这一传统应不会改变。西夏时期，正月初一亦为新年，据《圣立义海·月之名义》之"腊月之名义"载："辞旧迎新：腊月三十夜，狐崇俱？辞送旧岁，迎接新年也。"[②]赵祖玉家族要在新年的第二天举行新窟落成法会，足见其要向去榆林窟参加法会的佛教信众炫耀其开窟盛举。敦煌的正月天寒地冻，但这阻挡不了敦煌人的崇佛热情，节日盛典，信众云集，赵祖玉家族举行的新窟建成法会有一百余人参加，从西夏统治敦煌时期总体人口基数不大的情况下，参会人数应不算少。并且从以上 23 行墨书西夏文题记来看，赵祖玉家族为党项人的可能性极大。西夏文乃西夏元昊于 1036 年主持创制，"教国人记事用蕃书"，并在西夏前期编撰和翻译了不少字书，以供西夏人方便学习西夏文所用。而从敦煌当地的情况看，洞窟题记既有西夏文，也有汉文。从现有的题记内容看，书写西夏文题记的为西夏人，书写汉文题记的为汉人。敦煌流行过番汉对照的字书《番汉合时掌中珠》，该书于 1190 年由党项人骨勒茂才编撰，是当时西夏番人（党项人）和汉人互相学习对方语言的工具书，编者在该书序言中说："不学番语，则岂不（？人）番人之众；不会汉语，则岂人汉人之数。番有智者，汉人不敬，汉有贤士，番人不崇；若此者，由语言不通故也。"[③]说明番、汉两族人学习对方语言，是为了加强两族之间的了解，达到民族融合。所以，西夏人学汉文是为了解汉人，阅读汉文典籍以汲取汉人优秀的文化传统。但遇到用文字记事时，他们不会放弃本民族文字不用而去用汉文，这从敦煌洞窟中西夏文题记皆为西夏人所书这一特点可以清楚地看到。因此，西夏境内的党项人必须学西夏文，汉人必须学汉语，才能与其民族相匹配。另外，张掖黑水桥汉藏合璧《黑河建桥敕碑》，碑阳是汉文，碑阴是藏文，显然是将西夏文的西夏仁宗敕文翻译成汉文和藏文，之所以这样做，是因为西夏张掖黑水桥地区的主要民族是汉族和藏族，是为了让当地的汉人、藏族人知晓修造黑水桥的善举。因此，单从榆林窟第 25、第 29 窟西夏文题记来看，赵祖玉家族为党项人或完全党项化的汉人无疑。

在极为寒冷的正月二日这天要书写 23 行的发愿文，且书写得工工整整，看来敦煌人有自己的办法。据山东长清灵岩寺中蔡卞书《楞严经》偈语碑，中有"元符二年（1099）十二月十三日，莆阳蔡卞书，凝寒笔冻，殊不能工也"的记载。[④]潘絜兹、丁明夷《开化寺宋代壁画》一文中记载了其抄录的山西高平开化寺大殿内北壁土墙及石柱上的两处画工题记，其一："丙子六月十五日粉此西

①谭蝉雪《唐宋敦煌岁时佛俗——正月》，《敦煌研究》2000 年第 4 期。

②克恰诺夫、李范文、罗矛昆《圣立义海研究》，宁夏人民出版社，1995 年；转引自杨蕤《西夏地理研究》，人民出版社，2008 年，第 412 页。

③转引自史金波《敦煌莫高窟北区出土西夏文文献初探》，《敦煌研究》2003 年第 3 期，第 9 页。

④王荣玉等主编《灵岩寺》，文物出版社，1999 年，第 109 页。

壁，画匠郭发记"。其二："丙子年十月十五日下手稿毂立，至十一月初六日描讫，待来春上采，画匠郭发记并照壁。"[1]亦表明冬天因严寒不适宜绘制壁画，春暖花开之时才是涂颜色的好时机。敦煌的冬天要比山东、山西的冬天更加严寒，敦煌人肯定是将墨汁加温至利于书写的程度，再工整书写的。1165年，赵祖玉一家被派到敦煌，笃信佛教的赵氏家族一到敦煌后就决定开窟造像，1169年1月，新窟绘制完成后，赵祖玉之父于榆林窟主持了有一百余人参加的法会，来庆贺此窟的完成，所以榆林窟第29窟绘制完成于1168年。假如如此前学者将榆林窟第29窟的营建年代定于1193年，其依据为榆林窟第19窟后甬道北壁的一则汉文题记"乾祐廿四年□□日画师甘州住户高崇德小名那征到此画秘密堂记之"。此"乾祐廿四年"确为癸丑年，但画师高崇德不可能在新年期间到榆林窟画窟，如果是在适宜画窟的五月至十月，何来窟还没制作完成就举行盛大庆典？只此一点，确定榆林窟第29窟断不可能绘制完成于1193年。

黑水城出土的反映西夏仁宗西行巡幸的《御驾西行烧香歌》[2]与榆林窟第25窟西夏文发愿文有诸多事相合，如《烧香歌》中有"巧匠手贤做塔庙"，榆林窟第25窟发愿文中有"塔亦迅速愿行"；《烧香歌》中有"雕做盘禾山梵王玉身佛"，第25窟发愿文中有"造玉瑞圣"；《烧香歌》中有"宝身御袭菩萨子"，第25窟发愿文中有"御寿万岁身"。并且榆林窟第25窟发愿文中某些叙述与西夏仁宗遭到任得敬逼宫的背景相符，如"东王座身现"的"东王"应指未来拥有西夏东部的秦晋国王任得敬；"圣帝、王座应如桂树全"中的"圣帝""王座"作为并列关系，应指夏仁宗与任得敬，此发愿文应写于1170年任得敬被诛灭之前，1160年任得敬被封楚王，在此期间的"丑年"只有1169年，因此第25窟发愿文中的"丑年"应为1169年。1165年，夏仁宗携皇室成员、贵族大臣等西行瓜、沙二州，将近臣赵祖玉一家封驻经营瓜、沙二州，笃信佛教的赵氏家族留驻瓜、沙后就决定开窟造像。1169年、月新窟绘制应完成后，赵祖玉之父于榆林窟主持了一百余人参加的法会来庆贺此窟的完成，所以榆林窟第29窟绘制应完成于1168年。西夏仁宗1165年西行巡幸的《烧香歌》中的"巧匠手贤做塔庙""雕做盘禾山梵王玉身佛"出现于1169年1月书写的榆林窟第25窟西夏文发愿文中，符合时间逻辑。

榆林窟第29窟绘制完成于1168年这一论断具有重要的学术意义。第29窟是典型的西夏窟，有学者称此窟为"现可确定的唯一西夏窟"。[3]在诸家敦煌石窟西夏洞窟分期论文中，都将第29窟作为西夏晚期的具有代表性标尺性洞窟，并且是唯一可考有明确制作年代的西夏洞窟，其学术价值自不待言。

综上所述，榆林窟第29窟开凿于1168年，其开凿的历史背景为1165年西夏权臣任得敬逼宫，仁宗西行巡幸到瓜、沙二州，夏仁宗派遣亲信赵祖玉一家到敦煌并委以重任，赵祖玉为显示其家族众人荣升，故开窟以庆祝和纪念自己家族的升迁。

---

① 转引自常四龙《开化寺》，大众文艺出版社，2009年，第97页。
② 关于此《烧香歌》的创作背景，详见笔者未刊稿《西夏文〈御驾西行烧香歌〉的创作年代与历史背景新论》。
③ 杨富学《裕固族与晚期敦煌石窟》，《敦煌研究》2017年第4期，第55页。

小桃儿沟第 5 窟善财童子五十三参图释读*

吕德廷/聊城大学运河学研究院

格伦威德尔于 1903 年、1906 年，两次考察了新疆吐鲁番北郊的小桃儿沟石窟遗址。他在考古报告中详细记录了遗址第 4 窟（现编小桃儿沟第 5 窟）前室左右侧壁的壁画情况，并临摹了其中的两幅，推测其内容为"一位圣贤的故事，或者是一个地区皈依佛教"。[①] 2018 年，任平山对照《华严经·入法界品》，及汉地相关图像遗存，将壁画主题确定为善财童子五十三参，并考证出左壁（南壁）第 1 行第 1—4 图分为初参文殊菩萨、第二参德云比丘、第三参海云比丘、第四参善住比丘；右壁最末一行出现了骑狮文殊，是五十三参接近尾声的画面。壁画时代为 13 世纪，该窟的五十三参图与莫高窟第 464 窟中的有相似之处，如两窟中第二参德云比丘的构图形式非常接近。[②]

因该窟壁画残缺严重等原因，五十三参的具体布局仍不明了，大部分画面尚未得到释读。对此，任平山提出了解决思路及面临的困难，他认为"将其余的壁画尽可能一一核对，如果能够确定记载略详的其余图像，那么依据五十三参的文本次序，仍然可以理出头绪。然而，实际情况比想象的还要复杂。由于考古报告未提供其他壁画的线描图，仅凭文字记录与《入法界品》文本核对，无法获得令人满意的结果。个别壁画似乎可以在文本中找到依据，但前后相邻的壁画却不能像左壁第一行壁画那样与文本一一吻合"。[③]

*本文为国家社科基金艺术学项目"中国佛教艺术中的外道形象研究"（17BF102）的阶段性成果。

① A. 格伦威德尔著，赵崇民、巫新华译《新疆古佛寺：1905—1907 年考察成果》，中国人民大学出版社，2007 年，第 385 页。

② 任平山《吐鲁番壁画善财童子五十三参——格伦威德尔笔记小桃儿沟石窟图考》，《西域研究》2018 年第 1 期，第 81—98 页。

③ 任平山《吐鲁番壁画善财童子五十三参——格伦威德尔笔记小桃儿沟石窟图考》，《西域研究》2018 年第 1 期，第 88 页。

　　笔者近来研究善财童子五十三参，通过宋拓《华严经入法界品善财参问变相经》（下文简称《变相经》）、日本覆刻本《佛国禅师文殊指南图赞》（下文简称《图赞》）、檀香山艺术博物馆（Honolulu Museum of Art）藏木柱之上的五十三参浮雕（下文简称"檀香山木雕"）[①]等材料，发现小桃沟第5窟中的五十三参图有一定排列顺序，许多图像也可确认内容。

一、小桃儿沟第 5 窟五十三参中的关键图像

　　小桃儿沟第 5 窟中的善财童子五十三参位于前室左右两壁，目前"几乎脱落殆尽"。[②]根据格伦威德尔的记述，左壁（南壁）有 4 行，每行 6 幅图像；右壁（北壁）4 行，每行 7 幅，两壁共计 52 幅；30 幅已完全损毁，其中左壁 9 幅，右壁 21 幅；其他 22 幅也有不同程度的残损。[③]格伦威德尔绘制了五十三参初参与第 2 参的线描图，并对残存壁画的内容作了描述，其记述有详有略。

　　我们识别五十三参的内容及排列顺序，可首先确定特征明显的画面，在此基础上，推测两侧临近的参访图内容。格伦威德尔的描述中，特征较为明显的图像有 3 幅，分别为：左壁（南壁）第 3 行第 3 幅（从靠近正壁的位置数起）、左壁第 4 行第 2 图、右壁（北壁）第 2 行第 1 幅（从靠近正壁的位置数起）。如果我们确认这 3 幅图像的内容，则可推测五十三参的排列顺序。

（一）左壁第 3 行第 3 幅：第三十参大天神

　　该图，"一个身披铠甲的天神坐在一片湖水中间，显然是龙王（蛇的标志受到严重破坏）。在他前面的湖边，圣童站在那里祈祷"。[④]

　　在五十三参中，具有天神和湖水特征的是第三十参堕罗钵底城大天神。《华严经》记载："大天长舒四手，取四大海水，自洗其面。"[⑤]《图赞》中的大天神身穿甲胄，绕有帛带，伸出四手。[⑥]另外，莫高窟第 464 窟南壁第 5 行东起第 3 图中（图 1），大天神所在的背景为青绿色，这应同小桃儿沟第 5 窟中的一样，也是表现四海之水。参考上述两图，可以认定小桃儿沟第 5 窟中身披铠甲、坐在一片湖水中间的天神应是大天神，而非龙王。

---

①木柱浮雕的时代可能为元代，见 Julia M. White, "The Cooke Legacy at the Honolulu Academy of Arts", *Orientations*, vol. 30, no.10, 1999, p.33. 持宋代说者，有 Jan Fontain, *The Pilgrimage of Sudhana: A Study of Gaṇḍavyūha Illustrations in China, Japan and Java*, The Hague; Paris: Mouton, 1967, p.68。持明初者，有 Alexander Coum Soper, "Four Column from a Chinese Temple", *HAA Special Studies*, vol. 1, April 8, 1947, p.14.

②吐鲁番地区文物局、吐鲁番学研究院《小桃儿沟石窟调查简报》，《吐鲁番研究》2012 年第 1 期，第 23 页。

③A. 格伦威德尔《新疆古佛寺：1905—1907 年考察成果》，第 386—389 页。任平山在《吐鲁番壁画善财童子五十三参》一文中，将格伦威德尔的记述整理为表格，可参考。

④A. 格伦威德尔《新疆古佛寺：1905—1907 年考察成果》，第 387 页。

⑤实叉难陀译《大方广佛华严经》卷 68，《大藏经》第 10 册，新文丰出版公司，1983 年，第 368 页 a。

⑥惟白《佛国禅师文殊指南图赞》，《大正藏》第 45 册，第 800 页 b。

图1 莫高窟第464窟之第三十参大天神［出自《敦煌石窟艺术·莫高窟第四六四、三、九五、一四九窟（元)》第36页］

确定第3行第3图为第三十参，结合格伦威德尔的描述，可推测第3行第1幅为第二十八参。第1幅图中，"一个正面坐于山景之中的菩萨，画面前部受到毁坏"，[1]这符合善财童子诣补陀怛落迦山参观自在菩萨的特征。莫高窟第464窟中的观自在菩萨（南壁第5行东起第1图），即是结跏趺坐于山中的场景。《图赞》第二十八参中的观自在菩萨则采用水月观音的样式。

第3行第4图，"画面几乎全被毁掉了，能够看到的只有一个正面坐在宝座上的人像残部"。[2]因第3图为第三十参，则第4图应为第三十一参安住地神。莫高窟第464窟中的安住地神也是坐于宝座之上，只不过为侧面像。

（二）左壁第4行第2图：第四十二参摩耶夫人

该图为"山景画面，山峦重叠，高峰耸立。画面中央有一圆锥形山，山顶上有一座光芒四射的寺院；右下方站着童子，左边有一个身穿白色长衫的男子朝寺院走来，他的上衣为大红色，上面有白色圆点，手里捧着一件受到毁坏的东西（无疑是供品），后边跟随着两个举华盖的人"。[3]此图特征为中央有一座山，山上有一座光芒四射的建筑。符合这一特点的图像有檀香山木雕中的参拜摩耶夫人（图2）。

---

①A.格伦威德尔《新疆古佛寺：1905—1907年考察成果》，第387页。
②A.格伦威德尔《新疆古佛寺：1905—1907年考察成果》，第388页。
③A.格伦威德尔《新疆古佛寺：1905—1907年考察成果》，第388页。

图2 檀香山艺术博物馆藏木柱浮雕之参摩耶夫人
（出自 *The Pilgrimage of Sudhana*, pl.29a）

木柱浮雕中，参摩耶夫人与善财童子中间为水面，一朵莲花从水中升起，莲花上有中间细、两头粗的山体，山上有一座三层楼阁，楼阁散发光芒。莫高窟第464窟南壁第3行左3图也有类似的图像。据《华严经》及木柱浮雕榜题，此图为善财参摩耶夫人的场景。关于画面中间的莲台及楼观，《华严经》记载善财"即时睹见大宝莲华从地涌出，金刚为茎，妙宝为藏，摩尼为叶，光明宝王以为其台，众宝色香以为其须，无数宝网弥覆其上。于其台上，有一楼观，名：普纳十方法界藏"。[1]小桃儿沟第5窟中的这一图像符合《华严经》的记载，因此应为第四十二参摩耶夫人。

确定第2图为参摩耶夫人，则第3图应为第四十三参瞿波女。该图"受到了严重破坏。画面与前一幅很相似，中心部位是一座寺院，它前面是童子在祈祷，一个身穿红色有圆点花纹衣衫的君侯从右侧向寺院走来，后边跟随着一个打华盖者及两名仆人"。[2]莫高窟第464窟南壁第3行第4图参瞿波女图像也符合格伦威德尔的记述。

（三）右壁第2行第1幅：第二十七参鞞瑟胝罗居士

格伦威德尔描述该图，"我们看到了一座宫殿的内部，这是由一些小柱子分隔开的两间屋子。左边有一个坐着的国王，坐姿为欧洲式；右边为一跪着的天神，他在报告一则消息。在房顶上方的云中，我们看到了乔达摩佛的涅槃图，很显然，这就是报告的那则消息"。[3]该图的特征为房顶上方的云中有释迦牟尼涅槃图。符合这一特征的图像有《变相经》第二十七参鞞瑟胝罗居士（图3），檀香

---

[1]实叉难陀译《大方广佛华严经》卷76，第414页c。
[2]A.格伦威德尔《新疆古佛寺：1905—1907年考察成果》，第388页。
[3]A.格伦威德尔《新疆古佛寺：1905—1907年考察成果》，第388—389页。

图 3 《变相经》之参鞞瑟胝罗 　　　　图 4 檀香山藏木雕之参鞞瑟胝罗

（出自 *The Pilgrimage of Sudhana*, pl.27a）　　（出自 *The Pilgrimage of Sudhana*, pl.27b）

山木雕亦是相同的构图方式（图 4）。两幅图像中都有祥云从地面升至房屋之上，祥云之中有一圆形，圆形中佛侧卧于长方形榻上，周围有数名弟子。《华严经》记载鞞瑟胝罗居士得菩萨解脱，"名不般涅槃际。善男子！我不生心言：'如是如来已般涅槃，如是如来现般涅槃，如是如来当般涅槃。'我知十方一切世界诸佛如来，毕竟无有般涅槃者，唯除为欲调伏众生而示现耳"。[①]该图中的涅槃图正是为表现鞞瑟胝罗居士得不般涅槃际解脱，因此此图为第二十七参鞞瑟胝罗居士。

　　右壁第 4 行第 2 图出现了文殊菩萨。在《图赞》中，文殊菩萨与弥勒菩萨共同出现在第五十二参之中。因该行仅存第 1、第 2 图，不容易确认其他图像内容，但至少可知右侧壁靠近正壁的位置为五十三参的尾声。加之，前面已确定了第一、第二、第三、第四、第二十七、第三十、第四十二参

──────────

①实叉难陀译《大方广佛华严经》卷 68，第 366 页 b。

的位置，因此可以知晓该窟五十三参的大体顺序。由此可以推测：该窟中的五十三参以左壁（南壁）第1行靠近正壁为起点，朝窟门方向发展；接着在右壁第1行靠近窟门的位置开始，朝正壁方向发展；右壁第1行结束后，又返回左壁，从第2行靠近正壁的位置开始；第3、第4行也是如此；善财童子参访的结尾部分在右壁第4行靠近正壁的位置（如图5所示）。

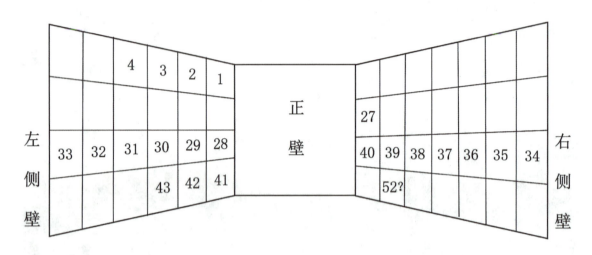

图5 小桃儿沟第5窟善财童子五十三参分布示意图

二、小桃儿沟第5窟五十三参其他内容的释读

小桃儿沟第5窟五十三参两壁第1、第2行有26个画面，依本文排序，却出现了第二十七参。对此，我们猜测出现这种情况应是两壁无法平均分配五十三参所致。如莫高窟第464窟五十三参南壁第2—5行，每行有4个画面，而第1行仅有3个画面。小桃儿沟第5窟南北壁前两行应该缺少一参，或者两参合为一个画面。为确定更为具体的排列顺序，应释读更多的图像内容。

（一）左壁第2行图像释读

左右壁前两行已确定第一至四参及第二十七参，但中间内容释读较少。根据格伦威德尔的记录，左壁第2行第1、第2幅均有君侯出现，第3幅的人物有君侯和老者。按图5推测，左壁第2行应是第十四至二十参中的第六参，其中可能是第十五至二十参，或是第十四至十九参。因第十四参为具足优婆夷，与君侯形象有异，所以第2行应是第十五至十九参。左壁第2行前3幅图之中，特征较为明显的是第2图，如准确释读该图，则左右两侧图像的内容即可得到印证。

1. 左壁第2行第2图：第16参宝髻长者

该图"背景中画着一宫殿，从宫殿房顶中两处各放出五道光线。一个正面坐着的君侯，把脸向左转去朝向那童子。在背景中可以看到两个祈祷的人物"。①如将该图定为第十六参宝髻长者，则该图与宋拓《变相经》第十六参存在差异。《变相经》中仅见宝髻长者与善财童子在厅堂中会面，未有携善财之手参观宅舍的场景。相比于《变相经》，檀香山木浮雕中的参宝髻长者与格伦威德尔的描述较为接近（图6）。木柱浮雕画面中的房间内出现了向上的云气中，这点与小桃儿沟第5窟相同。"把脸向左转去朝向那童子"，也应如木柱浮雕所示，为参宝髻长者带领善财童子参观宅舍。《华严经》记载："尔时，长者执善财手，将诣其家，示其所居。"②另外《图赞》也是表现参宝髻长

图6　檀香山木浮雕之参宝髻长者

（出自 *The Pilgrimage of Sudhana*, pl.23c）

者带领善财童子参观宅舍，只是未携善财之手。据此可以推测，第2行第2图应为第十六参宝髻长者。如此，则第2行第1图为第十五参，第3图为第十七参。

2. 左壁第2行第1图：第十五参明智居士

图中，"一君侯坐在宝座上，四周有一些仆人，身后站着举华盖的人，前边是童子"。③格伦威德

①A. 格伦威德尔《新疆古佛寺：1905—1907年考察成果》，第387页。

②实叉难陀译《大方广佛华严经》卷66，第353页c。

③A. 格伦威德尔《新疆古佛寺：1905—1907年考察成果》，第387页。

图7 《变相经》之第十五参明智居士（出自《西泠印社 2014 秋季十周年庆典拍卖·古籍善本专场》编号 2434）

尔仅仅提到君侯坐在宝座之上，君侯周围有侍从。这一特点符合第十五参明智居士的特征。《变相经》与《图赞》均表现明智居士"在其城内市四衢道七宝台上，处无数宝庄严之座"。① 不同的是，《变相经》明智居士周围的侍女手持乐器（图7），是为表现"左右常奏五百乐音"。② 而《图赞》表现明智居士"得随意出生福德藏解脱门，凡有所须悉满其愿。……如是一切资生之物，诸有所须悉令充满"，③ 因此《图赞》之中，居士身处高台，周围有许多宝物。根据《变相经》及《图赞》，该图可能为第十五参明智居士。

3. 左壁第 2 行第 3 图：第十七参普眼长者

该图有"坐在树下的一个君侯，他前面站着一个手扶拐杖的老者，他左边的画面已经毁坏"。④《变相经》中的参普眼长者坐于高背椅上，其右侧有桌案。格伦威德尔描述长者坐于树下。从这一点上看，两者不太吻合。因莫高窟第 464 窟中的第十七参残缺，目前可以使用

---

① 实叉难陀译《大方广佛华严经》卷 65，第 352 页 c。
② 实叉难陀译《大方广佛华严经》卷 65，第 353 页 a。
③ 实叉难陀译《大方广佛华严经》卷 65，第 353 页 a。
④ A. 格伦威德尔《新疆古佛寺：1905—1907 年考察成果》，第 387 页。

的材料有《图赞》及以及山西太原崇善寺藏明代绢本《善财童子五十三参图》。《图赞》第十七参中未出现树木和持杖的老者，但明代绢本《五十三参图》第十七参与格伦威德尔的记述较为类似。绢本中，普眼长者两侧有树木，画面右下角绘有四位扶杖的老者（图 8）。《华严经》记载普眼长者对善财说，"十方众生诸有病者咸来我所，我皆疗治，令其得差"。[1]这四位扶杖者以及两位衣衫褴褛的男子或许是向普眼长者求助之人。因此，可以将第 2 行第 3 图暂定为第十七参鬻香长者。

图 8　山西太原崇善寺藏明代绢本《善财童子五十三参》之第十七参鬻香长者（出自《释迦世尊应化事迹·善财童子五十三参》第 101 页）

4. 左壁第 2 行第 4 图：第十八参无厌足王

该图绘有"一座庙，有一些比丘，画面严重毁坏"。[2]据图 5 推测，该图应为第十八参无厌足王，但第十八参的特征是出现王侯和行刑等场景，而非出现寺庙和比丘。如此一来，格伦威德尔的记述与本文的推测存在偏差。但出现这种情况，或许因画面残缺，格伦威德尔的释读可能有失误之处。任平山注意到"正如他（格伦威德尔）在左壁第一行考古笔记中所犯的错误，由于壁画模糊未能领会壁画主题，识别图像时文字记录者可能存在误判"。[3]

释读该图，可参考莫高窟第 464 窟中的第十八参无厌足王（图 9）。第 464 窟北壁第 4 行西数第 1 图（第十八参无厌足王）左侧有一楼阁，善财童子和无厌足王在楼阁之中，画面右侧"宫殿内坐王者，旁有侍臣。殿前侧有斗殴者，有被枷缚者，有受刑者，有施舍者"。[4]根据《华严经》，无厌足王惩治作恶之人，"或断手足，或截耳鼻，或挑其目，或斩其首，或剥其皮，或解其体，或以汤煮，或以火焚，或驱上高山推令堕落"。[5]这些酷刑只是无厌足王调伏众生的权宜之计，他处理政事后，"执善

---

① 实叉难陀译《大方广佛华严经》卷 66，第 354 页 c。

② A. 格伦威德尔《新疆古佛寺：1905—1907 年考察成果》，第 387 页。

③ 任平山《吐鲁番壁画善财童子五十三参——格伦威德尔笔记小桃儿沟石窟图考》，《西域研究》2018 年第 1 期，第 88 页。

④ 梁尉英《莫高窟第 464 窟善财五十三参变》，《敦煌研究》1996 年第 3 期，第 47 页。

⑤ 实叉难陀译《大方广佛华严经》卷 66，第 355 页 b。

图 9　莫高窟第 464 窟之第十八参无厌足王 [出自《敦煌石窟艺术·莫高窟第四六四、三、九五、一四九窟（元）》第 41 页]

财手，将入宫中，命之同坐，告言：'善男子！汝应观我所住宫殿。'善财如语，即遍观察，见其宫殿广大无比，皆以妙宝之所合成，七宝为墙，周匝围绕，百千众宝以为楼阁，种种庄严，悉皆妙好，不思议摩尼宝网罗覆其上"。[1]画面左侧，善财童子与无厌足王身处宫殿之内，即是这一经文的表现。根据莫高窟第 464 窟，我们可以猜测，格伦威德尔看到的仅是画面的一部分，即无厌足王带领善财童子参观其所住宫殿的场景。因为格伦威德尔不了解这一内容，所以将无厌足王及其宫殿释读为比丘和寺庙。

综上，可将左壁第 2 行 1—6 图定为第十五至二十参。

（二）北壁第 1 行图像释读

1. 北壁第 1 行第 4 图：第十一参慈行童女

将左壁第 2 行第 1 图定为第十五参，则左壁第 1 行第 5 图至右壁第 1 行第 7 图应为第五至十四参中的九参。第五至十四参共有十参，而第 1 行除去前 4 幅图，仅有 9 幅图。对此，可以推测第五至第十四参之中必有一参省略，或画工将 2 参合为一幅图像。

确定第 1 行其余图像的顺序，依据的文字材料仅有右壁第 1 行第 4 图。该图"由众多随从围绕左右的一个天神或国王，坐在一座宫殿前边"。[2]根据之前的推测，该图应是第十参胜热婆罗门，但在《图赞》和《变相经》中，参胜热婆罗门的特征是刀山火海，"见彼胜热修诸苦行求一切智，四面火聚，犹如大山，中有刀山，高峻无极，登彼山上，投身入火"。[3]第 1 行第 4 图出现了宫殿，天神或国王身边有众多侍从，符合这一特征或许为第十一参慈行童女。《变相经》中，慈行童女坐于宫殿之

---

① 实叉难陀译《大方广佛华严经》卷 66，第 355 页 c。
② A. 格伦威德尔《新疆古佛寺：1905—1907 年考察成果》，第 388 页。
③ 实叉难陀译《大方广佛华严经》卷 64，第 346 页 b。

内，宫殿之上有祥云，童女周围有三位侍从（图 10）。《图赞》中的慈行童女也是坐于宫殿之中，宫殿上的祥云之中有坐佛。

如果将该图比定为第十一参，则第 1 行第 1、第 2、第 3 图分别为第十四、第十三、第十二参。

（三）北壁第 3 行图像释读

1. 北壁第 3 行第 2 图：第三十九参大愿精进力救护众生主夜神

"画面中央为一坐禅的法师，有随从人物围绕左右。前部是童子；童子上方的一团祥云里，可看到一座寺院。"[1] 与这一描述类似的有木柱浮雕中的参大愿精进力救护众生主夜神（图 11）。木柱浮雕图中，一天神半结跏趺，面前为合掌的善财童子，善财身后有祥云，祥云之上有楼阁。小桃儿沟第 5 窟中的这幅图像，符合第三十九参的特征，也符合本文的推测顺序。

2. 北壁第 3 行第 1 图：第四十参妙德圆满主夜神

将北壁第 3 行第 2 图定为第三十九

图 10 《变相经》之第十一参慈行童女（出自《西泠印社 2014 秋季十周年庆典拍卖·古籍善本专场》编号 2434）

参，则该行第 1 图应为第四十参妙德圆满主夜神。格伦威德尔提到该图"房子前边有一支架，支架上有一供品盘，其样式与北印度那种给比丘呈送袈裟的漆盘相同。在这个盘子里有一朵莲花。在这所建筑物的左右两边，长着长茎的莲花，莲花上有闪闪发光的如意宝珠。在房顶上方，在一团祥云的左右部分，各有三个祈祷比丘在飞翔"。[2]《华严经》记载妙德圆满主夜神向善财童子讲述，菩萨将诞生时，有十种神变，其中第十神

---

①A. 格伦威德尔《新疆古佛寺：1905—1907 年考察成果》，第 389 页。
②A. 格伦威德尔《新疆古佛寺：1905—1907 年考察成果》，第 389 页。

图11 木柱浮雕之参大愿精进力救护众生主夜神
(出自*The Pilgrimage of Sudhana*, pl.28c)

变为"忽于其前,从金刚际出大莲华,名为一切宝庄严藏。金刚为茎,众宝为须,如意宝王以为其台,有十佛刹微尘数叶,一切皆以摩尼所成宝网、宝盖以覆其上"。[1]该图中的莲花、如意珠应符合此记载,所以可定其为第40参妙德圆满主夜神。

(四)一幅不易确定主题的画面

格伦威德尔的描述大都符合五十三参的顺序,但有一处无法解释,即左壁第3行第2图。格伦威德尔记述该图"一位黑肤色的比丘坐在山洞中,他前面是童子"。[2]按照本文的排序,该图应为第29参正趣菩萨。但在《图赞》之中,正趣菩萨为站立的菩萨形象,而非一比丘坐在山洞中。

五十三参中,善财童子参见的比丘及比丘尼有6位,分别为第二参德云比丘、第三参海云比丘、第四参善住比丘、第七参海幢比丘、第十二参善见比丘、第二十五参师子频申比丘尼。第二至四参位于第1行,可以排除。第七参为参海幢比丘,海幢比丘"在经行地侧,结跏趺坐",[3]而非位于山洞之中。另外,该图在左壁第3行,左壁第一行即有六参,第七参不太可能跳至第3行第2图的位置。

<hr>

① 实叉难陀译《大方广佛华严经》卷74,第404页a—b。
② A. 格伦威德尔《新疆古佛寺:1905—1907年考察成果》,第387页。
③ 实叉难陀译《大方广佛华严经》卷63,第340页b。

第十二参中，善见比丘在林中，经行往返。《变相经》及《图赞》中的善见比丘也是站立的姿势，第3行第2图不符合善见比丘的特征。第二十五参中，师子频申比丘尼在日光园中，"遍坐一切诸宝树下大师子座"，[①]也非坐于山洞之中。由此可见，格伦威德尔的记述与五十三参图像不符，出现这种情况，或许是其记述有误。

根据上文分析，左右壁五十三参图的顺序大体可以确定（如图12）。因第1行，缺少一参或两参合并，暂且无法确定具体顺序。第4行残缺严重，也不能确定残缺部分的内容。

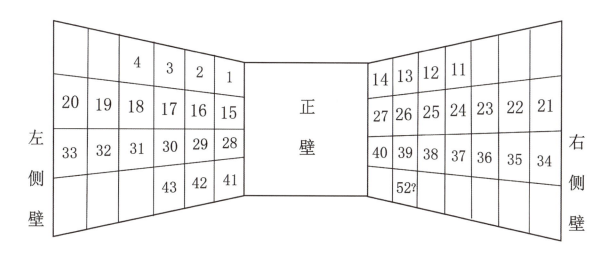

图 12　小桃儿沟第 5 窟五十三参示意图

三、小桃儿沟第 5 窟五十三参所属的图像系统

目前学界对善财童子五十三图的搜集已较为丰富，较早的五十三参图像有宋拓《变相经》、南宋刻本《佛国禅师文殊指南图赞》、大足北山南宋多宝塔塔内回廊内外壁镶石龛像，[②]安岳卧佛院北岩宋代雕刻五十三参图等。[③]明清时期的五十三参图以山西太原崇善寺明成化十九年（1483）临摹本为代表。

（一）宋代五十三参图分为不同系统

通过分析现存的五十三参图像，可以发现《变相经》与《指南图赞》属于不同的图像系统。宋

---

① 实叉难陀译《大方广佛华严经》卷67，第363页c。

② 黎方银《大足北山多宝塔内善财童子五十三参石刻图像》，《敦煌研究》1996年第3期，第51—63页；米德昉《大足多宝塔南宋五十三参造像的重新调查》，《华夏考古》2019年第1期，第114—123页。

③ 张雪芬《安岳卧佛院北岩宋代善财童子五十三参浮雕图像辨识》，四川大学博物馆编《南方民族考古》第10辑，科学出版社，2015年，第153—191页。

拓《变相经》目前仅存第二十七参鞞瑟胝罗居士之前的部分，第二十八参至第五十三参不知所踪。仅就初参至第二十七参而言，《变相经》的构图与《指南图赞》差异较大的有初参、第二、第四、第五、第六、第九、第十四、第十五、第十六、第十七、第二十七参等。如第四参善住比丘，《变相经》中的善住比丘在空中双手合掌；而《指南图赞》中的善住比丘手扪日月。第九参毗目瞿沙仙人，《变相经》采取仙人摩善财顶的形式，是为表现"毗目仙人即申右手，摩善财顶"；①而《指南图赞》中，仙人执善财手，佛刹现前，是为表现《华严经》所载"（仙人）执善财手。实时，善财自见其身往十方十佛刹微尘数世界中"。②再如第十四参具足优婆夷，《变相经》中善财童子与具足优婆夷相对而立，两人中间有一炉形器物，是为表现"宅中无有衣服饮食及余一切资生之物，但于其前，置一小器"；③《图赞》中的具足优婆夷坐于宝座之上，面前有葫芦形器物，宝物从中涌出。相对而言，《图赞》表现该器物的特征更为明显。另外，上文已论及两者之中第十五、第十六、第十七、第二十七参的差异。

目前尚未见《变相经》系统的其他五十三参图。属于《指南图赞》系统的有安岳卧佛院北岩宋代雕刻、明太原崇善寺藏绢本等，明清时期寺院壁画的五十三参图多是《指南图赞》系统。

图 13　小桃儿沟第 5 窟之初参文殊菩萨

（出自《新疆古佛寺》第 387 页）

（二）与小桃儿沟第 5 窟五十三参类似的图像

小桃儿沟第 5 窟中五十三参图仅留有两幅线描图，部分图像仅有文字描述，为确定其图像系统需借助其他五十三参图像。与小桃儿沟第 5 窟五十三参类似的有莫高窟第 464 窟、檀香山艺术博物馆藏木柱浮雕。

小桃儿沟第 5 窟左壁第 1 幅描绘初参文殊师利菩萨（图 13），图中描绘"时福城人闻文殊师利童子在庄严幢娑罗林中大塔庙处。无量大众从其城出，来诣其所"。④檀

---

①实叉难陀译《大方广佛华严经》卷 64，第 345 页 c。

②实叉难陀译《大方广佛华严经》卷 64，第 345 页 c。

③实叉难陀译《大方广佛华严经》卷 65，第 351 页 b。

④实叉难陀译《大方广佛华严经》卷 62，第 332 页 a。

香山木雕也是同样的构图方式（图14），如出现大塔、城门、文殊菩萨右手微抬，朝向善财童子头顶。

任平山已论述小桃儿沟第5窟与莫高窟第464窟中的第二参德云比丘非常接近（图15、图16），图中的妙峰山是标准的须弥山图式，"画面中心有一座上下宽大，中间狭窄之山体。山体下为大海，山体上为一辉煌宫殿代表天宫；山腰收缩处，左右两个圆轮是日轮和月轮"。[①]与这两处第二参类似的图像还见于《变相经》（图17）与檀香山木雕（图18）。这些图中的妙峰山构图类似，而《图赞》系统仅绘制德云比丘在山上徐步经行，未突出妙峰山的特征。

另外，上文已论述，小桃儿沟第5窟中的第四十二参摩耶夫人与莫高窟第464窟、檀香山木雕构图相同；第二十七参鞞瑟胝罗居士与《变相经》、檀香山木雕相同（因莫高窟第464窟的第二十七参残损严重，尚不得知与小桃儿沟第5窟及檀香山木雕是否相同）。

（三）综合《变相经》与《图赞》所产生的新系统

在一些关键图像上，小桃儿沟第5窟五十三参图与莫高窟第464窟、檀香山木雕表现出高度的相似性。从目前公布的21幅檀香山木雕五十三参看，莫高窟第464窟现存的五十三参基本与之类似。由此推测，这三处的五十三参图应属于同一系统。但这三处五十三参图既不完全属于《变相经》系统，

图14　檀香山木雕之参访文殊师利菩萨
（出自 *Four Column from a Chinese Temple*, fig.4）

图15　小桃儿沟第5窟之参德云比丘
（出自《新疆古佛寺》第387页）

[①]任平山《吐鲁番壁画善财童子五十三参——格伦威德尔笔记小桃儿沟石窟图考》，《西域研究》2018年第1期，第86页。

图 16 莫高窟 464 窟之参德云比丘［出自《敦煌石窟艺术·莫高窟第四六四、三、九五、一四九窟（元）》第 38 页］

图 17 《变相经》之参德云比丘（出自 *The Pilgrimage of Sudhana*, pl.21a）　图 18 檀香山木雕之参德云比丘（出自 *The Pilgrimage of Sudhana*, pl.21b）

也不完全属于《图赞》系统，而是属于综合两者而产生的新系统。

《变相经》仅存二十七参，已公布的檀香山木雕有十三参。这十三参中，与《变相经》类似的图像有 9 幅，分别为初参、第二、第三、第四、第六、第九、第十八、第二十六、第二十七参；与《图赞》类似的有 3 幅，分别为第五、第十四、第十六参；另有 1 幅与两者均不完全相同。

如第五参弥伽长者，《图赞》以弥伽长者跪拜善财童子为特征，公布的《变相经》图片较为模糊，似乎未见弥伽长者跪拜的情形。莫高窟第 464 窟与檀香山木雕均采用了《图赞》的样式。第十四参具足优婆夷，莫高窟第 464 窟与檀香山木雕中均表现小器涌现宝物，与《图赞》一致。第十六参宝髻长者，《变相经》仅描绘宝髻长者与善财童子相对而立，而《图赞》描绘宝髻长者携善财观宅，莫高窟第 464 窟与檀香山木雕继承了这一特点。

由此可见，莫高窟第 464 窟与檀香山木雕多是《变相经》的样式，但少部分也采用了《图赞》的图像，属于综合二者而产生的新系统。上文已论及小桃儿沟第 5 窟中的五十三参与莫高窟第 464 窟、檀香山木雕基本一致，由此可说，该窟中的五十三参也属于这一新系统。

目前来看，莫高窟第 464 窟的年代有西夏或元代之说，小桃儿沟第 5 窟应开凿于 13 世纪，檀香山木雕的年代至少是明朝初年，可以说新系统的五十三参图在元代前后较为流行，自明代以来，所见较少。明清时期，五十三参图普遍采用《图赞》系统的样式（图 19）。

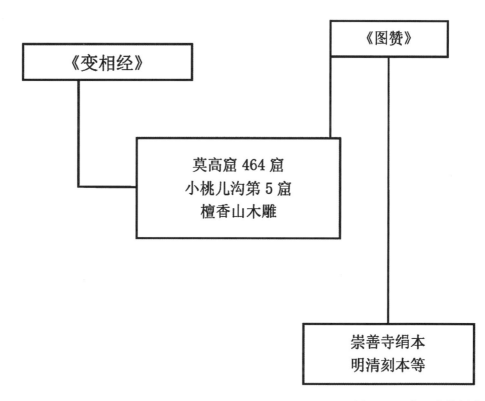

图 19　五十三参的图像系统

徽县真空寺石窟调查与研究*

王百岁/陇南师范高等专科学校文学与传媒学院

　　甘肃省徽县是陇南市境内佛教遗迹和石窟最多的县份之一，诸如佛爷崖石龛、①竹林寺石窟、②广佛寺石窟、③罗汉洞石窟、清凉洞石窟、郇家庄白塔、北禅寺、④南禅寺、圣泉寺、三泉寺、铁佛寺、福兴寺、东禅寺、石佛寺、庆寿寺、兴善禅院等，⑤而且附近的天水、⑥成县、⑦西和、⑧两当、⑨武都⑩等地都有很多佛教石窟。位于徽县柳林镇磨沟村的真空寺石窟，别称真宫寺。宋代智圆法师曾说：

*本文为国家社科基金一般项目"甘肃东部佛教石窟题记文献整理与研究"（19BZJ021）、陇南师范高等专科学校陇南文史研究中心科研项目"陇南佛教文化研究"（2021B—06）的后期成果。

①孙晓峰《甘肃陇南几处中小石窟调查简报》，《敦煌研究》2008年第2期，第3—11页。苏海洋《试论陇南石窟、石刻与陇蜀交通》，《丝绸之路》2011年第16期，第14—17页。王百岁《甘肃省徽县佛爷崖石龛研究》，《甘肃高师学报》2017年第8期，第78—84页。

②王百岁《徽县竹林寺石窟调查与研究》，《甘肃高师学报》2016年第1期，第54—60页。

③孙晓峰《甘肃陇南几处中小石窟调查简报》，《敦煌研究》2008年第2期，第3—11页。

④孙晓峰《甘肃徽县境内佛教遗迹与青泥道之间相关问题的考察与研究》，张承荣、蒲向明主编《陇蜀青泥古道与丝路茶马贸易研究》，四川大学出版社，2018年，第341—351页。

⑤徽县志编纂委员会编《徽县志》，陕西人民出版社，2003年，第906页。

⑥郑炳林、魏文斌主编《天水麦积山石窟研究文集》，甘肃文化出版社，2008年；董玉祥《仙人崖石窟(上)》，《敦煌研究》2003年第6期，第32—37页；董玉祥《仙人崖石窟(下)》，《敦煌研究》2004年第1期，第23—26页；孙晓峰、臧全红《甘肃武山木梯寺石窟调查简报》，《敦煌研究》2008年第1期，第27—34页。

⑦王百岁《甘肃省成县五仙洞石窟与南宋禅宗》，《宗教学研究》2019年第1期，第107—116页。

⑧王百岁《甘肃省西和县法镜寺石窟调查与研究》，《敦煌学辑刊》2017年第3期，第154—167页。

⑨孙晓峰《甘肃省两当县西姑庵佛教遗址考察》，《石窟寺研究》2012年，第24—36页。

⑩王百岁《武都朝阳洞石窟调查与研究》，《甘肃高师学报》2022年第4期，第69—76页。

"始以般若真空荡系著于前，终依净土行门求往生于后，^①故"真空"之名当与主张儒、释、道"三教合一"的孤山智圆等的净土归趣有关。

一、真空寺石窟现状

史轲先生对真空寺石窟作了如下介绍：

真空寺石窟，明代开凿，位于徽县柳林镇磨沟村北300米的崖壁上，现存5个摩崖浅龛和一个平面方形平窟。龛内造像多已风化残损，窟内造像残毁无存。^②

那么实际情况如何呢？经笔者考察得知，现存1座新建楼阁式庙宇（观音菩萨、普贤菩萨、文殊菩萨殿）（1间），2座依崖新建庙宇（九天玄女宫、横三世佛殿）（2间），1座新建灶房（内有明清遗留造像坛台，坛台上有2身残像）（3间），1座新建僧房（2间），1座新建柴房（3间），1座新建山神土地庙（1间）；明清时期遗留佛龛2个、完整石窟1个，造像残骸5身（头颅全毁）、残迹4处，造像衣裾残骸2身，壁画无存；明、清碑共4通。

笔者接着孙晓峰师兄的编号，^③对现存明清窟龛进行了编号（他编的是2个窟，我接着加了一个窟），如此保持一致（一一对应），是为了其他学者研究的方便；我将北部的完整石窟编为1号窟，南部的大龛编为2号龛，中部的小龛编为3号龛。

图1　真空寺石窟第2龛（作者摄）　　　图2　真空寺石窟第3龛残损塑像（作者摄）

①杜继文主编《佛教史》，江苏人民出版社，2008年，第435页。
②史轲《甘肃省陇南境内石窟寺概述》，《丝绸之路》2010年第2期，第24—27页。
③孙晓峰《甘肃徽县境内佛教遗迹与青泥道之间相关问题的考察与研究》，张承荣、蒲向明主编《陇蜀青泥古道与丝路茶马贸易研究》，第341—351页。

1号窟：窟门部分分上下两层，上层为木框明窗，下层为窟门。明窗长245厘米、宽（高）130厘米；洞门高130厘米、宽73厘米。窟呈平面纵长方平顶（中间略微拱起）形，窟中间部分宽375厘米、高343.5，进深625厘米。原有造像无存，无壁画。

2号龛：长983厘米，高于龛下路面884厘米。从造像残迹看，原有造像似有10身，现存明清时期造像残骸5身、衣裙残骸4身。自南向北，残像1、2、3、4、5高依次为79.5厘米、83厘米、90厘米、82.5厘米、89厘米，衣裙残骸均高17厘米。无壁画。

3号龛：长约575厘米，高于龛下地面145厘米。从造像残迹看，原有造像似有3身，现存明代造像残骸2身、衣裙残骸1身。自南向北，残像1、2高依次为85厘米、77厘米。无壁画。

共有4通碑，砂砾岩石碑，粗糙、易风化，系镌刻发愿文或记录修葺功德。字迹皆已模糊不清，能释读的文字亦可披露一些有效信息。依由外往里的顺序对碑进行编号。1号碑碑阴无字，碑阳碑额为"万古千秋"，落款有"皇清道光二十二年（1842）九月"字样。3号碑因紧靠崖壁，碑阳末纵行部分文字因被崖体掩盖，不能全部看清，但能释读如下文字："……见在者吉如意……治二年正月石匠……"。字虽少，却提供了十分重要的线索，可以据此推测本石窟开凿的大致时间。那么"治二年"是"弘治二年（1489）"还是"同治二年（1863）"呢？恰好3号碑碑阴有"弘治二年正月吉日石匠张善万造"等字样，故可以肯定，"治二年"是指"弘治二年"。这说明，真空寺的始凿，应不晚于明弘治二年（1489）(碑文见附录)。

张伯魁《徽县志》载："真空洞，东北六十五里，山石嶒峻，三四里达其巅，茂树郁葱，不易登陟，洞中铁佛三十有二，今失其一，悬崖佛像，殆以百数，明成化间重修，碑记犹存，其下为穆家坪。"[①]将现存石窟与造像和明代相比，变化很大，可见历史的沧桑在这所石窟留下了明显的痕迹，但除了自然的风化，肯定有人为的破坏。

二、真空寺石窟反映了明清时期
陇南、天水一带佛教传播和发展状况

清代张伯魁纂修《徽县志》载："真空洞，东北六十五里，山石嶒峻，三、四里达其巅，茂树郁葱，不易登陟。洞中铁佛三十有二，今失其一。悬崖佛像，殆以百数，明成化（1465—1487）年间重修。碑记犹存。其下为穆家坪""真空寺，东北八十里，在江口川北，无寺宇，洞中铁佛三十有一，悬崖皆有佛像，明宏（弘）治中修。案真空寺、铁山寺、罗汉洞皆流遗久远，而旧志所不载，今虽荒落，

---

① 张伯魁纂修《徽县志》，嘉庆十四年（1809）刊本，成文出版社有限公司，1976年，第47页。

迹尤（犹）存焉，故列之""群峰不肯下，卓立势堪吁。仰面天应小，低身地欲无。兽禽愁附着，草木强荣枯。浮世自相逐，谁能哀鄙夫。步履随僧指，冷风铁佛威。峰峦逼霄汉，岩洞落光辉。万象森如动，孤云耿自依。只因最深处，识者古来稀。"[①]

根据以上记载，结合石窟的现状，至少可以想到如下几点：

第一，不同的地方志书对真空寺一些具体内容的记述不尽相同，同一本方志对同一事情的记载也可能有出入。

第二，明清时期，真空寺及其周围一带佛教相当兴盛，信仰者众多，真空寺原有佛像数量众多，但这些佛像今天已经见不到了。据《徽县志》载，1949 年底，全县有和尚 7 人，尼姑 7 人，居士 543 人，信教群众 300 余人。有佛教寺院 13 处。[②]

第三，真空寺石窟在明代多次重修。佛教在一定时期的活动状况也可以反映出当时的政治状况以及统治阶级的政策和对待老百姓的态度。根据碑文记载，明孝宗弘治年间（1487—1505），即重修了真空寺。明孝宗朱佑樘是一个开明宽仁的皇帝，在位期间，革新吏治、罢黜冗官、安抚边境、慎施刑罚、减免赋税、赈济饥民，尝言："凶岁当损上益下。必欲取盈，如病民何""敕法司曰：'……务存心仁恕，持法公平，详审其情罪所当，庶不背于古圣人钦恤之训。'"[③]政策比较宽松，百姓能够安居乐业，社会矛盾缓和，故佛教也比较兴盛。

第四，原有窟龛、塑绘所剩残骸寥寥无几，说明窟龛、佛像是被人为破坏的，这种情况很可能发生在"灭佛"或"毁佛"的背景下。

三、真空寺石窟发现了净土宗第八代祖师云栖祩宏大师和第九代祖师蕅益智旭大师塑像残骸

净土宗亦称莲宗，主要依据《无量寿经》《观无量寿经》《阿弥陀经》立宗。源于东晋慧远，后经东魏昙鸾、隋唐之际道绰、唐初善导，正式创立。自中唐以后广泛流行，宋代出现了"禅净一致"和"台净合一"局面，宋明以后与禅宗融合，明清时期至为兴盛。汤用彤先生云："净土宗者，因修持而借他力以往生之教也""有唐一代，净土之教深入民间，且染及士大夫阶层""盖当时士大夫根本之所以信佛，即在作来生之计，净土之发达以至于几独占中华之释氏信仰者盖在于

---

① 张伯魁纂修《徽县志》，第 47、195、675—676 页。
②徽县志编纂委员会编《徽县志》，第 906 页。
③张廷玉等《明史》卷 15《孝宗纪》，中华书局，1974 年，第 183—197 页。

此。"① "宋代的净土信仰已经遍及佛教各派，成为共同趋向。其中，禅与净土的结合、天台与净土的融会，又是这一共同趋向中的主流。"② "明代净土独盛" "明代已是净土宗的天下"。③ "各宗归汇于净土。禅宗、天台宗、华严宗、法相宗等都成为净土的弘传者，净土普及于佛门，又通过佛门普及于民间，成为中国民众宗教的砥柱，形成取代大乘佛教的态势。"④ 印顺法师尚言："净土为大小乘人所共仰共趋的理想界，如天台、贤首、唯识、三论以及禅宗，都可以修净土行，弘扬净土。这是佛教的共同倾向，决非一派人的事情。站在全体佛教的立场说，与专弘一端的看法，当然会多少不同。"⑤

真空寺第2龛现存造像残骸5身、衣裙残骸4身，加起来是9身。咨询真空寺内的出家人，说原为13位祖师塑像。他说的13位祖师，我认为是从东晋到明末清初，净土宗的9位祖师；然后，从清初到近代有4位祖师，合起来总共是13位祖师。既然真空寺石窟为明代所开凿，那么，这正好与现存9身残骸相吻合。这9位祖师当是：初祖慧远、二祖善导、三祖承远、四祖法照、五祖少康、六祖延寿、七祖省常、⑥ 八祖袾宏、九祖智旭。⑦ 塑造从慧远大师到省常大师的尊像，是将其作为历史人物或净土宗圣人或净土宗远祖来奉祀的，而塑造作为"明末四大高僧"的云栖袾宏大师和蕅益智旭大师即作为净土宗第八代祖师和第九代祖师的尊像是作为近祖来奉祀的。当然，二人塑像具体是哪两尊，已无从知晓，但肯定包括于上述9身之中。云栖袾宏和蕅益智旭的生卒年分别为1535—1615年和1599—1655年，说明此处祖师塑像在明弘治（1487—1505）年间重修结束后，又于二位祖师先后圆寂后塑造，来作为对两位大师的敬仰和奉祀、纪念。蕅益智旭跨明、清两朝，说明真空寺此处在明代弘治年间重修后又于清代再修再塑，故可以笼统地说，真空寺石窟净土宗九代祖师尊像塑造于明清时期。

云栖袾宏，别号莲池，俗姓沈，浙江杭州人。他的思想，继续贯彻宋、明以来教禅并重、三教合一的主张，而以净土为归趣。云栖袾宏对净土实践也非常重视，他提倡戒杀放生、慈悲众生，以传统道德约束徒众。他一生的著作30余种，后人集为《云栖法汇》。清代释悟开《莲宗九祖传略》将他列为莲宗第八祖。

蕅益智旭，别号"八不道人"，俗姓钟，江苏吴县（今苏州）人。少年时曾著《辟佛论》，后读云

---

① 汤用彤《隋唐佛教史稿》，中华书局，2010年，第155—158页。

② 杜继文主编《佛教史》，第434页。

③ 陈扬炯《中国净土宗通史》，凤凰出版社，2008年，第436—467页。

④ 陈扬炯《中国净土宗通史》，第369—370页。

⑤ 释印顺《净土与禅》，中华书局，2011年，第1页。

⑥ 志磐撰，释道法校注《佛祖统纪校注》，上海古籍出版社，2012年，第533—574页。杜继文主编《佛教史》，第433—436页。

⑦ 杜继文主编《佛教史》，第433—436、448—462页。

栖袾宏之书，改变了看法。①先阅律藏，后学法相、禅、华严、天台、净土诸宗。蕅益智旭从宗派上说属于天台宗，但鉴于"近世台家与禅宗、贤首、慈恩各执门庭，不能和合"，故而不愿为天台宗人。他的思想被人以"融会诸宗，归极净土"概括。他由儒佛的调和进而达到三教一致。蕅益智旭曾以阅读经藏20年的资料积累为依据，编成《阅藏知津》一书。该书兼具佛经目录和经籍提要的特点，对后世的刻经和阅藏有一定影响。②故真空寺当地佛徒所谓"净土宗十三代祖师塑像"之说不准确，实际上没有塑造第十至十三位祖师尊像。第十代祖师为行策大师、第十一代祖师为实贤大师、第十二代祖师为际醒大师、第十三代祖师为印光大师。③净土宗诸位祖师的塑像反映了明清时期、陇南（徽县）、天水一带佛教及其宗派主要是净土宗的传承情况和民众的佛教信仰状况。

四、真空寺石窟的开凿反映了陇蜀古道曾经兴盛

佛教与石窟艺术的传播与发展，都是通过道路交通实现的。如果没有丝绸之路的开通，甘肃境内一系列石窟的开凿都是不可能的，④徽县真空寺石窟也不例外。因佛爷崖石窟的发现证明，秦蜀古道与陇蜀古道在河池（今徽县）汇合后经姚坪翻越青泥岭入川，⑤故真空寺石窟的开凿必与陇蜀古道、秦蜀古道相关，只有在陇蜀古道和秦蜀古道兴盛时，佛教传播才更通畅、更便捷。陇南自古以来就处于丝绸之路与蜀陇道、秦蜀道的交叉点。⑥

关于真空寺石窟，杨发鹏先生的《两晋南北朝时期河陇佛教地理研究》和介永强先生的《西北佛教历史文化地理研究》均未提及具体的交通线路，⑦但一定与宋明及以后时期的茶马古道有关。⑧距真空寺石窟不远的徽县火钻镇，明清时期一度成为巡茶御史的官署之地，全国茶马交易管理中

---

① 陈扬炯《中国净土宗通史》，第451页。

② 杜继文主编《佛教史》，江苏人民出版社，2006年，第452—455页。

③ 陈扬炯《中国净土宗通史》，第468—480页。

④ 敦煌研究院、甘肃省文物局编《甘肃石窟志》，甘肃教育出版社，2011年，第2—9页。

⑤ 苏海洋《试论陇南石窟、石刻与陇蜀交通》，《丝绸之路》2011年第16期，第14—17页；苏海洋《祁山古道南秦岭段研究》，《西北工业大学学报（社会科学版）》2009年第2期，第48—52页。

⑥ 赵逵夫《蜀道变迁与陇南交通》，《兰州交通大学学报》2017年第5期，第1—4页；吴景山《丝绸之路在甘肃的线路述论》，《兰州大学学报》2013年第3期，第1—10页。

⑦ 杨发鹏《两晋南北朝时期河陇佛教地理研究》，巴蜀书社，2014年，第41—354页；介永强《西北佛教历史文化地理研究》，人民出版社，2008年，第65—98、118、141—142、297—321页。

⑧ 孙晓峰《甘肃徽县境内佛教遗迹与青泥道之间相关问题的考察与研究》，张承荣、蒲向明主编《陇蜀青泥古道与丝路茶马贸易研究》，第283—299页；王义、熊双平《茶马互市与徽州述略——以郭从道〈徽郡志〉为主要考察对象》，《天水师范学院学报》2017年第6期，第14—18页。郑国穆《甘肃陇南地区有关茶马古道文化遗产的考察和研究——甘肃茶马古道文化线路遗产考察之一》，《丝绸之路》2011年第16期，第18—27页。

心。况自唐宋以来，茶与佛教就有不可分割的关系。在艰险的陇蜀古道上行走的人们需要心理的慰藉。① "陇南地处河陇东南部，是丝绸之路向东、向南的重要通道。" ②处于丝绸之路中段、与陇蜀古道北端的陇南、天水一带在明代以前已成为茶马互易的中心地带。③徽县境内有很多佛教遗迹和石窟、寺庙、佛塔，诸如广佛寺石窟、清凉洞石窟、罗汉洞石窟、佛爷崖石龛、竹林寺石窟、北禅寺、白塔寺（白塔）等，还有与徽县毗邻的成县红川甸山石窟和甸山寺庙群等，恰好都处在陇蜀古道沿线或附近。④正如孙晓峰老师所说，无论是石窟寺的开凿、寺院的兴建，还是佛塔的修筑，均与徽县境内古代交通路网的形成与变迁有密切关系，同时也与不同时期历史地理、经济、文化状况等紧密相关。⑤

高天佑先生率先对陇蜀古道作了探索，他认为，陇蜀古道主要可以分为嘉陵道、祁山道、沓中阴平道、洮岷迭潘道等，⑥其中的洮岷迭潘道，根据佛教历史地理专家的观点，习惯上多称为吐谷浑道或河南道，又或称为羌氐道、雍梁道、羌中道。⑦真空寺石窟当与祁山道和嘉陵道关系最为密切。⑧真空寺石窟和位于徽县榆树乡火站村的竹林寺石窟⑨相距较近，与二者相关的路径应该是差不多一样或相近的。距真空寺石窟不远处就是永宁河上游，永宁河向南注入嘉陵江，徽县柳林段永宁河畔峭壁上有一段挂壁公路，这段挂壁公路也叫江峡洞天公路，沿挂壁公路是自天水南下的交通古道，这条古道在宋明时期即成为茶马古道的一部分，也是陇蜀古道的一条支线。既可以沿此路由秦州（今天水）经皂角、娘娘坝向徽县柳林一带直接传入佛教，也可以由秦州沿祁山道经汉源（今西和）而入同谷（今成县），再由同谷折向东南，将佛教传入柳林、真空寺一带，还可以由长安经宝鸡沿陈仓道向西南，再经由嘉陵道进入徽成盆地，而通过永宁河谷北向将佛教传入柳林、真空寺带。⑩

①王义、熊双平《茶马互市与徽州述略——以郭从道〈徽郡志〉为主要考察对象》，《天水师范学院学报》2017年第6期，第14—18页。

②杨发鹏《两晋南北朝时期河陇佛教地理研究》，第275页。

③赵逵夫《茶马古道说陇南》，《档案》2016年第12期，第52—54页。

④孙晓峰《甘肃徽县境内佛教遗迹与青泥道之间相关问题的考察与研究》，张承荣、蒲向明主编《陇蜀青泥古道与丝路茶马贸易研究》，第341—351页。

⑤孙晓峰《甘肃徽县境内佛教遗迹与青泥道之间相关问题的考察与研究》，张承荣、蒲向明主编《陇蜀青泥古道与丝路茶马贸易研究》，第283—299页。

⑥高天佑《陇蜀古道考略》，《文博》1995年第2期，第60—67页。

⑦郭盛《青海"河南道"佛教传播源流考释》，《青海师范大学学报》2010年第1期，第91—99页。

⑧蒲向明《祁山古道：沟通南北丝路之陇蜀要津——以陇南祁山古道的文献和文学考察为视角》，《西南科技大学学报（哲学社会科学版）》2015年第1期，第30—36页；王百岁《陇南石窟研究》，兰州大学博士学位论文，2016年，第105—106、155页。

⑨王百岁《徽县竹林寺石窟调查与研究》，《甘肃高师学报》2016年第1期，第54—60页。

⑩王百岁《陇南石窟研究》，第155—156页。

五、真空寺石窟是一处儒、释、道三教合一石窟

自宋代以后，石窟三教合一成为一种趋势。陇南有不少石窟属于三教合一，^①其中真空寺石窟即是。云栖袾宏和蕅益智旭都倡导三教合一。云栖袾宏的思想，继续贯彻宋、明以来教阐并重、三教合一的主张，而以净土为归趣。云栖袾宏认为，佛教可阴助王化，儒教可显助佛法，两者可相资而用。^②他说："核实而论，则儒与佛，不相病而相资，……是阴助王化之所不及者佛也。……是显助佛法之所不及者儒也。……则不当两相非，而当交相赞也。"^③三教"理无二致，而深浅厉然；深浅虽殊，而同归一理。此所以为三教一家也"。^④蕅益智旭少事理学，进入佛门后，仍对理学抱有感情，他提倡"以禅入儒，诱儒知禅"，著《周易禅解》《四书蕅益解》。他把"孝"作为二者调和的基础，认为"世出世法，皆以孝为宗""儒以孝为百行之本，佛以孝为至道之宗"。他由儒佛的调和进而达到三教一致，谓："道无一，安得执一以为道？道无三，安得分三教以求道？特以真俗之迹，姑忘拟焉。则儒与老，皆乘真以御俗，令俗不逆真者也。释乃即俗以明真，真不混俗者也。故儒与老主治世，而密为出世阶；释主出世，而明为世间祐。"^⑤后世净土宗信仰者、功德主、工匠们在开窟造像时自然继承了云栖袾宏大师和蕅益智旭大师的思想。

再者，从现有造像看，除了上述佛龛中所塑佛像（残迹）外，还有横三世佛（中央释迦牟尼佛、东方药师佛、西方阿弥陀佛）、三大菩萨（观音菩萨、文殊菩萨、普贤菩萨）、九天玄女等塑像。九天玄女虽是道教神尊，但其实与中国历史文化直接相关，所以亦可以认为属于儒家文化的人物。^⑥据清代张伯魁《徽县志》记载，洞中、悬崖皆有很多佛像，说明后来都被破坏了。真空寺石窟之所以佛、道都有，又以佛像居多，证明了这是一个以佛教为主的石窟，但明清时期的佛、道教造像都体现了儒家精神，这也是历史上三教合一发展到最后阶段的体现。^⑦

①王百岁《甘肃省成县甸山石窟调查与研究》，《东方论坛》2018 年第 1 期，第 91—97 页；王百岁《陇南石窟与儒道佛三教合一研究》，《甘肃高师学报》2021 年第 6 期，第 24—29 页；王百岁《甘肃西和佛孔石窟调查与研究》，《敦煌学辑刊》2012 年第 3 期，第 115—123 页。

②杜继文主编《佛教史》，第 452—455 页。

③沙门袾宏撰《云栖法汇（选录）·竹窗二笔·儒佛交非》，《嘉兴藏》第 33 册，No.B277，第 12—15 卷，第 45 页上栏—中栏。

④沙门袾宏撰《云栖法汇（选录）·正讹集·三教一家》，《嘉兴藏》第 33 册，No.B277，第 12 卷—第 25 卷，第 77 页上栏。

⑤古歙门人成时编辑《灵峰蕅益大师宗论》卷第五之三《儒释宗传窃议序》，《嘉兴藏》第 36 册，No.B348，第 10 卷，第 346 页下栏。

⑥马书田《中国道教诸神》，团结出版社，1996 年，第 120—127 页；司马迁《史记》卷 3《殷本纪第三》，中华书局，1982 年，第 91—92 页。

⑦王百岁《陇南石窟与儒道佛三教合一研究》，《甘肃高师学报》2021 年第 6 期，第 24—29 页。

余论

　　根据真空寺石窟碑文记载，真空寺石窟重建于明孝宗弘治（1488—1505）年间。又据《陇右金石录》所载《徽县真空寺碑》（碑已佚）有"成化"二字，[①]说明很有可能至明宪宗成化年间，《徽县真空寺碑》已被刻立；当然，先有真空寺石窟开凿，然后才可立碑纪念。故石窟开凿当更早。如此来说，不排除唐宋时期就有佛道活动的可能性。现存明清时期遗留残损佛龛2个、完整石窟1个；造像残骸7身、衣裾残骸5身，壁画无存，明、清碑共4通。[②]

　　造像残骸中有净土宗第一代祖师慧远大师至第七代祖师省常大师塑像残迹，也包括第八代祖师云栖祩宏大师和第九代祖师蕅益智旭大师塑像残迹，可证明清时期陇南徽县一带净土宗盛行。因此，真空寺石窟对研究佛教在陇南的演变及净土宗的历史具有一定的积极意义。

　　真空寺石窟塑像以佛教为主，但也有些道教造像和带有儒家性质的神仙、人物的塑像，反映了儒、释、道三教合一状况，可证此石窟为三教合一石窟。对研究古代陇南佛教传播与交通道路、茶马古道发展变化、三教融合情况等都具有一定价值。

　　徽县历史文化厚重、佛教文化尤为突出，真空寺石窟附近还有不少石窟寺庙。建议当地政府部门加大投入，清理窟像，整修窟龛，修复塑像，加强保护。

　　真空寺石窟所在地山峰高峻、地势险要、青山绿水、环境清幽，自然人文融为一体，得天独厚，山下就有两徽高速公路和县乡（镇）公路，江口挂壁公路近在咫尺，且距陇南机场较近，陇蜀古道、宋代佛塔、青泥岭、铁山、宋金古代战场仙人关，上市公司金徽酒业、金徽矿业亦不远，发展文化旅游，潜力巨大。

---

①张维编《陇右金石录》，甘肃省文献征集委员会，1943年，第15942页。

②此处碑文略。碑文主要由笔者抄录而来，与孙晓峰先生考察所获文字大同小异，参见孙晓峰《甘肃徽县境内佛教遗迹与青泥道之间相关问题的考察与研究》，张承荣、蒲向明主编《陇蜀青泥古道与丝路茶马贸易研究》，第341—351页；王百岁《陇南石窟研究》，第209—211页；赵逵夫主编《陇南金石校录》，社会科学文献出版社，2018年，第1191—1192页。

北宋延州安定堡汉蕃军民的护国万菩萨堂
——陕西子长钟山第 10 窟主题思想探析*

石建刚/西北工业大学文化遗产研究院

钟山石窟，位于陕西省子长市安定镇贺家沟村，西距古安定堡约 1500 米。石窟坐北面南，背靠钟山，前临秀延河，共由 13 座洞窟组成（图 1），自西向东依次编号，其中第 10 窟为主窟。[1]第 10 窟开凿于北宋治平四年（1067），是一座超大型立柱式中央佛坛窟，造像精美，内容丰富，乃是中国北宋石窟的代表。

有关钟山石窟，特别是第 10 窟，学界已有不少调查和研究。其中，基础内容调查主要见于靳之林、姬乃军、李淞、何立群、石建刚等学者的论著，[2]近年出版的《陕西石窟内容总录·延安卷》和《延安石窟碑刻题记》[3]可以看作是对这一工作的一次总结。相关研究主要见于津田彻英、萩原哉、根立研介、李静杰、林钟妏、石建刚等学者的论著，以对三佛、地藏十王、自在坐观音、涅槃、比丘

---

*本文为陕西省文物保护研究院课题"富县石佛堂第 6 窟调查与研究"（D5201210028）的阶段性研究成果之一。

[1] 本文一律采用张建林主编《陕西石窟内容总录·延安卷（中）》（陕西新华出版传媒集团、陕西人民出版社，2017 年，第 717—750 页）中的洞窟编号。

[2] 靳之林《延安地区石窟艺术》，《美术》1980 年第 6 期，第 3—7 页；姬乃军《延安地区的石窟寺》，《文物》1982 年第 10 期，第 19 页；李淞《陕西古代佛教美术》，陕西人民教育出版社，2000 年，第 182—192 页；何立群《延安地区宋金石窟分期研究》，北京大学硕士学位论文，2002 年；石建刚《延安宋金石窟调查与研究》，甘肃教育出版社，2020 年。

[3] 张建林主编《陕西石窟内容总录·延安卷（中）》，第 717—750 页；延安市文物研究所编《延安石窟碑刻题记》，陕西人民出版社，2020 年，第 315—394 页。

图1 钟山石窟窟龛分布示意图

等造像题材及其思想的研究为主。①然而,有关洞窟主题思想的探讨则较为滞后,笔者不揣浅陋,试就此略作探讨,以期抛砖引玉。

一、从五台山到钟山石窟:万菩萨像及其信仰考释

钟山第10窟造像题材颇为丰富,包括三世佛、自在坐观音、地藏、骑狮文殊与乘象普贤、涅槃、万菩萨、千佛等,但最能代表洞窟主题和核心思想的当是中央佛坛上的三世佛和环列于壁面间的万菩萨造像,因此,这一部分我们将着重从这两类造像题材入手来探讨洞窟的主题。

---

①萩原哉《三世仏の造像—钟山石窟第3号窟の三仏を中心として—》,冈田健等《中国陕西省北宋时代石窟造像の调查研究—子长县钟山石窟を中心として—》,2001—2003年度科学研究费补助金研究成果报告,2004年,第21—34页;又载《印度学佛教学研究》第56卷第1号,2007年,第489—486页;津田彻英《钟山石窟第3窟の基本构想と信仰基盘》,冈田健等《中国陕西省北宋时代石窟造像の调查研究》,第35—50页;根立研介《10世纪から13世纪にかけての日本雕刻史における中国美术の受容について—钟山石窟3号窟の老比丘形像を手挂かりとして—》,冈田健等《中国陕西省北宋时代石窟造像の调查研究》,第51—64页;李静杰《唐宋时期三佛图像类型分析——以四川、陕北石窟三佛组合雕刻为中心》,《故宫学刊》2008年第4期,第309—341页;李静杰《中原北方宋辽金时期涅槃图像考察》,《故宫博物院院刊》2008年第3期,第22—46页;林钟妏《陕北石窟与北宋佛教艺术世俗化的表现》,台湾大学艺术史研究所硕士学位论文,2006年;李静杰《陕北宋金石窟题记内容分析》,《敦煌研究》2013年第3期,第103—115页;李静杰《陕北宋金石窟佛教图像的类型与组合分析》,《故宫学刊》2014年1期,第92—120页;石建刚《延安宋金石窟调查与研究》第五章《延安宋金石窟部分造像题材研究》第二节"延安宋金石窟地藏与十王及地狱图像研究",第369—420页。

（一）三世佛造像：以佛光寺东大殿为规范

萩原哉先生在考察钟山第10窟三佛造像身份的过程中，特别注意到，该窟佛坛造像组合与五台山佛光寺东大殿在造像配置方面的相似性，认为其很有可能是以后者为规范的，[①]这一论断为我们深入理解洞窟主题思想提供了极为重要的线索。

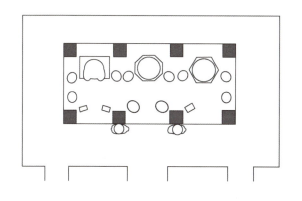

图2　钟山第10窟主室平面示意图

图3　钟山第10窟中央佛坛

钟山第10窟为典型的中央佛坛窟（图2、图3），洞窟平面略呈梯形，前宽16.10米、后宽16.40米、进深9.60米、前高5.04米、后高5.40米。中央佛坛呈横长方形，横宽11.00米、纵深4.50米、高1.40米。佛坛上共有八根方形通顶石柱。中央佛坛上安置三佛（图4），中间佛像，右手说法印，左手抚左膝，结跏趺坐于须弥仰莲座上；右侧佛像，同样为右手说法印，左手抚左膝，倚坐于方形台座上；左侧佛像，双手交叠于腹前结弥陀定印，结跏趺坐于须弥仰莲座上。此三佛的身份比较清楚，中间为释迦佛，右侧为弥勒佛，左侧为阿弥陀佛。

图4　钟山第10窟三世佛（拼接图）

①萩原哉《三世仏の造像：钟山石窟第3号窟の三仏を中心として》，冈田健等《中国陕西省北宋时代石窟造像の调查研究》，第23—28页。

图 5　五台山佛光寺东大殿三世佛像　（采自柴泽俊、柴玉梅《山西古代彩塑》第 191 页图版八）

　　佛光寺位于晋北地区的五台县城东北 60 公里的佛光山腰间，现存的佛光寺东大殿是在"会昌灭法"之后营建的，大中三年（849）开工，京都女弟子宁公遇会同宦官王守澄及地方官吏布施，在高僧愿诚的主持下，重修东大殿，大中十一年（857）完成。东大殿，坐东面西，面阔 34.15 米、进深 17.7 米，单檐庑殿顶。大殿中央有横长 26.67 米、纵宽 6.55 米的长方形大佛坛，佛坛上布列三世佛、骑狮文殊、乘象普贤等唐代彩塑 30 余尊。五台山佛光寺东大殿，殿内中央同样是以三佛造像为主体（图 5），中间为持钵的释迦佛，右侧为转法轮印的阿弥陀佛，左侧为施无畏印倚坐的弥勒佛。三佛为释迦佛与弥勒、阿弥陀佛组成的三世佛，钟山石窟三佛身份与其完全一致。但是，在钟山第 10 窟三佛组合中，一反常态，将阿弥陀佛与弥勒佛的位置对调，萩原氏认为隐含有要将本窟三佛单纯视为竖三世佛的意义，[1]可备一说。

　　钟山第 10 窟中央佛坛，以八根立柱区划的三个空间中，各安放一尊佛像，而坛基左右两侧立柱上雕刻成对的乘象普贤和骑狮文殊像。这里需要注意两点内容：第一，该窟所见的两组骑狮文殊与乘象普贤造像组合，均表现为文殊在右，普贤居左的组合形式，与佛光寺东大殿的配置形式一致；第二，该窟骑狮文殊与乘象普贤造像，均来自五台山佛教故事，佛光寺东大殿的骑狮文殊和乘象普

---

[1]萩原哉《三世仏の造像：钟山石窟第 3 号窟の三仏を中心として》，冈田健等《中国陕西省北宋时代石窟造像の调查研究》，第 26 页。

贤造像组合亦均是以五台山佛教故事为依据。就目前所知，这种三世佛与文殊、普贤的造像组合形式最早即出现于佛光寺东大殿。可见，钟山第 10 窟受到了五台山的深刻影响。

（二）万菩萨像：从开窟题记到洞窟主题

以往，学者在讨论钟山第 10 窟主题时，均以中央佛坛三佛造像为核心。然而，该窟中央佛坛前檐有一方题记，属开窟题记，其内容却为我们探讨该窟主体思想提供了新的思路。该题记内容如下：

> 治平四年（1067）六月二十六日，□州界安定堡百姓张行者发心打万菩萨堂，□人百姓等五人，王信、薛成、冯义、孙有、孙王打堂以后，皇帝万岁，重臣千秋，国泰民安，合家安乐，□□神虎□人雷泽，刊字人李温立记。

题记中称该窟为"万菩萨堂"，这是开窟者对洞窟的命名，显然成为解读该窟主题的关键所在。洞窟前廊后壁有一方金代的《重修普济院万佛岩碑》，在记述洞窟主要造像时提及三世佛和一种被称为"万菩萨"的造像题材，其内容为：

> 于是命工匠王信等（中间数字残失）三世尊，环列万菩萨。

显然，开窟者将该窟命名为"万菩萨堂"与这类万菩萨造像存在直接关联，所以要想真正理解该窟的主题思想，必须从这类万菩萨像入手。

考察洞窟各壁面和柱面造像我们会发现，除过一些较大的龛像外，其余则以成排的小佛像和小菩萨像组成。其中，洞窟左、右壁，前半部为小菩萨像（图 6），后半部为小佛像；洞窟前壁，最西侧壁面为小佛像，其余均以小菩萨像为主；佛坛八根立柱，后排西 1 柱西向面和后排东 1 柱东向面为小佛像，其余柱面均以小菩萨像为主。这些成排的小菩萨像应正是铭文所述万菩萨像。这些小菩萨像，形象各异，神态生动。头饰，或束高发髻，或戴花冠、高冠；衣着，或为菩萨装，或为佛装；双手，或为不同手印、手姿，或持各类法器；坐姿，以跏趺坐和自在坐为主。前壁和左右壁前半部小菩萨造像均无台座，下方雕刻祥云，其余壁面和柱面的小菩萨像多雕刻有台座，无祥云。

在陕北及其周边地区的石窟中，除该窟外，在延安清凉山第 11 窟（北宋熙宁三年至元祐元年<1070—1086>）、富县石泓寺第 7 窟（金代皇统元年至贞元二年<1141—1154>）和合阳梁山千佛洞石窟（金代皇统九年至贞元元年<1149—1153>）中也出现了这一造像题材，且在石泓寺和梁山千佛洞石窟的造像题记中亦均将这类小菩萨造像称为"万菩萨"，如：

> 黑水乡赵氏，观音一尊，小万菩萨七十尊，男刘十一。（石泓寺第 7 窟后壁）

> 我（道远）亦欲即梁山前崖掘石室，镂万菩萨像，龛其中，使垂不朽……当尊刻文殊像，列万菩萨于楣壁。（梁山千佛洞金贞元二年（1154）《梁山寿圣寺石窟铭并序》）

可见，钟山第 10 窟所见小菩萨造像在宋金时期被称为"万菩萨"当无疑，那么这类"万菩萨"到底是何身份，出自哪里，有何经典依据？

查阅佛典，"万菩萨"一词历代皆有，类似的还有"十万菩萨""亿万菩萨"等说法，早期多是泛指菩萨众，旨在表现菩萨众多之意。到了唐宋时期，"万菩萨"一词依然保留了泛指菩萨众的含义，但同时也出现了特指五台山一万菩萨的固定用法。众所周知，五台山万菩萨一般是作为五台山文殊或普贤菩萨眷属的身份出现，与五台山信仰存在密切关系。东晋佛陀跋陀罗译《华严经·菩萨住处品》记载："东北方有菩萨住处，名清凉山，过去诸菩萨常于中住；彼现有菩萨，名文殊师利，有一万菩萨眷属，常委说法。"[1]随着华严学的广泛传播，这种正典中的说法逐渐为信众所熟知，山西的五台山被比附为佛典中的清凉山。伴随着五台山及文殊信仰的兴起，作为其眷属的一万菩萨也逐渐成为了一种固定的崇拜对象，被冠以"万菩萨"的称谓。唐宋时期类似的记载不胜枚举。如李

图 6　钟山第 10 窟前壁万菩萨像

①《大正藏》第 9 册第 0278 号，第 591 页下栏第 1—2 行。

邕《五台山清凉寺碑》记载："惟时孟秋月望，庆云出山，西北圆光，五百余丈，有万菩萨，同见其间，前后感应，不可遽数，意者其福我圣君乎！"①再如《续清凉传》卷下记载，宋元祐四年（1089），太原潘璟"于清辉阁前松林中，祈见白光三道直起，万菩萨对仗略列"。②

五台山万菩萨在唐宋时期得到广泛传播和信仰，逐渐成为脱离文殊、普贤而独立崇拜的对象，因而不仅出现了专门的万菩萨图像，而且还修建了不少专门供奉万菩萨像的"万菩萨院""万菩萨堂""万菩萨楼"等佛寺建筑，相关的文献记载和考古实物众多，以下仅列出部分较具代表性者：

《金光照和尚碑》记载，金光照和尚"唐大历二年（767），方达五台山，于大华严寺万菩萨院安至"。③唐五代时期的莫高窟五台山图中，绘有明确榜题的"万菩萨楼"（图7）、"万圣之楼"。④

图 7　莫高窟第 61 窟五台山图之"万菩萨楼"（采自《中国石窟·敦煌莫高窟 五》图版 60）

①董诰等编《全唐文》卷 264，中华书局，1983 年，第 2679 页。

②《大正藏》第 51 册第 2100 号，第 1131 页下栏第 4—5 行。

③释延一《广清凉传》卷下，见《大正藏》第 51 册第 2099 号，第 397 页下栏第 17—19 行。

④赵声良《莫高窟第 61 窟五台山图研究》，《敦煌研究》1993 年第 4 期，第 106 页。

长安西明寺沙门释圆照集不空和尚《表制集》中收录有不空《请抽化度寺万菩萨堂三长斋月念诵僧制一首》，其附言中称之为"化度寺护国万菩萨堂"。[①]另，据段成式《寺塔记》记载，长安城宣阳坊静域寺内也设有专门的"万菩萨堂"。[②]

据《玉堂闲话》记载，麦积山"将及绝顶有万菩萨堂，凿石而成，广古今之大殿，其雕梁画栋，秀栋云楣，并就石而成，万躯菩萨列于一堂"。[③]

图8　钟山第10窟前排西1柱正面文殊造像

北京的万佛堂有一组唐大历年间（766—779）的"文殊普贤万菩萨法会图"造像，现存大德元年（1297）《重建龙泉大历禅寺碑》载："复诣洞水之上造玉石文殊普贤万□（菩）□（萨）。"[④]

郭俊叶先生《敦煌石窟中的万菩萨图》一文，则对敦煌莫高窟中的万菩萨图像进行了详细的调查和研究，作者认为莫高窟158窟顶（中唐）、161窟四壁和四披（晚唐）、196窟东壁门两侧（晚唐）、138窟西壁（晚唐）、12窟前室南北壁（晚唐）所见，成方阵式有序排列的小菩萨均为五台山万菩萨图像实例，该文是目前唯一一篇专门研究万菩萨像的文章，具有重要的学术价值。[⑤]

《佛祖统纪》卷43记载："[太平兴国]五年（980）正月，敕内侍张廷训，往代州五台山造金铜文殊万菩萨像，奉安于真容院。"[⑥]

---

①圆照集《代宗朝赠司空大辨正广智三藏和上表制集》卷2，见《大正藏》第52册第2120号，第834页下栏17—18行、第835页上栏1行。

②段成式著，秦岭云点校《寺塔记》，人民美术出版社，1964年，第23页。

③李昉《太平广记》卷397，中华书局，1981年，第3181页。

④有关该处造像的基本情况介绍参见北京市文物管理处《北京万佛堂孔水洞调查》，《文物》1977年第11期，第16—23页。相关造像图版可参见《北京文物精粹大系》编委会、北京市文物事业管理局《北京文物精粹大系·石雕卷》（本卷主编韩永），北京出版社，1999年，第87—94页图版48—53。

⑤郭俊叶《敦煌石窟中的万菩萨图》，中山大学艺术史研究中心编《艺术史研究》第17辑，中山大学出版社，2015年，第313—317页。

⑥《大正藏》第49册第2035号，第397页下栏第14—16行。

《大明高僧传》史传部《天台佛陇修禅寺沙门释行可传四》载：元代"成宗建万圣寺于五台，诏求开山第一代住持。时帝师迦罗斯巴荐之，成宗即铸金印署为真觉国师，总释源宗兼祐国住持事，帝师赍旨起师"。①

万菩萨图像及其信仰至迟在盛唐时期已经独立出现，唐以降直到元代在中国北方地区均非常流行。由此，我们也不难确认钟山第10窟的"万菩萨"，正是特指五台山的万菩萨，该窟亦正是以五台山万菩萨信仰为主题的"万菩萨堂"。

在钟山第10窟右侧两立柱正面浮雕有3龛骑狮文殊造像，这些造像有一个显著的共性特征，即造像下方均有祥云承托，长长的云尾拖向远方，表现出从天而降的动感（图8），孙晓岗先生认为这些骑狮的文殊造像均是五台山文殊化现故事的一种表现形式。②洞窟东侧两立柱正面各有1例乘象普贤造像，

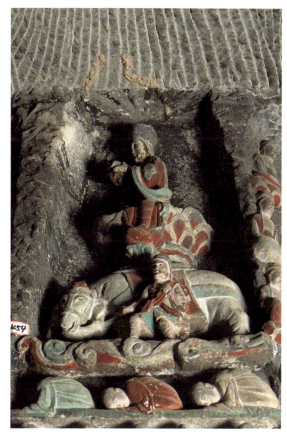

图9　钟山第10窟后排东1柱正面普贤造像

造像也均表现为乘云而来的形象，有趣的是，在后东1柱南向面造像中，乘象普贤下方雕刻了三身虔诚跪拜的比丘像（图9），表现的正是比丘僧朝拜普贤化现的故事情节，说明其内容同样属于五台山化现故事的一种。而我们注意到，该窟所见万菩萨、十地菩萨、十方佛等造像亦均特意雕刻为乘云形象，当同属五台山化现的一种表现形式。唐代高僧不空在描述位于长安城的化度寺护国万菩萨堂时，称其"乘云驾象凌乱楹梁，光明满堂不异金阁"，钟山第10窟所见与此颇为相仿。

二、从钟山石窟到安定堡：钟山石窟军事属性剖析

安定堡，东距钟山石窟约1.5千米，因宋夏战争需要，北宋庆历中叶建成，是宋夏沿边地区一处重要的军事堡寨。钟山石窟紧邻安定堡，由安定堡的汉蕃军民共同营建，乃是附属于安定堡的佛教寺院。由于钟山石窟对安定堡的特殊依存关系，使得其受到安定堡军事属性的深刻影响。

---

① 《大正藏》第50册第2062号，第906页中栏第8—12行。
② 孙晓岗《文殊菩萨图像学研究》，甘肃人民美术出版社，2006年，第109页。

（一）宋夏战争为钟山石窟提供了信众基础

对处于宋夏沿边地带的鄜延地区而言，长达百年的宋夏战争，不仅造成大量士卒伤亡，而且也使当地百姓长期处于生灵涂炭、朝不保夕的悲惨境地。史书对此多有记载，笔者在此不作赘述，仅举《续资治通鉴长编》所载一例：

> 庆历四年（1044）五月知制诰田况言：所谓搬輦劳弊者，自西事以来，鄜延一路，犹苦运输之患。下咸在鄜州，欲图速效，自鄜城、坊州置兵车，运粮至延州，二年之内，兵夫役死冻殍及逃亡九百余人，凡费粮七万余石，钱万有余贯，才得粮二十一万石。道路吁嗟，谓之地狱！①

长期以来的宋夏战争和因战争而来的军事补给问题，以及当地恶劣的自然条件，给长期生活和驻守此地的军民百姓造成了巨大创伤，这种创伤不仅是肉体的，还是心灵的。而佛教作为当时汉地最大的宗教，自然承担起军民百姓慰藉心灵和寄托信仰的社会功能。因而，这一时期，佛教以及作为佛教重要载体的石窟寺在鄜延地区快速发展起来，这正是包括钟山石窟在内的陕北宋金石窟大量兴建的重要原因之一。

在这种长期战争环境下，官方和民间均有意或无意地支持佛寺发展，借此抚慰兵士和民众的心灵创伤、提高士气、促进民族融合、维护统治。《宋史·滕宗谅传》记载：

> 葛怀敏军败于定州，诸郡震恐，宗谅顾城中兵少，乃集农民数千戎服乘城，又募勇敢，谍知寇远近及其形势，檄报旁郡使为备。会范仲淹自环庆引蕃汉兵来援，时天阴晦十余日，人情忧沮，宗谅乃大设牛酒迎犒士卒；又籍定州战殁者于佛寺祭酹之，厚抚其孥，使各得所，于是边民稍安。②

北宋安塞樊庄石窟第 2 窟后壁的开窟题记：

> 大宋之国延安之境，邑属敷政防戎于第五将籍定在招安一警，尽威勇之心，难生善意，施主各发心建立真容，望见像皆生善意。元祐八年（1093）创修未了，绍圣丙子年（1096）逢西贼侵掠，至政和癸巳年（1113）再修了当。

《续资治通鉴长编》卷 103 仁宗天圣三年（1025）冬十月庚申条记载：

> 陕西转运司言，秦州蕃官军主策拉等，请于来远寨置佛寺，以管往来市马人，从之。③

这些材料记载，从不同角度反映了北宋西北沿边地区佛寺与战争之间的密切关系，反映出沿边地区汉蕃军民对佛寺的依赖，所以说正是宋夏战争为石窟寺的建造提供了信众基础，钟山石窟正是其中最具代表性者。

---

① 李焘《续资治通鉴长编》卷 149，中华书局，1985 年，第 3611 页。
② 脱脱等《宋史》卷 303，中华书局，1985 年，第 10037—10038 页。
③ 李焘《续资治通鉴长编》卷 103，第 2390 页。

（二）宋夏战争为钟山石窟提供了经济基础

由于宋夏战争，大量人力、财力和物力从全国各地流向西北的鄜延等沿边地区，为石窟寺的开凿提供了经济基础。北宋时期，陕西北部人口最大的特点就是连年战争导致军人数额巨大。随着西夏的崛起，为抵御西夏进犯，北宋政府常年在西北沿边驻扎着大量军队。到北宋中叶，由于西夏威胁逐步升级，尤其在经历了三川口、好水川、定川寨之败后，关辅震动，北宋朝廷大量往西北增兵。至治平三年（1066），陕西驻军人数（不含乡兵）已剧增至"四十五万九百余人"，而同期河北驻军仅有"三十万一千余人"，①可见陕西驻军数量之大。即使如此，陕西边臣依然频频奏请增兵，以备御西夏。②据记载宋末麟、府、丰三州共有人口 1.2 万人，但是，该地的禁军却多达 1.8 万人。③鄜延地区处于战争前沿地带，驻军状况也大致相仿。

战争补给也会带来巨大的战时人口和消费。如《宋史·食货志》记载，元丰四年（1081），河东路转运使，调民夫 11000 人随军参加运输，"一夫雇直约三十千文以上，一驴约八千文"。同年，京西南路转运使，调均州、邓州一带民夫三万往陕西鄜延路运粮，"自入陕西界至延州程数，日支米钱三十、柴菜钱十文，并先并给。陕西都转运司于诸州差雇趁乘人夫，所过州交替，人日支米二升"。④

战争也带来了巨大的商机。宋夏沿边地带设立了不少榷场，每个军事堡寨附近也逐渐形成了规模不等的市场，当然也少不了沿边地区的走私贸易。⑤因战事活动而来的人口、消费和商业活动，给鄜延地区带来了巨大的财物，这也成为北宋时期这一地区大量开凿石窟的经济基础。若没有如此大量财富的涌入，我们很难想象在经济落后的西北边地延州建造起如此多的石窟寺，特别是在刚刚建立不久的沿边军事堡寨安定堡附近开凿如钟山石窟这样规模宏大、造像精美的石窟寺。

（三）安定堡决定了钟山石窟的军事属性

安定堡，北宋庆历五年（1045）置，以延川蹄马川新筑城为堡。位于延安府北方，控清涧川一带，长期处于宋夏交界的极边地带，乃是西夏从北方进入延安的门户，军事地位至关重要，因此成为宋夏民族政权在陕北沿边地区争夺的焦点之一。《宋史》卷331《楚建中传》记载："元昊归款，建中白府请筑安定、黑水八堡以控东道，夏人果来，闻有备，不敢入。"⑥可见安定堡军事地位

---

① 李焘《续资治通鉴长编》卷 208，第 5053 页。
② 李焘《续资治通鉴长编》卷 208，第 5053 页。
③ 郭琦《陕西通史·经济卷》，陕西师范大学出版社，1997 年，第 1750 页。
④ 脱脱等《宋史》卷 175《食货志》，第 4256—4257 页。
⑤ 相关研究可参见金勇强《北宋西北沿边堡寨商业化研究》，《延安大学学报》2006 年第 6 期，第 105—109 页；杨方方《北宋西北沿边地区市场发展及其区域特征》第二章《鄜延路沿边市场发展及其特征》，陕西师范大学硕士学位论文，2010 年，第 23—39 页；陈旭《宋夏之间的走私贸易》，《中国史研究》2005 年第 1 期，第 97—109 页。
⑥ 脱脱等《宋史》卷 331，第 10667 页。

之重要。同时，北宋军队还将安定堡作为屯驻粮草之地，元丰四年（1081），宋军五路会攻兴州时，鄜延路种谔领兵出绥德城，与麟府路兵会师夏州，"是日，种谔离夏州，遣曲珍等领兵通黑水、安定堡路，接运军粮"。①安定堡因宋夏战争而建立，终北宋一朝，始终处于抵御西夏的军事前沿阵地，因而具有强烈的军事属性。安定堡的军事属性决定了它的一切活动均是以为战争服务为首要目的。

钟山第10窟的功德主以来自于安定堡的汉蕃军民为主。从前述治平四年开窟题记"□州界安定堡百姓张行者发心打万菩萨堂"一语可知，这位来自安定堡的佛教信徒张行者显然是石窟开凿的牵头人和组织者。石窟所见造像功德主也以来自安定堡及周边地区的汉蕃军民为主，进一步佐证了该窟与安定堡之间的密切联系。军人功德主包括来自于禁军、乡兵、番兵、弓箭手等不同兵种者。禁军以驻守陕西的保捷军为主，其中所见同州保捷人数最多，"驻泊同州保捷弟二十二指挥使李元""驻泊同州保捷弟二十二指挥军头单宗已下五都十将节级至长行""同州保捷弟五十二等指挥人员，兵级二十□人员，发心修观音菩萨一尊，□□□□贰拾捌人□得□□二十二指挥，参人都头，孟□、雷千、□忠，壹拾壹人□□级，邓□、杨进、雷渐、同□、陈明、田□、王信、彭荣、赵保、王元、张□，玖人长行，十元□元，王全、杨成、□成、赵青、杨林、王□、党进、杨□、张成，壹名同胜第五指挥都头张贵"；另有"华州保捷弟六十八指挥使潘济""鄜州保捷弟一指挥杜义"。除驻守陕西的保捷军之外，还有来自中央两司三衙的军人，"东京步军司虎翼左第一军第六指挥有长行共廿二人等""殿前司虎翼右二七指挥长行清信弟子李遇"。来自乡兵者有"供备库使延州东路同都巡检使兼安定堡寨主陈采"。蕃兵有"安定堡番落弟七十指挥弟一都长行李功"。弓箭手有"本堡弓箭手王友、王大、贺文友等三人"。这些军人显然是因宋夏战争需要而从各地而来驻守于此的。非军人功德主者同样以安定堡百姓为主，如"安定堡百姓张文秀修菩萨八尊""本堡郭行者修□四尊""本保施主修佛十八尊"，题记中未注明籍贯者大多也是安定堡当地百姓。另外还有个别来自周边地区者，如"延川保王琪""临真县樊令□"等。可见，该窟正是由安定堡的汉蕃军民共同营建的一座佛教石窟寺。

正如前文所述，钟山石窟正是伴随着安定堡的设立而开凿的，安定堡汉蕃军民共同出资营建了钟山第10窟，钟山石窟与安定堡紧密相关，钟山石窟作为附属于安定堡的佛教寺庙，同样具有非常强烈的军事属性。考察造像题记，我们会发现其中兵将和下级官吏者占功德主的超半数，而且由这些兵将和官员出资雕刻的造像一律是较大的龛像，普通百姓大多出资开凿一些小像。

---

① 徐松辑，刘琳、刁忠民、舒大刚点校《宋会要辑稿》卷175，上海古籍出版社，2014年，第8769页。

三、钟山石窟：宋夏边境上的护国万菩萨堂

钟山第 10 窟是陕北宋金石窟中最早出现万菩萨造像者，且该窟在治平四年开窟题记中被明确命名为"万菩萨堂"，这在陕北石窟中是唯一一例，足见洞窟开凿者对万菩萨信仰的强调。那么万菩萨造像到底有何特殊功能呢？

唐大历二年（767）不空曾在化度寺万菩萨堂组织法会，为国念诵祈福，并称之为护国万菩萨堂。不空《请抽化度寺万菩萨堂三长斋月念诵僧制一首》中列化度寺文殊师利护国万菩萨堂三长斋月念诵僧二七人并附言：

> 右特进试鸿胪卿大兴善寺三藏沙门大广智不空奏。伏以化度寺护国万菩萨堂，并依台山文殊所见，乘云驾象凌乱盈梁，光明满堂不异金阁。奉去年十二月二十三日恩命，赐香兼宣口敕，命不空简择念诵大德，及命寺主智藏专捡校道场。其前件大德等，或业茂真言学通戒律，或數宣妙旨转读真乘，望抽住于此中。每年三长斋月精建道场为国念诵，必有事故随阙续填。其堂内外施及功德一物已上，兹请三网专句当冀不遗漏。
>
> 中书门下 牒大广智不空三藏（牒祠部准此。令史赵昌、主事薰意、郎中崔漪）。
>
> 牒奉 教宜依牒至准 敕故牒。
>
> 大历二年二月十六日 牒。[1]

不空称此万菩萨堂为"护国万菩萨堂"，且每年三长斋月要"精建道场为国念诵"，可见万菩萨堂自唐代始即具有浓厚的护国色彩，这也成为万菩萨造像最为重要的功能。

甚至到元代，万菩萨的护国色彩依然非常强烈，元成宗（1295—1307 年在位）曾专门下诏在五台山修建了"万圣祐国寺"，并在帝师迦罗斯巴的推荐下，请行可大师为第一代主持。《元史》卷 28《英宗本纪》至治三年（1323）四月条记载：

> 敕京师万安、庆寿、圣安、普庆四寺，扬子江金山寺，五台山万圣祐国寺，作水陆佛事七昼夜。[2]

可见，从唐到元，万菩萨均具有强烈的护国色彩，这也正是万菩萨信仰能持续流传，且得到统治者重视的直接原因。宋夏战争背景下，在北宋西北极边地区安定堡，当地汉蕃军民在官方的支持下耗费巨资营建这样一座万菩萨堂，其护国安民、保佑边地和平的功能不言自明。

---

[1] 圆照集《代宗朝赠司空大辨正广智三藏和上表制集》卷 2，《大正藏》第 52 册第 2120 号，第 834 页下栏 17 行至第 835 页上栏 14 行。

[2] 宋濂等《元史》卷 28，中华书局，1976 年，第 630 页。

四、结语

综上所述，从治平四年开窟题记内容可知，万菩萨造像是钟山石窟最为重要的造像题材，因而洞窟开凿者将该窟命名为"万菩萨堂"。至迟从盛唐开始，万菩萨已经从五台山文殊信仰中脱离出来，成为了一种独立的崇拜偶像。李唐以降，由于万菩萨信仰具有浓厚的护国思想，因而得到官方，特别是皇家的推崇。钟山石窟位于北宋邻近西夏的极边地区，是由安定堡汉蕃军民共同出资营建，受军事堡寨安定堡的影响，钟山石窟也具有了强烈的军事属性。安定堡汉蕃军民期望钟山石窟万菩萨堂能护国安民，保佑天下太平。

漫谈古代艺术品中左手弹琵琶乐器图像
——以敦煌壁画琵琶乐器为中心

陈怡璇/西北民族大学舞蹈学院

杨　森/敦煌研究院敦煌文献研究所

　　古今中外人们用右手做事是最普遍的，但人们使用左手做事也不少见，譬如用左手持勺、叉、筷吃饭；左手执毛笔、钢笔、铅笔、画笔等写字、绘画；左手弹奏乐器；左手使刀、枪、剑等，但这种情况在人类的日常社会生活中始终是占少数，并不普遍。使用左手或为习惯（左撇子，有人认为"左撇子可以形成一种共同的集体身份意识"[①]），也并不存在顺不顺手的问题，看似与用右手的人做事毫无差别；或为尚左；或为右手有残障之故（较早的左手执"箸"，即筷子，见于山东嘉祥出土的汉代画像石《邢渠哺父图》和四川彭县汉画像砖《进食图》；[②]吐鲁番高昌故城K寺北部圆顶房内出土的回鹘时期摩尼教书卷首页插图上也有教徒左手握笔的图像；[③]意大利文艺复兴三杰之一的著名画家达·芬奇（1452—1519）就是个左撇子；清代文人高凤翰（1683—1748）因为右手患病而改用左手写字、绘画、刻印，他的《文选楼草赋图》轴画中恰有一站立的人左手悬腕执毛笔在卷上写字。还有法国著名画家雷诺阿（1841—1919），晚年也用左手绘画；据说，法国文豪雨果也会用左手绘画；民国初期，蔡锷将军的情人小凤仙据说左右手均能写篆书；瑞典画家、蚀刻师和雕塑家安德斯·佐恩（1860—1920）素描人物图中画有左手弹乐器的；

①《东方早报·上海书评》2011年3月27日。"古人尚右"，规定了官民的地位问题，但不知是否对使用左右手有根本的影响和制约？见沈括《梦溪笔谈·补笔谈·异事》卷3，江苏广陵古籍刻印社，1997年，第10页。

②卢茁《筷子为何会产生在中国》，《寻根》2019年第1期，第49页；第50页图"汉画像石《邢渠哺父图》"。

③《世界美术全集·中国古代Ⅱ·隋唐·B·第8卷》，平凡社，1950年，第10页，图14，マ二（摩尼）教典。

中国现代画家熊松泉（1884—1961）擅画走兽、山水、人物等，但他更擅长用左手作画；[1]老一辈革命家，贺龙将军的部下贺炳炎因作战时被国民党军的炮弹击中右臂而截肢，后来就改用左手持刀枪上阵；现今北京著名的艺术家朱新建（1953—2014）因脑卒中右手偏瘫，后以左手绘画，还出版过左手画集；当代著名画家陈逸飞的油画中也曾画有少女左手弹琴的图像；1989—1994年执政的前南非总统德克勒克也是一个左撇子，用左手持钢笔写字、签署文件；在缅甸某佛寺中，僧人也有用左手执笔写字学佛经；[2]美国的一些影视作品中也常见有剧中人物用左手持钢笔、圆珠笔、签字笔等写字或签字。

一

关于琵琶类乐器的相关概况，据唐杜佑《通典·乐四·丝五》"琴瑟筑筝琵琶阮咸箜篌"中引汉《风俗通》《释名》晋傅玄《琵琶赋》等相关琵琶乐器的演变，如"裁筝、筑为马上之乐""以手琵琶，因以为名""百姓弦鼗而鼓之""今清乐奏琵琶俗谓之秦汉子""疑是弦鼗之遗制""本出胡中，俗传是汉制兼似两制者谓之秦汉，盖谓通用秦汉之法""五弦琵琶稍小，盖北国所出"等[3]叙述可知，琵琶乐器来源较为复杂。杨荫浏认为："现在琵琶这一名称，只适用于一个一定的弹弦乐器；在古代，琵琶这一名称从秦、汉直至隋、唐一段期间，曾适用于很多弹弦乐器——长柄的、短柄的，圆形的、梨形的，木面的、皮面的，弦数多一些的、弦数少一些的，都叫琵琶。"[4]

琵琶类弹弦乐器，通常所见均为右手或右手持拨弹弦，左手弹奏或许属于技艺高超的表演形式，所以左手弹奏的案例大大少于右手。左手弹琵琶似乎也不分直相和曲相，以及五弦琵琶；也不分持拨弹和手弹；自唐代开始，左弹琵琶似也不分坐部伎和立部伎的等级之分。在唐宋元明时期宫伎、官伎与家伎中均不排除有左手弹琴的可能。[5]晚唐段安节《乐府杂录·琵琶》记载：唐"贞元中（785—805）有王芬、曹保，保其子善才，其孙曹纲，皆袭所艺。次有裴兴奴，与纲同时。曹纲善运

①《名家国画选英展——集古斋三十五周年纪年主办展览之三》，联合出版集团，1993年5月1—8日展出，画册第78，《老虎》，作者简介：熊松泉（1884—1961）。

②Sylvia Fraser-lv, The Burmese Way to the Buddha, *Arts of Asia*, March-april, 2015, p.90, 图25 "Monks writing answers to questings in an examination on the Palo scriptuurres in Mandalay" 摄影：Helen Fallow。

③杜佑《通典·乐四》，中华书局，1988年，第752—753页。

④杨荫浏《中国古代音乐史稿》上册，人民音乐出版社，1981年，第129页。

⑤参见修君、鉴今《中国乐妓史》，中国文联出版公司，1993年，第121—346页，隋唐至明伎乐相关论述，清代废除官妓和宫妓制度。

拨，若风雨，而不事扣弦；兴奴长于拢撚，不拨稍软。时人谓：'曹纲有右手，兴奴有左手。'"[1]裴兴奴也许就是最早有文字记录的用左手弹琵琶的能手，她的这一作为，或为习惯、或为炫耀技艺吧。此裴氏琵琶名家，据说就是唐代大诗人白居易《琵琶行》中描写的那位琵琶女（或谓长安城教坊名伎，位列教坊第一部的"裴兴奴"）。[2]中国历代的演艺界都有琵琶演奏的高手存在，本文不赘述。琵琶类乐器左手弹奏既有属于左撇子的习惯弹法，也可能有其他原因改为左手弹琴的。西亚阿拉伯地区（如土耳其）也曾出现有女艺人双膝跪地，左手持弓拉奏弓弦乐器"交兹"为主人献艺的绘画作品，[3]这类拉弦乐器通常人们习惯上是用右手持弓拉奏。虽然目前还没有看到用左手弹拨琵琶的例证，但却有画家左手执笔的例证。例如前文提到的清代著名画家高凤翰，因右手残废而改用左手绘画等。古代左手弹琵琶的乐人，也有可能偶尔存在右手出现病症而改用左手。当然从数量上看这个群体人数应占少数；艺术品上出现左手弹琴的画面，或许是画工、画匠等对乐器、乐理知识的欠缺导致误画的可能性。或者画工当时曾经见到过左手弹琵琶的艺人也未可知。再者，正因为左手弹琴难度高，画在佛教艺术品上的天乐正好可"乐佛"，[4]借此表现佛国世界的神奇美妙。

二

现将笔者搜集到的左手弹奏乐器的图像资料列举如下：

1.河南洛阳地区出土的北魏墓葬石刻线画的左右侧，二弹阮伎乐均左手弹奏，右侧的是左手持拨弹奏，左侧的是左手指弹。[5]

2.山西北魏"大同司马金龙墓伎乐人石棺床"[6]上刻有伎乐人左手（似乎握有拨子）弹五弦琵琶图像（图1）。

---

[1]段安节撰《乐府杂录》，《羯鼓录、乐府杂录、碧鸡漫志》，上海古籍出版社，1958年，第30页"琵琶"条。

[2]苏泓乐《古乐之美：停杯且听琵琶语》，《书摘》2016年第12期，第52页。

[3]《世界美术全集·サーサーン・イーラーン イスラーム・B・第10卷》（萨珊、伊朗、伊斯兰），平凡社，1954年，彩图版16"庭院の奏楽"，トルコ（土耳其），15世纪，日本个人收藏。

[4]法显撰，章巽校注《法显传校注》，上海古籍出版社，1985年，"（三）中天竺、东天竺记游"之"小孤石山、那罗聚落"条，第111页。

[5]《中国美术全集·绘画编19·石刻线画》，上海人民美术出版社，1988年，第17页，图一二北魏"画像（二幅）"。

[6]《中国音乐文物大系·山西卷》，大象出版社，2000年，第177页，图2-2-1c，北魏"大同司马金龙墓伎乐人石棺床"。

图 1

3.山西北魏"沁县南涅水飞天伎乐石刻"上刻有飞天伎乐左手持拨弹琵琶的图像，但不甚清晰。[1]

4."北齐安阳石棺床背屏右侧浮雕"上有两幅坐着的伎乐均右手持琴颈、左手持拨子弹一曲项、一直项琵琶。[2]

5.新疆"森木塞姆石窟第48窟主室伎乐天人图"（北朝6世纪）中，一伎乐左手持拨弹弦（图2）演奏。[3]

6.陕西西安出土的北周凉州萨保粟特人史君石堂北壁石刻宴饮图中，左侧站立伎乐左手弹琵琶和下方跪坐着束腰服装伎乐左手持拨弹琵琶；史君墓门西门框浮雕最上部一背长双羽翅、足穿尖头靴的飞天伎乐也左手持拨弹琵琶。[4]据研究者认为，该贵族墓葬融合了粟特人和中原汉人的葬俗。伎

[1]《中国音乐文物大系·山西卷》，第213页，图2-2-19c，北魏"沁县南涅水飞天伎乐石刻"。

[2]《紫禁城》2014年10月号，第147—148页，图"北齐安阳石棺床背屏右侧浮雕"。

[3]《中国音乐文物大系·新疆卷》，大象出版社，1999年，第148页，图2-5-5b，6世纪"森木塞姆第48窟主室伎乐天人图"，又第66页，图2-1-23，4世纪"克孜尔第77窟奏阮咸图"，藏德国柏林民俗博物馆。

[4]西安市文物保护考古所《西安北周凉州萨保史君墓发掘简报》，《文物》2005年第3期，第12页，图一四"1.西门框摹本"；"2.东门框摹本"（第二位背长双羽翅、足穿尖头靴的飞天伎乐右手弹曲项琵琶或阮咸）、第15页图二一"墓门西门框浮雕"、第25页图三八"石堂北壁浮雕N2"、第29页图五〇"石堂北外壁（后壁）浮雕摹本（1/10）"；荣新江《丝绸之路与东西文化交流》，北京大学出版社，2015年，第249、256页，图"史君石椁北壁N2"；沈睿文《天水石马坪石棺床墓的若干问题》，荣新江、罗丰主编《粟特人在中国：考古发现与出土文献的新印证》，科学出版社，2016年，第494页，图39"史君石堂N2宴饮图及灯具细部"。

图 2

乐们左手弹琵琶是否为中亚、西亚、西域等地区粟特乐人习惯的弹奏法已不得而知，然而就伎乐的服饰推断似为胡人，以左手弹乐器来炫耀个人的技艺。据古文献记载，北朝和隋唐时期有不少技艺高超的西域胡人演奏家服务于中原一带的贵族和皇家，譬如北周武帝时，有当世琵琶宗师龟兹音乐世家苏祇婆；北齐至隋时期以"琵琶王"曹妙达为代表的曹氏家族；唐代有裴神符、贺怀智、段善本、琵琶第一手康昆仑等。①

7.台湾佛光山佛陀纪念馆所藏唐代铜鎏金"飞天"琵琶伎乐艺术品，左手持拨子弹奏直项琵琶（图3）。②

8.一件"唐代雕刻"作品上，有二伎乐皆左手持拨子弹奏琵琶。③

9.藏德国柏林民俗博物馆的新疆克孜尔石窟第123窟（7世纪）奏乐天人用左手握拨弹棒状琵琶。④

10.唐代石刻线画"阿弥陀佛说法图"下层，一坐部女伎乐以左手持拨弹奏曲项琵琶。⑤

①苏祇婆见魏征等撰《隋书》卷14《音乐志中》，中华书局，1973年，第345—346页；向达《龟兹苏祇婆琵琶七调考原》，《唐代长安与西域文明》，生活·读书·新知三联书店，1957年，第252—274页；李延寿《北史》卷92《恩幸传》，中华书局，1974年，第3055页"（曹）僧奴子妙达"。中国戏曲研究院编《中国古典戏曲论著集成·一·乐府杂录》，中国戏剧出版社，1959年，第50—51页"琵琶"条载有贺怀智、段善本、康昆仑等琵琶艺人。
②佛光山佛陀纪念馆《佛教地宫还原——佛陀舍利今重现地宫还原见真身》，财团法人佛光山文教基金会，2011年，第148—149页，图68"飞天"唐，铜鎏金。
③岸边成雄、林谦三《唐代の楽器》，东洋音乐学会编，音乐之友社刊，1968年，岸边成雄"琵琶の渊源"插页第15图"唐代雕刻"。
④《中国音乐文物大系·新疆卷》，第85页，图2-2-15b，7世纪"克孜尔第123窟奏乐天人"，藏柏林民俗博物馆。
⑤《中国美术全集·绘画编19·石刻线画》，上海人民美术出版社，1988年，第64页，图五五唐"阿弥陀佛说法图"下层伎乐曲项琵琶。

图 3

11.西藏拉萨大昭寺内收藏有 7—9 世纪反映"中亚胡人载歌载舞欢庆节日场景"的一把"吐蕃兽首胡人纹鎏金银壶",一男乐舞伎就是把琵琶举在脖颈后左手弹,其难度可以想见(图 4);右面男乐舞伎则是右手持拨弹弦,左右对称。[1]

12.唐代"和田约特干伎乐图",似儿童玩具的琵琶演奏泥塑伎乐俑,塑造的仅是用左手弹奏、右手持琴颈的姿态而已。[2]

13.敦煌莫高窟藏经洞出土盛唐绢画《报恩经变》(8 世纪中期到末期)中的乐队,左右各六人,中间舞伎残毁,左侧乐队第二排第一位坐部伎以左手持拨弹直项琵琶(图 5)。

14.中唐绢画《报恩经变》中乐队,左右各三人,中间有一舞伎,左侧乐队第三位坐部伎以左手持拨弹直项琵琶,并且此《报恩经变》中右侧的乐队里还出现左手弹阮咸乐器的伎乐图。[3]

---

①引自葛承雍《"反弹琵琶":敦煌壁画舞姿艺术形象来源考》,《敦煌研究》2020 年 1 期,第 12—13 页;第 13 页图 9"吐蕃银壶反弹琵琶人像之一"、图 10"吐蕃银壶反弹琵琶人像之二"。

②《中国音乐文物大系·新疆卷》,第 197 页,图 2-9-7d,唐"和田约特干伎乐图"。

③《西域美術》Ⅰ敦煌绘画Ⅰ大英博物館スタイン・コレクション,原色版,讲谈社,1982 年,图 8 绢画《报恩经变相图》(Stein Painting1,Ch.liv 004);图 11 绢画《报恩经变相图》(Stein Painting1,Ch.xxxviii004);图 8-1 绢画《报恩经变相图》全图。

图 4

15. 藏德国柏林民俗博物馆新疆吐鲁番地区出土的"胜金口佛寺奏琵琶图"（10世纪）中，坐莲花台上的菩萨伎乐用左手持拨子弹小琵琶（图6）。①

16. 西夏绢画"炽盛光佛图"中，虽然女伎乐是右手竖托着曲项琵琶底部，但左手却是拿拨子按在琵琶的捍拨部位、另一幅同名绢画"炽盛光佛图"中伎乐执琴姿态仍是如此，②也当算是左手弹琴姿势。

图 5

①《中国音乐文物大系·新疆卷》，第17页，图2-7-15，10世纪"胜金口佛寺奏琵琶图"藏德国柏林民俗博物馆。
②陈炳应《黑水城的历史地位与黑将军的历史原型》，《读者欣赏》2008年3期，第35页，西夏绢画"炽盛光佛图"琵琶；俄罗斯国立艾尔米塔什博物馆、西北民族大学、上海古籍出版社编纂《俄藏黑水城艺术品Ⅰ》，上海古籍出版社，2008年，图39"众星曜簇拥的炽盛光佛"（X.2424绢本彩绘，12世纪初）、图45"众星曜簇拥的炽盛光佛"（X.2431绢本彩绘，12—13世纪）。

图 6

17.明代万历刘次泉刻"鼎镌时兴滚调歌令玉谷调簧五卷戏曲类",图中妇人左手弹琵琶;山西大同鱼儿涧明代张氏祠堂南壁东侧奏乐壁画中,立部伎乐也是左手弹琵琶。[①]

18.天津市艺术博物馆藏清"仿乾隆款粉彩仕女乐舞图瓶"上,一弹三弦的女艺人亦左手弹弦。[②]

19.清朝"青楼女子"的一幅真实照片上四位伎乐,一位左手弹曲项琵琶、一位左手弹三弦;另两位左手拉二胡乐器。

从目前搜集到的左手弹弦类乐器图像来看,北朝已经有左手弹琵琶等乐器的例证,同期或后来还有用左手弹阮咸、凤首独弦琴、弯颈琴、弓形箜篌、三弦、弹布儿、琉特琴(类似琵琶,亚欧等地流行)等乐器。如新疆克孜尔石窟北朝(4世纪)第77窟(大象窟)后室正壁,一伎乐天就是左手执小拨弹奏(图7)。[③]克孜尔石窟第181窟天人伎

①《中国版画史图录》上、下册,上海人民美术出版社,1988年,第611页,图406"鼎镌时兴滚调歌令玉谷调簧五卷戏曲类"明万历刘次泉刻,左手弹琵琶;陈同滨等主编《中国古代建筑大图典》(下),今日中国出版社,1996年,第1321页,"《唐诗艳逸品图》插图,明天启"女伎乐是左手弹琵琶(阮?);《中国音乐文物大系·山西卷》,第269页,图2-4-21b,明代"大同县鱼儿涧张氏祠堂奏乐壁画,南壁东侧"。

②《中国音乐文物大系·陕西、天津卷》,大象出版社,1999年,第236页,图2-2-11b,清"仿乾隆款粉彩仕女乐舞图瓶"云锣、钹、三弦,藏天津市艺术博物馆。

③《中国石窟·克孜尔石窟·三》,文物出版社、平凡社,1997年,第190页,"第77窟后室正壁伎乐天和金刚像(MIK Ⅲ 8841a)"局部;第203页,德国民俗博物馆亚洲部馆员、原哥廷根大学教授确定的洞窟年代列表将第77窟划为"第一种画风","500年前后";第228页,图190第77窟图版解说认为该伎乐天"双手抱琵琶弹奏";《中国音乐文物大系·新疆卷》,第66页,图2-1-23,4世纪"克孜尔第77窟奏阮咸图",藏德国柏林民俗博物馆。

图 7

乐右手持弓形箜篌琴颈，左手作弹弦状；①克孜尔第 99 窟主室正壁（8 世纪）上伎乐右手持弓形箜
篌琴颈，左手扬起作弹弦状；"库木吐拉第 58 窟伎乐天人图局部四"（8 世纪）伎乐也是左手弹弓形
箜篌琴弦。②从诸多图像资料看弓形箜篌，右手弹大大多于左手弹。而框架式的三角形箜篌因为均
是双手弹奏，所以不易区分左右手弹。前引敦煌藏经洞出土唐代绢画《报恩经变》（8 世纪中期到末
期）中，左右各六人乐队，中间残毁，左侧乐队一坐部伎使用左手持拨弹琵琶（阮？）。③敦煌莫高窟第
327 窟窟顶东披西夏壁画一飞天伎乐右手持凤首弯颈独弦琴，左手弹弦（图 8）。另外，左手弹似乎
既无性别差异，也无民族、人种的区别。如敦煌莫高窟元代第 465 窟顶东披一伎乐是右手持弯颈琴
颈部，但左手只是扶在音箱底部（图 9）；前引天津市艺术博物馆藏清代 "仿乾隆款粉彩仕女乐舞图
瓶"，画面中，有数名仕女在演奏乐器，其中一仕女所持三弦就是左手弹弦（图 10）。④

①《中国音乐文物大系·新疆卷》，第 116 页，图 2-3-17c，"克孜尔第 181 窟伎乐图之一"。

②《中国音乐文物大系·新疆卷》，第 137 页，图 2-4-4f，8 世纪 "库木吐拉第 58 窟伎乐天人图局部四"。

③《西域美术》Ⅰ 敦煌绘画 Ⅰ 大英博物馆スタイン·コレクション，图 8-1 绢画《报恩经变相图》
（177.6cm×121cm）全图。

④《中国音乐文物大系·陕西、天津卷》，第 236 页，图 2-2-11b，清 "仿乾隆款粉彩仕女乐舞图瓶"，藏天津市
艺术博物馆。

图 8

图 9

图 10

在敦煌、克孜尔等石窟壁画艺术品上反映出的乐舞伎乐左手弹琵琶类乐器可能是为了表现佛国世界的，愉悦神祇，而难度越高越显示天国的无上崇高和神奇，从而令人向往；墓室壁画舞乐则是为了愉悦祖先亡灵，或因皇室、贵族、高官原本生前就是歌舞升平、灯红酒绿，或希冀先祖故人在天国也能享受美妙的音乐舞蹈，为活着的人求得福报、福泽恩荫子孙后代。

从敦煌唐宋时期经变画中的乐队坐部、立部伎乐的排列形式可以看到，或许也还存在画工、画匠作画时通盘考虑对于乐队等画面的对称性要求，左右两边所画伎乐各弹一琵琶，而且是一位伎乐左手、一位伎乐右手弹拨琴弦，这种画幅虽非大量存在，但存在的可能性不应排除（例如吐蕃银壶上的二位反弹琵琶乐舞伎乐）；另外，是否还存在某种禁忌，譬如在庙堂之上、宗教场所、祭祀礼仪、陵墓壁画中，乐工、伎乐人实际演奏乐器和绘制乐舞乐人壁画时，对左右手的使用是否有某种礼仪规定等等情况，目前尚不明晰。

弹弦类乐器使用左手弹奏在古今中外、各个时代都有存在。如西亚 11 世纪的一件具有伊斯兰文化色彩的陶钵上绘有一女乐人，她是以左手弹奏琉特琴的；[1]还有在非洲的一原始土著乐人也有用左手弹一种叫做"拉姆给"的弹弦乐器。[2]

乐工、乐人、艺人、乐器演奏家等使用左手弹乐器也并非我中华大地所独有，世界范围内也都有存在，当然其左手弹弦的原因也不尽相同。

三、小结

弹弦乐器中的琵琶类乐器，用左手弹奏，在人类历史的长河中始终是占据少数，而非普遍的形式。在古代或许还有艺人为了炫耀自身的高超技艺而存在使用左手来演奏的真实情况。这些人物是不分地位高下、品质优劣的，更无男女、种族、民族之分。敦煌壁画中的乐舞图像，由于大部分画匠、画工、画师、画家（也包括其他时期和地区的画家们）等并不都是完全懂得乐器的演奏和舞蹈的表演的，其图像或为粉本、或是前辈画师的底稿、或为画工自己的创作稿件、或是徒弟摹写他人的图样等，所以壁画乐器的图像画得不一定完全准确，可信度要适当斟酌，既不能

① 《世界美術全集 22・オリエント（3）イスラム》，角川書店，1960 年，第 195 页图 101 "リュートをひく描いナニラスター彩の鉢，陶器"。

② 笠原洁、庄野进、三宅幸夫《乐器・历史・形・奏法・构造》，《世界の乐器》，小学馆，1981 年，第 20 页，"弦鸣乐器" ラムキー奏者。

全盘肯定，也不可完全否定。对古代艺术品中的左手弹琵琶类乐器图像资料也当作如是观，要客观地进行考察和研究，对于敦煌等地的文字和图像的重要文物资料功能和作用等既不能拔高，也不必贬低。

神异僧相关问题研究
——兼谈研究简史

田林启　著/日本大阪市立美术馆学艺课

王辉锴　译/神户大学人文学研究科

一、前言

所谓神异，日本《佛教语大辞典》[①]解释为"灵威、神奇的超人的能力、奇迹、不可思议的力量"。神异僧则指其人格特质集中表现为拥有超现实能力的僧人。"神异僧"这一框架（分类、类型）的设定，为东亚佛教艺术研究开辟了一条崭新的路径。

神异僧的代表性人物有佛图澄、宝志、刘萨诃、僧伽等。其中与宝志有关的传说故事亦见诸日本的《宇治拾遗物语》，中有云："昔，唐（中国）有圣人唤宝志和尚。（中略）若观其御颜，以拇指甲刺入额面，皮肤左右破开，现金色菩萨容颜。（后略）"[②]割破人脸显现（观音）菩萨真容的描写极具震撼效果，平安时代（784—1185）雕刻的宝志像（图1，重要文化财，西往寺藏）至今仍为人们所喜闻乐见。日本学者牧田谛亮曾提倡使用中国的"民俗佛教"这一概念，是指渗透进平民阶层的佛教形态，其中佛图澄等人所代表的神异佛教就十分普及。而且，不论宝志还是僧伽，他们在满足平民阶层诉求的同时，其事迹也在与时俱进，不断地被扩充和夸大，逐渐发生了质的改变。[③]

神异僧虽曾是佛教融入不同阶层、时代和地域的载体，他们能够发挥神通并成为媒介的根源则在于其本身所具有的放之四海而皆准的精神（心灵）上的清净性。神异僧是拥有清净性的一类人，

[①] 中村元《佛教语大辞典 缩印版》，东京书籍，1981年，第793页。

[②] 《宇治拾遗物语》，《新编日本古典文学全集》第50，小学馆，1996年，第278页。

[③] 参照牧田谛亮《中国佛教史研究 第二》，大东出版社，1984年，第28—84页。

图 1　宝志和尚立像　重要文化财　西往寺所藏　平安时代［采自《大安寺的全部——天平的御佛与祈祷》（大安寺のすべて—天平のみほとけと祈り—）展览图录，日本奈良国立博物馆，2022 年］

他们与社会的各种基本伦理相联系，如中国的"孝"，因此能用自己的清净性影响他人，带来心灵的平静。神异僧被视为清净性的外化，又使得忏悔（忏法）被社会广泛接纳。各种超能力本身不过是神异僧们自身特质的象征性表现，而与这些现象密切关联，相辅相成，为佛教传播作出了巨大贡献的则是佛教艺术。下文中，笔者将就神异僧像研究的基本情况及神异僧的基本性质，在参考前人研究的基础上，借助具体的艺术作品，讨论进一步推进该研究的意义。

二、作为术语和框架（分类）的"神异僧"

针对"神异"或"神异僧"这一术语中暗含的佛教意味，以及将其作为一种研究框架是否妥当，有何意义等问题，笔者首先对前人既有研究试作如下综述。①

为"神异"专立条目的早期文献可见于 6 世纪上半叶梁代慧皎所著《梁高僧传》。这是一本活跃于中国大地上的僧人们的传记集。在其中的神异条目下，大致循时代先后，由佛图澄始，记录至宝志止（含道香和僧朗）。该书神异条目中的内容含有中国化的"一般认为有不少是将道教观念形象化了的痕迹"，②时而将僧人的真身视为仙人，时而描绘僧人与神灵的相互感应，甚或有神异僧的存在本身不仅会根据人们的所作所为引来福报，还会招致祸端的记载。③神异僧俨然是居于中国最高神明天帝和凡人之间宛如神明般的存在，在书中的神异条目下，没有神异僧们如何达成此等境界的记述，而是着重记录业已具备神通的他们如何与世人发生关联。慧皎将颇具中国元素的神异置于佛教文脉中，他认为，由于神异僧显现其神秘力量是为了教化世人、普度众生，因此他们展现的是一种临时性的、假托的威势与权力。不仅如此，神异僧们"光虽和而弗污其体，尘虽同而弗渝其真。故先代文纪，并见宗录。若其夸炫方伎，（中略）曾是为异乎。"即慧皎认为，炫耀和卖弄神通法术的所谓神秘性徒有其表，与神异的"异"毫不相干。④总之，慧皎编撰神异篇的原则是，这些神异僧们需要有普度众生的功业，而这些功业是通过施展常人无法理解的特殊能力来完成的。故此，后世僧传中开始频繁附加观音化身的内容便也合情合理。同时，其中比较重要的一点在于，一般认为常持心灵的清净是神异僧们的共性之一，正是清净性的传播与流布成为一股引导众生进入更高境界的力

---

① 2017 年 8 月 20 日于日本奈良大和文华馆召开的"以神异僧为中心的艺术作品传播状况的基础研究"国际学术研讨会上，国际佛教大学院大学的落合俊典老师曾就"神异僧这一名称的出处及该术语在今后的使用建议"提出了宝贵的意见和建议，笔者对此课题的研究正发端于此。在此谨记一笔，以示感谢。

② 吉川忠夫、船山彻《高僧传（三）》，岩波书店，2010 年，第 298 页，注 1。

③ 僧人真身为仙人一说见《史宗》传；与神灵的相互感应见《康慧持》传；招致吉凶祸福见《杯度》传。分别见吉川忠夫、船山彻《高僧传（三）》，第 382、373、390—392 页。

④ 以上高僧传中的记述见吉川忠夫、船山彻《高僧传（三）》，第 297—455 页。（中文原文为译者所加——译者注）

量，被视为救助的根本。综观神异条目，除明确记述治病、镇火等救助事迹以及心灵的清净性外，还有以下七种记述散落于文中各处：①不寻常的快速移动；②分身；③预言；④奇特的外貌；⑤复活；⑥洁斋、斋戒、忏悔、布萨及受戒等仪式；⑦坚忍刻苦的禅修。此外，还有不少神异僧出身于天竺和西域，或者来自中国的边远地区，如敦煌，或可将其视作与①的移动属性相似。①～③有助于开展更大范围的救助活动；④是对清净的内心世界的暗示；⑤揭示了神异僧的常在，一般认为展现的是救助的恒常与精神的永恒；⑥说的是应当以心灵的清净性为根本，也可以认为是对心灵清净性的追求，借助更为具体的、现实可行的佛教仪式达到心灵清净的效果。举例而言：佛图澄传中，施洁斋的人能和佛图澄一样获得千里眼的能力，举办斋戒活动防止发生叛乱和杀戮等杀生行为；杯度传中，遭遇灾祸时因忏悔而使罗汉现身搭救；释慧安传中，慧安受具足戒后不可思议的行为能力更加高超玄妙，在后来的布萨过程中竟能穿墙而过等。[1]最后一项⑦的核心思想旨在揭示禅定与神异的关系，指出神异的发生与安宁且专注的精神状态有关。

实际上，《梁高僧传》中除神异条目外，以"译经"为首的9个条目下收录的僧人故事中屡屡伴有神异故事。根据日本学者田中敬信的研究，全书总计257位僧人当中，有141人有神异故事，从百分比看，神异条目下自不必说为100%，习禅条目下为81%，而兴福条目下有多达93%的僧人附带与神异相关的故事。[2]习禅与神异之间的关联如前所述从神异条目下已可略窥一二，同时，记载僧人建立寺院和制作佛像的丰功伟业的兴福条目下，也提到这些功业之所以能够达成是因为伴随着由僧人行为和精神性中产生的神异，或者说，由于这些功业的达成反过来又引发了各种神异。著名的刘萨诃（慧达）等人就位列兴福的众僧名下。从不在神异条目下的僧人所附带的神异现象来看，由于发生在他们身上的神异现象因应了他们的所作所为，故对其而言，作为被动接受神异的一方，有很强的感应意味。与之相对，神异条目下的僧人，甫一降生（至少是书中开始记录的那个时刻开始）就已异于常人，他们主动将神异示人，作为神异的施予方，正是他们与其他僧人不同之处。

田中敬信还指出，《梁高僧传》中4世纪以后僧人的神异故事开始增多，对此他的分析是，在五胡十六国时期，在向汉民族以外推广佛教以及在佛教与汉民族文化接触的过程中，神异都发挥了重要作用。[3]虽然我们了解特别设立"神异"条目的历史背景，但在《梁高僧传》之后，《续高僧传》中的"神异"条目消失，由"感通"条目取而代之。[4]《梁高僧传》中被列入兴福条目下的刘萨诃，

---

① 以上内容参考吉川忠夫、船山彻《高僧传（三）》，第298、333—334、401、424页。

② 田中敬信《梁高僧传中的神异》（梁高僧伝における神異について），《印度学佛教学研究》第20卷第1号，1971年，第291—292页。

③ 田中敬信《梁高僧传中的神异》（梁高僧伝における神異について），《印度学佛教学研究》第20卷第1号，1971年，第293页。

④《续高僧传》卷25，《大正藏》第50卷，第643页c。

从此被列入感通条目下。与其说该条目中多有僧人因其诚心与菩萨感应而获得救助的记述，倒不如理解为该条目强调的是普通僧人如何通过其行为而获得神异，其创作背景或许应归结为作者道宣有意识地想要向信徒展示佛道实践中证善果的过程。然而，沿袭《续高僧传》分类方法的《宋高僧传》虽也没有神异条目并改立感通，却将主动施展神异的僧伽和万回列入其中，①使得神异与感通的区别变得暧昧不清。可见，随着时代和作者的变化，对神异现象究竟应该扮演什么样的角色，认识也各有不同。据此，笔者认为，如果将视野扩大到唐宋以后的佛教艺术史研究，那么在"神异僧"这一框架下，在掌握了《梁高僧传》神异条目下僧人的特性、功能、礼仪之后，可以不必受其牵制，应将更多展现不可思议行为的僧人统统纳入神异僧的研究范畴。

然而，与"神异"不同，将"神异僧"作为一个专有名词来使用，在佛典中鲜有所见，检阅《大正藏》后笔者发现，②其仅在《广清凉传》中称呼俨禅师时出现过一次。③以宝志为代表的神异僧相关研究成果不胜枚举，却还未见有作者在论文或书籍的标题中使用"神异僧"一词。不过，不论在日本国内还是国外，在行文过程中提及《梁高僧传》中记载的佛图澄或宝志等人物时，已有学者在使用"神异僧"这一称呼。④日本学者盐入良道在解说《梁高僧传》以后展示奇瑞的僧人，如僧伽和尚时，就曾使用这一术语。⑤近年来，早稻田大学《集神州三宝感通录》（以下简称《感通录》）的相关研究成果中，也使用这一专有名词来称呼刘萨诃。⑥在此笔者就《感通录》及其作者道宣再赘言一二。道宣既是上文提到的《续高僧传》的作者，作为初唐首屈一指的学问僧，他创作的《感通录》还是一部包含奇瑞故事且与三宝有关的中国佛教的集大成之作，是圣物和瑞像研究的基础文献。有学者推测，道宣的思想甚至影响了唐代佛教艺术的创作，⑦而由日本学者肥田路美主持的早稻田大学研究班的一系列研究成果详细验证了其与艺术作品的关系，意义特别重大。四分律宗祖师道宣开创了为后世所效法的戒坛，其作为律僧的事迹和奇瑞故事的记录与前文提到的《梁高僧传》神异条目中出现的斋戒和布萨等仪式间的关系，也应予以重视。

①《宋高僧传》卷18，《大正藏》第 50 册，第 822 页a—824 页c。

②SAT大正新修大藏经文本数据库：https://21dzk.l.u-tokyo.ac.jp/SAT/index.html。

③《广清凉传》卷上，《大正藏》第 51 册，第 1101 页。

④野村耀昌《〈法华经〉的流传》（『法华经』の流伝について），《驹泽大学佛教学部论集》第 13 号，1982 年，第 6 页；黄启江《北宋佛教史论稿》，台湾商务印书馆，1996 年，第 269 页。

⑤足立喜六译注、盐入良道辅注《入唐求法巡礼行记》，《东洋文库》157 第 1 卷，平凡社，1970 年，辅注 60，第 262 页。

⑥早稻田大学大学院东洋美术史，肥田路美编《作为美术史料的〈集神州三宝感通录〉—释读与研究—（8）》（美术史料として読む『集神州三宝感通録』—釈読と研究—（八）），2015 年，第 2 页。

⑦例如莫高窟第 323 窟壁画就与道宣著作的内容密切相关，该窟被认为是道宣一派开凿的。巫鸿《敦煌 323 窟与道宣》，胡素馨（Sarah E. Fraser）编《寺院财富与世俗供养》，上海书画出版社，2003 年，第 333—348 页。

　　那么，迄今为止，"神异僧"这一研究框架（分类）是否已为前人所采用呢？被视为佛教艺术的宝库、敦煌绘画研究金字塔的松本荣一的《敦煌画的研究》，将数量庞大的敦煌绘画依照画题分门别类展开分析，其中"罗汉及高僧图"项下介绍了包括宝志在内的各种僧人图像。[①]以研究中国神异僧和瑞像闻名的中国学者孙修身，也将有神异性的僧人整合至"高僧"中。[②]在中国，年轻学者和中坚派学者近来也将目光聚焦到神异僧研究上，将其视为瑞像和奇瑞表现研究的一环，张小刚不辞辛劳地归纳整理了敦煌的相关作品，[③]创立了"神僧类题材"这一研究类型，并将有关的故事画称作"神异故事画"，[④]让人感受到他对神异这一研究领域颇高的研究热情。综上所述，虽然眼下神异僧一词早已渗透进国内外的学术研究当中，但还未有学者将其设定为研究框架进而对佛教艺术展开研究。

　　诚如所见，由于神异故事出现在各式各样的僧人传记故事中，许多佛教艺术相关书籍会将神异僧的基本特征用一个尊格加以框定，如"祖师"或"罗汉"，甚至以更加模糊的"高僧"代之。显然，《高僧传》中专列神异一条说明神异僧与上述词汇无法明确区分。不过，"祖师"通常指有学问、有德行、有强大号召力，成为某个特定宗派开山鼻祖的人，而"罗汉"则给人非常强烈的印度佛家弟子的印象。正是神异僧这一术语的使用，将那些可能最终被"祖师"和"罗汉"所遗漏的、广泛存在的、以颇具乡土气息的奇闻轶事为特征的一类人囊括其中，将他们从历史的汪洋中重新打捞上来，让学者可以对其展开比较研究。在佛教艺术作品的研究过程中，以神异僧这一框架为主轴，有望找到超越时代与地域界限的崭新的研究潜能。

三、神异僧像作品实例及其实质性功能——佛图澄、
宝志、刘萨诃、僧伽、万回

　　神异僧留下的一连串荒诞不稽的事迹，乍看之下漏洞百出，他们的存在不关乎历史事实的追究，易被学界拒之门外。然而，神异僧除了一开始的特立独行，人们有时还会吸收各地的民间传说，对其故事进行丰富和创新，如此一来，神异僧们获得了上至上层阶级，下至底层庶民的广泛信仰，古人的信仰模式也实实在在地反映在了神异僧身上。留存各地的艺术作品便是研究这一信仰的鲜活史料，它们为我们呈现了神异僧信仰惊人的传播轨迹和渗透力。

---

①松本荣一《敦煌画的研究 图像篇》，同朋舍出版社，1985 年，第 11 页。
②孙修身《莫高窟的缘起说话画》（莫高窟の缘起説話画），敦煌文物研究所编《中国石窟·敦煌莫高窟》第 4 卷，平凡社，1982 年，第 235 页。
③张小刚《敦煌感通画研究》，甘肃教育出版社，2015 年。
④张小刚《敦煌感通画研究》，第 252 页。

作为《梁高僧传》神异篇介绍的第一人，佛图澄（232—348）受到后赵石勒、石虎的尊崇，因其对各个阶层广泛的教化和救助而广受青睐。[①]佛图澄神异的具体表现除预言和千里眼外，还包括医术、灌溉等直接施予援手的行为，内容五花八门，甚至有洒酒灭火这种颇为幽默的场景。为了表现其清净性，还出现了斋戒时"引肠洗之"等极端情节。在千里眼的轶事中，洁斋者也有可能获得"千里外事皆彻见"的能力，[②]值得注意的是，其中反映的其实是神异性的复制需要借助清净性这一媒介来实现。同时，镇火和洗肠故事反映礼忏信仰，还在被认为是施行包括忏悔在内的布萨等在家信徒也能参与的设斋行为[③]的初唐莫高窟第323窟壁画中，被图像化了（图2）。可以看出，即便时代在向前发展，佛图澄仍然充当了庶民与佛教间的调解人，在涉及忏悔的问题上为世人所倚重。

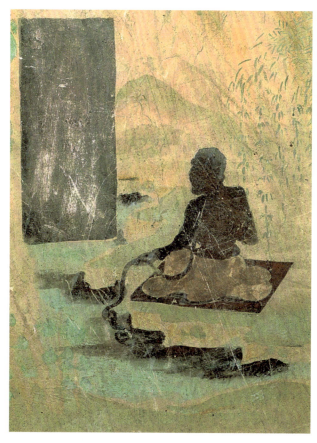

图2　佛图澄洗肠图　莫高窟第323窟　初唐（采自孙修身主编《佛教东传故事画卷》，《敦煌石窟全集》第十二，商务印书馆，1999年）

佛图澄的弟子释道安（312—385）继承了佛图澄的忏悔思想，将包括忏悔在内的各种规则和范式体系化。道安制定的僧尼规范和佛法宪章有三："一曰行香定座上讲经上讲之法""二曰常日六时行道饮食唱时法""三曰布萨差使悔过等法。"[④]最后的第三条就是"为行布萨礼仪，需派遣必要的使者，在布萨时忏悔自己的过失"，[⑤]也就是说，为了确认戒律的遵守和实施，在布萨这一礼仪集会上，要

---

①吉川忠夫、船山彻《高僧传（三）》，第450页。

②吉川忠夫、船山彻《高僧传（三）》，第298页。

③颜娟英《从凉州瑞像思考敦煌莫高窟第323窟、332窟》，《东亚考古学的再思——张光直先生逝世十周年纪念论文集》，中央研究院历史语言研究所，2013年，第443—471页；拙稿《敦煌石窟中特异性故事画研究》（敦煌石窟における特異な説話図をめぐって），林温编《图像学2：图像的成立与传承（净土教·故事画）》（図像学Ⅱ—イメージの成立と伝承〈净土教·説話画〉），《佛教美术论集三》，竹林舍，2014年，第29—51页。

④《高僧传》卷5《释道安传》，《大正藏》第50册，第353页b。

⑤吉川忠夫、船山彻《高僧传（二）》，岩波书店，2009年，第133页。

按规定进行忏悔。作为理论构建的集大成者,虽然道安本人在《梁高僧传》中被归入义解条目中,但我们也能看到十分有趣的有关其神异的描述。例如,当他希望通过瑞相来证明自己对经文的注释并非没有道理,宾头卢尊者便出现在他的梦中,为其背书。还有,道安一直希望自己能往生兜率天,每每在弥勒菩萨像前祈祷,一位长相奇异的僧人出现在他面前并指示"圣僧请沐浴",从而显现托生兜率天的福报,道安照做后不久便死去,暗示其已往生兜率天。①这些有趣的情节讲述了在佛道修行中励精图治的人如何得到超凡僧人的认可(证明),其心愿又是如何被实现,这些都是研究神异僧所扮演的角色时需要特别注意的地方。

据《梁高僧传》记载,生活在南朝齐、梁时期的真实人物宝志(保志),其人长发赤脚,疯疯癫癫,然而他崇高的精神世界却与外貌截然相反,仿佛是在"冥寂"的世界中自在逍遥。他走路的时候锡杖上挂着镜子、剃刀和绢,除施展分身、预言等神通,他还帮助梁武帝祈雨,让天降大雪。他受到梁武帝非同一般的尊崇,向其劝谏十二因缘,显出菩萨般的真身,最后在说出菩萨将去后死去。据传为宝志撰写墓志铭的人叫陆倕,而且宝志像似乎随处可见,据说建有宝志墓的开善寺在唐时还迎请了梁武帝制作的宝志像安置于净室中。宝志(保志)传中的其他具体事迹还包括:面向在家信徒编写了以忏悔为中心内容的实践指南《净住子净行法》(以下简称"净住子");曾在学问上影响过梁武帝等上层人物的南齐皇室竟陵王萧子良也在宝志传中登场,为宝志供奉饮食。②唐代7世纪成书的《南史》中记载,宝志的锡杖上挂着铜镜、剪刀和镊子,本人常戴帽子,身着裙或纳袍,喜欢写谶记(预言吉凶的文字)。人们因其"常冠下裙帽纳袍"而俗称其为志公,又将他写的谶记唤作志公符,增加了宝志的象征意涵。由于宝志戴的是三布帽(三块布做成的帽子),被认为是暗示了武帝、文惠太子、文献王三人的死和南齐的瓦解。③与之类似的故事也发生在北魏,成书于6世纪中叶东魏的《洛阳伽蓝记》记载了一位沙门宝公,他预言了灵太后的被杀,④而灵太后死后,北魏王朝也径直走向灭亡。《洛阳伽蓝记》还记载宝公创作了《十二辰歌》。敦煌莫高窟第395窟曾有一面宝志的单人画像(图3),⑤画像中的宝志手持挂着镜子、剪刀和镊子等的锡杖,头戴布帽。这里的锡杖和布帽与《梁高僧传》中的记述相符,可见其已成为宝志像的标志性特征。

---

① 吉川忠夫、船山彻《高僧传(二)》,第132、135—136页。

② 以上内容参考吉川忠夫、船山彻《高僧传(三)》,第436—445页。唐代开善寺净室中安置宝志像的内容见《全唐文》卷788,《重编影印全唐文及拾遗》三,大化书局,1989年,第3698页;神野祐太《大安寺戒明请来的宝志和尚像》(大安寺戒明請来の宝誌和尚像について),津田彻英编《组织论——制作者们》(組織論—制作した人々),《佛教艺术论集 六》,竹林舍,2016年,第15页。

③ 中华书局标点本《南史》卷76《宝志传》,第1901页。

④ 《洛阳伽蓝记》卷4白马寺条,《大正藏》第51册,第1014页c。

⑤ 宝志像现已灭失,仅存山岳和一匹鹿的形象。张小刚《敦煌感通画研究》,第255页。

随着时代向前推移，宝志的事迹被一再夸大。圆仁在开成五年（840）的记录中，将山东醴泉寺见到的一尊宝志像记为十一面观音化身。[1]南宋咸淳五年（1269）成书的《佛祖统纪》记载了一段非常著名的轶事，说梁武帝曾命张僧繇为宝志画像，可是宝志的脸已经破开，现出十二面观音的形象，为他画像一事只好作罢。书中还总结道，宝志是水陆法会的创始人，是他劝梁武帝召开水陆法会。[2]与上文提到的武帝命人描绘宝志形象的故事有关的宝志图，至少在唐代9世纪上半叶就已有之，[3]可不知为何，在张僧繇面前出现的观音不是十一面，而是十二面。还有，虽说宝志以消除六道四生之苦为契机向梁武帝劝说举办水陆法会，然而《释门正统》特别指出，水陆法会的目的是消除那些生为饿鬼的人的痛苦，并使他们能够转生天界。[4]水陆法要又名施饿鬼法要，至今仍广为人知，作为向水陆生物提供饮食、救助生灵的重要宗教活动，已成为联结佛教和庶民之间的纽带。[5]

图3　宝志和尚立像　敦煌莫高窟第395窟　晚唐
(Nicole, Vandier-Nicolas. Monique, Maillard. *Grottes de Touen-Houang Carnet de Notes de Paul Pelliot : Inscriptions et Peintures Murales XI.* Collège de France, Instituts d'Asie, Centre de Recherche sur l'Asie Centrale et la Haute Asie, 1983)

①小野胜年《入唐求法巡礼行记研究》（入唐求法巡礼行记の研究）第二卷，铃木学术财团，1966年，第349页。
②《佛祖统纪》卷33、卷37，《大正藏》第49册，第321页b、第348页c。
③艺术丛书本《画史》，唐画条。
④《释门正统》卷4，《续藏经》第130册。
⑤牧田谛亮《中国佛教史研究 第二》，第73页。

图 4　应身观音图　五百罗汉图　南宋　波士顿美术馆所藏
（采自日本奈良国立博物馆、东京文化财研究所企画情报部编
《大德寺传来五百罗汉图铭文调查报告书》，日本奈良国立博
物馆、东京文化财研究所，2011 年）

北宋都城开封的大相国寺内曾有一幅"志公变十二面观音像"，而北宋皇家寺庙的启圣禅院内，旃檀释迦像和从南唐金陵（南京）搬运来的"宝志和尚真身"安放在一起。①宝志像比上文提到的著名的西往寺平安时代像要早，在奈良时期（710—784）就已由大安寺僧人戒明从金陵的宝志宅邸带到了日本，据说平安时期的大安寺也有一尊劈开脸后能看到另一张脸（观音）的宝志木像和一面宝志会见梁武帝的壁画。②此外，日本的大德寺和美国的波士顿美术馆、弗利尔美术馆收藏的著名的大德寺传《五百罗汉图》（南宋，1178—1188）中的一幅《应身观音图》（图 4）中，绘有变身为多面观音的宝志以及设有水陆道场的月波寺（1173年建）的创始人史浩。鉴于画面中还出现了该罗汉图的创作者本人——画师林庭珪和周季常的身影，一方面彰显了二人作为画家超越张僧繇的绘画实力，另一方面，该画作亦被视为五百罗汉图与水

①画史丛书本《图画见闻志》卷 3，第 43 页；卷 6，第 89 页。塚本麿充《皇帝的文物与北宋初期的开封（上）（下）—启圣禅院、大相国寺、宫廷文物及其意义—》（皇帝の文物と北宋初期の開封（上）（下）—啓聖禅院、大相国寺、宮廷をめぐる文物とその意味について—），《美术研究》第 404 号，2011 年，第 173—208 页；第 406 号，2012 年，第 391—416 页。
②《延历僧录》第 5《戒明传》，《新订增补国史体系》第 31 卷，吉川弘文馆，2007 年，第 88 页；《诸寺源起集（醍醐寺本）》《诸寺建立次第》，藤田经世编《校刊艺术史料》上卷，中央公论美术出版，1972 年，第 97、169 页。

陆法会密切相关的强有力证据。^①以上提及的艺术作品全都涉及中央朝廷或大型寺院，可见，在漫长的历史长河中，刻画宝志的艺术作品一直被尊崇为佛教正统。宝志成为那个时代当权者和宗教团体宣扬正统的工具，成为维系当权者和宗教团体与庶民之间关系的媒介。

和水陆法会一样，据说由宝志建议梁武帝始创的宗教礼仪中就有《慈悲道场忏法》（梁皇宝忏）。水陆法会和慈悲道场忏法，两者的目的颇为相似，后者在卷首的《传》中记载梁武帝的皇后郗氏因生前嫉妒心强死后化为蟒蛇，武帝见其惨状，接受宝志建议礼佛忏悔，终使郗氏转生为天人。^②有关水陆法会和慈悲道场忏法两种仪式的契机和目的颇为相似这一点，盐入良道认为，这是慈悲道场忏法中的表述被水陆法会挪用的结果，二者不知从何时起被混为一谈。^③盐入良道还发现，虽然《慈悲道场忏法》本身的确源自梁武帝的授意，所以有可能成书于梁代，但其《传》的部分应是宋人撰写，为了神异现益（显现神异并获得希望的结果）的目的而修习忏法是很常见的做法。^④《慈悲道场忏法》连续用了四十项（品章）来说明忏法的具体方法，在时间上仅次于同样对忏法详加阐述的上文提到的南齐《净住子》。有学者认为，慈悲道场忏法需要恭请佛、菩萨、圣贤前来，作为忏悔的见证人。^⑤同时，卷首"幽显大众立此忏法，并发大心，有十二大因缘"^⑥一句中的十二因缘曾在《梁高僧传》中出现过。只不过，这里的十二因缘旨在说明忏法的目的和理由，并非一般意义上佛教所指称的十二因缘。这十二因缘以"一者愿化六道心无限齐（斋），二者为报慈恩功无限齐（斋）"为开端，首先树立相当远大的目标，从之后的三起，借助忏悔的善力压制众生的犯心、慢心、嫉妒心等，直至最后的十二，让众生自发地生发出菩提心，令菩提心相续不断，最终达到众生可以自行实践佛道的目的。^⑦虽然慈悲道场忏法是否源于宝志的建议其真实性尤未可知，却很难不让人联想到十二因缘与《梁高僧传》以及《洛阳伽蓝记》中出于宝志之口的"十二（因缘）"和"十二辰歌"，其中"十二辰"中的数字十二显然与中国由来已久的十二支的概念密切相关，反映出宝志植根于中国大地的性

①有关五百罗汉图的问题，参考井手诚之辅《大德寺传来五百罗汉图试论》，《圣地宁波：日本佛教1300年的源流》展览图录，奈良国立博物馆，2009年，第254—257页。

②《慈悲道场忏法》，《大正藏》第45册，第922页b、c。

③盐入良道《慈悲道场忏法的成立》，《吉冈博士还历纪念：道教研究论集——道教的思想与文化》（吉冈博士還暦記念　道教研究論集—道教の思想と文化—），国书刊行会，1977年，第504—505页。

④盐入良道《慈悲道场忏法的成立》，《吉冈博士还历纪念：道教研究论集——道教的思想与文化》（吉冈博士還暦記念　道教研究論集—道教の思想と文化—），第503、513页。

⑤阿纯章《奉请三宝的由来：以智顗以前的中国忏悔法为中心》（奉请三宝の由来—智顗以前に中国で行われた懺悔法を中心に—），《印度学佛教学研究》第56卷第1号，2007年，第192页。

⑥《慈悲道场忏法》，《大正藏》第45册，第923页a。

⑦《慈悲道场忏法》，《大正藏》第45册，第923页a。

格。再者，我们还能据此推断，宝志的真身不仅限于十一面观音这一由印度传来的佛教尊格，^①或与十二面观音也有某些机缘。同样，大德寺代代相传的《应身观音图》中出现的被视作宝志真身的多面观音，在画作中并未绘出全貌，而是表现为侧影，如果我们将其与张僧繇的故事进行比照，那么这个多面观音就有可能是十二面观音。毕竟，这幅绘有宝志真身的《应身观音图》与被视作始自宝志建议的水陆法会关系密切，而水陆法会与慈悲道场忏法又被混为一谈，可见，该画作意在暗示满足慈悲道场忏法中所言十二因缘的水陆道场的实际效果。

至此，借助佛图澄和宝志故事，我们便能理解神异僧与心灵的清净性以及由此派生出的忏悔有很深层次的关系。在《梁高僧传》的撰写过程中，佛图澄非比寻常的清净性、对忏悔的推崇以及其弟子道安制定的包括忏法在内的各项规范，都被明确记录了下来。虽然我们并不知晓始自梁代的慈悲道场忏法是否源自宝志的个人建议，但《梁高僧传》宝志（保志）传不仅通过宝志奇特的外貌暗示其内心的清净，还提及与慈悲道场忏法的十二因缘相关的"十二因缘"（此处或应称为十二缘起），以及与时间上早于慈悲道场忏法的《净住子》的作者萧子良的直接关联，由此可见，在 6 世纪的梁代，人们就已经有意识地将实际的忏法与神异僧牵扯到一起。以上种种或许又能马上和唐代之所以将安放宝志像的场所称作"净室"联系起来。不过，虽然慈悲道场忏法的目的是为了拯救六道中的众生，但《洛阳伽蓝记》和《南史》中出现被宝志宣告死亡的统治者，以及被暗示将要土崩瓦解的南齐和北魏王朝，不又是没有达到忏法目的、没能拯救众生的反面例子吗？将神异僧与忏悔的这种关系延伸到盂兰盆会的创设问题上或许更容易理解。关于盂兰盆会，笔者受到小南一郎最新研究^②的很大启发，以下就基于小南一郎的研究成果展开讨论。

作为现代日本的一项年度例行节庆活动，盂兰盆会通常会与上文提到的水陆法会（施饿鬼）同时进行，但二者原本互不相关。盂兰盆会就是在旧历七月十五举办的供奉祖先的法会。《佛祖统纪》中记载梁武帝于大同四年（538）在同泰寺也曾举办过该法会，^③从《荆楚岁时记》的记录中^④我们还知道，在梁代，作为节庆活动的该法会实际上无论僧、尼、道、俗，各式人等均能参加。与现行《盂兰盆经》在内容上几乎完全相同的盂兰盆会上使用的经文至少在 6 世纪后半叶已经成形，^⑤该经

---

① 百桥明穗《十一面观音》，《世界大百科事典》，平凡社，2014 年。

② 小南一郎《目连救母故事：与盂兰盆礼仪的关系》（目連救母の物語り—盂蘭盆儀礼との関わりを中心にして）（一），科学研究费补助金基盘C 2017 年度研究报告《松家裕子代表：中国浙江讲唱文艺研究——从劝善、免灾机能开始的思考》（松家裕子代表：中国浙江講唱文藝研究—勧善・免災の機能から考える）。在此向赠予笔者该报告书并提出宝贵意见的小南一郎先生表示诚挚的感谢。

③ 《佛祖统纪》卷 33、卷 37，《大正藏》第 49 册，第 351 页 b。

④ 守屋美都雄译注，布目潮沨、中村裕一补订《荆楚岁时记》，《东洋文库》324，平凡社，1978 年，第 196 页。

⑤ 小南一郎《目连救母故事：与盂兰盆礼仪的关系》（目連救母の物語り—盂蘭盆儀礼との関わりを中心にして）（一），图一。

文的底本《盂兰经》在梁代就已存世。^①经文中说道，目连要去拯救落入饿鬼道的母亲，于是佛对他说，须十方众僧威神之力，于七月十五日，具食物、盆器、香烛、床敷等供养众僧，届时，一切圣众及证得六种神通力者或菩萨等权现比丘，具清净戒，而供养僧人的结果，七世父母、六种亲属，得出三途之苦。至于必须在七月十五这一天的理由，小南一郎解释道，那是因为这一天实际上是僧侣们夏安居（夏季闭关）的最后一天，在家信徒有在这一天向僧侣赠送生活必需品的习惯。同时，通过三个月夏安居的礼拜、忏悔以及最后的"自恣"（忏悔和互相批评），僧侣们的威神力在最后一天达到顶峰，《盂兰盆经》形成的基本理念就是要借助这股力量拯救死者灵魂。小南一郎还认为，形成时间早于《盂兰经》和《盂兰盆经》并涉及两部经文形成过程中的传说故事的，当属刘萨诃故事。最早出现刘萨诃这一人物的南齐时期的《冥祥记》讲述了一个热衷狩猎的人物刘萨诃死而复生的故事。故事中说，观音菩萨告诉冥界中的刘萨诃，如果在七月十五日沙门法腊（法岁）增加的这天为死者祈祷冥福（追福），拯救死者超脱苦难的功德就能够最大化，同时，不论出家还是在家，只要忏悔就能消灭罪恶，不忏悔的人死后则会直接堕入地狱。^②

　　根据上述小南一郎对盂兰盆会的研究，在拯救灵魂的过程中让僧人的力量提高的方法之一就是忏悔，即使不是僧人，也可以借助忏悔来消除自身罪恶，这一认识在五、六世纪业已形成。在《盂兰经》和其他文本中，僧人的这种力量被描述为威神力，我们可以这样假定，正因为这些僧人与《盂兰经》中在七月十五日完成夏安居后混迹于一般僧人中间，以比丘形象示人，守清净戒，身具威神力的圣众、六种神通力者以及菩萨等具有同一性，他们才在《梁高僧传》中被归入神异条目之下。这一推测也可从该书宝志（保志）传的最后，其真身容貌宛如菩萨（光相如菩萨像）以及其自诩菩萨（谓人曰菩萨将去）的情节中得到旁证。他们并非从他人那里获得神力，而是能动地发挥神异的力量施予他人，他人要想从这些人那里获得这股力量，手段之一就是对其进行供养和礼拜，或者自发地忏悔。《梁高僧传》的道安传中由于帮助圣僧沐浴得以往生兜率天的故事便是这一观念的反映，同时，我们或许能够从圣贤与佛、法、菩萨一道被奉为三宝并在慈悲道场忏法中被视为见证人的事实中，识破业已具备藉由忏法获得特殊能力的神异僧们的身影。将慈悲道场忏法和水陆法会的形成和创立认为是源于刘萨诃的建议，这一思想的根源可以说早在6世纪上半叶就已存在。从这个意义上看，《冥祥记》中就连劝说宝志忏悔的观音菩萨也不过与宝志或佛图澄平起平坐，而在之后的史料中，原本并非神异僧的刘萨诃，在通过忏悔获得神异力量后，却获得了观音化身这一成为神异僧的无法撼动的头衔，更通俗地说，刘萨诃从此一步步迈上了成为神异僧的出人头地的成功阶梯。

① 《经律异相》卷14，《大正藏》第53册，第73页c—74页a。
② 《法苑珠林》卷86，《大正藏》第53册，第912页。

这或许就是刘萨诃故事不断被丰富且广受欢迎的主要原因。刘萨诃传是《梁高僧传》兴福篇的开篇,文中记载刘萨诃出身于并州西河离石(今山西省吕梁市离石区),因为喜欢狩猎(杀生)而忽死,在地狱游荡,遇到前世的老师,还疑似体验了一回在丹阳、会稽、吴郡等地的阿育王塔和阿育王像前的礼拜和忏悔,之后复活,出家,"唯以礼忏为先",巡游各地佛塔和佛像。故事中用来埋纳释迦真身舍利的阿育王塔感应到刘萨诃虔敬的精神和礼拜后显现灵异,这其中所要表达的,无非是开山祖师释迦对礼拜和忏悔行为的正当性所做的象征性的印证。①此时的刘萨诃还未成为真正的神异僧。唐以后,更多新的传说故事附加进来,成为和宝志一样的观音化身、预言凉州瑞像的出现这种对世间吉凶的事前揭示,以及后来人们实际建造刘萨诃庙,供养通过颜色能预知吉凶的"刘师佛",都让人看到刘萨诃信仰蓬勃发展的景象。②典型的神异僧的神通被附加在他身上,地位也逐渐稳固。与刘萨诃有关的造像能提前预知吉凶,这和宝志预言南齐和北魏的灭亡异曲同工。虽然具体成文年代不明,敦煌文献中明确记载刘萨诃曾对凉州瑞像授记,③文章脉络在这里发生了彻底改变,不是佛像因为感应到刘萨诃而出现,而是刘萨诃对佛像的认可并将自己的能力赋予了佛像。只不过在《续高僧传》里,在酒泉城西古寺中的刘萨诃碑文上,特意留下了"吾非大圣,游化为业"这样的表述,④是要告诉世人刘萨诃原本也是普通人。也说明《冥祥记》中记载刘萨诃因杀生而堕入地狱的故事也在唐以后得到了继承。总之,唐以后,刘萨诃作为也会杀生的曾经的凡夫俗子,在经历了礼拜和忏悔的佛道实践后,荣升为神异僧,人们将其视为成功转型的案例,他也赢得了世人明星般的追捧。《续高僧传》废除神异,另立感通条目,将刘萨诃置于其下,也是为了引导人们去期待和相信,感通是普通人努力的结果,是通往神异僧的阶梯。我们可以推测,它的背后有道宣的佛法宣传活动在推波助澜。

虽然目前还无法准确地判断刘萨诃信仰究竟兴起于何时,据说是由他推广开来的礼法,可能在北朝的6世纪上半叶就已施行。我们能够从敦煌文书S.4494[西魏大统十一年(545)]的《刘师礼文》(图5)中看到相关表述,文中还在俗姓的"刘"后面加了一个"师"字,能用礼法冠名的人物恐怕除刘萨诃之外再无他人。曾专文研究《刘师礼文》的方广锠也认为刘师就是刘萨诃,他同时还指出,文中提及的礼仪内容与中国早期道教的忏悔仪式密切相关,是中国传统文化影响下的产物。⑤比如非常具体的"正月廿四日,平旦寅时,向东北丑地,礼八拜,除罪廿一",通过在一月到十二月的每个月规定时间、朝规定方向、做规定次数的礼拜,以消除罪恶,和宝志相关的礼仪一样,其基本理念

---

①以上《梁高僧传》竺慧达(刘萨诃)传的相关内容,参考吉川忠夫、船山彻《高僧传(四)》,岩波书店,2010年,第256—267页。(引文中文原文为译者所加——译者注)

②《集神州三宝感通录》卷下,《大正藏》第52册,第434页c。

③国际敦煌项目:http://idp.bl.uk/database/oo_scroll_h.a4d?uid=2342546798;recnum=60922;index=4

④《续高僧传》卷25,《大正藏》第50册,第645页a。

⑤方广锠《试论佛教的发展与文化的汇流——从〈刘师礼文〉谈起》,《华东师范大学学报》2007年第1期,第38—39页;《〈刘师礼文〉中礼拜法初探》,《世界宗教研究》2008年第1期,第27页。

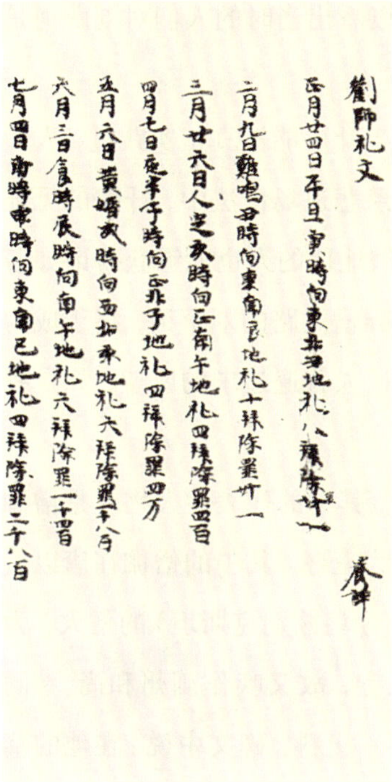

图 5 《刘师礼文》（局部，S.4494）大西魏统十一年（545）（采自黄永武主编《敦煌宝藏》第 36 册，新文丰出版公司，1981 年）

图 6 宝志、僧伽、万回像（观者视角右起） 四川乐山夹江千佛崖第 91 号龛 晚唐至五代（采自小川裕充、弓场纪知责任编辑《世界美术大全集东洋篇》第 5 卷《五代、北宋、辽、西夏》，小学馆，1998 年）

都源自十二支，并且如果这样的礼拜能够持续三年，便可如愿往生弥勒佛国、西方净土和三十三天。含有《刘师礼文》的敦煌文书S.4494，由平南寺一位叫道养的僧人凭一己之力抄写的十八种文构成，整体来看，像是为记录仪式而做的笔记或备忘录。[1] 除了《刘师礼文》，S.4494 还有与陈文帝施行过的忏法[2] 相似的基于《大通方经》的忏文[3] 以及 5 世纪面向在家信徒开展的"八关斋"[4] 等，它们都记载了以保持身心清净为基本要义的礼仪的流程和方法，据此推测，在 6 世纪，作为在家信徒也能够参与的一种礼仪，刘萨诃灭罪得道的方法已经被接受和认可。而且，这一理念有可能被反映在了莫高窟第 285 窟等西魏时期开凿的石窟中。在《刘师礼文》中，刘萨诃被当作礼仪的创始人而非神

---

① 阿纯章《奉请三宝的由来：以智𫖮以前的中国忏悔法为中心》（奉请三宝の由来—智𫖮以前に中国で行われた懺悔法を中心に—），《印度学佛教学研究》第 56 卷第 1 号，2007 年，第 194 页。

②《广弘明集》卷 28，《大正藏》第 52 册，第 333 页 c。

③ 阿纯章《奉请三宝的由来：以智𫖮以前的中国忏悔法为中心》（奉请三宝の由来—智𫖮以前に中国で行われた懺悔法を中心に—），《印度学佛教学研究》第 56 卷第 1 号，2007 年，第 194 页。

④ 吉川忠夫、船山彻《高僧传（三）》，第 387 页。

异僧，并且将他描述为北凉时代的人，这与一贯的说法大异其趣，可以看出当时的人们对刘萨诃是否真实存在意见并不统一。

根据以上分析，与宝志、刘萨诃关系密切的礼仪活动在6世纪上半叶可能被真正实践过，人们相信，借助礼拜和忏悔能够显现神异或者因此蒙荫。正如前文所述，慈悲道场忏法中，忏悔的见证人除了三宝的佛、法、菩萨外还包括圣贤，笔者认为，已被置于神异僧地位的人也能够获得诸如菩萨或圣贤这种充当忏悔见证人的地位。正是在此背景下，迈上成为神异僧之路的刘萨诃，终于成为有资格向石佛"授记"的人。而正是通过忏悔，佛教信徒能够实现普通人普遍追求的愿望，如自我的灭罪消灾、死者的救赎以及转世到一个更美好的世界。

到了唐代，新的神异僧们粉墨登场，与已有的神异僧混搭到一起。其中的代表性人物就是僧伽和万回，现存的文献和艺术作品中会将他们两位与宝志归为一组，视为三尊。其中的僧伽在唐以后非常受欢迎。僧伽是唐代7—8世纪时出身于西域何国（粟特贵霜匿，今乌兹别克斯坦）的僧人，为救助频遭水患的泗州（今安徽省和江苏省）民众修建了普光（照）王寺，故又唤作泗州和尚。[①]同时代生人李邕创作的《大唐泗州临淮县普光王寺碑》是研究僧伽的第一史料，碑文中说：在他的墓前，"忏则殃灭，求则福生。虽日月已绵，而灵变如在"。[②]由此可见，僧伽早已获得忏悔见证人的地位。此外，根据圆仁的记录，在9世纪，僧伽作为观音化身与西方净土和补陀落净土一道被描写，到了北宋的11世纪还被推崇为航海安全的守护神。[③]而万回虽名气不及僧伽和宝志，却是与僧伽几乎同时代的唐朝僧人。《宋高僧传》记载万回智力低下，又说他能日行万里，当中宗问他僧伽是谁时他还能回答是观音化身，文中更视其为宝志的继承者，说他能预言吉凶。[④]在敦煌发现的文献《三大师传》（S.1624）[⑤]及四川省夹江千佛岩9—10世纪的石龛像中，宝志、僧伽、万回三位僧人被合列一处，另有相同的三人并列图像的一座檀龛像则在9世纪后半叶由圆仁从长安的密教道场带回了日本。[⑥]据悉，与此三位僧人有关的信仰范围至少由长安波及四川和敦煌，并抵达日本。万回是观音化身在敦煌文献《三大师传》中有明确记载，牧田谛亮指出，三人作为在现实中拯救普通民众于水火并为

---

①《大唐泗州临淮县普光王寺碑》，《文苑英华》卷858（中国哲学书电子化计划：https://ctext.org/wiki.pl?if=gb&chapter=252483）；《宋高僧传》卷18，《大正藏》第50册，第822页a；牧田谛亮《中国佛教史研究 第二》，第30页。

②肥田路美《四川省夹江千佛岩的僧伽、宝志、万回三圣龛》（四川省夹江千仏岩の僧伽・宝誌・萬迴三聖龕について），《早稻田大学大学院文学研究科纪要第三分册》第58号，2013年，第54页；《文苑英华》卷858（中国哲学书电子化计划：https://ctext.org/wiki.pl?if=gb&chapter=252483）。（中文原文为译者所加——译者注）

③牧田谛亮《中国佛教史研究 第二》，第35、37页。

④《宋高僧传》卷18，《大正藏》第50册，第823页b—824页c。

⑤国际敦煌项目：http://idp.bl.uk/database/oo_scroll_h.a4d?uid=2344170674;recnum=1623;index=1

⑥小野胜年《入唐求法巡礼行纪的研究》（入唐求法巡礼行記の研究）第4卷，铃木学术财团，1969年，第595页。

人们带去未来福报的神灵,是民间观音信仰的具体体现。① 在三位僧人的组合搭配中,僧伽一直处在中尊的地位,12 世纪靖康元年(1126)铭大足北山佛湾第 177 号龛有僧伽的个人雕像,其形象为头戴布帽(图 7)。五代后周时期,规定凡建寺庙必须供奉僧伽真像,全面推广僧伽信仰,② 唐以后僧伽受欢迎的原因由此可见一斑。可见,正如唐代普光王寺碑中明确记载的那样,对于此一时期的人们而言,僧伽是作为忏悔等佛道实践见证人的最可靠人选。因此,三像并置佛龛的出现和使用,可以放到上述将神异僧视为忏悔见证人的历史进程中加以

图 7　僧伽和尚坐像　大足北山石窟佛湾第 177 号龛　靖康元年(1126)
(采自重庆大足石刻博物馆等编《大足石刻雕塑全集一:北山石窟卷》,重庆出版社,1999 年)

解释,特别是小型龛等作品实例,或许可以看作是对修行者行为的不断检视和监督。作为旁证,笔者再以 12 世纪北宋与佛教无关的墓葬壁画为例做简要补充。该壁画除绘有孝子图、墓主夫妇升仙

---

① 牧田谛亮《敦煌本三大师传》(敦煌本三大师伝について),《印度学佛教学研究》第 7 卷第 1 号,1958 年,第 253 页。
② 《宋高僧传》卷 18,《大正藏》第 50 册,第 823 页 a。

图8　四洲（泗州）大圣度翁婆图　河南新密平陌宋代壁画墓　大观二年（1108）

（采自郑州文物考古研究所编《郑州宋金壁画墓》，科学出版社，2005年）

图外，在榜题为"四洲大圣度翁婆"的画面中，还出现了引导被认为是墓主夫妇的两人前往彼岸世界的僧伽形象（泗州大圣）（图8，河南新密平陌宋代壁画墓，1108年）。[①]这里视觉化地表现了作为遗属虔诚孝心见证人的僧伽前来为死者引路。

　　此外，在10世纪的敦煌石窟中还发现了一个有趣的例子，画面上僧伽和刘萨诃被组合到了一起（图9、图10）。

　　至此，本文对以下问题进行了梳理和总结，即：神异僧的本质在于其精神上的清净性，其清净性在佛教扎根中国以前就已存在，与曾经最为基础、持续时间最长的佛道实践——忏悔，关系最为紧密。神异僧首先是这一实践行为的体现者和见证人，他们扎根在中国大地，成为佛教信仰的支柱，他们的传说故事和功用也随着人们的需要不断被完善和扩充。

　　附记：本文为田林启所著《神异僧をめぐって—研究略史とともに》（载百桥明穗、田林启编《神异僧と美術伝播》，中央公论美術出版，2021年）的中文译稿。

---

①郑州文物考古研究所编《郑州宋金壁画墓》，科学出版社，2005年，图62。

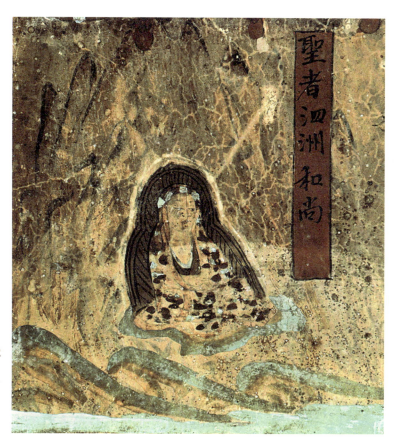

图 9　僧伽和尚像　莫高窟第 72
窟　10 世纪（采自张小刚《敦
煌佛教感通画研究》，甘肃教育
出版社，2015 年）

图 10　刘萨诃和尚像　莫高窟第
72 窟　10 世纪（采自孙修身主
编《佛教东传故事画卷》，《敦煌
石窟全集》第十二，商务印书馆，
1999 年）

伯希和中亚考察所持中国护照研究[*]

王冀青/兰州大学历史文化学院

法国巴黎吉美博物院（musée Guimet）的图书馆中，收藏有法国汉学家、探险家保罗·伯希和（Paul Pelliot，1878—1945）的档案（图1）。其中保存有伯希和于 1906—1908 年在中国西北地区进行其中亚考察期间所持的中国护照（以下简称"伯希和护照"），现编Pel. Mi 78 号，尺寸为 56.4 厘米×44.9 厘米。吉美博物院于 2008 年整理出版伯希和中亚考察日记《1906—1908 年道路记事本》时，将"伯希和护照"拍摄成照片，影印刊布于世。[①]在照片的下方，有以下解说词：

图1　伯希和像

> 满清政府外务部于光绪三十一年九月二十二日（1905 年 10 月 20 日）给保罗·伯希和颁发的护照。护照上提到，根据法国驻北京大使吕（Lü，指Dubail［吕班］？）的请求，给塞纳院士（l'academcien Senart）的特派人员发放许可证。他们是：伯希和以及伴随他的瓦阳大夫（docteur Vaillant）和一名摄影师。护照上标明这支考古学考察队的行程路线：离开法国后，途经俄国境内的撒马尔罕道（route de Samarkand），进入库车，

*本文系国家社会科学基金重大项目"欧洲藏斯坦因新疆考古档案整理与研究"（12&ZD140）子课题成果。

①Paul Pelliot, *Carnets de route, 1906–1908*, Paris: Les Indes savantes, 2008, Planche V.

再经罗布淖尔和敦煌，前往北京。

　　纸质，墨汁印刷和书写，钤两枚印章。56.4×44.9厘米。巴黎吉美博物院图书馆，Pel. Mi 78 号。①

图 2　塞纳像

伯希和《1906—1908年道路记事本》的耿昇中译本中，也收录了"伯希和护照"的照片，但省略了解说词。②

　　19世纪下半叶至20世纪上半叶，西方列强十余国的百余位探险家在中国西北地区进行了持续百年的中亚考察活动。按照近代中外条约规定，每个外国人进入中国旅行，都须持有中国政府发放的游历护照。搜寻他们使用过的中国护照，了解每份护照的申请过程和内容，是研究每支考察队的重要内容。此前，笔者在研究英国考古学家奥莱尔·斯坦因（Aurel Stein，1862—1943）的中亚考察过程中，对其第一次、第二次、第三次中亚考察所持中国护照进行过初步的解析。③现笔者拟由斯坦因研究转入伯希和研究，不得不首先对"伯希和护照"进行初步的探索。不妥之处，请方家教正！

一

　　伯希和的中亚考察队，实际组建者是法国印度学家埃米尔·夏尔·玛里埃·塞纳（Émile Charles Marie Senart，旧译"色纳尔"，1847—1928）（图 2）。1902年9月，在德国汉堡召开的第13届国际东方学家代表大会上，正式决定成立"中亚与远东历史学、考古学、语言学和民族学考察国际协会"（Association internationale pour l'exploration historique, archéologique, linguistique et ethnographique de l'Asie centrale et de l'Extrême-Orient，以下简称"国际中亚考察协会"），总部设在俄国首都圣彼得堡，挂靠在俄国外交部。会上任命了俄国、法国、英国、德国、荷兰、丹麦、瑞典、挪威、芬兰、奥

①Paul Pelliot, *Carnets de route, 1906–1908*, Planche V.

②伯希和著，耿昇译《伯希和西与探险日记（1906—1908）》，中国藏学出版社，2014年，图版2。

③王冀青《匈牙利科学院图书馆藏斯坦因第一次中亚考察所持中国护照照片的史料价值》，《敦煌学辑刊》2019年第4期，第187—192页；王冀青《斯坦因第二次中亚考察期间所持中国护照简析》，《中国边疆史地研究》1998年第4期，第69—76页；王冀青《斯坦因第三次中亚考察期间所持中国护照简析》，《西域研究》1998年第4期，第21—30页。

地利、匈牙利、瑞士、意大利、美国 14 个国家的 26 人为委员，委托他们在各自国家建立"国际中亚考察协会"的国家委员会。法国委员共有 3 人，包括时任法兰西研究院（Institut de France）碑铭学与美文学科学院（Académie des Inscriptions et Belles-lettres，以下简称"碑铭学院"）院士、法属亚洲委员会（Comité de l'Asie française）主席、法国亚洲学会（Société Asiatique）副会长的塞纳。

1903 年 6 月 16 日，"国际中亚考察协会"法国委员会在巴黎成立，主席由塞纳兼任。[①]"国际中亚考察协会"法国委员会成立后，塞纳急欲组建一支大规模的法国中亚考察队，利用其主管的碑铭学院"嘉尔业基金"，赴中国西北地区进行考察。[②]为达到此目的，塞纳相中了经他常年栽培的远东法兰西学院（École française d'Extrême-Orient）汉语教授伯希和。[③]到了 1904 年夏季，塞纳邀请伯希和返回巴黎，共襄中亚考察之计。据《远东法兰西学院学报》第 4 卷（1904 年卷）第 3 期"行政文书"栏透露："1904 年 7 月 5 日。决定命令远东法兰西学院汉语教授保·伯希和先生无偿地在法国执行一项科学任务。"[④]《印度支那官报》也在 1904 年 7 月 11 日公布了这一决定。[⑤]伯希和接命后，很快便于 1904 年 7 月 9 日离开河内，取道俄国圣彼得堡，返回法国。据《远东法兰西学院学报》第 4 卷（1904 年卷）第 1—2 期"大事记"栏透露："保·伯希和先生将于 7 月 9 日离开，返回法国执行任务。"[⑥]

伯希和在巴黎期间，与塞纳商讨组建法国中亚考察队的事情。年届 57 岁的塞纳自然想成为法国中亚考察队的领导人，但因年事已高，不适合野外考察，遂建议由 26 岁的伯希和担任考察队队长。1905 年 8 月 2 日，远东法兰西学院决定将伯希和的假期延长两年时间，以便让他在中国新疆进行考察。据 1905 年 6—12 月间出版的《远东法兰西学院学报》第 5 卷（1905 年卷）第 3—4 期"行政文书"栏透露：

> 1905 年 8 月 2 日。决定将远东法兰西学院汉语教授保·伯希和先生的假期延长两年，为的是使他能在印度支那以外的中国新疆（Turkestan）进行一次考察旅行。在此期间，允许他从欧洲领取薪水。[⑦]

---

① "Chronique", *Bulletin de l'École française d'Extrême-Orient（BÉFEO）*, T. 3, No. 3, juillet-septembre 1903, p. 525.

② 关于碑铭学院"嘉尔业基金"资助法国中亚考察的经过，参见王冀青《法国碑铭学院嘉尔业基金资助杜特列中亚考察团始末》，马军、蒋杰主编《上海法租界史研究》，上海社会科学院出版社，2019 年，第 42—56 页；王冀青《法国碑铭学院保宁中亚考察队研究》，荣新江、朱玉麒主编《丝绸之路新探索：考古、文献与学术史》，凤凰出版社，2019 年，第 410—443 页。

③ 关于塞纳与伯希和之间的早期关系，参见王冀青《伯希和与初创期的远东法兰西学院》，《敦煌学辑刊》2021 年第 4 期，第 169—187 页。

④ "Document Administratifs", *BÉFEO*, T. 4, No. 3, juillet-septembre 1904, p. 804.

⑤ *Journal Officiel de l'Indo-chine*, 11 juilett 1904, p. 809.

⑥ "Chronique: Indochine", *BÉFEO*, T. 4, No. 1–2, janvier-juin 1904, p. 490.

⑦ "Document Administratifs", *BÉFEO*, T. V, No. 3–4, juillet-décembre 1905, p. 508.

《印度支那官报》于 1905 年 8 月 7 日公布了这项决定。[①]据 1905 年 6—12 月间出版的《远东法兰西学院学报》第 5 卷（1905 年卷）第 3—4 期"大事记"栏解释说：

> 远东法兰西学院。休假中的汉语教授保·伯希和先生，将受首都的公共教育部（Ministère de l'Instruction publique）和各学会的委派，要在中亚进行一次重要的科学考察。关于这次考察的目的和线路，人们稍后在下文中可以看到详细情况（参见第 492 页以下）。一项署期 8 月 2 日的决定，同意伯希和先生将他离职赴印度支那以外地区的时间再延长两年。[②]

根据 1905 年 9 月 1 日提交的《秘书长先生关于远东法兰西学院现状向印度支那高级委员会提呈的报告书》中记录：

> 汉语教授保·伯希和先生，在结束了他的课程并参与了《学报》的相当大一部分编辑工作之后，在法国受命组建一支考察团（1904 年 7 月 5 日决定）。他应该是同时关注着好几个有意义的问题，譬如公共教育的发展问题、法国在中国的影响问题等，还代表远东法兰西学院参加了 1905 年 5 月在阿尔及尔（Alger）召开的第 14 届国际东方学家代表大会（XIVe Congrès international des Orientalistes）。他还利用他在欧洲旅行的机会，访问了俄国的各图书馆和博物馆，在相互交流过程中完善了他的俄语。正当他准备返回印度支那的时候，他受到了"国际中亚与远东考察协会"法国委员会（Comité français de l'Association internationale pour l'exploration de l'Asie centrale et de l'Extrême-Orient）的青睐，成为他们争取的对象。由于他受到邀请，将在首都的一些学术团体的资助之下，在中国新疆（Turkestan chinois）从事一次考古学考察活动，所以他已经获得批准，延长他远离殖民地的假期。伯希和先生肯定会通过这次科学考察而赢得光彩，这些光芒也会照射在他所属的远东法兰西学院身上，也会照射在让他服务时如鱼得水的印度支那身上（1905 年 8 月 2 日决定）。[③]

在塞纳和伯希和组建中亚考察队的过程中，塞纳负责总的规划，伯希和制订具体的计划。

1905 年 10 月 5 日，法兰西研究院下属的 5 个科学院，即主管考古学和历史学的碑铭学院，以及法语语文学科学院（Académie française）、自然科学院（Académie des sciences）、艺术科学院（Académie des beaux-arts）和伦理学与政治学科学院（Académie des sciences morales et politiques），在巴黎联合召开院士大会。塞纳代表碑铭学院，宣读了一篇考察计划书，题为《考古学考察的一块全新领域：中国新疆（Turkestan chinois）》。塞纳在讲话中宣称："为考古学而奋斗的

①*Journal Officiel de l'Indo-Chine*, 7 août 1905, p. 1058.

②"Chronique: Indochine", *BÉFEO*, T. V, No. 3–4, juillet-décembre 1905, p. 478.

③"Rapport presente au Conseil Supérieur de l'Indo-Chine par M. le Secrétaire général sur la situation de l'École française d'Extrême-Orient"（1 septembre 1905）, in "Chronique: Indochine", *BÉFEO*, T. V, No. 3–4, juillet-décembre 1905, p. 511.

时刻来到了。俄国人首先取道西伯利亚南下新疆（Turkestan），他们是这里的近邻。德国的考察队也不断地对该地区进行了仔细地研究，一直持续到此时此刻。现在，我想要把你们的思路带往新疆（Turkestan）的另一个地段。"①塞纳的考察计划书随后刊登在 1905 年出版的《远东法兰西学院学报》第 5 卷上。②

二

塞纳和伯希和组建法国中亚考察队后，塞纳便通过法国外交部、法国驻华公使馆这条途径，请求清朝政府外务部为考察队颁发中国护照。塞纳于 1905 年夏季请求法国外交部给法国驻华公使康斯坦丁·吕班（Constantin Dubail, 1838—?）下达了为考察队申请中国护照的指令。吕班于 1876—1879 年任法国驻华公使馆书记官，1893 年 5 月任法国驻上海总领事，1894 年 5 月署任法国驻日本公使，同年 8 月卸署任，回原任。1897 年 7 月 3 日，吕班署任法国驻华公使，1898 年 3 月 24 日卸署任，回原任。1902 年 11 月 8 日，吕班接任法国驻华公使，直到 1906 年 2 月 15 日卸任。

吕班接法国外交部令后，于 1905 年 10 月 13 日（光绪三十一年九月十五日）给清政府外务部写去一份照会，为塞纳和伯希和以及两名随员申请中国护照，主要内容如下：

> 本国外务部咨称："兹有翰林院博学色纳尔暨名士伯希和，带军医员瓦阳及照相生共二人，拟于十一月由法起程，取道俄境萨末鞬路，入新疆龟兹（即库车）、蒲昌海、沙州等处赴京。沿途考求古迹。请给发护照。"③

法国外交部致吕班咨文中，所谓"翰林院博学色纳尔"，即法兰西研究院院士塞纳。所谓"军医瓦阳"，指考察队拟聘医生路易·瓦阳（Louis Vaillant）。所谓"照相生"，指考察队拟聘摄影师夏尔·努埃特（Charles Nouette, 1869—1910）。咨文中提及"兹有翰林院博学色纳尔暨名士伯希和"，反映出此时塞纳是准备与伯希和一起进行中亚考察的。咨文中说，考察队"拟于十一月由法起程"，说明考察队的起程时间最初确定在 1905 年 11 月。若"十一月"是中国农历，起程时间也在 1905 年 11 月 27 日至 12 月 25 日间。

①E. Senart, "Un nouveau champ d'exploration archéologique: le Turkestan chinois", in "Chronique: Asie Centrale", *BÉFEO*, T. 5, No. 3-4, juillet-décembre 1905, p. 497.

②E. Senart, "Un nouveau champ d'exploration archéologique: le Turkestan chinois", in "Chronique: Asie Centrale", *BÉFEO*, T. 5, No. 3-4, juillet-décembre 1905, pp. 492-497.

③1905 年 10 月 13 日吕班为塞纳、伯希和申请中国护照事致清外务部照会，中译本转引自 1905 年 12 月 3 日吴引孙为伯希和等人游历新疆事致黄丙焜照会，中文原件藏新疆维吾尔自治区档案馆，录文见中国新疆维吾尔自治区档案馆、日本佛教大学尼雅遗址学术研究机构编《近代外国探险家新疆考古档案史料》，新疆美术摄影出版社，2001 年，第 257 页。

但塞纳很快就决定放弃参加考察活动，改由伯希和率领瓦阳、努埃特共 3 人进行中亚考察。于是，吕班又于 1905 年 10 月 13 日后不久给清政府外务部寄去第二份照会，主要内容如下：

> 奉本国外务部咨称："兹有翰林院博学色纳尔，拟派名士伯希和，带军医员瓦阳及照相生共三人，拟于十一月由法起程，取道俄境萨末鞬路，入新疆龟兹（即库车）、蒲昌海、沙州等处赴京。沿途考求古迹。请缮给护照。"①

第一份照会中的"兹有翰林院博学色纳尔暨名士伯希和，带军医员瓦阳及照相生共二人"一句话，在第二份照会中改成了"兹有翰林院博学色纳尔，拟派名士伯希和，带军医员瓦阳及照相生共三人"。

清外务部接到吕班的第二份照会后，于 1905 年 10 月 20 日（光绪三十一年九月二十二日）为伯希和考察队缮写颁发了护照（图 3）。护照全文如下：

> 护照。
>
> 外务部为发给护照事。
>
> 准大法国驻京大臣吕（班）函称："奉本国外务部咨称：'兹有翰林院博学色纳尔，拟派名士伯希和，带军医员瓦阳及照相生共三人，拟于十一月由法起程，取道俄境萨末鞬路，入新疆龟兹（即库车）、蒲昌海、沙州等处赴京。沿途考求古迹。请缮给护照'"等因。本部为此缮就护照一纸，盖印标朱讫，送交大法国吕大臣，转给收执。所有经过地方官，于该名士柏（伯）希和等持照到境时，立即查验放行，照约妥为保护。毋得留难阻滞，致干查究。切切。须至护照者。
>
> 右给大法国名士伯希和收执。
>
> 光绪叁拾壹年玖月贰拾贰日。②

图 3　伯希和中亚考察所持中国护照

---

①1905 年 10 月 13 日后不久吕班为伯希和考察申请护照事致清外务部照会，中译本转引自 1905 年 10 月 20 日清外务部为伯希和发放的中国护照，Paul Pelliot, *Carnets de route, 1906–1908*, Planche V.

②伯希和中亚考察所持中国护照，Paul Pelliot, *Carnets de route, 1906–1908*, Planche V.

护照左上方钤有一枚满、汉文印章，汉文九叠篆印文为："外务部之印"。护照右下角钤有一枚汉文长方形印章，楷体印文为："此照游历回日，即行缴销。如有遗失，作为废纸。"

伯希和拿到中国护照后，考虑到 1905 年冬季已近，不适宜旅行，遂将考察起程时间推迟到 1906 年夏季。

清政府外务部于 1905 年 10 月 20 日给伯希和考察队颁发护照后，又于 1905 年 11 月 24 日（光绪三十一年十月二十八日）给考察队沿途所经的新疆省、甘肃省、陕西省、河南省、山西省等省的总督或巡抚寄发了咨文：

> 光绪三十一年九月十五日（1905 年 10 月 13 日），准法国吕使函称："本国外务部咨称：'兹有翰林院博学色纳尔暨名士伯希和，带军医员瓦阳及照相生共二人，拟于十一月（1905 年 11 月 27 日至 12 月 25 日间）由法起程，取道俄境萨末鞬路，入新疆龟兹（即库车）、蒲昌海、沙州等处赴京。沿途考求古迹。请给发护照'"等因。除由本部缮给护照、盖印讫并函复吕使转给外，相应咨行，查照饬属，于该博学色纳尔等持照到境时，照章妥为保护，并将入境、出境日期声复本部可也。[①]

可以看出，清外务部致各省督抚咨文依据的是吕班致清外务部的第一份照会，考察队队长依旧是"博学色纳尔"（院士塞纳）。

清朝新疆、甘肃等省的督抚，在接到清外务部于 1905 年 11 月 24 日（光绪三十一年十月二十八日）下发的关于保护法国考察队的咨文后，要札饬或照会其下属的按察使，按察使札饬省内各道道台，各道台札饬下辖各府、直隶州、直隶厅。以新疆为例，署新疆巡抚吴引孙（1851—1920）接到清外务部的咨文后，于 1905 年 12 月 3 日给镇迪道兼按察使衔黄丙焜（1851—?）写了照会：

> 为照会事。
>
> 光绪三十一年十月二十八日（1905 年 11 月 24 日），承准外务部咨开："光绪三十一年九月十五日（1905 年 10 月 13 日），准法国吕使函称：'本国外务部咨称："兹有翰林院博学色纳尔暨名士伯希和，带军医员瓦阳及照相生共二人，拟于十一月（1905 年 11 月 27 日至 12 月 25 日间）由法起程，取道俄境萨末鞬路，入新疆龟兹（即库车）、蒲昌海、沙州等处赴京。沿途考求古迹。请给发护照"'等因。除由本部缮给护照、盖印讫并函复吕使转给外，相应咨行，查照饬属，于该博学色纳尔等持照到境时，照章妥为保护，并将入境、出境日期声复本部可也"等因，到本署部院。

---

①1905 年 11 月 24 日清外务部为塞纳、伯希和游历事致沿途各省咨文，转引自 1905 年 12 月 3 日吴引孙为塞纳、伯希和等人游历新疆事致黄丙焜照会，中文原件藏新疆维吾尔自治区档案馆，录文见《近代外国探险家新疆考古档案史料》，第 257 页。

承准此，除分行外，相应照会。为此，照会贵道，请烦查照，转饬各属，俟该博学色纳尔等到境，照约保护，仍将入境、出境日期报查施行。

须至照会者。

右照会镇迪道。①

黄丙焜接到吴引孙的照会后，一方面以按察使衔身份给新疆伊塔道、阿克苏道、喀什噶尔道道台行文札饬，另一方面又以镇迪道道台身份给下属的一府四厅（迪化府、吐鲁番直隶厅、镇西直隶厅、哈密直隶厅、库尔喀喇乌苏直隶厅）下达札饬。其中，黄丙焜于1905年12月10日给镇迪道下属一府四厅写的札饬草稿如下：

为札饬事。

案奉抚宪吴（引孙）照会，内开："……云云，报查施行……"等因。奉此，除分行外，合行札饬。为此，札仰该府（厅），即便转饬所属，一体遵照，俟该博学色纳尔等到境时，照约妥为保护，仍将入境、出境日期通报查考。切切。

此札。②

从清外务部致各省督抚咨文看，从各省内按察使致各府札饬看，各地方接到的命令都是"保护"法国考察队的"博学色纳尔"（院士塞纳）等，主要接待目标并不是伯希和。

<h2 style="text-align:center">三</h2>

伯希和考察队起程前夕，身为法国亚洲学会副会长的塞纳又以亚洲学会的名义，在巴黎与清政府驻法国公使刘式训（1869—1929）取得联系，以获得清政府对考察队的支持。刘式训原为分省补用知府，以候补四、五品京堂，于1905年9月4日（光绪三十一年八月六日）被任命为清朝驻法国使臣，1905年11月12日（光绪三十一年十月十六日）到任（辛亥革命后于1911年11月20日回国）。1906年夏，塞纳代表法国亚洲学会给刘式训写信说：

奉政府资助，派文学士伯希和前往贵国西北一带访古代遗迹，搜拓碑碣，以资考证。同伴二人：一医师魏良（瓦阳），一艺师纽尔德（努埃特）。于西（历）六月十五号（1906年8月4日）自法起程，由欧洲北境至喀什噶尔、乌鲁木齐、哈密及兰州、西安、太原、大同等府。③

①1905年12月3日吴引孙为塞纳、伯希和等人游历新疆事致黄丙焜照会，中文原件藏新疆维吾尔自治区档案馆，录文见《近代外国探险家新疆考古档案史料》，第257页。

②1905年12月10日黄丙焜为塞纳、伯希和等游历新疆事致镇迪道下属一府四厅札饬草稿，中文原件藏新疆维吾尔自治区档案馆，录文见《近代外国探险家新疆考古档案史料》，第257页。

③1906年夏法国亚洲学会致刘式训照会，转引自1906年12月底姚文林为报伯希和入境出境事致荣霈的申文，中文原件藏新疆维吾尔自治区档案馆，录文见《近代外国探险家新疆考古档案史料》，第257—258页。

1906年7月17日（光绪三十二年五月二十六日），刘式训给清外务部写信，转达了法国亚洲学会的请求：

> 据法京亚洲会函称："奉政府资助，派文学士伯希和前往贵国西北一带访古代遗迹，搜拓碑碣，以资考证。同伴二人：一医师魏良（瓦阳），一艺师纽尔德（努埃特）。于西（历）六月十五号（1906年8月4日）自法起程，由欧洲北境至喀什噶尔、乌鲁木齐、哈密及兰州、西安、太原、大同等府。"查伯希和系历史家，通晓汉文，积学好古，雅负时望，请转行保护。①

清政府外务部接到刘式训的信函后，于1906年9月5日（光绪三十二年七月十七日）给考察队沿途所经的新疆省、甘肃省、陕西省、河南省、山西省等省政府寄发了咨文。其中，致新任新疆巡抚联魁（1850—？）的咨文如下：

> 光绪三十二年五月二十六日（1906年7月17日），驻法刘大臣文称："据法京亚洲会函称：'奉政府资助，派文学士伯希和前往贵国西北一带访古代遗迹，搜拓碑碣，以资考证。同伴二人：一医师魏良（瓦阳），一艺师纽尔德（努埃特）。于西（历）六月十五号（1906年8月4日）自法起程，由欧洲北境至喀什噶尔、乌鲁木齐、哈密及兰州、西安、太原、大同等府。'查伯希和系历史家，通晓汉文，积学好古，雅负时望，请转行保护"等因。相应咨行贵抚，转饬各属，于该法国文学士伯希和等到境时，照约妥为保护，并将入境、出境日期声复本部为要。②

联魁新官上任，接到外务部咨文后，并没有通过镇迪道兼按察使衔荣霈给伊塔道、阿克苏道、喀什噶尔道移文札饬，而是于1906年9月9日直接给荣霈、伊塔道道台、阿克苏道道台、喀什噶尔道道台札饬，札饬如下：

> 为札饬事。
>
> 光绪三十二年七月十七日（1906年9月5日），承准外务部咨开："光绪三十二年五月二十六日（1906年7月17日），驻法刘大臣文称：'据法京亚洲会函称："奉政府资助，派文学士伯希和前往贵国西北一带访古代遗迹，搜拓碑（碣），（以）资考证。同伴二人：一医师魏良（瓦阳），一艺师纽尔德（努埃特）。于西（历）六月十五号（1906年8月4日）自法起程，由欧洲北境至喀什噶尔、乌鲁木齐、哈密及兰州、西安、太原、大同等府。"查伯希和系历史家，通晓汉文，积学好古，雅负时望，请转行保护'等因。相应咨行贵抚，转饬各属，于该法国文学士伯希和等到境时，照约妥为保护，并将入境、出境日期声复本部为要"等因，到本部院。
>
> 承准此，除分行外，合行札饬。为此，札仰改道，即便转饬各属，俟该文学士伯希和等到境，一体照约妥为保护。仍将入境、出境日记随时具报，以便核资。

①1906年7月17日刘式训致清外务部函，转引自1906年12月底姚文林为报伯希和入境出境事致荣霈申文，中文原件藏新疆维吾尔自治区档案馆，录文见《近代外国探险家新疆考古档案史料》，第257—258页。
②1906年9月5日清外务部致联魁咨文，转引自1906年12月底姚文林为报伯希和入境出境事致荣霈申文，中文原件藏新疆维吾尔自治区档案馆，录文见《近代外国探险家新疆考古档案史料》，第257—258页。

此札。[①]

各道道员接到联魁的札饬后，又转饬下属的各个府、直隶州、直隶厅。其中，荣霈于 1906 年 9 月 13 日以镇迪道道台身份札饬镇迪道下属的一府四厅（迪化府、吐鲁番直隶厅、镇西直隶厅、哈密直隶厅、库尔喀喇乌苏直隶厅），札饬草稿如下：

> 为札饬事。
>
> 案奉抚宪联（魁）札饬："光绪……云云……。此札"等因。奉此，除分行外，合行札饬。为此，札仰该府（厅），即便转饬所属，一体遵照，俟该文学士伯希和等到境，照约妥为保护，仍将入境、出境日期具报查考。切切。
>
> 此札。[②]

此时，伯希和已在前往新疆的途中。伯希和考察队于 1906 年 6 月 15 日离开巴黎，经俄国前往俄属中亚安集延。

需要指出的是，当伯希和考察队在申请过境俄国的许可证时，俄军总参谋部借机让俄军上校军官、芬兰男爵卡尔·古斯塔夫·艾米尔·冯·曼纳林（Carl Gustaf Emil von Mannerheim，1867—1951）加入伯希和考察队，担任卫队长，以图暗中为俄国搜集中国西北情报。1906 年 7 月 6 日，曼纳林从圣彼得堡出发，前往安集延与伯希和会合。

四

由于"伯希和护照"上的行文与清外务部致各省督抚咨文中的行文存在差异，伯希和考察队在新疆、甘肃考察过程中遇到了一些麻烦。伯希和考察队于 1906 年 8 月 24 日越过中俄边界，8 月 25 日在乌鲁克恰提（Oulougtchat）接受中国驻军指挥官王迎琦的边防检查。王迎琦特别注意伯希和考察队的组成人员。由于塞纳的缺位，伯希和便让曼纳林代替了塞纳的位置。伯希和在 8 月 25 日日记中记录说：

> 长官王大人是一位来自江南的人。他听到一个外国人会用他们国家的语言说话，显得有点惊奇。他很好地接待了我们，然后又让我们报告我们的人数。他的师爷在文件堆里找寻了好半天，然后告诉我们一条和我们有关的官方说法。这条说法是，完全根据吕大臣（吕班）给外务部的建议，需要他们提供帮助和保护的游历者，包括法兰西的院士塞纳、学者伯希和、瓦阳大夫以

---

① 1906 年 9 月 9 日联魁为伯希和等游历新疆事致荣霈的札饬，中文原件藏新疆维吾尔自治区档案馆，录文见《近代外国探险家新疆考古档案史料》，第 258 页。

② 1906 年 9 月 13 日荣霈为伯希和等游历新疆事致镇迪道下属一府四厅的札饬草稿，中文原件藏新疆维吾尔自治区档案馆，录文见《近代外国探险家新疆考古档案史料》，第 258 页。

及一位摄影师。那么我们自己怎么会产生如此大的混乱呢？我只能说：法兰西院士取消了游历。由于人种志研究者曼纳林的在场，暂时没有造成多么大的困难。乌鲁克恰提当局只不过是奉他们上司喀什噶尔道台之命令，要报告我们的到来。①

这只是"伯希和护照"和中国官方文件在行文中存在差异而导致的第一次麻烦。

伯希和考察队到达喀什噶尔后，曼纳林与伯希和分道扬镳，单独考察。此后，在遇到中国官员查问塞纳（色纳尔）身份时，便由努埃特（纽尔德）顶替。1907 年 12 月 25 日，伯希和、努埃特离开迪化，前往吐鲁番方向。随后，迪化县知县王炳堃于 1907 年 12 月 29 日给荣霈申报如下：

> 为申报事。
>
> 窃查法国游历色纳尔（即纽尔德）、名士伯希和，随带军医瓦阳，县后由南路吐鲁番游历到迪，当将入境、出境日起通报在案。兹查军医瓦阳，已于本年十一月初七日（1907 年 12 月 11 日）前往昌吉、绥来，考求古迹。该游历纽尔德、伯希和，本年十一月二十一日（1907 年 12 月 25 日）仍往南路吐鲁番游历。该军医瓦阳，复于十一月二十一日（1907 年 12 月 25 日）由昌返省，本月二十三日（1907 年 12 月 27 日）前往东路阜康一带游历讫。除由阜县派差、照约妥为保护前进、并移知前途一体照办外，理合将该游历等先后出境日期，备文具报宪台，电鉴查考。除通报外，为此具申，伏乞照验施行。
>
> 须至申者。
>
> 右申钦命甘肃新疆镇迪粮务兵备道兼按察使司按察使、陆军督练处参议官兼参谋处总办荣（霈）。②

伯希和、努埃特一行于 1907 年 12 月 25 日离开迪化后，于 12 月 29 日进入吐鲁番地区。1908 年 1 月 11 日，伯希和、瓦阳、努埃特三人一起离开吐鲁番，经鄯善县境前往甘肃省方向。1908 年 1 月中旬，吐鲁番直隶厅同知曾炳熿为报伯希和、瓦阳、努埃特入境、出境日期事，给联魁、荣霈写了申文，申文草稿如下：

> 为申报事。
>
> 窃阜厅案查接管卷内，奉前兼司（前宪台）黄（炳焜）札开："案奉抚宪吴（引孙）照会：'承准陕甘总督部堂升（允）咨开："径启者：准法吕（班）使函称：'奉本国外务部咨称："因翰林院博学色纳尔暨前往（任）越督杜梅掌管之会，选派名士伯希和前赴新疆库车、蒲昌海、沙州等处，考求前代古迹……"……'……"……'……"一案，除原文有案、邀免全录外，尾开："札仰该厅，即便遵照来文事理，俟该名士伯希和到境时，照约妥为保护，仍将入境、出境日期具报

---

① 伯希和 1906 年 8 月 25 日日记，Paul Pelliot, *Carnets de route, 1906–1908*, p. 42.

② 1907 年 12 月 29 日王炳堃为报伯希和、瓦阳、努埃特入境、出境日期事致荣霈申文，中文原件藏新疆维吾尔自治区档案馆，录文见《近代外国探险家新疆考古档案史料》，第 267—268 页。

查考。此札"等因。

奉此，查该游历伯希和由焉耆分行罗布淖尔，色纳尔（即纽尔德）由托克逊往古城。唯魏良（即瓦阳），本年八月二十三日（1907年9月30日）抵吐。旋于二十九日（1907年10月6日）由吐起程，前赴迪化，当经卑厅具文通报在案。兹准迪化县王令（丙堃）牒开："法国游历名士伯希和、色纳尔，现拟自省起程，前往吐鲁番一带游历"；又准孚远县牒开："兹有法国游历瓦阳，现拟由孚起程，前赴吐鲁番游历，并请查照保护，转移前途"等因。

各准此，查该游历伯希和、色纳尔，于十一月二十六日（1907年12月30日）由迪抵吐，瓦阳于十二月初三日（1908年1月6日）由孚来吐。旋于初八日（1908年1月11日）一同起程，，前往鄯善，取道赴京。除派妥役会同营勇护送、并札饬鄯善县保护外，所有入境、出境日期，理合备文，申报宪台电鉴查考。为此具申，伏乞照验施行。

须至申者。

右申抚、臬宪。[①]

伯希和等人走后，曾炳熿于1908年1月11日给荣霈申报如下：

为申报事。

窃卑厅案查接管卷内，奉前宪台黄（炳焜）札开："案奉抚宪吴（引孙）照会：'承准陕甘总督部堂升（允）咨开："案准外务部函开：'径启者：准法吕使函称："奉本国外务部咨称：'因翰林院博学色纳尔暨前任越督杜梅掌管之会选派，名士伯希和前赴新库车、蒲昌海、沙州等处，考求前代古迹……'……"……'……"……'……"一案，除原文有案、邀免全录外，尾开："札仰该厅，即便遵照来文事理，俟该名士伯希和到境时，照约妥为保护，仍将入境、出境日期具报查考。此札"等因。

奉此，查该游历伯希和由焉耆分行罗布淖尔，色纳尔（即纽尔德）由托克逊往古城。惟魏良（即瓦阳），本年八月二十三日（1907年9月30日）抵吐，旋于二十九日（1907年10月6日）由吐起程，前赴迪化，当经卑厅具文通报在案。兹准迪化县王令（丙堃）牒开："法国游历名士伯希和、色纳尔，现拟自省起程，前往吐鲁番一带游历"；又准孚远县牒开："兹有法国游历瓦阳，现拟由孚起程，前赴吐鲁番游历，并请查照保护，转移前途"等因。

各准此，查该游历伯希和、色纳尔，于十一月二十六日（1907年12月30日）由迪抵吐，瓦阳于十二月初三日（1908年1月6日）由孚来吐。旋于初八日（1908年1月11日）一同起程，前往鄯善，取道赴京。除派妥役会同营勇护送、并札饬鄯善县保护外，所有入境、出境日期，理合备文，申报宪台，电鉴查考。为此具申，伏乞照验施行。

[①] 1908年1月中旬曾炳熿为伯希和、瓦扬、努埃特入境出境日期事致联魁、荣霈申文草稿，中文原件藏新疆维吾尔自治区档案馆，录文见《近代外国探险家新疆考古档案史料》，第268页。

须至申者。

右申钦命二品顶戴、甘肃新疆镇迪兵备道兼按察使司按察使、陆军督练处参议官兼参谋处
总办荣（霈）。①

伯希和考察队离开吐鲁番后，经哈密进入甘肃省敦煌县。伯希和于 1908 年 3—5 月在敦煌县考察期间，从莫高窟劫获大批藏经洞出土文物。结束了在敦煌县的考察后，伯希和考察队经兰州府、西安府、河南府、郑州，于 1908 年 10 月 5 日到达北京，结束了为期两年的考察。

通过研究伯希和中亚考察所持中国护照，我们可以确定，法方在为伯希和考察队申请中国护照时，照会行文不准确，致使塞纳之名始终出现在伯希和护照和相关中国文件上。塞纳实际上并没有参加考察队，在中国境内往往由曼纳林或努埃特冒名顶替，这在中国西北考察史上是特例。虽然在伯希和所持中国护照及与伯希和考察有关的中国文件上，允许伯希和游历中国西北，甚至允许他"沿途考求古迹"，但绝没有准许伯希和从事考古发掘、将中国文物转移出境的字样。从法律上讲，法藏新疆、敦煌文物的所有权应归中国。

---

① 1908 年 1 月中旬曾炳熿为伯希和、瓦扬、努埃特入境出境日期事致联魁、荣霈中文草稿，中文原件藏新疆维吾尔自治区档案馆，录文见《近代外国探险家新疆考古档案史料》，第 268 页。

早期敦煌学史上的一件重要文物
——吴县曹氏旧藏《晋佛堪图卷》考述

蔡渊迪/浙大城市学院传媒与人文学院

一、缘起

敦煌藏经洞所出数万件绢纸文物中，印刷品一直非常引人注目，尽管它们在全部藏经洞文物中仅占很小一部分。因为就传世典籍而言，一个宋本足以让人珍若球璧了，而藏经洞所出诸印刷品总体时代在北宋初年以前。这些材料对早期印刷史的讨论至为重要。其中，像咸通九年王玠所造《金刚经》刻本（今英国国家图书馆，编号SP.2），于今可以说早已著闻全球。除此以外，最为重要的当属一些单张佛教版画。这些版画有着相同的款式，都是上图下文。图中主像两侧又往往有榜题。所绘之佛品类繁多，有阿弥陀佛像、观音像、普贤像、地藏像、新样文殊像、毗沙门天王像等。就中尤以曹元忠所造之观音像、毗沙门天王像两种最为要紧，因其他数种版画的文字部分皆是真言，唯此二种乃题记，并清楚记有刊刻时间、工匠姓名，以及曹氏之结衔（毗沙门像未刊雕印工匠姓名），信息丰富，有着很高的历史价值。当宣统元年（1909）八月，罗振玉在伯希和随身携带的少量敦煌文献中，初次见到曹元忠所造观音像版画时，便将其题记全文抄录了下来。[①]十余年后，即1921年的冬天，王国维又对于曹元忠所造毗沙门天王像进行了一番研究，写下《晋开运刻毗沙门天王象跋》。[②]

曹元忠雕印的这些版画留存在藏经洞中的复本甚多，这些复本如今分散在世界各地的公私收藏中，以伦敦、巴黎所藏最多。王国维据以写跋的那一份复本，他自己说是"吴县曹君直侍读藏本"。

---

① 罗振玉《敦煌石室书目及其发见之原始》，《东方杂志》1909 年第 10 期。
② 该跋后收入丁卯年（1927）《海宁忠悫公遗书》本《观堂别集》"补遗"中，第 24B—25B 页。

那这个藏本如今下落如何？王氏跋文中又称"辛酉岁暮假以影印，因装此轴"，既然影印，那么王氏复印件如今又能见到否？其"因装此轴"又如何理解？这些问题并非所有读者都会计较，但本人却甚感兴趣。

白化文在 20 世纪 80 年代末写过一篇《敦煌汉文遗书中雕版印刷资料综述》，[①]将藏经洞出土印刷品搜罗殆尽，当然包括本文所关心的曹元忠所造诸佛像版画。其于毗沙门造像著录英、法所藏之三个编号十四份外，又谓"据说，寄寓台北的吴兴蒋氏手中亦有一份"。既是"据说"，白先生大约是未见其实物或确切之图片的，至其所说的吴兴蒋氏那一份与王国维所称之吴县曹氏藏本是否有关，也就不能述及了。

白先生的"据说"，我怀疑其源头可能是台静农。台静农曾在香港大学《东方文化》第 13 卷第 1 期（1975 年 1 月）发表一篇长文——《佛教故事与中国小说》，[②]其第四章《通俗小说中的托塔天王即佛书中的毗沙门天王》第一节论及毗沙门天王之相貌，引《摩诃吠室啰末那野提婆喝阇陀罗尼仪轨》一段文字，然后谓："今斯坦因《西域考古记》一书中附印之敦煌石室的天王像，即略同本文所述。"其下注曰："五代刻毗沙门天像，纪年为晋开运四年（947），实为刘知远天福十二年，晋开运三年亡，并无四年。是像密韵楼蒋氏藏。"这条注文颇让人摸不着头脑。"斯坦因《西域考古记》"这样的表述，我们一般认为是指向达所译，中华书局 1936 年初版的《斯坦因西域考古记》，然而遍检向达所译此书，也找不到其注中所讲的那种毗沙门天的版画。《斯坦因西域考古记》书中的毗沙门天王图像皆是手绘者，没有版印的。倒是斯坦因（Aurel Stein）第二次中亚考查的详细考古报告 Serindia. Detailed Report of explorations in Central Asia and Westermost China 这部巨著，其第 4 册（是册全为图版）第 100 幅图即为毗沙门天王版画。难道台文中的"斯坦因《西域考古记》"指此而言？[③]这实在是不得而知了。就算指此，其注文谓"是像密韵楼蒋氏藏"云云也完全不知所云。收在《Serindia》一书中的版画当然是斯坦因自家的收集品，怎么可能会是密韵楼蒋氏所藏？台氏文中影印有毗沙门天版画图片一张，如果上面这条脚注为该图片之说明，倒是十分合适的。又，该文第四章第三节引用到顾麟士画《晋佛龛图》的一段题记，于注中又称其画为"密韵楼蒋氏藏"。[④]为何顾麟士所画《晋佛龛图》的题记里会涉及毗沙门天王

①白化文《敦煌汉文遗书中雕版印刷数据综述》，自记写作时间为 1987 年 1 月 29 日，初发表于《敦煌语言文学研究》，北京大学出版社，1988 年，第 280—299 页；后收入白化文《敦煌学与佛教杂稿》，中华书局，2013 年，第 58—75 页。

②该文后又收入联经出版社 1989 年出版的《静农论文集》。该集安徽教育出版社 2002 年、海燕出版社 2015 年皆出有简体字本，后者有删节，前者题曰《台静农论文集》。

③法国人郭鲁柏（V. Goloubew）曾将斯坦因所著 Serindia 一书缩写，后冯承钧据此缩写本译出，题为《西域考古记举要》，由中华书局 1957 初版，该书中也没有影印毗沙门天版画。

④台静农《台静农论文集》，安徽教育出版社，2002 年，第 250、254 页，图在第 248 页。

的问题？同为密韵楼蒋氏所藏，这个《晋佛龛图》与前面那个毗沙门天王版画是一是二？台静农的这篇文章在这些问题上真的能把人弄得一头雾水。如果上述白化文的"据说，寄寓台北的吴兴蒋氏手中亦有一份"的主要根据确实是台静农此文的话，那我想，白先生应该也跟我一样感到一头雾水吧，不得已，只好以"据说"二字对付过去。至于台、白二氏所称的密韵楼蒋氏藏毗沙门天版画与前文引到的王国维跋文所称的吴县曹氏藏本是否有关系，则正是本文要进一步探索的。

上述种种疑问，直到吴县曹氏旧藏的《晋佛堪图卷》2016年出现在香港的苏富比（Sotheby）拍卖会上，才得以涣然冰释。我认为，该卷实在是早期敦煌学史上一件十分重要的文物。然自其出现以来，至今已五年过去了，好像也没有引起学界之关注，乃不揣谫陋，向学界同道介绍此卷，并略加考证。当然，我的眼界狭小，学问浅薄，如果早已有文章写过此卷，或者我的考证有疏误之处，还请博雅君子有以教我。

二、关于吴县曹氏旧藏《晋佛堪图卷》的基本情况

苏富比2016年5月30日在香港的拍卖会"古典书画专场"（Fine Classical Chinese Paintings）第360—370号拍品，皆出自密韵楼蒋氏旧藏，总计11件。第365号拍品即本文所论者，图片及相关简介收在该专场图录之第80—81页（参文末附图）。该拍品题曰"五代/大圣毗沙门天王象（水墨纸本/手卷）"，"毗沙门天王象"的正题名与"水墨"二字的说明实在不太协调。谛审全卷，该卷实当称为《晋佛堪图并题咏》（理由在下文中会讲到）。兹根据图录所见者，先对本卷的基本情况介绍如下。

是卷首有吴郁生（1854—1940）题端——"晋佛堪图"四个大字，题写在白底红纹笺纸之上，其纸张似极佳者。次即为敦煌所出毗沙门天王版画，右侧有叶恭绰（1881—1968）题一签条曰："石晋开运四年归义军节度使曹元忠雕造毗沙门天王象。"再次则为顾麟士（1865—1930）宣统元年（1909）所绘《晋佛龛图》并跋。图中"晋佛龛图"四字作篆书，题在图右上方；跋文则甚翔实。此下则为题咏部分，非常丰富，计有：1.吴郁生丁巳年（1917）跋（二行），2.吴郁生庚申年（1920）再跋（八行），3.庄喆（1934— ）绘五代曹元忠画像并庄严（1898—1980）癸巳年（1953）跋，4.劳乃宣（1843—1921）乙卯（1915）题诗（七绝一首），5.劳乃宣庚申题诗（七言长歌一首），6.溥伟（1880—1936）庚申跋（十二行），7.升允（1858—1931）题诗（七绝一首），8.沈曾植（1950—1922）辛酉腊后五日（1922）长跋（三十一行），9.郑孝胥壬戌（1922）正月跋（五行），10.杨钟義壬戌二月跋（五行），11.台静农戊申（1968）跋（六行）。

在拍卖图录上，关于此件拍品，仅交代了毗沙门版画的尺寸为40厘米×29厘米，以此推算，全卷尺寸当在40厘米×530厘米。

以上是该卷之基本情况。此外，对于该卷，我还要就以下五个方面作进一步说明，以期人们对

该卷有更深入之了解。

（一）该卷之第一主人。该卷之第一主人是清末民初苏州人曹元忠（1865—1923）。元忠，字君直，苏州吴县人，光绪二十年（1894）举人，官至内阁侍读、资政院议员。辛亥革命后以遗民自居。长于礼学，精于词章，亦多藏书，精鉴别。尝于光宣之际在朝廷纂修大清通礼，另著有《笺经室所见宋元书题跋》等。身后，其文稿由弟子王大隆刊出，为《笺经室遗集》二十卷。最近复旦大学出版社又出版了《曹元忠著作集》五大册。关于曹氏生平，可参曹元弼《诰授通议大夫内阁侍读学士君直从兄家传》、江庆柏《近代江苏藏书研究》"曹元忠与笺经室藏书"条、郑伟章《文献家通考》"曹元忠"条。①另外，本文需要特别指出的是，曹氏还是中国早期敦煌学的参与者，在宣统元年罗振玉编纂的《敦煌石室遗书》中就收有曹氏的一篇《沙州石室文字记》。

（二）"晋佛龛"之名义。所谓"晋佛"即指敦煌本毗沙门天王像版画而言。佛教中佛、菩萨、诸天等可统谓之佛，毗沙门天亦是广义之佛。此"晋"乃五代之后晋，因该毗沙门版画纪年为"大晋开运四年丁未"，彼时归义军曹氏政权崇用后晋之正朔也。后晋至开运三年而亡，此犹作"四年"者，敦煌悬处塞外，于中原改元之消息有所滞后也。曹君直得此版画遂自命其居处为"晋佛龛"。吴郁生之引首字作"堪"，用古本字也。

（三）该卷之缘起。曹君直得此毗沙门版画何以如此珍爱，乃至自以此为书斋名号？我推测原因大约有二：一是本文开头说的，这是早期的印刷品遗存，比一般饱受士大夫青睐的宋本还早，本即甚为珍贵；第二点更为重要，即此像由归义军节度使曹元忠施造，彼曹元忠与现在该卷的收藏者清末民初的曹元忠完全同名同姓，非常巧合（也正因此，本文行文时，于此卷之主人大多称其字为"曹君直"，为避混淆计也）。该卷后面诸家题咏部分基本都提到了这一巧合，从文章角度而言，这种巧合也确实是很好的"诗料"。曹君直自己也曾作一首《自题晋佛龛图》，未题于本卷，而收录于《笺经室遗集》卷20，其中有"归义节度曹元忠，与我姓名皆相同"这样直白的句子。②曹君直既因该版画而自号"晋佛龛"，乃请顾麟士绘图，③又遍征诸家题咏，遂成此一长卷。故以主题言，此长卷实以称《晋佛龛图》为宜，毗沙门版画者，《晋佛龛图》之缘起也；诸家所题咏者，《晋佛龛图》也。

---

① 曹元弼《君直从兄家传》见《笺经室遗集》卷首，《清代诗文集汇编》，上海古籍出版社，2010 年，第 790 册，第 435—437 页；江庆柏《近代江苏藏书研究》，安徽文艺出版社，2000 年，第 236—243 页；郑伟章《文献家通考》，中华书局，1999 年，第 1334—1335 页。

② 《清代诗文集汇编》，上海古籍出版社，2010 年，第 790 册，第 590 页下。

③ 曹君直与顾麟士极相熟稔。顾氏过云楼历代宝藏的珍贵古籍如宋本《乖崖张公语录》《龙川志略》、钞本《乐府雅词》、吴氏拜经楼钞本《梦粱录》后皆有曹氏题跋，分别见南京图书馆编《霞晖渊映——南京图书馆藏过云楼珍本图录》，中华书局，2017 年，第 7、12、111、212 页（此图录为范诺亚同学惠借，特此致谢）。顾为曹所绘图，除此之外，当所在多有。陈宝琛《沧趣楼诗集》卷 6 收有一首《顾鹤逸画山水卷子为曹君直舍人题》，编年在庚戌，即宣统二年，乃顾作《晋佛龛图》之次年。从陈诗所题咏之内容看，当是另一幅图，非《晋佛龛图》也。

（四）题咏次序之问题。该卷题咏部分以吴郁生 1917 年跋为起始，以台静农 1968 年跋为终了，基本按时间顺序递排。然而，吴郁生第二跋即 1920 年跋与劳乃宣 1915 年题诗之间陡然插入庄严、庄喆父子在 1953 年所摹的五代曹元忠画像及题跋，而劳氏第一次题诗之时间即 1915 年，也在吴郁生第一、第二跋之前。这些次序的混乱颇启人疑窦。我怀疑该卷在曹君直手上时，其题咏部分已经裁剪重装过，一是为了将劳氏两次题诗归并在一起，二是吴郁生题跋后又空出一段，大约是为吴郁生题诗预留的空间，因为曹君直两次找吴郁生题诗，吴都写不出，所以留白一段以待日后得诗再题。然吴终未写出，此段便成空白。至 1953 年，此卷后来的收藏者——蒋祖诒遂请友人庄严、庄喆父子在此留白处摹写了五代曹元忠的画像。这些只是我的推测，是否真有裁剪重装之痕迹，需视原卷方能确定。

（五）该卷之递藏。此卷中杨钟羲一跋署"壬戌春二月"，再过十个月，曹君直便辞世了。那么此卷当是曹氏身后流出。至于什么时候为密韵楼蒋氏所藏，则不得而知。但蒋氏与曹君直之关系非同一般，这一点倒是应该指出的。密韵楼蒋氏曾聘曹氏为其藏书编目，但因工作进展极慢，曹氏辞职，蒋氏改聘王国维继续其工作。此事不见上述曹元弼、江庆柏、郑伟章诸传中。然曹氏致劳乃宣信及王国维致罗振玉信中皆及之。[1]曹氏收藏在其身后的流散当足以引起蒋氏之注意。

三、关于吴县曹氏旧藏《晋佛堪图卷》的参证

上面已对曹君直旧藏《晋佛堪图卷》做了基本的介绍和考订，卷后题咏中，吴郁生庚申年之跋文交代卷中庚申年诸家题跋之缘起，较为详确：

> 庚申七月十五日，君直仁兄来岛上，复出此图索诗。盖距前题欸时又三年矣。吉甫制军避迹岛上，郁愤而病。韧叟闻君直家居隐于医，为人立方有奇效，乃会余及沪上苏堪、一山、翰怡诸君子驰书君直，劝驾东来，而孙君临堪伴行。至吉老小鲍岛寓楼下榻焉。日必相携，遇余或剧谭卜夜，或登山临海，抚今吊古，自余居此十年，与二三素心▢处之乐未有如今日者也。吉老服药十许日，沈疴霍然。君直将别去，韧叟既题诗于图。余寂处无好怀，每一握管，辄俯仰人事，感慨不已。年来遂不复作诗，心如壅井，展卷茫然。因纪君直斯行与海隅畅叙之缘，他日传为故事，将并斯卷长留天地间也。钝斋郁生又识。

①曹元忠丁巳年十二月初六日致劳乃宣一札曰："孙君受之又虑其不给也，为介绍南林蒋君盂苹处笔墨馆，代作书目、书画记，顾半年以来，所作无多，未免风人《伐檀》之刺，心所深耻，业于前日作辞之。"（中国社科院近代史所编《近代史所藏清代名人稿本抄本》丛书之第 3 辑第 8 册第 113—115 页，大象出版社，2017 年。原函仅署"十二月乙丑"，无年份，综合信中所言其他情事并结合下面王国维信，应是丁巳年［1917］十二月初六日）房鑫亮编校《王国维书集日记》（浙江教育出版社，2015 年）第 292—293 页所载王国维致罗振玉函曰："永居上海二年，于此间社会情形乃稍详悉，无论公私皆腐败颠顸至无可言。如吴下曹君者，蒋盂苹延之校书，乃终年未有一字。"

由于所见图版太小，字迹不清，而拍卖图录于此段跋文又未录，故上面的录文偶有一二字未辨识出，然不碍大体。据此跋可知，曹君直该年由苏州赴青岛，主要目的是给升允诊病。随身携带了《晋佛龛图》长卷，乃请岛上诸好友题跋。曹君直此行次青岛之行，可得郑孝胥日记相印证。兹将郑日记中之相关条目摘录如下：

> （庚申六月）廿三日（8 月 7 日）晨，诣送元素入敛，晤章一山，云得劳玉初书，言升吉甫病，欲延苏州曹君直往医，询刘翰怡能否助以医费。然刘往湖州，七月乃来沪。余曰："吉甫之病，久则愈深，急询曹君直能往与否，预算需费几何，再函询翰怡，何如？"

> 廿六日（8 月 10 日）章一山示曹君直、孙隘庵信，可往青岛。廿八日曹当来沪。

> 七月朔（8 月 14 日）章一山来，言曹君直已到沪，居来远公司。

> 初三日（8 月 16 日）至来远公司，晤蒋孟苹、曹君直、孙隘盦，以青岛二等来回票四张、三等票一张与隘盦，钞九十元托带与吉甫。

> （八月）初五日（9 月 16 日）曹君直、孙隘庵来，自青岛初归，云升吉甫病已全愈，惟须戒酒。①

所记时间、人物、事件与上述吴郁生跋皆相吻合。

此外，庚申十月二十九日及辛酉三月十七日曹君直致劳乃宣两封信，甚至有与此卷相关的内容，兹摘录如下：

> 韧叟仁丈先生阁下：别三月余矣。回念秋初在岛饮闻矩诲，临行又承饯送，变乱以来，惟此差为乐境，今日思之，转增怅惘。九月间由沈慈护兄回沪，得读赐书并蒙题《晋佛龛图》七古一章，盥诵再三，非惟深幸贱子姓名得附大箸以垂不朽，抑且仰窥长者精力弥满，足为无量寿征，尤下怀所窃慰者。近闻钝斋世叔诗已题就，此卷转求恭邸矣。倘蒙赐题，尚祈转请素荃相国题之，亦在岛日尝面恳者也。（按：此为庚申十月二十九日信）

> 前恳将《晋佛堪图卷》转求恭邸赐题，未识已脱稿否，尚蕲长者一为启请，最好再请素相题后交钝丈于此月杪上冢回苏带归，是所至祷。此事荷蒙恭邸俯允赐诗，私心不胜欣幸，何敢迫促，实以是卷虽得丈与钝丈一再题志，尚未寄都，近闻发老有年高欲辞职之信。此说若确，恐其出京回闽，邮寄更为不便，不得不速商寄都耳。区区下忱，得承婉达，尤深感荷也。②（按：此为辛酉三月十七日信）

曹氏信中所称"沈慈护"是沈曾植之子沈颖，字慈护；"钝斋"是吴郁生，吴郁生号钝斋；"素相"

---

① 劳祖德整理《郑孝胥日记》，中华书局，1993 年，第 4 册，第 1836—1841 页。
② 两函分别见《近史所藏清代名人稿本抄本》第 3 辑，第 8 册，第 89—90、92—95 页。前一函款署"十月庚子"、后一函款署"三月丁巳"，以信中所言之内容考之，前者当是庚申年、后者当是辛酉年所写。

是升允，升允号素庵，丁巳复辟之时拜大学士，[①]故称之曰"相"。"恭邸"则是另一在《晋佛堪图卷》中写下题识之人——溥伟。溥伟是恭亲王奕䜣之嫡孙，光绪二十四年（1898）袭王爵，[②]故信中称曰"恭邸"。案，卷中溥伟之题跋署"庚申九月十八日"，然迟至翌年三月，曹犹不知其题跋已写就。

又，据上述第二封信可知，曹君直原尚拟请陈宝琛（即信中之"弢老"，陈宝琛号弢庵）题跋，然今所见《晋佛堪图卷》无陈氏题跋，当是后来因循未果。

四、王国维假印吴县曹氏旧藏毗沙门天版画始末

据上节所引曹君直辛酉三月十七日致劳乃宣信可知，迟至辛酉三月，《晋佛龛图卷》尚远在青岛，不在曹氏本人手中。该卷后来是否真如曹氏所愿，由吴郁生回苏州扫墓时带回，不得而知，但至少在当年的年末，肯定已在曹氏手中了。因为当年年末，王国维就向曹氏假借此卷，以复制其中的毗沙门天王版画。这点明白记载在本文开头所引王氏撰写的《晋开运刻毗沙门天王象跋》中：

> 此开运四年沙州归义军节度使曹元忠刻大圣毗沙门天王象……曩在京师见法国伯希和教授所得一本，亟录其后记，以未影印为憾，此吴县曹君直侍读藏本，辛酉岁暮，假以影印，因装此轴。

关于王国维影印此毗沙门版画之经过，我们从王国维与友人的往来书信，还能知道得更为详细。其辛酉腊月二十八日致内藤虎次郎函曰：

> 又，吴门曹君直侍读藏敦煌曹元忠所刊《毗沙门天王象》，因印《切韵》之便，亦假得付印，今寄奉十纸，亦请察收。[③]

据此可知王国维之影印敦煌本毗沙门天王版画，乃是"因印《切韵》之便"而印行者。而王氏之印行《切韵》，根据赵万里《王静安先生年谱》及王氏与马衡之往来书信，可知从辛酉九月朔日起，王氏据伯希和（Paul Pelliot）寄来的敦煌本《切韵》残卷三种复印件录出一本，至九月二十三日毕功。[④]后来，马衡牵头，在北京大学的友人间集资，将王氏所录出的敦煌本《切韵》交与上海的中华书局影印，共印五百本，其中四百本分与北大学人，一百本王氏自留以分赠友人。[⑤]既然王氏印敦煌本毗沙门天王版画是搭了印《切韵》的便车，那可以推断，王氏所印之敦煌本毗沙门天王版画也是由中华书局承印的，印制时间也当在辛酉十二月。据此处王氏致内藤书信可知，在辛酉十二月

① 参溥儒所作升允神道碑。见卞孝萱、唐文权编《辛亥人物碑传集》，团结出版社，1991 年，第 655—658 页。
② 大连市史志办公室编《大连市志·人物志》，中央文献出版社，2002 年，第 73 页。
③《王国维书信日记》，浙江教育出版社，2015 年，第 79—80 页。是信之年月日即从该书考订。
④ 赵万里《王静安先生年谱》辛酉九月条，清华学校研究院编《国学论丛》第 1 卷第 3 号，1928 年，第 121 页。
⑤ 辛酉十月至十二间王国维、马衡之往来书信，参马思猛辑注《王国维与马衡往来书信》，三联书店，2017 年，第 42—62 页。

二十八日前，无论《切韵》还是毗沙门天王版画，都已印成出版矣。

印成的毗沙门天王版画，王氏除赠与内藤十纸之外，根据王氏往来书信可知，尚赠徐乃昌三纸，又前后两次寄赠马衡共三十二纸。马衡甚至想将这幅影印的版画发表到北大研究所国学门拟出版的《文艺季刊》中。[1]不过，后来《文艺季刊》这一杂志似乎没有出版，发表此版画的事情也就不了了之了。

了解了王国维影印毗沙门天王版画的始末，则其跋文中"因装此轴"一语方可以理解。所谓的"因装此轴"应该是将毗沙门版画的影印复制件装裱成轴，若其原本，乃曹君直所藏，又何容静安先生去重新裱？而收录在《观堂别集》中的《晋开运刻毗沙门天王象跋》一文，原来应该就是题写在装裱成轴的影印本中。至于附有静安先生题跋的那个影印本如今下落如何，则暂不得而知。

大概是由于单张印刷品不易保存，也不易引起重视的缘故，王氏百年前所影印的这批毗沙门天王版画在今天好像很难见到了。笔者寡闻，只在西泠印社 2020 年秋季拍卖会上见过一件王国维题赠"退之先生"的版画复印件，[2]题跋很短，不妨录其全文于下：

晋开运四年木刻北方毗沙天王象印本，出敦煌千佛洞，今藏吴县曹君直舍人家。辛酉冬日借以影印百本，此其一也。甲子春三月奉诒退之先生清鉴。国维。

据拍卖公司的说明，"退之先生"是马骏声（1887—1951），此点与本文无关，可不论。倒是据此小小一段题赠文字可知，当时王国维影印此毗沙门天王版画总共的份数是一百本。

这里顺便提一下，嘉德四季第 55 期金秋拍卖会·东瀛专场第 3128 号拍品亦是此种敦煌本毗沙门天王版画，然细审刻工刀法，当是一种翻刻本。

五、吴县曹氏旧藏《晋佛堪图卷》的价值

经过上文对吴县曹氏旧藏《晋佛堪图卷》的详细考查，我们再总体上来揭示一下该图卷对于早期敦煌学史的价值。我认为主要有以下两点：

（一）王国维《晋开运刻毗沙门天王象跋》一文中所言诸事得以指实，完善了相关史事的叙述。这一点经上文详细论述，已不必再赘言。

（二）该卷中顾麟士及沈曾植的题跋丰富了中国早期敦煌学史的学术成果。《晋佛堪图卷》中的题跋，大多泛叙交情或诗文应酬，有文学、掌故方面的价值，而无学术方面的价值，但其中顾麟士及沈曾植之跋文，详征故籍，具有较高之学术价值。其中顾麟士之一跋，本文第一节所提到的台静农

---

① 《王国维书信日记》第 475 页王致徐乃昌信云："《毗沙门天王象》再奉上三纸。"又壬戌正月至三月，王国维、马衡之往来书信，《王国维与马衡往来书信》，第 65—75 页。

② 图录第 2461 号（中外名人手迹与影像艺术专场）。

《佛教故事与中国小说》一文已节引其文，然不全；至于沈氏之长跋，似全为新材料，过去钱仲联所辑校之《海日楼札丛》《海日楼文集》、许全胜撰著之《沈曾植年谱长编》搜采已极详备，然皆不及此篇。虽然苏富比的图录对这两段跋文也都作了全文的录文，但一来尚有些标点和录文的错误，二来这本图录在内地并不易得。故不避烦琐，将此二跋之全文悉数录于下方，以供学界同人参研。

顾麟士之跋曰：

> 岁在庚子，敦煌石室所藏复出人间，吾友曹君直得石晋开运四年沙州节度使曹元忠雕印毗沙门天王象，邮书来告。案："毗沙门"，梵语也。或云"鞞室罗懣囊"，或云"毗舍罗挈拏"，或云："吠室啰末拏"，大率译为多闻，详见唐释慧苑、宋释希麟《诸经音义》。惟唐释慧琳《大宝积经音义》于于阗云："案此国今即贯属安西四镇之城。彼城中有毗沙门天神庙，七层木楼，神居楼上，甚有灵验。其国界有牛头山，天神尝栖宅此山。"考《唐书·西域·于阗传（上）》云初以其地为毗沙门都督府。《地理志·四镇都督府》于"毗沙"注云：本于阗国，是毗沙都督府，即因毗沙门天王庙得名。沙州距于阗既近，节度使曹元忠又与国王李圣天有连宜，习其宗教，崇奉毗沙门天王也。第石晋至今千数十年，而其造象必待君直得之，姓名相同，夫岂偶然。昔释文莹《玉壶清话》记长沙北禅经堂中悬观音印象，下题"王雱元泽记，会稽关杞刻"，当为纪载雕版佛象之始，以此相形，叹积薪矣。吾知君直受持供养，必有不负此段因缘者，为作图贻之。宣统元年腊八日元和顾麟士并记于因因盦。

沈曾植之跋曰：

> 毗沙门事实，曹君自跋至详确，仍令余稽释典证之，久未有以报也。北方毗沙门经轨大抵出自不空，不空所出凡五种：曰北方毗沙门天王经、曰别行法、曰随军护法。真言有二本：一主毗沙门，一主那咤太子，曰毗沙门仪轨。惟仪轨载：天宝元载壬午，明皇请不空祷兵事于道场，及安西奏天王神样以进，奉敕宣付十道节度所在军领，令置形像祈祷供养，此即《佛祖统纪》、《至顺镇江志》诸书所本，诸军州天王堂之始。此画像其归义军所置供养者欤？其形像殆即安西所进天王神样欤？毗沙门眷属有吉祥天女、有八兄弟、五太子、二十八使者。此像天王之右为吉祥天女无疑。天王左蒙全虎皮壮士，当是八兄弟、夜叉大将之一。上方小儿盖五太子之一，或密家指为禅腻师，仪轨盛称独健，真言称那咤，无显证以定之矣。挚小儿者，当是二十八使者之一，小儿作腾踊向塔势，或即仪轨所谓每月二十一日那咤与天王交塔之象欤？《宣和画谱》随展子虔有授塔天王图，惜无由见而证之。此图与不空所说不尽同，彼云左手柱腰而此托塔；彼云脚下二鬼而此则一女人。不空又不言有佩刀。世间所传天王像盖五六种，与不空不尽同，亦与此不尽同，惟所谓"根本毗沙门堂像"者，戴宝冠，左塔右铎，带腰刀立天女上，天女安坐以两手捧天王双足，与此相合。所谓"毗沙门堂"者，即诸军州天王堂，故知此是安西神样，非不空神样也。天王有护国之愿，又有却病之功能。曹君供养斋中，炽盛塔光、吉祥云气，周围拥护，杜陵爱报国之忱、思邈长年之术，有不随求如愿者乎？辛酉腊后五日，曾植题记于海日楼中。

沈氏这段跋文的第一句谓"毗沙门事实，曹君自跋至详确"，然曹氏自跋并不见于卷中，今《笺经室遗集》卷 13 有一篇《石晋开运五年归义军节度使曹元忠雕造毗沙门天王象印本跋》，征引有关毗沙门天王的佛典确实相当丰富，[①]盖即沈氏所称者。唯篇题中之"五年"当是"四年"之讹。

六、余论：关于曹君直所藏毗沙门天王版画来源的推测

当我们对《晋佛龛图》及相关史事作出如上详尽考查后，却留下一个重要的疑窦，就是曹君直这张毗沙门天王版画从何得来？

在《笺经室遗集》里，有关《晋佛龛图》的文字，除了上节提到的那篇详尽的《石晋开运五年归义军节度使曹元忠雕造毗沙门天王象印本跋》之外，卷 20 还收有三首诗，一首是七言歌行，另两首是七绝，都没有提到该版画的来源问题。而在《晋佛龛图》留下题跋的曹氏友人若顾麟士、吴郁

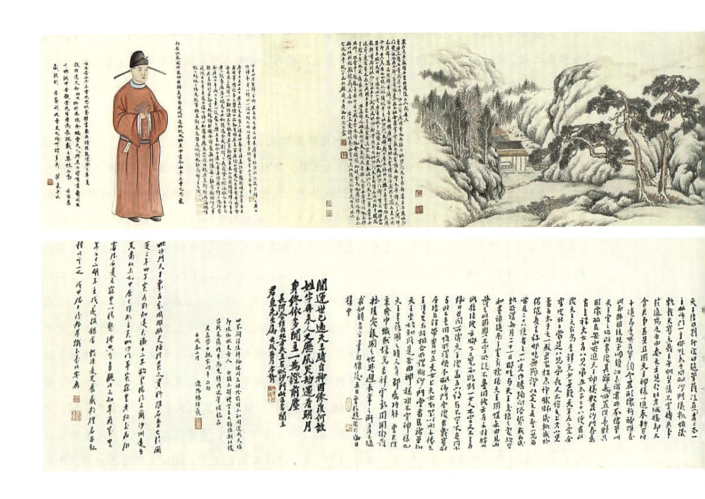

生、劳乃宣、沈曾植、郑孝胥、杨钟羲等亦皆不言其所自出。看来，曹氏从何处得到这张版画的这个问题，并没有现成的答案，需要从旁推敲。

在回答这一问题前，不妨先确定一下曹氏得到这张版画的时间。在这一问题上，上面顾麟士那篇长跋的时间特别值得注意，署"宣统元年腊八日"，这就确定了曹氏得到此毗沙门天王版画的时间下限。那么其上限，我想不会早于宣统元年八月伯希和之向北京的士大夫们展示敦煌文物之时。如果说在此之前曹君直已获得这张版画，那在接下来，整个京师学术界为敦煌写卷而震动的宣统元年秋冬之际，却于这一收藏只字不提，怕不太合于情理。

那么在宣统元年八月至十二月间，曹君直从何处得到了这张版画呢？要知道，那时候敦煌文献的价值刚刚广为世人所知，藏经洞劫余文献尚未运送到京，敦煌文物在市面上恐怕还很难见到。当然，在斯坦因、伯希和到敦煌以前，敦煌文物已经开始流散开来，荣新江教授曾对敦煌文物的早

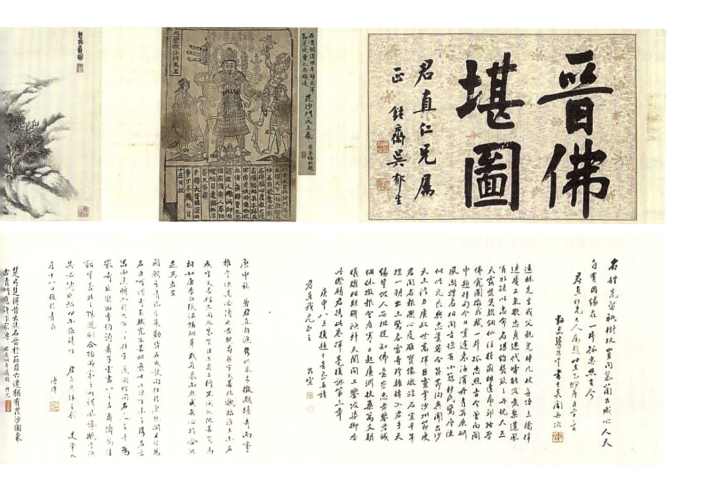

注：本文所论述之《晋佛堪图》，图片来源苏富比 2016 年 5 月香港拍卖会 "Fine Classical Chinese Paintings" 图录第 80—81 页。

期流散作过详尽的考查，^①这一张毗沙门天王版画是不是早期流散的敦煌文物之一？需要进一步考查。

对此曹君直所藏毗沙门天王版画的来源问题，我有一大胆猜测：曹氏很可能是得之于伯希和本人。之所以作此推测，有以下四个方面的根据：第一，曹君直对此版画之珍爱，特别是他与归义军节度使姓名相同这一巧合，使得曹氏有相当的动力去谋求此版画；第二，当宣统元年秋，伯希和携带少量敦煌文物出现在北京时，他对于这些敦煌文物在事实上有一定的处分之权，毕竟这些文物在那个时候应该尚未登记造册；第三，版画不比写卷，它们往往有很多复本，而非仅有一件，伯希和出售或是赠予其中一件毗沙门版画，对于他所获的整批敦煌文物而言，在价值上几乎没有影响；第四，也是最重要的一点，曹君直对于此版画似乎一直讳莫如深。尽管他以之自号，找顾麟士作图，并且还遍征题咏，仿佛有点高调。但仔细琢磨会发现，曹氏在"遍征题咏"这件事上似乎有意在回避那些身处早期敦煌学中心之人物，比如罗振玉、王国维等。曹君直与罗振玉、王国维早就相识，从缪荃孙的日记可知，缪北上任职京师图书馆那些日子，友朋招饮，曹君直与罗振玉等经常同在一座。^②更何况曹与罗本来就是敦煌学方面的学术合作者，主要由罗振玉辑印的《敦煌石室遗书》，不正收有曹氏的《沙州石室文字记》吗？若干年后，曹君直还给罗振玉写过一封长信，专门商榷罗在探讨敦煌本《修文殿御览》时的失误。^③然从上引王国维《晋开运刻毗沙门天王象跋》中"曩在京师见法国伯希和教授所得一本，亟录其后记，以未影印为憾，此吴县曹君直侍读藏本，辛酉岁暮，假以影印，因装此轴"这几句话来看，好像很长时间里，王国维都不知道曹藏有此一版画，如果早就知道的话，何必因为没有及时影印伯希和的藏品而感到遗憾？完全可以失之于彼而取之于此嘛！那么，曹君直何以要对自己的这一藏品如此之韬晦呢？包括他明明自号"晋佛龛"，却很少有场合见他使用。这都不太符合常理。如果说，他这件藏品是直接得自伯希和本人，那就很好理解了。因为，无论从何种角度而言，曹氏都得为伯希和保守这个秘密！

当然，再有根据，推测也只是推测，至于曹君直所藏的这张敦煌所出毗沙门天王版画究竟从何处得来，还待日后见到更多史料，方能定论；怕只怕，很多"隐秘的角落"早已消失在历史的长河之中了，无论人们如何努力，却再也无法打捞。

---

①荣新江《敦煌学十八讲》第 3 讲第 3 节即为《敦煌藏经洞文物的早期流散》，北京大学出版社，2001 年，第 57—70 页。

②《艺风老人日记》宣统二年十月十九日条："叔蕴、伯斧、仕可、藤田丰八同请福全馆，施利卿、吴□□、董绶京、曹揆一、章式之、王静盦（国维）、吴印臣同席。"同年十二月十一日条："赴福全馆约张文远、罗叔蕴、陈仕可、蒋伯斧、王扦郑、曹揆一、刘蕴六小饮。"（北京大学出版社，1986 年影印本，第 6 册，第 2329、2344 页）

③《笺经室遗集》卷 14《与罗叔蕴参事书》，《清代诗文集汇编》第 790 册，第 544 页下—545 页上。

敦煌遗书元数据新标准*

韩春平/兰州大学图书馆、敦煌研究院敦煌文献研究所

邰惠莉/敦煌研究院敦煌文献研究所

许端清/浙江大学计算机科学与技术学院

一、元数据标准

在数字环境下，为了便于对数字资源进行组织、规范和管理，以及对海量网络资源进行交换、整合、检索和获取，元数据标准应运而生。

（一）元数据

元数据的英文为metadata，[①]其本质是关于数据的数据（data about data），具体定义多种多样，比如"元数据是用来描述其他数据特征形式、内容的数据单元"；[②]又如"（元数据）是一种用来描述数字化信息资源，尤其是网络信息资源的基本特征和相互关系，从而确保这些数字化信息能够被计算机及其网络系统识别、分解、提取和分析归纳的一种框架或一套编码体系"；[③]再如"元数据是结构化的编码数据，用于描述有信息的实体的特征，以便标识、发现、评估和管理这些被描述的实体，它是描述数据的数据"。[④]可见元数据是用来定义和管理数字资源，使其便于处理和交互，方便

---

*国家社科基金重大招标项目"敦煌遗书数据库建设"（12&ZD141）相关成果。

① "metadata"一词迄无一致定义，甚至没有一致的翻译，如在台湾被译作"诠释数据"，"元数据"系大陆译法。

② 魏杨烨《基于OAI-PMH的古籍元数据互操作模型研究》，华中师范大学硕士学位论文，2017年。

③ 刘圆圆《DC元数据与MODS元数据的比较研究》，《新世纪图书馆》2009年第2期。

④ 陈虹涛、李志俊《元数据的标准规范及其互操作性》，《情报杂志》2005年第7期。

用户检索、使用和评价的数据型工具。

对于元数据的分类，不同学者持有不同看法。肖珑等认为元数据主要分为描述型元数据、管理型元数据和应用型元数据三种；[1]王松林认为应该分为描述性元数据和结构性元数据两种；[2]而袁小一等则认为可分为描述型元数据和管理型元数据两种。[3]尽管如此，各种分类也只是大同小异，特别是各分类中都包含了描述型元数据。其实metadata一词本身就可以被译为描述数据。按照袁小一等的解释，描述型元数据主要是用来描述对象属性，或者识别信息资源，以便让读者了解对象数据的基本信息，并确定是否需要对象数据。

（二）元数据标准

网络计算机信息资源的多样化，决定了用以描述这些资源的元数据的多样性，这样就形成了名目繁多的元数据标准（Metadata Standard，也可径称元数据）。元数据标准被认为是"描述某类资源的具体对象时所有规则的集合。……它一般包括了完整描述一个具体对象时所需要的数据项集合、各数据项语义定义、著录规则和计算机应用时的语法规定"。[4]

自元数据问世以来，世界上出现了诸如都柏林核心元数据集（Dublin Core，DC core或DC）、艺术品描述类目（Categories for the Description of Works of Art，CDWA）、VRA视觉资源核心类目（VRA Core Categories for Visual Resources，VRA Core）、档案手稿编码类目（Encoded Archival Description，EAD）、机读目录格式（Machine-Readable Cataloging，MARC）等多种元数据标准。

就文献资料整理工作而言，元数据标准实际上就是数字环境下文献著录的一整套规则。文献资料的元数据标准曾被定义为"如何描述某些特定类型资料的规则集合，一般会包括语义层次上的著录规则，和语法层次上的规定。语法层次上的规定有：描述所使用的元语言，文档类型定义使用什么语法，具有内容的元数据的格式（可包括内容数据）及其描述方法"。[5]再具体就与敦煌遗书相关的古籍文献数字化而言，元数据标准又被认为"是古籍数字图书馆建设的一项最基础性的工作，它要解决的是对物理实体古籍和数字化古籍的著录和描述问题"。[6]

①肖珑、陈凌、冯项云、冯英《中文元数据标准框架及其应用》，《大学图书馆学报》2001年第5期。

②王松林："描述性元数据除用于描述或识别信息资源外，也应包括管理型元数据、保存型元数据、技术型元数据以及使用型元数据；而结构性元数据的主要用途则是定义各种描述性元数据的句法结构，即定义各种描述性元数据的结构以及如何描述这种结构。"（《论网络信息资源的元数据编目》，《图书馆学刊》2004年第2期）

③袁小一、苏智星《元数据深度与元数据标准》，《图书馆理论与实践》2006年第4期。

④肖珑、陈凌、冯项云、冯英《中文元数据标准框架及其应用》，《大学图书馆学报》2001年第5期。

⑤冯项云、肖珑、廖三三、庄纪林《国外常用元数据标准比较研究》，《大学图书馆学报》2001年第4期。

⑥姚伯岳、张丽娟、于义芳、廖三三《古籍元数据标准的设计及其系统实现》，《大学图书馆学报》2003年第1期。

图书文献的元数据标准有时也被称为"元数据方案",被认为"是提供数字图书馆数字模型的基础"。^①由于可以提供相关文献资源的属性定义、置标方案和资源管理方案,并决定着系统的整体架构,以及著录、检索和管理各系统的需求,因此元数据方案也"是数字图书馆需求分析和系统设计时需要首先考虑的因素,是数据制作、藏品数字化和系统功能实现的基础"。^②

二、敦煌遗书元数据新标准

所谓敦煌遗书元数据,就是在敦煌遗书数据库创建过程中设计的用以描述遗书的载体和内容特征,揭示遗书各相关信息,并对遗书进行定位和管理,以利于遗书整理、著录、整合、检索、获取、利用和保护的数据。至于敦煌遗书元数据标准,则是敦煌遗书元数据的集合,它应该包括语义层次上的著录规则和语法层次上的规定,语法层次上的规定又包括描述所使用的元语言、文档类型定义使用什么语法等。

自 20 世纪末以来,曾出现过多个敦煌遗书数据库。在这些数据库的创建过程中,有关各方都曾制定过相应的元数据标准。既有标准主要有国际敦煌项目IDP遗书数据库元数据标准、^③敦煌研究院敦煌遗书数据库元数据标准(字段结构及定义)^④和兰州大学敦煌学数字图书馆遗书元数据标准^⑤等。这些元数据标准在以往遗书数据库建设过程中发挥了重要作用,但是各标准都还存在许多不足,无法较好地描述和管理遗书数字资源。今后对于这些标准既不能盲目照搬,也不能一概摒弃,而应该在详细考察的基础上进行扬弃。

为了弥补缺陷,删汰重复,准确定义和规范敦煌遗书各元数据,本文在考察和分析遗书特征的基础上,通过分析和比较各相关通用元数据标准,并参考既有古籍文献元数据标准,特别是既有的敦煌遗书元数据标准,以及以条记目录为重点的传统目录著录规则,依照敦煌遗书元数据标准的设

---

① 李鸿恩、黄时青《敦煌学数字图书馆元数据设计原则》,《敦煌研究》2007 年第 3 期。

② 上海图书馆名人手稿数字图书馆课题组《名人手稿馆元数据方案的设计》,《图书馆杂志》2004 年第 4 期。

③ IDP遗书元数据标准依DC而设计,含DC中 15 个核心元数据项。大致情况可参考 "Metadata and Digital Image Naming",Technical Infrastructure(来自http://idp.bl.uk/pages/technical_infra.a4d),但具体元数据规范和著录规则不得而详。

④ 邰惠莉、沈子君《敦煌遗书数据库的开发与应用》,《2000 年敦煌学国际学术讨论会文集——纪念敦煌藏经洞发现暨敦煌学百年(历史文化卷上)》,甘肃民族出版社,2003 年,第 536—544 页。

⑤ 刘华、赵雅洁、高大庆、赵书城《敦煌学数字图书馆遗书元数据标准的设计与结构》,《上海交通大学学报》2003 年增刊。

计原则，①重新设计了新的元数据标准。新标准以极具适用性的都柏林元数据集DC为核心，包括该数据集多项元素，并附加了其他多种元数据标准的部分元素。

这里按照北京大学古籍数字图书馆元数据的分类标准，将敦煌遗书元数据分为描述性元数据、管理性元数据和应用性元数据（GIS）三个部分：其中描述性元数据为核心部分，管理性元数据和应用性元数据属于辅助部分。管理性元数据主要用于图像管理，应用性元数据则用于实现基于时空的直观检索。下面以描述性元数据为重点，对敦煌遗书元数据相关规范进行阐述。

（一）描述性元数据规范

1. 资源分析

（1）著录对象

主要著录藏经洞出土遗书，以及土地庙、莫高窟其他洞窟及窟前遗址出土遗书，在敦煌及附近地区出土的诸如简帛、碑刻等文献暂不涉及。

（2）著录单位

在《古籍描述元数据规范》中提到："因为抄本是个别抄成的，每一个抄本的抄写人、抄写地、抄写日期、抄写字体、抄写方法、纸张材料乃至抄写的底本，都可能有所差异甚至是根本不同。所以只能将同一种书的每一个抄本都视为同一种书的不同版本。很显然，抄本的著录单位只能是每一个单独的本子。"②由于敦煌遗书几乎都是抄写本，一般来说，每一个单独的卷子就是一个著录单位，确切地说，每一个或一类具有独立主题和内容的遗书载体就是一个著录单位。

（3）著录对象之间的关系

当然敦煌遗书并非全部都是具有一个或一类独立主题和内容的完整卷子（或册子），还存在以下各种特殊情况：①同一件遗书载体中包含若干份具有独立主题或内容的子文献；②同一件遗书载体中包含有若干不同文字书写的子文献；③遗书载体被撕裂；④遗书由众多碎片载体组成，难以判定遗书主题或内容。遇到上述情况，应该分别作如下处理：

第一，对于同一件遗书载体包含若干独立主题或内容子文献的情况，需要对不同主题、不同内容的文献单独进行著录，不过统一编号（详后文）相同，不同著录标识以不同附号（附加符号）加以区别。

---

① 新的元数据标准在设计中参考了李鸿恩、黄时青《敦煌学数字图书馆元数据设计原则》（《敦煌研究》2007年第3期）一文中提出的标准化、实用性、针对性、互操作性和可扩展性五原则。这些原则虽然针对敦煌学数字图书馆元数据方案的设计而提出，但也可以作为设计敦煌遗书元数据标准的重要参考，事实上敦煌学数字图书馆元数据方案也在一定程度上包含了敦煌遗书元数据标准。此外，本文新标准还坚持诸如专指度与通用性原则、兼容原则、语意互通性原则、国际一致性原则和用户需求原则等。

② 《我国数字图书馆标准规范建设》课题组《古籍描述元数据规范》（标准草案），2004年5月。

第二，对于同一件遗书包含不同文字子文献的情况，当视具体情况予以区别对待。如不同文字的子文献内容存在关联，甚至是双语或多语对照关系，则按一个著录单位对待，否则分别予以著录。分别著录时统一编号相同，不同著录的标识以不同附号加以区别。

第三，对于被撕裂遗书，也应视具体情况区别对待。已缀合遗书按缀合后的具体情况著录；未缀合遗书须按各被撕裂残片具体情况分别著录。被撕裂遗书也可能存在上述①、②两种情况，视具体情况具体对待。

第四，对于碎片遗书，以一个聚合单位为一个著录单位。如遗书聚合单位有"包""盒"等，著录时一包、一盒为一个著录单位。

2．内容结构及元素定义

需要特别指出，由于本文主要目的在于对敦煌遗书元数据著录情况进行需求分析，亦即不是具体解决技术层面的问题，而是立足敦煌遗书整理和研究的角度，为技术设计提出需求，回答技术层面与遗书、学术层面链接过程中需要解决的问题，因此这里一方面需要具体设计描述性元数据的内容与结构，并对相关元素进行定义，包括对各元素及其修饰词的概念内涵进行界定，另一方面又不会像《古籍描述元数据规范》那样借鉴ISO/IEC11179标准，从各个方面定义每一个元素及其修饰词，因为那种完整的定义不是本文的宗旨，其繁复的格式及膨胀的篇幅更是远非本文所能容纳。

（1）内容与结构

新设计的敦煌遗书描述性元数据共有24个（组）元素，其中多数元素含有元素修饰词，可细分为92个，另有9个编码体系修饰词，详细列表如下：

表 1　元素/元素修饰词及相关信息列表

序号	元素/元素修饰词		编码体系修饰词	参考标准
1	标识（Identifier）	普查编号	国别地区代码表 省市行政区划码表 千字文全文	DC
		统一编号		
		馆藏号		
		千字文号		
		缩微胶卷号		
		索书号		
		其他标识		

续表

序号	元素/元素修饰词		编码体系修饰词	参考标准
2	题名（Title）+卷数或卷次	定名		DC 平台
		汉语拼音		
		对音		
		异名		
		题名依据		
3	责任者（Creator、Other Contributors）	国别/时代		DC 平台
		姓名（名号）		
		责任方式		
		责任者依据		
4	类型（Type）	平台类型		DC 平台
		原有类型		
5	出版项	时间	干支纪年 年号纪年 公元纪年	DC 古籍
		地点		
		责任者		
6	主题词（Subject）		敦煌遗书主题词表 汉语主题词表 四库类目表	DC
7	语种（Language）			DC
8	内容描述（Description）	题签		DC 文物
		首题		
		尾题		
		子目/品题		
		题记		
		字体		
		书法		
		特殊字		
		图表		

续表

序号	元素/元素修饰词			编码体系修饰词	参考标准
9	关联资源（Relation）	其他子文献	同面		DC 文物
			反面		
		可与缀合遗书	首接		
			尾接		
			其他		
		异本对勘	对照本		
			对照异同		
		译文			
10	印章	印主			平台
		时代			
		位置			
		形状			
		类型			
		尺寸			
		释文			
11	画押（签名）	位置			
		画押（签名）者			
		形式	文字		
			符号		
			图形		
12	题跋	位置			平台
		作者			
		时代			
		内容			
13	定级（内在描述）	文物等级（模块）			DC 文物
		保管密级			

续表

序号	元素/元素修饰词			编码体系修饰词	参考标准
14	遗书形式（Format）	装帧	形式		DC VRA CDWA 文物 平台
			总尺寸		
			纸厚		
			纸数/页数		
			单纸长度		
			卷轴		
			轴高		
		版式	边栏		
			界栏		
			栏宽		
			分栏		
			栏距		
			天头		
			地脚		
			每纸/栏行数		
			总行数		
			每行字数		
			双行小字		
15	定损	破损类型	缺损		平台
			粘连		
			霉蚀		
			其他破损		
		破损定级（模块）			
		修复建议			
16	载体	材料			
		色别			
		品相			

续表

序号	元素/元素修饰词			编码体系修饰词	参考标准
17	装具		数量		平台
			材料		
			造型		
			状况		
18	来源（Source）	出土	时间		DC VRA 平台 文物
			地点		
		入藏	时间		
			方式		
			原收藏者		
		数字信息	时间		
			机构		
			制作者		
			资助者（含项目）		
19	保存或处理历史（Conservation Treatment History）		保存		CDWA EAD
			处理/修复		
20	编目历史（Cataloging History）				CDWA
21	评论（Critical Opinions）和研究				CDWA
22	当前位置（Current Location）				CDWA EAD
23	版权（Rights）				DC
24	备注				

注：1.表中的"编码体系修饰词"是对元数据取值的约束和规范，主要包括受控词表、正规符号体系或解析规则两种。2.表中的"文物"表示该元素参考了刘士军等《基于XML的文物数字博物馆数据集成研究》中的"文物扩展元数据模型"；"平台"表示参照了"全国古籍普查平台"相关字段设计；"古籍"表示参考了《北大古籍元数据标准》。

（2）元素定义

以下对各元素及相关修饰词的概念内涵进行界定，并视需要进行例释。

标　识

标识是指按照一定规则编制，用以标明遗书唯一性的、成序列的、简明的代码符号，在本标准中具体是指敦煌遗书的各种编号，它既可用来指代遗书，也可用来对遗书进行管理和整序。元素修饰词包括涉及敦煌遗书的普查编号、统一编号、馆藏号、千字文号、缩微胶卷号、索书号和其他标识。其中普查编号是由计算机系统在编目著录期间自动生成的、可标志文献藏地等信息的格式化编目流水号；统一编号是指具有统一格式，便于远程联机著录，并在世界范围内进行交流、统计、分析和共享的新式编号，需由相关专家统一编定；千字文号是指原京师图书馆（北京图书馆和中国国家图书馆前身）以古代佛教文献编目中长期沿用的千字文编号为馆藏遗书给予的一种编号；缩微胶卷号是指当年英、法和北图等地所藏遗书在拍摄缩微胶卷时重新给定的编号；[①]索书号是指各藏地遗书的存放排架号，馆藏号则是指收藏财产账号，有些索书号与馆藏号是同一编号；其他标识是指除以上编号之外的其他编号。[②]

题名+卷数或卷次

题名是指遗书的各种名称。元素修饰词包括定名、汉语拼音、对音、异名和题名依据等。其中定名是指为遗书确定的唯一正式使用的题名；汉语拼音可由系统自动生成（著录时可对同字异音文字的拼音进行人工干预）；对音主要针对数量较少的胡语遗书（如藏文遗书、梵文遗书等），过去对此类遗书通常以对音题名进行编目，需要依照既有目录进行著录；异名是指同一遗书除定名之外的其他题名；题名依据是指遗书题名的来源（含原名、拟名、考证等）。卷数和卷次在古籍编目中通常与题名一并接续著录，有利于更精确地考察和认定文献，因此凡有卷数或存卷卷次者应予注明；卷数或卷次在此属于概指，如果文献单位为章、回、集等其他表述，处理方法与此类似。

责任者

责任者是指对遗书形成负有责任的人员，包括主要责任者及其他责任者。元素修饰词包括国别/时代、姓名（名号）、责任方式和责任者依据等项。域外责任者只需注明国别。责任者名称可由计算机自动生成汉语拼音。责任方式为限定词，可包括著、撰、修、注、疏、编、译等多种，可用下拉菜单表示，并允许添加新的方式。

---

①这些编号后来在《敦煌遗书总目索引》及《敦煌遗书总目索引新编》中得到沿用，学界也一直在广泛使用这些编号。

②海内外敦煌遗书大多都编制过其他编号，如英藏遗书的蒋孝琬编号、翟理斯编号，原北图遗书的"新"字号、简编号，以及俄藏遗书的弗卢格编号等。由于敦煌遗书原有各种编号大都曾在遗书的整理和征引中起过一定的甚至重要的作用，以往的各种遗书资料也往往按旧有编号进行汇编，而以往的论著也在引用遗书时多采用旧有编号，因此后来的编号不可能完全漠视这些编号的历史存在及其作用。

类　型

类型在这里具体是指结构化的遗书分类目录。元素修饰词包括平台类型和原有类型。平台类型是指经由专家重新编订的类目，可以事先输入操作系统，并用下拉菜单表示。敦煌遗书主要以宗教文献特别是佛教文献为主，必须突出宗教文献特别是佛教文献的分类特征，并辅以传统的四库分类（四部分类）法。四库类目可依适合的"四库分类表"标引。[①]另外不同时期、不同著录者对敦煌遗书的分类并不相同，因此对于原有的类型情况必须予以著录。

出版项

尽管敦煌遗书几乎都是抄本，但仍然需要设置出版项，因为"抄写虽非严格意义上的出版，但也是古籍流传的一种重要方式，故抄写事项也可视同出版事项"。[②]"出版"一词在此具有广义性质，不限于指自有刻板以来的版印出版这一狭义的"出版"。出版项是指遗书的出版信息（主要为抄写信息）。元素修饰词包括抄写的时间、地点和责任者。时间分朝代、时代、干支纪年、年号纪年和公元纪年。朝代、时代是经考证所得遗书抄录的大致时间，如"唐""五代""七世纪"等。可利用干支纪年—年号纪年—公元纪年对照软件，将干支纪年和年号纪年自动转为公元纪年。年号纪年可用朝代—年号—年份三组下拉菜单表示。

主题词

主题词是指用以揭示遗书内容主题的词或词组，包括受控的叙词（从属于各种受控词表）和不受控的自由词（关键词）。根据遗书主题揭示的具体需要，可采用相关主题词表进行标引，并辅以自由词标引。每件具有主题内容的遗书至少需提供 1 个主题词，一般为 3—5 个，最多应控制在 10 个以内。

语　种

语种是指书写或刻印遗书所采用语言文字的种类。可用下拉菜单表示。

内容描述

内容描述是指能够反映遗书内容特征的描述项目。元素修饰词包括题签、首题、尾题、子目/品题、题记、字体、书法、特殊字和图表等多项。其中书法和特殊字在判定遗书写印年代、写印地点等方面具有重要参考价值，对于书体（含楷书、行草、隶书等）、书法工拙（含书法佳、书法劣、书写工稳等）和特殊文字（含避讳字、俗字、异体字、武周新字、朱字、泥金字等）均可用下拉菜单表示。

关联资源

关联资源是指与本著录单位遗书在载体或内容方面具有密切关联的遗书文献。元素修饰词包括

其他子文献（又含同面、异面）、可与缀合遗书（含首接、尾接和其他）、[①]异本对勘（需要著录对照本版本以及与本遗书的异同之处）和译文等。其中前两项乃是基于载体的关联文献，包括与本遗书属于同一载体、却需要另外单独著录的具有独立主题的其他子文献，以及可缀合的残断遗书文献。后两项乃是基于内容的关联文献，包括同一遗书的不同版本，[②]以及遗书的译文。[③]关联资源可用超级链接实现事实关联，以便直接查对、阅读。

印　章

印章是指遗书上钤拓的印信图案，包括遗书原拓的印信，以及遗书出土后由收藏者、鉴赏者或鉴定者等新拓的印信。这里需要著录与印章相关的各种信息。元素修饰词包括印主、时代、位置、形状（含方、横长方、竖长方、圆、横椭圆、竖椭圆、鼎形、菱形及不规则等多种）、类型（含阳文、阴文和阴阳合璧三种）、尺寸和释文等。其中释文包括用规范的汉文繁体、简体字释读印章篆文，也可以包括用英文、法文、俄文等其他文种释读的印章内容。

画押（签名）

画押（签名）是指在遗书中保留的用以表示画押（签名）者署名、身份、认知或意见等的各种标记。元素修饰词包括位置、画押（签名）者、形式（含文字、符号和图形）。画押（签名）对于遗书文献的考察和研究具有重要的参考价值，相关信息应予全面采集。位置、形式均可用下拉菜单表示。

题　跋

题跋是指遗书原有的题记、跋语，以及遗书出土后由收藏者、鉴赏者或鉴定者等题写的题记、跋语。元素修饰词包括位置、作者、时代和内容等。原有题跋对于判定遗书的写印时间、来源等多有描述或暗示，具有很高的史料价值，应予全文移录。由于原有题跋属于古代文献，因此处理方法与旧有目录中的"本文"相类似，即必须保留遗书原有文字的内容，当然也可以提供相关的翻译文

---

① 如果属于残断遗书，并且已经找到可与缀合的相关遗书，则需要著录缀合情况。具体著录可仿照《国家图书馆藏敦煌遗书》体例，分别著录可与遗书首部与尾部相缀合的遗书编号及拼合位置。对此方广锠和杨宝玉分别有所论述，见方广锠《敦煌遗书编目所用数据库及数据资料》，郝春文主编《敦煌学知识库国际学术研讨会论文集》，上海古籍出版社，2006年，第112页；杨宝玉《敦煌文书目录知识库构建设想——以敦煌文书编目工作为中心》，同上书，第36页。

② 敦煌遗书多佛教文献，以往多用遗书首尾起讫与《大正藏》进行对照，其他非佛教遗书较少有此对照。如南图018《金刚般若波罗蜜经》通过与《大正藏》比勘，发现没有"冥司偈"（详参方广锠、徐忆农《南京图书馆所藏敦煌遗书目录》，《敦煌研究》1998年第4期），相关内容可于此处填写。鉴于这种对照在遗书研究中每有意外发现，今后可以扩展到所有有异本可资对照的遗书。

③ 该著录项无须输入遗书译文，只须注明是否已有译文，有译文者则注明出处。如Or.8212（194a）《戌年春王布多佃田契》等多件遗书译文见于托马斯《有关西域的藏文文献和文书》第2卷（伦敦，1951年），相关情况可在此处注明。

字。出土后题跋对于遗书流布情况多有记录，也往往涉及对遗书内容的鉴赏和研究，一些学者大家的题跋尤其如此，因此，此类题跋同样具有较高的学术价值，也应全文移录。

定　级

定级是根据遗书的文物/文献价值和保护/管理需要所确定的等级。元素修饰词包括文物等级和保管密级。文物等级是指根据遗书的尺寸、材质、内容、书法和完残等多种因素综合确定的遗书的珍贵程度。故宫博物院曾对所藏遗书文献进行过定级，如新176123《佛说佛名经》被定为二级乙等。当然在敦煌遗书的定级过程中，既可以执行国内既有的《古籍定级标准》，也可以执行专门针对敦煌遗书制定的相关定级标准。为了全面保护敦煌遗书，加强遗书的研究和利用，国家古籍保护中心组织专家参照《古籍定级标准》等相关规范，制定了《敦煌遗书定级标准》，"按照敦煌遗书所具有的文物、文献、文字三方面价值，综合各种因素，确定为三个等级"。[①]鉴于定级需要综合考虑遗书各层面繁多的定级依据，可以仿照全国古籍普查平台的定级模式，结合相关定级标准创建相应的模块，借以方便著录人员的操作。保管密级是指基于文物/文献等级、立足保护/管理需要而制定的取阅权限。配套著录保管密级既可以方便保护/管理人员实施保护和管理工作，也可以标明查阅权限，避免读者因不知情而吃闭门羹。保管密级可用下拉菜单表示。

遗书形式

遗书形式是指遗书的式样。元素修饰词包括装帧和版式两个系列，前者用以全面呈现实物载体的外形情况，后者用以系统反映书写内容的布局情况。装帧又分为形式（含卷轴装、经折装、梵夹装、旋风装、蝴蝶装和册页装等）、总尺寸、纸厚、纸数/页数、单纸长度、卷轴（有/无）和轴高等。版式又分为边栏、界栏（含乌丝栏、朱丝栏等）、栏宽、分栏、栏距、天头、地脚、每纸/栏行数、总行数、每行字数和双行小字等。其中每纸/栏行数按界栏数量计算，如无界栏，则以抄写行数计算。多栏书写遗书，每纸行数和总行数须将每栏行数相加。《兰山范氏藏敦煌写经目录》对分栏遗书总行数即作如此处理，譬如LF.003号系双栏书写，第1纸书20行，第2、3纸均书17行，共3纸，总计108行。[②]装帧中的形式及版式中的卷轴、界栏等可用下拉菜单表示。

定　损

定损是指对遗书破损的类型和程度的确定，以及对破损遗书的修复处理建议。元素修饰词包括破损类型（含缺损、粘连、霉蚀和其他破损）、破损定级和修复建议。定损工作可直接执行国内既有的《古籍特藏破损定级标准》（WH/T 22—2006），[③]或参考该标准制定适合敦煌遗书的定损标准。

---

① 本标准目前尚未见有正式批准号，只在全国古籍普查工作中暂行试用。主要起草人为方广锠和李际宁先生，参与编写单位包括国家图书馆、国家古籍保护中心、上海师范大学和首都师范大学等。

② 邰惠莉、范军澍《兰山范氏藏敦煌写经目录》，《敦煌研究》2006年第3期。

③ 中华人民共和国文化部《古籍特藏破损定级标准》（WH/T 22-2006），2006年8月5日。

《古籍特藏破损定级标准》中对破损等级分为一级至五级共 5 个级别，所规定破损类型主要包括酸化、老化、霉蚀、粘连、虫蛀、鼠啮、絮化、撕裂、缺损、烬毁和线断等多种，其中许多类型在敦煌遗书中都有不同程度的对应。在相关工作平台中具体进行破损定级，是一项非常繁复的操作，需要综合考虑遗书破损的各种不同类型，以及各破损类型的不同程度，因此可以仿照全国古籍普查平台的方式，设置相应的模块以方便操作。需要特别提及的是，由于敦煌遗书的缺损情况非常普遍，也非常严重，因此可以考虑在缺损修饰词之下分别设立"首缺""尾缺""首尾俱缺"或"某某部位缺"等若干选项，各缺损遗书根据其保存情况可以对应一个或多个选项，这样可以在检索系统中通过缺损字段查询、汇集所有保存状况信息，迅速、全面而又准确地发现可以相互缀合的各号残损遗书，这对于缺损遗书缀合工作具有重要意义。缺损各选项和修复建议均可用下拉菜单表示。

载　体

载体在此专指遗书实物载体的材质和保存状况，有别于前面遗书形式中侧重于描述载体外形的装帧。元素修饰词包括材料（含麻纸、粗麻纸、皮纸、藤纸、硬黄纸、蓝靛纸、薄麻纸、敦煌土纸等）、色别（含黄、白、灰、褐、褐黄、土黄等）和品相等，均可用下拉菜单表示。

装　具

装具是指盛放和保存遗书的器具。元素修饰词包括数量、材料、造型和状况。装具虽然并不与遗书本身及其价值直接相关，但作为遗书的重要保护器具，是否配备、材料优劣、完残状况等都直接反应着遗书的保护条件，相关情况有必要予以登记。其中材料、造型和状况均可用下拉菜单表示。

来　源

来源是指遗书在从出土到入藏，乃至被制作成数字资源的过程中，各相关节点的信息情况。元素修饰词包括出土、入藏和数字信息。出土包括遗书的出土时间和地点（含莫高窟藏经洞、土地庙、北区石窟、殿前遗址和其他洞窟，以及莫高窟以外其他地点），[①]入藏包括遗书入藏的时间、方式（含收购、调拨、捐赠等）和原收藏者，数字信息包括负责遗书数字信息制作的时间、相关机构、制作者和资助者（含项目）等信息。另外在著录遗书出土地点的汉文地名时，还应该考虑注明其西文名称，或生成汉文地名的拼音。时间、地点/机构、方式等均可用下拉菜单表示。

保存或处理历史

保存和处理历史是两个具有关联的元素。其中保存历史可著录遗书的递藏情况，处理历史可著录对遗书所做的各种处理特别是修复处理的情况。修复是遗书处理的主要工作，涉及众多细节，需要专门创建修复档案数据库，并与本元素之间建立链接。

---

① 由于绝大多数敦煌遗书出土于藏经洞（土地庙遗书出土较迟，数量较少，且主要收藏于甘肃），因此在过去很长一段时间里，人们很少注意遗书的出土地点。自 20 世纪 80—90 年代以来，随着北区石窟、其他洞窟及殿前遗址遗书的不断出现，具体明确遗书的出土地点显得非常必要。

编目历史

编目历史是指历来针对本遗书所进行编目的情况。可顺次著录相关目录的责任者、题名、出版社、出版时间（或发表刊物、期次）及页码等信息，并在可能的条件下建立超级链接，以便读者直接查阅原有目录的数字资源。

评论和研究

评论和研究是指历来就本遗书进行过评论和研究的相关文献的出处。可顺次著录相关论著的责任者、题名、出版社、出版时间（或发表刊物、期次）及页码等信息，并在可能的条件下建立超级链接，以便读者直接查阅原有论著的数字资源。遗书整理的录文也往往带有研究性质，因此关于录文文献的相关信息可作为研究论著的特殊形式予以著录。

当前位置

当前位置是指遗书当前的收藏地。遗书的收藏者一般在统一编号中也可能有所标明，不过那只是用代码标识，仍然需要在此作详细著录（应著录收藏者全名，并用超级链接关联到各公私收藏者详细资料页面或机构主页）。

版　权

版权在此是指对遗书数字资源的版权权属的明确，有利于保护遗书数字资源版权。

备　注

备注项用以著录以上各著录项无法对应著录、又需要说明或注释的其他信息。此类信息比较繁杂，也带有很大的随意性，目前至少应该对以下几类情况予以特别的重视：遗书内容方面的点摸修改信息（比如点标、墨涂、倒乙、删除等）、遗书载体方面的个别附件信息（如载体护首、飘带等）、遗书定名的变动信息、遗书的真伪问题及其他上述著录项未尽的重要信息。

3. 其他情况

有些著录项需要多次著录同一格式的信息。比如印章、题跋等往往会有不止一项内容，每一项内容都需要分别予以单独著录。有鉴于此，需要设置格式复制功能，以便处理同类格式的多项内容。比如故宫新 121247《大乘无量寿经》有"唐经阁""小万柳堂"等钤印 7 方，[①]上海玉佛寺玉佛 02 号《妙法莲华经卷六》有题跋 9 则，[②]这些钤印和题跋都需要分别予以单独著录，利用复制功能可以有效处理相关重复信息的著录问题。

除备注项之外，其他各著录项之下可考虑统一设置相关附注，以便对未尽事宜予以补充说明或注释。例如浙图 06《金刚般若波罗蜜经》地脚有跋语云："岁在析木，沙门昙防敬观。"编目者于是添加按语称："'昙防'为弘一之别号之一。'析木'为十二次之一，于十二辰配寅，故当为 1926 年

---

①王素、任昉、孟嗣徽《故宫博物院藏敦煌吐鲁番文献目录》，《敦煌研究》2006 年第 6 期。

②方广锠《中国散藏敦煌遗书目录（一）》，《敦煌学辑刊》1998 年第 2 期。

或 1938 年。根据弘一行状及使用别号之情况考察,此题记当写于 1926 年。"像这种与题跋密切相关的按语信息,既无法在题跋著录项中直接予以著录,也似乎不适合著录于备注项中,但可以有关联地被添加到"题跋附注"中。

需要注意的是,在对题跋、印章或其他任何文字进行录文的过程中,必须在客观著录原文文字的同时,严格遵守相关录文规则,比如在换行处均需统一采用"/"符号,在字迹漫漶处均需统一采用规范的缺字符号等。

(二)辅助元数据

前已指出,管理性元数据和应用性元数据属于辅助元数据,前者主要用于图像管理,后者则用于实现基于时空数据的直观检索。关于管理性元数据,刘华等在《敦煌学数字图书馆遗书元数据标准的设计与结构》一文中已经作了较好的解决,[①]相关设计思路可直接参考使用,无须再作变更。关于应用性元数据,肖珑、冯英也在《基于古文献特藏的数字图书馆系统的设计与实现》一文中作了大致介绍,[②]实现时需附加GIS相关技术软件。文章认为:"结合GIS检索技术的辅助检索工具,用户可以通过地理信息系统检索古籍拓片,突破了传统的文字检索模式,也使历史文化资源的时空特性得以充分揭示。"其实GIS主要针对空间地理信息,而能够对时间数据和空间数据同时进行完美处理的主要是TGIS技术系统。不过就目前来看,实施敦煌遗书数字化尚无需在这一方面过于讲求。

---

① 刘华、赵雅洁、高大庆、赵书城《敦煌学数字图书馆遗书元数据标准的设计与结构》,《上海交通大学学报》2003 年增刊。

② 肖珑、冯英《基于古文献特藏的数字图书馆系统的设计与实现》,《文津流觞》2002 年第 8 期。

从埃及、印度到中国："牛犊子"
故事的丝路渊源及其流变*

王晶波/杭州师范大学人文学院

　　自张骞凿空，开辟了亚欧大陆上最重要的东西交通干道以来，中西文化交流便以前所未有的规模与速度开展起来。其中最重要的交流内容之一，便是佛教的东传，以及随之进入中国的丰富多样的思想文化。这些思想文化内容在丝绸之路上的交流传播，有很大一部分，体现在丝绸之路沿线一些民间故事的流传及演变上。从某种意义上说，丝绸之路同时也可看作是一条故事传播之路。随着大量故事在丝路沿线的长期传播，许多不同地域不同文明的文化因素被有机地融汇在一起，并适应各地的社会习俗而进行着演化与变形，逐渐成为人们习见的形态，以至于今人很难认清其最初的源头，常将外来的因素当成本地的特产。本文所要讨论的"牛犊子"故事，正是这样的一个典型：它在丝绸之路沿线传播了一千多年，由印度传至阿拉伯、中国，又传至蒙古、朝鲜半岛等地，而其中的关键情节，又明显表现出古埃及神话的影响。对它的剖析与讨论，可以为我们深入认识丝路文化交流的深度与广度，提供一个具体视角。

一、"牛犊子"的故事与材料

　　牛犊子的故事，讲述的是一个传统多妻家庭的庶子自出生起便遭嫡母迫害，经历狸猫掉换、喂牛、变身牛犊，以及逃亡、成亲、脱去牛皮、归家认亲等神奇波折的故事。这一故事类型，通常被人

---

*本文为2022年度教育部哲学社会科学研究重大课题"敦煌佛教疑伪经全集整理与研究"（22JZD027）的阶段性成果。

们概称为"狸猫换太子"。不过，就其本质来看，该故事的核心并不在"狸猫掉换"，而在新生儿的"变牛复生"及其后的经历，故笔者以"牛犊子"故事来加以统称。

此类型的故事在中国很常见，艾伯华《中国民间故事类型》中命名为"变形男孩"，[①]归在"动物或精灵跟男人或女人结婚"的大类中。人们多认为这个故事与古代流行的"狸猫换太子"的传说有密切渊源关系，故丁乃通《中国民间故事类型索引》借鉴汤普逊分类而名之为"三个金儿子"，同时也点明其为"狸猫换太子"的故事；[②]金荣华在《民间故事类型索引》中直接将此类型的命名改为"狸猫换太子"，[③]都表明人们对它的来源与性质的基本看法。

近年来，敦煌本《佛说孝顺子修行成佛经》得到中外学者的关注与研究，人们发现这部抄于唐代的佛本生经才是"狸猫换太子"故事的真正来源。[④]由之引发的对敦煌本《孝顺子》流传影响的探讨，也使这个佛教本生故事在一千多年间由印度到中国再到朝鲜半岛的传播历程和传播形式诸问题得到了较为清晰的梳理。[⑤]概括而言，"牛犊子"故事的文本源流与演化脉络大致如下：

"牛犊子"故事由敦煌写本佚经、国外藏汉文佛教文献、明清民国时期宝卷、寺庙壁画，以及汉译阿拉伯小说等多种不同来源、不同形式的文献所共同表现与演绎。

该故事的文本，最先来自一部7世纪初期的佛教本生经《银蹄金角犊子经》。8世纪时，这部经典也被称为《孝顺子应变破恶业修行经》或《佛说孝顺子修行成佛经》（敦煌本）。10世纪时已被画在了天水麦积山的石窟壁画中。之后的传播过程不甚清楚。14世纪中期，被编入一部佛本生故事集《释迦如来十地修行记》中，称为《第七地》或《金犊太子》。15世纪时重新刊印，传入朝鲜（高丽大学本）。16世纪时有寺庙故事壁画（石家庄毗卢寺释迦殿）。16世纪以后直到20世纪，有《金牛太子宝卷》或《金牛宝卷》等众多宝卷宣唱此故事。20世纪，作为民间故事，被收集记录在《中国民间故事集成》的众多不同分册中，名称多样，有"金角银蹄牛犊""金牛犊""金牛娃""牛犊子娶

①艾伯华著，王燕生、周祖生译《中国民间故事类型》，商务印书馆，1999年，第58—59页。

②丁乃通《中国民间故事类型索引》，华中师范大学出版社，2008年，第157—158页。

③金荣华《民间故事类型索引》上册，中国口传文学学会，2007年，第247—248页

④方广锠《敦煌写本〈佛说孝顺子修行成佛经〉简析》，《南亚研究》1988年第2期，第60—72页；方广锠《关于〈佛说孝顺子修行成佛经〉的若干资料》，《南亚研究》2007年第1期，第69—77页；牧野和夫、齐藤隆信《中国国家图书馆藏〈佛说孝顺子修行成佛经〉俄罗斯科学院圣彼得堡分所藏同经断简与朝鲜顺治十七年刊〈释迦如来十地修行记〉所收〈第七地金犊太子〉について》，《日本实践女子大学文学部纪要》2002年第45集，第1—24页；李小荣《"狸猫换太子"的来历》，《河北学刊》2002年第2期，第149—152页；李小荣《敦煌密教文献论稿》，人民文学出版社，2003年，第359—378页。

⑤王晶波、韩红《"牛犊娶亲"故事的佛教源流及其演变》，《甘肃社会科学》2018年第1期，第100—107页；王晶波《〈银蹄金角犊子经〉的中外传播及其衍变》，《敦煌学辑刊》2018年第3期，第1—19页。

媳妇""花牛娃"等，内容也有诸多变形。①

由于故事文本的流传历经了从 7 世纪到今天这样漫长的时间，其性质也从佛本生故事演变为具有神异特点的通俗民间故事，内容情节自然也有着变化，但其核心内容与关键情节还是保持了相对稳定，没有大的改变。为方便比较，现略去中间阶段的发展过程，只将 8 世纪写本与当代民间故事集中的故事情节梗概，分列如下：

敦煌本《佛说孝顺子修行成佛经》故事梗概	当代民间的"牛犊子"故事梗概
（前缺）栴陀罗颇黎国王有三位夫人，当他外出时，第三夫人生了太子，另外两位夫人用猫子调换了太子，将太子裹在草中喂了母牛，谎报说三夫人生了猫子。国王信以为真，将三夫人打入磨坊做苦工。母牛后来生下一只银蹄金角小牛犊，国王非常喜欢，两位夫人假装生病，要吃牛犊心肝，国王无奈，令屠户牵牛回家宰杀。牛犊向屠户求情，屠户用黑狗心肝代替牛犊心肝送到宫中。牛犊逃出，到舍婆提国，恰逢国王女儿招亲，选中牛犊，舍婆提王逐牛犊、公主出城。牛犊与公主行至金城，牛犊脱去牛皮，变回人身，当了金城国天子。太子公主集金城、舍婆提国两国兵马赴栴陀罗颇黎国救母，颇黎王投降，太子对国王讲明真相，救出母亲。国王欲杀两位夫人，太子阻止。国王让位出家。太子封屠户为国相。不久太子与母亲成佛。两位夫人不悔改，被帝释天惩罚而死。	一个男人有三个（或两个）妻子。他不在时，其小妻生了一个儿子，两个长妻因嫉妒，用猫崽（狗崽、猪崽）调换婴儿，将婴儿裹在草里投喂了母牛（或害死婴儿埋掉，埋葬处长出花草，母牛吃下）。小妻被罚拉磨。母牛产下小牛犊，得男主人喜爱。长妻装病要吃牛犊心肝，屠夫（或男主人）放走小牛。小牛逃亡，遇到女子抛彩球招亲，成亲后的小牛犊脱去牛皮变成英俊青年。小牛携妻回到父母家，讲明真相，两个长妻自杀（或受罚）而死。

从以上可以看出，8 世纪的敦煌写本与当代流传的民间故事，时间虽然相距一千多年，但故事的基本内容与主要情节并没有太大变化，只是性质由宣佛的本生故事变成了富有神异色彩的民间故事。其主要情节可概括为以下八点：

（1）一国/一家，男主人有三位妻子，长妻无子，小妻怀孕。

（2）男主人不在时，长妻用狸猫/狗/猪等掉换小妻所生太子/庶子，谎称她生了怪物；小妻受罚。

（3）婴儿被母牛吞食，母牛产下小牛犊。

（4）男主人喜欢牛犊，长妻阴谋杀害牛犊。

（5）牛犊逃走。

（6）牛犊与女子成亲。

（7）牛犊脱皮变回人身。

（8）庶子归家，讲明真相，救出母亲。长妻受罚/获得宽恕。

其中人们最熟悉的情节，当属"狸猫换太子"。著名通俗小说《三侠五义》正是由这个情节开头，引出后面的公案与侠义故事。之前，由于材料所限，人们误以为牛犊故事乃"狸猫换太子"传说在民间流传影响的结果，而近年有关敦煌本《孝顺子》的研究，揭示出"狸猫换太子"传说的源头其实是佛教本生经《孝顺子》，①即牛犊故事的前身。不过，我们这里讨论的并非"狸猫换太子"，而是故事中另一个更加关键的情节：太子被母牛吞食，经过牛腹孕育重生，变身为牛犊的情节。

二、母牛吞食、太子变形复生情节与古埃及的努特神话

无论在敦煌本《孝顺子》、明代《第七地》，还是明清的《金牛太子宝卷》，以及今日广泛流传的族民间故事"牛犊娶亲"里都有一个情节，即男主人的两位夫人，因嫉妒第三夫人生子，趁其生产，用剥皮猫子换了新生儿，将新生儿投喂母牛，母牛不久有孕，产下银蹄金角小牛犊，而这个小牛犊，便是当初那位被喂牛的新生儿的变形。

就整个故事来看，这是故事发展不可缺少的一个关键环节，有了这个情节，才有了后面两位夫人装病要吃牛心肝、屠夫放牛、牛犊逃亡、成亲、恢复人身等后续一系列故事的演进，所以，尽管历经了一千四百多年的流传，牛犊故事本身的性质也经历了从佛教本生经典到民间通俗故事的转变，但无一例外，都保留了这个关键情节。就其在故事中的作用来说，母牛吞食、太子再生变为牛犊的情节远比"狸猫换太子"重要，但受到的关注却远不及后者，就笔者目前所见，还未有人做过讨论。

这个情节在不同的故事中表现大体一致。最早的敦煌本《孝顺子》中是这样的：

[产]牛见此太子，摩角触□□□□自没抵□□□□□□产牛懊恼，遂便吞之。夫人问其黄门曰：得□□□□□答言："牛踏不死，牛遂吞之。"夫人问曰："我望踏然，交□□□□□□之，宁容不死。"……尔时国王料[理]国事，可经三日，东厂底斛产牛生一犊子，银蹄金角。当牛之[人]，来告王曰："此东厂底斛产牛，比年以来，独自孤养，与牛不同。生一犊子，银蹄金角，方整可喜，国内无双。"②

---

①李小荣《"狸猫换太子"的来历》，《河北学刊》2002年第2期，第149—152页。

②俄罗斯科学院东方研究所圣彼得堡分所、俄罗斯科学出版社东方文学部、上海古籍出版社编《俄藏敦煌文献》第9册，上海古籍出版社，1998年，第44页；释文参方广锠《佛说孝顺子修行成佛经的资料研究》，《疑伪经研究与"文化交流"》，广西师范大学出版社，2018年，第70—72页

15 世纪的明正统刊本《释迦如来十地修行记·第七地》也是同样：

> 二夫人见太子容貌端正，世上罕有，急令宫人，或用刀割，或用绳绞，种种凌辱不死。连夜送入山涧，虎狼不湌。抱回宫内，二人定计："牛栏有一母牛，其性甚恶，必然踏死。"太子福气，命不合死。母牛见之，张口吞如腹内。……君王在清凉山躲灾避暑回朝，有人奏曰："恶性母牛生下一犊异常，毛分九色，头似金妆，蹄如银果，世间稀少。"君王闻已，龙颜大喜，宣臣引牛儿入宫。①

民国初年的国图印本《金牛太子宝卷全集》：

> 那二位皇后一见太子，心中大怒，几次三番害他不死，如何是好？稳婆奏道："我想朝庭有大牛一只，不如将太子裹在青草里面，丢在牛栏，大牛见草，必来吞吃，岂不是好？"娘娘传旨依行。……宫娥抱进牛栏内，大牛见草便来吞。牛儿吞了皇太子，彩女回宫报事因。……且说大牛吞了太子，不觉牛身有孕。看看将近满月，大牛在栏内大叫三声，吐出一只婴牛。……苏佑丞相奏上君皇知道，万岁传旨，叫博士将金牛抱上殿来。②

民间故事中的相关情节也大同小异。如江苏灌云的《小花牛》中是大婆二婆将婴儿裹在秋秋叶中喂食老花母牛，不久，母牛产下了一个小花牛，浑身滚圆，毛色金黄；③河南镇平的《金牛娃》④与此相同。辽宁北票的《牛犊子娶媳妇》，则是两位夫人用剥皮猫替换了新生儿，将婴儿用铡刀铡死后倒入牛槽喂食老牛，几个月后老牛生下牛犊。⑤

有些故事的情节稍有不同，如宁夏西吉的《花牛娃》⑥故事，两位长妻用狸猫或兔子掉换婴儿后，害死婴儿，先后换了几处地方埋葬，后来埋骨之处长出花朵，被母牛吃下，生下牛犊；与之相似的《金角银蹄牛犊》⑦（甘肃张家川）是一匹老骒马吃了埋葬婴儿地方长出的牡丹花，生下一只金角银蹄小牛犊。

以上所列诸种情节，无论时代、版本，其核心都是新生婴儿被母牛吞食，经过母牛的孕育，变身为牛犊而得复生。这一情节的实质就是死亡、变形再生，这类主题在中国民间故事中很常见，但母

① 朝鲜翻明正统刻本《释迦如来十地修行记》，韩国高丽大学藏，第 16—17 页。

② 国家图书馆藏民国印本《金牛太子宝卷全集》，第 6—7 页。

③ 林兰编《云中的母亲》，北新书局，1933 年，第 14—20 页。

④ 范牧主编《河南民间文学集成·南阳民间故事》，中原农民出版社，1992 年，第 714—717 页。

⑤ 白景利主编，北票市民间文学三套集成领导小组编《中国民间文学集成·辽宁卷·北票资料本》，1987 年，第 447—451 页。

⑥《中国民间故事集成·宁夏卷》编辑委员会《中国民间故事集成·宁夏卷》，中国 ISBN 中心，1999 年，第 331—335 页。

⑦《中国民间故事集成·甘肃卷》编辑委员会编《中国民间故事集成·甘肃卷》，中国 ISBN 中心，2001 年，第 594—596 页。

牛吞食、婴儿再生变为牛犊的却不多见。敦煌本《佛说孝顺子修行成佛经》及相关文本的发现，使我们认识到它的本生故事性质，并确定这一情节与故事都来自于古代印度的传说。但进一步探究下来，发现它的来源可能更为复杂久远，并不限于印度，因而有进一步考察的必要。

牛图腾是世界各国早期文化信仰中的重要内容，各文明皆有。印度文化对牛的崇拜早已为人们所熟知。雅利安人崇拜自然现象与动物，尤其崇拜牛，视牛为"圣兽"。神话中的牛魔马希沙力大无穷，曾经打败所有天神。三大神之一的湿婆，同时也是公牛的象征，他的坐骑便是一头雄壮的大白牛。早期吠陀时代，以畜牧业为生的雅利安人，为得到牛而向神祈祷、并与他人作战——战争被称为"瞿维什提"，意即"渴望得牛"；部落首领称"果巴"，意即"牛的保护者"。[①]佛教中称释迦牟尼为人中牛王，喻其具有如牛王般广大无边的威仪德行与力量。

印度神话中的母牛，多是大地母亲的象征。大地女神化成母牛的形象，以乳汁和种种物产养育人民，母牛也就成为一切产出和丰饶的象征。及至公元初的几个世纪，由于婆罗门教的提倡，禁止虐待母牛，禁止驱使其工作或干涉其行动，更不得杀牛食肉，杀害母牛的罪孽与杀婆罗门同样重。[②]

值得注意的还有《梨俱吠陀》中常常提及的众神之母阿底提（Aditi），她是无限的化身，也是众多天神的母亲，据说雷雨之神因陀罗、印度教主神毗湿奴等，都是她所生。她还诞下日月星辰。她支撑天空，滋养大地，维系万物的生长繁息。有人认为她是"无边无际的天空的化身"，[③]也有人认为她是"黎明的最古老的名字，或者更确切地说，是每天早晨世界的光与生命闪耀出来那一时刻一部分天空的名字"。[④]阿底提在仪典中的形象，往往就是母牛的样子。[⑤]

这与牛犊故事中吞食太子、产下银蹄金角犊子的母牛确有一些相似——能够生育众神，又具有母牛的形象。不过，印度的母牛崇拜更多具有神圣与洁净的特点，还未见其有吞食/再生的功能，因此，我们还不能遽然将牛犊故事中母牛吞食婴儿又使其复生的情节与印度的母牛崇拜或阿底提神话直接联系起来。

当我们将目光放远，越过印度，看看古埃及神话，就会发现，古埃及神话中有关努特女神（Nut）的传说，与牛犊故事中母牛吞食/再生的情节十分接近。

努特神是埃及创世神话中的一位重要女神。埃及发现的莎草纸书、金字塔文和壁画中有很多处提到努特神，还绘有她的形象。她是天空之神，也是死亡女神。据说，努特与地神盖布（也译作格卜）是亲兄妹，二人相爱，结为夫妻，生下诸神，如生命女神伊西斯、冥神奥西里斯等，都是她所生。太阳神拉命令他们的父亲空气神舒将两人分开，由此形成了天空和大地。

①史亚民、王治邦、王永本《世界古代史》，辽宁教育出版社，1986年，第239—241页。

②杨怡爽编《印度神话》，陕西人民出版社，2015年，第152—154页。

③常磐大定著，陈景升译《印度文明史》，华文出版社，2019年，第37页。

④麦克斯·缪勒著，金泽译《宗教的起源与发展》，上海人民出版社，2010年，第146—148页。

⑤魏庆征编《古代印度神话》，北岳文艺出版社，1999年，第657—658页。

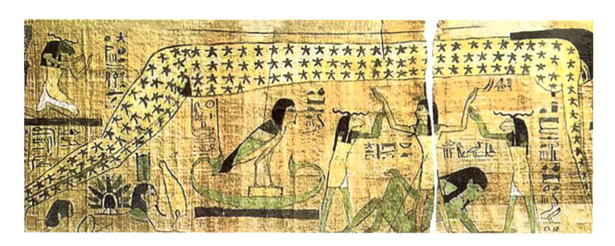

图 1　莎纸草卷中所绘的宇宙天地生成时的情形—努特、盖布与舒（魏庆征编《古代埃及神话》之图 34）

在古埃及的壁画中，努特的形象通常是四肢笼罩大地，身体高高拱起，上面布满星辰；其下是仰卧的大地神盖布，他一个膝盖屈起，象征山岳，中间则是分开两人的空气神舒。太阳神拉乘坐小船，每天日落时进入努特的口中，经过在努特体内一夜的运行，清晨时再从努特的下体重生。不单是太阳，她每天吞咽并再生着众多星辰。① 于是便有了昼夜交替。

努特神同时也是位死亡之神。据说，她可助死者升天，并守护死者之躯体。古代埃及法老的棺椁陵墓上常绘有努特的形象或以其名字命名，意味着这些棺椁即等同于努特，去世的法老相当于被放在了努特母亲的体内，她保护这些法老，确保他们再生。②

努特有两种形象。除了上面提到的四肢撑地、身体镶嵌星辰的形象外，还有母牛的形象。她常化身为母牛，黎明背负着太阳神拉升空。据学者考察，

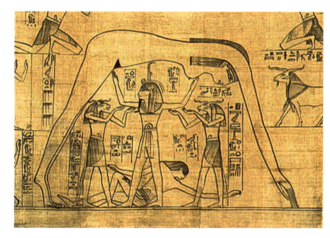

图 2　舒举起胳膊将努特与盖布分开

（《埃及神话》，民主与建设出版有限责任公司，2018 年）

---

① 塞·诺·克雷默《世界古代神话》，华夏出版社，1989 年，第 5—53 页。
② 魏庆征编《古代埃及神话》，北岳文艺出版社，1999 年，第 28—35、372—373 页。

从新王国时期（前1553—前1085）起，天在埃及神话中常以牛的形象出现。牛的身体上画着星星，有众神尤其是空气神"舒"托着她的身体。[①]换句话说，天空是一只巨大的母牛。

细察以上神话，再对照牛犊子的故事，我们可以发现，二者无论在形象上还是功能上，都有着惊人的相似。

图3　努特背负拉神升空（王海利《图坦哈蒙3000年》，山东画报出版社，2010年）

图4　母牛形象的努特神（亨利·富兰克弗特《古代埃及宗教》，郭子林、李凤伟译，上海三联书店，2005年）

1.形象：吞下太子的是母牛，努特神的一种形象也是母牛，她是苍天的同时也是母牛。

2.功能：通过母牛吞食而使其死而复生。吞食本身即代表死亡。牛犊故事中大多强调太子/庶子经多种迫害而不死，无奈之下裹在草中喂食母牛，意味着太子最终因为母牛的吞食而死亡，然后经由母牛的孕育而获得新生。故事之所以强调太子/庶子经百般折磨而不死，或者死后长成花草被牛吃下，都是为了让他通过母牛吞食而死而复生。同样，埃及神话中，母牛不仅是生殖力量的体现，也是再生的必要途径。[②]作为天空之神的努特，每天日落时吞下太阳，黎明时分又生出来，意味死亡的太阳经过努特身体的孕育，获得了再生；她还在冥府中保护死后的法老，确保他们能够再生。这一功能，对无论以苍穹形象显现还是以母牛形象显现的努特神，都是相同的。

3.变形：牛犊故事中，太子经牛腹孕育再生后变为了牛犊。埃及神话中，太阳有时也会被描述为

①舒尔茨、塞德尔主编，中铁二院工程集团有限责任公司译《埃及—法老的世界》，中国铁道出版社，2012年，第445—449页。

②富兰克弗特著，郭子林、李岩、李凤伟译《王权与神祇：作为自然与社会结合体的古代近东宗教研究》，上海三联书店，2012年，第245—260页。

天空中的公牛，而早晨初升的太阳被称为"牛犊"，意味着经由努特吞咽又生出的太阳变形为小牛犊。与此相应，在金字塔文中，有些古代的国王将自己视为太阳神之子，而自称为"牛犊"："去世国王作为拉之子试图通过把自己称呼为牛犊，而建立与天空家庭的关系，并且是那个家庭中金色的牛犊，这样便可以分享太阳的实质：'珀辟来到你这里，他的父亲啊！珀辟来到你这里，拉啊！金色的牛犊，天空所生。'"① 这个观念在佛本生阶段的牛犊故事中，也同样得到体现。太子身为佛陀的前世，经母牛孕育而变形为牛犊，如同埃及神话将早晨的太阳称牛犊、国王自称牛犊一样，体现着其神性和王权的象征。佛本生故事中的牛犊，要么称"银蹄金角牛犊"，要么称"金牛太子""金牛犊"，与埃及神话一致。

以上这些分析，使我们有理由认为，牛犊故事中的母牛吞咽、太子复生、变形的情节，确实受到埃及努特神话的影响，无论是母牛的形象还是再生的功能，都是对这一神话的明显继承。

因此，就"牛犊子"故事中的这一情节来说，我们可以认为，该故事虽然产生于印度，是典型的佛本生故事，但其中母牛吞食、太子经牛腹孕育而重生的情节，并非直接来自印度的神话传说，而更多是受古埃及神话影响的结果。其影响传播的大体过程是，埃及的努特神话影响了印度的佛本生故事，其后又随佛教在丝路沿线流传，逐渐影响了中国、朝鲜半岛等广大地区。

三、牛犊故事在阿拉伯地区的流传与变形

牛犊故事沿丝绸之路传播，在古代阿拉伯地区也同样产生了影响，主要表现在《一千零一夜》（以下简称《夜》）的第一个故事上。《夜》中第一夜《商人和魔鬼的故事》中含有三个小故事，排在首位的是《第一个老人的故事》，其内容是这样的：

一位阿拉伯商人娶妻多年不育，后娶小妾，生育一子。儿子十五岁时，他外出经商，长妻趁机用魔法将小妾和儿子变成了牛，交给牧人，对他谎称小妾病死，儿子出走。一年后的宰牲节上，不知情的他杀死了小妾变成的母牛，长妻又逼他杀掉儿子所变的那头小牛，商人不忍，放过小牛。第二天牧人报告，说他的女儿认出那头小牛是主人的儿子。女孩解除了小牛身上的魔法，使之恢复人身，并用魔法将长妻变成了羚羊。女孩与商人的儿子结婚。后来儿媳死去，伤心的儿子去了印度。商人带着长妻变成的羚羊四处流浪，寻找儿子的音讯。

乍看起来，这个故事与我们讨论的牛犊故事并没有多少明显的相似。为看得更清晰，下面我们以牛犊故事的八个主要情节为线索，与"第一个老人的故事"进行对比：

---

① 富兰克弗特著，郭子林、李岩、李凤伟译《王权与神祇：作为自然与社会结合体的古代近东宗教研究》，第246—248页。

	"牛犊"故事的情节	"第一个老人的故事"情节
1	一家/或一国,男主人有三位妻子,长妻无子,小妻怀孕	一人娶妻多年不育,另娶小妾生一子
2	他不在时,小妻生子被长妻用狸猫掉换;小妻受罚	儿子十五岁时,他外出
3	婴儿被母牛吞食,变为牛犊而获得重生	长妻用法术将小妾及儿子变为牛
4	男主人喜欢牛犊,长妻阴谋杀害牛犊	宰牲节上,男人杀小妾所变母牛。长妻逼他杀掉儿子所变小牛
5	牛犊逃走	男人不忍杀牛而释之
6	途中遇女子招亲,牛犊与女子成亲	牧女认出小牛为主人之子,请嫁
7	牛犊变回人身	牧女用法术将牛变回人身
8	庶子携妻归家,讲明真相,救出母亲。长妻受罚/或得到宽恕	儿子讲述真相。牧女与儿子完婚,用法术将长妻变成羚羊
备注	(佛本生故事的最后,太子与父母成佛)	儿媳死去,儿子离家,老人带羚羊寻找儿子的消息

通过以上比较可以看出二者间还是相同点更多。

(一)相同或相近之处

故事冲突发生的原因相同。都是传统多妻家庭中因争宠、继嗣而引起的嫉妒,即男子娶妻不育,又娶小妾,小妾生子,引得长妻嫉妒,从而引出了一系列的对小妾及庶子的迫害。

主要人物相同。都有男主人、三或二位妻子、庶子、年轻女子及其父亲。

庶子变牛。虽然途径方式不同,但庶子都被变成牛犊。

长妻对庶子及小妾的迫害都发生了两次。第一次都发生在男子不在家的时候,第二次长妻意图假借男子之手杀害牛犊,未果;稍有不同的是阿拉伯故事中小妾在此次被杀。

牛犊逃走。牛犊或假屠夫之手或由男子放走,得以逃生。

牛犊重新变回人身的途径与条件相同。都是通过与女子成亲,同时又借助水的作用与神仙法力的帮助。《孝顺子》中提到了两样:与女子成亲和帝释天的帮助。帝释天变作大臣劝说舍婆提国王不要杀公主,牛犊与公主被逐后,牛犊变身;此外中国所传故事大多是牛犊与女子成亲,吃了仙人、菩萨所赠仙丹,入龙潭洗澡,然后变回人身;阿拉伯故事中将这三样条件合于牧女一人身上——她使用魔法念动咒语,将水洒在牛犊身上,使之变回人身,然后成亲。故事中必要条件使用的顺序虽然不同,但皆可对应。

最后结局不完全相同。佛本生故事中太子归家,讲明真相,救出母亲,一家团聚,还宽恕长妻,太子及母成佛；民间故事的结尾是一家团聚，处罚长妻；阿拉伯故事则是父子团聚，长妻受罚，但又多了女子死去、儿子离家，男子带长妻所变羚羊四处寻找儿子的情节。

（二）不同之处

首先，牛犊故事中都有掉换新生儿的情节，然后喂牛加害，并诬陷小妻生下怪物，使之受罚。阿拉伯故事中没有掉换新生儿的情节。

其次，庶子变牛的方式不同。牛犊故事中都是庶子一出生就被害死喂牛，再由母牛生下牛犊而完成变身；阿拉伯故事则是庶子十五岁时被长妻用魔法将母子二人变为牛。

再次，小妻的结局不同。牛犊故事中小妻虽然受到迫害，但并未死去，真相大白后得救，这也就为故事的救母主题留下了前提，使故事与中国孝道紧密结合，受到民众的欢迎；而阿拉伯故事中小妻先是被长妻变成牛，后在宰牲节上被男主人杀死。

通过对上述两类故事的比较分析，可以看出，《夜》中《第一个老人的故事》，与东亚流传的牛犊故事，虽然流传区域不同，宗教文化背景不同，但主要内容、人物、关键情节，以及矛盾冲突的性质等各个方面都有着极高的相似度，充分表明两个故事有着共同的来源，即都来自印度的佛本生经典。阿拉伯故事虽然失去了将新生儿喂母牛吞食、再由母牛生出而变形重生的情节，叙事的角度也有所改变，但由人变牛的情节还在，变牛后又再次受到迫害并险些被杀，由牛犊变回人身的途径也同样是与女子成亲。以上都未脱离牛犊故事的总体构思。因此可以判定，《夜》中"第一个老人的故事"，实质上是来自佛本生经的牛犊故事在阿拉伯地区的一种变形表现。不过，这种形态下的牛犊故事，努特神话的影响与功能不再突出，原本的母牛吞食婴儿、婴儿经牛腹死而复生的情节，变成了长妻以法术将少年变成小牛。至于为何单单改变了这个情节，原因尚不可知。

顺便还要提到的是一桩有关《第一个老人的故事》源头探索的史话。作为《夜》中的第一个故事，《商人与魔鬼的故事》历来引人注目，学者对其来源多有讨论。法国东方学者叶理绥（Nikita Elisseeff）在1949年就提出有关故事来源的推测，认为《商人与魔鬼的故事》至少有一部分内容或者故事框架应当出自于波斯故事集《希佐尔·艾夫萨乃》，①学者大多认为《希佐尔·艾夫萨乃》的故事来源于印度，②所以，人们普遍认同《夜》中第一夜的三个故事来源于印度的这个推测，③但一

---

① Nikita Elisséeff, *Thèmes et Motifs des Mille et une Nuits*, Beirut, 1949, pp. 185–205.

② Ch. Pellat, "Alf Layla Wa Layla", *Encyc-lopædia Iranica*, I/8, pp. 831–835; an updated version is available online at http://www.iranicaonline.org/articles/alf-layla-wa-layla (accessed on 18 May 2014).

③ 学者论及《夜》中第一个故事的来源时，往往使用"可能"一词来表示推测。中国学者也认同其出于该波斯故事集之说，并说该集"最初可能来自印度，后由梵文译为古波斯文，然后转译成阿拉伯文"（如朱维之主编《外国文学史》亚非卷）。

直没有找到确凿佐证。现在，经由牛犊故事的考察，尤其是敦煌唐代写本《佛说孝顺子修行成佛经》的发现，证实了学者对《夜》中首个故事来自印度的推测是正确的。

中西文化的交流历史悠久而深厚。这种交流远在张骞凿空之前就已开始，佛教沿丝绸之路传入中国亦有两千余年，随着佛教传入中国的种种思想文化也沿着这条干道，源源不断地向东传至中国，同时也在沿途各国广泛流传演变，又经中国散播到其他东亚国家。与之相应，中国文化影响也经由这条通道向西传播流散，远至西欧。这些思想文化在不同地区长期流传，必定会打下当地的文化烙印，而显现出各自不同乃至迥异的形态。牛犊故事虽然历经千余年的演变，在丝路沿线的不同国家和地区流传，但它的核心情节及其文化蕴涵依然未变，其中"母牛吞食、太子再生"的情节，表明这个故事分别受到埃及神话与印度传说的影响，又经阿拉伯、中国、蒙古、朝鲜半岛等地的流传，最终演变成既有地方文化特点又有共同内核的样貌。

关于巴儿思汗的几个问题

葛启航/独立研究者

　　巴儿思汗位于伊塞克湖东南，地处交通要道，常为中世纪各种史料提及。研究巴儿思汗城的历史沿革，有助于梳理中世纪西域的一些问题。8世纪后期吐蕃攻陷安西四镇，唐朝退出西域，这一时期内地文献没有提及其地情况。本文拟结合史料和新疆当地出土的回鹘文书，对此地作一些考察，并借此研究喀喇汗朝、西辽历史的一些侧面，求教于读者。

　　一般认为，巴儿思汗之名来自西突厥五弩失毕之一的拔塞干。[1]唐高宗乾陵有拔塞干首领的石像，上有衔名："故右威卫将军兼颉利都督拔塞干蓝羡。"[2]巴儿思汗之地有两个：一个在怛逻斯以东，称下巴儿思汗；一个在伊塞克湖东南，称上巴儿思汗。[3]大食地理学家伊本·忽尔达兹贝（Ibn Khrudadhbah）的书中较早著录了这个地名，写作Nūrsjān，德国学者托马舍克（W. Tomaschek）订正为Barskhān。[4]可能拔塞干部原居伊塞克湖东南，后来部分西迁怛逻斯平原，所以出现了两个巴儿

①F. W. K. Müller, *Zwei Pfahlinschreiften aus den Turfanfunden, Abhandlungen der Preussischen Akademie der Wissenschaften*, Phil.–hist. Klasse, Berlin, 1915, Nr. 3, S. 22.

②陈国灿《唐乾陵石人像及其衔名的研究》，林斡主编《突厥与回纥历史论文选集（1919—1981）》上册，中华书局，1987年，第391页。

③张广达《关于马合木·喀什噶里的〈突厥语词汇〉与见于此书的圆形地图》，《西域史地丛稿初编》，上海古籍出版社，1995年，第71页；华涛《〈萨剌姆东使记〉译注与研究》，《元史及民族与边疆研究集刊》第26辑，上海古籍出版社，2014年，第130页。

④W. Tomaschek, M. J. de Joeje, *De Muur van Gog en Magog, Bijdrage van.-Amsterdam 1888*, Wiener Zeitschriftfür die Kunde des Morgenlands, Bd. III, 1889, S. 107.

思汗。^①

下巴儿思汗位于怛逻斯东三法尔萨赫（Parasangs，约 18 公里）处。^②大食地理学家木卡达西（al-Muqaddasi）记载其地，称靠近怛逻斯，有墙但已经坍塌，清真寺位于集市（Bazar）中。^③这一地名貌似存在到很晚的时期。1402 年，朝鲜学者权近和李荟以《明国图》为基础，绘制成《混一疆理历代国都之图》，其中有许多西域和欧洲的地名，这是元代入华的回回人带来的穆斯林地理学知识。图中有"怕里思汗"，即其地。^④苏联学者在地图上将其地定于怛逻斯东北。^⑤

本文讨论的上巴儿思汗是历史名城。吉慈尼王朝开国之君色布克特勤（Sebüktegin）即来自其地附近的突厥部落。他被突骑施人抓获，卖给察赤（Chāch，今塔什干）的一个奴隶贩子，后到那黑沙不，辗转成为萨曼王朝官员阿尔普特勤的警卫。^⑥喀喇汗朝著名学者马赫穆德·喀什噶里（Mahmud al-Kashgari）在他的《突厥语词典》中曾经提到其父是当地的长官，有学者认为他本人即生于此。^⑦

关于巴儿思汗的位置，《突厥语词典》提到："拔达岭（Badal Art），是乌什（Uč）和巴儿思汗间的山口，十分陡峭。"^⑧拔达岭即今乌什西北别迭里山口。《世界境域志》言巴儿思汗"是（伊塞克）湖边的一个城镇，繁荣而秀丽"，同书另一处在叙述伊塞克湖的时候提到此城位于湖岸上。^⑨则其地应在靠近别迭里山口的伊塞克湖东南某地。米诺尔斯基（V. Minorsky）认为最可能靠近伊塞克湖东南的普尔热瓦尔斯克（Przhevalsk，今吉尔吉斯斯坦卡拉科尔），当地的巴尔思宽河（Barskaun）之名与其有关。^⑩从前引苏联学者的地图看这一定位有些偏东。1832 年，浩罕侵入清朝伊塞克湖附近

---

① 内藤みどり《西突厥史の研究》，早稻田大学出版部，1988 年，第 40 页。

② 伊本·忽尔达兹比赫著，宋岘译注《道里邦国志（附：税册）》，中华书局，2001 年，第 31 页。

③ B. B. Бартольд, Сочинения, ч. 4, Москва, 1966, стр. 34.

④ N. Kenzheakhmet, "Central Asian Place Names in the Kangnido", *Journal of Asian History*, Vol. 49, No. 1–2, *Chinese and Asian Geographical and Cartographical Views on Central Asia and Its Adjacent Regions,* 2015, p. 150.

⑤ А. М. БЕЛЕНИЦКИЙ, И.Б. БЕНТОВИЧ, О.Г. БОЛЫПАКОВ, СРЕДНЕВЕКОВЫЙ ГОРОД СРЕДНЕЙ АЗИИ, ленинград, 1973, стр. 205.

⑥ C. E. Bosworth, *The Ghaznavids: Their Empire in Afghanistan and Eastern India 994–1040,* Munshiram Manoharlal, 1992, pp.39–40.

⑦ R. Dankoff, "Editor's Introduction", R. Dankoff & J. Kelly (eds. and trs.), *Compendium of the Turkic Dialects*, by Mahmud al-Kašɣari, Vol. 1, Cambridge: Harvard University Printing Office, 1982, p.4；耿世民《喀拉汗王朝与喀什噶里的〈突厥语词典〉》，《中央民族大学学报》2009 年第 6 期，第 99 页。

⑧ R. Dankoff & J. Kelly (eds. and trs.), *Compendium of the Turkic Dialects*, by Mahmud al-Kašɣari, Vol. 1, p.300.

⑨ V. Minorsky, Hudud al-'Ālam, "The Regions of the World", *A Persian Geography 372 A H. – 982 A.D.*, London, 1937, pp. 54, 98.

⑩ V. Minorsky, Hudud al-'Ālam. "The Regions of the World", *A Persian Geography 372 A H. – 982 A.D.*, p. 293.

的布鲁特（吉尔吉斯）地区，曾在当地兴建巴尔斯孔要塞（Барскон，当即清代史料中的巴尔浑之地，今巴尔斯阔伊），①与巴儿思汗名字接近，然未必为一地。

一、库达玛书关于巴儿思汗一段记载的年代

821 年前后，大食旅行家塔米姆（Tamim ibn Bahr）前往回鹘，从怛逻斯以东的下巴儿思汗出发，在归途经过上巴儿思汗，他谈到上巴儿思汗有四个大城镇和四个小城镇。②《道里邦国志》记载的陆路路程最东一段是从怛逻斯到上巴儿思汗。其中关于上巴儿思汗记载："再至上巴儿思汗，它是中国的边界。其间，商队（驼队）经牧场行走 15 天，而突厥人的邮递员则用 3 天走完。上巴儿思汗乃是中国的边界。"③华涛先生研究认为这一段记载的时间是 8 世纪六七十年代。④笔者赞同这一看法。这段记载说巴儿思汗是中国的边界，令人联想到杜环记载的 8 世纪中叶的情况："从安西西北千余里，有勃达岭。岭南是大唐北界，岭北是突骑施南界。"⑤当时别迭里一带的天山大约是唐与突骑施的分界。这段记载反映的应是 8 世纪中叶以后不久的情况】。

但《道里邦国志》另一处关于巴儿思汗的记载，似乎反映的是唐朝退出西域以后的形势："再（从拔汗那）到库巴（Qubā）为 10 法尔萨赫，再到我失（Ūsh）城为 10 法尔萨赫，再到乌兹根（Ūzkand）为 7 法尔萨赫，乌兹根是菊尔特勤（Khūrtakin）的都城。再登陟到丘冈为一天的路程，再到阿忒八失（At Bash）为一天的行程，再到上巴儿思汗为六天的行程，在这六天见不到一个城镇。阿忒八失是座城市，位于吐蕃和拔汗那之间的高原山路上。上巴儿思汗和吐蕃同处东方的中心。"⑥阿忒八失之名见于《元史·西北地附录》，突厥语意为"马头"。其地在今吉尔吉斯斯坦纳伦以南，当地犹名阿特巴希。巴托尔德曾经考察其地，认为当时的阿忒八失即今阿特巴希以西的科舍伊·库尔干古城（Кошой—курган）。⑦其地即唐代汉文史料中的马头川，穆斯林史料中也常见记载。⑧这里说阿忒八失靠近吐蕃，显然是吐蕃势力扩展到西域时的情况。大食学者库达玛（Qudāma）完成于 928 年前后

①Б. Джамгерчинов, Присоединение Киргизии к России, Москва: Соцэкгиз, 1959, стр.95.

②V. Minorsky, "Tamim ibn Bahr's Journey to the Uyghurs", *Bulletin of School Oriental and African Studies*, Vol. 12, 1948, pp. 283, 294.

③伊本·忽尔达兹比赫著，宋岘译注《道里邦国志（附：税册）》，第 31 页；参看张广达《碎叶城今地考》，《西域史地丛稿初编》，第 6 页。

④华涛《西域历史研究》，商务印书馆，2020 年，第 63 页。

⑤杜环著，张一纯笺注《经行记笺注》，中华书局，1963 年，第 29—30 页。

⑥伊本·忽尔达兹比赫著，宋岘译注《道里邦国志（附：税册）》，第 33—34 页；部分译名作了改动。参看华涛《唐代西突厥都曼起兵史事考》，《新疆社会科学》1989 年第 3 期，第 109 页。

⑦В. В. Бартольд, Сочинения, ч. 4, стр. 59.

⑧华涛《唐代西突厥都曼起兵史事考》，《新疆社会科学》1989 年第 3 期，第 105—114 页。

的《税册》(kitāb al-kharāj) 大部分本于伊本·忽尔达兹贝书，但也有一些新信息，他记载："此山地有上坡和下坡，阿忒八失是一座在高屏障上的城市，它位于吐蕃、拔汗那、巴儿思汗之间。"[1] 本文拟探讨这段涉及巴儿思汗的记载的时代。

喀什噶尔在阿忒八失之南，两地有密切的交通，例子甚多。例如喀喇汗朝开国之君萨图克反对其叔，就是先夺取阿忒八失，势力发展到拥有 3000 骑兵，之后夺取喀什噶尔。[2] 1089 年前后，当时的阿忒八失统治者雅库布特勒 (Yaqub) 是喀什噶尔汗的兄弟。[3] 元明时期，两地依旧有密切的交通。如耶律希亮在阿里不哥之乱中曾流落西域，随察合台后王阿鲁忽退到喀什噶尔，"四年，至可失哈里城，四月，阿里不哥复至，公从出征至浑八升城，公母从后避暑于阿体八升山"，[4] 阿体八升即阿忒八失之异译，其地即今阿特巴希山。[5] 又如，1514 年占据费尔干纳的察合台后王赛德在月即别人的侵逼下进入喀什噶尔，也是取道阿忒彭八失 (At Bum Bash，当即阿忒八失)。[6] 故而笔者认为，这段吐蕃与阿忒八失接壤的记载很可能可以放在吐蕃占领喀什噶尔、葱岭一带的背景下来考察时间。

安史之乱后吐蕃占领西域各地，其中在疏勒一带的作战史书记载颇为模糊。桑耶寺兴建后，吐蕃赞普赤松德赞曾颁布《不得灭法之诏书》，召集大臣进行盟誓，第一份盟誓诏书抄写多份放在吐蕃各地，其中即有勃律 (bru-sha-yul)。[7] 吐蕃文书中的"勃律"专指小勃律，以此判断吐蕃重新占领小勃律。这里无疑会成为吐蕃势力向北延伸的跳板。疏勒长期为唐军所守，如 789 年前后僧人悟空东返中原，"渐届疏勒 (一名沙勒)，时王裴冷冷、镇守使鲁阳，留住五月"，[8] 吐蕃攻陷其地应该在这一时期以后。当时吐蕃势力已经逼近疏勒，《旧唐书·大食传》提到唐德宗贞元年，"蕃军太半西御大食"。[9] 吐蕃与西面占据河中的大食冲突激烈，显然是势力扩展到葱岭一带才可能实现的。

① 伊本·忽尔达兹比赫著，宋岘译注《道里邦国志 (附：税册)》，第 221 页；参看 V. Minorsky, Hudud al-'Ālam. "The Regions of the World", *A Persian Geography 372 A H. – 982 A.D.*, p. 256, n.2.

② 华涛《贾玛尔·喀尔施和他的〈苏拉赫字典补编〉》(上)，《元史及北方民族史研究集刊》第 10 期，1986 年，第 66 页。

③ Материалы по истории киргизов и Киргизии, I, москва, стр.62.

④ 危素《危太朴文续集》卷 2《耶律希亮神道碑》(元人文集珍本丛刊七)，新文丰出版公司，1985 年，第 507 页。

⑤ E. Bretshneider, *Mediaeval Researches from Eastern Asiatic Sources*, Vol. 1, London, 1888, p. 163；岑仲勉《〈耶律希亮神道碑〉之地理人事》，《中外史地考证》下册，中华书局，1962 年，第 571—572 页。

⑥ 米儿咱·马黑麻·海答儿著，新疆社会科学院民族研究所译，王治来校注《中亚蒙兀儿史——拉失德史》第 2 编，新疆人民出版社，1986 年，第 219 页。

⑦ 巴卧·祖拉陈瓦原著，黄颢、周润年译注《贤者喜宴——吐蕃史译注》，中央民族大学出版社，2010 年，第 183 页。

⑧ 杨建新等编注《古西行记选注》，宁夏人民出版社，1987 年，第 125 页。

⑨ 王小甫《唐、吐蕃、大食政治关系史》，中国人民大学出版社，2009 年，第 190—193 页；沈琛《8 世纪至 9 世纪初吐蕃对西域的经略》，《西域文史》第 14 辑，科学出版社，2020 年，第 268—269 页。

790—796 年吐蕃攻克于阗，[1] 疏勒沦陷时间或与此接近。普里查克（O.Pritsak）认为，当时葛逻禄势力扩展到疏勒，白桂思指出这一点没有被汉文史料证实。[2] 近年在伊塞克湖附近的塔姆加峡谷发现古藏文碑铭，其文字同拉萨的吐蕃碑铭创作风格接近，有学者认为应是当时吐蕃人留下的。[3] 805 年河中爆发反对大食的拉飞（Rafi b.al-Layth）起义，波及河中大部分地区。根据大食史学家雅库比（al-Yaqubi）记载，当时给拉飞派来援军的"还有突厥人、葛逻禄人、九姓古斯、吐蕃和其他地方的力量"，[4] 或许当时吐蕃占据了葱岭和疏勒附近，与河中东部接壤，故派军前往支持反对大食的起义。

吐蕃在疏勒统治时间很短。791 年左右，回鹘在北庭附近战胜吐蕃，之后势力向西延伸，夺取天山南麓各地。编号为Hedin 20 的汉语—于阗语双语文书写于 802 年，[5] 当时于阗为吐蕃占领。其中提到："关于今晚Lunä tcabi ysamgä从佉沙（Khyesvā，即疏勒）送来的信，说匈奴人（Huna）在攻击佉沙的Ttumga sem，但不知道他们攻击了多少天和什么日子进攻。当你听到命令，将所有人畜带到媲摩（Phema）。"[6] 古代常用"匈奴"指代来自蒙古高原的游牧民族，[7] 这里的"匈奴"即回鹘，可见当时回鹘已侵逼疏勒。[8] 最终回鹘攻克疏勒，消灭吐蕃势力。中国国家图书馆曾经入藏一批新疆和田地区出土的写本，其中有一件犹太波斯语书信，编号为X—19。张湛、时光两位先生对该文本进行了翻译与研究。该文书第 31 行提到："喀什噶尔的情况是这样的：他们杀光了吐蕃人，绑了bgdw。"[9] 可惜文书中没有明说"他们"是谁。二位先生认为这封信写于 802 年之后不久，指的是回鹘击溃吐蕃，夺取喀什噶尔。付马先生也赞同其说。[10] 无论如何，疏勒最终从吐蕃转入回鹘。吐鲁番曾发现写于回鹘保义可汗时期（808—821）的《摩尼教赞美诗集》，其中提到属于回鹘的西域各地

[1] 荣新江、朱丽双《于阗与敦煌》，甘肃教育出版社，2013 年，第 19 页。

[2] Christopher I. Beckwith, *The Tibetan Empire in Central Asia: A History of the Struggle for Great Power among Tibetans, Turks, Arabs, and Chinese during the Early Middle Ages*, Princeton, 1987, p. 153.

[3] А．Н．捷林斯基、Б．И．库兹涅佐夫著，刘立德译《伊塞克湖畔的古藏文碑铭》，《国外藏学研究动态》1991 年第 5 期，第 17—18 页。

[4] *The Works of Ibn Wādih al-Ya'qūbi*, Vol3, History（Ta'rikhs），trs. by Matthew S. Gordon, Chase F. Robinson, Everett K. Rowson, and Micheal Fishbein, Brill, 2018, p.1193.

[5] 张湛、时光《一件新发现的犹太波斯语信札的断代与释读》，《敦煌吐鲁番研究》第 11 卷，上海古籍出版社，2008 年，第 81 页。

[6] H. W. Bailey, *Khotanese Texts* IV, Cambridge University Press, 1961, p.121.

[7] É. de la Vaissière, "Huns et Xiongnu", *Central Asiatic Journal*, Vol. 49, No. 1, 2005, pp. 3-26.

[8] 吉田丰著，广中智之译，荣新江校《有关和田出土 8—9 世纪于阗语世俗文书的札记（一）》，《敦煌吐鲁番研究》第 11 卷，第 168—169 页。

[9] 张湛、时光《一件新发现的犹太波斯语信札的断代与释读》，《敦煌吐鲁番研究》第 11 卷，第 87 页。

[10] 付马《丝绸之路上的西州回鹘王朝》，社会科学文献出版社，2019 年，第 84 页。

官员即有伕沙设，似是回鹘的龟兹节度使下属，[①]可知当时疏勒已为回鹘所据。《世界境域志》记载样磨占据喀什噶尔一带，并说样磨国王与九姓乌古斯（回鹘）国王同族。[②]疑样磨曾为回鹘属部，后占据属于回鹘的疏勒一带。

综上所述，可知吐蕃占据疏勒似乎时间很短，大约从 8 世纪 90 年代到 9 世纪初。笔者认为，库达玛记载的阿忒八失位于吐蕃、巴儿思汗和拔汗那间，应该反映的是这一时期的情况。

吐蕃虽然占据疏勒地区的时间短暂，但在穆斯林史料中留下了许多痕迹。如 11 世纪中叶吉慈尼王朝史学家加尔迪齐著有《记叙的装饰（Zainu 'l-axbār）》一书，记叙了突厥各部早期传说。他就提到："喀什噶尔附近有许多村子和无数小村庄，这个国家在从前属于吐蕃汗（Töbüt Xān）"。[③]《世界境域志》描述的吐蕃似是属于吐蕃强盛时期，虽然当时吐蕃已经退出喀什噶尔（书中言是样磨领地），但依旧占据西域部分地区。如该书在叙述护密（Vakhan）的昏驮多（Khamdadh，今阿富汗汗都德）时，言该地左边（北侧）有一个被吐蕃占据的城堡，足见当时吐蕃势力及于护密以北。又如同书谈到吐蕃与喀什噶尔接壤。[④]在记述拔汗那东部的乌兹根的时候，该书记载有两条河流过乌兹根郊区，其中一条河名叫Yabāghu，来自吐蕃。[⑤]这条河在喀什噶里《突厥语大词典》中也有记载："yapāqu suwi，从喀什噶尔山区流向拔汗那乌兹根的河名"。[⑥]喀什噶尔山区应是喀什噶尔与拔汗那间的群山，即阿赖山一带，其地到 19 世纪末还有喀什噶尔岭之名。[⑦]可见这一带当时为吐蕃势力所及之地。塔米姆赴回鹘时，吐蕃势力应已退出疏勒，但是他也谈到从吐蕃方向有大大小小 150 条河注入（伊塞克）湖中。[⑧]这令人联想到前引库达玛有关吐蕃和巴儿思汗接壤的记载。10 世纪大食地理学家伊本·豪卡尔在叙述镬沙（Wekhsh，位于今瓦赫什河流域）的时候，言其地毗邻吐蕃。[⑨]这应是吐蕃强盛，势力扩展到镬沙以东时期的信息。

①W. B. Henning, "Argi and the 'Tokhaians'", *Bulletin of the School of Oriental and African Studies*, Vol. 9, 1938, p. 567；王媛媛《中古波斯文〈摩尼教赞美诗集〉跋文译注》，《西域文史》第 2 辑，科学出版社，2007 年，第 140 页。

②V. Minorsky, Hudud al-'Ālam. "The Regions of the World", *A Persian Geography 372 A H. – 982 A.D.*, p. 96.

③A. P. Martinez, "Gardīzī's Two Chapters on the Turks", *Archivum Eurasiae Medii Aevi, II（1982）*, 1983, p.130. 王小甫译《加尔迪齐著〈记叙的装饰〉摘要》，《边塞内外——王小甫学术文存》，东方出版社，2016 年，第 584 页。

④V. Minorsky, Hudud al-'Ālam. "The Regions of the World", *A Persian Geography 372 A H. – 982 A.D.*, pp. 96, 121.

⑤V. Minorsky, Hudud al-'Ālam. "The Regions of the World", *A Persian Geography 372 A H. – 982 A.D.*, p. 116.

⑥R. Dankoff & J. Kelly（eds. and trs）, *Compendium of the Turkic Dialects*, by Mahmud al-Kašγari, Vol. 2, p.166.

⑦黄盛璋《驳无耻的浩罕继承论》，《中俄关系史论文集》，甘肃人民出版社，1979 年，第 419 页。

⑧V. Minorsky, "Tamim ibn Bahr's Journey to the Uyghurs", *Bulletin of School Oriental and African Studies*, Vol. 12, 1948, p. 284.

⑨*The Oriental Geography of Ebn Haukal, An Arabian Traveller of the Tenth century*, tr. by the W. Ouseley, London, 1800, p.239.

二、喀喇汗朝时期的巴儿思汗略探

高昌回鹘建立后，势力迅速扩展。《世界境域志》叙述巴儿思汗时，虽然将其地列在葛逻禄的领地里，但说当地居民忠于九姓古斯（Toghuzghuz）。[①]《世界境域志》中的九姓古斯即高昌回鹘，可见当时高昌回鹘势力已经到达伊塞克湖东南，逼近巴儿思汗。[②]尼扎姆·穆尔克（Nizām al-Mulk）的《治国策》记载，943 年左右，萨曼王朝将领意欲夺取非穆斯林游牧民占领的八剌沙衮，结果引起政变，萨曼王纳斯尔二世（Nasr b. Ahmed，914—943 年在位）退位。[③]华涛先生认为游牧民是高昌回鹘。[④]可见当时高昌回鹘西部势力已经抵达伊塞克湖一带，巴儿思汗应在界内。

德国探险队 20 世纪曾经在吐鲁番地区收获 3 件与高昌回鹘历史有关的木杵文书，现藏柏林亚洲艺术博物馆，其中第三件文书编号为MIK Ⅲ 7279，系回鹘文。以往学界对该文书有一些研究，森安孝夫对该文书进行了最新的释读，并发表论文。据他的释读，前三行内容如下："在吉祥的己火吉祥的羊年（己未年）二月初三日，在Kün Ay Tängridä Qut Bulmïš Uluɣ Qut Ornanmïš Alpïn Ä Rdämin Il Tutmïš Alp Arslan（原意为自日月神获得恩威、身具伟大恩威、以勇气与恩德掌握国家的勇猛的狮子）——有福的智海天王（担任？）十姓回鹘汗，统治着东自沙州、西至Uč和巴儿思汗（Barsxan）时……"[⑤]

文中"己火吉祥的羊年"，森安孝夫研究认为即 1019 年。[⑥]Uč即乌什，巴儿思汗是热海东南上巴儿思汗。结合前引《突厥语大词典》两地间拔达岭是通道的记载，可见当时两地经常被视作一个地区。从该文书可知当时高昌回鹘西部疆域抵达此二地（但也不排除高昌回鹘统治者夸大疆域辽阔的可能）。

从米兰出土的一件突厥文文书来看，高昌回鹘似设有巴儿思汗将军（Bars qan sangun）为巴儿思汗长官。[⑦]

①V. Minorsky, Hudud al-'Ālam. "The Regions of the World", *A Persian Geography 372 A H. – 982 A.D.*, p. 98.

②付马《丝绸之路上的西州回鹘王朝》，第 147 页。

③尼扎姆·穆尔克著，蓝琪译《治国策》，商务印书馆，2013 年，第 286—293 页。

④华涛《西域历史研究》，第 127 页。

⑤森安孝夫《西ウイグル王國史の根本史料としての棒杭文書》，《東西ウイグルと中央ユーラシア》，名古屋大学出版会，2015 年，第 694—695 页。

⑥森安孝夫《西ウイグル王國史の根本史料としての棒杭文書》，《東西ウイグルと中央ユーラシア》，第 684—689 页。

⑦白玉冬《米兰出土Or.8212/76 鲁尼文军需文书年代考》，《中古中国研究》第 3 卷，中西书局，2020 年，第 60—64 页。

当时喀喇汗王朝已崛起，势力抵热海附近。992 年，驻在八剌沙衮的喀喇汗统治者哈伦（Harun B. Sulaiman）攻入布哈拉，但随即退出。根据加尔迪齐记载，他在回师时死于火赤哈儿八失（Qočqar basi，突厥语，意言公羊头）之地。[1]巴托尔德曾经讨论过这个地方，认为："它位于塔拉斯之东，但是更可能的是，这个城市像它的名称所能揣测的，是位于喀什噶尔河的上游，正如楚河是根据它的上游来命名的一样。"[2]实际上这个地方应靠近楚河源头。[3]今伊塞克湖西南有柯奇柯尔之地，靠近楚河源头，数见明代《拉失德史》，当即其地。可见当时喀喇汗朝势力已经抵达热海西南。当时热海周围或是喀喇汗朝与高昌回鹘势力交错之地。

最终巴儿思汗并入喀喇汗王朝。喀什噶里记载："马赫穆德的父亲来自这座城市。有人说这是回鹘国王的马夫的名字，因为那里空气好，他过去常常去那里放马。"[4]关于这一记载，巴托尔德说："这后一种解释是有趣的，即从中人们可以得出结论，回鹘在西方曾一度来到热海，对这一事实的回忆一直保存到 11 世纪。"[5]虽然漠北回鹘汗国时期巴儿思汗的名字就已经存在，但考虑到距离喀什噶里时期遥远，似乎反映的是高昌回鹘曾统治其地可能性更大。

近年来，米歇尔·费多罗夫（Micheal Fedorov）先生曾对喀喇汗钱币进行了一系列研究，其中即有专文研究有关巴儿思汗的喀喇汗钱币，本节拟吸收他的成果，结合史料略作探讨。

1016 年，喀喇汗王朝君主玉素甫在乌什铸造钱币，[6]似乎当时喀喇汗王朝已向高昌回鹘领地扩张。付马先生认为，1016—1019 年双方曾为争夺乌什有战争。[7]黄盛璋先生言："马木特（即麻赫穆德·喀什噶里）的父亲既为巴儿思汗城人并任爱密，则 11 世纪此城当属喀喇汗国。"[8]惜此城并入喀喇汗朝时间不明。有学者将前引记载理解为喀什噶里之父生于巴儿思汗，查英译本原文，似乎喀什噶里只言其父来自其城，未说生于其地。另外，喀什噶里大约生于 11 世纪 20 年代，[9]则其父生年应该在 10 世纪末或 11 世纪初，1019 年高昌回鹘西部疆域依旧包括巴儿思汗，喀什噶里之父不可能生于此，故理解为其父来自此地更妥。

①巴托尔德著，张锡彤、张广达译《蒙古入侵时期的突厥斯坦》上册，上海古籍出版社，2007 年，第 301 页；参看 O. Pritsak, *Die Karachaniden, Der Islam,* Band 31, 1953, S.26.

②巴托尔德著，罗致平译《中亚突厥史十二讲》，中国社会科学出版社，1984 年，第 83 页。

③M. H. 费多罗夫著，秦卫星译，华涛、魏良弢校《十世纪末至十三世纪初东部喀喇汗王朝历史概要（根据古钱资料）》，《新疆文物》1987 年第 1 期，第 83 页。

④R. Dankoff & J. Kelly (eds. and trs.), *Compendium of the Turkic Dialects*, by Mahmud al-Kašɣari, Vol. 2, p.364.

⑤巴托尔德著，罗致平译《中亚突厥史十二讲》，第 97 页。

⑥Y. Bregel, *A Historica Atlas of Center Asia*, Leiden: Brill, 2003, p.26.

⑦付马《西州回鹘统治者称号研究——年代、结构与特征》，《中央研究院历史语言研究所集刊》第 91 本第 2 分，2020 年，第 150 页。

⑧黄盛璋《炽俟考——Chigil 的族名对音、分布地域及其和喀喇汗朝的关系》，《新疆社会科学》1990 年第 5 期，第 88 页。

⑨张广达《关于马合木·喀什噶里的〈突厥语词汇〉与见于此书的圆形地图》，《西域史地丛稿初编》，上海古籍出版社，1995 年，第 60 页。

据费多罗夫研究，已知的喀喇汗朝最早铸造于上巴儿思汗的钱币是在 1043 年，钱币上有喀喇汗朝大可汗苏莱曼（Sulaiman B.Yusuf）及其附庸阿尔斯兰特勤纳斯尔（Arslan Tegin Nasr）之名。[1]可见当时喀喇汗朝已控制巴儿思汗。在一枚发行于 1019 年的钱币上也提到了巴儿思汗，如果这里的巴儿思汗是上巴儿思汗，似乎喀喇汗朝当时已经占领其地，但费多罗夫认为这枚钱币与怛逻斯铸造的钱币外形类似，应该是下巴儿思汗的钱币。[2]结合前引回鹘文书，笔者认为喀喇汗朝从高昌回鹘夺取巴儿思汗应该在 1019—1043 年。这个时限有些宽，具体在哪年有待研究。

喀什噶里全名是马赫穆德·伊本·侯赛因·伊本·穆罕默德·喀什噶里（Mahmūd ibn al-Husayn ibn Muhammad al-Kāšɣari）。[3]从名字来看，他是穆罕默德之孙、侯赛因之子，结合他提到自己来自喀喇汗王族，普里查克（O. Pritsak）曾考证他是喀喇汗朝博格拉汗穆罕默德之孙、侯赛因之子。[4]

据伊本·阿西尔《全史》载，1043 年，喀喇汗朝可汗苏莱曼对领地进行了划分，他自己保有八刺沙衮、喀什噶尔，把怛逻斯、白水城（Isbijab）分封给其弟博格拉汗（穆罕默德），拔汗那分封给其叔托干汗，而河中地区分封给阿里特勤之子，其他领地分封给兄弟阿尔斯兰特勤。[5]实际上这很可能是对之前已存在的割据的承认，例如穆罕默德早已是怛逻斯和白水城一带的实际统治者。后来穆罕默德打败并俘虏苏莱曼，自为大可汗，其时在 1056 年。[6]穆罕默德在位仅 15 个月便让位其子侯赛因，这引起他一位妻子的不满，妻子毒死穆罕默德，另立其子易卜拉欣为汗，许多汗族成员罹难。[7]普里查克认为，喀什噶里即是在这次宫廷政变中流亡的。

有一枚铸造于巴儿思汗，时间是 1033 年的喀喇汗钱币，提到穆罕默德之子查格里特勤（Jaghrī Tegīn），此人即侯赛因。《全史》记载："随后，博格拉汗把王国交给了他的长子侯赛因·查格里·特勤。"[8]在钱币上他承认其叔苏莱曼和其父为宗主。这枚钱币的刊布者加里宁（V. Kalinin）认为，这里的巴儿思汗是上巴儿思汗。此说遭到费多罗夫的批判，他指出当时穆罕默德领地在怛逻斯和白水城一带，且有其兄苏莱曼于 1033 年铸造于八刺沙衮的钱币，穆罕默德的势力不可能越过八刺沙衮，

[1]M. Fedolov, "Qarākhānid Coins as a Source for the History of Barskhān", *The Numismatic Chronicle*, Vol. 169, 2009, pp.274,285.

[2]M. Fedolov, "Qarākhānid Coins as a Source for the History of Barskhān", *The Numismatic Chronicle*, Vol. 169, 2009, p.272.

[3]R. Dankoff & J. Kelly（eds. and trs.）, *Compendium of the Turkic Dialects*, by Mahmud al-Kašyari, Vol. 1, p.70.

[4]O. Pritsak, "Mahmud Kâşgarî Kimdir", *Türkiyat Mecmuası* X, Istanbul, 1953, S. 243–246

[5]Материалы по истории киргизов и Киргизии, I, стр.60.

[6]B. D. Kočnev, "La Chronologie et al généalogie des Karakhanides du point de vue de la numismatique", *Cahiers d'Asie centrale*, 9, 2001, p. 52.

[7]Материалы по истории киргизов и Киргизии, I, стр.59.

[8]Материалы по истории киргизов и Киргизии, I, стр.59.

其子不可能为八剌沙衮以东的上巴儿思汗长官。[①] 1034 年，穆罕默德即与苏莱曼公开敌对，之后双方长期不和，[②] 其子似乎不太可能越过苏莱曼领地，到伊塞克湖东南的巴儿思汗任长官。

如果前引普里查克考证不误，似乎引申出了一个问题。穆罕默德领地在东部喀喇汗朝西北，他与其兄长期敌对，即使其子为巴儿思汗长官，似乎也是穆罕默德 1056 年打败其兄后更有可能。一直到 1052 年，上巴儿思汗还是在另一个喀喇汗宗王阿尔斯兰特勤控制下，[③] 没有侯赛因在此任职的痕迹。穆罕默德夺位后仅 15 个月即让位侯赛因，即使之前侯赛因任职巴儿思汗，时间似乎有些短暂，从喀什噶里称其父来自巴儿思汗看，其父应长居其地。笔者怀疑会不会其父担任长官的巴儿思汗是下巴儿思汗，穆罕默德早期于怛逻斯、白水城一带居藩时将其地分封给其子，这从前引铸造于伊斯兰历 425 年的钱币中可以得到印证。而喀什噶里因为时间久远，将两个巴儿思汗记混了，将其父任职的下巴儿思汗误会为伊塞克湖附近的巴儿思汗。

巴儿思汗在 11 世纪后期为伊捺特勤（Inal Tegin）所据。易卜拉欣即位后势力衰落，八剌沙衮即不在其范围内，后才占领其地。喀什噶尔也不是他势力所及之地。[④] 其母命其进攻伊捺特勤，结果兵败被杀。[⑤] 易卜拉欣的钱币最晚铸造于 1062 年，[⑥] 则他攻打巴儿思汗失败应该在这一年前后。伊捺特勤其人也见于近年发现的喀喇汗朝钱币上，钱币显示他有伊马杜丁（Imād al-Dīn）的尊号（Laqab）。从钱币来看，其父托干特勤（Togan Tegin）曾领有喀喇汗王朝东部的乌什，他似乎在苏莱曼时期已经独立，在一枚铸造于乌什的 1053 年的钱币上他没有把苏莱曼列为宗主。他的势力延伸到巴儿思汗，其子伊捺特勤占据巴儿思汗是在 1058 年前后。[⑦] 他占据这两地，令人联想到前引回鹘文书叙述高昌回鹘西部疆域时将乌什和巴儿思汗并列，以及喀什噶里提到两地通道为拔达岭。大约在 11 世纪，乌什和巴儿思汗常被视作一个地区，两地通过拔达岭交通，可见当时高昌回鹘势力已退

①M. Fedolov, "Qarākhānid Coins as a Source for the History of Barskhān", *The Numismatic Chronicle*, Vol. 169, 2009, p.273.

②Б. Д. Кочнев, Нумизматическая история Караханидского каганата（991–1209 гг.）. Источниковедческое исследование, Москва, 2006, стр.200–201；巴托尔德著，张锡彤、张广达译《蒙古入侵时期的突厥斯坦》上册，第 344 页。

③Б. Д. Кочнев, Нумизматическая история Караханидского каганата（991–1209 гг.）. Источниковедческое исследование, стр.196.

④B. D. Kočnev, "La Chronologie et al généalogie des Karakhanides du point de vue de la numismatique", *Cahiers d'Asie centrale*, 9, 2001, p. 59.

⑤Материалы по истории киргизов и Киргизии, I, стр.59.

⑥Б. Д. Кочнев, Нумизматическая история Караханидского каганата（991–1209 гг.）.Источниковедческое исследование, стр.203.

⑦M. Fedolov, "Qarākhānid Coins as a Source for the History of Barskhān", *The Numismatic Chronicle*, Vol. 169, 2009, pp.276, 279, 285.

出两地。在钱币上，托干特勒带有Ghāzī（圣战者）的称号，考虑到他占据的地区靠近高昌回鹘与喀喇汗朝边界，笔者认为他有这一称号可能和东面高昌回鹘作战有关。11世纪后期，喀喇汗朝向原属高昌回鹘的龟兹渗透，但是龟兹佛教影响依旧在。《宋会要》记载：绍圣三年（1096）十月"十五日，熙河兰岷路经略安抚使司言：'据洮西沿边安抚司申发遣到龟兹王国进奉大首领阿连撒罗等三人表章及玉佛等，本国未尝进奉，欲许于熙秦州买卖，仍将赍到玉佛，估价回赐钱物遣回。'"[1]可见11世纪末龟兹依旧有信奉佛教者。伊捺特勒取得这一称号或许和他迫害东面的佛教徒有关。从钱币来看，伊捺特勒到1075年左右依旧统治巴儿思汗。

占据巴儿思汗和乌什一带的喀喇汗朝东部势力十分强大。1089年前后，《全史》提到有一个名为托格鲁尔·伊本·伊捺（Togril ibn Inal）的人带领数万人马突袭喀什噶尔，俘虏喀什噶汗，他的领地距喀什噶尔80法尔萨赫。当时控制河中的塞尔柱苏丹马里克沙认为他是个威胁，于是便释放了被捕的喀喇汗宗王雅库布，让他和托格鲁尔对抗，自己则返回呼罗珊。[2]从这一名字看，托格鲁尔应是伊捺之子，巴托尔德认为此人可能即前述伊捺特勒，伊本·阿西尔提及的被伊捺特勒俘虏的喀什噶尔汗即哈桑（哈伦）·伊本·苏莱曼。考虑到史书记载哈桑后来一直在位到1102年，其应是逃出了托格鲁尔之手。[3]可见这一势力甚至威胁到东部喀喇汗王朝的中心喀什噶尔。这一割据势力的消灭，以及是否与曾长期占据其地的高昌回鹘有关，因资料缺乏待考。

三、关于西辽初期的巴儿思汗

1134年前后，耶律大石进据东部喀喇汗朝都城八剌沙衮，之后派遣沙黑纳（Shahna）至巴儿思汗，控制其地。[4]

穆罕默德·伊本·纳吉布·贝克兰（Muhammad ibn Najib Bekran）为花剌子模沙摩诃末撰有《寰宇志略》（Jahān-Nāmah）一书，其中有关于巴儿思汗的记载："伊塞克湖位于巴儿思汗附近，在突厥斯坦境内，水是静止的，所以被称为伊塞克（Iskul），那里的水好像很温暖，我再也听不过任何关于其地的情况了。"[5]或是西辽时期其地的情况。

---

[1] 徐松辑《宋会要辑稿》蕃夷七之四二，中华书局，1957年，第7860页；脱脱等《宋史》卷490《外国六·龟兹传》，中华书局，1977年，第14123页。

[2] Материалы по истории киргизов и Киргизии, I, стр.63.

[3] W. Barthold, trs. by V. And T. Minorsky, *Four Studies on Central Asia* Vol. I: History of the Semirechye, Leiden: Brill, 1956, p.98.

[4] 志费尼著，何高济译《世界征服者史》上册，内蒙古人民出版社，1981年，第418页；韩儒林《关于西辽的几个地名》，《元史及北方民族史研究集刊》1980年第4期，第49页。

[5] Материалы по истории киргизов и Киргизии, I, стр.47.

古尔王朝宫廷诗人尼扎米·阿鲁齐·撒麻耳干迪（Nizām 'Arūzī Samarqndī）的《四篇谈话》（Chahār Maqāla）写于 1155 年，记叙了一些中亚统治者的趣闻轶事。根据该书记载，菊儿汗（耶律大石）在撒马尔罕击败塞尔柱苏丹桑贾尔后，进据布哈拉，任命阿尔普特勤（Alptagín，或者写作 Atmatagin）为布哈拉长官，此人是花剌子模沙阿即思（Atsiz）之侄。[1] 从《布哈拉史》续写者提到 1139 年阿即思攻入布哈拉，杀死塞尔柱苏丹桑贾尔的将领赞吉（Zangī ibn Alī）并毁其城堡来看，[2] 耶律大石这一任命或与当地的花剌子模势力较大有关。

耶律大石完成这一任命，"然后菊儿汗（Gúr Khán）离开，返回巴儿思汗（Bars-ján）"，[3] 之后阿尔普特勤在布哈拉为政暴虐，"布哈拉的几位头面人物到巴儿思汗去告状。国王问讯之后，当即用波斯文写了一封信给阿尔普特勤"，[4] 从这一记载来看，当时耶律大石从河中地区返回后驻在巴儿思汗。

耶律大石和塞尔柱帝国在撒马尔罕附近的战斗发生于 1141 年 9 月，[5] 之后耶律大石又在撒马尔罕（寻思干）驻扎九十日。[6] 他进取布哈拉应该是在这一时间以后，应是 1142 年。《全史》记载："菊儿罕一直活到 437 年赖哲卜月（1143 年 1 月 20 日—2 月 18 日）。"[7] 则耶律大石 1143 年初已死去，这在汉文史料中也得到印证，如《金史》载："皇统四年（1144），回纥遣使入贡。言大石与其国相邻，大石已死。"[8] 志费尼也提到耶律大石派将领额儿布思进攻花剌子模（约 1142 年），"按这些条件缔约后，额儿布思班师回朝。菊儿汗不久后死了"。[9] 耶律大石应死于 1143 年初，而布哈拉上层去巴儿思汗和他起诉阿尔普特勤，应该是阿尔普特勤统治布哈拉一段时间以后，则他们去的时候应是耶

① E. G. Browne, "The Chahár Maqála（'Four Discourses'）of Nidhámí-i-'Arúḍí-i-Samarqandí", *The Journal of the Royal Asiatic Society of Great Britain and Ireland*, July, 1899, p.650.

② Narshakhi, *The history of Bukhara*, tr. by R. N. Frye, Cambridge: Mediaeval academy of America, 1954, p. 24.

③ E. G. Browne, "The Chahár Maqála（'Four Discourses'）of Nidhámí-i-'Arúḍí-i-Samarqandí", *The Journal of the Royal Asiatic Society of Great Britain and Ireland*, July, 1899, p.651.

④ E. G. Browne, "The Chahár Maqála（'Four Discourses'）of Nidhámí-i-'Arúḍí-i-Samarqandí", *The Journal of the Royal Asiatic Society of Great Britain and Ireland*, July, 1899, p.650. 此据张鸿年先生据该书波斯文原本翻译的汉译本，见内扎米·阿鲁兹依·撒马尔罕迪著，张鸿年译《四类英才》，商务印书馆，2005 年，第 47 页。前引布朗英译文在此处漏掉巴儿思汗一名。这一记载，魏特夫和冯家昇先生已经留意到，见 K. A. Wittfogel & Feng Chia-shen, *History of Chinese Society Liao（907-1125）*, Philadelphia, 1949, p. 641.

⑤ 巴托尔德著，张锡彤、张广达译《蒙古入侵时期的突厥斯坦》上册，第 374 页。

⑥ 脱脱等《辽史》卷 30《天祚皇帝本纪四》，第 356 页。

⑦ Материалы по истории киргизов и Киргизии, I, стр.67.

⑧ 脱脱等《金史》卷 121《粘割韩奴传》，中华书局，1975 年，第 2637 页。

⑨ 志费尼著，何高济译《世界征服者史》上册，第 418 页。

律大石去世前不久。彭晓燕即认为菊儿汗写信给阿尔普特勤的时间约在 1142 或 1143 年。[1]故笔者认为耶律大石去世之地可能即巴儿思汗。

耶律大石来到巴儿思汗的路线，笔者认为很可能是他从布哈拉班师后，先回到都城虎思斡耳朵，再来到巴儿思汗。《辽史·天祚皇帝本纪》提到大石在寻思干之战后，来到起儿漫，"延庆三年，班师东归，马行二十日，得善地，遂建都城，号虎思斡耳朵，改延庆三年为康国元年"。[2]这一记载有误，寻思干之战发生于 1141 年，而耶律大石夺取八剌沙衮，建都于此是在 1134 年前后，康国元年即此年。[3]产生这一错误记载，或和耶律大石在征服河中地区后，经 20 日行程东返虎思斡耳朵有关。耶律大石来到巴儿思汗，应经过伊塞克湖西北的虎思斡耳朵。他经行的路线可能和唐代贾耽记载的热海西南岸的交通路线接近，本处拟探讨宋代这一路线情况。

中世纪过龟兹、温宿（乌什），在西北越过拔达岭，沿热海西南岸向西北抵达碎叶，再西至怛逻斯一带的路线常为行人所经。可能汉代已经存在，《汉书·陈汤传》记载，公元前 36 年，汉将陈汤、甘延寿西征占据康居东境的郅支单于时，部分汉军从温宿北上，经乌孙，过阗池（今伊塞克湖）西抵郅支城（今哈萨克斯坦塔拉兹附近），很可能就是经别迭里山口北上，沿纳林河抵赤谷城，过伊塞克湖西南穿行乌孙和康居国土。[4]贞观初年，玄奘法师西行，离开高昌后过阿耆尼（焉耆）、屈支（龟兹）至跋禄迦国（即姑墨，今新疆阿克苏），而后北上越凌山（今别迭里山口）进入热海（伊塞克湖）南岸，西行至热海西北素叶水城遇西突厥叶护可汗。[5]玄奘应该是沿热海西南岸而行，[6]知他亦走这一路线。

唐代贾耽也记载了这一路线："六十里至大石城，一曰于祝，曰温肃州。又西北三十里至粟楼烽，又四十里渡拔达岭，又五十里至顿多城，乌孙所治赤山城也。又三十里渡真珠河，又西北越乏驿岭，五十里渡雪海，又三十里至碎卜戍，傍碎卜水五十里至热海。又四十里至冻城，又百一十里至贺猎城，又三十里至叶支城，出谷至碎叶川口，八十里至裴罗将军城。又西二十里至碎叶城，城北有碎叶

① M. Biran, *The Empire of the QaraKhitai in Eurasian History —— Between China and the Islamic World*, New York, 2005, p. 180.

② 脱脱等《辽史》卷 30《天祚皇帝本纪四》，中华书局，1974 年，第 357 页。

③ K. A. Wittfogel & Feng Chia-shen, *History of Chinese Society Liao（907—1125）*, pp.621, 638.

④ 余太山《两汉魏晋南北朝正史关于东西路上交通路线的记载》，《早期丝绸之路文献研究》，商务印书馆，2013 年，第 129 页。

⑤ 慧立、彦悰《大慈恩寺三藏法师传》，中华书局，1983 年，第 23—27 页。

⑥ T. Watters, *On Yuan Chwang's Travels in India*, Vol.1, London, 1904, p.69; 季羡林等校注《大唐西域记校注》，中华书局，1985 年，附录《玄奘西行路线图一》；彼·彼·谢苗诺夫著，李步月译《天山游记》，新疆人民出版社，2001 年，第 163 页。

水，水北四十里有羯丹山，十姓可汗每立君长于此。"之后从碎叶西至怛逻斯。①

拔达岭即别迭里。碎叶城即今吉尔吉斯斯坦托克马克附近阿克·贝希姆（Aq-Beshim）古城，裴罗将军城大部分学者认为即八剌沙衮，其地在今布拉纳古城（Burana），两地紧邻。②冻城显然是穆斯林史料记载的热海南Tung城之地。《世界境域志》列举葛逻禄人领地，提到Tun. L和塔尔克·扎（Talkh. Za）两地，言："群山中的两个村子，位于炽俟（Chigil）和葛逻禄边境之间，靠近热海（Issikül），居民好战，勇敢而强健。"③米诺尔斯基将其地与加尔迪齐记载的Tung地堪同。④加尔迪齐记载了一条经伊塞克湖南岸到巴儿思汗的道路："至于通往巴儿思汗（Barsxān）之路，从纳瓦卡特（Navīkath）出发，沿着炽俟之路，来到Kūmbar-kat，再到集勒（Jīl）。集勒是一座山，这个词的意思为狭窄。从那里到雅尔（Yār）有十二法尔萨赫（Parasangs）远，雅尔是一个村庄，可聚集三千人。其中有炽俟特克勒（Taksin⑤为首领称号）的帐落，但没有固定的定居点。在他们之间的道路的左边（即北边）有一个湖，叫热海（Issik-Kül/isiğ-köl）。周长有七天的行程，有七十条溪流注入。水微咸。从那里至tūng地，有五法尔萨赫远，再从tūng地到达巴儿思汗需三天行程。沿途除了炽俟帐篷一无所有。"⑥

米诺尔斯基指出，集勒在伊塞克湖以西的布阿木峡谷（Buam）附近。这个峡谷在伊塞克湖以西，靠近楚河发源地天山，由昆格·阿拉套山与吉尔吉斯山脉构成。他认为集勒在布阿木峡谷入口处，另一处又说在楚河流过的Buam峡谷处，并在地图上注记"Jil（Buam）"。⑦B. 罗莫金在巴托尔德文集的注释中，指出由楚河谷地通过布阿木峡谷入口附近之地至今仍被称为Jil-arïq。⑧前引贾耽记载裴罗将军城以南"又三十里至叶支城，出谷至碎叶川口"，碎叶川即楚河，这里的"谷"显然即布阿木峡谷。则叶支城的位置应该和集勒接近，在布阿木峡谷南，两城的关系及是否为一地待考。雅尔

① 欧阳修、宋祁《新唐书》卷43下《地理志七下》，中华书局，1975年，第1149—1150页。

② G. Clauson, "Ak Beshim-Suyab", *Journal of the Royal Asiatic Society of Great Britain and Ireland*, No. 1/2, 1961, pp. 1–13；张广达《碎叶城今地考》，《西域史地丛稿初编》，第1—29页。

③ V. Minorsky, Hudud al-'Ālam. "The Regions of the World", *A Persian Geography 372 A H. – 982 A.D.*, p. 98.

④ V. Minorsky, Hudud al-'Ālam. "The Regions of the World", *A Persian Geography 372 A H. – 982 A.D.*, p. 292.

⑤ 有学者将该词释为突厥语称号特勤，似不妥。中国人民大学博物馆最近入藏的和田的粟特语文书提到了这一称号，写作tksyn。毕波、辛维廉《中国人民大学博物馆藏和田出土粟特语文书》，中国社会科学出版社，2018年，第28—29、41页。

⑥ A. P. Martinez, "Gardīzī's Two Chapters on the Turks", *Archivum Eurasiae Medii Aevi*, II（1982），p.132.

⑦ V. Minorsky, Hudud al-'Ālam. "The Regions of the World", *A Persian Geography 372 A H. – 982 A.D.*, pp. 292, 297, 299.

⑧ 巴托尔德著，张丽译《中亚历史——巴托尔德文集第2卷第1册第1部分》上册，兰州大学出版社，2013年，第33页，注6。

之地前引米诺尔斯基地图标在伊塞克湖西南岸，俄国探险家谢苗诺夫则认为在伊塞克湖东南扎乌卡河附近的克济尔扎尔（Qizil-Jar，吉尔吉斯语红崖之意。Jar即Yar，突厥语译言崖），似过于偏东。① 而tūng地，巴托尔德考察过这个地区，指出："显然位于同名河流流域，那里仍然存在大量废墟。"② 周连宽先生认为冻城"在冻河（Ton River）附近，以河得名"。③ 清代地理书籍曾经提到注入图斯池（伊塞克湖）"其自南入者"的河流中有通泉，当即Ton河。④ 冻城或即该河流域某废墟。米诺尔斯基在地图中将其地定于伊塞克湖南岸。⑤ 元代耶律铸有《婆罗门》诗六首，其中有"热海气蒸为喜雨，冻城寒结就愁阴"的诗句，同诗注："安西都护境内有热海，去热海四十里有冻城，唐新史同。"⑥ 这应是文人怀古之作，并不能说明耶律铸得到冻城的信息，而且他不知道该名应是音译，以为因地寒得名。清代乾隆时期大臣曾根据西域测绘得到的信息编撰《西域图志》，该书载："通，在图斯库勒（引者按——即伊塞克湖）南岸，托萨尔西十五里。逾一支河至其地。"⑦ 该地从方位和名称来看或与古之冻城有关。前引贾耽记载贺猎城在叶支城与冻城间，则其地应在通河西北、布阿木峡谷以南的伊塞克湖西南岸某地。前引周连宽先生文章说贺猎城在贺猎河附近，把贺猎河比定为伊塞克湖西南的Ulakol河。笔者留意到《西域图志》叙述注入伊塞克湖的各水，在提到通布拉克（布拉克意思是泉水，通布拉克即前述Ton河）后按顺序列举以西的伊塞克湖西南岸各河，如阿克布拉克、烘郭尔鄂隆布拉克、乌布什布拉克等，在叙述吹郭勒（楚河）前提到"鄂拉郭勒"，⑧ 则其地当靠近楚河源头。"鄂拉"和"贺猎"音近，疑唐代贺猎城可能在这一带。从贾耽所记道里看也与贺猎城方位相符。

以上可见贾耽和加尔迪齐记载的路线都是过拔达岭后，到巴儿思汗一带，然后沿热海西南岸而行，向西北通过布阿木峡谷抵达碎叶一带。

米诺尔斯基曾研究指出，《世界境域志》所载伊塞克湖北岸塞克城（Sikul）⑨ 的炽俟人和居湖西

---

①彼·彼·谢苗诺夫著，李步月译《天山游记》，第163页。

②W. Barthold, trs. by V. And T. Minorsky, *Four Studies on Central Asia*, Vol. I: History of the Semirechye, p.89.

③周连宽《唐代西域裴罗将军城考》，《中山大学学报》1961年第4期，第32页。

④穆章阿、潘锡恩等纂修《大清一统志》卷517《伊犁》第12册，上海古籍出版社，2008年，第247页。

⑤V. Minorsky, Hudud al-'Ālam. "The Regions of the World", *A Persian Geography 372 A H. – 982 A.D.*, p. 294.

⑥耶律铸《双溪醉饮集》卷2《取和林》，《文渊阁四库全书》第1199册，台湾商务印书馆，2008年，第393页。

⑦钟兴麒、王豪、韩慧校注《西域图志校注》卷13《疆域六》，新疆人民出版社，2002年，第223页。

⑧钟兴麒、王豪、韩慧校注《西域图志校注》卷26《水三》，第384页。

⑨1375年的卡塔兰（Catalan）地图上，伊塞克湖北岸有伊塞克城（Yssicol），那里有亚美尼亚修道院，内有使徒马太的遗物。巴托尔德比定为塞克城，见В. В. Бартольд, Сочинения III, ч. 3, Москва, 1964, стр. 438.

南岸的同族的交通路线一定是沿着伊塞克湖的西岸。[1]足见当时经过伊塞克湖西岸的交通路线是很常见的。

《道里邦国志》也谈到从库巴勒（Kubāl，即碎叶）到上巴儿思汗的道路，"其间，商队（驼队）经牧场行走 15 天，而突厥人的邮递员则用 3 天走完"。[2]结合前面的分析，这一路线似乎沿着热海西南面而行的可能性更大。加尔迪齐还谈到一条从巴儿思汗去九姓乌古斯（高昌回鹘）的道路："关于进入这个国家的通路，需先从巴儿思汗到达巴尔楚克，再从巴尔楚克到龟兹，再从龟兹到焉耆，再从焉耆到西州。"[3]这里的"巴尔楚克"一名，在有的文本写作B. nčuk，马尔丁奈兹将其和巴尔楚克勘同。而有的文本写作B. nčul，故米诺尔斯基将其和《世界境域志》所载葛逻禄下辖，被黠戛斯人占据的B. Njul勘同，认为在乌什南部。[4]巴托尔德也研究了这个地名，认为位于阿克苏。[5]后来他改变看法，认为即汉文史料中的温宿，在今乌什附近。[6]笔者更赞同米诺尔斯基等人的比定。因为这一时期从巴尔楚克附近北上到巴儿思汗的路线不见于文献，而从乌什一带越别迭里山口到巴儿思汗的路线屡见记载。故写作B. nčul，将之比定为B. Njul似更可信，则加尔迪齐记载的这条从巴儿思汗到B. nčul的路线，自应为从伊塞克湖东南岸巴儿思汗越别迭里山口进入乌什、阿克苏的路线。从加尔迪齐记载可知，这条路线过乌什后还可以继续东去龟兹、焉耆，直抵高昌，与玄奘西行的路线接近。一直到近代，还可以看到从阿克苏经乌什，西北越过别迭里到伊塞克湖东南卡拉科尔的交通路线，[7]无疑是古代由乌什到巴儿思汗的道路演变而来。

经过以上分析，大致可以勾勒出一条中世纪长期存在且经过热海的交通路线，即从西州出发，经焉耆和龟兹，然后在西北越过别迭里山口，进入巴儿思汗，之后沿着湖南岸西行，经冻城转向西北，沿雅尔、贺猎城等伊塞克湖西南岸沿岸各地，出布阿木峡谷，过楚河上源到碎叶或虎思斡耳朵。

志费尼记载屈出律被成吉思汗打败后，曾经奔苦叉（Kucha，即龟兹），之后又投奔西辽菊儿汗。[8]他很可能就是从库车西北越过别迭里，沿着伊塞克湖西南岸到虎思斡耳朵。另外，克烈部首领王罕之子桑昆在克烈部败亡后，也曾经亦集乃逃到苦叉。[9]考虑到西辽在蒙古高原各部的强大影响

① V. Minorsky, Hudud al-'Ālam. "The Regions of the World", *A Persian Geography 372 A H. − 982 A.D.*, p. 300.

② 伊本·忽尔达兹比赫著，宋岘译注《道里邦国志（附：税册）》，第 32 页。

③ A. P. Martinez, Gardīzī's Two Chapters on the Turks, *Archivum Eurasiae Medii Aevi*, II , 1982, p. 136.

④ V. Minorsky, *Hudud al-'Ālam. "The Regions of the World", a Persian Geography 372 A H. − 982 A.D.*, p. 279.

⑤ W. Barthold, trs. by V. And T. Minorsky, *Four Studies on Central Asia* Vol. I: History of the Semirechye, p.91.

⑥ 巴托尔德著，罗致平译《中亚突厥史十二讲》，第 78 页。

⑦ A. N. 库罗帕特金著，中国社会科学院近代史研究所翻译室译《喀什噶尔》，商务印书馆，1982 年，第 286—295 页。

⑧ 志费尼著，何高济译《世界征服者史》上册，第 71 页。

⑨ 拉施特主编，余大钧、周建奇译《史集》第 1 卷第 1 册，商务印书馆，1983 年，第 218 页；贾敬颜校注，陈晓伟整理《圣武亲征录》(新校本)，中华书局，2020 年，第 160—161 页。

长期持续，[①]桑昆之父王罕败于乃蛮时即曾去垂河（楚河）投奔西辽菊儿汗。[②]笔者认为桑昆西逃苦叉或许即是为了沿着这一路线前去投奔西辽。

综上所述，笔者认为耶律大石到巴儿思汗的路线，很可能是从布哈拉返回后，自虎思斡耳朵出发，沿着伊塞克湖西南岸这一常见的交通路线来到巴儿思汗的。

① 松田孝一著，乌云高娃译《西辽与金朝的对立及成吉思汗兴起》，《杨志玖百年诞辰纪念文集》，天津古籍出版社，2017 年，第 250—262 页。
② 乌兰校勘《元朝秘史》（校勘本），中华书局，2012 年，第 161 页。

古代新疆"发钗"略述

高　彦/西北师范大学舞蹈学院

　　钗，古代女子的首饰，由两股簪子合成。《释名·释首饰》载："钗，叉也，象叉之形，因名之也。"《玉篇·金部》载："钗，妇人歧笄也。"钗与簪的区别是：簪为一股，钗有两只脚，为两股。敦煌吐鲁番资料中有不少涉及古代发钗方面的记载，出土遗物中尤以新疆古代墓葬中发钗实物出土较多，主要集中在西汉至唐西州时期吐鲁番盆地和塔里木盆地周缘的墓葬。从发钗遗物看，钗的使用不分男女，同一类型的发钗形制大致相似，制作材料以金、银、铜、铁等金属材质为主。此外，新疆一些石窟的壁画中亦保留了一批发钗图像。本文检索、考证敦煌吐鲁番资料中的有关记载及墓葬出土实物，并对照石窟壁画图像，对古代新疆发钗遗存进行系统的衷辑、整理、研究，旨在挖掘探讨这批翔实的史料，以期充分地揭示古代新疆"发钗"等首饰文化形成发展的相关特色。

一、敦煌吐鲁番文书中的"钗"

（一）钗花、钗朵、钗子

敦煌文书载：

> 吾本出家之时，舍却钗花媚子，惟有剃刀相随。（S.6273《出家赞》）
>
> 男婚不（傅）香粉，女嫁著钗花。（P.3833《王梵志诗·天下恶风俗》）
>
> 胭脂合子捻抛却，钗花珑璁调（掉）一旁。（P.3048《丑女缘起》）
>
> 髻子、钗子、簪笁、篦（篦）子。（S.3227《杂集时要用字·冠帻部》）
>
> 钗子。钏子。钏子。镯子。镜子。镊子。（Дx.2822《蒙学字书·衣物部第三》）

这里的钗花即发髻上的饰件，钗子有装饰头发和固定冠帻之别。

（二）媚子

镊（指镊，胡关反）。媚子（上 ▭ ）。（P.5001《俗物要名林·女服部》）

媚子，即头饰，或指钗首的装饰物。庾信《镜赋》曰："悬媚子于搔头，试钗梁于粉絮。"张鹭《朝野佥载》记载："妙简长安、万年少女妇千余人，衣服、花钗、媚子亦称是，于灯轮下踏歌三日夜。"媚子常与搔头（玉簪）、花钗一起出现，按字义理解它就是悬挂在簪、钗之首的饰件。媚子的材质，《唐五代语言词典》释"媚子"一则，曰："以金玉羽毛为之。"叶娇以为，媚子"是钗尾上的垂珠之类装饰，也就是'挂珠'。饰有媚子的钗饰实即步摇之属"。

（三）聂子

敦煌、吐鲁番文书载：

镊（钗之类。奴协反）。（P.5001《俗物要名林·女服部》）

聂子。花子。（P.3391《杂集时要用字》）

临欲去时，复重到太守家招念，复赐金镊子一双。（S.525《搜神记》）

胭脂胡粉具，镊一枚，剪刀尺具。（66TAM48:2《高昌延昌卅六年（596）某甲随葬衣物疏》）

按：镊，小钗，插在鬓边的首饰。《玉篇·金部》载："镊，小钗也。"王粲《七释》载："戴明中之羽雀，杂华镊之葳蕤。"《北堂书钞》载："长袖随腕而遗耀，紫镊承鬓而骋辉。"

镊与"镊"音相同，都属小钗类，故《汉语大词典》解释"镊同镊"。

镊子，分两股，与钗子外形相似，镊脚较之要短一些，镊首有简单装饰。传世文献中常出现钗镊合用的情况，如《南齐书·皇后传》载："盘龙爱姜杜氏，上送金钗镊二十枚。"《梁书·诸夷传》载："初穿土四尺，得龙窟及昔人所舍金银环钏钗镊等诸杂宝物。"《南史·后妃传》载："太子为宫人制新丽衣裳及首饰，而后床帷陈故，古旧钗镊十余枚。"镊，刘歆《释名·释首饰》载："镊，摄也，摄取发也。"《续汉书·舆服志》载："簪以玳瑁为擿，长一尺，端为华胜，上为凤皇爵，以翡翠为毛羽，下有白珠，垂黄金镊。"《中国衣冠服饰大辞典》载："（镊子）以金银铜铁或犀角做成，男女皆用，专用于修容（如剔除白发，修整眉毛等）。妇女所用者多穿以白珠，缀于簪股，修容完备即插于发首，以为装饰。"既然镊子是坠于簪（钗）股的装饰，钗镊组合出现说明镊归属于钗，因在外形和功用上与钗子相差无几，故文献称"钗镊"。西汉长沙马王堆3号墓奁盒中发现一枚牛角镊子，镊柄细长，捏脚分股呈楔形，镊脚与镊柄相接处雕成鸟头状，柄上刻有几何形纹饰，镊片可以取下来的组合式样（图1）。镊子的出土：一则说明西汉时镊子已是我国境内和中南半岛

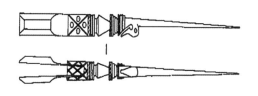

图1　马王堆3号墓角质镊

（采自《长沙马王堆二、三号汉墓》第1卷）

一带的梳妆用具；二则可据出土实物区分钗、镊式样。马王堆镊子的长度明显短于普通钗子；镊子在镊脚处分股而不似折股钗有一段钗梁；镊脚呈上宽下窄的楔形，与圆柱形钗脚的式样不同。至此，镊子的大致形状已清晰，只是后世的镊子在镊首上多加点装饰，材质上精良一点罢了。

（四）钗梳、梳钗

钗有固发、美发的作用。梳有梳发、护发的功能。文献中常有"钗梳""梳钗"的记载，从实用性看，"钗""梳"两种首饰合为一物，仍有约发与妆点之用。梳钗与钗梳为同类，都是妇女头饰。唐代王建《宫词》之五四曰："私缝黄帔舍钗梳，欲得金仙观里居。"元代本高明《琵琶记·五娘剪发卖发》曰："妆台不临生暗尘，那更钗梳首饰典无存也。"

敦煌、吐鲁番文书也有钗梳、梳钗类记载：

> 头上梳钗，变作一团乱蛇。（《敦煌变文校注·破魔变》）
> 钗梳，镜尺，剪刃（刀）。（P.3391《杂集时要用字》）
> 箭（剪）刃（刀）、钗梳具。（59TAM302:35/5《高昌缺名（女）随葬衣物疏》）
> 头发五十两，钗梳廿具。（73TAM210:136/1《唐西州初年太夫人随葬衣物梳》）

"钗梳具"中的"具"是量词，可按一件或一枚理解。马王堆1号墓遣策和居延汉简也有"梳比一具"的说法。从钗梳演变史来看，钗首装饰成各种花样的钗梳，不但是古代女子妆点发式的新潮之物，还流传至今，女孩"丸子头"所用发夹正是其样。

二、出土实物中的发钗

钗的出现晚于簪，目前所见最早的实物应是山西侯马春秋墓的一枚骨钗。新疆出土发钗不多，主要集中在西汉至唐西州时期吐鲁番和塔里木盆地周缘。吐鲁番文献中记载的发钗之类，有不少实物可以印证其样式演变之历程。

（一）金钗

新疆境内"很少发现唐以前（包括唐朝）的金钗实物"，但是唐朝诗歌及吐鲁番文书中有不少描写。白居易《长恨歌》曰："唯将旧物表深情，钿合金钗寄将去。"《游花苑词》曰："玉颜自倚君王宠，无处金钗落不收。"《盐商妇》曰："盐商妇，多金帛，……绿鬟富去金钗多，皓腕肥来银钏窄。"吐鲁番文书72TAM170:77《高昌章和十八年（548）光妃随葬衣物疏》有"金钗一对、团花一枚、烟（胭）支（脂）胡粉、青黛、黑黛"的记载。

（二）银钗

银钗是我国古代使用率最高的首饰之一。杜甫《负薪行》曰："至老双鬟只垂颈，野花山叶银钗并。"正好揭示了银钗是一种无关身份、性别和年龄的首饰。

吐鲁番出土的衣物疏记载：

> 故银叉（钗）六枚。（2004TAM408:17《令狐阿婢随葬衣物疏》）
>
> 头结一枚，银钗二双。（73TAM517:25《高昌延昌卅一年（591）张毅妻孟氏随葬衣物疏》）
>
> 故银钗二枚。（75TKM96:15,16《龙兴某年宋泮妻翟氏随葬衣物疏》）

河西地区十六国时期出土的衣物疏记载：

> 故银钗一双。（前凉建兴五年（317）《夏侯妙妙衣物疏》）
>
> 故银钗一双。（前凉和平二年（355）《郭富贵衣物疏》）
>
> 故银叉（钗）一枚。（前凉升平廿二年（378）《赵宜衣物疏》）

新疆出土的银钗仅见几例，都是典型的折股钗（图2）。所谓折股钗就是一根金、银丝从中间弯折成相同的两段，起拱处为钗梁，折过来的两段是钗脚。钗脚有长短之分，钗梁有宽窄之别，也有纹饰和无纹饰之别，讲究的钗梁还打出铺号、制作者名号，就如同今天的首饰要刻出成色、重量一样。长脚钗，因横贯发髻，在发式造型上起着关键作用，故有"关头"之美名。其形象在《玉台新咏》卷8庾肩吾《南苑还看人》中描述："细腰宜窄衣，长钗巧夹鬓。"阿斯塔那十六国古墓（M408:18）出

图 2　阿斯塔那第 148 号墓银钗
（采自《阿斯塔那古墓群第十六次发掘简报》）

土的一件即属长脚钗，样式为：银丝折成双股，锥状尖，后端扁，长 18 厘米。库车友谊路魏晋墓（M12:24）的一件，铜质、钗双股弯曲成曲尺形，两端磨尖，长 22.3 厘米，属典型的长脚钗。

（三）铜钗

铜钗是新疆、河西地区出土最多的首饰之一。

吐鲁番文书 2004TAM408:17《令狐阿婢随葬衣物疏》载："故输瑄叉（钗）一枚。"2006TSYIM4:8 为一件缺名衣物疏，也有"桐（铜）权（钗）一枚"的记录。河西地区出土的衣物疏亦有输石钗的记录，如《郭富贵衣物疏》载："故输石叉（钗）一只。"前凉升平十四年（377）《孙狗女衣物疏》载："故输石叉（钗）三枚。"十六国《桓眇亲衣物疏》载："赤铜叉（钗）二双。"输石是一种黄色有光泽的矿石，即黄铜矿或自然铜。唐代慧琳的《一切经音义》也有"输石似金而非金也"的记载。除成色较好的输石钗外，河西衣物疏中还有"赤铜叉"、角质"黑角钗"、石质"兜石叉""等墨叉"等。尽管很少出现这类实物，但文书中的记载，无不映射出十六国时期西北地区妆饰文化多姿多彩的一面。

新疆常见的铜钗由圆铜丝弯曲而成，钗梁呈棱状或长方形，钗脚打制成圆柱状。偶见几例钗梁处有特别处理的，但无中原之精致。宋元时期中原最为流行的缠丝、竹节、钣花等折股钗，新疆仅发

图3　玛瑙铜钗（采自民丰尼雅遗址）

现诸如竹节、缠丝一类。巴达木墓地（M212:19）出土一件折股铜钗，后端有三节个结，呈圆球状。本土特色的折股钗也有几例，如钗顶处理成银杏叶状、钗梁上有乳帽纹饰、钗脚磨尖式样。巴达木墓地（M235:3）出土一枚长15.8厘米锻制的铜钗，其钗梁锤揲弯制成帽盖状，即是其状。玛瑙是财富和运气的象征，也是很受人们青睐的一种珠宝。1997年中日联合考察队在尼雅遗址采集到一件钗身细长，双股平行，长15.8厘米的铜钗（图3），钗头上装饰一枚暗红色圆玛瑙。同时，该遗址还采集到一件铜钗，钗梁呈连续"S"形，钗脚双股平行，由一根铜条弯曲而成，这种造型在新疆仅一例，研究人员推断为"汉晋"首饰。

新疆出土铁钗数量稀少，且保存不完整。吐鲁番采坎古墓（76TCM3:18）的一件晋唐铁簪，发现时破损严重，从外形看大致是钗脚平行的"n"形折股钗。

就目前出土情况看，新疆钗的材质以铜为主，偶见银质，金、玉钗暂未发现。从出土遗物上来看，先秦时期短脚钗较为流行。两汉之际发钗样式简单，以"U"形折股钗常见，钗梁无装饰物，钗脚短，钗梁有宽窄之别，几乎都是光素无纹式。魏晋伊始，长脚钗渐渐成南北方时兴的挽发首饰，其中一款钗头呈方形或弧形，钗脚明显分开的"马蹄形"尤其受欢迎，它的出现是发钗改进的一个突破。唐宋时期，发钗不再沿用两汉以来的双股平行样，而是采用钗首加长簪脚的方式来适应越来越高耸的发髻。具体做法是，收紧簪脚间的距离，使两股的曲折处变细，至尖端处再加粗。

三、石窟图像中的发钗

新疆石窟壁画中的发钗主要集中在供养人图像上，钗体材质或金、或玉；钗首式样，或如意式、或花钿式、或镂空式，钗花草、钗凤凰也是常见形制。以下略举几例：

（一）发钗样式

1. 凤钗

文学作品中的簪、钗并无严格之分，二者互用是常有之事，故有"云鬟巧簪金凤头""裙系鸳鸯锦，钗插凤凰金"之语。凤钗，钗头作凤形，故名。五代马缟《中华古今注》曰："钗子，盖古笄之遗象也，至秦穆公以象牙为之，敬王以玳瑁为之，始皇又金银作凤头，以玳瑁为脚，号曰凤钗。"凤钗是首饰中最精致的一类，佩戴者身份较为显赫。唐代张鷟《朝野佥载》卷3收录一首《新妆诗》，诗云："凤钗金作缕，鸾镜玉为台。妆似临池出，人疑向月来。"诗文中的凤钗就是唐高宗时期美人梳妆的一种首饰。

以凤凰为主体纹样的金钗，是古代朝廷命妇彰显身份的标识物。依图像看，五代、宋朝的凤钗

图 4　柏孜克里克石窟第 31 窟贵妇（采自《德藏新疆壁画》）

远多于唐朝；按工艺分，可别为二：一为立体式，一为平面式。式样一，两件金片镟镂成一致的凤凰轮廓，后扣合而成。也有凤首、凤脚单独制做，再焊接组合。柏孜克里克石窟及莫高窟中凡是有小凤钗（簪）插于鬈发上的，均是立体式样。式样二，钗首由金片或鎏金片合成，但是衬片为实底子，就像把金凤平铺在金片打制的盘子上。式样三，凤冠式，一般在桃形底衬上采用镂刻的方法完成。如柏孜克里克石窟第 24 窟王妃供养像中的桃形凤冠。

按其造型，发髻上有插一支凤钗的，也有插两支凤钗的。一支凤钗的也可别为三：一是钗首呈圆弧形。莫高窟第 61 窟于阗公主的凤冠钗即是凰翼舒展连接而成；二是钗首呈圆形相接。莫高窟第 256 窟贵妇的凤钗即是凤尾上翘至凤首的造型。三是钗首呈桃心状。由凤翼向上打开围成，此类是步摇和冠体的结合，可称步摇冠。莫高窟第 409 窟沙州回鹘女供养人，柏孜克里克石窟第 31 窟（图 4）回鹘贵族女供养人钗首均为此样。

2. 花钗

簪花饰首是我国古代最重要的妆饰文化之一。文献中最早出现的"花钗"即花叶形步摇，出自战国宋玉所著的《风赋》，云："主人之女，垂珠步摇。"步摇，《释名·释首饰》载："步摇上有垂珠，步则摇动也。"佩饰上的"垂珠"随着女子轻盈的步履而颤动摇曳，因而称之步摇。据此可知，至迟在战国，插戴花钗是富家丽人的常见打扮。逮于两汉，中原女子的发髻日渐高大，头饰也趋于奢华，高髻上簪插步摇已是常见的应景首饰。对为尊者来说，佩戴步摇不仅有固发之美，而且还依部件多寡成为区分身份的标识物。

晋唐之际，簪花之风在西北地区逐步流行，这时的簪花不再局限于特定的节日或特殊的目的，无论街巷市井，抑或达官士庶，簪花成为一种集体风尚。吐鲁番阿斯塔那墓第 187 号出土的唐朝屏风绢画"仕女图"中的女子，胜金口石窟中梳双鬟望仙髻的供养人，柏孜克里克石窟第 20 窟梳宝髻的吉祥天女，她们的发髻上都插戴花钗。莫高窟盛唐第 130 窟"都督夫人出行图"中的贵妇及侍女，榆林窟第 25 窟 "老人入墓图" 中老人前方的两个年轻妇女，发髻上也插戴绿叶衬花钗。现藏大英博物馆的敦煌绢画 "引路菩萨"（图 5），画中被引的贵妇着盛装，梳高髻，发髻前有三朵菊花状的金钿作装饰，发髻处还并排插三支金钗，其妆饰可谓华丽之极。

相比工艺复杂，价格昂贵的像生花而言，插戴有香味的真花更能贴近百姓生活。史载，汉代就有佩戴绿植花卉的习俗。《西京杂记》记载："汉武帝宫人贾佩兰，九月九日佩茱萸，食蓬饵，饮菊花酒，云令人长寿。"

图 5-1　局部

图 5-2　"引路菩萨"簪花绢花

重阳登高、佩戴茱萸有取吉辟邪，祈福健康的寓意，故此这一风俗在今日南方一带还保留传承。魏晋以后，随着簪花种类的丰富，四季花、一年景和草虫等写生小品就代表节令时物常出现在女子的发钗上。从文献记载看，南亚的天竺、林邑、婆利国都信奉佛教，其国王、大臣常以花鬘宝冠为头饰。"花鬘"，指古印度人用作饰物的花串，也有用各种宝物雕刻成花形，连缀而成的，是为供养和庄严其身的佛具。今天的印度人仍用花鬘，但不再有佛教意义，成为社交活动中的必备品，有敬意和祝贺的作用。因此，我们以为古代新疆、敦煌一带有爱花、簪花的喜好，很大程度上与佛教自印度传入，当地人信奉佛事有关。

如果说簪花是一种无关民族的风尚，那么与之相关的 "斗花" 也是一种源远流长且不关身份的文字游戏。斗花是元宵节以后官宦女子探春的一项重要的户外活动。文人们常借此游戏作诗，如崔颢《王家少妇》曰："闲来斗百草，度日不成妆。" 杜牧《代人作》曰："斗草怜香蕙，簪花间雪梅。" 司空图《灯花》曰："明朝斗草多应喜，剪得灯花自扫眉。" 为了在斗花中显胜，古代女子不惜浪掷千金、备春而植地满足她们夸富斗奢的心理，王仁裕《开元天宝遗事》中就如实描写了这一现象："长安王士安于春时斗花，戴插以奇花多者为胜；皆用千金市名花，植于庭院中，以备春时之斗也。" 长安的斗花风俗还流行到了敦煌地区。《敦煌变文集·去帽惑诗》吟道："璞璞一头花，蒙蒙两鬓插。少来鬓发好，不用帽惑遮。" 诗文交代了斗花前的准备，如 "鬓发好" 是为男女斗花时要插 "一头花" 准备的，但是 "为何斗" 并未提及。幸运的是，敦煌曲子词保留了《斗百草》，该文或可管窥一斑：

建寺祈谷生，花林摘浮郎。有情离合花，无风独摇草。喜去喜去觅草，色数莫令少。佳丽重阿臣，争花竞斗新。不怕西山白，惟须东海平。喜去喜去觅草，觉走斗花先。望春希长乐，商楼对北华。但看结李草，何时怜颉花？喜去喜去觅草，斗罢月归家。庭前一株花，芬芳独自好。欲摘问旁人，两两相捻取。喜去喜去觅草，灼灼其花报。

从曲子词看，敦煌斗花是一种民间游戏，虽无长安斗花排场大，但也不会以 "十户中人赋" 的代价来买 "一丛深色花"，仅是就地采撷 "离合花" "独摇草"，参与到 "斗新" 游戏中。斗花结束，两情相悦，佳丽们还将 "庭前一株花" 赠予情郎，以为秦晋之好。因此，西北地区的斗花是一种雅俗共赏的文化，有 "斗奇" "斗新" 的民俗特征，是女子寻觅情郎，追求幸福、美好生活的别样方式。

结　语

吐鲁番文书中的花钗、媚子、锿子、钗梳，以及出土实物中的瑟瑟珠翠、玛瑙首饰等，在典籍文献中均有记载。从新疆壁画中的首饰遗存来看，贵妇们佩戴的发钗，无论样式、材质，还是插戴方式与敦煌地区有异曲同工之妙。再者，从我国境内出土的首饰遗物来看，新疆部分发钗的起源、发展与演变和中原地区高度吻合。这无疑说明，居住在天山南北的汉人可能很早就将发钗带到了此地，而且在与当地民族共同生活的过程中，中原地区的梳妆习俗逐渐浸润到了西北边疆。由此，我们以为古代新疆发钗文化是在本土和外来文化，特别是与中原首饰文化及丝绸路上其他地域文化间碰撞、融汇产生的，且随着民族间的交流、交往和融合，其崇尚汉文化、认同华夏为一家的情感愈加强烈。此外，因中华文脉的延续，这种在心理上认同剪发民族和束髻民族都是华夏文明的缔造者的观念和意识，对于今天文化浸润边疆和铸牢中华民族共同体意识亦有所助益。

隋玉门关的移徙与西域范围的变动*

冯培红/浙江大学历史学院

一、问题的提出

《隋书》卷83《西域传》"史臣曰"中有"故万乘亲出玉门关"之语，"万乘"指隋炀帝，大业五年（609）西巡河陇，但他最西到达张掖郡，并未至敦煌郡所辖的玉门关。同书卷70《杨玄感等传》"史臣曰"亦记炀帝"西出玉门，东逾碣石"，分别指他亲自西征吐谷浑和东伐高丽。这两篇传文提到的玉门关和玉门，究竟是说炀帝实履其地，还是一种意象指称呢？揆其文意，应指前者，但炀帝真的到了张掖以西的玉门关吗？或者是玉门关移徙到了张掖以东地区？作为通往西域的标志性边关，玉门关一直与西域概念紧密相连。本文从隋代玉门关、西域的地理变迁入手，来考察隋朝的西疆形势，并提出相关新说。

二、玉门关的东移

历史上玉门关址曾经多次迁移，关于这方面的研究不胜枚举；但对于隋代的玉门关，学界无一

*本文为国家社科基金重点项目（19AZS005）、浙江省哲学社科冷门绝学重点项目（20LMJX01）的阶段性成果。本文内容曾于2019年6月11日在北京大学人文社会科学研究院做过报告，得到第六期访问学者特别是复旦大学马孟龙副教授的指正与鼓励；论文写成后，于2020年11月28日在淡江大学与台北大学联合举办的第十四届唐代文化国际学术研讨会上宣读讨论，得到台湾大学历史系甘怀真教授的指教，在此一并谨致谢忱！谨以此文祝贺博士时代的导师施萍婷先生九十华诞！

例外都认为位于敦煌郡东部，在常乐县晋昌城附近，最重要的资料依据是《隋书》卷29《地理志上》敦煌郡常乐县下注曰"有关官"，以及同书卷84《北狄·西突厥传》所记裴矩携向氏一行"驰至玉门关、晋昌城"。常乐县境内所设之关，必为玉门关无疑；此关的设置时间，大多学者只是笼统地说在隋代，但具体在哪一年则不清楚。《隋书·地理志》主要记录大业三年（607）改州为郡后的情况，并不能反映整个隋代。另外，玉门关从何处迁徙至晋昌城侧，以往都认为是从敦煌西北迁徙至此，但这一看法也有待商榷。

开皇（581—600）时期，隋文帝"尝令左右送西域朝贡使出玉门关，其人所经之处，或受牧宰小物，馈遗鹦鹉、麖皮、马鞭之属，上闻而大怒"。[1]这段话中提到了玉门关，是西域朝贡使出入所经之地，但难以看出此时玉门关所在的具体位置。《隋独孤罗墓志铭》记载，开皇"十三年（593），除使持节、总管凉甘瓜三州诸军事、凉州刺史。十八年（598），食益州阳安县，封一千户。此蕃路出玉门，山连梓岭，地多关塞，俗杂华戎"。[2]独孤罗是隋文帝独孤后的异母兄，593年出刺凉州，志文中的"此蕃"即指凉州。[3]"此蕃路出玉门"似说凉州位于玉门之西。

如果说该墓志中的玉门位置尚难完全定论的话，那么《隋书》卷83《西域·吐谷浑传》为考定玉门的位置提供了确切的材料，传文记载609年隋灭吐谷浑后：

> 帝立顺为主，送出玉门，令统余众，以其大宝王尼洛周为辅。至西平，其部下杀洛周，顺不果入而还。

慕容顺为吐谷浑可汗伏允之子，大业（605—618）初来朝于隋，一直留而未归。隋灭吐谷浑后，隋炀帝立慕容顺为可汗，以归附隋朝的大宝王尼洛周辅佐之，[4]并派人将他们送回吐谷浑。其回归的路线是从玉门经西平前往吐谷浑，但在到达西平郡以后，大宝王尼洛周被部下所杀，慕容顺未能进入吐谷浑故地，只得返归于隋。从他们的行进路线来看，玉门位于西平郡之东。自汉代以来，玉门关长期设在敦煌郡境内；在隋代，敦煌郡所辖三县中有玉门县。[5]如果慕容顺所经的玉门（不管是玉门关还是玉门县）位于河西敦煌郡，那么慕容顺回吐谷浑故地所走的路线，要先向西到河西敦煌郡

① 魏征等《隋书》卷2《高祖纪下》，中华书局，2019年，第59页。
② 王其祎、周晓薇《隋代墓志铭汇考》第2册，线装书局，2007年，第313、315页。
③《隋李椿墓志》记"公以久居蕃部"，系指在北周时"出镇延州，强虏畏威，缘边仰化……板屋之地，俄见华风；穷发之乡，翻为盛俗"，以及同州监领、隋初敕领相州十二州兵，见《隋代墓志铭汇考》第2册，第118—120页。延州、同州、相州均为蕃族聚居区，故称蕃部。《隋马长和等造像记》记开皇十一年（591），易州"以地居蕃省，北与沙漠以相连"，见北京图书馆金石组编《北京图书馆藏中国历代石刻拓本汇编》，中州古籍出版社，1989年，第9册，第75页。"蕃省"即"蕃部"，系指易州境内蕃族多。同样，地处西北边陲的凉州亦为蕃部。
④《隋姚辩墓志铭并序》云："吐谷浑大保五期尼乐周等率众归附，使銮跸西幸，底定浑国。"见《隋代墓志铭汇考》第4册，第153—155页。"大保五期尼乐周"当即"大宝王尼洛周"，"五"字疑即"王"之误书。
⑤《隋书》卷29《地理志上》（修订本），第908—909页。

之玉门，再东至陇右之西平郡，然后又西往伏俟城。这样绕两个大圈子是难以想象的，因此只能有一个解释，即慕容顺所经之玉门不是敦煌郡境内的玉门关或玉门县，而是新设在西平郡之东的玉门关。换言之，至晚在 609 年以前，玉门关已经从河西敦煌东移到了陇右黄河岸边。

三、"西域"概念及范围之东扩

隋代玉门关为什么会东移，尤其是移徙到两千多里外的陇右地区呢？这其实跟隋代整个西域边界的东扩是同步的。要探讨隋代玉门关的东移问题，首先必须从西域的东扩说起。

《隋书》卷 83《西域传》序文对西域诸国数字的记述，有以下三处文字，兹摘引于下：

（1）其有君长者四十四国。

（2）大业（605—618）年中，相率而来朝者三十余国。

（3）今所存录者，二十国焉。

（1）中 44 国的史料来源当是裴矩所撰的《西域图记》，其序称："为《西域图记》，共成三卷，合四十四国。"[①]（2）中 30 余国的记载源出于《隋书》卷 3《炀帝纪上》所记在燕支山会见西域诸国君长，言："其蛮夷陪列者三十余国。"（3）中记有 20 国，但观其具体存录之国，实为 23 国，为什么会多出 3 国呢？值得注意的是，23 国中包括了位于青藏高原的吐谷浑、党项、附国，除吐谷浑势力向西深入南疆外，其他两国不属于汉代确立的传统西域之范围。或许也正因此，《西域传》序文剔除了这 3 国，而称作"二十国焉"。《西域传》这一看似矛盾的表达，实为汉代传统西域观与隋代西域新变化相结合的产物。

荣新江、文欣在考论唐代"西域"概念时顺带言及："隋代官方认识的'西域'，指的是敦煌以西、葱岭以东、于阗以北的地区，和《汉书》的认识基本一致。"[②]这一区域是裴矩在追溯汉隋间的旧事时提到的，[③]属汉代确立的传统狭义西域的范围，其实与隋代西域的实际状况已经大不相同。隋朝

① 《隋书》卷 67《裴矩传》（修订本），第 1771 页。

② 荣新江、文欣《"西域"概念的变化与唐朝"边境"的西移——兼谈安西都护府在唐政治体系中的地位》，《北京大学学报》2012 年第 4 期，第 114 页。

③ 裴矩《西域图记》序曰："自汉氏兴基……后汉之世……于阗之北，葱岭以东，考于前史，三十余国。其后更相屠灭，仅有十存。"见《隋书》卷 67《裴矩传》（修订本），第 1771 页。这 30 余国或 10 国说的是汉隋间的狭义西域。

继承魏晋南北朝的衣钵，[1]尤其是炀帝大力经营、交通西域，西域概念发生了巨大变化。裴矩《西域图记》序曰：

> 为《西域图记》，共成三卷，合四十四国。仍别造地图，穷其要害。从西顷以去，北海之南，纵横所亘，将二万里。……今者所编，皆余千户，利尽西海。

裴矩笔下的西域范围，位于"从西顷以去，北海之南"，直到西海的广袤区域，纵横 2 万里，非常辽阔，比汉代的广义西域还要大。裴矩接下来叙述从敦煌通往西海的三条道路，囊括中亚、南亚、西亚及欧洲。44 国之数也远超《隋书·西域传》实际著录的国数。其中最堪注目的，是隋代西域的范围从"西顷"叙起，"西顷"即"西倾"，指的是西倾山，是自古以来陇右地区的名山，早在《尚书·禹贡》中就有记载，唐代陇右道的九大名山中就有西倾山，[2]位于洮州临潭县西南 300 里，又名强台山、[3]西强山，[4]坐落在今甘肃、青海两省的交界处。《西域图记》将隋代西域的东界定在西倾山，而吐谷浑、党项、附国位于西倾山以西，故得以列入《隋书·西域传》中。

604 年隋炀帝即位以后，"每日引矩至御坐，亲问西方之事。矩盛言胡中多诸宝物，吐谷浑易可并吞。帝由是甘心，将通西域"。[5]裴矩所言"西方之事"主要涉及胡与吐谷浑，在他的鼓动下，炀帝决心开通西域，这里的"西域"自然包括势力伸入南疆的吐谷浑。[6]另外从墓志、史籍的记载亦知，在隋朝及唐初人的眼里，吐谷浑确实被视为西域之国。《隋刘则墓志铭并序》记其护送光化公主至西域：

> （开皇）十六年（596），诏授兼内给事。其年，奉敕送光化公主适于西域。……廿年（600），又敕送义城公主达于启民可汗。[7]

此事在《隋书》卷 47《柳机附从子柳謇之传》中有较为详细的记载：

> 会吐谷浑来降，朝廷以宗女光化公主妻之，以謇之兼散骑常侍，送公主于西域。俄而突厥启民可汗求结和亲，复令謇之送义成公主于突厥。謇之前后奉使，得二国所赠马千余匹，杂物

---

[1]魏晋南北朝时期的正史，除《魏书》《北史》外，皆不称《西域传》，多称《西戎传》，已经预示了这一点。即使在《魏书》《北史》中，记载北魏时期的西域被划分成四个区域："自葱岭以东、流沙以西为一域；葱岭以西、海曲以东为一域；者舌以南、月氏以北为一域；两海之间、水泽以南为一域。"见魏收《魏书》卷 102《西域传》，中华书局，1974 年，第 2261 页；李延寿《北史》卷 97《西域传》，中华书局，1974 年，第 3207 页。可见北魏突破了汉代以来的西域观念，尤其是对葱岭以西地区的认知大大加深，将之细分为三个区域。另外，高昌也不入于《魏书·西域传》，而是在卷 101 中与氐、吐谷浑、宕昌、邓至、蛮、獠合传。

[2]欧阳修、宋祁《新唐书》卷 40《地理志四》中华书局，1975 年，第 1039、1043 页；北齐时，西倾山还被列为祭祀神山，见《隋书》卷 6《礼仪志一》（修订本）第 114 页。

[3]李吉甫《元和郡县图志》卷 39《陇右道上》"洮州"条，中华书局，1983 年，第 997 页。

[4]《魏书》卷 101《吐谷浑传》，第 2235 页。

[5]《隋书》卷 67《裴矩传》（修订本），第 1772 页。

[6]《隋书》卷 83《西域·吐谷浑传》（修订本）云："地兼鄯善、且末。"第 2072 页。

[7]王其祎、周晓薇《隋代墓志铭汇考》第 4 册，第 137、139 页。

称是。

光化公主嫁往西域，是隋朝与吐谷浑之间的和亲，而义成公主则嫁给突厥启民可汗，刘则、柳䞍之均为两次和亲使团的成员。《隋书》卷83《西域·吐谷浑传》记录了吐谷浑可汗之名及具体年代：开皇"十六年，以光化公主妻伏"。"伏"即"世伏"，[1]《隋书》为避唐太宗李世民之讳而略书"世"字。

607年，隋炀帝北巡至榆林郡，接见前来朝贡的突厥启民可汗与各国使节。《隋书》卷8《礼仪志三》云："大业三年（607），炀帝在榆林，突厥启民及西域、东胡君长，并来朝贡。"同书卷3《炀帝纪上》亦记，该年六月"戊子，次榆林郡。丁酉，启民可汗来朝。己亥，吐谷浑、高昌并遣使贡方物"，跟随突厥启民可汗一起来朝的还有奚、霤、室韦等国酋长。[2]对比上述史料记载可知，吐谷浑、高昌属西域，奚、霤、室韦属东胡。两年后，隋灭吐谷浑。《隋书》卷22《五行志上》记大业时"有西域、辽东之举"，辽东之举指征讨高丽，西域之举当为击灭吐谷浑，两者对举也表明吐谷浑确属西域之地。

609年隋灭吐谷浑后，为了加强对吐谷浑故地的控制，隋朝设置郡县及镇。《隋书》卷24《食货志》云：

> 于是置河源郡、积石镇。又于西域之地置西海、鄯善、且末等郡。

除了鄯善、且末二郡外，志文把设在吐谷浑旧都伏俟城的西海郡也归入西域之地，正是隋代西域概念的真实记录。吴玉贵指出："这实在是应该引起足够重视的一个现象。……在隋代至唐初，将吐谷浑之地也看成了西域的一部分，甚至等同于西域。"[3]诚哉斯言！

隋代吐谷浑属于西域范围，也就是说，原来传统意义上的"西域"的东部边界向东推移到了陇右的西倾山脉。从地理上看，党项属于此一范围，这在史籍中也有所反映，《隋书》卷56《宇文弢传》云：

> 开皇（581—600）初，以前功封平昌县公，加邑一千二百户，入为尚书右丞。时西羌内附，诏弢持节安集之，置盐泽、蒲昌二郡而还。

开皇初，西羌内附，宇文弢持节前往安抚，并在那里设置了盐泽、蒲昌二郡。"西羌"即"党项羌"，前者以地理方位称之，后者以族名之。同书卷62《刘行本传》记载开皇年间，"于时天下大同，四夷内附，行本以党项羌密迩封域，最为后服，上表劾其使者曰：'臣闻南蛮遵校尉之统，西域仰都护之威。比见西羌鼠窃狗盗，不父不子，无君无臣，异类殊方，于斯为下。不悟羁縻之惠，讵知含养之恩，狼戾为心，独乖正朔。使人近至，请付推科。'"就把党项羌称作为西羌。卷83《西域·党项羌传》记其分布范围为："东接临洮、西平，西拒叶护，南北数千里，处山谷间。"内附的西羌（党项羌）应当被安置在临洮、西平二郡或以东地区，即新设的盐泽蒲昌二郡。施和金认为此二郡设在南疆鄯善，

① 《北史》卷96《吐谷浑传》作"世伏"，第3188页。

② 司马光《资治通鉴》卷180，隋炀帝大业三年（607）条，中华书局，1956年，第5630页。

③ 吴玉贵《突厥汗国与隋唐关系史研究》第四章《炀帝时代隋朝对西域的经营》，中国社会科学出版社，1998年，第123页。

称宇文弼置郡后即还，隋朝未能有效统治。^①此说未确。"盐泽""蒲昌"都是罗布泊的代名词，^②但从开皇初宇文弼安抚西羌的情势判断，此二郡显然不是设在罗布泊一带，而可能侨置于西羌所居的陇右地区。早在北周时期，宇文弼之父宇文珍出任宕州刺史，他本人"尝奉使邓至国及黑水、龙涸诸羌，前后降附三十余部"，^③可见宇文氏父子对陇右地区及西羌情况极为了解，绝不至于把陇右与罗布泊相搞混。及至隋初，用盐泽、蒲昌这两个传统的西域地名来命名西羌内附后新设的陇右二郡，不仅符合裴矩《西域图记》所说"从西顷（倾）以去，北海之南"的隋代西域范围，而且也正可解释党项羌何以被列入《隋书·西域传》之中。

此外，《隋田行达墓志》记载："河州北距轮台，西通朱围。以公威名素远，式遏攸归。（仁寿）三年（603），授河州行军总管。"^④河州位于陇右黄河岸边，而轮台像盐泽、蒲昌一样是传统的西域地名，两地原本相去极远，但参照盐泽、蒲昌二郡的侨置及西域范围的东扩，这里的轮台极可能也东徙至陇右，位于河州的北侧。

盐泽、蒲昌二郡设置于开皇初，但在《隋书·地理志》中无载，自然是大业三年（607）四月"壬辰，改州为郡"^⑤后不再设置，实际上在开皇三年（583）十一月"甲午，罢天下诸郡"^⑥时就已经撤废。隋文帝在陇右设置盐泽、蒲昌二郡，用于安集内附的西羌，这两个带有鲜明西域特点的郡名给时人带来一个新的西域观念，即西域的东部边界发生了扩移，这也就是党项、吐谷浑及附国皆被视为西域诸国的原因。大业初裴矩撰写《西域图记》，明确记载西域东界在西倾山，就是继承了开皇初年以来的结果。

四、玉门关的西移与莫贺延碛路的兴盛

原本位于传统西域的盐泽、蒲昌二郡，在隋初东移是西域范围向东延伸的重要标志；同样，作为邻接西域的玉门关，也相应地东移到隋代新西域的东侧，即西平郡以东地区。如此，也就可以把玉门关的东移时间确定在开皇初。对于隋朝而言，西域范围的东扩、玉门关的东移，是隋初西部势力收缩的体现，这跟隋朝的西疆局势息息相关。当时，隋文帝主要致力于对付北部的突厥，而对西

① 施和金《中国行政区划通史·隋代卷》（第二版），复旦大学出版社，2017年，第165页。
② 班固《汉书》卷96上《西域传上》云："蒲昌海，一名盐泽者也，去玉门、阳关三百余里，广袤三四百里。"中华书局，1962年，第3871页；《隋书》卷29《地理志上》（修订本）"鄯善郡"条下亦记："有蒲昌海、鄯善水。"第909页。
③ 《隋书》卷56《宇文弼传》（修订本），第1565页。
④ 王其祎、周晓薇《隋代墓志铭汇考》第5册，第314—316页。
⑤ 《隋书》卷3《炀帝纪上》（修订本），第75页。
⑥ 《隋书》卷1《高祖纪上》（修订本），第21页。

部的吐谷浑、党项羌则采取退守策略。

此后直到大业初，裴矩《西域图记》序文记述从敦煌通西域有三道，虽然说到"发自敦煌""总凑敦煌，是其咽喉之地"，但没有提及玉门关，这一点跟《魏书·西域传》所记自玉门渡流沙至鄯善或车师不同，原因就是此时的玉门关已从敦煌西北东移到陇右了。

还有个问题是，《隋书》卷3《炀帝纪上》记其西巡河陇，于大业五年（609）四月"乙巳，次狄道，党项羌来贡方物。癸亥，出临津关，渡黄河，至西平"。明确记载隋炀帝所出的是临津关，此关设在黄河东岸，位于狄道县西、西平郡东，实际上是在枹罕郡（即河州）枹罕县境内。《资治通鉴》卷181大业五年条胡三省注曰："临津关当在枹罕界，临河津。《水经注》：河水自浇河东流，迳邯川城南，又东迳临津城北、白土城南，为缘河济渡之地。"《隋书》卷29《地理志上》枹罕郡枹罕县条下注曰"有关官"，当即临津关。临津城与白土城南北对夹黄河，十六国、北魏时这里就是一个重要渡口，隋代在此设关自然是十分必要的。609年炀帝率领大队人马出临津关，渡过黄河前往西平郡。关于临津关的位置，学界主要有青海循化、甘肃积石山二说，当以后者为确，具体位于积石山县大河家镇康吊村关门一带。[①]2020年9月21日笔者到此地考察，这一带河岸相对较窄，水势平缓，至今仍保留了"关门"这一地名。在隋代史籍中，"临津关"唯此一见，位于西平郡东、狄道县西的枹罕郡黄河东岸，而前考东移之玉门关位于西平、临洮二郡或以东地区，两者在地理位置上颇为相合。笔者认为玉门关实即临津关，所以《隋书》"史臣曰"才会提到炀帝西出玉门关。《隋书·炀帝纪上》记作临津关，是因为稍后玉门关又发生了西徙，此地不再称玉门关，而更名为临津关。609年隋灭吐谷浑后，控制了南疆地区，并在那里设置鄯善、且末二郡。《隋曹庆珍墓志铭》云："河右地接莎车，境邻蒲海。桂月初团，朔风既动。虏马嘶鸣，胡笳忉思。君控桃花之马，历阵冲营；弯明月之弓，饮梁穿札。"[②]莎车靠近且末郡，蒲海即蒲昌海（罗布泊、盐泽），南接鄯善郡。大业时，蒲昌、盐泽等地名已经回归到原来传统西域的范围，玉门关也同样西徙回敦煌郡，而原来设在枹罕郡黄河东岸的玉门关则改名为临津关，后世史家记述炀帝渡河出关，遂留下了两种不同的记录，在列传"史臣曰"中露出了马脚。

玉门关西徙的时间，当与隋朝在吐谷浑故地设置郡县同时或稍后。大业五年（609）六月"壬子，高昌王麹伯雅来朝，伊吾吐屯设等献西域数千里之地。上大悦。癸丑，置西海、河源、鄯善、且末等四郡"。[③]隋朝获得西域东疆的数千里地，又在南疆及今青海设置郡县，玉门关也当在此时或稍后西

① 参见刘满《临津关与隋炀帝西巡》之《临津关与积石关》，《鑫报·西部人文地理》2002年9月27日；《西北黄河古渡考（二）》之"一、临津关渡（临津、白土津、积石关渡、大河家渡）"，《敦煌学辑刊》2005年第4期，第102—146页；《隋炀帝西巡有关地名路线考》之"一、临津关不在今青海循化境"，《敦煌学辑刊》2010年第4期，第16—21页。

② 王其英主编《武威金石录》，兰州大学出版社，2001年，第24页。

③ 《隋书》卷3《炀帝纪上》（修订本），第82页。

徙。翌年，西突厥酋长射匮击败处罗可汗，处罗东逃至高昌国东部的时罗漫山，即伊吾境内的天山地区。"帝遣裴矩将向氏亲要左右，驰至玉门关、晋昌城。"①向氏是处罗可汗之母，为汉人，居住在长安。她到达玉门关、晋昌城后，继续前往时罗漫山与处罗相会。《元和郡县图志》卷40"瓜州晋昌县"条云："玉门关，在县东二十步。"②唐代玉门关位于晋昌城东侧，应当是沿承自隋大业时，所以向氏一行才会先到玉门关，再入晋昌城。《隋书·地理志上》所记常乐县有关官，就是位于晋昌城东20步的玉门关。③由此可以判断，玉门关迁徙到晋昌城东的时间，上限是大业五年（609）六月癸丑，下限为大业六年（610）裴矩、向氏西抵玉门关、晋昌城之时。

关于玉门关的迁徙路线，学界都说是从敦煌郡西北迁到东面的常乐县晋昌城附近。④然而通过上文的考证，这一观点有必要进行修正。另外，玉门关从枹罕郡枹罕县黄河东岸西徙回敦煌郡，为什么没有迁到敦煌西北的原关址，而是选定在晋昌城东呢？这跟周、隋时期河西与西域的道路交通发生变化有关。《周书》卷50《异域下·高昌传》云：

> 自敦煌向其国，多沙碛，道里不可准记，唯以人畜骸骨及驼马粪为验，又有魑魅怪异。故商旅来往，多取伊吾路云。

《隋书》卷83《西域·高昌传》则记载：

> 从武威西北，有捷路，度沙碛千余里，四面茫然，无有蹊径。欲往者，寻有人畜骸骨而去。路中或闻歌哭之声，行人寻之，多致亡失，盖魑魅魍魉也。故商客往来，多取伊吾路。

从河西通往高昌的道路，《周书》所记出发地为敦煌，《隋书》则为武威，且称是"捷路"。从敦煌到高昌的道路即裴矩《西域图记》所说的"中道"，⑤唐称"大海道"，此道虽然路途较近，但是穿

①《隋书》卷84《北狄·西突厥传》（修订本），第2113页。
②李吉甫《元和郡县图志》卷40《陇右道下》，第1028页。
③有学者对隋代玉门关作了专门考察，认为在隋以前已经从敦煌西北东迁到今瓜州县境内，如王奕心、王乃昂《隋玉门关地理位置新探》，甘肃敦煌学学会、酒泉市文物管理局、瓜州县人民政府编《瓜州锁阳城遗址与丝绸之路历史文化研究》，甘肃教育出版社，2016年，第101—107页；王乃昂《唐玉门关地望新探——基于历史文献与考古遗存互证》之"二、隋玉门关的地理位置"，《中国边疆史地研究》2020第1期，第71—74页。王氏说："尽管玉门关何时东迁的问题尚存在争论，但隋玉门关的具体位置史籍记载还是相当明确的，即在魏晋时期的宜禾县、北朝至隋时的常乐县境""亦即北朝至隋时的'晋昌城'""在今瓜州县广至乡（原南岔乡）六工村（清代因安置新疆移民所编六工区而得名）南3千米隔壁荒漠中，俗称'六工古城'。"东迁的玉门关位于隋常乐县境、晋昌城，自无疑问；但在隋代，晋昌城并非常乐县的治所，作者将史籍中记载的"宜禾城"与"晋昌城"混为一谈了。
④纪宗安主张玉门关于610年迁至晋昌城东，但认为是从敦煌东迁。见《丝绸之路新北道考实——兼谈玉门关址的东迁》，《敦煌学辑刊》1996年第1期，第100页。
⑤《隋书》卷67《裴矩传》（修订本），第1771页。

越茫茫沙碛，容易迷失道路，十分难走，①所以商旅往来多取"伊吾路"，亦即裴矩所说的从敦煌到伊吾的"北道"。②而隋代从武威往西北的"伊吾路"，既为捷路，并非从敦煌通往伊吾的北道旧路，而应是从晋昌城东的玉门关出发，过莫贺延碛直达伊吾，这条路不必绕经敦煌，而且比较好走，这也是玉门关设在这条新伊吾路的原因。易言之，伊吾路的南端从敦煌移动到了晋昌。

周、隋时期的两条伊吾路，在《元和郡县图志》卷40"伊州"条有明确记载：

> 东南取莫贺延碛路至瓜州九百里，正南微东至沙州七百里。

正南微东通往沙州（敦煌）的道路即北周伊吾路，东南沿莫贺延碛路到达瓜州（晋昌）的道路，是新开辟的一条道路。大业时玉门关从陇右西徙回敦煌郡，没有迁到敦煌西北的旧伊吾路上的玉门关原址，而是布设在新伊吾路（即莫贺延碛路）的东南端，即敦煌郡东面的常乐县晋昌城东。

《隋书》卷65《薛世雄传》记其于609年随从隋炀帝征讨吐谷浑后，续云：

> 于是超拜右翊卫将军。岁余，以世雄为玉门道行军大将，与突厥启民可汗连兵击伊吾。师次玉门，启民可汗背约，兵不至，世雄孤军度碛。伊吾初谓隋军不能至，皆不设备，及闻世雄兵已度碛，大惧，请降，诣军门上牛酒。

610年薛世雄被任命为玉门道行军大将，率军抵达玉门，这个"玉门"并非玉门县，而是新迁到晋昌城东的玉门关。从这里出发过莫贺延碛，即沿着莫贺延碛路顺利到达伊吾。及至唐初，敦煌郡常乐县于"武德五年（622）置瓜州，仍立总管府，管西沙、肃三州"。③常乐县升格为瓜州（治晋昌），甚至还管辖着西沙州（治敦煌）、肃州（治酒泉），地位超过了原来"咽喉之地"的敦煌，正是隋代交通格局发生变化导致的结果，莫贺延碛路及其东南端的玉门关起到了决定性的作用。

这条新伊吾路（即莫贺延碛路）的开通及兴盛，与伊吾粟特商胡积极开展商业贸易密不可分。《通典》卷191《边防典七》记述伊吾："至隋，有商胡杂居，胜兵千余人，附于铁勒，人甚骄悍。"④伊吾商胡以善于经商的粟特人为首，敦煌文献S.367《沙州伊州地志》"伊州"条云：

---

① 敦煌文献P.2009《西州图经》云："大海道：右道出柳中县界，东南向沙州一千三百六十里。常流沙，人行迷误。有泉井，咸苦，无草。行旅负水担粮，履践沙石，往来困弊。"见上海古籍出版社、法国国家图书馆编《法藏敦煌西域文献》第1卷，上海古籍出版社，1995年，第76页。

② 除了商旅之外，609年隋灭吐谷浑以前，僧侣、使节、军队走的也是北道伊吾路。道宣《续高僧传》卷2《译经篇二·隋东都雒滨上林园翻经馆南贤豆沙门达摩笈多传三》记其从南贤豆罗啰国出发，先由南道翻越葱岭到沙勒国，再经中道到达高昌，最后走的是北道，从伊吾前往敦煌，路途艰难："又至伊吾，便停一载。值难避地西南，路纯砂碛，水草俱乏，同侣相顾，性命莫投，乃以所赍经论权置道旁，越山求水，冀以存济，求既不遂，劳弊转增，专诵《观世音咒》，夜雨忽降，身心充悦。寻还本途，四顾茫然，方道迷失，踟蹰进退，乃任前行，遂达于瓜州，方知取北路之道也。"他抵达京城长安的时间是在开皇十年（590）冬十月，当时的瓜州指的是敦煌（中华书局，2014年，上册，第44页）。

③ 刘昫等《旧唐书》卷40《地理志三》，中华书局，1975年，第1642页。。

④ 杜佑《通典》卷191《边防典七·西戎三》，中华书局，1988年，第5198页。

> 隋大业六年（610），于城东买地，置伊吾郡。隋乱，复没于胡。贞观四年（630），首领石万
> 年率七城来降，我唐始置伊州。

"柔远县"条亦曰：

> 右相传隋大业十二年（616），伊吾胡共筑营田。贞观四年（630），胡归国，因此为县，以镇
> 为名。[①]

伊吾扼守东疆门户，是西域通往河西走廊的北道要冲，这里居住着不少剽悍的商胡，拥有千余人的武装，先依附于铁勒，610 年被隋军征服。值得注意的是，隋朝在征服伊吾后仍要出钱向商胡买地，才能设置伊吾郡，足见伊吾作为西域商胡的聚集地，势力甚大，商业氛围浓厚。[②]隋朝为了寻求与当地粟特胡商的合作，充分保障了他们的商业利益。唐贞观三年（629），玄奘西行求法，在瓜州遇到胡僧达摩及其他两位胡人，其中一位胡翁"极谙西路，来去伊吾三十余返"，[③]是活跃在莫贺延碛路上的商胡缩影；另一位帮助玄奘偷渡玉门关的少胡石槃陀，与伊吾商胡首领石万年都姓石，出自粟特石国。翌年，唐灭东突厥，石万年也率领伊吾七城归顺唐朝，[④]使莫贺延碛路更加畅通，唐代玉门关的名声尤为显扬。

---

①周绍良主编《英藏敦煌文献（汉文佛经以外部份）》第 1 卷，四川人民出版社，1990 年，第 158 页。

②S.367《沙州伊州地志》"伊州"条记载："田夫商贩之人""唯以多财为贵。"见《英藏敦煌文献（汉文佛经以外部份）》第 1 卷，第 158 页。

③慧立、彦悰《大慈恩寺三藏法师传》卷 1《起载诞于缑氏 终西届于高昌》，中华书局，1983 年，第 13—14 页。

④福岛惠对《唐史多墓志铭并序》作过考释，认为墓主人史多家族就是居住在伊吾的粟特人，曾在隋及唐初两次归顺中原王朝。见《唐の中央アジア進出とソグド系武人—〈史多墓誌〉を中心に—》，《学習院大学文学部研究年报》第 59 辑，2013 年，第 27—54 页。史多出自粟特史国自无疑问，但是否为伊吾人则仍存疑。

阿尔泰地区发现的蒙古帝国时期佛像及其意义
——基于 2016 年实地调查报告

中田裕子/龙谷大学农学部

村冈伦/龙谷大学文学部

　　从 1996 年启动的日本和蒙古联合项目，俗称"比切斯项目"（"比切斯"是蒙古语"碑文"之意），多年来对蒙古国的碑铭进行调查和研究，项目组成员们利用科研费连年开展调查。项目的研究对象主要是从突厥时期到蒙古帝国时期的碑铭文字，其研究成果先由森安孝夫（日本大阪大学）、奥吉尔（当时任职于蒙古科学院历史研究所）联合编辑报告，于 1999 年出版。[①]之后，该项目日方主持人改由松田孝一（大阪国际大学）担任，主要针对蒙古帝国和元朝时期的碑文继续调研，出版了各种形式的研究成果。[②] 2013 年 3 月，由松田孝一和奥吉尔（当时任职于蒙古国际游

---

① 森安孝夫、オチル編《モンゴル国現存遺蹟·碑文調査研究報告》，中央欧亚学研究会，1999 年。

② 参 A. Очир, A. Энхтөр《Монгол-Японы Хамтарасан "Бичээс-2" төслийн 2004 оны хээрийн шинжилгээний Ангийн Монголын талын товч тайлан》（清水奈都纪译《モンゴル·日本合同調査団，モンゴル側簡報》），村冈伦编《中世北東アジア考古遺蹟データベースの作成を基盤とする考古学·歴史学の融合》（以下简称"《村冈科研报告书》"），文部科学省科学研究费补助金特定领域研究《中世考古学の總合的研究—学融合を目指した新領域創生—》（前川要主持）〈公募班〉，2004、2005 年度研究成果报告书，2006 年，第 21—34 页。A. Очир《МОНГОЛ-ЯПОНЫ "БИЧЭЭС" ТӨСЛИЙН ХҮРЭЭНД ШАРГЫН ХАЛЗАН ШИРЭГТ ХИЙСЭН СОРИЛЫН МАЛТЛАГЫН ЯВЦ, УРЬДЧИЛСАН ҮР ДҮНГЭЭС》（清水奈都纪译《モンゴル·日本 "ビチェース" 計画の一環でシャルガのハルザン·シレグで行った試掘調査の状況、予備的考察から》），《13—14 世紀モンゴル史研究》1, 2016 年，第 9—32 页。A. Очир, Л. Эрдэнэболд, "МОНГОЛ-ЯПОНЫ БИЧЭЭС-2 ТӨСЛИЙН ХЭЭРИЙН СУДАЛГААНЫ ҮР ДҮН ХАЛЗАН ШИРЭГ БАГАСНЫ МАЛТЛАГА СУДАЛГАА", Монголын археологи-2016, Ulaanbaatar, 2017, pp.219-226; "ХАЛЗАН ШИРЭГ БАГАСНЫ СУДАЛГААНЫ 2017 ОНЫ УРЬДЧИЛСАН ДҮНГЭЭС", Монголын археологи-2017, Ulaanbaatar, 2018, pp.223-229。加速器分析研究所（有限公司）《ハルザン·シレグ遺蹟における放射性炭素年代（AMS遺测定）》，加速器分析研究所（有限公司）报告书，2014 年

牧文明研究所）共同编辑，以整理以往研究成果（包括此前报告书出版以后发现的碑文在内）的形式再次出版。①

比切斯项目的研究对象，顾名思义是以碑铭文字的书写为中心，而与之一同开展的各时代遗迹的调查也很多，其中本项目的最大成果可以说是发现了蒙古帝国时期重要的军事据点——钦凯·巴尔加斯及其调查和研究。

钦凯·巴尔加斯是蒙古帝国的创始人成吉思汗于1212年任命功臣田镇海在蒙古西部的阿尔泰地区建造的军事据点，史料中也称为巴尔加斯，蒙古语意为"城"。蒙古帝国在钦凯开辟屯田，生产铁制品。作为大规模的后勤基地，支撑着始于1219年的成吉思汗中亚远征，甚至在1260年忽必烈即位后，成为元朝对抗凯杜等中亚反忽必烈势力的前线基地，具有重要的意义。然而关于它的位置，很早以前就一直争论不休，许多学者提出了各种各样的观点。

因此，本项目首先立足于2001年、2004年两次实地调查和来自文献的研究，提出蒙古西部戈壁阿尔泰省夏尔嘎县的哈尔赞·西雷格遗址属于钦凯·巴尔加斯。2014年、2016年，由蒙古国学者奥吉尔、埃尔德内博尔德（蒙古科学技术大学）等主导进行发掘调查。2016年9月，发现了被认为

（《13—14 モンゴル史研究》1，2016 年转载）；《ハルザン・シレグ 2 遺蹟，同 3 遺蹟における放射性性炭素年代（AMS測定）および炭素・窒素含有量測定》，加速器分析研究所报告书，2016 年；白石典之《チンギス・カン "蒼き狼の実像"》，中公新书，2006 年；铃木宏节、中田裕子《2004 年度モンゴル国調査記録》，《村冈科研报告书》，第 1—20 页；中田裕子《游牧民の歴史と農耕》，龙谷大学农学部食料农业システム学科编《食と農の教室 1 知っておきたい食・農・環境 はじめの一歩》，昭和堂，2016 年，第 152—156 页；松田孝一《クビライ政権時代のチンカイ地区（劄記）》，《村冈科研报告书》，第 47—54 页；松田孝一编《內陸アジア諸言語資料の解読によるモンゴルの都市発展と交通に関する總合研究》，2005—2007 年度科学研究费补助金基盘研究（B）成果报告书，2008 年；松田孝一、村冈伦、白石典之《2001 年モンゴル国史蹟調査記録》，松田孝一《碑刻等史料の總合的分析によるモンゴル帝国・元朝の政治・経済システムの基礎的研究》，2000—2001 年度科学研究费补助金基盘研究（B）（1）成果报告书，2002 年，第 201—219 页；松田孝一、オチル编《モンゴル国現存モンゴル帝国・元朝碑文の研究》（ビチェース・プロジェクト成果报告书），大阪国际大学，2013 年；村冈伦《モンゴル西部におけるチンギス・カンの軍事據點—2001 年チンカイ屯田調査報告をかねて—》，《龍谷史坛》第 119、201 号，2003 年，第 1—61 页；《チンカイ屯田と長春真人アルタイ越えの道—ハルザン・シレグ遺蹟調査の總括—》，《村冈科研报告书》，第 35—46 页；《モンゴル帝国の真実—現地調査と最新の史料研究から—》，《北方世界の交流と変容—中世の北東アジアと日本列島—》，山川出版社，2006 年，第 134—155 页；《チンカイ城と長春真人アルタイ越えの道—2004 年現地調査報告をかねて—》，《龍谷史坛》第 126 号，2007 年，第 1—35 页；《モンゴル高原から中央アジアへ—13 世紀チンカイ城を通るルートをめぐって—》，菊池俊彦编《北東アジアの歴史と文化》，北海道大学出版社，2010 年，第 393—411 页；《チンカイ城と長春真人の旅》，白石典之编《チンギス・カンとその時代》，勉诚出版，2015 年，第 77—80 页；《チンカイ・バルガスと元朝アルタイ方面軍》，《13—14 世紀モンゴル史研究》1，第 85—97 页。

① 松田孝一、オチル编《モンゴル国現存モンゴル帝国・元朝碑文の研究》（ビチェース・プロジェクト成果报告书）。

是蒙古帝国时期佛像的部分脚和手。其次，根据专家的鉴定和放射性碳年代测定（^{14}C年代测定）的结果，2017年3月在蒙古国、4月在日本龙谷大学，关于这些成果的发现举行了新闻发布会，各家报社在纸媒和网络进行了报道。

本文特别对2016年哈尔赞·西雷格遗址的调查及发掘的部分佛像进行报告，并对这一发现的意义进行考察。第一部分叙述2001—2016年钦凯·巴尔加斯调查和研究的经过。第二部分叙述2016年蒙方研究人员主导下对哈尔赞·西雷格遗址的发掘调查，基于蒙方2017年出版的报告介绍相关成果，[①]不过需要说明的是，这里介绍的是蒙方的意见，而非整个项目的官方观点。第三部分叙述2016年从遗迹中出土遗物的^{14}C年代测定，以及委托给加速器分析研究所的部分分析结果。[②]第四部分是在此基础上考察佛像发现的意义，以及展望未来的研究课题。同样需要说明的是，这里主要根据蒙方的报告，但也包括笔者的意见，如同第二部分一样，不是整个项目的官方观点。作为一个项目的共同观点，我们认为哈尔赞·西雷格遗址的广泛范围发掘调查即将结束，或者在一定程度上应该告一段落，在这一点上希请事先理解。

一、比切斯项目对钦凯·巴尔加斯的调查与研究

（一）关于钦凯·巴尔加斯的位置诸说

钦凯·巴尔加斯和钦凯屯田之名，实际上是以创建者的名字"镇海"或"称海"来命名的，为其同音异写，后者在以《元史》为主的汉籍史料有不少记载，但很少记载其具体位置。唯有《长春真人西游记》中能找到其位置的详细记述。长春真人是当时北中国最兴盛的道教即全真教的领袖，他接受成吉思汗的邀请，带着弟子追随西征的成吉思汗，其旅途中的旅行记由随行的弟子李志常记录成书。

长春真人一行来回都经过钦凯地区，《长春真人西游记》中详细记载了经由其地的旅程及钦凯周边的景观。以往也有许多学界前贤根据《长春真人西游记》的记载对钦凯的位置进行探讨，广泛认同钦凯位于蒙古高原西部的阿尔泰山脉北麓，但对具体位置则提出了各种各样的说法，主要如下：

（1）布雷特施耐德（俄罗斯）：沙斯托博格德（苏泰）山附近或其北方地区。

（2）王国维（中国）：将《长春真人西游记》中记载在钦凯城北面的"阿不罕山"比定为清朝地

①A. Очир, Л. Эрдэнэболд, "МОНГОЛ-ЯПОНЫ БИЧЭЭС-2 ТӨСЛИЙН ХЭЭРИЙН СУДАЛГААНЫ ҮР ДҮН ХАЛЗАН ШИРЭГ БАГАСНЫ МАЛТЛАГА СУДАЛГАА", Монголын археологи-2016, pp.219-226.

②Ю.Наката, Х.Муракаока, Алтайгаас олдсон Монголын эзэнт гүрний үеийн Булхан, түүний ач холбогдол, Улаанбаатар, 2019 он.pp.14-43.

图上的"阿尔洪山"（今哈萨克斯坦特海尔汉山）。

（3）贝利（蒙古国）：哈萨克斯坦特贾尔加兰山附近名叫古泽恩·特尔的一座古老的农耕地遗址，认为特贾尔加兰山相当于上述特海尔汉山，与王国维说大致相同。

（4）陈正祥（中国香港）：哈尔奥斯湖的南面。

（5）陈得芝（中国）：宗海尔罕山（乌姆努海尔罕山）的北侧，德鲁贡湖的南岸。

（6）大叶升一（日本）：达尔比山区北麓区域。[①]

（二）2001 年夏尔嘎农耕地遗址的调查

以上诸说中，除蒙古人贝利以外均未进行过实地调查，仅据文献和地图开展研究。当时蒙古国内不可以随意调查，亦属无可奈何之事，但很明显，为了弄清钦凯·巴尔加斯的位置，实地调查是必不可少的。

因此，在比切斯项目中，2001 年，松田孝一主持的 2000—2001 年度科学研究费补助金基础研究（B）（1）以"通过碑刻等史料的综合分析的蒙古帝国、元朝的政治、经济体系的基础性研究"为题，对钦凯·巴尔加斯进行专门调查，松川节（大谷大学）、白石典之（新潟大学）、村冈伦（龙谷大学）等人参加，与以奥吉尔为首的蒙古国学者联合进行调查。我们以《长春真人西游记》的记载和蒙古国方面的调查报告为基础，调查了蒙古国西部戈壁阿尔泰省夏尔嘎县的农耕地遗址，确认了《长春真人西游记》中记载的钦凯·巴尔加斯周边的地理景观和夏尔嘎农耕地遗迹周边的地理景观基本一致，具体如下所示（A—G为《长春真人西游记》中的记述部分，⇒为夏尔嘎农耕地遗迹周边的地理景观）：

A 夹在北山和南山之间。

⇒ 夹在北方的哈萨克斯坦特海尔汉山和南方的群山之间。

B 南在连绵的群山中可以观雪，西南面可以望见"金山"。

⇒ 南面有哈尔阿兹拉加岭，可以观雪，西南面可以看到阿尔泰（金）山脉。

C 一个很少下雨的地区。

⇒ 一个很少下雨的戈壁地区。

---

① 关于以上的说法，请参 B. Bretschneider, *Mediaeval Researches,* vol. I, London, 1910；王国维《长春真人西游记校注》，《蒙古史料校注四种》，清华学校研究院，1926 年；X. Перлее, Монгол Ард Улйын Эрт, Дундад Үеийн Хот Суурины Товчоон, Урсын Хэвлэлийнхэрэг эрхлэх хороо, Улаан Баатар, 1961；陈正祥《〈长春真人西游记〉田园游记速记》1，商务印书馆香港分馆，1979 年，第 245—264 页（原载《长春真人西游记的地理学评注》，香港中文大学研究地理研究中心研究报告 8，1968 年）；陈得芝《元称海屯田考》，《蒙元史研究丛稿》，人民出版社，2008 年，第 55—60 页（原载《元史及北方民族史研究集刊》第 4 期，1980 年）；大叶升一《モンゴル帝国元朝时代の称海屯田について》，《史観》第 106 册，1982 年，第 82—95 页。

D 西面有湖，湖岸有"风冢"。

⇒ 西边有一个夏尔金·查根（夏尔嘎的白色）湖，湖岸上有一座当地人称为"塔万·托尔戈伊（五座山丘）"或"赛尔恩·萨尔欣·托尔戈伊（凉爽的风丘）"的小山。

E 东边有两个泉源，河从那里流向西湖。

⇒ 东有夏尔嘎泉、塔希蒂克泉两眼泉水，从那里向西有夏尔金·查干湖，有沙尔加河流过。

F 东南的山中出产煤炭。

⇒ 东南山中的弗伦戈尔·布里加德（村庄）附近生产煤炭。

G 巴尔加斯的南面有一座"阿不罕山"。

⇒ 关于阿不罕山，暂且认为是查根·海尔汉山，但不能完全肯定，是今后应该考虑的课题。

此外，中国、日本的陶瓷研究者们的鉴定表明，在农耕遗址所采集到的陶瓷片产自中国河南的均窑，属于成吉思汗时期的产物。白石典之后来调查发掘成吉思汗的宫殿遗址（奥拉加遗址），也采集到了同样的陶瓷片。我们据此认为，夏尔嘎地区极可能是蒙古帝国时期的钦凯之地，但遗憾的是，2001 年的调查中没有发现钦凯·巴尔加斯的遗址。[①]

（三）2004 年调查发现钦凯·巴尔加斯

在 2001 年调查以后，奥吉尔发来一张夏尔嘎地区的航空照片，明显地拍到了一座疑似人工建造的土城，距离我们在夏尔嘎调查的农耕地遗迹只有很短的距离。因此，基于 2004 年村冈伦主持的日本文部科学省科学研究费补助金及中央大学前川要教授主持的特定领域研究"中世纪考古的综合性研究——以融合学说为目标的新领域创生"，以及 2004—2005 年度公开征集研究"以中世纪东北亚考古遗迹数据库的制作为基础的考古学、历史学的融合"，我们再次访问了夏尔嘎。这次调查除了上述成员以外，还有中田裕子（当时为龙谷大学研究生）、铃木宏节（当时为大阪大学研究生）、埃尔德内博尔德（当时为俄罗斯科学院蒙古与藏传佛教研究所博士生）等人也参加了这次调查。通过调查确认，照片上的土城确实存在，并根据当地的名称命名为"哈尔赞·西雷格遗址"。

土城为四边形，东墙长 190 米，西墙长 220 米，北墙长 190 米，南墙长 170 米，南墙底部宽约 20 米，上部宽约 6 米，高 1.4 米。门似在东面墙壁，宽 17 米。遗迹附近散落着和上次一样的均窑系陶瓷。在采集的其他种类陶片的胎土中混入了碳化的植物纤维，经 ^{14}C 年代测定分析为 1160—1255 年，正是在成吉思汗时期，与钦凯·巴尔加斯的时期重合，因此我们确信哈尔赞·西雷格遗址就是钦

①关于 2001 年的调查，参松田孝一、村冈伦、白石典之《2001 年モンゴル国史蹟調査記録》，松田孝一编《碑刻等史料の総合的分析によるモンゴル帝国・元朝の政治・経済システムの基礎的研究》，第 201—219 页；村冈伦《モンゴル西部におけるチンギス・カンの軍事據點—2001 年チンカイ屯田調査報告をかねて—》，《龍谷史坛》第 119、201 号，2003 年，第 1—61 页。

凯·巴尔加斯。[①]但由于 2001 年、2004 年的调查时间较短，只是做了表面调查和附近的景观调查，最终的判断还有待进一步调查。

（四）2014 年的发掘调查成果和 2016 年的调查

此后我们没有得到长时间发掘的机会，但松田孝一主持的 2014—2016 年度科学研究费补助金基础研究（B）"根据蒙古国当地收集史料等的 13—14 世纪蒙古高原史的再构成"项目获得批准，时隔十年再次访问夏尔嘎，得到发掘调查的机会。调查于 2014 年 8—9 月进行，主要是以蒙古科学技术大学副教授埃尔德内博尔德及其学生进行发掘，[②]加速器分析研究所对出土的木片和骨片进行年代测量，结果如表 1 和表 2 所示。[③]木片的年代是在 13 世纪初钦凯·巴尔加斯建设之时，骨片则是 14 世的产物，因此哈尔赞·西雷格遗址无疑是蒙古帝国时期的产物。夏尔嘎绿地散布在阿尔泰山北麓的绿洲中，面积约 500 平方千米。[④]此外没有看到其他土城遗址，由此可以断言哈尔赞·西雷格遗址就是钦凯·巴尔加斯。

表 1　放射性碳素年代测定结果（δ^{13}C补正值）

测定号码	试料名	采取场所	试料形态	处理方法	δ 13C（‰）（AMS）			δ^{13}C有修正				
								Libby Age（yrBP）			pMC（%）	
IAAA–141451	1–1–ve5 (–50cm)	探沟 1　50cm	木片	AAA	−11.68	±	0.69	860	±	30	89.85	±	0.28
IAAA–141453	1–3–ve3 (–30cm)	探沟 3　30cm	骨	CoEx	−21.80	±	0.63	580	±	20	93.03	±	0.28

［ #6864–2,6865–2 ］

[①]关于 2004 年的调查，参 А. Очир, А. Энхтөр《Монгол-Японы Хамтарасан "Бичээс-2" төслийн 2004 оны хээрийн шинжилгээний Ангийн Монголын талын товч тайлан》（清水奈都纪译《モンゴル・日本合同調査団，モンゴル側簡報》），《村冈科研报告书》，第 21—34 页；村冈伦《チンカイ屯田と長春真人アルタイ越えの道—ハルザン・シレグ遺蹟調査の總括—》，《村冈科研报告书》，第 35—46 页；《モンゴル帝国の真実—現地調査と最新の史料研究から—》，《北方世界の交流と変容—中世の北東アジアと日本列島—》，第 134—155 页；《チンカイ城と長春真人アルタイ越えの道—2004 年現地調査報告をかねて—》，《龍谷史壇》第 126 号，2007 年，第 1—35 页。

[②]А. Очир《МОНГОЛ-ЯПОНЫ"БИЧЭЭС"ТѲСЛИЙН ХҮРЭЭНД ШАРГЫН ХАЛЗАН ШИРЭГТ ХИЙСЭН СОРИЛЫН МАЛТЛАГЫН ЯВЦ, УРЬДЧИЛСАН ҮР ДҮНГЭЭС》（清水奈都纪译《モンゴル・日本 "ビチェース" 計画の一環でシャルガのハルザン・シレグで行った試掘調査の状況、予備的考察から》），《13—14 世紀モンゴル史研究》1，第 9—32 页。

[③]加速器分析研究所（有限公司）《ハルザン・シレグ遺蹟における放射性炭素年代（AMS遺測定）》。

[④]白石典之《モンゴル国シャルガ遺跡出土遺物について—陶磁器資料を中心にして—》，松田孝一编《內陸アジア諸言語資料の解読によるモンゴルの都市発展と交通に関する總合研究》，第 243 页。

表 2　放射性碳素年代测定结果（δ¹³C未补正值、历年校正用¹⁴C年代、校正年代）

测定号码	δ¹³C无修正						历年校正用			1σ 历年范围	2σ 历年范围
	Age（yrBP）			pMC（%）			（yrBP）				
IAAA–141451	640	±	20	92.32	±	0.26	860	±	25	1165calAD — 1212calAD（68.2%）	1052calAD — 1080calAD（6.1%） 1152calAD — 1251calAD（89.3%）
IAAA–141453	530	±	20	93.65	±	0.26	579	±	24	1320calAD — 1350calAD（46.8%） 1392calAD — 1406calAD（21.4%）	1305calAD — 1365calAD（63.8%） 1384calAD — 1415calAD（31.6%）

［参考值］

　　然而，2014 年的发掘更加值得关注的，是哈尔赞·西雷格遗址中存在着两个生活层。也就是说，还有比 13—14 世纪地层更深的一层，通过对该层出土的木片和骨片进行 ¹⁴C 年代测量，分析的结果如表 3、表 4 所示，确定为 5—7 世纪的产物。

表 3　放射性碳素年代测定结果（δ¹³C补正值）

测定号码	试料名	采取场所	试料形态	处理方法	δ¹³C（‰）（AMS）			δ¹³C有修正					
								Libby Age（yrBP）			pMC（%）		
IAAA–141450	1–2–ve7（–70cm）	探沟2　70cm	木片	AAA	–12.22	±	0.77	1,600	±	30	81.91	±	0.26
IAAA–141452	1–2–ve7（–138cm）	探沟2 138cm	骨	CoEx	–21.47	±	0.57	1,520	±	20	82.75	±	0.25

［#6864–1,6865–1］

表 4　放射性碳素年代测定结果（δ¹³C未补正值、历年校正用¹⁴C年代、校正年代）

测定号码	δ¹³C无修正						历年校正用			1σ 历年范围	2σ 历年范围
	Age（yrBP）			pMC（%）			（yrBP）				
IAAA–141450	1,390	±	20	84.07	±	0.23	1,602	±	25	411calAD — 433calAD（20.9%） 459calAD — 467calAD（5.6%） 488calAD — 533calAD（41.7%）	402calAD — 537calAD（95.4%）
IAAA–141452	1,460	±	20	83.35	±	0.23	1,520	±	24	474calAD — 485calAD（6.0%） 536calAD — 595calAD（62.2%）	430calAD — 493calAD（25.2%） 530calAD — 605calAD（70.2%）

［参考值］

这是判断哈尔赞·西雷格土城创建时间的重要发现。这次调查中，笔者研究的时段为5—7世纪，因此申请了科学研究费补助金基础研究（C）"5—7世纪蒙古的土城遗址以及中亚的贸易路线相关的综合性研究"项目并获批准，从2016年开始进行正式调查。如前所述，在2016年9月实施的发掘中发现了佛像的部分脚和手。

二、2016 年度哈尔赞·西雷格遗址发掘调查报告

2016年实施的调查中，日方代表除笔者以外，还有松田孝一、松川节参加，由哈尔赞·西雷格遗址发掘的奥吉尔和埃尔德内博尔德主导，他俩对此已经进行了报告。[①]在此，我们想根据该报告来介绍调查的概要和成果。

2016年9月10—25日，调查队在当地进行发掘调查，初次发掘是在哈尔赞·西雷格土城的建筑遗址的中心进行的。2014年的发掘调查已经在中心从北到南12米、从东到西18米的范围内进行了试掘，[②]将其作为第1地点进行发掘。

为了阐明建筑物的结构、组织、形状等，以及文明层的厚度，这次决定在2014年没有发掘的建筑物遗址的东部进行发掘，从上次发掘的中心点向东划出了试验坑。此次调查对于阐明建筑物的东墙和各房间的构成具有重要意义。

（一）第 2 地点的发掘调查

在遗址中心的东部，从东到西长10米、宽1米的地方开始发掘，发掘中继续向北、再向南扩大区域，分别在三个地方进行3米×3米的发掘调查。在发掘的第1层，新出现了一种棕色土壤，全都夹杂着浅灰色、黑色的草根，但这是后世才出现之物。从第3层到第5层，即30—50厘米的土壤表面，以极其细的茶色黏土为主，从中可以采集到少数家畜的骨头和陶片等遗物。另外挖掘出了倒塌墙壁的重叠砖块，确认墙壁是由棕色粘土压实的，由长42厘米、宽26厘米、高22厘米的生砖叠加而成，砖块间填塞的棕色黏土还清晰可见。

在上述东侧发掘点约1.5米的地方，发掘的第2层出土了几个用生黏土压实了的碎片雕刻物，也都用生黏土制作而成。有2件黏土雕刻的手部和1件手指的碎片，保存状态非常差，另外还有擦

---

①A. Очир, Л.Эрдэнэболд, "МОНГОЛ-ЯПОНЫ БИЧЭЭС-2 ТӨСЛИЙН ХЭЭРИЙН СУДАЛГААНЫ ҮР ДҮН ХАЛЗАН ШИРЭГ БАГАСНЫ МАЛТЛАГА СУДАЛГАА", Монголын археологи-2016, pp.219–226.

②A. Очир 《МОНГОЛ-ЯПОНЫ"БИЧЭЭС"ТӨСЛИЙН ХҮРЭЭНД ШАРГЫН ХАЛЗАН ШИРЭГТ ХИЙСЭН СОРИЛЫН МАЛТЛАГЫН ЯВЦ, УРЬДЧИЛСАН ҮР ДҮНГЭЭС》(清水奈都纪译《モンゴル・日本"ビチェース"計画の一環でシャルガのハルザン・シレグで行った試掘調査の状況、予備的考察から》),《13—14世纪モンゴル史研究》1, 第9—32页。

图1 第2地点发现的佛像足部

擦（作为崇拜对象的窣堵坡型的黏土制成的小塔，窣堵坡是安置佛舍利的佛教建筑）的一部分。在它们附近又发现了几个并着脚的雕刻物，或坐或站，由生黏土制作，未经烘烤。其第2层发现了一个16厘米的土层，拂去覆盖在上面的土，雕刻物脚踝以上的部分在这个位置（图1）。

黏土雕刻物的脚部长度为27厘米，两条腿之间的距离为13厘米，两腿宽度总计33厘米，左脚小拇指的指尖折断，其他部分保留较完整。从脚踝的顶部可以清晰看见衣服下摆的造型，由此可以判断出躯干的宽度为60厘米，厚40厘米，背部靠着黏土墙。因此，可以清楚地看到雕刻物背后墙上生砖的排列状态，也可以清楚地看到黏土雕刻物下面有一个平坦的台子，但已严重坍塌。从黏土雕刻物的脚部形状来看，很明显是佛像或者某些人物形象，呈赤脚状态。黏土雕刻物使用直径为1厘米的坚固灌木作为躯干的芯棒，并用黏土覆盖在上面。另外，表面仔细磨光后，形成一个约0.5厘米厚的白色灰泥状的黏土表面，显得更漂亮。雕刻物手部也是同样的制作方法。

另外，发掘调查中发现了一件颇有意趣的遗物，即由戈壁地区的灌木植物混合而成的板状物，长205厘米，宽80厘米，厚15厘米。我们推测此物应放在某一建筑物上，其上再盖些灌木和牧草，以防止雨水进入。到目前为止，这个地区还在用黏土建造建筑物，并用灌木和牧草覆盖屋顶防止雨水进入。我们在建筑物遗址的土堆中发现，生砖墙以外的地方是土壤柔软、颗粒细小的茶色黏土，进一步发掘又在深度90—110厘米发现断层，有作为建筑物基础的硬化黏土台。另外在建筑物遗址的东部，发现由生砖重叠而成的墙壁，惜已坍塌。可以认为，遗址由几个房间组成，以生砖砌墙，用细木搭顶，并用厚厚的灌木和牧草覆盖，用以抵御寒冷和雨水等。在建筑物的东壁外侧，发现了像是堆放垃圾等物的圆洞。

（二）第 3 地点的发掘调查

在 2016 年的考古调查实践中，除发掘了该村落的中央建筑物之外，为了考察土城内人类生活的痕迹和文明层的厚度，我们在中央建筑物遗址的中心点往南 20 米处，从西向东挖了一个长 10 米、宽 2 米的试验坑。从该试验坑的发掘来看，各断层中的土壤由混合了大量灰粒的细小茶色黏土构成，也发现了被烧过的暗褐色黏土状的土壤。在发掘的全层发现了大量陶片和动物的骨头。不过，这个地点没有建筑遗址，发掘深度平均为 55 米。

（三）第 4 地点的发掘调查

该试验坑的发掘是在哈尔赞·西雷格土城遗址内东南部的土堆前进行的。我们认为有可能会有一些以前制作过的草图没有放到建筑遗址里的情况。该土堆占地约 1200 平方米，从周边地面开始变高。我们由此向北侧移动，从东向西挖了一个长 10 米、宽 1.5 米的试验坑。从发掘的第 1 层到地表是石块较少的棕色黏土，出土了少量骨头和红色陶片。从第 1 层到第 3 层，土壤的构成没有变化，在几个地方出现了可以说是在一定程度上夯实过的棕色黏土和被烧过的深褐色的土壤。

在该试掘点约 50 厘米深处出现了自然土壤。该土堆里没有建筑遗址，但出土了可以证实土城内有人长期居住的几十块陶器碎片和牲畜骨头等。第 4 地点和第 3 地点的发掘深度大体相同，出土、采集的遗物种类也一样。该村落在人类居住的文明阶层的厚度，在土城内各部分都是一样的，均在50 厘米。在整个发掘层中发现了陶片和家畜骨头、燃烧过的木材类、植物等遗物。

在戈壁阿尔泰省夏尔嘎县的哈尔赞·西雷格土城遗址进行的挖掘调查，虽然规模较小，但仍然取得了一些具体的成果。最重要的是，这项调查是在蒙古国内进行的城市和村落遗址中最西端的发掘调查。到目前为止，在这方面还没有对历史时期所涉及的城市和村落遗址实施过任何发掘调查。从这个意义上讲，对哈尔赞·西雷格土城遗址的发掘调查，对阐明该地区城市建设史和阐明文化多方面的课题具有重大意义。

2016 年在哈尔赞·西雷格遗址进行的发掘调查，总共出土和收集了 130 件遗物。兹对其进行分类，如下所示：

    1. 有文陶器片   11 个

    2. 陶器底部的碎片   7 个

    3. 青铜制成的挂钩   1 个

    4. 玻璃制品碎片   1 块

    5. 带子的骨质别扣   1 个

    6. 陶器口的碎片   10 个

7. 陶器把手部分的碎片　　　 2 个

8. 无文陶器片　　　　　　　 74 个

9. 蓝色搪瓷瓷器　　　　　　　 1 块

10. 铁渣　　　　　　　　　　 16 个

11. 石头产品　　　　　　　　　 1 个

12. 黏土产品　　　　　　　　　 4 个

13. 白桦表皮产品的碎片　　　　 1 块

土城内的建筑物为长方形状，是一座由棕色黏土夯实过的生砖墙和几个房间。在修建建筑物时，夯实茶色的黏土，筑起较高的地基，在外侧建造厚 25—30 厘米的生砖墙，各房间的墙壁由 47 厘米×23 厘米×9 厘米的烤砖重叠而成。遗憾的是不能对建筑物的其他结构如屋顶、门等进行详细说明，这是因为这次发掘没有发现作为该建筑物的屋脊而使用的大型树木和其他物品的缘故。希望通过今后的扩大调查来阐明这些事情。

这个定居点似乎是夏尔嘎河沿岸的一个小规模的农民定居点。虽然这次发掘没有出土农用工具等遗物，但在戈壁地区，该地最适合作为农耕地，可以推断有从事农业的居民村落。关于该村落的构造，从土城内进行的发掘调查等情况，如土城中心建筑物的大小、结构、厚度及土城内长年累月的文化层来看，有不少居民在此长期居住。

虽然这次发掘调查只用了较短的时间，且发掘范围不大，但可以明确该城市遗址对阐明游牧民族的经济发展史具有重要意义。首先，从发掘调查时采集的资料、遗物来看，该遗址很可能是 12—13 世纪的产物。2014 年、2016 年发掘时没有出土那个时期的中国陶瓷碎片，但 2004 年在该遗址的最初测量调查和草图制作过程中，采集了许多 13—14 世纪的均窑系、磁州窑系的白色、青色陶瓷片。[①]这些陶瓷并不是在蒙古制造的，它们很显然是 13—14 世纪在中国制造的，因此有助于阐明该遗址的年代。其次，2014 年、2016 年的调查都出土了与回鹘时期（8—9 世纪）相关的陶片，截至目前在蒙古的考古调查中，出土了与回鹘时期相关的波浪图案和双波图案，或者是矢状图案和菱形图案的陶片，但这些都不能作为该遗址直接与回鹘时期有关联的依据。这是因为回鹘时期的陶器片在蒙古统治的 13—14 世纪的城市和村落遗迹中被广泛发现。在蒙古帝国时期，城市和村落的运营及蒙古帝国的农业生产，由畏兀儿人经营，他们制造的陶器残留下来的可能性很高。8 世纪以后，蒙古高原上的回鹘人建设的城市和村落的特征，在哈尔赞·西雷格遗址的村落中完全没有出现过，这是上述推定的证明。不过，发掘调查还处于初级阶段，这里所说的也只是推测，期待通过今后的发掘，以及对发掘中出土的木类、家畜的骨头、烧剩下的灰等进行高精度分析，使之得到全部的阐明。

---

①А. Очир, А. Энхтөр《Монгол-Японы Хамтарасан "Бичээс-2" төслийн 2004 оны хээрийн шинжилгээний Ангийн Монголын талын товч тайлан》（清水奈都纪译《モンゴル・日本合同調査団，モンゴル側簡報》），《村冈科研报告书》，第 21—34 页。

三、哈尔赞·西雷格遗址发掘调查在第2、第3地点的放射性碳定年（AMS测定）及碳、氮含量测定

此项工作由加速器分析研究所（有限公司）完成。

（一）测量对象样品

哈尔赞·西雷格遗址位于蒙古国戈壁阿尔泰省夏尔嘎县，测定对象样品是从哈尔赞·西雷格遗址发掘调查第2地点出土的2件骨头和1件木片，以及第3地点的泥灰中发现的1件碳化材料（表1）。对木片、碳化材料实施放射性碳定年法的测定，对骨头进行年代测定和碳、氮含量的测定。

在哈尔赞·西雷格遗址发掘调查第2地点出土了佛脚的一部分。样品No.01是在其附近出土的动物骨片，No.02是作为佛脚的芯棒的木片。作为测量对象的4件样品的时期全部在13—14世纪。

（二）测量的意义

辨认样品的年龄和佛像脚的年龄。

（三）年代测定样品的化学处理工序

1. 木片、碳化材料的化学处理

（1）使用手术刀、镊子除去土壤等附着物。

（2）通过酸—碱—酸（AAA：Acid Alkali Acid）处理进行化学除杂，之后用超纯水稀释至中性，并让其干燥。在AAA处理的酸处理中，通常使用1mol/L（1M）的盐酸（HCl）；在碱处理中，使用氢氧化钠（NaOH）水溶液，在从0.001M—1M逐渐提高浓度的同时进行处理，碱浓度达到1M时为"AAA"，不足1M时为"AaA"，如表1所示。

（3）使样品燃烧，产生二氧化碳（CO_2）。

（4）用真空管将二氧化碳提纯。

（5）将提纯后的二氧化碳以铁为催化剂用氢还原，生成石墨（C）。

（6）用手压机将石墨装在内径为1厘米的阴极，将其嵌入车轮中，安装在测量装置上。

2. 骨的化学处理

（1）对骨试料进行胶原蛋白提取（Collagen Extraction）（表1中记作"CoEx"）。将样品放入含有超纯水的玻璃培养皿中，使用刷子除去根、土等附着物。用烧杯将样品浸入超纯水，并进行超声波清洗。

（2）将0.2M的氢氧化钠水溶液放入装有样品的烧杯中，每小时更换氢氧化钠水溶液，直到样品

的着色消失，之后用超纯水使溶液恢复中性。将样品冷冻干燥，放入冷冻粉碎机中将其粉碎。为了除去磷酸盐，将样品放入透析膜中，用1M的盐酸进行酸处理，再用超纯水使其返回中性。对透析膜中的物质进行分离，并向得到的沉淀物中加入纯净水，加热到90℃后进行过滤。将滤液冷冻干燥，得到胶原蛋白并将之分为两部分：一部分用于年代测定，另一部分用于测量碳、氮含量。

（3）燃烧所提取的样品以产生二氧化碳（CO2）。

以下，与"木片、碳化材料的化学处理"条下（4）以后相同。

（四）年代测定样品的测量方法

使用以加速器为基础的 ^{14}C-AMS专用装置（NEC公司制造）。^{14}C 的计数，^{13}C 浓度（$^{13}C/^{12}C$），测量 ^{14}C 浓度（$^{14}C/^{12}C$）。在测量中，由美国国家标准局（NIST）提供的草酸（HOxⅡ）作为标准样品，该标准样品和背景样品的测量也同时进行。

（五）碳、氮含量测定样品的化学处理工艺和测定方法

（1）在"年代测定样品的化学处理工序"之"骨的化学处理"条下（2）中获取胶原蛋白。

（2）用EA（元素分析装置）燃烧提取的胶原蛋白，分离、定量 N_2 和 CO_2（表3）。

该测量中使用乙酰苯胺作为标准样品，使用元素分析装置（EA：Thermo Fisher Scientific公司制Flash 2000）。

（六）计算方法

（1）$\delta\,^{13}C$ 是测定样品碳的 ^{13}C 浓度（$^{13}C/^{12}C$），用千分偏差（‰）表示与基准样品的偏差值（表1）。使用AMS装置的测定值，在表中注记为"AMS"。

（2）^{14}C 年代（Libby Age：yrBP）是在假定过去大气中 ^{14}C 浓度一定的情况下测定的，以1950年为基准年（0yrBP）追溯的年代。在计算年代值时，使用Libby的半衰期（5568年）。[1] ^{14}C 年代需要通过 $\delta\,^{13}C$ 来修正同位素效应，修正后的值如表1所示，未修正的值作为参考值如表2所示。^{14}C 年代和误差，在下一位数四舍五入以10年为单位显示。另外，^{14}C 年代的误差（$\pm1\sigma$）意味着样品的 ^{14}C 年代进入该误差范围的概率为68.2%。

（3）pMC（Percent Modern Carbon）是样品碳相对于标准现代碳的 ^{14}C 浓度的比例。pMC越小（^{14}C 越少）表示年代越老，pMC为100以上（^{14}C 的量与标准现代碳同等以上）的情况下为Modern。由于该值也需要通过 $\delta\,^{13}C$ 进行校正，所以将校正后的值如表1所示，未校正的值作为参

---

[1] Stuiver M. and Polach H.A., Discussion: Reporting of 14C data, *Radiocarbon* 19（3）, 1977, pp.355–363.

考值如表 2 所示。

（4）所谓历年校正年代，是将年代已知的试料的 ^{14}C 浓度对照描绘的校正曲线，修正过去的 ^{14}C 浓度变化等，接近实际年代的值。历年校正年代是与 ^{14}C 年代对应的校正曲线上的历年范围，用 1 标准偏差（1σ=68.2%）或 2 标准偏差（2σ=95.4%）表示。图表的纵轴表示 ^{14}C 年代，横轴表示历年校准年代。对输入到历年校准程序的值进行 δ ^{13}C 校正，这是不四舍五入下 1 位数的 ^{14}C 年代值。另外，校正曲线及校正程序通过数据的积累而被更新。由于程序的种类不同，结果也不同，所以在活用年代时，有必要确认其种类和版本。这里在历年校正年代的计算中，使用了 IntCal13 数据库[1] 和 OxCalv4.2 校正程序。[2] 关于历年校准年代，考虑到依存于特定的数据库和程序这一点，与输入程序的值一起作为参考值如表 2 所示。历年校正年代是为了明确表示是基于 ^{14}C 年代进行校正（calibrate）的年龄值，用"calBC/AD"（或"calBP"）为单位来表示。

（七）测量结果

样品的测定结果如表 5—7 所示。

表 5　放射性碳素年代测定结果（δ ^{13}C 修正值）

测定号码	试料名	采取场所	试料形态	处理方法	δ ^{13}C（‰）（AMS）			δ ^{13}C有修正				
								Libby Age（yrBP）			pMC（%）	
IAAA-162232	No.01	哈尔赞·西雷格第 2 地点佛足出土地 埋土 2	骨	CoEx	−17.26	±	0.32	800	±	20	90.54	±	0.24
IAAA-162233	No.02	哈尔赞·西雷格遗址第 2 地点佛足出土地 埋土 2	木片	AAA	−11.08	±	0.25	950	±	20	88.86	±	0.23
IAAA-162234	No.03	哈尔赞·西雷格遗址第 2 地点	骨	CoEx	−19.82	±	0.27	790	±	20	90.65	±	0.25
IAAA-162235	No.04	哈尔赞·西雷格遗址第 3 地点	炭化材	AAA	−9.97	±	0.31	970	±	20	88.58	±	0.22

［#8397］

[1] P. J. Reimer et al., IntCal13 and Marine13 radiocarbon age calibration curves, 0–50,000 years calBP, *Radiocarbon* 55(4), 2013, pp.1869–1887.

[2] C. Bronk Ramsey, Bayesian analysis of radiocarbon dates, *Radiocarbon* 51(1), 2009, pp.337–360.

表 6　放射性碳素年代测定结果（δ¹³C未补正值、历年校正用¹⁴C年代、校正年代）

测定号码	δ¹³C无修正		历年校正用（yrBP）		1σ历年范围	2σ历年范围
	Age（yrBP）	pMC（%）				
IAAA–162232	670 ± 20	91.98 ± 0.24	798 ± 21		1224calAD — 1257calAD（68.2%）	1212calAD — 1271calAD（95.4%）
IAAA–162233	720 ± 20	91.41 ± 0.23	949 ± 20		1031calAD — 1049calAD（17.5%） 1085calAD — 1124calAD（38.5%） 1137calAD — 1150calAD（12.2%）	1025calAD — 1155calAD（95.4%）
IAAA–162234	700 ± 20	91.61 ± 0.25	788 ± 22		1224calAD — 1264calAD（68.2%）	1217calAD — 1273calAD（95.4%）
IAAA–162235	730 ± 20	91.33 ± 0.22	973 ± 19		1021calAD — 1045calAD（40.0%） 1097calAD — 1120calAD（24.8%） 1143calAD — 1147calAD（3.4%）	1017calAD — 1051calAD（47.3%） 1082calAD — 1128calAD（38.0%） 1135calAD — 1152calAD（10.1%）

［参考值］

表 7　碳素、氮素含有量

试料名	C含有量（%）	N含有量（%）	C/N重量比	C/N摩尔比
No.01	45.1	16.6	2.7	3.2
No.03	45.4	16.7	2.7	3.2

　　哈尔赞·西雷格第 2 地点出土样品的¹⁴C年代，骨No.01 为 800±20yrBP，木片No.02 为 950±20yrBP，骨No.03 为 790±20yrBP。历年校准年代（1σ），No.01 在 1224—1257calAD的范围，No.02 在 1031—1150calAD之间的范围，No.03 表示在 1224—1264calAD的范围。No.01 和No.03 是被推定的包含 13—14 世纪的年代值，No.02 是比推定的年代值更久。

另外，No.01 是在佛脚附近出土的骨头，No.02 是佛像的脚的芯棒，发现两者之间存在年代差异。对于这个年代差异，有可能是由于下面提到的古树效应。树木年轮的放射性碳年代表示该年轮生长的年份的年代。因此树皮正下方的最外侧年轮的年代，表示树木因采伐等而死亡的年代，内侧的年轮是从最外侧年轮开始的年轮数的部分，表示老的年代值（古木效应）。在此次测量的样品No.02 中没有发现树皮，古木效应有可能显示出比原本更古老的年代。在这种情况下，和No.01 的年代差是明显的，实际上也被认为是同年代的产物。

哈尔赞·西雷格第 3 地点出土碳化材料No.04 的 ^{14}C年代 970 ± 20yrBP，历年校准年代（1 σ ）在 1021—1147calAD之间的范围。虽然得到了比估计的 13—14 世纪更久远的结果，但样品的碳化材料中没有发现树皮，也有可能是受上述古树效应的影响。但是，这个碳化材料粗细为 8 毫米左右，而且考虑到出土状况为燃料材料，本来不是年轮数多的木材，所以认为古木效应的影响会很小。

木片No.02、碳化材料No.04 的碳含有率均超过 70%。

如果对骨No.01、No.03 的保存状态进行研究，则胶原回收率（=骨胶原量/处理后的样品量）No.01 为 14%，No.03 为 20%，一般认为是适当的。另外，碳和氮的含量作为骨胶原蛋白大致合适或略高。[1]C/N比，2 个的重量比均为 2.7，摩尔比为 3.2，被认为与现代动物骨头相同。[2]从以上可以判断，这些测定结果大致显示了作为样品的骨胶原蛋白的本来特征。

四、2016 年度调查的意义及今后的课题

〔一〕佛像足部和手部的发现

最后，在 2016 年调查成果的基础上考察其研究的意义。如上所述，这里提到的不是整个项目的官方观点，而是笔者的意见。此次发掘从 2014 年的发掘地点向东延伸试掘坑，并在其他几个地点进行勘探。蒙方人员从 9 月 10 日开始发掘遗址，日方人员于 14 日抵达当地，在更广的其他遗迹进行调查，并从蒙方埃尔德内博尔德那里收到了从 2016 年新挖的试掘坑中出土佛像手足的报告。我们迅速赶往挖掘现场，看到了排列在方台上的 27 厘米大小的双脚、摔在地上的手及擦擦的一部分。

---

[1] G. J. van Klinken, Bone collagen quality indicators for palaeodietary and radiocarbon measurements, *Journal of Archaeological Science* 26, 1999, pp.687-695.

[2] M. J. DeNiro, Postmortem preservation and alteration of in vivo bone collagen isotope ratios in relation to palaeodietary reconstruction, *Nature* 317, 1985, pp.806-809; P. E. Hare and D. von Endt, Variable preservation of organic matter in fossil bone, *Annual Report of Director of the Geophysical Laboratory, Carnegie Institution, Washington, 1989-1990,* Geophysical Laboratory, Washington D.C., 1990, pp.115-118.

埃尔德内博尔德认为这是一尊佛像，但我们在那个时候并没有确定的根据，甚至考虑不是佛像，而是道士像，这是因为如前所述与 13 世纪前半叶访问钦凯·巴尔加斯的长春真人有关。根据《长春真人西游记》的记载，他从钦凯·巴尔加斯进一步向西进发时，留下了几位陪行的弟子，下令在钦凯地区修建道观。之后他受到成吉思汗的接见，在返程时再次访问钦凯，当时道观已经建成，长春真人将其命名为栖霞观。

正因如此，从钦凯·巴尔加斯调查之初开始，我们就期待着从这片土地的某处发现道观的遗址。这次足部和手部的发现，是否也有可能是道士形象呢？随着栖霞观的建造，可能竖立了长春真人的雕像，但是出土人物像的脚不是常见的道士所穿的木鞋，而是佛像常见的赤脚，并且在附近发现了像擦擦一样的东西，所以应该还是佛像的可能性比较大。后来数位专家看了照片，其中佛教专家认为是佛像，而道教专家则不确定是道士像。如此，蒙古在吸收佛教后可能出现了比较新的东西，成吉思汗之孙忽必烈时期接受了藏传佛教，至今仍是尊崇藏传佛教的地区。即使哈尔赞·西雷格土城是蒙古帝国时代的遗迹，出土的佛像也不能完全排除近现代的可能性。

不过自那以后，日本委托加速器分析研究所对出土物进行 ^{14}C 年代测量，已经获得了分析结果，即曾用于佛像足部芯棒的树木显示了 11—12 世纪的年代值，但加速器分析研究所认为这是因为"古木效应"，实际上它与佛像足部周围采集的骨头同为 13 世纪，两者可能是同年代的产物。因此，该佛像的制作年代是从 13 世纪初成吉思汗兴起到其晚年的 13 世纪前半期。

（二）成吉思汗时期佛像发现的意义

如前所述，长春真人命令留在钦凯的弟子们建造道观，所以这次的发现最初让我们想起了栖霞观，但后来否定了这一想法，现在可以肯定是尊佛像。不幸的是，包括《长春真人西游记》在内的中国史籍对钦凯地区的佛像和寺庙没有任何记载，但是 1221 年和 1223 年长春真人一行访问此地时它尚未建成。即使已经存在，道教徒在建造道观之前若已有了佛教设施，是不会刻意不记的。

不过，《长春真人西游记》记载许多汉人居住在蒙古西部的这个边远地区。1221 年农历 7 月 25 日，汉人工匠们、金章宗的两位妃子徒单氏和夹谷氏、汉人公主之母袁氏等人接待了到达此地的长春真人一行。此外，李道谦《终南山祖庭仙真内传》卷下 "真常真人（即李志常）"记载：

> 秋七月，(长春真人一行人) 到达了阿不罕山（钦凯·巴尔加斯南面的山）。(此地) 离汉地近万里。沿着（阿不罕）山排列的汉人千家，不厌尘土地（对到来的长春真人）排成排的围拜，并认为这是世上少有的（美好的）邂逅（后略）。

据说钦凯地区有上千汉人家族居住，若按一家平均四口人计算，则有 4000 人。这些汉人是 1212 年成吉思汗远征时从汉地带来的。《长春真人西游记》《终南山祖庭仙真内传》等道教方面的史料描绘了对长春真人的尊崇，但众所周知，在金朝统治的北中国，汉人对佛教也是极度信仰的。

元朝建立后以信仰藏传佛教而闻名，但通过对当地出土遗物的 ¹⁴C 年代测量，钦凯·巴尔加斯的建设时代是 13 世纪上半叶，当时蒙古尚未信仰佛教。建造钦凯·巴尔加斯的畏兀儿人田镇海是一位聂斯脱里派基督徒。

这样一来，笔者认为这尊佛像是由许多居住在钦凯的汉人制作的。如前所述，从没有和长春真人一起去中亚、而是留在钦凯等待长春真人归来的弟子们建造道观来看，蒙古允许建造佛教寺庙和道观。也就是说，蒙古统治者尊重汉人的信仰，从北中国被迁走的汉人并不是被当作奴隶对待的。他们在蒙古的西疆建造了佛教寺庙和道观，其信仰得到了充分的尊重。这次的发现获得了明确的材料，具有重大的意义。

（三）作为草原丝绸之路据点的夏尔嘎地区

一般说到丝绸之路，是从唐都长安向西，通过河西走廊西端的敦煌直接前往中亚的交通路线，但据文献记载，先向北，经过以突厥和回鹘等游牧国家为中心的奥尔洪河谷，然后改变路线通往西南方向，跨越蒙古西部的阿尔泰山脉前往中亚的交通道路也被广泛使用，这条道路被称为"回鹘路"。

白石典之曾说："夏尔嘎河流域已经成为一片广阔的绿地，那是戈壁（砂砾地带）中相当于绿洲的地方。从旧石器时代到现在，动植物丰富，留下了连绵不断的人类生活痕迹。在阿尔泰山脉北麓的东西方向上，同样的绿洲每隔几十公里都会有一个，这是因为来自阿尔泰山脉的伏流水在各个地方涌出。不难想象，这条沿着绿洲的道路恐怕是往昔重要的交通道路。"并指出该地自古以来就是漫长而重要的交通道路据点。

正如白石氏的观点所说的那样，2014 年的发掘调查中所得出土物的 ¹⁴C 年代测定的结果，在哈尔赞·西雷格遗址中发现蒙古帝国时期生活层的同时，还发现了比唐代更早的 5—7 世纪的生活层。也就是说，本次科研调查的确如前所述，不仅是蒙古帝国时期和突厥、回鹘时期，该地还可以上溯到更早的时期。

笔者认为，从出土文物来看，当时统治此地的是突厥、高车和柔然，后两者与阿尔泰山脉西面吐鲁番盆地的高昌国进行交易时利用了越过阿尔泰的贸易路线。① 例如，高昌国在 460 年受柔然统治，1997 年吐鲁番洋海 1 号墓出土的 97TSYM1:13–4、5 背面文书残片记载高昌将使者"送往北山"，这个"北山"被认为是指位于吐鲁番盆地以北的天山，荣新江指出是从这里跨越天山通往蒙古高原

---

① 中田裕子《游牧民の歴史と農耕》，龙谷大学农学部食料农业システム学科编《食と農の教室 1 知っておきたい食・農・環境 はじめの一歩》，第 152—156 页。

的贸易通道，这条路线也是回鹘路的一部分。[①]由此可以确认，从柔然时期开始，存在着越过阿尔泰通往蒙古高原的交易路线。

对于高车来说，这条贸易道路也很重要。5世纪末，高车西迁至吐鲁番盆地北部建国，508年北魏宣武帝向高车国下达的诏书中也提到了跨越阿尔泰的交通路线。[②]由于高昌国对于北魏和高车来说极其重要，所以不能让通往该地的交通道路被敌国柔然所阻碍，可以看出从蒙古高原通往中亚的交通道路对北魏和高车是何等重要。[③]

白石氏还指出，2004年夏尔嘎出土的陶瓷资料中，在天山山脉东部北麓地带也找到类似的唐代物品，但在蒙古高原夏尔嘎以东地区则未发现，因此可以认为是受西域甚至西方传统的影响而制作的陶器。不过白石氏云："虽然受新疆以西的中亚陶器传统的影响很深，但直接性的联系还是在天山山脉东部。"[④]天山山脉东部北麓地带，正好是吐鲁番地区。总之，夏尔嘎和吐鲁番的交通随着从哈尔赞·西雷格遗址采集的陶瓷类的研究变得越来越清楚。

总　结

白石典之指出，关于哈尔赞·西雷格遗址出土的陶器，"即使在唐代，也有很多以回鹘时期为中心的遗物"。[⑤]但是，奥吉尔和埃尔德内博尔德则否定了前述推测，认为哈尔赞·西雷格遗址出土的回鹘时期的陶器不能表示该遗址是在回鹘时期使用的，而是由蒙古帝国时期负责农业生产的回鹘（畏兀儿）人制造的。其根据之一是，8世纪以后，回鹘人在蒙古高原建造城市、村落的特征，完全没有出现在哈尔赞·西雷格遗址的村落中。

实际上，正如已经说过的那样，在2014年的发掘调查中，出土物的 ^{14}C 年代测定结果，发现蒙古帝国时期和5—7世纪的两个土层，而回鹘时期的土层未被确认，2016年的发掘也是如此。似乎可以说，创建于5—7世纪的土城在8—9世纪的回鹘时期遭到废弃，到13世纪蒙古帝国时期，由田镇海重建。但是，这也正如奥吉尔等人所说的，发掘调查并不遍及整个遗址。希望通过今后的调查，可以得到阐明这一问题的线索。

---

① 荣新江《阚氏高昌王国与柔然、西域关系》，《历史研究》2007年第2期，第4—14页。

② 杜佑《通典》卷197《边防十三·北狄四·高车》，中华书局，1988年，第5册，第5400页。

③ 中田裕子《游牧民の歴史と農耕》，龙谷大学农学部食料农业システム学科编《食と農の教室1 知っておきたい食・農・環境 はじめの一歩》，第155—156页。

④ 白石典之《モンゴル国シャルガ遺跡出土遺物について—陶磁器資料を中心にして—》，松田孝一编《内陸アジア諸言語資料の解読によるモンゴルの都市発展と交通に関する総合研究》，第253—254页。

⑤ 白石典之《モンゴル国シャルガ遺跡出土遺物について—陶磁器資料を中心にして—》，松田孝一编《内陸アジア諸言語資料の解読によるモンゴルの都市発展と交通に関する総合研究》，第256页。

　　龙谷大学校长、中亚佛教文化专家入泽崇教授认为，从调查发现的双脚上残留的衣服下摆的褶皱形状来看，佛像属于中亚系统希腊式佛像的特征。考虑到该地的位置，这是一个富有启发性的重要意见。这次发现的佛像被认为属于蒙古帝国时期，作为多民族融合的社会，为各种各样的人们在东西往来中开展互相交流提供了线索。

　　包括哈尔赞·西雷格遗址在内的夏尔嘎地区，从陶瓷出土的数量来看，这是一个有着悠久历史的定居点，甚至是一个拥有耕地的重要地区。[①]早在蒙古帝国以前就是一个重要的交通要冲，作为多民族融合之地，在漫长的历史中有着极其重要的意义，今后拟对此地继续进行调查。

　　本文专门报道了 2016 年度的发掘调查、研究的成果，另外在 2017 年 9 月也进行了发掘调查，并且取得了成果，蒙古方面的发掘调查报告已经出版。关于 2017 年的调查、研究成果，也希望早日修改完稿。

---

① 白石典之《モンゴル国シャルガ遺跡出土遺物について—陶磁器資料を中心にして—》，松田孝一编《内陸アジア諸言語資料の解読によるモンゴルの都市発展と交通に関する總合研究》，第 257 页。

古代日本的五台山信仰调查

赵晓星/敦煌研究院敦煌文献研究所

一、问题的提出

　　五台山，属太行山脉的一支，位于今山西省东北部的五台和繁峙两县境内，周围五百余里。五台山被佛教徒认为是文殊菩萨的道场，是与普陀、峨眉、九华并称的中国四大佛教名山之一。早在西晋永嘉三年（309），雁门郡百余家因避乱于山中，遂居其地。有人远远望见山中的居舍，却找不到相通的途径，因此传说五台山为"仙者之都"。

　　到了北齐时期，五台山佛教兴盛，山中已有二百伽蓝。《华严经》载："东北方有菩萨住处，名清凉山，过去诸菩萨常于中住；彼现有菩萨，名文殊师利，有一万菩萨眷属，常为说法。"真正确定文殊菩萨的道场清凉山为中国之五台山，应是到了唐代。唐菩提流志译《佛说文殊师利法宝藏陀罗尼经》称："于此赡部洲东北方，有国名大振那，其国中有山号曰五顶。文殊师利童子游行居住，为诸众生于中说法，及有无量诸天龙神夜叉罗刹紧那罗摩睺罗伽人非人等，围绕供养恭敬。""振那"是古印度对中国的称呼，"有山号曰五顶"也就渐渐被附会成五台山了。认定清凉山为五台山的应属华严宗大师法藏与澄观，法藏在《〈华严经〉探玄记》中明确指出"清凉山则是代州五台山是也"，澄观在《大方广佛华严经疏》中也说："清凉山，即代州雁门郡五台山也。"同时代的窥基《妙法莲华经玄赞》也说："曼殊室利云妙吉祥……《华严经》说在此清凉五台山。"

　　五台山信仰随着文殊信仰的兴起而兴起，并得到唐代多位佛教大师的推崇，密宗大师不空与华严宗大师澄观是最主要的倡导者，净土宗大师法照也起到了推动作用。正是他们将文殊与五台山信仰推向了高峰，并对唐朝及周边地区都产生了深刻的影响，以致五台山信仰在后来的五代、辽、宋、夏、金都有体现，并远传到了朝鲜和日本。

在五台山信仰的强大影响下，远在东洋的日本亦兴起朝礼五台山的热潮。先后有三十多位日本僧人到中国朝拜五台山，其中一些人最后在中国圆寂，更有一些著名的日本僧人将五台山信仰带回了日本，并在日本产生了持久的影响。正是在这样的背景下，古代日本从中国的五台山取回了文殊像安置于本土，并在日本境内修建了多座以中国五台山寺院命名的寺院，甚至模仿中国的五台山原型，在本土营建了日本的五台山。时至今日，擅长保存古物的日本仍留存下许多古代与中国五台山相关的文物遗迹。有关五台山信仰在古代日本的传播的研究，主要有镰田茂雄《东亚地区佛教圣地五台山和五台山信仰在日本的传播》、①杜斗城《敦煌五台山文献校录研究》、②崔正森《五台山与日本佛教文化交流》、③郝祥满《日本的五台山信仰探析》、④苏海《外国僧人与五台山》⑤和小岛裕子《五台山佛教文化在日本的传播和发展》⑥等成果，这些成果对五台山信仰传入日本的各个标志性事件均有提及，特别是对巡礼过五台山的日本僧人有详细的研究。本文在以上前贤的研究基础上，对这一问题进行一次全面的调查，以期对五台山信仰传入日本的过程有一个更为清晰的认识。需要说明的是，本文第四部分巡礼五台山的日本僧人由于前贤研究较为充分，因此主要采用崔正森和苏海两先生的研究成果，仅做一些必要的补充。

二、日本的五台山研究

日本对五台山的关注由来已久，早在 20 世纪 40 年代，就对中国五台山地理、物种进行调查，如岩生周一《五臺山の先寒武利亞系岩石》、⑦宇都宫嵩《山西省産森林樹木とその分布に就いて》。⑧1942年，日比野丈夫和小野勝年合著的《五台山》⑨一书出版，分别从五台山的历史与现状、五台山纪行和《入唐求法巡礼行记》三个方面阐述了中国五台山的情况，本书对五台山历史梳理清晰，并对当时五台山的情况有详细的记录，是最早关于中国五台山研究比较深入的著作。此后，日本学者关于五台山的研究涉及面极广，主要包括五台山文献、五台山文殊信仰的形成、巡礼中国五台山的日本

①镰田茂雄《东亚佛教圣地五台山和五台山信仰在日本的传播》，《五台山研究》1988 年第 3 期。

②杜斗城《敦煌五台山文献校录研究》，山西人民出版社，1991 年。

③崔正森《五台山与日本佛教文化交流》，《忻州师范学院学报》2000 年第 4 期。

④郝祥满《日本的五台山信仰探析》，《中国石油大学学报》2006 年第 4 期。

⑤苏海《外国僧人与五台山》，《佛教文化》2009 年第 1 期。

⑥小岛裕子著，黄玉雄译《五台山佛教文化在日本的传播和发展》，《文殊研究》2011 年第 3 期。

⑦岩生周一《五臺山の先寒武利亞系岩石》，《地学雑誌》55-5，1943 年，第 159—178 页。

⑧宇都宫嵩《山西省産森林樹木とその分布に就いて》，《日本林學會誌》25-11，1943 年，第 536—546 页。

⑨日比野丈夫、小野勝年《五台山》，平凡社，1995 年。

僧人及其手记、中国的五台山信仰、中国五台山的寺院与设施、五台山与华严思想、五台山文殊像与五台山图、中国五台山的日本文物、日僧从中国引入的五台山信仰与对五台山圣迹的仿建、古代朝鲜五台山信仰等各个方面。

关于五台山文献的研究：Peter Zieme《Three Old Turkic 五臺山讚 *Wutaishanzan fragments*》[①]翻译了三件吐鲁番出土的古突厥语《五台山赞》的文献残片，考察了其与敦煌《五台山赞》之间的联系。崔福姬《〈古清涼伝〉から〈広清涼伝〉への文殊信仰の変遷——文殊概念を中心に》[②]通过文殊菩萨名称的变化讨论了文殊信仰在《古清凉传》和《广清凉传》中的变迁。西冈祖秀《チャンキャラマ二世の蔵文〈清涼山志〉》[③]介绍了三世章嘉活佛所作的藏文《清凉山志》（又译为《五台山详志》），但其中将"三世"误写为"二世"。

关于五台山文殊信仰的研究：赖富本宏《五台山の文殊信仰》[④]将五台山文殊信仰的形成过程分成了三个阶段，初期包括与维摩对谈的文殊、释迦三尊系的文殊和传统显教系统的文殊，中期为五字文殊、金刚利文殊、千臂千钵文殊等密教系文殊确立的时代，后期加入了元代以来藏传佛教文殊菩萨的信仰。对于五台山文殊化现的问题，崔福姬《五台山文殊信仰における化現》[⑤]对五台山"文殊化现"与"文殊化身"两个概念进行了严格的区分，并阐明了文殊化现为文殊真身化现，而文殊化身为文殊变化为其他具体形象或人物的概念。

关于巡礼五台山的日本僧人及其手记的研究：福井康顺《〈入唐求法巡禮行記〉發疑小攷》[⑥]对《入唐求法巡礼行记》的内容提出了三点疑问，并认为此书最初应由圆仁记录，并经过后人整理成书的。井上泰发表了一系列《参天台五台山记》的读书笔记《成尋の〈日記〉を読む》，[⑦]对成寻日记中记载的金钱出纳、人物群像、宋代日常生活等多个方面的历史信息进行了梳理。水口

①Peter Zieme《Three Old Turkic 五臺山讚 *Wutaishanzan fragments*》，《内陸アジア言語の研究》17，第223—239页。

②崔福姬《〈古清涼伝〉から〈広清涼伝〉への文殊信仰の変遷——文殊概念を中心に》，《印度學佛教学研究》52-1，2003年，第192—194页。

③西冈祖秀《チャンキャラマ二世の蔵文〈清涼山志〉》，《印度學佛教学研究》57-1，2008年，第431—437页。

④赖富本宏《五台山の文殊信仰》，《密教学研究》18，1986年，第93—112页。

⑤崔福姬《五台山文殊信仰における化現》，《佛教大學大學院紀要》33，2005年，第15—28页。

⑥福井康顺《〈入唐求法巡禮行記〉發疑小攷》，《天台学報》28，1985年，第1—9页。

⑦井上泰也《成尋の〈日記〉を読む——〈参天台五台山記〉の金銭出納》《続・成尋の〈日記〉を読む——〈参天台五台山記〉の人物群像》《続々・成尋の〈日記〉を読む——〈参天台五台山記〉に見える宋代の日常性》《承前・成尋の〈日記〉を読む——〈参天台五台山記〉の領域》，《立命館文學》577、584、608、629，2002、2004、2008、2012年，第430—465、604—621、206—218、357—373页。

幹記《成尋の見た夢 ——〈参天台五臺山記〉理解へ向けての覚書》,[①]对《参天台五台山记》中成寻本人记录的梦见的情况进行了系统的整理与分析。关于森公章《成尋と参天台五臺山記の研究》一书,遠藤隆俊[②]曾撰写书评。王瑞来《礼失われて諸を野に求む——実例で和刻本漢籍の価値を試論》[③]在讨论和刻本汉籍时,指出了平林文雄《参天台五台山記校本並に研究》中忽略了刻本《皇朝事実類苑》的相关资料,影响了校订的质量。荒槇純隆《五台山成佛した延暦寺僧戒覺:〈渡宋記〉の傳えた佛跡荒廢説のゆくえ》[④]梳理了戒觉《渡宋记》的主要内容及其在五台山的经历,并特意指出其中所记戒觉听说的印度佛迹荒废的传闻很可能是日本末法思想流行的根源之一。

对于中国五台山的研究:岩崎日出男《不空三蔵の五臺山文殊信仰の宣布について》[⑤]针对不空晚年推崇五台山文殊信仰的史实,分析了其在国家政治、宗教信仰及不空的密教信仰等各方面的原因。松浦智子《楊家将「五郎為僧」故事に関する一考察》,[⑥]以文学作品"五郎为僧"的故事为中心,探讨了五台山的军事地位、五台山的僧兵及五郎祠等问题,理清了杨五郎故事形成的背景。新藤篤史《17世紀末、清朝の対モンゴル政策——康熙帝の五台山改革を中心に》[⑦]讨论了清代康熙皇帝推崇五台山信仰、并确认皇帝作为文殊菩萨的化身身份,以此作为联合蒙古部族纽带方针,阐述五台山信仰在康熙时代发挥的政治作用。

关于中国五台山寺院与设施的研究:武覺超《五台山諸寺廟の僧數と石碑の現況について》[⑧]是1986年以横超慧日为团长的五台山参拜访中团的调查简报,文中以列表的形式对当时五台山的寺院僧人及现存石碑进行了统计,并与班上阪泰山师的调查报告进行了简单的比较。千葉照觀《金閣寺建立に見られる佛頂思想》[⑨]认为金阁寺的第三层以《菩提场经》为依据,其建立与佛顶信仰

①水口幹記《成尋の見た夢 ——〈参天台五臺山記〉理解へ向けての覚書》,《〈予言文学〉の世界:過去と未来を繋ぐ言説》,《アジア遊学》159, 2012年,第111—121頁。

②遠藤隆俊《森公章著〈成尋と参天台五臺山記の研究〉》,《史学雑誌》第123編第6号, 2014年,第76—83頁。

③王瑞来《礼失われて諸を野に求む——実例で和刻本漢籍の価値を試論》,《東洋文化研究》11, 2009年,第29—53頁。

④荒槇純隆《五台山成佛した延暦寺僧戒覺:〈渡宋記〉の傳えた佛跡荒廢説のゆくえ》,《天台学報》34, 1991年,第120—126頁。

⑤岩崎日出男《不空三蔵の五臺山文殊信仰の宣布について》,《密教文化》181, 1993年,第40—57頁。

⑥松浦智子《楊家将「五郎為僧」故事に関する一考察》,《日本アジア研究》8, 2004年,第95—109頁。

⑦新藤篤史《17世紀末、清朝の対モンゴル政策——康熙帝の五台山改革を中心に》,《大正大学大学院研究論集》38, 2014年,第340—345頁。

⑧武覺超《五台山諸寺廟の僧數と石碑の現況について》,《天台学報》28, 1986年,第98—105頁。

⑨千葉照觀《金閣寺建立に見られる佛頂思想》,《天台学報》28, 1986年,第148—151頁。

的流行密切相关。坂上雅翁《五台山大聖竹林寺について》，①结合五台山文献、敦煌五台山图及现代调查报告，对中国五台山竹林寺的基本情况做了梳理，并讨论了其与日本佛教的关系；中田美绘在"東洋史部会・第一〇六回史学会大会報告"公布了《唐朝代宗期における五臺山文殊信仰と王権》，②后刊载全文《五臺山文殊信仰と王権——唐朝代宗期における金閣寺修築の分析を通じて》，③通过五台山修建金阁寺的历史，讨论了唐代宗的王权与五台山文殊信仰之间的关系。对于五台山上普通院的研究，高瀬奈津子《中唐期における五台山普通院の研究——その成立と仏教教団との関係》，④从五台山普通院制度的内容、五台山普通院的运营、五台山佛教教团在普通院中的地位、中唐佛教教团的状况和普通院等四个方面对五台山上的普通院设施进行了全面的研究，并认为安史之乱后普通院的设置是在文殊护国思想兴起、五台山信仰兴盛的背景下完成的，是唐朝官方与佛教教团共同推进的结果。《佛顶尊胜陀罗尼经》因其传来与五台山有密切关系，其信仰亦是中国五台山信仰的一部分。佐々木大樹《仏頂尊勝陀羅尼経幢の研究》，⑤整理了214件佛顶尊胜陀罗尼经幢资料，指出《佛顶尊胜陀罗尼》能够消除罪业、不堕恶趣、往生净土等一系列现实利益，迎合了中国信众的心理，也成为中国唐宋时期大量制作尊胜经幢的原动力。

对五台山与华严思想的研究：小岛岱山注重以地域划分中国古代的佛教思想，特别是以五台山佛教文化圈为基础形成的宗派思想，他在《新たなる韓国華厳思想史——日・中・韓三国融合"東アジア仏教学"の提唱》⑥以华严思想传入韩国为切入点，提出了中、日、韩三国组成的东亚佛教圈华严思想的两大潮流，即五台山系华严思想和终南山系华严思想；在《"東アジア仏教学"に依る中国浄土思想の再構築——中国浄土思想の三大潮流》⑦中将中国的净土思想分成庐山系、五台山系和终南山系三种净土思想；在《"東アジア仏教学"に依る中国密教思想（史）の再構築——中国密教思想の二大潮流》⑧中提出了五台山系密教思想与终南山系密教思想的概念；此后更在《中国

---

①坂上雅翁《五台山大聖竹林寺について》，《印度學佛教學研究》51-2，2003 年，第 587—591 页。

②中田美絵《唐朝代宗期における五臺山文殊信仰と王権》，《史学雑誌》第 118 卷第 1 号，2009 年，第 130 页。

③中田美絵《五臺山文殊信仰と王権——唐朝代宗期における金閣寺修築の分析を通じて》，《東方学》117，2009 年，第 40—58 页。

④高瀬奈津子《中唐期における五台山普通院の研究——その成立と仏教教団との関係》，《札幌大学総合論叢》36，2013 年，第 77—99 页。

⑤佐々木大樹《仏頂尊勝陀羅尼経幢の研究》，《智山學報》57，2008 年，第 41—67 页。

⑥小岛岱山《新たなる韓国華厳思想史——日・中・韓三国融合"東アジア仏教学"の提唱》，《印度學佛教學研究》40-2，1992 年，第 636—640 页。

⑦小岛岱山《"東アジア仏教学"に依る中国浄土思想の再構築——中国浄土思想の三大潮流》，《印度學佛教學研究》41-2，1993 年，第 589—592 页。

⑧小岛岱山《"東アジア仏教学"に依る中国密教思想（史）の再構築——中国密教思想の二大潮流》，《印度學佛教學研究》42-2，1994 年，第 640—644 页。

華厳思想史再考》《五台山佛教文化圈内的华严思想——五台山系华严思想的特征和发展》(《中国华严思想史的再认识——五台山系华严思想与终南山系华严思想》)、《五台山系華厳思想の日本的展開序説——明恵に与えた李通玄の影響》《五台山系華厳思想の中国的展開（2）——覚範慧洪に与えた李通玄の影響》①重点论述了"五台山系华严思想"的概念。遠藤純一郎《澄観と密教——〈大方廣佛華嚴經随疏演義鈔〉に見られる密教的要素》②在讨论澄观著《大方广佛华严经随疏演义钞》时，关注了文殊道场五台山与密教"五智"的对应关系；《澄観と密教——密教との邂逅》③在讨论华严大师澄观与密教的接触时，特意讨论了唐代五台山密教对澄观的影响。

关于五台山文殊像与五台山图的研究：日本将文殊五尊像也称为"五台山文殊像"，北進一《円仁，五台山文殊を見聞す——五台山文殊像の成立をめぐって》④通过在中国山西五台山寺院的实地调查，结合敦煌壁画、山西天龙山石窟和四川地区的同类题材，及法国国家图书馆藏敦煌白描画文殊五尊图，认为这一绘画形式应形成于9世纪末的晚唐时期。張南南《ギメ東洋美術館所蔵〈五台山文殊菩薩化現図〉について》⑤对法国吉美博物馆收藏的EO.1149《五台山文殊菩萨化现图》进行了详细的考证。增記隆介《"応現観音図"と五台山図》⑥讨论了大东急记念文库收藏的玄证本"纸本白描应现观音图"与五台山图的关系，并认为日本的金峰山信仰深受中国五台山信仰的影响。

关于中国五台山存日本文物的研究：《アジア遊学》曾出版过特集《論争：道賢銘経筒の真贋——天神伝説の新展開》，⑦围绕五台山发现的道贤经筒刊发了田中隆昭《〈日蔵夢記〉および道賢法師経筒との出会い》、石志廉《中日友好往来の遺産》、王育成《五台山に奉納された経筒》、

①小島岱山《中国華嚴思想史再考》，《印度學佛教學研究》44-2，1996 年，第 589—594 页；《五台山佛教文化圈内的华严思想——五台山系华严思想的特征和发展》，《五台山研究》1995 年第 1 期，第 14—18 页；《中国华严思想史的再认识——五台山系华严思想与终南山系华严思想》，《五台山研究》2000 年第 4 期，第 13—17 页；《五台山系華嚴思想の日本的展開序説——明恵に与えた李通玄の影響》，《印度學佛教學研究》48-2，2000 年，第 658—662 页；《五台山系華嚴思想の中国的展開（2）——覚範慧洪に与えた李通玄の影響》，《印度学仏教学研究》49-2，2001 年，第 745—749 页。

②遠藤純一郎《澄観と密教——〈大方廣佛華嚴經随疏演義鈔〉に見られる密教的要素》，《智山學報》54，2005 年，第 319—355 页。

③遠藤純一郎《澄観と密教：密教との邂逅》，《智山學報》55，2006 年，第 79—103 页。

④北進一《円仁，五台山文殊を見聞す——五台山文殊像の成立をめぐって》，《和光大学表現学部紀要》6，2005 年，第 31—55 页。

⑤張南南《ギメ東洋美術館所蔵〈五台山文殊菩薩化現図〉について》，《京都美学美術史学》（岩城見一教授退職記念号）2006 年第 5 期，第 69—101 页；《〈五台山文殊菩萨化现图〉简释》，中国美术研究年度报告编委会《中国美术研究年度报告2010》，人民美术出版社，2011 年，第 26—37 页。

⑥增記隆介《"応現観音図"と五台山図》，《美術史論集》14，2014 年，第 1—22 页。

⑦《論争：道賢銘経筒の真贋——天神伝説の新展開》，《アジア遊学》22，2002 年，第 2—121 页。

梁豊《海を渡った日本最古の経筒》、王勇《遣唐使廃止後の海外渡航の物証》、王麗萍《入華僧寛
輔に関する二三の史料》、関秀夫《中国にある道賢法師の経筒》、時枝務《"海を渡った経筒"の
考古学》、藏中進《"延長三年道賢法師経筒"管見》、菊地真《〈源氏物語〉時代の経筒文》、山本
五月《道賢（日蔵）伝承の展開》、加畠吉春《〈日蔵夢記〉解題と諸問題》、河野貴美子《日蔵（道
賢）上人と五台山》等一系列文章。对现代五台山的关注，桜木陽子翻译了喬瑞明《五台山の金剛
舞——山西の儺舞》，①介绍五台山上藏传寺院的金刚舞。

关于日本僧人从中国引入的五台山信仰与对五台山圣迹的仿建：荒木計子《奝然将来"五台山
文殊"と"延暦寺文殊楼"及び"文殊会"》②从护国的文殊密法和嵯峨清凉寺、延历寺的八字文殊法、
用于护国的炽盛光法、用于贫民救济的"文殊会"等四个方面讨论了奝然从中国带来"五台山文殊"
对当时文殊信仰在日本重兴起到的重要作用。关于日本金阁寺的研究，湯谷祐三《金閣寺は、金閣
寺として建てられた——"日本国王源道義"こと足利義満と五台山の仏教説話》，③通过对幕府将
军足利义满出家后改名道义、创建金阁寺等一系列事件的分析，认为无论在建筑形式还是政治意义
上，日本金阁寺都是对中国五台山金阁寺的模仿，特别是两者同样象征了金阁寺所代表的王权与宗
教信仰之间的特殊关系。关于日本竹林寺的研究，主要有：三浦要一《竹林寺本堂の明治修理》④简
要地介绍了明治年间修理竹林寺的过程；2014 年，正值竹林寺秘佛文殊像每 50 年一次的公开展示，
为此竹林寺进行了一系列的准备，阿部鉄太郎《イタリア式鋳造技法及び乾漆技法による仏像の制
作研究——四国霊場第三十一番札所五台山竹林寺のための善財童子像の制作》⑤描述了为此次秘
佛开帐制作善财童子像的过程及工艺，阿部鉄太郎《砂型鋳造技法によるレリーフの制作研究：五
台山竹林寺"秘仏文殊菩薩平成のご開帳"のための記念品の制作》⑥则讲述了为 2014 年竹林寺
秘佛文殊展出时纪念品的设计构想、制作工艺和制作过程。山本謙治《金峯山飛来伝承と五台山信
仰》⑦对日本金峰山信仰和中国五台山信仰的形成过程进行了梳理，认为从 7 世纪末至 8 世纪中叶
在日本吉野和中国五台山同为神仙居处这一共通之处的基础上，8 世纪后半叶五台山信仰中又加入

① 喬瑞明著，桜木陽子译《五台山の金剛舞——山西の儺舞》，《アジア遊学》45，2002 年，第 174—177 頁。
② 荒木計子《奝然将来"五台山文殊"と"延暦寺文殊楼"及び"文殊会"》，《学苑》674，1996 年，第 64—89 頁。
③ 湯谷祐三《金閣寺は、金閣寺として建てられた——"日本国王源道義"こと足利義満と五台山の仏教説話》，
《名古屋外国語大学外国語学部紀要》42，2012 年，第 305—332 頁。
④ 三浦要一《竹林寺本堂の明治修理》，日本建築学会编《学術講演梗概集》（建築歴史・意匠），2014 年度日本建
築学会大会(近畿)学術講演会・建築デザイン発表会，神戸大学，2014 年 9 月，第 15—16 頁。
⑤ 阿部鉄太郎《イタリア式鋳造技法及び乾漆技法による仏像の制作研究——四国霊場第三十一番札所五台山
竹林寺のための善財童子像の制作》，《高知大学教育学部研究報告》74，2014 年，第 81—88 頁。
⑥ 阿部鉄太郎《砂型鋳造技法によるレリーフの制作研究：五台山竹林寺"秘仏文殊菩薩平成のご開帳"のた
めの記念品の制作》，《高知大学教育学部研究報告》75，2015 年，第 233—240 頁。
⑦ 山本謙治《金峯山飛来伝承と五台山信仰》，《文化史学》42，1986 年，第 1—21 頁。

了黄金山的内容，其后在9世纪五台山作为灵地信仰得到了大力发展，最终促成了日本小五台山的形成及金峰山信仰的确立。袴田光康《"金峯山净土"形成の基盤——"日蔵夢記"と五台山信仰》①详细论述了金峰山净土信仰形成的过程，并认为金峰山信仰的形成受到了中国五台山信仰的深刻影响，甚至可作为日本的小五台山存在。杉尾伸太郎《龍安寺方丈庭園の作庭の意図についての考察》②通过对现存日本龙安寺方丈庭园的调查，结合醍醐寺所藏的两幅文殊像、都林泉名胜图会等资料，认为龙安寺方丈庭园在设计上以中国五台山的五峰和云海为蓝本，在庭园中模拟了中国的五台山景象；此文包括两篇，其中第1篇被译成了中文并在《中国园林》③上发表。

关于古代朝鲜半岛五台山的研究：江田俊雄《新羅の慈蔵と五台山》考察④了新罗僧人慈藏入唐参拜五台山和回国后建皇龙寺九层塔的一系列事迹，并讨论了慈藏与朝鲜五台山的关系。

以上这些研究，已为本文的开展奠定了良好的研究基础，其中有不少成果在五台山信仰研究上已非常深入。但是，这些成果多以各自的专题为突破点，对古代日本五台山信仰的整体情况缺乏统一的把握。本文则是以五台山信仰的传播为视角，重点研究五台山信仰如何从中国传到日本并在日本产生重大影响的整个历史过程，最终还原出五台山信仰在日本传播发展的整个历史脉络。

三、日本的五台山史料

（一）《日本灵异记》

《日本灵异记》⑤成书于822年，是日本最早的民间故事集。作者是日本奈良药师寺的僧人景戒，全称《日本国现报善恶灵异记》，略称《日本灵异记》，全书共分上、中、下3卷。此书大体按年代顺序，辑录从雄略帝到嵯峨天皇近四个世纪之间的传奇故事一百余回，主要宣扬善恶因果报应。作者在自序中表明，本书仿照中国之冥报记、般若验记这类的佛教文集而辑录相关内容，当时日本民间流传之故事也被选入集中。从中可见，中国佛教对日本佛教产生的影响，以及因果报应思想在中日民间一样流传。这本书对日本以后的文学作品影响深远，也是了解日本古代社会极为珍贵的史料。本书上卷的《信敬三宝得现报缘》述及五台山故事，成为日本最早涉及中国五台山的资料。

---

①袴田光康《"金峯山净土"形成の基盤——"日蔵夢記"と五台山信仰》，《明治大学人文科学研究所紀要》51，2002年，第53—88页。

②杉尾伸太郎《龍安寺方丈庭園の作庭の意図についての考察》，《日本庭園学会誌》22、25，2010年、2011年，第9—13、17—21页。

③杉尾伸太郎著，石鼎译《关于龙安寺方丈庭园造园意图的考察》，《中国园林》2012年第5期，第22—24页。

④江田俊雄《新羅の慈蔵と五台山》，《文化》21-5，1957年，第562—573页。

⑤景戒著，远藤嘉基、春日和男校注《日本灵异记》，岩波书店，1967年。

（二）《入唐求法巡礼行记》

《入唐求法巡礼行记》[1]是日本僧人圆仁入唐求法过程中用汉文撰写的一部日记体著作。《入唐求法巡礼行记》略称《巡礼行记》《巡礼记》《求法行记》《入唐记》，共四卷，成书于日本承和十四年（847）。本书以日记的形式，翔实地记述了圆仁入唐求法的经历和见闻，全书从唐文宗开成三年（838）六月十三日写起，圆仁一行从日本博多湾登船出发，一直写到唐宣宗大中元年（847）十二月十四日回到日本博多，前后历时九年七个月。全书虽然不是逐日记载，但是基本上按日程分列，总共597篇（也有人认为是595篇），总计八万多字。此书对唐文宗、武宗两朝（间及宣宗朝）的记载，可补中国佛教史传的缺略，具有极高的史料价值。其中最为重要的是，本书的第二卷和第三卷详细地记录了当时五台山的情况，并成为研究中国五台山的重要资料。此书在中国影响甚广，多次出版，世人将它与《大唐西域记》《马可·波罗游记》并誉为"东方三大旅行记"。

（三）《参天台五台山记》

《参天台五台山记》[2]是日本高僧成寻（1011—1081）撰写的入宋旅行日记，起自日本延久四年（宋熙宁五年，1072）三月十五日，终于翌年六月十二日，因有一闰月，共历十六个月，计468篇。此书记载了自日本至杭州、天台山、北宋都城开封、五台山，再自五台山返至开封、杭州、明州（宁波）的沿途见闻，保存了许多研究宋代政治、经济、文化、宗教、交通、地理、风俗及中日关系的珍贵史料。其中第五卷中有大量关于五台山的史料，反映了宋代五台山信仰的情况。更重要的是，从成寻为日本皇室朝贡五台山的情况来看，说明当时五台山信仰已受到日本官方和贵族的重视。

（四）《渡宋记》

《渡宋记》[3]是日本僧人戒觉永保二年至元丰六年（1081—1083）的入宋日记。关于戒觉及其《渡宋记》的研究，是随着《渡宋记》的发现而展开的。关于戒觉入宋之事，在中国和日本的史籍中均不见记载。1969年日本宫内厅公开的《渡宋记》，为宋代中日关系史研究提供了新史料和新的研究视角。戒觉简略地记述了他从永保二年九月五日开始乘船，到元丰六年六月十一日定居五台山近一年的入宋经历。尽管全文不足三千字，却具有重要的史料价值。戒觉关于五台山文殊信仰、印度佛教等的记载，对日本佛教史产生了重大的影响。

---

① 圆仁《入唐求法巡礼行记》，广西师范大学出版社，2007年。
② 释成寻原著，白化文、李鼎霞校点《参天台五台山记》，花山文艺出版社，2008年。
③ 王勇、半田晴久《一部鲜为人知的日本入宋僧巡礼记——戒觉〈渡宋记〉解题并校录》，《文献》2004年第3期。郭万平《日僧戒觉〈渡宋记〉补说》，《文献》2004年第4期；《日本僧戒觉及其入宋日记——〈渡宋记〉》，《佛学研究》2004年第13期。

（五）《本朝高僧传》

《本朝高僧传》①由日本临济宗沙门师蛮于元禄十五年（1702）编撰，仿照中国梁、唐、宋三朝高僧传而作。全书共75卷，内容收录自上古钦明天皇时期（540—570）起一千二百余年间，各宗名僧一千六百余人的传记。为日本僧传中最详备可信之作，亦为研究日本佛教史不可或缺之文献。书中多次提到五台山及相关传说，见于《唐大明寺沙门鉴真传》《江州延历寺沙门圆仁传》《城州圆觉寺沙门宗睿传》《城州元庆寺沙门寂圆传》《和州药师寺沙门延义传》《江州三井沙门宗范传》《城州高山寺沙门高辨传》《相州光明寺沙门良忠传》《洛阳檀林寺沙门义空传》《纪州鹫峰山兴国寺沙门觉心传》《京兆灵龟山天龙寺沙门疎石传》《京兆南禅寺沙门义冲传》《京兆东福寺沙门至孝传》《京兆南禅寺沙门邵元传》《元国牛头山沙门省吾传》《京兆南禅寺沙门周信传》《京兆相国寺沙门中津传》《和州多武峰沙门定慧传》《河州西林寺沙门等定传》《城州爱宕山沙门仁镜传》《唐国补陀落寺沙门慧萼传》《和州东大寺沙门奝然传》《宋国传法院沙门成寻传》《作州真岛山沙门日圆传》《睿麓赤山明神》诸传中，是关于日本五台山记载最多的史料之一。

四、巡礼五台山的日本僧人

佛教从中国传入日本，从唐代到元代，古代日本有大量的僧人历经艰险，渡海入华学习佛法。他们当中，有三十余位都曾亲自巡礼中国的五台山，有一些甚至在中国圆寂。其中不少人将中国的五台山信仰传回日本，为五台山信仰在日本的传播起到了重要作用。

（一）唐代

虽然受到唐代官方的提倡和佛教高僧们的推动，五台山在唐代已经成为中国境内最重要的佛教圣地，但远在东瀛的日本，此时才刚刚开始引入五台山信仰。因此，唐代最初巡礼五台山的日本僧人，从日本出发时并没有到访五台山的打算，而是到中国后才听说五台圣迹，发愿礼拜的。正是他们，将中国的五台山信仰传到了日本。崔正森《五台山与日本佛教文化交流》和苏海《外国僧人与五台山》两文，对到过五台山的日本僧人有详细的梳理，在此仅在两位前辈的基础上做一点补充和简要介绍。

1. 定慧②

定慧（？—714），日本僧人，相国大织冠镰足藤公的长子，少年出家，师从沙门慧稳。白雉四

---

① 师蛮《本朝高僧传》，仏書刊行会编纂《大日本仏教全書》102、103，名著普及会，1979年。
② 师蛮《本朝高僧传·和州多武峰沙门定慧传》，第633—634页。

年（653），与沙门道严、道昭等十三人随遣唐使吉士长丹浮海入唐。唐高宗永徽四年（653）到长安慧日寺拜谒神泰律师，学习戒学。定慧在唐27年，巡礼诸刹，调露年间随百济使臣回到日本。传说定慧曾巡礼五台山，并于唐总章二年（669）在五台山梦见父亲镰足，嘱咐他日后于日本多武峰营建五台山。定慧回到日本后，完成了父亲的遗愿，将父亲的坟迁到多武峰，并按照五台山宝池塔院的形式，在多武峰修建了十三级宝塔，并于其中供奉文殊菩萨。定慧是现存记载中最早在日本仿建中国五台山的僧人，说明早在初唐时期五台山信仰已传到日本。

2. 灵仙三藏

灵仙三藏，日本南京兴福寺名僧，是日本桓武天皇派到大唐的留学僧。唐德宗贞元二十年（804），灵仙三藏同空海、圆基、桔逸势、金刚三昧、法道等人乘船出发，于次年抵达大唐都城长安醴泉寺。唐宪宗元和六年（811），北印度僧人般若三藏与灵仙三藏一起于长安醴泉寺译完《大乘本生心地观经》后，即前往五台山巡礼。灵仙三藏受到般若三藏的启发，或同行或独自于元和十一年（816）九月十五日至五台山。他在五台山瞻礼了大华严寺、菩萨顶等著名寺院，在金阁寺住了两年，后多在铁勒兰若和七佛教诫院，最后移住灵境寺。宝历元年（825），嵯峨天皇赐予灵仙三藏的百金送到五台山铁勒兰若，灵仙三藏回献嵯峨天皇一万粒舍利、新经两部和造敕五通等物。太和二年（828），淳和天皇再赐百金时，灵仙三藏已经圆寂多时。

灵仙迁化于中国的五台山，实际上并没有直接将五台山信仰带到日本。但作为在五台山上留下过痕迹的日本名僧，灵仙对日本僧众的影响是存在的，关于他在五台山的传说后来传到了日本，并为后来的日本僧人所敬重。在灵仙去世二十余年后，开成五年（840）七月一日，日本僧人圆仁巡礼五台山时来到金阁寺坚固菩萨院，听僧人说道："日本国灵仙三藏，昔住此院二年，其后移向七佛教诫院亡。彼三藏自剥手皮，长四寸，阔三寸。画佛像，造金铜塔安置，今见在当寺金阁下，长年供养云云。"[1]同月三日，圆仁到七佛教诫院，院额题云"八地超兰若"，壁上所钉板上书《渤海僧贞素哭灵仙上人诗》：

哭日本国内供奉大德灵仙和尚诗并序　渤海国僧贞素

起余者谓之应公矣。公仆而习之，随师至扶桑，小而大之，介立见乎缁林。余亦身期绛物，负笈来宗霸业。元和八年，穷秋之景，逆旅相逢，一言道合。论之以心，素至于周恤。小子非其可乎。居诸未几，早向鸽原。鹡鸰之至，足痛乃心。此仙大师是我应公之师父也，妙理先契，示于元元。长庆二年，入室五台。每以身厌青瘀之器，不将心听白猿之啼。长庆五年，日本大王远赐百金，达至长安。小子转领金书，送到铁勤。仙大师领金讫，将一万粒舍利，新经两部，造敕五通等，嘱咐小子，请到日本达谢国恩。小子便许，一诺之言，岂惮万里重波。得遂钟无外缘，期乎远大。临回之日，又附百金。以大和二年四月七日，却到灵境寺求访，仙大师亡来日久。泣

我之血，崩我之痛，便泛四重溟渤，视死如归。连五同行李，如食之顷者，则应公之原交所致焉。吾信始而复终，愿灵凡分表悉。空留涧水呜咽千秋之声。仍以云松惆怅万里之行。四月蓂落，如一道途望京之耳。

不航尘心泪自涓，情因法眼奄幽泉，明朝傥问沧波客，的说遗鞋白足还。

大和二年四月十四日书①

圆仁之后还到了大历灵境寺，并记录了灵仙三藏中毒而亡的传闻。宋代日本僧人成寻在熙宁五年（1072）六月的表文中称："就中天竺道猷登石桥，而礼五百罗汉，日域灵仙入五台，而见一万菩萨。厶［某］性虽顽愚，见贤欲齐，先巡礼圣迹，次还天台，终身修行法华秘法，专求现证，更期极乐。"②作为日本僧人，灵仙在五台山上的事迹给人留下了深刻的印象，他的故事被传回日本后，使日本僧人对五台山有了初步的印象。

3. 圆仁③

圆仁（793—864），日本天台宗僧人，延历寺第三代座主。俗始壬生氏，下野（今栃木县）人。9岁出家，师事广智；15岁入比叡山师事最澄。十余年间笃修苦行，学天台教义。21岁在东大寺戒坛受具足戒，24岁就最澄受圆顿大戒，旋于比叡山北谷结庵苦行，六年后始讲学于法隆寺和天王寺等处。838年以请益僧身份随遣唐使到中国求法，后得机巡礼五台山，于大华严寺、竹林寺从名僧志远等习天台教义，抄写天台典籍，并受五会念佛法等。于宣宗大中元年（847）携带佛教经疏、仪轨、法器等回国，深得天皇信任。于比叡山设灌顶台，建立总寺院，弘传密教和天台教义，并在"常行三昧堂"，提倡净土念佛法门。854年为延历寺第三代座主，继承最澄遗志大力弘扬大乘戒律，住寺十年，使日本天台宗获得很大发展。卒后，清和天皇赐慈觉大师谥号。著作百余部，其中最著名的就是《入唐求法巡礼记》。

圆仁的《入唐求法巡礼行记》对唐代五台山的情况有详细的记录，并成为"清凉三传"之外最重要的五台山史料。而圆仁本人，则为五台山信仰传入日本做出了重大贡献。从圆仁的记载可以看出，最初圆仁等人并没有朝拜五台山的想法，说明当时在日本五台山信仰的影响并不大。出于佛教宗派和地缘关系，早期日本的遣唐僧多以天台山为主要目的地。圆仁等人是在赤山院滞留之后，听到新罗僧人讲述五台山的种种奇迹之后，才决定巡礼五台的。

圆仁的五台山之行非常圆满，坚定了他对五台山的信仰。《本朝高僧传·江州延历寺沙门圆仁传》载："仁请益参寻，遂蒙印可。辞去登五台，谒山中硕德。留华严寺，逢志远法师，受摩诃止观，兼写台宗诸疏。夏陟中台，拜文殊石像。从此向西台，越二十里至北台，云雾满山，径路难寻。少选渐霁，前途逢一师子，形甚威狞，良久不见。抵普通院，现五色光，仁独见之，余伴不视。又五色云

---

① 圆仁《入唐求法巡礼行记》，第105页。
② 释成寻原著，白化文、李鼎霞校点《参天台五台山记》，第37页。
③ 师蛮《本朝高僧传·江州延历寺沙门圆仁传》，第115—119页。

覆仁顶上，惟正、惟尧、院中众僧瞻望称叹。秋礼南台，黄昏忽睹圣灯一点，光照五台。仁私思言，我拜圣迹，幸感祥瑞，倘平安归国，当建文殊楼，稽首敬仰持念作礼……梦人来曰：五台和尚问讯日本大德，图曼荼罗，我深欢喜。以一剑柄授之曰：此是五台和尚所赠也。觉后知文殊应感大喜……今岁建文殊楼。仁礼五台时，就狮子所立，取石与土而归，即置其下。王公卿相，檀施孔阜……遗言曰：吾在唐时，当立二誓，创禅院造文殊楼。楼辛已就，院尚未就。"①圆仁在五台山见到祥瑞，并感应文殊授剑，于是发愿于日本建文殊楼，后来果然在延历寺建文殊楼，并将从五台山带回的泥土置于楼下。文殊楼的建立，在当时必定产生重大的影响，也是五台山信仰在日本确立的标志性事件之一。圆仁还带回了会赜所写的《清凉山略传》一部，现藏于日本国会图书馆，是现存于世的孤本。五台山文献与五台山土石的携回，为五台山信仰扎根于日本奠定了坚实的基础。此外《本朝高僧传·睿麓赤山明神》载："赤山明神者，支那泰山府君也。延历寺圆仁……又在清凉山，神现形曰，至于日本。"②也就是说，圆仁在五台山时，还遇到中国的泰山府君显现，后来此神也由圆仁传到了日本，变成了日本的赤山明神。

附：惟正、惟晓

惟正、惟晓是圆仁的弟子，与行者丁雄万一同随圆仁入唐并巡礼五台山。承和五年（838）六月与圆仁一起从日本博多出发，渡海入唐。同年十月十九日，圆仁上牒请为惟正、惟晓在中国授戒，"十九日，为令惟正、惟晓受戒，牒报判官、录事。大唐大和二年以来，为诸州多有密与受戒，下符诸州，不许百姓剃发为僧。唯有五台山戒坛一处，洛阳终山琉璃坛一处。自此二外，皆悉禁断。因兹，请报所由取处分也"③此时得知，中国境内戒坛仅存五台山和洛阳终山两处，这也是《入唐求法巡礼行记》中第一次出现"五台山"的字样。后来，他们取得公验，作为弟子，与圆仁一同巡礼五台山，并成为圆仁此行的主要助手。至开成五年（840）五月十四日夜，在竹林寺"惟正、惟晓共数十远来沙弥，于白玉坛受具足戒"④。在圆仁的带领下，惟正、惟晓应该对中国五台山的情况非常熟悉，可惜的是惟晓在会昌三年（843）七月二十四日夜二更因病身亡，葬于中土未能回归日本。惟正则在大中元年十月回到日本，但《本朝高僧传》中未见其传记，其后事不详。

4．惠运⑤

惠运（788—869），平安城人，20岁就东大寺泰基、中继二师受戒，学习法相。寻从本寺实慧法师禀受灌顶。承和九年（842），同圆修一起乘唐商李氏船只入唐。"次年，二人同登五台山，巡礼圣

---

①师蛮《本朝高僧传》，第117—118页。

②师蛮《本朝高僧传》，第909页。

③圆仁《入唐求法巡礼行记》，第17页。

④圆仁《入唐求法巡礼行记》，第90页。

⑤师蛮《本朝高僧传》，第126—127页。

迹，参观寺庙，瞻谒金容，游览名胜，并向五台山的高僧大德取经学法。"①

5. 宗睿②

宗睿（809—884），姓池上氏，平安城人，14岁于睿山从镇法师剃度。日本贞观四年（862），从真如法亲王入唐请益。宗睿初到中国便巡礼五台山，"登五台时，西台见五色景云，东台见圣灯，其诚感如斯"。③唐咸通六年（865）回国，带回大量密教典籍，促进了日本密教的发展，同时建立了日本东寺与中国五台山的友好关系。

6. 慧萼④

慧萼，日本临济宗僧。又作慧锷，籍贯、寿数不详，中国普陀洛伽山寺开山祖师。承和（834—847）初年，奉橘太后之命来唐，由雁门登五台山巡拜圣迹。《洛阳檀林寺沙门义空传》载："我橘皇后常崇佛教，召诸宗名哲，各说其法。一日诏空海问密法，海盛称举之。后曰：更有法踰于此否？海曰：唐有佛心宗，乃达磨氏所传，此法最尊无上也。空海虽少闻之，未遑究焉。于是皇后裁造绣袈裟并宝幡，遣慧萼法师入唐聘请有道禅师。萼抵杭都，献袈裟于一时名衲，施宝幡镜奁之具于五台山。"⑤齐衡元年（854），再度来唐，登五台山，于岭顶得观音圣像。大中十二年（858），在携圣像回归途中，至补陀（即普陀）洛伽山边时，船忽不动，及请出圣像，船始能行，师遂止而建寺奉像，号补陀洛伽山寺。这也是普陀山作为观音道场的由来。

慧萼到五台山时，圆仁亦在中国，"七日，闻日本僧惠萼，弟子三人到五台山。其师主发愿，为求十方僧供，却归本国。留弟子二人令住台山"⑥"惠萼和尚附船到楚州，已巡五台山，今春拟返故乡，慎言已排比人船讫。其萼和尚去秋暂往天台，冬中得书云，拟趁李领德四郎船，取明州归国。依萼和尚钱物衣服并弟子悉在楚州，又人船已备，不免奉邀，从此发送"⑦"又日本国惠萼阇梨子，会昌二年，礼五台山。为求五台供，就李驎德船，却归本国去。年年将供料到来，今遇国难还俗，见在楚州云云"。⑧从圆仁的记载来看，慧萼对五台山的信仰更为热衷，多次为五台山求供，数度造访五台山。慧萼更为重要的贡献是，他从五台山请来的观音菩萨像后来留在了普陀山，使普陀山成为公认的观音道场，最后成为与五台、峨眉、九华并称的中国四大佛教名山之一。

①崔正森《五台山与日本佛教文化交流》，《忻州师范学院学报》2000年第4期，第23—24页。
②师蛮《本朝高僧传》，第131—132页。
③师蛮《本朝高僧传》，第131页。
④师蛮《本朝高僧传》，第845—846页。
⑤师蛮《本朝高僧传》，第270页。
⑥圆仁《入唐求法巡礼行记》，第124页。
⑦圆仁《入唐求法巡礼行记》，第127页。
⑧圆仁《入唐求法巡礼行记》，第150页。

慧萼还将佛顶尊胜陀罗尼经幢传回日本,《京兆东福寺沙门至孝传》载:"有睹六觚石幢于桂河侧者,往告梦窗国师。使人洗磨,题曰尊胜幢。又有雕造沙门安国之六字甚鲜,余漫漶不见。斯乃昔檀林皇后遣沙门慧萼入唐,迎义空禅师,创安国寺唱佛心宗。萼重入唐顾妙笔书尊胜陀罗尼经,刻之贞石,以镇国家者也。国师赠教曰,想夫和尚再世义空也。孝置寺之巽隅,庐其上扁宝幢,东传祖公作记证之。源公喜曰,兆已如此,国其安矣。"① 《佛顶尊胜陀罗尼经》的流行,与五台山关系密切,在五台山众多传说中,佛陀波利遇文殊老人的故事最为著名,这也是《佛顶尊胜陀罗尼经》传入中国的传奇故事,尊胜幢的创制也是五台山信仰的具体表现之一。

7. 圆觉

圆觉,日本仁明天皇承和五年(838)搭乘遣唐使船入唐。承和七年(840)之后,常驻五台山,巡礼求法。后到长安,帮助圆珍法师抄写圣教经文,绘制曼荼罗图样等,将五台山佛教和长安佛教传入日本。

8. 济诠

济诠,阳成天皇庆元元年(877),他带着上自天皇、下至公卿施舍的大量黄金,入唐至五台山供养,资助了大中年间(847—859)刚刚复兴的五台山佛教,显示出当时日本信众对文殊菩萨和五台山信仰的热情。

(二)五代

日本宇多天皇于宽平六年(894)废止遣唐使制度,提出禁止渡航海外的锁国政策,因此五代时期日本来华僧人数目骤减。中国五代十国内地兵戈不断,战乱频繁,也成为日僧来华的主要障碍之一。但从奝然的《入宋日记》看来,"此时仍有以宽建为首的日本僧人超会、宽辅、澄觉、长安等11人入华取经学法,瞻礼圣迹",② 他们曾向五台山奉献了道贤法师捎带的藏经桶。藏经桶高五寸二分,口径一寸五分,内为铜质,外镏黄金,重七两,上有铭文:"倭国椿谷椿山寺奉纳三部经一卷,为父母菩提敬白。延长三年(乙酉)八月十三日,道贤法师。"其中澄觉获敕赐紫衣及"资化大师"之号,宽获得"弘顺大师"之号。这时入华的日本僧人与唐代入华僧人以求法为目的不同,其主要的目的是瞻礼圣迹,为亲人祈求冥福,向中国传经送宝。

(三)宋代

北宋时期,是五台山信仰在日本普遍流行的时期。这时大量的日本僧人从发愿入华时,就有了巡礼五台山的强烈愿望,日本的皇室贵族也推动五台山信仰在日本的进一步传播。

---

① 师蛮《本朝高僧传》,第 415 页。
② 崔正森《五台山与日本佛教文化交流》,第 24—25 页。

1.奝然①

奝然，姓藤氏，平安城人。日本东大寺僧人，先学三论，后受密乘于元杲法师。《和州东大寺沙门奝然传》载："常谓登五台山，拜文殊之现身，渡中天竺，礼释迦之遗迹。"②日本圆融天皇永观元年（983）八月，奝然和弟子成算、祚一、嘉因等六人，乘宋商陈仁爽、宋仁满之船入宋。宋太宗为奝然赐紫衣，授"法济大师"之号。雍熙元年（984）三月，敕准朝拜五台山，"乃下敕令，所过续食，巡礼胜地，历观名师，再回帝都"。③于是，他同其弟子成算、祚一、嘉因一行四人，一起巡礼了五台山。奝然一行的入宋巡礼五台山，既完成个人祈福的愿望，又给日本带回了新译的佛经。《梁尘秘抄》还记录了日本流行的"五台山文殊"（即文殊五尊图）也是由奝然从中国带回的，可见奝然一行对当时五台山信仰在日本的普及起到了积极的推动作用。

2.寂昭④

寂昭，俗名定基，谏议大夫江齐光之子，官至参州刺史，因失侍妾悟四大无常，舍冠出家，师八德山寂心法师，后随睿山源信僧都学台教。长保四年（1002）三月十五日申请入宋。次年九月，携弟子念救、元灯、觉因、明莲等七人抵达明州。宋真宗为其赐紫袍，授"圆通大师"之号，并批准巡礼五台山和天台山，令所过州县供以食宿。于是，他们师徒七人便至五台山，"参拜文殊化身"寻访名师大德。⑤在获得左大臣藤原道长和大纳言藤原实资的布施之后，于大中祥符八年（1015）再度入宋至五台，资助建成大慈寺。

3.成寻⑥

成寻（1011—1081），姓藤氏，参议藤佐理之子。7岁入大云寺出家，师事族兄文庆。三条天皇延久四年（1072）三月，成寻抱着"令迫六旬，余喘不几，宿缘所摧"，巡礼五台山、天台山的迫切愿望，携带着圆仁的《入唐求法巡礼行记》和奝然的《入宋日记》，与弟子赖缘、快宗、圣秀、惟观、心贤、善久、长明一行八人，搭乘宋人孙忠商船入宋。同年十月一日，他同其弟子从汴京出发去五台山，于十一月二十七日抵达繁峙县宝兴驿，开始巡礼五台山。《宋国传法院沙门成寻传》载："当熙宁五年矣，登台山游五台，感应不一。西台见五色云，东台见圆光，光中现万菩萨，南台见金色世界。"⑦

---

①师蛮《本朝高僧传》，第847—848 页。

②师蛮《本朝高僧传》，第847 页。

③师蛮《本朝高僧传》，第847 页。

④师蛮《本朝高僧传》，第848 页。

⑤《今昔物语》卷19。

⑥师蛮《本朝高僧传》，第849—850 页。

⑦师蛮《本朝高僧传》，第849 页。

他们参观了真容院的四重文殊阁、宝章阁、集圣阁和太平兴国寺的文殊阁、浑金藏经、万圣阁、金佛阁及金刚窟的文殊宅并大华严寺，成寻送给五台山佛寺砂金三两、银十两、唐绢三匹、钱三贯、皇太后宫的御经供养目录，以及太皇太后亮所付的镜、发、文等物，而五台山佛寺回赠他大量经卷宝物。宋神宗赐予成寻紫衣，后又赐"善惠大师"之号。成寻虽然圆寂于中国，但他的著作《参天台五台山记》传回了日本，为日本了解中国的五台山提供了重要的资料。特别是在他的巡礼活动中，有专门受日本皇室委托而贡献给五台山寺院的供物，说明当时日本皇室已经非常认可中国五台山作为佛教圣地的地位。

4．戒觉[①]

戒觉是日本平安时代（794—1184）末期天台宗僧人，姓中原氏，生卒年不详，出身于平安时代中后期的名门望族。于1042年入延历寺出家，师承不详。他听到成寻入宋的消息后，也产生了赴华巡礼的念头。宋神宗元丰五年（1082）九月五日，戒觉携弟子隆尊、仙势二人，搭乘刘琨的商船入宋，二十二日到达明州定海县。戒觉在汴京停留两个多月后，启程赴五台山巡礼佛迹，后来圆寂于五台山。

5．觉心[②]

觉心（1207—1298），日本临济宗法灯派之祖。信浓人，俗姓常澄。19岁出家，29岁至东大寺，登坛受具足戒。建长元年（1249）春，随商船入宋。《纪州鹫峰山兴国寺沙门觉心传》载："心在宋登五台山，文殊大士付藕丝伽梨，归朝之后郑重受持。一日诣势州神祠，神出自闼宫受法要，就求袈裟，心即献之。永德二年神托祝巫，付袈裟于别峰殊禅师（事见别峰传）。"[③]

（四）元代

宋代以后的辽、金时期，没有日本僧人至五台山的历史记录。直到元泰定四年（1327），才有日本东福寺邵元法师入元至五台山巡礼圣迹。邵元[④]（1275—1364），俗姓源氏，号古源，元号如如道人，又称物外子，日本越南人。他向往中华释教之盛，随船入元。此时，五台山已成为著名的汉藏佛教圣地，邵元便去游五台山。《京兆南禅寺沙门邵元传》载："元感激不已，留数日去。游五台山，见圣光接身，人皆惊异。"[⑤]邵元不仅是日本的一位著名禅师，也是元代至五台山巡礼圣迹的唯一日本

①王勇、半田晴久《一部鲜为人知的日本入宋僧巡礼记——戒觉〈渡宋记〉解题并校录》，《文献》2004 年第 3 期；郭万平《日僧戒觉〈渡宋记〉补说》，《文献》2004 年第 4 期；《日本僧戒觉及其入宋日记——〈渡宋记〉》，《佛学研究》2004 年第 13 期，第 228—233 页。

②师蛮《本朝高僧传》，第 286—289 页。

③师蛮《本朝高僧传》，第 288—289 页。

④师蛮《本朝高僧传》，第 848 页。

⑤师蛮《本朝高僧传》，第 418 页。

僧人。邵元注重五台山信仰，《元国牛头山沙门省吾传》载："上径山拜谒虚堂和尚塔，月江作偈赠曰：天泽余波至海东，儿孙个个起吾宗；黄金充国无人识，三扣浮图问祖翁。楚石了庵同赠焉：吾上五台金刚窟，亲拜化佛受妙戒诀。寻往灵隐，谒见心复公，乞吞碧楼记。于是一时诸名宿皆有题赠……朝五台，暮中竺，行藏不测，清欲何宣嗟。"[1] 他的入元礼台，交流了中日禅学，开创了日本南禅寺与中国五台山的友好往来。

以上是从唐至元日本巡礼过中国五台山的代表僧人，他们是五台山信仰的主要传播者。正是他们和他们的见闻、著作，把五台山信仰从中国带到了日本，并促成了在日本本土仿建中国五台山的热潮。

五、古代日本境内的五台山遗迹

从唐代以来，五台山信仰逐渐被整个东亚地区认可并推崇。中原的周边地区除了兴起巡礼五台山的热潮之外，也纷纷对五台山及山上的寺院进行仿建，将五台山移到中原王朝的周边各地。西夏、辽、金、新罗纷纷加入仿建五台山的队伍，在各自的境内寻找与五台山相似的地方建设本土的五台山。日本也不例外，在当时佛教最为发达的京都和奈良周边寻找与五台山相似的地点并仿照五台山名寺的样式修建寺院或佛堂。

（一）奈良县多武峰

多武峰位于现在的日本奈良县，据日本《佛教大辞典》记载，大和国矶城郡的多武峰，以山有五峰，形似中国五台山，故亦称五台山。天武天皇白凤七年（678）十一月，入唐僧人定慧曾为其天智天皇八年（669）仙逝的父亲，即辅佐天智天皇进行"大化革新"的重臣镰足在多武峰修建了一座十三重塔，内供有文殊菩萨像。据说这座塔就是仿照唐代五台山大华严寺宝塔院的舍利塔修建的。说明至迟在天武天皇时期，即唐高宗调露元年（679）之前，五台山文殊信仰就已传到日本。现存于此的谈山神社十三重木塔为1532年重修，高约17米，是世界上唯一一座木制十三层塔。

《本朝高僧传·和州多武峰沙门定慧传》记载稍详："慧曰：先考昔尝曰，和州谈岑（今曰多武峰）畿内灵胜之地，不亚唐之五台。他日坟于彼，子孙益昌。总章二年，我在五台。十月望夜梦上谈岑，先考告曰：我已生天矣，汝当就此地建梵刹修佛乘，吾亦降此为拥护焉。丞相泣曰，先君之薨，实某年月日也。慧乃率门族陟阿威山，自取遗骸，迁葬谈岑，其上立十三级塔。慧在唐见清凉山宝池院塔，雇良工摹之作焉。缘栋梁船稛不能悉载，遗一级于海壖矣。建毕，慧深恨不圆备。一夜雷电风

① 师蛮《本朝高僧传》，第463—464页。

雨，山岳动摇，黎明见之，所遗一级依然架上。千材万瓦，一无残缺。朝官州民，莫不惊叹焉。丞相乃刻文殊大士像，安于塔中。俾天龙鬼神知所敬仰，慧又塔南建四逐日新。藤氏至今荣。"①

从这段文字可以看出，669年，定慧曾到过中国的五台山，他的父亲早先就曾说过日本的多武峰为灵胜之地，不亚于中国的五台山。定慧在五台时，某夜梦见其父嘱托，于多武峰修建佛刹，而这一天正好是他父亲往生之日。为了完成父亲的遗愿，定慧在678年，果然将父亲的坟迁到了多武峰，并于其上仿五台山宝池院塔建立了十三级的宝塔，其间还发生了灵异故事，促成十三级塔的完备，并于其中安置文殊像。这是日本最早仿建中国五台山的行为，即将日本的多武峰认定为日本境内的五台山，标志着五台山信仰传入日本。

（二）东大寺南大门

东大寺是日本华严宗大本山，又称为大华严寺、金光明四天王护国寺等。东大寺位于今日本奈良县东，是南都七大寺之一，距今约有1200年的历史。此寺是728年由信奉佛教的圣武天皇建立的，因其建在当时的首都平城京以东，所以被称作东大寺。东大寺又称大华严寺，建立之初带有模仿五台山大华严寺的意味。

天平十三年（741），圣武天皇敕建东大寺。此寺完工时，圣武天皇仿效中国武则天把五台山大孚灵鹫寺改称大华严寺的做法，在其南大门上还悬挂起了"大华严寺"的匾额。东大寺成了当时日本研习《华严经》的圣地，华严信仰也推广到了诸国分寺。曾经悬挂过"大华严寺"匾额的东大寺南大门，在建成后曾遭火灾而被烧毁。现存南大门为镰仓时代修复重建，匾额已不存，门内存有高大威猛的力士像亦为日本的重要文物。

（三）延历寺文殊楼

延历寺位于日本滋贺县大津市坂本本町，山号比叡山。延历四年（785）七月，传教大师最澄登比叡山结草庵，延历七年（788），创根本中堂，安置自作的药师佛像，名比叡山寺，后改号一乘止观院。嵯峨天皇于延历十四年（795）赐号"延历寺"。比叡山模仿我国浙江天台山及山北四明山，别称天台山，最高峰别称四明岳。但其中文殊楼却来自中国的五台山。唐代日僧圆仁巡礼五台山时屡见祥瑞，于是发下宏愿，将来要在日本兴建文殊楼："愿我有宿昔之念，得礼斯圣迹，冥感相应，适见此瑞。弟子若得归故国，将造文殊阁，至心持念，尽行礼拜。伏愿大圣守护弟子，令遂所求，又本朝皇帝宝祚长久，佛法兴隆，是我长襟也。"②归国后，日本贞观二年（860），圆仁上奏请建文殊楼，第二年六月七日造立文殊像。延历寺建文殊楼时，还将当初圆仁巡礼五台山时取来的土石埋于文殊

---

① 师蛮《本朝高僧传》，第634页。
② 《慈觉大师传》，《续群书类丛》卷8下，续群书类丛完成会，1972年。

楼下。

至咸通五年（864）圆仁圆寂时，文殊楼似未完全建成，最后由其弟子承云完成遗志：

太政官符：

应以延历寺文殊影向楼为誓护圣朝处事。

五间楼一基 高五丈三尺，广五丈三尺，纵三丈八尺。

正体文殊坐像一躯 高四尺八寸。

乘化现文殊乘师子立像一头高八尺。

胁侍文殊立像四躯 高各五尺三寸。

侍者化现文殊童子立像一躯 高五尺三寸。

师子御者化现文殊丈夫立像一躯 高五尺三寸。

……右得内供奉十禅师传灯大法师位承云牒称：昔者年分笼山，一纪制守，台岳

迹栖，两业护道，不经外国，护持师迹。慈觉大师入唐求法之日，巡礼台山之时，感逢文殊化现师子、圣灯圆光。缘此大圣之感应，遂其求法之大事。欲使彼大圣之应化感来本朝，镇护国家，利益黎元。祈乞五台现化之处，掘取五峰清净之地土。经历一纪而载持，跋涉万里以将来埋置五方坛下，构造二重之高楼。于时感见承云一心之诚，专令勾当造楼之事。才及半构，大师迁化。承云衔师遗命，果师本愿，自抛巾钵，付属公私。重楼尊像造立既毕，望请件楼永进公家。特蒙官符，以为护王之处。然则三世觉母，一万文殊，永感睿情，长住我朝，宛如清凉山中文殊化现。不任护主之诚，谨抽丹欵。伏请处分者，右大臣宣，告晓寺家，俾允本愿。

贞观十八年六月十五日[1]

此后于文殊楼行圆仁从唐请来的"文殊法"：

太府官符：

应置延历寺文殊楼四僧事

右得彼楼检校十禅师传灯大法师位承云申状称，件楼依慈觉大师遗嘱，为誓护国家。以去贞观十二年四月十九日，进于公家。同十八年六月十五日官牒下知寺家。仍请和院去元庆三年十月十六日以近江国大浦庄，永施入件楼斩。自尔以来，以彼庄田应输，宛用灯分并修理斩。而犹有其遗，望请置僧四口，以彼余分，宛其供斩。昼夜二时修文殊法，誓护国家。即承云一事已上，专加检校，令无缓急。夏冬二季言上遍数。但承云去世之后，令大师门徒检校。谨请官裁者，从二位行大纳言兼左近卫大将源朝臣多宣。奉二敕，依请。

元庆五年三月十一日[2]

---

① 《类聚三代格·修法灌顶事》卷2，前田家藏版，1884年刻本。

② 《类聚三代格·修法灌顶事》卷2。

后来，文殊楼失火烧毁，天延三年（975）慈慧大师良源将文殊楼移建于虚空藏峰。

> 三年乙亥，移大僧都，重于虚空藏峰，建文殊楼。楼昔者慈觉所权兴也。觉始于五台感狮子，收其足迹之土，归及架楼，以其土置师子足下。楼已灰烬之后，灵土漫不可分矣。师虽复旧基，然无灵块，以为恨。偶开故筐，得一纸，里书曰"台山师子土"。师喜，以其土置猊足下，觉其待今日者欤。兹山盖传教虽覆一篑，至于觉而成千仞，众亦满三千。正则学显，傍则修密。手不触弓矢者，比比有之。师修此基，自谓：时及像季，声闻之苇，缘觉之竹，郁成林。滋蔓难图，蔓草尤不可除，况二乘乎！苟韬弓释矢，则不得令正法住世。经不云乎，文殊三昧耶。身有二种，一利剑，二梵箧。梵智慧之德，利剑利智之用也。又修记云，地结之上有金刚墙，墙内有大乳海，海中有宝山，山上有宝师子座，座上有宝莲花，花上有宝楼阁，阁中有八叶大莲花，莲花上有月轮，轮内有阿字，字变成利剑，剑变成文殊。文殊以八不中道之利剑，截诸戏论，故什师翻经之砌，作证于笔头；吕氏护法之宅，现影于几上；是对治悉擅也。吾徒所学皆梵箧，而无非中道，加以利剑，则岂非百千活文殊耶。各带弓剑始于此。[①]

元龟二年（1571），因延历寺门下协助朝仓义景反抗织田信长，寺宇被焚。天正年中（1573—1592）得全宗、诠舜与丰臣秀吉的支持，并获德川幕府皈依，得以重建。现存延历寺包括东塔、西塔和横川三个主要部分。东塔又称东塔止观院。以最澄所创之置有本尊药师如来及日光菩萨、月光菩萨、十二神将等像的根本中堂为中心。此处的文殊楼院又称一行三昧院，即被认为是最初圆仁所创，仿唐代五台山之风；净土院是最澄的庙所，仿唐代五台山竹林寺的风格而建。

（四）高知县竹林寺

竹林寺，位于日本高知县高知市，真言宗智山派寺院。其所处的山号为五台山，院号为金色院，供奉的主尊为文殊菩萨。此寺始建年代不详，相传为圣武天皇神龟元年（724）所建。《广清凉传》记中台"今益唐来寺"条，即唐代在五台山中所修寺院，其中就有"竹林寺"。同书载有"法照和尚入化竹林寺"[②]的故事，大意是讲法照和尚在大历二年（767）于钵中见五台山，并见山中有"大圣竹林之寺"，后来法照果然在五台山见到了化寺"大圣竹林之寺"与文殊、普贤二圣。后至大历十二年（777），法照再次见到神变，于是在中台中麓下，依据法照所见的大圣化寺的样式，特建一寺，仍以竹林题号，这就是后来的竹林寺。竹林寺是中国五台山上著名的净土宗寺院，从日本竹林寺现在仍保存"五台山竹林寺"之名可以看出，亦是模仿中国五台山的竹林寺所建。

《日本灵异记·信敬三宝得现报缘》载：

> 卅三年乙酉冬十二月八日连公居住难破而忽卒之，尸有异香而馚馥矣。天皇敕之七日使留，永于彼忠。逐之三日乃苏苏矣。语妻□曰，有五色云，如电如度。北自而往其云道，芳如杂

---

① 《慈觉大师传》，《续群书类丛》卷 8 下。

② 延一编《广清凉传》，第 1114—1115 页。

名香。观之道头有黄金山，即到炫面。受苑圣德皇太子侍立，共登山顶。其金山顶居一比丘，太子敬礼而曰，是东宫童矣。自今迳之八日，应逢铦，愿□仙药。比丘环午解一玉授之含天眼而作是言，南无上妙德菩萨，令三遍诵礼。自彼罢下，皇太子言，速还家除作佛处，我悔过毕还宫作。然投先道还即见惊苏也，时人名曰还活连公。孝德天皇世六年庚戌九月，赐大花上位也，春秋九十有余而卒矣。赞曰：善哉大部氏，贵仙偿法，澄清效忠，命福共存。迳世无天，武振万机，孝继子孙，谅委三宝验德善神加护也。今惟推之，迳之八日逢铦锋者，当宗我入鹿之乱也。八日者八年也，妙德菩萨者文殊师利菩萨也。令服一玉者，令免难之药也。黄金山者五台山也。东宫者日本国也，还宫作佛者，胜宝应真圣武大上天皇生于日本国作寺作佛也。尔恃并住行基大德者文殊师利菩萨反化也，是奇异事矣。①

这段描述了推古三十三年（625），屋野古连在难波去逝三天后复生，他醒后对妻子描述了看到黄金山和圣德太子的情形。《日本灵异记》的作者戒觉在赞文中指出，此处的黄金山，据说就是文殊金色世界五台山的菩萨顶，顶上的比丘就是文殊菩萨。文殊菩萨给了圣德太子仙药并让其转生为圣武天皇，而且文殊本人也来到日本转生成了僧人行基。

因此，日本传说圣武天皇梦见他到过中国的五台山，见到了文殊菩萨。圣武天皇于是将长冈郡的一座形似中国五台山的山峰命名为五台山，并将神龟元年（724）所建寺庙命名为竹林寺，还供奉了一尊仿照中国五台山文殊菩萨雕刻的旃檀文殊像。这座寺院也号称五台山金色教院，其所在的村庄也命名为五台山村。《京兆灵龟山天龙寺沙门疏石传》载："文保二年，平师之母觉海夫人，欲请石到关东。石闻之，入土州五台山，隐吸江庵。夫人重遣专使命国守起，石不获已而抵相阳。夫人大喜，馆胜荣寺，待礼甚渥。"②土州即现在的日本高知县，文保二年（1318）的这条记载也说明，当时日本的土州存在一座五台山，应该就是竹林寺的位置。现存高知县竹林寺内遗迹多为室町时代以后所建。

（五）京都清凉寺

清凉寺，位于京都府京都右京区嵯峨野，现为净土宗寺庙。山号为五台山，寺院山门上悬挂着"五台山清凉寺"的匾额，因寺中的嵯峨释迦堂而闻名。其创立者是著名的入宋僧奝然，第一代住持是他的弟子盛算。这座日本京都的五台山清凉寺，无疑是仿照中国五台山清凉寺而营建的。

中国北宋太平兴国年间，日本南部东大寺的高僧奝然来到中国，朝拜了五台山。雍熙元年（984），奝然在宋朝的汴京见到了印度传来的释迦牟尼像，985年在台州开元请人模刻了一身同样的佛像并带回日本。永延元年（987）奝然回国以后，计划将爱岩山改称五台山，仿照中国五台山中最

①景戒著，远藤嘉基、春日和男校注《日本灵异记》，第84—86页。
②师蛮《本朝高僧传》，第388页。

古老的大清凉寺，创建日本大清凉寺，并安置这尊释迦牟尼像。可惜宏愿未现，人先圆寂。其弟子请求朝廷恩准，将原来栖霞寺内的释迦堂改称为清凉寺，后成为集天下信仰的名刹。现在，这尊从宋朝请来的释迦牟尼像仍供奉在清凉寺，并成为日本的国宝。

（六）京都金阁寺

金阁寺，正式名称其实是鹿苑寺，位于京都府北区，属临济宗相国寺派，是一座最早完成于应永四年（1397）的日本古刹。鹿苑寺现址原为镰仓时代西园寺家所拥有的宅邸，为藤原公经（后改名西园寺公经）所建，曾经荣华一时，但在历经多代之后因为缺乏整理而倾圮。

应永元年（1394），日本将军足利义满以位于河内国的领地与西园寺家交换获得这块当时称为"北山第"的山庄后，开始大兴土木整理改建。隔年他卸下征夷大将军职位让渡给其子足利义持并出家入道，只保留太政大臣的头衔督政。应永四年（1397），他将北山第改名为"北山殿"，并且以舍利殿作为自己修禅的场所。由于义满将舍利殿修筑得金碧辉煌，当时的人就已称其为"金阁殿"。

足利义满在出家后，曾将自己的法名改为"道义"，而"道义"是中国五台山上曾经进入"化金阁寺"的僧人。《广清凉传》"道义和尚入化金阁寺十五"条载："释义禅师者，未详姓氏，本江东人也。受业于衢州龙兴寺，神清骨秀，风标彩人。唐开元二十四年四月二十三日，远自江表，与杭州僧普守，同游至台山清凉寺粥院安止。……义遽随觉一，向东北行，二三百步。举目见一金桥，义即随登，乃金阁寺。三门楼阁，金色晃曜夺目。大阁三层，上下九间。睹之惊异，虔心设礼，遂入寺庭。堂殿廊庑，皆金宝间饰，独当门大楼，及所度桥，纯以紫磨真金成之。……义巡谒毕，老僧遣义早归，寒山难住。道义遂辞老僧，出寺百步，回顾已失所在，但空山乔木而已，方知化寺。遂回长安，大历元年，列其上事，闻奏太宗皇帝。帝下敕建置，诏十节度使照修创焉。"[1]

五台山金阁寺的修建与密宗高僧不空关系密切，永泰二年（766），不空上表呈请，愿舍衣钵于五台山建金阁寺。得到敕准，由其弟子含光主持兴建。从大历元年开始建造，经五年建成。《旧唐书·王缙传》载："五台山有寺金阁，铸铜为瓦，涂金于上，照耀山谷，计钱巨亿万。"[2]唐代的金阁寺是当时王权的象征，因此足利义满所创建的金阁寺很可能是对五台山金阁寺的模仿，无论在建筑形式还是政治意义上，日本金阁寺都是对中国五台山金阁寺的模仿，特别是两者同样象征了金阁寺所代表的王权与宗教信仰之间的特殊关系。[3]

在之后的应仁之乱中，鹿苑寺境内大部分的建筑物都遭到焚毁，只有主建筑舍利殿得以幸免。但昭和二十五年（1950）时，舍利殿因为一名21岁的见习僧人林承贤放火自焚而完全烧毁，连放

---

① 延一编《广清凉传》，第1113—1114页。
② 刘昫等《旧唐书》，中华书局，1975年，第3418页。
③ 湯谷祐三《金閣寺は、金閣寺として建てられた——"日本国王源道義"こと足利義満と五台山の仏教説話》，《名古屋外国語大学外国語学部紀要》42，2012年，第305—332页。

在殿中供奉的国宝、足利义满像也一同化为灰烬。日本名作家三岛由纪夫的同名小说《金阁寺》与水上勉的《五番町夕雾楼》都是以此事件为背景写成的。现在我们所看到的舍利殿是昭和 30 年（1955）时依照原样重新修建的，昭和六十二年（1987）全殿外壁的金箔装饰皆全面换新，成为目前的状态。

（七）京都龙安寺方丈庭园

龙安寺，位于日本京都府京都市右京区，属临济宗妙心寺派，以石庭而闻名。龙安寺创建于宝德二年（1450）。本尊为释迦如来、创立者为室町时代应仁之乱东军大将细川胜元、开山（初代住持）为义天玄承。应仁之乱时被烧毁，长享二年（1488）细川胜元之子细川政元重建该寺，宽政九年（1797）因火灾方丈堂、佛殿、开山堂等被毁。现在的方丈堂是当时将西源院的方丈堂改建而成的。

方丈堂前院的枯山水式石庭（图 1）十分著名，由白砂和五组枯石组成，日本学者杉尾伸太郎认为其表现了穿过云海的山岳，并通过与醍醐寺收藏的白描画《五台山文殊》比对后，认为是对中国五台山的摹写。虽然对于这处枯山水的作者和时代现均存在争议，但其原型为中国的五台山，并直接从醍醐寺的文殊变背景中摹写出来是比较可能的。这种做法也是将中国的五台山移入寺院的一种形式。

图 1 龙安寺方丈庭园枯山水（日本京都）

（八）两件日本收藏的五台山文殊画像

虽然圆仁《入唐求法巡礼行记》中记载曾于中国五台山获得了"五台山化现图"，但在日本现存的文物中并没有找到这一图像。虽然历史上日本入华僧人曾将不少五台山文物请回日本，但现存者极为罕见。仅京都醍醐寺的《白描五台山文殊像》（图2）和《文殊渡海图》（图3）被认为是从中国五台山携回的文物。《文殊渡海图》中的文殊五尊像在日本被称为"五台山文殊"，其以绘画或塑像的形式大量被供奉于日本的寺院当中，这一组像最初无疑是来源于中国五台山的，但其传入与流行的过程仍是有待进一步考察的问题。《白描文殊像》则是日本唯一保存下来的描绘五台山景象的绘画作品，以文殊背景的形式绘出了"五台"，而在古代敦煌大量出现的"五台山图"则似乎并未在古代的日本流行。

图2　白描五台山文殊（日本醍醐寺收藏）　　图3　文殊渡海图（日本醍醐寺收藏）

六、五台山信仰在日本的传播及影响

（一）五台山信仰在日本的传播

经过以上对日本五台山史料与遗迹的调查，基本上可以梳理出五台山信仰在日本传播的过程。历史上，五台山信仰从中国传入日本曾经有两次高峰。第一次是在唐代，这是五台山信仰被介绍到日本的时期，虽然在7世纪已经有人将五台山信仰从中国带回日本，但直到9世纪日本对中国的五台山才有了清楚的认识。第二次是在宋代，在这一时期，五台山信仰已经在日本广泛流传，并被日本社会各界所接受，这时从中国带回的五台山信仰内容，以五台山文殊为代表，确立了日本五台山信仰后来的走向，并形成日本五台山信仰不同于中国的特点。

从《本朝高僧传》的记载来看，唐高宗时期的日本僧人定慧是最早将五台山信仰带回日本的僧人，其于 679 年在多武峰仿建五台山十三级塔的行为可以作为五台山信仰正式传入日本的标志性事件。而从他的传记来看，在他 653 年去中国之前，他的父亲镰足就已经对他说，日本的多武峰不亚于中国的五台山，如果此条文献确为历史事实的话，那么至少在 653 年之前已经有日本人知道中国五台山为佛教圣地这一事实。也就是说，五台山信仰最初传入日本的时间至少在 7 世纪中叶以前。

唐代慧祥撰写的《古清凉传》是最早记述中国五台山历史的一部著作，此书于天平时代（729—748）就已传到日本，[1]但携来者不详。同时期东大寺完工，圣武天皇仿照五台山为其挂上"大华严寺"的匾额，都说明了这时五台山信仰在日本的兴起。《日本灵异记》中记载了推古三十三年（625）屋野古连梦见了黄金山，但实际上是在作者景戒所写的赞文中才认定黄金山是中国的五台山。或者说，在 625 年时，日本对中国五台山的印象还很模糊，而《古清凉传》传入、"大华严寺"建成后，人们对五台山的概念日渐清晰起来。直到《日本灵异记》成书的 822 年前后，五台山信仰已在日本初步兴起。

但从圆仁入唐的经历来看，当时日本的五台山信仰并未全面流行。事实上是因为天台山的教法传承与地缘关系，天台山的知名度在日本远远超过了当时的五台山，巡礼天台山成为多数日本僧人入华的主要目的。而圆仁一行最初也是以天台山为目的地，是因为滞留在赤山院听到新罗僧人描述的五台山传奇之后，才产生了巡礼五台山的愿望。这里，有一点非常值得注意，在圆仁等请求巡礼五台山的几道牒文中都提到，"中华五台等诸处，佛法之根源，大圣之化处。西天高僧逾险远投，唐国名德游兹得道"。[2]说明当时的五台山已经得到了印度和中华高僧的普遍认可，而新罗僧人为圆仁所带来的消息，说明朝鲜半岛也流行巡礼参拜五台山。这一时期可以说是五台山信仰的高峰期，圆仁在这样的环境和契机之下，不仅巡礼了五台山，并对五台山产生了坚定的信仰。所以在回到日本之后，建立了延历寺的文殊楼，这一事件极大地推动了日本五台山信仰的普及。

到了宋代，入华的日本僧人在日本时就已经非常熟悉中国的五台山了，如日圆"尝欲览支那清凉山，会得商船，载海入宋"，[3]成寻在乘船入华时就已念"五台山文殊并一万菩萨"[4]数万遍。在唐

---

① 镰田茂雄《东亚地区佛教圣地五台山和五台山信仰在日本的传播》，第 5 页。

② 圆仁《入唐巡礼求法行记》，第 73 页。

③ 师蛮《本朝高僧传》，第 850 页。

④ 释成寻原著，白化文、李鼎霞校点《参天台五台山记》，第 4 页。

代，巡礼五台山的僧人如慧萼还曾回日本为五台山求供。虽然慧萼曾将橘皇后的供品献于五台山，但这些物品最初是委托慧萼用来聘请唐朝佛心宗高僧的，原来并没有贡献五台山的打算。而成寻参拜五台山时，就明确受到日本皇室委托，给五台山寺院奉献了日本皇太后宫的御经供养目录及太皇太后亮所付的镜、发、文等物。同时代的日本僧人奝然回国后，立志将日本的爱宕山改为五台山，并创建清凉寺，最后由他的弟子在日本朝廷的允许下实现了这一遗愿。正治元年（1199）出生的日本僧人良忠，"阅《大圣竹林寺记》，至于文殊普贤答法照禅师因缘。掩卷叹曰，二大菩萨岂欺我哉！从此归心净刹，日唱弥陀宝号万遍"，①说明当时有相当多的五台山文献传入日本，并对日本僧人产生影响。所以说，宋代是五台山信仰在日本流行的第二次高峰，与唐代不同的是，这一时期的五台山信仰得到了更多的官方支持，流行程度也更为普遍。

（二）五台山文殊化现故事在日本的变体

五台山文殊显现与化现的各种神异传说是五台山史料中最重要的内容之一，在五台山信仰传入日本之后，这些神异的传说也被移植到了日本。在日本，这种五台山故事大致有两种类型，一种是文殊乘狮子显现，另一种则是文殊化身老人、比丘或童子出现。

早在日本桓武天皇（737—806）时，就有了文殊菩萨和狮子显现的传说。《本朝高僧传·河州西林寺沙门等定传》载："桓武帝在东宫时，屡诏听法。定一时登龟濑山，忽见狮子现无畏之身，大圣示老翁之姿。而狮子复本形，老翁作童子，定为奇异之思。稽颡而归，奏于东宫，乃幸龟濑，见文殊所现之处。"②这个故事似乎综合了两种文殊故事的类型，既有文殊和狮子本身的显现，也有文殊化老人、童子的显现。但这些文殊化身只是作为神圣的形象显现于龟濑山上，并未与当事人有实际的交流，因此仍属于第一种显现的故事类型。同样，建久年间（1190—1199），日僧高辨"又见文殊乘金毛狮子，现于空中，光明赫奕"。③这种文殊乘金毛狮子显现于空中的画面，是中国五台山被反复描述的神迹之一。

而10—11世纪，日本的文殊故事中，更多的是文殊化身成老者或僧人，真实地参与到僧人的生活当中。延喜三年（903），沙门延义遇到文殊老人，"一日天池院开讲论筵，七大寺会，义为讲师。当七寺僧皆学于义，故座下无诘义者。俄一老翁鬓发皤然，众出立三番论议，词辩微妙。一众异之，义一一答析。翁曰：三种论义，一答已成，一答未决，一答不成。然初果之位，颇为佳耳。会众不知其来所，甚讶之。翁曰：我文殊也。言讫不见"。④承历四年（1080）之后的某天，沙门宗范遇到文殊化现的僧人，"一日异僧来谒曰，遥闻德望来自遐陬，常抱小疑，愿为解疑。范唯诺。适赴小浴，不

---

① 师蛮《本朝高僧传》，第 239 页。
② 师蛮《本朝高僧传》，第 640 页。
③ 师蛮《本朝高僧传》，第 218 页。
④ 师蛮《本朝高僧传》，第 151 页。

久而归，忽失异僧所在。怪见庭除片云掩门上，云中放金光，仿佛有师子形。诸徒惊望，须臾乃没，于是知文殊师利应现而来也"。^①这些故事与佛陀波利遇文殊老人的故事属同一类型，即文殊菩萨化现成现实中的人物，前来点化佛教弟子。

（三）五台山文殊在日本的流行

现在日本所说的"五台山文殊"（图4），也被称为"文殊五尊"，即乘狮文殊、驭狮者于阗王、文殊化现的圣老人、梵僧佛陀波利和善财童子共五尊组成的形象组合。这一组合的原型是中国晚唐及五代时出现的"新样文殊"，而这一组合最为流行的时期正值日本五台山信仰的第二次高峰期，即中国的宋代。不管是日本醍醐寺保存的中国传来的《渡海文殊像》，还是日本现在各大寺院供奉的文殊五尊像，都是以这一组合为蓝本。只是，这组人物在日本有了一个固定的名称，即"五台山文殊"。"五台山文殊"由入宋僧奝然传回日本，这组形象的流行无疑说明，日本后来的五台山信仰更多的是以中国宋代的五台山信仰为参照，主要移植于中国宋代的五台山信仰。

《本朝高僧传》中还记载了两条重要信息，即日本僧人周信和中津的母亲分别在五台山文殊的面前祈祷得子。《京兆南禅寺沙门周信传》载，嘉历元年（1326）前后，"释周信，字义堂，号空华道人。平姓，土州长冈人。母藤氏，祷五台山文殊大士，梦白气出殿入怀乃妊。在胎十三月，既诞豪爽，识超群童"。^②《京兆相国寺沙门中津传》载："释中津，字绝海，号蕉坚道人。世姓藤氏，土州津野人。母惟宗氏，祷于五台山文殊像，梦大士授剑，觉即有身。建武三年（1336）冬吉祥而生。"^③二者的母亲同为土州人，土州位于现在的高知县，当时是日本五台山竹林寺的所在地，所以笔者怀疑，日本的竹林寺是五台山文殊最初的发源地。

事实上，现在的高知县五台山竹林寺也以其五台山文殊像闻名于日本。现存五台山文殊为乘于狮子莲花座上的文殊菩萨像和四尊眷属像，文殊菩萨像高60.4厘米，善财童子像高76.0厘米，于阗王像高75.4厘米，佛陀波利像高76.8厘米，圣老人像高77.3厘米，均为平安时代后期的作品。其中，文殊菩萨像是50年一次开扉的秘藏佛像。只是现存的这组形象制作于日本，不是从中国带回的。

综上所述，五台山信仰在日本的传播经历了唐代和宋代两个重要时期。从最初的传入到最后的确立过程中，日本的入华僧起到了主要作用。唐代以后，日本开始仿建中国的五台山及五台山寺院，着手建立日本本土的五台山。与此同时，五台山的传说也有了日本的变体。特别是到了宋代以后，以竹林寺为中心，五台山文殊成为日本最为流行的佛教偶像之一，这一影响持续至今，并成为日本五台山信仰中最具特色的形象。

①师蛮《本朝高僧传》，第183页。
②师蛮《本朝高僧传》，第478页。
③师蛮《本朝高僧传》，第509页。

后记：施萍婷先生是我们敦煌文献研究所的老所长，并为我所开创了文献与石窟相结合的研究道路。四十多年来，文献所前辈们孜孜以求，为敦煌学事业无私奉献。文献所能有今日的成就，施先生功不可没。值此先生90寿诞之际，谨以此文向施萍婷先生致敬！

图4　五台山文殊（日本西大寺收藏）

皇甫谧《高士传》辑本考述

屈直敏/兰州大学敦煌学研究所

陈　树/兰州大学史学理论与史学史研究所

　　皇甫谧《高士传》，历代著录不一，《隋书·经籍志》载其为6卷，[①]《旧唐书·经籍志》载为7卷，[②]《新唐书·艺文志》[③]《崇文总目》[④]《郡斋读书志》[⑤]《直斋书录解题》[⑥]《通志·艺文略》[⑦]《宋史·艺文志》[⑧]明代《国史经籍志》[⑨]载为10卷，《世善堂藏书目录》载为1卷，[⑩]明代《百川书志》、[⑪]清代《四库全书总目提要》[⑫]和《书目答问》[⑬]则载为3卷。收录人数方面，皇甫谧《高士传·序》称

① 魏征等《隋书》卷33《经籍二·史部·杂传类》，中华书局，1973年，第975页。

② 刘昫等《旧唐书》卷46《经籍上·史部》，中华书局，1975年，第2002页。

③ 欧阳修、宋祁《新唐书》卷58《艺文二·史部》，中华书局，1975年，第1481页。

④ 王尧臣等撰，钱东垣等辑释《崇文总目（附补遗）》卷2《史部·传说类上》，《丛书集成初编》第21册，中华书局，1985年，第106页。

⑤ 晁公武撰，孙猛校正《郡斋读书志校正》卷9《史部·传记类》，上海古籍出版社，1990年，第365页。

⑥ 陈振孙《直斋书录解题》卷7《传记类》，上海古籍出版社，2015年，第195页。

⑦ 郑樵撰，王树民点校《通志二十略》下册《艺文略三》，中华书局，1995年，第1560页。

⑧ 脱脱等《宋史》卷203《艺文二·史部·传记类》，中华书局，1977年，第5111页。

⑨ 焦竑《国史经籍志（附录）》卷3《史类·高隐》，中华书局，1985年，第96页。

⑩ 陈第《世善堂藏书目录》卷上《史类·稗史野史并杂记》，中华书局，1985年，第20页。

⑪ 高儒等《百川书志·古今书刻》，古典文学出版社，1957年，第62页。

⑫ 纪昀等《四库全书总目提要》卷57《史部十三·传记类一》，河北人民出版社，2000年，第1575页。

⑬ 张之洞《书目答问·史部·传记第八》，商务印书馆，1936年，第66页。

"自尧至魏，凡九十余人"，① 《直斋书录解题》称该书收录 87 人，② 《郡斋读书志》③ 《四库全书总目提要》④ 则称其收录 96 人，李石《续博物志》载"皇甫士安撰《高士》亦七十二人"。⑤ 该书大约在唐宋之际散佚，宋元明清诸多学者纷纷辑录该书，因而辑本众多。目前学界相关研究主要有蒲秋征《皇甫谧〈高士传〉述略》提及《高士传》现存部分刻本，简要分析了今本《高士传》较原书的损益情况。⑥ 孙巧云《皇甫谧及其著述论略》、⑦ 湛玉霞《皇甫谧〈高士传〉研究》、⑧ 丁红旗《皇甫谧〈高士传〉研究》⑨ 等罗列了《高士传》的著录情况和现存诸家辑本，并大略叙述了个别刻本的情况。孟文强《皇甫浑〈续高士传〉考辨》探讨了皇甫冲撰《编采高士传》及其版本流传情况。⑩ 熊明《皇甫谧考》、⑪ 《略论皇甫谧杂传的小说品格》两文考述了皇甫谧的生平及著述，简要论述了《高士传》的版本及魏裔介删补本和罗振玉辑本。⑫ 齐仁达《魏裔介生平与著作研究》介绍了魏裔介《删补高士传》。⑬ 总而言之，相关研究不够翔实，论断也有舛误之处，如熊明据罗振玉《雪堂丛刻》所收《高士传·序目》称该本《高士传》收录 73 人，但该本实收 73 篇 77 人。湛玉霞称通行本《高士传》所载 35 人不见于《雪堂丛刻》本，实际上应为 22 篇 23 人。有鉴于此，笔者拟在广泛搜集该书海内外现存辑本的基础上，对《高士传》辑本做进一步探讨。

一、宋元辑本

1. 曾慥辑本

皇甫谧《高士传》较早辑本见宋代曾慥编纂的笔记小说总集《类说》，《类说》成书于南宋绍兴六年（1136），绍兴十年（1140）由麻沙书坊刊刻，宝庆二年（1226）又据麻沙本重刻。现存《类说》

---

① 皇甫谧《高士传·序》，中华书局，1985 年。

② 陈振孙《直斋书录解题》卷 7《传记类》，第 195 页。

③ 晁公武《郡斋读书志校正》卷 9《史部·传记类》，第 365 页。

④ 纪昀等《四库全书总目提要》卷 57《史部十三·传记类一》，第 1575 页。

⑤ 李石《续博物志》卷 7，《丛书集成初编》，商务印书馆，1936 年，第 94 页。

⑥ 蒲秋征《皇甫谧〈高士传〉述略》，《北京师范大学学报》1992 年第 1 期，第 38—39 页。

⑦ 孙巧云《皇甫谧及其著述论略》，西北师范大学硕士学位论文，2008 年，第 28—31 页。

⑧ 湛玉霞《皇甫谧〈高士传〉研究》，重庆大学硕士学位论文，2017 年，第 59—83 页。

⑨ 丁红旗《皇甫谧〈高士传〉研究》，河南大学硕士学位论文，2005 年，第 2—3 页。

⑩ 孟文强《皇甫浑〈续高士传〉考辨》，《黑龙江工业学院学报》2017 年第 9 期，第 25—28 页。

⑪ 熊明《皇甫谧考》，《文献》2001 年第 4 期，第 58—73、103 页；又载刘文英、王凤刚主编《走近皇甫谧》，宁夏人民出版社，2007 年，第 3—15 页。

⑫ 熊明《略论皇甫谧杂传的小说品格》，《锦州师范学院学报》2002 年第 2 期，第 26—27 页。

⑬ 齐仁达《魏裔介生平与著作研究》，复旦大学硕士学位论文，2010 年，第 61 页。

钞本主要有：元中吴山房 15 卷钞本，现藏中国科学院国家科学图书馆；明嘉靖 50 卷钞本，现藏台北"国家图书馆"；明祁氏淡生堂钞本，现藏台北"国家图书馆"；明秦西严家藏钞本，现藏日本东京静嘉堂文库；清 50 卷钞本，现藏上海图书馆。此外还有多种《类说》50 卷明清残钞本存世。现存《类说》刊本主要有：宋刻《类说》残本 3 卷，收《仇池笔记》《隐斋闲览》《东轩杂录》三种，现藏中国国家图书馆；明天启六年（1626）60 卷刊本，后世多据此影印刊行，中国国家图书馆、台北"国家图书馆"、西安市文物管理委员会、东京国立公文书馆等均藏有该本。①

现存《类说》60 卷刊本由马之骏参阅，岳钟秀订正，于明天启六年（1626）刊行，②该本《类说》卷 2 收录有曾慥辑皇甫谧《高士传》，该辑本不分卷，共辑有序文及 11 篇正文。与通行 3 卷本相较，序文略有差异，如"降节"，曾氏辑本无"节"字；"朝"字后，曾氏辑本无"是以"；"明堂"，曾氏辑本作"故"；"先"字后，曾氏辑本无"厉浊激贪之务也"；"载"，曾氏辑本作"书"；"科"，曾氏辑本作"叙"；"近"字后，曾氏辑本无"取"字，所收录人数均为"尧至魏凡九十余人"。其序目篇题与其他辑本差别极大，序文以首句"孔子称'举逸民，天下归心焉'"为题顶格独占一行，余下序文均低一格，篇名标题分别为"九龙井"（李耳）、"桓公五往"（小臣稷）、"屋埃坠饭中"（颜回）、"门外车马迹深"（陆通）、"容膝之安，一肉之味"（陈仲子）、"斜其被"（黔娄先生）、"四皓作歌"（四皓）、"阩居士"（挚峻）、"吾病耳，非不足"（严遵）、"君房素痴"（严光）、"渡海遇风"（管宁），各篇题名均顶格独占一行，正文叙事低一格。曾氏辑本不光篇题有异，正文叙事也大不相同，如"屋埃坠饭中"述颜回事、"斜其被"述黔娄先生事、"渡海遇风"述管宁事等，今通行 3 卷本均不见载。

2.陶宗仪辑本

元末明初学者陶宗仪辑皇甫谧《高士传》，收入陶宗仪著《说郛》，然《说郛》原本散佚，其钞本和刊本的情况较为复杂，主要有 60 卷本、70 卷本、100 卷本、120 卷本等多个版本系统流传。其中 60 卷本仅存一部，即汲古阁旧藏明钞本（共 20 册 60 卷），现藏于浙江临海市博物馆，该本卷首杨维祯序载陶宗仪"取经史传记，下迄百氏杂说之书千余家，纂成六十卷"，末题"至正辛丑秋九月望前二日"，即元顺帝至正二十一年（1361），该本卷 36《诸传摘玄》收有皇甫谧《高士传》。③70

---

①陈静怡《〈类说〉版本及引书研究》，台北大学硕士学位论文，2012 年，第 13—35 页；赵庶洋《略论清钞本宋本〈类说〉的文献价值》，《文献》2012 年第 3 期，第 37—45 页。

②北京图书馆古籍出版编辑组编《北京图书馆古籍珍本丛刊》第 62 册《子部·杂家类》，书目文献出版社，1988 年，第 28—32 页。

③徐三见《汲古阁藏明抄六十卷本〈说郛〉考述》，《东南文化》1994 年第 6 期，第 112—127 页，后收入徐氏著《默墨斋集》，中国社会科学出版社，2004 年，第 161—205 页；应再泉、徐永明、邓小阳编《陶宗仪研究论文集》，浙江人民出版社，2006 年，第 409—441 页；徐三见《善本秘籍论〈说郛〉》，周向潮、徐三见编《历史文化名城临海》，浙江人民出版社，2002 年，第 245—248 页；临海市风景旅游管理局、历史文化名城研究会编《临海·掌故丛谈》，大众文艺出版社，2009 年，第 83—86 页。

卷本现存有中国国家图书馆藏明弘治十三年（1500）钞本（共 70 卷，仅存 50 册 61 卷）、[①]香港大学冯平山图书馆藏原嘉业堂藏明嘉靖吴江沈瀚钞本（原 25 册，现存 24 册 69 卷）。[②]100 卷本现存明钞本数量最多，主要有台湾"中央图书馆"藏陶湘旧藏明蓝格钞本（存 100 卷）、上海图书馆藏原傅增湘藏明钞本（存 85 卷，吴宽丛书堂钞本、弘农杨氏钞本、弘治钞本三种拼合而成）、浙江图书馆藏原汪文柏古香楼藏明钞本（存 41 卷）、浙江瑞安市文物馆藏孙诒让玉海楼旧藏明钞本（存 56 卷）、台北"中央图书馆"藏明钞本（存 47 卷）及中国国家图书馆藏明嘉靖钮氏世学楼抄本（存 97 卷）、原涵芬楼藏明抄本（存 91 卷）、明潭南书舍抄本（存 55 卷）等，此外，中国国家图书馆还藏有 12 册不分卷、3 册、12 卷三种明钞本残本。[③]陈先行认为陶宗仪在元末撰成《说郛》100 卷，宛委山堂本《说郛》并不是重刻本，而是根据《雪堂韵史》及其他版式相类似的丛书版片剜改重编的印本。[④]饶宗颐认为后世《说郛》100 卷本多出郁文博重编之本，[⑤]童正伦认为今 100 卷本为残缺后明人重新改篡之本，且百卷没有明刻本，郁文博仅对改篡后的百卷本进行了一些文字校订，并未增删其内容。[⑥]现通行百卷本，主要有张宗祥据六种明抄残本（现藏于中国国家图书馆、上海图书馆）整理而成，于1927 年由上海商务印书馆刊行，即今通行之涵芬楼本。120 卷本系明末陶珽重编，现通行的陶珽重编《说郛》本有两种，一为杨维祯《说郛序》和郁文博《校正说郛序》的本子，另一为杨维祯、郁文

① 沈畅《明弘治十三年钞本〈说郛〉的重新发现及其文献价值——兼论原本〈说郛〉的版本源流》，《中国典籍与文化》2019 年第 1 期，第 33—42 页。

② 饶宗颐《〈说郛〉新考——明嘉靖吴江沈瀚钞本〈说郛〉记略》（Un Indédit du Chouo-fou: Le Manuscript de Chen Han, de la Période Kia-tsing［1522-1566］），《戴密微先生祝寿汉学论文集》（第 1 辑）（*Mélanges de Sinologie offerts à Monsieur Paul Demiéville*, I），《法国汉学研究所文库》（*Bibliothèque de L'Institut des Hautes Etudes Chinoises*）卷 1，法兰西大学出版社（Presses Universitaires de France），1966 年，第 87—104 页，中文版载台北《"中央图书馆"馆刊》1970 年第 3 卷第 1 期，第 1—5 页，后收入《选堂集林·史林》，中华书局香港分局，1982 年，第 974—986 页；《饶宗颐史学论著选》，上海古籍出版社，1993 年，第 654—666 页；《饶宗颐二十世纪学术文集》卷 6《史学》，新文丰出版公司，2003 年，第 797—808 页；应再泉、徐永明、邓小阳编《陶宗仪研究论文集》，第 401—408 页。

③ 童正伦《〈说郛〉补篡与郁文博校补说考辨》，《图书馆研究与工作》2014 年第 4 期，第 68—72 页；沈畅《明弘治十三年钞本〈说郛〉的重新发现及其文献价值——兼论原本〈说郛〉的版本源流》，《中国典籍文化》2019 年第 1 期，第 33—42 页。

④ 陈先行《〈说郛〉再考证》，《中华文史论丛》1982 年第 3 辑，第 257—265 页；后收入应再泉、徐永明、邓小阳编《陶宗仪研究论文集》，第 392—400 页。

⑤ 饶宗颐《〈说郛〉新考——明嘉靖吴江沈瀚钞本〈说郛〉记略》，应再泉、徐永明、邓小阳编《陶宗仪研究论文集》，《图书馆研究与工作》2014 年第 4 期，第 401—408 页。

⑥ 童正伦《〈说郛〉补篡与郁文博校补说考辨》，《图书馆研究与工作》2014 年第 4 期，第 68—72 页。

博两序及李际期《重校说郛小序》、王应昌《重校说郛序》的本子。^①渡边幸三、景培元认为陶珽重编的 120 卷《说郛》本刊印于明万历年间，^②板藏于杭州宛委山堂，现藏日本京都东方文化研究所。此刻本初印后，"一部板片旋经散失（或系毁于天启辛酉之火，但不可必）复就幸存板片，印成《本馆本》（中法汉学研究所藏本），并补刻原序及《说郛续》之一部分，改订为 164 卷"。^③昌彼得则认为《说郛》原本百卷，后佚三十卷，郁文博校订《说郛》，取《百川学海》等书以足 100 卷之数，约刊刻于明弘治至嘉靖年间，陶珽重编 120 卷《说郛》本印行于明崇祯年间，第一次印本即中法汉学研究所藏本，第二次印本即京都东方文化研究所和台湾"中央图书馆"藏本，第三次是清顺治三年（1646）李际期整理旧版重新印行，而今传通行之重编《说郛》各本，"无论有顺治李、王二序与否，皆非原编初印，乃掇拾残余版片并补刻重印者"。^④

　　陶宗仪辑《说郛》版本极为复杂，所收皇甫谧《高士传》也卷篇不一，主要有三种：其一，仅载 1 篇，即 60 卷本、70 卷本、100 卷本之《诸传摘玄》收皇甫谧《高士传》，仅载"严遵"一篇，汲古阁本载于卷 36，70 卷、100 卷本载于卷 7（中国国家图书馆藏明弘治十三年钞本、钮氏世学楼抄本、涵芬楼本等）。其二，120 卷本第 57 卷载皇甫谧《高士传》1 卷 28 篇（文渊阁四库全书本、早稻田大学藏宛委山堂本）。其三，120 卷本第 57 卷载皇甫谧《高士传》3 卷本（哈佛燕京汉和图书馆藏本），惜仅存残本，该本卷下"赞（挚）恂"篇讫于"窦武举贤不就，清明"，缺"显于世，以寿终，三辅称奖"十字，自"法真"以下缺。

①关于《说郛》版本的相关研究，参见伯希和（Paul Pelliot）《〈说郛〉考》（Quelques remarques sur le Chouo Fou），《通报》（T'oung pao）1924 年第 23 卷第 4 期，第 163—220 页，冯承钧译文载《国立北平图书馆馆刊》1932 年第 6 卷第 6 期，第 20—40 页，冯氏译文还收入应再泉、徐永明、邓小阳编《陶宗仪研究论文集》，第 276—295 页；仓田淳之助《〈说郛〉版本诸说与己见》，《京都大学人文科学研究所二十五周年纪念论文集》，1950 年，第 287—304 页；贾莉译文载应再泉、徐永明、邓小阳编《陶宗仪研究论文集》，第 338—354 页；黄复山《陶宗仪〈说郛〉百卷本流衍考及其谶纬辑佚之文献价值评议》，杨晋龙编《元代经学国际研讨会论文集》（下），"中央研究院"中国文哲研究所筹备处，2000 年，第 795—835 页；艾骛德（Christopher P. Atwood）著，马晓林译《〈说郛〉版本史——〈圣武亲征录〉版本谱系研究的初步成果》（The Textual History of Tao Zongyi's Shuofu: Preliminary Results of Stemmatic Research on the Shengwu Qinzheng Lu），《国际汉学研究通讯》2014 年第 9 期，第 397—438 页。
②渡边幸三《〈说郛〉考》，《东方学报》1938 年第 9 册，第 218—260 页；陈越译文载应再泉、徐永明、邓小阳《陶宗仪研究论文集》，第 302—337 页。
③景培元《〈说郛〉版本考》及文后附《〈说郛〉子目异同表》，《中法汉学研究所图书馆馆刊》1945 年第 1 期，第 27—40 页。
④昌彼得《说郛考》，文史哲出版社，1979 年，第 10—42 页；又《〈说郛〉源流考》，收入应再泉、徐永明、邓小阳编《陶宗仪研究论文集》，第 355—391 页。

二、明代辑校本

1.皇甫冲编采本

皇甫冲辑《高士传》，明嘉靖刻本，现藏于中国国家图书馆，系将皇甫冲编采《高士传》与皇甫涍撰《续高士传》合刻为一书，共 4 册。其中皇甫冲编采《高士传》编于第 1、第 2 册，卷首无序文和目录。皇甫涍《续高士传》编于第 3、第 4 册，卷首有皇甫冲撰《续高士传编目序》，无目录。皇甫冲编采《高士传》分上、下两卷，卷首题"《高士传》卷上（下），晋玄晏先生皇甫谧撰，明裔孙冲编采"，正文前无序文及目录，每卷 46 篇，共 92 篇，因"长沮桀溺""四皓""鲁二征士"为合传，实际共记 97 人。① 将皇甫冲编采本与黄省曾辑本相较，皇甫冲编采本多"伯成子高""吾丘先生""班嗣世" 3 篇，少"高恢""荀靖" 2 篇，且篇目顺序也有较大差异。

据皇甫汸《高士传总序》载："伯氏子浚（皇甫冲）覃加搜讨，铨次成编。仲氏子安（皇甫涍）复广公意，自晋至宋，亦拔百人，勒为十卷……季弟子约（皇甫濂）合而梓之，传诸其人，可谓济美同好者矣。"序末题"嘉靖庚戌日长至"，② 是知皇甫冲编采本和皇甫涍续编本《高士传》是皇甫濂于嘉靖二十九年（1550）合刻刊行。关于皇甫冲编采本，黄鲁曾撰《〈编采高士传〉〈续高士传〉后序》载："子浚以玄晏古本湮没，由散见群集中而编采之……子安游神于泰始咸宁之时，耀颖于正德嘉靖之际，作续传九十九篇。"③ 是知皇甫冲辑本名为《编采高士传》。有学者认为皇甫冲编采《高士传》成书于嘉靖四年（1525），④ 考皇甫冲《续高士传编目序》载："往季，吾编采是传，子安谓晋宋以来，是道阙焉，乃传而续之，合是二书，自唐虞以及赵宋，高蹈之士，可概见矣。然惧夫士之讳闻也，久而未出，吾数促之，乃以标目先之。"该序末题"嘉靖甲申春二月望日"。⑤ 据此，在嘉靖三年（1524）二月之前皇甫冲编采《高士传》已成。据皇甫汸《华阳长公行状》载："戊子，果与仲氏并膺荐而声称籍甚。"⑥ 是知皇甫冲与皇甫涍于嘉靖七年（1528）同时中举。又皇甫涍《巳卯集后集序》载："《巳卯集》四卷，予下弟归所集。"末题"庚辰仲春望日"。《华阳兄编采高士传序》载："庚辰秋，尝续其书十卷，藏于笥。又思得掇拾遗文，以成本传，羁绁俯仰，竟弗克终。今年秋，予与兄下第还，兄遂编采，手书示予。心斋，予再黜有司，不能脱然以逝，庚辰之志若将忘焉者……兄书来促予序其首，且致鄙吝之消，遂慨然书之。"又《兄因是子还山诗序》载："余壬午下第，由江而返……乙酉之

---

① 皇甫冲《高士传》，中国国家图书馆藏明嘉靖刻本。

② 皇甫汸《皇甫司勋集》（第 11 册）卷 40《高士传总序》，哈佛大学汉和图书馆藏明万历吴郡皇甫氏自刊本，第 1—2 页。

③ 黄鲁曾《〈编采高士传〉〈续高士传〉后序》，皇甫涍《续高士传》，中国国家图书馆藏明嘉靖刻本，第 1—2 页。

④ 孟文强《皇甫涍〈续高士传〉考辨》，《黑龙江工业学院学报》2017 年第 9 期，第 25—26 页。

⑤ 皇甫冲《续高士传编目序》，皇甫涍《续高士传》，中国国家图书馆藏明嘉靖刻本，第 1 页。

⑥ 皇甫汸《皇甫司勋集》（第 16 册）卷 57《华阳长公行状》，哈佛大学汉和图书馆藏明万历吴郡皇甫氏自刊本，第 5—12 页。

秋，余与兄又下第，由江而返，兄于是七上而咸不得志……余与兄，幼同寝帐，长同师友，兄既四屈场屋，而余始与之从事于有司……弱季，随试都下，亦一举而振矣。"①由是可知，皇甫冲在中举之前，曾七次落第，皇甫涍是在皇甫冲第四次失败后，始与皇甫冲一同应试举业并落第，其年应为正德十四年（1519），此后兄弟两在经历两次失败后，于嘉靖七年（1528）同时中举，故皇甫冲编采《高士传》当是嘉靖元年（1522）至嘉靖三年（1524）之间，皇甫涍于嘉靖四年（1525）撰成《华阳兄编采高士传序》。

2.黄省曾辑赞本

黄省曾辑《高士传》，收录于明嘉靖刻本《汉唐三传》，现藏于中国国家图书馆。《汉唐三传》共 4 册，收录有黄省曾辑皇甫谧《高士传》、刘向《列女传》《列仙传》三部人物传记。首册黄省曾辑《高士传》为目前所见较早的辑本，该辑本共 3 卷 91 篇，因"长沮桀溺""四皓""鲁二征士"为合传，实际共记 96 人。正文前有黄鲁曾《汉唐三传·总序》、黄省曾《高士传序》、皇甫谧《高士传序》，该册目录题有"卷上""卷中""卷下"，每卷之后各篇均以人名为篇题，其中卷中"严遵"篇标题未列入目录，"颜阖"篇目录中作"顽阖"，卷下"汉滨老父"篇在目录中作"汉滨老人"。正文首页题有"《高士传》卷上，玄晏先生皇甫谧撰，五岳山人黄省曾颂"，每篇传文末有八句四字赞语。②自黄省曾辑本刊行之后，此后诸家辑录校刻，均以此为蓝本，有的去其赞语，有的甚至赞语也保留，如近代吴曾祺编《旧小说》收录皇甫谧《高士传》共 10 篇，分别为《江上丈人》《荣启期》《汉阴丈人》《渔父》《严光》《严遵》《闵贡》《梁鸿》《韩康》《郭太》，其正文及传末赞语同黄省曾辑本。③故 3 卷 91 篇之卷篇结构及内容，遂成为通行之蓝本，学界多称其为通行 3 卷本。

关于《汉唐三传》的刊行，《中国古籍善本书目》及相关论著认为该书系黄省曾于明嘉靖三十一年（1552）刊刻，④然据黄鲁曾《汉唐三传·总序》称"用序而刊之于梓，一曰《高士传》，一曰《列女传》，一曰《列仙传》，而又总命之《汉唐三传》"，可知《汉唐三传》为黄鲁曾汇集刊行。此外，该本《汉唐三传》载皇甫冲《列仙传序》，所署时间为"癸丑岁秋九月"，即嘉靖三十二年（1553），因此该本《汉唐三传》不可能于嘉靖三十一年（1552）刊刻。又黄省曾，字勉之，号五岳山人，《明史》《明儒学案》《万历长洲县志》等皆有传，但生卒年不详，《五岳山人集》载其于嘉

① 皇甫涍《皇甫少玄集》（第 7 册）卷 23《华阳兄编采高士传序》《兄因是子还山诗序》，中国国家图书馆藏明嘉靖刻本，第 3—4、7—11 页。
② 黄鲁曾《汉唐三传》，中国国家图书馆藏明嘉靖吴郡黄氏刊本。
③ 吴曾祺《旧小说》（甲集一），商务印书馆，1914 年，第 62—67 页。
④《中国古籍善本书目》（史部上），上海古籍出版社，1991 年，第 405 页；孙巧云《皇甫谧及其著述论略》，第 30 页，且该文将"黄省曾"误作"黄省增"。

靖十九年（1540）自撰《临终自祭文》，①故后世学者多以此为其卒年。②考皇甫汸《黄先生墓志铭》载，黄鲁曾卒于"嘉靖辛酉六月晦，生当弘治丁未三月朔，享年七十有五"。③黄姬水《伯父中南府君行状》载，伯父中南府君（黄鲁曾）"长余父二岁，后余父二十四岁而没"，"府君生于弘治丁未三月朔日，卒嘉靖辛酉六月晦日，享年七十有五"，④按：嘉靖辛酉即嘉靖四十年（1561），而弘治年间无"丁未"年，考明孝宗于成化二十三年（丁未，1487）九月即位，戊申年（1488）改年号"弘治"，故"弘治丁未"当为"成化丁未"，即成化二十三年（1487）。据此，黄省曾当生于弘治二年（1489），卒于嘉靖十七年（1538），而黄省曾在嘉靖十九年（1540）尚撰《自祭文》，疑黄姬水撰《伯父中南府君行状》所载有误。又王世贞撰《中南黄先生墓表》载，黄省曾（勉之）"卒又十五年，而黄君（鲁曾）尚称乡贡士以殁，盖七十有五矣"。⑤乾隆《长洲县志》载，黄鲁曾"年七十五没，至是去省曾没十有五年矣"。⑥据此，黄省曾当卒于嘉靖二十五年（1546），⑦显然，无论黄省曾是卒于嘉靖十九年，还是卒于嘉靖二十五年，均不可能于嘉靖三十一年（1552）刊刻该书。细察《汉唐三传》所载，《高士传》分册题黄省曾之名，《列女传》分册序言所署时间为嘉靖三十一年（1552），著录者未能细考，故致谬误。

3. 吴琯辑校本

吴琯辑校《高士传》，收录于明万历年间吴琯校刻《古今逸史》，⑧《古今逸史》的版本较为复杂，主要有22种、26种、40种、42种等4种版本，后吴中珩增至55种，以《增订古今逸史》为名刊行。⑨清康熙年间，汪士汉整理《古今逸史》残版，易名《秘书廿一种》《秘书廿八种》重印刊行。商务印

---

① 黄省曾《五岳山人集》卷38《临终自祭文一首》，《四库全书存目丛书》集部第94册《别集类》，齐鲁书社，1997年，第849页。

② 李清宇《黄省曾年谱》，复旦大学硕士学位论文，2003年；又《五岳山人黄省曾年表稿》，《中国文学研究》2014年第1期，第122页；黄卓越《明中后期文学思想研究》，北京大学出版社，2005年，第87页。

③ 皇甫汸《皇甫司勋集》卷54《黄先生墓志铭》，哈佛大学汉和图书馆藏明万历吴郡皇甫氏自刊本。

④ 黄姬水《伯父中南府君行状》，《高素斋集》卷25，《黄淳父先生全集》卷24，《四库全书存目丛书》集部第186册《别集类》，第267—269、488—490页。

⑤ 王世贞《弇州山人四部稿》卷94《文部·中南黄先生墓表》，中国国家图书馆藏世纪堂明万历五年（1577）刻本，第8页。

⑥ 李光祚、顾诒禄等《乾隆长洲县志》卷24《人物三》，《中国地方志集成·江苏府县志辑（13）》，江苏古籍出版社，1991年，第279页。

⑦ 王成娟《黄省曾研究》，浙江大学硕士学位论文，2007年，第17页。

⑧ 学界多将吴琯（字孟白）、吴琯（字邦燮，号中云）、吴继灼（字仲虚，号履素）三者混为一是，记作吴琯，字仲虚，号中云。韩震军《〈唐诗纪〉作者吴琯生平三辨》，《井冈山大学学报》2012年第6期，第86—90页；又《〈唐诗纪〉作者吴琯生平考辨》，《中国典籍与文化》2013年第1期，第151—156页。

⑨ 赵惠芬《明代丛书〈古今逸史〉初探》，《东海大学图书馆馆讯》第58期，2006年，第22—33页；王立强《〈古今逸史〉及其所录小说研究》，山东大学硕士学位论文，2013年，第17—20页。

书馆于 1935 年、1937 年先后出版《丛书集成初编》《元明善本丛书十种》，两部丛书据明吴琯校刊本《古今逸史》影印。

吴琯辑校《古今逸史》（共 42 种 32 册）第 29 册载皇甫谧《高士传》共 3 卷，首题"晋皇甫谧撰，明吴琯校"，内容、篇卷结构及各篇传后赞语与黄省曾辑本同，且卷中正文之"严遵"篇未列入目录，"颜阖"篇目录中作"顽阖"等讹误也与黄省曾辑本同，但吴琯也校订了部分讹误，如卷下"汉滨老父"，目录与正文篇名均作"汉滨老父"，订正了黄省曾辑本目录作"汉滨老人"与正文篇名不一之讹误。①

哈佛大学燕京图书馆藏《增订古今逸史》（共 55 种 35 册），第 1 册卷首《古今逸史自叙》题作"新安吴中珩撰"，第 31 册载吴琯辑校皇甫谧《高士传》。②天津图书馆藏《增订古今逸史》（共 55 种 24 册），第 1 册卷首《古今逸史自叙》题作"新安吴琯撰"，第 21 册载吴琯辑校皇甫谧《高士传》。③上述两个刻本所载吴琯辑校皇甫谧《高士传》，内容、篇卷结构均与《古今逸史》本同，但各篇传末无赞语。

汪士汉校刻《秘书廿一种》第 9 册载皇甫谧《高士传》共 3 卷，卷首有汪士汉撰"附录"、皇甫谧《高士传序》及目录，正文首题"《高士传》，晋皇甫谧撰，新安汪士汉校"，内容、篇卷结构与黄省曾辑本、吴琯校本同，且卷中之"严遵"篇不载卷首目录，但各篇传末无赞语，而卷中之"颜阖"篇、卷下之"汉滨老父"，目录与正文篇名均校改一致。④

4.张遂辰校阅本

张遂辰校阅本《高士传》，收入何允中《广汉魏丛书》。《汉魏丛书》的版本流传颇为复杂，最初乃明嘉靖年间何镗所辑，原拟旧目，收书百种，主要为汉魏六朝著作，是第一部名实相符的丛书，惜未刊刻。明万历年间，先是新安程荣以《汉魏丛书》为名，分经籍、史籍、子籍，选刻 38 种刊行，后何允中补刻，分经翼、别史、子余、载籍，题名《广汉魏丛书》刊行。《广汉魏丛书》主要有明万历二十年（1592）刊本（76 种）、明末武林何氏刊本（77 种）、清嘉庆中刊本（80 种）3 种版本。⑤

上海图书馆藏明万历二十年（1592）《广汉魏丛书》刊本（共 76 种 60 册），其《别史》部分收有皇甫谧《高士传》，正文前有皇甫谧《高士传序》，次为《高士传目录》，卷上首页题"《高士传》

---

① 吴琯《古今逸史》第 29 册，中国国家图书馆藏明万历刻本。
② 吴琯《增订古今逸史》第 31 册，哈佛大学燕京图书馆藏明刻本。
③ 吴琯《增订古今逸史》第 21 册，天津图书馆藏明刻本。
④ 汪士汉《秘书廿一种》第 9 册，哈佛大学燕京图书馆藏清新安汪氏康熙七年（1668）刻本。
⑤ 翟艳芳《〈汉魏丛书〉版本流传》，《图书馆学刊》2015 年第 6 期，第 123—126 页；罗志欢《中国丛书综录选注》，齐鲁书社，2017 年，第 30—31 页。

卷上，晋皇甫谧著，明张遂辰阅"，卷中正文有"严遵"篇而目录无，卷中正文"颜阖"篇及卷下正文"丘诉"篇，目录中作"顽阖""丘诉"，其内容、篇章结构同黄省曾辑本、吴琯辑校本，但各篇传末无赞语。此外，日本早稻田大学图书馆藏张遂辰校阅本内容、篇章结构与上海图书馆藏本全同，唯分3册。第1册扉页题"晋皇甫谧著，明张遂辰阅《高士传》，浪华种玉堂"，每册首页有"谷合南涯所藏之记""洗心书屋所藏记之章""明治卅七年九月廿五日购入""早稻田大学图书"4方印章，卷首有皇甫谧《高士传序》，次有阿阳眉山人乔洵美《高士传序》。韩国国立中央图书馆亦藏有文化二年（1805）刻印的皇甫谧撰、张遂辰阅《高士传》刊本，内容、篇章结构同早稻田大学藏本。[①]

张遂辰（1586—1668），字卿子，一字相期，号西农，与钟人杰（字瑞先）合辑《唐宋丛书》，哈佛大学汉和图书馆藏本（经德堂藏板）共16册，收书89种，该丛书虽以唐宋为名，但不限于唐宋，实际所收为汉魏六朝至唐宋元明之著述，然未收皇甫谧《高士传》。

5.吴弘基校阅本

吴弘基校阅皇甫谧《高士传》，收入明末吴弘基纂《史拾》（20册）第14、第15册《遗闻》，该本全书不分卷，目录仅列89篇，"王斗""严遵"两篇正文有而目录中无，且正文中误作"严尊"，故全书实为91篇96人，与通行3卷本无异。正文中"乐臣公""丘诉"两篇，目录中误作"乐成父""丘诉"，目录中"挚恂"篇，正文中误作"贽恂"，序文前题"晋皇甫谧撰，明吴弘基、郎斗金全阅"，正文中"荷蒉""长沮桀溺""石门守""荷蓧丈人"4篇无具体内容，仅在篇名下注"言载《论语》"，全本多眉批，部分传末有按语。[②]

三、清代辑校本

1.张斯涵校阅本

张斯涵校皇甫谧《高士传》，收入王谟增订《汉魏丛书》。清乾隆年间，《广汉魏丛书》坊刻赝本颇为流传，而真本难得，有鉴于此，王谟出家藏真本，选《唐宋丛书》汉魏人著作增补其中，重编目次，校订整理刻板付印，题名《增订汉魏丛书》刊行。王谟增订本流传较广，版本较为复杂，主要有86种、90种、96种等多种版本，如光绪六年（1880）三余堂刻本（90种），光绪二十年（1894）湖南艺文书局刻本（86种），光绪二十一年（1895）黄元寿石印本（96种），宣统三年（1911）上海

① 闵宽东、陈文新、刘僖俊《韩国所藏中国文言小说版本目录》，武汉大学出版社，2015年，第47页。
② 吴弘基《史拾》第14、第15册《遗闻》，哈佛大学燕京图书馆藏明末刻本；吴弘基撰、陕西省古籍整理办公室编、吴敏霞校注《史拾》，三秦出版社，1996年，第504—557页。

大通书局石印本（96 种）等。^①1925 年商务印书馆出版《四部丛刊》时，将程荣刻《汉魏丛书》影印编入其中。

日本国立国会图书馆藏清乾隆五十六年（1791）重镌王谟《增订汉魏丛书》（共 86 种 80 册），该丛书第 1 册扉页题有"乾隆辛亥重镌《汉魏丛书》，经翼二十种，别史十六种，子余廿二种，载籍廿八种，本衙藏版"，卷首有《重刻汉魏丛书叙》，末题"乾隆壬子（1792）孟秋止浣桂林陈兰森撰"。该丛书第 31 册收有皇甫谧《高士传》，卷首载皇甫谧《高士传序》，卷上首页题"《高士传》卷上，晋皇甫谧著，南城张斯涵校"，卷下末页附有王谟跋文，卷中正文有"严遵"篇而目录中无，卷下正文"丘诉"篇，目录中作"丘诉""李弘""郑玄"，正文和目录均作"李宏""郑元"，避清康熙、乾隆讳改。

清光绪三年（1877）湖北崇文书局辑刻《三十三种丛书》（又名《崇文书局汇刻书》《湖北书局所刻书》《崇文丛刻》），该本扉页题"光绪三年三月湖北崇文书局开雕"，序文页、卷上首页、卷下末页有"国立清华大学图书馆藏"一方藏书印，卷首有皇甫谧《高士传序》，王谟跋文被置于卷中末页与卷下首页之间，应属装订误置所致。该本目录卷中"壶邱子林""安邱望之"，正文作"壶丘子林""安丘望之"，卷下"邱诉"，正文作"丘诉"，考清雍正三年（1725）为避孔子讳，改"丘"为"邱"，显然该本系为避讳仅改目录而正文未改。卷中正文有"严遵"篇而目录中无，目录和正文均将"李弘""郑玄"改作"李宏""郑元"，避清康熙、乾隆讳改。

民国郑国勋辑刻《龙溪精舍丛书》第 54 册收皇甫谧《高士传》，扉页题有"潮阳郑氏用明刻本刊"，卷末题有"广陵邱义卿绍周监刻，扬州周楚江刊刻"。卷上首页有"清华大学图书馆藏""北平木斋图书馆藏书"两方藏书印，卷下末页有"北平木斋图书馆藏书"一方藏书印，卷首有《四库全书提要》、皇甫谧《高士传序》。该本卷目及正文的篇卷结构及避讳改字情况与《崇文书局汇刻书》本同，可知该本所据并非明刻本。

1936 年上海中华书局印行《四部备要》，据《汉魏丛书》本校刊印行皇甫谧《高士传》，陆费逵总勘，高时显、吴汝霖辑校，丁辅之监造，卷上首页题"《高士传》，晋皇甫谧著，南城张斯涵校"，卷末有王谟跋文，显然该本所据为王谟《增订汉魏丛书》本。该本目录卷中有"严遵"篇名，王本目录中避讳所改"壶邱子林""安邱望之""邱诉""郑元"等均予以校正，改作"壶丘子林""安丘望之""丘诉""郑玄"，但"李弘"乃作"李宏"，当属回改未尽。

从上述可知，《崇文书局汇刻书》《龙溪精舍丛书》《四部备要》均是据王谟《增订汉魏丛书》本校刻。

---

① 翟艳芳《〈汉魏丛书〉版本流传》，《图书馆学刊》2015 年第 6 期，第 123—126 页。

2.《四库全书》本

影印文渊阁《四库全书》所收皇甫谧《高士传》共 3 卷，卷首为《提要》，次为皇甫谧撰《高士传序》，无目录，正文共 91 篇 96 人，内容、篇卷结构与通行 3 卷本同，凡遇"弘""玄"字皆缺笔，避清康熙、乾隆讳改。①

3.魏裔介删补本

魏裔介《删补高士传》共 3 卷，卷首载皇甫谧《高士传序》，次载魏裔介《删补高士传序》，末题"时康熙丙午夏日柏乡魏裔介撰"，康熙丙午年即康熙五年（1666），次《删补高士传目录》，末云"原传九十三人，删去被衣、王倪、啮缺、子州支父、石户之农、蒲衣子、弦高、曾参、颜回、挚恂十人，补入逢萌、高凤、陈留老父三人，计八十六人"。正文卷上首题"《删补高士传》卷上，晋安定皇甫谧撰辑，清赵郡魏裔介删补"。有"闽戴成芬芷农图籍""上海图书馆藏"两方藏书印。考之正文，魏裔介《删补高士传》实为 3 卷 84 篇 89 人。与通行 3 卷本相较，魏裔介删补本卷上少"被衣""王倪""啮缺""子州支父""石户之农""蒲衣子""弦高""曾参""颜回"9 篇，卷中多"逢萌"1篇；卷下少"挚恂"1 篇，多"高凤""陈留老父"2 篇，其他篇目内容则与通行 3 卷本同而偶有改订，改订处于传末附以说明。各篇传末无赞语，遇"玄"字缺笔，避清康熙讳。②

魏裔介（1616—1686），字石生，号贞庵、昆林，直隶柏乡（今河北邢台柏乡县）人。明崇祯十五年（1642）举人，清顺治三年（1646）进士，累官给事中、左都御史、吏部尚书、保和殿大学士、礼部尚书。③魏裔介一生著述颇丰，在删补皇甫谧《高士传》之后，复续撰成《续补高士传》3 卷，共 45 人，其《续补高士传序》云："余考历代之史，自晋迄明，得四十五人。"

4.钱熙祚辑校本

钱熙祚（1800—1844），字锡之，号雪枝，江苏金山（今上海金山）人。钱氏藏书甚富，以校刊书籍闻名。道光二十三年（1843），钱熙祚据张海鹏《借月山房汇钞》残版，校勘、增辑刊行《指海》12 集。钱熙祚病逝后，其子钱培让、钱培杰遵父遗嘱，续补 8 集，于道光二十六年（1846）合并刊印《指海》20 集，共收书 140 种附 5 种，因该丛书校勘精审，世称善本。④1935 年上海大东书局据钱氏刻本影印该书，2018 年齐鲁书社据上海大东书局影印本，以上海图书馆藏本补缺页再版。

---

① 皇甫谧《高士传》，《文渊阁四库全书》第 448 册《史部七》、第 206 册《传记类三·总录之属》，商务印书馆，1986 年。

② 魏裔介《删补高士传》，上海图书馆藏清康熙刻本。

③ 齐达仁《魏裔介生平与著作研究》，第 61 页。

④ 田雨《钱熙祚藏书与刻书考述》，《地方文化研究》2017 年第 6 期，第 68—73 页。

钱熙祚辑校皇甫谧《高士传》3 卷（附《逸文》1 卷），收入钱熙祚辑刻《指海》第 15 集，该册卷首为《指海总目》，下题"金山钱熙祚锡之校辑"，次《四库全书提要》，次皇甫谧《高士传序》，次《高士传目录》，目录卷下"挚恂"篇，正文误作"贽恂"，正文篇名下，凡《太平御览》所引，皆注明卷数，卷下末页题有"金山钱熙祚锡之甫校梓"。卷末所附《逸文》1 卷，共辑有佚文 14 则，每则皆在文末注明出处，涉及传人有孙期、庄子、亥唐、孔嵩、东郭先生、许邵、毛公、薛公、管宁、黔娄先生、陈仲子、严君平、二叟等，《逸文》末题"皇清道光廿三年岁次癸卯，金山钱熙祚锡之甫校梓"。最后为钱熙祚撰《高士传跋》，其文曰："今以诸书所引，校勘今本，误者正之，缺者补之，其在七十一人之数者，并于目下注明《御览》卷数，以示区别，若他书所引而今本并无，或有而文句绝异，不可强合者，别为《逸文》，以附于后。"故该本据《太平御览》及诸书所引，校正讹误，增补缺漏，其校勘注文，以双行小注置于正文中。[①] 将钱熙祚辑校本与通行 3 卷本相较，内容、篇卷结构基本相同，且校正了通行本的诸多脱漏和讹误，属极为精审的善本。

5.罗振玉辑校本

罗振玉辑皇甫谧《高士传》1 卷，以《皇甫士安〈高士传〉辑本》为题，收入《雪堂丛刻》第 4 册。《雪堂丛刻》，又名《国学丛刊》，共收书 52 种，民国四年（1915）上虞罗氏铅印刊行，2000 年北京图书馆出版社影印再版。罗振玉《序目》认为"今本《高士传》三卷，九十六人，乃后人杂采诸书依附为之，真伪错出，核以古籍，所引多不合"，故据诸书所引，重新辑校，得 1 卷 73 篇，与通行 3 卷本相较，罗氏辑本无"被衣""子州支父""石户之农""小臣稷""商容""庚桑楚""林类""荣启期""长沮桀溺""荷蓧丈人""汉阴丈人""老商氏""庄周""颜阖""向长""闵贡""梁鸿""台佟""矫慎""法真""汉滨老父""庞公"22 篇，多"亥唐""东郭先生""孙期""孔嵩"4 篇，而"蒲衣子""老子李耳""陈仲子""安期生"4 篇作"蒲衣""老子""陈仲""安期先生"，"挚恂"篇目录同而正文误作"贽恂"。正文据诸引书辑出，其内容远较通行本简略，凡佚文有出多本者，均校订异同，以双行小注置于正文中，每篇传末以双行小注标明所辑佚文出典。[②]

6.王仁俊辑本

王仁俊（1866—1914），一名人俊，字捍郑，或作扞郑、翰臣，号籀许，清末江苏吴县（今江苏苏州）人，光绪十八年（1892）进士，官至吏部主事。王仁俊一生涉猎甚广，著述颇丰，辑佚方面的成

---

①钱熙祚《指海》第 15 集，大东书局，1935 年。
②罗振玉《雪堂丛刻》第 4 册，北京图书馆出版社，2000 年，第 471—532 页。

就主要有《玉函山房辑佚书续编》《玉函山房辑佚书补编》《经籍佚文》等。^①

　　王仁俊辑皇甫谧《高士传佚文》1 卷，收入其所撰《经籍佚文》，王氏所辑佚文共 16 则，每则皆在文末注明出处，涉及传人有孙期、庄子、亥唐、孔嵩、东郭先生、许邵、毛公、薛公、管宁、黔娄先生、陈仲子、严君平、二叟、颜渊、袁绍等，其中前 14 则与钱熙祚所辑《逸文》全同，最后两则，所注出处为《钱氏家刻书目》《太平寰宇记》二十四。^②

　　综上所述，虽然皇甫谧《高士传》现存辑本众多，但除曾慥辑本、皇甫冲辑本、罗振玉辑本、王仁俊辑本外，以黄省曾所辑 3 卷本流传最广，明清时期的诸多辑本均以此为蓝本，去其赞语进行校勘传刻。

①张升《王仁俊的辑书》，《江苏图书馆学报》1996 年第 4 期，第 44—45 页；臧其猛《王仁俊的辑佚学成就》，《淮北煤炭师范学院学报》2005 年第 4 期，第 71—72 页。

②王仁俊《玉函山房辑佚书续编三种》，上海古籍出版社，1989 年，第 461—463 页。

《大唐内典录》校读随札

富世平/嘉兴学院文法学院

　　《大唐内典录》，简称《内典录》《道宣录》等，是唐释道宣在前人经录文献的基础上，立足佛教中国化的实际，编撰的一部具有承上启下性质的佛教目录学著作。此书在佛教目录学史乃至整个中国传统目录学史上，都有极高的地位，很大的影响。梁启超在《佛家经录在中国目录学之位置》中予以极高的评价："（《内典录》）集法经、长房两派之所长而去其所短，更为有系统的且合理的组织，殆经录中的极轨矣。"[1]姚名达也从中国目录学发展史的角度出发，认为《内典录》"体例之完善，内容之精详，殆称空前绝后"。[2]客观地说，梁启超所谓"经录中的极轨"、姚名达所谓"空前绝后"，都有拔高之嫌，但说它是一部在佛教目录史乃至整个目录学史上有地位、有影响的名著，当非溢美。

　　虽然《内典录》有很大影响，但存在的问题也不少——既有著录中史实性的问题，也有常见的古籍传抄过程中出现的问题。唐释智昇谓《内典录》"类例明审，实有可观""然少有差杂，未能尽善"，[3]在具体列举"九误""七不然"后，甚至说"差错极多，卒难陈委"[4]。笔者在校读该书的过程中，也发现了一些疑问，今略择一二，稍做梳理，敷衍成文，以求教于大雅君子。

---

[1]梁启超《佛家经录在中国目录学之位置》，《佛学研究十八篇》，上海古籍出版社，2001年，第354页。

[2]姚名达《中国目录学史》，上海书店影印商务印书馆本，1984年，第284页。

[3]智昇撰，富世平点校《开元释教录》，中华书局，2018年，第610页。

[4]智昇撰《开元释教录》，第611页。

一、译次问题

梁启超推崇《内典录》，尤其推崇《内典录》中标注的翻译次第："又一经而有数译本者，皆注'初出'、'第二出'、'第三出'……字样，令读者一望而知传译次第。此例虽创自《长房录》，然彼或注或不注，此则略无遗漏。"① 其实，《内典录》中著录诸经的译次并非"略无遗漏"——注出者并不比《历代三宝纪》更多，而且多有不够准确的情况。

首先看注出译次的情况。《长房录》（即《历代三宝纪》）"或注或不注"，《内典录》其实也一样——《内典录》隋前诸代录中的著录，无论具体经目还是译次，原本全都因袭《历代三宝纪》，大多连文字都没有改动，和《历代三宝纪》相比，注出译次者并没有增加。如《内典录》卷1著录安世高译经共176部，② 但注出译次者仅八部；严佛调译经，《内典录》著录7部，注出译次者仅2部；康孟祥译经，著录6部，注出译次者亦仅2部。而无论著录的经目还是注出的译次，都和《历代三宝纪》相同。可见梁启超"皆注"云者，完全不符合实际。由之可见梁启超对《内典录》的评价，并没有从实际出发，缺少文献根据。还需要特别说明的是，上举诸例虽然都出于《内典录》卷1，但并非卷1特例，其他诸卷的情况基本相同。③

注出译次者和《历代三宝纪》相比并没有增加，并不能说是《内典录》本身的问题，更不能苛责，但注出译次者多不够准确，仍然沿袭《历代三宝纪》中的讹误，则是《内典录》无法回避的问题。如前举严佛调译经中，注《迦叶诘阿难经》为第二出，就有问题：此经并非译经，而是诸经的抄录，即所谓别生经，④ 译次自然无从谈起；康孟祥译经中，注《中本起经》二卷为初出，也不够准确：据《开元释教录》，此经和支曜译《小本起经》同本异译，初出（第一译）者为支曜译本，而以康孟祥译为第二译。支曜和康孟祥"并以汉灵、献之间，有慧学之誉，驰于京雒"，⑤ 他们译经的次序，自然不易确定，但既然《内典录》中也是先著录支曜译《小本起经》（未注译次），自然还是以支曜译

---

① 梁启超《佛家经录在中国目录学之位置》，《佛学研究十八篇》，上海古籍出版社，2001年。

② 这是《历代三宝纪》和《内典录》著录的安世高译经数。《出三藏记集》卷2著录安世高译经"三十四部，凡四十卷"；《高僧传》卷1《安清传》据道安经录，云其"译出三十余部经"；《开元释教录》则著录安世高译经95部125卷。现代学者认为真正属于安世高的译经更少，甚至"根据早期的题记或序跋可靠地归属于这位中国佛教的先驱"的只有四部（许理和著，李四龙、裴勇等译《佛教征服中国》，江苏人民出版社，2017年，第44页）。

③ 如卷2著录支谦译经129部，注出译次者仅20部；著录康僧会译经14部，无一部注明译次；实际著录竺法护译经213部，注出译次者仅19部。

④ 《开元释教录》卷1："长房等《录》，更有《迦叶诘阿难经》，亦云佛调所译，余亲见其本，乃是诸经之抄。"见智昇《开元释教录》，第37页；别生经误录为单译或重翻，《内典录》中也较为常见。如安世高译经，《内典录》著录176部，《开元释教录》录95部，即是智昇认为"多是别生，从大部出"而删减80余部之故。

⑤ 慧皎撰，汤用彤校注《高僧传》卷1，中华书局，1992年，第11页。

为初出更为合理。再如卷 2 康僧铠译经中，著录《郁伽长者所问经》二卷、《无量寿经》二卷，子注中皆云"第二译"，这是沿袭《历代三宝纪》卷 5 中的说法。而据《开元释教录》，《郁伽长者所问经》在康僧铠译本之前，已有安玄译《法镜经》（第一译）、支谦译《法镜经》（第二译），故此实为第三译；而《无量寿经》在康僧铠译本之前，已有安世高译《无量寿经》（第一译）、支谶译《无量清净平等觉》（第二译）、支谦译《阿弥陀经》（第三译），故此译实为第四译。再如卷 3 竺佛念译经中，著录《王子法益坏目因缘经》，子注中云第二出，以昙摩难提译《阿育太子坏目因缘经》为第一出故。其实，在昙摩难提本之前，已有和此经同本异译的支谶译《阿育王太子坏目因缘经》，此经《内典录》卷 1 支谶译经中亦有著录，故昙摩难提译本当为第二出，而竺佛念译本当为第三出。

《内典录》中注出译次但并不准确的问题，绝非个案，这里不再赘举。总之，《内典录》中大多数译经和《历代三宝纪》一样，并没有注出译次；注出者，也基本袭自《历代三宝纪》，道宣并没有做进一步的考辨，故而很不准确。无论从纠正《内典录》讹误的角度来看，还是从更为清晰地梳理佛经翻译史的角度来看，《内典录》所著录诸经的译次，都需要作进一步系统的梳理。

二、前后不一

《内典录》"总会群作"而成，[①]前五卷《历代众经传译所从录》（代录）和后五卷中的诸专题目录来源不一，而道宣似乎并没有做"整齐百家杂语"式的工作，故经名、译者、卷帙等方面多有前后不一的问题。

同一部经，因为各种原因，不同时期、不同编者编撰的不同经录，经名往往不完全相同。有的仅为个别文字差异，有的则差别很大，甚至如果没有说明，我们很难把它们联系起来。这是比较常见的现象。自然，后代具有集成性质的较为理想的著录，需要以最为常见的名目为主，附带说明其他各种别名异称。这一点，智昇《开元释教录》堪称典范，而较早的《内典录》则留下了不少缺憾。其中，最为突出的问题是前后著录不同——不仅作为主条目的经名前后多有不同，而且有的经目或只出现于前五卷代录，或只出现在后五卷的专题目录。

如卷 2 著录西晋失译之《如来秘密藏经》二卷，子注曰："一名《方广如来性起微密藏经》，一直云《如来性起经》。"但在卷 6、卷 8 中，却著录为《大方广如来性经》二卷。怎么判定它们就是同一部经呢？《开元释教录》卷 1 著录《大方广如来性起微密藏经》二卷，"亦直云《如来性起经》，是《旧华严经·如来性起品》"的异译。[②]通过《如来性起经》，我们才能把《如来秘密藏经》和《大

---

① 道宣《大唐内典录序》，CBETA 2021.Q3，T55，no. 2149，p. 219a19；后文所引《内典录》，皆据CBETA 2021.Q3，不再一一出注。

② 智昇《开元释教录》卷1，第 47 页。

方广如来性经》联系起来。但如果不借助《开元释教录》的著录，仅仅依据《内典录》，要把专题目录中的《大方广如来性经》和代录中的《如来秘密藏经》直接确认为同一部经，是并不容易的。

又如卷3昙无兰译经中著录的《般泥洹时大迦叶赴佛经》，子注云："或云'摩诃迦叶'。"也即此经又名《佛般泥洹时摩诃迦叶赴佛经》，虽然只是"大迦叶"与"摩诃迦叶"之别，但毕竟也算注出了此经的又一别名，相对而言，已属难得，但卷8《历代众经见入藏录》则著录为《迦叶赴佛般涅槃经》，且未作任何说明，和卷3著录的两个经名都不相同。而《迦叶赴佛般涅槃经》与《般泥洹时大迦叶赴佛经》的差别，显然比《佛般泥洹时摩诃迦叶赴佛经》与《般泥洹时大迦叶赴佛经》的差别大。如果不是有其他经录的著录，《佛般泥洹时摩诃迦叶赴佛经》与《般泥洹时大迦叶赴佛经》我们还可能判定原本就是同一部经，但《迦叶赴佛般涅槃经》与《般泥洹时大迦叶赴佛经》恐怕就很难肯定其实也是同一部经。《开元释教录》中，此经是怎么著录的呢？《开元释教录》卷3昙无兰译经中，著录为《佛般泥洹摩诃迦叶赴佛经》一卷，子注曰："亦云《迦叶赴佛般涅槃经》。"[1]此后卷13、卷20等，皆同。显然，智昇是做了取舍和统一的。

《内典录》前五卷《历代众经传译所从录》（代录）是历代所翻佛经的总录，后五卷则是对所有译经分门别类的专题著录。理论上讲，后五卷之诸专题目录所见佛经，都应该见之于代录。然而事实是，见之于后五卷而不见于代录者，所在多有。如卷6《历代大乘藏经翻本单重传译有无录第二之初》中著录的《大方便佛报恩经》七卷、《七佛神咒经》四卷、《菩萨本行经》三卷、《集一切福德三昧经》三卷、《哀泣经》二卷、《大吉义咒经》二卷、《菩萨梦经》二卷、《密迹金刚力士经》二卷、《大方广如来秘密藏经》二卷、《菩萨睒子经》一卷等，皆未见于代录。此例甚多，不遑枚举。这是一种特殊的前后不一。《内典录》中的此类问题，虽不能说是讹误，但至少是编撰中的疏失。

代录中的经名与诸专题目录中的经名前后不一、见之于专题目录却不见于代录，都属编撰中的疏失。如果前后不一仅限于类似情况，我们虽不能说没有问题，但从发展的角度来看，完全可以理解。而《内典录》中的前后不一，远远超出这种性质。

《内典录》卷9《历代众经举要转读录》中，著录"西晋竺法护译"《不思光菩萨所说经》，并云"一名《无思议光孩童菩萨经》"。而卷2竺法护译经中，此经著录为《无思议光孩童菩萨经一卷》，子注曰："一云《不思议光所问经》，亦云《不思议光经》。"虽有三名，但都不同于卷9的著录。这是前述经名前后不同的情况，但还不是我们这里要说的问题。此经竺法护译本之外，还有鸠摩罗什译本，前后二译，一存一阙。到底哪个译本为存本，才是我们这里要讨论的：《内典录》卷3鸠摩罗什译经中，著录为《无思议光孩童菩萨经》，子注曰："一云《不思议光菩萨所说经》。"从经名来看，《历代众经举要转读录》所收，更应是鸠摩罗什译本。果然，据《开元释教录》卷2、卷14，竺法护译本

---

[1] 智昇《开元释教录》卷3，第173页。

为阙本，真正保存下来的是鸠摩罗什译本。这才是问题的关键：《内典录》卷9《历代众经举要转读录》所收，只能是鸠摩罗什译本，而不可能是已阙本的竺法护译本。

此类问题，也非个案。如《除恐灾患经》(或云《除灾患经》)，《内典录》卷2白延(帛延)译经、卷3圣坚译经中都有著录。卷2白延译经中的著录，注云"见《三藏集》"；卷3圣坚译经中的著录，注云"第二出，与魏世白延出小异"。"见《三藏集》"云者，见《出三藏记集》卷2著录，注云阙本；《内典录》所谓"与魏世白延出小异"之圣坚译第二出，袭自《历代三宝纪》卷9。可见在道宣看来，^①此经重出，前后二译。但法经等《众经目录》、彦琮《众经目录》、静泰《众经目录》等皆以此经为白延单译，且存本。这就有圣坚是否译此经的问题。不仅此，《内典录》卷6、卷9等皆以帛延(白延)译为存本，而不再提及圣坚译本，则其所据或与隋、唐诸《众经目录》同。而《开元释教录》则说此经两译一阙，存本为圣坚译本。故诸大藏经中所收，皆署"乞伏秦沙门释圣坚译"。那么，存本《除恐灾患经》到底是谁翻译的呢？此经《大正藏》收载于第17册。经文中有两处子注，或可为确定其译者提供证据。一处是对"弹尼"的解释："晋言才明"；一处是对"摩调"的解释："晋言大天"。既云"晋言"，当为晋时翻译无疑。^②而白延(帛延)译本当为魏高贵公时译出，^③圣坚译本当为晋孝武帝时译出，^④由之可见大藏经中所收，当以圣坚译出之说更为合理，《出三藏记集》云白延译阙本，是有根据的，而《内典录》卷6、卷9等著录的此经，当为圣坚译。

卷6《历代大乘藏经翻本单重传译有无录》中著录《虚空藏菩萨问持经几福经》一部，云失译，但代录中却著录于卷3鸠摩罗什译经中，显然属于前后不一。其实，无论失译还是鸠摩罗什译，都不准确。此经《开元释教录》认为属于新括出别生经，出《大集经》(抄《大集经》卷16《虚空藏品》)，从鸠摩罗什译经中删。^⑤此例亦不少。如卷6所谓失译之《频毗娑罗王诣佛供养经》《大意经》《文殊师利般涅槃经》《法华三昧经》等，代录中却分别著录于法炬、求那跋陀罗、聂道真、智严等的名下。

佛经的汉译本最初大多并没有明确标注译者，故而不同经录中的著录有不尽相同的情况。这本是正常的现象，有的已很难说孰是孰非。但《内典录》中同一部译经的译者却前后不同，这就逻辑上不能自洽，不能不说存在问题了。其性质，与经名前后不同相比虽然更为严重，但致误的原因其

---

① 道宣实际沿袭的是费长房《历代三宝纪》的著录，而据《历代三宝纪》卷9，这种说法"见《始兴》及《宝唱》二录"。

② 据《大正藏》校勘记，宋、元等诸大藏经皆云"晋言"，唯明本大藏经中云"此言"。

③ 僧祐撰，苏晋仁、萧鍊子点校撰《出三藏记集》卷2"魏高贵公时，白延所译出"，中华书局，1995年，第31页。

④ 《历代三宝纪》卷9："晋孝武世，沙门圣坚于河南国为乞伏乾归译。"(据CBETA 2021.Q3，T49，no. 2034，p. 83c12—13。本文所引《历代三宝纪》，皆据CBETA 2021.Q3，不再一一出注)

⑤ 智昇《开元释教录》卷17，第1159页。

实是一样的，这就是道宣在编撰《内典录》时，各部分所据资料来源不同，而他并没有做系统的梳理和贯通，更没有做深入的考辨之故。

同一部译经（论著），前后著录之卷帙不同。如《增一阿含经》，《内典录》卷 3 昙摩难提译经中著录为五十卷，卷 7 "小乘经单重翻本并译有无录"中却著录为五十一卷。虽然《增一阿含经》的卷数确实有五十一卷、五十卷、四十二卷、六十卷和三十三卷等不同，但同一经录的著录前后不同，显然是不够严谨的——正如我们前文所说，理想的著录，不但名目应该相同，卷帙也应该是一致的，其他情况则可以在子注中说明。而这种问题的出现，原因也和前文所举其他前后不一的情况相同，即道宣所据资料来源不同，而他对这些原本不同的著录没有做统一的处理。

三、重出误录

同一部经，或因经名不完全相同，或因意译与音译不同，而在著录时误以为两部经。如卷 1 安世高译经中，著录《大安般守意经》二卷，紧接着又著录《大安般经》一卷。其实，《大安般守意经》"或一卷。或无'守意'字，或直云《安般经》。安公云《小安般》，兼注解。《佑录》别载《大安般》一卷，《房录》更载《安般》一卷，并重也。见《士行》、《僧祐》、《李廓》三录"。① 《大安般守意经》即《大安般经》，二卷，或一卷，其实是一部经，《内典录》不察，重出复载。安世高译经中，又有《住阴持入经》一卷，或二卷，其实即《阴持入经》之重出。支谶译经中，著录《佛遗日摩尼宝经》一卷，又著录《大宝积经》一卷，其实，《佛遗日摩尼宝经》的子注中已云其"一名《大宝积经》"，而《大宝积经》的子注中则说"余寻此经，与前略同"，故《佛遗日摩尼宝经》和《大宝积经》基本相同，应属同本异译。所以《开元释教录》卷 1 支谶译经仅著录《佛遗日摩尼宝经》而删掉了《大宝积经》："复有《大宝积经》一卷，今以与《佛遗日摩尼宝经》既是同本，不合再出。又寻文句，非谶所翻，《别录》之中，皆为失译，今依《别录》为正，故谶录除之。"② 《内典录》不仅支谶译经中重出，还在后汉失译经中又著录《佛遗日摩尼宝经》一部，这就不仅仅是重出双载了。

卷 2 支谦译经中，著录《本业经》一卷。此经是《华严经·净行品》异译，又名《菩萨本业经》《净行品经》，但《内典录》在"《本业》之外，别载《净行品》者，误也"。③

竺法护译经中，重出情况更多。《无忧施经》一卷，子注云："阿阇世王女名。"也就是说，"无忧施"是"阿阇世王女名"，阿阇世王女即无忧施，为意译；音译则为"阿述达"。《内典录》在竺法护译经中，《无忧施经》外还著录有《阿阇贳王女经》，显然属重出双载。《开元释教录》卷 2 竺法护译

---

① 智昇《开元释教录》卷 1，第 16 页。

② 智昇《开元释教录》卷 1，第 12 页。

③ 智昇《开元释教录》卷 2，第 70 页。

经中著录《阿阇贳王女阿术达菩萨经》一卷，子注中有云："《祐》、《房》二录别存《无忧施经》，《祐录》更载《阿阇贳王女经》，三俱误也。"①《三品修行经》后，子注中有云"或《三品悔过经》"，但之后又独立著录《三品悔过经》，显然亦属重出。②《离垢施女经》后，又著录《无垢施菩萨分别应辩经》，子注云"《离垢施女经》同"，似乎是同本异译的情况。同本异译屡见不鲜，但一人前后译两次的情况比较少见。其实，《无垢施菩萨分别应辩经》是聂道真译。《开元释教录》卷2指出："《内典录》内更载《无垢施应辩经》者，误也，彼道真译。"③聂道真译本，后编入《大宝积经》第三十三会，名《无垢施菩萨应辩会》。《菩萨斋法经》后，又著录《菩萨斋经》，亦属此类。

卷3昙无兰译经中，著录《持句神咒经》后又著录《陀邻钵咒经》，原本亦为一经，"持句神咒"和"陀邻钵咒"只是音译和意译的区别而已，之所以误录为两部经，是只看经名不同而没有细究之故。竺佛念译经中，《十住断结经》十二卷之后又录《十地断结经》十卷，其实原本也是同一部。之所以误录为两部，一是因为著录者见到的分卷不同，一是因为经名有"住"和"地"的区别，而并没有深究之故。《十住断结经》十二卷，著录子注中即有"或十卷"之说，而"'住'之与'地'，二义无别"，④"十住"即"十地"，《十住断结经》和《十地断结经》显然为同一部经，只是传抄过程中出现了经名、卷帙的变异，录作两部，亦属重出误录。

以上诸例，都属于同一译者名下重出双载的情况。还有同一部经却分别著录于不同的译者名下，或同一失译经著录于不同时代的情况。如卷1安世高和安玄译经中，都著录《阿含口解十二因缘经》，子注中亦皆有"一云《安侯口解经》"。同一部经却著录于两人名下、子注中云"安侯口解"其实都是有问题的。《内典录》的著录大多因袭《历代三宝纪》，但此经的著录则与《历代三宝纪》不同。此经《历代三宝纪》只著录于安玄译经中，并说："祐云世高译，今检群录，乃是安玄译。"显然，费长房并不是没有看到安世高译这种说法，但他遍检群录之后，确定为安玄译本。道宣却无视费长房的考辨，分别著录于安世高译经和安玄译经，不能不说是倒退。《开元释教录》卷1改正了《内典录》的讹误，著录于安玄译经中，并说："《内典》中安高、安玄俱出《口解》者，误也。"⑤并

---

① 智昇《开元释教录》卷2，第103页。

② 印顺认为竺法护译《三品修行经》即《修行道地经》卷7（八卷本为卷8）之《弟子三品修行品》第二十八、《缘觉品》第二十九和《菩萨品》第三十；《出三藏记集》卷2著录之竺法护译《修行经》七卷二十七品，当无《弟子三品修行品》《缘觉品》和《菩萨品》等三品；慧琳《一切经音义》卷75，《修行道地经》六卷，无《弟子三品修行品》《缘觉品》和《菩萨品》等三品之音义，可见慧琳所据《修行道地经》确如印顺所说；可洪《新集藏经音义随函》卷21，《修行道地经》七卷，卷7即《弟子三品修行品》《缘觉品》和《菩萨品》等三品之音义，可见可洪所据已是《修行道地经》与《三品修行经》的合本。

③ 智昇《开元释教录》卷2，第104页。

④ 智昇《开元释教录》卷4，第226页。

⑤ 智昇《开元释教录》卷1，第33页。

具体分析了致误的原因："称《阿含口解》世高译者，此乃姓同相滥也。"①也就是说，之所以被认为安世高译，是因为他和安玄一样姓安而引起的误会。而子注中谓此经"一云《安侯口解经》"者，也是误以其为安世高译之故也。安侯，指安世高。《高僧传》卷1《安世高传》云："高既王种，西域宾旅皆呼为'安侯'，至今犹为号焉。"②需要指出的是，《内典录》在著录安玄译经之后，谓安玄"亦世号为'安侯骑都尉'"，也是不准确的。所谓"安侯骑都尉"，当为"安侯"和"骑都尉"的误合。"安侯"指安世高，"骑都尉"指安玄。《高僧传》卷1《支楼迦谶传》云："又有优婆塞安玄，安息国人，性贞白，深沉有理致，博诵群经，多所通习。亦以汉灵之末，游贾雒阳，以功号曰'骑都尉'。"③又云："（严佛调）本临淮人，绮年颖悟，敏而好学，世称安侯、都尉、佛调三人传译，号为难继。"④这里"安侯、都尉"等人相提并论，或为《内典录》误合之由。

《内典录》中的重出误录比较多见。《开元释教录》卷10指出的《内典录》中"九误"，也多属此类。这里不再赘举。

四、传刻讹误

古籍在传抄过程中，会在文本上出现讹、脱、衍、倒等各种各样的问题，乃至内容上出现史实性的问题。《内典录》也不例外。致误的原因，有的是由于传抄者的疏忽而形成，有的则是因为传抄者乃至编撰者理解存在偏差而导致。⑤前者大多较为明显，通过一般的对校、本校等方式就能发现并改正，后者则较为复杂，往往需要深入辨析才能考正。

传抄中的脱、讹，各大藏经所收《内典录》都不同程度存在。如卷1支谶译经中《阿阇世王经》，子注中有"道安云出《长含》"句，《碛砂藏》本《内典录》作"道安云《长含》"，明显少了"出"字，根据其他大藏经中的《内典录》，我们就能补上。又如卷4道安译经中《三十二相解》，《碛砂藏》本《内典录》作"三十三相解"，但根据《金藏》《高丽藏》本《内典录》，我们就能确定"三十三"为"三十二"之误。三十二相是佛和转轮圣王之身所具有的三十二个显明殊胜的形象特征。此类例子不胜枚举。

---

①智昇《开元释教录》卷1，第33页。
②慧皎《高僧传》，第6页。
③慧皎《高僧传》，第10页。
④慧皎《高僧传》，第11页。
⑤有的讹误出现于传抄过程中，有的则在编撰之初就因编撰者对所据材料的理解出现偏差而导致。如道宣编撰《内典录》时抄录《历代三宝纪》、转抄《出三藏记集》，这是一种特殊的"传抄"。而在传录、转抄的过程中，因对原文的理解有偏差，也会出现讹误。

有的因形近而致误，但通过他校即可发现并改正。如卷1"后汉失译经"中有《恒怒尼百句》一部。此经《出三藏记集》卷4"新集续撰失译杂经录第一"、《历代三宝纪》卷4"后汉失译经"、《开元释教录》卷1"后汉失译经"中皆著录为《怛恝尼百句》，故知"恒怒尼"当为"怛恝尼"之形误。据《翻梵语》卷6云："怛恝尼，应云'猷婆尼'，译曰'不动'。"慧琳《一切经音义》卷80云："怛恝尼，上丹遏反；恝，音禾。经名也。"

又如卷5著录道安《二教论》一部，然诸本中"二"皆作"三"。这一讹误其实是比较明显的。道安所著，名为《二教论》，见《广弘明集》卷8。二教者，内教、外教也。《广弘明集》卷8《周灭佛法集道俗议事》中说："时道安法师又上《二教论》，云内教外教也。"《二教论·归宗显本第一》中说："救形之教，教称为外；济神之典，典号为内。是以《智度》有内外两经，《仁王》辩内外二论，方等明内外两律，《百论》言内外二道。若通论内外，则该彼华夷；若局命此方，则可云儒释。释教为内，儒教为外。备彰圣典，非为诞谬。详览载籍，寻讨源流，教唯有二，宁得有三？"可谓道安自己所作的应该作"二"的有力解释。

又如卷10著录陆澄《法论》目录中《与王司徒诸人书论据食》，其子注中有云"释慧远答，范重答"。"慧远"，诸本《内典录》皆同。但据《弘明集》卷12、《出三藏记集》卷12就可以确定，所谓"慧远"，实为"慧义"之误。《高僧传》卷7《释慧义传》云："慧义，姓梁，北地人。（中略）宋永初元年，车骑范泰立祇洹寺，以义德为物宗，固请经始。义以泰清信之至，因为指授仪则。时人以义方身子，泰比须达，故祇洹之称，厥号存焉。"[1]

有的形近字的判断取舍，对校、本校、他校等都不能解决，需要理校。如"曰"和"日"是形近字，古籍整理的惯例，是根据文意判断，做出取舍，为避繁琐，一般也不用在校记中特别说明。一般来说，不会有问题，但也有因为不能轻易判断而致误的情况。比如卷1后汉失译经中，著录有一部《惟曰（日）杂难经》，这里到底该作"曰"还是"日"，不能轻易确定，《大正藏》中，就录为"日"字。我们联系其他著录可知，此经又名《惟越杂难经》，"惟越杂"为梵语音译，"不退转"之意。据之可知当作"曰"是，因为"曰"和"越"读音相同，它们都属于记音字。忽视了这一点，"曰""日"就不好取舍，甚至误录作"日"。比如点校本《出三藏记集》中就作"日"，作《惟日杂难经》[2]明显就是忽视了"惟曰杂"是音译词，没有和"惟越杂"联系起来考虑而致误的典型例子。

有的传刻中出现的问题比较复杂，此类问题虽相对较少，但解决的难度却不小，需要综合运用各种校勘手段，广泛联系诸书中的著录。如卷1后汉失译经中，著录《南方佛名经》一部，子注曰：

"一名《治城寺经》。"所谓"一名《治城寺经》"者，当误。《开元释教录》指出："旧云'一名《治城寺经》'者，非也。此乃题寺为记，非是经之异名。"①也就是说，所谓"治城寺经"者，并非经名，而是此经为"治城寺"所藏也。而《内典录》《开元释教录》等所谓"治城寺"，实为"冶城寺"之误。刘世珩《南朝寺考》云："冶城寺在城西北，本吴冶铸之地，晋徙冶于石头城外，遂为王导西园。太元十五年，丞相会稽王司马道子为竺僧法建寺于此，因以冶城名之。"考证：《建康实录》：冶城本吴冶铸之地，王导疾作，因徙冶出石头城，而以地为西园。《晋越城寺释法相传》：时有竺僧法善神咒，晋丞相会稽王道子为起冶城寺焉。"需要说明的是，《高僧传》《续高僧传》《广弘明集》等中，都有误"冶城寺"为"治城寺"者。

又如卷3道安译经中，著录《三界混然诸杂伪录》一部。各大藏经中的《内典录》著录相同，似乎没有问题，但当我们把《内典录》的著录和《历代三宝纪》卷8的著录比勘时，会发现"诸"当为"涽"之形误，"伪"当为"为"之形误。但《三界混然涽杂为录》又是怎样的一部录呢？问题并没有彻底解决。据《出三藏记集》卷5《新集安公注经及杂经志录第四》载："三界诸天，混然涽杂，安为录一卷。"②道安所"为"之"录"，《出三藏记集》著录为《诸天录》，故知"三界诸天，混然涽杂"并非道安所撰"录"名，只是道安撰"录"的动因而已：混然，无分别貌；涽杂，即混杂。佛教典籍中，欲界有六天（六欲天），色界之四禅有十八天，无色界之四处有四天，此外尚有日天、月天、韦驮天等诸天神，而诸天数量、名目在不同经典中的说法又不完全一致，故有"三界诸天，混然涽杂"之说。道安有感于这种情况，"为《录》一卷"，即《诸天录》，对佛教三界诸天做了归纳梳理。《出三藏记集》的著录，本来是清楚的，但费长房《历代三宝纪》卷8却误读了《出三藏记集》，以"三界混然涽杂为录"为道安所撰之录名，《内典录》不仅以讹传讹，还在传抄中多出了因形近而导致的讹误，径以"三界混然诸杂伪录"为名，误之甚矣。附带说明的是，中华书局点校本《出三藏记集》也以"三界诸天混然涽杂"为书名，③显然是沿袭了《历代三宝纪》以来的误会。

《内典录》卷3圣坚译经中，著录《童迦叶解难经》一部，子注中有云："第二出，与什译《迦叶经》同。"此说亦是沿袭《历代三宝纪》卷9中的说法。今检鸠摩罗什译经，并无《迦叶经》。其实，"什译《迦叶经》"者，《鸠摩迦叶经》之误也。《出三藏记集》卷4《新集续撰失译杂经录第一》中，著录《鸠摩迦叶经》一卷。《法经录》中，著录"《鸠摩迦叶经》一卷"，并说此经"一名《童迦叶解难经》，出（《中阿含》）第十五卷"，可证《童迦叶解难经》即《鸠摩迦叶经》，所谓"与什译《迦叶经》同"实为对"鸠摩迦叶经"之误解。《鸠摩迦叶经》为完整之经名，"鸠摩"并非"鸠摩罗什"之略，《鸠摩迦叶经》也不是鸠摩罗什翻译之"迦叶经"。"鸠摩迦叶"，即"鸠摩罗迦叶"。《翻梵语》

卷6《杂人名》云："鸠摩罗迦叶，译曰童子。"而"鸠摩罗迦叶"出于《鸠摩迦叶经》。又，《法经录》中所谓"出（《中阿含》）第十五卷"云者，恐误。今检《中阿含经》卷15，并无相关内容。《开元释教录》著录《鸠摩迦叶经》于卷5《宋录》之末，失译、阙本，卷15则进一步指出，《鸠摩迦叶经》和《童迦叶解难经》为同本异译，皆出于《长阿含经》卷7。

卷4释智严译经中，著录《毗罗三昧经》二卷，子注中有云："明居士入定事，见《东录》。""东录"，《高丽藏》本《内典录》作"宋录"。按，《大正藏》本《历代三宝纪》亦云"见《东录》"，当为此说之源头。然诸经录中，未见有云"东录"者，这应是《高丽藏》本《内典录》改"东"为"宋"的原因。而据《大正藏》本校勘记，余诸大藏经中《历代三宝纪》"东录"皆作"东晋录"，显然也属妄改。智严为梁代僧人，梁代译经，断不会出现在"宋录""东晋录"中。"东录"者，当即"陈录"，"东"为"陈"之讹故。此经《开元释教录》卷6曼陀罗仙译经中著录，子注云："初出，与陈代须菩提《大乘宝云经》及唐达摩流支《宝雨经》等同本异译。见《陈录》及《续高僧传》。"①可证。《金藏》《高丽藏》本《开元释教录》则仍作"东录"，这是对《房录》《内典录》讹误的沿袭，而《贞元新定释教目录》卷9又作"陈录"，可谓拨乱反正。《陈录》者，当即《陈朝大乘寺藏录》。此录见《开元释教录》卷10云："又有《陈朝大乘寺藏录》四卷，并不知何人制作，似是当寺藏经，略记由委。既局寺名为录，未可通行，故叙录次，阙而不载。"②《开元释教录》中，亦多有征引。

《内典录》卷4著录《义林》八十卷，云："大通年敕开善寺沙门释智藏等二十大德撰。""大通年"，《历代三宝纪》卷11云"普通年"。普通（520—527）是梁武帝第二个年号，大通（527—529）是梁武帝第三个年号。据《续高僧传》卷5《释智藏传》，智藏卒于普通三年（522）九月，故"大通年"之说，殊不可信。然"普通年"也颇可疑。据《续高僧传》卷1《释宝唱传》，似乎是在天监七年（508），至少应在天监七年之后，天监十四年（515）之前："天监七年，帝以法海浩汗，浅识难寻，敕庄严僧旻于定林上寺缵《众经要抄》八十八卷。又敕开善智藏缵众经理义，号曰《义林》，八十卷。（中略）十四年，敕安乐寺僧绍撰《华林佛殿经目》。"③年代（时间）上的问题，《内典录》中也有不少需要进一步考辨。

最后，还需要补充说明的是，《内典录》不仅有讹误需要校正，还有不少著录虽无讹误，但需要进一步疏证之处。这里也略举二例。

卷2著录释王宗所撰《佛所制名数经》五卷、《众经目录》二卷二部，"并见《出三藏集》"。然僧祐《出三藏记集》中，仅著录《佛所制名数经》五卷一部，并未著录《众经目录》。《历代三宝纪》

① 智昇《开元释教录》，第379页。
② 智昇《开元释教录》，第588页。
③ 道宣撰，郭绍林点校《续高僧传》，中华书局，2014年，第8页。

卷 15 著录《释王宗录》二卷，然"检传记有目，并未尝见"。《内典录》卷 10 著录为《前齐沙门释王宗录》二卷，"见梁《三藏集记》"。《开元释教录》卷 10 著录为《众经目录》二卷，并说："右萧齐武帝时，沙门释王宗撰。见梁《三藏记》。"① 按，《出三藏记集》著录王宗《佛所制名数经》五卷一部，未见著录其经录。卷 4《新集续撰失译杂经录第一》著录《佛从兜率降中阴经》四卷，子注曰："出《王宗经目》。"② 此或即《历代三宝纪》著录之所据。但王宗是什么人呢？诸书中没有明确记载。据《高僧传》卷 7《释昙斌传》载："时庄严复有昙济、昙宗，并以学业才力见重一时。济述《七宗论》，宗著《经目》及《数林》。"③ 王宗，或即此昙宗，王当为其俗姓。而之所以称为王宗者，或为与灵味寺释昙宗（俗姓虢，传见《高僧传》卷 13）区别故。

又如卷 5 著录《内德论》一部一卷，此论《广弘明集》卷 14 收，分为《辩惑篇》《通命篇》和《空有篇》三篇。据《唐护法沙门法琳别传》卷上："前扶沟令李师政者，归心佛理，笃意玄宗，义忿在怀，又撰《内德》、《正邪》二论，莫不金疏佛教，委指业缘，竞引梵言，曲垂邪正。"故多认为李师政在《内德论》之外，还有已佚之《正邪论》一卷（如《隋唐佛教史稿》）。窃疑《正邪论》为《内德论》中《辩惑篇》之别名，而非另有一论，"《辩惑》第一，明邪正之通蔽"（《广弘明集》卷 14《内德论》），此即《辩惑篇》别名《正邪论》之缘由。神清《北山录》卷 10《外信》中有云："有门下典仪李师政，撰《内德》、《通命》、《正邪论》三篇，举其所惑，详校黜剥。"④ "通命"是《内德论》中的一篇无疑，而神清将之与《内德》《正邪》并举，说明《内德论》中的三篇或曾单独行世，这也可作为《正邪论》即《辩惑篇》的佐证。

"述作之事，诚谓难哉！"⑤ 目录编撰背后的艰辛，我们怎么想象都不为过。这里虽然指出《内典录》存在不少问题，但并不会影响其历史地位，更不能因之而忽视其价值。

---

① 智昇《开元释教录》，第 579 页。

② 僧祐《出三藏记集》，第 181 页。

③ 慧皎《高僧传》，第 291 页。

④ 神清撰，富世平校注《北山录》，中华书局，2014 年，第 781 页。

⑤ 智昇《开元释教录》，第 610 页。

《善权寺古今文录》流传小考

游自勇/首都师范大学历史学院

中国国家图书馆收藏有一部《善权寺古今文录》清嘉庆抄本（书号 14198），"序"页上有钤印"寿旸之印""拜经""骞"等，从后两方钤印可知此书原是清代著名藏书家吴骞（1733—1813）拜经楼旧藏，"寿旸"为吴骞次子，字虞臣，号苏阁，继承乃父藏书，并编成《拜经楼藏书题跋记》五卷。《善权寺古今文录》成书于明弘治十七年（1504），流传度甚低，就目前所知，国图藏本为海内孤本，其流传过程有必要进行探讨。

善权寺位于今江苏省宜兴市善卷洞风景区，相传南朝萧齐建元二年（480）舍祝英台故宅所建。唐武宗会昌法难中，善权寺被毁，咸通年间重建。宋元明时期，善权寺历经多次重修。弘治十七年（1504），住持方策收集整理有关本寺的文献，编成《善权寺古今文录》一书，请王鏊、文征明等名家作序。嘉靖二十四年（1545），归隐老家宜兴的原江西布政使司都事沈敕编成《荆溪外纪》一书，[①]专门汇集本地诗文，其中就收录了王鏊、文征明为《善权寺古今文录》所撰"序"，以及其他一些寺内碑文，显示他是参考了这部书的。嘉靖时晁瑮所撰《宝文堂书目》两处著录了此书，"图志"类作《善权寺古今文录》，"佛藏"作《善权寺古今录》。[②]之后迄明亡，再未见有关此书的只言片语。

入清以后，此书重现世间。《拜经楼藏书题跋记》云：

---

① 沈敕编《荆溪外纪》，《四库全书存目丛书》集部第 382 册，齐鲁书社，1997 年。

② 晁瑮《晁氏宝文堂书目》卷下，《徐氏红雨楼书目》，古典文学出版社，1957 年，第 198、204 页。

> 右钞本十卷，寺僧方策纂，有王济之、文衡山二序，李瀛、蒋允岳跋，先君子书后，已刻《愚谷文存》中。[1]

此跋其实是吴寿旸整理的，并未谈及《善权寺古今文录》入藏拜经楼的经过。有关信息仅见于国图抄本中的三条题跋，以下对这三条题跋逐一进行考订。

第一条题跋抄于首页李瀛"序"之后，云：

> 顺治丙申岁，溧邑蒋孟玉见版籍已失，为之慨虑，特于秋吉清洁重照谨录。

此题跋笔迹与正文相同，系抄写者据底本照录。丙申岁为顺治十三年（1656），溧邑即溧阳，与宜兴毗邻，属镇江府。蒋孟玉其人不可考。这条题跋揭示了国图抄本的源头所在，乃1656年秋溧阳人蒋孟玉抄本。

第二条题跋抄于书后，上部有一块较大残缺，全文如下：

> 跋善权寺文录后
>
> 善权寺之由来旧矣，镌于碑碣者，三生李相而外，叶塘陈氏祖与有力焉，故其祠耳，寄于寺之隅。
>
> □□康熙甲寅岁，主寺事者欲丐其祠基而有之意甚确，□□□□复持不可见，于是有郑息之言。九月十有九日，□□□□□不获，付之一炬，阖寺俱烬。嗟嗟！千年龙象地几□□□□□□红矣。然其毁也，由人乎，亦由佛尔。盖佛之□□□□□□□大，暨天地覆载，与凡物之在恒河沙数□□□□□□□以无。今此一掌地，子子焉分，人我争得□□□□□□以为快，则贪嗔痴之魔高且十丈，许教如□□□□□其从来所有，而一旦悉归之于无也，谁谓佛□□□□既废，家小阮京少持其志一册诣予曰：人虽亡而书犹在。因请予录之。第本非精，核其间鲁鱼亥豕，十居四三，终以见闻未广，今古异宜，恐诒笑金根，不敢妄加窜易。姑照元文誊写，以俟后之有识有力者云。或曰：寺云废矣，胡志之存噫？寺云废矣，此志之不可不存也。时十二月朔日邑西离墨山阴西畬里蒋胤岳西一氏谨跋于城南书舍之悬映楼。

这条题跋字迹与正文不同，而与第三条题跋相同，都是吴骞的笔迹，故此处当是吴骞抄写了蒋胤岳的跋文。跋文分两部分，前半部分述善权寺被烧毁一事，此事发生于康熙十三年（1674）九月十九日，缘于国师通琇玉林一系和叶塘陈氏因宗祠迁移而引发的纠纷，最终演变成械斗焚寺的大案，前人已有研究，[2]兹不赘述。后半部分叙抄本由来，蒋孟玉抄本被"京少"交于蒋胤岳誊录，后者据原文誊写，不加校订。"京少"是清初著名词人宜兴蒋景祁（1646—1699）的字。他是王士禛的门人，一生屡试不第，与朱彝尊、陈维崧、洪昇、高士奇、孔尚任等人来往密切，多有诗文唱和，晚号东舍，

---

①吴骞撰，吴寿旸辑录《拜经楼藏书题跋记》，《丛书集成初编》本，商务印书馆，1939年，第96页。

②陈波、夏维中《宋元以来江南宗族与祠庙关系的长时段考察——以宜兴叶塘陈氏和善权寺为中心》，《第二届"长三角文化论坛"论文汇编》（江苏馆），2020年11月，第45—56页。

著有《东舍集》。①蒋胤岳，又名蒋永岳，字岸生，号西一、墨隐，他是蒋景祁的从叔，故跋文中称蒋景祁为"家小阮"。蒋永岳也是屡试不第，从兄蒋永修（景祁之父）知贵州平越府，他曾追随，助其平定苗乱。康熙十六年（1677）春，蒋永岳缠绵病榻，几个月后病逝。②此书是善权寺被烧后才交给蒋永岳誊录的，据此推算，抄写时间只能是在康熙十三年九月十九日至十六年春之间。

第三条题跋抄于蒋胤岳跋文后，系吴骞所撰，全文如下：

右《善权古今录》，自板叶散毁，求之久而未得。去春客游阳羡，从任安上茂才访借得蒋西一氏胤岳旧抄本，因携过黄处士湘云斋，湘云名湘，有才女香冰，见予手此书不释，因属其弟欢郎传录副本，手校以遗予。按西一又字岸生，盖京少先生从父行也。善权为荆南名刹，康熙中以恶僧肆虐致罹燔如之酷，寺中历朝古迹，一旦悉成煨烬，识者痛之。西一跋譬于恒沙劫火，是亦付之，莫可如何而已。香冰名兰雪，尤擅吟咏，书有晋唐风格，乃能为予料理此书，以续空门文字之缘，皆非偶然者。爰为识其后。嘉庆九年冬十一月朔日吴骞槎客氏书于竹下书堂。

此跋已收于《愚谷文存》卷2。吴骞在跋文中详细记载了得书经过，大略是嘉庆八年（1803）春吴骞游阳羡的时候，从任安上处借得此书，由黄欢郎抄录副本，黄香冰校订，嘉庆九年十一月，吴骞再次校订之后写下跋文。嘉庆八年春游阳羡，在吴骞的日记中有记载。二月初一吴骞从海宁老家出游，过硤石、由拳、合路、吴江，渡太湖，初六至无锡，初九到宜兴，二十六日离开宜兴返家，闰二月初八至家，历时38天。其在宜兴的活动摘录如下：

二月初九，宜兴访澧塘于澹和堂。午后澧塘过舟次，观《细雨东风图》，际晚而别。

初十日，冒雨至书元巷，晤黄柿庵，香冰出见。香冰名兰雪，时年二十有九，诗画俱秀丽。书学十三行，风姿靓逸，绰有林下风。午后解舟渡西溪，雨转甚。夜宿蒲墅。

十一日，清晨抵桃溪。

十七日，同香南、柿庵游善权，观小水洞题名。

二十一日，巳刻抵宜兴，过柿庵水墨斋。

二十四日，过澧澹和堂，饭潘梦吉宅，复过香冰。

二十五日，过周藕塘书斋小集，吴鞠衣为作《蛟桥折柳图》。同集者：储成章、任安上、周纶、徐文光、潘梦吉、吴鞠衣并予凡七人……禺中复至水墨轩道别，柿庵、香冰俱以诗送别。澧塘以鱼雉及诗送行。招香南、柿庵至春浦舟话别。③

---

①赵秀红《清初词人蒋景祁行年简谱》，《南阳师范学院学报》2008年第5期，第40—43页；李先荣原本，阮升基增修，宁楷等增纂《嘉庆增修宜兴县旧志》卷8《人物·文苑》，《中国地方志集成·江苏府县志辑》第39册，江苏古籍出版社，1991年，第321页。

②《西余蒋氏宗谱》卷9《岸生公传》，世德堂，上海图书馆藏1920年刊本。

③吴骞著，张昊苏、杨洪升整理《吴兔床日记》，凤凰出版社，2015年，第167—168页。

　　吴骞一生多次畅游宜兴，与当地文人过往甚密，日记中提到的人物众多，与题跋有关者是澧塘、黄柿庵和香冰。澧塘是任安上（1742—1821）的字，他别字茂才，室名澹和堂，诸生，与同里耆旧组织长溪诗社。嘉庆初曾参与修撰宜兴县志，因故未成。晚年又结南兴九老之会。①其诗文唱和之作，由其曾孙任元濬结为《借舫居仅存集》。黄柿庵即黄湘，又字士盦，室名湘云斋、水墨斋，布衣，工诗善画，"尤工山水，非知己，虽馈兼金，不可得"，著有《水墨斋诗集》二卷、《妨帽轩吟稿》二卷。②据县志记载，黄湘无子，只有一女香冰，③则跋文中提到的"其弟欢郎"或为同族弟。黄香冰名兰雪，工诗，书法亦佳。黄湘曾编过《月珠楼吟稿》一卷，收录诗九十首，从卷首题"荆溪黄兰雪香冰"来看，这九十首都是黄香冰所作，吴骞后来将此书收入他刊刻的专收闺苑中人诗作的总集《海昌丽则》之中，④可见他对黄香冰的赏识。这次宜兴之游，吴骞分别在二月初九、二十四日、二十五日见过任安上，虽未提及《善权寺古今文录》，但初九日两人一同赏画至晚，初十日吴骞至黄湘处，得见香冰，后两次与任安上均为离别之聚，场合与跋文中所谓"手此书不释"颇不合，故最大可能就是在初九日任安上带了《善权寺古今文录》来一同鉴赏，吴骞才得以借抄。

　　第三条题跋后另书"甲子冬日　珠楼女史观"，笔迹与前又不同。下钤阴文印"徐贞"、阳文印"兰贞"。珠楼女史就是印文中的徐贞（1779—1809），她字兰贞，是吴骞的宠妾，有文才，与黄香冰为闺中密友，吴骞专门刊刻《拜经楼诗集外编》和《珠楼遗稿》来留存与徐贞有关的文字。⑤

　　综合以上三条题跋及落款，我们大致可以知道《善权寺古今文录》入藏拜经楼的过程。清顺治十三年（1656），溧阳人蒋孟玉重抄此书。康熙初年，此书为宜兴蒋景祁所得。康熙十三年九月十九日善权寺被大火焚毁后，蒋景祁将此书交由从叔蒋胤岳誊写一部。蒋胤岳只是据原本誊写，未作校理，留下了自己的跋文。蒋胤岳抄本后被同县任安上所得。嘉庆八年二月吴骞游宜兴阳羡时，从任安上处借得该书，过黄湘湘云斋，由黄湘从侄黄欢郎抄录一部，再经黄湘之女黄香冰手校，黄欢郎抄本遂入拜经楼。嘉庆九年十一月初一，吴骞再次校订后在书末手抄了蒋胤岳的跋文，并撰写题跋。同年冬日，吴骞妾室徐贞阅读此书后，也留下了自己的题款。

　　《善权寺古今文录》国图抄本中共钤印 7 方，除了上文已提到的"寿旸之印""拜经""骞""徐贞""兰贞"外，还有"北京图书馆藏"及"苏门"两方。"苏门"为阳文，钤于阴文"寿旸之印"下方，从藏书印的一般用印位置判断，这两方应属同一人，但吴寿旸号苏阁，未见有"苏门"的别号或

①顾名等修，吴德旋纂《重刊续纂宜荆县志》卷 7《人物·文苑》，《中国方志丛书华中地方》1983 年第 396 号，成文出版社，第 435—436 页。

②顾名等修，吴德旋纂《重刊续纂宜荆县志》卷 7《人物·文苑》，第 448—449 页。

③顾名等修，吴德旋纂《重刊续纂宜荆县志》卷 7《人物·文苑》，第 448 页。

④吴骞编著，印晓峰点校《海昌丽则》，华东师范大学出版社，2012 年。

⑤《丛书集成初编》第 1685 册，商务印书馆，1939 年。

字。查《清人室名别称字号索引》，称"苏门"者有周向青、郎葆辰、孙麟、戴兆登、孙炳如、董炎6人，[1]其中郎葆辰卒于道光十九年（1839），当时拜经楼藏书尚未散出，可以排除，其余5人则无法确定。无论哪种情况，至少说明此书曾长期收藏于拜经楼，迭经其他收藏者的情况很少见。此书最后入藏于国家图书馆，刊布于《北京图书馆古籍珍本丛刊》中，[2]但影印本清晰度不够，有些黄香冰、吴骞的校改未能显示出来。《中国古籍善本书目·集部·地方艺文》即据国图抄本著录，但误将"香冰"作"香水"，[3]所列收藏单位也只有国图一家，可知此书为海内孤本。

① 杨廷福、杨同甫编《清人室名别称字号索引：增订本》上册，上海古籍出版社，2001年，第757、870页。

② 《北京图书馆古籍珍本丛刊》第118册，书目文献出版社，1989年。

③ 翁连溪编校《中国古籍善本总目》，线装书局，2005年，第1655页。

附录

施萍婷先生论著目录

一、著作

1.《敦煌石窟艺术·莫高窟第四二八窟（北周）》（与贺世哲合著），江苏美术出版社，1998 年。

2.《敦煌遗书总目索引新编》（敦煌研究院编，施萍婷主撰稿，邰惠莉协编），中华书局，2000 年。

3.《敦煌石窟全集》5《阿弥陀经画卷》，香港商务印书馆，2002 年。

4.《敦煌习学集》（上、下册），甘肃民族出版社，2004 年。

5.《敦煌石窟与文献研究》，浙江大学出版社，2016 年；台湾昌明文化有限公司，2019 年，繁体字本（上、下册）。

6.《甘肃藏敦煌文献》6 卷本（副主编），甘肃人民出版社，1999 年。

二、论文*

（一）中文

1.《从一件奴婢买卖文书看唐代的阶级压迫》（署名：敦煌文物研究所资料室，施萍婷执笔），《文物》1972 年第 12 期；收入沙知、孔祥星编《敦煌吐鲁番文书研究》（同上署名），甘肃人民出版社，1984 年。后改题为《本所藏敦煌唐代奴婢买卖文书介绍》，收入敦煌研究院编《敦煌研究文集·敦煌研究院藏敦煌文献研究篇》，甘肃民族出版社，2000 年；又收入本书编委会主编《敦煌吐鲁番文书与中古史研究 朱雷先生八秩荣诞祝寿集》，上海古籍出版社，2016 年。

2.《敦煌文物研究所藏敦煌遗书目录》（与刘忠贵合作），《文物资料丛刊》第 1 辑，文物出版社，1977 年。

3.《莫高窟第 220 窟新发现的复壁壁画》（署名：敦煌文物研究所，关友惠、施娉婷、段文杰执笔），《文物》1978 年第 12 期。

4.《敦煌莫高窟》（与舒学合作），《文物》1978 年第 12 期；后改题为《莫高窟概况》，收入《敦

---

*1.施先生原名施银杏，发表学术论文时曾使用施娉婷、施萍亭、施萍婷等不同名字，其中以施萍婷之名居多。下列目录中若署名施娉婷、施萍亭者，在文后用括号注明；2.收入上列《敦煌习学集》《敦煌石窟与文献研究》二书者，不再赘列。

煌的艺术宝藏》,香港三联书店,1980 年。

5.《奇思驰骋为"皈依"——敦煌、新疆所见〈须摩提女因缘〉故事画介绍》(与李其琼合作,署名:施萍亭),《敦煌学辑刊》第 1 集,1980 年。

6.《敦煌与莫高窟》(署名:施萍亭),《敦煌研究》试刊第 1 期,甘肃人民出版社,1981 年。

7.《建平公与莫高窟》(署名:施萍亭),敦煌文物研究所编《敦煌研究文集》,甘肃人民出版社,1982 年。

8.《两件敦煌文物介绍》(署名:施萍亭),《敦煌学辑刊》第 3 期,1982 年;收入《敦煌研究文集·敦煌研究院藏敦煌文献研究篇》。

9.《本所藏〈酒帐〉研究》(署名:施萍亭),《敦煌研究》创刊号(总第 3 期),甘肃人民出版社,1983 年;后改题为《敦煌研究院藏〈酒账〉研究》,收入《敦煌》,江苏美术出版社、甘肃人民出版社,1990 年;后又以原题收入《敦煌研究文集·敦煌研究院藏敦煌文献研究篇》。

10.《五代时期的敦煌莫高窟》,《甘肃画报》1984 年第 6 期。

11.《敦煌随笔之一》(署名:施萍亭),《敦煌研究》1985 年第 3 期。

12.《莫高窟壁画艺术(北周)》,敦煌研究院编《敦煌艺术小丛书》之四,甘肃人民出版社,1986 年。

13.《敦煌随笔之二》(署名:施萍亭),《敦煌研究》1987 年第 1 期。

14.《一件完整的社会风俗史资料——敦煌随笔之三》(署名:施萍亭),《敦煌研究》1987 年第 2 期。

15.《敦煌随笔之四》,《敦煌研究》1987 年第 4 期。

16.《敦煌历日研究》(署名:施萍亭),敦煌文物研究所编《1983 年全国敦煌学术讨论会文集(文史·遗书编)》(上册),甘肃人民出版社,1987 年。

17.《敦煌壁画中的法华经变初探》(与贺世哲合作),《中国石窟·敦煌莫高窟》三,文物出版社、平凡社,1987 年。

18.《〈金光明经变〉研究(摘要)》(署名:施萍亭),《敦煌研究》1988 年第 2 期。后来发表全文《金光明经变研究》,敦煌研究院编《1987 年敦煌石窟研究国际讨论会文集·石窟考古编》,辽宁美术出版社,1990 年;收入敦煌研究院编《敦煌研究文集·敦煌石窟经变篇》,甘肃民族出版社,2000 年。

19.《延祐三年奴婢买卖文书跋》(署名:施萍亭),《敦煌研究》1989 年第 2 期;收入《敦煌研究文集·敦煌研究院藏敦煌文献研究篇》。

20.《敦煌遗书〈阿弥陁经〉校勘记》,《敦煌研究》1989 年第 3 期。

21.《〈后汉书〉"宋均传"应为"宗均传"》,《古籍整理与研究》1989 年第 4 期。

22.《敦煌经变画略论》,香港《东方》1992 年 5 月号。

23.《斯 2926〈佛说校量数珠功德经〉写卷研究》,《敦煌研究》1993 年第 4 期。

24.《日本公私收藏敦煌遗书叙录〔一〕》(署名:施萍亭),《敦煌研究》1993 年第 2 期。

25.《打不走的莫高窟人》,《敦煌研究》1994 年第 2 期。

26.《日本公私收藏敦煌遗书叙录(二)》,《敦煌研究》1994 年第 3 期。

27.《法照与敦煌文学》,《社科纵横》1994 年第 4 期。

28.《日本公私收藏敦煌遗书叙录(三)》,《敦煌研究》1995 年第 4 期。

29.《三界寺·道真·敦煌藏经》(署名:施萍亭),段文杰等编《1990 敦煌学国际研讨会文集:石窟考古编》,辽宁美术出版社,1995 年;收入《敦煌研究文集·敦煌研究院藏敦煌文献研究篇》。

30.《敦煌遗书编目杂记二则》,《敦煌吐鲁番研究》第 1 卷,北京大学出版社,1996 年。

31.《俄藏敦煌文献经眼录之一》,《敦煌研究》1996 年第 2 期。

32.《俄藏敦煌文献 Дx1376、1438、2170 之研究》,《敦煌研究》1996 年第 3 期。

33.《敦煌遗书编目杂记一则——从"的无容免"谈起》,《敦煌语言文学研究通讯》第 2、3 期合刊,1996 年;收入《敦煌研究文集·敦煌研究院藏敦煌文献研究篇》,2000 年。

34.《〈英国图书馆藏敦煌汉文非佛教文献残卷目录〉述评》,敦煌研究院编《段文杰敦煌研究五十年纪念文集》,世界图书出版公司(北京公司),1996 年。

35.《俄藏敦煌文献经眼录(二)》,《敦煌吐鲁番研究》第 2 卷,北京大学出版社,1997 年。

36.《敦煌遗书题记隋董孝缵写经考略》,白化文等编《周绍良先生欣开九秩庆寿文集》,中华书局,1997 年。

37.《新发现〈增一阿含经〉摘要》,《饶宗颐学术研讨会论文集》,香港翰墨轩出版有限公司,1997 年;收入《丝绸之路》1998 年学术专刊;又收入《敦煌研究文集·敦煌研究院藏敦煌文献研究篇》。

38.《关于莫高窟第四二八窟的思考》,《敦煌研究》1998 年第 1 期。

39.《邓文宽〈敦煌天文历法文献辑校〉》,《敦煌吐鲁番研究》第 3 卷,北京大学出版社,1998 年。

40.《敦煌研究院藏土地庙写本源自藏经洞》,《敦煌研究》1999 年第 2 期;收入《敦煌研究文集·敦煌研究院藏敦煌文献研究篇》。

41.《甘藏敦煌汉文文献概述》,《二十一世纪敦煌文献研究回顾与展望研讨会论文集》,中华自然文化学会,1999 年;收入《甘肃藏敦煌文献·概述》(6 卷本),甘肃人民出版社,1999 年。

42.《法照与敦煌初探——以 P.2130 号为中心》,敦煌研究院编《1994 年敦煌学国际研讨会文集——纪念敦煌研究院成立 50 周年:宗教文史卷》(上册),甘肃民族出版社,2000 年。

43.《敦煌经变画略论》,敦煌研究院编《敦煌研究文集·敦煌石窟经变篇》,甘肃民族出版社,2000 年。

44.《任谁陈述敦煌史　也话发现藏经时》(与邰惠莉合作),《丝绸之路》2000 年第 4 期。

45.《敦煌学杂谈之一》,《敦煌研究》2003 年第 3 期。

46.《61 件美国安思远先生所藏历代佛教写经谭》,《敦煌研究》2004 年第 1 期;收入国家图书馆善本特藏部敦煌吐鲁番学资料中心编《敦煌学国际研讨会论文集》,北京图书馆出版社,2005 年。

47.《敦煌研究院、上海图书馆、天津艺术博物馆藏敦煌遗书巡礼》,张涌泉、陈浩主编《浙江与敦煌学——常书鸿先生诞辰一百周年纪念文集》，浙江古籍出版社，2004 年。

48.《甘肃藏敦煌汉文文献精品简述》，《敦煌习学集》（上册）。

49.《敦煌学杂谈之二——向达〈莫高、榆林二窟杂考〉榆林窟题记校正》，敦煌研究院编《2004 年石窟研究国际学术会议论文集》（下册），上海古籍出版社，2006 年。

50.《关于敦煌壁画中的无量寿经变》，《敦煌研究》2007 年第 2 期。

51.《新定〈阿弥陀经变〉——莫高窟第 225 窟南壁龛顶壁画重读记》，《敦煌研究》2007 年第 4 期。

52.《读〈净土教概论〉札记一则》，《敦煌学辑刊》2009 年第 4 期。

53.《读〈翟家碑〉札记》，《兰州大学学报》2009 年第 5 期。

54.《中国最早的无量寿经变——读支道林〈阿弥陀佛像赞并序〉有感》（与陈明合作），《敦煌研究》2010 年第 1 期。

55.《支道林〈阿弥陀佛像赞并序〉注释》，《敦煌研究》2010 年第 1 期。

56.《关于莫高窟第 217 窟南壁壁画的思考》（与范泉合作），《敦煌研究》2011 年第 2 期。

57.《清正廉明　唯才是举》，《敦煌研究》2011 年第 3 期。

58.《敦煌经变画》，《敦煌研究》2011 年第 5 期。

59.《用而不疑——段院长用人政策二三事》，《丝绸之路》2013 年第 20 期。

（二）外文

1.“Description Générale des Manuscrits Conservés à Dunhuang”（署名：SHI Pingting施萍亭），M. Soymié (éd.), *Les Peintures Murales et les Manuscris de Dunhuang*, Paris, Éditions de la Fondation Singer-Polignac, 1984.

2.《敦煌と莫高窟》（署名：施萍亭，邓健吾、安田治树译），《東洋學術研究》第 22 卷第 1 号，1983 年。

3.《敦煌研究院、上海圖書館及び天津芸術博物館所蔵の敦煌遺書をめぐって》（署名：施萍亭，池田温译），《東洋學報》第 72 卷第 1、2 号，1990 年。

4.《四点の敦煌写経の同定》（贺小萍译），《東方》107 号，1990 年。

5.《中国敦煌学の現段階》，《仏教東漸——祇園精舎から飛鳥まで—》，思文阁出版，1991 年。、

（三）译文

1.《有关大谷探险队的答问》（杉森久英、藤枝晃、上山大峻著），《敦煌研究》1994 年第 4 期。

2.《从释疑迦、弥勒到阿弥陀，从无量寿到阿弥陀——北魏至唐的变化》（塚本善隆著、赵声良校），《敦煌研究》2004 年第 5 期。

三、词条、图版说明等

1.《敦煌学大辞典》部分词条，上海辞书出版社，1998 年。

2.《赴日敦煌壁画展览介绍·图版说明》部分条目（署名：施萍亭），《敦煌研究》试刊第 2 期，甘肃人民出版社，1983 年。

3.《中国石窟·敦煌莫高窟》第一卷《图版说明》部分条目，文物出版社、平凡社，1982 年。

4.《中国敦煌展·図版説明》，日本富士美术馆，1985 年。

施萍婷先生指导的博士生名录

级数	姓名	导师	工作单位
1999	冯培红	郑炳林、施萍婷	浙江大学历史学院教授
2000	屈直敏	郑炳林、施萍婷	兰州大学历史文化学院教授
2000	公维章	施萍婷、郑炳林	泰山学院历史学院教授
2001	王晶波	施萍婷、郑炳林	杭州师范大学人文学院教授
2001	黄维忠	郑炳林、施萍婷	中国人民大学国学院教授
2002	陆 离	施萍婷、郑炳林	南京师范大学历史系教授
2005	陈菊霞	施萍婷、郑炳林	上海大学历史系教授
2008	郝二旭	施萍婷、郑炳林	许昌学院马克思主义学院 中原农耕文化研究中心副教授
2009	樊丽沙	施萍婷、郑炳林	郑州大学体育学院副教授
2009	宁 宇	郑炳林、施萍婷	兰州大学图书馆馆员
2010	孙晓峰	施萍婷、郑炳林	敦煌研究院麦积山石窟艺术研究所研究员
2010	彭 杰	施萍婷、郑炳林	新疆社会科学院《西域研究》 编辑部研究员（已故）
2010	赖文英	郑炳林、施萍婷	非在职（台湾）
2011	王百岁	施萍婷、冯培红	陇南师范高等专科学校 文学与传媒学院副教授

注：兰州大学历史文献学（含：敦煌学、古文字学）博士点由兰州大学与敦煌研究院联合共建，施老师被兰州大学聘为兼职博士生导师，博士生培养采取双导师制。

编后记

　　2021 年 6 月 14 日，在杭州师大工作的同门王晶波对我说，她回兰州参加研究生的毕业答辩，遇到敦煌研究院马德老师，说他想为施萍婷老师庆祝九十生日。马老师之所以对王晶波说起此事并让她转达我，原因是我俩均为施老师指导的博士，又与老师共同居住在杭州。马老师说，庆祝生日需要人来张罗。我和王晶波作为弟子，又都在杭州，自然责无旁贷。在施老师九十生日的同时，也刚好是她从事敦煌研究六十年，值得庆祝纪念。

　　8 月 20 日，是施老师虚龄九十的生日。因时间紧张，来不及邀请师友撰写学术论文，所以商定先编印一本纪念册，以为老师庆贺。于是，由马老师和施老师以前的助手郜惠莉老师联系敦煌研究院的同事，王晶波和我联系师门弟子（含跟随施老师在洞窟中听过课的兰大博士生）。马老师还联系了柴剑虹老师，以及通过郑阿财老师约请台湾师友撰文；我也约请了浙江敦煌学界的师友，另外，6 月 21 日在杭州召开的"中国敦煌吐鲁番学会 2021 特别年会"上，遇到莅临与会的中国敦煌吐鲁番学会荣新江会长，向他约稿，得到荣老师的慨允。很快，在各位师友、同门的支持下，从 6 月底起就陆续收到文章（含诗），至 8 月 13 日收齐，共 28 篇，近 10 万字。黄征老师用大红宣纸写了一幅"寿"字快递寄来，以为庆贺。与此同时，施老师的侄媳施跃娟整理了老师的照片，从参加解放军到兰大求学，再到莫高窟工作，以及在杭州颐养天年，展现了老师充满传奇的半个多世纪的风采；马老师和诸同门及其他师友也各自寻出一些旧照，共 146 幅。终于在老师虚龄九十生日前夕，印制出了一本精美的纪念册，题名为《打不走的莫高窟人——恭贺施萍婷先生 90 华诞》。

　　8 月 20 日下午，浙江敦煌学界的诸位师友及施老师家人共 17 人，在杭州"钱江渔村"为施老师庆祝九十生日，给她送上纪念册，浙江省敦煌学与丝绸之路研究会敬献了花篮。大家济济一堂，共同祝福，场面温馨，充满温暖。许多省外的师友、同门想来杭州，但考虑到当时情况特殊，便劝止来杭；甚至连杭州本地的一些师友也劝退不少，直到入秋以后，10 月 31 日中午，老师在西湖断桥附近的"白娘子餐厅"设席，招待之前劝退的在杭师友，以表达她的谢意。

　　施老师闻知大家给她庆祝生日，十分感动，曾动情地连连称说"如何当得起"，并一再表示感谢！说此话时，老师的眼中已噙着泪水。她给每位撰写文章与参加庆祝的师友、同学定制了一方精美的镇纸石，上面刻着每位受赠人与她的名字，受赠人的名字是特意用印刷活字制作的，以作为美好的纪念。

　　在 2021 年 6 月向师友、同门约请纪念文章的同时，我们扩大范围向学界征集学术论文，得到了师友们的大力支持。经过一年的时间，到 2022 年 6 月底基本收齐论文，个别论文稍迟至 7 月份交稿，共计 45 篇，近 70 万字。另外还新收到 6 篇纪念文章、2 篇学术论文，以及施老师的老同事孙儒僴先生题写的墨宝"松鹤遐龄"。需加说明的是，早稻田大学下野玲子老师与施老师在学术上多有交流，互相切磋，6月20日她正要给我发来论文，却因我回复微信时，不慎将给一位本科生的论文意见误发给下野老师，造成误会，以致她最后没有赐文，真是十分遗憾，也对好友下野老师深表歉意！收到诸位师友的论文以后，先由浙江工商大学朱艳桐进行初步编排，然后由我次作编辑，最后由王晶波通审一过，并发给马德、郜惠莉、赵晓星老师过目。8月5日基本编排完毕，经诸同人与出版社共同商议，取名为《面壁穷经一甲子——施萍婷先生敦煌研究六十年纪念文集》，当时我在浙江象山的东海之滨，编完文集，终于松了一口气。

本书的出版还要感谢我以前的前辈同事、兰州大学吴景山教授的引荐，我在2022年5月31日才得以结识甘肃文化出版社郎军涛社长，并蒙其当场拍板决定出版事宜。再过几天，就是施老师足岁九十的生日了，编定的书稿在这两天也要交给出版社了。在此对赐予大作的各位师友表示真诚的谢意！感谢马德老师首议庆寿之举，以及各位同人的共同协力！感谢敦煌研究院刘宏梅、广岛大学山本孝子、大阪市立美术馆田林启及朱艳桐诸君，为核对施老师的论著目录信息付出辛劳和提供帮助！感谢我的博士生冯晓鹃、硕士生戚雅荧曾协助我校对书稿！感谢《兰州日报》记者华静发表专稿《打不走的莫高窟人——访敦煌学家施萍婷》，对曾经在兰州求学、工作的她是一份很好的慰藉！去年施老师虚岁生日时，老师除了自己出资千余元认购五本纪念册外，还拿出5000元，我推拒不得，只好将这笔钱交由朱艳桐暂时保管，留作将来出版文集之用。一些师友也关心文集的出版，主动捐资，令人感动，在这里写下他们的名字：赵声良、马德、王惠民、冯培红、陈菊霞、公维章、高启安、陈明、郜惠莉、王百岁。虽然郎社长提出免费出版，但收到的捐资是大家的心意，不宜退回，数目不多，只有43592元，我们希望交给出版社，也算是诸位师友对施老师生日庆贺的心意表达。

为了交代文集的缘起及过程，并感谢诸位师友的赐稿盛情和诸多协助，我觉得有必要写篇《编后记》。只是没想到，这篇《编后记》的写作竟然是在敦煌，是在施老师长期工作的地方。昨天我在莫高窟看窟，想到二十余年前在老师门下读博士，她带我们攀爬洞窟，窟中授课，往事一幕幕浮现眼前，令人怀念不已。祝贺施老师生日快乐、学术青春、福寿绵长、身体健康！

学生：冯培红

2022年8月13日夜于敦煌

8月20日下午修订于杭州